De Boor-Newald

Geschichte der deutschen Literatur

Band II

GESCHICHTE
DER DEUTSCHEN LITERATUR

VON DEN ANFÄNGEN BIS ZUR GEGENWART

VON HELMUT DE BOOR

UND RICHARD NEWALD †

ZWEITER BAND

C. H. BECK'SCHE VERLAGSBUCHHANDLUNG

MÜNCHEN MCMLXXIV

DIE HÖFISCHE LITERATUR

VORBEREITUNG, BLÜTE, AUSKLANG

1170–1250

VON

HELMUT DE BOOR

Neunte Auflage
Mit einem neuen bibliographischen Anhang von
Klaus P. Schmidt

C. H. BECK'SCHE VERLAGSBUCHHANDLUNG

MÜNCHEN MCMLXXIV

ISBN 3 406 00709 0

Umschlag und Einbandentwurf von H. H. Hagedorn, Hamburg
© C. H. Beck'sche Verlagsbuchhandlung (Oscar Beck) München 1953
Druck: Druckerei Georg Appl, Wemding
Printed in Germany

VORWORT

Der vorliegende 2. Band dieser Literaturgeschichte ist zeitlich auf die Jahre 1170–1250 begrenzt, sachlich will er die große deutsche Literatur der Stauferzeit darstellen. Damit ist gegeben, daß die chronologische Umgrenzung nicht schematisch gemeint sein kann. Für die frühesten Erscheinungen, die sachlich dieser Epoche zugehören, greift die Darstellung mehrfach über das Jahr 1170 zurück, für die Spätzeit ist das Jahr 1250 nicht immer verbindlich. Da es sich um die Darstellung der höfischen Literatur in ihrer bei aller Mannigfaltigkeit großen geistigen Einheit handelte, ist umgekehrt nicht alles aufgenommen, was zeitlich in den Rahmen dieser acht Jahrzehnte fällt. Was im eigentlichen Sinne Vorbote der späten Zeit ist, bleibt für den 3. Band aufgespart. Das gilt insbesondere für zwei Bereiche: Einerseits ist die Kurzerzählung lehrhaften oder schwankhaften Charakters hier ausgeschieden, obwohl sie mit dem „Stricker" zweifellos schon vor 1250 einen wesentlichen Vertreter besitzt. Der Stricker ist hier nur soweit behandelt, als er „höfisch" sein will, d. h. in seinen Romanen und seiner „Frauenehre". Die Kurzerzählung als Gattung aber führt aus dem staufisch-höfischen Raum hinaus und wird zu einer bezeichnenden Erscheinung der Spätzeit. Andrerseits ist die Prosa der Stauferzeit aus dem vorliegenden Bande ausgeschlossen. Auch sie: das Rechtsbuch, die Chronik, die deutsche Urkunde, das gelehrte Schulbuch sind in einzelnen Exemplaren schon in der staufischen Zeit vorhanden. Ihre Wirkung und Bedeutung jedoch erhält die deutsche Prosa erst nach der staufischen Zeit; daher habe ich mich entschlossen, die Prosawerke einer einheitlichen Gesamtdarstellung der deutschen Prosa im 3. Bande vorzubehalten. Im Text ist mehrfach auf das Vorhandensein deutscher Prosa in dieser Epoche hingewiesen, und ihr wird durch die Aufnahme in die Zeittafel vorläufig ihre zeitliche Einordnung gegeben. Ein Abweichen von der schematischen Ausscheidung hätte sich allenfalls für den Prosa-Lanzelot empfohlen, schließlich habe ich mich doch für eine einheitliche Behandlung entschieden.

Berlin, im Juli 1953   H. d. B.

VORWORT ZUR VIERTEN AUFLAGE

Seit dem Erscheinen dieses Bandes sind 7 Jahre vergangen. Neue Quellen sind kaum ans Licht getreten; einiges Versäumte könnte nachgetragen werden. Die Forschung hat sich mit der Periode, die in diesem Bande dargestellt ist, sehr lebhaft beschäftigt. Namentlich die großen Dichter der Hochblüte sind Gegenstand vielfacher intensiver Bemühungen gewesen. Der Gedanke liegt nahe, dem in einer neuen Auflage dieses Bandes Rechnung zu tragen und das Brauchbare und Förderliche einzuarbeiten. Doch habe ich mich im Einvernehmen mit dem Verlage entschlossen, für diesmal auf jede Änderung zu verzichten und die Zeit, die meine Amtspflichten mir lassen, ganz der Weiterführung des Werkes zu widmen. Um die neueste Forschung zur Geltung zu bringen, ist dem Band ein ausführlicher bibliographischer Anhang von der Hand meines Mitarbeiters Dr. Dieter Haacke beigegeben worden, der alles Wesentliche verzeichnet und es dem Benutzer ermöglicht, sich in allen Einzelheiten über den Stand der Forschung zu orientieren.

Berlin, den 1. März 1960   Helmut de Boor

INHALTSÜBERSICHT

Einleitung 1

I. Kapitel : Die frühhöfische Epik 21

   1. Der Typus 21
   2. Frühhöfische Epik vor Heinrich von Veldeke 30
      Straßburger Alexander, Trierer Floyris, Eilhart von Oberge, Graf
      Rudolf
   3. Heinrich von Veldeke 41
   4. Veldekes Nachfolger in Thüringen 49
      Herbort von Fritzlar, Albrecht von Halberstadt, Ottes Eraclius, Athis
      und Prophilias, Morant und Galie

II. Kapitel : Die hochhöfische Epik 63

   1. König Artus 63
   2. Hartmann von Aue 67
   3. Der höfische Unterhaltungsroman 84
      Bligger von Steinach, Ulrich von Zazikhofen, Wirnt von Grafenberg
   4. Wolfram von Eschenbach 90
      Parzival – Willehalm – Titurel
   5. Gottfried von Straßburg 127
   6. Die höfische Novelle: Moriz von Craûn 145
   7. Der höfische Heldenroman 151
   8. Nibelungenlied und Klage 156

III. Kapitel : Die späthöfische Epik 171

   1. Das Fortleben der höfischen Epik im staufischen Raum 171
      Konrad Fleck – Rudolf von Ems – Ulrich von Türheim
   2. Die späte Epik in Österreich 192
   3. Die späthöfische Epik auf mitteldeutschem Gebiet 210

IV. Kapitel : Die mittelalterliche Lyrik 215

   1. Grundsätzliches 215
   2. Herkunft und Entstehung 220
   3. Die Formen der höfischen Lyrik 226
   4. Die Überlieferung 231

V. Kapitel : Die frühhöfische Lyrik 238

   1. Der frühe donauländische Minnesang 238
   2. Die einzelnen Dichter der Frühgruppe 241
   3. Die staufische Lyrik, Kaiser Heinrich 250
   4. Das französische Vorbild, Heinrich von Veldeke 251
   5. Aufnahme der provenzalischen Lyrik am Oberrhein 254
   6. Zwei Zwischengestalten: Heinrich von Rugge, Hartwic von Rute . 262

VI. Kapitel : Die hochhöfische Lyrik 267

   1. Die fünf Großen, chronologische Fragen 267

   2. Hartmann von Aue 270

   3. Albrecht von Johansdorf 274

   4. Heinrich von Morungen 277

   5. Reinmar von Hagenau 282

   6. Walther von der Vogelweide 292
      Die Minnelyrik – Der Leich – Die Spruchdichtung

   7. Die Zeitgenossen Reinmars und Walthers 324

VII. Kapitel : Die späthöfische Lyrik 332

   1. Die eigentlichen Nachfahren der klassischen Kunst 334

   2. Ulrich von Lichtenstein 337

   3. Die Dichter des spätstaufischen Hofkreises 346
      Burkhart von Hohenfels, Gottfried von Neifen, Ulrich von Winter-
      stetten

   4. Der Durchbruch zu Neuem 358
      Neithart von Reuenthal – Der Tannhäuser

VIII. Kapitel : Die religiöse Dichtung 377

   1. Bibeldichtung und Legende 377

   2. Religiöse Versenkung 385

IX. Kapitel : Die lehrhafte Dichtung 390

   1. Die lehrhafte Dichtung der frühhöfischen Zeit, Traktat und Spruch 392

   2. Die Lehrdichtung der hochhöfischen Zeit 402

   3. Die Lehrdichtung der späthöfischen Zeit 403
      Thomasin, Winsbecke, Tirol und Vridebrant, Freidank, Strickers,
      Frauenehre

   4. Die späthöfische Spruchdichtung 417
      Reinmar von Zweter, Bruder Wernher

Bibliographischer Anhang 429

Zeittafel 517

Sachverzeichnis 522

EINLEITUNG

Der erste Band dieser Literaturgeschichte umspannt einen Zeitraum von vierhundert Jahren. Der zweite Band stellt die deutsche Literatur von nur achtzig Jahren oder drei Generationen dar. Der große Unterschied rechtfertigt sich aus der Bedeutung, die der Dichtung in dieser Epoche zukommt. Zum erstenmal wird deutsches Schreiben und Dichten autonom, gelöst von Zwecken und Aufgaben, die ihnen von außen her gestellt werden; d. h. zum erstenmal wird deutsche Dichtung Kunst. Vierhundert Jahre waren nötig, um die deutsche Sprache zum vollgültigen Instrument zu erziehen, das fähig war, alle geistigen Inhalte des neuen christlichen Abendlandes auszudrücken. Der ganze erste Band handelte im Grunde von nichts anderem als von der Erziehung der deutschen Sprache zu einer abendländischen Kultursprache. Immer stand sie bisher unter Zucht und Leitung des Lateinischen. Alles, was deutsch ausgedrückt wurde, war zuvor besser, reifer und umfassender lateinisch gesagt worden, alles war im weiten Sinne Übersetzung gewesen. Jetzt wird die deutsche Sprache mündig gesprochen und erhebt ihre Stimme frei im Chor der abendländischen Völker. Und alsbald findet sie die großen Meister, die sie beherrschen und die tiefsten Anliegen des Menschen in vollendeter Form zu gestalten und auszusagen wissen. Für mehrere Generationen wird Dichtung zur führenden unter den Künsten; die Zeit zwischen 1170 und 1250 ist die erste große klassische Periode der deutschen Literatur.

Diese Epoche ist politisch gesehen die Zeit der Kaiser aus dem Geschlecht der Hohenstaufen. Wir verknüpfen die Literatur dieser Zeit mit dem Namen der Staufer ähnlich, wie wir das erste Erblühen eines deutschsprachigen Schrifttums mit dem der Karolinger verbinden, und sprechen von der staufischen Literaturepoche. Wir tun es mit einem mehr als nur äußerlichen Recht. Nicht die praktische Teilnahme der staufischen Familie an der deutschen Dichtung ist dabei wesentlich. Unter den frühen höfischen Lyrikern des Rheinlandes standen einige dem staufischen Hofe nahe. Von den großen Klassikern können wir jedoch nur Walther von der Vogelweide in unmittelbare Beziehung zum staufischen Hofe setzen. Die Fürstenhöfe von Österreich und Thüringen, der Bischofssitz von Passau und manche kleineren Höfe haben für die unmittelbare Förderung der deutschen Dichtung unseres Wissens mehr bedeutet als der Stauferhof. Und dennoch hängt der ganze Aufschwung des Lebensgefühls, der aus einer neuen Wertung des menschlichen Daseins hervorging, eng mit dem Aufstieg und dem weltweiten Geltungsgefühl des Staufertums, mit der letzten, kraftvollen Behauptung des universalen Reichsgedankens zusammen. So, als den Ausdruck eines mächtigen und schöpferischen Kulturwillens, erlebte Heinrich von Veldeke das staufische Kaisertum, als es ihm auf dem glänzenden Hoftage zu Mainz im Jahre 1184 unmittelbar vor Augen trat. So empfand der Dichter des „Grafen Rudolf" das staufische Kaisertum nicht nur als den Ausdruck einer Weltmacht, sondern auch eines festlich erhöhten Lebensgefühls, und es ist eine Huldigung an das Staufertum als Ausdruck höchster Kultur, wenn Gottfried von Straßburg, der gebildetste und kultivierteste Dichter dieser Tage, seinen Tristan für einen Augenblick aus der dichterischen Ferne von Irland und Cornwall, Parmenien und Arundel in die Wirklichkeit der Gegenwart treten läßt und ihn nach Alemannien in den Dienst des Reiches schickt. Walthers reichspolitische Sprüche gewinnen ihren Schwung und ihren hellen Ton nicht aus der großen politischen Absicht allein, sondern auch aus der Hochstimmung einer ihrer Größe und ihres Glanzes bewußten Generation. Reinmar von Zweter, der Spruchdichter, dem das nicht mehr aufzuhaltende Zerbrechen der alten, universalen Reichsidee der Staufer schon so bewußt war, wird doch noch einmal von dem Schwung dieser Zeiten ergriffen, als er Friedrich II. bei seiner Deutschlandfahrt vom Jahre 1235 als den Träger von Recht und Ordnung in fast hymnischen Sprüchen begrüßt. Und noch die letzten bedeutenden Dichter der Epoche, der Epiker Rudolf von Ems, die Lyriker Gottfried von Neifen, Burkhart von Hohenfels, der junge Ulrich von Winterstetten standen zu den Söhnen Friedrichs II. in persönlicher Beziehung.

Der Tod Friedrichs II. im Jahre 1250 bildet auch in unserer Literaturgeschichte wirklich Epoche. Damals verstummen die letzten Spruchdichter, die aus dem „staufischen Bewußtsein" dichten, Reinmar von Zweter und Bruder Wernher, und noch später bezeugen uns zwei Chronikenwerke dieses Epochenbewußtsein. Jansen Enikels Weltchronik und die bayrische Fortsetzung der Kaiserchronik beenden ihre Darstellung mit dem Todesjahr Friedrichs II. Das gesicherte Hochgefühl einer aus einem großen Ideal lebenden Zeit erlischt in dem Ringen um neue Lebensformen und Daseinswerte. Religiöse Bewegtheit und Ergriffenheit der Laienwelt, von der Kirche mühsam bewacht und gelenkt, neue Lebens- und Denkformen innerhalb der Kirche selber, die Ordensgründungen der Franziskaner und Dominikaner, die hochscholastische Theologie und die mystische Versenkung bestimmen neben den tiefgreifenden politischen und sozialen Umschichtungen das Gesicht des späten Mittelalters. Eine Epoche eines großen, idealen Einheitsgefühls ist zu Ende; soziale und religiöse Vielspältigkeit, Unruhe, Aufeinanderprallen von Gegensätzen sind das Wahrzeichen des späten Mittelalters. Die große ritterlich-höfische Literatur hört auf, führende Kunst und gültiger Ausdruck der Zeit zu sein. In der konventionellen Erstarrung eines bestenfalls geschmackvollen Epigonentums wird sie zu einem Erbstück, das man hütet. Der Puls der Zeit aber schlägt nicht mehr in ihr; er schlägt oft hart und fiebernd in ganz anderen literarischen Gattungen, in Predigt und Traktat, Chronik und geistlichem Spiel, Schwank und Satire. In ihnen allen wird Dichtung wieder von Zwecken und Tendenzen bestimmt; die Zeit der großen Kunstwerke ist vorbei.

Unsere Darstellung wird also das Werk dreier Generationen umfassen. Rein schematisch lassen sie sich als Aufstieg, Höhe und Absinken oder Erstarren einer großen Kulturbewegung auffassen und in eine frühhöfische, eine klassische und eine nachklassische Generation gliedern. Wenn wir uns bewußt bleiben, daß eine solche schematische Abfolge in Wirklichkeit eine vielfache Verflechtung und Durchdringung ist, daß frühhöfische Formen und Anschauungen weit in die klassische Generation hinein gültig bleiben und daß Anzeichen der erstarrenden oder sich wandelnden Spätzeit schon bei manchen Zeitgenossen der großen Klassiker bemerkbar werden, so können wir diese Dreigliederung unserer Darstellung zugrunde legen. Dabei wird der Nachdruck naturgemäß bei den großen Klassikern liegen. Ihre Werke erfordern und rechtfertigen eine eindringliche Analyse, aus der das Wesen der höfischen Haltung hervortreten und zugleich die Erkenntnis erwachsen soll, wie weiträumig und vielfältig diese Zeit trotz ihrer mittelalterlichen Gebundenheit ist und wie sehr sie ausgeprägten Persönlichkeiten Entfaltungsraum gewährt.

Die beiden führenden Gattungen dieser Literatur sind das ritterliche Epos und die Minnelyrik. Die religiöse Dichtung tritt aus ihrer beherrschenden Stellung ganz zurück, und eine Lehrdichtung von Rang bringt erst die letzte Generation hervor. Ein religiöses Drama in der Volkssprache, das im späten Mittelalter eine so große Rolle spielen sollte, gibt es noch nicht. Auch die deutsche Prosa nimmt noch nicht den Rang ein, den sie in der Spätzeit erringt, doch sind mancherlei Ansätze einer neuen Buchprosa in Theologie, Wissenschaft und Recht, sogar ein erster vereinzelter Versuch einer literarischen Prosa zu verbuchen. Die Darstellung werde ich nach Gattungen aufgliedern, in den einzelnen Kapiteln aber die Generationenfolge maßgeblich sein lassen. Denn gerade die beiden führenden Gattungen haben ihre eigene Geschichte, die nicht deutlich zur Anschauung käme, wenn man die Generationenstufen zur Grundlage der Darstellung machen wollte, und die kleinen Gattungen würden sich darin vollends verzetteln.

Wir bezeichnen die literarische Epoche, mit der wir uns hier zu beschäftigen haben, als die Zeit der ritterlichen oder höfischen Dichtung. Die beiden Beiwörter, so eng sie auch miteinander verbunden sind, meinen nicht dasselbe.

Mit dem Namen ritterlich ist eine ständische Einordnung gegeben. Wenn wir von ritterlicher Dichtung sprechen, so meinen wir zunächst, daß der Ritterstand der Träger der neuen Literatur ist. Das Mittelalter hat für den Stand die bezeichnenden Ausdrücke „*orden*" oder „*reht*". Sie besagen, daß es sich um bestimmte Lebensordnungen handelt, die den Zugehörigen des Standes abgrenzen und umhegen, um einen Komplex von Rechten und Pflichten – beides ist in dem mittelhochdeutschen Worte *reht* umgriffen –, die dem Mitglied des Standes und nur ihm eigen sind. Aus ihnen erwächst das Sonderbewußtsein und Geltungsgefühl des Standes. Der Ritterstand ist durch seine kriegerische Aufgabe bestimmt; der Ritter ist der gerüstete Reiter, der den Kern und die Stärke des Heeres ausmacht. Seine wirtschaftliche Lebensgrundlage ist der Landbesitz als Eigen oder Lehen, neben dem andere Formen der Einkünfte noch keine wesentliche Rolle spielen. Die aufkommende Geldwirtschaft berührt den Ritter der Stauferzeit noch nicht im Kern; sie wird in der ethischen Lehrdichtung abgelehnt. Nach außen hebt den Ritter das „ritterliche Gewand" sichtbar ab; das Schwert ist das Vorrechtszeichen des Ritters, die Schwertleite der feierliche Akt der Aufnahme in den Stand.

Der Ritterstand, ob Freiherr oder Ministerial, d. h. aus dem unfreien Herrendienst Aufgestiegener, ist eine adlige Oberschicht, neben dem geistlichen Stand der einzige weltliche mit einem Führungsanspruch auf politischem, wirtschaftlichem und kulturellem Gebiet. Der dritte Stand, der Bauernstand, ist eine in ihrer Geltung abgesunkene, ruhende Unterschicht geworden, ohne Bedeutung im geistigen Leben der Nation. Die Stadt und der Bürger, obwohl politisch und wirtschaftlich gerade in der Stauferzeit mächtig aufstrebend, sind in das Ordnungsbewußtsein der Zeit noch nicht eingefügt und ohne eigenen geistigen Ausdruckswillen. Die großen Lehrdichtungen der Zeit: Thomasins Wälscher Gast, Freidanks Bescheidenheit räumen der Stadt und dem Bürger noch keinen Platz in ihrer Ständeordnung ein. Gottfried von Straßburg, der Stadtbürger, schafft in seinem Tristan eines der großen künstlerischen Dokumente höfisch-ritterlichen Denkens, und Rudolf von Ems stilisiert in seinem Guten Gerhard den großen Kölner Kaufmann als Muster höfischadligen Menschentums.

Der Ritterstand ist ein in sich vielgegliedertes und gestuftes Gebilde. Dennoch fühlt er sich als eine ideale Einheit; sie reichte von den höchsten Trägern der Nation, dem Kaiser und den Fürsten, bis hinab zu dem ärmsten Ministerialen, der im Herrendienst ein kärgliches und unsicheres Brot fand. Walther von der Vogelweide, der landlos wandernde Sänger, dem sich erst im Alter die Sehnsucht nach dem Lehen, dem eigenen Sitz, erfüllte, steht in der Idee gleichen Rechtes neben den Kaisern und Fürsten, denen er diente und denen er mit dem Selbstbewußtsein des Gleichwertigen entgegentreten durfte. Die alles umspannende Ordnung ist das Lehenswesen, das ein vielfädiges Netz der Beziehungen zwischen oben und unten knüpfte und Herr und Mann nach dem Grundsatz von Dienst und Lohn in eine gegenseitige Verpflichtung setzte. Die sachliche Rückbezüglichkeit zwischen Herr und Mann, die sich in dem Grundsatz ausspricht: kein Lehen ohne Dienst, kein Dienst ohne Lehen, wird seelisch durchwärmt und sittlich vertieft durch ein inneres Bindungsbewußtsein, das sich in dem Begriff der „Treue" verdichtet. So oft sie im wirklichen Leben gebrochen und verraten wurde, so ist sie doch grundsätzlich das Lebensblut des Lehenswesens. Eine ritterliche Lebensnorm wird gültig, die ihr Geltungsbewußtsein in dem Begriff der „Ehre" zusammenfaßt. Er ist dem Aufgabenkreis des Ritters entsprechend von seiner kriegerischen Leistung bestimmt und umfaßt äußere Geltung und innere Gesinnung zu einer Einheit, für die wir das Wort „Haltung" verwenden können. Mittelhochdeutsch *êre* läßt sich als das empfindliche Gefühl für ständische und sittliche Unantastbarkeit umschreiben.

Auf die verwickelte Geschichte des Lehenswesens ist hier nicht einzugehen. Unverkennbar aber reichen gerade seine tiefsten sittlichen Wurzeln in das altgermanische Gefolgschaftswesen zurück. Mit ihm teilt es die sachliche Rückbezüglichkeit von Dienst und Lohn und ihre sittliche Vertiefung in der Treuebindung von Gefolgsherrn und Gefolgsmann. Mit ihm teilt es auch das Verpflichtungsbewußtsein einer adlig-kriegerischen Oberschicht, das empfindliche Ehrgefühl. „Treue" und „Ehre" sind hier wie dort die tragenden Grundbegriffe. Darum konnte sich das edle Rittertum der Stauferzeit in den großen Gestalten der germanischen heroischen Dichtung widergespiegelt finden; darum konnte gerade jetzt das Nibelungenlied als staufisches Gedicht die heroischen Gestalten der Völkerwanderungsdichtung zu neuem Leben erwecken.

Das Heranwachsen des Rittertums als Stand ist weder erst ein Ereignis der staufischen Zeit noch eine deutsche Sondererscheinung. Längst war der *miles* in der militärischen, politischen und sozialen Geschichte eine bestimmende Figur. Auch als literarische Erscheinung ist er älter als die Stauferzeit. Zum ersten Male wird ein Ritter zum Helden einer Dichtung in dem eigentümlichen lateinischen Hexametergedicht, das wir nach seinem Helden „Ruodlieb" nennen. Dieses Werk eines Tegernseer Geistlichen aus der Mitte des 11. Jahrhunderts gibt an Hand einer novellistischen Geschichte ein Bild ritterlichen Wesens und Lebens, in dem alle Merkmale einer kriegerisch bestimmten, adlig erhobenen, gesellschaftlich verfeinerten und nach festen sittlichen Normen lebenden ständischen Oberschicht bereits vorhanden sind. Begriff und Name des Ritters sind uns auch schon in der deutschen Dichtung begegnet; Alexanderlied, Rolandslied und Kaiserchronik, König Rother und Herzog Ernst wissen von ritterlichem Wesen, formen ihre Gestalten als Ritter und kennen auch die Bezeichnung „Ritter" schon als Ausdruck eines ständischen Idealtypus. Wenn wir erst bei der staufischen Dichtung von ritterlicher Dichtung reden, so deswegen, weil erst jetzt der Ritter selber das Wort ergreift. Jene „vorhöfische Epik", der die Schlußkapitel des ersten Bandes gewidmet waren, sind nachweislich oder ihrem Wesen nach Werke geistlicher Verfasser, die weltliche Stoffe für ein ritterliches Publikum darstellten. Seit Heinrich von Veldeke aber, dem „Vater der höfischen Dichtung", der um 1170 seinen Äneasroman begann, sind alle bedeutenden Dichter unseres Zeitraumes ritterlicher, allenfalls – wie Gottfried von Straßburg – stadtpatrizischer Herkunft. Der geistliche Stand tritt in dieser Epoche in der deutschen Dichtung völlig zurück. Der voll ausgebildete, seiner selbst voll bewußte Ritterstand stellt sich selber in seiner Idealität künstlerisch dar. Seit vierhundert Jahren übernimmt zum erstenmal wieder ein weltlicher Stand auch literarisch die Führung; das ist das große Neue der staufischen Dichtung.

Die Ausbildung des Ritterstandes ist keine deutsche, überhaupt keine einzelnationale Erscheinung. Früher als in Deutschland ist er in Frankreich durchgeformt und zu kultureller Führung gelangt. Daher wird Frankreich in der ritterlichen Dichtung tonangebend; die Schöpfung der Minnelyrik ist die Leistung der Provence, die Schöpfung des ritterlichen Epos die Leistung des nördlichen Frankreich. Die deutsche Dichtung erkennt die Führerrolle Frankreichs ausdrücklich oder stillschweigend an. Französische Stoffe und Gattungen werden in Deutschland übernommen und nachgebildet. Wie deutsche Dichtung sich zu den französischen Vorbildern verhält, wie sie um sie wirbt, sie für sich gewinnt und sich wieder von ihnen frei macht, das ist ein gutes Stück der deutschen Literaturgeschichte dieser Zeit. England und Italien, später auch Skandinavien und die westlichen Slawen haben an der Erscheinung des Rittertums und an seiner Kultur teil. Zwar gab es innerhalb des Rittertums ein nationales Geltungsgefühl, und es ist eine seiner großen Taten, daß es statt des internationalen Lateins der Kirche die nationalen Volkssprachen zum Ausdrucksmittel der höchsten Dichtung machte. Dennoch gibt es eine ritterliche Universalität, wie es eine kirchliche gibt. Rittertum erkannte sich in Aufgabe und Gesinnung überall wieder. Darum konnte es sich in der Schöpfung des Artushofes überall ideal ausgedrückt fühlen. Der Artusroman wurde eine übernationale Literaturgattung, Artus selber zu einer überzeitlichen und überräumlichen Verkörperung einer Idee. Ritterliche Universalität griff sogar über die Universalität der Kirche hinaus; sie bezog auch das Heidentum, das antike wie das arabisch-islamische, in ihren Geltungskreis ein. Die staufische Zeit sah und erlebte die Helden des Alexander-, Äneas- und Trojaromanes als „Ritter", und weit über Kaiserchronik und Rolandslied hinaus billigte die staufische Dichtung dem orientalisch-arabischen Gegner die Qualitäten edlen Rittertums zu.

Auf dem Boden des ständischen Rittertums erwuchs das, was wir höfisch nennen. Doch ist „höfisch" weit mehr als nur eine Qualität des Rittertums. Darüber belehrt uns schon die Sprache. Der Bezirk des „Ritterlichen" geht von der konkreten Erscheinung aus, daher ist sein Grundwort ein Nomen, der „Ritter", von dem die übrigen Glieder der Wortsippe „ritterlich, Rittertum" abgeleitet sind. Dagegen ist „höfisch" zwar ebenfalls eine Ableitung von einem Nomen, der „Hof"; höfisch ist, was zum Hof gehört. Aber es hat sich so sehr mit Eigenwert erfüllt, daß es von diesem Grundwort her nicht mehr zu definieren ist und sich von der mhd. Wortform *hübesch* her in der nhd. Entwicklung als das Adjektivum „hübsch" gänzlich von ihm gelöst hat. „*hövesch*" selber ist zu einem Grundwort geworden, von dem andere abgeleitet werden: „*hövescheit, höveschen*". Dagegen gibt es kein Gegenwort zu dem Substantivum „*riter*"; man kann nur von einem *höveschen man* reden. Denn „*hövesch*" ist ein Qualitätsbegriff, genauer gesagt, ein Bildungsbegriff, eine menschliche Stilform. Dem Ritter als einem Stande steht als Gegenwert der Bauer gegenüber, dem *höveschen man* dagegen der *dörper* (= nhd. Tölpel), eine Lehnbildung nach dem lateinischen *rusticus*, der rohe, unkultivierte Mann.

Höfisch ist also ursprünglich der Mann, der zur Gesellschaft des fürstlichen Hofes gehört, dann aber spezialisiert: der Mann, der die Qualitäten aufweist, die in dieser Gesellschaft erfordert werden. Ihrer ständischen Struktur nach ist diese Gesellschaft eine ritterliche Gesellschaft, daher kann sich nur ein ritterlicher Mann die höfischen Qualitäten erwerben. Aber nicht jeder Ritter ist in diesem Sinne höfisch; der bloße Landjunker oder Haudegen ist zwar seinem Stande nach Ritter, seiner Qualität nach aber ist er nicht Glied jener bildungsmäßig herausgehobenen Schicht, sondern „*dörper*".

Der höfische Mann als der gebildete Mann ist auch der erzogene Mann. Ein Grundbegriff der höfischen Qualitätslehre ist die Erziehung, die *zuht*. Sie ist Erziehung des Kindes, begreift aber auch die Formung des erwachsenen Menschen ein, als Bildung und Selbstzucht. Gottfried von Straßburg gibt in der Erziehung des jungen Tristan einen Einblick in den höfischen Bildungsgang. Waffenübung und die Erziehung zu Mut und sportlicher Gewandtheit gehören zum selbstverständlichen Wesen des kriegerischen Rittertums. Betont aber steht dem die geistige Bildung gegenüber, die Beherrschung der großen Kultursprachen Latein und Französisch, die Meisterschaft in der Musik, Gesang wie Instrumentalmusik, die Gewandtheit im geselligen Umgang. Der höfisch gebildete Mann ist ein belesener und bereister Mann; eine große Auslandsreise schließt Tristans Ausbildung ab.

Höfische Kultur ist eine gesellschaftliche Kultur. Das Mittelalter kennt nicht das Glück des autonomen Individuums, das sich selbstherrlich

nach seinen eigenen Bedingungen und Strebungen zur Persönlichkeit
formt. Alle Bildung des Menschen erfolgt in der Gesellschaft und für
die Gesellschaft. Nur in ihr lebt der Mensch ein lebenswertes Dasein.
Einsamkeit ist Vereinzelung, Ausgestoßenheit, wie sie Parzival in der
Zeit seiner Gottferne zwischen seiner Selbstverbannung aus dem
Artuskreis und seiner Aufnahme in den Gralskreis verzweifelnd erlebt. Aus der Gesellschaft strömen dem mittelalterlichen Menschen
seine Kräfte zu, wie er seine Kräfte und Begabungen der Gesellschaft
zuführt.

Zugehörigkeit zur Gesellschaft wird als Steigerung des eigenen Daseins empfunden. Das tragende Grundgefühl der höfischen Gesellschaft
ist *vröude*, die Lust zu leben, festlich teilzunehmen an der festlichen Gesamterscheinung der Gesellschaft, die sich durch Reichtum, Pracht, Bildung, Anstand aus der Durchschnittlichkeit des Daseins herausgehoben
fühlt. Das Fest wird zum Ausdruck dieser Lebensfreude, zu der jeder
einzelne mit seiner „Freude" beizutragen hat, zu der auch der Dichter
durch seine Werke beiträgt. Höfische Dichtung ist recht eigentlich Ge-
sellschaftsdichtung; wie die Musik ist sie Teil der ästhetischen Bildung
der Gesellschaft, und wir werden sehen, wie die Eigenart des Minnesangs darin liegt, daß hier Geheimstes und Individuellstes dadurch gültig wird, daß es sich in die Gesellschaft ergießt. Die freudige Hochstimmung, die dem Einzelnen aus der Zugehörigkeit zu der gebildeten
Gesellschaft erwächst, nennt die Zeit den „*hôhen muot*", für den die höfische Lyrik das Bild des aufsteigenden Falken gefunden hat.

Die höfische Bildung ist eine ästhetische Bildung. Schönheit, Anmut und Pracht sind Wahrzeichen der höfischen Gesellschaft. Die höfische Dichtung kennt nur den schönen Menschen; Häßlichkeit ist ihr
der dämonische Kontrast zu dem, was wahrhaft Mensch ist. Anmutig
bewegte Schönheit des Gesichtes und der Gestalt wetteifert mit der
Pracht der Gewänder, und der höfische Dichter wird nicht müde, sich
am Wert der kostbaren Stoffe, dem Glanz der Farben, dem Funkeln
edler Steine zu berauschen. Die ausgesponnenen Schilderungen der höfischen Feste, der Turniere, der glänzenden Waffen und prächtigen Gewänder, die uns ermüden, müssen wir als den Rausch einer neuen Daseinslust begreifen. Auch die Natur wird in diese zuchtvolle Schönheits-
freude einbegriffen. Die ungebändigte Naturkraft ist unheimlich, ist der
wilde, weglose und bedrohliche Aufenthalt dämonischer Wesen. Die
zarte, blasse, wohlstilisierte Natur der Lyrik, die Maienwonne der pfingstlichen Artusfeste sind der bezeichnende Rahmen um die anmutvolle
Schönheit der höfischen Gestalten. Der Winter wird als bloße Negation
erlebt; ganz selten vermag ein höfischer Dichter ihn wirklich zu gestalten (der Winterwald im Parzival, das winterliche Gebirge in der „Krone"
des Heinrich von dem Türlin).

Indessen wäre es falsch, die höfische Bildung im Ästhetischen erschöpft zu sehen. Wir begreifen höfische Dichtung nur, wenn wir uns darüber klar sind, daß für das Denken der Zeit eine unmittelbare Rückbezüglichkeit zwischen dem Innen und dem Außen besteht. Schönheit der Erscheinung ist Ausdruck eines schönen Innern; nur der edle Mensch kann schön sein. Soviel auch Erziehung bedeutet, so weiß man doch, daß sie nur dort fruchtet, wo die innere Veranlagung vorhanden ist. Das Nibelungenlied drückt es bei Siegfrieds Erziehung klassisch aus: man erzog ihn so sorgfältig, sagt Str. 23, wie es ihm, dem Königssohn, zukam. Aber, so ruft der Dichter aus, wieviele Qualitäten (*tugende*) nahm er aus seiner eigenen Veranlagung (*von sîn selbes muote*) an! Nur der „edle Rohstoff" läßt sich bilden, um dann, wie der junge Parzival, der junge Gregorius den Durchschnitt rasch zu überwachsen. So gehören zu dem vollendeten höfischen Menschen die höfischen „tugenden", die sittlichen Qualitäten der Selbstbeherrschung, der Bescheidenheit und Ehrfurcht, des Edelmutes, der Freigebigkeit, des reinen Gemütes. Letztes Ziel höfischer Bildung ist die Bändigung des Triebhaften, die Reinigung der Leidenschaften, eine Bewußtheit der edlen Lebensführung, eine Stilisierung des Daseins, die wir im Ganzen als die höfische Haltung bezeichnen können.

Von höchster Bedeutung ist in dieser höfischen Gesellschaft die Stellung der Frau. Wir haben bei dem Rolandslied und dem Herzog Ernst hervorgehoben, daß in diesen Epen für die Frau kein Raum ist, und bei den Brautwerbungsgeschichten vom Typ des König Rother darauf hingewiesen, wie dort der Frau nur die Rolle des ruhenden Objektes zukommt, um das sich Handlung entfaltet. Die höfische Gesellschaft und ihre Dichtung gaben der Frau einen neuen, hohen Eigenwert. Sie wird Stern und Mittelpunkt der Gesellschaft; erst die Gegenwart der Frau macht die höfische Geselligkeit zum Fest. Die schöne Frau – und alle höfischen Frauen sind schön – ist die Quelle der höfischen Freude, die Weckerin des hohen Mutes. Die gesellschaftliche, d. h. ästhetische Rolle ist indessen auch bei der Frau noch nicht das Wesentliche. Zu der gesellschaftlichen Überhöhung tritt die sittliche. Die Frau wird ihrem Wesen nach als das reinere und vollkommenere Geschöpf erkannt; darum läßt sich bei Wolfram der Gral nur von einer Frau tragen. Die Frau wird damit fähig, die Erzieherin des Mannes zu höfischer Vollkommenheit zu sein. Um ihretwillen leistet der Ritter seine Waffentaten; Turnier und ernster Kampf, Schlacht und Aventiure werden zur Werbung um die Gunst der Frau. Er unterwirft sich aber um der Frau willen auch der höfischen Zucht, strebt nach Läuterung und sittlicher Vollkommenheit, um ihrer wert zu werden. Die Frau wird zur Erzieherin und Bildnerin des Mannes; in der höfischen Dichtung ist zuerst und vielstimmig die Erkenntnis ausgesprochen, daß das Ewig-Weibliche uns hinanzieht.

Während die Frau in der praktischen Sozialordnung von Ehe und Familie der vormundschaftlichen Hauszucht des Mannes unterworfen ist und bleibt, wird sie in der gesellschaftlichen Ordnung des höfischen Lebens und in der Dichtung unerreichbar hoch über den Mann gesteigert. Die Zeit erlebt diese Steigerung aus ihrer ständischen Daseinsform heraus, aus dem Lehenswesen. So wird die Frau zur *frouwe*, d. h. Herrin, der Ritter zum *man*, d. h. Lehensmann. Die Werbung des Mannes erscheint als der Dienst, den er der Herrin leistet, ihre Gunst als der Lohn, den er erstrebt und auf den er Anspruch macht. Dieser Lohn aber führt zu dem Urgrund aller Beziehungen der Geschlechter zurück, zur Liebe, zur Erotik. Der Lohn kann in hohem Grade zu zeichenhaften Gewährungen entsinnlicht werden, zu einem Gruß, einem Blick, einem Lächeln, er kann sogar ganz ins Sittliche umgedeutet werden, zur Reinigung und Wertsteigerung des Mannes (Albrecht von Johansdorf 94, 9 ff.) – als Letztes bleibt dahinter immer die liebende Hingabe der Frau an den werbenden Mann.

Die Liebe, die Sinnenwelt, der von der Kirche als sündige Fleischeslust verworfene Eros tritt als eine neue, bejahte und beherrschende Macht in das Denken und Dichten der Zeit ein. Auch die Liebe erhält ihr höfisches Gepräge; sie wird zu dem, was alle höfische Dichtung Minne nennt. Höfische Minne ist keine einfache und allgemeingültig zu definierende Erscheinung. Sie sieht in der Epik und der Lyrik, bei Veldeke, Gottfried und Wolfram, sehr verschieden aus, und es wird Aufgabe der Einzeldarstellung sein, den Minnebegriff verschiedener Gattungen oder Dichter zu klären. Allen gemeinsam ist indessen das Bestreben, die Minne als eine überwältigende Daseinsmacht zu erfassen, sie als zentrales Erlebnis des Menschen zu bejahen und sie in das höfische Bestreben nach Formung und Bildung einzuordnen. Ganz allgemein mag man höfische Minne als zur Bewußtheit erhobene und zu schöner Haltung gebändigte Sublimierung urtümlich triebhafter Kräfte des Menschen bezeichnen. Alle Unzulänglichkeiten und Entartungen dürfen nicht darüber hinwegtäuschen, daß diese Minne eine erlebte Daseinsmacht voll erhebender und begeisternder Kraft war, und daß ihre Bejahung den entscheidenden Durchbruch von der Weltabsage der geistlichen Dichtung des 12. Jahrhunderts zur Weltbejahung der höfischen Dichtung bedeutet.

Die Menschen dieser Generationen waren an eine Tradition gebunden und durch eine Erziehung gegangen, die wahre Werte von unbedingter Gültigkeit nur transzendent zu erfassen vermochten. Alle Güter der Welt, alle Natur, alles irdische Dasein des Menschen waren nur ein bezogener Wert und ohne Beziehung auf ein Absolutes, ein *summum bonum*, ungültig. Die Hinwendung der neuen, ritterlich-höfischen Generationen zur Welt konnte daher niemals zu einer bloßen Bejahung des

Diesseits in seinem Sosein führen. Sollte es ihnen wahrhaft gültig werden, so konnte es nur geschehen, indem sie es in eine Idee verwandelten, es sublimierten. Daher konnte die Kunst dieser Generationen auch niemals „realistisch" sein, niemals irdisches Dasein, wenn auch in gereinigter Form, als solches darstellen. Die geschichtliche Dichtung der vorhöfischen Zeit konnte hier keine Nachfolge finden. Alle höfische Dichtung bewegt sich in einem idealen Raum. Dies Streben nach Idealität war es, das Artus und seine Welt für diese Menschen so anziehend machte. Aus aller Wirklichkeit der geschichtlichen Zeit und des geographischen Raumes herausgehoben, bewegten sich Artus und seine Helden in einer Idealwelt, deren märchenhafte Orte, Wesen und Abenteuer mindestens der Fiktion nach eine Transzendenz besaßen. Wolfram baute über dieser idealen Welt des Artusrittertums eine noch höhere, dem Christlich-Transzendenten angenäherte Welt, das Gralreich, in dem sich Gott und Welt vermählen konnten. Keinem irdischen Ritter konnte es einfallen, diese fernen Bereiche wirklich aufzusuchen. Ihre Scheingeltung mußte als eine höhere Gültigkeit anerkannt werden, sollte sie nicht wie ein Schaumgebilde vergehen. Wo man sie ins Irdische hinabzuziehen und in der realen Gegenwart zu verwirklichen suchte, wie es Ulrich von Lichtenstein tat, wurde sie zur entlarvenden Travestie.

Diese Sublimierung fand ihren Kristallisationspunkt in der Minne. Damit sie dieses werden konnte, mußte sie selbst ein echtes *summum bonum*, also absolut und transzendent werden. In der frühhöfischen Epik und zum Teil auch in der frühen Lyrik wurde die entbundene Allmacht des Eros zunächst eher als eine Erschütterung und Bedrohung, ja, als Zerstörung des alten Ordnungsgefüges erlebt. Minne war hier nicht die göttliche Verklärung, sondern eine schicksalhafte Dämonie, der der Mensch preisgegeben war. Was wir eigentlich „Hohe Minne" nennen, ist dagegen die Minne als eine transzendente Macht mit erhebender und läuternder Kraft und einer gewiß pseudoreligiösen, aber aus echten religiösen Grundkräften erlebten Weihe. Minne wird zur Anbetung.

Die Hohe Minne verlangt aus dem symbolischen Denken der Zeit ihre zeichenhafte Verkörperung. Die antiken Gestalten, Venus, Cupido, Amor, konnten dafür nur als Gedankenspiel in Frage kommen. Lebendiges Symbol wurde die umworbene Frau selber. In ihr verkörpert sich die himmlische Macht der Minne. In der Sublimierung zum Symbol verliert die *frouwe* den Charakter des Persönlichen und Einmaligen. Im ganzen hohen Minnesang gibt es kein wirkliches „Frauenbild"; alle irdische Realität der einzelnen geht unter in der absoluten, überirdischen Schönheit der Frau an sich. Wenn Walthers berühmtes Gedicht 53, 25 es unternimmt, die Geliebte beschreibend darzustellen, so entsteht doch nur das Bild der ideal erhöhten Dame als solcher. In der einen wird dem Dichter die Frau zur Idee; darum kann der Minnesänger von sich aussagen,

daß er in seiner *frouwe* alle Frauen ehrt und ihnen dient. So reiner Glanz
reinigt auch das Streben des Mannes. Alles irdische Begehren kann davor ausgelöscht erscheinen. Geblendet, verwirrt, der Sprache beraubt
steht der Ritter vor dieser überirdischen Erscheinung. Erst so wird Minne
fähig, nicht nur Mittelpunkt einer gebildeten Geselligkeit, sondern Herzpunkt einer Idee zu werden.

In dieser kühnen Anomalie, daß das Irdische in einer seiner triebhaften Urkräfte zu transzendenter Bedeutung erhoben wird, liegt die
Größe und die Gefahr der höfischen Welt. Sie wird unübertrefflich deutlich gemacht in dem „kristallenen Bett', auf dem Tristan und Isolde in
der Minnegrotte ruhen. Seine „kristallene Reinheit" symbolisiert die
religiöse Hochspannung des Minnedenkens, und es ist doch zugleich
der Ort der höchsten Sinnenlust. Aus dieser Spannung haben die großen
Dichter der „Hohen Minne" gelebt und sie in ihren Werken gestaltet.

Nur solange diese höchste Spannung bewußt und rein erlebt wird,
kann sie beflügeln und erheben, kann sie überhaupt dauern. Sie in ihrem
labilen Gleichgewicht zu erhalten, bemühen sich die großen Dichter der
klassischen Zeit. Zweifel und Abstürze sind auch ihnen dabei nicht erspart geblieben. Auch die letzte staufische Generation hat noch versucht, aus dieser Idealität zu leben und zu dichten. Die „Frauenehre"
des Stricker hat sie noch einmal zugleich lehrend und preisend zusammengefaßt. Aber wir spüren bereits allenthalben, daß die letzte staufische
Generation diese ideale Spannung nicht mehr zu tragen vermochte. Die
als höchste Spannung zu verstehende und aus dem Denken der Zeit nur
so mögliche Einheit von Irdischem und Ewigem begann sich zu lockern;
Welt und Gott traten wieder auseinander. Wo die Unsicherheit der Welt
empfunden wird, ergreift die Weltangst wieder die Gemüter. Der alternde Walther hat sie ebenso erlebt wie der alternde Neithart und wohl
auch Rudolf von Ems, als er seinen Barlaam und Josaphat dichtete. Zu
einer bestimmenden Macht ist sie vor 1250 noch nicht wieder geworden.
Erst in der zweiten Hälfte des 13. Jahrhunderts werden Weltabkehr und
Weltüberwindung wieder Anliegen der Menschen, im Armutsideal des
Franziskanertums, im „Inneren Leben" und der Sehnsucht nach Einswerden mit Gott bei den Mystikern, im gottbezogenen Weltleben religiöser Laiengruppen.

Die Entdeckung der Welt aber war nicht wieder rückgängig zu machen. Sie ist da und verlangt ihr Recht. Aber indem sie ihre Transzendenz verliert, wird sie zur wirklichen, irdisch-realen Welt, die erfaßt
wird, wie sie ist. Erst jetzt wird in der Kunst ein Realismus möglich. Die
Welt in ihrer Wirklichkeit zu erkennen und darzustellen, wird eine an-
ziehende Aufgabe des Künstlers, die so erfaßte Welt der Wirklichkeit
in ihrer Unvollkommenheit und Brüchigkeit zu kennzeichnen, das Anliegen der in spätstaufischer Zeit wieder zur Bedeutung aufsteigenden

Lehrdichtung. Der Zwiespalt zwischen Welt und Gott kann nicht mehr in der unbedingten Entwertung der Welt überwunden werden wie in der frühmittelhochdeutschen Zeit. Als eine gegebene Tatsache hingenommen, gibt er der spätmittelalterlichen Literatur ihre Zwiegesichtigkeit, ihr Hinundhergerissensein zwischen derbster Lebenslust und glühender religiöser Inbrunst.

Alles in allem bedeutet das Erwachsen der höfischen Kultur eine tiefeingreifende Wandlung des grundsätzlichen Denkens. Sie setzt eine neue Wertung des Diesseits voraus, das aus seinen eigenen Bedingungen heraus zu exemplarischer Gültigkeit erhoben und dichterisch gestaltet werden will. Die ausgesprochene Jenseitsbezogenheit des reformerischen Jahrhunderts und seiner Literatur sah die entscheidende Tatsache des menschlichen Daseins im Tode als dem Durchgang zur Ewigkeit und rückt alle Wertung des Lebens einzig unter den Gesichtspunkt der Vorbereitung auf den Tod und das Jenseits. Nicht zufällig stehen zwei Gedichte, die das *memento mori* zu ihrem eigentlichen Thema machen, am Eingang und Ausklang der frühmittelhochdeutschen Literatur, und es ist das ausgesprochene oder unausgesprochene Leitwort aller Dichtung dieser Zeit. Diese gesamte Literatur, geboren aus dem Geltungswillen der Kirche, getragen von dem reformerischen Eifer der von Hirsau ausgehenden Bewegung, war das erzieherische Wort der Kirche an den sündenverlorenen Menschen, dem nur die Diesseitsflucht, der *contemptus mundi*, Rettung bringen kann. Wir hatten freilich in den letzten Kapiteln des vorigen Bandes schon die Zeichen der Auflockerung gesehen, eine neue ritterliche Frömmigkeitshaltung aus der Kreuzzugsbegeisterung, ein Eingehen der Kirche auf die eigenen Bedürfnisse der Laienkreise in der spannenden Legendendichtung, den Einbruch weltlicher Erzählfreude im Rother und im Herzog Ernst.

Allein erst jetzt kommt es zu einer bewußten Erfassung des Daseins in der Welt als einer autonomen Aufgabe des Menschen. Es ist eben mehr als ein nur äußerlicher Vorgang, daß statt des Geistlichen der Ritter das Wort nimmt. Es besagt, daß der weltliche Führungsstand sich mündig erklärt, reif, sich selbst und sein Wesen im Kunstwerk auszusprechen. Dieser Stand ist „von dieser Welt", und diese Welt ist das Feld seines Tuns. Aus seinen adligen Voraussetzungen schafft er das Menschenbild, das ihm gemäß ist. In ihm haben diesseitige Werte: Schönheit, Reichtum und Pracht, Natur und Kunst ihren Sinn und Raum, sofern sie Ausdruck eines wahrhaft edlen Innern sind. Und die große Diesseitsmacht der Minne wird zum Mittelpunkt seines Denkens. Aber auch die inneren Werte werden nicht aus den Forderungen eines göttlichen Gebotes entwickelt, sondern aus einer immanenten Sittlichkeit. Der edle Mensch formt sich aus sich selbst heraus. Nicht daß Religion, Frömmigkeit,

festes Wurzeln im kirchlichen Glauben außerhalb blieben. Sie gehören
in die „Haltung" des höfischen Mannes hinein; keiner der großen
Dichter hat sie angetastet, keine Gestalt der großen Dichtung ist religiöser Zweifler oder Freigeist. Indes christlicher Glaube und kirchliche
Frömmigkeit gehören nur dazu, sind Teil einer Ganzheit, die nicht von
hier aus erfahren und gestaltet ist. Sie geht vom Menschen aus, sucht
den vollkommen gebildeten Menschen und darf daher mit Recht den
Namen der Humanität tragen.

  Indessen, je ernster die Frage des vollkommen geformten Menschen
gestellt wird, um so dringender tut sich die Problematik der Zeit auf.
Dieses neue Menschenbild wird ja nicht in den leeren Raum gestellt; es
steht in einer fertigen Welt und muß sich mit ihr auseinandersetzen. Das
Weltbild der Zeit aber bleibt das von der christlichen Religion dargebo-
tene, von der Kirche durchgestaltete Bild der Welt. Es ist die Welt, die
von der Allmacht Gottes aus dem Nichts geschaffen ist, die durch den
Sündenfall des Menschen selber sündenbefleckt ist, die Welt des großen
Heilsplanes mit dem Trost der Erlösungstat Christi, aber auch der Drohung des Unterganges und des letzten Gerichtes. Sie ist ein Ort der Vergänglichkeit, dem Tode und der Verwesung ausgeliefert, so wie der
Mensch es als Teil dieser Welt ist, ein Spielfeld des Teufels, eine Verlockung zur Sünde. Kurz, es ist das unveränderte Weltbild der vorangegangenen Zeit.

  Hatte diese Zeit den Menschen in Übereinstimmung mit diesem Weltbild gesehen und entsprechend zur Abkehr von der Welt, zur Askese
und Weltentsagung zu erziehen versucht, so mußte das neue, autonom
diesseitige Menschenbild zu dieser Welt in eine Spannung treten, die
zum tragischen Konflikt werden konnte. Denn eben die Welt, die das
höfische Denken als einen Wert bejahte, war ja dieselbe sünden- und
teufelsverfallene Welt, die das christliche Denken verneinte. Der alternde
Walther von der Vogelweide erfuhr diese Spannung schmerzlich in den
handgreiflichen Bildern seiner Alterselegie: die bittere Galle im süßen
Honig, die bunte Schönheit der Oberfläche im Kontrast zur schwarzen
Todesfinsternis des Inneren. Und ihm wie anderen begegnete das zwie-
gesichtige Bild der „Frau Welt", die von vorne in der anmutigen Schönheit der höfischen Frau erscheint, im Rücken aber die grauenvollen Zeichen des Todes und der Verwesung trägt. Das bedrängende Problem,
wie Gott und die Welt – die höfisch bejahte Welt – zu versöhnen seien,
wie man „Gott und der Welt gefallen" könne, beunruhigt alle großen Dichter dieser Zeit. Es wird das Problem jedes ernsthaft denkenden
Mannes und überschattet die Freude des höfischen Daseins mit einer
Tragik, die man aus seiner festlichen Helle nicht wegdiskutieren darf.
Wir werden das Gott-Welt-Problem immer wieder in die Mitte der Analyse der großen höfischen Dichtwerke stellen müssen.

Eine Lösung dieses Problems glaubte die Forschung in der Lehre vom Gradualismus gefunden zu haben. Mit Gradualismus bezeichnen wir eine von der Hochscholastik endgültig durchgestaltete Lehre von dem Verhältnis der Welt zu Gott. Mit dieser Lehre wird die bloße Negation der Welt überwunden und jedes Ding der Welt in ein relatives Verhältnis zu Gott gesetzt. Jedes Ding hat nach dieser Lehre seine eigene Gottbezogenheit und ist im Rahmen seiner Möglichkeiten vollkommen, sofern es seine ihm von Gott gesetzte Aufgabe erfüllt. Die Welt erscheint so als ein Kosmos stufenweise emporsteigender Zuordnungen zu Gott, und sie ist als Gesamtbau vollkommen, sofern jedes auf seiner Stufe den Auftrag Gottes erfüllt. Aus einer gradualistischen Weltsicht wäre dem Rittertum in der Tat sein eigener Bewegungsraum zuweisbar, und wäre selbst für die Minne die Möglichkeit einer gottbezogenen Einordnung gegeben.

Gradualistische Gedankengänge hat es seit je gegeben; eine konsequente Handhabung der Auffassung von der *vanitas* und Verwerflichkeit der Welt hätte jede irdische Existenz praktisch unmöglich gemacht. Aus einem solchen gradualistischen Denken war etwa ein Gedicht wie das „Recht" (Bd. I S. 186 f.) erwachsen. Allein die systematische Durchbildung der gradualistischen Lehre war erst ein Werk der Hochscholastik und eher eine Folge als die Grundlage der neuen Diesseitswertung der staufischen Zeit, die auf diese Weise theologisch abgefangen und eingeordnet wurde. Das ganze 12. Jahrhundert stand ausgesprochen unter dem Zeichen eines dualistischen Denkens. Es macht dabei wenig aus, daß die christliche Lehre einen echten Dualismus nicht zuläßt, weil gegenüber der Allmacht Gottes auch der Teufel, der Vertreter des bösen Prinzips, nur in dem untergeordneten Range des Geschaffenen und Geschöpflichen steht. Die kirchliche Laienlehre hat sich immer an den vereinfachenden Kontrast von Gott und Welt gehalten, der unter dem Gedanken der Befleckung der Welt durch die Erbsünde zum dualistischen Kontrast von Gott und Teufel wurde. Himmel und Hölle waren gleichgewichtige Ewigkeiten, und ihre Herren hießen Gott und Satan. Zwischen ihnen steht der Mensch, bangend vor dem Tode und dem letzten Gericht, das nur ein Entweder–Oder kennt, und unter diesem Gesichtspunkt wird auch alles irdische Tun zur Entscheidung zwischen zwei durchaus dualistisch erlebten ewigen Mächten. Unter diesem Gedanken stand auch die Erziehung jener Menschen, die das höfische Menschenbild schufen und dichterisch verklärten. Ihr Weltbild war und blieb das dualistische ihrer Jugend; erst aus ihm erwächst die echte Tragik ihrer Situation.

Es braucht nicht geleugnet zu werden, daß es bei den Dichtern der höfischen Zeit gradualistische Gedankengänge gegeben hat. Man kann sie etwa bei Hartmann von Aue in der Zuversicht seiner Jugendwerke finden, daß wahre Minne und vollendetes Rittertum den Zwiespalt zwischen Gott und Welt überwinden und zur Seligkeit führen können. Allein wir werden bei der Behandlung von Hartmanns Werken sehen, wie rasch dieser gradualistisch deutbare Optimismus zerbrach, als der Dichter sich vor das Problem des Todes gestellt sah, und wie unbedingt in diesem Augenblick auch bei ihm die dualistische Weltsicht durchschlug. Nirgends – auch bei Wolfram nicht – hat gradualistisches Denken die Dichter der höfischen Zeit beherrscht oder beruhigt; sie alle haben sich mit der Spannung auseinanderzusetzen, die aus dem Gegensatz zwischen ihrem humanen Menschenbild und ihrem dualistischen Weltbild erwuchs.

Die staufische Zeit hat ihr neues Menschenbild im Kunstwerk zur Anschauung gebracht. Man sollte erwarten, daß sich eine Generation, die so sehr nach dem Bewußtsein ihres Wesens trachtete, und die der Erziehung eine so große Bedeutung für die Bildung des Menschen zumaß, auch theoretisch mit ihrem Wesen und ihren Zielen auseinandergesetzt hätte und daß sie die Theoretiker gefunden hätte, die eine systematische Lehre von dem Wesen des Höfischen entwickelt, ein System des höfischen Verhaltens aufgestellt hätten. In der Tat hat die höfische Dichtung einen lehrhaften Einschlag. Mehrfach stellt sie die Erziehung ihrer Helden in deren Jugend dar, eingehend etwa Gottfried die Erziehung des jungen Tristan, Hartmann die Erziehung des jungen Gregorius. Sie liebt das Lehrgespräch, etwa in Parzivals Aufenthalt bei dem alten Gurnemanz, und sie ergeht sich in programmatischen Prologen und Exkursen. Aber nirgends legen es die Dichter auf eine systematische Darstellung an, nirgends begegnen wir dem, was man seit Ehrismann das ritterliche Tugendsystem genannt hat. Und es ist bezeichnend für die Zeit, daß die eigentliche Didaktik in den beiden ersten Generationen des Aufstiegs und der Blüte der staufischen Dichtung ganz zurücktritt. Die großen didaktischen Werke: Thomasins Wälscher Gast, der Winsbecke und Freidanks Bescheidenheit liegen erst in der Spätzeit, der dritten Generation, und auch sie geben keineswegs ein System des ritterlich-höfischen Verhaltens; ja, von den drei großen Lehrwerken ist überhaupt nur der Winsbecke und allenfalls das erste Buch von Thomasins Gesamtwerk eine Ritterlehre oder eine Lehre für die höfische Jugend. Und auch sie entwickeln kein System.

Die Frage nach der Existenz eines „ritterlichen Tugendsystems", d. h. einer systematischen Grundlegung des ritterlich-höfischen Verhaltens, ist in den Mittelpunkt der wissenschaftlichen Auseinandersetzung gerückt, seit Gustav Ehrismann es 1919 unternommen hatte, aus der frühscholastischen Schrift Moralium dogma philosophorum, die Wernher von Elmendorf etwa 1170/80 in deutsche Verse übertragen hatte, ein solches „System" zu entwickeln und seine Wirkung in der höfischen

Dichtung nachzuweisen. Ehrismanns durch seine Literaturgeschichte weitverbreitete Auffassung blieb unwidersprochen, bis Ernst Robert Curtius in einem temperamentvollen Aufsatz (1943) nicht nur die Grundlage von Ehrismanns Auffassung als unzulänglich zu erweisen suchte, sondern das Bestehen eines solchen „Systems" überhaupt leugnete. Er findet den Reiz des ritterlichen Ethos – auch für die Zeitgenossen – gerade in dem „Schweben zwischen vielen, teils nahe verwandten, teils auch polaren Idealen".

Man wird das Berechtigte an Curtius' Kritik nicht verkennen. Weder der lateinische Traktat noch das wenig verbreitete Dichtwerk des abseitigen Heiligenstädter Klerikers Wernher von Elmendorf sind geeignet, als theoretische Grundlage oder auch nur als Zusammenfassung einer Lebensnorm zu dienen, die so große Kunstwerke hervorgerufen hat. Bei keinem der Dichter dieser Zeit finden wir eine sichere Spur davon, daß sie Wernhers Werk gekannt hätten, nirgends eine Berufung auf seine Autorität. Aber auch im weiteren hat Curtius recht: in der Ablehnung einer Systematik überhaupt. Höfische Existenz haben wir als Haltung oder Stil gekennzeichnet, und das bedeutet eine Gestalt, nicht ein System. Eine Gesellschaft, auch wenn sie an ihre Glieder sehr bestimmte Forderungen des äußeren und inneren Verhaltens stellt, lebt aus Tradition und Instinkt, nicht aus einer Theorie. Erst eine sinkende Gesellschaft erstarrt in konventionellen Normen und spürt das Bedürfnis, sie theoretisch festzulegen. Ein geregeltes „Tugendsystem" ist abzulehnen; was höfisch ist, haben wir nicht aus dürftigen Traktaten abzulesen, sondern aus den großen Werken und Gestalten der höfischen Dichtung. Hier aber treffen in der Tat verschiedene Werte aufeinander, neben den christlichen auch germanische und antike, und wirklich liegt der Reiz dieser Erscheinung in ihrer Vielschichtigkeit und dem Schweben zwischen verschiedenen Idealen. Eben darin erweist sich die höfische Kultur als eine echte Erscheinung des christlichen Abendlandes.

Dagegen hat Ehrismann richtig gesehen, daß es für das höfische Denken eine feste Rangordnung der Güter gegeben hat, die als Überlieferung aus der Antike auch dem *Moralium dogma* als Einteilungsgrundlage dient. Es ist die Stufenfolge des *summum bonum*, des *honestum* und des *utile*. In ihrer ursprünglichen antiken Geltung sind alle drei Kategorien für den Menschen erstrebbar und erreichbar, das *summum bonum* als die Weisheit des Philosophen, das *honestum* als das sittliche Verhalten des rechtschaffenen Mannes, das *utile* als die äußeren Lebensgüter, das Ziel des praktisch Tätigen. Als diese Güterordnung der christlichen Lehre angepaßt wurde, mußte sie eine tiefe Umdeutung erfahren. Wenn alle wahre Glückseligkeit nur im Jenseits zu finden ist, so kann auch das höchste Gut nur transzendent begriffen werden; Gott allein, oder vom Menschen her gesehen, das Leben in Gott, konnte als *summum bonum* gelten. Die Stufung in drei aufsteigende, aber grundsätzlich koordinierte Glieder muß sich unter dem Gesichtswinkel einer dualistischen Lehre in zwei inkommensurable Gruppen aufspalten. Das *summum bonum* allein ist ein absoluter Wert, *honestum* und *utile* sind nur zwei Stufen von Gütern, die bestenfalls einen relativen Wert besitzen. Das Problem Gott und Welt tut sich abermals auf.

Mit Recht hat Ehrismann diese Güterlehre als grundlegend für das höfische Denken nachzuweisen versucht. Die klassische Formulierung für sie hat Walthers programmatischer Spruch gefunden, den der Illustrator der Manessischen Handschrift seiner Darstellung Walthers mit sicherem Gefühl für das Wesentliche zugrunde gelegt hat: *Ich saz úf eime steine.* Über die richtige Lebensführung nachdenkend, sieht der Dichter das Ziel darin, *êre unde varnde guot = honestum* und *utile* mit *gotes hulde = summum bonum* in Übereinstimmung zu bringen. In klarer Zweigliederung wird den Gütern der Welt, die zwar auch ihrerseits in Spannung zueinander stehen können, das ganz andere: Gottes Huld als die *übergulde*, die Übergüldung, gegenübergestellt. Es ist das Problem Gott und Welt, das den Dichter in der Form dieser alten Güterlehre bedrängt. Das Neue und für diese Zeit Bezeichnende ist es, daß es sich überhaupt als Problem stellt, um dessen Lösung der staufische Dichter aus seiner neuen Diesseitswertung ringt. Und die Tragik der Zeit offenbart sich darin, daß dieser so kräftig im Diesseits verwurzelte Mann auf der Höhe seiner dichterischen Leistung das Problem als unlösbar bezeichnet (*jâ leider desn mac niht gesîn*), unlösbar wenigstens in der Wirklichkeit der politisch zerrissenen und aufgewühlten Gegenwart.

Walthers Spruch steht nicht allein. Die Gliederung kehrt in der höfischen Dichtung immer wieder. Sie war geeignet, das Grundproblem der Zeit zu veranschaulichen. Nicht nur in der kontrastierenden Aufspaltung in das göttliche *summum bonum* und die Güter der Welt, sondern auch in der Zweiteilung dieser Güter selber in das *honestum* und in das *utile*, in Ehre und Besitz. Auch sie sah Walther in einem Spannungsverhältnis. Dieses Spannungsverhältnis findet seinen Ausgleich in der Rückbezüglichkeit von Außen und Innen. Die sachlichen Güter: Schönheit, Stärke, Reichtum, Macht sind daseinsberechtigt und erstrebenswert, sofern sie Ausdruck der sittlichen Güter, der „Tugenden", sind und aus ihrer Harmonie die Ganzheit des höfischen Stils hervorgeht.

Wie eingangs betont, umfaßte die höfische Gesellschaft keineswegs den gesamten ritterlichen Adel. Die Anforderungen an Zucht und Bildung, aus der die höfische Haltung erwuchs, waren für den Durchschnitt nicht faßlich oder gar erfüllbar. Wir haben uns die höfische Welt als eine recht kleine Gruppe vorzustellen und auch in ihr mit viel bloßer Konvention und Mode zu rechnen. Gottfried war sich der esoterischen Auserwähltheit der Gemeinde bewußt, die er die „edlen Herzen" nannte und für die allein er dichten wollte. Wir dürfen die höfische Dichtung, auch wenn sie die Literatur der Zeit bestimmt, nicht für die geistige Kost der Zeit schlechthin halten. Die vorhöfische Literatur war nicht tot; wir werden den Spuren ihres Weiterlebens in der höfischen Dichtung nachzugehen haben, auch wenn über diese literarisch wichtige Erscheinung noch nichts Abschließendes gesagt werden kann. Auch innerhalb der höfischen Dichtung hält nicht alles die Höhe; es gab eine höfische Unterhaltungsliteratur, die Beachtung verdient. Als Ganzes dürfen wir uns die Wirkung der höfischen Humanität nicht zu tiefgreifend vorstellen. Je weiter sie sich verbreitete, um so flacher wurde sie, wie es in der Ideengeschichte zu gehen pflegt. Schon die letzte staufische Generation werden wir so zu beurteilen haben. Dennoch war diese hochgestimmte Leistung nicht vergebens. Die Erkenntnis, daß es ein verpflichtendes Menschenbild gäbe, an dem der Einzelne sich zu messen und zu bilden habe, und die Ehrfurcht vor der Frau als einer reineren Erscheinung des Menschlichen sind ebensowenig wieder verlorengegangen wie die Erfahrung, daß die Kunst eine Erzieherin der Sprache ist. So wenig die „höfische Literatursprache" ein unmittelbarer Vorläufer der neuhochdeutschen Schriftsprache gewesen ist, so sicher hat sie doch zuerst und auch für spätere Generationen eindrücklich gezeigt, daß Sprache mehr ist als ein Verständigungsmittel. Daß sie vielmehr eine Form ist, in der die Welt gestaltet wird, und daß sich an ihrer Pflege oder Vernachlässigung die geistige Höhe einer Epoche ablesen läßt.

LITERATUR

Die Literatur zu den allgemeinen Fragen des Hohen Mittelalters kann hier nicht verzeichnet werden; der Literaturnachweis beschränkt sich auf die eigentlich literaturgeschichtlichen Werke. Auch diese können nur in einer Auswahl dargeboten werden, wobei auf die führenden älteren Darstellungen dieser literarischen Epoche und auf deren Literaturnachweise verwiesen werden muß. Die Diskussion grundsätzlicher Fragen ist vielfach im Rahmen von Abhandlungen zu einzelnen Gattungen und Werken geführt worden, so daß auf die Literaturnachweise zu den einzelnen Kapiteln, namentlich zu den Kapiteln Epik und Lyrik, verwiesen werden kann.

Literaturgeschichten: G. Ehrismann, Geschichte der deutschen Literatur bis z. Ausgang d. Mittelalters, Bd. II 2, 1 und II 2, 2. München 1927 u. 1935. – Fr. Vogt, Geschichte der mhd. Literatur I 1 (Frühmhd. Zeit und Blütezeit I; mehr nicht erschienen) 3. Aufl. Berlin 1922. – J. Schwietering, Die deutsche Dichtung des Mittelalters. Handb. d. Literaturwiss. Potsdam o. J. (1932). – Herm. Schneider, Heldendichtung – Geistlichendichtung – Ritterdichtung. 2. Aufl. Heidelberg 1943. – Ders., Geschichte der deutschen Literatur nach ihren Epochen dargestellt. 2 Bde. Bonn 1949/50. – Ludw. Wolff, Das deutsche Schrifttum bis zum Ausgang des Mittelalters, Bd. I. 2. Ausg. Göttingen 1951 (dieser Band reicht nur bis 1150). – Annalen der deutschen Literatur, Geschichte der deutschen Literatur von den Anfängen bis zur Gegenwart. Stuttgart 1952.

H. NAUMANN, Literaturbericht zur höfischen Epik. Dtsche Vjschr. 21 (1943), Referatenheft S. 1 ff. Darin S. 2 Anm. eine Bibliographie der aus Naumanns Schule hervorgegangenen Arbeiten zu Fragen der höfischen Dichtung und Kultur. – P. KLUCKHOHN, Die ritterliche Kultur in Deutschland. Wissensch. u. Kultur III, Das Mittelalter. Wien 1930. – H. BRINKMANN, Erbe und Abendland. Die deutsche Ritterdichtung in der geschichtlichen Welt. Dtsche Vjschr. 21 (1943) 154–176. – H. NAUMANN, Deutsche Kultur im Zeitalter des Rittertums. Handbuch der Kulturgeschichte. Potsdam o. J. (1938). – DERS. und G. MÜLLER, Höfische Kultur. Buchreihe No. 17 zur Dtschen Vjschr. Halle 1929. - H. NAUMANN, Der staufische Ritter. Leipzig 1936. - J. HASHAGEN, Über die ideengeschichtliche Stellung des staufischen Zeitalters. Dtsche Vjschr. 9, (1931) 350–62. – K. HALBACH, Der staufische Mensch und die staufische Dichtung. ZfDtschkde 1935, 531–43. – H. BRINKMANN, Zu Wesen und Form mittelalterlicher Dichtung. Halle 1928. – FR. NEUMANN, Hohe Minne. ZfDtschkde 1925, 81–91. – H. NAUMANN, Der wilde und der edle Heide. Festschr. G. Ehrismann. 1925. S. 80–101. – D. HAACKE, Weltfeindliche Strömungen und die Heidenfrage in der deutschen Literatur von 1170 bis 1230. Diss. Berlin (Freie Univers.) 1951 (Masch.). – L. DENECKE, Ritterdichtung und Heidengötter 1150–1220. Form u. Geist Bd. 13. Leipzig 1930. – W. KELLERMANN, Franzosentum u. Deutschtum in mittelalterl. höfischer Dichtung. Herrigs Archiv 183 (1943) 122–26. – E. SCHEUNEMANN, Artushof und Abenteuer. Zeichnung höfischen Daseins in Hartmanns Erec. Deutschkdl. Arbeiten, A. Allgem. Reihe Bd. 8. Breslau 1937. – FR. MAURER, Leid. Studien zur Bedeutungs- und Problemgeschichte besonders in den großen Epen der staufischen Zeit. Bibliotheca Germanica Bd. 1. Bern 1951. – RICH. LEICHER, Die Totenklage in der deutschen Epik. Germ. Abh. Bd. 58. Breslau 1927. – NORA SCHNEIDER, Erziehergestalten im höfischen Epos. Diss. Bonn. Würzburg 1935. – H. H. GLUNZ, Die Literaturästhetik des europäischen Mittelalters. Bochum 1937. – BR. BOESCH, Die Kunstanschauung in der mhd. Dichtung. Diss. Bern. Bern-Leipzig 1936. – HUGO KUHN, Zur Deutung der künstlerischen Form des Mittelalters. Studium generale 2 (1949) 114–20. – G. MÜLLER, Gradualismus, eine Studie zur deutschen Literaturgeschichte. Dtsche Vjschr. 2 (1924) 681 bis 720. – H. BRINKMANN, Zur geistesgeschichtlichen Stellung des deutschen Minnesangs. Dtsche Vjschr. 3, (1925) 615–41. – G. EHRISMANN, Die Grundlagen des ritterlichen Tugendsystems. ZfdA 56 (1919) 137–216. – E. R. CURTIUS, Das ritterliche Tugendsystem. Dtsche Vjschr. 21 (1943) 343–68. – DERS., Europäische Literatur und lateinisches Mittelalter. Bern 1948. – FR. W. WENTZLAFF-EGGEBERT, Ritterliche Lebenslehre und antike Ethik. Dtsche Vjschr. 23 (1949) 252–73. – FR. MAURER, Das ritterliche Tugendsystem. Ebda S. 274–85. –H. NAUMANN, Hartmann von Aue und Cicero? Ebda S. 285–87. – FR. MAURER, Zum ritterlichen „Tugendsystem". Dtsche Vjschr. 24 (1950) 526–29. – ED. NEUMANN, Der Streit um „das ritterliche Tugendsystem". Festschrift K. Helm zum 80. Geburtstag. Tübingen 1951, S. 137–55.

ERSTES KAPITEL

DIE FRÜHHÖFISCHE EPIK

1. DER TYPUS

Die ersten Versuche, dem neuen ritterlich-höfischen Lebensgefühl im erzählenden Kunstwerk Ausdruck zu geben, wurden im deutschen Nordwesten gemacht, am unteren Rhein. Hier war die kulturelle Verbindung mit dem ständisch und künstlerisch fortgeschritteneren französischen Sprach- und Einflußgebiet, Kenntnis der französischen Sprache und Literatur am weitesten verbreitet und die Aufnahmebereitschaft daher am offensten.

Die Bedeutung des „rheinischen Kulturraumes" für die Anfänge unserer höfischen Dichtung ist umstritten, zeitweise vielleicht einseitig überschätzt worden. Aber geleugnet kann sie nicht werden. Sie spricht sich nicht nur in den rheinischen Beziehungen aus, die wir im vorigen Bande für manche Werke der welfisch-vorhöfischen Epik festzustellen hatten. Ganz zweifellos auf niederrheinischem Boden ist der älteste deutsche Floyrisroman entstanden, dessen Reste wir im „Trierer Floyris" besitzen. Und es bleibt unumstößlich, daß die für die Zukunft entscheidende Gestalt, Heinrich von Veldeke, ein Niederfranke war, und daß er sein richtungweisendes Werk, die Eneit, von niederrheinischer Gönnerschaft getragen, am Niederrhein begonnen hat. Erst besondere Schicksale haben die Vollendung dieses Epos dann mit Thüringen verbunden und Heinrich damit in die Landschaft und an den Hof gezogen, die das Erbe des Rheinlandes aufnehmen und glänzend steigern sollten. Den Anteil des Niederrheins und Thüringens an der Entfaltung der frühen, höfischen Epik gerecht abzuwägen, bleibt eine noch nicht endgültig gelöste Aufgabe der Forschung. Insbesondere die Zuordnung des ältesten deutschen Tristandichters Eilhart von Oberge wird solange umstritten bleiben, als sein zeitliches und literarisches Verhältnis zu Veldeke nicht eindeutig geklärt ist.

Mit der Bezeichnung „frühhöfischer Roman" wollen wir nur bedingt eine zeitliche Stufenfolge festlegen. Mit seinen ersten Erscheinungen bildet der frühhöfische Roman in der Tat auch chronologisch einen Anfang; die ersten Werke liegen um 1160–70 etwa zehn bis zwanzig Jahre früher als Hartmanns Erec, der für uns die höfische Hochblüte einleitet. Aber als Typus lebt dieser frühe höfische Roman weit in die Zeit hinein, in der die großen Romane der klassischen Zeit bereits im Entstehen oder schon ans Licht getreten waren; noch um 1210 erschienen Werke, die wir diesem Typus zurechnen. Der Ausdruck „frühhöfisch" gewinnt damit neben einer zeitlichen eine typologische Bedeutung. Er wird zur Bezeichnung einer auch literaturgeographischen Gruppierung; es ist eine Literatur des deutschen Nordwestens. Zunächst am Niederrhein erwachsend, findet sie doch ermutigende Pflege erst am thüringischen Hofe, als Hermann von Thüringen, seit 1190 Landgraf und Herr des Landes, seinen Hof zu einem Sammelpunkt höfischen Lebens und literarischer Bestrebungen machte. Wie sein Ruhm auch nach Süddeutschland ausgriff und große Künstler von dort an sich zog, wissen wir aus dem Leben Walthers von der Vogelweide und Wolframs von Eschenbach. Indessen blieb diesem Hofe ein eigenes Geschmacksgepräge, das sich literarisch in dem ausdrückt, was wir eben als „frühhöfisch“ bezeichnet haben. Walther empfand das Andersartige des thüringischen Hofes und hat sich kritisch über ihn geäußert, und Wolfram hat sich ihm nicht dauernd verbunden.

Über unserer Kenntnis der frühhöfischen Epik steht kein sehr glücklicher Stern. Sie geriet bald in den Schatten der großen Oberdeutschen, und außer dem Werk Veldekes, des von jenen als bahnbrechend anerkannten Vorläufers, ist kaum eine Dichtung dieser Gruppe befriedigend überliefert. Meist beruht unsere Kenntnis nur auf mehr oder weniger umfänglichen Bruchstücken alter Handschriften, und wo wir die ganzen Werke besitzen, handelt es sich um späte Bearbeitungen, hinter denen wir das ursprüngliche Werk nur noch undeutlich erkennen können.

Ganz verloren ist der vielleicht diesem Kreise zugehörige Alexanderroman des Biterolf, den Rudolf von Ems in seiner Literaturübersicht erwähnt. Nur bruchstückhaft kennen wir den Trierer Floyris, den Grafen Rudolf und Athis und Profilias. Für Eilharts Tristrant und die Ovidübersetzung Albrechts von Halberstadt besitzen wir neben nicht sehr umfänglichen Bruchstücken junge Bearbeitungen, die uns den alten Text weitgehend überdecken. Der Trojanerroman Herborts von Fritzlar verdankt seine Erhaltung in einer Handschrift des 14. Jahrhunderts der Tatsache, daß er als Vorgeschichte zu Veldekes Eneit aufgefaßt und daher mit diesem Werke gemeinsam abgeschrieben wurde. Ottes Eraclius fand, da er stofflich mit der römischen Kaisergeschichte verbunden ist, Aufnahme in chronistische Werke und dadurch Erhaltung und Verbreitung.

Die frühhöfisch-thüringische Gruppe von Epen will ritterliches Dasein in seiner höfischen Vorbildlichkeit darstellen. Stofflich geht sie dabei jedoch an dem Kreise vorbei, der recht eigentlich zum Symbol höfischer Ritterlichkeit werden sollte. Es gibt in dieser Gruppe keinen Artusroman. Die Hypothese einer „rheinischen Artusepik“, der wir in der wissenschaftlichen Fachliteratur begegnen, läßt sich durch keinen Beleg stützen. In ihren Anfängen tastet die frühhöfische Epik stofflich; Trierer Floyris und Eilharts Tristrant greifen zu der neuen Minneepik des nahen Frankreich. Im Grafen Rudolf klingt etwas von der Kreuzzugs- und Orientfreude der vorhöfischen Zeit nach, wie auch im Floyris die Handlung im Orient und in der christlich-heidnischen Gegensätzlichkeit spielt. Aber dann schuf Veldeke mit seinem Äneasroman das auch stofflich richtungweisende Werk. Er traf damit offenbar die Geschmacksrichtung des großen thüringischen Kunstfreundes; seit dem Erscheinen der Eneit ist die thüringische Stoffauswahl antik bestimmt. Die frühe höfische Epik bleibt nach Stoff und Darstellungsweise wirklichkeitsnahe. Sie kennt nicht den Begriff der Aventiure. Die bewußte Hinwendung zu antiken Stoffen deutet auf eine bestimmte Geschmacksrichtung des Thüringer Landgrafen. Trojaroman und Äneasroman sind für Dichter und Hörer Stücke der antiken Geschichte. Die Freundschaftsprobe von Athis und Profilias spielt nicht nur auf dem klassischen Boden von Athen und Rom, sie versucht eine Milieuschilderung von geglaubter Wirklichkeit und ist überdies eingebettet in große Massen historisierender Kampfschilderungen, die sich um Athen und Theben, Theseus und Telamon gruppieren. Denken wir daran, was für diesen Kreis der Straßburger Alexander bedeutete, und halten wir die Möglichkeit fest, daß auch die verlorene Alexanderdichtung des Biterolf dem Thüringer Kreise zugehörte, so tritt ein weiterer historischer Romanstoff der Antike hinzu. Die Übersetzung von Ovids Metamorphosen durch Albrecht von Halberstadt fügt der Antikenfreude des Thüringer Kreises eine neue Nuance ein, aber auch Ottes Eraclius ist nicht als christliche Legende gefaßt, sondern als ein Stück spätrömischer Kaisergeschichte.

Die Geschichts- und Antikenfreude dieses Kreises berührt sich indessen nur scheinbar mit der Geschichtsfreude des vorhöfischen Regensburger Kreises. Denn diese geschichtlichen oder als geschichtlich empfundenen Stoffe werden nicht mehr als Zeugen und Teile des großen augustinischen Geschichtsbildes erlebt. Sie sind nicht mehr Stücke des großen Weltablaufes in seiner Folge von sich ablösenden Weltreichen. Selbst in Veldekes Eneit, diesem Bericht vom ersten Keimen der römischen Weltmacht, klingt erstaunlich wenig von einem bewußten Geschichtsbild an. Das Spannungsverhältnis zwischen Weltgeschichte und Gottesgeschichte ist verloren, antikes Heidentum ist ein Zustand geworden, den man als ein Stück damaliger Wirklichkeit hinnimmt und gelten läßt. Wo das Spannungsverhältnis wirksam werden könnte, im Grafen Rudolf, im Eraclius, ist es verschlafft. Nur lose legendäre Bezüge verbinden Ottes Eracliusgedicht mit der Kreuzeslegende, während im Mittelpunkt die in römisches Milieu gerückte Liebesnovelle von Parides und der schönen Kaiserin Athenais steht. Und im Grafen Rudolf ist die Kreuzzugsatmosphäre zu bloßer Umwelt geworden; nichts von der gewaltigen religiösen Inbrunst des Roland erfüllt diesen vorbildlichen ritterlichen Kreuzfahrer, der in seinem Ritterdienst von der Partei des Königs von Jerusalem zu dem heidnischen König überwechseln und in dessen Heer gegen die Christen fechten kann, weil ihn Liebe an die heidnische Königstochter bindet.

Eine neue, außerkirchliche Universalität umspannt und durchwaltet nun die Welt, die Universalität des ständisch bewußten, höfisch erzogenen,

höfische Haltung darstellenden und bewährenden Rittertums. Ritterwesen und Rittertat umspannen Vergangenheit und Gegenwart, verbinden Troja, Rom und Athen mit den rheinischen und thüringischen
Höfen. Die „Verritterung" der Antike ist nicht naive Geschichtslosigkeit, sie entspringt ritterlichem Universalitätsgefühl, das seinen eigenen
Ursprung in die große antike Vergangenheit zurückprojiziert und seine
eigene Gültigkeit aus diesem geschichtlichen Zusammenhang ableitet.
Wie einst der Dichter des Annoliedes seinen Helden in den großen Welt-
ablauf einordnete, indem er den doppelten Kursus der Welt- und Heilsgeschichte auf Anno von Köln zuführte, so stellt nun der Dichter der
kleinen Gegenwartsnovelle Moriz von Craûn seinen Helden in eine uni-
versale Gültigkeit hinein, indem er ganz ähnlich eine „Geschichte des
Rittertums" von Troja und Caesar her bis in das gegenwärtige Frankreich spinnt und so den Einzelfall seines Helden zum gültigen Exemplum erhebt.

Aber auch die große dualistische Scheidung der vorhöfischen Dichtung zwischen der Kirche und dem christlichen Imperium einerseits, der
teufelsverfallenen Welt des Heidentums andererseits wird jetzt durchbrochen: Rittertum umfaßt nunmehr alles, was sich zu ihm bekennt und
seinen Gesetzen unterwirft. In ihm weiß sich der frühhöfische Dichter
eins mit den Helden der Antike, aber auch mit den ritterlichen Gegnern
im heidnischen Orient. Auch der Dichter des Rolandsliedes hatte den heidnischen Gegnern Karls ritterliches Auftreten und ritterliche Pracht gegönnt. Aber die Scheidewand war ihm stets bewußt, und solches Ritterwesen, sofern es nicht mit dem Kreuz geweiht und gezeichnet war, galt ihm
als Ausdruck heidnischer *superbia* und der *vanitas* der Welt. Hier liegt der
unübersehbare Unterschied zwischen dem Roland und dem Grafen Rudolf.

Dieses Rittertum erscheint in erster Linie als Träger einer kriegerischen
Ethik. Der vorbildliche Krieger soll dargestellt werden, wie er sein
könnte; Handlung wie Haltung bleiben im Bereich einer dichterisch gehobenen Wirklichkeit. Die Kämpfe werden mit großer Ausführlichkeit
dargestellt. Sie sind wirklichkeitsnah, daher militärisch gesehen und erlebt, weder Turnierspiel noch Aventiure. Die kriegerischen Ereignisse
und Taten, die das große Mittelstück der Eneit ausfüllen, sind ein wahres Handbuch der Kriegskunst mit Burgenbau, Belagerung und Sturm,
Verteidigung und Ausfall, Feldschlacht und Hinterhalt, Massenschlacht
und Einzelkampf. Sie sind blutiger Ernst, bei Veldeke noch ohne die
seelenlose Übersteigerung von Zahlen und Taten, die die späteren Heldenromane unliebsam auszeichnet und die in Herborts Trojaroman bereits einsetzt. Und wie bei Veldeke, so ist in Athis und Profilias der
Kampf gegen König Bilas ein in seinen strategischen Einzelheiten genau
dargestelltes Unternehmen, sind im Grafen Rudolf die Kämpfe unüber-
steigerter Wirklichkeitsernst.

Im ernsthaften Kampf bewährt der vorbildliche Ritter die vornehmsten Tugenden seines Standes, Tapferkeit und Ehre. Hier ermißt sich der Held in seiner vorbildlichen Geltung. Doch nicht die kriegerischen Qualitäten allein zeichnen ihn aus; gerade als Kämpfer hat er die neue Haltung des *honestum* zu bewähren. *Mâze* und *zuht*, eingeborene, durch Erziehung geübte Selbstbeherrschung und Bändigung triebhafter Leidenschaften zeichnen den Helden des frühhöfischen Romanes aus. *Mâze* und *zuht* und ihre Gegenbegriffe: *unmâze* und *unfuoge* gehören zu dem bestimmenden Wortschatz dieser Dichtung. Es ist nicht nur die Fügung der Götter, daß Äneas sich gegen Turnus durchsetzt; es ist zugleich der vorbildlichere und sittlich überlegene Held, der den damit verdienten Sieg davonträgt. Turnus ist nicht frei von maßloser Überhebung und ungezügelten Haßausbrüchen, und sein Tod ist durch eine zuchtlose Handlung, den Raub des Ringes von der Hand des toten Pallas, selbstverschuldet. Er hatte sich damit außerhalb der ritterlichen Sittengesetze gestellt und den Schutz des ritterlichen Gemeinschaftsgefühls und seiner Forderungen auf Schonung des Überwundenen verloren. Er erleidet das mitleidlose Schicksal des Räubers. Darum gönnt ihm Veldeke auch nicht die feierliche Aufbahrung und Bestattung, die er seinen wahrhaft ritterlichen Lieblingen, Pallas und Camille, mit so viel Kunst zuwendet.

In solchen feierlichen Bestattungsszenen endet das darstellerische Dasein des wahrhaft höfischen Ritters. Auf die darstellerische Seite, die Erscheinung, wird in der höfischen Dichtung besonderer Wert gelegt. Die Helden und Frauen sind nicht nur von makelloser Schönheit, in deren leiblicher Vollkommenheit sich die seelische ausdrückt, sie treten in der farbenfrohen Kostbarkeit von seltenen Stoffen und Pelzen, Gold und Gestein auf, die die Erscheinung des höfischen Menschen festlich erhöht. Auch darin war der vorhöfische Roman vorangegangen. Aber wir erinnern daran, wie anders eingeordnet in eine höhere, gottbezogene Ordnung solch glänzende Erscheinung im Rolandslied hervortrat. Karls Gotteskaisertum durfte mit dem höchsten irdischen Glanz umgeben und dadurch augenfällig erhoben sein. Der Glanz dagegen, den der Rolandsdichter um Genelun im Augenblick seines Aufbruchs zum Verrat verbreitete, war der falsche Glanz der Welt, der dem Verräter recht eigentlich luziferische Züge verlieh. Hier aber wird das höfische Fest und sein Glanz zu einem autonomen Wert, indem die ritterliche Vorbildlichkeit nach außen strahlt und inneren Wert zu äußerer Erscheinung bringt. Der tiefe Eindruck des Mainzer Hoffestes von 1184 auf Veldeke ist bezeichnend. Hier tritt der Dichter selber aus der räumlichen Beschränkung Limburgs und Thüringens in die weltweite Atemluft des staufischen Kaisertums ein und wird von ihr berauscht. In diesem Fest drückt sich kaiserliche Erhabenheit aus, nicht, wie in Karls Hoflager, als Rahmen um den theokratisch erlebten Gottesherrscher, sondern um den gegenwärtigen

Staufer, in dem die moderne ritterliche Idealität sinnenfällig und aus sich selbst begründet Person wurde. Und nicht anders erlebte der Dichter des Grafen Rudolf die Festlichkeit des kaiserlichen Hofhaltes als den höchsten Glanz um den höchsten Träger höfisch-weltlicher Idealität. Hier nun fügt sich die Lust an dem kostbaren, in allen Einzelheiten geschilderten Grabmal ein, das sich nicht nur bei Veldeke, sondern ebenso bei Herbort findet und noch in Wolframs Parzival und Konrad Flecks Floyrisroman wiederholt. In ihm vollendet sich das darstellerische Leben des Helden; die Bestattung wird zum festlichen Schlußakt. In der Balsamierung des Leibes wie in dem kostbaren Monument wird das *memento mori*, das drohende Leitwort der älteren Dichtung, in seiner Unerbittlichkeit geleugnet. Hatte Heinrich von Melk mit Lust die Verwesung des Leibes und das Grauen des Grabes dargestellt, so läßt Heinrich von Veldeke seinen Helden Pallas in seinem kostbaren Mausoleum, das den höfischen Leib wie ein Sakramentshäuschen umschließt, noch nach zweitausend Jahren unversehrt und unverwest, im sanften Schein einer nie erlöschenden Lampe von Friedrich Barbarossa in Rom aufgefunden werden, also in die Gegenwart fortdauern.

Zu höfischer Vollkommenheit führt nur *zuht*, Erziehung. Zwei Erziehungslehren finden wir in dieser frühhöfischen Dichtung, die Erziehung des jungen Tristrant in Eilharts Roman und die Erziehung des Jünglings im Grafen Rudolf. In beiden steht die Schulung zu kriegerischer Tüchtigkeit durch sportliche Übung voran, aber sie muß unterbaut sein durch sittliche und gesellschaftliche Qualitäten. Festigkeit der Gesinnung, Treue, Verläßlichkeit im gegebenen Wort erscheinen als besondere Merkmale des höfischen Mannes. Freigebigkeit, unbedenkliches Mitteilen des eigenen Reichtums an die dienende Umwelt ist hier wie überall Zeichen des Vornehmen. Dazu aber muß geistige Beweglichkeit treten; nicht der starke Kämpfer allein macht den Ritter aus. Was der Graf Rudolf als Ziel der Erziehung hinstellt: *houischeit* zu lehren und *dorpericheit* zu verleiden, oder was Eilhart zusammenfassend als Tugend und Ehre bezeichnet, das wird nur im geeigneten geselligen Umgang erworben. Daher schließt im Tristrant an die heimische Erziehung die Auslandsreise an. Ein neues Bildungsideal drückt sich hier aus. Es ist nicht mehr wie die Erziehung des jungen Alexander an den *septem artes* orientiert, nicht mehr klösterlich gelehrt, sondern weltmännisch gewandt. Der Zögling soll sich insbesondere in der Gesellschaft der Frauen bewegen. Die erzieherische Kraft des dienenden Umganges mit Frauen ist damit festgestellt, die Frau wird zum Mittelpunkt der Gesellschaft, zum Quell der höfischen Qualitäten.

Die frühhöfische Epik ist in allen ihren Stücken Minnedichtung. Sie hat ein bestimmtes Bild von Art und Wirkung der Minne entworfen. Minne erscheint als eine Macht von magischer Unwiderstehlichkeit. Die

Art solcher Minne drückt sich in ihrem magischen Ursprung aus, dem magischen Trank des Tristrant, dem magischen Kuß des Ascanius bei Dido. Oder sie wird in ihrer dämonischen Natur deutlich durch ihren Ursprung von den antiken Liebesgöttern, von Amor oder Venus. Ihre Wirkung ist von einer plötzlichen Gewaltsamkeit, eine mehr zerstörende als erhebende Wandlung des normalen Zustandes in einen krankhaften, der in jähem Wechsel von Erröten und Erbleichen, Hitze und Kälte, in Überdruß an Essen, in Flucht des Schlafes sichtbar wird. Der Betroffene wird gleichgültig gegen alles, was ihn umgibt, sein Herz ist mit einer tödlichen Sehnsucht erfüllt, die sich physisch in einer bis zu dem Gefühl des Sterbens gehenden Mattigkeit äußert. Erscheint so die Minne in ihrer seelisch-leiblichen Wirkung auf den Betroffenen als Zerstörerin der normalen körperlichen Funktionen und der seelischen Gleichgewichtslage, so tut sich ihre Allgewalt weit mehr noch darin kund, daß sie keine gültigen sozialen, religiösen und sittlichen Bindungen anerkennt, sondern sie zerstörerisch durchbricht. Im Floyrisroman verbindet sie den heidnischen Königssohn mit dem Kinde der christlichen Sklavin. Die Eltern des Jünglings verkaufen, um die so gestörte religiös-soziale Ordnung zu retten, das Mädchen in die Fremde. Allein die einzige Wirkung ist, daß die Trennung der Liebenden den Jüngling in lebensbedrohende Krankheit wirft und er die Eltern verläßt, um die Geliebte zu suchen und über Abenteuer und Todesgefahr zur Vereinigung mit ihr zu kommen. Im Athisroman bricht die Minne in das feste, soziale Gefüge der Ehe, das sittliche Gefüge der Freundschaft ein. Der Freund überläßt dem Freunde die eigene Frau, um den von der Minne Getroffenen vor dem Hinsterben zu bewahren. Im Eraclius führt die Minne die Kaiserin in die Arme des armen Jünglings und wandelt das Muster einer keuschen Gattin in eine listenreiche Betrügerin. Dido wird durch die Minne zu Äneas in tiefe Wirrnis geführt, zum Bruch ihres Gelübdes künftiger Ehelosigkeit nach dem Tode ihres ersten Mannes und zur Bedrohung ihrer Herrscherstellung in Karthago, bis die Verlassene nach Äneas' Abfahrt den freiwilligen Tod wählt. Und selbst die göttergewollte, zu glücklicher Vereinigung führende Minne zwischen Äneas und Lavinia treibt die Jungfrau nicht nur zu einem Wageschritt, der den Bruch jungfräulich-züchtiger Zurückhaltung bedeutet, sie führt sie weiter in einen Konflikt mit der Mutter und damit zum Bruch tiefer, von Gott gesetzter Vertrauenseinheit zwischen Mutter und Tochter – die Mutter geht an dem Zorn über die ihr verhaßte Minne der Tochter zu Äneas zugrunde. Minne ist mithin keineswegs als Ziel und Erfüllung eines höfischen Daseins gesehen. Sie erscheint als der rätselhaft-magische Einbruch einer überstarken Jenseitsmacht in die Ordnungen des Lebens; *unzuht* und *unmâze* sind Epitheta, die für sie verwendet werden. Sie ist also nicht ohne weiteres ein Stück des höfischen, auf Zucht und Maß gegründeten

Daseins, sondern oft genug geradezu dessen Leugnung und Zerstörung. Denn selbst wo Liebeserfüllung schließlich zu glücklicher Vereinigung und damit zur Herstellung eines erstrebten Zustandes geordneter Gemeinschaft führt (Lavinia, Floyris, Athenais), wirft sie den Menschen, Mann und Weib, zunächst aus allen Bahnen des Daseins, macht ihn zum Sklaven in der Hand übergewaltig triebhafter Mächte, so daß er seiner Umgebung seltsam, unheimlich und krank erscheint. Minne ist dieser frühhöfischen Dichtung eine problematische Macht, an der sie rätselt, nicht göttlich und nicht teuflisch, mit diesen Kategorien dualistischen Denkens nicht mehr zu erfassen. Sie ist die Erkenntnis von autonomen Kräften in der Welt und aus der Welt, deren Macht begriffen und anerkannt wird, die aber noch nicht neu in einen gedanklichen Aufbau eingeordnet sind, in dem die Minne ihre bestimmte Funktion erhält. So werden gerade in diesen antik gerichteten Kreisen und ihrer Dichtung die antiken Liebesgötter: Amor, Cupido, Venus zum Quell solch dämonischer Liebe und erhalten damit eine mehr als nur allegorische Bedeutung. In der Sage von Tannhäuser im Venusberg erhält diese Minne und ihre Beziehung auf Venus unmittelbare Anschaulichkeit, und es ist schwerlich Zufall, daß sie gerade an Thüringen und die Nähe der Wartburg gebunden ist.

Dem ausgesprochenen Sinn des höfischen Menschen für Erscheinung und Darstellung entspricht die Forderung, die er an die Form seiner Kunstwerke stellt. Kunst als Leistung ist für diese Dichter vor allem eine formale Leistung, während Stoff und Inhalt vorgegebene, als geschichtliche Wahrheit nicht antastbare Quelle sind und freie Gestaltung des Stoffes eher den Vorwurf der Geschichtsverfälschung nach sich zieht. Der Ruhm, den Mit- und Nachwelt Heinrich von Veldeke als dem Vater der modernen Literatur gespendet hat, galt eben der Tatsache, daß er zuerst die formalen Ansprüche der klassischen Epik an sich selber gestellt und erfüllt hat: reiner Reim, geglättete Rhythmik, elegante Beweglichkeit des sprachlichen Ausdrucks, Vermeidung des Grobmundartlichen und landschaftlich Beschränkten und damit Anerkennung einer überlandschaftlichen Gültigkeit höfisch-ritterlicher Bildung.

Die zeitliche Anordnung der frühhöfischen Werke, die eine Zeitlang ziemlich gesichert schien, ist in der jüngsten Forschung wieder stark in Zweifel gezogen worden. Man war geneigt, die frühhöfische Straßburger Bearbeitung des Alexanderliedes an den Anfang zu stellen. Um 1170 glaubte man dann Eilharts Tristrant und den Grafen Rudolf ansetzen zu dürfen, beide vor Veldekes Äneasroman und mindestens Eilhart als seinen Vorläufer. Damit wäre zugleich geographisch eine frühe rheinische Gruppe gewonnen, der neben Eilhart auch der Dichter des Trierer Floyris angehört hätte und die in Veldeke ihren Gipfel gefunden hätte. Erst mit dem Mäzenatentum Hermanns von Thüringen und der Über-

siedlung Veldekes vom Niederrhein nach Thüringen wären dann diese
Landschaft und ihr Hof zum Mittelpunkt jener literarischen Bestrebungen geworden, die wir als Ganzes mit dem Stichwort „frühhöfisch" bezeichnet haben.

Diese ganze Chronologie und damit auch Literaturgeographie ist heute namentlich
von der sprachlichen Seite her bestritten. Nicht nur die Priorität Eilharts und des
Grafen Rudolf vor der Eneit, sondern sogar die des Straßburger Alexander sind in
Zweifel gezogen worden. Alle diese Gedichte werden in die Nachfolge Heinrichs
von Veldeke und damit zeitlich in das letzte Jahrzehnt des 12. Jahrhunderts, örtlich in
den Strahlungsbereich des thüringischen Hofes und seiner Literatursprache gerückt.

Damit würde – abgesehen allein von den abseits stehenden niederrheinischen
Floyrisbruchstücken – Veldeke recht eigentlich zu einem Neubeginner werden, der
in einem einzigen genialen Wurf oder doch in einer ganz eigenständigen Erarbeitung
das frühhöfische Epos aus dem Nichts zu seiner klassischen formalen Vollendung geführt hätte. Die Inspiration müßte ihm von den Franzosen gekommen sein; denn wo
auf deutschem Boden hätte er das Vorbild seiner klar gebändigten Rhythmik, seiner
eleganten auswählenden Sprache, seines reinen Reimes finden können? Was – nach
dieser Auffassung – vor ihm da war, also: Roland, Rother, Herzog Ernst, konnte ihm
dazu keinen Anstoß geben.

Solchen Aufstieg einer ganz neuen Form ohne Vorstufen wird man nicht für unmöglich halten: Otfrid von Weißenburg ist ein beachtliches Gegenbeispiel. Man wird
Heinrich von Veldeke auch die Begabung zutrauen, eine neue Kunstform zu schaffen und zu vollenden. Und wenn jene Dichter, die als seine Vorläufer galten, vielmehr
von ihm gelernt haben sollten, so ist der Abstand des Könnens zwischen dem Meister
und seinen Nachahmern kein unbedingter Einwand gegen die Chronologie, wie etwa
Herborts Trojanerkrieg zeigt. So wird man die Versuche, auf Grund subtiler sprachlicher Untersuchungen zu einem neuen chronologischen Bilde zu gelangen, nicht
leicht nehmen dürfen.

Bei diesen Untersuchungen steht das Verhältnis zwischen Heinrich
von Veldeke und Eilhart von Oberge im Mittelpunkt. Die Frage nach
Eilharts zeitlicher und literaturgeographischer Einordnung ist vor allem
durch Gerhard Cordes gründlich angefaßt worden. Aber gerade die eingehende und ehrliche Analyse von Cordes kann den Eindruck nur be-
stärken, daß die sprachliche Untersuchung in dieser Frühzeit für diesen
Raum keine sichere Entscheidung ermöglicht, weil das Vergleichsmate-
rial nicht ausreicht, und weil auch hier sich das Bild einer überwölben-
den Literatursprache abzeichnet, die eine mundartliche Zuordnung ver-
undeutlicht oder verbietet. Ein gesichertes Ergebnis hat die sprachliche
Analyse jedenfalls nicht heimgebracht, und damit behalten die formalen
Gesichtspunkte ihre Bedeutung.

Von Heinrichs formalen Neuerungen war keine so einschneidend wie
die Reinheit des Reimes; auf ihr vor allem beruht Veldekes Ruhm bei
den hochhöfischen Dichtern. Dieser Pflege des Reimes, seiner Säuberung
von unreinen oder nur mundartlich reinen Bindungen dürfte die Umarbeitung vor allem gegolten haben, die Heinrich in Thüringen an dem
schon fertigen Hauptteil der Eneit vorgenommen hat. Will man von

einer Schule Veldekes sprechen, so müßte man sie vor allem auf dem Gebiete der Reimtechnik suchen. Wer am thüringischen Hofe auf Anklang rechnen wollte, mußte gerade hierin dem Meister nachstreben, wie es Herborts Trojanerkrieg, Albrechts Metamorphosen und die Athisbruchstücke auch zeigen. Der stilistisch so gewandte Straßburger Alexander vernachlässigt dagegen bei seiner Modernisierung von Lamprechts vorhöfischem Roman den reinen Reim durchaus. Die neue Reimforderung war ihm nicht geläufig – bei einem Schüler Veldekes ein schwer verständlicher Mangel. Nicht anders aber steht es um Eilhart. Er teilt eine ganze Reihe formal-stilistischer Eigenheiten mit Veldeke, nur gerade im Reim ist er noch sorgloser als der Straßburger Alexander.

Und das ist entscheidend: Der reine Reim steht so zentral in Veldekes Formstreben und wurde sofort so sehr zum eigentlichen Merkmal moderner Dichtung, daß die Frage der Reimreinheit wirklich ein entscheidendes chronologisches Kriterium ist. Wer noch den freien Reim gebraucht, der hat Veldeke nicht gekannt; jeder wirkliche Schüler Veldekes verrät sich durch sein Streben nach dem reinen Reim.

So bleiben uns also nicht nur der Trierer Floyris und der Straßburger Alexander, sondern – was wichtiger ist – auch Eilhart und der Graf Rudolf Vorläufer Veldekes, eine ganze Gruppe also, die wir in ihrem Wirken um 1160–1170/75 anzusetzen haben. In dieser Zeit aber hat Thüringen noch keinen Anspruch auf literarische Geltung. Die umstrittene „rheinische Dichtung der frühhöfischen Zeit" wird eine gültige Größe bleiben müssen; denn nicht nur der Dichter des Floyris und Heinrich von Veldeke sind unbestreitbar gebürtige Niederrheiner. Auch der Straßburger Alexander ist sprachlich am Rhein, etwa im unteren Lahntal, beheimatet. So wird man auch Eilhart landschaftlich nicht vereinzelt aus der Frühgruppe lösen. Der Niedersachse aus der Hildesheimer Gegend hat sein literarisches Glück ebendort versucht, wo er hoffen durfte, mit einem modischen Stoff Anklang zu finden. Wenn seine mitteldeutsche Literatursprache, die er sich angelernt hat, wirklich thüringische Sonderheiten aufweist, so muß er darum nicht in Thüringen gelebt und gedichtet haben. Thüringen ist das seiner Heimat am nächsten gelegene hochdeutsche Gebiet. Was er an hochdeutschen Kenntnissen an den Rhein mitbrachte, mochte daher wohl eine thüringische Einfärbung besessen haben.

2. FRÜHHÖFISCHE EPIK
VOR HEINRICH VON VELDEKE

Am Anfang der neuen niederrheinisch-frühhöfischen Kunst steht bezeichnenderweise ein Werk, dessen Leistung ausschließlich formaler Natur ist. Es ist die Straßburger Bearbeitung des alten Lamprechtschen Alexanderliedes (vgl. Bd. I S. 232 ff.), die wir um 1160–70 entstanden denken. Sie ändert, soweit wir es beurteilen können, stofflich an ihrer Vorlage wenig; ihr einziges neues Ziel ist die geglättete Form. Wir stellen die Angaben über das Roß Bucephalos einander gegenüber.

V. 291 ff.

Btholomeus sprach zû dem chinde:
'here, iz ist Buzival, ein ros vil swinde.
daz hât iuwer vater în getân.
under der stût ne mohte nechein bezzer gegén
er sprach: hére, ez ne hât nehein marscalch in
  hûte.
wande ez erbîzet ubele unde gûte.'

S. 341 ff.

dô antworte ime schiere
Ptolomeus unde sprach:
'ih sage dir, waz daz wesen mach:
iz ist ein ros freislich.
ime ne wart nie nehein gelich
in alle kriechische lant.
Bucival ist iz genant.
dîn vater hât iz în getân.
iz ne dorfte bezzer nie gegân
under neheiner stûte.
iz ne hât nieman in hûte,
wandiz ist vil freislich.
sîn stimme di ist eislich.
iz irbîzit man und wîb
nieman ne mach sînen lîb
vor ime gesunt behalten,
swes iz mûz gwalden.

Den sechs Zeilen von V. entsprechen siebzehn von Str., ohne daß in diesen mehr ausgesagt wäre. Lamprecht bildet sechs lapidare Sätze, die das rhythmische Gerüst zum Teil bis an die Grenze des Möglichen mit sprachlichem Material füllen. Jede Zeile ist eine geschlossene Sinneinheit in sich. Der Straßburger Bearbeiter dagegen löst dieses in ein Geflecht leicht rieselnder, leicht gefüllter Zeilen auf, die zudem in der Technik der metrischen Brechung, der Überschneidung von Vers- und Sinngliederung angeordnet sind. Die größere sprachliche Fülle erreicht er durch Aufteilung der langen Zeilen auf zwei knappe und durch Verwendung leichtwiegender, formelhafter Wendungen und kleiner Geschwätzigkeiten. Diese Technik der elegant und leicht sich durch das Gitterwerk einer verfeinerten Metrik rankenden Sätze ist das Neue, das dieser gewandte und begabte Formkünstler brachte; die Forderung des reinen Reimes erhob er noch nicht. Mit seiner neuen Form hat er Eindruck und Schule gemacht, Eilhart von Oberge wie Heinrich von Veldeke haben von ihm gelernt.

Ein Zeitgenosse des Straßburger Alexanderliedes war der erste deutsche Dichter eines Floyrisromanes, dessen Bruchstücke uns in derselben Trierer Handschrift erhalten sind, die auch die Legenden von Ägidius und Silvester enthielt (Bd. I S. 204 ff.). Von dem Dichter wissen wir nichts, als daß seine Sprache ihn ins Niederfränkische verweist, etwa in das Dreieck Köln–Aachen–Cleve, also unweit von Veldekes Heimat und frühem Wirkungsfeld. Dort wird das Gedicht etwa 1160 entstanden sein. Auf Veldeke scheint es keine Wirkung geübt zu haben; dieser konnte für seine modernen Formbestrebungen auch kaum Nutzen daraus ziehen. Denn seiner Form nach steht das Gedicht noch ganz auf vorhöfischem Boden. Es kennt noch keine Zügelung des Verses, keine Pflege des reinen Reimes, kein geschmeidiges Auswiegen von sprachlicher und metrischer Gliederung. In all dem bleibt der Dichter des Floyris weit hinter dem Straßburger Alexander zurück. Modern dagegen ist er in der Wahl des Stoffes.

Der Floyrisstoff, orientalischen Ursprungs, wurde über Frankreich einer der großen internationalen Erzählstoffe des Mittelalters. Er handelt von der Macht der Minne, die zwei Kinderherzen entzündet. Allein zwischen dem heidnischen Königssohn Floyris und der christlichen Sklavinnentochter Blantseflur steht die doppelte Schranke von Stand und Glauben. Floyris' Eltern verkaufen das Christenmädchen, während er zum Studium abwesend ist, und geben bei seiner Heimkehr vor, sie sei gestorben. Floyris' Verzweiflung wirft ihn in tödliche Krankheit; da gestehen die Eltern die Wahrheit. Floyris zieht aus, die Geliebte zu suchen, findet sie im Haremturm des heidnischen „Amirals" und weiß sich Zugang zu ihr zu verschaffen; in einem Korb mit Rosen versteckt wird er in den Turm gebracht. Baldige Entdeckung unterbricht ihr junges Minneglück, doch die Standhaftigkeit ihrer Liebe in Todesdrohung bewegt das Herz des Heidenfürsten; die Liebenden dürfen vereint heimkehren.

Manches an diesem Stoff mochte auch vorhöfischen Geschmack ansprechen. Das christlich-heidnische Gegenspiel in den Figuren der Liebenden gemahnt noch an die vorhöfischen Brautwerbungsdichtungen, und die Bekehrung des heidnischen Königsohnes muß hier wie in anderen Behandlungen des Stoffes den Abschluß gebildet haben. Allein hier geht es nicht mehr um List und Gefahr der Werbungsfahrt nach einer ebenbürtigen Frau, sondern um die Allgewalt der Minne, die zwei kindliche Herzen entzündet, ihnen, fern von allen ständischen Ordnungen, den Lebensweg vorschreibt, ihnen in Todesnot den Mut gibt, sich zueinander zu bekennen. Die Bereitschaft zum Tode entspringt weder religiösen noch ethischen Antrieben, ist weder der Opfermut des Märtyrers noch die sittliche Selbstbehauptung der heroischen Gestalten. Sie reift aus der Übermacht der gefühlshaften Bindung, aus dem Drang des Herzens, der die Liebenden über die kreatürliche Todesfurcht erhebt und zum Opfer füreinander bereitmacht. Und es ist die ausstrahlende Kraft solcher gefühlshafter Haltung, die die glückliche Wendung herbeiführt; das Motiv zum Edelmut des Amirals ist jetzt „Rührung". Die Allgewalt der Minne in sehr lieblicher Gestalt – das ist das grundlegend Neue, das hier erstmals in deutscher Sprache ausgesprochen wird.

Wenn sich der Straßburger Alexander und der Trierer Floyris zeitlich um ein Jahrzehnt vor Veldeke datieren lassen, so wird man mit Eilharts Tristrantroman und dem Grafen Rudolf in unmittelbare zeitliche Nähe von Veldeke gelangen. Vor 1170 braucht der Eilhartsche Tristrant nicht bekanntgeworden zu sein, wenn er zu den

Anregern Veldekes gehört haben soll. In Eilhart sehen wir einen nicht sehr gewandten Schüler des „Straßburger Alexander", von dem er die Verwendung der Formel zur Erzeugung einer flüssigen Diktion und schlanker Verse sowie die ausgedehnte Technik der Reimbrechung erlernt hat. Als ein neues Stilmittel, das er mit Veldeke teilt, hat er die Stichomythie in die deutsche Epik eingeführt. Dagegen bleibt er, wie erwähnt, in der Reimtechnik hinter dem Straßburger Alexander eher noch zurück.

Auch der Graf Rudolf weiß von der Veldekeschen Reinheit des Reimes noch nichts. Ihm fehlt – mindestens in den erhaltenen Bruchstücken – auch die Begeisterung für die Stichomythie als modernes Stilmittel. So halten wir auch dieses Werk für älter als die Veldekesche Reform, also für einen Nachbarn des Eilhartschen Tristrant. Zu Veldeke hinüber bestehen keine literarischen Beziehungen; der Graf Rudolf gehört nicht, wie Eilhart, zu den eigentlichen Vorläufern Veldekes. Und da er seiner Sprache nach auch landschaftlich mehr abseits liegt und eher in Hessen oder Thüringen als am Rhein entstanden sein dürfte, so steht nichts im Wege, das Gedicht zeitlich nicht vor, sondern neben Veldeke einzuordnen, es also den siebziger Jahren zuzuweisen. Auf alle Fälle ist der Graf Rudolf jünger als Eilharts Tristrant, zu dem sichere Beziehungen bestehen. Denn in beiden Werken wird die Erziehung eines jungen Ritters dargestellt (vgl. S. 26), und die beiden Darstellungen stehen sich bis in den Wortlaut hinein so nahe, daß eine die andere gekannt haben muß. Und da die Erziehungslehre Tristrants zur Quelle gehört und den Haupthelden betrifft, während sie im Grafen Rudolf episodenhaft einer Nebenfigur gilt, werden wir Eilhart als den Gebenden betrachten müssen. Von den drei Dichtern ist also Eilhart der Älteste, ein Anreger sowohl für Veldeke wie für den Rudolfdichter. Dieser kann ebensogut vor wie neben Veldeke tätig gewesen sein. Jedenfalls aber sind uns Eilharts Tristrant und der Graf Rudolf die wichtigsten Zeugnisse für Form und Stil der frühhöfischen Dichtung vor Veldekes Reform.

Eilhart von Oberge nennt sich selber als Verfasser des Tristrantromanes. Wir nähern uns der Zeit, da der Dichter sein Werk als persönliche Leistung empfand und es durch Nennung seines Namens für sich beanspruchte. Das Ministerialengeschlecht Eilharts war in dem Dorf Oberg zwischen Braunschweig und Hildesheim ansässig. Der Name Eilhart ist in ihm traditionell; es ist daher nicht sicher, daß einer der urkundlich bezeugten Namensträger unser Dichter sein muß. In Frage käme nur der eine, zwischen 1189 und 1217 urkundlich hervortretende Eilhart, der als Ministerial des welfischen Hauses bei der Teilung unter den Söhnen Heinrichs des Löwen zum Anteil Ottos (IV.) kam, später aber in gräflich blankenburgischen Diensten erscheint. Er wäre zu jung, sollte er um 1170 den Tristrantroman verfaßt haben. Für diese Zeit ist vielmehr an einen älteren Namensträger zu denken, einen Bruder oder Vetter der um 1130–40 geborenen Generation der Johann und Bernhard von Oberg. Daß er in den braunschweigisch-hildesheimischen Urkunden seiner Heimat nicht erscheint, kann nicht verwundern. Denn wir glauben nicht, daß er dort einen Gönner für seine literarische Arbeit hätte finden können. Die Art des welfisch-bayrischen Literaturinteresses ist uns an den vorhöfischen Epen klargeworden. In diesen Ernst eines religiösen und politisch-historischen Interesses fügt sich ein Tristanroman schlechterdings nicht. Bei dem alternden Heinrich dem Löwen verengte sich das literarische Interesse noch mehr; er wurde der Anreger des religiös-didaktischen Lucidarius (s. Bd. 3) und untersagte dessen Abfassung in Versen. Weder um ihn noch um seine Söhne blühte ein Musenhof auf. Im braunschweigisch-welfischen Raum ist Eilhart und sein Roman nicht zu denken. Wenn er einen Gönner suchte, mußte er ein Zentrum moderner Literaturbestrebungen aufsuchen. Wir meinen, wie gesagt, daß er ihn am Niederrhein gefunden hat; ist der Fluch: *der tufil senke in in den Rin* (3162) eine Spur rheinischen Lokalkolorits? Dort, in der Nähe des jungen Veldeke, lassen sich seine Dichtung und ihre Wirkung auf den Äneasroman am besten verstehen.

Eilharts Werk ist uns als Ganzes nur in späten und abgeleiteten Formen erhalten, drei Hss. des 15. Jahrhunderts, einer im Druck weitverbreiteten Prosa des 15.–17. Jahrhunderts, den Resten einer tschechischen Übersetzung. Die jungen Hss. lehren uns nur, wie man Eilharts Werk, jüngerem Geschmack angepaßt, im 13. Jahrhundert gelesen hat. Von Eilharts Original kennen wir nur etwa tausend Verse – ein reichliches Zehntel – aus drei Handschriftenbruchstücken des späten 12. und frühen 13. Jahrhunderts. Sie zeigen, daß Eilharts Werk beliebt und weit verbreitet war. Seine unmittelbare französische Quelle besitzen wir nicht, wir können daher auch nicht nachprüfen, wie gebunden oder frei Eilhart seinem französischen Vorbild gegenüberstand. Jedenfalls gehört Eilharts Quelle nicht dem höfisch verfeinerten Zweige des Thomas von Bretagne an, der Gottfrieds Vorlage wurde, sondern der älteren Überlieferungsgruppe, die sich um die Reste der Tristandichtung eines Berol ordnet. In dieser sind die Namensformen Tristrant und Isalde zu Hause. Die Geschichten um Tristan und Isolde sind noch rein stofflich erfaßt; die seelische Durchdringung beschränkt sich auf die erlernten und rasch geläufig gewordenen Formeln der magischen Minnepathologie frühhöfischen Stils.

Die Erzählung geht kurz über Tristans Eltern und Jugend fort und strebt alsbald dem Aufenthalt bei Marke und dem Zweikampf mit Morolt zu. Denn für Eilhart ist Tristan in erster Linie noch der vorbildliche Ritter; seine Waffentaten, Moroltkampf und Drachenkampf, wie später seine Ritterhilfe an Kehenis sind ihm wichtig und erzählenswert. Ihm wie seiner französischen Quelle ist daran gelegen, seinen Helden in den Artuskreis einzuführen. Sein höfisches Denken bewegt sich in den Bahnen der zeitgemäßen Moralphilosophie und ihrer Stufenlehre (vgl. S. 18f.). Der vorbildliche Ritter wird in den knappen fünf Zeilen 3113 ff. gezeichnet:

> *swer got mit herzin minnet*
> *und nach den erin ringet*
> *dem volgit selten unheil.*
> *auch mag her wol sîn teil*
> *gewinnen, al des er bedarf.*

Die Liebe zu Gott, dem *summum bonum*, ist Vorbedingung eines Lebens, das nach Ehre, dem *honestum*, strebt. Wer so lebt, dem fallen auch die irdischen Güter, das *utile*, zu. So wird hier Tristan – in unmittelbarer

Anrede an die edle Jugend unter der Zuhörerschaft (*nûrâ jungelinge*) – als ritterliches Vorbild herausgestellt und bald darauf noch einmal mit bezeichnenden Wendungen aus dem Denkbezirk des *honestum* in seiner Vorbildlichkeit charakterisiert.

Tristans Werbungsfahrt um Isolde wird, im Gegensatz zur Thomas-Gottfriedversion, durch das Frauenhaar ausgelöst, das die Schwalben in König Markes Saal tragen. Doch versagt Eilhart vor der Aufgabe, den Zauber von Isoldes betörender Schönheit aus dem Goldglanz dieses einzigen Haares zu erwecken. Er erwähnt nicht einmal dessen Farbe, er sieht nichts als ein Frauenhaar; und Markes Entschluß, nur die Trägerin dieses Haares zum Weibe zu nehmen, ist ihm nichts als eine List, das lästige Drängen auf eine Eheschließung abzuwehren. Tristan macht sich auf, besteht den Drachenkampf, findet in Isolde die rechte Frau. Erkennung, Versöhnung, Werbung gehen vor sich, der Minnetrank wird unterwegs versehentlich von Tristan und Isolde genossen. Er ist noch rein magischer Saft, seine Wirkung ist fast medikamentenhaft an bestimmte Bedingungen gebunden: er zwingt zwar zu lebenslanger Minne, auf vier Jahre aber bindet er die Liebenden unlöslich. Sähen sie sich einen Tag nicht, so würden sie krank, blieben sie eine Woche getrennt, so müßten sie sterben. Diese von außen herangetragene Magie drängt die Beiden zwanghaft in die Bahn ihrer Minne.

Marke ist hier tatkräftiger und ungebrochener als in seiner schwanken Milde bei Gottfried. Er verfolgt und rächt; mit Wollust ersinnt er für die Liebenden furchtbare und schimpfliche Strafen, das Rad für Tristan, den Flammentod für Isolde, den er dann mit dem schrecklicheren Lose der Preisgabe an die Aussätzigen vertauscht. Tristans Selbstbefreiung durch den Sprung aus der Kapelle und die Erlösung Isoldes durch ihn führen zur Flucht in den Wald. Dieses Waldleben ist nicht, wie bei Gottfried, selige Liebeseinsamkeit, es ist Mühsal und Entbehrung, und als die vier Jahre der engsten magischen Bindung vorüber sind, suchen sie die Rückkehr in das ersehnte Dasein der höfisch-geselligen Welt. Marke nimmt Isolde wieder an, Tristan muß in die Verbannung gehen.

Es folgt nun der zweite Teil des Romanes, Tristans Verbindung mit der Namensschwester Isoldes, der Schwester des Kehenis, und die Kette der Begegnungsabenteuer. Dieser Teil ist noch ganz im vorhöfischen Reihungsstil aufgebaut; wie Morolf im Salomonroman seine Abenteuer in immer neuen Verkleidungen wiederholt, so Tristan seine Liebesbesuche als Aussätziger, als Pilger, als Knappe, als Narr.

Eilharts Auffassung von der Minne entspricht der frühhöfischen Vorstellung. Schon stofflich ist diese Minne ja Zwangswirkung eines magischen Mittels. Sie uns anschaulich zu machen, bietet Eilhart den ganzen Schatz der frühhöfischen Minnesymptomatik auf. Dies geschieht insbesondere in dem großen Liebesmonolog Isoldes, den Eilhart sicherlich seiner französischen Quelle nachgebildet haben wird, und der dann eines der Muster für Lavinias großen Liebesmonolog bei Veldeke geworden ist. Die Minne schafft in ihrer Zwanghaftigkeit Störung der gegebenen Ordnung, die der Dichter als Unheil empfindet. Er spricht von dem „unseligen Trank" und schilt ihn mehrfach „böse". Der Trank macht die Liebenden „*âne sinne*", und Eilhart selbst nennt Tristans Wagemut, der durch alle Gefahr zu Isolde dringt, „*eine grôze tumheit*" und „*die grôzen unmâze*". Er kann sich Tristans Verhalten nur aus dem Zwang des Trankes erklären; Tristan war doch sonst ein so kluger Mann, so meint der nüchterne Niedersachse, er hätte es wohl unterlassen – wenn er gekonnt hätte. So liegt eine mechanische Veräußerlichung in der Magie der Minne, die Eilhart seelisch nicht zu durchwärmen vermocht hat. Das Liebesspiel seiner Figuren bleibt marionettenhaft. Den Weg vom Stofflichen zum Seelischen zu finden, war diesem mittelmäßigen Dichter nicht gegeben. Er bewegt sich in den Formeln einer damals modern werdenden Denkweise; das ist seine Leistung und sein Ruhm. Wer von Eilhart zu Veldeke kommt, wird sich bewußt, daß Veldeke in der Tat mehr geleistet hat als nur eine Verfeinerung der Form. Er verstand die Kunst, das Erlebnis der Minne aus der formelhaften Symptomatik zu lösen, es aufzuschließen und als seelischen Vorgang zu erfassen.

Der **Graf Rudolf**, eines der interessantesten und problemreichsten Werke der höfischen Gruppe, ist uns leider nur bruchstückhaft bekannt; vierzehn Blätter einer Handschrift des späten 12. Jahrhunderts haben uns rund 1300 Verszeilen erhalten. Angaben über den Dichter, seinen Gönner und seine Quelle, die der Schluß des Werkes enthalten haben könnte, sind nicht auf uns gekommen.

So bleibt die zeitliche und örtliche Einordnung unsicher. Aus einer zeitgenössischen Anspielung, dem Reichsschenkenamt in der Hand eines Königs, glaubt man schließen zu können, daß das Gedicht vor 1173 entstanden sein muß. Die md. Sprache des Dichters läßt ihn als Hessen oder Thüringer bestimmen, womit über seine literarische Heimat noch nichts ausgesagt ist. Doch wären wohl rheinische Einschläge in der Sprache zu erwarten, wenn der Dichter für einen rheinischen Gönner gedichtet hätte. Es empfiehlt sich, den Grafen Rudolf von der Gruppe Floyris-Tristrant-Veldeke auch räumlich abzurücken. Denn auch in seinem Wesen steht der Graf Rudolf sehr für sich; er knüpft weit unmittelbarer an vorhöfische Vorbilder an, und seine Modernität ist eine andere als die jener modernen Minnedichtungen.

Die lückenhafte Überlieferung läßt auch manches in der Anordnung der einzelnen Blätter und damit dem Verlauf der Handlung offen. Das Gedicht spielt im Orient zur Zeit der Kreuzzüge. Der Papst, beunruhigt über die Not der Christenheit im Heiligen Lande, sendet Boten aus, die zum Kreuzzug aufrufen sollen. Der päpstliche Aufruf treibt auch den jungen Grafen Rudolf ins Heilige Land. Er nimmt ruhmvoll an den Kämpfen um Askalon und an der Eroberung der Stadt teil, gerät aber mit dem hochmütigen König Gilot von Jerusalem in Konflikt und verläßt ihn. Wir finden ihn dann im Dienste des heidnischen Sultans Halap wieder, an dessen Tochter ihn geheime Minne bindet. Der König von Jerusalem fordert seine schimpfliche Auslieferung, doch schützt ihn die edle Gesinnung des heidnischen Herrschers. In einem anderen

Fragment sehen wir Rudolf im Dienste des Sultans eine gefährliche Botschaft in eine belagerte Stadt bringen und im heidnischen Heer gegen die Christen kämpfen. Der weitere Verlauf des Gedichtes ist undurchsichtig; sein Abschluß fehlt. Wir hören, daß Rudolf und seine Geliebte getrennt sind: ihn sehen wir, wund und todesmatt, aus schwerer Gefangenschaft entfliehen, sie finden wir in Konstantinopel wieder, getauft und offenbar der Werbung eines Königs ausgesetzt. Wir erfahren, daß auch Rudolf nach Konstantinopel gelangt sein muß und mit der Geliebten entwichen ist. Ein Überfall durch Räuber, bei dem Rudolfs allzeit getreuer Neffe Bonifeit den Tod findet, ist das Letzte, was wir noch wissen.

Die ernst genommene Kreuzzugsbegeisterung, der Orient und die Sarazenenkämpfe, endlich die Erwerbung einer heidnischen Prinzessin, die getauft wird – das sind wichtige Elemente, die den Grafen Rudolf mit der vorhöfischen Epik, dem Roland und den Werbungsgeschichten verbinden. Auch die Trennung der Liebenden, ihre Standhaftigkeit und endliche Vereinigung, Motive aus dem spätgriechischen Liebesroman, sind alte Aufbauelemente.

Aber sie werden in ganz neue Beleuchtung gerückt. Die starre dualistische Scheide zwischen Christenwelt und Heidenwelt, Gottesvolk und Satansvolk, ist gefallen. Und damit ist auch das Schema der alten Brautwerbungsformel aufgegeben, nach der der christliche Werber und der heidnische Vater Gegenspieler sind. Fast mit Vergnügen wird vielmehr grade der christliche König von Jerusalem als fragwürdige Figur gezeichnet, hoffärtig, eitel, grausam, Wesensverwandter des Griechenkaisers im Rother. Der Heidensultan dagegen bewährt seine Treue an dem christlichen Helfer, und an seinem Hofe wird der Heide Girabobe als getreuer Ratgeber in ein helles Licht gerückt. Die Bekehrung der heidnischen Königstochter ist nicht Ziel der Minnehandlung, und es ist nicht einmal sicher, ob sie von Rudolf veranlaßt ist. Wenigstens ist die christliche Welt von Konstantinopel für Rudolf abermals bedrohlich; er muß die Geliebte heimlich von dort entführen. Der Held aber bewegt sich in beiden Räumen, dem christlichen und dem heidnischen, zu gleichem Recht. Er tritt aus dem Dienst des christlichen Königs in den des heidnischen Sultans über, ja, er kämpft für den Heiden gegen seine christlichen Glaubensbrüder, ohne daß ihn der Vorwurf sündhaft-fluchwürdigen Handelns träfe.

Denn Rudolf gehört jener neuen universalen Welt an, der Welt des höfisch gehobenen Rittertums, das über die Kluft der Religionen eine Brücke spannt und Christen wie Heiden zu einer neuen Einheit zusammenfaßt, sofern sie sich dem gleichen Ideal verpflichtet fühlen. Dieses neue Ideal ist es, um das es dem Dichter vor allem geht. Ihm gilt die Erziehungslehre des Jünglings, die wie eigens zu diesem Zwecke eingefügt wirkt. Aber auch bei Taten und Handlungen Rudolfs wird mehrfach auf eine Haltung hingewiesen, die dem *honestum* entspricht. Und die eingehende Auseinandersetzung über gute und böse Ratgeber im Bruchstück ð erinnert daran, welche Rolle in der poetischen Bearbeitung des *Moralium Dogma* durch Wernher von Elmendorf die Frage des guten und des bösen Ratgebers spielt. Auch wenn man das Lehrgedicht des Heiligenstädter Kaplans in seiner Wirkung nicht überschätzt, scheint es doch erlaubt, bei einem thüringisch-hessischen Dichter Kenntnis dieses jüngst erschienenen Werkes anzunehmen.

Ritterliche Idealität drückt sich in äußerer Erscheinung aus. Daher wird dem Darstellerischen gebührende Aufmerksamkeit geschenkt in der breiten Schilderung kostbarer Kleider, stattlicher Räume, edler, wohlgezäumter Rosse wie auch in der formvollendeten Anordnung und Durchführung des höfischen Festes. Weit charakteristischer ist es noch, wie der Held auch in Not und Elend der Gefangenschaft und der Flucht immer ein Bild des edlen höfischen Mannes bleibt, und wie der Dichter ihn gegen den Vorwurf unhöfischen Verhaltens in Schutz nimmt, weil er Brot, das ein anderer fortgeworfen hatte, aufliest, um sein Leben damit zu fristen.

Auch die Frau gehört in das Bild der höfischen Welt. Das kostbar ausgestattete Gemach von Rudolfs Mutter, in dem schöne Mädchen feine Handarbeiten ausführen, gibt wie im Nibelungenliede den äußeren Rahmen adligen Frauendaseins ab. Die Erziehungslehre verlangt, daß sich der junge Ritter in Gesellschaft von Frauen bewegen lerne. Daß auch die Minne ihre Rolle in einem modernen Roman der Zeit beansprucht, ist selbstverständlich. Allein – soweit die Bruchstücke ein Urteil erlauben – im Mittelpunkt stand sie nicht. Der Dichter des Grafen Rudolf wollte ein Idealbild ritterlich-tätigen Daseins zeichnen, dem die Minne nicht fehlt, das sie aber nicht beherrscht. Daher sieht er auch Minne anders als die Gruppe Floyris-Tristan-Eneit. Verglichen mit der Liebesbesessenheit des jungen Floyris, des Paares Tristrant und Isalde oder Didos, erscheint uns Rudolfs Minneerlebnis und -geständnis von einer nüchternen Sachlichkeit zu sein. Und in der Aussage des Dichters über seinen Helden: ihm war jede minderwertige Handlung zuwider, darum liebten ihn die edlen Frauen, klingt eine andere Auffassung der Minne an als die der bannenden Zaubermacht: die Auffassung der Minne als Lohn für ein vorbildliches Verhalten, jene Auffassung also, die etwa gleichzeitig der junge Hartmann von Aue in seinem „Büchlein" vertreten hat.

Diese sachliche Stellung zur Minne ist ein Ausdruck des ganzen Mannes. Kein anderes Werk der frühhöfischen Zeit will so sehr sachliche Wirklichkeit geben. Das Idealbild ritterlichen Daseins ist durchaus gehobene Wirklichkeit und will nichts anderes sein. Das Orientbild dieses Dichters ist nicht eine abenteuerliche Wunderwelt; keines der mißgeburtlichen Wesen, die den Orient des Herzog Ernst bevölkern, tritt in Erscheinung. Es ist die Wirklichkeit des Kreuzzugserlebnisses. Der fromme Ernst von Kreuzzugspredigt und Kreuzzugsaufbruch führt in die Nähe des Rolandsliedes. Aber keine Glaubensglut oder Märtyrersehnsucht verdeckt die bedenkliche Wirklichkeit des christlichen Palästina mit dem Dasein auf schmalem und schwankendem Boden, dem raschen Wechsel von Kampf und trügerischem Frieden und der Gefahr menschlicher Unzulänglichkeit bei solch wurzelloser Existenz – ein leiser Vorklang von Freidanks illusionslosen Akkonsprüchen. Ihr stellt der Dichter sein europäisches, sein Reichsbewußtsein entgegen; man spürt, er kommt aus staufischer Luft. Die angemaßte Größe des Königs von Jerusalem mißt er an der Würde des echten Kaisertums, und er tut es, bezeichnend für die darstellerische Form höfischen Lebens, an Hand des höfischen Festes. An der unmäßigen Forderung des Königs von Jerusalem, das Siegesfest nach dem Vorbild eines kaiserlichen Festes zu gestalten, entzündet sich der Konflikt zwischen dem König und dem flandrischen Grafensohn.

In dieser orientalischen und gefährdeten Umwelt bewährt der Graf Rudolf seine vornehme Erziehung, höfische Haltung und ritterliche Tapferkeit, lernt er die Anfechtbarkeit der Christen wie die Ehrenhaftigkeit der Heiden kennen, zwischen denen er sich in freier Entscheidung bewegt. Und hier, bei den Heiden, begegnet ihm in derselben temperierten Sachlichkeit das Erlebnis der Minne. Wir besitzen nur Rudolfs Geständnis vor der heidnischen Königstochter. Auch hier geht der Dichter von der äußeren Erscheinung aus: dem Erröten des Ritters beim Anblick der geliebten Dame. Doch die Geständnisszene ist knapp und frei von der ausgesponnenen antithetischen Minnesymptomatik Eilharts und Veldekes. Wir wissen nicht, ob sie nicht bei der Darstellung der erwachenden Minne Anwendung gefunden hat – im Stil des Rudolfdichters läge sie nicht.

Auch sprachlich verbleibt die Dichtung auf einer sachlichen Linie. Der Dichter erzählt ohne viel stilistisches Spielwerk, ohne die zierliche Redseligkeit des Straßburger Alexander, ohne Überanstrengung der Stichomythie. Sein ausgesprochener Sinn für *mâze* macht sich erfreulich bemerkbar.

Die Quellenfrage ist ungelöst. Eine französische Quelle wird man voraussetzen können, französische Motive lassen sich nachweisen, und einige französische Modewörter mischen sich ein. Aber eine eigentliche Quelle hat sich nicht finden lassen. Die Beziehungen zu der französischen Chanson de geste von Boeve de Hanstone sind überschätzt worden. Insbesondere fehlt dem Boeve das eigentliche Kreuzzugsmilieu; nur der Liebesroman ist in einigen Motiven vergleichbar, als Ganzes aber bei weitem nicht übereinstimmend. Zudem hat es die romanistische Forschung zweifelhaft gemacht, ob der französische Boeve überhaupt alt genug ist, um dem Grafen Rudolf als Quelle zu dienen. Der Dichter selber beruft sich nirgends auf ein „Buch", sondern nur auf Gehörtes. So werden wir gut tun, uns bei der Feststellung zu beruhigen, daß der Dichter mit französischer Motivik vertraut war, daß wir aber eine einheitliche Quelle nicht kennen, und daß es sie vielleicht gar nicht gegeben hat.

LITERATUR

Zum Epos allgemein: HERM. SCHNEIDER, Das deutsche Epos, in: Von dtscher Art in Sprache u. Dichtung. Bd. II (Stuttgart-Berlin 1941) S. 147–67. – H. BRINKMANN, Die epische Dichtung des deutschen Rittertums. ZfdBildg. 13 (1937) 334–46. – FR. PANZER, Die nationale Epik Deutschlands u. Frankreichs in ihrem geschichtlichen Zusammenhang. Ebda 14 (1938) 249–65. – HCH. HEMPEL, Französischer u. deutscher Stil im höfischen Epos. Germ.-rom. Monschr. 23 (1935) 1–24. – KURT HALBACH, Franzosentum und Deutschtum in höfischer Dichtung des Stauferzeitalters; Hartmann von Aue und Crestien de Troyes, Iwein-Ywain. Neue dtsche Forschgen, Abt. dtsche Phil. Bd. 7. Berlin 1939. – MARIE-LUISE GRÄFF, Studien zum Kunst- und Stilwandel des XIII. Jhs. Diss. Tübingen 1947 (Masch.-Schr.). – LUISE LERNER, Studien zur Komposition des höfischen Romans im 13. Jh. = Forschgen z. dtschen Sprache u. Dichtg. Bd. 7. Münster 1936. – HILDEG. EMMEL, Das Verhältnis von êre und triuwe im Nibelungenlied, bei Hartmann und Wolfram, Frankf. Quellen u. Forschgen H. 14. Frankfurt 1936. – H. BODENSOHN, Die Festschilderungen in der mhd. Epik. Münster 1936.

Zum Frühhöfischen Epos: JAN VAN DAM, Zur Vorgeschichte des höfischen Epos; Lamprecht, Eilhart, Veldeke. Rhein. Beitr. u. Hülfsbücher z. germ. Phil. u. Volkskde Bd. VIII. Bonn u. Leipzig 1923. – G. CORDES, Zur Sprache Eilharts von Oberg. Hansische Forschgen I. Hamburg 1939. – E. SITTE, Die Datierung von Lamprechts Alexander. Hermäa XXXV. Halle 1940. – D. TEUSINK, Das Verhältnis zwischen Veldekes Eneide und dem Alexanderlied. Amsterdam 1945. – G. JUNGBLUTH, Untersuchungen zu Heinrich von Veldeke. Dtsche Forschgen H. 31. Frankfurt 1937.

Zu den einzelnen frühhöfischen Romanen:
Straßburger Alexander: Siehe Bd. I S. 236 f.

Trierer Floyris: Ausg. E. v. STEINMEYER, Trierer Bruchstücke I. ZfdA 21, (1877) 307–31. Lit.: JAN VAN DAM, Verf.-Lex. I 626–28. – D. HAACKE, Weltfeindliche Strömungen S. 150–55. – LORENZ ERNST, Floire und Blancheflur. Studie zur vergl. Literaturwiss. = Quellen u. Forschgen CXVIII. Straßburg 1912.

Eilhart von Oberge: Ausg. KURT WAGNER (Die alten Bruchstücke), Rhein. Beitr. u. Hülfsbücher z. germ. Phil. u. Volkskde Bd. 5. 1924. – FRANZ LICHTENSTEIN (Die vollst. Fassung des 15. Jhs.), Quellen u. Forschgen XIX. Straßburg 1877. – FR. PFAFF (Der Prosatristan). Bibl. Lit. Ver. Bd. 152. Stuttgart 1881. – JOH. KNIESCHECK (Der tschechische Tristan), Mitt. d. Ver. f. Gesch. d. Dtschen i. Böhmen Bd. 22, (1884) 226–49; deutsche Übersetzung: ZfdA 28 (1884) 261 ff. – Lit.: C. WESLE, Verf.-Lex. I 524. – LUDW. WOLFF, Welfisch-Braunschweigische Dichtung der Ritterzeit.Niederd. Jahrbb. 71/73, 68–89. – FR. RANKE, Tristan und Isold. München 1925. – GERTRUDE SCHOEPPERLE, Tristan und Isolt. A study of the sources of the romance. 2 Bde. Frankfurt u. London 1913. – BODO MERGELL, Tristan und Isolde, Ursprung und Entwicklung der Tristansage des Mittelalters. Mainz 1949. – GERTR. SCHLEGEL, Eilharts Tristant-Handschriften. Jahrb. d. phil. Fak. Prag Nr. 7 (1933) 47–51. – GERH. CORDES, Zur Sprache Eilharts von Oberg, Hansische Forschgen Bd. 1. Hamburg 1939. – A. WITTE, Der Aufbau der ältesten Tristandichtungen. ZfdA 70 (1933) 161–95. – HEINZ STOLTE, Eilhart und Gottfried, Studie über Motivreim u. Aufbaustil, Sprache, Volkstum, Stil, Forschgen z. dtschen Litgesch. Bd. 1. Halle 1941. – KURT WAGNER, Wirklichkeit u. Schicksal im Epos des Eilhart von Oberg. Herrigs Archiv 170 (1936) 161–84. – H. EGGERS, Der Liebesmonolog in Eilharts Tristrant, Euphorion 45 (1950) 275–304. – DERS., Literarische Beziehungen des Parzival zum Tristrant Eilharts von Oberg. Beitr. 72 (1950) 39–51.

Graf Rudolf: Ausg. C. v. Kraus, Mittelhochd. Übungsbuch. Heidelberg 1912.
S. 55–71. Lit.: J. VAN DAM, Verf.-Lex. II 78–81. – E. H. J. TERTSCH, Studien zur
Quellengeschichte des mhd. Gedichts vom Grafen Rudolf. Diss. Wien 1928 (Masch.-
Schr.). – D. HAACKE, Weltfeindliche Strömungen, S. 90–140.

3. HEINRICH VON VELDEKE

Aus dieser bisher dargestellten literarischen Umwelt erwächst das zu-
kunftbestimmende Werk, die E n e i t , der Äneasroman H e i n r i c h s v o n
V e l d e k e . Über das Leben Heinrichs wissen wir nur soviel, wie seine
Werke verraten, insbesondere der Epilog der Eneit und ihr Exkurs über
das Mainzer Hoffest von 1184. Beides ist durch die Untersuchungen von
Th. Frings in seiner Echtheit erschüttert; dennoch behalten die Angaben
ihren biographischen Wert. Denn sie gehören allen Handschriften an,
müssen also noch im 12. Jahrhundert und zu Lebzeiten Heinrichs eingefügt worden sein. Wenn sie dem Manne verdankt werden, der die erste
thüringische Bearbeitung vorgenommen hat, so ist zu vermuten, daß
diese Zusätze mit Wissen und unter den Augen des Dichters gemacht
worden sind.

Demnach läßt sich etwa folgendes sagen: Heinrich, zwischen 1140 und 1150 geboren, gehört einem Ministerialengeschlecht an, das sich nach dem Dorfe Veldeke
westlich von Maastricht benannte. Heinrich muß geistliche Bildung genossen haben,
was ihm der Titel „meister" im Nachwort der Eneit bescheinigt. Geistlichen Standes
braucht er damit nicht gewesen zu sein; seine Lyrik dürfte eine solche Vorstellung
verbieten. Wohl noch vor 1170 entstand seine erste epische Arbeit, die Legende von
Servatius, dem heiligen Patron seiner Heimatstadt Maastricht. Diese Legende dichtete
er noch in seiner Heimat, wie die Namen seiner Gönner und Förderer, der Gräfin
Agnes von Loon, die wohl seine Dienstherrin war, und des Maastrichter Domküsters
Meister Hessel verraten. Bald nach 1170 begann die Arbeit an dem Äneasroman, durch
den Heinrich in weiteren literarisch interessierten Kreisen des Rheinlandes bekannt
wurde. Die Handschrift des zu zwei Dritteln fertigen Werkes lieh er einer Gräfin
von Cleve, und bei einer Hochzeit im Cleveschen Hause – vermutlich 1174 – wurde
sie gestohlen und nach Thüringen entführt, wo sie der Dichter erst neun Jahre
später, also 1183, zurückerhielt, um sie für Pfalzgraf Hermann, den späteren Landgrafen, und dessen Bruder Friedrich neu zu überarbeiten und abzuschließen. Heinrichs Teilnahme am Mainzer Hoffest Barbarossas 1184 braucht man nicht zu bezweifeln, selbst wenn die begeisterte Schilderung (Eneit 13221 ff.) nicht von Heinrich
stammen sollte. Zwischen 1187 und 1189 dürfte das Werk vollendet gewesen sein.
Wann Heinrich das Gedicht von Salomon und der Minne verfaßt hat, auf das der
Dichter des Moriz von Craûn anspielt, und das uns verloren ist, wissen wir nicht.
Um 1210 war Heinrich nicht mehr unter den Lebenden.

Heinrich von Veldeke begann als religiöser Dichter. Sein Held wird
der große Heilige und Patron seiner Heimat, der Bischof S e r v a t i u s von
Tongern. Die Überlieferung dieses Legendengedichtes ist schlecht, die
einzige vollständige Handschrift ist spät (15. Jahrhundert) und setzt die

Sprache des limburgisch-niederrheinischen Werkes in westholländische
Formen um. Drei dürftige Bruchstücke alter Hss. des 12. Jahrhunderts
bewahren knapp zweihundert Verszeilen in ihrer Originalsprache. Bleibt
so die erkennbare Überlieferung auf den Niederrhein beschränkt, so muß
doch der Servatiuskult und Veldekes Gedicht den Weg nach Oberdeutschland gefunden haben; denn eine um 1190 in Bayern gedichtete
Servatiuslegende (vgl. S. 380) hat Veldekes Gedicht benutzt. Die Ver-
mittlerin war gewiß die jüngere Gräfin Agnes von Loon, die Tochter von
Veldekes Gönnerin, seit 1169 Gemahlin Ottos von Wittelsbach, des
ersten Wittelsbacher Bayernherzogs.

Als Stoff und Typus schließt Veldekes Gedicht an die Legendenmode der jüngsten
frühmhd. Zeit an. Sie ist eine nach lateinischer Vorlage gedichtete Vita mit Translatio
und Grabeswundern als Abschluß. Servatius war in den Legenden von Maastricht
und Lüttich zu einem Heiligen von hoher Art gesteigert worden; er galt als Verwandter Christi, wurde von Petrus in einem Visionswunder zu Rom mit dem Him-
melsschlüssel und dadurch mit der Gewalt des Lösens und Bindens begabt und von
Gott selber zum Bischof von Tongern auserwählt und ausgesandt. In ihrem Bischofs-
teil gehört die Servatiuslegende in eine Gruppe französischer Bischofslegenden, die
ihren Heiligen als Vertreter des Gottesreiches dem Hunnenkönig Attila, dem Satans-
diener und der Gottesgeißel, gegenüberstellen, und sie steigert ihren Heiligen über
seine Konkurrenten, indem sie berichtet, daß er den Teufelssohn wenigstens vorüber-
gehend dem Christentum gewonnen habe – eine Vorstellung, die dem Bearbeiter der
Fassung C des Nibelungenliedes bekannt geworden sein muß.

Veldekes Servatiuslegende und schon ihre lateinische Quelle ist zweiteilig gebaut. Der erste Teil enthält die Vita. Der zweite Teil, Translatio
und Grabeswunder, ist weit über das Übliche einer durchschnittlichen
Legende ausgestaltet und verbindet die Nachwirkung des Heiligen mit
dem Ablauf der Welt- und Kaisergeschichte. Von Karl dem Großen bis
zu Heinrich V. wird die Devotion der Herrscher für den Heiligen berichtet und werden Grabeswunder in die Herrscherzeiten eingeordnet.
Weltgeschichte und Heilsgeschichte werden so in ihrem Nebeneinander
und Ineinander sichtbar; es ist das gleiche Denken, aus dem der Prolog
des Annoliedes (Bd. I S. 151 f.) geschaffen wurde.

Mit alldem wäre der junge Ritter noch wesentlich in der Literatur-
tradition des 12. Jahrhunderts verblieben. Aber schon in diesem Frühwerk kündigt er sich als der Neuerer und Reformator der Form an.
Schon in ihrem Umfang überschreitet die Servatiuslegende alles bisher
Geleistete. Und diese Fülle ist nicht stofflich, sondern stilistisch bedingt.
An französischem Vorbild geschult, will der junge Ritter die Legende
zum Buchepos machen, und er kennt alle Mittel dafür: die breite Schilderung, die Fülle der Formeln, die elegante, redefrohe Darstellung. Hier
sind auch alle jene rhythmischen Elemente schon angelegt, die Veldeke
zu dem großen Vorbild der Formzucht gemacht haben, das geregelte
Metrum, der reine, schon auf die Wirkung über die Grenzen der enge-

ren Heimat berechnete Reim. Daß Servatius und Eneit in manchen Einzelheiten des Sprach- und Reimgebrauches voneinander abweichen, berechtigt nicht, an Veldekes Verfasserschaft des Servatius zu zweifeln und
das klare Zeugnis des Servatiusepilogs abzuwerten, der ihn als Dichter
nennt. Zwischen Servatius und Eneit liegt nicht nur der Unterschied von
Stoff und Quelle: lateinische Prosalegende hier, französischer Versroman
dort. Der Stoff bedingte auch unmittelbar den Stil; Legende ist eine Stilform, die eine an der lateinischen Predigt geschulte Diktion verlangte,
und dem konnte sich auch der deutsche Dichter nicht entziehen. Ferner
liegt zwischen den beiden Werken eine dichterische Entwicklung, die
in der Umarbeitung der Eneit für den Thüringer Hof ihren letzten Ausdruck fand und die damals aus einem empfindlicheren Stilbewußtsein
heraus sprachliche Elemente ausschied, die fünfzehn bis zwanzig Jahre
früher dem jungen Heinrich noch verwendbar erschienen waren. Im
ganzen ist doch auch schon der Servatius ein modernes Werk, und Veldeke schon hier der Mann, der das erste Reis in deutscher Zunge impfte.

Zwischen dem Servatius und der Vollendung der Eneit liegen rund
drei Jahrzehnte. Irgendwann in dieser Zeit muß das verlorene Gedicht
von Salomo und der Minne entstanden sein. Der Dichter des Moriz
von Craûn vergleicht das Bett, auf dem er seinen Helden ruhen läßt, mit
jenem kostbaren Bett des Salomo, das Heinrich von Veldeke beschrieben
habe. Auf diesem Bett, so berichtet der Dichter, schlief Salomo, als Venus ihn mit ihrem Pfeil traf. „Sie schoß ihn ins Herz, so daß dieser
Schmerz ihn bis an sein Ende quälte. Er mußte in ihre Fesseln hinein:
so weise er auch war, sie nahm ihm den Verstand."

Mehr wissen wir von diesem Gedicht leider nicht. Wir können auch
über seine Art nichts aussagen, da uns auch keine Parallele bekannt ist,
die unsere Vorstellung ergänzen könnte. Dennoch ist uns die Notiz
grundsätzlich wichtig. Denn das Bett Salomonis – das ist ja ein wesentliches Stück in der Interpretation des Hohen Liedes; es ist der mystische
Ort, wo sich der himmlische Bräutigam mit seiner Braut vereint. Hier
aber haben wir einen ganz anderen Salomo, einen irdischen Salomo,
den das Geschoß der Venus trifft, den die Minne in Fesseln schlägt und
wie eine Krankheit befällt. Salomo, der *rex pacificus* des frühmhd. Salo-
mogedichtes (Bd. I S. 151 ff.), der Gott „bezeichnet", und Salomo,
der Prototyp der bannhaften Venusminne, der sich im Legendenroman
von Salman und Morolf (Bd. I S. 263 ff.) zuerst andeutete – sichtbarer
konnte sich der tiefe Wandel des Denkens in dieser Zeit nicht enthüllen.
Und es liegt ganz in der Linie der antikisierenden ovidianischen Stilgebung der frühhöfischen Dichtung, daß Veldeke es wagen konnte, den
biblischen König und die heidnische Venus einander unmittelbar gegen-
überzustellen und den größten Herrscher des alten Testamentes durch
die heidnische Göttin überwinden zu lassen.

Das große Werk, das den Ruhm Heinrichs von Veldeke begründete, war indessen seine Eneit. Es ist Vergils großer Stoff, der zu den festen Bildungsgütern des europäischen Mittelalters gehörte. Allein nicht Vergils römisches Staatsepos wurde Heinrichs Vorlage, wiewohl der schulgelehrte Ritter es sicherlich genau gekannt hat, sondern der französische Roman d'Eneas, der noch nicht sehr lange erschienen war, als Veldeke ihn zu seinem Vorbild nahm. Wer sein Gönner war, wissen wir nicht; der Gräfin von Cleve, an deren Hof das unvollendete Werk gestohlen wurde, hatte er es nur zur Lektüre geliehen, und sie wird im Nachwort nicht im Sinne der Gönnerin genannt. Doch sieht man daraus, daß der Dichter über die engen Grenzen des heimischen Limburg hinaus bekannt geworden war.

Die handschriftliche Überlieferung ist mit mehr als einem Dutzend von Handschriften und Bruchstücken ziemlich reich. Diese verteilen sich über die ganze Zeit vom 12. bis zum 15. Jahrhundert. Veldekes Eneit ist das erste mhd. Werk, das ohne tiefgreifende textliche Umgestaltung jahrhundertelang lebendig fortgewirkt hat. Die gesamte Überlieferung aber geht auf eine thüringische Stammhandschrift zurück, d. h. auf eine Fassung, die aus Veldekes Limburgisch ins Thüringische umgeschrieben war. Dies muß sehr bald nach Vollendung des Werkes, noch zu Lebzeiten Veldekes und vielleicht unter seinen Augen und seiner Beihilfe geschehen sein, eine Art „Ausgabe letzter Hand".

Stofflich beruht naturgemäß der französische Eneasroman und damit Heinrichs Epos auf Vergils Äneis. Er erzählt die Flucht aus Troja, den tragisch endenden Aufenthalt bei Dido, die Hadesfahrt, die Landung in Italien, die Kämpfe um den götterverheißenen Boden, die endgültige Ansiedlung und die Ehe mit Lavinia, und er endet mit dem Ausblick auf die Gründung Roms und dessen künftige Größe. Aber das Ethos ist ein anderes geworden; die Größe Roms und des römischen Weltreiches ist nicht Sinn und Ziel der Erzählung. Der Stoff wird vielmehr zum Exemplum für ritterlich-vorbildliches Verhalten und für die Macht der Minne. Die beiden großen Minnehandlungen um Dido und Lavinia sind die Pole des Gedichtes; die Umgestaltung der Nebenrolle der Lavinia zur zentralen Figur ist die bezeichnende Neuerung gegenüber dem Epos Vergils.

Antikes Heldentum wird jetzt ritterlich gesehen. Die Einbeziehung der griechischen (Trojaroman) und römischen (Äneasroman) Helden unter den Begriff des Rittertums geschah bewußt; wie das orientalische Heidentum (Graf Rudolf), so wird auch das antike Heroentum in die überzeitlich-übervölkische Standesgemeinschaft einbegriffen und in ihrem Sinne exemplarisch nacherlebt.

Die christlich-heidnischen Gegensätze brechen dabei nicht auf. Die antiken Götter sind ohne inneren Anteil, aber auch ohne Abscheu behandelt. Veldeke hütet sich, die übliche Einordnung der Heidengötter unter die Teufel zu vollziehen, wie es dem dualistischen Denken der

Legende und etwa der Kaiserchronik selbstverständlich war. Aber sie bleiben blaß und ohne Profil, auch Venus und Cupido, die Liebesgötter, die durch den göttlichen Stammbaum des Äneas auch sachlich in das Geschehen verflochten sind. Fast überall ließe sich das Wirken der Götter durch ein unpersönliches Fatum ersetzen. Nur in der pikanten Minneanekdote von Mars und Venus erwachen sie zu persönlichem Dasein. Die Hadesfahrt des Äneas vermischt antike Requisiten (Charon, Cerberus, Elysium) mit christlichen Höllenvorstellungen, wie sie Veldeke aus der Visionsliteratur kannte und im Servatius bei der Geschichte des brabantischen Ritters selbst dargestellt hatte. Sind auch Pluto und Proserpina, nicht Luzifer die Herren der Unterwelt, so erscheint diese doch als ein Ort der Buße und der Qual, dessen Bewohner nach ihren Verfehlungen gesondert behandelt werden. Aber auch für das heidnische Elysium bleibt in dieser Unterwelt Raum; es ist der Ort, wo Äneas dem Schatten seines Vaters begegnet, eine Stätte, „da es sehr schön war". Man unterschätze nicht, was diese innere Freiheit gegenüber den dogmatisch wie volkstümlich so festgelegten Höllenvorstellungen bedeutet, welche Lokkerung der religiösen Gebundenheit darin zum Ausdruck kommt.

Im Stofflichen, soweit es Fahrt und Kampf ist, bleibt dieser klassische frühhöfische Roman von bemerkenswerter Sachlichkeit. Für die Fahrten fehlten ihm Begriff und Wort der Aventiure, bei den Kämpfen der Sinn für das ritterliche Spiel, das Turnier. Äneas' Fahrten hätten zu mancherlei Aventiure verlocken können, insbesondere forderten die Hadesfahrt und ihre Vorbereitungen dazu heraus. Allein nicht nur der Hades selbst wird mit der Sachlichkeit eines topographischen Handbuches behandelt, auch die Fahrt zur Sibylle, die Suche nach dem Hadeszweig bleiben nach der Seite der Aventiure hin ganz unentfaltet. Die Fahrt zur Sibylle erschöpft sich in der Mitteilung: „Da fuhr der Herr Äneas dorthin, wo Frau Sibylle war" (2687 f.). Und die Auffindung des Zweiges beansprucht drei Zeilen: als Äneas den Göttern ein Opfer dargebracht hatte, „da sandten sie ihn richtig an die Stelle, wo er ihn fand. Da zog er ihn mit der Hand heraus" (2830 f.)..Nüchterner läßt sich ein so mit Magie geladener Vorgang nicht darstellen. Wo sich aber Rittertum in seiner kämpferischen Aufgabe bewährt, da geschieht es niemals im Ritterspiel, sondern stets im Ernst des blutigen Kampfes, und es ist schon darauf hingewiesen, mit wie sachlichem Interesse Veldeke die im eigentlichen Sinn militärische Seite des Rittertums behandelt, und wie er den großen Block ausschließlicher Kampfschilderungen von fast fünftausend Versen zwischen Äneas' Ankunft in Italien und dem Minnegespräch Lavinias mit ihrer Mutter zu immer neuer sachlicher Mannigfaltigkeit zu beleben weiß. Im Vordergrunde des ritterlichen *honestum* steht für Veldeke die kriegerische Leistung und die aus ihr ersprießende Ehre. Die Tatsache, daß Äneas aus Troja geflohen ist, statt seinen bedrohten Freunden zu helfen, wird an dem vorbildlichen Helden offensichtlich als belastend empfunden. Die Frau des Latinus, die unversöhnte Gegnerin des Äneas, weiß diesen Vorwurf scharf zu formulieren (4211 ff.), und als Äneas im Hades seine trojanischen Freunde wiedersieht, „da schämte er sich sehr; es erschien ihm unehrenhaft, daß er davongegangen war" (3331 ff.). Wie bei Eilhart der zwanghafte Minnetrank Tristan entlastet, so hier den Äneas der zwanghafte Willensspruch der Götter.

Das große, neue Kernproblem des Romanes ist die Minne. Veldekes Roman wird zur richtungweisenden Gestaltung der frühhöfischen Venusminne in ihrer magisch-zwanghaften Wirkung. Die beiden Minnehandlungen des Romans um Dido und Lavinia sind kontrastierend durchgeführt. Die Didohandlung zeigt die tiefst zerstörerische Wirkung der Minne, da sie gültige Ordnungen unheilbar zerbricht, ohne zu neuer Ordnung zu führen. In der Laviniahandlung dagegen führt sie durch Bedrohung zu seliger Erfüllung, weil sie mit höheren Ordnungsmächten im Einklang steht, götter- und schicksalsgewollt neue Ordnung begründet: vordergründig in dem Einmünden in die Ehe, von höherer Sicht in der Grundlegung Roms und der großen Ordnungsmacht des römischen Reiches. Dido, magisch entzündet von dem Kuß der durch Venus gezeichneten Lippen des Askanius, wird durch die Minne in die ganze Wirrnis gestürzt, die ihre Frauenehre vernichtet, ihre königliche Stellung bedroht, sie zuletzt in den Selbstmord treibt. Die rein zerstörerische Macht der Minne, sofern sie den gültigen Grundsatz der *mâze* aufhebt, wird an Dido exemplarisch vorgeführt.

Bleibt hier Äneas, der Vorbildliche, in den Tiefen unberührt und nimmt nur, was sich ihm zudrängt, so wird die Minne im Falle Lavinia für beide Liebenden ein Quell innerer Verwirrung, die mit den festgelegten Stilmitteln der seelisch-leiblichen Wirkungen zur Darstellung gebracht wird. In Lavinia schafft Veldeke den Typus der jungfräulichen Seele, die im Zustande einer ahnungslosen Unschuld von der Minne angefallen wird und ihr fassungslos erliegt. Denn ihre Gefühle neigen dem Feinde zu und – sich selbst nicht mehr verstehend – tritt sie aus der Ordnung jungfräulicher Zurückhaltung und offenbart dem geliebten Feinde ihre Neigung. Lavinias Liebesmonolog wird zum Vorbild der seelischen Zergliederung in jenem antithetischen Stil, der die Verstörtheit des sicheren Lebensgefühls anschaulich machen sollte. Und in sichtlicher Ironie geschieht es, daß die Tochter sich der Mutter offenbart, daß die Erfahrene der Unerfahrenen in dem berühmten Minnedialog das Leid und Seligkeit umspannende Wesen der Minne zu eröffnen sucht und eben damit die Zerstörung einer weiteren verpflichtenden Ordnung, des Verhältnisses von Mutter und Tochter, vorbereitet. Denn indem Lavinia ihre Minne dem verhaßten Feinde und nicht dem Günstling der Mutter zuwendet, erregt sie den Zorn der Mutter, die mit einem Fluch gegen ihre Tochter stirbt. Für die Liebenden selber aber endet alle Wirrnis glücklich, weil ihre Minne im Einklang mit den ordnenden Mächten ist.

Die Bedrohlichkeit der zwanghaften Minne wird um so stärker empfunden, als die Erziehung des Menschen zu bewußter, vernunfthaft gezügelter Lebensführung ein hohes Ziel ist. Erziehung (*zuht*), die als dauernde Selbsterziehung auch Aufgabe der Erwachsenen bleibt, führt zu der vorbildlichen Haltung der *mâze*, der vernunfthaften Bändigung der Triebe und Leidenschaften. Wo bei Veldeke Menschen zugrunde gehen, ist ihre *unmâze* schuld. Didos Minne ist zerstörerisch, weil sie maßlos ist. „Ich habe euch *in unmâze* geliebt" (2365), sagt sie selber in ihrem letzten Selbstgespräch zu ihrem fernen Geliebten. Lavinias Mutter zeigt *unmâze* in ihrer Parteinahme für Turnus; schon in ihrem ersten scharfen Gespräch mit ihrem Gatten Latinus „vergaß sie ihre Zucht" (4153), und sie stirbt an der Maßlosigkeit ihres Zornes über den unerwünschten Verlauf der Dinge. Auch Turnus geht an seiner *unmâze* zugrunde, die schon mehrfach in ungezügelten Zornausbrüchen hervorgetreten war und in dem Raube eines Ringes von der Hand des toten Pallas zu einer ehrlosen Handlung, zu Leichenraub, geführt hatte. Pallas' Ring an der Hand, die der verwundete Turnus Äneas zum Zeichen der Ergebung entgegenstreckt, genügt für Äneas, um Schonung und Versöhnung zu verwerfen und dem liegenden Gegner das Haupt abzuschlagen. Turnus' *unmâze* spiegelt sich aber auch im Verhalten seiner Leute, die den beschworenen Frieden des Zweikampfes brechen und über die Trojaner herfallen. Wenn Veldeke ihr Verhalten als *„hômoet unde nît"* (11815) bezeichnet, so ordnet er es damit unter die schwerste Sünde, die teuflische *superbia*, ein. Selbst das Ende des Freundespaares Nisus und Euryalus, in dem Veldeke für die antike Bewertung der Freundschaft schöne Worte findet, erwächst aus der *unmâze*, daß Euryalus einen Helm als Beute errafft; sein Funkeln verrät der verfolgenden Übermacht das Versteck der beiden trojanischen Helden.

Die Rolle des Darstellerischen im höfischen Dasein ist jetzt voll entfaltet. Darum liebt Veldeke die Selbstdarstellung seiner Figuren in Monolog und Dialog. Zeichenhaft enthüllt sich innere Schönheit in der Schönheit des Leibes, ständischer Wert in der Pracht der äußeren Erscheinung. Die Minne bedarf der zeichenhaften Formen des Frauendienstes. Als Lavinia dem Zweikampf des Äneas mit Turnus entgegenbangt, klagt sie, daß der Freund kein Zeichen von ihr trägt, Haarband oder Schleier, Ärmel oder Ring. Sie glaubt den Geliebten dadurch vor Wunden gefeit und zu übermenschlicher Kraft entflammt. Das Minnezeichen tritt damit an die Stelle der schützenden und stärkenden Reliquie, ein autonom weltliches Zeichen an die Stelle des religiösen. Über die gleiche Bedeutung der kostbaren Grabmäler ist schon gesprochen. Aufbahrung und Bestattung des jungen Pallas und der amazonenhaften Camille werden ausführlich geschildert, namentlich aber die kostbaren Grabmäler genau beschrieben, in denen sie beigesetzt wurden. Nicht die Frage des Seelenheils, sondern der darstellerisch-irdischen Dauer beschäftigt den Dichter. So wenig ist Veldeke in seinem antiken Roman von der bangen Frage nach Gott und der Welt berührt. Ihm ist es um den vorbildlichen Menschen und Ritter, das Ideal der autonomen Humanität in dieser Welt zu tun. Von einem Spannungsgefühl ist nirgends etwas zu spüren; wir müssen annehmen, daß für Veldeke das vorbildliche Verhalten in der Welt zugleich die Erfüllung von Gottes Forderungen an die Menschen ist. Der antike Stoff erspart es ihm, ein ausdrückliches Bekenntnis abzulegen. Darum waren die antiken Stoffe vielleicht so beliebt.

Wo dem Darstellerischen und der Form im Leben so großer Wert beigemessen wird, da wird auch für die Kunstleistung die Formseite wichtig. Inhaltlich hat Veldeke an seinem Vorbild nichts Wesentliches geändert. Episoden können unterdrückt, Langatmiges gekürzt, Zusammenhänge verdeutlicht werden, aber nirgends rührt Veldeke an die eigentliche Handlung. Sie war ihm gegebene historische Wahrheit. Seine ganze künstlerische Sorge galt der Form. Er zuerst hat an die Form die Ansprüche gestellt, um die der junge Hartmann von Aue noch ringt, die die Klassik endgültig erarbeitet, die bei den Nachfahren zur leichtgeübten Virtuosität wird. Er zuerst hat ein sicheres Gefühl für den Versrhythmus, für dessen Gründung auf den regelmäßigen Wechsel von Hebung und Senkung und die Abweichungsbreite vom Schema, die einem empfindlichen rhythmischen Anspruch erlaubt ist, um Eintönigkeit zu vermeiden. Er zuerst hat nicht nur die Reinheit des Reimes gefordert und durchgeführt, er hat auch – und zwar schon im Servatius – an sich die Forderung gestellt, im Reime Mundartliches zu vermeiden. Seine Reime sollten seiner heimatlichen Mundart gemäß sein, sie sollten aber auch gültig bleiben, wenn sein Werk im übrigen Deutschland, mindestens im thüringischen Mitteldeutschland, vorgetragen wurde. Das heißt, er verlangte ein Wissen um das Abweichende und das Gemeinsame deutscher Mundarten und eine Fähigkeit zur bewußten Auswahl, die dem Rechnung trug. Das bedeutet aber Erziehung zu einem literarischen Sprachgewissen von überlandschaftlicher Geltung, eine sprachliche, auswählende Verfeinerung, die wir bedingt literatursprachlich nennen können, und die gewiß mit ähnlich auswählenden und sprachbildenden Bestrebungen der Umgangssprache der höfischen Gesellschaft in Wechselwirkung stand. Er endlich hat zuerst die gewandte Beherrschung der Sprache erworben, die uns oft als oberflächlich und redselig erscheinen mag, die aber in der Dämpfung des sprachlichen Pathos zu zierlicher Nuanciertheit ein Zeichen derselben *mâze* ist, die auch die seelische Haltung seiner Helden bestimmt. Das scheinbar Absichtslose, Unpathetische, Alltagsnahe seines Sprachflusses entspricht durchaus dem, was der Inhalt geben soll.

LITERATUR

Heinrich von Veldeke: Ausg.: J. H. BORMANS, Veldekes Servatius. Maastricht 1858. – P. PIPER, Servatius (unzulänglich, aber leichter zugänglich). Kürschners Dtsche Nationallit., Höfische Epik Bd. I 79–241. – O. BEHAGHEL, Eneit (Versuch e. Rückübersetzung in Veldekes Mundart). Heilbronn 1882. – Französ. Eneasroman: J. Salverda de Grave. Biblioteca Normannica Bd. IV. Halle 1891.

Literatur: I. *Allgemein:* J. VAN DAM, Verf.-Lex. II 355–64. – C. KRAUS, Heinrich von Veldeke und die deutsche Dichtersprache. Halle 1899. – TH. FRINGS und G. SCHIEB, Das Veldekeproblem. In: Drei Veldekestudien, Abh. d. dtschen Akad. d. Wiss., phil.-hist. Kl., 1947, Nr. 6 S. 7–22. – DIES., Heinrich von Veldeke zwischen Schelde und Rhein. Beitr. 71 (1949) 1–224. Auch als eigenes Buch Halle 1949. – TH. FRINGS, Das Fremdwort bei Heinrich von Veldeke. Miscellanea Academica Berolinensia II 1 S. 47–88. Berlin 1950. – G. SCHIEB, Heinrich von Veldeke. Germ.-rom. Monatsschr. 33 (1952) S. 161–172. – G. JUNGBLUTH, Untersuchungen zu Heinrich von Veldeke. Dtsche Forschgen Bd. 31. Frankfurt 1937. – J. VAN MIERLOO, Nieuws over Heinrich von Veldeke. Sitzgsber. Vläm. Akad. d. Wiss. 1939. – HCH. HEMPEL, Heinrich von Veldeke im niederrheinischen Raum. Rhein. Kulturgesch. in Querschnitten aus Mittelalter u. Neuzeit Bd. III. 1942. – FR. MAURER, „Rechte" Minne bei Heinrich von Veldeke. Herrigs Archiv 187 (1950) 1–9. – EDW. SCHRÖDER, Der rührende Reim bei Heinrich von Veldeke. ZfdA 75 (1938) 191–92.

II. *Zum Servatius:* HERB. THOMA, Bruchstücke aus Veldekes Servatius. ZfdA 72 (1935) 193–96. – TH. FRINGS und G. SCHIEB, Heinrich von Veldeke. Die Servatiusbruchstücke und die Lieder. Grundlegung einer Veldekekritik. Beitr. 68 (1946) 1–75; 69 (1947) 1–271. Auch als Buch, Halle 1947. – DIES., Heinrich von Veldeke. Der Prolog und die Epiloge des Servatius. Beitr. 70 (1948) 1–293. Auch als Buch, Halle 1948. – DIES., Heinrich von Veldeke. Die neuen Münchner Servatiusbruchstücke. Beitr. 74 (1952) 1–76. Auch als Buch, Halle 1952.

III. *Zur Eneit:* C. MINIS, Der Roman d'Eneas und Heinrich von Veldeke. Diss. Lüttich 1946. – DERS., Heinrich von Veldekes Eneide und der Roman d'Eneas. Textkritik. Leuvense Bijdragen 38 (1948) 90–115; Neophilologus 33 (1949) 65–84. – DERS., Roman d'Eneas 5343 ff. und Eneide 7002 f. Neophilologus 30 (1946) 124 f. – TH. FRINGS und G. SCHIEB, Der Eneideprolog. Die beiden Stauferpartien. In: Drei Veldekestudien, Abh. d. dtschen Akad. d. Wiss., phil.-hist. Kl. 1947 Nr. 6 S. 23–87. – DIES., Die Vorlage der Eneide. Beitr. 71 (1949) 483–87. – ERNESTINE COMHAIRE, Der Aufbau von Veldekes Eneit. Diss. Hamburg 1947 (MaschSchr.). – FR. TSCHIRCH, Der Umfang der Stauferpartien in Veldekes Eneide. Beitr. 71 (1949) 480–82. – G. SCHIEB, Eneide 5001–5136. Turnus' Kampfgenossen. Beitr. 72 (1950) 65–90.

4. VELDEKES NACHFOLGE IN THÜRINGEN

In unmittelbarer Gefolgschaft von Veldekes Äneasroman stehen zwei weitere Behandlungen antiker Stoffe: der Trojaroman des Herbort von Fritzlar und die Verdeutschung von Ovids Metamorphosen durch Albrecht von Halberstadt. Nicht nur die antike Stoffwahl und das Mäzenatentum Hermanns von Thüringen verbinden sie mit Veldeke. Herbort bezeugt ausdrücklich (17379 ff.), daß er Heinrichs Werk kannte, Albrecht tut es indirekt, indem er in den Metamorphosen das übergeht, was in der Eneit erzählt war. Für beide Werke ergeben sich Schwierigkeiten der zeitlichen Einordnung, die zunächst nur durch Hermanns Regierungszeit (1190–1217) begrenzt ist. Aber im Gegensatz zur frühmhd. Periode, wo eine Schwankung um zwei Jahrzehnte wenig bedeutete, wird in dieser Zeit einer erstaunlich raschen künstlerischen Entwicklung die Frage wesentlich, ob wir an die Anfänge von

Hermanns Regierung oder an deren Spätzeit zu denken haben. Bleiben
wir in der frühen Zeit, bald nach 1190, so gewinnen wir unmittelbaren
Anschluß an Veldekes Gedicht. Verlegen wir die Gedichte, wie es oft
geschieht, in die Spätzeit, zwischen 1210 und 1217, so bedeutet dies, daß
sie neben oder nach der großen hochhöfischen Dichtung entstanden
sind, nach Hartmanns Lebenswerk, nach Wolframs Aufenthalt in Thüringen und mindestens neben Gottfrieds Tristan. Und da sie diesen großen Leitwerken stofflich wie stilistisch fernstehen, würde das bedeuten,
daß Thüringen – trotz aller literarischen und persönlichen Verbindungen – geschmacklich erstaunlich zurückgeblieben wäre und an einem
veralteten Standpunkt festgehalten hätte.

Eine Zeitangabe besitzen wir im Prolog zu Albrechts Metamorphosen, doch ist sie
durch das Ungeschick ihrer Abfassung und durch die Entstellung ihrer Überlieferung
so unklar, daß sie mit gleicher Entschiedenheit auf 1210 wie auf 1190 gedeutet worden
ist. Albrechts Gedicht ist uns nur in der tiefgreifenden Umarbeitung des elsässischen
Literaten Jörg Wickram aus dem 16. Jahrhundert erhalten. Auch der Prolog, den er
angeblich unverändert abdruckt, ist durch Lesefehler und bewußte Änderungen entstellt, und das betrifft gerade auch die Zeitangabe. Die Formulierung: *Auch da setz
zuvor zwelff hundert jor und zehene bevorn* ist am natürlichsten mit Baesecke zu interpretieren: seit Christi Geburt zwölfhundert Jahre und davor zehn, also 1190. Die Interpretation: und noch zehn dazu, d. h. 1210, wäre vielleicht niemals so beliebt geworden, wenn nicht eine Randglosse Wickrams zeigte, daß er selber die Stelle so aufgefaßt hat. Möglich, daß Albrecht überhaupt an eine Schreibung der Zahl mit lateinischen Zahlzeichen gedacht hat, worauf der Ausdruck „zuvor setzen" deuten könnte.
Dann würde es heißen: setze MCC und eine X davor, also MCXC = 1190.
    Diese Interpretation der Prologstelle scheint mir der literarhistorischen Lage besser
zu entsprechen. Sie würde auch auf die Datierung von Herborts Trojanerkrieg zurück-
wirken, für die alle unmittelbaren Anhaltspunkte fehlen, und wo die mittelbaren Versuche einer stilvergleichenden Einordnung zu keinem sicheren Ergebnis geführt
haben. Hier scheint mir die literarische Lage noch entschiedener den frühen Ansatz
zu fordern. Das Gedicht ist als Vorgeschichte zu Veldekes Äneasroman nicht nur
überliefert, sondern auch gedacht. Und es ist weit einleuchtender, daß Landgraf Hermann den Auftrag zu solcher Vorgeschichte im Zusammenhang mit und bald nach
der Vollendung der Eneit gegeben hat, als daß er zwanzig bis fünfundzwanzig Jahre
hätte verstreichen lassen und dann – auf der Höhe seines Ruhmes – keinen besseren
Bearbeiter hätte finden können als den Fritzlarer Geistlichen, dessen Werk damals, im
zweiten Jahrzehnt des 13. Jahrhunderts, nach Sprache und Stil hoffnungslos veraltet
wirken mußte. Wir nehmen also beide Gedichte als Werke des letzten Jahrzehnts des
12. Jahrhunderts, beide Dichter als beauftragte Schützlinge des jungen, literatur-
begeisterten, aber in der Literatur noch nicht führenden Landgrafen Hermann.

    Herbort von Fritzlar nennt sich selbst: *ein gelarter schulere*; er hat
also studiert, und zwar, wie wir glauben, in Paris. Sonst wissen wir nur
noch, daß er nach Herkunft und Sprache ein Hesse war, und daß ihm
Landgraf Hermann von Thüringen den Übersetzungsauftrag gab, nachdem ein pfälzischer Graf von Leiningen das französische Original besorgt hatte. Damit ist gesagt, daß er seinen Trojaroman nach 1190 verfaßt hat. Er war, obwohl als Vorgeschichte zu Veldekes Äneasroman

gedacht, wenig verbreitet. In der einzigen Heidelberger Handschrift des 14. Jahrhunderts ist Herborts Werk mit Veldekes Eneit verbunden. Dazu treten kleine Bruchstücke zweier älterer Handschriften.

Herborts Trojaroman ist die im Stoff genaue, in den Einzelheiten sehr freie Übertragung des großen französischen „Roman de Troye" des Benoit von St. Môre, den er auf die Hälfte kürzend bearbeitete, ohne ihm damit Länge und Langweile zu nehmen. Man darf freilich nicht vergessen, daß hinter Veldeke und seiner französischen Quelle zuletzt ein großes Kunstwerk steht, Vergils Aeneis, dessen Geist, Komposition und Kunst der Menschengestaltung durch die Werke der Nachfahren hindurchleuchtet. Der mittelalterliche Trojaroman dagegen ruht auf trüben Quellen; nicht Homer, sondern dürftige Erfindungen der Spätantike bestimmen das Trojabild des Mittelalters. Es sind die Berichte des sogenannten Diktys und Dares. In den Augen der Zeit hatten sie den Vorzug der unmittelbaren Wahrheit, während Homer, soweit man von ihm wußte, als Lügner galt. Denn sie geben sich als Augenzeugenberichte, tagebuchhafte Darstellungen von Kriegsteilnehmern, von denen der Kreter Diktys auf griechischer, der Phryger Dares auf trojanischer Seite focht. Da das Mittelalter aus Hochschätzung für Vergil und auf Grund der trojanischen Abstammungssagen trojanerfreundlich war, bevorzugte es den Dares in der dem Cornelius Nepos zugeschriebenen lateinischen Übersetzung des 5. Jahrhunderts n. Chr. und zog Diktys nur dort heran, wo Dares versagte, insbesondere für die Heimkehrberichte der griechischen Helden. So ist es auch bei Benoit und Herbort. Doch keinem von beiden gelang es, diese trockene, glanzlos-prosaische Darstellung mit ihren gehäuften Kampfschilderungen dichterisch zu erhöhen und zu durchwärmen. Auch Konrad von Würzburg konnte später den Stoff mit seiner Sprachkunst nur glänzend umspinnen, nicht dichterisch erobern.

Herbort steht äußerlich im Gefolge Veldekes, nicht innerlich. Veldeke, der Ritter, trägt das Ideal der höfischen Humanität in sich; sein Realismus vermag daher in den antiken Helden eine veredelte, erhöhte Wirklichkeit sichtbar zu machen. Herbort hingegen, der *gelarte schulere*, war ohne innere Beziehung zum Rittertum und seiner Wertwelt. Er kam von außen an sie heran, erfaßte sie in Einzelheiten, begriff aber nichts vom Kern. Daher verwendet er weit mehr als Veldeke Ausdrücke der französischen Turniertechnik, aber er weiß unendlich weniger von ritterlicher Haltung. Der im Grunde hausbackene Gelehrte gehört zu jenen Naturalisten, die meinen, der Wirklichkeit durch grobe und grelle Bilder näherzukommen. Die Wildheit des Kampfgetümmels versucht er mit einer gewissen eindringlichen Bewegtheit darzustellen und mit der blutrünstigen Anschaulichkeit schrecklicher Verwundungen und Verstümmelungen Schauder zu erregen, ohne aus seiner trockenen Unberührtheit herauszutreten. Die Gabe, grausige Effekte zu erzielen, ist ihm nicht abzusprechen; aber seinen blutigen Schlächtereien fehlt jeder Herzschlag heroischer Selbstbehauptung oder ritterlichen Ehrgefühls, die das Grauen verklären könnten.

Die innere Ferne von ritterlichem Denken verrät sich in der Unsicherheit der Maßstäbe. Gelingt es ihm leidlich, in Priamus ein königliches

4*

Idealbild zu entwerfen, in dem sich die Qualitäten des vorbildlichen Ritters mit denen des *rex justus* verbinden (3132 ff.), so wird das nur Angelernte, nicht Durcherlebte sofort daran deutlich, wenn er wenige Zeilen vorher über Diomedes aussagt, daß man ihm wegen seiner Stärke seine *erge*, seine moralische Minderwertigkeit, nachsah nach dem Grundsatz: besser gemein und tapfer als trefflich und feige.

Der Begriff der *mâze* ist ihm geläufiger; er verwendet ihn gerne und entwickelt seine Vorstellung von *mâze* in dem Trost, den Agamemnon seinem Bruder Menelaos nach der Entführung der Helena spendet: Niemand soll sein Leid zu schwer nehmen; wer sich in Freude und Leid mäßigen und beiden Teilen ihr Recht lassen kann, der ist ein vollkommener Mann (2809 ff.). Solch platte Verbürgerlichung der *mâze* läßt nicht erwarten, daß sie zur Richtschnur vorbildlichen Verhaltens werden kann. In der Tat sind seine Helden nicht nach solchem Idealbild gestaltet; sie reden und handeln aus Antrieben augenblicklicher Leidenschaften und Wallungen, ungezügelt bis zur Roheit. Antenor als Bote des Priamus bei den griechischen Fürsten wird allenthalben mit Drohungen und Beschimpfungen empfangen und entgeht mit Mühe schlimmen Gewalttätigkeiten. Schimpfworte wie „faules Aas, stinkender Hund" hören wir selbst aus dem Munde von Frauen. Auch vor den Frauen macht hemmungslose Gewalttätigkeit nicht halt. Bei dem Überfall der Argonauten auf Troja werden Frauen vergewaltigt und verkebst, und Helenas Entführung durch Paris geschieht als ein Gewalttakt, ein Überfall im Tempel der Venus, bei dem alles, Männer wie Frauen, schonungslos niedergemacht wird.

Solche Szene im Tempel von Frau Venus läßt erwarten, daß auch die Minneauffassung Herborts ohne die innere Verfeinerung und Erhebung höfischen Denkens bleibt. Die Technik der frühhöfischen Minnesymptomatik hat er gelernt. Aber auch hier sucht er den Effekt der krassen Übersteigerung, um zu wirken. So läßt er etwa Briseis sagen, um den Anblick des Geliebten zu erlangen, wäre sie gerne bereit, wie eine Kröte am Zaun entlang zu kriechen. Die Frauen wie die Minne sieht der geistliche Dichter illusionslos, jene in ihrem Wankelmut und ihrer Unbeständigkeit, diese in derb zupackender Sinnenlust.

Aber hier eben rühren wir an das Positive und vielleicht Zukunftsvolle in Herborts Art und Begabung. Gerade in jener illusionslosen Nüchternheit des gelehrten Mannes ist etwas wie ein Vorklang der nachhöfischen Bürgerlichkeit. Wenn seine Begabung zu ungeschminkter Anschaulichkeit sich mit einem Unterton von Ironie erfüllt, so gelingen ihm kleine Bilder und Szenen, die etwas Erfrischendes haben. Odysseus und seine Gefährten kehren wutentbrannt über die schnöde Behandlung zurück, die sie als Boten in Troja erfahren haben. Sie setzen sich zu Tisch und *ir ieglicher vurgaz durch die guten spise der zornlichen wise* – ein gutes Frühstück dämpft heftige Gemütswallungen: das ist Herbort. Oder Herbort schildert sehr ergötzlich den Umschwung in Helenas Stimmung nach der Entführung von der trostlosen Gattin zur Geliebten des Paris. Schon dies ist ironisch; sicherlich aber soll es auch ironisch sein, wenn er wenige Zeilen später einen Lobeshymnus auf Helena anhebt: „die Schönheit ihres Leibes habe ich zuvor gelobt, jetzt will ich von ihrer Tugend anfangen", und wenn er, nachdem er alle weiblichen Qualitäten auf sie gehäuft hat, ausgerechnet mit der Zeile schließt: „sie war treu und beständig". Und so kann Herbort ins Pikante und Frivole hinüberspielen und erzählen, wie Jason sich zu Medea setzt und ihr den Staub vom Kleide klopft, „wo kein Staub war", um ihr unter das Kleid zu greifen. Mit der Auspinselung solch kleiner Genreszenen kann Herbort zuweilen wie ein Vorläufer der anekdotischen Kleingeschichte wirken, die in nachhöfischer Zeit so beliebt wurde.

Ein Wort ist noch zu Herborts Behandlung der antiken Götter zu sagen. Wie Veldeke muß er sich in der Welt der antiken Mythologie bewegen. Aber der Geistliche vermag nicht die kluge, vorurteilslose Distanz zu halten wie Veldeke. Er verfällt in die alte Auffassung der antiken Götter als teuflischer Gestalten und nimmt etwa bei der Fahrt des Achilles zum delphischen Orakel ausdrücklich in diesem Sinne Stellung: es war nur Satanas, sein Gespenst und Truggeist, der aus dem Bilde sprach; darum hielten sie ihn für einen Gott. Es war lange vor Gottes Geburt.

In all diesen Brechungen des Höfischen und Vorhöfischen, des Höfischen und Außerhöfischen, in all seiner derben Handfestigkeit und grellen Übersteigerung ist Herbort bei aller künstlerischen Unzulänglichkeit eine sehr eigentümliche Sonderfigur in der Entwicklung des höfischen Romans, zugleich rückgewandt und zukunftsvoll, doch von eigentlich höfischem Geiste nur sehr oberflächlich berührt.

Mehr als ein anderer bezeugt Albrecht von Halberstadt mit seiner Übersetzung von Ovids Metamorphosen die klassische Richtung des Thüringer Hofes. Denn sein Werk ist nicht durch eine französische Vorlage hindurchgegangen und nicht eingeordnet in den Geist und das Kostüm französischen Rittertums. Er übersetzt unmittelbar aus dem lateinischen Ovid, und er will nichts anderes tun als dies.

Der aus Halberstadt gebürtige Niedersachse Albrecht hat seine Übersetzung in Thüringen geschaffen, auf der Jechaburg, einem Kloster bei Sondershausen, im Auftrage Hermanns von Thüringen. Der Versuch, ihn mit einem Geistlichen des Klosters zu identifizieren, muß bei einem so gebräuchlichen Namen wie Albrecht immer zweifelhaft bleiben. Daß ein Scolasticus Albertus dort zwischen 1217 und 1251 nachweisbar ist, darf die Datierungsfrage nicht beeinflussen. Wir besitzen von Albrechts originalem Werk nur zwei kleine Bruchstücke einer Oldenburger Handschrift des späten 13. Jahrhunderts. Das ganze Werk kennen wir nur in der tiefgreifenden textlichen Umarbeitung, die Jörg Wickram 1544 drucken ließ. Sie ist den metrischen Gesetzen des silbenzählenden Verses angepaßt und in Wickrams elsässisches Frühneuhochdeutsch übertragen. Die Fragmente lassen erkennen, wie tief Wickrams Umformungen eingreifen können. Albrechts Wortlaut läßt sich nicht wiedergewinnen; wir haben von seinem Werk nur die Konturen.

Diese Geschichten von antiken Göttern und Halbgöttern, Frauen und Heroen nachzuerzählen, setzt bei dem geistlichen Verfasser ein hohes Maß von Unbefangenheit voraus. Denn weit mehr als im heroischen Epos sind hier die Götterwesen handelnde Zentralfiguren, die sich nicht in die blasse Ferne bloßen Geltenlassens abdrängen lassen. Sie müssen als wirkende und – was für das Mittelalter wichtig ist – mit Wunderkräften ausgestattete Wesen anerkannt werden. Der geistliche Herr rettet seine Seele im Prolog und – soweit er von ihm stammt – im Epilog. Im Prolog ordnet er die Geschehnisse mit einem raschen Fingerzeig in die Urperiode ein, die Zeit zwischen Adam und Abraham, und trägt die Lehre von den heidnischen Göttern als teuflischem Zauberwerk vor. Der Epilog überblickt rasch die römische Geschichte bis auf Augustus und läßt Ovid selber bekennen, daß zur Zeit des Augustusfriedens der wahre Gott erschienen sei. In das eigentliche Gefüge der Erzählungen aber läßt Albrecht diese Anschauung nicht eindringen; hier galt ihm die Autorität des klassischen Schriftstellers.

Stofflich folgt er seinem Vorbild getreu; er will übersetzen, nicht neu formen. Darum konnte ja Wickram das alte Gedicht benutzen, um seiner Zeit eine Übersetzung der Metamorphosen darzubieten. Er überträgt den Stoff nicht ins Ritterliche, kleidet ihn nicht in höfisches Gewand. Der ovidianischen Auffassung der Liebe als triebhafter Erotik von zwanghafter Unwiderstehlichkeit brauchte er nichts hinzuzufügen, um frühhöfischem Minnedenken nahezukommen. Treuherzig und sozusagen im Stande der Unschuld erzählt er, was es von Jupiter und Apoll, von verliebten Nymphen und schönen menschlichen Götterliebchen zu erzählen galt, gesichert durch den Gedanken, daß dies alles in einer unausdenklichen Urzeit geschah. Einzig in der niederen Mythologie hat Albrecht die Bezeichnungen der Satyrn, Faune, Nymphen, Dryaden durch deutsche Bezeichnungen wie Zwerge, Elben, Waldmänner, Waldfrauen, Meerminnen übersetzt, ohne zu bedenken, daß sich mit den Bezeichnungen auch die Vorstellungen wandelten. Es ist nur das sichtbarste Zeichen der inneren Eindeutschung. Sie war nicht bewußtes Programm sondern naive Aneignung. An diesem ersten Versuch, antike Poesie unmittelbar aus dem Lateinischen ins Deutsche zu übertragen, spüren wir, wieviel schwerer diese Aufgabe war als die Übersetzung aus dem Französischen. Die geistige Gemeinschaft einer Epoche verleugnet sich auch im Sprachlichen nicht; es gibt einen inneren Gleichklang, ein europäisches Reden schon im Mittelalter. Albrechts Aufgabe bot die doppelte Schwierigkeit der Sprache und der Form. Auch Form ist kein Zufall. In dem zugleich leichten und breiten Hexameter, dem idealen epischen Maß, konnte sich eine Erzählung anschaulich und anmutig bewegen, in ihm hatten die malenden Beiwörter, die ausgeführten Bilder Raum. Für all das war der knappe mhd. Kurzvers von Hause aus nicht tragfähig; er mußte dazu erst erzogen und geschmeidigt werden. Im Straßburger Alexander sind die Ansätze dazu da; der reife Hartmann von Aue und Gottfried von Straßburg haben sie vollendet. Albrecht, der biedere Kanonikus, hat die Aufgabe kaum auch nur gesehen, von der Kraft zu ihrer Lösung gar nicht zu reden.

Dazu kam die Sprache, diese mit allem Raffinement stilistisch und syntaktisch durchgeprägte Sprache des Virtuosen Ovid, diese Abschätzung der Nuancen, diese einschmeichelnde Musik von Vers und Wort. Albrecht, dem Niederdeutschen, der ein ihm nicht angeborenes Hochdeutsch handhaben mußte, und dem Veldekes sprachliche Begabung durchaus abging, fehlte jede Voraussetzung, diese Aufgabe zu lösen. Das große Erziehungswerk an der deutschen Sprache durch die oberdeutschen Epiker war noch nicht getan, die Sprache noch nicht jenes wunderbar geschmeidige Werkzeug geworden, das hinfort auch den mittelmäßigen Dichter zu tragen vermochte; die nie wieder erreichte Beweglichkeit des deutschen Satzbaues war noch nicht gefunden. Albrecht erzählt noch in der vorklassischen Einfachheit des Stils, wenn auch geschickter, als Wickrams Bearbeitung es erscheinen läßt. Das gibt seiner Verdeutschung einen schlichteren, weniger virtuosen Ton, der zuweilen als Vorzug wirken kann. In den äußeren Mitteln, Reimreinheit und Reimbrechung, macht sich Veldekes Vorbild bemerklich. Die oft behaupteten Beziehungen zur hochhöfischen Dichtung (Hartmann, Gottfried) sind dagegen unerweislich.

Nehmen wir Herborts Trojanerkrieg und Albrechts Metamorphosen als unmittelbare Nachfolger von Veldekes Eneit, so führen sie keinen Schritt über Veldeke hinaus. Sie sind, an seiner Meisterschaft gemessen, rückschrittlich. Sie sind es auch darin, daß ihre Dichter nicht Ritter, sondern Geistliche sind, ihrem Wesen nach dem neuen, humanen Lebensgefühl des höfischen Rittertums fremd und unaufgeschlossen. Das zeigt uns, wie dünn diese ritterlich-höfische Schicht noch war. Veldeke war ein Glücksfall, keine Regel. Thüringen mindestens gab offenbar die ritterlichen Kräfte noch nicht her, die fähig gewesen wären, die zweifellos modernen Bestrebungen des jungen Landgrafen Hermann literarisch zu verwirklichen. Er mußte auf gelehrte Geistliche zurückgreifen, um deutsche Buchwerke zu schaffen. Auch das spricht eher für Hermanns Frühzeit, für bald nach 1190. Um 1210 gehört der Thüringer Hof zu den anerkannten Zentren höfischen Lebens und literarischer Interessen. Damals hätte Hermann wohl die Möglichkeit gehabt, bessere, mindestens stiltechnisch besser geschulte Leute für die Aufgaben zu finden, die ihm am Herzen lagen.

Indessen bleibt der antikisierend ovidianische Geschmack, wie er in der Dreiheit Eneit – Trojaroman – Metamorphosen zum Ausdruck gelangt, für Thüringen offenbar weiter verbindlich. Denn während wir zur Zeit Hermanns in Thüringen keinen Artusroman vorfinden, dürften

zwei in sich sehr verschiedene Werke des frühen 13. Jahrhunderts ihrer
md. Mundart nach dort entstanden sein. Sie beide zeigen uns das Fort-
wirken des frühhöfischen Geschmacks. Diese beiden Werke sind Ottes
Eraclius und die Bruchstücke von Athis und Profilias.

Der Dichter des Eraclius nennt sich nur Otte; darüber hinaus erfahren wir nur, daß er ein „gelehrter Mann", also ein Mann mit geistlicher Schulbildung war, die sich auch in seinem Gedicht gern bemerkbar macht, und daß er nach einer französischen Quelle dichtete. Einen
Gönner nennt er nicht. Der Sprache nach wird man seine Heimat im
westlichen Thüringen suchen müssen.

Seine Erhaltung verdankt das mäßige Werk dem pseudohistorischen Stoff. Eraclius
ist Glied in der Kette der römischen Kaiser, so wird Ottes Gedicht einmal in einer
Handschrift der Kaiserchronik, einmal in der Weltchronik des Heinrich von München
an Stelle der dortigen Eracliusberichte eingelegt. Nur einmal, in einer Münchner
Handschrift des 13./14. Jahrhunderts, ist Ottes Gedicht selbständig überliefert, wohl
kaum zufällig gemeinsam mit Veldekes Eneit. Denn nur dem Thüringer Kreise läßt
sich das Gedicht zuordnen, in dem sich Geschichte, Legende und Minneerzählung
seltsam unausgeglichen um eine Persönlichkeit der Spätantike gruppieren. Der Kaiser
Eraclius ist eine beliebte Legendenfigur, war doch an ihn die Geschichte der Wiedergewinnung des vom Perserkönig Cosdras aus Jerusalem entführten Kreuzes Christi
geknüpft. Daher ist Eraclius auch in der volkssprachigen Dichtung – in Deutschland
seit der Kaiserchronik – zu Hause. Auch in Ottes Gedicht fehlt die Eracliuslegende
nicht, und sie wird in frommer Gelehrsamkeit nach ihrer historischen wie legendären
Seite abgehandelt. Aber in dieser seltsamen Legendendichtung umfaßt die eigentliche
Eracliuslegende nur das letzte Fünftel, keine 1000 der über 5000 Verse des Gedichtes.
Der offiziellen Legende des Schlußteiles entspricht eine nichtoffizielle, märchenhaft
legendäre Einleitung von der armen Kindheit des Eraclius, seiner wunderbaren Begabung, Edelsteine, Rosse und Frauen nach ihrem inneren Wert zu erkennen, und
der Bewährung dieser Gaben im Dienste des Kaisers Fokas. Hier ist eine orientalische Wandererzählung legendär eingefärbt, nicht anders, wie es im Typus Oswald
und Orendel (Bd. I S. 266 f.) mit der Brautwerbungsformel geschehen ist.
Die Fähigkeit des Eraclius, den wahren Wert der Frau zu durchschauen, verknüpft
den ganz andersartigen Mittelteil mit dem Rahmen. Es ist die Minnegeschichte der
Athenais und des Parides. Eraclius tritt als Hauptheld zurück. Er greift im Anfang
ein, indem er die arme Maid Athenais für den Kaiser als Frau erwählt, und am Schluß,
indem er des Fokas' Rachewut besänftigt und das glückliche Ende herbeiführt. Die
Geschichte der Athenais, der armen Jungfrau, die Kaiserin wird, ist byzantinischen
Ursprungs. Ihr Liebeserlebnis mit dem schönen Jüngling Parides als Exemplum für
die Schädlichkeit der *huote* ist dagegen ganz aus dem Zeitdenken hinzugefügt.

Dies Konglomerat hat Otte nicht geschaffen, er hat es aus seiner franzö-
sischen Quelle, dem „Eracles" des Gautier von Arras, übernommen. Aber
es paßt in den Rahmen der frühen höfischen Epik. Es ist ein Stück
Antike mit anschaulichen Realien (der Sklavenmarkt, das römische Fest)
und sachlicher Behandlung des antiken Götterwesens. Es gibt ritterliche
Kriegstat mit militärischen Einzelheiten (der Kampf um die Brücke, der
Zweikampf als Kriegsentscheid). Die Minne erscheint als die gewaltige
Herrin, ihre schlagartige, bis zur Grenze der physischen Vernichtung

führende Wirkung wird in den seit Eilhart und Veldeke üblichen Formen dargestellt, in breiten Monologen seelisch entfaltet. Sie zerstört die gegebenen Ordnungen; die Kaiserin ergibt sich dem armen Jüngling Parides. Neu wirkt die spezielle Themenstellung der *huote*, diese auch im Minnesang so eifrig besprochene Begleiterscheinung des Minndienstes, modern auch die novellistisch-pikante Durchführung der Handlung mit der geriebenen alten Kupplerin.

Otte ist kein ungeschickter Erzähler und Stilist. Er beherrscht die Technik seines Meisters Veldeke; sie ist offenbar jetzt bereits Gemeingut des mittelmäßigen Dichters. Mit den Meistern der oberdeutschen Klassik verbindet sie nur die größere Beherrschung der sprachlichen Mittel. Wir werden uns sein Gedicht um 1210 entstanden denken. Aber sein Können ist doch nur erlernte Technik; zu einem stilistischen Ausgleich der einzelnen Teile bringt er es nicht. Insbesondere biegt der eigentliche Legendenteil in veraltende, vorhöfische Darstellungsformen ein. Die neue Humanität reicht bei dem gelehrten Dichter nicht über die Einbeziehung des römischen Altertums hinaus. Dagegen steht der Legendenteil voll unter dem alten Dualismus: die Heiden sind die Verworfenen, die im Kreuzzugsstil bekämpft, vernichtet oder bekehrt werden, Cosdras ist der Typus des überheblichen Tyrannen der Märtyrerlegende, und selbst der ritterlich gesehene Sohn des Cosdras steht nicht in dem Lichte einer Heiden und Christen umspannenden Idealität; auch er streitet und fällt als der Vorkämpfer des Teufelsreiches, das über alle Welt auszubreiten und im Zentrum der Christenheit, *ʒe Rôme und Laterâne*, aufzurichten sein Auftrag war. All dies ist Nach- und Widerklang einer Haltung, die durch die Kaiserchronik und mehr noch durch das Rolandslied vorgegeben war.

Ungefähr gleichzeitig mit dem Eraclius mag das Gedicht von Athis und Profilias entstanden sein, von dem wir mehrere ziemlich umfängliche Bruchstücke einer Handschrift, wohl des 13. Jahrhunderts, besitzen. Seine sehr frei behandelte Quelle war ein französischer Roman, die Estoire d'Athènes, vielleicht nicht in der uns erhaltenen Fassung. Die Sprache verweist den Dichter nach Hessen; nach Stoffwahl und Stoffbehandlung ordnet sich das Gedicht dem thüringischen Kreise zu.

Gleich dem Eraclius ist es ein Konglomerat mehrerer nur sehr äußerlich aneinandergefügter Stoffteile; nur sind diese in ihrem Wesen weniger gegensätzlich als beim Eraclius und daher leichter zu einheitlicher Haltung zu bringen. Der erste Hauptteil, im eigentlichen Sinne die Geschichte von Athis und Profilias, ist die verbreitete Freundschaftssage, der zufolge der eine Freund, Athis, dem anderen, Profilias, seine Frau (Cardoniese) überläßt, weil der von tödlicher Liebeskrankheit Ergriffene nur so zu retten ist. Der andere vergilt diese Tat, indem er für den opferbereiten Freund, der in Not und Elend geraten ist, eine vermeintliche Mordschuld auf sich nimmt, um für ihn den Tod zu erleiden. Der glückliche Ausgang durch die Selbstentdeckung des wirklichen Mörders und die Vermählung des Freundes mit der Schwester des anderen (Gayte) würde diesen Teil völlig abschließen. Diese nur aus der orientalischen Auffassung von Frau und Ehe erklärbare Version der weitverbreiteten Freundschaftsnovelle ist in unserem Roman auf klassischen Boden verlegt, Athis ist Athener, Profilias Römer; der erste Akt spielt in Athen, der zweite in Rom. Diese alte Kernerzählung hat eine Fortsetzung erhalten; ein König Bilas von Sizilien tritt als Mitbewerber um Gaytes Hand auf, und erst ein schwerer Kampf und die Besiegung des Bilas durch die Römer sichern Athis den Besitz Gaytes. Doch auch dieser neue Schluß bringt nicht das Ende des Romans; breite Stoffmassen ganz anderer Art folgen, in denen Athis und Profilias nur noch als Nebenfiguren mitwirken. Erst auf diesen letzten Teil paßt eigentlich der Titel Roman d'Athènes. Neue Hauptpersonen in neuer Umwelt treten auf, und weitausgesponnene Kämpfe zwischen Theseus von Athen und seinem Sohn Perithous einerseits, Telamon von Korinth und seinem Sohn Ajax andererseits bilden den eigentlichen Inhalt dieses letzten Teiles.

Eben dieser aber empfahl das Gedicht dem thüringischen Kreise. Es erscheint damit weitgehend als eine Parallele zu dem Trojaroman und schloß sich mit ihm und dem Äneasroman zu einer Gruppe großer klassischer Kampfepen zusammen. Es gibt nicht nur vielfachen Anlaß, ritterliche Tat und Tapferkeit aufleuchten zu lassen; es ist ganz im Sinne Veldekes geeignet, Schlacht als militärisches Unternehmen zu zeichnen, so etwa in dem genauen strategischen Plan zu der umfassenden Schlacht gegen Bilas. Und mit der Masse der Einzelkämpfe wiederholen sich, wenn auch ritterlich verfeinert, Kampftypen des Mordens aus Herborts Trojaepos. Unter den Augen der von den Zinnen zuschauenden Frauen, deren Minnezeichen an ihren Speeren befestigt, reiten die Helden in den Kampf, wie Lavinia es sich bei Äneas nur gewünscht hatte; in höherem Maße als dort ist Rittertat zum Frauendienst geworden. Die Minne aber, das große, erhebende und zerstörende Erlebnis, beherrscht den ersten Teil. Die Liebe des Profilias zu der Braut und Frau seines Freundes ist toddrohende Krankheit, sie bricht ein in die festesten und zartesten Lebensordnungen, sie führt aber weiter dazu, daß auch Athis, der aufopfernde Freund, von seiner Sippe verstoßen ins Elend gerät und durch Übernahme einer scheinbaren Mordschuld seinem Leben ein Ende machen möchte. Alle Elemente der frühhöfischen Geschmacksrichtung sind hier vereint: antike Umwelt mit mancherlei Realien auch aus dem Bezirk des unbeeiferten Götterdienstes (die Trauungszeremonie im Venustempel), antikes Heerwesen als Rittertum in tätigem Kampf, Minne in ihrer sinnverwirrenden Allmacht. Man kann das Gedicht von Athis und Profilias in gewisser Weise als den Höhepunkt und Ausklang dieser thüringischen Kunst bezeichnen.

Denn nirgends in dieser Gruppe ist die Kunst der Darstellung so bewußt gepflegt wie in diesem Gedicht. Die handlungsmäßigen Elemente treten ganz anders als bei Herbort von Fritzlar und Albrecht von Halberstadt vor den schildernden zurück. Die Pracht des höfischen Daseins im Fest wie im Kampf, die schöne Erscheinung des ritterlichen Menschen werden mit einer liebevollen und empfindsamen Kunst veranschaulicht; ein Bild wie das der trauernden Gayte in der Schönheit ihres Liebeskummers war auch von Veldeke noch nicht gezeichnet worden. Solche Schilderungen verlangen einen Dichter, der Sprache und Form beherrscht. Der Dichter des Athis ist der größte Formkünstler des thüringisch-frühhöfischen Kreises, Meister eines sehr eigenständigen Formwillens. Seine völlig reinen Reime suchen die möglichste Klangwirkung. Darum setzt er möglichst gewichtige, sinntragende Wörter in den Reim, sucht seltene, auffällige Reimklänge und liebt daher die fließenden dreisilbigen Reime des Typus *lebindin* ~ *verebindin* wie des Typus *vâhinde* ~ *irslâhinde*. Mit dieser bis zur Manier gehenden Reimtechnik steht dieser Dichter im vollen Gegensatz zu der von Hartmann ausgehenden Formschule, die gerade den unauffälligen, typischen und leicht fließenden Reim der Kleinwörter als Ausdruck der sprachlichen *mâze* sucht. Nichts kann die Eigenständigkeit der mitteldeutsch-frühhöfischen Epik besser verdeutlichen als die Unabhängigkeit, ja bewußte Gegensätzlichkeit im Formstreben ihres begabtesten Formkünstlers gegen das mächtige Vorbild der Hartmannschule. Eine Geschichte dieses Formstrebens läßt sich mit unserer Kenntnis nicht schreiben. Veldeke bietet höchstens sehr bedingt einen Ausgangspunkt, bei Herbort sind ähnliche Absichten vielleicht zu spüren, doch reichte seine Begabung nicht aus, um sie zu verwirklichen, und die übrigen Thüringer sind nur dürftige Könner.

Mit der Abwanderung Heinrichs von Veldeke nach Thüringen sind die verheißungsvollen Ansätze zu einer höfischen Dichtung am Niederrhein in Epik und Lyrik verkümmert. Weder der Trierer Floyris noch die in ihrem Hauptteil am Niederrhein bekannt gewordene Eneit haben Nachfolge geweckt. Auf sehr lange Zeit hinaus hat dieses nordwestliche deutsche Sprach- und Kulturgebiet ein ganz eigenes geistiges Leben geführt; sein großer Beitrag zur geistigen Geschichte des späten Mittelalters sind die dort besonders lebendigen religiösen Laienbewegungen und die aus ihr hervorgegangene Literatur geworden, deren erster Vorläufer, das rheinische Marienlob (S. 385 ff.), noch in unsere Epoche gehört. Die westlichen Teile dieser deutschen Sprachlandschaft, Flandern und die Niederlande, beginnen sich auch sprachlich zu lösen; seit dem 13. Jahrhundert können wir dort von eigenen schriftsprachlichen Bestrebungen und damit von einer eigenen flämisch-niederländischen Literatur reden. Seit Heinrich von Veldeke scheiden diese Gebiete aus der deutschen Literaturgeschichte aus.

Es verbleibt der eigentlich deutsche Niederrhein, der Raum von Köln-Aachen-Cleve. Er verarmt zunächst; wir können über sein literarisches Leben nach dem Abwandern Veldekes eigentlich gar nichts aussagen. Eine ritterliche Dichtung, die der Entfaltung in Thüringen, am Oberrhein und in Österreich an die Seite zu stellen wäre, hat es dort nicht gegeben. Nur ein episches Gedicht pflegen wir um die Jahrhundertwende im kölnischen Raum anzusetzen, das kleine Epos von Morant und Galie. Es sagt sofort etwas über die Sonderstellung dieses Raumes aus;

denn es behandelt einen Stoff aus dem Karlskreise. Diese in Frankreich
so fruchtbare Dichtung um Karl den Großen hat im eigentlichen Deutschland nur wenige Wurzeln geschlagen. Das alte Rolandslied ist ein Son-
derfall; und alles, was die staufische Zeit auf diesem Felde geleistet hat,
ist die leicht erweiternde Modernisierung des Rolandsliedes durch den
Stricker (S. 193). Sonst ist Karlsdichtung auf lange hinaus nur im niederrheinischen Nordwesten gepflegt worden und hat sich dort im 14. Jahrhundert in dem Sammelroman des Karlmeinet ihr eigenes Karlsepos
geschaffen.

Ein Stück innerhalb dieser losen Aggregatdichtung ist nun auch die Geschichte von
Morant, Karls getreuem Vasallen, und Galîe, Karls Gemahlin, die, von verräterischen
Baronen unsauberer Beziehungen verdächtigt, nach schweren Drangsalen ihre Unschuld erweisen und über die Verleumder triumphieren. Als Ganzes ist die Erzählung
überhaupt nur durch den Karlmeinet überliefert, und die einzigen Bruchstücke, die
wir sonst besitzen und die man früher dem 13. Jahrhundert zuschrieb, sind in ihrem
Alter stark angezweifelt worden. Dennoch scheint vieles dafür zu sprechen, daß es ein
altes Gedicht von Morant und Galîe gegeben hat, das als Ganzes in den Karlmeinet
aufgenommen und nur sehr äußerlich und unausgeglichen dem Gesamtwerk eingefügt
worden ist. Diese Annahme ist um so unbedenklicher, als auch die Strickersche
Bearbeitung des Rolandsliedes dasselbe Schicksal gehabt hat. Und es steht mindestens nichts im Wege, die Entstehungszeit des Gedichtes auf etwa 1190/1210 zu
verlegen. Es gibt sich als Übersetzung aus dem Französischen und beruft sich unermüdlich auf seine „wälsche" Quelle, ohne daß sich eine solche bisher wirklich
hat nachweisen lassen.

Das Gedicht gehört nach seinem Stoff zum Typus der Geschichten
von der unschuldig verfolgten Frau, dem Typus Genovefa-Creszentia
(vgl. Bd. I S. 206 ff.). Dem Karlskreise ordnet es sich ein, indem es sich
abermals mit einem Erzähltypus verbindet: der Vasallendichtung mit
dem Gegenspiel des getreuen und der ungetreuen Vasallen, wie es – in
der Nachfolge französischer Heroik – der deutsche Heldenroman von
Wolfdietrich (S. 206 ff.) übernommen und gestaltet hat. Der getreue Vasall
wird zum angeblichen Buhlen der Königin, die Gruppe der Ungetreuen
zu Verleumdern der reinen Frau. Auch die kreuzzugshafte Atmosphäre
der Chansons de geste ist vorhanden, indem Karls Gemahlin Galîe eine
spanisch-sarazenische Königstocher ist, die sich von Karl hat entführen
und für den Christenglauben gewinnen lassen, so wie Arabele-Gyburg
in Wolframs Willehalm. Doch bleibt hier der religiös-kreuzzugshafte
Aspekt nur Zeichnung des Hintergrundes; Spiel und Gegenspiel verteilen sich nicht auf die religiösen Parteien.

Nach Stil und Haltung bleibt das Gedicht außerhalb alles Höfischen,
wiewohl das Wort „höfisch" seinem Dichter bekannt ist. Es besagt für
ihn nicht mehr als Zugehörigkeit zur adligen Oberschicht und zum Umkreis des Herrschers. Hier ist nichts gedämpft, erzogen oder gebändigt.
Gut und böse, getreu und ungetreu sind feste Kategorien des Seins,

nicht Folge oder Ziel eines Bestrebens. Ungebrochene Triebhaftigkeit beherrscht Verhalten und Tun der Menschen, ohne Nuancen sind Haß und Niedertracht wie Liebe und Edelmut verteilt, ungebändigt sind die Ausbrüche von Zorn, Schmerz und Reue, unermeßlich Reichtum und Freigebigkeit, unreflektiert das religiöse Verhältnis zu Gott und Maria – die in diesem westlichen Gedicht bereits die große Nothelferin geworden ist.

Werden so die beiden Parteien in einer krassen, aber kraftvollen Einseitigkeit plastisch deutlich, so erscheint der Kaiser, zwischen den Parteien stehend, als schwach und ohne Haltung, als Sklave augenblicklicher Wallungen. So primitiv, wie die Intrige angelegt ist, läßt sich der Kaiser von ihr einfangen. Er scheint jeder Einflüsterung hilflos ausgeliefert und bereit, Morant, den Getreuen, und Galîe, die Gattin, dem schimpflichsten Lose preiszugeben. Aber ebenso unvermittelt kann sein Zorn gegen die Verleumder entflammen, wenn eine mannhafte Stimme sich für die Beschuldigten erhebt. Eine Welt trennt diesen Karl von dem erhabenen Bilde, das der Dichter des deutschen Rolandsliedes aus seiner Vision des von Gott inspirierten Weltherrschers von ihm entwirft. Nichts Seelisches geht hier vor; wie Karls Verhalten ganz von den Wallungen des Augenblicks bestimmt und mit dem Augenblick vorüber ist, so bleibt es ohne innere Wirkung auf die Betroffenen. Die Kraft der duldenden Treue ist ebenso unermeßlich und unabänderlich wie der Wille zum Bösen. In alldem ist der so viel spätere Typ des Volksbuches vorgebildet.

Die Handlung schreitet rasch und lebhaft fort. Auch in den Vorgängen ist alles auf spannende Tatsächlichkeit angelegt, zuweilen packend, ja großartig, doch nirgends höfisch gemildert oder verfeinert. Wie Morolf im alten Salomogedicht (Bd. I S. 263 ff.) zu seiner Verkleidung in die Haut eines toten Juden schlüpft, so ermordet hier der böse Fukart einen Pilger, um in dessen Kleid und mit dessen angeklebtem Bart mit neuen Verleumdungen aufzutreten, als seine Partie verloren scheint. In dieser Vermummung tritt er auch zum gottesgerichtlichen Zweikampf an, bei dem Morant, als ihm sein Schwert entfällt, mit seinem Steigbügel auf den Gegner einschlägt, bis er am Boden liegt. An solchen Zügen spürt man, wie auch handlungsmäßig alles weit von den höfischen Möglichkeiten abliegt, wie wenig hier etwa Veldeke Pate gestanden hat.

So bleibt endlich auch die Form den neuen, höfischen Bestrebungen fern. Die Sprache ist reine Mundart; die Reime, zwar ziemlich rein, zeigen nichts von Veldekes Bemühen, auch jenseits der Mundartengrenze gültig zu bleiben. Der Rhythmus ist frei, wenn auch noch fern von der ungebändigten Breite späterer niederdeutscher Dichtung. Äußere Form ist diesem Dichter ebensowenig Aufgabe geworden wie innere Formung.

LITERATUR

Herbort von Fritzlar: Ausg. KARL FROMMANN, Bibl. d. ges. Nationallit. Bd. 5. Quedlinburg u. Leipzig 1837. – Französ. Quelle: LÉOP. CONSTANS, Benoit de Saint Maure,
Le Roman de Troie. Soc. des anciens textes Bd. 88; 89; 96; 97; 103. 1904 ff.-Lit.
HERM. MENHARDT, Verf.-Lex. II 409–13. – RUTH AUERNHAMMER, Die höfische Gesellschaft bei Herbort von Fritzlar. Diss. Erlangen 1939. – HERM. MENHARDT, Her-
bortstudien. ZfdA 65 (1928) 225 ff.; 66 (1929) 173 ff.; 77 (1940) 256 ff. – G. BAESECKE,
Herbort von Fritzlar, Albrecht von Halberstadt und Heinrich von Veldeke. ZfdA 50
(1908) 366–82. – EDW. SCHRÖDER, Die Datierung Herborts von Fritzlar. ZfdA 52
(1910) 360–64.

Albrecht von Halberstadt: Ausg. KARL BARTSCH, Bibl. d. ges. Nationallit. Bd. 38.
Quedlinburg u. Leipzig 1861 (mißlungener Versuch einer Wiederherstellung). – JOH.
BOLTE in der Ausgabe von Georg Wickrams Werken Bd. 7 u. 8. Stuttg. Lit. Verein
Bd. 237 u. 241 (1905–06). Darin der Prolog Bd. 7 S. 7 f.; die alten Bruchstücke Bd. 7
S. 277 ff.; Bd. 8 S. 93 ff. – Lit.: F. NORMAN, Verf.-Lex. (unter Halberstadt!) II 152–56. –
G. BAESECKE, Herbort von Fritzlar, Albrecht von Halberstadt und Heinrich von Vel-
deke. ZfdA 50, 366–82. – DERS., Die Datierung Albrechts von Halberstadt. ZfdA 51
(1909) 163–74. – EDW. SCHRÖDER, Der deutsche Ovid von 1210. ZfdA 51, 174–76. –
D. VON KRALIK, Der Prolog der Ovid-Verdeutschung Albrechts von Halberstadt.
Festschr. f. Jellinek (1928) S. 22–30.

Ottes Eraclius: Ausg. H. F. MASSMANN, Bibl. d. ges. Nationallit. Bd. 6. Quedlinburg u. Leipzig 1842 (nach der Münchner Hs. mit dem afrz. Text Gautiers und immer noch lesenswerter Einleitung). – HARALD GRAEF, Quellen u. Forschgen Bd. 50.
Straßburg 1883 (Wiener Hs.). – Lit.: ALB. LEITZMANN, Verf.-Lex. III 672–75. –
EDW. SCHRÖDER, Der Dichter des deutschen Eraclius, ein Beitrag zur altbayr. Literaturgesch., Sitzber. Bayer. Akad. d. Wiss., phil.-hist. Kl. 1924 Nr. 3. – D. HAACKE,
Weltfeindl. Strömungen S. 156–86.

Athis und Prophilias: Ausg. C. VON KRAUS, Mhd. Übungsbuch, 2. Aufl., Heidelberg 1926. S. 63–82. – Lit.: ALB. LEITZMANN, Verf.-Lex. I 144–47.

Morant und Galie: Ausg. ER. KALISCH, Rhein. Beitr. u. Hülfsbücher z. germ. Phil.
u. Volkskde Bd. 2. Bonn/Leipzig 1921. – Dazu die Ausg. d. Karlmeinet von AD.
VON KELLER, Stuttg. Lit. Ver. Bd. 45 (1858). – Lit.: LISELOTTE AUGSTEIN, Morant u.
Galie u. die vorhöf. geistliche Dichtung. Diss. Freiburg 1940. – ELISABETH LINKE,
Untersuchung zu Stil u. Sprache des rheinischen Denkmals Morant u. Galie. Diss.
Leipzig 1947 (MaschSchr.). – DIES., Die Gebete in Morant und Galie. Beitr. 73
(1951), 124–75.

ZWEITES KAPITEL

DIE HOCHHÖFISCHE EPIK

1. KÖNIG ARTUS

Wie die Bezeichnung „frühhöfisch" nehmen wir auch „hochhöfisch" als die Bezeichnung eines Typus. Indem dieser Typus durch die größten Dichter der Zeit, Hartmann von Aue, Wolfram von Eschenbach und Gottfried von Straßburg, vertreten wird, bedeutet er zugleich den Gipfel nicht nur der hier behandelten staufischen Epoche, sondern einen der großen Höhepunkte deutscher Dichtung überhaupt.

Die drei großen Namen führen uns sofort in einen anderen geographischen Bezirk: der Schweizer Hartmann, der Elsässer Gottfried, der Ostfranke Wolfram bestimmen ihn. Es ist der obere Rhein mit seinen östlichen Nachbargebieten, der im engeren Sinne „staufische" Raum. Ihm ordnen sich auch die kleineren Geister ein, die wir der hochhöfischen Epik zurechnen: der Schweizer Ulrich von Zazikhofen, der Alemanne Konrad Fleck, der Oberfranke Wirnt von Grafenberg. Es gibt in jener Zeit wirkliche Literaturlandschaften. Wie sich der rheinisch-thüringisch-mitteldeutsche Raum durch sein eigenes literarisches Gepräge aussonderte, so steht auch der bayrisch-österreichische Donauraum für sich; er ist auf epischem Gebiet der große Erneuerer des heroischen Romanes mit der prägenden Leistung des Nibelungenliedes.

Für die hochhöfische alemannisch-fränkische Epik können wir als Leitwort nehmen: Artusepik. Nur dürfen wir auch dieses nicht starr fassen. Mit Gottfrieds Tristan und Konrad Flecks Floire sind Stoffe neu belebt, die wir schon im frühhöfischen Bezirk angetroffen haben. Aber durch Artus und seine Welt erhält diese Epik ihr Gepräge. In der frühhöfischen Epik fehlt Artus bis auf sein episodenhaftes Auftreten in Eilharts Tristrant, und ebensowenig gibt es einen bodenständigen Artusroman in Österreich.

Für den hochhöfischen Kreis aber bedeutet Artus etwas Zentrales. Mit Artus und seiner Tafelrunde mündet ein breiter Strom keltisch-britannischer Sagendichtung in die europäische Literatur ein. Aber was wir von Artus als ursprünglich historischer Persönlichkeit und von seiner Rolle in der keltisch-nationalen Heldendichtung aussagen oder vermuten können, ist für seine Bedeutung unwichtig; es gehört der Stoff- und Motivgeschichte an. Zur Gestalt wurde Artus erst in dem Augenblick, als er von Britannien nach Frankreich gelangte und dort zum Symbol des höfischen Rittertums geprägt wurde. Diesen Artus und diese Artuswelt, die uns etwas angeht, recht eigentlich geschaffen zu haben, ist das Werk von Chrestien von Troyes. Und es ist die kongeniale Leistung Hartmanns von Aue, diese französisch-höfische Artuswelt dem Deutschen erschlossen zu haben.

Was aber bedeutet Artus? Artus ist ein Symbol, und um dieses sein zu können, muß er überhöht werden. Er ist nicht Held von Ereignissen, sondern Mittelpunkt einer Welt. Er selber wird nicht tatenlos dargestellt, aber doch als ein ruhender Pol, um den Tat gedeiht. Alle Tat aber wird von seinem Wesen bestimmt. Überall, wo eine Idee vorbildlich gestaltet werden sollte, hat es mittelalterliche Dichtung in der Form eines Kreises getan, mit einem ruhenden Mittelpunkt und einem bewegten Umkreis, dessen Bewegtheit dennoch von dem ruhenden Mittelpunkt her bestimmt wird.

So geschah es im Bezirk der deutschen Heroik und ihrer Gefolgschaftsidealität mit Etzel und dem Kreis der um ihn versammelten Recken. Etzel wird kaum je als Kämpfer dargestellt, und dennoch bewegt sich um ihn nichts als heroisches Kämpfertum. So geschah es auf der Ebene der besonderen christlich-nationalen Heroik Frankreichs mit Karl und seinen Paladinen. Auch Karl ist ein wesentlich ruhender Held, der das Geschehen um sich inspiriert. Beide Kreisbildungen sind national bestimmt; es gibt keine französische Etzeldichtung, und es gibt nur deutsche Einzelversuche, sich den Karlskreis anzueignen; niemals ist Karl ein wirkliches Anliegen, ein Symbol für Deutschland geworden. Denn Strickers „Karl" ist nur eine ein wenig ausweitende und verflachende Neubearbeitung des Rolandsliedes, und das große Karlsepos, der Karlmeinet, entstand wie sein Vorläufer „Morant und Galîe" im äußersten niederländischen Nordwesten und zu einer Zeit, da sich dieses Gebiet politisch und kulturell von Deutschland bereits löste.

Die dritte große Kreisbildung aber, Artus und die Tafelrunde, ist nicht volksmäßig, sondern ständisch gebunden. In ihm verdichtete sich die Idealität des übervölkischen, höfischen Rittertums, und darum haben Frankreich und Deutschland an ihm gleichen Anteil. Es ist unsere Aufgabe, sein Wesen näher zu bestimmen.

Rein äußerlich ist es für die Artuswelt bezeichnend, daß sie aus der Wirklichkeit von Ort und Zeit gelöst ist. Etzel und Karl sind diesen Wirklichkeiten verbunden. Ihre Welt war auch geographisch gesehen französisch oder deutsch, eine wirkliche, kartenmäßig darstellbare Außenwelt. Auch dort, wo die fernen und vielfach phantastischen Bereiche des slawischen und islamischen Ostens hineinragen, bleiben sie für die Dichter geographisch-ethnographische Wirklichkeiten. Die Artuswelt dagegen ist eine unwirkliche Märchenwelt. Mit den seltsamen keltischen Namen verband sich von vornherein keine bestimmte Vorstellung, sie eröffneten die Möglichkeit beliebiger phantastischer Erfindung. Doch auch die Wirklichkeit wird entwirklicht: Artus' Hauptstadt Nantes ist die wirkliche Stadt in der Bretagne; aber wer von ihr ausreitet, der ist gleich vor ihren Toren in der unwirklichen Welt der Aventiure.

Nicht anders steht es um die zeitliche Einordnung. Niemals ist vergessen worden, daß Etzel und Karl historische Personen sind, die einem bestimmten Zeitraum zugehören. Die Ereignisse im Bereich von Artus dagegen verlaufen in einer idealen Zeit. Keine historischen Beziehungen werden hergestellt; Artusgeschehen und Weltgeschehen berühren sich nicht. Artus ist keinem der historischen Weltreiche zugeordnet, und umgekehrt spielen die geschichtlichen Wirklichkeiten: Kaiser, Reich, Papst, Rom, Jerusalem nicht in die Artusepik ein. Zeitlosigkeit herrscht aber auch innerhalb der Artuswelt; nirgends wird gefragt, wie die Erlebnisse Ereks, Lanzelots, Gawans, Parzivals sich zeitlich zueinander verhalten.

Mit dieser Entwirklichung steht die Artusdichtung nicht nur im Gegensatz zur deutschen und französischen Heroik, sondern auch zur frühhöfischen Dichtung mit ihrem Sinn für Geschichtlichkeit und Realität. Es ist eine andersartige Erlebnisform, die in dieser äußeren Entwicklung zum Ausdruck kommt. Das Geschehen und Handeln wird aus allen Schranken irdisch zufälliger Gebundenheit gelöst, um sich in einem idealen Raum in freier Idealität entfalten zu können.

In dieser Artuswelt ist alles Geschehen A v e n t i u r e . Was Aventiure ist, hat Hartmann von Aue im Eingang seines Iwein in dem Gespräch des Artushelden Kalogreant mit dem Waldmann programmatisch ausgesprochen. Aventiure ist eine Lebensform, die nur dem ritterlichen Menschen begreiflich ist. Sie ist zweckentkleidete Tat, ihr Sinn ist die Leistung als solche, die den Wert des Mannes erhöht. Diese Aventiure führt immer wieder ins Wunderbare und Märchenhafte. Auch darin wiederholt sich der Zug zur Entwirklichung, zur Verlagerung des Geschehens in eine nicht unirdische, aber unwirkliche Atmosphäre, um eine bestimmte Idealität in voller Freiheit verwirklichen zu können. Wieder finden wir hier einen grundsätzlichen Gegensatz zur frühhöfischen Dichtung. Diese war ideal erhöhende Steigerung von Wirklichkeit, während Artusdichtung Lösung aus der Wirklichkeit ist. Sie ist damit bald der Gefahr erlegen, sich ins Wurzellose, Windige und Willkürliche zu verflüchtigen, wo die hohe Spannung der Idealität erschlaffte.

Triebkraft aller Aventiure ist die Ehre. Ritterliche Ehre muß immer wieder erworben und bestätigt werden. Nur wer sich in der zweckfreien Aventiure bewährt hat, ist artuswürdig und findet Aufnahme in Artus' Kreis. Und nur, solange er die Qualität der Ehre ungeschmälert besitzt, bleibt er dessen Mitglied. Jeder Einbruch in die Ehre schließt aus dem Artuskreise aus, bis die Ehre durch Aventiure wiederhergestellt ist. Immer wieder wird dieses das erregende Motiv: der Held, in seiner Ehre verletzt, reitet aus und gerät in eine Kette von Aventiuren.

Was aber zu Artus gehört, ist Mitglied der *table ronde*, der Tafelrunde. In ihr findet die höfisch-ritterliche Gesellschaft ihren idealen Ausdruck. Die „Runde", die kein Oben und Unten zuläßt, versinnbildlicht die grundsätzliche Gleichheit aller Mitglieder des Artuskreises und damit im weiteren Sinne die der ritterlichen Gesellschaft. Gesellschaft aber als gehobener und erhebender Zustand findet Ausdruck in Freude und Fest. Aventiure bedeutet also Ausstrahlen von und Wiederheimkehren zu einem Zentrum festlicher Gemeinschaft. Wo Artus erscheint, entfaltet sich Festfreude. Da äußere Schönheit für das höfische Denken der Ausdruck inneren Wertes ist, so wird das Fest mit seiner Ausnutzung aller Möglichkeiten irdischer Pracht und Schönheit zur Beglaubigung der Gesellschaft als eines autonomen Wertes. Alles Artusfest ist zugleich Maien- und Sommerfreude; auch die Natur ist als ästhetischer Wert in das Gesamterlebnis des Festes einbezogen und erhält aus ihm heraus einen neuen gültigen Wert, der eben durch ihre Beziehung zu dem autonom diesseitigen Humanitätsideal des ritterlichen Menschen bestimmt ist.

Zum Fest gehört die Frau. Die Frau ist ein notwendiges Glied im Artuskreis; erst ihre Gegenwart macht sein Fest zum höfischen Fest. Sie ist in einer irdisch unwirklichen Gestalt als die reine menschliche Schönheit gesehen, die, durch den reichen Glanz von Gewand und Schmuck umrahmt und erhoben, zur vollendeten „Erscheinung" gesteigert wird. Auch der andere Pol des ritterlichen Festes, das Ritterspiel, der zu Lust und Glanz ästhetisch gewandelte Waffengang, wird erst dadurch zu einem Stück Fest, daß Frauen dem Turnier wertend und bewundernd zuschauen. Der Frau als solcher kommt eine erhöhende und beglückende Kraft zu, auch dort, wo noch nicht von Minne die Rede ist.

Herzpunkt aller Artusdichtung ist neben Aventiure die M i n n e. Um diese beiden Pole kreist alles Denken und Handeln des Artushelden. In der zentralen Stellung der Minne gehören frühhöfische und hochhöfische Epik zusammen. Sie scheiden sich jedoch in ihrer Bewertung. Die artushafte Minne, so sehr sie eine höchste, bezwingende Macht ist, sie ist keine zwanghaft bannende, sondern gerade in den klassischen Epen eine verpflichtende. In der durchschnittlichen Unterhaltungsepik kann sie zum bloßen Gesellschaftsspiel werden. Die innige Verbindung von Aventiure und Minne hebt, da Aventiure Tat ist, die Minne in die Sphäre der Leistung, und da sie Ehre ist, in die Sphäre der Ethik hinüber. Aventiure wird Dienst um Minne; Minne wird Lohn für Bewährung. So wird hier Minne aus dem unbewußt Trieb- und Zwanghaften, aus dem Venushaften, erhoben zum bewußten Erlebnis und zu wertender Entscheidung. Nirgends zerstört und zerbricht die Minne hier gültige Ordnungen; im Gegenteil, sie hat eine läuternde und erziehende Kraft. In der märchenhaften Unwirklichkeit der Artuswelt sind ohnehin die Ordnungen der Wirklichkeit – abgesehen von der ständischen Ordnung – nicht in der ganzen Schwere wirklicher Gültigkeit vorhanden. Wo sie aber spürbar sind, werden sie durch die Minne gefördert und bestätigt. Es wäre undenkbar, daß irgendwo im Artusbezirk Standesgrenzen geleugnet oder übersprungen würden, undenkbar auch, daß Artusminne in eine gültige Ehe einbräche. Artusminne gilt nicht, wie im Minnesang, der verheirateten Frau. Wenn im Artusroman alles Minnegeschehen schließlich auf die Ehe als Abschluß zusteuert, so erfüllt es damit die Forderung der gültigen Ordnung.

Die Artuswelt ist eine Welt der Freude. Sie kennt Verwicklungen und Spannungen, aber keine unlösbare Tragik, weder in der Aventiure noch in der Minne. Ein Didoschicksal ist darin so unmöglich wie der heroische Tod eines Artushelden. Nur das Unterwertige geht in der märchenartigen Gerechtigkeit alles Artusgeschehens zugrunde. Für die eigentlichen Helden löst sich endlich alles in Freude. Der Weg des Artusritters geht aus der Freude des Artushofes in die höchste Leistung der Aventiure als Dienst der Ehre und der Minne. Er führt den Helden zum Besitz der Geliebten; mit ihr kehrt er in den Artuskreis zurück, dessen Würde er mit der Ehre seiner Taten und der Schönheit seiner Geliebten steigert. Dieser ständige Austausch zwischen Zentrum und Peripherie ist alles, was grundsätzlich im Artusroman geschieht.

Wir wenden uns nun den literarischen Gestaltungen zu, die die Artuswelt in der hochhöfischen Epik gefunden hat. An der Spitze steht Hartmann von Aue, der die schöpferische Leistung Chrestiens von Troyes, den französischen Artusroman, für Deutschland eroberte. Aber sofort wird uns bei Hartmann der Unterschied zwischen französischem und deutschem Wesen klar. Der Franzose nimmt diese schöne, ideale Welt hin und formt sie, der Deutsche durchdenkt sie und stößt auf ihre Problematik.

2. HARTMANN VON AUE

Über Hartmanns Leben wissen wir sehr wenig. Zwar nennt er sich in jedem seiner Werke, aber nirgends kommen wir über die Tatsache hinweg, daß er Ministerial eines freiherrlichen Geschlechtes von Aue war, und daß er eine gelehrte Schulbildung genossen hatte. Er nennt das Geschlecht seines Herren *ze Swâben gesezzen* (A. Hch. 1422), das heißt, er war Alemanne. Da Aue kein seltener Ortsname ist, streiten mehrere Orte um die Ehre, Hartmanns Heimat zu sein. Den Sammlern der großen Minnesängerhss. B und C galt Hartmann, kaum hundert Jahre nach seinem Tode, als Mitglied des Thurgauer Geschlechtes der Herren von Wespersbühl, so daß die Herleitung seines Namens von dem benachbarten Städtchen Eglisau die meiste Wahrscheinlichkeit für sich hat. Seine gelehrte Bildung könnte er dann auf der nahen Reichenau erhalten haben; die liebevolle Schilderung des Inselklosters im Gregorius wirkt wie Nachklang persönlichen Erlebnisses.

Hartmann nennt nirgends einen Gönner, und wir sehen ihn in keiner Verbindung zu einem der großen Höfe. Er spricht nur von seinem persönlichen Verhältnis zu seinem Dienstherren mit einer schönen Herzenswärme, und der Tod des Herrn ist das erschütternde Erlebnis in seinem Leben, das seine ganze innere und äußere Entwicklung bestimmt hat. Der Tod des Herrn führt zum Gelübde, an einem Kreuzzug teilzunehmen. Es ist umstritten, welche Kreuzfahrt in Betracht kommt. Nach der eingehenden Interpretation des Kreuzliedes 218, 5 durch C. von Kraus entscheiden wir uns für den Barbarossakreuzzug 1189/90, womit zugleich die gesamte Chronologie von Hartmanns Leben in erwünschter Weise aufgelockert wird. Der Tod des Herrn wäre dann wenige Jahre früher, also etwa 1186/87, anzusetzen.

Ausgehend von diesem Datum läßt sich dann etwa folgende Chronologie aufstellen: Hartmann ist zwischen 1160 und 1165 geboren. Seine Frühwerke: Büchlein, Erek und Minnelyrik, sind vor dem Tode des Dienstherrn, also etwa 1180/85, entstanden. Der Tod des Herrn führt zu einer tiefen inneren Krise, aus der die Kreuzlieder und die Büßerlegende von Gregorius hervorgehen, die also etwa 1187-89 anzusetzen sind. Das Kreuzzugserlebnis muß für Hartmann eine Klärung seiner religiösen Krise bedeutet haben; nach seiner Rückkehr – und schwerlich unmittelbar danach – dichtet er den Armen Heinrich, die Frucht dieser Klärung und in seiner Weise der Höhepunkt von Hartmanns dichterischer Leistung. Um 1195 dürfte er am wahrscheinlichsten zu datieren sein. Das letzte Werk Hartmanns, der Iwein, mit dem er zur Artusdichtung zurückkehrt, war bald nach 1200 abgeschlossen. Danach ist Hartmann – nicht wesentlich mehr als vierzigjährig – verstummt, hat aber noch über 1210 hinaus gelebt.

Hartmanns Werke sind uns, von dem vielgelesenen Iwein abgesehen, nur verstreut und nicht sehr glücklich überliefert; ihr ursprünglicher Text ist mit unseren Mitteln der Textkritik kaum noch wiederzugewinnen.

Der junge buchgelehrte Ministeriale beginnt mit dem sogenannten „Büchlein", einer theoretischen Abhandlung in Versen. Doch gilt sie nicht einem Problem des Schulwissens, sondern einem Problem der höfischen Lehre: dem Wesen der Minne. Fragen der Minne in der Form des gelehrten Traktates zu behandeln, konnte Hartmann aus Frankreich lernen. Er wählte die Form der Disputation und als Vorbild das weitbekannte Schema vom Streit des Leibes mit der Seele. Aber er gibt ihm eine neue Wendung und prägt es um zum Disput zwischen Leib und Herz. Der Partner höherer Ordnung ist also statt der Seele das Herz geworden, das Organ der gefühlshaften Kräfte und der Minne. Die alte dualistische Zweiheit von Leib und Seele leugnet Hartmann dabei nicht; in ihr verbleiben Herz und Leib zusammen die diesseitig fleischliche Antithese der gottverliehenen Seele. Aber indem er sie ganz zurücktreten läßt, zeigt er, daß sie ihn nicht beschäftigt. Sein Problem ist ein innerweltliches.

Es ist die Frage nach dem Wesen der Minne und dem Verhalten des Menschen, das sich aus diesem Wesen ergibt. Die Grundlage ist das lehensmäßige Verhältnis von Dienst und Lohn, das dem Dichter aus eigener Erfahrung bekannt ist. Der Leib, der Verfechter des ruhigen Daseinsgenusses (*gemach*), ist der nutzlosen Mühen überdrüssig, zu denen das Herz ihn zwingt. Das Herz dagegen belehrt ihn, daß wahre Minne ohne unablässiges Bemühen (*arbeit*) nicht denkbar sei, und daß darin die Hoffnung auf Lohn beruhe. Diese „*arbeit*" ist unverbrüchliche Festigkeit und stete Selbsterziehung. Minne ist mithin ein sittlicher und sittigender Wert.

Hier wird erstmals, bewußt und gültig, eine ganz neue Minneauffassung vorgetragen. Hartmann ist im Kern seines Wesens vernunfthaftklarer Ethiker; die magische Zaubermacht der frühhöfischen Venusminne wäre ihm unerträglich. Ihm ist Minne vielmehr Wahl des freien, vernünftigen Willens, sie bewegt sich in den gültigen Ordnungen und führt den Mann in frei bejahter *„arbeit"* zu mannhafter Läuterung.

Der Magie einer zwanghaften Minne, wie er sie aus Eilharts Minnetrank kennen mußte, setzt er bewußt die reine, gottgefällige Magie des „Kräuterzaubers aus Kärlingen" (d. i. Frankreich) gegenüber, den das Herz dem Leibe empfiehlt. Dieser Zaubertrank ist aus Tugenden gebraut, vorab der Dreiheit: *milte, zuht, diemuot,* also höfisch-christlichen Qualitäten in inniger Durchdringung. Die Ingredienzien aber stammen aus „Gottes reiner Kammer"; er selbst ist der himmlische Apotheker, *„der würze herre".* Und damit wird Hartmanns ethische Minne zur gottwohlgefälligen Haltung und führt zu Gott zurück. Das Problem „Gott und Welt" löst sich für den jungen Hartmann auf ethischer Basis; religiöse Fragen berühren ihn noch nicht. In der Ethisierung der Minne als einer autonomen Macht der Welt liegt ihre Verbindung zu Gott: wer diesen Zauber kann – so endet Hartmann seinen Traktat –, den liebt Gott und die Welt.

Mit solcher theoretischen Vorbereitung macht sich Hartmann den Weg zu eigener dichterischer Gestaltung frei. Als erzählender Dichter findet er in der idealen, von der Wirklichkeit gelösten Welt des Artus die geeignete Materie und wird damit zum ersten deutschen Dichter, der unseres Wissens die französische Artusepik und insbesondere das Werk des Franzosen Chrestien von Troyes für Deutschland gewinnt.

Hartmanns Erek ist eine freie Nachschöpfung von Chrestiens entsprechendem Roman. Die stofflichen Abweichungen sind ziemlich beträchtlich, und manche von ihnen teilt Hartmann mit anderen Behandlungen des Erekstoffes. Doch zwingt dies nicht dazu, für Hartmann neben Chrestiens Erek noch andere Quellen anzunehmen. In einer Gesellschaft, wo das Erzählen höfischer Geschichten zu den üblichen geselligen Freuden gehörte, konnte ein Dichter, der sich eingehend mit einem Stoff beschäftigte, auch abweichende Einzelheiten hören, ohne sie in einem Buche zu lesen. Jedenfalls verdankt Hartmann die gesamte Komposition und zahllose Einzelheiten dem großen Franzosen. Wichtiger als die stofflichen Variationen sind uns die Abweichungen in der Erfassung und Deutung des Stoffes; denn darin liegt Hartmanns Eigenes.

In seiner Komposition ist der Erek in der einfachen Kettentechnik des vorhöfischen Werbungsromans aufgebaut. Der Gesamtbau ist wie dort zweiteilig; im ersten Teil erwirbt der junge Erek Hand und Minne der schönen Enite. Der zweite Teil führt zu einem – freilich nicht mehr äußerlich kriegerischen – Verlust der Geliebten und über eine Reihe von Abenteuern zu neuer, endgültiger Vereinigung. Allein hinter der Ähnlichkeit der äußeren Komposition stehen entschiedene innere Unterschiede. Stoff und

Handlung sind nicht mehr nur wegen ihres interessanten Inhaltes da; unter dem Gesetz der Rückbezüglichkeit von innen und außen werden die äußeren Geschehnisse zum Ausdruck innerer Vorgänge. An dem vorbildlichen Dasein eines Artusritters stellt und löst sich im dialektischen Gegeneinander der beiden großen Pole des höfischen Lebens – Ehre und Minne – das Problem des vollkommenen Ritters. Es ist ein innerweltliches Problem. Beide Pole sind autonome Werte der Welt, und das Ziel ist die Darstellung des zu voller höfischer Humanität entfalteten Menschenbildes.

Dem jungen, noch unerprobten Erek widerfährt im Angesicht von Artus' Gemahlin eine schwere Kränkung seiner Ehre. Er reitet allein aus, um sich zu rächen und damit seine Ehre wiederherzustellen, und gerät dabei in das Sperberabenteuer von Tulmein. Ein Sperber ist dort als Preis in einem Turnier ausgesetzt, das die Ritter um die Schönheit ihrer Geliebten ausfechten, und jener Ritter, der Ereks Ehre gekränkt hat, ist schon zweimal Sieger in diesem Turnier gewesen und will mit dem dritten Mal den Schönheitspreis endgültig für seine Geliebte erwerben. Erek kommt als Gast in das Haus des verarmten Grafen Coralus, erficht für dessen Tochter Enite den Sperber als Schönheitspreis, indem er den Beleidiger seiner Ehre besiegt. So in seiner Ehre wiederhergestellt, kehrt er mit Enite zu Artus zurück, und das Paar wird mit vollen Ehren empfangen. Ein herrliches Hochzeitsfest beschließt den ersten Teil.

Das Schema eines Artus-Aventiurenromanes ist hier durchgeführt: Ausritt – Gewinnung der Geliebten – ehrenvolle Rückkehr. Man statte Hin- und Rückweg mit einer Reihe gefährlicher Abenteuer aus, und das Schema gediehe zum ausgewachsenen Roman.

Allein, Hartmann will mehr als Stoff, mehr als Abenteuer. Er will Erscheinung und Haltung. Auch der junge Erek ist schon als Bild des edlen Menschen gezeichnet. Sein empfindliches Ehrgefühl und der feste Mut, mit dem er seine Ehre gegen den an Kraft und Erfahrung überlegenen Gegner wiederherstellt, machen ihn zum vorbildlichen Ritter. Sein Verhalten sowohl im Augenblick der Ehrenkränkung wie beim Siege zeigen ihn als einen Mann, der seine Leidenschaften und Triebe beherrscht. Als Träger von *zuht* und *mâze* ist er gegen seinen hochfahrend unbeherrschten Gegner abgestuft und deswegen innerlich des Sieges wert. Seine *zuht* aber erweist sich als die schöne Bildung eines edlen Innern. Sie wird zu taktvoll-demütiger Bescheidenheit (*erbärmde*) vor der edel ertragenen Armut des Grafen, vor der Schönheit der Jungfrau im zerrissenen Kleid. Hartmanns bestimmende Lehre vom inneren Adel, der mehr bedeutet als die äußere Pracht, wird hier zuerst durch Ereks Mund ausgesprochen, und sie wird nach außen verdeutlicht, indem Erek Enite in ihrem dürftigen Gewand zum Turnierplatz führt und so den Sperber als Preis für sie verlangt. Das Äußere: Pracht, Reichtum, Schönheit – Güter des *utile* – wird sinnvoll nur, wo es innere Werte des *honestum* greifbar und sichtbar macht. Und was für Erek gilt, das gilt auch für Enite. Auch sie trägt nach Veranlagung und *zuht* alle Voraussetzungen der Vorbildlichkeit in sich. Alles scheint dafür zu sprechen, daß hier zwei vorbildliche Menschen zu vorbildlicher Minne bestimmt sind.

Allein erst jetzt beginnt die Spannung. Die Minne wird zur Gefahr – freilich in einem grundsätzlich anderen Sinne als im frühhöfischen Roman. Sie wird es in dem Augenblick, da im frühhöfischen Roman durch die Vereinigung der Liebenden alle Gefahr und Wirrnis gerade vorüber ist. Bisher war von Minne zwischen Erek und Enite überhaupt nicht die Rede; Erek handelte nicht aus Überwältigung durch Minne, sondern aus *erbärmde*. Erst nach der Hochzeit und der Rückkehr in Ereks eigenes Reich wird diese rasch erworbene und gewährte, also nicht durch *arbeit* verdiente Minne zur Gefahr, indem sich die beiden ganz in der Lust der Minne verlieren. In der Unerfahrenheit der Jugend übersehen beide Partner, daß solcher Minne die läuternde und anspornende Kraft fehlt, daß sie im Sinne des Büchleins *gemach* ist und damit nicht nur dem wahren Wesen der Minne widerspricht, sondern sie zu dem anderen Pol ritterlichen Daseins, zur Ehre, in verderbliche Spannung bringt.

Wieder trifft Ereks Ehre ein Schlag, als er Enite heimlich über die Schande klagen hört, die sein tatenloses Leben in den Augen des Hofes über ihn bringt. Die Szene ist bewußt aufs knappste zusammengedrängt. Ereks wahres Wesen bricht augenblicklich durch; er sagt kein Wort, sondern er handelt. Er waffnet sich zum Ausritt in die Aventiure zur Wiederherstellung seiner Ehre. Enite muß ihn begleiten, doch darf sie nicht neben ihm reiten, sondern vor ihm her, und er verbietet ihr, mit ihm zu reden. Damit wird nach außen verdeutlicht, daß die Minne aus ihrem Leben vollständig entfernt worden ist, daß sie nicht ein Paar sind, sondern Zwei. Dieser Ausritt wird als eine auf die Welt bezogene Bußfahrt dargestellt. Damit verdeutlicht sich aber zugleich, daß auch Enite in die Schuld verstrickt ist, indem sie sich der erzieherischen, zu tätigem Ritterleben spornenden Aufgabe der *frouwe* nicht bewußt war und sich ihr auch dann entzogen hatte, als sie die Bedrohung von Ereks Ehre erkannt hatte. Sie hatte nur heimlich geklagt, nicht bewußt und offen den Anstoß zu neuer, vorbildlicher Haltung gegeben.

Abenteuer kettet sich nun an Abenteuer, in denen Erek Rittertum bewährt und Ehre wiedergewinnt. In jedem der Abenteuer spiegelt sich der Sinn des Ganzen, sei es in der Bekämpfung roher, außerritterlicher Gewalt und im Schutz der Schwachen, sei es im Messen der Kräfte mit gleichwertigen Rittern. In jedem Abenteuer vollendet sich aber auch Enites Bewährung. Voranreitend bemerkt sie jeweils die Gefahr früher als Erek; sie bricht sein Schweigegebot und warnt ihn, gewärtig seines Zornes. In der Opferbereitschaft bewährt sie höhere *triuwe* als den bloßen Gehorsam, und sie zeigt echte Minne, indem sie ihn nicht anfleht, sich der Gefahr zu entziehen, sondern nach ihren Kräften beiträgt, sie zu bestehen.

Enites Erprobung endet früher als die Ereks. In dem Abenteuer mit dem lüsternen Grafen Oringles – diesem Gegenspiel der bekannten Geschichte der Witwe von Ephesus – bewährt sich Enites Liebe bis über den Tod, den scheinbaren Tod Ereks, hinaus. Nach einem schweren Kampf ermattet, war Erek in tiefe Ohnmacht gefallen. Der Graf Oringles findet die klagende Enite neben der vermeintlichen Leiche des Geliebten, bringt beide in sein Schloß und läßt Erek aufbahren. Von Enites Schönheit entzündet, versucht er, ihre Minne zu gewinnen und schließlich die Widerstrebende zu überwältigen. Ihr Angstruf erweckt Erek aus seiner Ohnmacht; er eilt herzu, erschlägt den Grafen und befreit Enite. Von nun an darf sie wieder mit ihm sein und reiten, die Geliebte und Liebende, während zwei letzte Abenteuer Ereks Bildung zum vollkommenen Ritter vollenden.

Unerkannt trifft Erek mit seinem Freunde, dem kleinen, aber riesenstarken Guivreiz zusammen, fordert ihn heraus, indem er ihm die Straße sperrt, und wird von ihm besiegt. Der Zweikampf zweier unerkannter Freunde ist ein beliebtes Motiv der Artusdichtung. Hier ist es sinnhaft eingeordnet: Erek muß lernen, in Ehren zu unterliegen. Und er muß die Einsicht gewinnen, daß Rittertat ohne tieferen Sinn und sittliche Aufgabe Torheit ist. Er selber bekennt: wer töricht handelt und seinen Lohn dafür erhält, dem ist recht geschehen. Die bloße Aventiure, der einzige Inhalt so manchen Artusromans, ist für den Ethiker Hartmann kein genügender Wert. Nur die sittlich gegründete Tat hat Sinn und Recht. Und darin wird das letzte Abenteuer Ereks zu zusammenfassender Bedeutsamkeit erhoben: die Aventiure von *Joie de la Court*, „Freude des Hofes".

In einem wunderbaren Garten haust der rote Ritter Mabonagrin. Er hat seiner Geliebten geschworen, dort mit ihr allein zu leben und nicht auszureiten, bis er von einem anderen Ritter besiegt wird. Schon zweihundert Ritter hat er getötet; ihre Häupter sind drohend am Zugang des Gartens aufgesteckt. Erek überwindet ihn in einem furchtbaren Zweikampf; Mabonagrin gibt sich überwunden, und damit ist der Bann über *Joie de la Court* behoben. Mabonagrin kann wieder in die Welt zurückkehren.

Als Bann also, als zwanghafte, lebenzerstörende Bindung, liegt das Gelübde auf Mabonagrin. Die bannhaft lähmende Minneauffassung der frühhöfischen Dichtung wird hier verworfen. Zugleich aber spiegelt sich noch einmal, verhängnisvoll gesteigert, das Schicksal, das Erek selber bedroht hatte. Die einseitige Überwertung der Minne als Lebensinhalt erscheint hier als Entartung und tödliche Gefahr. Mabonagrin selber empfindet seine Besiegung als Erlösung aus heillosem Zwang. In der Freiheit seines Handelns erst kann wieder echte, höfische Freude in *Joie de la Court* einziehen.

Auf Ereks Bahn bedeutet *Joie de la Court* mehr als nur die letzte Rittertat. Ihm wird damit bestätigt, daß er selber die Gefahr der Minne überwunden hat. Er ist reif, das Gleichgewicht zwischen Minne und Ehre bei anderen wiederherzustellen, weil er selber es gewonnen hat. Bewußt wird Enites Anteil daran hervorgehoben. Der Gedanke an Enite kann Erek in diesem seinem schwersten Kampfe stärken, weil auch ihre

Minne jetzt echte Minne ist, von der Stärkung ausstrahlen kann. Beide haben das vollkommene Menschentum erreicht. Und damit ist ihre Rückkehr zu Artus jetzt möglich, in dessen festliche Geselligkeit Ereks Tatenruhm und Enites Schönheit eingehen. Von Artus kehrt Erek dann heim in sein Land, übernimmt nach seinem Vater die Herrschaft und bewährt – als der vollkommene Ritter – auch das herrscherliche Ideal des *rex pacificus*.

Das Problem der Bildung des vollkommenen Menschen aus dem harmonischen Ausgleich zweier bestimmender Pole ist das Problem der *mâze*. In der *mâze* und ihrer Bedeutung ist Hartmanns Wesen bestimmt: sie ist Harmonie in vernunfthaftem Ausgleich auf einer mittleren Linie. Es ist die aristotelische Tugendlehre als eines μέσον, eines Mittleren zwischen zwei Lastern. Alle Einseitigkeit zerstört als *unmâze* die Werte, auch die von an sich werttragenden Erscheinungen. Nach diesem Grundriß ist der Erek aufgebaut. Der junge Held verfällt der einseitigen *unmâze* der Minne; die verderbliche Folge ist, daß er *sich verligt*. Aus dem Bewußtwerden der *unmâze* erfolgt der Gegenschlag: die Leugnung der Minne und die ebenso einseitige Pflege der Aventiure. Von hier aus wird die Rückführung auf die Harmonie der mittleren Linie erreicht, auf der der vollkommene Mensch sich bilden kann.

Die Problematik des Erek aber bleibt innerweltlich. Es geht um das vollkommene Menschenbild der diesseitigen höfischen Humanität. Es ist ein Problem der Bildung und Erziehung, und das heißt bei dem Ethiker Hartmann: es ist ein ethisches Problem, kein religiöses. Nirgends ist von Fragen des religiösen Verhaltens die Rede, von Sünde, Schuld, Reue, Gnade, vom Heil und Schicksal der Seele. Alles, was noch die Dichtung der vorigen Generation aufs tiefste bewegt hatte, berührt den jungen Hartmann nicht. Er ist durchaus und bewußt modern. Wohl lebt der Artuskreis und mit ihm Erek selbstverständlich und unreflektiert in den Formen der kirchlichen Frömmigkeit. Aber sein Gottesverhältnis ist statisch; es bewegt ihn nicht. Mit dem vollkommenen sittlichen Verhalten des höfischen Menschen ist Gott genug getan. Von hier aus konnte Hartmann die scheinbar so kühne Wendung vom „höfischen Gott" wagen. Nach langem Leben gibt Gott dem Helden Erek die ewige Seligkeit zum Lohne: *wand er nach êren lebete*.

Die Sicherheit des Lebens aus der Harmonie des Diesseits erwies sich für Hartmann als trügerisch. Seine Lyrik läßt ahnen, daß eigene Erfahrungen seinen Glauben an die tragende und läuternde Kraft der Minne erschüttert und eine innere Krise eingeleitet haben, die durch den Tod des geliebten Herren zum vollen Durchbruch kam. Der ethische Optimismus des jungen Ritters enthüllte sich vor dem Problem des Todes in seiner Unzulänglichkeit; Hartmann sah sich Gott gegenübergestellt, und er entzog sich dem Anruf nicht. Der religiöse Durchbruch aber bedeutete zunächst Rückkehr in die Probleme und Ängste des 12. Jahrhunderts. „Gott" und „Welt", im Erek in leichter Harmonie versöhnt, treten auseinander. Das *memento mori* ruft ihn aus dem Tode des Herren an, die Vergänglichkeit, die *vanitas* des Irdischen, wird ihm bewußt und führt ihn zur Erkenntnis der eigenen Sündhaftigkeit und zur Sorge um das Heil der Seele. An Hartmann wird uns klar, wie dünn und brüchig die Schicht der neuen höfischen Diesseitssicherheit noch gewesen sein muß.

Die äußere Folge dieser Krise war Hartmanns Entschluß zum Kreuzzug; ihm verdanken wir Hartmanns schöne Kreuzlieder (s. S. 273 f.). Die innere war die Wahl und Durchführung seines neuen Stoffes, der Büßerlegende von G r e g o r i u s.

Sie beginnt mit einem Sündenbekenntnis und einer Bußrede. Sein Herz – so sagt Hartmann – hat seine Zunge verleitet, um den Lohn der Welt zu werben. Das Herz, im „Büchlein" Träger der richtigen Einsicht, ist hier zum Verführer geworden. Es hat ihn in Sünde verstrickt, und zu dieser gehört auch seine bisherige Dichtung, Minnelieder und Artusepos, mit der er nach dem Lohn der Welt getrachtet hat.

Das ist eine volle Absage an das Moderne, dessen Diener Hartmann geworden war. Sein neuer Vorsatz ist diesmal, „die Wahrheit" zu sprechen, d. h. religiöse Lehre zu geben, um die Sündenlast seiner früheren Dichtung geringer zu machen. Als Büßer geht er an das Gedicht von dem großen Büßer Gregorius, und die Bußrede des Prologes enthält alle Elemente der geistlichen Dichtung des 12. Jahrhunderts: Zwiespalt zwischen Gott und Welt, der in dem Urzwiespalt zwischen Gott und Teufel aufgeht; Sündengefühl und Gnadenbedürfnis; biblische Bilder vom weiten und engen Wege der Reue und Buße, vom barmherzigen Samariter; die allegorische Ausdeutung im Predigtstil.

Dieser Prolog des Gregorius steht dem kleinen, in seiner Bedeutung unterschätzten Bruchstück „Trost in Verzweiflung"(Bd. I S. 189 f.) nahe. Aus einem ganz ähnlichen Erlebnis religiöser Erschütterung heraus hatte auch dort ein ritterlicher Dichter das Herz, das Organ der Minne, als den Verführer angeklagt, und bis in die Bildwahl hinein kommen beide Gedichte überein: Sündenbefleckung unter dem Bilde der Verwundung und Entblößung, Gottes Gnade unter dem Bilde des Samariters und Arztes.

Inhaltlich baut sich das Werk aus vier Teilen auf: die Geschichte von Gregorius' Eltern, seine Klosterjugend, seine Ritterfahrt in die Welt und die unwissentliche Ehe mit seiner Mutter, sein Büßerleben und die wundersame Erhöhung zum Papst. Die Quellenfrage ist soweit geklärt, daß auch hier ein französisches Gedicht zugrunde liegt, nicht eine lateinische Vita. In den kirchlichen Legendenschatz ist die Geschichte erst später aufgenommen. Denn dieser Gregorius ist keiner der geschichtlichen Namensträger auf dem päpstlichen Stuhl; er ist eine freie Erfindung und trägt den Namen Gregorius nur als Typus, wie der griechische Kaiser im Rother als Typus Konstantin heißt.

Es ist wie die frühmhd. Albanuslegende (Bd. I S.208f.)eine Inzest-legende. Sie verdoppelt das Inzestmotiv sogar; Gregorius ist die Frucht einer wissentlichen Inzestverbindung zweier Geschwister, und er ist un-wissentlich in den Ödipusinzest mit der Mutter verstrickt. Beides ist Sündenschuld, auch die unwissentliche und unwillentliche. Hartmann nimmt damit Stellung zu einem wesentlichen theologischen Problem: Sünde lastet als Sünde auf dem, der sie getan hat, auch dann, wenn er sie nicht gewollt hat. Denn Sündhaftigkeit ist jedem Menschen eingeboren und bricht als Sünde aus ihm hervor. Der starre Begriff der Erbsünde wird darin deutlich, wie sich die Sündentat der Eltern im Sohn wieder-holt. Erst tiefste Reue und schwerste Buße rufen Gottes Gnade herbei, die dann größer ist als jede Sünde.

Die beiden Geschwister, die Gregorius' Eltern werden sollten, wach-sen als Bilder höfischer Lieblichkeit und Zucht heran, in zärtlicher Ge-schwisterliebe einander zugetan. Aber die List des Teufels wandelt diese Liebe in sündige Lust. Minne also, die läuternde, erziehende Macht im „Büchlein", enthüllt sich als Teil der teufelsverfallenen Welt. Diese Minne aber, die Hartmann hier meint, ist auch eine andere; es ist die frühhöfische Venusminne, die Zerstörerin der sittlichen Ordnungen und physischen Kräfte. Der junge Vater, der büßend ins Heilige Land zieht, erliegt unterwegs der *seneden nôt*, der ovidianischen Minnekrankheit, die Floyris, Athis, Parides in ihrem Leben bedroht hatte.

Aber auch der zweite tragende Begriff der höfischen Humanität, die Ehre, wird schon in der Geschichte der Eltern als Teil der Welt ver-worfen. Die Schwester, die sich der Sünde und des kommenden Unheils bewußt ist, wagt sich nicht zu wehren, um nicht durch das Herbeirufen der Leute heimliche Schande öffentlich werden zu lassen. Um der Re-putation, der *êre* willen, läßt sie Verruchtes geschehen. Alles also, was Kerngehalt des Erek war und was dort zum gottgefälligen Ausgleich in der höfischen Vollkommenheit geführt hatte, ist schon in der Vor-geschichte seines Wertes entkleidet, ja, als Weg zu Sünde und Ver-derben enthüllt.

Die Schwester wird Herrin des Landes; sie weist alle Werbungen großer Herren ab. Denn sie hat sich einem starken Helden ergeben, dem herrlichsten Manne, der je Minne erworben hat, Gott dem Gnädigen. Dieses Spiel mit dem Worte Minne vom Höfischen ins Religiöse, von *amor* zu *caritas* wiederholt sich genau in Hartmanns schönem Kreuz-lied 218, 5. Das rückt den Gregorius unmittelbar an die Kreuzlyrik Hart-manns heran, in die Zeit zwischen dem Entschluß zum Kreuzzug und dem Aufbruch.

Das Kind Gregorius, auf dem See ausgesetzt und damit der Führung Gottes anheimgegeben, wächst als Findling bei einer Fischerfamilie in der Nähe eines Klosters auf einer Insel heran. Gregorius entwickelt sich herrlich, wird Schüler der Klosterschule und Liebling des Abtes. Sein Lebensweg scheint in der behüteten Gottzugewandtheit klösterlichen Daseins verlaufen zu sollen. Allein die Enthüllung seiner Herkunft läßt die eingeborene Ritterart unwiderstehlich in ihm erwachen. Er ist der edle Rohstoff, der sich nach dem Gesetz seines Wesens entfalten will. Über alle Bitten und Mahnungen des Abtes fort zieht er in die Welt, um seine Herkunft zu klären und seine Mutter zu finden.

Ein Stück artushafter Ritterwelt tut sich nun auf. Einer der Werber um Gregorius' Mutter bedrängt sie in ihrem Land und belagert sie in ihrer Hauptstadt. Die Winde tragen Gregorius auf seinem Schiff dorthin; er wird Kämpfer und Retter der bedrängten Herrscherin. Auf Drängen der Großen des Landes nimmt sie den Retter zum Gatten – die zweite Todsünde beginnt.

Dies Erzählstück von dem jungen Ritter, den die innere Veranlagung zum ritterlichen Leben treibt und der, alle anderen rasch überflügelnd, die ruhmreichste Tat verrichtet und dadurch Hand und Minne der Schönsten erringt – das ist Artusroman und wird in diesem Stil erzählt. In seiner Anlage gemahnt es an den Aufbruch des jungen Parzival, in der Durchführung an Gahmurets Erwerbung der Mohrenkönigin Belakane und Parzivals Erwerbung von Condwiramurs. Doch wieder ist der Akzent verschoben: Rittertum führt zu Weltehre, aber eben dadurch in die Fallstricke des Teufels und in furchtbare Sünde. Wiederum ist ein Stück der höfischen Daseinsform: Aventiure, als Unwert und Verführung enthüllt.

Zu Gott führt nur der von der Kirche festgelegte Weg der Reue und der Buße, die in der schärfsten Form asketischer Weltflucht geleistet wird. Siebzehn Jahre büßt Gregorius, festgekettet auf einer Klippe am See, in Sonnenglut und Winterfrost, durch Gottes Gnade mit dem wenigen Wasser am Leben erhalten, das sich in einem Rinnsal sammelt. Das ist echte Legende, ein Büßertum, dessen Vorbild die orientalischen Säulenheiligen sind. Dann stirbt der Papst in Rom; durch einen Traum wird Gregorius als dessen Nachfolger verkündet, wundersame Ereignisse führen zu seiner Auffindung und Lösung vom Stein, begleiten seinen Weg nach Rom. Der Ruf seiner Heiligkeit dringt bis zu seiner Mutter, die bei ihm Sündenvergebung sucht. Mutter und Sohn erkennen sich, leben zusammen und gehen in die Seligkeit ein, die Gregorius durch sein Büßerleben stellvertretend auch für den Vater errungen hat.

Ein Stück frühhöfischer Minneroman mit dem Motiv der Kinderminne, ein Stück Aventiurenroman und ein Stück Büßerlegende sind hier zur Einheit eines Lebens zusammengefaßt. Doch nicht mehr zu einer Einheit, die dialektisch über Spannung zur Harmonie geführt werden kann, sondern die der dualistischen Denkstruktur nach unauflösbar antithetisch bleiben muß. Der dritte Teil leugnet und verwirft die beiden ersten: in ihnen steht die Welt als Wirkungsfeld des Teufels dem dritten, dem Bezirk von Gottes Gnadenwirken, unvereinbar gegenüber. Was aber hier Welt heißt, ist jetzt die höfische Welt der Minne, Ehre und Aventiure. Diese Welt verfällt nunmehr dem *contemptus mundi*, und ihr steht das alte Ideal der vorhöfischen Zeit, der heilige Büßer, der *riuwe-saere*, gegenüber.

Höfisch bleibt hier Hartmann nur in seiner Form, die wachsende Meisterschaft verrät. Die Einheit der Form, des Rhythmus und der Sprache ist das Band, das die drei Teile zusammenhält. Zugleich aber bieten die so verschiedenartigen Stoffe der drei Teile Hartmann die Möglichkeit, über die konventionellen Motive und Szenen des Ritterromanes hinaus Individuelles zu gestalten: die Idyllen des Fischerhauses und der Klosterschule, der rauhborstige Fischer am See, die kleine römische Episode der Papstwahl und anderes sind Szenen, in denen sich Hartmanns Kunst einer realistischen Darstellung entfalten kann; sie machen den Gregorius zu einem der farbigsten Werke der hochhöfischen Zeit.

Nach dem Gregorius denken wir uns Hartmann auf dem Kreuzzug, der für seine innere Entwicklung Wesentliches bedeutet haben muß. Rittertat als Gottesdienst, tätiges Rittertum, demütig eingeordnet in Gottes Willen – dieses ursprüngliche Kreuzzugserlebnis muß ihm die Gewißheit gegeben haben, daß es ein gottbezogenes und gottgefälliges Wesen in der Welt gibt und geben kann. Aus dieser neuen Weltsicht erwächst ein gegenüber Erek wie Gregorius ganz neuartiges Werk, eines der wundersamsten des Mittelalters: der Arme Heinrich.

Es ist die Geschichte von dem im Glück und Reichtum der Welt lebenden Herrn, der, in seinem Glanz vom Aussatz getroffen, jäh in Verzweiflung und zuletzt in Entsagung getrieben wird. Und von der Bauerntochter, die ihr jungfräuliches Blut freiwillig opfern will, um die Heilung des geliebten Herrn zu ermöglichen. Der Ritter, in demütiger Fügung unter Gottes Willen, verhindert das Opfer im letzten Augenblick, erlangt eben deswegen durch Gottes Gnadenwunder seine Gesundheit wieder und heiratet das opferbereite Jungfräulein.

Diese Geschichte aber knüpft Hartmann an das Haus seines Dienstherrn an; der „Arme Heinrich" ist ein Herr von Aue. Das stellt die Quellenfrage. Sie ist nicht gelöst und schwerlich lösbar. Eine Behandlung des Stoffes vor Hartmann kennen wir nicht, nur zwei lateinische Predigtmärlein des 14./15. Jahrhunderts, in deren einem der Held wie bei Hartmann *Henricus pauper* heißt. Sie sind keine einfache Nacherzählung von Hartmanns Gedicht und wirken primitiver. Ob sie wirklich den Rohstoff darbieten, den Hartmann zu seinem kleinen Meisterwerk gestaltet hat, ob mithin das „Buch", auf das sich Hartmann als Quelle beruft, eine Sammlung lateinischer Predigtmärlein war, ist nicht so sicher. Denn schwerlich hätte der Dichter diese Geschichte von dem aussätzigen Ritter, der eine unebenbürtige Ehe schließt, mit dem Geschlecht seines freiherrlichen Dienstherren verbinden dürfen, wenn es nicht in der Tradition dieser Familie sachliche Anknüpfungspunkte gegeben hätte. Man wird daher in der uns nicht mehr erreichbaren Familienüberlieferung die wichtigste Quelle Hartmanns suchen müssen und erwägen, ob jene jüngeren Predigtmärlein nicht zweckbedingte Vereinfachungen sind.

Die Einleitung des Gedichtes greift zunächst das Gott-Welt-Problem wieder auf, und zwar im Lichte des Gregorius. Mit allen Mitteln der reifen Kunst Hartmanns wird der Ritter Heinrich als der vollendete Typus der höfischen Humanität dargestellt, vom Glück verwöhnt, aber durch seine Qualitäten des Glückes wert. Doch was er damit gewinnen kann, ist nur das Lob der Welt, nicht, wie Erek einst, Weltruhm und Gotteshuld. So wird Heinrich in die Vergänglichkeit hineingestellt; wie in einer frühmhd. Bußpredigt wird der Leitsatz *media vita in morte sumus* erst lateinisch zitiert und dann verdeutscht, und wird Heinrich als Beispiel der *vanitas* vorgestellt.

Dann fällt der Schlag Gottes, vor dem alle „Weltwonne" zerbricht: Heinrich ergreift der Aussatz. Die schöne Harmonie der höfischen Welt wird in ihrer Scheinhaftigkeit offenbar – übrig bleibt nur der Mensch in seiner Verlassenheit, dem in dem ständisch bewußt abgerückten bäuerlichen Meier der Mensch in seiner *erbärmde* gegenübersteht. Alle irdischen Wege sind verschlossen; vor dem Schlage Gottes gibt es nur den Weg der demütigen Geduld. Ihr biblischer Typus „Hiob" wird als Vorbild vor Heinrich gestellt. All das scheint keinen Schritt über den Gregorius hinauszuführen.

E i n e n Weg hatte ja aber der große Arzt in Salerno offengelassen: das Herzblut einer reinen Jungfrau könnte Heilung bringen, wenn sie sich freiwillig opfert. Blut – reines Kinderblut – ist ein altes magisches Aussatzrezept, etwa in der Silvesterlegende. Hier wird die Magie ins Sittliche gelöst durch die doppelte Forderung der bewußten Reinheit der Jungfrau – statt der unbewußten des Kindes – und der Freiwilligkeit des Opfers.

Damit setzt die Handlung der Meierstochter ein. Sie hat sich von Kind an dem kranken Herrn innig angeschlossen; bei ihr hat sich die christliche *erbärmde* zu jener sinnlich-übersinnlichen Zuneigung gewandelt, die sich in der spielenden Anrede des Ritters an das Kind als *gemahel* äußert. Sie beschließt, sich für Heinrich zu opfern. Nicht Minne ist Antrieb ihres Handelns. Dieses Mädchen, das das Widerspiel der von Hartmann verworfenen Minnedame ist, fühlt sich von Gott, also religiös, aufgerufen zu einer Tat des Erbarmens. Hartmann greift zum Stil der Legende, um die Impulse des Kindes zu verdeutlichen. Sie selber sieht ihr Opfer als Märtyrertat, die die Krone der Seligkeit einbringt, und ihre Reden – ganz auf die Antithese von Diesseits und Jenseits, Zeitlichkeit und Ewigkeit gebaut – könnten in jeder Vita einer heiligen Jungfrau stehen. Wieder scheint sich Hartmann in der Gedankenwelt des Gregorius zu bewegen.

Allein was die Jungfrau aus dem Gesichtswinkel der Legende erlebt, ist im Kern etwas anderes. Sie ist keine echte Heilige. Die Mitleidstaten des Heiligen gelten nie der Person, sondern dem Typus: dem Armen, dem Kranken, dem Besessenen; kein individuell menschliches Gefühl verbindet den Heiligen mit ihnen. Sie sind nur das Objekt, an dem sich die vorbildlichen Tugenden des Heiligen bewähren. Das höchste Opfer des Lebens vollends gilt nicht dem einzelnen; Märtyrertod ist Opfertod für den Glauben und also für Gott, nicht für einen Menschen.

Hier aber richten sich Wille und Tat, höchste Opfertat, auf den Einzelnen, der nicht nur als Person gestaltet, sondern als Person gemeint ist. Das Kind will nicht irgendeinem Aussätzigen helfen, sondern dem aussätzigen Ritter Heinrich. Einmaliges und Persönlichstes verbindet sie mit ihm, jene unbewußt kindliche Liebe, die in dem Wort *gemahel* ihren Ausdruck fand. Das hebt Wesen und Tat des Mädchens in eine andere, eine diesseitig humane Sphäre hinüber. Die *caritas* des Kindes ist nicht absolut, sie ist zugleich gesteigerter, entsinnlichter *amor*. Beides ist unlöslich verschmolzen, und in dieser Verschmelzung und Durchdringung liegt der wundersame Reiz dieser Figur.

Der Arme Heinrich nimmt das Opfer an; er zieht mit dem Mädchen nach Salerno. Der Arzt heißt sie sich entkleiden, bindet sie auf den Operationstisch und schickt sich an, ihr das Herz auszuschneiden. Der Ritter erblickt die Opferhandlung durch einen Türspalt, und da überkommt es ihn: Hartmann nennt es eine *niuwe güete* (1240). Er erfaßt den Widersinn des Opfers und erkennt seine Aufgabe, sich unter Gottes Willen zu beugen. Er hält die Operation auf. Damit hat er die Stufe „Hiob" erreicht, und so kann er, wie jener, Aufrichtung erfahren. In diesem Augenblick geschieht seine Heilung – als Gnade Gottes, nicht durch ärztliche Kunst. So wird die Heilung ganz aus dem Magischen ins Seelische gewendet. Dem freien Opfermut des Mädchens erwidert der freie Verzicht des Ritters. Innere Vorgänge und Gesinnung entscheiden, nicht äußere Handhabungen und Magie.

Heinrich wird im Sinne des Hiobtumes exemplarisch. Allein auch hier spüren wir etwas anderes darunter. Es ist der Anblick des Mädchens, ihre Schönheit, die den inneren Umschwung in Heinrichs Seele auslösen, nicht das Erbarmen mit dem Menschen als solchem, sondern mit der durch höfische Augen gesehenen Frau in der Verklärung ihrer Schönheit. Auch die *caritas* des Ritters ist sublimierter *amor*.

Der Schluß aber ist nicht Legendenschluß, sondern Märchenschluß: das treue Mädchen bekommt seinen Prinzen. Es ist in jener ständisch denkenden Zeit trotz der betonten Freibürtigkeit des Mädchens ein Wagnis, greifbarster Ausdruck für Hartmanns Lehre vom inneren Adel, epische Verwirklichung seines Unmutsliedes (216, 29) mit der Abkehr vom ständischen Minnedienst zum Bekenntnis einer gegenseitigen Liebe.

So wird der „Arme Heinrich" künstlerisch zum harmonischen Ausgleich der Spannung zwischen den beiden Polen, zwischen Erek und Gregorius, Weltsicherheit und Weltverwerfung, *humanitas* und *religio*, ausgedrückt in der wundersamen Durchdringung von himmlischer und irdischer Liebe im Tun und Verhalten der beiden Hauptgestalten, die dadurch ihre Einzigartigkeit in der klassischen Literatur erhalten. Damit aber scheint auch für Hartmann das Problem Gott und Welt in der ihm gemäßen Form durch die Anwendung seines Begriffes der *mâze* gelöst zu sein. Es gibt ein Mittleres zwischen dem Entweder - Oder des Gregorius; man kann im Sinne der Welt vorbildhaft leben und doch Gott gefallen. Wenigstens entläßt uns Hartmann mit der Versicherung, daß Heinrich an Gütern der Welt mehr zurückerhielt, als er zuvor besaß, daß er sie aber, im Gegensatz zum „Welttoren" der Einleitung, nunmehr „hin zu Gott kehrte". Und er versichert uns, daß Heinrich und sein Weib nach langem Leben das Ewige Reich gewannen.

Der „Arme Heinrich" ist sichtlich ein Ausdruck eigener Lebenserfahrung. Hartmann hat auf dem Kreuzzug die Krise seines Lebens überwunden, er selber ist in die Welt zurückgekehrt. Er tat es auch als Dichter. In der Harmonie von Gott und Welt fand auch die Dichtung wieder Raum; es war möglich, für die Welt das Ideal des vollkommenen Ritters zu gestalten. Hartmann konnte zum Artusroman zurückkehren, er dichtete den Iwein.

Der Iwein galt den Zeitgenossen und gilt auch heute als das eigentliche Meisterwerk Hartmanns. Mit Recht, wenn Meisterschaft in allem Formal-Ästhetischen zum Maßstab der Bewertung gemacht wird. Alle Stilmittel der höfischen Kunst sind hier mit jener Selbstverständlichkeit beherrscht, die Mühe und Arbeit nicht mehr spüren läßt, und mit jenem Maßhalten verwendet, das scheinbar auf jede Wirkung verzichtet. Wollen wir diese in sich ruhende Vollendung klassisch nennen, so ist der Iwein in der Tat das klassische Werk der hochhöfischen staufischen Zeit.

Aber dem Iwein ist auch die unpersönliche Kühle des Klassischen eigen. Und in der Tat ist kein anderes Werk Hartmanns mit so betonter Unbeteiligtheit gedichtet worden wie dieses. Dem leidenschaftlichen Bekenntnis des Gregoriusprologes steht im Eingang des Iwein die nüchterne Feststellung gegenüber, daß der Dichter an diesem Werke gearbeitet habe, wenn er seine Zeit nicht besser zu verwenden wußte. Zeitvertreib müßiger Stunden, nicht mehr Auseinandersetzung mit sich selbst und den Fragen des Daseins, das ist Dichtung für Hartmann jetzt geworden.

Den Stoff findet Hartmann wiederum bei seinem Meister Chrestien; dessen Iwein verdeutscht er, wie er einst den Erek verdeutscht hatte. Aber Hartmanns inneres Verhältnis zu dieser Aufgabe hat sich geändert. Am Erek hatte der junge Hartmann eigene Auffassung darstellen wollen und daher an seinem Vorbild so viel gemodelt, daß Zweifel aufkommen konnten, ob wirklich Chrestien seine Quelle, mindestens seine einzige Quelle wäre. Der Iwein ist weit mehr wirkliche Übersetzung. Es ist Hartmanns Zeitvertreib geworden, einem klassischen französischen Werk eine angemessene deutsche Nachformung zu geben.

Inhaltlich geht es im Iwein um dieselbe Problemstellung wie im Erek, Spannung und Ausgleich zwischen Minne und Aventiure, also um ein innerweltliches Problem. Aber anders als dort läßt Hartmann hier die Frage in ihrer Innerweltlichkeit beruhen, in die sie gehört; nirgends rührt er an das Verhältnis zu Gott und Jenseits, und er hütet sich, am Schluß zu versichern, daß die irdische Vollkommenheit des Artusritters den Weg zur Seligkeit eröffnet.

Das Problem des Erek ist im Iwein sozusagen umgekehrt: während im Erek Minne zur Gefahr für tätiges Rittertum wurde, so bedroht hier Iweins Drang zur Aventiure die gültigen Bindungen der Minne. Hier wie dort wird Minne durch eine glückhafte Tat rasch erworben. Iwein besteht das Abenteuer des Unwetterbrunnens und tötet dabei den Herrn von Brunnen, Burg und Land, den Gatten der schönen Laudine. Mit Hilfe der getreuen Dienerin Lunete erwirbt Iwein rasch die Gunst und Hand der schönen Witwe. Der uns kaum erträgliche schnelle Wandel von Haß und Verzweiflung zu Minne und Gewährung in Laudines Gefühlen hat schon bei dem leidenschaftlichen Ernst Wolframs ironische Kritik gefunden.

Die Minne aber, so heftig sie begehrt war, hält Iwein nicht fest. Mit Laudines Urlaub zieht er erneut auf Aventiure aus, doch mit der eidlichen Verpflichtung, in Jahresfrist zurückzukehren. Er vergißt den Termin, und während er im Kreise der Tafelrunde sitzt, erscheint Lunete in Laudines Auftrag, verflucht Iwein als treulos und eidbrüchig und fordert Laudines Ring zurück. Wieder – wie im Erek und im Armen Heinrich – trifft den Helden in einer Welt scheinbarer Harmonie der jähe Schlag; diesmal so heftig, daß Iwein in Wahnsinn gestürzt wird und wie ein Tor, unbekleidet, an Leib und Seele entstellt, bar aller höfischen Merkmale im Walde haust.

Von einer Dame durch eine Wundersalbe geheilt, besteht Iwein nun eine Kette von Abenteuern, deren Ziel die Wiederherstellung seiner Ehre und die Wiedergewinnung von Laudines Minne ist. Sie alle sind Taten der Hilfe und des Schutzes der Schwachen. Auch das Eingreifen Iweins in den Kampf eines Löwen mit einem Drachen, des höfischen mit dem dörperlichen Tier, durch den er den Löwen als treuen Begleiter gewinnt, ist unter diesem Gesichtspunkt zu beurteilen. Nur so wird Aventiure sinnvoll, während die durchschnittliche Auffassung von Aventiure als Tat um der Tat willen, wie es Iweins erstes Abenteuer am Unwetterbrunnen gewesen war und wie sie in der Einleitung der Artusheld Kalogreant in seiner Begegnung mit dem Waldmann programmatisch definiert hatte, keine reinigende Kraft besitzt.

Wie im Erek, doch abermals in umgekehrter Reihenfolge, werden die beiden Endziele nicht gleichzeitig erreicht. Der unentschiedene gerichtliche Zweikampf mit dem unerkannten Freunde Gawein führt Iwein in

den Artuskreis und damit in die Unversehrtheit seiner Ehre zurück. Die
Aussöhnung mit Laudine bleibt ihm noch versagt. Darum ist seines
Bleibens im Freudenkreis der Tafelrunde nicht. Von unruhiger Sehnsucht getrieben, gelangt Iwein erneut zum Unwetterbrunnen und begießt
den Stein. Aber es erscheint kein Verteidiger von Brunnen und Land.
Laudine klagt über ihre Schutzlosigkeit; die schlaue Lunete, die von
Iwein weiß, verspricht, den berühmten Ritter mit dem Löwen herbei-
zuholen, wenn Laudine sich verpflichtet, diesem die Gunst seiner Herrin wiederzuverschaffen. Iwein erscheint; in ihr Versprechen verstrickt,
verzeiht Laudine dem Wiedererkannten nur widerstrebend. Erst sein
demütiges Schuldbekenntnis löst ihre Starrheit; sie erwidert mit dem
Bekenntnis, daß auch sie einen Teil der Schuld trage, und alles endet in
heiterer Entspannung.

Wie die rasche Sinnesänderung der untröstlichen Laudine zu Beginn,
so wirkt diese Lösung in ihrer intriganten Lustspielhaftigkeit auf uns
oberflächlich und leichtfertig. Das Mittelalter sah anders. Weit mehr als
im Erek ist das Verhältnis des Paares im Iwein unter den Lehensgedan-
ken des Minnedienstes gestellt; er ist wichtiger als die Bindung des Gefühls oder der Ehe. Als Laudine Iweins Werbung annimmt, tut sie es
neben der praktischen Schutzbedürftigkeit in dem Bewußtsein, daß
Iwein sie zu seiner Herrin wählt. Daher muß er von ihr Urlaub erbitten,
und sie kann ihm eine Frist setzen. Das ist nicht Recht der Gattin, sondern der Herrin. Er läßt die Frist ohne höhere Gewalt verstreichen und
hat sich damit vergangen wie ein Dienstmann, der das Aufgebot seines
Herren „versitzt". Laudine hat ein, Recht, den Dienst aufzukündigen,
den Lohn zu versagen und – als Zeichen dafür – den Ring zurückzufor-
dern. Verletzte Form wiegt so schwer, weil hinter der Form immer der
volle Inhalt gefühlt wird. Darum trifft Iwein der Fluch Laudines und die
Rückforderung des Ringes in seiner Ehre so schwer wie Parzival der
Fluch der Gralsbotin, stößt ihn aus der Gemeinschaft der Untadeligen
aus und treibt ihn in den äußersten Zustand seelischer Erschütterung,
in Wahnsinn und Waldleben.

Auch in der scheinbar äußerlichen Weise der Versöhnung ist die hohe
Bedeutung der Form in Rechnung zu stellen. Die Wiederholung des
Brunnenabenteuers sagt aus, daß Iwein den Weg zu Laudine durch-
schritten hat und wieder zu ihr selber vordringt. Die Intrige des erlisteten Eides, der Laudine einfängt, wird erträglicher, wenn man beachtet,
daß sie nur noch Hebel zu Tieferem ist. Erst das Schuldbekenntnis
Iweins, des schuldhaft gewordenen Dienstmannes, wandelt die äußere
Aufnahme in innere Annahme, und indem Laudine dies Schuldbekenntnis zu erwidern vermag, kommt in den Schluß etwas von
der Gegenseitigkeit echter Liebe, wie Hartmanns Auffassung sie
verlangt.

Mit dem Iwein verstummt Hartmann; wir glauben, den Grund zu ahnen. Für Hartmann war Dichtung Selbstauseinandersetzung gewesen; mit dem Iwein war sie ihm bloßer Zeitvertreib geworden. Die Kernauffassung der Minne, wie sie dem Artusroman eigen ist und im Iwein dargestellt war, hatte er für sich selbst längst überwunden. Der Typus der Minneherrin, den Laudine verkörpert, hatte ihm innerlich nichts mehr zu sagen. Er hatte dem Werk des großen Franzosen seine formale Meisterschaft angedeihen lassen, um es für die höfische Gesellschaft in Deutschland zugänglich zu machen. Was er noch hätte geben können, wären neue Artusromane, Dubletten des Iwein, gewesen. Solche Arbeit lockte ihn, den denkenden Analytiker, nicht. Er hatte nichts mehr zu sagen, und so hörte er auf zu reden.

LITERATUR

Hartmann von Aue. Gesamtausgabe: FEDOR BECH, Deutsche Klassiker d. Mittelalters Bd. 4–6, 3. Aufl. 1893 (kritisch unzulänglich).
Literatur zu Biographie u. Chronologie: B. SCHWARZ, Verf.-Lex. II 215. – H. SPARNAAY, Hartmann von Aue, Studien zu einer Biographie. 2 Bde. Halle 1933 u. 1938. – DERS., Nachträge zu „Hartmann von Aue". Neophilologus 29 (1944) 107–16. – A. SCHÖNBACH, Über Hartmann von Aue. Drei Bücher Untersuchungen. Graz 1894. – ED. SIEVERS, Zur inneren und äußeren Chronologie der Werke Hartmanns von Aue. Festg. Philipp Strauch = Hermäa Bd. 31. Halle 1932. S. 53–66. – C. VON KRAUS, Minnesangs Frühling, Untersuchungen. Leipzig 1939. S. 423–48. – Fr. NEUMANN, Wann dichtete Hartmann von Aue? Festschr. Friedr. Panzer zum 80. Geburtstag. Heidelberg 1950. S. 59–72. – HEINZ STOLTE, Hartmanns sogenannte Witwenklage u. sein drittes Kreuzlied. Dtsche Vjschr. 25 (1951) 184–98. – H. SPARNAAY, Zu Hartmanns Kreuzzugslyrik. Dtsche Vjschr. 26 (1952) 162–77. – A. WITTE, Hartmann von Aue und Kristian von Troyes. Beitr. 53 (1929) 65–192. – HERB. DRUBE, Hartmann und Chrestien. Forschgen z. dtschen Sprache u. Dichtg. II. Münster 1931. – MARG. KLÖCKNER, Das Verhältnis von Gott und Welt in der Dichtung Hartmanns von Aue. Diss. Bonn 1948 (Masch.-Schr.). – FR. MAURER, Über das Leid in den Dichtungen Hartmanns von Aue. Euphor. 45 (1950) 165–85.
Zum Büchlein: Ausg.: M. HAUPT, 2. Aufl. Leipzig 1881. – Lit.: EHRISMANN II 2, 1 S. 150–61. – C. KRAUS, Das sogenannte 2. Büchlein und Hartmanns Werke. Abhandl. z. germ. Phil. Festg. Rich. Heinzel (Halle 1898) S. 111–172. – HEDW. GROSS, Hartmanns Büchlein, dargestellt in seinen psychologischen, ethischen und theologischen Beziehungen auf das Gesamtwerk des Dichters. Würzburg 1936.
Zum Erec: Ausg.: M. HAUPT, 2. Aufl. Leipzig 1871. – H. NAUMANN, Dtsche Literatur in Reihen, Höf. Dichtg. Bd. 3. Leipzig 1933. – ALB. LEITZMANN, Altdtsche Textbibl. Bd. 39. Halle 1939. – KURT VANCSA, Der Wiener Erec. Jb. f. Landeskde v. Niederösterr. 1948. – Lit.: ALB. LEITZMANN, Die Ambraser Erecüberlieferung. Beitr. 59 (1935) 143–234. – H. STOLTE, Der „Erec" Hartmanns von Aue. ZfdBildg. 17 (1941) 287 bis 300. – HUGO KUHN, Erec. Festschr. f. P. Kluckhohn u. H. Schneider. Tübingen 1948. S. 122–147. – A. VAN DER LEE, Der Stil von Hartmanns Erec verglichen mit der älteren Epik. Utrecht 1950. – C. K. BANG, Emotions and Attitudes in Chrestien de Troyes' Erec and Hartmann von Aue's Erec der Wunderære. PMLA 57

(1942) S. 297 bis 326. – C. MINIS, Die Bitte der Königin und das Hirschkopf- oder Kußmotiv im Erec. Neophilologus 29 (1944) 154–58. – FR. NEUMANN, Connelant in Hartmanns „Erec". ZfdA. 83, 271–87.

Zum Gregorius: Ausg.: HERM. PAUL, Altd. Textbibl. Nr. 2, 8. Aufl. (durch Alb. Leitzmann). Halle 1948. – Lit.: GABR. SCHIEB, Schuld und Sühne in Hartmanns Gregorius. Beitr. 72 (1950) 51–64. – RAINER GRUENTER, Über den Einfluß des genus judicale auf den höfischen Redestil. Dtsche Vjschr. 26 (1952) 49–57.

Zum Armen Heinrich: Ausg.: E. GIERACH, Germ. Bibl. III 3. 2. Aufl. Heidelberg 1925. – HERM. PAUL, Altd. Textbibl. 3. Aufl. (durch Alb. Leitzmann). Halle 1949. – Lit.: A. SCHIROKAUER, Zur Interpretation des Armen Heinrich. ZfdA 83 (1950) 59–78. – FR. RANKE, Mhd. vrîbaere „frei im Entschluß, freiwillig". ZfdA 79 (1912) 178 f. – C. v. KRAUS, Armen Heinrich Vs. 225. ZfdA 82 (1948) 73–76. – FR. R. SCHRÖDER, Zum „Armen Heinrich". Germ.-rom. Monschr. 32 (1950/51) 78 f. – GERH. EIS, Der Seuchenspruch des Armen Heinrich. Forschg. u. Fortschr. 25 (1949) 10–12. FRANZ BEYERLE, Der „Arme Heinrich" Hartmanns von Aue als Zeugnis mittelalterlichen Ständerechts. = Arb. z. Rechtssoziologie u. Rechtsgeschichte Bd. 1. Freiburg 1948.

Zum Iwein: Ausg.: G. F. BENECKE u. K. LACHMANN. 5. Aufl. (durch Ludw. Wolff). Berlin 1926. – HANS STEINGER, Dtsche Lit. in Reihen, Höfische Dichtung Bd. 3. Leipzig 1933. – Lit.: A. WITTE, Hartmann von Aue und Kristian von Troyes. Beitr. 53 (1929) 65–192. – ANNELIESE NEINHARDT, Die epische Szene in der höfischen Dichtung. Ein Vergleich von Hartmanns „Iwein" und Wolframs „Parzival". Diss. Göttingen 1948 (Masch.-Schr.).

3. DER HÖFISCHE UNTERHALTUNGSROMAN

Auf Hartmann von Aue sind zwei Größere gefolgt, die das Wesen und die tragische Problematik ihrer Zeit tiefer erfaßt und ausgedrückt haben: Wolfram von Eschenbach und Gottfried von Straßburg. Sie sind von Zeitgenossen und Nachfahren mannigfach gepriesen worden. Man hat auch in der Forschung viel von einer Schule Wolframs und Gottfrieds gesprochen. Allein, wenn man damit mehr als Nachahmung ihrer Form, Nachbildung ihrer Eigenart in Stil und Verskunst meint, wenn man an Verständnis und kongeniale Weiterführung ihrer wesentlichen Absichten denkt, so hat es eine Nachfolge dieser beiden Größten kaum gegeben. Der eigentliche Klassiker des hochhöfischen Epos ist Hartmann gewesen und geblieben, und am weitesten hat das unpersönlichste, glatteste und problemloseste seiner Werke nachgewirkt, der Iwein. Was Hartmann hier für sich errungen hatte, den Abstand des reinen Formkünstlers als Endergebnis einer langen, krisenhaften Entwicklung, das Klare, statuarisch Unbewegte, scheinbar ganz dem Stoff und der Form Hingegebene machte dieses Werk fähig, Vorbild für Dichter zu werden, die nie mehr gewollt haben als den schönen oder interessanten Stoff in schöner Form. Die Durchschnittskönner mochten sich an Hartmann schulen; von Wolfram und Gottfried konnten sie nur Elemente der äußeren Darstellung übernehmen. So schließen wir die Dichter zweiten Grades der hochhöfischen Zeit an Hartmann an, unbekümmert darum, wie weit sie neben Hartmann auch andere Vorbilder gekannt und benutzt haben. Wir nennen die Dreiheit: Bligger von Steinach, Ulrich von Zazikhofen, Wirnt von Grafenberg.

Von diesen ist uns Bligger von Steinach leider nur ein Name. Wir besitzen zwar einige lyrische Gedichte eines Bligger von Steinach (d. i. Neckarsteinach); da aber der Name Bligger in diesem Geschlecht erblich ist, muß der Epiker nicht notwendig derselbe Dichter sein wie der Lyriker. Den Epiker Bligger erwähnt Gottfried von Straßburg in seiner Literaturüberschau neben Heinrich von Veldeke und Hartmann von Aue als einen begnadeten Formkünstler. Für seine dichterische Leistung verwendet er Bilder aus der Kunst des Stickens, Webens und Spinnens und faßt sie darin zusammen, daß er das Werk mit einem *umbehanc*, einem Vorhang oder Wandbehang vergleicht. Wir haben kein Recht, darin den Titel von Bliggers Werk zu sehen oder gar auf die Art seiner Darstellung zu schließen, etwa die Nacherzählung einer gestickten Bildfolge. Gottfried gibt nirgends Stoff und Titel an; er will nur formale Leistung bildhaft veranschaulichen. Auch die Angabe im Wilhelm von Orlens des Rudolf von Ems, daß Bligger *den umbehanc gemâlet hat* (2192), darf nicht zu wörtlich genommen werden; es ist vergröberndes Gottfriedzitat. Daher wissen wir nicht, was Bliggers Werk enthielt, wir wissen nur, daß der größte Formkünstler seiner Zeit es als künstlerische Leistung hoch bewertet hat.

So sind auch alle Versuche, Bruchstücke von höfischen Epen, die wir besitzen, als Teile des Bliggerschen Werkes zu beanspruchen, von vornehrein müßig. Die meisten sind ohnehin jünger oder kommen in ihrer formalen Durchschnittlichkeit nicht in Betracht. Einzig ein kleines Bruchstück, das aus dem Bodenseekloster Salmansweiler stammt, aber heute verloren ist, und das wir nach seiner Heldin Ainune benennen, wäre auf Grund seiner Formbeherrschung in Betracht zu ziehen. Das Blatt enthält zierlich ausgesponnene Minne- und Werbungsgespräche, deren Ziel die Königin Ainune ist; es war also ein breit angelegter Roman. Der Name Ainune könnte der Oinone des Ovid entlehnt sein, und ein pseudoovidianisches lateinisches Zitat verrät einen antikisierenden Zug. Doch ist das Gedicht wohl eher in die Nachfolge Gottfrieds zu stellen, dessen Redestil es nicht ohne Geschick nachbildet.

Den Artusroman hat neben Hartmann und sicherlich vor dessen Iwein ein hochalemannischer Zeitgenosse vertreten: Ulrich von Zazikhofen mit seinem Lanzelet.

Zazikhofen ist das heutige Zäzikon im schweizerischen Thurgau; ein dort 1214 urkundlich erwähnter Leutpriester (*plebanus*) Ulrich gilt ohne Sicherheit als der Dichter. Seine französische Quelle, die nicht Chrestiens Karrenritter war, verdankte er einem Herrn Huc von Morville, einem der Geiseln für Richard Löwenherz. Ulrich erwähnt, daß die Geiseln damals in der Hand Kaiser Heinrichs waren; das führt auf die Zeit nach 1194. Bald danach dürfte der Lanzelet gedichtet sein; denn Ulrich kannte von Hartmanns Artusromanen offenbar nur den Erek, nicht den Iwein. Und dieses Hauptwerk seines berühmten Landsmannes wäre ihm kaum entgangen. Der Versuch, Ulrich auf Grund von Stilbeziehungen zu Wolfram und wörtlichen Anklängen an ihn später zu datieren, ist nicht durchschlagend; Ulrichs Abweichen von Hartmanns kristallenem Stil ins Dunkle und Absonderliche erfordert nicht unbedingt Wolframs Vorbild, und die vergleichbaren Einzelheiten sind nicht gewichtig genug, um Ulrich notwendig unter die Nachfolger Wolframs zu verweisen.

Ulrich steht neben Hartmann wie etwa Herbort von Fritzlar neben Heinrich von Veldeke: zeitlich jünger, verwandt in der Stoffwahl, hier dem modernen Artusroman, aber abgleitend in reine Stofflichkeit, deren einziger Reiz eine gewisse handgreifliche Anschaulichkeit ist.

Lanzelet wird bei einer Meerfrau erzogen, deren Märchenreich nur von Frauen bewohnt wird und in dem man das Trauern nicht kennt. Heranwachsend strebt er in die Welt hinaus und wird mit dem Hinweis entlassen, daß er mit Iweret, dem Feinde der Meerkönigin, werde fechten müssen und dann seinen Namen erfahren werde. So zieht er von Abenteuer zu Abenteuer, von Sieg zu Sieg, von Frau zu Frau, der *wîpsae-lege* Held, dem Trauern fremd ist. Als er Iweret getötet und in dessen Tochter Iblis Gattin und Herrin gefunden hat, gelangt er zu Artus. Hier erlebt er sein zentrales Abenteuer: den Kampf mit dem Räuber von Artus' Königin Ginover. Doch fehlt bei Ulrich die entscheidende Pointe, daß Lanzelet selber der Minnediener der Königin ist. Weitere Abenteuer folgen, bis Lanzelet sein eigenes Reich und das der Iblis in Besitz nimmt, selig lebt und selig stirbt.

Lanzelet, der Held, der kein *trûren* kennt, er kennt auch keine Problematik. Er ist von Anfang an der vollkommene und der ewig glückhafte Ritter. Alle Ereignisse, Taten wie Minne, gehen über ihn hin, ohne ihn zu wandeln, zu steigern oder zu läutern. Stoffbefangen sieht Ulrich das Wesentliche seiner Aufgabe im Außerordentlichen und Unheimlichen. Die deutschen Namen, die er den Orten der Aventiure gibt – einer der wenigen Einfälle, die er hat –, verraten es in ihrem Klang: der verworrene Tann, das schreiende Moos, die gellende Fluh. Neben dem aufregenden Ereignis reizt ihn die fesselnde Beschreibung, am stärksten bei den rauschenden Artusfesten, aber auch bei den Wunderdingen, etwa dem wunderbaren Zelt, das die Meerkönigin Lanzelet nach dem Sieg über Iweret zusendet.

In diesem statischen Leben gibt es keine bewegenden inneren Kräfte. Lanzelet begegnet vielen Frauen, aber nirgends wird er innerlich berührt. Minne scheint eine Macht zu sein, die nur widerstandslose Unterwerfung kennt. Die Inschriften an dem Wunderzelt scheinen das aussagen zu wollen: *quid non audet amor: minne ist ein wernder unsin: minne hat mâze vertriben*. Minne als *unsin*, als Feindin der *mâze* – das klingt ebensosehr nach Veldeke, wie die lateinische Fassung des ersten Spruches an die Antikenmode jenes Kreises erinnert. Und wenn in der Minnerede der Iblis, die dem Feind ihres Vaters gilt, Lavinias berühmter Liebesmonolog nachklingt, der Äneas, dem Feinde des Vaters, gilt, so hätten wir in Ulrichs Gedicht ein Hinüberwirken der Dichtung um Veldeke und deren Auffassung der Minne festzustellen. Doch auch diese Beziehung geht nicht in die Tiefe und wird nur als literarische Formel übernommen. Echte Verwirrung oder tiefe Bedrohung bleibt dem *wîpsae-legen* Helden so fern wie sittliche Läuterung, die Ulrich bei Hartmann hätte lernen können. Minne ist Sinnentrieb, der sich erfüllt, Begegnung, die sich wieder löst oder in die Ehe mündet – wie der Stoff es befiehlt.

So erwarten wir auch nicht, diesen Dichter, von dem großen Zeit-
problem berührt, vor die Frage Welt und Gott gestellt zu sehen. Auch
in Hartmanns Jugendepos blieb das Gottesverhältnis Ereks rein formal.
Aber Hartmann wußte doch seinen Helden von Gott getragen und in
seiner Vorbildhaftigkeit gottbezogen. Wenn Hartmann die kühne Prägung vom *höveschen got* wagte, so drückte sich darin seine Überzeugung
aus, daß im höfischen Wesen der Einklang von Welt und Gott gegeben
sei. Bei Ulrich bleibt es bei blassen und seltenen kirchlichen Formeln.
War dieser Dichter wirklich Geistlicher, so ist er von religiösen Fragen
erstaunlich unberührt. Der einzige Anspruch dieses durchschnittlichen
Dichters auf Modernität liegt darin, daß er einen modernen Stoff gewählt hat und daß er die Autonomie des diesseitig ritterlichen Menschenbildes durch keine Beziehung zu religiöser Problematik, durch keine
religiöse oder moralische Lehrhaftigkeit verwirrt hat.

Der Dritte, Wirnt von Grafenberg, ist ein Stück jünger. Er ist
sicherlich erst hervorgetreten, als Hartmann seinen Iwein schon geschrieben hatte und Wolfram schon bekannt wurde. Wirnt ist Ostfranke
wie Wolfram, in Grafenberg (zwischen Nürnberg und Bayreuth) zu Hause.
Sein Epos, den Wigalois, bezeichnet er als sein erstes Werk. Weitere
Werke von ihm sind uns nicht bekannt, obwohl sein Name von Zeitgenossen und Nachfahren mit Ehren genannt wird. Zeitlich scheint er
dadurch festgelegt, daß er erst im zweiten Teil seines Gedichtes unter
Wolframs stilistischen Einfluß tritt, und daß sich seine Kenntnis Wolframs auf die ersten Bücher des Parzival beschränkt. Das würde ihn in
das erste Jahrzehnt des 13. Jahrhunderts verweisen, und dann würde
die einzige sicher datierbare Zeitanspielung, der vielbejammerte Tod
eines Herzogs von Meran, auf das Jahr 1204 führen. Rein literarhistorisch wirkt der Wigalois jünger, nachklangshafter und würde sich eher
zu dem nächsten Todesdatum eines Herzogs von Meran, 1227 oder 1228,
fügen. Aber das Verhältnis zu Wolfram verbietet doch wohl eine so
späte Datierung, wenn man nicht zugleich die ganze Chronologie Wolframs über den Haufen werfen will.

Wirnt von Grafenberg hat das besondere Schicksal gehabt, selber Held einer Dichtung zu werden. Im späten 13. Jahrhundert hat Konrad von Würzburg in seiner Versnovelle „Der Welt Lohn" das alte Motiv der Begegnung des Weltkindes mit seiner
Herrin, der Frau Welt, auf diesen Dichter angewendet. Frau Welt tritt als ein Weib
auf, das vorne voll lockender Schönheit ist, im Rücken aber alle Grauen der Verwesung zeigt. In diesem Bilde lebt die ganze weltflüchtige und weltverdammende Erfahrung des 12. Jahrhunderts in die schöne Welt des Höfischen fort. Der alternde
Walther von der Vogelweide wie der alternde Neithart von Reuenthal haben dieses Welt-
erlebnis gehabt. Konrad von Würzburg läßt auch Wirnt davon erschüttert werden, sich
dem Kreuzzug weihen und fortan sein Leben unter den Maßstab der Ewigkeit stellen.
Ist etwas Wirkliches dahinter? Wahre Frömmigkeit und sittlicher Ernst sprechen aus
Wirnts Wigalois. Hat Wirnt in irgendeiner Form die religiöse Krise Hartmanns erlebt
und ist deswegen der Wigalois sein einziges Werk geblieben? Wir wissen es nicht.

Im Wigalois jedenfalls ist er ein Dichter der höfischen Welt, die sich auch für ihn
in Artus und dessen Kreise idealisiert. Von einer Quelle, nach der er gedichtet hätte,
wissen wir nichts. In Teilen deckt sich sein Gedicht mit französischen Romanen, als
Ganzes hat es keine französische Entsprechung, und Wirnt selbst gibt an, seinen
Stoff mündlich erhalten zu haben.

Der Inhalt ist auch hier eine Aventiurenkette, deren Sinn allein ihre
spannende Seltsamkeit ist. Wirnt greift dabei über den Kreis der typischen, märchenhaften Artusabenteuer hinaus. So tritt die artusfremde
Welt des Heidentums gerade in die Hauptabenteuer um den starken
Heiden Ruaz ein; er ist, ganz im Sinne der alten Kreuzzugsabenteuer,
ein Diener des Teufels, der ihm leibhaftig beisteht, und dem er nach
seinem Tode verfallen ist. Und seine Überwindung führt zur Bekehrung
und Taufe seiner Anhänger durch Wigalois. Weiter erscheint in einem
episodischen Abenteuer das wilde Waldweib in der Stilisierung, die diese
Gestalten im Kreise der Dietrich- und Wolfdietrichromane erhalten haben. Und endlich spielt noch die Gattung der Jenseitsvision hinein, um-
geformt zum ritterlichen Abenteuer. Als Wigalois sich zum Kampfe für
die geliebte Larie gegen Ruaz entschließt, führt sein Weg zu einem
Schloß, das allnächtlich von Flammen umloht ist, am Tage aber wieder
unversehrt dasteht. Unterwegs durchreitet er einen Bezirk, wo längst
Verstorbene in einer Art Fegefeuer büßen. Sie sind ritterlich stilisiert,
turnieren unter Wehklagen, und als Wigalois eine Lanze gegen sie ver-
sticht, fangen Schaft und Eisen Feuer; denn diese Ritter brennen in einer
inneren Glut und müssen die Nächte in dem brennenden Schloß ver-
bringen. Indem er das Abenteuer besteht, bringt Wigalois ihnen zugleich
Erlösung – eine rein aventiurenhaft, nicht religiös gesehene Erlösung.
So wird von allen Seiten Stoff herbeigetragen, und schon bei Wirnt, dem
Zeitgenossen der Klassiker, deutet sich jene Auswucherung des Aventiurenbegriffes an, deren hemmungslose Phantastik Merkmal der späten
Artusepik wird.

In der Freude an Motiven, die an das Religiöse rühren, spüren wir
Wirnts betonte, handfeste Frömmigkeit, mit der er gegen die religiöse
Gleichgültigkeit Ulrichs von Zazikhofen merklich absticht. Gebet, Segen und geistliche Betrachtung umgeben seine Figuren. Die Einbeziehung des christlich-heidnischen Gegensatzes in die Haupthandlung rückt
diese notwendig in eine dualistische Beleuchtung und macht Wigalois
zum christlichen Ritter, der bis zu wirklicher Wunderwirkung unter
Gottes besonderem Schutz steht und durch einen geweihten, amulett-
haften „Brief" den Schutzteufel des Ruaz bezwingt. Doch solches Ein-
gebettetsein in kirchliche Frömmigkeit macht für Wirnt die diesseitige
Humanität des Artuswesens nicht problematisch. Das Gott-Weltproblem
löst sich ihm in der Formel des jungen Hartmann: wer vorbildlich in
dieser Welt lebt und damit den Preis der Welt erringt, dem gibt Gott

hier *saelde* und dort das ewige Leben. Solche Vorbildlichkeit ist in Wigalois von vornherein verkörpert; er ist in sich der vollendete Ritter und bedarf so wenig wie Ulrichs Lanzelet einer inneren Entwicklung und Reifung, um es zu werden. Darin hat Wirnt von seinem Meister Hartmann so wenig gelernt wie von Wolfram, so groß auch der Eindruck war, den die Bekanntschaft mit dessen Parzival auf ihn gemacht zu haben scheint. Denn wenn er Wolframs tiefgründigen Gedanken, daß die aus *triuwe* geweinten Tränen der Heidin Belakane den Wert der Taufe gehabt hätten, aufgreift und auf den Liebestod der Heidin Japhite, der Geliebten des Ruaz, überträgt, so hat er damit nur ein Wolframsches Motiv übernommen, dessen vertiefte Auffassung von *triuwe* und *minne* aber nicht begriffen.

Wie die religiöse, so liebt Wirnt die höfisch-stilisierte moralische Betrachtung, die er in die Form der *laudatio temporis acti* kleidet. Dieses vergleichende Abmessen einer unvollkommenen Gegenwart an einer idealen Vergangenheit gehört zu aller idealisierenden historischen oder utopischen Dichtung. So fehlt sie der Artusepik von vornherein nicht. Aber Wirnt ist der erste, bei dem sie mit einer schmerzlichen Bewußtheit hervortritt, der erste vor allem, der in den Artusroman die Einzelheiten einer realen Zeitkritik hineinträgt. Denn es sind ganz bestimmte Verfallserscheinungen: Verrohung der Turniersitten, krittelnder Klatsch über Frauen, die seinen Unwillen erregen und denen er die schöne Artuswelt gegenüberstellt. Im Vergleich mit der grundsätzlichen Problembehandlung der großen Klassiker ist dies etwas Neues, schon Merkmal einer verwildernden Zeit und Vorklang der epigonenhaften Verbürgerlichung des Artusromans im späteren 13. Jahrhundert.

Trotz der Aufnahme Wolframscher Motive und Stilelemente ist Wirnt vor allem ein Schüler Hartmanns gewesen und geblieben. Bei aller Stoffreudigkeit weiß er doch, daß Kunst auch im Stofflichen der maßvollen Zucht bedarf; das bewahrt ihn vor der rohen und wirren Übersteigerung des Aventiurenbegriffes, wie sie seit der „Krone" Heinrichs von dem Türlin den späteren Abenteuerroman so ungenießbar macht. Auch in der Form hat sich Wirnt an der klaren, durchsichtigen Form- und Stilkunst Hartmanns geschult. Dieser Stilsicherheit hat er es zu verdanken, daß ihm die Begegnung mit Wolfram nicht zur Gefahr geworden ist. Er hat zuviel Geschmack, um mit dem Schwulst und der anspruchsvollen Dunkelheit des Stils zu posieren, in denen spätere Nachahmer Wolframs das Wesen ihres Meisters zu erfassen meinen. Wirnt sucht die Stilart Wolframs einebnend mit seiner Schulung an Hartmann zu verbinden.

Mit den Werken Ulrichs von Zazikhofen und Wirnts von Grafenberg tritt neben die großen Problemdichtungen der eigentliche Unterhaltungsroman des höfischen Durchschnittspublikums. Die problemlose Freude an den spannenden Abenteuern unvergleichlich tapferer und edler Helden ist das Merkmal der ritterlichen Durchschnittslektüre. So bleibt es auch, als der Ritterroman zum Lesestoff der aufdrängenden

bürgerlichen Schichten wurde, ja, bis in die späteste Zeit der Volks-
bücher hinein. Ulrich ist der dichterisch weniger Bedeutende, Form-
losere und Unbehilflichere. Wirnt ist nicht nur als Persönlichkeit gewichtiger und ernster, er ist geschult an den Besten seiner Zeitgenossen –
ein sehr bewußter Pfleger der schönen, gemessenen Form und damit
ein guter Ausdruck seiner Zeit und ihrer Bestrebungen. Beide aber weisen schon in die Zeit des Nachklanges und Niederganges hinüber, beide
sind nicht fähig, die Höhe auch nur Hartmanns zu begreifen, geschweige
denn sie einzuhalten.

LITERATUR

Ulrich von Zazikhofen. Ausg.: K. A. Hahn, Frankfurt 1845. – Lit.: G. Ehrismann,
Lit.-Gesch. II 2, 2 S. 4–7. – W. Richter, Der Lanzelet des Ulrich von Zatzikhoven.
Dtsche Forschgen Bd. 27. Frankfurt 1934. – Ders., Der literarische Raum des Lan-
zelet von Ulrich von Zatzikhoven. ZfdA 75 (1938) 33–39. – Kenneth G. T. Webster,
Ulrich von Zatzikhovens Welschez buoch. Harvard Studies and Notes XVII (1934)
203–28. – Emil Öhmann, Anklänge an Ulrichs von Zazikhoven Lanzelot in Nibelungenlied, Nibelungenklage und Wigalois. Neuphil. Mitt. 47 (1946) 61–82.
   Wirnt von Grafenberg. Ausg.: J. M. N. Kapteyn Bd. 1 (Text). Rhein. Beitr. u. Hülfsbücher z. german. Phil. u. Volkskde Bd. 9. Bonn 1926. (Bd. 2 nicht erschienen). –
Lit.: Gerh. Eis, Verf.-Lex. Bd. IV, Sp. 1027–32. – Alb. Schreiber, Über Wirnt
von Grafenberg und den Wigalois. ZfdPh. 58 (1933) 209–31. – Ruth Bauer, Studien
zum Wigalois des Wirnt von Gravenberg. German. Studien 180. Berlin 1936.

4. WOLFRAM VON ESCHENBACH

Als um das Jahr 1200 Hartmann von Aue seinen Iwein veröffent-
lichte und damit sein Werk abschloß, waren wohl die beiden großen
Meister eben an die Arbeit gegangen, in denen nicht nur die höfische
Epik, sondern die epische Dichtung des Mittelalters überhaupt ihren
Gipfel erreicht: Wolfram von Eschenbach und Gottfried von
Straßburg. In ihrer Gegensätzlichkeit, die von der sozialen Herkunft
bis zur Beurteilung der tiefsten Lebensprobleme geht und die sich in
einem literarischen Zwist entlud, sind sie uns eine Warnung, den Begriff
des höfischen Denkens und seines dichterischen Ausdrucks zu einfach
und einheitlich zu fassen. Gemeinschaftsgebundenheit schließt entschiedene Entfaltung von Persönlichkeit nicht aus.

Über Wolframs Leben sind wir nur durch seine eigenen Aussagen unterrichtet.
Bei seiner Freude am persönlichen Hervortreten sind solche Aussagen recht häufig; aber
sie sind Momentbilder, die im lebendigen Spiel seiner Phantasie aufblitzen und festgehalten werden. Selten sind sie biographisch wesentlich, und sie fügen sich nicht zu
einer geschlossenen Kette. Wolfram wird um 1170 geboren, bald nach 1220 gestorben

sein. Er ist ritterbürtig und sich seines Rittertumes stolz bewußt. Eschenbach, nach
dem er sich nennt, und wo sein Grab noch bis ins 16. Jahrhundert bekannt war, ist
das Städtchen dieses Namens, das unweit Ansbach liegt. Demnach wäre Wolfram
Ostfranke gewesen. Da er sich selber aber einen Bayern nennt, entstammt er vielleicht
einem bayerischen Ministerialengeschlecht der Eschenbacher Freiherrn. Jedenfalls war
er unbegütert, als Dichter auf Herrengunst und damit auf Wanderung angewiesen.
Seine Gönner fand er im Main-Odenwaldgebiet, bei den Grafen von Wertheim (am
Main) und bei den Grafen von Dürne auf Burg Wildenburg im Odenwald. Doch treffen wir Wolfram auch am literaturberühmten Hofe Hermanns von Thüringen, und
eine Anspielung im 7. Buch des Parzival läßt sich auf die Belagerung Erfurts von 1203
festlegen. Doch muß Wolfram auch später noch in Thüringen gewesen sein; denn
die Anregung, die er von Landgraf Hermann für seinen Willehalm erhielt, kann
schwerlich schon so früh gegeben worden sein. Undeutlicher sind Wolframs Beziehungen nach Südosten; doch muß seine genaue Kenntnis von steirischen Ortsnamen auf eigener Anschauung beruhen, und die Verbindung, die er zwischen dem
Geschlecht der österreichischen Grafen von Anschau und Parzivals väterlichem Erb-
reich Anjou herstellt, dürfte eine Huldigung für genossene Gunst und Förderung
sein. Mindestens zeitweise aber hat Wolfram, der in zärtlicher Liebe von Frau und
Töchterchen spricht, sicherlich auf seinem kleinen heimischen Burgsitz gelebt.

Im Gegensatz zu Heinrich von Veldeke, Hartmann von Aue und Gottfried von Straßburg hat Wolfram keine geistliche Schulbildung genossen. Er war sich dessen als eines Stückes seiner Wesensart bewußt und
hat sich aus seinem ritterlichen Geltungsgefühl heraus mit Stolz dazu
bekannt.

Was er ist und sein will, spricht er in dem bekannten Intermezzo nach
dem 2. Buch des Parzival, d. h. am Beginn des eigentlichen Parzivalromanes, aus und faßt es in den Satz zusammen *schildes ambet ist mîn art:*
Schildes Amt, d. h. tätig-kriegerisches Rittertum, ist meine angestammte
Wesensart und Aufgabe. So will er auch von den Frauen gewertet werden. Er lehnt es ab, als Minnesänger ihre Gunst zu verdienen. Und indem er seine Spitze gegen ein auch sonst umstrittenes Lied Reinmars
von Hagenau richtet, grenzt er nicht nur sein Wesen gegen den Typus
des höfischen Minneritters ab, sondern er deutet an, daß er in diesem
spezialisierten, überfeinerten Wesen des Hofritters, der sich ihm in
Reinmar verkörperte, eine Entartungserscheinung sieht.

An derselben Stelle aber grenzt er sein Wesen auch gegen einen anderen Typus ab: den schulgebildeten, gelehrten Ritter. Er zielt dabei vorwiegend auf Hartmann, der in keinem seiner Werke vergaß, auf seine
Buchkenntnis, und das hieß damals: seine Lateinkenntnis, hinzuweisen.
Er zielt aber auch wohl schon auf den Rivalen Gottfried. Demgegenüber
verneint er in überspitztem Kontrast, daß sein Werk etwas mit einem
Buch zu tun habe. Wolfram wollte sich mit dieser Formulierung gewiß
zunächst die Freiheit gegenüber der Quelle wahren. Aber wir dürfen
darüber hinaus doch auch den Verfechter einer eigenständigen ritterlichen Laienbildung hören, der den Typus des buchgelehrten Ritters ablehnt. Seine Aussage, er könne keinen Buchstaben, nehmen wir nicht

mehr wörtlich; wir glauben nicht, daß Wolfram des Lesens unkundig war, halten sein Wort vielmehr für das humoristisch übertreibende Bekenntnis, daß er keine regelrechte Schulbildung genossen hat.

Tiefer und grundsätzlicher hat der reife Wolfram noch einmal seinen Standort in den Bildungsbestrebungen seiner Zeit und seine eigene geistige Wesensart im Eingangsgebet des Willehalm festgelegt. Gott, der wahre Kenner aller Dinge, hat *dôn unde wort*, Klang und Gehalt der rechten Schrift, gestärkt; alles Schreiben und Dichten also, das Bestand hat, entfließt göttlicher Inspiration. Sie zu erfassen und aufzunehmen, ist die Aufgabe des „Sinnes", der inneren Begabung. Solcher Erfassung aus innerer Begabung steht das Studium der Bücher, die gelehrte Bildung gegenüber. Darin bekennt sich Wolfram als „*künstelôs*". In diesem Wort ist die Beziehung auf die *artes*, die Schulwissenschaften, und deren Ablehnung mitzuhören. Seine „Kunst" – wobei wieder die Doppelbedeutung als Kunst und als Wissenschaft wesentlich ist – entfließt anderer Quelle: abermals dem *sin*, der inneren Wesensart und Begabung, der ihm die Erfassung Gottes und seines Wirkens ermöglicht hatte.

Nicht als ungebildet will sich Wolfram mithin darstellen, sondern als unstudiert, und er sieht darin nicht Mangel sondern Vorzug. Seine Werke legen dafür Zeugnis ab, daß er ganze Massen zeitgenössischer Bildung und zeitgenössischen Wissens in sich zusammengetragen hat. Aber eben nicht schulgerecht, sondern als Autodidakt. Wie ein echter Autodidakt ist er ungewöhnlich wissenshungrig, aber auch bestrebt, sein Wissen anzubringen. Der Mann, der hochmütig von sich aussagt, daß er „keinen Buchstaben kann", stopft seine Werke mit Gelehrsamkeit voll wie kein Zweiter. Sie liegt oft wirr und kraus durcheinander; Wolframs Wissen ist so unsystematisch wie das eines echten Autodidakten. Die Loslösung des ritterlichen Laientums aus der geistlichen Führung vollendet sich in ihm, und wir können an ihm ermessen, was ein begabter Laie aus der zeitgenössischen Bildung aufnehmen und nach eigenem Denken verarbeiten konnte. Darin wird er ein Vorläufer des gelehrten Laientums, wie es die jüngere Spruchdichtung des 13. Jahrhunderts vertritt, und darin liegt die innere Berechtigung der gelehrten Meistersinger, Wolfram als eines ihrer großen Vorbilder in Anspruch zu nehmen.

Von Wolfram besitzen wir drei epische Werke, die sich uns in folgender chronologischer Reihe ordnen:

1. Parzival, etwa 1200 begonnen, etwa 1210 vollendet.

2. Willehalm, im 2. Jahrzehnt des 13. Jahrhunderts begonnen und nicht vollendet.

3. Titurel, ein Gedicht, das nie über die Bruchstücke hinaus gediehen ist, die wir davon besitzen. Sie gehören in Wolframs Spätzeit und können ebensogut neben wie nach dem Willehalm entstanden sein.

Zweifel an dieser klassischen Chronologie, die mit viel Scharfsinn vorgetragen wurden, sind nicht durchgeschlagen. Die Versuche, die Entstehungsgeschichte der einzelnen Werke, namentlich des Parzival, durch formal-stilistische Beobachtungen ins Feinere aufzuhellen, eine Reihenfolge der Entstehung, Arbeitspausen, spätere Umarbeitungen und Zusätze festzustellen, haben zu sicheren Ergebnissen nicht geführt und dürfen beiseite bleiben. Wir haben es mit den vollendeten Werken Wolframs als einheitlichen Schöpfungen eines einheitlichen künstlerischen Willens zu tun.

PARZIVAL

Wolframs Parzival gehört zu den gelesensten Werken des Mittelalters; wir besitzen von ihm rund 75 Handschriften oder Bruchstücke von solchen. Die Textgeschichte des Werkes bleibt immer noch zu schreiben; in der Herstellung des Textes sind wir über Karl Lachmanns klassische Ausgabe von 1833 bis heute nicht grundsätzlich hinausgekommen.

Die Quellenfrage von Wolframs Parzival ist durch das sogenannte Kyotproblem belastet. Sehen wir von allen Fragen der Stoffgeschichte ab, so verdanken wir die höfische Gestaltung des Parzivalromanes wiederum Chrestien von Troyes. Seine Quelle, die er nur als ein „Buch" erwähnt, ist uns unbekannt, daher Chrestiens eigene Leistung nicht abschätzbar. Die eigentliche Literaturgeschichte des Parzival beginnt für uns erst mit ihm. Es war Chrestiens letztes Werk und blieb unvollendet; es bricht etwa mit dem 13. Buch von Wolframs Parzival ab. Chrestiens Torso hat mehrmals Fortsetzer gefunden; keine der Fortsetzungen kann jedoch Wolfram bekannt gewesen sein.

Für die deutsche Forschung erhebt sich die doppelte Frage, ob Chrestiens Torso von Wolfram als Quelle benutzt worden ist und woher bei Wolfram jene Stoffmenge stammt, die teils in dem mit Chrestien vergleichbaren Stück, teils und vor allem aber am Anfang und am Ende von Wolframs Werk vorhanden ist.

Die erste Frage läßt sich klar beantworten. Obwohl Wolfram sich nur einmal, ganz am Schluß seines Gedichtes, und dazu noch kritisch auf Chrestien bezieht, ist dieser seine eigentliche Quelle gewesen. So frei er im einzelnen auch verfährt: der ganze Grundplan, das Nebeneinander von Artuskreis und Gralskreis und insbesondere die doppelte, kontrastierende Handlungsführung mit Parzival und Gawan als Haupthelden – das kann nicht zweimal unabhängig voneinander gemacht sein.

Auf die zweite Frage scheint Wolfram selber die Antwort zu geben; nicht weniger als sechsmal beruft er sich auf einen Gewährsmann, den er Kyot den Provenzalen nennt. Allein die drei Stellen, an denen sich Wolfram ausführlich über Kyot als Person und über dessen Werk äußert (VIII 416, 20 ff.; IX 453, 5 ff.; XVI 827, 1 ff.), enthalten so phantastische Angaben, daß sie als Ganzes kaum glaubhaft sind und den Verdacht erregen, daß Kyot nur eine Fiktion Wolframs sei, hinter der sich Wolframs eigene Erfinderfreude verborgen hat. Der Streit zwischen Kyot-Gläubigen und Kyot-Zweiflern erfüllt die ganze Wolframforschung.

Im ganzen erfahren wir, daß dieser Kyot, ein Provenzale, den Grundbau des Werkes zu Toledo unter Gerümpel in einem Buche mit heidnischer (d. h. arabischer) Schrift aufgefunden habe. Dies Buch sei von einem Naturforscher (*Fision*) namens Flegetanis verfaßt, der Heide war, aber mütterlicherseits von Salomo abstammte. Dieser endlich verdankt seine Kenntnis des Gralsgeheimnisses seiner Sternkunde; er hat es in den Sternen gelesen. Kyot selber benötigte zum Verständnis des Buches nicht nur Kenntnis des Arabischen, sondern auch seinen christlichen Glauben; denn keine heidnische Kunst wäre fähig, das Geheimnis des Grals zu verkünden. Nachdem Kyot so Kenntnis vom Gral erhalten hatte, durchsuchte er lateinische Chroniken nach Kunde von dem Gralsgeschlecht und fand in Anjou das, was er suchte. Über all dieses hat er dann ein französisches Werk geschrieben.

Kein Zweifel, daß diese Angaben keine wirkliche, sondern eine phantastische Quellenberufung sind. Und selbst, wenn man einen richtigen Kern darin zugeben wollte, so erhielte man nicht das Bild einer epischen Quelle, sondern allenfalls einer pseudowissenschaftlichen Abhandlung. Die Frage ist nur, ob diese Fabeleien Wolframs eigene Erfindung sind, oder ob Wolfram in der Tat einen Gewährsmann Kyot gehabt hat, der sich und sein Werk damit ausgeschmückt hat, ob Wolfram sie ihm also nur nachspricht.

Gegen die zweite Möglichkeit spricht zunächst schon, daß mindestens eine der Unwahrscheinlichkeiten, nämlich daß ein Provenzale eine arabische Quelle französisch wiedergegeben haben soll, nur von Wolfram selber, nicht von einem provenzalischen Vorgänger stammen kann. Weit wesentlicher ist es indessen, daß bisher kein Versuch gelungen ist, durch eine Analyse aus Wolframs Epos eine greifbare Anschauung jenes erstrebten Kyot und seines Werkes zu gewinnen. Weder ein zweiter Parzivalroman will sich in irgendwelchen annehmbaren Konturen abzeichnen noch auch nur ein Gralstraktat, der als alchymistisch-spekulative Quelle für Wolframs eigentümliche Gralsvorstellungen gelten könnte. In allen Analysen behauptet Wolframs schöpferische Eigennatur ihr Recht. Sein selbstbewußtes: „Ich, Wolfram von Eschenbach" hat er nicht nur zu seinen Zeitgenossen gesprochen, sondern auch zu uns. Er stellt an uns die Forderung, dieses „Ich" zu respektieren und in seiner Eigentümlichkeit zu erfassen. Wir werden annehmen dürfen, daß sich hinter Wolframs Kyot nur Wolframs Erfindungslust verbirgt. Denn wir wissen es ja: dem mittelalterlichen Begriff der *auctoritas* in ihrer starren Heiligkeit galt nur das Bezeugte als Wahrheit. Sie forderte das Quellenzeugnis – und Wolfram gab es ihr. Freilich in so Wolframischer Unbekümmertheit und spöttischer Phantastik, daß nicht erst philologische Analyse nötig war, die Maske zu erkennen. Gottfried, der scharfäugige Gegner und schulgelehrte Hüter der Quellenautorität, hat Wolframs ketzerisches Erfindertum durchschaut und ihn „den Finder seltsamer Erzählungen, den Verwilderer der Quelle" genannt, um ihn literarisch zu kompromittieren. Ihn hat keine Kyotfiktion getäuscht. Oder war es umgekehrt? Hat etwa Gottfrieds kritischer Fechterstoß Wolfram, um seinen Gegner zu reizen, erst auf den Einfall einer so offensichtlich fabulierenden Quellenerfindung gebracht, die jeder durchschauen mußte? Das würde erklären, daß die Berufungen auf Kyot erst im VIII. Buch einsetzen.

Somit bleibt uns Chrestien Wolframs eigentliche Quelle, aber Quelle nur in dem Sinne, daß er von dort den Grundriß und die Masse des Stoffes übernommen hat. Als Übersetzer oder nachformender Bearbeiter einer französischen Artusdichtung ist Wolfram nicht zu denken. Seine stürmische, rücksichtslose Kraft ergreift Überliefertes, formt oder zerbricht es aus eigener Machtfülle, um es seinem Willen gemäß zu gestalten. Die Quellenfrage tritt uns in den zweiten Rang gegenüber der Aufgabe, Wolframs große Werke als die künstlerische Einheit zu erfassen, die der Wille eines großen Dichters geschaffen hat.

Dieser Aufgabe hat sich die jüngere Forschung mit Eifer, zuweilen mit Übereifer zugewendet. Sie ist der Gefahr nicht entgangen, Wolframs einsame Größe als Erfinder, Gestalter und Denker zu übersteigern. Es führt zu Gewaltsamkeiten, wenn man in den Parzival einen kompositorischen Willen hineindeutet, der jeder Einzelheit eine tiefe Bedeutsamkeit und Bezüglichkeit für das Ganze geben wollte. Der große Grundplan des Werkes, der in sich verwickelt genug ist, wird klar und sicher durchgehalten. Aber Wolfram – und namentlich der junge Wolfram – ist eher in Gefahr, der andrängenden Fülle seiner Einfälle zu erliegen, als daß er bis ins einzelne genau erwägt und abstimmt. Man sollte nicht leugnen, daß es in seinem Gedicht Arabesken und Exkurse gibt, die ihren Sinn nur in sich haben, sowenig wie es Wolfram herabsetzt, wenn man zugibt, daß der Parzival kompositorische Sprünge und Widersprüche aufweist. Es gehört zur wachsenden Reife von Wolframs Können, daß er den einfacheren Bau des Willehalm weit bewußter und straffer durchkomponiert und alle Einzelheiten auf das Ganze bezieht.

Der Gesamtbau des Parzival ist verwickelt; er erfordert eine ausführliche stoffliche Darstellung. Doch gewinnt man dabei nicht nur Einblick in die Komposition; es liegt im Wesen von Wolframs Dichtung, daß sich die gedanklichen Grundlagen aus der Behandlung des Stoffes ablesen lassen, was bei einem mittelalterlichen Kunstwerk, wie wir an Gottfrieds Tristan sehen werden, keineswegs selbstverständlich ist. Entscheidend ist der zweisträngige Aufbau; neben einer Parzivalhandlung verläuft eine Gawanhandlung, hinter der Figur und Schicksal des Haupthelden zeitweise ganz zurücktreten. Die eigentliche Parzivalhandlung erfüllt die Bücher 3–6, 9 und 14–16. In sie ist Gawans Weg verflochten, dem zunächst die Bücher 7–8 und 10–13 gelten, und der dann von Buch 14 an in den Weg Parzivals einmündet und sich auch stofflich mit ihm verflicht. Die beiden ersten Bücher endlich sind Vorgeschichte; sie gelten Parzivals Vater Gahmuret und sind mit dem Ende des Werkes, dem 15. und 16. Buch, durch die Figur des Feirefiz verknüpft, des Sohnes Gahmurets aus der Verbindung mit der Mohrenkönigin Belakane.

Wir wenden uns zuerst Parzival zu und bemühen uns dabei, auszulegen, aber nicht unterzulegen. Deutlich verläuft sein Weg in Stadien: der Knabe – der Artusritter – der Gralkönig. Von einem „Entwicklungsroman" im modernen Sinn darf man darum doch nicht reden. Denn hier ist ein vorgegebenes Ziel vorhanden, das Gralkönigtum, zu dem Parzival – und er allein – äußerlich und innerlich vorbestimmt ist. Die Dichtung stellt die Entfaltung einer vorbestimmten Natur, eines Rohstoffes, zu der höchsten Form dar, zu der sie vorbestimmt ist. Es ist eine mittelalterliche Denkform, analog der Denkform mittelalterlicher Wissenschaft, die ebenfalls einem unumstößlich vorgegebenen Ziel zustrebt. Die Kräfte, die auf diesen Rohstoff gestaltend einwirken, sind die großen Kräfte der Zeit: Sippe, Stand (Rittertum), Minne, Religion.

Der Weg aber, den der Knabe zu gehen hat, führt nicht nur durch zwei Stadien, sondern durch zwei Schichten des Rittertums, zusammengefaßt in den Stichwörtern: Artus und Gral. Damit führt Wolfram von Hartmann fort und über ihn hinaus. Denn bei diesem war Artus das letzte, endgültige Ziel; hier ist er nur noch ein, wenn auch unerläßlicher, Durchgang zu etwas Höherem. Als für Hartmann die Endgültigkeit der Artuswelt zweifelhaft wurde, konnte er sie – im Gregorius – nur verwerfen und zur Weltsicht des 12. Jahrhunderts zurückkehren. Wolfram

dagegen weiß über Artus eine höhere, religiös erfüllte Ritterwelt, die
Welt des Grals. Denn Gralsuche und Gralerwerbung sind bei Wolfram
– anders als in sonstiger Graldichtung, z. B. in der Krone Heinrichs von
dem Türlin – keineswegs bloßes Artusabenteuer, in dem sich Artuswürdigkeit erweist, und aus dem der Held in den Artuskreis zurückkehrt. Die
Gralsuche und damit Parzivals Weg führt von Artus fort in Bereiche,
die dem bloßen Artusritter verschlossen sind.

Aus dieser Zweischichtigkeit begründet sich die Zweisträngigkeit der
Handlungsführung. Gawan ist der ideale Vertreter der Artuswelt und
bewährt sich in artushafter Aventiure. Parzival ist auch Artusritter und
mußte es erst einmal werden. Aber er ist oder wird mehr als das; er
durchbricht den Artuskreis in die höhere Region des Grals. Oder literaturgeschichtlich gesehen: Gawan ist Fortsetzung von Hartmann, Parzival ist das ganz Neue Wolframs.

Parzivals Weg beginnt mit seiner Kindheit. Seine Mutter Herzeloyde
will ihn, erschüttert durch den Rittertod des Gatten, fern von allem
Rittertum in der Abgeschiedenheit einer bäuerlichen Waldsiedlung auf-
ziehen. Natur und Mutterliebe sind seine Lehrmeister; aus dem Munde
der Mutter erfährt er erste, unreflektierte religiöse Lehren, ganz auf den
faßbaren Dualismus Gott und Teufel, Licht und Finsternis gestellt. Doch
die erste, zufällige Begegnung mit einer Ritterschar läßt den Quell ein-
geborener Ritterart bei dem Knaben so unwiderstehlich aufbrechen wie
bei dem jungen Gregorius im Kloster. Er drängt in die Welt, nach Rittertum und Artussuche. Die Mutter läßt ihn ziehen, doch in dörper-
lichem Torengewand, hoffend, der Spott der Welt werde ihn zu ihr
zurücktreiben. Er reitet über das Leid der Mutter fort; kein Blick wendet
sich zurück, und er sieht nicht, wie sie im Schmerz tot zusammenbricht.

Parzivals Weg beginnt, und jeder einzelne Abschnitt geht, wie der
große Gesamtweg, in Stufen, die die Form der Begegnung haben. Der
erste Abschnitt, der Weg des Knaben zu Artus, kennt drei Begegnungen: Jeschute, Sigune, Ither – erste, knabenhaft unbegriffene Begegnungen mit der Welt: der Minne, dem Leid, der Aventiure, dem Rittertum.

Parzival findet in einem Zelt Jeschute, Frouwe und Gattin des Herzogs Orilus. Er erinnert sich eines Rates der Mutter, der die Mahnung
zum Minnedienst in die Form gefaßt hatte, nach dem Ring schöner
Frauen zu streben. Er fällt über die Ahnungslose her und entreißt ihr,
ohne auf ihre Klagen zu achten, Ring und Spange. Noch ist Parzival
ganz „Rohstoff“, unfähig, Wesen wie Folgen seines Tuns zu erfassen.
Wie wenig der Knabe vom Wesen der Minne und ihres Pfandes begriffen hat, läßt Wolfram darin deutlich werden, daß sich Parzival nach dem
Ringraub im Zelt Jeschutes unangefochten satt ißt und trinkt, und darin,
daß er später die Spange – das Minnepfand! – einem Fischer, der ihm

den Weg nach Nantes weist, als Lohn gibt. Die Folge aber, daß Orilus die so Entehrte aus seiner Nähe verstößt und sie in elender Kleidung getrennt von sich reiten läßt, während er den Entehrer sucht – diese Folge wird Parzival erst später gewahr.

Sein Weg führt zur ersten Begegnung mit Sigune. Er findet sie mit der Leiche des geliebten Schionatulander im Schoß, der durch ihre Schuld den Tod im Kampf mit Orilus gefunden hatte. Das erste noch unbegriffene Leid der ritterlichen Minne begegnet ihm. Aus Sigunes Munde erfährt er, der bisher nur die Kosenamen der Mutter kannte, seinen Namen Parzival. So wird er aus dem knabenhaften Wildling Person; uralt germanische Bedeutung der Namengabe klingt nach.

Weiterreitend gelangt Parzival in Artus' Bereich. Vor Nantes hält Ither, der rote Ritter, der den Knaben als Herausforderer an Artus sendet. Erstmals begegnet der Knabe dem Rittertum als kämpferischer Erscheinung. Sein seltsamer Aufzug wie seine Schönheit erregen die Verwunderung des Hofes. Zukunftskundige Gestalten, die Jungfrau Cunneware, der Knappe Antanor erspüren in dem Knaben den Helden, im Rohstoff das Entfaltungsziel. Sie brechen ihre Gelübde, nicht zu lachen bzw. zu reden, ehe sie nicht den trefflichsten Ritter gesehen hätten. Keie, der Seneschall und traditionelle Hüter der bloßen Form, ist unfähig, dies zu begreifen; er sieht nur den Bruch der gelobten Form und straft ihn.

Parzival fordert und erhält Erlaubnis zum Zweikampf mit dem roten Ritter. Er tötet ihn unritterlich mit seinem bäurischen Spieß, bemächtigt sich seiner Rüstung und wird fortan selber der „rote Ritter". Sein Drang, Ritter zu werden, scheint erfüllt. Aber wie der Kampf unritterlich geführt, die Rüstung unritterlich – durch Leichenberaubung – erworben wurde, bleibt auch das Ziel unerreicht. Form und Gehalt sind noch ohne Beziehung zueinander; Parzival zieht die Ritterrüstung über sein Torengewand: noch steckt der Tor im Ritterkleid. Erwiesen ist in diesem ersten Kampf nur sein ritterlicher Mut.

Dies ist alles, was Artus dem Knaben zunächst geben kann; zum Gliede der Tafelrunde taugt er noch nicht. Ohne nach Nantes zurückzukehren, reitet er davon. Die zweite Wegstrecke beginnt: von unerfüllter Artusbegegnung zu unerfüllter Gralsbegegnung. Auch dieser Weg geht über Stationen, wichtiger als die ersten. Sie heißen: Gurnemanz und Condwiramurs.

Parzival gelangt zur Burg des alten Ritters Gurnemanz und findet ritterliche Aufnahme. Hier beginnt die eigentliche Erziehung Parzivals zum Ritter, die Formung des Rohstoffs. Das Torenkleid weicht dem festlich ritterlichen Gewand, Parzival lernt höfisch geselliges Benehmen und korrekte ritterliche Waffenübung. Er hört die erste Messe und empfängt die erste Belehrung über kirchlichen Brauch. Und in ausführlicher Unterweisung macht ihn Gurnemanz mit den sittlichen Pflichten des

Rittertums bekannt. Parzival lernt alles, was sich in den Begriffen *zuht* und *mâze* zusammenfaßt; man kann auch sagen: alles, was man bei Hartmann lernen konnte. Gurnemanz führt ihn auch in das Wesen der Minne ein, in den Wert der Gunst guter Frauen, die vom Manne *zuht* verlangt. Vor allem aber belehrt er ihn über die *mâze*, die höfische Zurückhaltung, und in diesem Zusammenhang fällt der schicksalsschwere Rat: *ir ensult niht vil gefrâgen* (171, 17), dessen wörtliche Befolgung auf der Gralsburg Parzivals Verhängnis wird.

Es ist die Formschule, die Parzival hier durchläuft, und aus der inneren Veranlagung eines eingeborenen Rittertums begreift er die Form rasch. Er ist künftig der vorbildliche Ritter, und er hat auch die Lehre begriffen, daß der Dienst an der Frau in tätiger Leistung besteht; seine besiegten Gegner schickt er künftig der Jungfrau Cunneware zu, die am Artushof um seinetwillen von Keie geschlagen worden war. Aber noch bleibt alles Form: weder Gurnemanz' Leid um seine drei Söhne noch die zarte Schönheit seiner Tochter Liaze vermag Parzival innerlich nachlebend zu erfassen. Er ist noch ganz das Ich, das seiner Entfaltung zudrängt; er verläßt Gurnemanz und reitet weiter. Diese Unfähigkeit, sich anderen und ihrem Leid zu öffnen, deutet auf den entscheidenden Augenblick vor: das Unterlassen der Mitleidsfrage in der Gralsburg.

Das 4. Buch führt zum ersten Höhepunkt. In Condwiramurs, der Frau mit dem sprechenden Namen, findet Parzival Erfüllung der Minne. Er gewinnt sie durch Rittertum. Wie sein Vater Gahmuret die indische Königin Belakane gewann, so steht er der bedrängten Frau bei und befreit ihre belagerte Stadt. Ein erster Gipfel ist erreicht, erstmals eine wesentliche höfische Qualität wirklich erfüllt. Die Minne und die Hand einer Frau zu erwerben, ist das Ziel alles artushaften Handelns. Und so eigentümlich wolframisch dieses Erwerben und Gewähren der Minne in ihrer Tiefe und Zartheit auch ist, so unvergleichlich sich Reinheit und Hingabe hier verbinden – was hier geschieht, gehört grundsätzlich noch in die Schicht des Artusmäßigen und wird erst später zu Gralshöhe erhoben. Von Parzivals Weg her gesehen, ist es zunächst nur Begegnung, er löst sich aus ihr und sie entläßt ihn.

Alsbald scheint der Weg Parzivals dem zweiten und höchsten Gipfel zuzustreben: weiterreitend findet er den Weg zur Gralsburg, den nur der Berufene zu finden vermag. An einem See trifft Parzival den Fischerkönig Amfortas, der ihn zur Gralsburg weist. Er wird herrlich empfangen, er erlebt die wundersame Erscheinung und Wirkung des Grals in der Gralsmahlzeit, er sieht die seltsame Mischung von höchstem Glanz und tiefster Trauer. Aber er unterläßt das Entscheidende: die Mitleidsfrage nach dem Leiden des Königs Amfortas, und er verscherzt dadurch das Gralkönigtum. Er verbringt die Nacht in angstvollen Träumen, findet morgens die Burg leer, versucht der Spur der Gralsritter zu folgen, die sich bald verliert. Hinter seinen Fersen wird die Zugbrücke hochgerissen; das Schmähwort eines Knappen tönt ihm nach.

Vom Sinn des Gralsgeschehnisses erfährt Parzival nichts; erst der gereifte Held wird – im entscheidenden 9. Buch – durch Trevrizent über den Gral belehrt. Und dort erfahren auch wir erst Näheres über den Gral. Selbst seine Anschauung wird ganz im Ungefähren gelassen; „ein Ding" heißt er 235, 23 – weiter nichts. Aber dies Ding „überbot alle Herrlichkeit auf Erden", fügt Wolfram hinzu, und Parzival erlebt die Kraft des Grals in der wundersamen Speisung der Gralsgemeinschaft. Auch über Parzivals Aufgabe, die Mitleidsfrage, teilt uns Wolfram hier noch nichts mit. Nur die Stimmung des schmerzlichen Wartens auf diese Frage wird verdichtet. Wir hören nur soviel, daß Parzival die Frage *durch zuht* unterließ. Und dies ist entscheidend. Parzival hat bei Gurnemanz die Form des höfischen Ritters erreicht. Aber Form, sofern sie nur mechanisch beherrscht wird, versagt vor dem Außerordentlichen. Im Grunde ist Parzivals Aufgabe die simpelste, die sich denken läßt: er soll nach dem Leiden des Gralkönigs Amfortas fragen, also aus einfachem menschlichen Mitgefühl heraus. Und daß Parzival dessen fähig war, das läßt uns Wolfram deutlich wissen: die Tränen des Kindes über die Vögel im Wald, die sein Pfeil getroffen hat; das Mitleid mit Sigune in ihrem Schmerz um den toten Freund. Nicht die innere Qualität fehlt, aber die Form hatte Seelisch-Tieferes zunächst überwältigt. Die Gefahr der Formerstarrung des höfischen Ritterwesens ist von Wolfram erkannt und in seine Darstellung einer menschlichen Entfaltung eingeordnet worden.

Mit Parzivals Ausritt aus der Gralsburg beginnt sein dritter Weg, schon von Unheilszeichen umwittert, aber scheinbar immer noch ein Aufstieg. Er führt zu Artus zurück und nunmehr zum letzten Ziel alles Artusrittertums, zur Aufnahme in die Tafelrunde. Der Weg des höfischen Ritters ist vollendet; Parzival hat errungen, was der Artusritter begehrt: Ehre und Minne.

Wieder geht der Weg über Begegnungen, und wir erkennen die des ersten knabenhaften Weges wieder: Sigune – Jeschute – Kampf vor Artus' Hoflager. In dem Ganzen dieses Weges zu Artus erscheint der Besuch auf der Gralsburg zunächst nur als eine Episode, eine der Wunderaventiuren des Artusbereiches. Nur die Schatten auf Parzivals Wege lassen ahnen, daß Entscheidendes geschehen oder versäumt war.

Der erste leise Schatten war das Scheltwort des Knappen. Er verdichtet sich in der zweiten Begegnung mit Sigune. Parzival trifft sie trauernd auf einer Linde, den einbalsamierten Leichnam des Geliebten im Arm. Parzival erhält von ihr Aufklärung über das Land, die Burg, die königliche Familie des Grals. Hat sie ihm bei der ersten Begegnung den Namen gegeben, so nun die Einordnung in die Sippe, die Gralsfamilie durch seine Mutter Herzeloyde, eine Schwester des Amfortas. Als Sigune

7*

erfährt, daß Parzival die Frage unterlassen und damit die Erlösung versäumt hat, spricht sie ihren Fluch über ihn aus – die Schatten um Parzival verdunkeln sich.

Von Signe scheidend trifft Parzival auf Jeschute in ihrer von Orilus über sie verhängten Erniedrigung. Was er als Tor zerstört hatte, richtet er als Ritter wieder auf: er überwindet Orilus im Zweikampf, verlangt von ihm als „Sicherheit" Aussöhnung mit Jeschute und reinigt sie durch Eid von dem falschen Verdacht der Untreue. Im Kontrast der beiden Begegnungen zeichnet sich Parzivals ritterliches Reifen.

So kommt – im 6. Buch – Parzival wieder zu Artus. Es ist Winter. Auf den Schnee ist das rote Blut einer Wildgans getropft, die ein Falke geschlagen hatte. Vor Rot und Weiß, den typischen Farben minniglicher Frauenschönheit, hält Parzival *unversunnen* vor Sehnsucht nach Condwiramurs. Die Minne, die seinem Wesen von Vaterseite, *von arde*, eingeboren ist, überfällt ihn mit der magischen Gewalt frühhöfischen Minnebannes. Der Artushof meint dort einen Herausforderer halten zu sehen; erst Segremors, dann Keie reiten gegen ihn aus. Parzival merkt nichts um sich, bis der Ansturm des Gegners ihn von dem Blutfleck abdrängt. Sobald sein Blick diesen verläßt, gewinnt er seine *witze* wieder und wirft den Gegner aus dem Sattel. Erst Gawan erkennt aus dem Mitwissen der eigenen Minneartung Parzivals Zustand; er deckt ein Tuch über den Fleck und führt den Helden dem Artushof zu.

Parzival ist im Artuskreise aufgenommen, vollgültiges Mitglied der Tafelrunde; das Ziel eines Artusromanes wäre erreicht. Da kommt der große Umschwung: mitten im Artusfest erscheint die Gralsbotin Cundrie, spricht den Fluch des Grals über Parzival aus und erklärt den Artuskreis durch ihn entehrt. Eine zweite Botschaft ruft zum Bestehen der Aventiure von Chastel marveil und zur Befreiung der dort gefangenen Frauen auf. Endlich erscheint der Landgraf Kingrimursel und fordert Gawan als den vermeintlichen Mörder seines Herrn zum Zweikampf heraus.

Mit diesen Botschaften ist Parzivals Artusruhm zerbrochen und das Fest des Artuskreises zerrissen. Zugleich sind alle Fäden der neuen, mehrsträngigen Handlung angesponnen: Parzivals Gralsuche, Gawans Aventiurenritt, Artus' Aufbruch nach Chastel marveil, vor dessen Mauern sich im dritten Artusfest des 14. Buches alle Handlungsstränge wieder vereinigen werden.

Parzival – um zunächst seinen Weg zu verfolgen – scheidet sich selbst als den Verunehrten aus dem Artuskreise aus. Das erinnert an Iweins Scheiden nach Lunetes Fluchbotschaft. Allein, wie dort der Fluch sich anders begründete – er war durch einen Verstoß in der Form hervorgerufen – so ist die Wirkung anders und tiefer. Denn so gewaltsam Iweins zum Wahnsinn getriebene Erschütterung auch wirkt – Gott bleibt außerhalb des Geschehens. Wolframs Parzival dagegen wagt den aus germanischer Erbschaft stammenden Gedanken der Gottesfeindschaft. Sie verwirklicht sich in lehenshafter Form als Aufkündigung eines Dienstverhältnisses.

Damit wird zugleich Parzivals Gottesverhältnis beleuchtet. Der Ritter hat es ritterlich-lehensmäßig empfunden, ein wechselseitiges Verpflichtungsverhältnis, gebaut auf Dienst und Lohn. Parzival ist sich nicht bewußt, gegen seine Dienstpflicht verstoßen zu haben. Also hat Gott versagt, und Parzival ist berechtigt, ihm den Dienst aufzukündigen. Soweit wäre der Vorgang aus germanischen Voraussetzungen verständlich. Anders aber ist die Wirkung auf den Menschen, der diesen Schritt tut. Denn es ist ein anderer Gott, dem diese Feindschaft gilt, der allmächtige, unentrinnbare Gott der christlichen Lehre. Und während germanische Gottesfeindschaft Wert und Wesen des Mannes nicht erschüttert, wird Parzivals Aufkündigung von Wolfram als tiefste Erschütterung erfaßt; sie wirft den Helden in Einsamkeit und ratlose Verzweiflung, in der ihn nur der trotzige Mut heroischer Selbstbehauptung aufrechterhält. Darum kann für Wolfram dieser Zustand seines Helden nur Stufe sein, Zerschlagung eines nicht tief genug angelegten Gottesverhältnisses, aus der eine neue, tiefere Gottesauffassung und mit ihr die Gralsreife erwachsen soll. Und damit wird klar, wie sehr die Gralswelt religiös gegründet ist und von hier aus verstanden werden muß.

In Buch 7 und 8 verschwindet Parzival zunächst aus dem Blickfeld. Es sind die Gawanbücher, erfüllt von Frauendienst und Aventiure des Artusritters. Nur augenblickshaft taucht der „rote Ritter" auf, immer einsam, keinem Kreise zugesellt, aber immer gewaltig und unbesiegt. Wen er besiegt, den sendet er nicht mehr zu Cunneware an den Artushof – diese Welt liegt hinter ihm. Er sendet sie zu Condwiramurs und erlegt ihnen auf, den Gral zu suchen. Dies also sind die Pole, um die nunmehr Parzivals Denken und Sehnen kreist. Und indem Condwiramurs mit dem Gral auf einer Ebene steht, ist der Bezirk „Minne" aus dem Artusbereich gelöst, über ihn erhöht und vorbereitet, in den Gralsbereich aufgenommen zu werden.

Erst das 9. Buch gilt wieder Parzival. Es ist das zentrale Buch, das Buch von Parzivals Versöhnung mit Gott und der Enthüllung des Gralsgeheimnisses. Wieder geht der Weg durch Begegnungen, und indem auch sie nun religiös erfüllt sind, deuten sie die Richtung an. Sie heißen: Signe – Kahenis, der Karfreitagsritter – Trevrizent.

Die dritte Begegnung mit Signe zeigt sie als Klausnerin über Schionatulanders Sarg. Sie gibt Parzival Bericht von ihrem Leben, das durch Speise vom Gral erhalten wird. Die Begegnung mit Signe steht abermals bedeutsam an Parzivals Wege; wie sie zuerst den Fluch ausgesprochen hatte, so jetzt zuerst Verzeihung und Entsühnung. Bei ihr ist er in

Gralsnähe, und indem sie ihm die Spur von Kundries Maultier weist, eröffnet sie ihm einen Weg zur Gralsburg. Freilich gelangt er nur an deren Grenze; ein Gralsritter sperrt ihm den Weg, und wenn Parzival ihn auch aus dem Sattel hebt, so bleibt der Weg zum Gral dem Gottfernen doch unauffindbar.

Weiterreitend begegnet er dem alten Ritter Kahenis mit seiner Familie, die barfuß und im Büßergewand durch den Schnee des Waldes wandern. Denn es ist Karfreitag, und sie leiden Gottes Tod mit. Parzival dagegen, der rote Ritter, reitet gewappnet, ahnungslos des Tages – sein gottfernes Dasein außerhalb aller Ordnungen wird zum geprägten Bild. Noch einmal bekennt er sich zur lehenshaft begründeten Feindschaft mit Gott. Der alte Ritter belehrt ihn über die Bedeutung des Tages, mahnt zur Reue und verweist ihn auf den nahen Klausner: das ist Trevrizent.

Das Wort des Ritters haftet; noch einmal will Parzival Gott erproben, jedoch immer noch aus dem lehensmäßigen *triuwe*-Denken heraus: wenn ein Ritter durch ritterliche Tat Gottes Hilfe verdienen kann, so mag er es heute, an seinem *helflîchen tage*, erweisen. Er gibt dem Roß die Zügel frei, und es führt ihn zu Trevrizents Klause: in Sippennähe, denn Trevrizent ist sein Mutterbruder; in Gralsnähe, denn Trevrizent ist Bruder des Gralkönigs Amfortas; in Gottesnähe, denn Trevrizent hat sein Rittertum aufgegeben und ist Einsiedler geworden. Und hier geschieht nun, innerlich eng miteinander verbunden, die Aufklärung über den Gral und die Versöhnung mit Gott.

Der Gral ist bei Chrestien ein Ciborium, ein kirchlich-liturgisches Gefäß zur Aufbewahrung der Hostie. Diese Grundvorstellung ist in der späteren französischen und zum Teil auch deutschen Gralüberlieferung weiter ausgesponnen und fester mit der Eucharistie verbunden worden. Bei Wolframs Zeitgenossen Robert von Boron ist der Gral der Kelch von Christi Abendmahl und zugleich das Gefäß, in dem Joseph von Arimathia das Blut aus Christi Wunden aufgefangen hat. Der Gral wird in diese phantastische Legende Josephs aufgenommen, in deren Verlauf sich um den Gral eine mystisch-kultische, doch nicht ritterliche Gemeinschaft sammelt, die den Gral in die Bretagne verbringt.

In all dieser Tradition also ist der Gral ein christlich-eucharistisches Kultgefäß. Demgegenüber bezeichnet Wolfram den Gral als einen Stein, dessen Name, *lapsit exillis* (469, 7), ein von Wolfram wohl bewußt verdrehtes und vieldeutiges Latein ist. Er ist zunächst ein Wunderstein: er spendet Speisen, sein Anblick erhält Leben und Jugend, seine Kraft läßt den Phönix verjüngt aus der Asche erstehen. Ein Wunder- und Märchending also, das nicht notwendig religiöse Beziehung haben muß.

Doch stellt auch Wolfram die religiöse Beziehung her, wie bei den Franzosen zur Eucharistie. Denn die Kraft des Grales beruht auf einer himmlischen Hostie, die jeden Karfreitag durch eine Taube, das Symbol des Heiligen Geistes, herniedergebracht wird (470, 4). Auch sonst ist der Gral himmelsverbunden. Durch himmlische Botschaften, die als Inschrift auf dem Stein erscheinen, wird die Gralsgesellschaft berufen und gelenkt, und die Berufenen sind der Seligkeit gewiß. Endlich ist die Vorstellung, daß niemand den Gral heben könne, eine reine Jungfrau ihn aber leicht trägt, religiös-ethisch begründet.

Der Gral ist Mittelpunkt einer Gemeinschaft, die durch ihn von Gott erhalten und gelenkt wird. Wie bei Chrestien ist es eine ritterliche Gemeinschaft, deren Name, *templeisen*, an den Orden der Tempelherrn anklingt. Damit ist der Typus bestimmt: ritterliche Tat unter göttlicher Lenkung und Zielsetzung. Doch ist es kein mönchischer Orden, sondern eine ritterliche Gesellschaft; denn zur Gralsgemeinschaft gehört die Frau. Eine Frau trägt den Gral in einer Prozession von Frauen, und der Gralkönig ist verheiratet. Die Sippe ist in den Gralbereich einbezogen; Gralkönigtum ist Familienerbe. Parzival ist als Glied der Gralsfamilie zum Königtum berufen; auf dieser Zugehörigkeit beruht sein innerer Wert. Doch auch die Vorstellung von einer Gralsgemeinschaft wird in die christliche Mythologie gebettet und der Gral damit nochmals wunderbar erhoben: die ersten Gralshüter sind jene „neutralen Engel", die bei Luzifers Empörung weder für Luzifer noch für Gott Partei ergriffen. Sie mußten hinab zur Erde „zu diesem Stein". Damit wird die Existenz des Grals und seine Gemeinschaft in die Urzeit des heilsgeschichtlichen Geschehens verlegt, vor alle Schöpfung. Der Gral wird aus der Menge des „Geschaffenen" herausgehoben.

Jetzt aber ist der Gral in der menschlich-ritterlichen Obhut der Gralsfamilie. Trevrizent berichtet über das Unheil, das die Gralgemeinde betroffen hat, über die nie heilende Wunde des Amfortas als Strafe für „unrechte", das heißt sinnlich begehrende Minne, die der Reinheit des Gralsdaseins widerstrebt, über alle Heilungsversuche, über Trevrizents stellvertretendes Büßerdasein als Einsiedler, vor allem aber darüber, daß nur eine bestimmte Frage den König erlösen und dem Fragenden die Gralsherrschaft gewinnen kann, und daß einmal einer gekommen war, der zum Unheil des Amfortas und seiner selbst die Frage unterlassen hat.

Wie die wunderbaren Eigenschaften des Grals ist auch die Erlösungsfrage zuerst Märchenbestandteil. In Märchen und Magie führt nur das genau vorbestimmte Verhalten zum vorbestimmten Erfolg, und noch bei Chrestien bezieht sich die Doppelfrage auf die äußeren Vorgänge ohne religiös-ethische Vertiefung. Wolfram hat das Märchenmotiv der richtigen Frage nicht getilgt, aber verwandelt und vertieft. Es ist die Mitleidsfrage daraus geworden, die – von Parzivals Verfallenheit an die Form verhindert – innerlich erst möglich ist, als tiefere seelische

Durchpflügung die *erbärmde* in dem Helden freigemacht hat, die die seelische Grundlage der Frage bilden muß.

Das zweite große Geschehnis des 9. Buches ist die religiöse Umkehr Parzivals von Gottesfeindschaft zu Gottergebung. Sie ist im Kern schon vollzogen; das erste Wort Parzivals an den Einsiedler lautet: *gebt mir rât: ich bin ein man, der sünde hât* (456, 29 f.). Mit dem Wort „Sünde" ist das alte Gottesverhältnis, das auf dem Dienst-Lohngedanken aufgebaut war und die Gottesfeindschaft ermöglicht hatte, aufgegeben und ein neues, wahrhaft christliches Gottesverhältnis gesetzt. Dem Wort „Sünde" antwortet von der Seite Gottes her „Gnade". Oder, um ein Kernwort von Wolframs Denken einzubeziehen, der Begriff der *triuwe* wird, auf Gott bezogen, aus der lehensmäßigen Sphäre der Zuverlässigkeit in der Einhaltung gegenseitiger Verpflichtungen in die religiöse Sphäre der Gnaden- und Liebesfülle erhoben, die sich gerade im Karfreitagsgeschehen offenbart hat. Das Gespräch mit Trevrizent kann das grundsätzlich Vollzogene nur noch entwickeln, den Begriff der Sünde als Deutung von Parzivals bisherigem Leben vergegenständlichen und die Einsicht in die *triuwe* Gottes eröffnen. Der durch Parzivals Drang in die Welt verschuldete Tod der Mutter, die Tötung Ithers, der Parzivals Verwandter war, treten so unter den Begriff der Sünde. Als größte Missetat empfindet aber Parzival jetzt die unterlassene Frage, also das, woraus Parzival bisher sein Recht abgeleitet hatte, Gott den Dienst aufzukündigen. Damit ist Parzival fähig geworden, in ein neues, lebendiges *triuwe*-Verhältnis zu Gott zu treten, sich seiner Gnade anzuvertrauen und seine Gralsuche unter einer neuen Grundhaltung wieder aufzunehmen. Parzivals längeres Verweilen bei Trevrizent entspricht auf der höheren Ebene seinem Aufenthalt bei Gurnemanz. Und hatte dieser den jungen Helden als den geformten Ritter entlassen, so Trevrizent als den entsühnten Menschen; in priesterlicher Funktion spricht er ihn los. Sein Wort: *gip mir dîn sünde her* (502, 25) antwortet auf Parzivals erstes Wort des Sündenbekenntnisses.

Damit kann der äußere Weg Parzivals zum Gral weitergehen. Er ist vorerst wieder durch Gawans weitere Erlebnisse überdeckt. Buch 10–14 gelten den beiden großen Artusaventiuren: Orgeluse und Chastel marveil. Parzival verschwindet, außer einem ganz kurzen, schattenhaften Auftauchen, bis zum Ende des 13. Buches. Erst von jetzt an wird Parzival noch einmal in die Geschehnisse um Gawan und Artus verflochten und hat, zum Teil unbewußt, Anteil an ihrer glücklichen Lösung. Chastel marveil ist befreit, Orgeluses Minne für Gawan erworben, und alles rundet sich zum gewaltigen Artusfest, dem pomphaften Ausklang des Artusromans.

Aber Parzival ist nicht mehr Glied des Artuskreises. Gerade im Rauschen des Festes wird seine Einsamkeit schmerzhaft deutlich; ihn bedrängt die doppelte Sehnsucht nach Condwiramurs und nach dem Gral. Am minneseligen Artushof fühlt Parzival seine tiefe Minneeinsamkeit. Sie kann nicht geheilt werden, indem er sich der Minnefreude des Artushofes öffnet oder Condwiramurs in den Artuskreis einführt, wie es ein Artusritter mit der Geliebten zu tun pflegt. Denn Wolfram-Parzivals soviel tiefer gefaßtes Minnedenken findet in artushaftem Dasein keine Lebensmöglichkeit. Parzival löst sich heimlich aus dem Artuskreise, und in einem an die Minnemystik Gottfrieds gemahnenden Selbstgespräch sagt er der Freude jener ab, die *endehafter* (= erfüllbarer) *freude* begehren, und beschließt: *ich wil ûz disen freuden varn* (733, 17 ff.).

Parzivals letzter Weg beginnt, noch einmal von Artus – dem nun Überwundenen – fort zum Gral. Er ist wiederum durch eine Begegnung gekennzeichnet: Feirefiz. Mit diesem schwarzweiß gescheckten Sohne Gahmurets und der Mohrenkönigin Belakane greift die Vorgeschichte von Parzivals Vater in die Handlung hinüber. Feirefiz ist Heide, aber er trägt die Wesensmerkmale der „Art" an sich; er sucht als vorbildlicher Ritter Aventiure um der Ehre und der Minne willen. Der unerkannte Zweikampf zweier sich Nahestehender, ein Requisit der Artusdichtung, wird zum Bruderkampf gesteigert. Parzivals Schwert zerspringt, und zum erstenmal ist er der Unterlegene. Feirefiz, der Siegreiche, wirft sein Schwert von sich und stellt damit den Gleichstand wieder her. Und was sonst Gebärde des Unterliegenden ist: er nennt seinen Namen zuerst und führt damit die Erkennung herbei. So stellt sich der Heide als ein Muster ritterlicher Zucht dar, und als die Brüder zu Artus zurückkehren, findet Feirefiz Aufnahme in die Tafelrunde. Im Kreise des erlesensten Rittertums ist der Heide gleichberechtigt – Wolfram bekennt sich damit zu der weltweiten, überreligiösen Geltung von Rittertum.

Diese Rückkehr zu Artus ist nötig, damit die im 6. Buche geschlagene Scharte in Parzivals Ehre am richtigen Platz geheilt wird. Die Gralsbotin Kundrie erscheint und verkündet die Aufhebung des Gralsfluches und die Berufung Parzivals zum Gralkönigtum. Er darf einen Begleiter mitnehmen, und er wählt den Heiden Feirefiz. Sippenband gilt mehr als religiöse Gemeinschaft.

Das letzte, 16. Buch bringt die letzten Lösungen: Parzival stellt die einfache Erlösungsfrage: *oeheim, waz wirret dir?* (795, 28). Damit ist Amfortas geheilt und das Gralkönigtum für Parzival gewonnen. Das Gewicht, das die Dichtung dieser Frage zumißt, ist modernem Empfinden lästig. Denn es ist ja schon alles entschieden. Parzival ist innerlich gewandelt, äußerlich ausdrücklich berufen und durch Trevrizent darüber belehrt, wie die Frage zu lauten hat. Die Frage erscheint wesenlos; und doch vollendet erst sie das Geschehen und bringt Amfortas Heilung.

Von ihrer motivlichen Herkunft aus der Magie des Märchens ist schon gesprochen. Aber Wolfram hat sie beibehalten, obwohl er den

Schluß frei und ohne Bindung an eine Quelle gestaltet hat. Denn jene märchenmagische Notwendigkeit findet Verständnis bei dem mittelalterlichen Denken der Rückbezüglichkeit zwischen Inhalt und Form. Der junge Parzival war gescheitert, weil er zwar sowohl den Inhalt besaß – das menschliche Mitempfinden z. B. gegenüber Sigune – als auch die Form aus Gurnemanz' Lehre, weil aber starre Form und ungeformter Inhalt noch beziehungslos nebeneinander standen. Die Lehre der *zuht*, nicht unnütz zu fragen, mußte durch das tiefere Wissen belebt werden, wann das Fragen unnütz ist. Solche Reife hat Parzival jetzt erworben, und uns würde es genügen, dies zu wissen. Nicht so dem mittelalterlichen Dichter. Die Form, und zwar die hier nötige Form, daß die Frage gerade so gestellt werden soll, muß tatsächlich erfüllt sein; der reife Parzival muß das früher Versäumte wirklich vollziehen, ehe für das mittelalterliche Empfinden alles in Ordnung ist.

Inzwischen ist Condwiramurs mit ihren Söhnen Loherangrin und Kardeiz herbeigerufen. An jener Stelle, wo Parzival einst *witzelôs* vor den Blutstropfen im Schnee gehalten hatte, geschieht beziehungsreich die Wiedervereinigung der Gatten. Unterwegs reiten sie an Sigunes Klause vorüber und finden sie bei dieser vierten Begegnung, über Schionatulanders Sarg kniend, tot auf. Sie wird im Sarge des Geliebten bestattet.

Bei der Gralsfeier vermag Feirefiz als Heide den Gral nicht zu sehen. Erst hier, im unmittelbar religiösen Bereich, wird Heidentum Unzulänglichkeit. Doch erblickt er Repanse, die Gralträgerin, begehrt ihr zuliebe die Taufe und kehrt mit ihr in seine indische Heimat zurück, wo er das Christentum verbreitet und wo sein Sohn Johannes das sagenhafte Priesterkönigtum begründet, das die Gemüter der Kreuzzugsgenerationen so lebhaft bewegte. Damit tritt Wolfram aus der Zeitlosigkeit des Artusromanes hinaus und endet unter Verwendung einer aktuellen Zeiterscheinung mit der Vision eines *orbis christianus*, der, von der Gralsfamilie getragen, Okzident und Orient umspannt.

Er überwindet damit auch im weltgeschichtlichen Denken das Widerspiel eines westlich-christlichen und eines orientalisch-heidnischen Weltreichstrebens, wie es im Rolandsliede im Ringen Karls und Baligans dargestellt war und sich in Ottes Eraclius wiederholte.

Die eingehende Analyse von Stoff und Aufbau ist bei Wolframs Parzival förderlich, weil Wolfram, anders als Gottfried, eine wirkliche Gestaltung aus seiner Zielsetzung gewagt, den Stoff dem Sinn seines Dichtens untergeordnet hat. So lassen sich nun aus der Stoffanalyse die tragenden Gedanken des Werkes ablesen und dabei die großen Stoffteile einordnen, die bisher übergangen sind: die Vorgeschichte von Parzivals Vater Gahmuret (Buch 1–2) und die Gawanbücher 7–8 und 10–14.

Ein Grundpfeiler des Aufbauplans ist der „zweistöckige" Aufbau, die Zweischichtigkeit der zur Anschauung gelangenden Welt, Artuswelt und Gralswelt. Für Parzival war die Artuswelt nur Durchgang, für Gawan ist sie Lebensraum; er stellt sie vorbildlich dar. Der „Gawan-roman" innerhalb des Parzival ist der Nachbar von Erek und Iwein: Minne erworben durch Aventiure. Auch Gawans Weg geht über Be-gegnungen: die spielende Minne der süßen kleinen Obilot, die bren-nende der heroisch einstilisierten Antikonie. Die Zielabenteuer Gawans aber: Orgeluse und Chastel marveil, stehen im bewußten Kontrast zu denen Parzivals: Condwiramurs und Gral. Orgeluse, schon im Namen Widerspiel zur demütig hingebenden Liebe von Condwiramurs, ist in ihrem hochmütig-launenhaften Verhalten gegenüber Gawan nicht nur Darstellung der Dame des höfischen Minnesangs, sondern Kritik an ihr; ihr Bild ist doch wohl eingefärbt durch jenes persönliche Frauenerlebnis Wolframs, das im Anhang des 2. Buches eine so bittere Kampfansage hervorgerufen hatte. Chastel marveil, Höhepunkt der Artusaventiure, ist wie die Gralsburg ein Märchenschloß, und dort wie hier gilt es eine Er-lösungstat. Aber Chastel marveil ist nichts Höheres als Aventiure: Schreck-nisse und Fährnisse wundersamer Art sind von dem vorbildlichen Ritter zu bestehen; dann ist er Herr des Schlosses und hat die dort vom Zaube-rer Clinschor gefangenen Damen befreit. Für Gawan bedeutet das nichts Entscheidendes; es bestätigt seinen Artuswert. Parzivals Erlösungstat ist dagegen eine einfache, gefährdelose Frage. Aber sie setzt Berufung voraus und bedeutet die entscheidende Krönung seines Lebens: das Kommen zu sich selber und zu Gott. Es ist der Zielpunkt seiner ganzen Entfaltung.

Die vier entscheidenden Kräfte dieser Entfaltung sind uns schon be-kannt: Sippe und Stand, die irdischen Ordnungen; Minne und Gott, die transzendenten Kräfte.

Hier ordnet sich die Geschichte von Parzivals Vater Gahmuret ein. Dieser, dem feenentsprossenen und dadurch zur Minne vorbestimmten Geschlecht von Anjou entstammend, ist vorbildlicher Ritter. Die beiden Hauptereignisse seines Lebens kreisen um Minne, die ritterlich erwor-ben wird: die indische Königin Belakane im ernsten Kampf, Herzeloyde durch das große Turnier in Spanien. Sein Tod im Kriege bestätigt seine Lebensform. Von ihm trägt Parzival die innere Berufung zu Rittertat und Minne erbmäßig in sich. Indessen ist Gahmuret zwar Ritter, aber nicht Artusritter, seine Taten sind nicht Aventiure, sondern ernsthafter Kampf im Orient. Literarisch spüren wir darin Wolframs geistige Ver-bindung mit der vorhöfischen Dichtung: Rother, Herzog Ernst, Roland, mit Orientmilieu und Kreuzzugsatmosphäre. Es ist Vorklang des Wille-halm. In der Idee aber bereitet sich damit die Feirefizhandlung vor, die humane, übernationale, ja überreligiöse Wertung des Rittertums. Gah-muret, den größten irdischen Herrscher suchend, dient nicht dem Kai-ser, sondern dem heidnischen Sultan, und er stirbt später in dessen Dienst. Der Christ im Heer des heidnischen Herrschers – das ist die Linie, die sich im Grafen Rudolf angesponnen hatte. Und in Belakane, der heidnischen Königin, wird Minnefähigkeit und Minnewürdigkeit zu gleicher übernationaler und überreligiöser Höhe erhoben. Wolfram findet dafür die klassische Prägung 28, 14: ihr weiblich reines Wesen hatte den Wert der Taufe.

Ist so Parzival von Vaterseite der Feensippe der Minneritter zugeordnet, so von Mutterseite der Gralssippe mit ihrem Merkmal der *triuwe*, ein Wort, das wir mit starken seelischen und religiösen Kräften geladen spüren müssen und am besten etwa mit „Hingabe" wiedergeben.

Von diesen beiden nächsten Sippenbindungen aus ziehen sich Verwandtschaften verschlungenster Art durch das ganze Werk; alle wichtigen Personen des Gedichtes sind tatsächlich untereinander und mit Parzival verwandt. Wolframs Freude an Sippen- und Eheverbindungen geht namentlich im 14. Buch bis ans Komische, aber es drückt sich darin die große Bedeutung aus, die er dem Sippenband beigemessen hat. Aus ihr ergibt sich Parzivals Anlage; was er tut, wie er sich entfaltet, ist durch seine „Art" bestimmt, wie Wolfram unermüdlich betont. Geprägte Wesenheit ist für dieses Denken nicht durch die möglichste Entfaltung der individuellen Sonderart erreicht, sondern durch Erfüllung einer außer- und überindividuellen Vorbestimmtheit, und eben sie wird mit dem Worte „Art" bezeichnet.

Trägt so Parzival die Wesenheit seiner „Art" als Anlage und Rohstoff in sich, so begleitet sie auch von außen her alle Stadien seiner Entfaltung. Alle die ihm begegnen, von der Mutter an über Sigune, Ither, Gurnemanz, Feirefiz bis zu Trevrizent und Amfortas, sind mit ihm verwandt. Immer ist er in eine „Art"-Umwelt eingebettet, die aus innerer Wesensverwandtschaft heraus formend auf den noch Ungeformten einwirkt, auf daß er das Ziel seiner Entfaltung erreicht.

Diese Art ist zweitens ständisch eingebettet. Alle wesentlichen Gestalten gehören dem Ritterstand in seinen höchsten Spitzen an und sind vorbildliche Glieder dieses Standes. Zur „Art" tritt, was das Mittelalter *„orden"*, was Wolfram *„schildes ambet"* nennt. Was diesem Kreise nicht zugehört, geht Wolfram nichts an; außerritterliche Figuren haben in seinen Epen höchstens episodische Rollen. Der Stand aber übergreift politische und religiöse Scheidungen: Rittertum als ideale Lebensform gibt es bei Christen und Heiden. Es ist aber auch – innerhalb des Epos – in der Artuswelt und in der Gralswelt zu Hause. Es ist die Lebensgrundlage, die beide verbindet.

Höfische Dichtung hat ihr ideales Menschenbild in Artus und seinem Kreise dargestellt. Auch Parzival muß den Weg zu Artus suchen und zu Artuswürdigkeit gebildet werden. Der Weg der ersten sechs Bücher gilt dieser Bildung; sie umfaßt gesellschaftliche Zucht, kriegerische Tat und Dienst der Frau. Doch ist von Anfang an spürbar, daß Parzivals Ziel nicht bei Artus liegt. Er bleibt immer artusfern, am deutlichsten darin, daß er seine Geliebte und Gattin Condwiramurs nicht in den Artuskreis einführt. Und es ist nicht zufällig, daß er in dem Augenblick im Artuskreise seßhaft zu werden scheint, da er seiner „Art" am fernsten ist, sich gegen die höhere Gralswelt vergangen hat und den Gralsfluch schon über seinem Haupte trägt. Man könnte fast sagen: er droht in diesem Augenblick der Artuswelt zu „verfallen", wie der Heilige der Legende den Versuchungen der Welt verfallen kann.

Denn dieser Artuswelt fehlt das Höchste: die Gottbezogenheit. Natürlich ist der Artushof kirchlich eingebettet, aber seine Gottbezogenheit ist ein Stück der höfischen Form. Gott ist – so zeigte es uns der Erek – mit dem vorbildlichen Artusritter zufrieden, und dieser ist es mit Gott. Hier wird Gottbezogenheit der Welt nicht zur Frage; hier ist Gott sozusagen nur ein Teil der Welt. Für Wolfram aber gab es die Frage „Gott und Welt" als ein dringendes Problem, und es stellt sich ihm in der seiner Art gemäßen Form: Gott und Rittertum als Idealausdruck der Welt. Und damit erhebt sich nicht nur die Frage nach der religiösen Bedeutung des Grals und seiner Welt, sondern zugleich damit die gerade in jüngster Zeit vielerörterte Frage nach Wolframs Frömmigkeit und seiner Stellung im religiösen Denken seiner Zeit.

Parzivals religiöser Weg beginnt mit der Frage des Knaben: *ôwê muoter, waz ist got?* Die Lehre der Mutter bewegt sich ganz in der dualistischen Gegensätzlichkeit von Gott und Teufel, bildhaft gesehen als Licht und Finsternis, den einfachsten Formen der damaligen Laienreligiosität. Doch fällt schon hier das Stichwort, das Wolframs Gottesbeziehung bestimmt: *triuwe* = Hingabe.

Die nächste Erweiterung seines religiösen Horizontes erfährt Parzival durch Gurnemanz. Sie besteht, entsprechend der Aufgabe, die Gurnemanz in der Gesamtkomposition trägt, in der Unterweisung über gottesdienstliche Formen (169, 17 ff.). Mehr ist es nicht, und mehr ist für den Artusritter nicht erforderlich. So wird Parzivals Gottesbewußtsein wesentlich durch sein nunmehr entfaltetes ritterliches Bewußtsein geprägt und aus dem Lehensdenken bestimmt. In dem großen Weltstreit zwischen Gott und dem Teufel hat sich Parzival entschieden, Gott ritterlichen Zuzug zu leisten. Die Stichwörter der mütterlichen Lehre: *flehen, helfe, triuwe* sind zugleich Termini des Lehenswesens und konnten von Parzival so aufgefaßt werden. Es fehlen wesentlichste christliche Begriffe: Sünde, Reue, Erbarmen, Liebe, Erlösung. Unerfaßt bleibt für solches Denken der unendliche Abstand zwischen Mensch und Gott, die völlige Aufgegebenheit des Menschen in Gottes Willen, Führung und Gnade. Der junge Parzival hat einen Weg des Aufstiegs hinter sich, der Tat, der Minne, der Freude. Leid als formende Kraft hat ihn nur von außen angesprochen; es war ihm nicht Erfahrung geworden. So versagt ér vor dem leidgesättigten Gralserlebnis und – frei von jeder eigenen Leiderfahrung – kehrt er von dort in die Freudenwelt des Artushofes zurück.

Dort trifft ihn der Fluch des Grals als ein Schlag, dessen Sinn ihm unbegreiflich bleibt. Er trifft ihn als Ritter, und er erwidert ihn auch als Ritter: durch kämpferische Fehdeansage an Gott. Das ist *superbia*, die Ursünde Luzifers. Er macht sich auf, den Gral ritterlich zu erwerben. Auch das ist *superbia*; denn der Gral verlangt gerade *diemüete*. Nur demütige Ergebung in Gottes Willen aus eigenem Sündebewußtsein macht gralwürdig. Parzival geht den Weg über die äußerste Gottferne, um gerade dadurch das unzulängliche, weil nur formale Gottesverhältnis des höfischen Rittertums zu überwinden. Es geht darum, daß sich sein formallehenshafter Begriff der *triuwe* Gott gegenüber in den der vertrauenden Hingabe verwandelt. Einer gegenseitigen Hingabe, die zuerst durch Gott den Menschen erwiesen war: durch die Schöpfung, den Heilsplan, die Erlösung, die also mit der erbarmenden Liebe eins ist. *triuwe* ist also göttliche Qualität, und sie zu erwidern ist – vom Menschen her – Nachfolge Gottes. Parzivals Weg geht, grob gesagt, von der Nachfolge Luzifers in der *superbia* zur Nachfolge Gottes in der *diemüete*.

Dieser Weg vom 6. Buch, dem Fluch Kundries und der Gottesaufkündigung, zum 9. Buch, dem Karfreitagserlebnis und der Begegnung mit Trevrizent, vollzieht sich nicht vor unseren Augen. Wolfram läßt seinen Helden erst im Augenblick seines Durchbruchs wieder hervortreten. Die Stationen Sigune – Karfreitagsritter – Trevrizent sind nur das wachsende Deutlichwerden eines innerlich schon vollzogenen Wandels. Und nun erklingen in der Rede des grauen Ritters alle jene Worte, die bisher stumm gewesen waren: Christi Erlösungstat, in der sich Gottes liebende Hingabe (*triuwe*) offenbart, demgegenüber Verlorenheit und Schuld des Menschen, oder, auf Parzival persönlich angewendet: *missetât, sünde, riuwe*. Der Dienst-Lohn-Gedanke wird in einer vertieften Deutung der *triuwe* geadelt, der Hingabe des Menschen an Gott im Sinn des vertrauenden Sünders, der Hingabe Gottes an die Menschen als Erlöser.

Damit ist das Durchbruchsgespräch mit Trevrizent vorbereitet. Parzivals erste Worte sind das Bekenntnis des Sünders vor seinem Beichtiger. Er erkennt seinen Gotteshaß in dem neuen Licht; zwischen ihm und Gott steht nur noch der ritterliche Trotz, den Trevrizent alsbald als *superbia* (*hôchverte* 456, 12) kennzeichnet. Es ist Trevrizents Aufgabe, Parzival von dem Wege des Trotzes über die Einsicht in die Schuld als Ausdruck der grundsätzlichen Sündhaftigkeit des Menschen auf den Weg der *diemüete* zu lenken, die durch *riuwe* Gottes Hilfe erlangt. Gottes endlose Hilfsbereitschaft wird sofort wieder in dem Worte *triuwe* zusammengefaßt: *sît got selbe ein triuwe ist* (462, 19), das ist Wolframs Übersetzung des Wortes: Gott ist die Liebe (1. Joh. 4, 16).

Denn Gottes *triuwe* kann auch *minne* heißen, und daher Gott als *der wâre minnaere* (466, 1) bezeichnet werden. Wolframs Gottesbild ist auf Liebe und Erlösung gebaut, nicht auf Zorn und Gericht. Sie bleiben als Möglichkeit bestehen; Gott hat Zorn, wie er Liebe hat, und es ist Sache des Menschen, was er verdienen will. Aber der Weg dazu ist nicht mehr der des 12. Jahrhunderts: Weltabsage und Askese. Trevrizents Eremitentum, sein Verzicht auf ritterliches Dasein hat seine besondere Begründung. Es ist stellvertretende Buße für die Sünde seines Bruders Amfortas, nicht vorbildliches Verhalten schlechthin. Seinen Neffen will er nicht dafür gewinnen; er weist ihm vielmehr den Weg zum Gral.

In Wolframs Denken ist die Haltung der Demut mit kämpferischem Rittertum vereinbar; sie tritt im Typus des Gralsritters in Erscheinung. In ihm ist das heiße Streben der Zeit erfüllt: Gott und der Welt zu gefallen, wie es die oft zitierten abschließenden Zeilen 827, 19 ff. ausdrücklich aussprechen.

Gottbezogenes Rittertum – mit diesem Gedanken knüpft Wolfram an die Kreuzzugsdichtung seiner Zeit an. An Hand des Rolandsliedes erkannten wir (Bd. I S. 240 ff.), wie aus dem Kreuzzugserlebnis eine neue, lebendige Frömmigkeit erwuchs, die tätig-kämpferisches Rittertum unter dem Zeichen des Kreuzes ermöglichte. Aus solcher ritterlichen Frömmigkeit gingen die neuen Ritterorden hervor, und ganz zweifellos hat dem Dichter bei seiner Darstellung der Gralsburg und bei der Namenwahl *templeisen* solch ordensmäßiges Leben mit vorgeschwebt.

Indessen sind die Gralsritter weder literarische Nachfahren der Rolandsritter noch dichterische Verklärung des Ordensrittertums. Ihr Zeichen ist nicht das Kreuz, sondern die Taube, das Symbol des Geistes und der Gottverbundenheit durch den Geist. Auch ihre Aufgabenstellung ist eine andere. Sie ist nicht mehr Heidenkampf und kann es nicht mehr sein, wo die Heidenwelt so vollgültig in ritterliche Idealität eingeordnet und fast in Gralsnähe gerückt ist: Belakane, deren selbstlose Liebefähigkeit der Wirkung der Taufe gleichgesetzt ist, Feirefiz, der soviel Gralsqualität in sich trägt, daß er Parzival zum Gral begleiten darf. Eine klare Aufgabe stellt Wolfram der Gralsritterschaft nicht; sie wird in ihrer Existenz dargestellt, nicht in ihrer Tat. Doch wissen wir aus Trevrizents Munde, daß die Gralsritter oft auf Aventiure ausreiten und dabei Verlust oder Gewinn „für ihre Sünde" tragen (468, 26 ff.). Dies Nebeneinander von Aventiure und Sünde bezeichnet religiös erfülltes Rittertum.

Aber noch mehr: in diese gottbezogene Ritterschaft ist die große weltliche Daseinsmacht, die Minne, eingeordnet. Nichts scheidet die Gralsgemeinschaft deutlicher von dem Typus Ritterorden als die Einbeziehung der Frau. Der Gral erwählt durch Berufung Mädchen wie Knaben zu seinem Dienst (470, 27); die Gralsprozession ist eine Prozession höfischer Frauen, und der Gral läßt sich nur von einer Jungfrau tragen. Durch die Aufnahme der Frau wird diese religiös erhöhte Ritterschaft zur höfischen Gesellschaft geformt. Es ist nicht innerer Widerspruch, wenn Parzival mehrfach Condwiramurs und den Gral als das Doppelziel seines suchenden Reitens nennt. Und wenn er zuletzt Condwiramurs als Herrin, Geliebte und Gattin mit in die Gralsburg nimmt, so nicht nur deshalb, weil dem Gralkönig die Ehe erlaubt ist, sondern deshalb, weil für Wolfram die Minne eine geheiligte Macht ist.

Am tiefsten ist die Durchdringung von Minne und Gott in der Gestalt Sigunes vollzogen, die Wolfram aus einer Nebenfigur bei Chrestien zu einer der bedeutsamsten Gestalten des Werkes gebildet hat, und die ihm so wichtig war, daß er sie im sogenannten Titurel noch einmal zur Hauptgestalt einer epischen Dichtung machen wollte. Viermal sahen wir Sigune in entscheidenden Augenblicken dem Helden begegnen, alle vier Male in einer Haltung, die religiösem Vorbild nachgebildet ist: als Pietà mit dem Toten im Schoß, als Baumheilige auf der Linde, als Klausnerin, als hingeschiedene Heilige über dem Heiligtum kniend. Überall aber ist diese religiöse Trauer- und Bußgebärde zugleich Gebärde der trauernden Minne. Sie gilt keinem christlichen Kultgegenstand, sondern dem toten Geliebten. Die Schuld, die sie zur Büßerin macht, ist eine Minneschuld: sie hat den Geliebten einer Laune geopfert. Diese innige Durchdringung von Minne und Frömmigkeit wird am deutlichsten in der Klausnerinnenszene der dritten Begegnung. Sigune, die jungfräuliche Klausnerin, trägt den Minnering an der Hand, der sie mit dem toten Schionatulander über den Tod hinaus verbindet, und nennt ihn ihr „Geleit vor Gott", begründet also daraus ihre Zuversicht auf das ewige Leben.

So fließen in der Gralswelt die vier tragenden Werte: Sippe, Stand, Minne, Gott zu einer Einheit zusammen. Deswegen kann der Gral wohl religiös, aber nicht kirchlich erfaßt werden. Fast ängstlich ist Wolfram bestrebt, kirchliche Beziehungen aus der Gralswelt herauszuhalten. Der Gral selber, bei den Franzosen ein eucharistisches Gefäß, wird bei Wolfram als ein „Ding", „ein Stein" in bewußter Undeutlichkeit gehalten. Der Gralsdienst ist kein Gottesdienst im kirchlichen Sinne, es ist eine kirchlich undenkbare Prozession höfisch gekleideter Frauen. Im Gralreich begegnet kein Priestertum. Auch die Gralfamilie hat keine priesterlichen Züge; denn auch Trevrizent bezeichnet sich ausdrücklich als Laien. Es kommt keine Messe oder andere kirchliche Zeremonie vor. Die eucharistische Weihe des Grals ist ein unmittelbares himmlisches Wunder; keine priesterliche Hand hat die spendende Hostie gewandelt. Es war nicht Abneigung gegen die kirchlichen Vorgänge, sondern im Gegenteil Ehrfurcht, was Wolfram veranlaßte, sie seiner dichterischen Gralswelt fernzuhalten. Wo der Gral als religiöses Symbol herrschte, hätte sich das kirchliche Geschehen ihm anpassen müssen, wenn es in die Darstellung aufgenommen worden wäre. Man spürt es bei dem einzigen kirchlichen Akt, den Wolfram notwendig darstellen mußte, bei Feirefiz' Taufe. Die Taufe wird vor dem Gral vollzogen und der Gral wirkend in sie einbezogen. Das Taufbecken wird „ein wenig gegen den Gral geneigt" (817, 3 f.). Diese leise Bewegung des kirchlichen Gerätes zeigt, wie kirchliche Vorgänge sofort beeinflußt und verändert werden würden, wenn sie ernstlich in den Gralzusammenhang gestellt würden.

Parzivals gesamte religiöse Bildung geschieht durch Laien: durch die Mutter, durch Gurnemanz, durch den grauen Ritter, durch Trevrizent. Kein Geistlicher ist an der religiösen Entfaltung Parzivals beteiligt. Schon dies verhindert eine Deutung von Wolframs religiösen Absichten aus einem theologischen System oder gar die Auffassung Wolframs als eines theologisch-selbständigen Denkers. Wolfram besaß theologisches Wissen wie er geographisch-naturwissenschaftliches Wissen besaß, und beides bringt er gerne an. Aber er tut es als Autodidakt, stückweise und unsystematisch. Er tut es als Laie, und seine ganze religiöse Haltung muß aus seinem ritterlichen Laientum verstanden werden. Er lebt und denkt aus den einfachen dualistischen Vorstellungen des augustinischen Systems, das die Lehre der Mutter dem Knaben Parzival verständlich zu machen sucht, das Parzivals Gottesfeindschaft beherrscht und das auch in den letzten religiösen Lehren des Karfreitagsritters und Trevrizents nicht erschüttert oder widerrufen wird. Alles bei Wolfram ist Frömmigkeit und nicht Theologie.

So wird uns Wolfram, religiös gesehen, zum Ausdruck einer weit allgemeineren Zeitbewegung: der sich mächtig regenden Laienfrömmigkeit. Man darf dabei freilich nicht, wie es geschehen ist, an die geschlossenen Laienbewegungen der Katharer und Albigenser denken und die Gralsburg in der Provence oder in den Pyrenäen suchen. Denn diese Bewegungen liegen Wolfram sowohl ihrem sozialen wie ihrem religiösen Ausgangspunkt nach meilenfern. Sie hatten ihren Rückhalt in der aufblühenden städtisch-bürgerlichen Schicht, und soweit sie Deutschland überhaupt erreicht haben, erhielten sie dort eine sozialrevolutionäre Unterschichtsfärbung, die dem in seinem ständischen Bewußtsein bis zum Hochmut konservativen Ritter widerwärtig gewesen sein müßte. Religiös aber gingen jene von einem urchristlich-apostolischen Ideal aus, von dem aus sie die gültige Kirche nicht nur in ihren zeitbedingten Schwächen, sondern auch in ihrer Lehrsubstanz angriffen. Auch das liegt weitab von allem, was Wolfram zuzutrauen wäre. Sein Ausgangspunkt ist vielmehr das höfische Menschenbild in seiner diesseitsentsprossenen Idealität, sein Anliegen die Versöhnbarkeit dieses Menschenbildes mit dem christlichen Weltbild. Nur die Grundlage ist die gleiche: die Loslösung des Laien auch auf religiösem Gebiet aus der reinen Objekthaltung, und sein Drang, auch auf diesem Gebiet zum gestaltenden Subjekt zu werden. Damit schlägt sich ein großes Thema spätmittelalterlicher Literaturgeschichte in Wolframs Dichtung leise an. Wolfram trat diesen Fragen als Ritter gegenüber. Und er steht damit in einer Reihe mit den Besten seiner Zeitgenossen, die von diesem Boden aus die Lösung der sie bedrängenden Frage „Welt und Gott" gesucht haben.

Wolfram ist nicht nur der dichterisch Größte, sondern auch der religiös am tiefsten Berührte unter ihnen. Das bezeugt seine Welt des Grals. In ihr ist diese Frage gelöst, Welthaltung und Gotteshaltung versöhnt, höfisches. Rittertum religiös geleitet und überwölbt. Aber es geschah nur in einem idealen, aller Wirklichkeit fernen Raum. Es ist keine Lösung, die in der realen Welt verwirklicht werden könnte. Und darum greift Wolfram im Willehalm diese Frage erneut auf, und es ist die Größe des Willehalm, daß er die brennende Frage hier im Rahmen einer wenn auch dichterisch erhöhten Wirklichkeit zu lösen sucht.

WILLEHALM

Wolfram hat den Willehalm jedenfalls nach dem Parzival und vor oder neben dem Titurel gedichtet. Die Anregung dazu erhielt er von Landgraf Hermann von Thüringen, an dessen Hof er sich in den Jahren 1203/04 aufgehalten hat. Doch ist die Arbeit an dem neuen Werk nicht vor 1210/12 aufgenommen worden. Die Überlieferung ist reichlich; neue Funde von Willehalmfragmenten treten verhältnismäßig oft ans Licht. Aber was sich nach Lachmanns klassischer Ausgabe gefunden hat, ist bisher weder eingeordnet noch nutzbar gemacht.

Der Willehalm beruht auf einer französischen Quelle, aber nicht auf einem höfischen Roman, sondern auf einer Chanson de geste. Es ist die einzige hochhöfische Dichtung aus diesem Kreise, und auch die Nachfahren haben diese Stoffe wenig gepflegt. Denn Strickers „Karl" ist nur eine erweiternde Bearbeitung des deutschen Rolandsliedes, und die jüngere Willehalmdichtung ist Fortsetzung oder Ergänzung zu Wolframs Werk. Ein neuer Griff in den Schatz der Chansons de geste erfolgt im 13. Jahrhundert nicht. Denn die Zeit liebt die Phantasiewelt der Aventiure, die zu hemmungsloser Phantastik auswuchert. Die Chanson de geste dagegen ist, wie am Rolandslied (Bd. I S. 229) dargelegt, im Kern historische Wirklichkeit, deren heroischen Kampfesernst kein Rankenwerk der Phantasie ersticken kann. Wenn Wolfram die Anregung Hermanns aufgriff, so muß der Stoff ihn innerlich berührt haben. Die breite epische Form, in der Wolfram seinen Stoff gekannt und benutzt hat, die Bataille d'Aliscans, gehört dem 12. Jahrhundert an.

Die doppelte Schlacht von Alischanz ist das Thema. Es ist der ernste, blutige Zusammenstoß von Christentum und Heidentum auf südfranzösischem Boden. Historisch spielen die Ereignisse zur Zeit Ludwigs des Frommen, des in den Chansons als schwach und unwürdig gezeichneten Sohnes des großen Karl. Die Grenzwacht Frankreichs und der Christenheit liegt in den Händen Heimrichs von Narbonne und seiner Sippe. Wilhelm, der mächtigste seiner Söhne, war in die Gefangenschaft des Heidenkönigs Tybald geraten, von dessen Gattin Arabele, der Tochter des mächtigen Terramer, aber befreit worden. Arabele entfloh mit Wilhelm und wurde, unter dem Namen Gyburg getauft, seine Geliebte und Gattin. Tybald und Terramer brechen zur Rache auf. All dies ist Vorgeschichte; mit dem Heranwogen der unabsehbaren Heidenscharen gegen Orange und sein kleines Christenheer beginnt das Gedicht.

Es gliedert sich in die beiden großen Schlachten auf Alischanz vor Orange und das Zwischenspiel am Hofe König Ludwigs. In der ersten Schlacht geht die kleine Christenschar vor der heidnischen Übermacht zugrunde, dabei auch der junge Vivianz, Wilhelms Schwestersohn, die Blüte des christlich-heroischen Rittertums. Einzig Wilhelm entkommt nach Orange. Er überläßt die Verteidigung der Stadt an Gyburg und reitet nach Laon, um bei König Ludwig Hilfe zu erbitten. Von der verzärtelten Hofgesellschaft scheu und scheel betrachtet, findet Wilhelm bei dem König und der Königin nur laue Aufnahme, bis der alte Heimrich und seine Söhne Hilfe zusagen und den widerstrebenden König aufrütteln. Ein Heer bricht nach Orange auf, wo Gyburg inzwischen die Verteidigung auf Leben und Tod geführt hat. Die zweite Schlacht auf Alischanz endet nach blutigem Ringen mit dem Siege des christlichen Heeres. Wer von den Heiden nicht auf die Schiffe flüchten kann, fällt unter dem Schwert der Christen.

Damit bricht Wolframs Gedicht gegenüber dem französischen Original vorzeitig ab. In diesem spielt der riesenstarke, junge Rainouard eine bedeutende Rolle. Auch Wolfram kennt ihn unter dem Namen Rennewart. Es ist ein heidnischer Gefangener am Königshof, der, da er die Taufe ablehnt, als Küchenknecht dienen muß, obwohl Aussehen, Kraft und Wesensart edle Abkunft verraten. Wilhelm nimmt ihn in seine Dienste. Zwischen ihm und Alice, der jugendreinen Tochter König Ludwigs, spinnen sich leise Minnefäden. Rennewart nimmt an dem Hilfszug für Orange teil, und mit einer gewaltigen Keule fechtend leistet er durch seine Kraft und Tapferkeit Entscheidendes für den Sieg. Nach der Schlacht wird er vermißt; in tief erregter Rede klagt Wilhelm um den Verlust des unbekannten, aber ihm seltsam liebgewordenen Jünglings.

So weit Wolfram. Die Chanson berichtet weiter von seiner Wiederkehr, der Enthüllung seiner edlen Abkunft – er ist Gyburgs Bruder, was sich auch bei Wolfram klar andeutet – und von der Vereinigung mit Alice. Von der Figur Wilhelms her gesehen, könnte der Sieg bei Alischanz ein Abschluß sein, und es hat nicht an Stimmen gefehlt, die hier das wirkliche Ende von Wolframs Werk sahen, der den Sieg mit der Dunkelheit von Rennewarts Verlust belasten wollte. Aber so, wie Wolfram die Fäden der Rennewarthandlung angeknüpft hat, verlangen sie nach ihrer Durchführung. Es wird dabei bleiben müssen, daß Wolframs Willehalm ein Torso ist. So haben ihn

auch die Nachfahren empfunden; bereits um die Jahrhundertmitte hat Ulrich von
Türheim, derselbe, der auch Gottfrieds Tristan ergänzt hat, den Willehalm durch
einen Rennewart (von 36 000 Versen!) zu Ende geführt.

Wolframs Willehalm – das muß besonders hervorgehoben werden –
bedeutet nicht nur äußerlich-stofflich einen Rückgriff aufs 12. Jahrhundert, in die Sphäre des Rolandsliedes. Das Werk hat wesentliche innere
Elemente mit der vorhöfischen Dichtung gemein. Es ist das gleiche
Milieu wie dort: der karolingische Sarazenenkampf im Lichte des Kreuzzuges, die Welt des Orients mit ihrer wimmelnden Menschenmenge und
der Unermeßlichkeit ihrer Reichtümer, die ritterliche Bewährung im
blutigen Kampf und Untergang, fern aller artushaften Aventiure. Alischanz liegt auf einer Ebene mit Ronceval und auch mit Etzelnburg des
Nibelungenliedes, aber es hat nichts zu tun mit *Joie de la court* oder *Chastel
marveil*. Wie das Rolandslied ist der Willehalm in die Wirklichkeit zeitlicher, geographischer und historischer Einordnung gebettet, und gerade dem deutschen Rolandsliede kommt Wolframs Willehalm darin
nahe, daß er die historische Wirklichkeit als eine politische Wirklichkeit
sieht, und zwar mit dem deutschen Blick auf das Imperium, das Reich.
Ludwig wird nicht – oder doch nicht nur – als französischer König gesehen; er repräsentiert *daz rîche* und heißt wohl einmal der *Romaere*
(241, 9), aber nicht der *Franzoysaere*. Und ganz wie Baligan im Rolandslied sieht auch der Heide Terramer hinter dem Rachezuge die weitere
Perspektive der Weltherrschaft und des Missionsauftrages. In deutlicher
Steigerung ordnen sich seine Ziele an: zuerst Orange, die Grenzfeste,
dann Paris, das heißt Frankreich, dann *der stuol dâ z' Âche*, der Thron von
Karls Imperium, schließlich Rom, das heißt die weltliche und geistliche
Weltherrschaft, um auch den Göttern ihr Reich auszudehnen.

Dies aber bedeutet, daß der tragende welthistorische Dualismus des
Rolandsliedes: Teufelsreich gegen Gottesreich, auch für Wolframs Gedicht gültig ist. Und damit bleibt innerlich gültig der Gegensatz der Erwählten und der Verlorenen. Das Kreuzzugsdenken in seiner ganzen
Tiefe und Folgerichtigkeit ist lebendig; der Tod in diesem Kampfe ist
Märtyrertod, der zur Seligkeit führt. Der Tod des jungen Vivianz steht
dem Tode Rolands unmittelbar nahe: Engelsbotschaft an den Sterbenden, letzte Lebensüberschau und Ergebung in Gott – hier als Beichte
vor Willehalm und Darreichung der eucharistischen Wegzehrung durch
ihn – Aufstieg in die seligen Sphären. Und noch handgreiflicher wird
dieses Denken in der Einbeziehung des legendären Wunders. Die Leichen der in der ersten Schlacht gefallenen Christen werden durch Gottes
unmittelbares Eingreifen auf dem Felde von Alischanz in steinernen
Sarkophagen geborgen, so daß sie in der zweiten Schlacht, die über
ihren Gräbern tobt, in ihrer Märtyrerheiligkeit sozusagen leiblich zugegen sind.

Diese Verwandtschaft mit dem Rolandslied, diese Durchtränktheit mit Kreuzzugsgedanken muß man erst einmal gesehen haben, ehe man die Frage nach dem Neuen im Willehalm stellt: nach der Bedeutung des Gedichtes im Werk Wolframs und im Umkreis der hochhöfischen Epik. Wolframs Willehalm ist natürlich mehr als nur eine Übertragung der französischen Chanson, mehr auch als eine bloße Fortführung des Rolandsliedes. Er ist der Versuch des größten Dichters der staufischen Generation, das unangetastete Weltbild des christlichen Mittelalters mit dem neuen, höfisch-humanen Menschenbild der Stauferzeit in Einklang zu bringen.

Die vier tragenden und ordnenden Daseinsmächte, die Parzivals Entfaltung bestimmten: Sippe, Stand, Minne, Gott, sind auch für den Willehalm gültig. Für die beiden ersten gab die französische Quelle alles Nötige her. Die Einbettung Wilhelms in die Sippe ist im französischen Wilhelmzyklus dessen germanisch-heroischem Kern entsprechend geradezu ein Herzpunkt des Ganzen. Held des Wilhelmzyklus ist die *lignage*, die Sippe Heimrichs, aus der der einzelne nur von Fall zu Fall in den Vordergrund tritt. Wolfram hat das Heroisch-Archaische des Stils der Chansons de geste nicht getilgt, wo, etwa in den Szenen am Königshof, Heimrich als Oberhaupt der Sippe gebietend hervortritt. Aber er hat es namentlich in der Figur des jungen, blühenden Sippensprosses Vivianz höfisch überglänzt und gefühlhaft vertieft. Man muß die Gefühlshärte der alten Waffenmeister und Väter Berhter im Rother, Berhtram im Wolfdietrich daneben sehen, um das Neue, Gefühlhafte in den herzzerreißenden Klagen zu begreifen, mit denen hier die unersetzlichen Lücken begleitet werden, die die bittere Notwendigkeit des ritterlichen Kampfes in die Reihen der Sippe reißt.

Ebenso sicher war für Wolfram die ständische Einordnung vorgegeben, ganz in seinem Sinn als in der Schlacht sich bewährendes Rittertum. Während Gottfried, der Stadtbürger, die Möglichkeiten seines Stoffes zu ritterlicher Tat tunlichst beiseite schiebt, entfaltet sie Wolfram, der Ritter, zu möglichster Breite. Die zweite Schlacht auf Alischanz war in der französischen Quelle sehr knapp dargestellt. Wolfram füllt mit ihr ganze zwei Bücher (8 und 9) aus und gestaltet den Typus der Schlacht, wie er im Rolandslied entwickelt war, ganz um. Statt der bloßen Folge von Gruppenkämpfen, die sich in der Form der Aneinanderreihung typisch wiederholen, entwickelt er das Ineinanderwogen einer großen, wilden Massenschlacht mit immer neuen Wendungen und Situationen und mit einem steten Wechsel seines Standortes zwischen den beiden Parteien.

Die andere, die festliche Seite des ritterlichen Lebens tritt unter Wolframsche Beleuchtung. Den Gegensatz des harten Daseins an der Front und des verweichlichten Lebensbehagens am Königshof fand Wolfram in der Quelle vor. Er hat ihn gern aufgenommen, um darin seine Ablehnung des bloß Höfischen auszudrücken. Es gehört zu den eindrucksvollsten Bildern, wie Wilhelm, geprägt von den Erlebnissen des Verzweiflungskampfes, ein struppiger Löwe, am Königshof erscheint und von den geschniegelten Damen und Herren des Hofes mit scheeler Ängstlichkeit betrachtet wird. Ritterliches Dasein aber als gebildete Form, als Glanz und Reichtum, als festliche Bewirtung ist für Wolfram nicht wertlos, wo es mit Sinn erfüllt ist. Nach dem glücklichen Entsatz von Orange darf sich festliches Leben entfalten; es schließt auch die heroischen Frauen ein, die Orange verteidigt haben. Aber es ist nur ein helles Zwischenspiel, auf das der Einsatz der zweiten Schlacht folgt. Auch hier steht der Willehalm dem Nibelungenliede nahe – solch schicksalüberschattetes Fest hat mit Artus' pfingstlicher Tafelrunde nichts zu tun.

Das Neue bei Wolfram haben wir dort zu suchen, wo es um Minne und um Gott geht, um den höfisch-diesseitigen und den religiös-jenseitigen Lebenspol und damit zuletzt um die große Entscheidungsfrage der Zeit: Welt und Gott. Auch hier war stofflich alles vorgegeben, nicht nur das Religiöse, das ja im Mittelpunkt steht, sondern auch die Minne. Im Gegensatz zum Rolandslied, diesem ausgeprochen männlichen Epos, hat der Willehalm wichtige Frauenrollen: Gyburg und Alice. Es kommt hier darauf an, was Wolfram daraus gemacht hat.

Minne und Gott waren von Wolfram auch im Parzival in innere Beziehung zueinander gesetzt worden. Condwiramurs und der Gral als Parzivals doppeltes Sehnsuchtsziel stellte sie mehr nebeneinander; zwischen beiden gab es keine innere Verbindung. In seiner Eigenschöpfung Sigune waren die beiden daseinbestimmenden Mächte weit inniger verbunden. Im Willehalm werden Minne und Gott geradezu zum Leitmotiv. Sie erscheinen immer wieder als gleichgeordnete Triebkräfte zum ritterlichen Kampf. Und sie gelten – was schon hier bemerkt werden muß – gleichmäßig für Christen und für Heiden.

Das könnte wieder nur ein Nebeneinander sein, kein Ineinander. Um dieses darzustellen, verwendet Wolfram abermals eine weibliche Figur: Arabele-Gyburg. Sie war in der Quelle vorhanden, aber ihre Rolle war dort eher die der heidnischen Königstochter in der Brautwerbungs- bzw. Entführungsformel. Bei Wolfram sind in ihrer Haltung beide Antriebe innig vereint. Das Verhältnis Gyburgs zu Wilhelm ist nicht in seinem Werden dargestellt; es ist zu Beginn des Gedichtes vollzogen. Aber Gyburg spricht sich über den doppelten Antrieb ihres Handelns mehrfach aus, am eingehendsten in dem wichtigen Gespräch, das sie mit ihrem Vater von der Mauer des belagerten Orange führt. Sie ist innig von dem höheren Wert der christlichen Religion überzeugt. Aber – so sagt sie zu ihm – selbst wenn deine Götter die Höheren wären, würde ich doch an

Wilhelm, der Verkörperung höchsten Rittertums, festhalten. Und ihre
Rede schließt programmatisch: ich diene ihm und der Höchsten Hand
(220, 30). Hier ist also eine Entscheidung auf Leben und Tod, zeitlich
wie ewig, unter das Doppelmotiv gestellt.

Solche Entscheidung setzt Minne als Lebenseinheit voraus, jene Form
der Minne, die alleine für Wolfram wahre Gültigkeit hat. Das wissen wir
aus dem Parzival von Condwiramurs und Sigune. Doch diese Frau ist
gegen jene neu. Auch sie ist in der Luft heroischen Wirklichkeitsernstes
erwachsen, Herrin von Land und Burg, die nicht in verzweifelter Lage
nächtlich zu dem Gast schleichen muß, um seine Hilfe zu erflehen, die
vielmehr selber in tätiger Teilnahme die Verteidigung führt. Als Wilhelm sie nach dem Entsatz von Orange in die Arme schließt, ist sie
harnaschvar, und diese für jede Frau des Artuskreises unvorstellbare Erscheinung ist für sie Wert und Zier. Sie ist fähig und bereit, für ihre
Entscheidung den Tod zu erleiden; sie gibt nicht auf und kehrt nicht in
die verzeihenden Arme des heidnischen Vaters zurück. In diesem Wesen
ist sie Wilhelm nahe und verwandt. In dieser *triuwe*, der hingebenden Zu-
einandergehörigkeit, verschmelzen Ethos und Gefühl zu einer höheren,
Gott zugeordneten Einheit, in der Gott und Minne dasselbe meinen und
fordern.

Der Gott aber, für den eine Gyburg sich entscheidet, kann nicht mehr
der dogmatische Gott des 12. Jahrhunderts sein, vor dem die Welt nur
Eitelkeit ist und der Andersgläubige bedenkenlos der Hölle verfällt.
Zwar blieb das alte dualistische Gottes- und Weltbild des Rolandsliedes
mit der unversöhnbaren Kluft zwischen Christentum und Heidentum
im Willehalm gültig. Aber es ist nicht mehr selbstverständlich; es wird
problematisch. Aus dem Parzival wissen wir, daß der neue, übervölki-
sche Begriff des höfischen Ritters auch den Heiden einschließt. Im Willehalm wird er auch auf jene Heiden angewendet, denen die christlichen
Ritter im tödlichen Gottesstreitertum gegenüberstehen. Die heidnischen
Gegner sind insgemein Ritter ohne Makel, sie stehen unter demselben
Doppelantrieb von Minne und Gott, d. h. Wolfram vermag in ihrer religiösen Bindung an ihre Götter einen befeuernden Wert zu sehen. Ihre
religiöse Haltung ist nicht mehr nur verstockte Verblendung durch teuflische Geister.

Diese höfische Humanisierung des Heidentums könnte noch unter
den Begriff des „edlen Heiden" fallen, den Wolfram mit anderen teilt.
Aber Wolfram geht weiter. Gyburg, mit ihrem heidnischen Vater über
alle Klüfte fort durch das Band der Sippe verbunden, wird zur Trägerin
eines neuen Denkens. Sie hat sich für Wilhelm und seinen Gott entschieden; sie ist Gyburg geworden, ohne daß sie aufgehört hätte, Arabele
zu sein. Ihre Entscheidung ist nicht mit der mechanischen Problemlosigkeit gefallen, wie die Brechmundas im Rolandslied. Sie empfindet sie als

was Hartmann eine *niuwe güete* hätte nennen können. So fällt ihr einer
der großen Höhepunkte des Gedichtes zu, das Religionsgespräch mit
ihrem Vater im 3. Buch. Wolfram selber ergänzt und unterstreicht den
Humanitätsgedanken in den Betrachtungen, die er im 5. Buch der
großen Schlacht folgen läßt. Die Kernstelle, in der er zur Achtung
und Schonung des heidnischen Gegners mahnt, soll wörtlich angeführt
werden.

> 450, 15: *die nie toufes künde*
> *empfiengen, ist daz sünde,*
> *daz man die sluoc sam ein vihe?*
> *grôzer sünde ich drumbe gihe:*
> *ez ist gar gotes hantgetât,*
> *zwuo und sibenzec sprâche, die er hât.*

Damit wird der Gegensatz von Christen und Heiden weit tiefer aufgehoben als in der nur ständischen Gemeinschaft des Rittertums. Sie
werden einander als Menschen in ihrer Gottbezogenheit gleichgestellt.
Denn allein der Mensch ist im Gegensatz zu aller übrigen Schöpfung
gotes hantgetât, d. h. von Gottes eigener Hand geformt und damit über
alle Kreatur erhöht. In diesem Sinne kann Wolfram sagen, daß Gott auch
sie, die Heiden, „hat", daß sie an der Gotteskindschaft teilnehmen. Sie
sind damit implicite in Gottes Heilsplan und seine Erlösungstat einbezogen. Daher kann es Wolfram eine Sünde nennen, die Heiden „wie
Vieh" zu erschlagen.

Damit ist Wolfram über seinen Parzival hinausgegangen. Dort hatte
er das Problem in der Gestalt des Feirefiz nur nebenbei berührt. Im
großen spielten sich die Geschehnisse innerhalb der kirchlichen Einheit
ab, und wenn der Heide Feirefiz eingeführt wurde, so, um zu zeigen, daß
sich die „Art" über die Grenzen der Religion fortbewährt. Seine Bekehrung erfolgt so rasch und mechanisch wie nur irgendeine Heiden-
bekehrung der vorhöfischen Dichtung. Das Taufbecken ist für ihn nur
Durchgang zu Repanses Minne. Die Ahnung, daß auch das heidnische
Gottesverhältnis wirklich religiös sein kann, die Einsicht, daß auch die
Heiden Gott zugeordnet sind, zeigen, wie sehr Wolfram das höfische
Humanitätsdenken vorangetrieben und religiös vertieft hat. Der Willehalm ist ein Werk der inneren Reifung und darin dem zu Unrecht so
sehr bevorzugten Parzival gedanklich wie künstlerisch überlegen.

Damit erhält auch die Wahl des Stoffes einen tieferen Sinn. Im Parzival vollzog sich der Ausgleich von Gott und Welt – wobei „Welt" das
höfische Rittertum war – in der Gralsgemeinschaft, die ein Raum von
so idealer Unwirklichkeit ist wie die Artusgemeinschaft. Der Willehalm
führt in eine ganz andere Wirklichkeitsnähe: ein wirkliches, irdisches

Kämpfertum im Dienste Gottes gegen eine wirkliche gottferne Welt in der Masse des mohammedanischen Heidentums. Hier gab es kein Ausweichen in irgendeine Märchenferne. Hier standen Gottesreich und Teufelsreich sich Auge in Auge gegenüber, und die Frage war: wie ist hier das Menschenbild der höfischen Humanität zu retten?

Man hat Wolframs Bemühen mit dem Stichwort der Toleranz zu bezeichnen gesucht. Es ist rätlich, diesen Begriff des 18. Jahrhunderts hier fernzuhalten. Wolfram, in seinem Denken religiös tiefer bewegt als Hartmann oder Gottfried, ruht fest in dem überlieferten mittelalterlichen Welt- und Gottesbild, aus dem der Willehalm als Dichtung hervorgegangen war. Er hat den Stoff mit seinem vorbehaltlosen Dualismus nicht aufgegriffen, um ihn dichterisch ad absurdum zu führen. Die Feindschaft zwischen Christentum und Heidentum ist unüberbrückbar, weil die Urfeindschaft zwischen Gott und Teufel dahintersteht. In dieser alten dualistischen Welt steht das neue höfisch-diesseitige Menschenbild. Schon die bloß ständische Einbeziehung des Heiden in diese Humanität hatte die Widersprüchlichkeit empfindlich gemacht. Wolframs Versuch vollends, dies Menschenbild tiefer, d. h. religiös zu erfassen und zu begründen, würde verlangen, diesen Menschen in ein neues, geöffnetes Weltbild mit einer anderen Gottesauffassung hineinzustellen. Das war für Wolfram, den Traditionsgebundenen, unmöglich. Auch Gyburg, die Trägerin der neuen Einsicht, leugnet die Notwendigkeit des Kampfes gegen die Heiden darum nicht. Wolfram sucht nicht die Lösung der unauflöslichen Widersprüchlichkeit; er erkennt sie in ihrer tragischen Notwendigkeit an und stellt sie als solche dar. Das trennt ihn unbedingt von der Toleranz der Aufklärungszeit mit ihrem Verwischen der Grenzen. Daher hat man das Gedicht mit Recht eine Klage genannt; man muß diese Bezeichnung nur tief genug fassen. Es ist das Leid, daß durch die Menschheit ein unheilbarer Riß geht, und daß dieser Kampf, in dem Edle gegen Edle stehen, darum notwendig weitergehen und die Blüte einer Menschheit verschlingen muß, die nicht nur im ritterlichen Empfinden für Ehre und Minne verbunden ist, sondern in all ihren Gliedern als *gotes hantgetât* Anspruch auf Gottes Kindschaft hat.

Wie gedanklich, so ist Wolfram auch künstlerisch über den Parzival hinausgekommen. Die straffere Komposition, die strengere Linienführung des Willehalm haben wir schon erwähnt. Vor allem aber hat Wolfram seinen sprachlichen Stil weiterentwickelt. Seine Lust an dem dunklen Stil, dem barocken Einfall in Wort- und Bildwahl, hatte schon im Parzival das auf Klarheit gerichtete Stilempfinden Gottfrieds verletzt und seine scharfe Kritik hervorgerufen. Im Willehalm hat Wolfram diese Eigentümlichkeit noch weiter gesteigert und eine Eigenwilligkeit des Stils entfaltet, die die geschmacklichen Grenzen des Schwülstigen und Bizarren zuweilen überschreitet. Wir haben das Recht, von einem Altersstil zu reden, in dem das Seltsame zum Eigensinn, der Stil zur Manier werden kann. Das spätere 13. Jahrhundert hat gerade diesen Manierismus als das eigentlich Wolframische empfunden und epigonenhaft übersteigernd nachzubilden versucht.

TITUREL

Das dritte, unvollendete Werk Wolframs, der sogenannte Titurel, steht dem Willehalm zeitlich nahe; es ist in demselben manierierten Altersstil gehalten wie dieser. Stofflich und gedanklich dagegen steht es im engsten Zusammenhang mit dem Parzival, indem es eine wenn auch wichtige Nebenfigur des Romans, Sigune, zur eigentlichen Heldin macht. Denn nach ihr und nicht nach Titurel müßte das Werk heißen. Die Benennung „Titurel" knüpft ganz äußerlich an die erste Strophe an, in der dieser Ahnherr des Gralsgeschlechtes erwähnt wird. Eine feste chronologische Einordnung in Wolframs Gesamtwerk ist nicht zu erreichen. Der einzige sichere Anhalt ist, daß die Titurelfragmente vor 1219, dem Todesjahr Hermanns von Thüringen, gedichtet sein müssen. Sie vor den Willehalm zu verlegen, verbietet der in ihnen womöglich noch gesteigerte Altersstil des Dichters, aber es ist gut denkbar, daß ihn beide Aufgaben nebeneinander beschäftigt haben. Für diese Auffassung spricht wohl die Tatsache, daß der Willehalm unvollendet geblieben ist.

Das Gedicht ist Fragment, und zwar diesmal sicherlich nicht durch Ungunst der Überlieferung. Wolfram hat es als Torso hinterlassen. Wir kennen die Titurelbruchstücke aus zwei Handschriften des 13. Jahrhunderts und aus der späten Ambraser Handschrift des 16. Jahrhunderts. Es sind im ganzen etwa 175 Strophen, die sich auf zwei inhaltlich miteinander nicht zusammenhängende Erzählstücke verteilen. Die alten Fragmente sind – zum Teil stark umgearbeitet – in den sogenannten „Jüngeren Titurel" übernommen. Dieser ausgedehnte Gralroman, der im späten 13. Jahrhundert verfaßt wurde und sich das ganze Mittelalter hindurch großer Beliebtheit erfreute, gibt sich selbst als ein Werk Wolframs aus. Ob in diesem Gedicht noch mehr echtes Gut von Wolfram enthalten ist, als die Fragmente bezeugen, bleibt unentscheidbar.

Inhaltlich sollte das Werk eine Geschichte von Sigune und Schionatulander werden. Wir haben gesehen, daß Sigune eine Eigenschöpfung Wolframs ist, und daß er ihr große Bedeutung gegeben hat, indem er sie zur Trägerin seines Gedankens einer religiös erhöhten Minne machte. Im Parzival war die Geschichte von Sigunes und Schionatulanders tragisch endender Minne Voraussetzung; hier will Wolfram sie zu einer eigenen Minneerzählung ausgestalten.

Die Fragmente verteilen sich ihrem Inhalt nach in zwei Gruppen:
1. Die erste ist der Anfang des Gedichtes. Breit wird die Genealogie des Gralsgeschlechtes entwickelt, dem Sigune durch ihre Mutter angehört, knapper Schionatulanders Einordnung in die Familie von Gurnemanz. Beide Kinder, jung verwaist, werden von Parzivals Mutter Herzeloyde erzogen. Frühe Kinderminne verbindet sie, doch verlangt Sigune, daß Schionatulander sich erst durch ritterliche Taten als minnewürdig erweist. Schionatulander begleitet Gahmuret auf seinem letzten Zuge in den Orient. Die Minne zehrt wie eine Krankheit an den Getrennten, die in zwei parallelen Minnedialogen mit Gahmuret bzw. Herzeloyde ihr Herz eröffnen.

2. Im zweiten Fragment treffen wir die beiden Liebenden vereint in einem Walde. Der Jüngere Titurel berichtet uns, daß Schionatulander nach Gahmurets Tode zu Herzeloyde zurückgekehrt ist. Es ist also jener Wald, in dessen Einsamkeit sich Herzeloyde zurückgezogen hat. Hier spinnt sich das im Parzival angedeutete tragische Schicksal an. Schionatulander fängt einen fremden Jagdhund ein, auf dessen kostbar gesticktem Leitseil von der Minne Claudittes zu Ehkunaht die Rede ist, dem sie Hund und Band als eine Art Liebesbotschaft gesandt hat. Während Sigune die Schrift liest, reißt sich der Hund los. Sigune versteift sich darauf, die Inschrift ganz lesen zu wollen. Sie verspricht Schionatulander ihre volle Hingabe, wenn er ihr das Seil wiederbeschafft. Schionatulander macht sich auf die Suche; damit endet das Fragment. Vorausdeutungen lassen erkennen, daß er dabei den Tod finden wird. Aus dem Parzival wissen wir, daß es durch die Hand von Orilus geschah.

Der Titurel ist also eine tragisch endende Liebesnovelle. Man hat die starken Beziehungen der Sigunenovelle zur frühhöfischen Epik oft besprochen, zur Kinderminne des Floyris, zur Auffassung der Minne als Krankheit, zur psychologischen Entwicklung der Minne in Monologen und Dialogen, zu ihrer preisenden Erhebung als höchste, bezwingende Macht. All das könnte Wolfram von Veldeke gelernt haben. Aber solche Rückkehr zu Veldeke widerspräche aller Wolframschen Minneauffassung, deren Trägerin im Parzival gerade Sigune gewesen war. Diese Vorgeschichte zu Sigunes Erscheinung im Parzival kann daher nur als Kritik an jener frühhöfischen Minneauffassung gemeint sein, durch die eben das tragische Unheil hervorgerufen wurde: das Leid Sigunes, an dem sie erst zur wahren Minnehaltung gereift ist.

Solche Kritik aber richtete sich kaum gegen den verstorbenen Meister des frühhöfischen Romanes, sondern gegen jenen großen Zeitgenossen, der seine Auffassung der Minne aus der frühhöfischen Venusminne entwickelt und zu hoher Minnemystik gesteigert hatte, gegen Gottfried von Straßburg. Wir halten Wolframs Titurel für eine Gegendichtung gegen Gottfrieds Tristan. Gottfried hatte Wolframs Parzival scharf angegriffen; Wolfram hatte im Eingang des Willehalm kurz und ruhig darauf geantwortet. Hier tut er es grundsätzlich und in der Form der Dichtung. Das Tristanproblem, die alles bewegende und bezwingende Minne, wird zum Inhalt des großen Hymnus an die Minne (Str. 48 ff.), den Wolfram nach den ausgesponnenen Genealogien volltönend an den Anfang der eigentlichen Minnegeschichte setzt.

Von ihm aus ist der Titurel zu deuten. Wie Gottfried bekennt hier Wolfram die weltumspannende und lebensbestimmende Allmacht der Minne. Er gibt ihr wie Gottfried transzendente Bedeutung, er sucht sogar in der äußeren Form Beziehung zu Veldeke-Gottfried, indem er das Klangspiel mit dem Wort *minne* nachahmt und es überdies in seiner Doppeldeutigkeit als *amor* und *caritas* schimmern läßt, wie es – bis in den Wortlaut verwandt – Veldeke in seinem Liede 57, 5 getan hatte.

Aber diese Minne wird in zwei entscheidende Wolframsche Bindungen hineingestellt: in die ritterliche und in die göttliche – und darin liegt die Kritik an Gottfried. Minne ruft zu tätigem Rittertum auf und fordert ritterliche Bewährung (*minne twinget riter under helme*). In dem Minnegespräch Schionatulanders mit Gahmuret wird das noch stärker betont. Gottfried dagegen hatte die Minne entrittert und von ritterlicher Leistung gelöst.

Und Wolfram gibt der Minne einen christlich-sittlichen Hintergrund; er stellt sie in den großen Weltdualismus hinein. Nur die Hölle ist ohne Minne; reine Minne dagegen ist ein Weg zum Himmel. Damit sind Gedanken des Parzival, die an Belakane und entschiedener gerade an Sigune entwickelt waren, grundsätzlich wieder aufgenommen. Und wenn von reiner Minne gefordert wird, daß sie *âne zwîvel* sein muß, so knüpft hier Wolfram an einen Grundgedanken des Parzivalprologes an. Gottfried dagegen hatte der Minne eine autonome, von jeder Gottbeziehung gelöste Geltung gegeben.

Hier entspringt auch die Tragik in Sigunes Leben. Beweglich klagt Wolfram darüber, daß Kinder der Macht solcher Minne nicht gewachsen sind. Er denkt dabei vielleicht an die problemlose Selbstverständlichkeit der Kinderminne im Floyrisstoff, dessen neue, hochhöfische Behandlung durch den Gottfriednachfolger Konrad Fleck damals schon vorgelegen haben könnte. Sigune ist ihrer „Art" nach durchaus fähig, Trägerin der reinen Minne zu sein. Sie weiß auch, daß Minne ritterlich verdient und erdient sein muß. Aber indem sie die Gewährung des Minnelohnes an einen kindlichen Wunsch setzt, wird ihre kindliche Unreife offenbar.

Daher liegt ihre Tragik nicht in dem Augenblick, da sie von Schionatulander ritterliche Bewährung fordert und ihn mit Gahmuret in den Orient ziehen läßt. „Du mußt mich zuvor unter Schildes Dach verdienen" – das ist eine in Wolframs Sinne notwendige Forderung. Wäre Schionatulander mit Gahmuret gefallen, so wäre Sigunes Leben zwar von Trauer überschattet, aber ohne inneren Vorwurf gewesen.

Der verhängnisvolle Augenblick liegt in Strophe 168, in der Verheißung der letzten Minneerfüllung (*verenden*), wenn er ihr das Brackenseil wiederverschafft. Denn dies ist keine Tat in Wolframs Sinne, weder Aventiure noch ernster Kampf; es ist eine Marotte, die vielleicht mit einem kurzen Suchen im Walde erfüllbar ist. Das tiefe Mißverhältnis zwischen Leistung und Lohn, Form und Gehalt ist der verhängnisvolle Bruch. Dadurch wird der Tod Schionatulanders zu einem unheilbaren Vorwurf für Sigune, zu einer Versündigung gegen die wahre Minne, die Sigune durch ein Leben als Minnebüßerin sühnen muß. Von hier aus erhält ihr Tod als Klausnerin über dem Sarge des Geliebten seinen Sinn.

Wolfram hat das angefangene Gedicht liegenlassen. Man kann innere und äußere Gründe dafür vermuten. Das zweite Fragment bricht wohl nicht ganz zufällig kurz vor dem Augenblick ab, wo die Einmündung in den Parzival erreicht ist. Nicht nur, weil von hier an Bekanntes hätte wiederholt werden müssen. Sondern weit mehr, weil es im Parzival im Grunde überhaupt keine Sigunehandlung gibt, sondern nur vier ruhende Sigunebilder. Und wie wären diese Bilder erzählend zu verbinden gewesen? Sie wirken erschütternd eben als Bilder, als religiös erfüllte Gebärden: die Pietà, die Baumheilige, die Klausnerin. Man kann sich vorstellen, daß Wolfram zweifelhaft geworden ist, wie er weitererzählen sollte – wo Erzählen nur Abschwächung bringen konnte.

Aber auch die Form kann hemmend gewirkt haben. Der Titurel ist in dieser Zeit der einzige Versuch, eine höfische Erzählung in Strophen zu kleiden. Die Titurelstrophe ist eine sehr künstliche Weiterbildung episch-lyrischer Langzeilenstrophen. In ihrer formalen Kompliziertheit und rhythmischen Eigenwilligkeit entspricht sie der barocken Übersteigerung von Wolframs Spätstil. Denn ihre Rhythmik spottet jeden Versuches, sie den Gesetzen der klassischen Metrik zu unterwerfen, ebenso, wie Wolframs Sprache sich bewußt und herausfordernd der „kristallenen" Klarheit Hartmann-Gottfriedscher Stilgebung widersetzt. Aber eben diese Kompliziertheit der Strophe enthüllt auch die Tatsache, daß die Strophe kein geeignetes Instrument für die epische Großerzählung ist, zumal wenn zugleich auf das Stilmittel der Formel verzichtet wird, die – wie im Nibelungenlied – die Strophen abrundet und abschließt.

Man wird kaum sagen können, daß uns durch die Unvollendetheit des Titurel sehr viel verlorengegangen ist. Es war ein Experiment, und es war so weit geführt, wie es nötig war, um zu zeigen, daß es undurchführbar war. Die Bruchstückhaftigkeit des Werkes hat ihren guten Sinn in sich.

LITERATUR

Wolfram von Eschenbach. Ausg.: K. LACHMANN, 6. Aufl. (durch E. Hartl). Berlin 1926 (Gesamtausgabe). – A. LEITZMANN, 5 Bde., verschiedene Aufl., Tübingen 1953/59 (Altdt. Textbibl. 12–16) (Gesamtausgabe). – E. MARTIN, Germanist. Handbibl. IX. Halle 1900/03 (Parzival u. Titurel, mit Kommentarband). – K. BARTSCH, Klassiker d. Mittelalt. Bd. 9–11. 4. Aufl. (durch Marta Marti). Leipzig 1927/29 (Parzival u. Titurel mit Anm.).

Lit.: *Allgemeines:* G. EHRISMANN, Lit.-Gesch. II 2, 1 S. 212–95. – ALB. SCHREIBER, Neue Bausteine zu einer Lebensgeschichte Wolframs von Eschenbach. Dtsche Forschungen Bd. 7. Frankfurt 1922. – J. GÖTZ, Die Entwicklung des Wolframbildes von Bodmer bis zum Tode Lachmanns in der germanistischen und schönen Literatur. Diss. Freiburg 1940. – GOTTFR. WEBER, Wolfram von Eschenbach. Seine dichterische und geistesgeschichtliche Bedeutung. Frankfurt 1928. – W. JOH. SCHRÖDER, Grundzüge eines neuen Wolframbildes. Forschg. u. Fortschr. 26 (1950) 174–78. – FRIEDR. NEUMANN, Wolfram von Eschenbachs Ritterideal. Dtsche Vjschr. 5, 9–24. – HEINR. ORTW. BRODT, Untersuchung von sprachlichen Beziehungen der Zusammengehörigkeit in Wolframs Werk. Diss. Frankfurt 1942 (Masch.-Schr.). – G. GOETZ, Die Idee der sozialen Nothilfe in d. Dichtung Wolframs von Eschenbach. Diss. Freiburg 1936.

Parzival: A. SENN u. WINFR. LEHMANN, Word-Index to Wolframs Parzival. Univ. of Wisconsin 1938. – ED. HARTL, Die Textgeschichte des Wolframschen Parzival Teil I: Die jüngeren G-Handschriften. German. u. Deutsch H. 1. Berlin 1928. – E. KARG-GASTERSTÄDT, Zur Entstehungsgeschichte des Parzival. Halle 1925. – LOTTE KIENE, Zur Entstehung des Parzivals Wolframs von Eschenbach. Diss. Kiel 1943 (Masch.-Schr.). – J. SCHWIETERING, Wolframs Parzival. Von deutscher Art in Sprache u. Dichtung Bd. II S. 235–48. Stuttgart/Berlin 1941. – W. SNELLEMAN, Das Haus Anjou und der Orient in Wolframs Parzival. Diss. Amsterdam 1941. – HERM. SCHNEIDER, Parzival-Studien. Sitzber. Bayer. Ak. d. Wiss., phil.-hist. Kl. 1944 H. 4. – W. JOH. SCHRÖDER, Der Ritter zwischen Welt und Gott. Idee und Problem des Parzivalromans Wolframs von Eschenbach. Weimar 1952.

Zur Gralssage: K. BURDACH, Der Gral. Forschgen z. Kirchen- u. Geistesgesch. Bd. 14. Stuttgart 1938. – HELEN ADOLF, Studien zur Gralssage. Herrigs Arch. 188 (1951) 66–72. – ARTH. C. L. BROWN, The origin of the Grail legend. Harvard Univ. Press. Cambridge 1943. – LARS-IVAR RINGBOM, Graltempel und Paradies. Beziehungen zwischen Iran und Europa im Mittelalter. Kgl. Vitterh., Historie och Antikvitets Akad. Handlingar 73. Stockholm 1951. – W. WOLF, Der Vogel Phönix und der Gral. Festschrift Fr. Panzer zum 80. Geburtstag. Heidelberg 1950. S. 73–95. – FR. RANKE, Zur Symbolik des Grals bei Wolfram von Eschenbach. Trivium 4 (1946) 20–30. – A. T. HATTO, On Wolframs conception of the „Graal". Mod. Lang. Rev. 1948, 216 ff. – BODO MERGELL, Der Gral in Wolframs Parzival. Beitr. 73 (1951) 1–94.

Zur Quellenfrage: WILH. KELLERMANN, Aufbaustil und Weltbild Chrestiens von Troyes im Percevalroman. Beih. z. ZfromPh. 88. Halle 1936. – BODO MERGELL, Wolfram von Eschenbach und seine französischen Quellen II. Wolframs Parzival. Frschgen z. dtschen Sprache u. Dichtg. 11. Münster 1943. – J. FOURQUET, Wolfram d'Eschenbach et le Conte del Graal. Les divergences de la tradition du Conte del Graal et l'importance pour l'explication du Parzival. Publ. de la Faculté des Lettres de l'Université de Strasbourg Fasc. 87. Paris 1938. – MARY A. RACHBAUER, A Study of the Relation of the Content of Books III–IV and IX of the Parzival to the Crestien Manuscripts. The Catholic Univers. of Amer., Studies in German Vol. IV. Washington 1934. – M. PAETZEL, Wolfram von Eschenbach und Crestien von Troyes. Parzival Buch 7–13 und seine Quellen. Diss. Berlin 1931. – FR. PANZER, Gahmuret. Quellenstudien zu Wolframs Parzival. Sitzber. Heidelb. Ak. d. Wiss., phil.-hist. Kl. 1939/40 Abh. 1. Heidelberg 1940. – H. J. WEIGAND, Die epischen Zeitverhältnisse in den Graldichtungen Chrestiens und Wolframs. Publ. Mod. Lang. Ass. 53 (1938) 917–50. – HELEN ADOLF, New light on Oriental sources for Wolframs Parzival and other Grail Romances. Publ. Mod. Lang. Ass. 62 (1947) 306–24.

Zum Kyotproblem: (Vielfach in den Arbeiten zur Quellenfrage erörtert.) – S. SINGER, Wolframs Stil und der Stoff des Parzival. Sitzber. Kais. Ak. d. Wiss. Wien, phil.-hist. Kl. Bd. 180 Abh. 4. 1917. – DERS., Neue Parzivalstudien. Zürich u. Leipzig 1937. – MARTA MARTI, Einleitung zu ihrer Ausgabe. – ALB. SCHREIBER, Kyot und Crestien. ZfromPh. 48 (1928) 1–52. – TH. C. VAN STOCKUM, Wolframs Parzival und das Problem der Quelle. Neophilologus 26 (1941) 13–24. – TH. HEINERMANN, Zu Wolframs Kyot. Herrigs Arch. 185 (1948) 130–35. – J. H. SCHOLTE, Kyot von Katelangen. Neophilologus 33 (1949) 23–36. – EDW. H. ZEYDEL, Noch einmal zu Wolframs Kyot. Neophilologus 34 (1950) 11–15. – DERS., Auf den Spuren von Wolframs „Kyot". Neophilologus 36 (1952) 21–32.

Interpretation: BEN. MOCKENHAUPT, Die Frömmigkeit im Parzival Wolframs von Eschenbach. Bonn 1942. – HELEN ADOLF, The theological and feudal background of Wolframs 'zwivel'. Journ. of Engl. and Germ. Phil. 49 (1950) 283–303. – HEINR. HEMPEL, Der „zwivel" bei Wolfram und anderweit. Erbe d. Vergangenheit (Festschr. K. Helm). Tübingen 1951. S. 157–87. – M. O'C. WALSHE, A note on pity and zwivel in Parzival. Journ. of Engl. and Germ. Phil. 50 (1951) 532 ff. – G. Weber, Der Gottesbegriff des Parzival. Frankfurt 1935. – Ders., Parzival, Ringen und Vollendung. Eine dichtungs- und religionsgeschichtliche Untersuchung. Oberursel 1948. – H. Meyer, Zum Religionsgespräch im neunten Buch des Parzival. Neophilologus 31 (1947) 18–27. – G. Keferstein, Parzivals ethischer Weg. Literatur u. Leben Bd. 10. Weimar 1937. – Herm. heckel, Das ethische Wortfeld in Wolframs Parzival. Würzburg 1939. – J. Schwietering, Parzivals Schuld. ZfdA 81 (1944) 44–68. – Fr. Maurer, Parzivals Sünden. Erwägungen zur Frage nach Parzivals „Schuld". Dtsche Vjschr. 24 (1950) 304–46. – W. Mohr, Parzivals ritterliche Schuld. Wirkendes Wort 2 (1951) 148–60. – Fr. Maurer, Das Leid im Parzival, in s. Buch über das „Leid" S. 115 ff. – G. Keferstein, Zur Liebesauffassung in Wolframs „Parzival". Festschr. f. Alb. Leitzmann. Jena 1937. S. 15–32. – E. Cucuel, Die Eingangsbücher des Parzival. Dtsche Forschgen Bd. 30. Frankfurt 1937. – Marg. F. Richey, Zu der Einleitung von Wolframs Parzival. ZfdPh. 63 (1938) 385–86. – W. J. Schröder, Der Prolog von Wolframs Parzival. ZfdA 83 (1951) 130–43. – Hch. Hempel, Der Eingang von Wolframs Parzival. ZfdA 83 (1951) 162–80. – W. Henzen, Das IX. Buch des Parzival, Überlegungen zum Aufbau. Erbe d. Vergangenheit (Festschr. f. K. Helm). Tübingen 1951. S. 189–217. – G. Keferstein, Die Gawanhandlung in Wolframs Parzival. Germ.-rom. Monschr. 25 (1937) 256–74. – Maria Luxemburger, Die Zeitgestaltung in Wolframs von Eschenbach „Parzival". Diss. Bonn 1949 (Masch.-Schr.). – M. O'C. Walshe, Some „Parzival" Problems. Mod. Lang. Rev. 1948, 514 ff. – C. Wesle, Zu Wolframs Parzival. Beitr. 72 (1950) 1–38.

Willehalm: Fr. Panzer, Die Quellen zu Wolframs Willehalm. Forschg. u. Fortschr. 16, 113 f. – Bodo Mergell, Wolfram von Eschenbach und seine französischen Quellen I. Teil: Wolframs Willehalm. Forschgen z. dtschen Sprache u. Dichtg. H. 6. Münster 1936. – S. Singer, Wolframs Willehalm. Bern 1918. – Ludw. Wolff, Der Willehalm Wolframs von Eschenbach. Dtsche Vjschr. 12 (1934) 504–39. – D. Haacke, Weltfeindliche Strömungen S. 187–246. – Fr. Maurer, Das Leid im Willehalm, in s. Buch über das „Leid" S. 168 ff. – Rich. Kienast, Zur Tektonik von Wolframs „Willehalm". Festschr. Fr. Panzer zum 80. Geburtstag. Heidelberg 1950. S. 96–115.

Titurel: Ludw. Wolff, Wolframs Schionatulander und Sigune. Festschr. Fr. Panzer zum 80. Geburtstag. Heidelberg 1950. S. 116–30. – G. Gantscheff, Das Verbum in Wolframs Titurel. Halle 1937.

5. GOTTFRIED VON STRASSBURG

Den Gipfel der hohen staufischen Dichtung erreichen wir in dem Gegenspiel der beiden Großen: Wolfram von Eschenbach und Gottfried von Straßburg. Hier sehen wir, welche Spannung innerhalb dieser einheitlichen Zeit möglich war, wie gefährlich es ist, große Persönlichkeiten nur als Ausprägungen eines Zeittypus aufzufassen, sogar in Zeiten, die so stark in gültigen Typen denken und schaffen.

Das Widerspiel beginnt im Äußeren. Zwar wissen wir von Gottfrieds Leben noch weniger als von Wolframs. Denn sein unvollendeter Tristanroman versagt uns alle Angaben persönlicher Art, die vielleicht am Ende des Werkes ihren Platz gefunden hätten. Nur zeitgenössische und spätere Dichter – zumal die Fortsetzer des Tristan, Ulrich von Türheim (um 1230) und Heinrich von Freiberg (um 1290) – bezeichnen Gottfried von Straßburg als den Dichter des Tristanepos. Als seinen Gönner nennt das Akrostichon des Anfangs einen Mann namens Dietrich, nichts weiter als den nackten Namen, den wir nicht mit persönlichem Leben erfüllen können. Nirgends erhält Gottfried den Titel *her*, und in den Bildern der Minnesängerhandschriften fehlt ihm das Wappenzeichen. Er war nicht *her*, sondern *meister*, nicht Ritter, sondern schulgebildeter Bürger. Dem entspricht gegenüber Wolframs betontem Bekenntnis zum Rittertum Gottfrieds kühle, stellenweise geradezu ironische Abwertung des Ritterwesens.

Gottfried war ein buchgelehrter Mann auf der Höhe der zeitgenössischen Bildung, auch darin dem großen Autodidakten Wolfram, dem die Quelle seiner Kunst der *sin* war, entgegengesetzt. Er beherrscht die theologische Gelehrsamkeit, ist aber vor allem tief eingelebt in das antike Schrifttum, das ihm ein wirklicher Teil seines geistigen Wesens ist. Apollo ist ihm nicht – wie im Rolandslied und in Wolframs Willehalm – ein sarazenischer Abgott; er ist der hohe Herrscher des Helikon, der Gott der Dichtkunst, der Führer der Musen. An ihn wendet sich Gottfried (4862 ff.) mit einem Anruf, dessen Tönung dem christlichen Gebet nachgebildet ist. Neben der lateinisch-schulmäßigen Bildung ist ihm die französisch-höfische wohlvertraut. Wo Wolfram mit der französischen Sprache in barbarischer Genialität spielt, spricht Gottfried in seinem deutschen Gedicht gern und korrekt französisch.

Der neue soziale Typus des gebildeten Stadtbürgers tritt uns in Gottfried erstmals entgegen. Nicht zufällig in einer der großen aufstrebenden Städte des Oberrheins, wo sich der Bürger nach sozialem und politischem Geltungsgefühl neben den Ritter stellte, und wo im Stadtpatriziat der Adlige seinen Rang einnahm. In dieser neuen, auch geistig und bildungsmäßig wachen städtischen Oberschicht haben wir Gottfrieds Gönner Dietrich und gewiß auch Gottfried selber zu suchen.

Zeitlich ist Gottfried nach seinen literarischen Anspielungen einzuordnen, besonders nach dem berühmten literarisch-kritischen Exkurs, den er in seinen Tristan eingelegt hat (4600 ff.). Unter den Lyrikern nennt er Reinmar, unter den Epikern Heinrich von Veldeke als Verstorbene. Als führende Gestalten unter den Lebenden preist er einerseits Walther von der Vogelweide, andererseits Hartmann von Aue und Bligger von Steinach (vgl. S. 85), der uns nur ein Schatten ist. Damit ist nichts Genaueres erreicht als die literarische Situation bald nach 1200.

Am wesentlichsten sind Gottfrieds heftige Angriffe gegen einen ungenannten Dichter, der nur Wolfram von Eschenbach sein kann; die wörtlichen Anspielungen auf den dunkeln Prolog des Parzival sind unüberhörbar. Wolfram erwidert auf diesen Angriff in seinem Willehalm. Die sich daraus ergebenden Folgen für die Chronologie Gottfrieds schwanken mit den Auffassungen über die innere Chronologie von Wolframs Parzival. Doch wird die alte Meinung, daß Gottfrieds Tristan um 1210 in seiner fragmentarischen Gestalt fertig war, also im ersten Jahrzehnt des neuen Jahrhunderts entstand, das Richtige treffen. Das Werk blieb unvollendet, und wenn jüngere Dichter beklagen, daß der Tod die Vollendung verhindert hat, so besteht kein Grund, an dieser Angabe zu zweifeln.

Der Tristan ist Gottfrieds einziges episches Werk. Die wenigen lyrischen Gedichte, die unsere Minnesängerhandschriften ihm zuweisen, darunter ein schöner, umfänglicher Marienpreis, sind unecht. Dagegen wird man zwei Sprüche, die in den Handschriften Ulrich von Lichtenstein zugeschrieben werden, auf Grund eines Zitates bei Rudolf von Ems (Alexander 20621 ff.) für Gottfried beanspruchen müssen. Beide stehen unter dem Einfluß Walthers von der Vogelweide, verraten aber wenig von Gottfrieds großer dichterischer Kunst (vgl. S. 402).

Als seine Quelle nennt Gottfried unter Ablehnung anderer Tristandarstellungen das Werk des Thomas von Britanje, der die Geschichte *in britûnschen buochen* gelesen und danach erzählt habe. Er, Gottfried, habe nach langem Suchen dieses Werk des Thomas aufgefunden und lege diese Geschichte jetzt seinen Lesern vor. Nach der Vorgeschichte des Stoffes fragen wir hier sowenig wie bei Eilhart. Thomas hat für den Tristanstoff das geleistet, was Chrestien für den Artusroman getan hat: er hat ihm die höfisch-ritterliche Darstellung geschaffen, die für Gottfried allein in Frage kam. Von dem Werk des Thomas besitzen wir beträchtliche Bruchstücke, doch fallen sie überwiegend in den Schlußteil, der bei Gottfried fehlt. Eine unmittelbare Textvergleichung ist daher nur auf eine schmale Strecke möglich.

Gottfrieds Verhältnis zu seiner Quelle ist durch seine gelehrte Schulbildung und deren Begriff der *auctoritas* bestimmt. Ihm ist die Quelle „Wahrheit", d. h. ein gültiges Dokument, dessen Inhalt nicht angetastet werden darf. Er hat es nicht gewagt, die Erzählung als solche umzugestalten, zu konzentrieren, Episoden auszuschließen, die für seine Grundkonzeption gleichgültig oder sogar schädlich waren, wie Isoldes Mordanschlag auf Brangäne, um die einzige Mitwisserin der falschen Hochzeitsnacht aus dem Wege zu räumen. Darum scheinen mir auch die Versuche verfehlt, subtile kompositorische Bestrebungen bei Gottfried nachzuweisen. Er bleibt hier an die primitive und veraltende Aufbautechnik der Vorstufen gebunden, die weithin, namentlich in den Überlistungsabenteuern und später dann bei den heimlichen Besuchen Tristans die bloß aufreihende Aneinanderkettung von Einzelabenteuern verwendet, kaum anders als der vorhöfische Salman und Morolf bei Morolfs Verkleidungsabenteuern. Abermals verhält sich der Gelehrte Gottfried grundsätzlich anders als der ritterliche Laie Wolfram, der seinen Stoff für seine Absichten selbstherrlich und schöpferisch umformt. Eben dieses ist einer der Vorwürfe, die Gottfried gegen Wolfram erhebt. Seine künstlerische Aufgabe sah Gottfried vielmehr in der poetischen Form. Wie seine literarischen Urteile der formalen Leistung gelten, so war sein eigenes Bemühen mit allem Nachdruck der formalen Gestaltung gewidmet. In der Tat bedeutet Gottfrieds Tristan die höchste Meisterschaft der Sprache, den Gipfel des Wohllauts, den mhd. Sprach- und Stilkunst erreicht hat. Die virtuose Beherrschung aller sprachlichen und stilistischen Mittel, bewacht durch ein musikalisch äußerst empfindliches Ohr,

hat ein Wunderwerk zustande gebracht. Wir müssen uns Gottfried, der
der Musik in der höfischen Erziehung und Bildung eine so bedeutende
Rolle gönnt, als einen Musikenthusiasten und einen Musiker von Gnaden
vorstellen. Hartmanns sprachliche Meisterschaft, seine *kristallînen wor-
telîn*, die Gottfried preist, ist in der Zucht der Vernunft gewonnen worden; Gottfrieds Sprache ist vom Klang her bestimmt und zu berücken-
der Musik des Wortes geworden – bis an die Grenze des virtuosen
Klangspieles, das seine Schüler als leere Form nachgeahmt haben. Auch
darin ist Gottfried das Gegenspiel zu der vom Auge und der Phantasie
bedingten Sprache Wolframs.

So hat man in der Forschung sehr lange die eigentliche Leistung Gottfrieds allein auf dem Felde des Ästhetischen gesehen; erst die Arbeit der
beiden letzten Jahrzehnte hat hier gründlichen Wandel geschaffen und
versucht, zu einer neuen Sinndeutung von Gottfrieds Epos vorzudringen und es in die großen Fragestellungen der staufischen Zeit einzuordnen. In der Tat hat Gottfried etwas anderes gewollt und geleistet als
eine meisterhafte Übersetzung des Thomas. Er hat dem alten Stoff eine
ganz neue, eigene und kühne Deutung gegeben. Nur ist er, der Gelehrte,
auch hier ganz anders verfahren als Wolfram, der seinen Stoff nach seinen
Absichten frei bildete. Er hat seine Weise grundsätzlich aus der Technik
des gelehrten Kommentars entwickelt, der den unantastbaren Text durch
Glossen und Exkurse auslegt. So geschieht es auch bei Gottfried, zunächst in dem programmatischen Prolog, dann im Laufe der Dichtung
teils durch das, was er seine Gestalten sagen läßt, vor allem aber durch
auslegende Bemerkungen, die sich zu breiten Exkursen dehnen und geradezu die Form der Predigt oder Unterweisung annehmen können.
Daher ist der Sinn des Parzival aus einer eingehenden Analyse des Stoffes zu gewinnen, der des Tristan aus einer genauen Behandlung des Prologes und der Exkurse. Der Stoff dagegen darf kürzer abgetan werden,
zumal von ihm schon bei Eilhart die Rede war (vgl. S. 34 f.).

Der Inhalt läuft dem Eilhartschen Tristrant weithin parallel. Er baut
sich auf aus der Vorgeschichte: Tristans Eltern und Geburt, und aus
der Hauptgeschichte: Tristans Leben. Diese gliedert sich durch die
beiden Wendepunkte: den Minnetrank und die Trennung von Isolde.
So ergeben sich drei Hauptteile:

a) Tristans Jugend und erste Irlandfahrt. Den Mittelpunkt dieses Teiles
bildet der Zweikampf des jungen Tristan mit dem riesenstarken Morolt, der von König Marke, Tristans Mutterbruder, schmählichen Zins fordert. Er überwindet Morolt,
erhält aber dabei von Morolts vergiftetem Schwert eine Wunde, die nur die zauber-
kundige Isolde, Morolts Schwester und Königin von Irland, heilen kann. Als Spielmann Tantris verkleidet, fährt er aus, gewinnt durch seine musikalische Kunst Zutritt
zum Königshause und wird durch Isolde geheilt. Er wird der Lehrer ihrer Tochter,
der jungen Isolde, in Musik und höfischem Wesen, und kehrt glücklich zu Marke
zurück. Er wird in Ehren aufgenommen und zum Erben des Landes bestimmt, er-

weckt aber damit den Neid der Großen und erbietet sich, den gefährlichen Auftrag
zu übernehmen, für Marke um die Hand Isoldes, der Tochter des Todfeindes, zu
werben.

b) Tristans zweite Irlandfahrt, der Minnetrank und seine Folgen. Tristan fährt abermals nach Irland, läßt sich heimlich an Land setzen und besteht den
Kampf mit dem das Land verheerenden Drachen, auf dessen Überwindung als Lohn
die Hand Isoldes gesetzt ist. Nach dem Kampfe ohnmächtig niedergesunken, wird er
von den Frauen aufgefunden und heimgebracht. Im Bade wird er durch Isolde an der
Scharte in seinem Schwert als Tristan erkannt, weiß mit Hilfe Brangänes die schöne
Feindin zu beschwichtigen, entlarvt den feigen Truchsessen, der sich die Erlegung
des Drachen angemaßt hat, und wirbt vor dem Hofe feierlich um Isolde für seinen
Oheim und Herren Marke.

Auf der Heimfahrt geschieht die Verwechslung des Liebestrankes, der für Isoldes
Hochzeitsnacht mit Marke bestimmt war. Tristan und Isolde leeren ihn, unwiderstehlich erwacht die Minne und treibt sie schon auf der Fahrt in die Wonnen liebender
Vereinigung. Die Ehe Isoldes mit Marke wird geschlossen, in der Hochzeitsnacht die
jungfräuliche Brangäne untergeschoben. Damit beginnt die Kette der erlisteten Lie-
besvereinigungen von Tristan und Isolde, der Verdächtigungen und Entdeckungen.
Bis dann mit der Verbannung der Liebenden vom Hofe der Höhepunkt dieses Teiles
erreicht wird, die Flucht in den Wald und die selige Liebeszweiheit in der Minnegrotte.
Doch endet sie mit der Rückkehr an den Hof und der Aussöhnung mit Marke, um
doch sogleich wieder zum Bruch aller Verpflichtungen und zur endgültigen Verbannung Tristans zu führen.

c) Tristans Verbannung und seine Wiederkehrabenteuer. Tristan findet
Aufnahme bei Kaëdin in Arundel, wo ihm als Dank für ritterliche Waffenhilfe die
Hand von Kaëdins Schwester, Isolde Weißhand, angeboten wird. Verwirrt schon
vom Klang des geliebten Namens, gaukelt sich Tristan die Möglichkeit eines neuen
Minneglücks vor. Hier bricht Gottfrieds Werk ab.

Aus Eilhart, Thomas und anderen Tristanquellen kennen wir den Fortgang. Die
Ehe kommt zustande, aber Tristans Leben wird hinfort eine Kette von Abenteuern
der Rückkehr zu Isolde, der Verkleidungen, Gefahren und kurzen Seligkeiten. Zuletzt erhält Tristan in Kaëdins Diensten eine tödliche Wunde, die nur Isolde heilen
könnte. Sie wird herbeigerufen und eilt nach Arundel. Doch die Falschheit der Isolde
Weißhand macht Tristan glauben, daß die Geliebte nicht auf dem nahenden Schiff ist,
und er stirbt. Isolde findet Tristan tot und sinkt entseelt neben ihm nieder. Marke
kommt hinzu, zu spät, um seine Verzeihung zu bringen. Nicht bei Thomas, wohl aber
bei Eilhart und anderen, wird als Schluß erzählt, wie Tristan und Isolde zu beiden
Seiten einer Kapelle bestattet werden und wie, aus ihren Gräbern entsprießend, eine
Rebe und eine Rose sich unlöslich über das Dach der Kapelle verschlingen.

Vom Stoff her gesehen erscheint die Geschichte problemlos, ein Leben,
das sich in Rittertat und Minne verzehrt, eine Kette moralisch bedenklicher Abenteuer, die als Geschichten vom betrogenen Ehemann auch
schwankhaft erzählbar wären, und ein gefühlvoller Schluß.

Mit der zentralen Stellung der Minne in diesem Roman ist indessen
ein gewichtiges Thema der Zeit angeschlagen. Und zwar handelt es
sich zunächst um jene bannhafte Minne, die den Menschen willenlos
beherrscht und alle Ordnungsgefüge sprengt. Sie verkörpert sich in dem
Minnetrank, der das Paar in magischer Mechanik zusammenzwingt und
zugleich moralisch entlastet, da er ihm die Willensfreiheit und Verant-

wortlichkeit nimmt. So hatte es Eilhart gesehen, so beurteilte auch der junge Veldeke den Stoff in einem seiner Lieder, in dem er seine eigene Minne gegenüber Tristans Minne erhöht, weil dessen *staete* mehr dem Zwang des Trankes als der Kraft der Liebe entsprang. Indem Gottfried diesen Stoff aufnahm, drang die vorhöfische Theorie von der bannhaften Minne nach dem Oberrhein hinüber. Es kommt alles darauf an, was Gottfried daraus gemacht hat.

Die Frage beantwortet sich aus der Analyse des Prologes und der Exkurse dahin, daß Gottfried den Minnebegriff mit großer Kühnheit neu gedeutet hat, indem er ihn mit den Kräften religiöser Mystik erfüllt und der Minne damit eine im eigentlichen Sinne religiöse Bedeutung gibt. Schwietering und Mergell haben versucht, dieser Neudeutung der Minne durch Gottfried einen festeren geistesgeschichtlichen Hintergrund zu geben, indem sie sie zu der Brautmystik in der Exegese des Hohen Liedes in Beziehung setzen, insbesondere in der Form, die sie bei Bernhard von Clairvaux gewonnen hat. Hier wird, namentlich bei Mergell, manches als überspitzt wieder dahinfallen, aber der entscheidende Schritt zur Deutung von Gottfrieds Werk ist damit getan. Denn damit wird die Geschichte von Tristan und Isolde im eigentlichen Sinn zu einer legendären Erzählung von zwei Menschen, die im Streben nach der *unio mystica* der Minne exemplarisch gelebt und dafür das Martyrium des Daseins in einer ihrer vollkommenen Minne feindlich entgegenstehenden Welt auf sich genommen haben. Sie müssen unter dem Aspekt der Minneheiligen gesehen werden.

Die Grundgedanken hat Gottfried in dem Prolog entwickelt, in den Exkursen nach bestimmter Richtung ausgebaut. Er will, so sagt er einleitend, „der Welt zuliebe" dichten, d. h. für ein höfisches Publikum. Doch er schränkt sofort ein: sein Werk gelte nur der engeren Gruppe der „edlen Herzen". Sie sind geschieden von der allgemeinen Welt der höfischen Gesellschaft, die Gottfried als jene bezeichnet und verwirft, die „nur in Freude schwimmen wollen". Er dagegen sucht die auserwählte Schar der „edlen Herzen", die ihrem Wesen nach in pointierten Antithesen dargestellt werden als Menschen, die Lust und Leid, ja Leben und Tod als eine höhere Einheit zu erleben vermögen aus dem überwältigenden Grunderlebnis einer lebensbestimmenden Minne.

Gottfried sieht also zunächst in der wirklichen Gegenwart und innerhalb der höfischen Welt eine Doppelheit: die Durchschnittlichen in ihrer Freudenwelt und die Auserwählten mit einem vertieften, rational nicht faßbaren, aber ihr ganzes Leben umprägenden Urerlebnis der Minne. Sie erscheinen im Rahmen des Höfischen wie eine Sekte, und, da ihr Merkmal nicht Lehre, sondern inneres Erlebnis ist, wie eine mystische Sekte, die sich nicht nach außen abgrenzt, sondern nach innen erkennt. Sie sind nur Wenige, Erwählte; denn die meisten (*ir aller werlt*) scheuen sich vor

diesem Erlebnis, das Leid und Tod als Lebenswerte anerkennt. Die Erwählten aber sind zugleich die Erhobenen und Gereinigten; nur solches
Minneerlebnis führt zu Tugend und Ehre (187 ff.). Der Gedanke Hartmanns und des Minnesangs von der erzieherischen und reinigenden
Kraft der Minne ist hier eingeordnet.

Diese innere Erfahrung wird belegt durch die Geschichte von Tristan
und Isolde, das Exemplum eines Daseins aus der reinen, Leid und
Tod bejahenden Minne als Urgrund des Daseins. Er stellt sie uns vor:

> *ein senedære und eine senedærin*
> *ein man, ein wîp – ein wîp, ein man,*
> *Tristan Isolt – Isolt Tristan.*

Als Sehnende, d. h. von leidvoller Minne Erfüllte, stellt er sie vor uns
hin, und in der syntaktischen Verschlingung der Worte wird das Verschmelzen einer Zweiheit von Individuen zur Einheit des Daseins hörbar gemacht. Diese tiefste leib-seelische Einheit zweier Liebender ist das
mystische Grunderlebnis, die *unio mystica*, aus dem Bezirk des Religiösen
in den der Minne übertragen.

Diese *unio* wird ausdrücklich als zeitüberwindend und lebensüberdauernd dargestellt in Gottfrieds Wort, daß ihr Tod Leben bedeutet,
d. h. daß exemplarisches Leben und Sterben Dauer über den Tod hinaus
verbürgt. Abermals ist ein religiöser Gedanke auf die Minne übertragen,
daß, wer sein Leben um des höchsten Gutes willen aufgibt, damit höheres Leben gewinnt. Der Bogen zum Minneheiligen ist damit geschlagen,
der legendenhafte Charakter der Erzählung festgelegt. Daher schreibt
Gottfried seinen Helden nicht nur eine vorbildhafte, sondern eine wirkende Kraft zu, die der Wirkenskraft der Heiligen entspricht. Ihr Tod,
so sagt er, muß uns Lebenden immer lebendig und neu sein. Diese Wirkenskraft faßt er unter dem Begriff des Brotes zusammen, und durch das
abschließende Spiel des Prologes mit den Reimwörtern Brot und Tod
wird die Beziehung zur eucharistisch-sakralen Bedeutung des Brotes
unüberhörbar deutlich gemacht.

Hier ist eine ganz andere Minnelehre entwickelt, als wir sie bisher
kennengelernt haben. Sie hat mit jener Minne Hartmanns und Wolframs
nichts zu tun, die durch tätige Bewährung verdient werden will. Sie hat
insbesondere nichts mit Rittertum zu tun. Minne ist überhaupt nichts,
was rational durch irgendein Verhalten oder Tun erworben werden kann.
Tristan erwirbt Isoldes Liebe nicht durch Dienst; der Drachenkampf hat
mit dieser Minne nichts zu tun. Und Isolde gewährt ihre Minne nicht als
Lohn. Minne – oder echte Minnefähigkeit – ist vielmehr eine Qualität
des Menschen. Wo sie wirksam ist, da ist sie absolut und für beide Teile
gleicherweise daseinsbestimmend. Minne ist grenzenlos; sie weiß von
keiner anderen Ordnung neben sich und strebt auf keine zu. Sie zerbricht

die Schranken der Ehe Isoldes mit Marke, aber nirgends ist davon die Rede, daß Tristan und Isolde die ideale Erfüllung ihrer Liebe in einer Ehe suchten oder wähnten. Das Einmünden der Minne in die Ehe, wie es der Artusroman als notwendigen Abschluß kennt, wäre hier absurd.

Der Gottfriedsche Minnebegriff ist vielmehr primär aus dem Minnebegriff der frühhöfischen Minnedichtung entwickelt. Mit ihr teilt er auch die Bejahung der Sinnenseite; leibliche Vereinigung ist für Gottfried der notwendige äußere Vollzug der Minne. Aber grundsätzlich anders erschöpft sich in ihr das Minnegeschehen nicht. Der *wîpsaelege* Lanzelôt des Ulrich von Zazikhofen mit seinem aventiurenhaften Weg von einer Minneerfüllung zur anderen wäre Gottfried als Vorbild jener feilen Minne erschienen, die er als Zerrbild in seiner großen „Bußpredigt der Minne" (12187 ff.) so hart geißelt. Die wahre Minne bedeutet tiefe, rational nicht faßbare Wandlung des Wesens. Kraft ihrer absoluten, und das heißt religiösen Geltung löst sie den Menschen aus der gültigen Welt heraus, stellt ihn gegen sie und bringt ihn damit in Leiden. Das Dasein Tristans und Isoldes seit dem Minnetrank ist kurze Liebesseligkeit, erkauft durch Schnsucht, Umgetriebensein, Trennung und Tod. Die uneingeschränkte Bejahung des Leides, die Absage an die „Welt der Freude" ist tragendes Wesensmerkmal der Tristanminne. Sie erlaubt es, von einer „Askese der Minne" zu reden, sofern man nur darunter nicht sinnliche Enthaltsamkeit versteht, sondern Absage an alle höfische Weltfreude.

Der Träger solcher Minne ist das „edle Herz". Diese Formel setzt einerseits den neuen Kult des Herzens voraus, wie er von Hartmann in seinem „Büchlein" und vom Minnesang entwickelt worden ist, andererseits Hartmanns seelisch vertiefende Bedeutungswandlung des Wortes *edel*. Mit dem Minnesang teilt Gottfrieds Minneauffassung die Unverbrüchlichkeit und die Losgelöstheit aus der sozialen Ordnung der Ehe. Aber die Steigerung des Minnebegriffes geschieht hier und dort ganz verschieden. Der Minnesang vollzieht sie durch Entsinnlichung. Er erhebt die Frau über die Sphäre des Begehrens und Erfüllens, macht das Werben des Mannes zum unerfüllbaren *wân* und sieht in der Unerfüllbarkeit gerade den höchsten Wert der Minne. Hier wird die Frau zum überirdischen Wesen sublimiert; die letzte religiöse Erfüllung erfährt diese Minnehaltung in Dantes Beatrice-Minne. Gottfrieds Minne weiß von keiner Distanz der Geschlechter. Sie bindet Mann und Frau in gleicher Unverbrüchlichkeit und wird als tiefste leib-seelische Einheit beider Geschlechter erfahren. Gottfried sublimiert die Minne als solche, und wo sie religiös erlebt wird, erscheint sie der *unio* des mystischen Gotteserlebnisses gleichgeordnet.

Gottfrieds im Prolog entwickelte Auffassung von der Zweischichtigkeit der Welt ist auch für den Tristanstoff selber gültig. Gottfrieds Epos ist das Aufsteigen der beiden Liebenden aus der niederen Welt in die höhere. Auch Gottfried schreibt keinen psychologischen Entwicklungsroman: im Augenblick des Trankes ist der Umschwung vollzogen, verhüllt nur durch den Widerstand der Überwältigten, dessen Sinnlosigkeit jedem Hörer sofort klar ist. Die Auffassung einer Zweischichtigkeit der Welt teilt Gottfried mit Wolfram. Bei den beiden Erfüllern der höfischen Klassik spüren wir das Ungenügen an der höfischen Welt als Wirklichkeit oder Ideal, das für Hartmann noch gültig war. Die freudige Entdeckung des Diesseits als eines autonomen Wertes ist bereits in ihrer Relativität erkannt. Auch Wolframs Artuswelt war ja die Welt der schattenlosen und eben deswegen flachen Freude, aus der sich Parzival im 14. Buch mit Worten löst (793, 17 ff.), die erstaunlich nahe an Gottfrieds Tristanprolog (50 ff.) anklingen. Die beiden großen Dichter sind vom Problem des Leidens berührt, und das Leid ist ihnen eine so wesentliche Wirklichkeit, daß sie es geradezu als Zeichen der höheren' menschlichen Wesensart empfinden, dem Leide ausgesetzt zu sein und es zu bejahen.

Auch darin ist ihre Sicht der „zwei Welten" noch gleich, daß sie beide ihre Helden der unteren Schicht, der höfischen Freudenwelt, zunächst angehören und durch sie hindurchgehen lassen. Weder Gottfried noch Wolfram sehen die beiden Welten antithetisch; sie sehen sie als Stufenfolge. Nur der höfische Mensch ist fähig des edlen Herzens oder des Graltums. Aber in ihrer Erfassung der Welt gehen sie weit auseinander.

Wolfram entwickelt seine Welt vom *schildes ambet* her, dem tätigen Rittertum, das sich im Artusrittertum rein darstellt. Gottfried entwickelt sie vom gebildeten Manne her, zu dem ritterliche Qualitäten zwar gehören, die ihn aber nicht bestimmen. Gottfried ist bewußt bestrebt, das höfische Leben zu entrittern. Gahmurets ritterliches Leben und Sterben ist in Wolframs Parzival sinnvolle Vorverkündung der ritterlichen Art des Sohnes. Rivalins Schlachtentod ist als Folge einer jugendlichen, in sich sinnlosen Hybris dargestellt. Und während Wolfram im Willehalm seine ganze Kunst an ein bewegtes Schlachtenbild setzt, drängt Gottfried den Kriegszug, auf dem Rivalin schwer verwundet wird, auf 16 Zeilen zusammen, während er dem Liebesfeste Rivalins und Blancheflurs deren 600 gönnt.

Für Gottfried sind die ritterlich-kämpferischen Motive, die sein Stoff enthält, ohne Eigenwert. Sie sind nur Hebel, um Handlung in Bewegung zu setzen. Rivalins Teilnahme an Markes Krieg ist nur der Anstoß zu der Liebesvereinigung Rivalins und Blancheflurs, die eben durch Rivalins tödliche Wunde aller bloßen „Freude" fern, von Leid und Tod überschattet und gerade dadurch eine wahrhaft Gottfriedsche Minne ist. Ebenso ist Rivalins junger Schlachtentod und Blancheflurs Tod aus Liebesschmerz nur dazu da, Tristans Geburt unter das Zeichen von Leid

und Tod zu stellen. So wird das in der todumdrohten Liebesnacht emp-
fangene Kind unter dem Zeichen des Liebestodes seiner Mutter geboren
und damit für ein Leben der Trauer und des Leides bestimmt, das von
der Trauer seiner Geburt über die Trauer seines Daseins bis zu der unvergleichlichen Trauer seines Endes ihm wesenszugehörig war und in
seinem beziehungsreichen Namen Tristan Ausdruck fand (1991 ff.). Hier
wird der dunkle Lebensgrund gesehen, nicht anders als im asketischen
12. Jahrhundert, das die Formel liebte: mit Weinen tritt der Mensch ins
Leben ein, mit Weinen verbringt er es und mit Weinen scheidet er daraus.

Auch Tristans eigene Taten, der Zweikampf mit Morolt und der
Drachenkampf, sind nur Hebel für die Begegnungen mit Isolde, Schritte
auf Tristans Weg zu Isolde. Dabei sind nicht Stärke, Mut und Waffenkunst
die Tristan auszeichnenden Eigenschaften, sondern List und Gewandtheit, die jede Situation zu meistern vermögen, geistige und gesellschaftliche Bildung, die ihn zum Mittelpunkt einer höfischen Gesellschaft machen. So ist seine genau berichtete Erziehung angelegt, seine Ausbildung in Buch, Musik und Sprachen, die mit einer Bildungsreise ins Aus-
land abschließt. Die spezifisch ritterliche Kunst des Turniers steht nur
unbetont am Ende. Als der junge Tristan schiffbrüchig und unbekannt
nach Cornwall kommt, führt er sich an Markes Hof nicht durch eine
Waffentat ein, sondern durch seine Kunst, einen Hirsch nach der neuesten Mode zierlich zu zerlegen. Es ist der volle Gegensatz zu dem Wildling Parzival und zu dessen Einführung am Artushof durch die Überwindung des roten Ritters Ither.

Es ist Tristans List, die ihm den Weg zur Heilung durch die Todfein-
din eröffnet, und seine Kunst knüpft seine erste Beziehung zu Isolde.
Er wird ihr Lehrer, zunächst in der Musik, dann in aller feinen Bildung,
die auch hier neben der Musik vor allem Sprachenkenntnis umfaßt. Darüber hinaus aber bildet er sie zu einer vollendeten Lebensform, für die
Gottfried das Fremdwort *moraliteit* (8004) wählt. Er gibt keine eingehende Inhaltsanalyse dieses Begriffes, läßt aber erkennen, daß er damit
den Inbegriff höfischen Wesens und höfischer Haltung meint, das, was
bei Hartmann *tugende* heißt und die Frucht von *zuht* und *mâze* ist. Und
Gottfried sagt über sie aus, daß sie „mit der Welt und mit Gott zu tun
hat" und daß sie vor allem lehrt, „Gott und der Welt zu gefallen".

Damit ist das Leitproblem der Zeit angeschlagen und als lösbar bezeichnet: lösbar in Hartmanns Sinne. Es gibt für das Gott-Weltproblem
eine rationale und – wie die Bezeichnung *moraliteit* aussagt – moralische
Lösung als Frucht der Erziehung zum vorbildlichen höfischen Menschen. Hartmanns aufklärerischer Erziehungsoptimismus scheint hier
von Gottfried bejaht zu werden.

Allein – es ist etwas Entscheidendes zu beachten. Noch sind Tristan
und Isolde Glieder der niederen Ebene. Die Welt, der es zu gefallen

gilt, ist die „Welt der Freude"; in ihr allein ist zunächst Hartmanns Lösung gültig. Wiederum begegnen sich Gottfried und Wolfram darin, daß die niedere Ebene bei ihnen hartmannisch bestimmt ist, hier in der Formel *moraliteit*, dort in der Figur Gawans. Damit ist die nur relative Gültigkeit solcher Lösung für Gottfried erkannt; sie sagt noch nichts aus für die auserwählte Welt der „edlen Herzen". Auch dazu nimmt Gottfried Stellung; er nennt die *moraliteit* die „Amme der edlen Herzen". Er nennt sie nicht ihre Mutter und stellt damit einen nur äußeren, nicht innerlich wesenhaften Zusammenhang her. Die Amme nährt und behütet eine Kindheit, der der Mensch entwächst. Die höfische Lehre Hartmannscher Prägung ist also edlen Herzen notwendig; sie bedürfen ihrer, nähren sich von ihr, werden ihr aber entwachsen müssen. Das Gott-Welt-Problem muß sich neu stellen, wo die Minne zum religiös erlebten Urgrund des Daseins wird.

Der ganze erste Teil des Tristanromanes ist der Weg von Tristan und Isolde aufeinander zu. Es ist ein anscheinend unbeschreitbarer Weg; denn zwischen ihnen steht äußerlich der ganze Nationalhaß von Cornwall und Irland, innerlich das Verhältnis der beiden zu König Marke. Tristan ist Markes Neffe, also sippengebunden; er ist sein vertrautester „Mann", also ständisch, lehenshaft gebunden. Er wird Markes Werber um Isolde; als er sie heimführt, ist sie die Braut und künftige Gattin Markes. Beide sind sie ethisch-religiös gebunden. Nichts scheint unmöglicher als die Minne dieser Beiden, und im alten Tristanroman ist diese Unmöglichkeit auch nur magisch-übernatürlich auflösbar: durch den Zaubertrank.

Gottfried hat den Trank so wenig getilgt wie Wolfram die magisch-mechanische Gralsfrage. Aber er hat ihn – abermals wie Wolfram – der seelenlosen Zaubermechanik entkleidet. Liebevolle Versenkung in Gottfrieds Werk zeigt uns, wie er die beiden Liebenden insgeheim auf einander zuführt, sie für einander vorbestimmt. Am deutlichsten in jener Szene, da Tristan wehrlos im Bade sitzt, Isolde an der Scharte des Schwertes in ihm den Töter Morolts erkennt und das Schwert zum Rachestreich erhebt. Aber sie führt ihn nicht. Keineswegs, weil sie den sachlichen Erwägungen ihrer Mutter nachgibt, sondern weil sie es nicht kann. Gottfried spricht nicht von Minne; er schreibt es ihrer *wîpheit*, ihrer Natur als Weib, zu. Aber wir ahnen, daß hier Entscheidendes geschieht: der wehrlose Mann, der nicht aufspringt, die bewehrte Frau, die nicht zuschlägt – es liegt eine schicksalhafte Vorahnung über dieser Szene.

Sie bleibt auch weiterhin erhalten. In der großen, feierlichen Hofversammlung, bei der Tristan den feigen Truchsessen entlarvt und die Werbung für Marke vorbringt, stehen Tristan und Isolde – wie füreinander geschaffen – so sehr im Mittelpunkt, daß man Marke fast vergißt. Und noch Isoldes Zorn auf der Fahrt, Tristans respektvolle Vertraulichkeit

als Markes Stellvertreter, sie sind wie eine Hülle vor etwas Tieferem, das
sich enthüllen, etwas Unbewußtem, das bewußt werden will. Der Trank
ist nur noch der Funke, der die immanenten Kräfte des Zueinander-
gehörens zur unwiderstehlichen Entladung bringt.

Der Trank ist die tiefe Wandlung, der Schritt aus der Freudenwelt in
die Welt der Minne, des Leides, des Todes. Mit der ganzen Eindringlichkeit seiner Sprachkunst hat Gottfried diese Wandlung, das Einswerden
der Zweiheit in der *unio* der Minne dargestellt, ebenso eindringlich aber
die Preisgegebenheit an Leid und Tod, zu der sich Tristan in ergriffenen
Worten bekennt (12494 ff.). Und hier flicht Gottfried den nächst dem
Prolog wichtigsten Exkurs (12182 ff.) ein, den man die Minnebußpre-
digt nennen kann, und in der er – im Wir-Stil sich und seine Mitwelt
einschließend – von der Verwerflichkeit und Verderbtheit dessen spricht,
was gemeinhin Minne genannt wird, um jene vollkommene Minne dagegen zu stellen, bei der die leiblichen Minnebindungen zum fast sa-
kramentalen Symbol der *unio* gemacht werden.

Hier beginnt der zweite Teil, dessen Stoffliches beiseitebleiben kann.
Das neue Dasein fängt an, das Umgetriebensein, die langen Entbehrun-
gen bei kurzen Erfüllungen, die Beargwöhnung, das Fremdsein in der
Welt der Freude, aus der sie seelisch gelöst sind, der sie aber leiblich zugehörig und verpflichtet bleiben. Abermals läßt sich Wolframs Parzival
vergleichen in der umgetriebenen Einsamkeit der Gralsuche und dem
Ungenügen an der Freudenwelt des Artushofes. Diese Umwitterung mit
der Einsamkeit des grundsätzlich Andersartigen teilen Parzival und
Tristan miteinander. Nur sind dort Artuswelt und Gralswelt auch räumlich streng voneinander geschieden; Parzival läßt die eine hinter sich,
als er in die andere eingeht.

Hier dagegen durchdringen sich die beiden Welten. Isoldes Ehe und
Isoldes Minne sind nicht zwei getrennte Stufen; sie sind schmerzlichst
ineinander verflochten. Jede Erfüllung auf der Tristan-Ebene ist Bruch
der gültigsten Ordnungen auf der Marke-Ebene und damit Anlaß zu
neuem Leiden. Das Leid als unabdingbarer Teil dieser Minne wird eben
durch diesen steten Zusammenstoß mit gültigen und heiligen Ordnungen
deutlich: der Ehe, der Verwandtschaft, der ritterlichen Treue und Ehre.
Auch die Herauslösung des liebenden Paares aus der Welt, das Leben in
der Minnegrotte, hat keine Dauer; sie treten damit nicht, wie Parzival,
endgültig in eine neue, ihnen gemäße Welt über. Sie kehren an Markes
Hof zurück und damit in den Zustand des Leides, das sich nun zum
Höchsten, zur endgültigen Trennung, steigert.

Das Waldleben der vom Hofe Flüchtenden ist ein altes Motiv der
Tristandichtung, aber Gottfried hat es so neu gefaßt wie den Minnetrank. Noch bei Eilhart ist es echte Verbannung mit ihrer Mühsal, Verstoßung vom Hofe, der die einzig lebenswerte Welt ist, und dem die

beiden wieder zustreben, sobald der magische Zwang des Liebestrankes nachläßt. Bei Gottfried ist es nicht die Flucht der zu schmählichem Verbrechertode Verurteilten in die Wildnis. Sie scheiden in Frieden von Markes Hof, und die Minnegrotte ist, in paradiesische Landschaft gebettet, ein elysischer Ort. Diese Grotte ist ein Zauber- und Wunderwerk. Sie könnte im Artusroman zur Aventiure werden. Hier ist sie es nicht; sie bringt weder Gefahr noch verlangt sie Tat. Sie ist ein Ort seliger Entrückung und wunderbarer Erhaltung. Die Liebenden bedürfen keiner irdischen Nahrung; ihr Leben erhält sich durch die Kraft des gegenseitigen Anblicks. Wiederum kann man die Gralsburg als Wunderort und die wunderbare Speisung durch den Gral dem gegenüberstellen.

Gottfried unterstreicht die Bedeutung der Minnegrotte, indem er ihren Bau und Zustand einer allegorischen Ausdeutung auf die Tugenden der Minne unterwirft, wie es die Theologie mit dem sakralen Kirchenbau oder dem Hause Salomos in der Exegese des Hohen Liedes tut. Der Mittelpunkt der Grotte aber ist das „kristallene Bett", dessen kristallene Reinheit die Reinheit der wahren Minne ausdrückt. Das Bett, der Ort der leiblichen Vereinigung, wird so zum Zentrum eines mit theologisch-allegorischer Auslegungskunst gedeuteten, d. h. in religiöse Beziehung gesetzten Raumes. Damit wird der physischen Seite der Minne eine Bedeutung zugebilligt, die nur erträglich ist, wenn wir sie aus dem Bezugsetzen der Zeit zwischen Inhalt und Form zu verstehen suchen. Nur wo die Hingabe als der äußere, symbolhafte Vollzug der reinen, religiös erlebten *unio mystica* erfaßt ist, rechtfertigt sich der Symbolwert des „kristallenen" Bettes. Schwietering und Mergell haben an die Rolle erinnert, die das Bett Salomos in der Auslegung des Hohen Liedes spielt. In ihm vollzieht sich die mystische Vereinigung von Bräutigam und Braut, Gott und der Seele; damit erhält also auch hier der leibliche Vorgang eine religiös-symbolhafte Bedeutung. Ob wir dabei an eine bewußte Anknüpfung Gottfrieds an diese Exegese denken oder sie als bloße Parallele nehmen, auf alle Fälle kann uns die Bettallegorie von hier aus verständlich werden.

Wiederum unterstreicht Gottfried die Bedeutung durch einen Exkurs, der ein bemerkenswertes persönliches Bekenntnis enthält. „Dies weiß ich wohl; denn ich war da", sagt er Vers 17100, und er fügt hinzu, er habe die Grotte seit seinem elften Jahre gekannt und sei doch nie in Cornwall gewesen. Damit wird die Grotte entwirklicht. Sie ist nicht nur in Cornwall; überall, wo ein Mensch die wahre Minne sucht, führt sein Weg in die Grotte. Indem Gottfried aber weiter bekennt, niemals auf dem kristallenen Bett geruht zu haben, weil ihm die letzte Vollkommenheit der wahren Minne gefehlt habe, erhebt er Tristan und Isolde, denen dies Letzte zuteil wurde, zu der Höhe des Vorbildhaften und Exemplarischen. Und da ihr Leben in der Grotte mit einem wirklichen Wunder,

der Erhaltung ohne Nahrung, verknüpft ist, werden die beiden vom Standpunkt seiner Minnefrömmigkeit her zu Minneheiligen.

Tristan und Isolde kehren in die Welt zurück. Gottfried begründet diesen Entschluß nicht näher. Die Rückkehr ist kompositorisch notwendig, weil sie alsbald zum neuen Zusammenstoß mit der „Welt" und damit zur endgültigen Trennung der Liebenden führt. Diesen Augenblick benutzt Gottfried zur letzten, großartigen Steigerung des Unio-Gedankens. Die Abschiedsreden der Liebenden sind auf einem dem Minnesang geläufigen Motiv, dem Tausch von Herz und Leib aufgebaut, hier aber zu intensiver mystischer Inbrunst gesteigert.

> 18352 *Tristan und Isôt, ir und ich,*
>   *wir zwei sîn iemer beide*
>   *ein dinc âne underscheide.*

Die *unio mystica*, im Prolog durch die Namenverflechtung vorgedeutet, ist hier, im Augenblick der letzten Trennung, als eine mystische Realität vollzogen. Wo der eine hinfort sein wird, da ist auch der andere leiblich zugegen. Und wenn der letzte Kuß als das *insigel* auf diese *unio* bezeichnet wird, so ist auch damit ein mit religiösem Klang geladener Ausdruck gewählt.

Hier wäre ein Punkt erreicht, wo der Tristan hätte abbrechen können, und man hat ernstlich die Frage gestellt, ob Gottfried nicht hier das Ende gewollt hat. Es wäre die paradoxe Umkehr des glückhaften Abschlusses der Artusromane, deren Ziel die Vereinigung der Liebenden nach Mühen und Trennungen ist, während hier die letzte Einswerdung gerade in der endgültigen Trennung geschieht. Allein Gottfrieds Werk reicht ja noch um etwa 1500 Verszeilen weiter in den letzten Teil hinein, Tristans Leben in der Landflucht, seine Aufnahme bei Kaëdin, die Anbahnung der Ehe mit Isolde Weißhand. Das tatsächliche Ende von Gottfrieds Werk ist ein unvermittelt jäher Abbruch, unverkennbare Torsohaftigkeit, die schon wenig später den Versuch einer Ergänzung durch Ulrich von Türheim im Auftrag intimster Gottfriedkenner hervorgerufen hat. So besteht kein Anlaß, an den Angaben der Nachfahren zu zweifeln, daß der Tod Gottfried an der Vollendung seines Werkes gehindert hat.

Gewiß ist das Weitere, Tristans neue Ehe – zumal nach dem Höhepunkt der Unio im Abschied – ein Absinken. Aber wir können doch ahnen, wie Gottfried mit dieser schwierigen Aufgabe fertig zu werden gedachte. Er wollte diesen Teil als die Geschichte eines Abfalls, oder, legendär gesprochen, der Verstrickung des Minneheiligen in die Welt gestalten. Der Gleichklang des Namens läßt Tristan in der neuen Trägerin des Namens Isolde die alte miterleben. Aus solcher Wirrnis erwächst innere Unsicherheit, und in Tristans letzten Monologen wird seine Weltverfallenheit spürbar. Das Stichwort „Lust" taucht auf, und Tristan, der durch seinen Namen dem Leid Verhaftete, spielt mit dem Gedanken, ein *triurelôser* Tristan zu werden. Die eigene innere Unsicherheit vermag auch die Geliebte nicht mehr in der gläubigen Sicherheit der Abschiedsszene zu sehen, wenn er argwöhnen kann, daß sie in der bloßen Sinnenliebe Markes Ersatz finden könne, während er *vremede unde eine* leben müsse, vereinzelt also und aus der *unio* gelöst. Noch die letzte Zeile, die Gottfried gedichtet hat, ist wie ein Wegweiser. Isolde, die Ferne, so läßt er Tristan sagen, vermag ihm nicht zu geben: *vröude unde vrôlichez leben*. Was er hier verlangt, ist nicht mehr die leiderfüllte Seligkeit, sondern das, was die Welt sucht: Freude. Dieser Welt der Freude will Tristan, der Heilige der wahren Minne, verfallen.

Das Schicksal Tristans und Isoldes vollzieht sich in der höfischen Welt. Denn anders als bei Wolfram sahen wir die beiden Stufen der zweischichtigen Welt in Gottfrieds Tristanroman nicht geschieden, sondern ineinander verflochten. Die Minnegrotte, die die Liebenden aus der „Welt" löste, ist nur Episode dieses Lebens, das seinen Sinn, das Leid, eben aus dem Zusammenstoß mit der Welt erhielt.

Diese Welt aber hat in sich Ordnungen und Bindungen von höchster Gültigkeit. Sie verkörpern sich in Marke. Und schließlich verdichtet sich der Konflikt mit der Welt in der Tatsache, daß Isolde durch das festeste Gesetz dieser Welt, durch die Ehe, an Marke gebunden ist, während zugleich das höhere Gesetz der Minne sie mit Tristan verbindet. Die so oft schwankhaft ausgenutzte Figur des betrogenen Ehemannes ist von der Gottfriedschen Problematik her zu betrachten.

Gottfrieds König Marke ist nicht mehr der Wüterich, der Isolde zum Scheiterhaufen schleifen und im Rausch der Rache den Aussätzigen ausliefern will. Als er die Liebenden vom Hofe verbannt, tut er es mit einer fast väterlich-milden Gebärde: ich will eurer Liebe nicht mehr im Wege sein, darum

> *nemet ein ander an die hant*
> *und rûmet mir hof unde lant.*

Marke wird zum Repräsentanten einer zuchtvoll gebändigten, höfischhumanen Lebensform. Er ist edel dargestellt, und wenn er schwach und tatenlos wirkt, so deswegen, weil Gottfried ihm in seinem entritterten Epos ritterlich-tätige Entfaltung versagt. Er ist ein im höfischen Sinn untadeliger König, durchaus würdig, der Partner einer vollendeten höfischen Frau zu sein.

Doch dies alles gilt nur auf der Ebene der höfischen Freudenwelt. Eben deswegen wird Marke als ein vorbildlicher Repräsentant dargestellt, um in ihm diese Welt gegen die höhere Welt der edlen Herzen, d. h. also Tristans und Isoldes, zu distanzieren und abzuwerten. Gottfried hat dies in seinem Epos mehrfach getan, programmatisch in einem Exkurs nach der Rückkehr des Paares aus der Minnegrotte (17723 ff.). Marke hatte – so sagt Gottfried hier – an Isolde nun wieder, was er suchte: er hatte sie „zur Freude". Und er verdeutlicht dies dahin, daß Marke sie zu physischem Liebesgenuß (*ze líbe*) besaß, aber nicht seelisch und sittlich (*z' éren*). Damit ist Markes Liebesverhalten eingeordnet in die Welt der Freude und mithin abgewertet. Gottfried verwirft Marke; er spricht von dessen törichter, unmännlicher Blindheit, die aus bloßem Begehren an einem Besitzrecht festhielt, während er doch die Wirklichkeit unverhüllt vor Augen sah. Nicht Tristan und Isolde tragen Schuld an seinem Leiden; denn sie verhehlten ihm niemals, wie es um sie stand. Er selber in seiner Sinnenbegier trägt daran Schuld.

In der seelischen Unzulänglichkeit Markes zu wahrer Minne hat Gottfried den Kern des Konfliktes gesehen. Er hat dabei Markes Situation nicht als Tragik entfaltet, was durchaus möglich wäre, sondern als Schuld. Das ergibt sich aus der religiösen Perspektive, aus der die wahre Minne gesehen ist. Sind Tristan und Isolde exemplarische Vorbilder solcher Minne, also Minneheilige, so kann ihr Gegenspieler nur ein Sünder, sein Verhalten nur Sünde oder Schuld sein.

Diese paradoxale Umwertung von Markes Haltung führt auf die grundsätzliche Problematik von Gottfrieds Versuch, das vorbildliche Leben zweier Menschen auf den neuen Daseinsgrund der religiös erfaßten Minne zu beziehen. Es bedeutet ja, daß ein neues, absolutes *summum bonum* als gültig gesetzt wird. Und es fragt sich, wie Gottfried dabei mit dem bislang alleingültigen *summum bonum* der christlichen Lehre, mit Gott fertig wird. Denn indem die *vita nuova* Tristans und Isoldes nicht im leeren Raum gelebt wird, sondern mitten in einer Lebensordnung, die als Ganzes gottgewollt und in der besonderen Ordnung der Ehe sakramental geheiligt ist, muß sich das Problem der Zeit: Gott und Welt, in der höchsten Zuspitzung stellen.

Es ist schon oben (S. 137) festgestellt, daß die Lösung, die Gottfried durch Prägung und Entwicklung des Begriffs der *moralitet* gegeben hatte, nicht endgültig sein kann. Sie ist die rasche Anwendung einer Durchschnittsauffassung, wie sie dem jungen Hartmann und dann wieder etwa Wirnt von Grafenberg genügt hatte: höfische Tadellosigkeit führt zum Einklang des Menschen mit Welt und Gott. Aber neu und anders muß sich die Frage für den Zustand und die Zeit nach dem Minnetrank stellen. Gottfried ist religiös gewiß nicht gleichgültig gewesen. Aus seinem Werk läßt sich ein echtes und ernstes Gottesverhältnis ablesen, das über die bloß kirchliche Konvention der durchschnittlichen Artusromane zweifellos hinausgeht. Gott war für Gottfried eine sehr lebendig wirkende, das Recht in der Welt schützende Macht. Auch die vielbesprochene Stelle vom „*windschaffenen Crist*" (15733 ff.) ist keineswegs frivole Freigeisterei. Man muß sie vielmehr als die Abwehr eines gescheiten Kopfes gegen den Mißbrauch betrachten, der in der Mechanik des Gottesurteils mit dem Namen und Wesen Gottes getrieben wird.

Aber dieses persönliche religiöse Verhältnis Gottfrieds besagt noch nichts für die Behandlung des Tristanproblems. Und hier läßt er uns – mindestens in dem vollendeten Teil des Tristan – ohne Antwort. Weder im Prolog noch in einem Exkurs nimmt Gottfried auf das Problem Bezug; Name und Person Gottes werden den entscheidenden Stellen bewußt ferngehalten. Die hohe Unio-Stimmung des letzten Abschieds wird in ihrer Einheit durch keinen christlich-religiösen Bezug gebrochen. Keiner der beiden Liebenden denkt daran, den anderen dem Schutze Gottes zu empfehlen, während gleich danach Tristan am Grabe seiner getreuen Zieheltern Rual und Floraete Worte christlicher Gewißheit spricht.

Die Unberührtheit des Gottfriedschen Tristan von dem Problem des Ehebruchs, hinter dem das Problem des Zusammenstoßes mit gottgewollten Ordnungen überhaupt steht, hat dem Dichter den Vorwurf eines amoralischen Ästhetentums eingetragen, der ihn in der Literaturgeschichte sehr lange belastet hat. Man muß dies Urteil revidieren. Der Dichter hat das Tristanproblem der religiös erlebten Minne in ihrer Leidbeschwertheit und Leidensfähigkeit rein und absolut darstellen wollen. Die „Welt" und ihre Ordnungen sind ihm nur der Raum, in dem sich die Tristanminne leidend bewährt. Ihre Aufgabe ist negativ: Widerstand und Hemmnis zu sein. Nach ihren eigenen Rechten und Werten hatte der Dichter in diesem Zusammenhang nicht zu fragen.

Auch darin ist sein Werk der Legende verwandt. Denn auch sie fragt nach keinen Werten der Gegenwelt. Der Dienst Gottes setzt alle gültigen Ordnungen der heidnischen Welt, auch die Ehe, außer Kraft. Nur macht die dualistische Sicht der Legende die Sache einfach und klar. All jenes Andere ist in seiner Teufelsverfallenheit absolut wertlos und verworfen; ein Nachdenken über seine Werte ist unmöglich. Gottfried dagegen beläßt auch der „Welt" nicht nur ihre reale Gültigkeit, sondern ihren realen Wert. Er wäre der Letzte, der die höfische Welt und ihre Bildungselemente vernachlässigen könnte. Sie gelten auch für die edlen Herzen, und er bringt sie mit der ganzen betörenden Macht seiner Sprache zum Bewußtsein. Diese Welt aber ist, wie Gottfrieds Begriff der *moraliteit* zeigt, mit Gott verbunden und von Gott anerkannt. Sie ist auch von Gott her eine gültige Ordnung, und gerade dort, wo sie verletzt wird, ist diese Ordnung religiös geheiligt oder sittlich gegründet; Ehe, Sippe und Mannentreue gehören zu den gültigsten Werten der christlichen Weltordnung.

Damit wird der Tristan Gottfrieds ein besonders deutliches Beispiel für die innere Tragik dieser Zeit, die ein neues Menschenbild entwickelte, ohne zugleich ein neues Weltbild zu entwickeln, die also die Dynamik ihrer Humanität mit der Statik ihrer Weltsicht ausgleichen mußte. Solchem Zwiespalt hätte sich Gottfried nur entziehen können, wenn er seine Helden aus der Wirklichkeit in ein außerwirkliches Idealland geführt hätte, wenn also sein Roman in der Utopie geendet hätte. Die Stelle, wo es möglich gewesen wäre, die Minnegrotte, hat er nicht dazu benutzt; er hat sie nicht zum Eingang in ein Land gemacht, wo die Gesetze der religiösen Minne rein gelten. Er hat die Flucht in die Märchenwelt der Aventiure nicht angetreten. An solcher Umformung hätte ihn die äußere Autorität wie die innere Notwendigkeit seines Stoffes gehindert. Aber er wäre noch weniger fähig gewesen, die Welt aufzulösen und neu aufzubauen, in der er stand. Er war nicht der Renaissancemensch, zu dem man ihn in Überdehnung des Renaissancebegriffes hat machen wollen. Er war ein mittelalterlicher Mensch, an die Denk- und Vorstellungsformen seiner Zeit gebunden. Darum hat er die Minnegrotte nicht benutzt, um aus ihr eine neue Welt zu entwickeln, er hat sie vielmehr zum Gegenstand einer mittelalterlichen Allegorese gemacht, d. h. er hat sie nur mit theologischen Mitteln zu gültiger Bedeutsamkeit erheben können. Dies ist die tragische Paradoxie seiner Zeit in ihrer schärfsten Zuspitzung, weil Gottfried der kühnste und konsequenteste Gestalter eines neuen Lebens aus dem diesseitig-innerweltlichen Lebenspol der Minne gewesen ist.

Und hier liegt die letzte und tiefste Verschiedenheit in den Bestrebungen Gottfrieds und Wolframs. Dieser hatte sich darum bemüht, die beiden Lebenspole Gott und Minne zu einer wirklichen Einheit zu binden. In den beiden Frauengestalten Sigune und Gyburg, der Jungfrau und der Gattin, war dieses Ziel erreicht; ihr Handeln und Leiden war gleichmäßig von den beiden höchsten Impulsen bestimmt. Und den Frauen, die dieses Streben in sich zu verwirklichen vermochten, hat Wolfram die Gloriole der Heiligkeit gegönnt: Sigune implicite durch die Stationen ihres Lebens und ihres Todes, Gyburg mit ausdrücklichen Worten, indem er sie als „heilige Frau" neben den heiligen Ritter Wilhelm stellt. Gottfried hat den genau entgegengesetzten Weg eingeschlagen: er hat die Minne möglichst weit von Gott abgerückt, sie ganz als autonome Macht aufgefaßt und alle religiösen Möglichkeiten in sie hineinverlegt. Wenn er die beiden großen Liebenden, Tristan und Isolde, im Prolog nach Wesen und Wirkung den Heiligen möglichst naherückt, so nicht, weil sie gottverbunden oder von Gott erwählt und begnadet sind, sondern ganz im Gegenteil, weil sie die autonome, in sich religiös begriffene Minne zur Vollkommenheit zu verkörpern vermochten.

LITERATUR

Gottfried von Straßburg. Ausg.: REINH. BECHSTEIN, Deutsche Klassiker d. Mittelalters Bd. 7–8. 3. Aufl. Leipzig 1890. – K. MAROLD, Teutonia Bd. 6. Leipzig 1912. – FR. RANKE, Bd. I (Text; mehr nicht erschienen). Berlin 1930. Unveränd. Neudr. Berlin u. Frankfurt 1949 (einzige kritische Ausgabe). – Dazu: FR. RANKE, ZfdA 55 (1917) 157–278; 381–438 (Handschriftenverhältnis). – F. P. PICKERING, Die Sprache der Heidelberger Handschrift (H) von Gottfried von Straßburg. Diss. Breslau 1934. Lit.: C. WESLE, Verf.-Lex. II 64–75. – G. V. AMORETTI, Il „Tristan" di Gotfried von Straßburg. Pisa 1934. – JOST TRIER, Gotfried von Strassburg. Die Welt als Geschichte Bd. 7 (1941) 72–83. – H. DE BOOR, Die Grundauffassung von Gottfrieds Tristan. Dtsche Vjschr. 18 (1940) 262–306. – J. SCHWIETERING, Der Tristan Gottfrieds von Straßburg und die Bernhardinische Mystik. Abh. Preuß. Ak. d. Wiss. 1943. – MAX WEHRLI, Der Tristan Gottfrieds von Straßburg. Trivium 4 (1946) S. 81–117. – BODO MERGELL, Tristan und Isolde, Ursprung und Entwicklung der Tristansage. Mainz 1949. – G. WEBER, Gottfrieds Tristan in der Krise des hochmittelalterlichen Weltbildes um 1200. ZfdA 82 (1950) 335–88. – FR. RANKE, Die Allegorie der Minnegrotte in Gottfrieds Tristan. Schr. d. Königsberger Gel. Ges., Geisteswiss. Kl. Jg. 2, H. 2. Berlin 1925. – E. NICKEL, Studien zum Liebesproblem bei Gottfried von Straßburg. Königsberger dtsche Forschgen Bd. 1. Königsberg 1927. – G. KEFERSTEIN, Die Entwertung der höfischen Gesellschaft im „Tristan" Gottfrieds von Straßburg. Germ.-rom. Monschr. 24 (1936) 421–40. – M. J. HARTSEN, Der Zwiespalt in Gottfrieds Tristan und die Einheit der ritterlich-höfischen Kultur. Amsterdam 1938. – FR. MAURER, in seinem Buch über das „Leid" S. 205 ff. – ANNEMARIE SCHWANDER, Das Fortleben des spätantiken Romans in der mittelalterlichen Epik. Untersuchungen zu Gottfrieds „Tristan". Diss. Frankfurt 1945 (Masch.-Schr.). – MARIA MEYER, Der Begriff „edelez herze" in Gottfried von Straßburgs „Tristan und Isolde". Diss. Bonn 1946 (Masch.-Schr.). – H. G. NAUEN, Die Bedeutung von Religion und Theologie im Tristan Gottfrieds von Straßburg. Diss. Marburg 1949 (Masch.-Schr.). – L. L. HAMMERICH, Gottfried von Straßburg über Reinmar von Hagenau. Germ.-rom. Monschr. 33 (1952) 156f. – H. SCHARSCHUCH, Gottfried von Straßburg. Stilmittel – Stilästhetik. Germ. Studien 197. Berlin 1938. – K. H. HALBACH, Gottfried von Straßburg und Konrad von Würzburg. Klassik und Barock im 13. Jahrhundert. Tübinger germanist. Arbeiten 12. Stuttgart 1930. – C. VON KRAUS, Wort und Vers in Gottfrieds Tristan. ZfdA 51 (1909) 301–78. – FR. RANKE, Zum Vortrag der Tristanverse. Festschr. P. Kluckhohn u. Herm. Schneider. Tübingen 1948. S. 528–39. – A. DIJKSTERHUIS, Thomas und Gottfried. Ihre konstruktiven Sprachformen. München 1935. – FR. REUTER, Antithese, Wortwiederholung und Adjektiv im Stilgebrauch Gottfrieds von Straßburg und seiner Schule. Diss. Leipzig 1950 (Masch.-Schr.). – J. H. SCHOLTE, Gottfrieds von Straßburg Initialenspiel. Beitr. 65 (1942) 280–302. – MAGDA HEIMERLE, Gottfried und Thomas. Ein Vergleich. Diss. Frankfurt 1943 (Masch.-Schr.). – FR. RANKE, Etwas vom Bärenfang im Mittelalter. (Zu Gottfrieds Tristan v. 284.) ZfdPh. 70 (1948/49) 225–33.

6. DIE HÖFISCHE NOVELLE: MORIZ VON CRAÛN

Die kleine Verserzählung von Moriz von Craûn, das Werk eines unbekannten, der Sprache nach am ersten rheinpfälzischen Dichters, verlangt durch ihre eigentümliche Stellung innerhalb der höfischen Epik

Deutschlands eine eigene Behandlung neben den großen Klassikern. Ihre Einordnung hat stets Mühe gemacht. Mehrere literarhistorische Darstellungen (Schneider, Schwietering) haben sie bei der frühhöfischen Dichtung unterzubringen versucht, und es sprechen beachtliche Gründe dafür: stilistische Schwerfälligkeit, die weder bei Hartmann noch gar bei Gottfried oder Wolfram in die Schule gegangen ist, ein nach 1200 veraltet wirkender literarischer Geschmack, eine Neigung zum Historisieren. Aber ebenso wesentliche andere Merkmale wie die Problemstellung als solche und die volle Beherrschung des reinen Reimes sprechen entschieden gegen einen zu frühen Ansatz und gegen eine Zuordnung zu den Nachfahren Veldekes. Auf der anderen Seite verbietet es eben die völlige Unberührtheit von den klassischen Stilvorbildern, den Dichter des Moriz von Craûn bei den Nachklassikern einzuordnen. Er ist ein Einzelgänger, und als solcher stellt er uns vor allerhand Rätsel.

Schon die Stoffwahl ist in dieser Zeit einzigartig. Es handelt sich um eine kleine Skandalgeschichte aus den Kreisen des französischen Hochadels der Gegenwart oder nahen Vergangenheit. Der Held, Moriz II., Graf von Craon, der als bedeutende politische Persönlichkeit, aber auch als Minnesänger bekannt ist, starb 1196, und mindestens seine ihn lange überlebende Gattin muß das deutsche Gedicht und vor allem dessen französische Vorlage erlebt haben. Einzigartig bleibt der Stoff auch dann, wenn es sich nicht um ein wirkliches Geschehnis, sondern um die Übertragung eines pikanten Erzählstoffes auf wohlbekannte und hochangesehene Zeitgenossen handelt.

Moriz von Craûn – so wird berichtet – warb um die Minne seiner Nachbarin, der Gräfin von Beaumont. Nach langem Werben verspricht sie ihm Lohn, wenn er zu ihren Ehren ein prächtiges Turnier veranstaltet. Auf einem kostbar ausgestatteten Schiff, das auf Rädern über Land gezogen wird, kommt er an und wirft vor Beaumont Anker. Der Gatte der Gräfin hat das Mißgeschick, bei dem Turnier einen Gegner zu erstechen. Moriz trägt den Preis davon und erwartet seinen Lohn. Staubbedeckt und blutig, wie er aus dem Turnier kommt, wird er in die Burg eingelassen und in ein kostbares Gemach mit einem herrlichen Bett gewiesen, um, von einem Hoffräulein empfangen, dort auf die Gräfin zu warten. Von den Mühen des Tages ermüdet, schläft er ein; so findet ihn die Dame. Empört darüber, daß der Ritter in der Erwartung ihrer Minne schlafen könne, wendet sie sich mit harten Worten ab und beauftragt das Fräulein, ihn zu wecken und fortzuschicken.

Als Moriz erwachend sein Mißgeschick erfährt, sendet er das Fräulein zu der Gräfin, um sie umzustimmen. Diese weist es mit schnöden Worten ab. Moriz, der dem Fräulein nachgegangen war, hört die Antwort der Gräfin und dringt in das eheliche Schlafgemach ein „wie ein Löwe, der auf Raub ausgeht". Der Graf von Beaumont erwacht. Er hält die blutige Gestalt für den Geist des von ihm getöteten Ritters, springt auf und stößt sich so heftig, daß er ohnmächtig hinsinkt. Und nun nimmt Moriz den Platz des Gatten im Bett ein und raubt von der halb ängstlichen, halb bewundernden Dame den versagten Lohn. Dann zieht er den Ring, das Liebespfand der Gräfin, vom Finger, kündigt ihr den Dienst auf und reitet davon. Ein Schlußbild zeigt die Gräfin, wie sie in sehnsüchtiger Reue von der Burgmauer ins Land hinausschaut; aber ihr Ritter kehrt nicht wieder.

Diese pikante kleine Geschichte beruht sicherlich auf einer französischen Vorlage, die uns jedoch nicht erhalten ist. Daher können wir auch über das Verhältnis des deutschen Dichters zu seiner Quelle nichts Sicheres aussagen; ein bloßer Übersetzer ist er, wie seine Anspielungen auf deutsche Literaturwerke zeigen, nicht gewesen. Dieses französische Gedicht könnte zu dem Schatz kleiner Verserzählungen erotischen Inhalts gehören, die in Frankreich schon im 12. Jahrhundert gepflegt wurden, in Deutschland aber erst in nachklassischer Zeit modern wurden. Es könnte ein Vorläufer sein.

Aber so hat es der deutsche Dichter gewiß nicht gemeint; dazu ist er zu schwer und ernst. Er hat seinen Stoff als ein Minneproblem gesehen, einen Kasus, wie er in der Minnetheoretik abgehandelt wird. War die Frau unter den dargestellten Umständen verpflichtet, den Lohn zu gewähren, oder durfte sie sich gekränkt fühlen und den Lohn versagen? Im Schlußbild spricht die Dame sich selbst das Urteil. Sie war der Überzeugung, daß das Recht der Frau immer vorgehe (1762 f.). Das hat sich an ihr gerächt, und sie bekennt, daß sie ihr Schicksal verdient hat. Wie in einer moralischen Fabel schließt sie mit einem *exemplum docet*: wer *staete minne* pflegen will, der sehe meinen Kummer an und hüte sich vor meinem Schicksal.

Die lehrhafte Neigung des Dichters kommt vielfach zu Worte, wenn auch oft unbehilflich; denn er ist kein schulgelehrter Logiker. Doch sind Minnekasuistik und Minnelehre nicht das Letzte, was ihn bewegt. Er faßt sein Gedicht in einem grundsätzlichen Sinn als exemplarisch auf. Er hat einen doppelten Prolog vorausgeschickt, der mit seinen fast 400 Versen für das kleine Werk von knapp 1800 Verszeilen viel zu lang und gewichtig ist.

Der erste Teil des Prologs ist nichts Geringeres als eine „Geschichte der Ritterschaft" als einer typischen Lebensform von ewiger Gültigkeit. Sie begann in Griechenland und bewährte sich im Trojanischen Krieg. Hector wird als ihre Blüte hervorgehoben. Als Alexander Griechenland unterwarf und zinspflichtig machte, war ihre Zeit dort vorbei. Sie wanderte nach Rom. Dort ist Cäsar ihr Heros, Nero ihr Verderber. Sie fand in Kärlingen, d. h. Frankreich, eine neue Stätte. Karl, Roland und Olivier machten sie dort heimisch, und in diesem Lande ist sie noch zu Hause. Dort aber – so leitet der Dichter auf seinen Helden über – lebte vor kurzem ein Ritter, Mauritius von Craûn.

Diese Einleitung erinnert uns unmittelbar an die ähnlich umfängliche Einleitung des Annoliedes (Bd. I S. 151 ff.). Auch der Dichter des Annoliedes hatte seinen Helden durch einen weltgeschichtlichen Kursus in den großen Geschichtsablauf eingeordnet, um ihm eine exemplarische Bedeutung zu geben. Aber jetzt, ein Jahrhundert später, hat sich der leitende Gesichtspunkt verschoben. An Stelle der dualistischen

10*

augustinischen Weltgeschichte tritt eine Geschichte des Rittertums. Sie weist dieselbe Grundstruktur auf wie das alte Weltgeschichtsbild: eine Abfolge von Gipfeln und eine Wanderung von Volk zu Volk. Und wie im Annoliede führt dieser Kursus auf den Helden des Gedichtes zu; Moriz von Craûn, der Ritter aus dem Lande, das jetzt die „Ritterschaft" beherbergt, wird damit zu einer exemplarischen Erscheinung.

Dieser erste Teil des Prologes sagt manches über den Dichter aus, selbst wenn er seine „Geschichte des Rittertums" aus den Ansätzen entwickelt hat, die er dafür in dem Cliges, einem Jugendwerk Chrestiens, oder wahrscheinlicher noch in seiner Quelle vorgefunden hat. Der Dichter hat das geschichtliche Interesse der vorhöfischen Zeit und steht der unbekümmerten Geschichtslosigkeit der Artusdichtung ganz fern. Er weiß vom Trojanerkrieg, von Alexander, von Cäsar, von Nero, und er schöpft sein Wissen über diesen offensichtlich aus der Kaiserchronik. Die neue Ritterschaft in Frankreich beginnt mit Karl dem Großen und den Helden des Rolandsliedes. Damit ist seine Geschmacksrichtung gekennzeichnet; sie liegt in der Linie Annolied – Kaiserchronik – Rolandslied. Artus dagegen, die höchste Verkörperung des höfischen Rittertums, wird überhaupt nicht erwähnt.

Die exemplarische Bedeutung des Grafen Moriz aber erweist sich in seinem Dienst für die Minne. Damit ordnen sich das Gedicht und sein Verfasser der höfischen Welt zu. Der zweite Teil des Prologes ist eine kleine Minnedoktrin. Er handelt – ohne logische Klarheit – das Thema der *staeten* Minne und ihres Lohnes ab; *staete* bedeutet wesentlich unverdrossene Ausdauer im Werben, die endlich ihres Lohnes, der Hingabe der Frau, sicher sein muß. Solch nüchterne Vorstellung vom Wesen der Minne rückt das Gedicht ebensoweit ab von der bannhaften Zaubermacht der Minne, die wir aus der frühhöfischen Dichtung kennen, wie von der erziehenden und läuternden Macht, die Hartmann in ihr sieht. Sie ist eine rationale und im wesentlichen gesellschaftliche Angelegenheit, wie ja auch die Behandlung des Stoffes als Kasus, an dem die Richtigkeit oder Unrichtigkeit eines Verhaltens dargelegt wird, in die Sphäre der gesellschaftlichen Konvention weist.

Aber der eigentümliche Schluß gibt zu denken. Er ist als Kritik am Verhalten der Gräfin gemeint, und diese kommt im Gespräch der Gräfin mit ihrem Fräulein zum Ausdruck. Soweit verbleibt er im Rahmen der Minnekasuistik. Doch wirkt die Kritik weitgreifender und grundsätzlicher. Die erregte Spannung des Geschehens löst sich in die Ruhe eines geschauten Bildes: die Frau an der Zinne. Es ist ein lyrisches Bild, und der ganze Schluß ist ein in epische Darstellung umgesetztes Minnelied. Ein Natureingang mit allen lyrischen Requisiten der Sommerwonne: Vogelsang, Blumen und der Wald im grünen Laubkleid, und als Kontrastbild die trauernde Frau, die mit sehnsüchtigen Seufzern vergebens nach dem Geliebten ausschaut.

Dies ist eine ganz andere Frau als die Dame der Erzählung. Es ist die Frau des Dietmarschen Falkenliedes: *ez stuont ein frouwe alleine und warte über heide und warte ir liebe*. Das ist Lyrik, aber nicht die im Dienst-Lohn-Denken wurzelnde Lyrik des Hohen Minnesangs, wie er in Deutschland zuerst durch Veldeke und Hausen heimisch wurde. Es ist die frühe Lyrik vom Typus des Kürnbergers, in der die Frau die Hingebende und Sehnende ist, der Mann der „Falke", der Freie und Wählende. Und damit scheint mir mehr als nur der Kasus entschieden. Mir scheint die gesellschaftliche Minneauffassung der französischen Novelle überhaupt in Frage gestellt, die Dame gegenüber der Liebenden, die Konvention gegenüber dem Gefühl verworfen.

Vielleicht klärt sich damit manches an dem Bild des Dichters und seines Werkes. Modernem Empfinden geht es besonders schwer ein, daß eine solche Erzählung vorbildlich gemeint sein könnte. Der Turnierzug will uns als Maskerade, die Liebesgeschichte als bedenklicher Schwank erscheinen, und es hat nicht an der Auffassung gefehlt, das Ganze sei parodistisch gemeint. Solche Auffassung verbietet sich durch den gewichtigen Ernst des Prologes. Richtig daran ist, daß die Welt des artushaften Rittertums sich in ihrer Unwirklichkeit enthüllt und zur Travestie wird, sobald man sie auf den Boden dieser Erde und ihrer Realitäten stellen will. Aber unser Dichter hat das in voller Unschuld und ohne listigen Hintergedanken getan.

Es ist ihm ernst mit dem Problem der *staete* und mit der Duchführung eines Kasus nach französischem Typus. Er wollte ein modernes Thema modern behandeln. Damit hat er vermutlich den Auftrag eines Gönners zu erfüllen gehabt. Nach Geschmack und Neigung aber gehört er einer älteren Generation an. Die vorhöfische Dichtung ist sein Feld; zu der Gruppe Annolied, Kaiserchronik, Rolandslied tritt in seinem Werk die Kenntnis der Brandanlegende und eine Anspielung auf das Erscheinen des Antichrist. Das ist mindestens nach Stoff und Denken, vielleicht nach Lektüre vorhöfisch. Der jüngste Dichter, auf den er Bezug nimmt, ist Veldeke, doch nicht auf die Eneit, sondern auf das verlorene Gedicht von Salomo und der Minne (vgl. S. 43), das sicherlich früher anzusetzen ist als die Eneit. Ebenso altertümlich ist, wie wir sahen, sein lyrischer Geschmack – und damit zugleich auch seine Auffassung von der Minne. Die *staete* Minne, die er meint, ist die auf wechselseitiger Neigung gebaute Minne des frühen Minnesangs. Und indem er das Verhalten der Dame an dieser abmißt, wird aus dem kritischen Entscheid eines bestimmt umschriebenen Falles eine Kritik an der konventionellen Minne überhaupt, die dem Manne jeden Dienst auferlegt, der Frau aber die Freiheit der Entscheidung läßt.

Diese Haltung des Dichters spricht für einen Mann der frühen Generation. In dieselbe Richtung weist die Mühe, die diesem mittelmäßigen Künstler die Bewältigung der Sprache macht; er konnte seine Schwerfälligkeit noch nicht durch das Stilvorbild der drei großen Meister tragen lassen. Die Klage über die Armut der deutschen Sprache, mit der er sein Werkchen abschließt, ist sicherlich mehr als die übliche Demutsformel. Es ist ihm wirklich sauer geworden, und vor allem hat ihm der Reim zu schaffen gemacht. Denn auf die Forderung des reinen Reimes werden wir seine Worte über die Schwierigkeit des Reimens doch wohl beziehen müssen.

Die übliche Datierung nach 1210 scheint daher zu spät. Und da sie auf der unnötigen Voraussetzung beruhte, daß der Dichter Gottfrieds Tristan gekannt habe, kann man sie getrost aufgeben. Zu weit zurück wird man indessen auch nicht gehen dürfen. Das verbieten die moderne Minneproblematik und die aktuelle Verknüpfung des Stoffes mit Moriz von Craûn. Daß sein Held dem Dichter eine Person der nahen Vergangenheit ist (V. 263) ,mag nicht so schwer wiegen, daß man nach 1196, dem Todesjahr des Grafen Moriz, datieren müßte. Aber vor 1170 wird man sich das französische Original kaum vorstellen dürfen, und die Bestimmtheit, mit der der deutsche Dichter den reinen Reim durchführt, wird zu einem noch etwas späteren Zeitansatz zwingen. Das Fehlen von Hartmanns Einfluß wird erst nach dem Erscheinen des Iwein bedeutsam; denn erst dieses Werk macht ihn zum klassischen Vorbild. Zwischen 1180 und 1190, vor dem Erscheinen der Eneit, des Herbortschen Trojaromans und des Iwein wird der rechte Platz für dieses Gedicht sein.

Es bleibt damit immer noch ein merkwürdig einsames Werk. Nach Auffassung, Geschmack und Form ist es auch damals schon antiquiert; sein Dichter steht mit seiner Bildung an ausgesprochen vorhöfischen Werken seltsam abseits und beziehungslos da. Er läßt sich weder an die literarischen Bestrebungen Thüringens noch an das quellende Leben des Oberrheins anschließen. Andererseits hat seine Stoffwahl in der Zeit keinen Anklang geweckt. Er wurde von der großen Epik übertönt, die in den beiden nächsten Jahrzehnten entstand. Erst weit später beginnt die Zeit der kleinen Versnovelle, und dann bleibt sie unbeschwert von theoretischen Fragen in Minnedingen. So ist uns denn auch keine frühe Handschrift des kleinen Werkes bekannt. Erst die Ambraser Handschrift, dieses späteste Sammelbecken aller ritterlichen Dichtung, hat es uns bewahrt. Wir nehmen es als eines der vielen Warnzeichen, daß wir uns die Dichtung der Stauferzeit nicht allzu rasch als eine geschlossene Einheit vorstellen dürfen.

LITERATUR

Moriz von Craûn: Ausg.: EDW. SCHRÖDER, Zwei altdeutsche Rittermären. 4. Aufl. Berlin 1929. – Lit.: G. ROSENHAGEN, Verf.-Lex. III (1943) 432–34. – DERS., Deutsches und Französisches in der mittelhochdeutschen Märe „Moriz von Craon". Dtsche Vjschr. 2 (1924) 795–815. – K. STACKMANN, Die mittelhochdeutsche Versnovelle „Moriz von Craûn". Diss. Hamburg 1948 (Masch.-Schr.).

7. DER HÖFISCHE HELDENROMAN

Neben dem antikisierenden Roman Veldekes und seiner Nachfolger und neben dem Aventiurenroman des Artuskreises hat die Stauferzeit den heroischen Roman entwickelt, d. h. die Gestaltung germanisch-heroischer Stoffe in der Form des breiten Buchepos und aus dem Geist des höfischen Rittertums. Dieser höfische Heldenroman ist die Schöpfung der österreichischen Donau- und Alpenländer. Wir zweifeln nicht daran, daß die heroischen Stoffe in ganz Deutschland bekannt waren, und wir haben Zeugnisse dafür aus verschiedenen Landschaften. Aber eine ritterliche Buchepik mit heroischen Stoffen kennen wir bis über die Mitte des 13. Jahrhunderts hinaus nur aus Österreich, und alle Versuche, neben einer „rheinischen" Artusdichtung auch noch eine „rheinische" Heldenepik zu konstruieren, stehen auf schwachen Füßen und entbehren bisher jeder quellenmäßigen Bestätigung. Wir glauben vielmehr, daß es Literaturlandschaften gegeben hat, und daß Österreich in seiner ritterlichen Epik so eigenständig gewesen ist wie in seiner Lyrik.

Über das literarische Leben der heroischen Stoffe vor ihrer höfischen Wiedererweckung können wir nur sehr wenig aussagen. Allgemeine Erwägungen lassen uns glauben, daß die Lebensform dieser Stoffe bis etwa zur Mitte des 12. Jahrhunderts nur das sangbare Lied gewesen sein kann, auch wenn es an den großen Wandlungen der Form – vom Stabreim zum Endreim – und des Denkens – vom germanischen zum christlichen – teilgenommen hat. Als „Lieder" gehörten diese Dichtwerke der buchfremden Sphäre der mündlichen Tradition an; es ist nicht zu erwarten, daß sie den Weg auf das Pergament fanden. Die Vorstellung hingegen, die durch gewisse Notizen lateinischer Chronisten hervorgerufen worden ist, daß diese Lieder in die bäuerliche Unterschicht „abgesunken" seien, hält nicht Stich. Das Wenige, was wir über die Lebensumstände der heroischen Dichtung vor der Stauferzeit wissen, lehrt uns anderes. Im Jahre 1131 wurde das „weitbekannte Lied von Kriemhilds Verrat an ihren Brüdern" von einem sächsischen Manne offenbar ritterlichen Standes, der ein kunstgeübter Sänger (*arte cantor*) war, vor einem dänischen Fürsten vorgetragen. Der bekannte Bischof Gunther von Bamberg, der die Dichtung des Ezzoliedes veranlaßte, wird in einem zeitgenössischen Briefe wegen seiner Vorliebe für die heroischen Stoffe getadelt. Und wenn der Pfaffe Lamprecht, der Dichter des Alexanderliedes, die Wildheit einer Schlacht durch den doppelten Vergleich mit dem Trojanerkrieg und mit der Schlacht auf dem Wolfenwerde, d. h. der Schlacht des Gudrunstoffes, unterstreichen will, so suchte der gelehrte Mann Verständnis für einen solchen Vergleich gewiß bei einem adlig-gebildeten Publikum. Wenn die Liebhaber heroischer Dichtung in

Chroniken des 10. bis 12. Jahrhunderts gelegentlich als *rustici* bezeichnet
werden, so ist solche Bezeichnung nicht ständisch, sondern bildungsmäßig zu deuten. Aus dem Wort spricht der Hochmut des lateingelehr-
ten Geistlichen gegenüber dem landsässigen Adel, der an der alten Lied-
freude festhielt.

Denken wir uns so das gesungene Lied bis ins 12. Jahrhundert hinein als die ererbte literarische Form der heroischen Stoffe, so begreifen wir daraus auch die Neigung
des heroischen Romanes zur Strophe, die ja keineswegs die gegebene Form für die
großepische Erzählung ist. Es ist kein festes Gesetz, aber doch eine deutlich festgehal-
tene Konvention, daß der Artusroman den westlichen Reimpaartypus, der heroische
Roman dagegen die Strophenform verwendet. Wolframs strophische Titurelfragmente sind eine eigenwillige Grenzüberschreitung nach der einen Seite, die gelegent-
liche Nachfolge gefunden hat. In den österreichischen heroischen Roman hingegen
dringt das Reimpaar erst recht spät und zugleich mit dem Geist des Aventiurenromanes ein. In der Nibelungenstrophe, die nichts anderes ist als die rhythmisch gebändigte und geglättete Sangstrophe des Lyrikers Kürnberg, ist der Übergang von
der gesungenen zur buchmäßig gelesenen Strophe unmittelbar zu greifen.
Eine buchepische heroische Dichtung ist uns überhaupt erst denkbar, seit weltliche
Stoffe zu neuer, buchmäßig breiter Gestaltung gelangten, d. h. seit etwa der Mitte
des 12. Jahrhunderts, und zwar als Nachbarn des Rother, des Roland, des Herzog
Ernst. Auch hier fehlt uns noch die unmittelbare Anschauung. Wenn wir seit Andreas
Heusler von der „älteren Not" sprechen und damit eine etwa 1160 zu datierende
epische Darstellung des Burgundenunterganges meinen, so ist auch dieses keine wirkliche, sondern eine erschlossene Größe, wenn auch eine durch die Gunst der Umstände wenigstens im Stoff und Aufbau ziemlich deutlich greifbare. Was wir sonst an
heroischer Epik vor 1200 annehmen, bleibt weit undeutlicher und in der Forschung
umstrittener.

Erst mit dem Nibelungenlied tritt der Heldenroman sichtbar vor uns
hin, nun aber alsbald in einer so vollen, stolzen Entfaltung, daß wir sogleich auf einem ragenden Gipfel der Dichtung stehen. Aus dem form-
losen Nebel überlieferungsloser Jahrhunderte taucht er empor, groß und
klar. Und er wirkt noch größer, weil er einsam ist. Das Nibelungenlied
ist das einzige Heldenepos der staufischen Blütezeit, das wir besitzen.
Es allein muß uns den klassischen Typus vertreten.

Der Heldenroman der hochhöfischen Zeit steht nach Ursprung und
Wesen dem klassischen Aventiuren- und Minneroman ferner als dem
Rolandslied und dem Willehalm. Wie diese hat er seine Wurzeln stofflich in geschichtlichen Ereignissen, dichterisch im sangbaren heroischen
Lied. Grundsätzlich aber ist er vom Typus Rolandslied dadurch unterschieden, daß seine Ursprünge in die vorchristliche germanische Frühzeit der Völkerwanderung zurückreichen, während jenes eine jüngere,
in Kern und Wesen schon christliche Heroik vertritt. Zwischen beiden
Dichtungstypen steht der große Zeitenwandel, den auch keine spätere
Neuformung germanischer Heroik aus christlich-ritterlichem Geist ganz
hat verwischen können. Die Helden des heroischen Romanes sind die
großen Gestalten der Völkerwanderung: der Burgunde Gunthari, der

Gote Theoderich, der Hunne Attila, als Spätling der Merowinger Theuderich. Ihre Geschichtlichkeit gehört zu ihrem Gepräge; niemals können sie in die Wirklichkeitsferne einer artushaften Existenz übertreten. Auch wo die alten Bezüge verkannt und vergessen sind, bleiben sie einer örtlichen und zeitlichen Gebundenheit verhaftet. Den Weg der Burgunden zu Etzel im Nibelungenliede können wir auf der Landkarte einzeichnen. Und wo – bei Dietrich und Ermenrich – der alte Gotenname verklungen ist, verflüchtigen sich diese nicht in Märchenferne. Der eine bleibt Herr von Oberitalien, das nun Lamparten heißt, und herrscht in Bern (= Verona). Und der andere ersteht wieder als ein großer Kaiser mittelalterlicher Artung mit Rom als dem Zentrum seiner Herrschaft.

Der Roman der Stauferzeit will allenthalben die Gestaltung eines idealen höfischen Daseins bieten. Seine heroische Sonderform gestaltet dies Ideal als gesteigerte, vorbildhafte Wirklichkeit. Seine Helden ragen gewiß über menschliches Durchschnittsmaß hinaus, aber ihre Schicksale sind erlebensmöglich, ihre sittliche Haltung bleibt erreichbar. Die Traum- und Zaubersphäre der Aventiure ist dem Heldenroman grundsätzlich fremd, so sehr sie sich in seine jüngeren Exemplare eindrängt. Diese Vorbildlichkeit aber ist uralt germanisch: nach außen ein germanisches Herrscher- und Kriegerideal, nach innen die Erfüllung germanischer Sittenforderungen. Wie im altheroischen Liede geht es immer noch um die Selbstbehauptung der sittlichen Persönlichkeit in einer schicksalhaft-unausweichlichen Lage, wobei der letzten Konsequenz, dem Einsatz des Lebens, nirgends ausgewichen wird. Auch der Artusritter scheut vor dem unbedenklichen Einsatz des Lebens niemals zurück. Aber die Märchensphäre, in der er lebt, erfordert es, daß der Held immer als der Überlegene jede Fährnis glücklich besteht und am Ende in schattenloser Freudenglorie prangt. Die heroische Dichtung sieht ihre Helden am strahlendsten gerade im heroischen Untergang.

Wie im altheroischen Liede ist der Lebensraum des Helden im heroischen Roman die Wirklichkeit von Sippe und Gefolgschaft. Der Zwiespalt zwischen Gunther und Siegfried wie der zwischen Gunther und Etzel ist der zwischen Schwägern; die Frau, Kriemhild, ist beiden verbunden, als Gattin, als Schwester; sie ist tragisches Bindeglied der tödlich verfeindeten Gegenspieler. Der Zwiespalt zwischen Ermenrich und Dietrich wird gegen alle Geschichte als Zwist zwischen Oheim und Neffen sippenhaft verdichtet. Neben dem Herrscher steht die Mannschaft, aus der einzelne hervortreten, um sie ideal zu repräsentieren: der greise Waffenmeister Hildebrand, der vollkräftige Vertraute Hagen, der junge Draufgänger Wolfhart. In ihnen erfüllen sich die großen Forderungen der Treue, der Ehre, der Rache, des furchtlosen Sterbens. Der Heldenroman der höfischen Zeit umgibt seine Helden weit mehr als der Aventiurenroman mit den Massen ritterlicher Heere und steigert ihre Kämpfe zu ritterlichen Schlachten. Denn auch dies gehört zu dem erstrebten Bilde einer gesteigerten Wirklichkeit. Doch es bleibt Umwelt; auch in dem breiten Roman kommt es auf die großen Einzelgestalten an, die sich, vom Schicksal angerufen, in ihm bewähren.

Diese Stoffe mit ihrer vorchristlich-germanischen Menschengestaltung haben die Bekehrung und die immer tiefere Durchtränkung der Völker mit christlichem Geist in der Stille überdauert; erst die Stauferzeit hat sie zu neuem Leben geweckt. Dies Überdauern und Wiederaufleben war nur möglich, wenn die neue weltliche, adlig-kriegerische Bildungsschicht Wesentliches von sich selbst in diesen alten Stoffen und Gestalten ausgedrückt fand. In der Tat haben die Träger der alten heroisch-gefolgschaftlichen und der neuen ritterlich-lehenshaften Dichtung vieles miteinander gemein. Ein kriegerisch-adliges Standesbewußtsein und eine daraus erwachsende fordernde Ethik verbinden Gefolgschaftswesen und Lehenswesen wenn nicht formal-rechtlich, so doch denkmäßig über die Jahrhunderte fort, da alle geistige Führung in der Hand der Kirche und des geistlichen Standes lag. Die Gegenseitigkeit des Treueverhältnisses, die Wärme der verpflichtenden Bindung von Person zu Person, die bis zum Tode bereite gegenseitige Aufopferungsfähigkeit sind Züge, die hier wie dort die ideelle Grundlage bilden. So konnte sich der Ritter in vielem wiedererkennen, was der germanische Gefolgschaftssänger gestaltet hatte, und er konnte es verwenden, um sich selber ideal auszudrücken.

Dennoch war es nicht damit getan, die alten Liedfabeln in epischer Breite neu zu erzählen. Das äußere Gewand des modern gerüsteten und berittenen Kriegers mochten die Helden der altheroischen Lieder so leicht überstreifen wie die antiken Helden in Veldekes Äneasroman. Aber es gab ja zentrale Triebkräfte ritterlich-höfischen Verhaltens, die dem heroischen Liede nicht nur fehlten, die sogar mit heroischem Denken und Verhalten schwer in Einklang zu bringen waren. Wir wissen, wie sehr alle ritterliche Dichtung christliche Dichtung war, und wie gerade die großen Dichter des höfischen Romans mit der Frage der Gottbezogenheit ihrer ritterlichen Welt gerungen haben. Wir wissen auch um die Rolle der Frau und der Minne in aller ritterlich-höfischen Dichtung. Gott und Minne aber sind dem heroischen Liede von Haus aus wesensfremd, und hier beginnt das eigentliche Problem des heroischen Romanes, sobald er ritterlich-höfisch eingeformt werden sollte. Es ist nicht schwer, einen Helden eine Frau lieben und erwerben zu lassen. Aber es ist schwer, eine aus heroischen Antrieben handelnde Frau von der Ebene der höfischen Frau her begreiflich zu machen. Es ist auch nicht schwer, die Helden eines Romanes in die Messe gehen und Gott im Munde führen zu lassen. Aber es ist schwer, Menschen von vorbildlicher Haltung darzustellen und glaubhaft zu machen, deren Antriebe nicht aus den religiös begründeten Sittengeboten der Christenheit entsprangen. Das heroische Lied kannte keine Gottbezogenheit seiner Helden, kein Abmessen ihres Seins und Tuns an göttlichen Geboten. Es liegt im Wesen der germanischen Göttervorstellung, daß die Götter ohne Beziehung zu den sittlichen Entscheidungen des Menschen sind. Die Macht, der sich die germanischen Helden gegenübergestellt sahen, war ein zu keiner Gottheit gestaltetes Schicksal, und die sittlichen Antriebe ihres Handelns waren nicht jenseitsbestimmt, sie entsprangen einem autonomen diesseitigen Sittengebot. Heroische Dichtung aber hieß, an erhabenen Gestalten darzustellen, wie sich die sittliche Persönlichkeit im Zusammenstoß mit dem Schicksal behauptet.

Solange alles Denken und Dichten von einer jenseitsbezogenen, weltverneinenden Religiosität bestimmt war, gab es keinen Weg der Dichtung zu diesen Stoffen und Gestalten. Der vorhöfischen Zeit sind sie schlechthin verwerflich: *portenta*, Ungeheuer, heißen die Gestalten der heroischen Dichtung jenem Briefschreiber, der Gunther von Bamberg wegen seiner Vorliebe für sie tadelt. Und der Dichter der Kaiserchronik schilt solche Lieder Lügenmären, womit er sie nicht nur historisch, sondern auch sittlich verwirft. Erst das neue ritterliche Zeitalter mit seiner neuen Diesseitswertung und seinem autonomen Menschenbild war überhaupt imstande, diese Gestalten zu begreifen, sie zu seinem eigenen Wesen in Beziehung zu setzen und sich selber darin ausgedrückt zu fühlen. Die Problematik des religiösen Abstandes blieb darum doch bestehen. Die Einbeziehung der antiken Stoffe in die höfische Epik konnte geschehen, ohne daß das religiöse Problem sich stellte. Es gehörte zu dem festen Wissen des Mittelalters, daß Alexander oder Äneas vor der Geburt des Heilands als Heiden gelebt hatten. Man konnte sie, wie der Pfaffe Lamprecht oder Herbort von Fritzlar, unter die der Hölle Verfallenen einordnen, ohne weitere Folgerungen daraus zu ziehen. Oder man konnte, wie Veldeke, den religiösen Bereich in weisem Abstand halten. Die Helden der heroischen Dichtung dagegen waren schon in den verlorenen Vorstufen zu Christen gemacht worden; sie waren christliche Ritter, und die Frage wurde brennend, wie sich ihr Verhalten und die ethischen Antriebe, aus denen es hervorging, in die christliche Denkwelt einordnen ließen. Hier lag die Gefahr eines inneren Bruches vor, und es ist für das einzelne Werk wesentlich, wie sich der Dichter mit dieser Aufgabe abgefunden hat.

Im innerweltlichen Bezirk erhebt sich für den höfischen Neugestalter heroischer Stoffe aus der zentralen Bedeutung der Minne das Problem der Frau. Im heroischen Liede war die Liebe zwischen Mann und Frau kein Faktor, der Wesen und Handeln der Menschen bestimmt hätte. Weder ist die Frau von den triebhaften oder gefühlshaften Wünschen des Mannes umkreist, noch ist sie in ihrem Gefühl getroffen und daran leidend. Auch die Frau ist Handelnde, den gleichen immanenten Gesetzen der Ehre und Rache verpflichtet wie der Mann. Im Kreise um Dietrich von Bern erscheint die Frau überhaupt nicht; die Erzählungen von Exil und Heimkehr bleiben rein männlich, Sache zwischen König und Gefolgsmannen. Die Dietrichepik des Mittelalters hat die Frauenlosigkeit Dietrichs nicht ohne Verwunderung zur Kenntnis genommen und in ihren Spätformen versucht, auch Dietrich in Frauenaventiuren zu verflechten. Der Nibelungenstoff dagegen kannte handelnde Frauengestalten und er bot in seiner Gudrun-Kriemhild den Prototyp der heroischen Frau dar. Das Handeln der in zwei Ehen Gebundenen wird von den Gesetzen der Sippe bestimmt: sie rächt den Tod ihrer Brüder an dem zweiten Gatten, derselben Brüder, die ihr den ersten erschlugen, ohne ihre Rache herauszufordern. Erst als – vermutlich in karolingischer Zeit – die entscheidende Umformung erfolgte, daß Kriemhilds Rache für den Gatten an den Brüdern stattfand, als also ein gefühlshafter Handlungsantrieb den sippenethischen ersetzte, wurde Kriemhild eine abendländische Frauengestalt, und erst von diesem Augenblick an wurde sie mittelalterlich-ritterlichem Denken überhaupt zugänglich. Auch dann noch liegt ein weites Feld zwischen dieser Kriemhild und den Damen der Artusromane. Wo die heroische Frau in den Kreis der höfischen Dichtung tritt, muß der Zwiespalt spürbar werden. Selbst ein so tief eingefühlter Dichter wie der des Nibelungenliedes hat ihn nicht überwunden; sein Herz gehört der minniglichen Jungfrau des ersten Teiles, seine Bewunderung der großen Rächerin des zweiten.

8. NIBELUNGENLIED UND KLAGE

Unter den höfischen Heldenromanen ist das Nibelungenlied oder, wie wir es nach seiner eigenen Angabe besser nennen, „der Nibelunge Not" der bedeutendste und für die Gattung richtunggebende. Er ist auch der am meisten gelesene und am reichsten überlieferte. Etwa drei Dutzend Handschriften oder Handschriftenbruchstücke bezeugen uns die fortdauernde Beliebtheit des Werkes vom 13. bis zum 16. Jahrhundert. Der Streit um die Bewertung der drei Hauptfassungen A (Hohenems-Münchner Hs.), B (Hohenems-St. Galler Hs.) und C (Donaueschinger Hs.), der die Forschung des vorigen Jahrhunderts leidenschaftlich bewegt hat, kann als abgeschlossen gelten. Die Handschrift B steht dem Original am nächsten, während die lange Zeit überschätzte Handschrift A eine jüngere, kürzende Ableitung aus der B-Gruppe ist. Wesentlicher ist die Fassung C, die als eine durchgehende Überarbeitung nach bestimmten Grundsätzen, als eine zweite, verbesserte Auflage anzusehen ist. Sie stammt gewiß nicht von der Hand des Dichters, muß aber ziemlich bald nach dem Original, spätestens um 1220 entstanden sein. Sie wäre zeitlich noch enger an das Original heranzurücken, wenn Wolfram von Eschenbach das Nibelungenlied bereits in dieser Fassung gekannt hätte, wofür beachtliche Gründe sprechen. Ebenfalls schon sehr früh hat das Nibelungenlied eine Fortsetzung formal und geistig sehr abweichender Art erhalten, die sogenannte K l a g e. Da in allen kontrollierbaren Fällen Lied und Klage miteinander verbunden sind, ist anzunehmen, daß bereits die Urhandschrift, von der unsere gesamte Überlieferung ausstrahlt, die aber nicht mit dem Original zu verwechseln ist, die Klage enthalten hat.

Für die Entstehungszeit des Nibelungenliedes ist es bedeutsam, daß es Wolfram bekannt war, während er an seinem Parzival arbeitete, und daß andererseits der Nibelungendichter Hartmanns Iwein gelesen haben dürfte. Beides führt auf das erste Jahrzehnt des 13. Jahrhunderts. Noch wichtiger ist die offensichtliche Beziehung, in der der Nibelungendichter zu dem Passauer Bischof gestanden hat. Die ehrwürdige Gestalt des Bischofs Pilgrim von Passau in dem Gedicht ist als eine Huldigung an den derzeitigen Bischof, d. h. den literaturfrohen Bischof Wolfger von Ellenbrechtskirchen, zu betrachten. Wolfger hatte den Passauer Stuhl von 1194 bis 1204 inne, um ihn dann mit der reichspolitisch wichtigen Aufgabe des Patriarchates von Aquileja zu vertauschen. In Wolfgers Passauer Zeit, und zwar mehr gegen ihr Ende, werden wir die Entstehung des Nibelungenliedes zu verlegen haben.

Der Dichter des Nibelungenliedes ist uns unbekannt. Alle Versuche, ihn zu identifizieren, waren ergebnislos. Daß er ritterlichen Standes war, dürfte heute feststehen; die frühere Einordnung als „Spielmann" ging aus der romantischen Überschätzung dieses Typus hervor. Die Beziehung zu Passau legt den Dichter auf das österreichische Donauland fest; dort kennt er Weg und Steg, während weiter westlich seine geographischen Begriffe verschwimmen. Zwischen Passau und Wien haben wir seine Heimat zu suchen; an beiden Stätten eines regen literarischen Lebens wird er Gönner und Publikum gefunden haben.

Vorstufen des Nibelungenliedes sind, wie erwähnt, nicht erhalten, nur erschließbar. Als unmittelbare Vorlage des Nibelungenliedes wird ein episches Werk von etwa 1160 angenommen, das unter dem Namen „Ältere Not" als ein fester, wenn auch nicht unbestrittener Begriff in unsere Literaturgeschichte eingegangen ist. Dieses Werk wird in seinen Umrissen wiedergewonnen durch den Vergleich des Nibelungenliedes mit der Nacherzählung der Nibelungengeschichte in der Thidrekssaga, einem norwegischen Prosaroman, der um 1260 in Bergen verfaßt worden ist und nach deutschen Quellen das Leben Dietrichs von Bern erzählen wollte. Er bezieht auch die Nibelungengeschichte ein und erzählt sie, wie wir annehmen, wesentlich nach jener verlorenen epischen Vorstufe des Nibelungenliedes. Im einzelnen bietet die stoffliche Rekonstruktion der „Älteren Not" große Schwierigkeiten und ist in vielen Einzelheiten umstritten. Eine Anschauung ihrer dichterischen Form ist überhaupt nicht zu gewinnen. Gewiß ist, daß sie nur den zweiten Teil des Nibelungenepos, den Burgundenuntergang, ausführlich dargestellt hat. Für den Siegfriedteil fand der letzte Epiker in der „Älteren Not" höchstens eine kurze einleitende Vorgeschichte vor. Hier war er gezwungen, knappe Liedfabeln selbständig in epische Breite umzugießen. Der Versuch, noch über die „Ältere Not" zurück eine epische Gestaltung des Nibelungenstoffes zu erschließen, und zwar, auf Andeutungen der Klage gestützt, eine lateinische Nibelungias des 10. Jahrhunderts, einen Nachbarn des lateinischen Waltharius, bleibt zum mindesten sehr unsicher.

Das Nibelungenlied ist aus zwei ursprünglich selbständigen Liedfabeln zusammengesetzt. Die erste gruppiert sich um Siegfried und seinen Tod, die zweite geht um den Untergang der Burgunden am Hofe König Etzels als Opfer einer Rachetat. Daß beide Kerne erst spät zusammengewachsen sind, ist an dem Werke selber noch spürbar. Die beiden Teile des Nibelungenliedes haben eine ganz verschiedene Tonlage und Atmosphäre. Im ersten Teil lagern breite, ritterlich-höfische Schichten um knappe, heroische Kernteile: die Werbungsfahrt, den Frauenstreit, die Ermordung. Der zweite Teil ist handlungs- wie gesinnungsmäßig weit stärker heroisch verdichtet und vermag selbst stofflich jüngere Elemente aus heroischem Denken nachzugestalten. Zum Grundsätzlichen treten handgreifliche äußere Widersprüche. Am auffälligsten ist die Doppeldeutigkeit des Namens „Nibelunge" selbst. Im ersten Teil gehört er ganz in den Bereich des Dämonenhortes, den Siegfried gewinnt. Nibelung ist dort der Name eines der dämonischen Hortbesitzer; nach ihm heißen Schatz, Land und Mannen. Siegfried übernimmt diesen Namen, als er Herr des Schatzes und Landes wird. Im zweiten Teil kommt der Name ebenso ausschließlich den Burgunden zu. Dieses ist, wie die eddischen Quellen zeigen, die ursprüngliche Verwendung des Namens. Der Nibelungenhort ist von Hause aus der burgundische Königshort; der Gruppenname Nibelunge war ursprünglich offenbar der Sippenname der burgundischen Königssippe. Erst die Klangverwandtschaft mit „Nebel" hat dann wohl die Übertragung auf die dämonischen Besitzer des Hortes im Berge hervorgerufen. Andere kleinere, aber sehr deutliche Unstimmigkeiten treten hinzu.

Das Nibelungenlied ist ein Werk, in dem ältere und jüngere Schichten ineinanderliegen, Schichten nicht nur des Stoffes, sondern auch des Stils und der Lebensauffassung. Ältere Forschung, der es um das Aufgraben der Vorstufen zu tun war, hat die Uneinheitlichkeit des Werkes zuweilen überbetont; jüngste Forschung droht in den entgegengesetzten Fehler zu verfallen und durch gewaltsame Deutungsversuche eine planvolle Einheitlichkeit zu erzwingen. Unvoreingenommene Betrachtung wird es unterlassen, in der Kriemhild des ersten und des zweiten Teiles eine folgerichtige psychologische Entwicklung zu suchen, in welcher sich die Wandlung des jugendlich unschuldigen Kindes, der *minneclîchen meit*, zur furchtbaren Rächerin, zur *vâlandinne*, vollzieht. Die eine Kriemhild ist so menschlich wahr und ergreifend wie die andere. Jedoch einen psychologischen Entwicklungsroman zu suchen, hieße hier wie bei Wolframs Parzival die Fragestellung unerlaubt modernisieren. Dem Dichter ist Kriemhild jeweils die Gestalt, die sie aus den Voraussetzungen des Stoffes und seines Ethos sein mußte; sie ist hier wie dort exemplarisch. Aber sie ist es; der Dichter fragt nicht danach, wie sie es wurde.

Aufgabe der Literaturgeschichte bleibt es, das Nibelungenlied als das Werk eines Mannes und seiner Zeit zu begreifen, als ritterlich-höfischen Roman eines ritterlichen Dichters. Die Einheit liegt zunächst in einer Reihe tragender Figuren, aus denen Kriemhild und Hagen in einem großartigen Gegenspiel hervortreten, das sich von Beginn an – schon bei Siegfrieds erstem Erscheinen am Burgundenhof – andeutet. Siegfrieds Ermordung und der Raub des Hortes werden zum Anstoß der Rachehandlung im zweiten Teil. In der großen letzten Szene zwischen Kriemhild und Hagen geht es um die Forderung des Hortes – uralte Szene des ältesten Liedes. Aber Kriemhilds letzte Worte durchwärmt der Ton der Liebe:

> daz (Schwert) *truoc mîn holder vriedel,*   *dô ich in jungest sach*
> *an dem mir herzeleide*   *von iuwern schulden geschach.*

Der holde Geliebte – es ist der Falke aus dem Traum der jungfräulichen Kriemhild, mit dem das Gedicht beginnt: Anfang und Ende schließen sich zusammen.

Die Einheit geht aber tiefer in die innere Haltung hinein. Das Nibelungenlied ist ein höfischer Roman; höfisch-ritterliches Verhalten, Zucht und Maße, adlige Schönheit und Pracht der Erscheinung beherrschen das ganze Gedicht. Als Geste und Haltung durchdringt es die altheroischen Kernszenen, bestimmt das Wesen der jüngeren Figuren und Geschehnisse, am greifbarsten in der Neuformung von Siegfrieds Werbung um Kriemhild zum kleinen Minneroman. Gerade die Aufmerksamkeit und Deutlichkeit, mit der die gebildeten Formen des höfischen Umgangs und Verhaltens behandelt werden, gehören zur Wirklichkeitsnähe des heroischen Romans. Daher gibt das Nibelungenlied weit mehr als der Artusroman Einblick in das feine Wechselspiel von Form und Inhalt, das als Ganzes die höfische Haltung ausmacht, während die bloße Form – wie uns Wolfram am jungen Parzival lehrt – Konvention ist, die vor Höherem versagt.

Bei allen höfischen Bestrebungen bleibt der Abstand zwischen dem Artus-Aventiurenroman und dem Nibelungenlied groß, und er ist nicht nur durch die Verschiedenheit der Stoffe bedingt. Der grundsätzliche Unterschied liegt in der Lebensnähe und Wirklichkeitsdichte des Geschehens. Die Artusepik bewegt sich in einem Nirgendslande, das der Phantasie jeden Weg offen läßt. Das Nibelungenlied bewegt sich mit geographischer Gewissenhaftigkeit in dem wirklichen Raum der Rhein- und Donaulandschaft. Das ist ebenso wie die genaue Beachtung der höfischen Form nur der äußere Ausdruck dafür, daß die Menschen dieses Gedichtes in einer Welt der Wirklichkeit leben, von der sie geprägt werden. Freilich keiner photographischen Wirklichkeit der höfischen Existenz, sondern einer exemplarisch erhöhten. Aber es gibt hier kein

Ausweichen ins Märchenreich; sie leben, minnen und kämpfen auf dieser Erde und unter deren Bedingungen.

Darum sind diese Menschen auch dem Leid und der unerbittlichsten der irdischen Bedingungen, dem Tode, nicht entzogen. Das Nibelungenlied ist auf den Wechsel von Lust und Leid und die Erfahrung des Leides als der letzten irdischen Wirklichkeit geradezu thematisch abgestimmt. In der ersten Aventiure (Str. 17) wird dieses Thema angeschlagen; in der vorletzten Strophe des ganzen Werkes klingt es in fast gleichem Wortlaut aus. Gottfried von Straßburg kannte dieselbe Erfahrung der notwendigen Polarität von Lust und Leid; in dieser Erfahrung überwand er die Freudenwelt höfischer Durchschnittsexistenz. Doch er fand in der Minne den höheren Ort, wo Lust und Leid als Wirklichkeiten wesenlos werden. Die Einheit der Minne umgreift sie beide und hebt sie in sich auf. In ihr erhält selbst der Tod einen neuen Sinn als letzte Steigerung und als ein tieferes Weiterleben.

Für den Dichter des Nibelungenliedes dagegen ist die Gegensätzlichkeit von Lust und Leid schlechthin gegeben; er kennt keine Aufhebung auf einer höheren Ebene, heiße sie nun Gott oder Minne. Leben bedeutet ihm, Lust und Leid zu erfahren, und darüber hinaus: zu erkennen, daß jede Lust in Leid endet. Vorbildlich leben heißt, dieser Erkenntnis nicht ausweichen, sich ihr stellen, sich in ihr behaupten. Und das heißt dichterisch wieder: den Zugang zum heroischen Stoff und seiner ethischen Begründung finden. Denn heroisches Denken bedeutet ja nichts anderes, als die leidvoll-dunkle Schicksalserfahrung in der Selbstbehauptung der sittlichen Persönlichkeit zu überwinden und damit Herr darüber zu werden. Das ist der Sinn des Todes im Nibelungenlied.

Das Nibelungenlied kennt weder die Aventiurenwelt noch die Freudenwelt des Artusromans. Gerade dort, wo Aventiure sich entfalten könnte, wird es wortkarg und blaß. Die Jungsiegfriedabenteuer, Drachenkampf und Horterwerbung, die es stofflich nicht entbehren kann, stellt es nicht episch dar; es drängt sie in das knappe Referat Hagens ab. Und indem der Dichter die Hortbesitzer ihrer dämonischen Züge möglichst entkleidet, nimmt er dem Bericht mit der aventiurenhaften Einfärbung gerade auch die ihm zukömmliche Atmosphäre. Nicht anders geht es der Werbungsfahrt um Brünhild. Die Einsamkeit ihrer überwirklichen Existenz geht unter in dem korrekten Milieu einer ritterlichen Landesherrschaft. Und was bleiben muß: die Überkraft, vor der Gunthers Durchschnittlichkeit versagt, dieses echte Aventiurentum verkümmert in der fast pedantischen Veranschaulichung sportlicher Wettkämpfe. Wir spüren, daß dieser Dichter Aventiure aus dem Wirklichkeitsernst seines Werkes bewußt fernhalten wollte.

Das Nibelungenlied weiß von dem Fest als dem Gipfel höfischer Existenz. Es entfaltet sich in allen Höhepunkten der Handlung mit höchster ritterlicher Pracht, verschwenderischem Reichtum und ungemessener Freigebigkeit, wie sie zum höfischen Fest gehören. Aber wie wenig entspricht doch diese Festlichkeit dem Artusfest als dem schattenlos-freudigen Finale aller Aventiurenromane! Hinter jedem dieser freudig lärmenden Feste tönt der dunkle Schicksalston: Brünhilds Tränen beim Hochzeitsmahl; die beschämende Hochzeitsnacht Gunthers mit der trügerischen Hilfe Siegfrieds im Ehebett; der verhängnisvolle Streit der Frauen, der den Mordplan gegen Siegfried zur Folge hat; der Ausbruch des nicht mehr hemmbaren Kampfes der Burgunden mit der hunnischen Übermacht. Auch die Jagd ist die bis ins Letzte ausgenützte Möglichkeit, strahlende Lust zu entfalten und Siegfried noch einmal in seiner ganzen ahnungslosen Herrlichkeit erscheinen zu lassen, aber nur, damit sein Tod um so erschütternder in dieses Freudendasein einbricht. Das Fest erhält einen ganz anderen Sinn: es wird *exemplum* für den Leitsatz des Werkes, daß alle Freude zuletzt Leid gebiert.

So sind auch die Frauen ganz anderen Schlages als die des Artusromanes. Nirgends vielleicht war der Dichter des Nibelungenliedes so sehr bestrebt, modern zu wirken, wie in der Durchführung von Siegfrieds Werbung um Kriemhild als Minnehandlung. Er nahm Siegfried das Eigentümliche seiner Herkunft als elternloser Knabe aus dem Walde. Er formte ihn zum vorbildlichen Königssohn, schenkte seiner korrekten Erziehung Aufmerksamkeit, ließ ihn in einem schönen Fest der Schwertleite mündig werden. Und er gab der Frau die sanfte Schönheit und die seelische Überhöhung, vor der Siegfried, der kecke Werber, erblaßt und verstummt, so daß er sich entschließt heimzureiten, da er nicht würdig sei, solches Wesen zu erringen. Er weiß von dem Erwachen und der Übermacht der Minne, er kennt ihre Symptomatik und weiß, daß ritterliche Bewährung in Turnierspiel, Aventiure und ernster Schlacht (Sachsenkrieg) der Weg zur Erringung von Minne ist. Und wenn er diesen kleinen Roman mit dem Hochzeitsfest, der Heimkehr in das eigene Reich und der vorbildlichen Herrschaftsführung abschließt, so ist dies scheinbar dasselbe, was etwa im Erek geschieht.

Dennoch ist schon diese junge Kriemhild etwas wesentlich anderes als die Frauen des Artusromans. Auch sie ist in eine äußere Wirklichkeitsnähe gestellt, die ihr Inneres prägen hilft und ihr die freie Bewegung der Frauen des Artusromanes versagt. Sie ist die streng umhütete und bevormundete Jungfrau, in der Stille lebend und reifend wie die Mädchen der Wirklichkeit. Es dauert ein Jahr und es bedarf des Siegesfestes nach dem Sachsenkrieg, daß Siegfried sie auch nur sehen darf. Als Liebende ist sie ganz nur Wartende, fügsam Ergebene; alles liegt in der Hand der Männer, ihre Brüder haben über sie zu entscheiden. Unvorstellbar wäre bei ihr das losgelöste Dasein einer Orgeluse, die freie Liebeswahl einer Antikonie, auch nur die Freiheit in Entschluß und Handlung, die Wolframs zarteste Figuren haben, Condwiramurs am nächtlichen Lager Parzivals, Sigune bei der freien Verheißung ihrer Hingabe im Titurel. Grundsätzlich gleicht Kriemhild in ihrer Minne den Frauen der frühen österreichischen Minnelyrik; sie ist die gebundene Sehnsucht, das Ausschauen nach dem freien Flug des Falken. Sie durfte es nicht wagen, den Siegesboten des Sachsenkrieges nach dem Geliebten zu fragen; sie fragt nur nach ihren Brüdern und bringt den Boten auf Umwegen zum Preis von Siegfrieds Heldenruhm. Ebensowenig wagt sie es, Siegfried, da er als Bote der glücklichen Werbungsfahrt selber vor ihr steht, durch den Willkommenskuß zu ehren, solange die vormundschaftliche Erlaubnis der Brüder fehlt. Sie „lohnt" Siegfried nicht, wie sie ihn nicht wählt. Sie fügt sich, wenn auch gerne, dem Wunsch der Brüder und wird Siegfried unter genauer Einhaltung der Rechtsformen anverlobt. Und sie untersteht, worüber wir recht drastisch belehrt werden, in derselben Wirklichkeitsnähe der Vormundschaft und Hauszucht des Gatten. Auch hier stelle man etwa Laudines herrinnenhafte Befugnisse im Iwein daneben, um den Abstand zu ermessen.

Die zweite große Frauengestalt, Brünhild, stände dem Aventiurentypus weit näher. Sie ist die Frau, die frei entscheidet und deren Erwerbung an die Erfüllung aventiurenhaft darstellbarer Bedingungen geknüpft ist. Aber eben sie ist diesem Dichter wenig zugänglich: die Heroine mit der Überkraft des Leibes, die Wettspielerin, die Heldin des nächtlichen Ringens, die grobe Magie endlich, mit der ihre Kraft an ihr Magdtum gebunden ist – das alles sind Dinge, die diesem Dichter widerstehen. Er sucht sein Ideal der höfischen Frau in der mädchenhaften Zartheit; er hat es noch einmal in Rüedegers Tochter leicht skizziert. Er hat daneben, wovon gleich zu reden sein wird, die erstaunliche Gabe, die heroische Frau zu begreifen. Aber diese Brünhild, die der Dichter in seinen deutschen Brünhildliedern vorfand, ist keine im Kern heroische Gestalt, wie jeder fühlt, der sie mit der hinter den Flammen schlafenden Jungfrau der Edda vergleicht. Sie ist aus dem gröberen Stoff der vorhöfischen Menschengestaltung gemacht; sie ist nicht groß, sie ist nur stark. An diese Frauengestalt kam der Dichter nur äußerlich heran; er konnte sie nur mit äußeren Darstellungsmitteln höfisch umspinnen. Darum ist sie ihm nur noch ein nötiger Hebel der Handlung. Ihre wahrhaft heroische Szene, die Frau, die die Männer zum Werkzeug ihrer Rache zu machen versteht, hat er ihr genommen. Im Geschehen um Siegfrieds Ermordung bleibt sie schattenhaft.

Wie wenig dieser Verzicht auf der Unfähigkeit des Dichters beruht, die heroisch handelnde Frau zu begreifen, zeigt die Kriemhild des zweiten Teils. Der Minneroman des ersten Teils ist mit der Rückkehr nach Xanten zu Ende, nicht aber das Nibelungenlied. Siegfried kehrt mit Kriemhild nach Worms zurück und wird dort ermordet.

Das ist der Anruf des Schicksals, der Kriemhild trifft. Er verwandelt sie im Kern. Sie hat nur noch eine Aufgabe im Leben: die Rache. Sie trägt sie in sich, bis der Tag gekommen ist; dann bricht sie aus ihr hervor, verschlingt mit den Schuldigen Scharen von Rittern, Freund und Feind, sogar Kriemhilds eigenen Sohn, bis die Rache erfüllt ist und die Rächerin selber in dem Blut versinkt. Hier bricht etwas grundanderes durch; das „heroische Urgestein" hat Andreas Heusler es genannt. Hier sterben die Helden des Gedichtes, stirbt die Frau; hier geht es um Mord als Tat und um Rache als Triebkraft. Nichts von alledem kennt der höfische Roman des Westens. Denn im höfischen Äneasroman bedarf die Tötung des wehrlosen Turnus durch Äneas einer modernen Begründung. Sie ist nicht Rache sondern Strafgericht des höfischen Helden an dem Manne, der die Gesetze der höfischen Humanität verletzt hat. Gottfried läßt Isolde mit dem erhobenen Racheschwert vor den wehrlosen Tristan treten, wie Kriemhild vor den wehrlosen Hagen tritt. Aber wo Kriemhild den Todesstreich führt, läßt Isolde das Schwert sinken – ihre *wîpheit*, ihr weibliches Wesen, macht sie unfähig zur Tat. Der Vergleich zweier so nahe verwandter Situationen erhellt den weiten Abstand des Denkens.

Das Nibelungenlied trägt einen ganz anderen und im Vergleich zur westlichen Ritterdichtung erstaunlich kühnen Ton in die große staufische Klassik hinein. Das ungebrochen Heroische wird ja nicht nur in Kriemhild offenbar, es ist auch nicht nur Waffentat und Blutbad; es ist allenthalben die Selbstbehauptung im Schicksal. Es wird in Hagen ebenso sichtbar wie in Kriemhild. So in dem Augenblick, da Hagen, der ahnend Abmahnende, den Ritt ins Hunnenland doch selber betreibt, als er ihn unvermeidlich sieht. So im Donauübergang, wo Hagen, durch die Meerweiber über den drohenden Untergang belehrt, das Schiff, das Werkzeug der Heimkehr, zerschlägt als ein Symbol der Untergangsgewißheit, der man sich unverzagt stellt. Oder in der unvergleichlichen Szene, wo Hagen und Kriemhild sich am Hunnenhof Auge in Auge gegenübertreten, wo Kriemhilds bisher verhohlener Haß und Rachewille offen durchbricht, und wo sich Hagen demgegenüber endlich, da Leugnen Feigheit wäre, brutal zum Mord an Siegfried bekennt. Gerade diese Szene ist auch literarhistorisch so wichtig, weil sie Eigenschöpfung des letzten Dichters ist. Dies ist das Erstaunliche am Nibelungenlied als einer Dichtung der hohen Stauferzeit, daß sein Dichter, zu dessen Wesensart zartes Empfinden gehörte, zugleich fähig war, heroische Dichtung bis in ihre innersten Triebkräfte zu begreifen und schöpferisch-kongenial nachzugestalten. Und daß er – möglicherweise am Bischofsitz von Passau – eine ritterliche Hörerschaft fand, die ihn verstand und die bereit war, das Ethos dieser urtümlichen Zeit anzuerkennen und nachzuerleben.

11*

In der eigentümlichen Mischung von Uraltem und Modernem liegt das eigentliche Wesen und damit der Reiz dieser Romangattung, und es ist ein Maßstab für die Größe der einzelnen Dichter, wieweit es ihnen gelingt, aus bloßer Mischung eine innere Durchdringung werden zu lassen. Und eben darin ist der Dichter des Nibelungenliedes ein nicht wieder erreichtes Vorbild. Nur selten ist das Moderne bloß äußerliche Übermalung und Verkleidung, und wo es der Fall ist, wie bei den uns lästigen „Schneiderstrophen", da geht es um Dinge, die wirklich nur äußerlich sind und die der Freude jener Zeit an kostbaren Stoffen, leuchtenden Farben und funkelnden Steinen billig zugute gehalten werden dürfen. Im Kerngefüge aber gelingt doch fast stets eine neue Einheit, ob nun eine uralte Szene, wie die Jagd, auf der Siegfried ermordet wird, zum modernen ritterlichen Jagdfest ausgemalt wird, oder ob eine so junge Szene wie der Kirchgang am Hunnenhof das Heranwachsen und Heranwarten des tödlichen Zusammenstoßes vorbereitend verdichtet. In beiden Fällen ist gerade aus dem Kontrast eine neue, packende Einheit gewonnen. Man kann fast jede Szene des Nibelungenliedes auf ihre „Schichtung" analysieren und Modernes, Älteres und Uraltes darin auseinanderlegen. Man wird aber fast überall das Wichtigere finden: die Einheit des Denkens, der Gestaltung, der Charaktere.

Die letzte Stichprobe solcher Durchdringung ist die Art und Weise, wie sich der Dichter dem Problem von Gott und Welt gegenüber verhält. Die Helden des Nibelungenliedes sind christliche Ritter. Der Kirchgang gehört zum Tageslauf, die Messe zum Fest, die kirchliche Einsegnung zur Ehe, zur Krönung, zur Schwertleite. Um Siegfrieds Bestattung ist der ganze Pomp religiöser Zeremonie und kirchlicher Seelenpflege entfaltet, Kriemhilds Witwenzeit ist das Leben einer Religiosa.

Attilas Heidentum könnte Anlaß geben zur Darstellung des christlich-heidnischen Gegensatzes, zur Ausdeutung des großen Kampfes als Zusammenstoß von Gottesreich und Teufelsreich. Die Ansätze dazu sind gering und bleiben unentfaltet; Rüedeger lockt als Werber für Etzel mit dem Gedanken der Bekehrung des Heiden durch die christliche Königin. Aber das Motiv bleibt blind und verklingt rasch wieder. Kriemhilds Entschluß ist durch andere, im Heroischen wurzelnde Erwägungen bestimmt.

Etzel ist und bleibt Heide, aber der Dichter des Nibelungenliedes sieht den christlich-heidnischen Gegensatz im Lichte der staufischen Humanität. An Etzels Hofe leben Christen und Heiden friedlich Seite an Seite, christlicher und heidnischer Gottesdienst haben ihre Stätte nebeneinander. Hier ist wirklich etwas von auflösender Toleranz zu spüren, ein Zeichen, wie wenig wichtig der Dichter religiöse Handlungsantriebe nahm. Die Abwertung der Hunnen, die leise spürbar wird, stammt in ihrer Motivik aus dem alten Heiden- und Orientbild der Kreuzzugdichtung: die wimmelnde Massenhaftigkeit der Ostvölker, die *unmâze* ihres Gepränges, ihre waffentechnische Sonderheit und kriegerische Unterlegenheit. Aber all dies steht unter anderem Vorzeichen: es ist die *barbaries* der slawisch-ungarischen Grenznachbarn, gesehen mit dem kulturellen Überlegenheitsgefühl des deutschen Ritters. Die Wirklichkeit des Grenzlandes steht dahinter, nicht die Phantasiewelt der Orientabenteuer. Es ist dasselbe Gefühl für „Deutschheit" wie bei Walther und aus denselben Bedingungen erwachsen.

All dies ist Außenwerk, rührt nicht an den religiösen Kern. In ihren Tiefen bleiben die Helden des Nibelungenliedes germanisch-heroische Gestalten, getragen von dem Bewußtsein der autonomen sittlichen Persönlichkeit, die sich im Schicksal bewährt und behauptet. Weder das Bewußtsein einer göttlichen Führung noch die Forderung eines göttlichen Gebotes bestimmen und erleichtern ihre Entschlüsse, und ihrem Sterben ist der Trost des Aufblicks nach oben und der Hoffnung auf jenseitigen Lohn versagt. Hier liegt der tiefe Wesensunterschied zu der christlichen Heroik des Rolandsliedes; er wird unüberhörbar klar in den letzten Worten des sterbenden Roland und des sterbenden Hagen. Dort Worte der Ergebung in Gott und der Hoffnung auf Gnade und Lohn. Hier Worte des Triumphes im Untergang, der Selbstbehauptung der stolzen Persönlichkeit. Und wieder steht man erstaunt vor der Tatsache, daß ein Dichter der hohen Stauferzeit eine Menschengestaltung dieser Art nicht nur beibehalten konnte, weil die Quelle es verlangte, daß er sie vielmehr nachfühlend weitergestalten konnte und den Helden das ethische Rückgrat nicht gebrochen hat. Und daß die Zeitgenossen aus dem hohen Sinn ihres idealen Menschentums dieses urtümliche Denken im Hochflug seiner Bewährung als verwandt und kongenial empfinden und anerkennen konnten.

Sehr deutlich heben sich aus der Gruppe der Helden zwei Gestalten heraus, die aus jüngerem Stoff gemacht zu sein scheinen: Dietrich von Bern und Rüedeger von Bechlarn. Sie können es, weil sie nicht unmittelbar in das Schicksal verflochten sind, das nur den einen Entschluß offenläßt: sich sterbend zu behaupten oder sich lebend aufzugeben. Sie stehen zunächst abseits und werden erst allmählich in den unerbittlichen Ablauf hineingezogen. In ihnen durfte der Dichter gestalten, was er an Eigenem zu sagen hatte: den vorbildlichen König und Ritter der staufischen Zeit. Auch sie sind keine Artusritter, sondern der Wirklichkeit verhaftet, dem Leide und dem Tode ausgeliefert. In dieser Weltwirklichkeit aber stehen sie als Verkörperungen der ritterlichen Humanität der Stauferzeit, und eben in ihrer Wirklichkeit werden sie menschlich ergreifender und überzeugender als die Märchenhelden der Artuswelt. Dietrich ist der königlich Überlegene, dessen letzter schmerzvoller Sieg über Hagen und Gunther nicht nur als der Sieg der größeren Leibeskraft verstanden werden darf. In dem Zusammenstoß zwischen Dietrich und Kriemhild in der 28. Aventiure (Str. 1747 ff.) wird einen Augenblick die innere Überlegenheit der höfisch-humanen Persönlichkeit über die heroische spürbar; einen Augenblick ist es, als ducke sich das Dämonische in der menschlichen Natur vor dem Gesitteten – stumm und beschämt wendet sich Kriemhild ab. Und in einem noch größeren Augenblick vermag es Dietrich, der humanen Gesittung mitten im Ausbruch des rasenden Kampfes Gehör zu verschaffen. Als seine Stimme im Saale erschallt, sinken die Schwerter, eine Stille tritt ein, Dietrich erwirkt für sich und alle Unschuldigen freien Abzug und führt unter seinem Schutz Etzel und Kriemhild aus dem Morden. Aber auch er ist in das Schicksal verflochten und dem Leid ausgeliefert. Bei der Kunde vom Tode all seiner Mannen findet er einen Augenblick den Aufblick zu Gott: *sô hât got mîn vergez-zen – ich armer Dietrîch* (Str. 2319). Doch alsbald kehrt auch Dietrichs Reden und Denken zum Schicksalsbewußtsein zurück: *mîn ungelücke; mîn unsaelde*: unter diese Begriffe stellt er das Geschehene. Und jetzt folgt auch er dem Anruf des Schicksals – er wird es, der seine Freunde, die beiden letzten Burgunden, bezwingen und ihrem Schicksal zuführen muß.

Noch „moderner" als Dietrich ist die Gestalt Rüedegers. Es ist nicht das Wesentlichste, daß sich in ihm alle Tugenden des höfischen Mannes und Ritters vereinen, so daß man in ihm die dichterische Verklärung des großen Babenberger Herzogs Leopold, des Schöpfers des Wiener Hofes, hat sehen wollen. Wesentlich ist vielmehr, daß seine Tragik anders ist und von ihm anders erlebt wird als die aller anderen. Nur bei Rüedeger ist die Tragik ein seelischer Konflikt ohne Ausweg. Er steht nicht wie Dietrich über den Parteien, er fühlt sich zwischen ihnen zerrieben. Jede Entscheidung, die er trifft, wird ihm zu einer Zerstörung seiner sittlichen Persönlichkeit (Str. 2134). Er allein fühlt eine Bedrohung seiner Seele und ihres Heiles, und er allein kennt in diesem Augenblick den echten Aufblick und Anruf zu Gott. Auch seine Todesgewißheit ist eine andere als die der übrigen; sie erfließt aus dem Bewußtsein des sittlich-gebrochenen Mannes, daß sein Heil durch seinen Entscheid zerstört ist. Es fehlt ihr die Erhebung des Sieges im Tode. Doch auch ihn führt der Dichter schließlich in den heroischen Kreis zurück. In der unvergleichlichen Szene des Schildtausches mit Hagen wird Rüedeger sittlich gerechtfertigt. Nicht durch eine göttliche Führung und Gnade. Die Bestätigung seiner sittlichen Unversehrtheit durch die große Geste des befreundeten Feindes ist aus heroischem Denken gestaltete Wiederherstellung seiner Ehre. Und darum kann sein letzter Kampf und Tod in der Linie aller übrigen Heldenschicksale liegen.

Das Geschehen im Nibelungenlied ist damit aus dem dualistischen Denken der Zeit herausgenommen. Die Gestalten teilen sich nicht auf nach dem Gesichtspunkt von Gut und Böse, gottgefällig und teufelsverfallen. Beide Parteien stehen unter demselben Anruf des fordernden Schicksals, beide erfüllen die Forderung ihrer Selbstbehauptung bis zum Letzten. Darin steht das Nibelungenlied im Kreise der höfischen Dichtung allein, daß es Spieler und Gegenspieler, Kriemhild und Hagen auf gleicher Höhe sehen und mit gleicher Würde handeln lassen kann. Der Dichter kennt keine Parteinahme; er schaudert vor den dunkeln Taten Hagens wie Kriemhilds, aber er macht keinen von beiden zum Bösewicht.

Er läßt sie beide ihren unausweichlichen Weg in Größe gehen und prüft
ihren Wert mit unbestechlicher Objektivität.

Es ist schon erwähnt, daß das Nibelungenlied die ererbte Strophenform beibehalten
und für den höfischen Heldenroman zum Vorbild gemacht hat. Die Nibelungenstrophe
schließt vier Langzeilen zu rhythmischer Einheit zusammen. Sie ist in ihrer Verbindung von Gleichmaß und Wechsel, der klaren Abrundung durch den leicht geschwell-
ten Schlußvers, der höfisch-gebändigten Freiheit ihrer Rhythmik ein klassisch vollendetes Gebilde, das von keiner anderen epischen Strophe wieder erreicht oder übertroffen worden ist.

Man hat früh beobachtet, daß sich der Wortschatz des Nibelungenliedes von dem der Artusepen wesentlich unterscheidet. Man hat ihn
veraltet und unhöfisch genannt; man sollte eher von Traditionsgebunden-
heit sprechen. In die gleiche Richtung weist die große Rolle der Formel
im Nibelungenliede. Auch sie gehört letztlich zum liedhaften Stil und
wird durch die strophische Form begünstigt. Namentlich die letzten
Zeilen der Strophen werden gern mit formelhaften Wendungen erfüllt,
Vorausdeutungen und Rückdeutungen, die das Schicksalhafte des Geschehens immer gegenwärtig halten. Vor allem aber hat der Dichter des
Nibelungenliedes die höchste Kunst des alten heroischen Liedes begriffen und sich zu eigen gemacht: die packende Führung des Dialoges, das
Verdichten des Wesentlichen im scharf zugeschliffenen Wort. Der Streit
der Königinnen, Kriemhilds erstes Wort an Siegfrieds Leiche, Hagens
erster Zusammenstoß mit Kriemhild im Hunnenland, das Wort Hagens,
das den Tod des Etzelsohnes begleitet, das Streitgespräch Hagens mit
Hildebrand, das letzte Wort Wolfharts und natürlich das letzte Gespräch
zwischen Hagen und Kriemhild – das sind solche Szenen mit Gipfelwor-
ten, die gewiß zum Teil in den Vorstufen vorgeprägt waren, die aber
aus einer erstaunlichen Einfühlungs- und Gestaltungsgabe nachgeschaf-
fen oder neugeschaffen worden sind.

Schon die nächsten Nachfahren haben die Größe des Nibelungenliedes in der gleichwägenden Behandlung von Spiel und Gegenspiel nicht
begriffen, weil sie den tieferen Hintergrund, das germanisch-heroische
Schicksalsdenken nicht rein nachzuleben vermochten. Bereits der in
Form und Komposition sorglich glättende Bearbeiter C des Nibelungenliedes verschiebt die Gewichte und nimmt Partei. Noch ausgesprochener
lenkt in die Bahnen des Gewohnten und Durchschnittlichen jener frühe
Anhang des Nibelungenliedes ein, den wir die Klage nennen.

Die Klage ist in allen vollständigen Handschriften des Nibelungenliedes mit enthalten; darüber hinaus sind uns Bruchstücke des Gedichtes überliefert. Sie gehörte
für das literarische Bewußtsein fest mit dem Nibelungenlied zusammen. Wir denken
uns die Klage im dritten Jahrzehnt des 13. Jahrhunderts gedichtet; vieles spricht dafür, daß sie in Bayern entstand.

Das dichterisch sehr mittelmäßige Werk beschäftigt uns nur wegen
seiner engen Verbindung mit dem Nibelungenlied. Es berichtet in einem

ersten Teil, wie nach dem großen Morden am Hunnenhof die toten Helden aufgefunden, aufgebahrt und bestattet werden. Ein zweiter Teil erzählt, wie die Botschaft der Ereignisse nach Bechlarn, Passau und Worms gebracht wird, wie sie dort Klage und Jammer auslöst, wie Gotelind und Uote aus Gram sterben und in Worms Gunthers junger Sohn gekrönt wird. Endlich berichtet das Gedicht, wie Dietrich mit Hildebrand und Herrat aufbricht, um in sein Land zurückzukehren.

Die Totenklage und Totenfeier ist im Bewußtsein der Zeit der notwendige Abschluß des christlich-ritterlichen Lebens. Was Siegfried in so reichem Maße im Nibelungenliede zuteil geworden war, sollte den Helden des Burgundenunterganges nicht versagt bleiben. Der große Gedanke des heroischen Sterbens, die Selbstbehauptung im Tode, geht unter in Tränenströmen und Klagegeschrei, die zu den vorgeschriebenen Gebärden der Trauer gehören. Doch reichte die dichterische Kraft des Verfassers nicht aus, sie zu variieren und abzustufen. Der Hörer ist der Monotonie steter Wiederholungen ausgesetzt. Selten einmal gelingt etwas Eindrückliches, wie die Ankunft der Boten in Bechlarn mit dem Umschwung von froher Erwartung über bange Ahnung zum herzzerreißenden Jammer, oder die Schilderung, wie die Boten, die auftragsgemäß das Unheil zunächst verschweigen sollen, ihre Tränen und den Schrei des Schmerzes nicht zurückhalten können, erst einer, dann immer mehr, und wie so die furchtbare Wahrheit als ein allgemeiner Jammer aus ihnen hervorbricht.

Von der Größe des Nibelungenliedes hat dieser Nachfahr wenig begriffen. Naturgemäß dringt nun nicht nur kirchliche Form, sondern auch christliches Denken in die Darstellung ein; der christlich-heidnische Gegensatz klingt mehrfach an, und den Dichter beschäftigt die Frage, ob Kriemhild verdammt oder erlöst sei. Er gönnt ihr das Himmelreich; denn auch die großartige Objektivität des Liedes ist mit solcher Fragestellung notwendig aufgegeben. Der Verfasser der Klage fragt nach Schuld, nicht nach Schicksal; er schiebt alle Schuld auf Hagen, verdunkelt und verzerrt dessen Bild und versagt ihm sogar die preisende Klage, die doch den übrigen Burgunden auch von den Feinden am Hunnenhof gegönnt wird. Er lenkt in die gewohnten Bahnen der Wertung von Spieler und Gegenspieler ein.

So ist es auch kein Zufall, daß er von der Form des strophischen Epos zur gebotenen Reimpaarform der höfischen Dichtung übergeht. Seinen Stil speist er bis zur Plünderung aus dem Schatze des Nibelungenliedes, ohne dessen Kraft und Wucht der Sprache zu erreichen. Daneben hat er Kenntnis der höfischen Dichtung und bemüht sich zuweilen, das Besondere und Barocke von Wolframs Stil nachzuahmen. Mit all dem gehört die Klage schon dem letzten, abmattenden Abschnitt der Stauferzeit an; sie ist ein Stück der Durchschnittsliteratur, die aus dem Erbe der Großen lebt.

LITERATUR

Nibelungenlied.
Ausgaben und Handschriften: K. BARTSCH, 3 Bde. Leipzig 1870–80 (nach Hs. B mit Lesartenapparat und Wörterbuch). – K. BARTSCH, Deutsche Klassiker d. Mittelalters Bd. 3. 12. Aufl. (durch H. de Boor). Leipzig 1949 (nach Hs. B unter Berücksichtigung von Braunes Handschriftenuntersuchung). – K. LACHMANN, Berlin 1826, 14. Abdr. 1927 (nach Hs. A). Dazu Lachmanns Anmerkungen zum Nibelungenlied (Lesarten und Kritik). – FR. ZARNCKE, Leipzig 1856, 16. Abdr. 1920 (nach Hs. C). – W. BRAUNE, Die Handschriftenverhältnisse des Nibelungenliedes. Beitr. 25 (1900) 1–222. – V. MICHELS, Zur Handschriftenkritik des Nibelungenliedes. Abh. Sächs. Ak. d. Wiss. Bd. 39. 1928. – HCH. HEMPEL, Pilgerin und die Altersschichten des Nibelungenliedes. ZfdA 69 (1932) 1–16. – K. DROEGE, Zur Fassung C des Nibelungenliedes. ZfdA 75 (1938) 89–103. – FR. WILHELM, Nibelungenstudien I. Über die Fassungen B und C des Nibelungenliedes und der Klage. Münchn. Arch. Bd. 2. 1918. – H. SPARNAAY, Zur Vorgeschichte von Lachmanns Nibelungentext. Verzamelde Opstellen, Festschr. für J. H. Scholte Amsterdam 1947. S. 47–61.
Lit.: Forschungsberichte: FR. NEUMANN, Verf.-Lex. III 513–60. – TH. ABELING, Das Nibelungenlied und seine Literatur. Leipzig 1907 mit Nachtragsheft 1919. – FR. NEUMANN, Das Nibelungenlied in der gegenwärtigen Forschung. Dtsche Vjschr. 5 (1927) 130–71. – HERM. SCHNEIDER, Der heutige Stand der Nibelungenforschung. Forschg. u. Fortschr. 18 (1942) 150–52. – MARY THORP, The study of the Nibelungenlied. Beeing the History of the study of the epic and legend from 1755 to 1937. London 1940. – J. F. RÖTTGER, Das Nibelungenlied im Lichte der neuesten Forschung. Utrecht 1949. – H. KÜPPER, Französische Nibelungenforschung. Diss. Köln 1934.
Allgemeines: FR. RANKE, Der Dichter des Nibelungenliedes. Die großen Deutschen. Neue Ausgabe Bd. 1 S. 87–100. – E. TONNELAT, Le chanson de Nibelungen. Paris 1916. – NELLY DÜRRENMATT, Das Nibelungenlied im Kreis der höfischen Dichtung. Diss. Bern. Lungern 1945. – DIETR. VON KRALIK, Das Nibelungenlied. Von deutscher Art in Sprache u. Dichtung Bd. II S. 189–233. – BODO MERGELL, Nibelungenlied und höfischer Roman. Euphorion 45 (1950) 305–36. – H. NAUMANN, Das Nibelungenlied eine staufische Elegie oder ein deutsches Nationalepos? Dichtg. u. Volkst. 42 (1942) 41–59. – FR. PANZER, Studien zum Nibelungenliede. Frankfurt 1945. – DERS., Nibelungische Ketzereien. Beitr. 72 (1950) 463–500; 73 (1951) 95–123. – IRENE OTT, Romanisches im Nibelungenlied? Diss. Tübingen 1948 (Masch.-Schr.). – K. E. WÄDEKIN, Nibelungenlied und deutsch-russische Beziehungen im Mittelalter. Beitr. 73 (1951) 284–304. – MARY THORP, The unity of the Nibelungenlied. Journ. of Engl. and Germ. Phil. 36 (1937) 475–80. – DIES., Two literary problems in the Nibelungenlied. Ebda 37 (1938) 164–68. – RENATE VON BAUDISSIN, Diu Kriemhilde Nôt, eine Nibelungenstudie. Diss. Bonn 1945 (Masch.-Schr.) – FR. MAURER, Das Leid im Nibelungenlied. Angebinde, John Meier zum 85. Geburtstag. Lahr 1949. S. 81–117. Vgl. auch M.s „Leid"-Buch S. 13 ff. – W. FECHTER, Siegfrieds Schuld und das Weltbild des Nibelungenliedes. Hamburg 1948.
Interpretation: W. RICHTER, Beiträge zur Deutung des Mittelteils des Nibelungenliedes. ZfdA 72 (1935) 9–47. – EDW. SCHRÖDER, Beiträge zur Textform des Nibelungenliedes I–IV. ZfdA 70, 145–60; 72, 51–56; 74, 87–94; 78, 88–89. (1933–1942). – G. NORDMEYER, Source studies on Kriemhild's falcon dream. Germ. Rev. 15 (1940) 292–99. – VIRGIL TEMPEANU, Sippenfeindschaft und Wiedervergeltung im Nibelungenlied. Folticene 1938. – H. W. J. KROES, Die Kampfspiele des Nibelungenliedes (NL 389–431). Neophilologus 29 (1944) 161–64. – F. MEZGER, The publication of slaying in the Saga and in the Nibelungenlied. Arkiv f. nord. fil. 61 (1946) 208–24. – PH. A.

BECKER, Zur Jagd im Odenwald. Beitr. 70 (1949) 420–31. – HANS KUHN, Kriemhilds Hort und Rache. Festschr. P. Kluckhohn u. Herm. Schneider. Tübingen 1948. S. 84 bis 100. – DERS., Brünhilds und Kriemhilds Tod. ZfdA 82, 191–99. – S. BEYSCHLAG, Das Problem der Macht bei Siegfrieds Tod. Germ.-rom. Monschr. 33 (1952) 95–108. – B. QU. MORGAN, On the use of numbers in the Nibelungenlied. Journ. of Engl. and Germ. Phil. 36 (1937) 10–20. – TH. FRINGS, Siegfried, Xanten, Niederland. Beitr. 61 (1937) 364–68. – K. HELM, Siegfried und Xanten. Beitr. 65 (1940) 154–59. – FR. P. MAGOUN, Zu Etzelen Burc, Finns Buruh und Brunnan Burh. ZfdA 77, 65 f. – DERS., Geographical and ethnic names in the Nibelungenlied. Mediaeval Studies 7 (1945) 85–138. – WOLFG. MOHR, Giselher. ZfdA 78 (1941) 90 bis 120. – E. H. MUELLER, Deutung einiger Namen im Nibelungenlied, MDU 31 (1939) 274–84. – FR. PANZER, Der Weg der Nibelunge. Erbe der Vergangenheit, Festschr. K. Helm. Tübingen 1951. S. 83–107.

Zur Sagengeschichte: A. HEUSLER, Nibelungensage und Nibelungenlied. 4. Aufl. Dortmund 1944. – HERM. SCHNEIDER, Germanische Heldensage Bd. I S. 73 ff.; 384 ff. – EL. EDROP BOHNING, The concept „Saga" in Nibelungen criticism. Diss. Bryn Mawr Pennsylvania 1944. – HENRI GRÉGOIRE, La guerre Saxonne de Clotaire, la cantilène de Saint Faron et la chanson des Nibelungen. Acad. Royale de Belgique. Bull. de la Cl. des Lettres 5. serie XX (1934) S. 171–92. – DERS., Etudes épiques. La patrie des Nibelungen. Byzantion 9 (1934) 1–39. – DERS., Où en est la question des Nibelungen? Ebda 10 (1935) 15–45. – D. VON KRALIK, Die Siegfriedtrilogie im Nibelungenlied und in der Thidrekssaga T. 1 (alles Erschienene). Halle 1941. – DERS., Die Siegfriedtrilogie im Nibelungenlied. Forschg. u. Fortschr. 19 (1943) 30–32. – HUGO KUHN, Über nordische und deutsche Szenenregie in der Nibelungendichtung. Festschr. F. Genzmer. Heidelberg 1952. S. 279–306. – MARY THORP, The Archetyp of the Nibelungen legend. Journ. of Engl. and Germ. Phil. 37 (1938) 7–17. – HCH. HEMPEL, Sächsische Nibelungendichtung und sächsischer Ursprung der Thidrekssaga. Festschr. F. Genzmer. Heidelberg 1952. S. 138–56. – H. DE BOOR, Hat Siegfried gelebt? Beitr. 63 (1939) 250–71. – M. LINTZEL, Der historische Kern der Siegfriedsage. Histor. Studien 245. Berlin 1934. – HERM. SCHNEIDER, Die deutschen Lieder von Siegfrieds Tod. Weimar 1947. – H. DE BOOR, Kap. 168 der Thidrekssaga. Festschr. F. Genzmer. Heidelberg 1952. S. 157–72. – HERM. SCHNEIDER, Siegfried. Forschgen u. Fortschr. 12 (1936) S. 1. – G. BAESECKE, Gudrun-Kriemhild, Grimhild-Uote, Gutthorm-Gernot. Beitr. 60 (1936) 371 bis 380. – EL. E. BOHNING, Brunhild in Medieval Tradition. Delaware Notes XIII (1945) 23–36.

Klage: Ausg.: K. BARTSCH, Leipzig 1875 (nach Hs. B mit den Lesarten sämtl. Hss.). – K. LACHMANN, Berlin 1826, 14. Abdr. 1927 (nach Hs. A). – A. HOLTZMANN, Stuttgart 1859 (nach Hs. C). – Lit.: A. URSINUS, Die Handschriftenverhältnisse der Klage. Diss. Halle 1908. – FR. VOGT, Zur Geschichte der Nibelungenklage. Festgabe z. Philologenvers. Marburg 1913. S. 139–67. – FR. WILHELM, Nibelungenstudien I. Über die Fassungen B und C des Nibelungenliedes und der Klage. Münchn. Arch. 1918, H. 2. – A. LEITZMANN, Nibelungenklage und höfische Dichtung. ZfdA 61 (1924) 49–56. – EDW. SCHRÖDER, Zur Klage. ZfdA 70 (1933) 66 f.

DRITTES KAPITEL

DIE SPÄTHÖFISCHE EPIK

1. DAS FORTLEBEN DER HÖFISCHEN EPIK IM STAUFISCHEN RAUM

Wie bei der Gruppenbildung der „frühhöfischen" Dichtung denken wir auch bei der „späthöfischen" nicht an eine chronologische Abgrenzung. Zwar könnte man einen Einschnitt etwa bei dem Jahr 1210 setzen. Denn damals waren als neueste Erscheinungen neben die Werke Hartmanns und das Nibelungenlied Gottfrieds Tristan und Wolframs Parzival getreten. Man kann sagen: die maßgebliche klassische Epik war vorhanden, und was danach kam, wird irgendwie in ihrem Bannkreis stehen. Aber von den großen Epikern lebte und schaffte Wolfram noch mindestens ein Jahrzehnt weiter, und vollends bei den Lyrikern wäre diese Grenzziehung nicht ohne Bedenken. Daher binden wir uns auch hier nicht an eine Jahreszahl, sondern fassen zusammen, was uns unter gleichem Gesetz zu stehen scheint.

Eine nach Stoffwahl und Auffassung so einheitliche Gruppe wie bei der „frühhöfischen" Dichtung gewinnen wir hier nicht. Die Bezeichnung „nachhöfische" will eine vorsichtige und eher negative Umschreibung sein. Das Wort „Epigonen" ist für diese Dichter bis zur Jahrhundertmitte bewußt vermieden. Gewiß sind sie Nachfahren und fühlen sich als die Verwalter eines verpflichtenden Erbes in der Gesinnung wie in der Form. Aber das Merkmal der Erstarrung oder gar der Dekadenz und Entartung, das zum Epigonentum gehört, trifft sie noch nicht. Sie leben noch in dem Bewußtsein, daß die ritterlich-höfische Welt, die sie künstlerisch darstellen, die gültige Welt ist. Sie war von den großen Klassikern erworben und gestaltet worden, und sie ist jetzt sicherer Besitz. Darum fehlt diesen Dichtern im wesentlichen die Auseinandersetzung mit den Problemen, mit denen die Großen gerungen hatten. Und die Probleme der Zukunft berühren sie noch nicht. Denn die neue religiöse Bewegtheit, die das spätere 13. Jahrhundert so lebhaft bestimmte, ist selber erst in den Anfängen und noch ohne eigenen Ausdruck, und sie drang in das ritterlich-höfische Lebensgefühl noch nicht ein. Erst sehr langsam erwacht gegen die Mitte des Jahrhunderts das Bewußtsein, daß die Welt sich wandelt. Und erst als die ritterlich-höfische Dichtung sich von diesem Wandel abschloß und beziehungslos in dem neuen Gären und Werden stand, kann man von einer epigonalen Erstarrung sprechen, die teils in einem bewußten Festhalten an etwas Versinkendem, teils in einem bloßen Spiel mit überkommenen Formen und Inhalten

ihr Genüge findet, während um sie her das Neue nach neuen Ausdrucksformen drängt.

Die beherrschende Kunsttheorie sah in der Dichtung vor allem eine formale Aufgabe. Daher wurde der Form gesteigerte Beachtung geschenkt. Auch hier waren die
leitenden Prinzipien durch die hochhöfische Dichtung erarbeitet; eine klassische Form
war gewonnen. In der Epik zumal mit ihren einfachen Formgesetzen war Neues kaum
noch zu erwarten. Man spricht gern von „Schulen" in der Epik und meint damit
eine formale Nachfolge Hartmanns, Gottfrieds oder Wolframs. Im ganzen herrscht
doch der Eindruck eines geschmackvollen Eklektizismus vor, der sich auf Hartmanns
maßvoller Klarheit gründet und von den ausgeprägten Stilelementen der beiden anderen dasjenige auswählt, was nach Art und Wesen passend zu sein scheint. Eine vorgebildete Form geschmackvoll nachzubilden, fällt dem begabten Talent leicht; die
Gefahr formaler Leere oder Erstarrung ist dabei immer vorhanden. Im ganzen kann
man doch sagen, daß die nachklassische Generation Vers und Sprache noch als
lebendig-schmiegsames Element zu handhaben wußte. Überkünstelung wie mechanische Erstarrung, die zuletzt in bloßer Silbenzählung endet, wird man diesen Männern so wenig nachsagen können wie die Verwilderung der Form, die sich einstellt,
wo Stoff und Zweck zum beherrschenden Anliegen der Dichtung werden.

Die landschaftliche Sonderung, die wir in der Zeit um 1200 feststellen
konnten, löst sich auf. Thüringens große Rolle erlischt mit dem Tode
des Landgrafen Hermann; seitdem fehlt der einigende Mittelpunkt. Niederdeutschland beginnt eigene Wege zu gehen und seine eigene Sprache
zu sprechen. Die Loslösung des Nordwestens, Flanderns und der Niederlande, deren erste Spur wir literarisch in Morant und Galîe (S. 59 ff)
fanden, schreitet fort, wird aber erst in der zweiten Hälfte des Jahrhunderts handgreiflich. Auch Niedersachsen beginnt seine eigene Sprache
zu reden, ohne sie jedoch vorerst schon auf die großen höfischen Gattungen anzuwenden. Die ritterliche Epik sucht auch sprachlich weiter
den Zusammenhang mit der hochdeutschen Dichtung; der Niedersachse Berthold von Holle dichtet um und nach 1250 ebenso hochdeutsch
wie seine niederdeutschen Vorläufer Eilhart von Oberge und Albrecht
von Halberstadt. Aber es gibt im Norden des Literaturgebietes keine
eigene Geschmacksprägung mehr; der Aventiurenroman hält seinen
Einzug, während der antikisierende Roman ganz zurücktritt.

Der heroische Roman findet weiter Pflege in Österreich. Seine reiche
Spätblüte bricht jedoch erst in der zweiten Hälfte des Jahrhunderts an,
erst dann erobert er auch die anderen Landschaften, während er sich zugleich mehr oder weniger mit Form und Geist des Aventiurenromans
durchdringt. Dieser beherrscht den Zeitgeschmack und findet seinen
Weg auch nach Österreich, nicht ohne dabei selber gewisse Wandlungen durchzumachen.

Als eine neue zukunftsvolle Erzählgattung tritt die Kurzerzählung als
pikante oder moralisch-satirische Novelle auf den Plan. In ihr halten
auch neue soziale Schichten, der Bürger und namentlich der Bauer, Einzug in die deutsche Dichtung. Ihr eigentlicher Schöpfer, der Stricker,

gehört noch der Generation vor 1250 an, aber ihre fast unübersehbare
Fülle erblüht doch erst später, und als Typus ist sie dem späten Mittelalter zuzurechnen. Endlich steht in dieser Zeit – einsam und überraschend – ein erster früher und vereinzelter Versuch einer literarischen
Prosa, der Lanzelotroman. Er hat erst im 15. Jahrhundert Nachfolge
gefunden.

Das Bild, das wir von der Epik zwischen 1210 und 1250 haben, ist
natürlich so lückenhaft wie alle unsere Kenntnis mittelalterlicher Literatur. Von sieben oder acht Romanwerken besitzen wir nur meist recht
geringfügige Reste, von weiteren wissen wir nur durch Erwähnungen
in der zeitgenössischen Literatur. Die Fragmente lassen sich zeitlich
nicht genau bestimmen; wir wissen nicht, wieviel davon schon der ersten
Hälfte des 13. Jahrhunderts angehört. Sie sind, soweit wir erkennen
können, Durchschnittsliteratur, aus der sich allenfalls jener begabte
Schüler Gottfrieds von Straßburg heraushebt, der die S. 85 besproche-
nen Fragmente einer Ainune gedichtet hat. Im übrigen interessieren
uns allenfalls einige dieser Bruchstücke, die nach Mitteldeutschland gehören könnten; denn sie helfen uns das Eindringen des Aventiurenromanes in diesen Bereich erkennen: ein Segremors, der einen Artusritter zweiten Ranges zu seinem Haupthelden macht, ein Blanchandin,
der eine Figur eigener Erfindung in recht enger Anlehnung an ein französisches Vorbild in den Mittelpunkt stellt.

Das Fortleben der höfischen Epik in ihrer alten oberrheinischen Kernlandschaft ist an die drei Namen Konrad Fleck, Rudolf von Ems
und Ulrich von Türheim geknüpft.

KONRAD FLECK

Konrad Fleck ist der Dichter eines Floire-Romanes. Wir wissen
von ihm nur sehr wenig; denn aus Bescheidenheit hat er die üblichen
Angaben über seine Person am Ende seines Werkes unterdrückt. Erst
aus den Erwähnungen bei Rudolf von Ems erfahren wir seinen Namen.
Der Floire war, wie er selber angibt, sein Erstlingswerk; ein weiteres
Gedicht, ein Artusroman von Cliges, wird ihm von Rudolf von Ems
zugeschrieben. Seine Sprache erweist ihn als näheren Landsmann von
Hartmann und Gottfried. Trotz des Titels her, den ihm Rudolf von Ems
gibt, möchte man ihn wie Gottfried am liebsten unter dem gebildeten
Bürgertum einer oberrheinischen Stadt suchen. Die übliche Datierung
„um 1220" beruht auf reiner Schätzung. Sein Werk fand keine weite
Verbreitung. Wir kennen es nur aus zwei späten schlechten Handschriften

des 15. Jahrhunderts und zwei Bruchstücken des 13. Jahrhunderts, die etwa 1000 Verse, also etwa ein Achtel des ganzen Gedichtes überliefern. Endlich gibt es eine ganz späte Prosaauflösung aus dem Ende des 15. Jahrhunderts. Das ist ein Überlieferungszustand, wie wir ihn sonst bei der frühhöfischen Dichtung gewöhnt sind.

Der Stoff, die rührende Geschichte der Kinderminne zwischen dem heidnischen Königssohn Floire (oder Floiris) und der christlichen Sklaventochter Blancheflur ist einer der großen internationalen Erzählstoffe des Mittelalters. Die Reste einer frühhöfischen Bearbeitung vom Niederrhein sind S. 31 f. schon besprochen. Wir lassen auch hier alle Fragen der verwickelten internationalen Verzweigung aus dem Spiel, erwähnen nur, daß in Deutschland der Stoff im niederrheinisch-niederdeutschen Kreise beliebter blieb. Von dort kennen wir nicht weniger als drei spätere Bearbeitungen: die niederländische des Diderik von Assenede um 1250, die Reste einer niederrheinischen aus dem Ende des 13. Jahrhunderts und eine mittelniederdeutsche aus dem Anfang des 14. Jahrhunderts. In Mittel- und Oberdeutschland hat Flecks Gedicht dagegen keine Nachfolge gefunden.

Konrad Fleck nennt als seine Quelle das Gedicht eines Rupert von Orlent, das verloren ist, den erhaltenen Fassungen des französischen Floireromanes aber nahegestanden haben dürfte. Damit findet in Nachfolge von Gottfrieds Tristan ein zweiter Stoff Aufnahme in Oberdeutschland, der von der bezwingenden, alle Ordnungen durchbrechenden Macht der Minne zeugt.

An dem Stoff und seinem Gefüge hat Konrad nichts geändert. Er macht ihn sich zu eigen durch die Art, wie er diese Minne auffaßt und darstellt. Er hat nichts von Gottfrieds Kraft der mystischen Steigerung und Vertiefung, die auch die Sinnenliebe zu umfassen und emporzutragen vermag. Ihm hat es die Lieblichkeit dieser Erzählung angetan, und er hat ihr eine zarte Reinheit verliehen, indem er auch die leibliche Hingabe zur anmutigen Gebärde stilisiert. Er ist eine sehr liebenswerte Dichtergestalt; man könnte sein Werk als einen empfindsamen Roman bezeichnen.

Darum hat er ihn auch – darin ein Nachbar Gottfrieds – nicht mit ritterlichen oder aventiurenhaften Zügen belastet. Die Möglichkeit dazu wäre in der suchenden Irrfahrt Floires nach der verschwundenen Geliebten gegeben gewesen, und spätere Bearbeitungen des Stoffes haben davon auch Gebrauch gemacht. Bei Konrad dagegen ist Floires Suche eine umweglose Reise ohne Fährnisse, und überall trifft er sogleich den rechten Mann, der ihn hilfreich weiterweist. Alles strebt sofort dem zentralen Turmerlebnis zu. Das Novellistische des Stoffes ist respektiert; er wird nicht zum handlungsreichen Roman aufgebläht.

Seine Fülle von etwa 8000 Versen erreicht das Werk vielmehr durch ausgesponnene Dialoge und ausmalende Einzelheiten. Flecks Kunst ist die Kunst der zierlichen Arabeske, wie etwa in der reizenden Schulszene, da sich die beiden Kinder auf ihren Täfelchen mit goldenen Griffeln liebende Brieflein schreiben, oder wie sie bei der Trennung diese Griffel als Liebespfänder tauschen. Und selbst die Verzweiflung wird zur anmutigen Gebärde, wenn der Versuch, ihrem Leben wegen der Trennung ein Ende zu machen, mit den Spitzen dieser Griffel geschieht.

Ihren Gipfel erreicht die Kunst der arabeskenhaften Verlieblichung in der Beschreibung des Denkmals, das Floires Eltern über dem vorgetäuschten Grabe von Blancheflur errichten ließen. Das kostbare Epitaph ist eine literarische Formel, die Fleck von Veldeke und Wolfram lernen konnte. Hier wird es ausgestaltet wie ein lustvolles Denkmal in einem Rokokopark, verziert mit Ornamenten aus allerlei Tierwelt, leuchtend in Gold und Farben, überschattet von duftend blühenden Bäumen, umtönt vom süßen Gesang der Vögel. Gekrönt aber ist es von einer kleinen goldenen Figurengruppe: zwei schöne, edle Kinder, Abbilder von Floire und Blancheflur, die goldene Krönchen tragen, bieten sich gegenseitig eine Rose und eine Lilie dar, die symbolischen Blumen der Namen, die sie tragen. Die Gruppe ist so kunstvoll gefertigt, daß die Kinder sich bewegen und einander unter Liebesworten in wohlgefügten Sätzen küssen.

In all seiner Ausführlichkeit steht dies Denkmal handlungsfremd, ja handlungswidrig in dem Gedicht. Denn welchen Sinn hätte es, wenn die Eltern, die ihren Sohn von der Liebe zu Blancheflur abbringen wollten, das angebliche Grab der Sklaventochter so kostbar und gerade mit dieser Szene ausstatteten? Es ist ein besonders lehrreiches Beispiel dafür, daß mittelalterliches Denken und Dichten in anderen Bahnen verläuft als das moderne. Es ordnet das Einzelne dem Ganzen nicht nach rationalen Gesetzen ein, sondern nach symbolischen. Bestimmend ist der Typus oder die Idee, die in Floire und Blancheflur vorbildlich verkörpert sind, und wenn Blancheflurs Scheingrab darzustellen ist, so muß auch dieses von dem Typus her geprägt und gestaltet sein.

Konrad Flecks Gedicht ist ganz aus den höfischen Gesetzen der *zuht*, der *mâze*, der Schönheit, des edlen Menschenbildes geboren. Es darf mit Recht noch hochhöfisch heißen. Es fügt dem Gesamtbild eine neue Nuance ein, eine zarte Anmut, die unmittelbar an zartfarbige, anmutig bewegte Miniaturen gemahnt. Gleich ihnen fehlt dem Gedicht die Perspektive, die Tiefe, oder – mit den Großen verglichen – die Problematik und Tragik. Der Prolog versucht, die großen Fragen der Zeit zu berühren. Gottfrieds Gedanke, daß wahre Minne Bereitschaft zum Leiden verlange, wird ausgesprochen, und es wird die Frage gestellt, wie man Gott und der Welt gefallen könne. Doch auch dies ist nur vordergründig, nur gesagt, nicht erlebt. So auch das Gedicht selbst. Es ist eine Geschichte, in der es um große Leidenschaften, herzbewegende Erlebnisse, Gefahr und Tod geht. Aber nichts davon wird eigentliche Wirklichkeit. Seligkeit und Verzweiflung der Minne wie – im Gegenspiel – Haß, Wut und Vernichtungswille verblassen zu bloßen Gebärden. In derselben rührenden Anmut wie in den Liebesszenen stehen die Kinder vor der tödlichen Drohung des Gerichts, so unberührt von der Angst der Kreatur wie Heilige vor dem Martyrium. Auch dies könnte Gottfriedisch gedacht sein, aber wieder fehlen die Kühnheit und die Kraft des Gedankens, die in Gottfrieds Auffassung von Tristan und Isolde als Minneheiligen lagen. Das große Ideal der „Haltung" als Ausdruck von Inhalt durch Form erstarrt zur edlen Gebärde und erfährt hier eine Verlieblichung, die zur Verniedlichung zu werden droht. Rührung ist auf dem Wege zur Sentimentalität – ein bestimmender Wesenszug des späten Mittelalters, der sich vor allem auch im religiösen Denken und Dichten zur Süßlichkeit steigern kann, bahnt sich an.

RUDOLF VON EMS

Rudolf von Ems ist ein entfernterer Landsmann Konrad Flecks; er ist als Ministeriale der Herren von Montfort an der Ostecke des Bodensees zu Hause. Er selber nennt sich nur mit seinem Namen Rudolf und bezeichnet sich als Dienstmann von Montfort. Erst der Fortsetzer seiner Weltchronik nennt ihn *Rudolf von Ense* nach der Burg Hohenems im vorarlbergischen Rheintal, die als Sammelstätte deutscher Handschriften und Heimat der beiden großen Nibelungenhandschriften A und C bekannt geworden ist.

Von seinem Leben wissen wir wenig. Seine Wirksamkeit liegt etwa zwischen 1230 und 1250. Die Anreger seiner frühen Werke zeigen, daß er Beziehungen nach der Schweiz hinüber hatte. Später sehen wir ihn in enger Verbindung mit dem schwäbischen Dichterkreis um Konrad von Winterstetten, und das heißt mit dem Kreis um die Söhne Friedrichs II. Er war also politisch wie künstlerisch „staufisch" bestimmt, stand in der Nachfolge der großen Generation der oberrheinischen Dichtung. Die Tatsache, daß Konrad IV. selber der Mäzen seines unvollendeten letzten Werkes, der Weltchronik, gewesen ist, zeigt uns, wie eng die Verbindung mit dem staufischen Hof gewesen ist. So wird die Nachricht, daß Rudolf in Italien gestorben ist, wohl dahin auszulegen sein, daß er an dem Zuge Konrads IV. nach Italien teilgenommen hat; dort wird er bald nach 1251 den Tod gefunden haben.

Rudolf von Ems war ein fleißiger und vielseitiger Dichter. Wir besitzen von ihm fünf zum Teil sehr umfangreiche Werke und wissen von mindestens einem, das verloren ist. Sie erschienen vermutlich in folgender Reihenfolge:

> Der Gute Gerhard,
> Barlaam und Josaphat,
> Eustachius (verloren),
> Wilhelm von Orlens,
> Alexander (unvollendet),
> Weltchronik (unvollendet).

Doch dürfte der Gute Gerhard nicht wirklich Rudolfs Erstlingswerk sein. Denn im Barlaam wendet er sich ähnlich wie Hartmann von Aue im Gregorius gegen seine eigene Jugenddichtung. Er bezichtigt sich, die Leute mit *trügelichen mæren* belogen und betrogen zu haben, und stellt sein neues Werk, eine Büßerlegende, als Heilmittel dagegen dar. Solche Selbstanklage ist schwerlich nur literarische Imitation Hartmanns ohne sachlichen Hintergrund. Sie kann auch kaum allein auf den Guten Gerhard mit seiner frommen Demutslehre zielen. Wir müssen mit verlorenen Jugendwerken höfischer Art rechnen. Auch wirkt der Gute Gerhard in Stil- und Formbeherrschung kaum wie ein erster Versuch.

Man hätte also bei Rudolf an einen ähnlichen Weg zu denken wie bei Hartmann; von jugendlich-unbekümmerter Diesseitsbejahung durch eine religiöse Krise zu einer neuen, sicherer gegründeten Weltzuwendung, die doch von dem Bewußtsein der Gottgefälligkeit getragen wurde. Hartmann und Rudolf sind zweifellos verwandte Naturen, und es wäre durchaus denkbar, daß dieser wie jener aus seinem ethischen Rationalismus heraus eine rationale Lösung des Gott-Weltproblems gefunden hätte. Doch darf man die Dinge nicht zu schematisch vergleichen. Denn unter Rudolfs Werken ist gerade der Gute Gerhard dasjenige, in dem der Ausgleich zwischen Gott und Welt rational erreicht zu sein scheint, das also grundsätzlich Hartmanns Armem Heinrich gleichzusetzen wäre. Aber der Gute Gerhard liegt ja vor dem Barlaam und der Krise des Sündenbewußtseins. Auch führt Rudolfs weiterer Weg der neuen Weltzuwendung, der sich in der Anknüpfung an den spätstaufischen und sicherlich sehr weltfrohen Kreis um Heinrich VII. und Konrad IV. darstellt, nicht zu Artus und zum Aventiurenroman. Er findet sich im Laufe seines Lebens auf ganz andere Weise zu seinem eigenen Wesen. Denn er ist im Grunde Historiker und schreitet in seinen späteren Werken von der Pseudohistorie des Wilhelm von Orlens über die Alexandergeschichte zur Weltchronik fort.

Das umfängliche Werk Rudolfs gestattet es, Aussagen über sein Wesen zu machen. Er ist in seinem Denken ganz und gar ständisch bestimmt. Er lebt aus der Idealität des Rittertums als Vorrecht und Verpflichtung. Äußerer Adel durch innere Gesinnung erhoben, das ist echte Nachfolge Hartmanns von Aue. Als Dichter verflüchtigt er Rittertum nicht in die unwirkliche Ferne artushafter Unfehlbarkeit; er stellt es als reale und realisierbare Wirklichkeit in irdische Räume und Bezüge. War seine Jugenddichtung Artusepik, so hat er sie später verleugnet.

Rudolf ist trotz der offenbaren Schwankungen in seiner religiösen Haltung sein Leben lang ein Mann von tiefer, ernster Frömmigkeit gewesen. Zeigen ihn seine ersten Werke, Guter Gerhard und Barlaam, mit religiöser Problematik beschäftigt, so tritt diese in den späteren sicherlich zurück. Aber nur deswegen, weil er zum Ruhen in einer sicheren Gottesgewißheit gereift ist, von der aus er die Welt zu betrachten und zu werten weiß. Schmerzlich vermissen wir das Ende seines Alexander mit der Demutslehre des Paradiessteines, die uns Einblick in die Frömmigkeitshaltung des reifen Rudolf gewährt hätte.

Rudolf ist endlich ein gelehrter Mann; weit mehr als Hartmann, der seine Schulgelehrsamkeit so gern betont, ist er wirklich ein Mann der Wissenschaft. Doch gibt er die Form der Dichtung nicht auf. Die für wissenschaftliche Zwecke gegebene Form, die Prosa, die sich eben damals schüchtern zu melden begann, hat er nicht verwendet. Gewiß nicht nur aus Unkenntnis. Als ein traditionsgebundener Mann hielt er an der traditionellen Form fest. Schöne, und das heißt poetische Form ist ihm ein Teil der humanen Kultur, die von dem höfischen Rittertum geschaffen worden war und die weiterzupflegen er im lebendigen Bewußtsein seiner Zugehörigkeit als verpflichtende Aufgabe empfand.

Sein frühestes erhaltenes Werk, der Gute Gerhard, entstand auf Anregung des St. Gallischen Ministerialen Rudolf von Steinach, der bis 1227 urkundlich bezeugt ist. Eine Quelle ist uns nicht bekannt. Der „Gute Gerhard" ist ein Kölner Kaufherr, der sich diesen Ehrennamen durch eine Reihe edler, gottgefälliger Werke erworben hat, ohne damit nach Gewinn oder dem Ruhm der Welt zu streben. Im Orient hat er mit seinem ganzen Gut eine Schar gefangener christlicher Ritter und Frauen ausgelöst, darunter die Königstochter aus Norwegen, die dem jungen König Wilhelm von England anverlobt und – von englischen Rittern abgeholt – auf ihrer Brautfahrt vom Sturm verschlagen war. Er entläßt die Ritter nach England und nimmt die Königstochter in sein Haus auf. Zwei Jahre verstreichen, ohne daß Kunde von Wilhelm kommt. Da wirbt Gerhard für seinen Sohn um die Hand der Prinzessin. Bei dem Hochzeitsfest erscheint ein fremder Pilger. Es ist Wilhelm, und Vater und Sohn treten zu dessen Gunsten von den Ansprüchen auf die Hand der Prinzessin zurück. Das Paar wird vermählt; Gerhard führt die beiden auf seinen Schiffen nach England. Er findet das Land in Thronwirren, schlägt die ihm von seinen befreiten Schützlingen angebotene Krone zugunsten Wilhelms aus, sichert ihm den Thron und kehrt unter Zurückweisung jeden Lohnes nach Köln zurück.

Diese Geschichte ist in einen Rahmen eingelagert. Kaiser Otto I. hat das Erzbistum Magdeburg gestiftet. Im Vollgefühl seiner Leistung für Gott verlangt er von Gott im Gebet, den Platz im Himmel zu schauen, der ihm dafür bereitet sei. Gottes Engel warnt ihn vor solcher Überhebung, die ihn um den Lohn seiner Tat bringe, und verweist ihn auf einen Mann der wahren Demut, den Kaufherren Gerhard in Köln. Otto zieht nach Köln, läßt Gerhard vor sich rufen und verlangt, dessen Geschichte zu hören. Nach langem, demütigem Sträuben begreift Gerhard, daß er einen Auftrag Gottes zu erfüllen habe, und erzählt seine Erlebnisse.

Das Gedicht verdient in mancher Hinsicht unsere Aufmerksamkeit. Ein Kaufmann, der Bürger einer Stadt, wird von einem so ritterlichen Dichter wie Rudolf von Ems zum Helden einer Dichtung erkoren. Man muß bedenken, daß in der traditionellen Ständegliederung der Zeit: Geistlicher, Ritter, Bauer für den Bürger überhaupt noch kein Platz war, und daß die zeitgenössische Lehrdichtung, zum Beispiel Thomasin und Freidank, das Wesen des Kaufmanns noch unter dem abwertenden Stichwort „wuocher" zusammenfaßte. Gewiß ist Gerhard kein kleiner Mann; Rudolf kannte die aufblühenden oberrheinischen Städte mit ihrem Patriziat, dem Träger von Reichtum und Bildung. So sah er auch den Kölner Gerhard als den großen Kaufherren, dem sein gewaltiger Reichtum gestattet, alle Pracht höfischer Lebenshaltung zu entfalten. Er ist offensichtlich als Ritter gedacht, als Glied des Stadtadels; denn sein Sohn empfängt die Schwertleite, und das Hochzeitsfest wird mit allen Freuden einer ritterlichen Gesellschaft ausgestattet. Die Stadt wird nicht als Eigenwert erfaßt; sie ist nur ein kaum angedeuteter Hintergrund eines ritterlich stilisierten Daseins. Indessen, wenn man die ritterliche Exklusivität der Artusepik bedenkt, so bahnt sich hier ein zukunftsreicher Umschwung an. Die Stadt tritt ins Gesichtsfeld der hohen Dichtung.

Aber es geht ja nicht um die Taten und Erlebnisse des großen Kaufherren an sich. Sie sind unter einen religiösen Aspekt gestellt. Gerhard wird durch die Rahmengeschichte ausdrücklich zum Exemplum erhoben, d. h. in die Beleuchtung der Legende gerückt. Das will die Antithese von Kaiser und Kaufmann sagen: nicht die Tat und Leistung allein ist entscheidend; es kommt auf die Gesinnung an, aus der sie geschieht. Der Ehrenname *der guote* wird Gerhard um seiner Demut willen zuteil; in ihr liegt die Kritik an der Haltung des Kaisers. Auch dessen Handeln war Dienst für Gott. Aber es erwuchs aus lehensmäßigem Denken: der Dienst berechtigt zum Anspruch auf Lohn. Gottes Engel belehrt den Kaiser darüber, daß solche Haltung *ruom* sei, Eigenlob, *superbia*, mit der wohl der Lohn der Welt, aber nicht zugleich der Lohn Gottes erworben werden könne. Und er verweist ihn auf Gerhard, der ohne *ruom* vor der Welt den Willen Gottes im demütigen Bewußtsein seiner Sündhaftigkeit erfüllt und dadurch die Seligkeit verdient.

Diese Problematik des ritterlichen Menschen, der sein Verhältnis zu Gott aus seinem ritterlichen Denken bestimmt, kennen wir aus Wolframs Parzival. Und dort wie hier wird solcher Frömmigkeitshaltung das Urteil gesprochen und ihr die Forderung der Demut aus der Erkenntnis der eigenen Sündhaftigkeit entgegengehalten. Wir sehen, wie diese besondere ritterliche Form des Gott-Welt-Problems nicht nur Wolfram bewegt hat. Es ist das Problem jedes Mannes, der ritterliches Hochgefühl mit lebendiger christlicher Frömmigkeit zu verbinden bemüht ist.

Wolfram führte die Auseinandersetzung im idealen Raum der Artus- und Gralswelt. Rudolf verlegt sie in den realen Raum der Geschichte (Kaiser Otto) und Geographie (Köln). Aber der Weg zur Versöhnung mit Gott ist nicht mehr *contemptus mundi*. Das Gegenbild des Kaisers ist kein Einsiedler und Asket, wie etwa in der Ägidiuslegende (Bd. I S. 204 f.), es ist der reiche Kölner Kaufherr, der in der Welt und ihrem höfischen Glanz lebt. Dies ist das Neue, der Einstrom der staufisch-höfischen Idealität in den Bezirk der Legende. Es ist Hartmanns Denken im Armen Heinrich. Und ganz nahe kommt Rudolf diesem Gedicht Hartmanns, wenn sich in Gerhards Entschluß, die Gefangenen auszulösen, das Erbarmen für die christlichen Glaubensbrüder mit dem Erbarmen über die wunderbare Schönheit der Königstochter mischt. Nicht eigentlich *caritas* und *amor* werden hier verschmolzen; zwischen Gerhard und der Königstochter gibt es keine Minne. Aber doch Religiöses und Höfisches, Mitleid mit dem leidenden Menschen und der weinenden Schönheit und insoweit doch Gottesdienst und Frauendienst.

Höfisch ist auch Rudolfs Auffassung des Heidentums. Jener Heide, dem Gerhard die gefangenen Christen abkauft, ist ein edler Heide. Die Haft der Christen ist nicht blinde heidnische Bosheit, sondern eine sachlich aus der damaligen Wirklichkeit begründete Institution; es ist sein „Lehen", die in die Stadt verschlagenen Christen festhalten zu dürfen, um aus ihnen ein Lösegeld zu gewinnen. Was er Gerhard anbietet, ist ein Tauschgeschäft. Denn für den Kaufherrn Gerhard würde es von seiner Heimat Köln aus leichter sein, das Lösegeld zu erhalten, als für ihn, den Heiden, vom fernen Orient her. Nur darin ist der Christ dem Heiden überlegen, daß er, um Gott zu dienen, die Gefangenen ohne Lösegeld freigibt. Im übrigen benimmt sich der Heide mit vollendetem höfischen Anstand und hat selber menschliches Mitgefühl mit seinen Gefangenen. Er weint aus Mitleiden an ihrem Los und aus Mitfreude an ihrer Erlösung. Damit wird ihm die Verfeinerung des Gefühlslebens zugesprochen, die ein Zeichen höfischer Humanität ist. Wir sahen soeben bei Konrad Fleck, wie solche Erweichung des Gefühls sich bei den Nachfahren zu Gefühlsseligkeit steigern kann. Auch Rudolf ist dieser Zeiterscheinung verfallen; Tränen fließen bei jeder Gelegenheit und schwellen in der Szene des Wiederfindens der Königstochter mit ihrem Bräutigam zu schwer erträglichen Tränenfluten an. Man hat das Gefühl, daß solche Rührseligkeit dem männlich gehaltenen, rationalen Wesen Rudolfs im Grunde widerspricht, daß er vielmehr nur einer Modeströmung nachgibt und daher Maß und Grenze verliert. Solcher nur gewollten, nicht innerlich nacherlebten Gefühlhaftigkeit entspricht die übersteigerte Sprache. Rudolf gefällt sich hier in Wortkünsten, die er äußerlich bei Gottfried gelernt hat, ohne sie innerlich aus dessen genialer Sprachmusikalität nachschaffen zu können. Wir spüren: es ist ein Werk des jungen, noch nicht ausgereiften Rudolf von Ems, der seine Grenzen erst noch erkennen und seinen eigenen Stil finden muß.

Dem Guten Gerhard folgen die Legendendichtungen, von denen uns der Barlaam und Josaphat erhalten ist. Es ist die indische Buddhalegende, die im 7. Jahrhundert zu einer christlichen Asketenlegende umstilisiert wurde und seit den Kreuzzügen in Europa weite Verbreitung fand. Auch diesmal kam dem Dichter die Anregung aus der Schweiz; der Abt Wido von Cappel (bei Zürich) verschaffte ihm – zwischen 1220 und 1223 – die lateinische Vorlage.

Wir sahen schon, daß Rudolf sein Werk als Buße für seine Jugenddichtung angesehen wissen wollte. Es handelt nicht von Ritterschaft, so betont er, nicht von Minne oder Aventiure, auch nicht von der *liebten sumerẓît.* Alle höfische Dichtung also, epische wie lyrische, wird verworfen und das Werk als *der werlte widerstrît* ausdrücklich bezeichnet. Hier ist der Schritt von der Demut in der Welt zur Abkehr von der Welt getan. Der Gegenstand der Dichtung ist das Leben des Fürstensohnes Josaphat, der, vollkommen höfisch gebildet und in allen Freuden der Welt lebend, unter dem Einfluß des christlichen Lehrers Barlaam die Eitelkeit der Welt durchschaut, ihr entsagt und in asketischem Büßertum den einzigen Weg zum Frieden mit Gott findet. Welt und Gott treten wieder dualistisch auseinander; der Lohn der Welt ist *wandelbaere,* der Lohn Gottes *ân ende wert.* „Welt" aber ist die höfische Welt, und sie wird hier verkörpert durch den heidnischen Vater und dessen Königshof. Der Typus des „edlen Heiden" bekommt damit einen neuen Sinn. Indem auch das Heidentum alle höfischen Qualitäten besitzt, werden gerade diese in die dualistische Abwertung einbezogen. So wird die Minne, die Krone des höfischen Daseins, zu der letzten schweren Versuchung, der Josaphat ausgesetzt wird. Er besteht sie siegreich, nachdem ihm eine Jenseitsvision zuteil geworden ist. Bei ihr erlebt er im alten strengen Dualismus Himmelswonne und Höllenqual als Lohn und Strafe für Enthaltsamkeit von Fleischeslust. Minne, die große Macht der Erziehung und inneren Erhebung, wird wieder zur Sünde der *luxuria,* der fleischlichen Lust. *kiusche,* bei Wolfram zum Ausdruck einer inneren Reinheit erhoben, nimmt wieder die handgreiflich enge Bedeutung der geschlechtlichen Enthaltsamkeit an. Weltflucht, *contemptus mundi,* wird somit der ritterlichen Diesseitswertung entgegengestellt, und in der Abwertung der Minne zur Fleischeslust wird sie in ihrem Herzpunkt getroffen. Oder, wenn wir es persönlicher nehmen dürfen, der Barlaam ist Rudolfs Absage an seinen großen Meister Gottfried von Straßburg.

Wir wissen nicht, wie die Eustachiuslegende ausgesehen hat, doch dürfte sie aus demselben Geist heraus verfaßt worden sein. Denn auch Eustachius hat sich aus hohen weltlichen Ehren als römischer Heerführer unter Trajan, und das heißt mittelalterlich gesehen als Ritter und Fürst, zu Christus bekannt. So hätte sich der Stoff wohl geeignet, die Gedanken des Barlaam noch einmal zu entwickeln.

Wenn wir darin recht haben, daß wir Rudolfs Legendendichtung unter Berufung auf seine eigene Aussage für mehr nehmen als nur bestellte Arbeit, so muß zwischen ihr und den nächsten Werken eine innere Wandlung Rudolfs liegen, und sie dürfte mit dem äußeren Wandel seines Lebens durch die Verbindung mit dem Hof der Söhne Friedrichs II. nicht nur zufällig zusammenfallen. Denn seine neue Dichtung zeigt ein neues Gesicht, gleichgültig, ob wir den Wilhelm von Orlens oder den Alexander als Rudolfs nächstes Werk ansehen. Der alte Streit über die Reihenfolge der beiden Epen hat sich durch sachliche und stilistische Beobachtungen bisher nicht lösen lassen. Es empfiehlt sich, den Wilhelm an die Spitze zu stellen, weil sich dann ein Fortschreiten von

einem pseudohistorisch-romanhaften Werk zu dem eigentlich historischen Charakter der Spätwerke ergibt. Auch würde sich das vorzeitige
Abbrechen der Arbeit am Alexander leichter erklären, wenn es durch
den königlichen Auftrag zur Weltchronik veranlaßt worden wäre.

Über die Veranlassung zu seinem Wilhelm von Orlens berichtet Rudolf ausführlich. Die französische Quelle hat Johannes von Ravensburg aus Frankreich mitgebracht. Er sucht jemanden, der das Werk zu Ehren seiner *frouwe* ins Deutsche übertragen könnte, und wendet sich dazu an den bekannten Literaturfreund Konrad von
Winterstetten, der auch die Vollendung von Gottfrieds Tristan durch Ulrich von
Türheim veranlaßt hatte. Dieser vermittelt den Auftrag an Rudolf. Und Rudolf
wünscht sich die beratende Kritik des Meister Hesse in Straßburg, jenes Mannes, der
sich, wie Ranke nachgewiesen hat, der Pflege des authentischen Textes von Gottfrieds
Tristan annahm und dessen handschriftliche Verbreitung überwachte.

Da finden wir Rudolf in ganz anderen und bedeutenderen Verbindungen als mit den
kleinen schweizerischen Anregern. Die Ravensburger, die Winterstetten, die Hohenlohe – Rudolf nennt Gottfried von Hohenlohe als Dichter in seinen Literaturübersichten – waren hochvertraute Männer des späten Stauferhofes, Freunde der hohen
höfischen Kunst, feinschmeckerische Dichter und Kenner, wie ihr Interesse für Gottfried von Straßburg, ihre Verbindung mit Meister Hesse zeigt.

Hier war für den Typus der Büßerlegende gewiß nicht der geeignete Boden; was
sie an Rudolf schätzten, war seine Beherrschung der metrischen und sprachlichen Form.

Damit tritt indessen Rudolf zugleich in einen neuen politischen Kreis von Männern ein, die mit Friedrich II. und dessen Söhnen eng verbunden und mit bedeutenden politischen Aufträgen betraut waren. Konrad von Winterstetten war Statthalter
von Schwaben, Erzieher Heinrichs VII. Sein Schwiegersohn Konrad von Schmaleck,
der nach seinem Tode (1243) den Namen Winterstetten übernahm, saß neben Gottfried von Hohenlohe während der Minderjährigkeit Konrads IV. in dessen geheimem
Rate. Durch solche Männer trat Rudolf zu Konrad IV. in persönliche Beziehung und
erhielt von ihm den Auftrag zu seiner Weltchronik. Rudolf muß auch gesinnungsmäßig
„staufisch" gewesen und es in den Wirrnissen der zusammenbrechenden Stauferherr-
schaft geblieben sein. Seine vermutliche Teilnahme an Konrads Zug nach Italien hat
ihn in den Zusammenbruch hineingezogen und dabei den Tod finden lassen.

Der Wilhelm von Orlens weiß nichts mehr von Weltabkehr und Demutslehre, sondern von Rittertum und Minne, den im Barlaam verworfenen Werten. Rudolf ist zur „Welt" wieder in ein positives Verhältnis
getreten; das richtige, und das heißt das höfisch-vorbildliche Verhalten
in der Welt wird das Thema des neuen Werkes. Der Stoff ist kein Aventiurenroman und keine Chanson de geste. Er führt in eine andere Wirklichkeit als Wolframs Willehalm, eine historisch-politische Wirklichkeit,
die vom Höfischen her idealisiert ist. Sein Wilhelm ist der Vorvater Gottfrieds von Bouillon.

Das Gedicht spielt – wie schon der Gute Gerhard – in einem geographisch wirklichen europäischen Raum, in Brabant und im Hennegau, in
Flandern und der Normandie, in Frankreich und England, mit Norwegen und Spanien als Außenposten. Die Erzählung selbst ist zunächst
eine Minnegeschichte zwischen Wilhelm von Orlens, dem Herzog von
Brabant, und Amelie, der Tochter des Königs von England. Es ist die

typische Liebesgeschichte: das Erwachen der Minne in zwei kindlichen Herzen, die Minnekrankheit, die Trennung, Standhaftigkeit und endliche Vereinigung.

Aber diese Geschichte ist nur Anlaß. Gewiß ist diese Minne exemplarisch; so wurde sie von der Mitwelt aufgefaßt und in den Fresken des Schlosses Runkelstein neben Tristan und Isolde dargestellt. Doch weder ist sie alleiniger Inhalt noch Anlaß zu vielseitiger Aventiure. Der Wilhelm von Orlens ist im Grunde ein Fürstenspiegel. An Hand einer wenig ausgesponnenen Handlung will das Gedicht eine Darstellung der mannigfachen Bezüge sein, in der ein fürstliches Leben steht, und ein Vorbild, wie sich ein Fürst in diesen Bezügen zu verhalten hat. Am Schicksal von Wilhelms Vater wird dargestellt, wie eine Fehde vorbildlich geführt und beendet wird. Der Vater fällt in einem Kampf mit Jofrit von Bouillon, nicht einem Artuskampf also, sondern einem ritterlichen Geschehen vor der flandrischen Stadt Nivelle, das aus der Wirklichkeit der politischen Struktur Nordfrankreichs entwickelt ist. In noblen diplomatischen Verhandlungen wird die Fehde verglichen. Jofrit nimmt den verwaisten Wilhelm als Sohn und Erben an und reitet mit ihm zum Reichstag, um die Adoption in einem korrekten Rechtsakt von dem Kaiser bestätigen zu lassen.

Wilhelm wird zur höfischen Ausbildung an den englischen Hof gesendet, wo er, mit dem gebührenden Glanz des Hochadligen auftretend, dem König als Page und Knappe dient. Er wendet seinen Minnedienst an die junge Amelie, die sich erst, nachdem Wilhelm in schweres Minnesiechtum verfallen ist, bereit findet, seine Minne zu erwidern. Als ihr Ritter zieht er auf Turniere, indessen ein Briefwechsel die Liebenden verbindet – Briefe äußerst blumiger Art, die als höfische Stilmuster zu betrachten sind. Dann kommt der Umschwung: der König von England will durch Amelies Hand einen politischen Ausgleich mit Spanien besiegeln. Wilhelm eilt nach England, um Amelie zu entführen; der Versuch schlägt fehl, Wilhelm wird verwundet und fällt dem König in die Hände. Wiederum führen noble Ausgleichsverhandlungen zur Freilassung Wilhelms, wenn auch unter schweren Bedingungen. Er muß schwören, das Land zu verlassen, nie wiederzukehren oder eine Annäherung an Amelie zu versuchen und nie mehr ein Wort zu sprechen, bis Amelie dies Gelübde von ihm nimmt. Der Rest der Geschichte zeigt Wilhelm in der vorbildlichen Haltung des Mannes, der sein Gelübde nicht bricht. Als der stumme Ritter hilft er dem König von Norwegen gegen den Einfall der Dänen, Estländer und Livländer, wobei abermals die zeitgenössische politische Wirklichkeit der dänischen Waldemarzeit den Hintergrund abgibt. Wilhelm führt den Krieg zum glücklichen Ende mit vorbildlicher Behandlung der Gefangenen, ehrenvoller Haft der Könige und diplomatischen Verhandlungen. Der Ausgang ist natürlich glücklich; der Knoten wird auf eine vornehme Weise gelöst, das Schweigegebot aufgehoben, Wilhelm und Amelie werden vereint. Eine ideale Regierung schließt das Ganze ab.

Keine Aventiure also, sondern der ideal stilisierte Raum fürstlich-ritterlicher Wirklichkeit. Alles ist Haltung; die Vorgänge schaffen nur die Möglichkeit, Haltung zu beweisen. Alles ist edel, gemessen, zuchtvoll; wenn irgendwo, so darf hier das überbeanspruchte Stichwort vom „staufischen Ritter" gelten. Denn wenn auch das anglo-normannische und französische Rittertum verklärt wird, es wird doch gestaltet aus dem verfeinerten Daseinsgefühl des späten Staufertums. Man könnte sich denken, daß die Söhne Friedrichs II. sich so gesehen wissen wollten. Es ist eine schon überzüchtete Verfeinerung, eine edle Blässe, die in der Härte der Wirklichkeit nicht standhalten konnte.

Rudolfs Neigung zur Historie macht sich früh bemerkbar; schon in Barlaams Predigt vor Josaphat ist eine breite Überschau der Geschichte von Adam bis Christus eingelegt. Jetzt greift er in seinem Alexander einen weltgeschichtlichen Stoff auf. Denn als Geschichte, nicht als Roman, will er sein neues Werk gewertet wissen. Wie im Barlaam grenzt er die Absicht seines Werkes gegen die übrigen literarischen Gattungen ab. Er will nicht von Dietrich von Bern oder Artus berichten, also keinen heroischen oder höfischen Roman schreiben. Es gäbe auch Leute, so sagt er weiter, die von den *liehten tagen*, von *minne* oder von *wîsen sinnen* hören wollen, also Lyrik oder Spruchdichtung. Leider wolle auch mancher von *ribaldîe* hören, womit die modern werdende dörperliche Dichtung abgelehnt wird. Im Barlaam bedeutete die Aufzählung zugleich eine Absage an die Welt und ihre literarischen Eitelkeiten. Rudolfs dichterisches Streben war damals auf Gott gerichtet. Hier aber rechnet er auch die Dichtung *von gote* zu den Gattungen, die ihn nicht interessieren. Er will von Alexanders Eroberungen und Taten berichten. Das heißt, Rudolf stellt nicht mehr weltliche und geistliche Themen einander gegenüber, sondern Dichtung und Geschichte.

Rudolf hat sowohl seine deutschen Vorgänger – außer Lamprecht zwei verlorene Werke des Berthold von Herbolzheim und des Biterolf – wie die lateinischen Quellen gelesen. Auch der Alexanderroman hat für ihn Quellenwert, wo andere versagen. Hat er doch sogar die von Lamprecht als Lüge verworfene Fabel von dem ägyptischen Zauberer Nectanebus als dem Vater Alexanders aufgenommen. Aber wo die wirklichen Quellen, namentlich Curtius Rufus, einsetzen, erzählt er nach diesen.

Das Werk war auf zehn Bücher berechnet. Die Buchanfänge sollten ein Anagramm ergeben: R A L E X A(N D E R); mitten im 6. Buch bricht das Werk ab. Da die beiden erhaltenen Handschriften fast mit dem gleichen Vers enden, hat es mehr wohl nie gegeben.

Im Mittelalter bedeutet Geschichtsschreibung Darstellung unter einem bestimmten Aspekt. Auch der Alexander ist ein Fürstenspiegel, Zeichnung des vorbildlichen Königs. Im Eingang des IV. Buches betont Rudolf selber den bildenden Wert der Geschichte und stellt es als seine Absicht hin, *guote lêre* zu geben. Darum wird der Erziehung Alexanders ein breiter Raum gewährt. Alexander muß „Ritterschaft" lernen, in der die Waffenübung nur ein Teil ist. Der Fürst muß seine Ratgeber zu wählen wissen, und aus seinem eigenen ritterlichen Standesgefühl legt Rudolf dem weisen Aristoteles die Mahnung in den Mund, die Ratgeber aus dem Adel zu wählen, und die Warnung, sich vor unadligen Emporkömmlingen zu hüten, ein Thema, das schon der späte Walther angeschlagen hatte und das in der Umgebung der jungen Stauferprinzen aktuelle Bedeutung besaß.

Unter dem Zeichen der großen Jugendlehre stehen Alexanders Entfaltung und sein Erfolg. Das Werk ist voll von Beispielen für vorbildliches Verhalten des Königs, für Gerechtigkeit, Freigebigkeit, vor allem aber für Tapferkeit als Heerführer, der alle Mühsal mit den Seinen teilt und das Schwerste auf sich selber nimmt. Auch der Humanitätsgedanke der Zeit findet Gelegenheit zum Ausdruck, in der humanen Behandlung des Feindes, zumal in der großen Szene, da der von seinen Leuten verlassene und ermordete Darius in Alexanders Armen seinen Geist aushaucht und von ihm beweint und beklagt wird. All dies war im griechischen Alexanderbild vorbereitet, aber es kam der Zeit und den Absichten Rudolfs entgegen.

Wir bedauern, daß das Gedicht unvollendet geblieben ist. Was wir haben, ist im wesentlichen die historische Anabasis Alexanders bis zum Tode des Darius und der Besiegung seiner letzten Anhänger im fernsten Osten. Es wäre interessant gewesen, zu sehen, wie Rudolf sich mit den märchenhaften Themen der Züge nach Indien und an die Grenzen der Welt auseinandergesetzt hätte, und namentlich, wie der reife Historiker Rudolf die Paradiesfahrt und das Ende Alexanders mit ihrer christlichen Demuts- und Vergänglichkeitslehre behandelt hätte.

Die Krönung von Rudolfs Werk sollte seine Weltchronik werden. Auch sie ist unvollendet geblieben, wie ihre breite Anlage erwarten ließ. Mit rund 36000 Versen bricht sie mitten in der jüdischen Königsgeschichte ab. Was wir haben, ist also im wesentlichen alttestamentliche Dichtung mit breiten, eingelegten Exkursen; was uns reizen würde: die Kaisergeschichte und vollends die Geschichte der Gegenwart, in deren Darstellung wir die Stimme eines staufischen Idealisten gehört hätten, bleibt uns vorenthalten. Das gewaltige Werk ist echte Chronistik; es bindet sich an die schriftliche Quelle. Es ist bezeichnend, daß Rudolf die Schöpfungsgeschichte rein „quellenmäßig", d. h. nach der Genesis, erzählt und die mythische Vorgeschichte, Luzifers Erhebung und den Engelsturz, beiseite läßt.

Als Nachdichtung des Alten Testamentes ist Rudolfs Torso zunächst Heilsgeschichte. Die hier gegebene Gliederung ist die nach den Weltaltern: Adam – Noah – Abraham –

Moses – David – Christus. Die Gliederung nach den Weltreichen, die Rudolf natürlich gekannt hat, tritt dagegen zurück. Die *historia terrena* ist nur exkurshaft in die
biblische Geschichte eingelagert. So folgt der babylonischen Sprachverwirrung eine
ausführliche Kosmographie, eine *imago mundi*, wie wir sie aus der lateinischen populär-
wissenschaftlichen Literatur und aus dem Lucidarius (vgl. Band 3) kennen. So gibt es
Exkurse über Griechenland und seine Götter, über Troja und seine Könige, über
Italien und seine Besiedlung. Das Wissen der Zeit über die antike Geschichte ist in
das Werk eingearbeitet. Den Stoff haben die großen lateinischen Geschichtsenzyklo-
pädien der Zeit, die Historia scholastica des Petrus Comestor und das Pantheon des
Gottfried von Viterbo, geliefert.

Rudolfs Weltgeschichte fordert zu einem Vergleich mit ihrer großen
deutschen Vorgängerin, der Kaiserchronik, heraus, die ja selber in
dieser Zeit neue Bearbeitungen und Fortsetzungen erlebte (Bd. I S.232).
Ein unmittelbarer Vergleich ist nicht durchführbar, da Rudolfs Werk
chronologisch weit vor dem Stoff der Kaiserchronik abbricht. Der alte
Regensburger Dichter des 12. Jahrhunderts sah Geschichte als einen
großen Gesamtvorgang von planvoller Grundsätzlichkeit, als ein echtes
Spannungsverhältnis von Weltgeschichte und Gottesgeschichte. Er ging
von der Idee aus und betrachtete aus ihr Zeiten und Persönlichkeiten.
Der historische Vorgang hingegen, die Wirklichkeit, war ihm unwesentlich. „Wahrheit" war ihm nicht tatsächliche Richtigkeit des Geschehe-
nen, sondern dessen „Sinn" und exempelhafte Bedeutung. Für Rudolf
dagegen ist – soweit wir sehen – die Zweiheit von Heilsgeschichte und
Weltgeschichte nur ein sachliches Nebeneinander. Wenn Gottes Walten
in der Geschichte deutlich wird, so deswegen, weil die Geschichtsauf-
fassung des Alten Testamentes eben darauf beruht; Rudolf nimmt hier
nur auf, was seine Quelle ihm gab. Für Rudolf ist Geschichte als Wissens-
stoff, Geschichtsschreibung als Tatsachendarstellung wesentlich, nicht
eine geschichtliche Idee. Mit ihm beginnt eine Geschichtsschreibung in
deutscher Sprache, die weit eher den Namen „Chronistik" verdient.
Seine Weltchronik steht am Anfang – oder doch fast am Anfang – der
deutschen Reimchroniken des späten Mittelalters. Sie kam den Bedürf-
nissen dieser Epoche entgegen: dem Zug zum Realismus, zur Wirklichkeit, zum Einzelwissen, zur Gelehrsamkeit. Daher fand sie eine gewaltige Verbreitung – Ehrismann nennt 76 Handschriften – und mehrfache
Verarbeitung in spätere Chronikenwerke. Und da Rudolf ja nur den
biblisch-alttestamentlichen Stoff bewältigt hat, wird sein Werk zugleich
ein Vorläufer der weitverbreiteten Reimbibeln, in die es als eine ihrer
Grundlagen eingegangen ist.

Rudolf bleibt auch als Historiker immer Dichter. Der Laie wird, wie
im 12. Jahrhundert, immer noch durch das Gedicht angesprochen. Prosa
als Form deutscher Wissenschaft setzt sich trotz wichtiger Ansätze in
Niederdeutschland eigentlich erst im 14. Jahrhundert durch. Und
Rudolf bleibt immer höfischer Dichter, d. h. er fühlt sich der höfischen

Formzucht verpflichtet. Als der gelehrte und belesene Mann, der er ist, kennt er die deutsche Dichtung seiner Zeit und gibt in zweien seiner Werke, dem Wilhelm von Orlens und dem Alexander, Literaturübersichten nach dem Vorbild von Gottfrieds berühmtem literarischen Exkurs, doch mit größerer sachlicher Genauigkeit und Trockenheit.

Die vier großen Meister sind für ihn Heinrich von Veldeke, Hartmann, Wolfram und Gottfried. Aber wir spüren an der Wärme der Huldigung, daß ihm Gottfried über allem steht und sein eigentlicher Meister ist. Die übliche Klassifizierung müßte ihn zu den Gottfriedschülern rechnen. Aber er ist es nur nach der Form und auch da nur nach gewissen Formelementen, nicht nach seinem Wesen. Er vermag die Gottfriedschen Stilkünste und Sprachspiele nachzubilden, aber nicht seinen Stil, dieses eigentümliche Ineinander von Eleganz und Inbrunst. Seiner Artung nach steht Rudolf weit näher bei Hartmann: sauber, klar, auch in der Form verantwortungsbewußt und zuchtvoller Regel verpflichtet. Übrigens sehen wir Rudolf auch als Stilisten allmählich den Weg zu sich selber finden. Der junge Rudolf, der sich an der Form der Meister gebildet und Gottfried als Muster erwählt hat, sucht die eigentliche Kunstleistung in virtuosen Stilkünsten, die er sich als bloße Technik zu eigen macht. So zeigt ihn der Gute Gerhard. Im Barlaam hat er das abgestreift; die Demut des Stoffes forderte die Einfachheit des Stils. So wird von der Form her der Barlaam das reinste, klassischste Werk Rudolfs. Die Verbindung mit dem staufischen Kreis und dem Gottfriedenthusiasten Meister Hesse veranlaßt eine Rückkehr zu der erlernten Stilvirtuosität. Sie beherrscht den Wilhelm von Orlens und noch das erste Buch des Alexander. Aber Rudolf spürt jetzt, daß dies seinem Wesen nicht entspricht. Als Historiker strebt er einen einfachen, klaren Berichtstil an; im Hauptteil des Alexander sind die Stilkünste auf die Prologe der einzelnen Bücher beschränkt. In der Weltchronik hat er seinen Historikerstil gefunden. Es scheint falsch, von einem Absinken in Rudolfs Stilkunst zu reden; es ist ein Verzicht auf jugendlichen Ehrgeiz, ein Bescheiden, Sich-Besinnen auf die Eigenart seiner nicht genialen, aber tüchtigen Begabung.

ULRICH VON TÜRHEIM

In seinem Wilhelm von Orlens spricht Rudolf von Ems mit hoher Wertschätzung und einem Ton persönlicher Wärme von einem Dichter, der damals soeben einen Artusroman, den Clîes (Cliges), herausgegeben hatte, von Ulrich von Türheim. Kürzer, wie es Zweck und Wesen der Stelle entspricht, wird derselbe Türheimer nochmals in der Literaturüberschau von Rudolfs Alexander erwähnt, ohne daß Werke von ihm genannt würden.

Rudolf von Ems ist diesem Manne in den staufischen Kreisen um Konrad von Winterstetten begegnet. Ulrich, ein Angehöriger eines unweit Augsburg ansässigen Ministerialengeschlechtes, war ein etwas jüngerer Zeitgenosse Rudolfs. Er nennt Konrad von Winterstetten als den Anreger seiner Fortsetzung von Gottfrieds Tristan und trauert im letzten Teil seines Rennewart um den Tod dieses Gönners. An derselben Stelle klagt er – rückschauend auf freudenreichere Zeiten – um König Heinrich, den unglücklichen Sohn Friedrichs II., und bekennt sich damit zu diesem Kreise höfischer Lust und höfischer Dichtung. Mit Rudolf von Ems verbanden ihn die staufische Gesinnung, das ideale Ernstnehmen ihres ritterlichen Standesbewußtseins und das Gefühl verpflichtender Nachfolgerschaft der großen Meister.

Rudolfs warmes Lob macht uns auf die künstlerische Leistung dieses Mannes gespannt. Jenes Werk, das Rudolfs Bewunderung erregt hatte, der Artusroman von Cliges, eine Nachdichtung von Chrestiens Roman über denselben Helden, ist uns bis auf geringe Reste verloren. Es ist überdies nicht sicher, ob Ulrich von Türheim wirklich der Dichter des ganzen Werkes war und nicht vielmehr nur der Vollender eines Cliges-Romanes von Konrad Fleck. Denn in seinem Alexander nennt Rudolf von Ems nicht Ulrich, sondern Konrad als den Verfasser eines Cliges, und da zwei Dichtungen über denselben Stoff zeitlich und räumlich so nahe beieinander kaum denkbar sind, fassen wir die Doppelnachricht Rudolfs gerne so auf, daß Ulrich auch hier nur einem älteren Ansatz den Abschluß gegeben hat.

Denn dieses erscheint uns als eigentliches Aufgabengebiet Ulrichs. Für uns steht er vor allem da als der Vollender von zwei der größten hochhöfischen Romane, von Gottfrieds Tristan und Wolframs Willehalm. Und mehr als Ulrichs eigene künstlerische Leistung, über die wir rascher hinweggehen könnten, interessiert uns diese Tatsache, die für die letzte staufische Generation so bezeichnend ist: daß man sich um die Vollendung der unvollendeten Werke der großen Meister bemüht, und daß es ein und derselbe Mann unternehmen konnte, zwei so zutiefst wesensverschiedenen Werken wie Tristan und Willehalm den fehlenden Abschluß zu geben. Wir spüren darin die ehrfürchtige Liebe zu den Meistern, aber auch die Einebnung des Stilbewußtseins, die sich so leicht mit der Erhebung einer Dichtung zu „klassischer" Gültigkeit verbindet. Es ist die Überbewertung der Form als der eigentlichen künstlerischen Leistung, die darin zutage tritt, daß ein Mann von zweifelloser formaler Begabung und Schulung sich zutraut, Gottfried und Wolfram gleichermaßen gerecht zu werden – und keinem gerecht wird.

Die beiden Fortsetzungen sind nach Entstehung und Aussehen sehr verschieden. Die ältere, der Abschluß von Gottfrieds Tristan (1230/35), ist eine bestellte Arbeit, ein Auftrag Konrads von Winterstetten, hinter dem als treibende Kraft Meister Hesse von Straßburg stehen dürfte. Sie ist knapp, schränkt die Kette der Wiedersehensabenteuer ein und erstrebt offenbar nichts weiter als den raschen stofflichen Abschluß in leidlicher Form. Darum konnte sich Ulrich erkühnen, seiner Fortsetzung Eilharts älteres, von Gottfried abgelehntes Tristangedicht zur Grundlage zu wählen, ohne nach Gottfrieds Intentionen zu fragen. Es sollte nicht mehr sein als Anhang.

Um so umfänglicher ist der Schluß, den Wolframs Willehalm in Ulrichs Rennewart (zwischen 1240 und 1250) erhalten hat. Mit seinen über 36 000 Versen steht dieses Riesenepos gänzlich unausgewogen neben Wolframs Torso. Es bietet weit mehr, als zur Abrundung des Willehalm nötig war, und es schließt textlich und inhaltlich nicht unmittelbar an das Ende des Willehalm an. Es drängt vielmehr auf weite Strecken den Helden Willehalm in eine Nebenrolle und ist in der Tat, wie sein Titel sagt, eine Dichtung von Rennewart. Daher hat die Vorstellung viel für sich, daß Ulrich zunächst ein eigenes Epos von Rennewart geplant hat, das den Willehalm zwar voraussetzt und sich ihm zyklisch anschließt, das aber Wolframs Torso nicht „vollenden" wollte. Erst nachträglich hätte dann der alternde Dichter – und zwar wohl abermals auf Anstoß von außen und unter Benutzung neu zugeführter Quellen – eine „Fortsetzung" von Wolfram daraus gemacht. Damals wurden dann dem geplanten Rennewart die umfänglichen späteren Partien zugefügt, außer Rennewarts Klosterleben die Abenteuer seines Sohnes Malefer und vor allem Wilhelms Kloster- und Eremitendasein und sein Tod.

So ist es verständlich, daß in diesem „Abschluß" des Willehalm von den tiefsten Anliegen Wolframs so wenig zu spüren ist. Das Wolframsche Bemühen, die Zweiheit der befeuernden Antriebe alles ritterlichen Tuns, Minne und Gott, als eine tiefere Einheit zu erfassen und sichtbar zu machen, lebt als eine bloße Formel weiter, die Christen wie Heiden im Munde führen, und kann in entscheidenden Augenblicken in Rennewarts Dasein geradezu auseinanderfallen und das Problem des *sich verligens* heraufbeschwören. Und Wolframs inneres Ringen um den Sinn der unversöhnbaren Gegensätze zwischen Christentum und Heidentum, aus dem sich der Heidenkampf zu leidvoller Tragik erhob, aus dem aber auch Arabele-Gyburgs großer Augenblick erwuchs, weicht dem durchschnittlichen Blick auf dieses Problem. Heidentum ist Teufelswerk, die Heiden sind die unterlegenen, wenn auch ritterlich kostümierten und redenden Gegenspieler. Und wie in vorhöfischer Kreuzzugsdichtung werden die Heiden entweder „wie Vieh" hingeschlachtet oder in augenblickhafter Bekehrung gerettet. Gerade in seiner Gestalt des Rennewart hatte ja Wolfram etwas von dem seelischen Zwiespalt sichtbar werden lassen, den ein edler Heidenjüngling erlebt. Innerlich schon ergriffen von der Reinheit des Christentums, die sich ihm zugleich minniglich in der reinen Gestalt der Königstochter Alice verkörperte, fühlt er doch den Übertritt als Abfall von allem Angestammten und weigert sich in edlem Stolz, mit der Taufe ein besseres äußeres Los zu erkaufen.

Ulrichs Rennewart dagegen behält von Wolframs Figur nur die äußeren Charakteristika, das Ungestüm und die ungeschlachte Stärke. Nach
Wesen und Reden dagegen ist er von vorneherein als der christliche
Ritter gesehen, und er drängt darauf, es durch Taufe und Schwertleite
auch äußerlich zu werden. Nichts verrät den Abstand deutlicher als die
Begegnung von Terramer und Rennewart, Vater und Sohn, gemessen
an dem Gegenüber von Terramer und Arabele-Gyburg, Vater und Tochter, in Wolframs Willehalm. Weder die menschliche Wärme jenes Re-
ligionsgespräches noch dessen leidvoller Unterton, daß nächste Sippen-
freunde notwendig in tödlich getrennten Lagern stehen, findet hier Widerklang. Rennewart – der noch nicht Getaufte! – redet zu seinem Vater
in dem zugleich belehrenden und drohenden Ton des durchschnittlichen
Christenritters, das Wechselgespräch schreckt beiderseits nicht vor Beschimpfungen zurück und endet mit dem Angriff des Sohnes gegen den
Vater, dem Terramer nur mit Mühe entrinnt.

Ulrichs Frömmigkeit ist die handfeste, unproblematische Frömmigkeit des durchschnittlichen Ritters. Befriedigt in der religiösen Atmosphäre der Chansons de geste bezeugt uns Ulrich das Fortleben und
Wiederemportauchen vorhöfisch-ritterlicher Weltsicht und Geschmacksrichtung in nachhöfischer Zeit. Das unmittelbar wunderhafte Eingreifen
Gottes in die Ereignisse: die Vertreibung der Heiden vor Orange durch
Frost und Schnee mitten im Sommer, die wunderbare Bergung der gefallenen Christen in Marmorsärge unmittelbar nach der Schlacht, die
himmlische Speisung Wilhelms als Eremit, vielfache Engelsbotschaften
und manches andere erzählt Ulrich mit ebensoviel gläubiger Überzeugung wie Freude am interessanten Stoff. Man fühlt sich nicht selten an
die alten Legendenromane (Bd. I S. 262 ff.) erinnert. Seinen Rennewart
– wenn wir den ersten Teil des Riesenwerkes speziell so benennen wollen – beschließt er mit dem Klosterleben des Helden in der französisch
vorgebildeten Form der Moniage, des bis ins Groteske gehenden Wider-
spiels von Heldenstärke und Mönchsdasein.

Die späteren Teile führen vollends von Wolframs Bezirken fort. Die
Abenteuer von Rennewarts Sohn Malefer, für die eine französische
Quelle nicht nachweisbar ist und wohl auch kaum vorhanden war, zeigen die unfühlsame Mischung von Orientfahrten und Heidenkämpfen
mit Aventiure, die für die Spätzeit ebenso bezeichnend ist wie die entsprechende Mischung von Heroik und Aventiure in den späten Heldenromanen. Dies Stück ist für uns inhaltlich wie dichterisch gleichgültig.

Das ganze Konglomerat schließt mit dem Kloster- und Klausnerdasein
Gyburgs und Willehalms. Wolframs hoher Gedanke von dem Ritter-
Heiligen Wilhelm, gedacht als die letzte Erhöhung christlichen Rittertums, verherrlicht in dem großartigen Einleitungsgebet des Dichters an
den heiligen Willehalm, wird hier banal, indem der Ritter Willehalm erst

zum Mönch und schließlich zum Eremiten Willehalm werden muß, um auf dem Wege des 12. Jahrhunderts durch Weltabkehr den Heiligenschein zu erwerben.

Ulrich sind weder formale Begabung noch Werte des Charakters und des Gemütes abzusprechen, und auch gestaltend gelingen ihm Einzelszenen nicht schlecht. Aber in das hohe Lob seines Freundes Rudolf von Ems werden wir nicht einstimmen können. Er erscheint uns blasser als dieser, durchschnittlicher, mit weniger geprägtem Profil. Unter den Epikern dieser Epoche ist er wohl derjenige, der am stärksten wirklich epigonale Züge trägt, und es paßt nicht schlecht zu dem Bilde, das wir von ihm erhalten, daß er überall nur der Vollender ist, wo Andere und Größere begonnen haben.

LITERATUR

Die epischen Fragmente Ainune, Segremors, Blanchandin, in MEYER-BEN-FEYS mhd. Übungsstücken. Halle 1921. S. 132 ff.; 166 ff.; 155 ff.

Konrad Fleck. Ausg.: E. SOMMER, Bibl. d. ges. dtschen Nationallit. Bd. 12. Quedlinburg u. Leipzig 1846. – C. H. RISCHEN, Germ. Bibl. III 4. Heidelberg 1913 (Die alten Bruchstücke F und P). – Lit.: Siehe auch zum Trierer Floyris: G. EHRISMANN, Literaturgesch. II 2, 2 S. 16–19. – ELFR. SCHALL, Konrad Flecks „Floire und Blanscheflur". Ein Vergleich mit den Zeitgenossen und mit dem mnd. Gedicht „Flos und Blankeflos". Diss. Marburg 1941 (Masch.-Schr.).

Rudolf von Ems. Ausg.: Siehe unter den einzelnen Werken. Lit.: G. EHRISMANN, Verf.-Lex. III 1121–26. – DERS., Studien über Rudolf von Ems, Beiträge zur Geschichte der Rhetorik und Ethik im Mittelalter. Sitzber. Heidelb. Ak. d. Wiss., phil.-hist. Kl. 1919, 8. Abh. – EDW. SCHRÖDER, Rudolf von Ems und sein Literaturkreis. ZfdA 67 (1930) 209–51. E. SCHWARZINGER, Reim- und Wortspiele bei Rudolf von Ems. Diss. Wien 1933.

Der gute Gerhard. Ausg.: M. HAUPT, Leipzig 1840. – Lit.: J. A. ASHER, „Der gute Gerhard" Rudolfs von Ems in seinem Verhältnis zu Hartmann von Aue (mit einem Reimwörterbuch zum „Guten Gerhard"), Diss. Basel 1948. – FR. SENGLE, Die Patrizierdichtung „Der gute Gerhard", Soziologische und dichtungsgeschichtliche Studien zur Frühzeit Rudolfs von Ems. DtscheVjschr. 24 (1950) 53–82. – L. W. KAHN, Rudolf von Ems' Der gute Gerhard. Truth and Fiction in Medieval Epos. Germ. Rev. 14 (1939) 208–14.

Barlaam und Josaphat. Ausg.: FR. PFEIFFER, Dichtungen des deutschen Mittelalters. Bd. 3. Leipzig 1843. – H. CZIZAK, Rudolfs von Ems Barlaam und Josaphat und seine lateinische Vorlage. Diss. Wien 1931.

Wilhelm von Orlens. Ausg.: V. JUNK, Dtsche Texte d. Mittelalters Bd. 2. Berlin 1905. – Lit.: H. DELL'MOUR, Reimwörterbuch zum Willehalm Rudolfs von Ems. Diss. Wien 1928 – G. K. BAUER, Die zeitliche Einreihung des Alexander und des Willehalm in das Schaffen Rudolfs von Ems. ZfdPh 57 (1932), 141–157. – MARIA-MAGD. HARTONG, Willehalm von Orlens und seine Illustrationen. Diss. Köln 1938.

Alexander. Ausg.: V. JUNK, Bibl.. Lit. Verein Band 272 u. 274. 2 Bde. Leipzig 1928. – Lit.: – KL. NITZLADER, Reimwörterbuch zum Alexander des Rudolf von Ems. Diss. Wien 1932. – C. VON KRAUS, Text und Entstehung von Rudolfs Alexander.

Sitzber. Bayer. Ak. d. Wiss., phil.-hist. Abt. 1940 H. 8. – Ad. Elsperger, Das Weltbild Rudolfs von Ems in seiner Alexanderdichtung. Diss. Erlangen 1939, auch Erl.
Arb. z. dtschen Lit. H. 11. – Marg. Hühne, Die Alexanderepen Rudolfs von Ems
und Ulrichs von Eschenbach. Diss. Jena 1938. Würzburg 1939.
    Weltchronik. Ausg.: G. Ehrismann, Deutsche Texte d. Mittelalters Bd. 20. Berlin
1915. – Lit.: Kurt Enke, Weltchronik des Rudolf von Ems. Deutsche Prachthandschrift vom Ausgang des 14. Jh. Leipzig o. J. – Konr. Escher, Die Bilderhandschrift
der Weltchronik des Rudolf von Ems in der Zentralbibl. Zürich. Mitt. d. antiqu. Ges.
Zürich Bd. XXXI. Zürich 1935. – J. C. Zeemann, Die erste Fortsetzung zu Rudolf
von Ems' Weltchronik. Verzamelde Opstellen, Festschr. f. J. H. Scholte. Amsterdam
1947. S. 89–105.
    Ulrich von Türheim. Lit.: G. Ehrismann, Lit.-Gesch. II 2, 2. S. 65–68. – Eb. K.
Busse, Ulrich von Türheim. Diss. Berlin. Palästra Bd. 121. Berlin 1913. – Alb. Leitzmann, Sprichwörter und Sprichwörtliches bei Ulrich von Türheim. Beitr. 65 (1942)
164–70.
    Tristan. Ausg.: H. F. Massmann, Tristan und Isolt. Dichtgen d. dtschen Mittelalt.
Bd. 2. Leipzig 1843. – John L. Campion, Das Verwandtschaftsverhältnis der Handschriften des Tristan Ulrichs von Türheim, nebst einer Probe d. kritischen Textes.
Diss. Baltimore 1918.
    Rennewart. Ausg.: Alfr. Hübner, Deutsche Texte d. Mittelalters Bd. 39. Berlin
1938. – Lit.: – H. F. Rosenfeld, Zur Textkritik von Ulrichs von Türheim Rennewart.
ZfdA 80 (1944) 50–70. – Ders., Zur Überlieferung von Ulrichs von Türheim Rennewart. Beitr. 73 (1951) 429–56.
    Cligesbruchstück. Ausg.: A. Bachmann, ZfdA 32 (1888) 123 ff.

2. DIE SPÄTE EPIK IN ÖSTERREICH

In Österreich hat sich die neue literarische Mode des Aventiurenromanes erst verhältnismäßig spät neben dem bodenständigen Heldenroman durchgesetzt. Erst die nachklassische Generation hat sich ihn zu
eigen gemacht. Einer der Vermittler war vermutlich ein bürgerlicher
Dichter fränkischer Herkunft, der sich der Stricker nennt und der – wie
die Kenntnis österreichischer Verhältnisse in seinen Dichtungen zeigt –
mindestens zeitweise in Österreich gelebt haben muß. Die eigentliche
Leistung dieses Mannes liegt nicht auf dem Gebiet des großen Romans,
wo er nur ein sehr durchschnittlicher Nachfahre ist. Sie liegt vielmehr
darin, daß wir in ihm den Schöpfer oder mindestens den ersten wirksamen Vertreter einer neuen, im späten Mittelalter sehr beliebten literarischen Gattung zu sehen haben, der kleinen moralisch-satirischen oder
schwankhaften Verserzählung. Diesen Teil seines Werkes werden wir
an anderer Stelle behandeln.

Hier gehen uns nur die beiden großen Epen des Stricker etwas an, der „Karl", der
eigentlich nur eine Bearbeitung des alten Rolandsliedes ist, und der Daniel vom
blühenden Tal. Sie gehören sicher seiner Frühzeit an. Es ist sehr wahrscheinlich,
daß der „Karl" das früheste Werk ist; denn im Daniel finden sich so viele und so
deutliche Anklänge an das Rolandslied, daß eine eindringliche Beschäftigung des
Dichters mit diesem Werk vorangegangen sein muß.

Die Bearbeitung des Rolandsliedes setzt sich wesentlich formale Ziele; nur im Anfang ist eine Art Jugendgeschichte des großen Kaisers vorangestellt, wie es der biographischen Neigung der höfischen Epik entspricht. Der Stricker hat damit für das Rolandslied dasselbe getan, was ein unbekannter alemannischer Dichter – am Ende der von Rudolf von Ems genannte Berthold von Herbolzheim? – für Lamprechts Alexander in der Fassung B (Bd. I S. 234 f.) geleistet hat: die äußerlich-formale Herrichtung eines vorhöfischen Werkes für den Geschmack des 13. Jahrhunderts mit einzelnen stofflichen Ergänzungen, die auch hier gerade Alexanders Jugend betreffen. Während aber diese Neubearbeitung des Alexander kaum Verbreitung gewonnen hat, war Strickers Karl Erfolg beschieden; es ist die Form, in der das späte Mittelalter das Rolandslied gelesen hat. Dies bezeugen die zahlreichen Handschriften (über 40) und die Aufnahme des Gedichtes in die Weltchronik des Heinrich von München und andere späte Chroniken, sowie in den Karlmeinet, das niederrheinische zyklische Epos von Karl dem Großen. Gewonnen hat das Rolandslied dabei nicht; die kraftvolle Härte und die rhythmische Freiheit seiner Verse werden auf eine an Hartmann geschulte durchschnittliche Glätte eingeebnet.

Das Erzählgefüge hat der Stricker nicht angetastet, auch wo die neue Vorgeschichte es nahegelegt oder erfordert hätte. Die neue Einleitung kennt die Krönung Karls durch Papst Leo sowie die Legende, daß Karl und Leo Brüder waren. Aber die besondere politische Struktur des Rolandsliedes, die in Karls theokratischem Weltreich für eine eigene Rolle des Papstes keinen Raum ließ, wird nur zu Anfang und ohne weitere Konsequenz abgeändert, indem der Papst Karls spanischen Feldzug durch seine Kreuzzugspredigt unterstützt. Reizvoller ist die Kindheitsgeschichte Karls: er wird durch seine Halbbrüder Rapot und Wineman vertrieben und wächst am Hofe seines späteren Feindes Marsilie auf. Das Motiv des vertriebenen echten Königssprosses, der sein Reich den verwandten Usurpatoren abgewinnt, ist hier angeschlagen. Es stammt aus der Sphäre der Chansons de geste und findet sich auf deutschem Boden im Wolfdietrich wieder. Wie lockend wäre es gewesen, dieses besondere Verhältnis, in das die beiden Gegenspieler Karl und Marsilie damit zueinander treten, psychologisch und erzählerisch auszunutzen! Doch nichts ist in dieser Richtung versucht worden. Nicht einmal die beiden usurpatorischen Halbbrüder werden neu gestaltet; an der Stelle, wo sie schon im Rolandslied erwähnt werden (Rol. 7765 ff. = Karl 9116 ff.), sind sie genau wie dort wieder Helden in Karls Gefolge, denen Karl Rolands Schwert und Horn anvertraut. Ihre Halbbruderschaft zu Karl ist ebenso vergessen wie die verdächtige Rolle, die sie einst gespielt haben. Schöpferisches ist an diesem Dichter nicht zu entdecken.

Mit dem Daniel vom blühenden Tal begibt sich der Stricker auf das Feld des
Artusromans – mit weniger Glück, wie die spärliche Überlieferung zeigt. Daß das
Gedicht aber in Österreich bekannt geworden ist, und daß also der Stricker in die Früh-
geschichte des österreichischen Artusromans einzuordnen ist, zeigt die Nachahmung,
die es dort gefunden hat. Um etwa eine Generation später hat ein Salzburgischer
Kunstgenosse, der Pleier, den Strickerschen Romanhelden gekannt und in seinem
„Garel vom blühenden Tal" nachgeahmt.

Der „Daniel" ist ein durchschnittlicher Nachfahr der Hartmannschen
Kunstübung mit einem selbsterfundenen Helden und selbständig zu-
sammengelesenen Aventiuren. Die Quellenberufung auf Alberich
von Bisinzo, den Dichter des französischen Alexanderromanes, ist
ebenfalls nicht nur erfunden, sondern wörtlich aus Lamprechts Alexanderlied ausgeschrieben. Der Stricker war also in der vorhöfischen
Dichtung auch über das Rolandslied hinaus belesen. Damit wird er uns
literaturgeschichtlich wichtig; er ist einer jener Verbindungsmänner,
durch die die vorhöfische Dichtung, die in der hochhöfischen Zeit verdrängt schien, dem weniger feinsinnigen und hochgestimmten Geschmack des späteren 13. Jahrhunderts wiedergewonnen wird.

Die Erzählung wird mit bekannten Motiven bestritten. Die von Elefanten getragenen Häuser des Königs Matur sind wohl der von Elefanten gezogenen Kemenate der
indischen Königin im Alexanderroman nachgebildet. Die List, einen Riesen durch
Blendung hilflos zu machen, wandelt die Polyphemsage ab; das Haupt, dessen Anblick tötet, ist das Medusenhaupt der Perseussage und wird wie dort durch Bekämpfung im Spiegelbild unschädlich gemacht. Das heilende Bad in menschlichem Blut
entstammt den Aussatzsagen vom Typus der Silvesterlegende und verwandter Erzählungen.

Der Held des Romanes ist vor allem der vorbildliche Artusritter ohne
Furcht und Tadel. Aber neben seiner unerschrockenen Kühnheit und
unüberwindlichen Stärke ist ihm ein besonderer Zug der Schlauheit und
Besonnenheit eigen. Daniel wird seiner dämonischen Gegner nicht durch
die draufgängerische Kühnheit eines Gawan Herr; er späht ihre Schwächen aus und ersinnt listige Anschläge, mit denen er ihre Wachsamkeit
einschläfert oder ihre Zauberdinge unwirksam macht und ihnen abgewinnt. Darin liegt für den Dichter die Eigenart seines Helden, die er
als besonderen Vorzug empfindet. Wir spüren darin den bürgerlichen
Dichter mit seiner Neigung zum Vernünftigen und Überlegten.

Ähnliches merken wir an der Art seiner Problematik, sofern man von
einer solchen sprechen kann. Der Stricker hat von seinem Meister Hartmann gelernt, daß der Artusroman seine Helden vor eine Problematik
stellt, in der sie sich zu entscheiden haben. Aber er ist nicht der Mann,
eine grundsätzliche Problematik aus dem Wesen des Rittertumes zu entwickeln. Die Probleme seines Helden Daniel sind kleine Einzelfragen
des Ehrgebotes: Ob es als feige angesehen werden kann, wenn er den
Riesen nicht sogleich angreift, sondern zuvor einer vor Leid ohnmäch-

tigen Dame beisteht, ob er das tödliche Haupt behalten darf oder nicht, ob es seiner Ehre schadet, wenn er vor einer plötzlich hereinbrechenden Wasserflut flüchtet u. ä. Es sind konstruierte Problemchen, hinter denen nicht die innere Bedrängnis des ritterlichen Mannes steht. In die Mitte seiner Erzählung stellt er die großen Schlachten im Lande des Königs Matur. Der wilde, blutige Massenkampf ist dem eigentlichen Aventiurenroman fremd, und namentlich Artus als Vorkämpfer in der Massenschlacht widerspricht dem herkömmlichen Artusbilde. Es ist eine Fühllosigkeit für Stil; was er am Rolandslied gelernt hat, bringt er im Artusroman an. Seine großen Massenkämpfe hat der Stricker bis in den Wortschatz hinein nach dem Rolandsliede gestaltet – auch darin erweist sich der Daniel als das jüngere Werk.

Der erste wirklich von einem Österreicher gedichtete Artusroman ist die K r o n e des Heinrich von dem Türlin, eines Kärntners aus bürgerlichem Geschlecht. Eine feste Datierung seines Werkes ist nicht zu gewinnen. Die Grenzen sind weit gezogen: nach Hartmanns Tod (etwa 1210) und vor Rudolfs Alexander (etwa 1240). Die übliche Datierung 1215 bis 1220 steht auf schwachen Füßen und dürfte zu früh sein. Rudolf von Ems erwähnt Heinrichs Krone in der Literaturübersicht des Alexander, nicht aber in der des Wilhelm von Orlens. Das bedeutet zum mindesten, daß er Heinrichs Roman erst spät kennengelernt hat. Nichts zwingt dazu, das Gedicht vor 1230 anzusetzen. Seit der Untersuchung von Warnatsch gilt der Anfang eines Gedichtes von der M a n t e l p r o b e, den die Ambraser Handschrift bewahrt hat, als ein Frühwerk Heinrichs, und dem wird man zustimmen können. Sehr zweifelhaft dagegen bleibt es, ob dies Bruchstück wirklich der Anfang eines großen Lanzelotromanes war und nicht vielmehr nur eine Übertragung des französischen Fabliaus *Du mantel mautaillé*.

Der Titel „Die Krone" ist dem Gedicht selber entnommen. Heinrich vergleicht am Schluß sein Werk mit einer Krone; er nennt es nicht eigentlich so. Sein Gedicht sei ein Kronreif, so sagt er, der rings mit wertvollen Steinen besetzt ist, und auf dem manch seltsames Bild zu sehen ist. Diese Krone will er edlen Frauen aufsetzen, für die er die Mühe des Werkes auf sich genommen hat. Die Interpretation, die freilich bis auf Rudolf von Ems zurückgeht, daß dieses Werk die „Krone aller Abenteuer" sei, ist also schief. Eine Krone allerdings, auf der „seltsame Bilder" zu sehen sind, ist selber ein seltsamer Vergleich für ein episches Aventiurenwerk. Man möchte glauben, daß hier ein einfacherer und passenderer Vergleich nachgeahmt und abgewandelt worden ist, und denkt dabei an den „Umbehanc" des Bligger von Steinach, wo der Vergleich mit einem Bildteppich richtig sitzt.

Die „Krone" ist ein Gawanroman; dieser Artusritter ist der Held einer vielfach verknäuelten Abenteuerkette. Die erzählerische Technik des Ineinanderschiebens von Abenteuern hat der Dichter aus Hartmanns Iwein gelernt. Es ist sein sichtliches Bestreben, seine Vorbilder zu übertrumpfen. Auf Gawan wird alles gehäuft, was es an Aventiurenhaftem gibt. So wird er auch zum Helden der Gralsgeschichte. Woher Heinrich seine Vorstellungen von dem Gral als einem märchenhaften Wunderding und der Gralsburg als einem Totenschloß bezogen hat, ist nicht zu sagen. Genug, daß Gawan die richtige Frage sofort stellt und die Toten damit erlöst, und daß der Dichter seinen Helden nicht ohne Selbstgefälligkeit gegen Parzival herausstreicht, der die rechte Frage versäumt hat.

Damit ist angedeutet, daß der nachklassische Aventiurenroman sich durch seinen Zug zur Stofflichkeit auszeichnet und daß er sein Verdienst in der übersteigerten Phantastik des Stoffes sucht. Hartmanns *mâze* geht verloren. Die Aventiurenreihe des klassischen Artusromanes, wie ihn Hartmanns Erek und Iwein und der Gawanteil des Parzival repräsentieren, war trotz aller Märchenhaftigkeit der Motivik auf Tat, Leistung und Läuterung des Helden gerichtet. Dieser, nicht das Ereignis, stand im Mittelpunkt. In Heinrichs Krone ist umgekehrt das wunderbare und unerhörte Geschehnis Ziel und Ehrgeiz des Dichters, und der Held – selber in seiner Übersteigerung seelenlos geworden – hat nur noch die Aufgabe, Geschehnisse unaufhörlich auszulösen, zu erleiden oder zu bestehen.

Mit dieser Tendenz steht eine andere, nur scheinbar entgegengesetzte, in unmittelbarem Zusammenhang. Die Übersteigerung führt zu dem Streben nach dem Überdeutlichen, Drastischen und Grellen, einer scheinbaren Realistik des Wunderbaren. Auch sie ist ein Weg fort von Hartmanns *mâze*, die alles Geschehen in einem wohlerwogenen Schwebezustand zwischen Phantasie und Wirklichkeit hielt. Er wußte den idealen Raum für das ideale Geschehen zu schaffen und festzuhalten, weil nur in ihm das ideale Verhalten und die ideale Gesinnung frei und vollendet bestehen konnten. Heinrichs Kunst dagegen ist handgreifllich: seine Wunderwesen und Wunderdinge sind so „wirklich" in der Welt, daß sie eben dadurch ihre Unwirklichkeit offenbaren. Solche Realistik ist nicht Abkehr von der Phantastik und damit ein Bruch im Stil, sie ist gerade deren Übersteigerung. Bei Hartmann wirkt alles, was geschieht, als möglich, weil es in seiner eigenen Welt verbleibt. Bei Heinrich wird es unmöglich, weil das Wunderbare wie ein Stück der realen Welt behandelt wird und in diese hineinragt.

Ganz zweifellos ist diese Art zu erzählen in ihrer Weise wirkungsvoll und spricht noch heute einen einfacheren, aufs Stoffliche gerichteten Geschmack an, wie sie auf eine solche Geschmacksrichtung auch berechnet war. Sie ist ein nicht ungesunder Einspruch gegen das Verblasene und Dünnblütige, in das die Nachfolger einer edlen Klassik leicht verfallen. Namentlich ist dies in Heinrichs Humor zu spüren, der sich vor allem an der Figur Keiis entfaltet, des hämischen Spötters im Kreise der Edlen. Er wird zu einer Lieblingsfigur des Dichters. Keiis nicht immer feine Reden bei den Keuschheitsproben mit Becher und Handschuh halten sich gewiß an ein festes Vorbild, sind aber von Heinrich mit besonderem Vergnügen ausgestaltet. Und jene Szene, wie Artus und seine drei Begleiter im winterlichen Gebirge einem seltsamen Ritter auflauern, ist in ihrem frostbebenden Zähneklappern ebenso unhartmannisch, wie die verschneite winterliche Bergwelt Kärntens fremdartig, aber eindrucksvoll im Artusmilieu aufragt, das sonst nur die stilisierte Ideallandschaft seiner pfingstlichen Festfreuden kennt.

Hier spüren wir ein literarhistorisches Problem der Krone. Heinrich von dem Türlin verspricht einleitend, eine Jugendgeschichte des Königs Artus zu geben. Er folgt darin der Mode des höfischen Romanes, über die Kindheit seines Helden zu berichten. Aber in ihrer wesenlosen Stoffarmut zeigt diese Jugendgeschichte, daß dafür keine Tradition zur Verfügung stand. Nach 400 Versen bereits ist in Artus' Ehe mit Ginover der Typus erreicht: Artus als der ruhende Mittelpunkt eines durch ihn festlich und tätig bewegten Kreises abenteuernder Ritter. Aber dann wird dieser Kreis noch einmal gewaltsam fortgeschickt; Artus bleibt mit Keii und zwei unbedeutenden Rittern allein zurück. Und nun folgt jenes seltsam realistische Abenteuer in der winterlichen Gebirgswelt. Ginover preist dem durchfroren von der Jagd heimkehrenden König – welch ein unartushaftes Bild! – einen Ritter, der allnächtlich im bloßen Hemd, einen Blumenkranz im Haar, singend über „die wilde Gaudin" reite, und man spürt, daß zarte Beziehungen zwischen der Königin und diesem Ritter bestehen. Artus reitet aus, seine drei Genossen werden von dem ungerüsteten Ritter wie beiläufig aus dem Sattel gehoben und im Schnee liegen gelassen. Vor Artus senkt der Ritter die Lanze; er nennt seinen Namen Gasozein und fordert als Ginovers *amîs* die Königin auf Grund älterer Rechte für sich. In sechs Wochen werde er an Artus' Hof kommen und vor aller Ritterschaft seine Rechte geltend machen. Zur gesetzten Frist erscheint Gasozein; Artus reitet ihm zum Zweikampf entgegen. Aber wieder weicht der Ritter aus und fordert, daß Ginover sich zwischen ihnen beiden frei entscheide. Von tiefer Unruhe gepeinigt, tritt die Königin vor die Hofversammlung. Sie weigert sich, öffentlich Rede zu stehen, und erst, als sie mit Artus und Gasozein allein ist, ringt sie sich zu einem Bekenntnis für Artus durch und behauptet, den fremden Ritter nicht zu kennen. Tief gekränkt reitet Gasozein davon.

Eine Geschichte von Ginover und ihrem Liebhaber kennen wir aus dem Lanzelotroman. Und die Fortführung in Heinrichs Krone, daß Ginover von Gasozein entführt, durch Gawan aber vor einer recht handgreiflich geschilderten Vergewaltigung gerettet wird, zeigt, daß Heinrich in der Tat den Stoff des Lanzelot gekannt und verwertet hat. Für dieses einleitende Stück aber läßt uns der Lanzelot im Stich. Und gerade dieses weckt unser Interesse. Es führt weitab von aller Aventiurenwelt, es ist mindestens der Keim eines Seelendramas, einer Verinnerlichung des Minnebegriffes. Ein Konflikt deutet sich an, der ganz außerhalb der Artusmöglichkeiten liegt: die Frau zwischen zwei Männern, dem Gatten, dem Amîs – es könnte sich eine Handlung entfalten, die in die Nähe des Tristanstoffes führte. Heinrich, der nur stofflich Interessierte, hat das nicht ausgenutzt. Aber deswegen ist es schwer glaublich, daß er diese lebendig erzählte, von inneren Spannungen erfüllte Geschichte selber erfunden hat.

Wir stoßen noch an einer anderen Stelle auf ein solches lebendiges Erzählstück, das bei Heinrich im Stoff ertrinkt: Gawans Einkehr bei „Frau Saelde". Das ist nicht bloße Aventiure, das ist Begegnung mit einer Großmacht des Daseins, mit Fortuna, der Göttin des Schicksals, des Glücks. Erstmals in deutscher Dichtung ist das Bild der Fortuna hier ·in voller epischer Entfaltung verwendet. Frau Saelde, ihr Kind „Heil" auf dem Arme, thront auf dem sich drehenden Rade, an dem Menschen auf- und niedersteigen. Ihre eigene Erscheinung, rechts als Glück jung und herrlich, links als Unglück alt, häßlich und zerlumpt, scheint nach dem Vorbild der Frau Welt gestaltet zu sein. Bei Gawans Eintritt steht das Rad still, ungeheurer Jubel empfängt ihn, Frau Saelde selber erscheint nun ringsum schön und strahlend, alles Unglück scheint getilgt. Sie verleiht Gawan *sige unde heil an allen weltsachen*, verspricht ihm aber darüber hinaus auch für Artus dauerndes Glück und immerwährenden Reichtum. Sie gibt ihm für Artus einen Ring mit; solange er diesen trage, werde sein Hof unvergänglich sein.

Auch hier zeichnet sich etwas von einer Problemdichtung oder wenigstens Programmdichtung ab. Wie wurde Artus das, was er ist, der Mittelpunkt ewig dauernder ritterlicher Tat und ritterlichen Festes? Er wurde es dadurch, daß Gawan, der Herrlichste seiner Ritter, ihm den Ring der Fortuna gewann. Unverkennbar spielt in Heinrichs Gedicht der Begriff der Saelde eine besonders große, fast leitmotivartige Rolle. Dann wäre Gawans Rückkehr mit dem Ring zu Artus das eigentliche Ziel der Erzählung. Eine ältere, beziehungsreichere Dichtung scheint hier durchzuschimmern. Wirnt von Grafenberg berichtet in seinem Wigalois, daß Wigalois, der Sohn Gawans aus dessen Verbindung mit der feenhaften Königin des Landes, unter dem Meere das Glücksrad im Wappen trägt, weil dieses im Märchensaal seiner Mutter stand. Auch Wirnts Quelle kennen wir nicht, aber seine Erzählung läßt ebenfalls vermuten, daß es eine Geschichte gegeben hat, wie Gawan zu Frau Saelde, zu Fortuna gekommen ist. In Heinrichs großem Stoffgeschiebe geht dieser Schluß unter. Gawans, des Totgeglaubten, Heimkehr wird zwar am Artushof mit jubelnder Freude begrüßt, allein schon ist Heinrich mit einem neuen Stoff beschäftigt: mit Gawans Gralabenteuer. Der Ring wird zu einer Nebensache, die Fahrt zu Frau Saelde wird ein Gawanabenteuer unter vielen.

Eine solche Erzählung, der die Spitze abgebrochen ist, trauen wir abermals der Erfindungsgabe Heinrichs nicht zu. Es ist verlockend, jene beiden Erzählstücke, die sich über das bloß stoffliche Interesse ins wahrhaft Dichterische erheben, als Teile einer einheitlichen Quelle zu denken. Heinrich hat versprochen, eine Geschichte von Artus' Jugend zu erzählen, und das könnte bedeuten: eine Geschichte, wie Artus zu dem Liebling der Saelde, dem ewigen Ausdruck höfischen Rittertums, wurde.

Die Auseinandersetzung mit dem Liebhaber um den Besitz Ginovers könnte in einer solchen Dichtung ebenso Platz haben, wie die Erwerbung des Ringes deren Ziel und Ende bilden könnte. Ein solches Gedicht kennen wir nicht. Aber es wäre denkbar, daß Heinrich von dem Türlin, der ein belesener Mann war, ein derartiges Werk gekannt hätte. Ihm freilich, dem Stoffhungrigen, war es gerade nur gut, ihm neue, seltsame Aventiuren zu liefern, er hat sich nicht darum gekümmert, daß es unter einer Idee, der Idee der Saelde, gestanden hat.

Vor allem bleibt Österreich zunächst weiter die Pflegestätte des höfischen Heldenromans. Dieser ist vor 1250 dort durch zwei aus der Schule des Nibelungenliedes hervorgegangene strophische Epen vertreten, das Waltherepos und die Kudrun.

Die Geschichte des Waltherstoffes ist Sache der Heldensagenforschung und hier nicht zu schreiben. Sie muß aus sehr verschiedenartigen Bearbeitungen ermittelt werden, aus dem spätkarolingischen Hexameterepos, das, an klassischen Stilmustern geschult, lange, aber gewiß zu Unrecht Ekkehard IV. von St. Gallen zugeschrieben wurde, aus den Resten eines ags. Buchepos in der Stilnachfolge des Beowulf und aus Anspielungen in der mhd. Heldenepik, aus lauter Buchwerken also, hinter denen sich ein germanisches Lied nur undeutlich abzeichnen will. Daß es sich nach seiner weicheren Linienführung der Handlung wie nach der gefühlsbetonteren Stellung der Frau unserem Bilde des „heroischen Liedes" schwer fügen will, ist immer gespürt worden. Ein solches Bild ganz zu leugnen und das lateinische Epos auch stoffgeschichtlich an den Anfang zu setzen, ist indessen doch eine zu gewaltsame Lösung der Frage. Man wird in ihm vielmehr ein Zeugnis dafür sehen müssen, wie sich der alte Typus des heroischen Liedes wandelte, nachdem die germanischen Völker im Dunstkreis der christlichen Spätantike seßhaft geworden waren. War es – wofür vieles spricht – ein Lied der spanisch-südfranzösischen Westgoten, so wäre es in einem Bereich geschaffen worden, wo die germanisch-christlich-antike Durchdringung früh und energisch vollzogen war. Auf alle Fälle setzt es ein Lied vom Burgundenuntergang voraus; Attila, Gunther und Hagen sind von Anfang an tragende Figuren des Waltherstoffes. Die unfreundliche Beleuchtung und unrühmliche Rolle Gunthers wäre in einer ursprünglich westgotischen Dichtung aus den burgundisch-westgotischen Gegensätzen verständlich.

Ihre enge Verbindung mit dem Nibelungenstoff hat die Waltherdichtung immer bewahrt. Der Dichter des Nibelungenliedes hat eine gewiß schon epische Waltherdichtung gekannt und spielt mehrfach auf sie an. Das Waltherepos aber, das wir, wenn auch nur aus kärglichen Fragmenten zweier österreichischer Handschriften, kennen, ist jünger als das Nibelungenlied und ohne dessen Vorbild nicht zu denken. Die erhaltenen Reste lassen weder einen Einblick in den Stoff noch eine wirkliche literarische Bewertung zu. Im ganzen hat man den Eindruck, daß sein Dichter die Absicht des Nibelungenliedes begriffen hat und um die höfische Erhöhung seines heroischen Stoffes bemüht war, ohne ins Aventiurenhafte abzuleiten. Freilich mochte sich der weichere, schmiegsamere Stoff einer höfischen Einstilisierung leichter fügen und diese auch einem mittelmäßigen, mehr redseligen als formkräftigen Dichter

gelingen. Leider enthält das umfänglichste Fragment wesentlich Schilderung; es berichtet von den Vorbereitungen zu dem Hochzeitsfest Walthers und Hildgunts. Wir können daraus nur entnehmen, daß der Dichter die äußeren Mittel der Verhöfischung von dem Nibelungendichter
gelernt hat. Er ahmt seinen „Stil des Festes" nach. Aber in der Einbeziehung der westeuropäischen Geographie des Mittelalters: England
und Kärlingen, Navarra und Arragon, wie auch in der Stellung des
Festes als freudenreicher Abschluß eines bewegten Geschehens spüren
wir den Einfluß des Artusromans. Auch das wird einen zu frühen Zeitansatz verbieten.

> Das Waltherepos ist auch formal bei dem Nibelungenlied in die Schule gegangen.
> Die Waltherstrophe ist unmittelbar aus der Nibelungenstrophe abgeleitet. Allein ihre
> Eigenheit, die Überdehnung der letzten Anzeile, zerstört nicht nur die vollendete
> Form der Nibelungenstrophe, sie zeigt in der unorganischen Schwellung der vor-
> letzten statt der letzten rhythmischen Einheit einen Mangel an Sinn für die rhythmische
> Struktur der epischen Strophe.

Das Kudrunepos gehört zu den viel umrätselten Werken unserer
alten Dichtung. Die Schwierigkeiten beginnen beim Text selber; denn
da das Epos einzig durch die späte Ambraser Handschrift überliefert
wird, ist der Wortlaut an zahllosen Stellen nicht mehr wiederherzustellen. Beunruhigend sind auch die Ungleichheiten in der Form. Auch das
Kudrunepos ist in einer Sproßform der Nibelungenstrophe verfaßt, die
in der Verwendung klingender Kadenzen und der Überdehnung der
schließenden Abzeile auf einen Sechstakter weicher und lyrischer, aber
rhythmisch organisch wirkt. Neben solchen Kudrunstrophen finden sich
in dem Epos aber auch zahlreiche echte Nibelungenstrophen, und auch
unter den Strophen mit klingenden Kadenzen im Abvers sind nicht wenige, die, ohne die Überdehnung der Schlußzeile gelesen, ein besseres
rhythmisches Bild ergäben. Und da der Bau der Zeilen auch sonst mit
den metrischen Gesetzen der klassischen Zeit nicht in Einklang zu bringen ist, ergibt sich als Ganzes eine Unruhe, ja Willkür der Form, die
nicht erst Schuld des Schreibers oder späterer Überarbeiter ist, die vielmehr schon dem Original eigen gewesen sein muß.

Stofflich baut sich das Epos in deutlicher Dreigliederung aus einem
Vorspiel und zwei Hauptteilen auf, die an die drei Generationen einer
Genealogie geknüpft sind. Jeder der beiden Hauptteile könnte ein selb-
ständiges Leben führen. Ein solches Werk, das zudem neben den formalen Ungleichheiten kompositorisch eine große Sorglosigkeit aufweist,
hat von jeher die philologische Scheidekunst zu dem Versuch gereizt,
Schichten abzuheben und auf Grund formaler und kompositorischer
Merkmale zu einem älteren, einfacheren und einheitlichen Kern des Gedichtes vorzudringen. Alle diese Versuche sind gescheitert; seit Panzers
durchschlagender Untersuchung fassen wir das Gedicht als das Werk

eines einzigen Dichters der nachhöfischen Zeit auf und sehen in der kompositorischen Sorglosigkeit ein Stilmerkmal der Gattung – das ja auch dem Nibelungenlied nicht ganz fehlt.

Eine ganz andere Frage ist die Vorgeschichte des Stoffes, deren Erforschung der Heldensage zugehört. Hier werden wirkliche Schichten sichtbar, die – so umstritten alle Einzelheiten sind – doch als Kern ein spätnordisch-wikingisches Lied vom Typ der Brautraubfabeln erkennen lassen. Auch die erste deutsche Stufe, die, wie Ortsnamen und Meereslandschaft erkennen lassen, im Gebiet der Scheldemündung entstanden sein dürfte, sehen wir noch als ein Lied an. Dort ist der Wülpenwert oder Wülpensand zu suchen, der Schauplatz der zentralen Schlacht. Die erste literarisch faßbare Spur des Stoffes ist eine Anspielung auf die große Schlacht auf dem Wolfenwerde in Lamprechts Alexanderlied um die Mitte des 12. Jahrhunderts. Die epische Fassung endlich, die wir besitzen, ist österreichisch. So ergibt sich also das Bild einer Wanderung von Norden nach Süden, ungewohnt, aber methodisch nicht unwichtig in der Geschichte der heroischen Dichtung.

Das Schwergewicht des Epos liegt auf dem letzten Teil, der Geschichte Kudruns, ihrer Verlobung mit Herwig, ihrer Entführung durch den abgewiesenen Freier, den Normannen Hartmut, der blutigen, aber ergebnislosen Verfolgungsschlacht auf dem Wülpensande, der langen, standhaften Leidenszeit Kudruns im Normannenlande und ihrer endlichen Befreiung durch ihren Verlobten und ihren Bruder.

Kudruns Mutter Hilde ist ebenfalls das Ziel einer Entführung; ihre Geschichte wird im ersten Hauptteil erzählt. Sie ist die Tochter des wilden Hagen, der, nach dem Typus des bösen Vaters der schönen Prinzessin angelegt, alle Werber töten läßt. Hetel von Hegelingen läßt Hilde durch seine als Kaufleute maskierten Boten, den wilden Wate, den Sänger Horant und andere, auf ein Schiff locken und entführen. Zwischen dem nachsetzenden Vater und Hetel entbrennt ein Kampf, der jedoch durch Hildes Dazwischentreten geschlichtet wird. Hetel führt Hilde heim.

Endlich wird von Hagen eine Jugendgeschichte erzählt, wie er als Kind von einem Greifen entführt wird und sich selbst und drei Jungfrauen vor den Tieren errettet. Sie hausen lange auf der einsamen Insel, bis ein Pilgerschiff sie auffindet und nach Hause bringt. Hagen heiratet eine der Jungfrauen, die ältere Hilde.

Die Geschichten von Hilde und Kudrun, Mutter und Tochter, sind einander so ähnlich, daß sie nicht unabhängig von einander entstanden sein können. Dabei ergibt sich, daß der Kern eine Hildedichtung gewesen ist. Hild heißt die Heldin in den nordischen Quellen, und noch der Pfaffe Lamprecht kannte nur eine Hildedichtung. In seiner Quelle war das Herzstück, die Schlacht *ûf Wolfenwerde*, noch die Verfolgungsschlacht des Hildeteils, und der tragische Ausgang, daß der Vater des Mädchens von der Hand des Entführers fällt, spielte damals noch zwischen Hagen und Hetel. Die Versöhnung durch Hilde ist erst eine junge Umformung des Doppelepos. Von Kudrun aber hören wir bis zu unserem Epos nichts. Der Kudrunteil, der jetzige Hauptteil des Epos, ist also nicht nur jünger; er ist auf Kosten der Hildedichtung geschaffen, hat ihr wesentliche Stücke entnommen und sie zur Vorgeschichte verkümmern lassen. Es ist nicht anzunehmen, daß es je ein Kudrunlied gegeben hat. Die Gestalt Kudruns ist die Schöpfung dessen, der das Epos schuf – und zugleich sein Anspruch auf Unsterblichkeit.

Damit ist nicht gesagt, daß die Gestalt Kudruns erst in und mit dem erhaltenen Epos des 13. Jahrhunderts geschaffen sein müßte, obwohl diese Ansicht vorherrscht. Die erste epische Gestaltung könnte auch vorhöfisch sein, und es spricht manches dafür. Der Typus der Werbungs- und Entführungsgeschichten war in vorhöfischer Zeit modern (Salman und Morolf, König Rother). Das vorhöfische Epos liebte den Stil der Reihung und, bei seinem Streben nach Breite, den der Wiederholung. Dies führte zu dem zweiteiligen Aufbau durch Rückentführung und Wiedergewinnung. Das Kudrunepos weist dieselbe Zweiteiligkeit des Aufbaues auf, nur daß die beiden Entführungsgeschichten nicht an dieselbe Frau, sondern an Mutter und Tochter geknüpft sind. Das vorhöfische Epos kennt einen bestimmten Frauentypus: die überlegene Frau des bösen Gegenspielers, Konstantins Frau im Rother, Brechmunda im Rolandslied. Gerlind, Hartmuts böse Mutter, Kudruns Peinigerin, ist gewiß mehr als ein Typus. Sie ist plastisch gesehene Gestalt, deren „Wölfinnennatur" in einer Reihe von lebendigen Szenen zur Anschauung kommt. Aber sie ist nicht schlechthin böse; sie setzt alles an ihr Ziel und ist sofort zur Versöhnlichkeit bereit, wenn Kudrun nachgibt. Sie ist stark und rücksichtslos; ihr Mann bedeutet über sein Haudegentum hinaus wenig, ihr Sohn wirkt neben ihr schwach. Sie ist die Klügere und Einsichtigere. Sie allein durchschaut, was Kudruns Lachen nach der Starrheit der langen Leidenszeit bedeutet, und als die Hegelinge vor dem Tor der Burg stehen, scheint sie einen Augenblick die Führung zu übernehmen. Sie überschaut die Lage und gibt den einzig besonnenen Rat, der freilich von den Männern aus der Notwendigkeit der vorgeschriebenen heroischen Haltung beiseitegeschoben wird. Trotz ihrer individuellen Durchgestaltung kann Gerlind aus dem vorhöfischen Gattinnentypus entwickelt sein.

All das würde es rechtfertigen, wenn man die Entstehung des Kudrunepos der vorhöfischen Zeit zuweisen wollte, und das würde in Österreich bis gegen das Ende des 12. Jahrhunderts möglich sein. Beweisen läßt es sich nicht. Aber ob nun das Kudrunepos Schöpfung der vorhöfischen Zeit oder unseres nachhöfischen Epikers ist, seine literarhistorische Bedeutung liegt darin, daß es uns lehrt, wie der vorhöfische Geschmack und die vorhöfische Erzähltechnik durch die Verfeinerung der hohen höfischen Kunst hindurchleben und in der nachklassischen Generation wieder an die Oberfläche treten kann.

Die Kudrun steht handgreiflich in der Nachfolge des Nibelungenliedes, dessen Stil und Sprache sie auf Schritt und Tritt ausbeutet. Ihr Dichter hat sich ganz zweifellos auch die eigentliche große Leistung des Nibelungenliedes zum Vorbild genommen: die innere Umformung eines außerhöfischen Stoffes in höfischem Geist. Aber im Tieferen war seine Aufgabe von der des Nibelungendichters sehr verschieden. Sein Stoff war wesenhaft nicht heroisch, sondern seiner letzten Herkunft nach, die sich nicht verleugnen läßt, wikingisch und seiner epischen Gestaltung nach vorhöfisch. Dementsprechend sind seine Gestalten – mit der einen großen Ausnahme der Kudrun selber – nicht heroisch geprägt, nicht Träger der Selbstbehauptung der sittlichen Persönlichkeit. Und damit fehlt seinem Werk das Besondere des Nibelungenliedes, die Begegnung zweier adliger Welten von höchsten Ansprüchen an den vorbildlichen Menschen: der heroischen und der höfischen. Die große Stunde, da diese Begegnung fruchtbar werden konnte, war vorüber; das Kudrunepos zeigt, daß sein Dichter sie nur noch gelernt, nicht mehr erlebt hat.

Kaum einer der männlichen Helden ist zur wirklichen Persönlichkeit durchgeprägt oder trägt unvergeßliche Auftritte. Bezeichnend ist namentlich die im Typischen verbleibende Blässe der eigentlichen Werber, Hetel und Herwig. Die Väter, Hagen und Ludwig, sind über das Typische nicht hinausgehoben, und selbst Hartmut, den der Dichter am stärksten nach der höfischen Seite entwickelt hat, wirkt in seiner zuchtvollen Mäßigung und weichen Empfindsamkeit mehr durch den Kontrast zu seiner Mutter als durch die eigene Persönlichkeit. Es ist wohl kein Zufall, daß gerade zwei Seitenfiguren das stärkste Relief haben, der jugendfrohe Sänger Horant, in dessen großer Szene an Hagens Hof sich die Macht des Gesanges fast mythisch verdichtet, und vor allem der alte Wate. In ihm ist die typische Figur des getreuen, alten Waffenmeisters zu besonders eindrücklicher Gestaltung gediehen; in ihm verkörpert sich der germanische Furor des Kampfes so elementar, daß man seinen Ursprung aus dem Dämonischen lange Zeit gern geglaubt und in ihm einen alten Sturmriesen gesehen hat.

Aber gerade in dieser Gestalt wird auch klar, daß die Steigerung der Wirklichkeit in der Kudrun nicht mehr nach dem Ethisch-Erhabenen, sondern nach dem Gewaltsamen geht. Vergleicht man, wie dagegen im Nibelungenliede der Furor des Kampfes sich in Hagen und Wolfhart oder selbst in Rüedeger verkörpert, so spürt man den Abstand zwischen wirklicher Größe und zügelloser Kraft. So sind denn auch die Kämpfe wilder und maßloser; ihnen fehlt die Würde des Nibelungenliedes. Sie verbleiben im blutigen Gewoge der Massenkämpfe, und es fehlt dem Dichter der Kudrun die gestaltende Kraft, die den einzelnen groß und herrlich über die Massen erhebt. Die Erstürmung von Hartmuts Burg enthüllt in Plündern, Morden und Brennen die brutale Wirklichkeit der mittelalterlichen Schlacht.

Nicht anders steht es um die abschließende Szene. Wenn Hildebrands Schwert zuletzt Kriemhild niederstreckt, so ist es nur das Werkzeug der schicksalhaften Notwendigkeit. Wates Enthauptung der bösen Gerlind oder gar der unwesentlich-nebenfigürlichen Hergart wirkt dagegen wie die Hinrichtung von Verbrechern. Danach machen die versöhnlichen Schlußszenen mit ihren edlen Gebärden nicht mehr einen großen, sondern nur einen sentimentalen Eindruck.

Wie das Nibelungenlied stellt das Kudrunepos eine Frauengestalt in die Mitte. Kudrun allein, diese wirkliche Neuschöpfung der epischen Stufe, ist aus einer heroischen Sicht heraus geschaffen, höher, edler, zur Persönlichkeit durchgeprägt. Zwar ist Kudrun – mit Kriemhild verglichen – eine nur Leidende und Duldende. Ihr fehlt die Aktivität der heroischen Frau, die auch da, wo sie nicht selber handelt, doch die Tat in sich trägt und hütet, bis die Männer sie tun. Kudrun dagegen bleibt ganz nur passiv, nur wartend, nur gefangen und befreit. Aber dieses unerschütterliche Ausdauern im Leiden, das keine Stütze und keinen Trost in einem Aufblick nach Oben sucht, das vielmehr alle Kraft aus sich selber schöpft, verleiht ihr das Adelszeichen des Heroischen, die autonome sittliche Selbstbehauptung. Es fehlt der zweiten, persönlich gestalteten Frauenfigur der „Wölfin" Gerlind. Sie ist handelnd, aber in ihrem Handeln nicht heroisch. Vermag der Dichter der Kudrun die männlichen Kriegergestalten beider Parteien unter der erhöhenden Einheit einer wenn auch äußerlich erfaßten und typisierten Herrscher- und Kriegerehre zu sehen, so versagt seine Kraft vor dem entscheidenden Gegenspiel der beiden Frauen. Gerlind fehlt die erhabene Dämonie der rächenden Kriemhild. Spiel und Gegenspiel ist nach dem Maßstab von Gut und Böse gemessen; letztlich steht das dualistische Denken der Legende dahinter, der duldende Sieg des Gerechten über die Bosheit des Ungerechten, der zum schließlichen Untergang bestimmt ist.

Die wirkliche dichterische Kraft des Kudrundichters liegt nicht in der Bewältigung einer großen Gesamtkomposition, die mit sichtlicher Unbekümmertheit gehandhabt wird. Sie liegt auch nicht in der Schöpfung großer Gestalten; eben deswegen zögere ich, die Erfindung des Kudrunteiles erst dem letzten Epiker zuzutrauen. Seine Stärke liegt in den Einzelheiten, die er im Zarten wie im Rohen nachdrücklich zu gestalten vermag. Von der Einzelheit her löst er auch seine große Aufgabe: Kudrun im Elend. Wie eindrücklich und individuell ist das Bild der unglücklichen Wäscherinnen, die barfuß und im bloßen Hemd im frühen Morgengrauen des Märztages durch den frischgefallenen Schnee zum Strand hinunterwaten müssen! Der Dichter scheut auch hier nicht vor dem Brutalen zurück: Kudrun für die Strafe der Rute entkleiden und an einen Bettpfosten binden zu lassen – welcher höfische Dichter hätte ein solches Bild gewagt? Aber die Prägekraft der großen Gipfelszenen und Gipfelworte ist diesem Dichter nicht gegeben. Die entscheidende Szene, die Begegnung Kudruns mit den Boten der Befreiung, wird nicht nur durch die vorherige Botschaft des Engels in Vogelgestalt entwurzelt, die ihren Sinn wieder nur als eindrückliches Einzelbild hat. Sie wird in sich selbst nicht gesteigert, sondern durch die schamhafte Flucht der halbentblößten Frauen genrehaft verdeutlicht und in ihrem Kern weitschweifig zerredet. Und Kudruns große Gebärde, wie sie Gerlinds Wäsche ins Meer schleudert, bleibt ohne wirkliche Kontur, ohne aufragende Gipfelstrophe.

Zu den besonderen Reizen des Kudrunepos gehört die Meeresszenerie. Sie ist das doppelte Erbe des wikingischen Ursprungs und der flandrischen Zwischenstufe. Es gehört zu den Leistungen des binnenländischen letzten Epikers, daß er diese Atmosphäre nicht zerstört hat. Immer ist das Meer in Sicht. Von den Burgen geht der Blick über See; Überfall, Flucht und Verfolgung geschehen zu Schiff; die Schlachten finden auf einem *sant* oder *wert* statt. Am Meer spielt sich auch Kudruns Schicksal ab; sie wird über See entführt, zu Magddiensten als Wäscherin am Strand erniedrigt. Dort vernimmt sie die Botschaft durch den Engel, der in Gestalt eines Seevogels auf den Wellen schaukelt, begegnet dort den im Nachen herankommenden Spähern des befreundeten Heeres, schleudert dort Gerlinds Leinwand in die Meereswogen.

Dieses Meer war im wikingischen Urlied die Ostsee, in der ersten deutschen Formung die Nordsee an der friesisch-holländischen Küste. Dem österreichischen Dichter war beides fremd; nur Orts- und Völkernamen und ein paar schiffstechnische Ausdrücke hat er übernommen. Für den Österreicher war das Meer, das er kannte, das Mittelmeer als die große Straße der Kreuzfahrer; man kann annehmen, daß es ihm aus eigener Anschauung bekannt war. Die Rachefahrt der Hegelinge geht an Sizilien mit dem Etna vorüber; *ze Givers der berc* ist der Mon Gibello. Pilger mit ihren Koggen bevölkern dieses Meer, und der Held Sivrit von Morland, der wohl ursprünglich nach einer flandrischen Landschaft heißt, wird zum wirklichen Mohren, zum heidnischen Sarazenenfürsten umstilisiert. So verschiebt sich denn dem Dichter auch Hartmuts Reich, die Ormanie, d. h. Normandie, unversehens zum sizilisch-süditalischen Normannenreich.

Der Kudrundichter, sowenig er selber eine innere religiöse Bewegtheit erkennen läßt oder seinen Gestalten wirklich religiöse Motive ihres Handelns zuschreibt, gibt einer handfesten Kirchenfrömmigkeit mehr Raum als der Dichter des Nibelungenliedes. Die Stiftung und Ausstattung des Sühneklosters auf dem Wülpensande wird mit aller rechtlichrealen Anschaulichkeit breit dargestellt. Auch die schonsame Behandlung der seefahrenden Pilger wird besonders betont. Überhaupt weht ein Hauch von Kreuzzugsluft in das Gedicht hinein, doch nicht mehr aus der großen, inneren Bewegtheit der eigentlichen Kreuzzugsdichtung. Nur noch flüchtig wird im Vorspiel, der Entführung Hagens durch den Greifen, die Phantastik des Orients nach dem Vorbild des Herzog Ernst heraufbeschworen. Bereits der Hildeteil, der so stark unter dem Einfluß des Rother steht, ist nicht mehr südöstlich orientiert. Von aller Beziehung auf die Kreuzzüge bleibt nur noch das Mittelmeer als die gewohnte Pilgerstraße. Das führt schwerlich ins 12. Jahrhundert und dessen Kreuzzugsbegeisterung zurück. Es gehört vielmehr – wie Droege wohl richtig gesehen hat – mit anderen politisch-sozialen Zuständen, die durchschimmern, in die späte Stauferzeit. Das Jahrzehnt zwischen 1230 und 1240 wird am besten als Entstehungszeit des Kudrunepos anzusetzen sein.

Sicherlich sind Heldenromane der nachklassischen Zeit in besonders großem Umfang verlorengegangen. Denn sie entsprachen bald nicht mehr dem Geschmack des späten Mittelalters. Die große Masse der Bearbeitungen heroischer Stoffe entstand erst im späten 13. und frühen 14. Jahrhundert und wurde dann in den Heldenbüchern des 15./16. Jahrhunderts handschriftlich oder gedruckt gesammelt. Die älteren, einfacheren Fassungen wurden dann nicht mehr abgeschrieben und sind verklungen. So kann kein einziges der zahlreichen Epen aus dem Kreise Dietrichs von Bern sicher in die Zeit vor 1250 datiert werden.

Denn das späte Mittelalter, dem eine kunstbewußte und vorbildschaffende literarische Führerschicht fehlte, suchte und brauchte die anreizende Fülle des interessanten und aufregenden Stoffes, nicht mehr die Gestaltung vorbildlicher adliger Haltung und Gesinnung. Für den Heldenroman bedeutete das eine Schädigung bis in die Wurzel. Auch von dieser Gattung verlangte man nunmehr das Abenteuer, dämonische Wesen, zauberische Erlebnisse, bedrängte, von den Helden gerettete Frauen, oder andererseits die krassen, übersteigerten Schilderungen blutiger Massenkämpfe, in denen die Hauptthelden, unerreicht an Wundern der Tapferkeit, stets glücklich davonkommen.

Ansätze zu solcher Stilisierung boten die heroischen Stoffe selber; wir erinnern an die Abenteuer Jung-Siegfrieds, an Grendel und Drachenkampf im Beowulf, an frühbezeugte Riesenkämpfe Dietrichs. Doch haben wir gerade am Nibelungenlied gesehen, wie der höfische Heldenroman diese abenteuerliche Schicht zurückdrängt. In der Kudrun fanden wir ein erstes Nachgeben in der Übernahme des Greifenmotivs aus dem Herzog Ernst. Aber der eigentliche abenteuerliche Heldenroman beginnt doch erst mit dem Doppelepos von Ortnit und Wolfdietrich. Es ist uns das lehrreiche Musterbeispiel. Denn von ihm allein besitzen wir – abermals dank der Ambraser Handschrift mit ihrem Spürsinn für das Klassische und Originale – eine älteste Version aus der staufischen Zeit, die wir als Wolfdietrich A oder, nach der Heimat des Helden, als Wolfdietrich von Konstantinopel bezeichnen. Und wir kennen daneben spätere Fassungen, die uns zeigen, wie der alte maßvolle Kern von weit ausgesponnenen Abenteuermassen immer stärker überwuchert wird.

Die älteste Fassung A besitzen wir nur zum Teil. Nur der Ortnit ist uns ganz erhalten; mitten im Wolfdietrich bricht die Handschrift ab. Doch können wir ihn aus den späteren Fassungen, namentlich aus der gründlichen Verballhornung im sogenannten Dresdner Heldenbuch des Kaspar von der Rhön, wenigstens stofflich ungefähr ergänzen. Allgemein gelten beide Epen als Werke des gleichen Dichters, der noch vor 1250 am Werk gewesen ist. Seiner Sprache nach scheint er ein Ostfranke oder eher noch ein Bayer gewesen zu sein. Nicht von ungefähr begegnet uns der abenteuerliche Heldenroman zuerst außerhalb Österreichs; hier war die vorbildliche Macht des Nibelungenliedes zu stark.

Die Stoffe von Ortnit und Wolfdietrich gehören von Haus aus nicht zusammen; jeder hat seine eigene Geschichte. Erst der Epiker des 13. Jahrhunderts hat sie zusammengefügt, indem er den Ortnit zu einer Art Vorgeschichte des Wolfdietrich macht: Wolfdietrich gewinnt Hand und Reich der Witwe Ortnits, indem er den Drachen überwindet, dem Ortnit zum Opfer gefallen war.

Die Ursprünge des Wolfdietrichstoffes liegen in spätheroischer Zeit. Die Anknüpfung an die historische Gestalt des Merowingers Theuderich werden wir nicht aufgeben, so wenig auch von dem geschichtlichen Grundstoff unter der jüngeren Übermalung übriggeblieben ist. Den Grundriß der Erzählung bildet der Kampf des als Bastard vertriebenen Königssohnes mit seinen Brüdern und das Gegenspiel des getreuen und des ungetreuen Vasallen, Berchtung und Sabene. Wenn man den Namen Sabene als einen römischen Sabinianus ansehen dürfte, so wäre das merowingische Milieu im Gegenspiel des fränkischen Berchtung gegen den Fremden Sabene darin zu spüren. Diese Grundzüge verbinden die Fabel stärker mit der fränkisch-französischen Heroik des Karlskreises als mit dem Typus des altheroischen Liedes. Die weitere Geschichte des Stoffes bis zu seiner epischen Gestaltung im 13. Jahrhundert bleibt im Dunkeln; kein Gedicht und keine literarische Anspielung helfen uns weiter.

Der Stoff oder wenigstens die Figur des Ortnit kommen dagegen über Niederdeutschland aus dem Osten. In niederdeutscher Dichtung, die uns verloren ist, haben russische Stoffe Aufnahme gefunden. Ortnit ist kein anderer als der in Niederdeutschland bekannte *Hertnit von Riuzen*, und der im Ortnitepos auftretende Oheim Ortnits, *Ilias von Riuzen*, ist einer der großen Helden der russischen Epik. Viel mehr als die Namen braucht der hochdeutsche Epiker nicht gekannt zu haben, um daraus sein kleines Epos auf den beiden Wandermotiven der Brautwerbung und des Drachenkampfes aufbauen zu können. Die Umwelt jedenfalls, in die er Ortnit versetzt: die Lombardei, Bern, Garte, Rom und Lateran ist der Dietrichdichtung entnommen.

Mit Ortnits Werbungsfahrt in den Orient, mit dem bösen Heiden, der alle Freier tötet, weil er seine Tochter selber heiraten will, mit den Heidenkämpfen und -bekehrungen sind wir inmitten der orientalischen Abenteuerwelt des Rothertypus. Aber sie ist um einen entscheidenden Zug bereichert, um den Zwerg Alberich, der als heimlicher Vater Ortnits den Helden mit einer herrlichen Rüstung ausstattet und seine Werbungsfahrt unsichtbar hilfreich begleitet. Mit dieser Figur, die dem Auberon des französischen Epos von Huon von Bordeaux entspricht und wohl von dort übernommen ist, dringt die ganz andersartige Wunderwelt der Aventiure in das Milieu der kreuzzugshaften Werbungsfahrt ein. Das dämonische Wesen tritt aus der Märchenferne des Abenteuerromanes in die – wenn auch noch so phantastische – Wirklichkeit der Orientzüge mit ihrem christlich-heidnischen Gegensatz ein, und als Helfer des christlichen Helden nimmt der Zwerg, ähnlich den Riesen des Rother, selber christlich erbauliche Züge an. Seine Taten sind mehr die eines harmlos neckischen Koboldes nach Art von Ariel oder Puck als eines dämonischen Herrn über die Kräfte und Schätze der Natur. Und sein Anliegen ist wie das seines Schützlings ebensosehr die Bekehrung wie die Gewinnung der heidnischen Jungfrau.

So tritt Alberich in dem zweiten Erzählteil, Ortnits unglücklichem Drachenkampf, ganz zurück. Der heidnische Vater, dessen Leben auf Bitten der Tochter geschont worden war, sendet zwei Dracheneier in Ortnits Land. Die Tiere wachsen heran, verwüsten das Land, und Ortnit macht sich auf, sie zu bekämpfen. Unter einer Linde in einen Zauberschlaf versinkend, wird er von dem Drachen ergriffen und in dessen Höhle von den jungen Drachen verzehrt.

Hier sind wir mitten im Abenteuer, und hier knüpft Wolfdietrich an, indem der junge Held, der auszieht, um bei König Ortnit Hilfe in seinem Kampf um sein Recht zu suchen, den Drachen erlegt und damit die Hand von Ortnits Witwe und die Herrschaft über sein Reich gewinnt. Schon vor diesem Drachenabenteuer bricht der originale Wolfdietrich A ab.

Der uns erhaltene Anfang erzählt von Wolfdietrichs Geburt, Kindheit und Aufwachsen. Daher ist hier die Umwelt plastischer als der Held selber; die Dienstmannenfiguren Berchtung und Sabene stehen im Vordergrund. Hinter ihnen tritt auch das Elternpaar zurück, der mächtige, aber charakterschwache König Hugdietrich von Konstantinopel und seine heimlich dem Christentum ergebene Frau. Das Kind Dietrich, durch den ungetreuen Sabene als Teufelssprößling verdächtigt, wird dem getreuen Berchtung von Meran übergeben, damit er es töte. Der Alte übernimmt schweren Herzens den Auftrag, aber verschiedene Proben, die er anstellt, insbesondere die Nacht, die das Kind an der Wildtränke unbeschädigt mitten in einem Wolfsrudel übersteht, überzeugen ihn von der Unschuld des Kleinen, der sichtbar unter Gottes Schutz steht. Er entschließt sich, das Kind zu retten, und bleibt hinfort in aller Gefährnis dessen Schützer, Helfer und Berater. Das Kind, fortan Wolfdietrich genannt, wächst verborgen auf, bis in einer dramatischen Gerichtsszene Sabenes Ränke enthüllt, dieser verbannt, Wolfdietrich an den Hof geholt wird. Berchtung wird der Erzieher des Knaben. Nach Hugdietrichs Tode gewinnt Sabene wieder Macht, vertreibt mit Hilfe der Brüder Wolfdietrichs diesen und die Königin und belagert Berchtungs feste Burg. Wolfdietrich, zum Helden erwachend, bricht durch die Schar der Belagerer, um Hilfe bei König Ortnit zu suchen. Unterwegs nach Lamparten unterliegt er in der Wüste Romanie fast dem Hunger und dem Durst, wird aber von einer „Meerminne", einem dämonischen Wesen, gerettet, das ihn zum Liebesumgang verlocken will. So weit der alte Wolfdietrich.

Hier liegen deutlich alte, wenn auch nicht durchwegs heroische Erzählschichten zutage: der Verräter und der getreue Dienstmann, Waffenmeister und Erzieher, das ausgesetzte und im Verborgenen aufwachsende Königskind, der echte Thronerbe, der sein Erbland erkämpft. Das wären Figuren und Inhalte, die in einem alten Liede Platz hätten. Jünger dagegen ist die Verlegung des Schauplatzes in den nahen Orient (Konstantinopel), das Hineintragen des Gegensatzes zwischen Christentum und Heidentum, die Durchtränkung des Ganzen mit einer handfesten, wundergläubigen Frömmigkeit. Das ist, wie im Ortnit, die Atmosphäre der vorhöfischen Erzähldichtung mit Kreuzzugsmilieu und Orientabenteuer; man fragt sich, ob nicht die älteste epische Form des Wolfdietrich in der zeitlichen und örtlichen Nähe des Rother zu suchen ist. Aber auch hier kommt etwas Neues und Anderes hinzu: die Erzählung lenkt in die Bahn der Aventiure ein. Der junge Held zieht aus, besteht glücklich seltsame Abenteuer, findet die gebührende Frau und kehrt heim. Nur der Anfang dieses Weges, die Begegnung mit der Meerminne, ist in A unmittelbar erhalten. Aber wir wissen, daß auf alle Fälle der Kampf mit dem Drachen und die Ehe mit Ortnits Witwe folgen mußte, und daß auch bei vorsichtiger Abschätzung eine Reihe weiterer Abenteuer schon der ältesten Fassung angehört haben dürften.

Die Freude am Abenteuer ist nur der äußere Ausdruck eines inneren Wandels in Absicht und Gesinnung. Der Abstand zum Nibelungenliede ist handgreiflich. Diesem Dichter geht es nicht mehr um eine Idee, sondern ganz einfach ums Erzählen. Was er an heroischer oder ritterlicher Gestaltung vorfand, wie die prächtige Figur des alten Berchtung, nahm er auf und verdarb es nicht, weil er ein geborener Erzähler war. Aber was ihn bewegte, war nicht die Vorbildhaftigkeit seiner Gestalten, weder die heroische noch die höfische, es waren ihre Erlebnisse. Seelische Ergründung lag ihm fern; gut und böse, treu und ungetreu sind feste Wesensmarken, die seinen Figuren eingeboren sind, und es scheint mir bedenklich, ihm die Absicht unterzuschieben, an dem Kinde Wolfdietrich das Reifen eines ungebärdigen Knaben zum vollkommenen Ritter und König darzustellen.

Unbekümmert ist dieser Erzähler auch um die Aufgaben einer fein durchgeführten Komposition des Stoffes. Die einzelne Szene geht ihn an, in ihr lebt er, ohne nach Zusammenhängen zu fragen. Sie ist seine Lust und seine Stärke. Bilderbogenartig reiht er Szene an Szene, jede einzelne steht da, wirklich geschaut, plastisch und farbig in einer kräftigen, oft formelhaften Sprache, die zuweilen das geprägte Gipfelwort findet. Er weiß wenig von heroischer Gesinnung, aber manches von heroischem Stil. Man muß solche Szenen lesen wie die Nacht im ehelichen Schlafgemach König Hugdietrichs, der das verdächtige Kind von der Seite der schlafenden Mutter stiehlt, oder wie die große Gerichtsszene, da der auf den Tod angeklagte Berchtung die Ränke Sabenes enthüllt, oder wie Wolfdietrichs Hungerritt durch die Wüste. Am eindrücklichsten aber wird die Erzählkunst dieses Dichters in den Szenen zwischen dem alten, gramvollen Berchtung und dem ahnungslosen Kinde, das er in den Tod führen soll: der nächtliche Ritt und der Morgen im sonnigen Walde, da das Kind vor dem Alten auf dem Rosse sitzend mit den blinkenden Ringen der Rüstung spielt, oder die Nacht an der Wildtränke, da Berchtung hinter Bäumen versteckt zusieht, wie der kleine Wolfdietrich sich zwischen den Wölfen tummelt und täppisch nach ihren funkelnden Augen greift. Wir haben von der Rückkehr der nachklassischen Zeit zum Realismus gesprochen; wo er sich, wie hier, mit dichterischer Gestaltungskraft verbindet, ist das wahrlich kein Vorwurf. Noch nie war in deutscher Dichtung ein Heldenkind so menschlich wirklich gesehen und gestaltet, so losgelöst von der Idee des künftigen Helden oder idealen Ritters.

Solcher unbeschwerten Lust am Fabulieren sind wir seit dem Herzog Ernst und dem König Rother nicht mehr begegnet. Auch hier spüren wir: unter und neben der hohen höfischen Kunst lebt anderes fort, taucht wieder empor und schafft sich Raum. Nicht jeder freilich hat neben der Lust auch die Gabe des guten Fabulierens, der wirklichen Gestaltung echter Spannung. Die späteren Fassungen des Wolfdietrich sind trotz aller Häufung von außerordentlichen Ereignissen und starken

Effekten nicht wirkungsvoller und lebendiger als das alte Epos, sondern
nur roher und lederner. Dennoch begreifen wir, wie dieser Romantypus,
auf allen künstlerischen Ehrgeiz verzichtend und bis zum Bänkelsänge-
rischen vergröbert, zur geistigen Nahrung einer anspruchslosen, aber
erlebnishungrigen breiten sozialen Schicht werden konnte, in seiner
robusten Billigkeit unverwüstlich, der Wildwestfilm des Mittelalters.

3. DIE SPÄTHÖFISCHE EPIK AUF MITTELDEUTSCHEM GEBIET

Noch später und dürftiger als in Österreich ist der ritterliche Aventiurenroman in dem alten thüringischen Literaturkreis und dessen nie-
derdeutschem Vorland belegbar. Hermann von Thüringen hatte, wie wir
sahen, diese literarische Gattung nicht gefördert. Nach seinem Tode
hörten Thüringen und die Wartburg überhaupt auf, ein literarisches
Zentrum zu sein, von dem Impulse ausgingen. Thüringen und das östliche Norddeutschland haben bis zur Mitte des Jahrhunderts für uns
überhaupt kein literarisches Gesicht. Schattenhaft erscheinen ein paar
wenig bedeutende Lyriker, und für die Epik müssen wir, wenn wir uns
nicht mit den dürftigen Resten des Tirol und Fridebrant begnügen
wollen, einen Mann wie Berthold von Holle mit einbeziehen, obwohl
seine Dichtung erst um und nach 1250, also an oder jenseits der zeitlichen Grenze dieses Bandes liegt. Doch rechtfertigt er als Typus die
Einordnung bei den Nachfahren der klassischen Generation.

Ein Gedicht, in dem ein König Tirol von Schottland und sein
Sohn Fridebrant die Hauptrolle zu spielen scheinen, und das wir
seiner Sprache nach als hessisch-thüringisch ansehen müssen, seiner Entstehung nach der spätesten Stauferzeit (1230–50) zuordnen dürfen, ist
uns nur in kärglichen Fragmenten erhalten. Über sein Verhältnis zu dem
gleichnamigen Lehrgedicht siehe dieses (S. 410f.). Schon die geringen
Reste lassen erkennen, welchem Typus das Werk angehört. Ein Riesen-
kampf findet statt, ein Fürst wird durch Fabelwesen, wilde „Halbleute“
und ein „Meerwunder“, bedrängt und sucht Hilfe, auch Zwerge erscheinen im Kampf, die Heidengötter Mahmet und Tervigant sind
erwähnt, kurz, es fehlt nicht an den Requisiten des phantastischen
Abenteuerromans. Festliche Szenen im Lande einer (befreiten?)
Königin, Turniere, feierliche Belehnungen ergänzen das Bild. Dagegen
wird der Name von Artus- oder einem seiner großen Helden nicht
genannt, und da sich der Hilferuf des bedrängten Fürsten nicht an
Artus, sondern offenbar an Tirol wendet, haben wir es kaum mit
einem Artusroman zu tun.

Der Name Fridebrant ist aus Wolframs Parzival übernommen; auch Gahmuret wird erwähnt. So wird Wolfram auch für das Eigentümlichste dieses Gedichtes das Vorbild abgegeben haben: es ist in Strophen abgefaßt. Ein Ritterroman in Strophen – das hatte bisher nur Wolfram in seinen Titurelfragmenten gewagt, und wo wir strophische Ritterepik finden, ist Wolframs Einfluß sicher. Die Strophenform ist recht einfach, weit kunstloser als das Vorbild, drei vierhebig männliche Reimpaare, das letzte durch eine meist klingende Waise gespalten. Wenn das Lehrgedicht ein herausgelöstes Stück aus dem Epos ist, wie man vermutet hat, so wäre auch eine solche Erziehungsrede an einen jungen Fürstensprossen als Nachahmung Wolframs aufzufassen. Man hätte an die Lehre des Gurnemanz im Parzival und namentlich auch an Gahmurets Unterweisung des jungen Schionatulander im Titurel zu denken.

Über Berthold von Holle wissen wir besser Bescheid. Er entstammt einem Ministerialengeschlecht aus der Gegend von Hildesheim, ist also Niedersachse. Aber gleich seinen Vorläufern Eilhart von Oberge und Albrecht von Halberstadt bedient sich auch Berthold noch der mitteldeutschen Literatursprache, die aus den literarischen Bestrebungen des Thüringer Hofes hervorgegangen war, wenn auch bei ihm die niederdeutschen Einschläge spürbarer sind. Zur Zeit seines Wirkens, zwischen 1250 und 1260, war der literarische Ruhm Thüringens längst dahin. Wie die Widmung eines seiner Werke zeigt, fand er seinen Gönner vielmehr in seiner niedersächsischen Heimat, in Herzog Johann von Braunschweig-Lüneburg (1252–1277), einem Urenkel Heinrichs des Löwen. Wir besitzen von Berthold drei Epen, den Demantin, den Crâne und die Bruchstücke eines Gedichtes, dessen Held Darifant heißt.

Bertholds Gedichte sind wenig originell. Sein Erstling, der Demantin, ist ganz nach dem Rezept durchschnittlicher Aventiurenromane aufgebaut: ein junger, unbekannter Held erringt sich durch Zweikämpfe seinen Platz an einem vorbildlichen Hofe, die Herausforderung zu einer Aventiure setzt ihn in Bewegung, unterwegs besteht er verschiedene Abenteuer, bis das große Endabenteuer den Helden mit seinen Genossen wieder zusammenführt, ihm den Besitz der erstrebten Dame verschafft und alles in einem Freudenfest ausklingen läßt.

Wenn der Crâne individueller und kompositorisch geglückter wirkt, so ist doch auch er im wesentlichen bekannten Romanabläufen nachgebildet. Der junge Held reitet heimlich von zu Hause fort, gelangt mit zwei ebenso jungen Begleitern an den Hof des Kaisers, wo sie Herkunft und Namen verbergen und sich mit Vogelnamen Crâne (d. h. Kranich), Valke und Stare nennen. Crâne wird als Knappe und Page aufgenommen und wächst zum Ritter heran. Zwischen ihm und der Kaisertochter entbrennt eine heimliche Minne; schließlich gewinnt Crâne, der Unbekannte, durch ritterliche Taten die Hand der Prinzessin und offenbart sich als Gayol, der junge König von Ungarn, während sich seine Begleiter als Herzogssöhne von Österreich und Bayern entpuppen. Dieser in sich geschlossenen Erzählung folgt dann noch eine Aventiurenkette, indem Crâne als Ritter einer bedrängten Frau auszieht, unterwegs viele Ritter siegreich besteht und mit neuem Ruhme in das Land und zu seiner Geliebten heimkehrt.

Bei solcher Nähe zum Aventiurenroman ist es auffällig, daß keines der drei Gedichte Bertholds den Namen Artus nennt. Der Demantin spielt am Hofe eines Königs von England, der Crâne am Hofe des deutschen Kaisers, des *voget von Rôme*. Über den Darifant läßt sich nichts aussagen. Die Zurückhaltung des Nordens gegen den Artusroman ist auch um die Mitte des 13. Jahrhunderts noch spürbar. Fragen wir nach Bertholds literarischer Stellung, so kennt er natürlich die großen Klassiker und beruft sich gelegentlich auf Wolfram. Sein eigentliches Vorbild dürfte jedoch Rudolf von Ems und insbesondere dessen Wilhelm von Orlens gewesen sein. Wie dort ist im Demantin der englische Königshof der ritterliche Mittelpunkt. Wie der Wilhelm von Orlens in einer realen geographisch-politischen Umwelt, Frankreich und England, spielt, so der Crâne in der Umwelt, die das politische Bild der Jahrhundertmitte bestimmte. Es ist der Kaiserhof und der deutsche Südosten: Ungarn, Österreich, Bayern, Steiermark. Und sichtlich ist die heimliche Minne zwischen dem jungen Pagen und der Kaisertochter dem Wilhelm von Orlens nachgebildet.

Solche Rückkehr in eine geographische Wirklichkeit – so äußerlich sie auch geschieht – ist bezeichnend für eine Abkehr von der aventiurenhaften Wunderwelt. Sie macht sich auch in den Erlebnissen und Taten von Bertholds Helden bemerkbar. Dem Crâne fehlt jeder Einschlag des Wunderbaren; seine Abenteuer sind reine Waffentaten, Turnier, Zweikampf oder Massenschlacht. Und wenn im Demantin ein Gegner einmal aus einem See emportaucht und also einen Zug ins Märchenhafte zeigt, so geschieht seine Überwindung ganz im Stil des ritterlichen Zweikampfes. Minne ist dem nüchternen Niedersachsen eine rein konventionelle Erscheinung. Es gehört sich, daß ein Ritter eine Dame von stereotyper Schönheit hat, für die und in deren Namen er kämpft und siegt. Alle übrigen Frauenbegegnungen bleiben innerlich unbewegte Episode, und wo die Hand einer Dame der Preis des Sieges ist, wird die so erwachsende Pflicht und Bindung durch die rasche Ehestiftung mit einem anderen leicht und seelenlos gelöst.

In allem ist Berthold von Holle das gerade Gegenteil von Heinrich von dem Türlin mit seiner Lust an dem Grellen, Phantastischen und Unerhörten. In beidem aber, der Übersteigerung wie der Ernüchterung, spüren wir das Ausblühen einer Kunst, die geschaffen war, um ein hohes Ideal menschlichen Daseins zu verkörpern. Im Mittelpunkt der klassischen Epik stand der Mensch in seinem Streben nach einer neuen, diesseitsentsprungenen Vollkommenheit. Das Stoffliche in aller blühenden Fülle der Phantasie stand nur im Dienste dieses Strebens; Sinn und Ziel aller Dichtung war der Held, in dessen unvergeßlicher Gestalt sich die Hochziele des Dichters erfüllten. Das neue Menschenbild war nichts fertig Überliefertes; es war in der Auseinandersetzung mit grundsätzlich anderen Auffassungen vom Wesen des Menschen zu gewinnen und zu verteidigen. Die klassische Epik haben wir als Problemdichtung erkannt und dargestellt. Die Nachfahren übernahmen Fertiges. Stoff wird Selbstzweck, die lebendige Gestalt zur typischen Figur, die erkämpfte Haltung zu erlernter, oft entseelter Konvention. Dieses höfische Epos lebt noch ein Stück in die Zeit weiter; die zweite Hälfte des 13. Jahrhunderts bringt nicht unbedeutende Epiker, an der Spitze den großen Formkünstler Konrad von Würzburg, hervor. Aber schon um 1250 ist deutlich zu spüren, daß das Ritterepos eine rückgewandte Kunst ist; der Puls der neuen Zeit schlägt nicht mehr in ihm. Und gerade Thüringen, Norddeutschland und Ostdeutschland werden in der Folgezeit der fruchtbare Boden einer neuen, aus ganz anderen Grundlagen erwachsenden Literatur, der neuen religiösen Dichtung, der großen mystischen Bewegung, wie andererseits der bürgerlich gelehrten Dichtung der späten Spruchdichter bis hin zu Frauenlob und Heinrich von Mügeln.

LITERATUR

Stricker. Ausg.: *Karl der Große:* K. BARTSCH, Bibl. d. ges. dtschen Nationallit. Bd. 35. Quedlinburg u. Leipzig 1857. – *Daniel vom blühenden Tal:* G. ROSENHAGEN, Germ. Abh. Bd. 9. Breslau 1894. Lit.: G. EHRISMANN, Lit.-Gesch. II 2, 2 S. 13–15. – FR. WILHELM, Die Geschichte der handschriftlichen Überlieferung von Strickers Karl dem Großen. Amberg 1904. – GERH. EIS, Ein Bruchstück von Strickers Karl dem Großen. ZfdA 74, 143–44. – J. J. AMMANN, Das Verhältnis von Strickers Karl zum Rolandslied des Pfaffen Konrad. Wien u. Leipzig 1901. – G. ROSENHAGEN, Untersuchungen über Daniel vom blühenden Tal vom Stricker. Diss. Kiel 1890. – ALB. LEITZMANN, Strickerstudien. ZfdA 81 (1944) 69–84.

Heinrich von dem Türlin. Ausg.: *Die Krone:* HEINR. FR. SCHOLL. Bibl.. Lit. Ver. Bd. 27. Stuttgart 1852. – *Der Mantel:* O. WARNATSCH, Germ. Abh. Bd. 2. Breslau 1883. Lit.: E. GÜLZOW, Verf.-Lex. II 352–55. – ELFR. PFOSER, Reimwörterbuch zur „Krone" des Heinrich von dem Türlin. Diss. Wien 1929. – E. K. HELLER, A Vindication of Heinrich von dem Türlin, based on a survey of his sources. Mod. Lang. Quart. III (1942) 67–82. – J. KLARMANN, Heinrich von dem Türlin: Diu Krône. Untersuchung der Quelle. Diss. Tübingen 1944 (Masch.-Schr.). – LAWRENCE L. BOLL, The relation of „Diu Krône" of Heinrich von dem Türlin to La mule sans frain, Studie in sources. German Studies II (The Catholic University of America). Washington 1929.

Tirol und Fridebrant. Ausg.: ALB. LEITZMANN, Altd. Textbibl. Bd. 9. 2. Aufl. Halle 1928. – Lit.: G. EHRISMANN, Lit.-Gesch. II 2, 2 S. 314–16.

Berthold von Holle. Ausg.: K. BARTSCH, Bibl. Lit. Ver. Bd. 123. Tübingen 1875. – Lit.: ALB. LEITZMANN, Verf.-Lex. I 211–13. – GERH. CORDES, Berthold von Holle. Korrbl. d. Ver. f. ndd. Sprachforschg. 51 (1938) 19–21. – ED. DAMKÖHLER, Niederdeutsches bei Berthold von Holle. Ebda 47 (1934) 34.

Waltherepos. Ausg.: W. ECKERTH, Das Waltherlied, Gedicht in mhd. Sprache. 2. Aufl. Halle 1909. – *Waltharius:* K. STRECKER, Waltharius. Berlin 1947. – Lit.: EHRISMANN, Lit.-Gesch. II 2, 2 S. 163 f. – FR. PANZER, Der Kampf am Wasichenstein.

Walthariusstudien. Speyer 1948. – HERM. SCHNEIDER, Germanische Heldensage Bd. I
S. 331–44. – A. HEUSLER, Die Sage von Walther und Hildegunde. ZfdBildg. 11 (1936)
69–78.
    Kudrun. Ausg.: E. MARTIN. 2. Aufl. (durch Edw. Schröder). Halle 1911. – B. SY-
MONS, Altdtsche Textbibliothek Bd. 5. 2. Aufl. Halle 1914. – W. JUNGANDREAS (nur
Hildeteil). Göttinger Lesebogen zur dtschen Lit.-Gesch. Reihe 1 H. 4. Göttingen 1947.
Lit.: FRIEDR. NEUMANN, Verf.-Lex. II 961–83. – HERM. SCHNEIDER, Germanische
Heldensage. Berlin 1928. Bd. 1, 361–77. – FR. PANZER, Hilde-Gudrun, eine sagen-
und literaturgeschichtliche Untersuchung. Halle 1901. – M. J. HARTSEN, Das Gudrun-
epos. Leipzig 1942. – H. W. J. KROES, Het Gudrun-epos en zijn Nederlands-Friesc
inslag. Den Haag 1947. – W. JUNGANDREAS, Gudrunstudien I u. II. ZfdPh. 68 (1943)
4–24; 113–55. – DERS., Die Gudrunsage in den Ober- und Niederlanden. Eine Vorgeschichte des Epos. Göttingen 1948. – H. MARQUARDT, Die Hilde-Gudrunsage in
ihrer Beziehung zu den germanischen Brautraubsagen und den mhd. Brautfahrtepen.
ZfdA. 70 (1933) 1–23. – ING. SCHRÖBLER, Wikingische und spielmännische Elemente im
zweiten Teil des Gudrunliedes. Rhein. Beitr. u. Hülfsbücher z. germ. Phil. u. Volkskde
Bd. 20. Halle 1934. – BR. BOESCH, Kudrunepos und Ursprung der deutschen Ballade.
Germ.-rom. Monschr. 28 (1940) 259–69. – O. GRÜTERS, Kudrun, Südeli und Jasmin.
Ebda 28, 161–78. – M. H. JELLINEK, Bemerkungen zur Textkritik und Erklärung der
Kudrun. ZfdA 72 (1935) 200–06. – H. W. J. KROES, Baljân-Polân (Kudrun 228, 2/3).
Neophilologus 24 (1939) 105–07. – FR. W. DE WALL, Studien zum Stil der „Kudrun".
Diss. Königsberg 1939.
    Wolfdietrich. Ausg.: A. AMELUNG, Deutsches Heldenbuch Bd. 3. Berlin 1871. –
HERM. SCHNEIDER (Wolfd. A), Altdeutsche Textbibl. Bd. 28. Halle 1931. – FR. H.
V. D. HAGEN u. ANT. PRIMISSER (Wolfd. k = Dresdner Heldenbuch), Der Helden
Buch in der Ursprache Teil I. Berlin 1820. – EDW. A. H. FUCHS, Studies in the Dresd-
ner Heldenbuch. An Edition of Wolfdietrich k. Chicago 1935. – O. JÄNICKE (Wolfd. B),
Deutsches Heldenbuch Bd. 3 S. 165 ff. Berlin 1871. – AD. HOLTZMANN (Wolfd. C
und D). Heidelberg 1865. – A. AMELUNG u. O. JÄNICKE, Deutsches Heldenbuch Bd. 4.
Berlin 1873.
    Lit.: G. EHRISMANN, Lit.-Gesch. II 2, 2 S. 160–62. – HERM. SCHNEIDER, Germa-
nische Heldensage Bd. I. Berlin 1928. S. 344–61. – DERS., Die Geschichte und die
Sage von Wolfdietrich. Untersuchungen über ihre Entstehungsgeschichte. München
1913. – C. V. KRAUS, Vorschläge zum Wolfdietrich A. Festschr. f. Leidinger. München 1930. S. 135–44. – EDW. SCHRÖDER, Zum Ambraser Wolfdietrich, ZfdA 68 (1931)
274 ff. – DERS., Der Ambraser Wolfdietrich, Grundlagen und Grundsätze der Textkritik. Nachr. Gött. Ges. d. Wiss., phil.-hist. Kl. 1931 S. 210–40. – E. SEEMANN,
Wolfdietrichepos und Volksballade, ein Beitrag zur Geschichte der mittelalterlichen
Balladendichtung. Arch. f. Lit. u. Volksdichtg. I (1949) 119–76.

VIERTES KAPITEL

DIE MITTELALTERLICHE LYRIK

1. GRUNDSÄTZLICHES

Neben der neuen ritterlich-höfischen Epik prägt eine neue ritterlich-höfische Lyrik eigentümlich und unvergeßlich die Züge der staufischen Zeit. Und wie bei der Epik können wir bei der Lyrik von einer vorbereitenden Frühzeit, einer Hochblüte und einem Nachklang reden. Einige der großen Epiker der Zeit – Heinrich von Veldeke, Hartmann von Aue, Wolfram von Eschenbach – sind zugleich auch als Lyriker hervorgetreten. Die großen Gestalten des Minnesangs dagegen, Heinrich von Morungen, Reinmar von Hagenau und Walther von der Vogelweide, sind uns nur als Lyriker bekannt, und schwerlich wäre es von der Mit- und Nachwelt unvermerkt geblieben, wenn sie auch epische Werke hinterlassen hätten.

Im Gegensatz zur ritterlichen Epik tritt die Lyrik der Stauferzeit wie aus dem Nichts hervor. Epische Dichtung in deutscher Sprache ruht auf einer langen Tradition der Form, und die höfische Epik hatte hier nur ein Erbe zu verwalten und zu pflegen. Sie hat auch ein Vorspiel in der epischen Behandlung weltlicher Stoffe in vorhöfischer Zeit. Hier läßt sich die Linie einer sich wandelnden Entwicklung ziehen. Von lyrischer Dichtung hatten wir dagegen bislang so gut wie nichts zu berichten; die ersten Ansätze einer deutschen Marienhymnik (Bd. I S. 209 f.) sind ohne Belang für die Geschichte der ritterlichen Lyrik. Damit stellt uns die Lyrik vor genetische Fragen, die für die Epik nicht gelten.

In der Lyrik der Stauferzeit pflegen wir zwei Hauptgattungen zu unterscheiden, das Lied, das in der überwältigenden Mehrheit Minnelied ist, und den Spruch. Alle gattungsmäßigen Scheidungen verbieten eine zu scharfe Grenzziehung; doch liegt darum kein Anlaß vor, auf sie zu verzichten. Die Scheidung von Lied und Spruch ist sachlich gerechtfertigt; sie erwachsen historisch aus verschiedenem Grunde, geistig aus verschiedenen Bereichen. Der Spruch ist Lehre; er will erziehen und bilden, indem er allgemeine Lebenserfahrung, sittliche Regel und praktisches Wissen in knappe, leicht merkbare Form fügt. Das Lied ist Bekenntnis des Herzens oder Gefühls; auch im Minnelied wird subjektives Erlebnis zu künstlerischer Gültigkeit erhoben. Lied und Spruch können sich thematisch begegnen; die großen bewegenden Mächte der Zeit: Minne und Glaube kommen in beiden zum Wort. Es ist auch nicht zu leugnen, daß die zentrale Minnelyrik aus ihren besonderen Vorbedingungen einen Zug ins Lehrhafte oder wenigstens Theoretische besitzt, wie umgekehrt der religiöse Spruch aus tiefem, frommem Gefühl entsprungen sein kann. Dennoch ist Sinn und Ziel von Lied und Spruch grundsätzlich verschieden, und selten wird man zweifeln, welcher der beiden Gruppen man ein Gedicht zuordnen soll.

So sehen wir denn auch, daß sich in der praktischen Ausübung Minnesänger und Spruchdichter weitgehend scheiden. In der frühhöfischen Zeit stehen die repräsentativen Spruchdichter, Herger und Spervogel, neben den eigentlichen Minnesängern, von deren keinem wir Sprüche kennen oder zu erwarten haben. Erst in der hochhöfischen Zeit hat Walthers Genie beide Gattungen mit gleicher Meisterschaft umspannt, während seine großen Lehrmeister Morungen und Reinmar reine Lyriker sind. Walthers Beispiel hat zunächst auch keine Nachfolge gefunden; in der späthöfischen Zeit stehen die bedeutenden Spruchdichter, Reinmar von Zweter und Bruder Wernher, wieder neben reinen Lyrikern, etwa dem Kreise um die Söhne Friedrichs II. So schien es mir trotz gewichtiger Bedenken gerechtfertigt, die Spruchdichtung der frühen und der späten Stauferzeit in das Kapitel der Lehrdichtung zu verweisen, während Walthers unwiederholbare Gesamterscheinung nur begriffen und dargestellt werden kann, wenn man seine Lyrik und seine Spruchdichtung als Ausdruck derselben großen Persönlichkeit zusammen behandelt.

Somit wird – mit jener einen großen Ausnahme Walther – dieses Kapitel allein dem eigentlichen Lied gelten, und das heißt für die damalige Zeit fast ausschließlich: dem Minnesang. Seine allgemeine Problematik ist zunächst darzustellen. Dabei wird manches aus der Einleitung in seiner Beziehung speziell auf den Minnesang nochmals aufzunehmen sein. Der Minnesang ist kein innerdeutsches Problem, sondern im engeren Sinne ein provenzalisches, im weiteren ein europäisches. Vor dem Minnesang ist uns auf deutschem Boden von volkssprachiger Lyrik kaum etwas bekannt, und das wenige, das wir etwa wissen, ist nicht geeignet, das Problem des Minnesangs zu lösen.

Minnesang ist die erste Dichtung in deutscher Sprache, in der das Individuum seine eigensten, innersten Anliegen ausspricht; er ist die erste wirkliche volkssprachige Ich-Dichtung in Deutschland und im mittelalterlichen Europa überhaupt. Wo das Individuum bisher als Ich gesprochen hatte, in Gebet, Beichte und Sündenklage, waren es Worte, die dem Laien von der Kirche in den Mund gelegt worden waren. Die Sündenklage als die wichtigste Ich-Dichtung in vorhöfischer Zeit war nicht Bekenntnis individueller Sünden, Verströmen persönlichen Sündengefühls. Sie war ordnend und gliedernd auseinandergelegte Sündhaftigkeit des Menschen schlechthin, und das redende Ich, das sie sprach, war nur die zufällige Stimme einer gleich schuldigen und reuigen Gemeinschaft.

Alle Dichtung des reformerischen 11./12. Jahrhunderts war auch da, wo sie das Empfindungsleben des Menschen berührte, ganz auf das Jenseits und die Zuordnung zu Gott gerichtet. Innerweltliche Beziehungen von Mensch zu Mensch waren ihr nur soweit wesentlich, als sie dieser Zuordnung zu Gott und dem Heil der Seele dienten, also Nächstenliebe, Mildtätigkeit, Armenpflege. Als Eigenwert hingegen war das, was Menschen auf Erden miteinander verbindet, für die Dichtung ohne Belang, und strenge Sittenprediger sahen sogar in den Bindungen an die Familie, an Weib und Kind eine Gefährdung des Seelenheils. Die Liebe vollends, die die Geschlechter bindet, war dieser Dichtung nur die Todsünde der *luxuria*, der Fleischeslust.

Und jetzt plötzlich, noch in der Zeit jener extremen Prediger der Weltflucht, bricht eine neue Lyrik durch, deren einziges Thema ein durchaus innerweltliches und höchst persönliches ist, eben die Liebe von Mann und Weib. Dieser Umschwung, so unerwartet plötzlich er sich vor unseren Augen vollzieht, ordnet sich an und für sich in den großen Wandel des Denkens ein, der das Hauptthema dieses ganzen Bandes ist: die neue Diesseitswertung und daraus erwachsend die Schöpfung eines neuen Menschenbildes. In diesem Rahmen ist es nicht verwunderlich, daß auch das innigste und bedrängendste innerweltliche Gefühlserlebnis, die Liebe von Mann und Frau, nach Ausdruck und Einordnung sucht. Erstaunlich aber ist es, daß dieses Erlebnis nicht nur sehr intensiv, sondern sofort auch sehr differenziert erfaßt wird; der Minnesang vermag es sofort, den seelischen Wurzeln der Liebe bis in ihre feinen Verästelungen nachzugehen und sie zu analysieren. Es ist von vorneherein eine sehr bewußte Kunst, der sogleich auch der Schatz an Worten und Bildern zur Verfügung steht, um die neuen seelischen Erfahrungen angemessen auszudrücken.

Ebenso neu und erstaunlich ist die rasch erworbene Beherrschung der Form, die Entdeckung der Strophe als künstlerisch-formale Aufgabe und ihre Entwicklung zu einem bewußten kompositorischen Kunstwerk. Nicht nur, daß die sangbare Strophe als ein rhythmisches Ganzes höherer Ordnung an sich schon mehr Formvermögen verlangt als die Reimpaare der epischen Erzählung. Auch die einfachen Strophenformen des epischen Liedes und der aus ihm entwickelten strophischen Buchepen werden sehr bald durch kunstvollere Formen übertroffen. Es ist von Anfang an eine besondere Eigenheit der mhd. Lyrik, daß sie einen möglichst großen Formenreichtum erstrebt und in der Erfindung immer neuer „Töne“, d. h. metrischer und musikalischer Komposition, eine der wesentlichen Leistungen des Künstlers sieht. In der Lyrik zuerst ist auch das Ich-Bewußtsein des Künstlers ausgebildet, der Begriff des literarischen Eigentums geprägt worden.

Aber damit ist das Wesen des Minnesangs noch nicht erfaßt. Er ist adlige Kunst und als solche den Bedingungen der ständischen Gesellschaft unterworfen, die einleitend dargestellt sind. Er ist aus den Denk- und Lebensformen der Gesellschaft heraus gestaltet, die, wie wir sahen, für die Beziehung des Mannes zur Frau die Formen des Lehenswesens wählte. Wir müssen uns hüten, darin nur ein Bild, eine metaphorische Ausdrucksweise oder gar nur eine Verkleidung für ein gesellschaftliches Spiel zu sehen. Wir müssen uns gegenwärtig halten, daß für das damalige Denken alle Form einen symbolischen Wert hatte, und daß daher *frouwe* und *man*, *dienest* und *lôn* Ausdrucksweisen für ein echtes Erlebnis waren. Die Verkennung der Tatsache, daß die ewigen Urerlebnisse, zu denen die Liebe gehört, jeweils ihre zeitgebundenen Ausdrucksformen suchen, die uns aus unserer anderen Lebensordnung heraus nur noch als Bilder erscheinen können, hat zu der Mißdeutung des Minnedienstes und des daraus erwachsenen Minnesanges als einer nur konventionellen Erscheinung geführt.

Minnesang ist Ausdruck eines Erlebnisses, dessen besondere Art noch näher zu bestimmen sein wird. Einer solchen Auffassung widerspricht es nicht, daß der Minnedienst und der Minnesang zugleich auch eine gesellschaftliche Seite hat. Das Minneerlebnis wird wirklich zu einem gesellschaftlichen Gegenstand, der Minnesang zu einem Stück der höfischen Geselligkeit. Er erhält erst daraus sein Daseinsrecht. Wie alle Kunst erhöht auch das Minnelied die höfische Festlichkeit als ein Teil dessen, was die Zeit *vröude* nannte. Es gibt damals so wenig die heimliche Herzensergießung wie den veröffentlichten Gedichtband, der seine anonyme Gemeinde der Gleichgestimmten sucht. Das Gedicht entsteht, um in der höfischen Gesellschaft, dem konkreten Kreise des Hofes, dem der Dichter angehört, vorgetragen zu werden. Das zarteste, ursprünglichst ichhafte Erlebnis der Liebe, die sorglich gehütete „heimliche Liebe", wird im Minnesang zu einem gesellschaftlichen Begebnis. Diese erregende Antinomie, diese Öffentlichkeit des Geheimsten gehört zu Wesen und Reiz des Minnesangs. Wir können ihn nur verstehen, wenn wir uns in diese Antinomie einleben.

In der Einleitung war darauf hingewiesen worden, daß Minne eine komplexe Erscheinung ist, und die Behandlung der Epik gab Anlaß, auf die sehr verschiedenen Erscheinungsformen des Gesamtphänomens einzugehen. In Hartmanns „Büchlein" hatten wir Minne als eine erziehende und läuternde Macht kennengelernt. In diesem Jugendwerk Hartmanns findet dasjenige seine theoretische Begründung, was wir im engeren Sinne die „Hohe Minne" nennen. Sie ist recht eigentlich zugleich die Schöpfung und das Thema des klassischen Minnesangs.

Das Hochziel der staufischen Zeit ist der vollendete Mensch. Er ist ein Ergebnis der Erziehung (*zuht*), die als Selbstzucht und Selbstbildung zur Vollkommenheit ständige Aufgabe auch des Erwachsenen bleibt und unablässige Anstrengung (*arebeit*) erfordert. Dabei ist der Minne ganz besonders die Aufgabe zugemessen, den Mann zur Läuterung zu führen. Daher muß das Triebhafte und Sinnliche der Liebe gebändigt werden, damit das Seelische und Sittliche sich entfalte. Nur der vollkommene höfische Mann ist wert, um Minne zu werben und Minne zu empfangen. So wird Minne nicht nur Ziel, sondern zugleich Weg zu einem höheren Ziel, und es geschieht, daß der Weg wichtiger wird als das ursprüngliche, sinnengegebene Ziel. Albrecht von Johansdorf hat dafür in dem Liede 94, 14 die klassische Formulierung gefunden. Als der werbende Liebhaber ungeduldig zu erfahren wünscht, welchen Lohn er zu erwarten habe, erhält er aus dem Munde der Dame die Anwort: „daß euer Wert dadurch gesteigert wird, und ihr daraus freudige Erhebung erfahrt". Das ursprüngliche Ziel des Werbens, die liebende Hingabe der Frau, rückt in unerreichbare Ferne; denn nur wo das ursprüngliche Ziel unerreichbar, die Erfüllung *wân* bleibt, kann die erzieherische Aufgabe der Minne verwirklicht werden. Erhörung, wo sie gewährt wird, kleidet sich in zart zeichenhafte Formen: ein Blick, ein Gruß, ein Lächeln. Hohe Minne ist also nichts Elementares, kein flammender Ausbruch leidenschaftlichen Gefühls, nicht Seligkeit leibseelischer Erfüllung. Sie ist gebändigt, sanft leuchtend, auf zuchtvolle Gemessenheit gestellt. Sie hat es mit den differenzierten inneren Vorgängen von Menschen zu tun, die einer seelischen Verfeinerung und der Formung nach einem Idealtypus zustreben. Das gibt der daraus erwachsenden Lyrik einen Zug zum Abstrakten, Reflektierenden und seelisch Zergliedernden; ihr Mangel an Unmittelbarkeit weht den modernen Leser oft mit einem Hauch der Kühle an.

Die Trägerin der veredelnden Aufgabe in der Minne ist die Frau. Der Mann sieht sie gesellschaftlich und seelisch-sittlich wahrhaft erhöht. Darum ist die Anrede *frouwe* innerlich tief begründet. Er will die Frau verklärt sehen, und die Möglichkeit von Minnedienst und Minnesang ist von dieser Verklärung der Frau abhängig. Alle Verfallsklage des späten Minnesangs sucht die Wurzel des Übels bei der Frau, die, ihrer eigenen Haltung nicht mehr sicher, die Aufgabe als wertende und wählende Erzieherin des Mannes nicht mehr zu erfüllen vermag. Der Aufblick zur Frau ist seit dem Minnesang ein Teil des Besten im Liebesempfinden des Mannes geblieben.

In solcher Erhöhung der Frau bis zur Transzendenz geht das Individuelle des irdischen Ausgangserlebnisses verloren. Die Frau der Wirklichkeit, der der Dienst des einzelnen Dichters galt, wird mit allen Zügen der Reinheit und Schönheit ausgestattet, in denen es keine persönliche Differenzierung mehr gibt. In der Überhöhung des Minnesangs vollends verliert sie jedes individuelle Gepräge; eben in der Vollkommenheit ihrer äußeren und inneren Schönheit wird sie zum Typus. Kein echtes Lied der hohen Minne gibt uns eine wirkliche Anschauung der umworbenen Frau, verrät etwas von der besonderen Einmaligkeit, die die Neigung gerade dieses einen Mannes zu dieser einen Frau geweckt hat. Kein Name gibt daher der Geliebten das Zeichen der Einmaligkeit. Mit Recht kann darum der Minnesänger von sich aussagen, daß er in der Einen allen Frauen, d. h. dem Ewig-Weiblichen diene. Mit dieser Entpersönlichung und Symbolwerdung der Frau wird es erkauft, daß sie wahrhaft zu dem Stern wird, an dem ideale Menschenbildung sich orientiert. Auch dies ist eine Antinomie, die wir begreifen müssen, wenn wir den Minnesang begreifen wollen, daß tiefst persönliche Hingabe an die Eine zugleich ihre Entpersönlichung zum Symbol erfordert.

Es ist kein Zweifel, daß das wirkliche höfische Minnewesen weit hinter solcher Idealisierung zurückblieb, daß der Minnedienst in der Gesellschaft zum konventionellen Spiel, der Minnesang zu galanter Huldigung verflachen konnten. Allein, die Erkenntnis des Grundsätzlichen darf man nicht am Durchschnitt gewinnen wollen.

Man muß die höchsten Geister befragen; denn nur sie geben die echte Auskunft über die Idee, die hinter allen in der Verwirklichung notwendig unvollkommenen menschlichen Strebungen steht.

Es ist auch kein Zweifel, daß die Überhöhung eines sinnlich-irdischen Phänomens in die Transzendenz hinein zu schweren Spannungen führen mußte. Des schließlich nicht lösbaren Widerspruchs zwischen Wurzel und Gipfel, zwischen sinnlichem Ursprung und entsinnlichter Geltung, zwischen Sein-Sollen und Sein waren sich diese Menschen bewußt. Diese Spannung konnte ebenso zu blutleerer, schließlich rein phrasenhafter Überspannung wie zu schmerzlichen Abstürzen in eine oft krass sinnliche Wirklichkeit führen. Aber die großen staufischen Sänger haben aus dieser Spannung gelebt und ihre tiefsten Impulse erfahren, und wenn irgendetwas, so ist es diese Spannung zwischen Irdischem und Ewigem, zwischen Begehren und Verehren, was dieser oft so unwirklich und abstrakt anmutenden Dichtung Dauer verleiht.

Damit ist auch eine Antwort auf die so vielbesprochene Frage nach dem Erlebnisgehalt des Minnesangs möglich. Hohe Minne ist in einer besonderen Weise wirklich erlebte Minne. Nur darf man von ihr nicht denselben Erlebnisgehalt erwarten, den das 18. und 19. Jahrhundert in seine Liebeslyrik eingoß. So hatte die bürgerlich-individualistische Forschung des vorigen Jahrhunderts den Minnesang zu interpretieren versucht. Sie hat damit nur den berechtigten Widerspruch hervorgerufen, der zu dem anderen Extrem schritt, jeden Erlebnisgehalt zu leugnen. Man darf in den Liedern Walthers und Reinmars nicht unmittelbare Spiegelungen augenblicklicher und wirklicher Erlebnisse suchen oder gar durch zweckentsprechende Aneinanderreihung von Liedern die verschiedenen Phasen eines „Herzensromans" zu erhaschen glauben. Die Frage nach Zahl und Art der von Reinmar und Walther besungenen Frauen ist absurd.

Wohl aber darf man in dem tieferen und umfassenderen Sinn von Erlebnisdichtung reden, daß diesen Dichtern das erschütternde Erlebnis, das die Frau für jeden empfänglichen Mann bedeutet, zuteil und bewußt geworden ist und nach seinem notwendigen künstlerischen Ausdruck verlangte. Man darf vielleicht sogar von einer besonderen Intensität des Erlebens reden, weil es eine Neuentdeckung war, ein neues Bewußtwerden innerer Vorgänge aus einer neuen, bisher versperrten Erlebnismöglichkeit heraus. Wie sonst wäre diese plötzliche schwellende Fülle der Minnelyrik verständlich, wenn nicht die staunende Lust an dem neuen inneren Leben und den neuen Möglichkeiten, ihm Ausdruck zu geben, dahinter stände?

2. HERKUNFT UND ENTSTEHUNG

Die nach Form und seelischem Gehalt von Anfang an so hochgezüchtete und differenzierte Lyrik des Minnesangs stellt uns vor die Frage nach ihrer Herkunft und Entstehung. Es sind im Grunde zwei Fragen, die in

der Forschung nicht immer klar genug auseinandergehalten werden. Es
ist die weitere Frage, wie es zu dem neuen Daseinsgefühl kam, aus dem
das Minnedenken und -dichten hervorging, und die engere, wie die besonderen und verwickelten Ausdrucksformen zu erklären sind, die es
im Minnesang gefunden hat.

Die erste Frage ist im Grunde keine spezielle Frage des Minnesangs,
sondern die Lebensfrage der staufischen Generationen überhaupt; sie
wird am Minnesang nur besonders spürbar. Wir beantworten sie kühn-
lich mit dem Bekenntnis, daß wir vor der Geburt einer neuen Epoche
stehen, vor der eine historisch-genetische Betrachtungsweise unzulänglich wird. Es ist ein wirklich neues Daseinsgefühl, das hier durchbricht,
das Bewußtwerden des Individuums in seinem ihm eigentümlichen Le-
bensrecht an dem tiefsten Erlebnis des irdischen Menschen, an der Liebe.
Dieses große, grundsätzliche Ereignis hat natürlich seine tieferen Wurzeln, aber sie sind im Rahmen einer Literaturgeschichte nicht bloß-
zulegen. Man wird auch hier auf das Christentum als letzte bewegende
Kraft stoßen. Eben die christliche Ehrfurcht vor der Seele des Menschen
und die daraus erwachsende Erziehung des Einzelnen zu intensiver Beschäftigung mit dem eigenen Seelenleben hat seelische Quellen bloß-
gelegt und aufspringen lassen. Ihr Ziel freilich war die Erkenntnis der
eigenen Sündhaftigkeit, der Verlorenheit des Einzelnen, wenn er nicht
die Einordnung in das objektiv Gültige, die Zuordnung zu Gott fand.
Diesem Ziel galt die Seelenerforschung der Beichte. Alle Psychologie der
Zeit diente diesem Ziel, wie auch alle religiöse Dichtung aus solcher Er-
ziehungsaufgabe hervorgegangen war. Doch sind wir seit der Mitte des
12. Jahrhunderts mancherlei Anzeichen dafür begegnet, daß sich das
Individuum im religiösen Raume aus den strengen Bindungen einer dog-
matisch-verbindlichen Frömmigkeit zu lösen begann, und daß sich eine
persönliche Frömmigkeitshaltung des Einzelnen vorbereitete.

Dennoch ist es ein Sprung, daß solche seelische Bewegtheit ins Irdische durchbrach, die verbotenen Bezirke irdischer, und also sündiger
Seelenregungen erschloß und Liebe in einen Wert verwandelte. Wie sehr
sie zugleich als Bedrohung empfunden werden konnte, darüber belehr-
ten uns die Legendendichtungen von Albanus und Gregorius, die die
irdische Liebe in ihrer stärksten Verirrung, dem Inzest, als Thema darstellten, und jene frühhöfischen Epen, für die das Wesen der Minne in
Überwältigung und Zerstörung der Ordnungen lag.

Daß diese neue seelische Bewegtheit erst aus der christlich-antiken Durchdringung
hervorgegangen ist, erkennt man daran, daß die germanische Welt mit ihrer Hervor-
wölbung von Willen und Charakter in ihrer Dichtung kaum die liebende Frau, gar
nicht den liebenden Mann gekannt hat. In der Wirklichkeit der isländischen Saga erscheinen die Liebeshelden und Liebesdichter, die Skalden Kormak und Gunnlaug, wie
etwas Fremdartiges, Unheimliches und Zerstörerisches. Erst der verchristlichte Norden vermochte in dem spätheroischen Paar Helgi und Sigrun die todüberwindende

Kraft der Liebe zu gestalten, und es gibt zu denken, daß erst in christlicher Zeit die große Rächerin Kriemhild aus einem Sippenwesen zu einer Liebenden umgestaltet worden ist. Indessen, mehr als die Bereitung des seelischen Bodens zeigt sich darin noch nicht. Die neue Wertung des Diesseits und der Liebe als einer bestimmenden diesseitigen Macht ist damit nicht erklärt.

Schärfer läßt sich die Frage nach der Entstehung des Minnesangs als einer literarischen Erscheinung fassen. Sie ist, wie gesagt, kein deutsches Problem; hinter dem deutschen Minnesang steht der früher vollendete provenzalische, neben ihm der französische Minnesang. Die Frage nach der Herkunft des Minnesangs hat sehr verschiedene Antworten gefunden; die ältere Forschung hat oft darin fehlgegriffen, daß sie ein so komplexes Phänomen von einem einzigen Punkte aus zu erklären versuchte; in jüngeren Darstellungen ist erkannt, wie verschiedene geistige, soziale und literarische Bedingungen sich vereinigen mußten, um diese hochgezüchtete Kunst zu erschaffen. Doch gehen die Meinungen in der Abwägung der verschiedenen Ingredienzien und ihrer Bedeutung noch weit auseinander.

1. Die Herleitung aus vorliterarischer, volkstümlicher Liebeslyrik. Man hat die volkstümlichen Einschläge im Minnesang zeitweise überschätzt, und zwar sowohl auf deutscher wie auf französischer Seite. Der Phantasie war dabei weiter Spielraum gegeben, weil von tatsächlich volkstümlicher Dichtung in dieser Zeit so wenig bekannt ist und man daher im Zirkelschluß das „Volkstümliche" aus dem Minnesang selber und dem daraus später abgeleiteten Volkslied erst erschloß, um daraus wieder die volkstümliche Herkunft wenigstens gewisser Arten des Minnesangs zu beweisen. Das hat dann notwendig den Rückschlag hervorgerufen, daß volkstümliche Elemente überhaupt geleugnet wurden. Wir werden uns mit dieser Frage im Zusammenhang mit der frühen donauländischen Minnelyrik (S. 238 ff.) auseinandersetzen. Wie hoch man aber auch die Möglichkeiten einer volkstümlichen Liebeslyrik einschätze, als Ganzes können sie die kunstvolle Denk- und Formenwelt des Minnesangs in keinem Fall erklären. Die Musikwissenschaft hat den Nachweis versucht, daß die Kompositionsformen der provenzalischen Minnesänger aus den Formen des Kirchengesanges herzuleiten sind; das würde mindestens beweisen, daß es brauchbare musikalische Eigenformen des volkstümlichen Gesanges nicht gegeben hat.

2. Die Ableitung aus der Wirklichkeit sozialer Strukturen. Anlaß zu solchen Versuchen gab die Einkleidung des Minneerlebnisses in die Formen des Lehenswesens. Die soziologische Wirklichkeit des Lehensdienstes habe den Preis der Dame hervorgerufen, sei es, daß der um Lohn dienende Sänger niederen Standes mit der fiktiven Erhebung der ständisch höher stehenden Dame zu seiner Lehensherrin materielle Gunstbezeigungen erstrebte, sei es, daß nach provenzalischem Erbrecht

auch die Frau erbberechtigt war und also wirklich Landesherrin werden konnte, zu der der dienende Sänger in einem realen Lehensverhältnis stand, das er poetisch verklärte. Diese Auffassung ist nur insoweit förderlich, als sie den Boden erforscht, auf dem der Minnesang gediehen ist. Sie trägt zur Erklärung der wesentlichen Tatsache bei, daß das Minneverhältnis als Lehensverhältnis erlebt wurde. Aber sie macht den Minnesang zu einer rein gesellschaftlichen Fiktion, wogegen man sich entschieden wehren muß. Sie läßt den Erlebniswert des Minnedienstes außer Betracht und verkennt den Ernst und die Inbrunst des darin eingekleideten Gefühls.

3. Die Herleitung aus dem religiösen Erlebnis. Diese Erklärung weist vor allem auf die Zusammenhänge zwischen dem Frauendienst und dem eben damals die Gemüter tief bewegenden Marienkult hin. Die Parallele ist bestechend; sie wäre geeignet, gerade das zu erklären, was die soziologische Betrachtung unberücksichtigt ließ: die bis zu religiöser Höhe aufsteigende Verklärung der Frau und die tiefe, an kultische Verehrung streifende Hingabe des Mannes. Allein, man wird aus chronologischen und anderen Gründen vielmehr an zwei parallele, sich gegenseitig befruchtende geistige Erscheinungen denken müssen. Wir haben soeben auf die große Rolle hingewiesen, die der christlichen Seelenerforschung bei der seelischen Auflockerung und der Durchwärmung des Frömmigkeitslebens um die Mitte des 12. Jahrhunderts zukommt. Aber die Vorstellung, daß im Minnedienst die fromme Hingabe an die himmlische Jungfrau auf die irdische Frau übertragen sei, übereinfacht das Problem. Wäre es so einfach zu lösen, so müßte sich in der Terminologie des Minnesangs weit mehr Anklang an die ausgebildete Mariensymbolik finden, als es trotz der großen Bilderfülle des Minnesangs tatsächlich der Fall ist. Es bleibt dabei unerklärt, warum es vielmehr der Lehensdienst war, der die wichtigsten Bilder und Erlebnisformen geliefert hat.

4. Die Herleitung aus lateinischen Vorbildern. Sehr viel erwägenswerter ist bei der tiefen Durchdringung der abendländischen Kultur mit antikem Bildungsgut die Anknüpfung an lateinische Vorbilder. Das ist auf verschiedene Weise versucht worden. Hennig Brinkmann hat den großangelegten Versuch unternommen, die Minnelyrik in all ihren Motiven und Ausdrucksmitteln aus der mittellateinischen Literatur herzuleiten. Er knüpfte dabei teils an die geistliche Panegyrik und eine zu sehr hoher Empfindsamkeit gesteigerte sinnlich-übersinnliche Briefkultur im Verkehr gebildeter geistlicher Männer mit geistlichen oder weltlichen Frauen an, teils an die Vagantenlyrik mit ihrer ungebrochenen Erotik. Julius Schwietering suchte mehr in Einzeluntersuchungen den unmittelbaren Einfluß der antiken erotischen Dichtung Ovids, des großen Vorbildes für das „ovidianische Zeitalter", zu erweisen.

Die Vagantenlyrik lebt in der Tat vor und neben dem Minnesang, und wir werden wirklich wesentliche Einflüsse von dort auf den Minnesang, aber auch Rückwirkungen des Minnesangs auf die Vagantendichtung zu erwägen haben. Sie ist aber nicht geeignet für eine genetische Erklärung. Denn sie berührt nicht die Wesensmitte des Minnesanges, worüber alle motivlichen Beziehungen nicht hinwegtäuschen dürfen. Die Vagantendichtung ist ihrem Wesen nach ebenso entschiedene Sodalendichtung, also Wir-Dichtung, wie der Minnesang individuelle Ich-Dichtung ist. Sie ist Mädchensang und nicht Frauensang, und sie ist in ihrer unbefangenen Sinnenfreude das volle Gegenspiel zu der Spiritualisierung und Entsinnlichung der Liebe im Minnesang.

Die klerikale Brieferotik könnte in der Tat das Vorbild für einen hochentwickelten Gefühlskult und eine Abstand schaffende, die Sinnenliebe verflüchtigende Erhöhung der Frau geben. Doch scheinen mir die Schwierigkeiten sehr groß, die sich aus literaturgeographischen und formalen Gründen schon rein äußerlich ergeben. Die Klerikerpanegyrik und Brieferotik ist vor allem eine Erscheinung Nordfrankreichs, der Minnesang ist in der Provence beheimatet. Jene lateinischen Literaturwerke benutzen als Form eine gewählte Kunstprosa oder den klassischen Hexameter, die Minnelyrik kennt von Anfang an einen Reichtum an sangbaren Formen. So wird es sich auch hier empfehlen, diese beiden Gattungen als Parallelerscheinungen zu betrachten, die aus einer verwandten seelischen Grundhaltung hervorgegangen sind. Die Tatsache, daß die geistliche Brieferotik älter ist als der Minnesang, und daß in Klerikerkreisen das Bewußtsein lebte, den Ritter erst durch die von ihnen vermittelte Bildung reif zur Minne gemacht zu haben, berechtigt noch nicht zu dem Schluß auf eine genetische Abhängigkeit zwischen klerikalem Briefgedicht und ritterlichem Minnelied.

Ovid endlich, von dem auch der klerikale Liebesbrief und das Vagantenlied so viel gelernt haben, bietet wie jener die Möglichkeiten und Ausdrucksmittel einer differenzierten Liebestechnik und eines hochgezüchteten Liebeskultes dar. Doch auch bei ihm, dem raffinierten Kenner, fehlt der unmittelbare Bezug zu dem Herzpunkt allen Minnedienstes, der echten Verehrung und seelischen Überhöhung der Frau und damit zu der läuternden Wirkung der wahren Minne. Zudem bliebe auch durch Ovid die formale Seite des Minnesanges unerklärt. Wir werden bewußte oder unbewußte Einflüsse von Ovid her bei der Lyrik so wenig leugnen wie bei der Epik; nur als Grundlage einer genetischen Erklärung des Gesamtphänomens wird uns Ovid nicht gelten können, und ein durchgeführter Versuch dazu liegt auch nicht vor.

5. Die Herleitung aus arabischem Vorbild. Abseits von allen übrigen Erklärungsversuchen, die an gleichzeitige abendländische Erscheinungen oder Gattungen anknüpfen, steht die Herleitung des Minne-

sangs aus einem von außen kommenden kulturellen Einfluß, aus der arabischen Liebeslyrik. Auch diese Erklärung ist alt. Schon die romantische Forschung war auf ihrer Spur; in neuerer Zeit hat Konrad Burdach diese These wieder aufgenommen und der Amerikaner Lawrence Ecker sie wesentlich verdichtet.

In arabischer Sprache gab es lange vor dem ältesten Minnesang der Provenzalen eine sangbare Liebeslyrik in wechselnden Strophen und mit einem traditionellen Motivkreis, der durch Jahrhunderte festgehalten und variiert wurde. Es war eine ausgesprochene, gezüchtete Kunstlyrik in Ich-Form, in der die Frau in einer überhöhten Herrscherinnenstellung gesehen und verehrt wurde. Als höfische Kunst war sie auch an den arabischen Fürstenhöfen Spaniens zu Hause.

Das sind sehr ähnliche Grundbedingungen, und von hier aus ließen sich wesentliche Besonderheiten des europäischen Minnesangs klären. Die Troubadourlyrik tritt sofort als etwas Fertiges auf den Plan; ihre ganze Motivik und Terminologie, alle ihre Ausdruckmittel sind schon bei den ältesten Provenzalen vorhanden. Das legt den Gedanken nahe, daß hier etwas Fertiges übernommen worden ist. Die Entstehung des Minnesangs gerade in Südfrankreich ließe sich aus der Nähe der arabischen Welt Spaniens begreifen. Die arabische Minnelyrik steht nach Haltung und Motivik der europäischen offenbar näher als irgendeine antike. Sie gründet sich wie die europäische auf eine feste Minnetheorie, die in theoretischen Abhandlungen festgelegt und beleuchtet ist und in der die Veredelung und Reinigung des erotischen Triebes im Aufblick zu der als Herrin verehrten Dame eine wesentliche Rolle spielt. Sie ist Hofkunst und verbindet in derselben eigentümlichen Durchdringung das Ich-Erlebnis mit der geselligen Unterhaltung.

Das sind sehr beachtliche Züge, die die arabische Liebeslyrik mit dem europäischen Minnesang teilt. Die Beziehungen gehen erstaunlich weit bis in motivliche Einzelheiten hinein, wie namentlich L. Ecker nachgewiesen hat. Es ist eine historisch-genetische Erklärung, die große Aufmerksamkeit verdient. Man muß jetzt von arabistischer Seite weitere Klärung abwarten. Nur darf dabei der europäische Minnesang keinesfalls als mechanische Nachbildung des arabischen aufgefaßt werden. Es kann sich nicht um Nachdichtung, nur um Nacherleben aus verwandten Voraussetzungen handeln. Wenn die arabische Lyrik die Frau als Herrin über den Mann erhöht, so ist dies aus arabischem Denken etwas anderes, als wenn es der Minnesang tut. In ihm löst der Begriff „Herrin" nicht den Gegenwert „Sklave" aus; er wird aus europäischen Ordnungen heraus als „Lehensherrin" neu interpretiert. Wenn die arabische Lyrik die Sinnenliebe veredelt und erhöht, so spiritualisiert die europäische sie aus christlich-transzendentem Denken zu einer Macht von überweltlicher Höhe. Auch formal bildet die europäische Dichtung die

arabische nicht nach; die Fülle der lyrischen Formen reizt nur
grundsätzlich zu Neuschöpfungen aus den gültigen Gesetzen der
europäischen Verskunst und zu Kompositionen mit den musikalischen
Mitteln des Abendlandes.

Man wird aus solcher Überschau das Ergebnis ziehen dürfen, daß
keine der bisher aufgespürten historisch-genetischen Beziehungen be-
deutungslos ist; sie alle helfen das komplexe Bild des Minnesangs zu ent-
rätseln und werden an ihrem Platze eingesetzt werden müssen, um dessen
trotz aller Einheitlichkeit große Fülle der Formen, Ausdrucksmittel und
Vorstellungen zu erklären.

3. DIE FORMEN DER HÖFISCHEN LYRIK

Die neue höfische Lyrik ist sangbare und gesungene Lyrik von hoher
Schätzung und Durchbildung der rhythmisch-musikalischen Form.
Damit bringt sie gegenüber der Epik mit ihren sehr wenigen, einfachen
Formen etwas ganz Neues. In der religiösen Dichtung zeigt nur die
späte Marienhymnik (Bd. I S. 209 ff.) zaghafte Ansätze zu kunstvolleren
Formen. Komposition und Dichtung, *wîse unde wort* sind in der Regel
das Werk desselben Mannes, der also in zwei Künsten zu Hause und
wirklich ausgebildet sein mußte. Unsere Kenntnis der alten Melodien
ist gerade für den deutschen Minnesang sehr beschränkt, während wir
Melodien der provenzalischen Troubadours ziemlich reichlich besitzen.
Sie können auch für den deutschen Minnesang fruchtbar gemacht werden, soweit er provenzalische Strophenformen unmittelbar nachbildete.
Im allgemeinen sind wir für die Erkenntnis der Formbestrebungen der
deutschen Liederdichter auf die metrische Form der Gedichte und deren
Analyse angewiesen. Wir sind uns bewußt, daß uns der sprachliche Text
allein nur einen halben Eindruck dessen vermittelt, was das Minnelied
eigentlich war, und daß gerade bei Dichtern, deren Musikalität uns aus
ihren Versen hörbar wird, wie Morungen und Walther von der Vogelweide, das Fehlen der Melodien ein Verlust ist, den keine nachemp-
findende Phantasie wettmachen kann. Aber auch die wissenschaftliche
Erkenntnis der Form kann durch eine nur metrische Analyse der Strophen nur teilweise gewonnen werden; denn die Frage, wie metrische
und musikalische Gliederung sich zueinander verhalten, ist ungelöst.
Die metrische Untersuchung der mhd. Strophik meint, sehr genaue und
bis in feinste Einzelheiten gehende Gliederungen der Strophe feststellen zu können, während die Musikwissenschaft eine weitgehende Autonomie der musikalischen Komposition, ein Überspielen der metrischen
Grenzen und Strukturen durch die Melodie annimmt. Hier wird erst

weitere Forschung und gegenseitige Erhellung zu klareren Ergebnissen führen können.

Jedenfalls stellt die lyrische Strophe auch als sprachliches Kunstwerk den Dichter vor bedeutende formale Aufgaben. Gegenüber dem epischen Reimpaar ist die Strophe ein rhythmisches Gebilde höherer Ordnung und vielfacher Gliederung und setzt ein umfassenderes rhythmisches Erlebnisvermögen bei Dichter und Hörer voraus. Zugleich erfordert die lyrische Strophe bei der Vielfalt der rhythmischen Bauelemente und der verbindenden Reime eine Beherrschung der sprachlichen Ausdrucksmittel, die der vorangehenden Zeit fremd war. Die Anforderungen an die Form, die die mhd. Lyrik stellte, wurden so zu einer wirksamen Schulung in der Ausschöpfung der sprachlichen Möglichkeiten sowohl in ihren Ausdruckswerten als auch in ihren Klangwerten.

Die rhythmischen Aufbauelemente der mhd. lyrischen Strophe sind zunächst die gewohnten der Epik: die viertaktige Kurzzeile und die schmiegsam gefügte Langzeile des Nibelungentypus. Bis zu den Schöpfern der hochhöfischen Lyrik, Albrecht von Johansdorf, Morungen und Reinmar, ist die Lyrik mit diesen beiden Grundformen in all ihren Kadenzmöglichkeiten wesentlich ausgekommen. Die rheinischen Lyriker seit Friedrich von Hausen haben als drittes Element die Nachbildung des romanischen Zehnsilbers in seiner Anpassung an deutsches Rhythmengefühl, den sogenannten Daktylus, hinzugefügt, der indessen schon bei Reinmar und Walther wieder ganz verschwindet. Dafür treten jetzt Zeilen von wechselnder Taktzahl, insbesondere der von Reinmar und Walther gepflegte Sechstakter hervor, und ungegliederte lange Zeilen von acht und mehr Takten überschreiten dieses Maß ebenso nach oben, wie ganz knappe Zweitakter nach unten. Auch mit ungeradtaktigen Zeilen müssen wir rechnen. Alle Möglichkeiten der Kadenzbildung werden ausgenutzt. Weich überströmende Übergänge von Zeile zu Zeile binden mehrere Reimzeilen zu rhythmischen Zusammenhängen größerer Ordnung, Pausen oder scharf abgesetzte Grenzen zwischen Zeile und Zeile, später auch innerhalb der Zeilen, machen Gliederungen deutlich hörbar. Mit allen Mitteln einer durchgebildeten Rhythmik wird eine unabsehbare Mannigfaltigkeit der Strophen erreicht. Die umfassendere und reicher gegliederte Gestalt der Strophe erfordert genaue Durcharbeitung der Feinstruktur, damit die Wiederkehr des Gleichen von Strophe zu Strophe bewußt wird; in der durchgebildeten rhythmischen Form ersah die mhd. Lyrik eines der wichtigsten Mittel, die Strophen zu einem Liede zusammenzubinden.

Die Strophe ist ein in sich geschlossenes rhythmisches Gesamtgebilde mit einem ausgewogenen Aufbau aus einfacheren rhythmischen Bauelementen, Zeilen oder Zeilengruppen, deren Wechselspiel oder Gleichlauf die Strophe gliedert. Sie strebt einer inneren Abrundung zu, indem sie den Schluß der Strophe rhythmisch mit allen Mitteln hörbar zu machen sucht. Man kann in einem weiteren Sinn auch im Aufbau der Strophe von einer Kadenz sprechen.

Ein wesentliches klangliches Mittel der Gliederung und Bindung ist auch in der Lyrik der Reim, in der Regel der Endreim; doch sind namentlich in der späteren Virtuosenkunst auch gliedernde Binnenreimspiele nicht selten. Die Lyrik kennt auch reimlose Zeilen, die „Waisen", die eben deswegen so heißen, weil sie des Reimgenossen entbehren, also verwaist sind. Auch ihnen ist eine bestimmte Funktion übertragen; durch ihre feste Einordnung an bestimmter Stelle des Reimgefüges sollen sie gliedernd wirken. So kann die Waise zum Mittel werden, den Strophenschluß hörbar zu machen, etwa in der einfachen fünfzeiligen Morolfstrophe aus zwei Reimpaaren, deren zweites durch eine eingeschobene Waise aufgespalten ist: aabwb.

Die Reimstellung wird gegenüber den einfachen Reimpaaren der Epik vermannigfaltigt. Gekreuzter (abab) und umschließender (abba) Reim treten neben den gepaarten, und die Möglichkeiten vervielfältigen sich, sobald mehr als zwei Reimbänder ineinander geflochten werden (etwa abcabc oder aacbbc usw.), oder wo mehr als zwei Zeilen durch den gleichen Reim gebunden werden (ababacc ababccb usw.). Weitere Variationsmöglichkeiten ergeben sich dadurch, daß rhythmisch verschiedene Zeilen reimend miteinander gebunden werden, so etwa die besonders von Reinmar und Walther gepflegte Bindung von Viertaktern und Sechstaktern durch den Reim. Verbindet sich so die Klangwirkung des Reimes mit der Mannigfaltigkeit der rhythmischen Elemente, so wird jene unendliche Variationsmöglichkeit der mhd. Strophenbildung erreicht, die das Formbestreben der Zeit beherrscht und durch die sie sich wesentlich von der einfachen Strophik des modernen Liedes unterscheidet. Solche Formkunst verlangt von dem Hörer ein sehr geschärftes Ohr für Nuancen, eine eingelebte Kennerschaft, die feine Einzelheiten wahrzunehmen und zu genießen vermag, ein Klanggedächtnis, das subtile Klangbindungen oft über viele Zeilen fort noch registriert. Wir müssen uns nach dieser Richtung sehr schulen, wenn wir ein mhd. Gedicht richtig aufnehmen und bewerten wollen.

In der mhd. Strophik können wir drei Haupttypen unterscheiden, nach denen der Grundriß der Strophe angelegt ist. Experimente anderer Art sind nicht typisch geworden und können hier unberücksichtigt bleiben.

1. Die einteilig gebaute Strophe mit rhythmischer oder reimender Hervorhebung des Strophenschlusses. Diesem Typus gehören die einfachen epischen Strophen an wie die eben erwähnte Morolfstrophe, die Rabenschlachtstrophe, die Nibelungenstrophe. Die Lyrik verwendet sie vornehmlich in der Frühzeit. So ist die Strophe des Kürnbergers der Nibelungenstrophe nächst verwandt. So baut auch Herger seine siebenzeilige Spruchstrophe auf, indem er den Strophenschluß zugleich durch eine Waise und durch Dehnung der Schlußzeile heraushebt.

2. Die durchgereimte Strophe, in der sich ein Reimband oder mehrere durch die ganze Strophe hindurchziehen, ohne daß eine deutliche Aufgliederung der Strophe erstrebt wird. Der Strophenschluß wird hier gern durch besondere Reimstellungen ausgezeichnet. Ein einfaches Beispiel ist das Gedicht 48, 32 von Friedrich von Hausen. Er kennt nur einen

einzigen rhythmischen Baustein, den Vierheber mit voller Kadenz. Die
Reimfolge sieht so aus: abababb. Hier wird also die Reimdoppelung
zum auszeichnenden Element des Strophenschlusses.

3. Die dreigliedrige Strophe, die nach einem offenbar sehr alten rhyth-
misch-magischen Grundriß aus zwei rhythmisch gleichwertigen und
einem abschließenden sonderwertigen Teil aufgebaut ist. Die beiden
gleichwertigen „Stollen" bilden in rhythmischer und klanglicher Responsion den „Aufgesang", der rhythmisch und klanglich in anderer
Linie verlaufende Schlußteil rundet als „Abgesang" die Strophe ab.
Einfachste Form ist etwa der Siebenzeiler: ab/ab/cwc. Doch spielen
zwischen Aufgesang und Abgesang auch wieder feinere rhythmische
und klangliche Beziehungen, die das Gesamtgebilde der Strophe mit
feinen Fäden zusammenhalten. Das geschieht teils dadurch, daß Reimbänder der Stollen sich in den Abgesang hinein fortsetzen, teils durch
unmittelbare oder variierende Aufnahme rhythmischer Bauelemente der
Stollenpartie im Abgesang. Die Rhythmik Reinmars und Walthers ist
stärker von dem Bestreben beherrscht, Stollen und Abgesang kompositorisch zu kontrastieren; in dem späteren Minnesang nach Walther werden die verbindenden Elemente stärker herausgearbeitet. Dieses Streben, zwischen Stollen und Abgesang Beziehungen herzustellen, führt
schließlich zu der im Meistersang verpflichtend gewordenen Aufgliederung des Abgesangs in zwei feste Teile, einen ersten, der in kompositori-
schem Kontrast zum Stollen steht, und einem abschließenden zweiten,
der den Bau des Stollens ganz wiederholt, so daß jetzt die Strophe in der
metrischen und musikalischen Rückkehr zum Stollen ihre Abrundung
erhält.

Diese drei Haupttypen haben zugleich historische Bedeutung. Der
erste, einfachste Typus wird nicht nur durch sein Auftreten in der Epik
des 12. Jahrhunderts als alt und einheimisch erwiesen, er ist auch der
ältesten deutschen Lyrik, den Spruchtönen Hergers und Spervogels,
den Liedtönen der donauländischen Kürnbergergruppe eigen. Er tritt
dann in der mhd. Lyrik vor den kunstvolleren Formen ganz zurück,
wird aber von Neithart von Reuenthal in seinen Sommerliedern wieder
aufgenommen und kunstvoll weiterentwickelt. Der zweite Typus wird
namentlich in dem Kreise der provenzalisch beeinflußten Rheinländer
um Friedrich von Hausen gepflegt, zum Teil, doch nicht notwendig mit
der Dreigliedrigkeit des dritten Typus verbunden. Dieser endlich mit
der Kontrastierung von Aufgesang und Abgesang wird durch das Vorbild Reinmars und Walthers zur fast allein herrschenden Form des späteren Minnesangs.

Die so erreichte Fülle der Formen ist auch von den Zeitgenossen als ein wesentliches Merkmal des Minnesangs empfunden worden. Der Minnesang ist eine Kunst
der Variation; den als gültig festgelegten Inhalt mit immer neuen Variationen eines

vorgegebenen Schatzes an Bildern und Ausdrucksmöglichkeiten in immer neuen „Tönen" zu gestalten, galt als die eigentliche Kunstleistung des Dichters. Der spätere Minnesang wurde daher immer mehr zu einem nur noch formalen Virtuosentum. In der Tabulatur des Meistersanges mit ihrer schematischen Festlegung verwickelter Formforderungen erstarrt dieses Virtuosentum zu handwerklicher Fertigkeit zünftlerischer Art, während auf der anderen Seite das spätmittelalterliche Gesellschaftslied mit dem Abbau von Formenfülle und Formenstrenge ein wesentliches Merkmal des Minnesangs aufgibt, seinem Inhalt aber damit den Weg in breite Volksschichten eröffnet und diesen über das bürgerliche Gesellschaftslied hin zu neuem Leben in volksliedhafter Frische führt. Damit wird der unter der starren Hülle der überzüchteten Form ruhende, dauernde Erlebniswert des Minnesangs wieder entbunden.

Neben dem Lied erscheint in der mhd. Lyrik der Leich als eine besondere Form, ein kompositorisches Kunstwerk im großen, eine „durchkomponierte Arie", wie A. Heusler es genannt hat. Diese Form ist kirchlich-gelehrten Ursprungs; der Leich geht auf die Sequenz zurück. Die kirchliche Sequenz war ursprünglich Prosa, musikalisch komponierte Satzfolgen von bestimmter Ton- und daher Silbenzahl, was sich aus den besonderen Ursprungsbedingungen der Sequenz ergibt. Leitendes kompositorisches Prinzip ist der paarige Bau der einzelnen Glieder; je zwei Gesätze von gleicher Silbenzahl im Ganzen und in den Untergliedern antworten einander. Auch dies ist aus den Ursprüngen der Sequenz, der antiphonierenden Response zweier Chöre bedingt. Nehmen wir hinzu, daß ein unpaariger, von beiden Chören gemeinsam gesungener Satz Anfang und Ende hervorhebt, so ergibt sich als einfachstes Aufbauschema: A – a + a – b + b – c + c – – – – – E. Diese einfache Grundstruktur kann doppelstöckig wiederholt werden, d. h. die einfache Kette des obigen Schemas kann durch ein unpaariges Mittelglied abgeschlossen werden und dann als Ganzes noch einmal wiederkehren. Also A – I – M – II – E.

Dieser Grundriß bleibt auch bei dem Übergang von der liturgisch gebundenen Urform zu freier religiöser Hymnik und weiter bei der Übertragung auf weltliche Stoffe in lateinischer Sprache und endlich auf volkssprachige Dichtung erhalten. Doch kann die liturgische Strenge des Aufbaus dabei mannigfach gelockert und durchbrochen werden. Ein wesentlicher Schritt ist die Umbildung der alten Prosen in Verse; die einzelnen Gesätze sind dann einer metrisch-rhythmischen Formung und reimender Bindung unterworfen, dafür aber kann die strenge Silbenzählung preisgegeben werden. Die Mariensequenz von Muri (Bd. I S. 213) ist ein erstes deutsches Beispiel dafür. Auch die strenge Responsion kann gelockert, Folge und Zahl der Glieder freier gehandhabt werden. Eine solche freiere volkssprachige Komposition trägt den heimischen Namen „Leich". Die deutschen Leiche der höfischen Zeit zeugen von einer großen Lust an virtuoser Variation, und es ist wahrscheinlich, daß namentlich in den späteren, nachwaltherschen Tanzleichen etwa des Tannhäuser volkstümliche Tanzliedformen mit aufgenommen sind.

4. DIE ÜBERLIEFERUNG

Die Überlieferung der mhd. Lyrik reicht so gut wie nie bis in die Entstehungszeit der Gedichte zurück. Wir verdanken unsere Kenntnis fast ganz einigen wenigen großen Sammelhandschriften des ausgehenden 13. und frühen 14. Jahrhunderts. In ihnen wurde die Ernte von anderthalb Jahrhunderten in die Scheuer gebracht. Sie müssen, wie Umfang und Ausstattung zeigen, für reiche Liebhaber zusammengestellt worden sein, die – typische Gestalten einer ausklingenden Epoche – künstlerische Kennerschaft mit antiquarischem Interesse verbanden. Diese Sammeltätigkeit ging namentlich im alemannischen Südwesten vor sich. In der zentralen Landschaft der hohen höfischen Dichtung blieb also das Interesse für den Minnesang am längsten bewahrt. Daher sind auch die Dichter dieses Gebietes in den Sammlungen am reichsten vertreten.

Unsere drei wichtigsten Sammlungen sind am Oberrhein zu Hause. Es sind die Handschriften:

1. Die kleine Heidelberger Liederhandschrift (A), ohne Bilder noch im 13. Jahrhundert in Straßburg geschrieben. Ihr Besteller dürfte in denselben Kreisen von Literaturfreunden zu suchen sein, die sich für die Spätkunst eines Konrad von Würzburg interessierten.

2. Die Weingartner Liederhandschrift (B), die sich heute in Stuttgart befindet, wohin sie aus dem Kloster Weingarten gelangte. Sie ist um 1300 in Konstanz geschrieben und mit Bildern der in sie aufgenommenen Dichter versehen. Als Besteller hat man mit großer Wahrscheinlichkeit den kunstfrohen Bischof Heinrich von Klingenberg (1293–1306) vermutet.

3. Die große Heidelberger Liederhandschrift (C), die größte und kostbarste der Liedersammlungen. Sie stammt aus der berühmten Bibliotheca palatina, war dann lange im Besitz der Pariser Nationalbibliothek (daher in der älteren Forschung als Pariser Handschrift bezeichnet) und kehrte erst 1888 durch Tausch nach Heidelberg zurück. Sie ist, später als B, in Zürich geschrieben und mit kostbaren Bildern versehen. Jedem Dichter ist ein Bild und sein Wappenzeichen beigegeben. Sie wird auch als Manessische Handschrift bezeichnet, da man sie zu Recht mit der Züricher Patrizierfamilie dieses Namens zusammenbringt. Sie ist wohl wirklich von dem großen Kunstfreund Rüedeger Manesse († 1304) und dessen Sohn Johannes († 1297) mindestens geplant worden. Ihre eigentliche Niederschrift dürfte indessen erst später, etwa 1310–1330 erfolgt sein, ohne daß wir den Auftraggeber kennen. Jedenfalls aber ist sie ohne Ausnutzung der großen Manessischen Liederbibliothek nicht denkbar, die uns der Züricher Bürger, Schreiber und

Dichter Johans Hadloub in seinem 8. Lied aus eigener Anschauung so lebhaft schildert. Der Antrieb zu dieser Sammeltätigkeit war die Begeisterung für die feine höfische Lyrik als höchsten Ausdruck der höfischen Gesinnung: *sanc, dâ man frouwen wolgetân wol mite kan ir lop gemêren, den wolten si niht lân zergân*, so umschreibt Hadloub die Absicht der Züricher Kunstfreunde. Sie richteten ihr Interesse leider nicht in gleicher Weise auf die Komposition; den Texten sind keine Noten beigegeben.

4. Eine Sondersammlung, die es vor allem auf Walther von der Vogelweide, dann auch auf Reinmar abgesehen hatte, bietet die heute in München aufbewahrte **Würzburger Liederhandschrift** (E). Sie ist vor der Mitte des 14. Jahrhunderts geschrieben und dürfte ihre Entstehung dem besonderen lokalen Interesse verdanken, das man Walther in Würzburg entgegenbrachte. Man vermutet ihren Anreger in dem Würzburger Kanzler Michael de Leone, demselben Mann, dem wir die Nachricht von Walthers Grab in Würzburg und die Kenntnis seiner Grabschrift verdanken.

5. Ganz andere Wege und Interessenrichtungen verfolgt die letzte der großen Sammelhandschriften, die auch örtlich von den vier süddeutschen weit abliegt, die **Jenaer Liederhandschrift** (J). Auch sie ist eine Prachthandschrift, zwar unbebildert, dafür aber mit Noten versehen und daher für uns unschätzbar wichtig. Sie ist im zweiten Viertel des 14. Jahrhunderts vermutlich für Landgraf Friedrich den Ernsthaften von Thüringen und Meißen geschrieben. Nach Sprache und Auswahl der Dichter ist sie ausgesprochen mitteldeutsch. Sie enthält vorwiegend mitteldeutsche und niederdeutsche Dichter und richtet ihr Augenmerk vor allem auf die lehrhafte und gelehrte Spruchdichtung der Spätzeit. In ihr ist daher der neue, außerritterliche Typus des wandernden Gelehrten bürgerlicher Herkunft repräsentiert.

Zwei ganz verschiedene Strömungen und Haltungen der Zeit kurz vor und nach der Jahrhundertwende kommen damit in unseren Sammelhandschriften zur Anschauung. Auf der einen Seite stehen die oberrheinischen Sammlungen ABC; sie sind zwar Leistungen der Stadt, aber keine bürgerlichen Leistungen. Ihre Mäzene sind Männer des Patriziates oder der hohen Geistlichkeit, feingebildete Epigonen, die ihren Geschmack an der hohen Kunst der Stauferzeit erzogen haben und in sorgendem Bewußtsein von dem Vergehen dieser Zeit und ihrer Kunst alles zusammentragen, was ihnen davon noch erreichbar ist. Auf der anderen Seite steht der fürstliche Landesherr des mitteldeutschen Ostens. Er ist seiner Zeit und ihrem Geschmack unmittelbar verbunden; seine Sammlung zeugt nicht nur von der sozialen Umschichtung der literaturschaffenden Schicht, sondern auch von dem damit zusammenhängenden Geschmacks- und Interessenwandel auf das Reale, das Lehr- und Lernbare hin. Auch die landschaftliche Verschiedenheit ist schwerlich nur ein Zufall. Die alte Kernlandschaft des Staufertums verharrt, traditionsbelastet, bei der Pflege der überkommenen Hochkultur, die jetzt von den geistigen und politischen Spitzen der aufstrebenden oberrheinischen Städte aufgenommen wird. Die ostmitteldeutsche Landschaft, die am Minnesang weniger teilgenommen hatte, zeigt ihr weniger kulturbewußtes, aber unbeschwert gegenwartsnahes Gesicht.

Zwischen den großen Sammlern und den Dichtern gerade der hohen Zeit, vom Kürnberger bis zu Walther, liegt eine Zeitspanne von 100 bis 150 Jahren. Über das Fortleben dieser Lyrik in der Zwischenzeit läßt sich wenig Sicheres sagen. Auch wenn wir bei dieser entwickelten Formkunst der sorglichen Niederschrift ihre Rolle belassen und ein Eingehen so kunstvoller und feinnerviger Lieder wie die Reinmars und Walthers in das Vortragsprogramm der „Fahrenden" nicht eben für häufig halten, so lebten diese Lieder eben doch als Vortragsstücke in der Gesellschaft fort und wurden textlich von der Melodie getragen. Die mündliche Fortüberlieferung ist mindestens eine wichtige Lebensform dieser Lyrik mit allen Folgen des Modelns, Zersingens und Vergessens, das ihr anhaftet. Ein Musterbeispiel bieten die Spervogelsprüche, die einerseits in der oberrheinischen Gruppe AC, andrerseits in J überliefert sind. Die beiden Überlieferungszweige gehen textlich so weit auseinander, wie wir es bei epischen Buchwerken fast nie erleben, sofern nicht bewußte Umdichtung am Werke ist.

Dennoch zeigt uns ein Vergleich der Sammelhandschriften, daß sie mindestens teilweise auf älteren, verlorenen Sammlungen beruhen. B und C stehen sich in den Bildern und der Textfolge so nahe, daß für sie eine bebilderte Sammelhandschrift des späten 13. Jahrhunderts als gemeinsame Grundlage sicher erkennbar ist, die dann in B spärlicher, in C weit reichlicher aus anderen Quellen ergänzt worden ist. Auch zwischen A und C wie E und C bestehen Beziehungen, die auf ältere, kleinere Sammlungen hinweisen, doch wird hier die Unsicherheit schon größer. Man kann sich hinter den großen Prachthandschriften einfache, kleine Vortragshefte vorstellen; bei maßgeblichen Sängern wie Veldeke, Reinmar oder Walther auch schon systematische Sondersammlungen. Anderes wird zufälligen Einzelaufzeichnungen oder eben auch dem Einfangen aus mündlichem Vortrag zu danken sein.

Aus der besonderen Traditionslage der Lyrik erklärt sich nicht nur das starke Schwanken in der textlichen Überlieferung, sondern auch, namentlich bei älteren Dichtern, die Unsicherheit in der Zuweisung der Lieder zu bestimmten Dichtern. Nicht wenige Strophen und Lieder stehen in den verschiedenen Sammlungen unter verschiedenen Dichternamen; sogar innerhalb derselben Handschrift tauchen Gedichte unter verschiedenen Namen auf. Die großen Namen, vorab wieder Reinmar und Walther, werden zu Sammelbecken, in denen sich herrenloses Gut anhäuft; der Sammlerehrgeiz oder die Effektsuche des Vortragenden wünschten möglichst viel von den Großen zu besitzen. So wird die Echtheitsfrage zu einem brennenden Problem der Minnesangsforschung. Kritische Scheidungskunst kann aus erzogenem Einleben in die Art der einzelnen Dichter versuchen, Echtes und Unechtes zu trennen; letzte Sicherheit ist dabei häufig nicht zu erreichen. Carl von Kraus, der beste

Kenner der mhd. Lyrik, hat in radikaler Kritik aus der Überlieferung von Dietmar von Aist, Heinrich von Rugge, Reinmar von Hagenau sehr viel gestrichen. Andere meinten, vorsichtiger und konservativer verfahren zu müssen, und Kraus selber hat bei einzelnen Gedichten mehrfach seine Ansicht geändert. Wir werden im ganzen den durch die Ausgaben von Kraus festgelegten Stand zugrunde legen.

Die Anordnung der Lieder geht in den Handschriften bei den einzelnen Dichtern von den „Tönen" aus; sie ordnen zusammen, was nach der gleichen Melodie zu singen war, gleichgültig, ob die Strophen einem einzigen Liede angehörten oder mehreren. Die Scheidung der Lieder desselben Tones und die Feststellung der richtigen Strophenfolge innerhalb der Lieder, die von Handschrift zu Handschrift wechselt, ist bei der Gleichartigkeit des Inhalts und der Geschlossenheit der Einzelstrophen mit kritischen Methoden meist nur bis zu einer gewissen Wahrscheinlichkeit zu erreichen. In der Ordnungsfolge der Töne und der Textauswahl sind nur B und C eng miteinander verbunden. Die anderen Handschriften weichen von diesen beiden und untereinander stark ab; eine in alte Zeit zurückreichende Tradition ist kaum zu erspüren, die Reihenfolge der handschriftlichen Überlieferung daher kein Leitfaden für die Erkenntnis der richtigen Ordnung. In der Reihenfolge der Dichter endlich weichen selbst B und C stark voneinander ab. Eine historische Anordnung, ein Fortschreiten von älteren zu jüngeren Dichtern haben die Sammler nirgends erstrebt. Die Reihenordnung in C zeigt uns, welcher Ordnungsgrundsatz der Zeit besonders am Herzen lag: der ständische. C läßt seine Dichter soweit wie möglich nach ihrer ständischen Geltung aufeinander folgen, beginnend mit Kaiser Heinrich VI. über die Könige, Fürsten, Grafen bis hinab zu der Schar der unritterlichen, wandernden Spruchdichter.

LITERATUR

Sammelausgaben:

Fr. H. v. d. Hagen, Minnesänger. Deutsche Liederdichter des 12., 13. und 14. Jh. 4 Teile. Leipzig 1838. – Karl Bartsch, Deutsche Liederdichter des 12.–14. Jh. 8. Aufl. (durch W. Golther). Berlin 1928. – Des Minnesangs Frühling, hrsg. v. K. Lachmann. 30. Aufl. bearbeitet von C. von Kraus. Leipzig 1950. – Carl von Kraus, Des Minnesangs Frühling. Untersuchungen. Leipzig 1939. – R. M. S. Heffner u. K. Petersen, A Word-Index to: Des Minnesangs Frühling. Univ. of Wisconsin. Madison 1942. – Liebeslyrik der deutschen Frühe in zeitlicher Folge. Hrsg. von Hennig Brinkmann. Düsseldorf 1952. – Carl von Kraus, Deutsche Liederdichter des 13. Jh. Bd. I: Text. Tübingen 1952. – Karl Bartsch, Die Schweizer Minnesänger. Frauenfeld 1886. – Fr. Pfaff, Der Minnesang im Lande Baden. Heidelberg 1908.

Handschriften:

A. *Die kleine Heidelberger Liederhandschrift* (Cod. pal. germ. Nr. 357). Abdruck: FRANZ PFEIFFER, Bibl. des Lit. Ver. Stuttgart, Bd. 9. Stuttgart 1844. Faksimile: C. VON KRAUS, Stuttgart 1932.

B. *Die Weingartner Liederhandschrift* (jetzt Landesbibl. Stuttgart). Abdruck: FRANZ PFEIFFER, Bibl. des Lit. Ver. Stuttgart, Bd. 5. Stuttgart 1843. Faksimile: KARL LÖFFLER, Stuttgart 1927.

C. *Die große Heidelberger Liederhandschrift.* (Cod. pal. germ. Nr. 848). Abdruck: FRIEDRICH PFAFF, Heidelberg 1909. Faksimile: Insel-Verlag, Leipzig 1925–29. Dazu: FRIEDR. PANZER, Die Manessische Liederhandschrift und ihre Nachbildung. Z. f. dtsche. Bildung 5 (1929) 169–74.

J. *Die Jenaer Liederhandschrift,* hrsg. von G. HOLZ, F. SARAN, E. BERNOULLI, 2 Bde. Leipzig 1901.

M. *Cod. lat.* 4460, Staatsbibl. München (ehemals Benediktbeuren), hrsg. von ALFONS HILKA u. OTTO SCHUMANN: Carmina Burana Bd. I (1–2) Text, Bd. II (1) Kommentar. Heidelberg 1930–41. – J. SCHMELLER, Carmina burana. 4. Aufl. Breslau 1904.

Allgemeine Literatur:

Für die Literatur ist im allgemeinen zu verweisen auf die Untersuchungsbände von C. von Kraus zu MF (1939) und auf seine Neubearbeitung der Lachmannschen Waltherausgabe (1935). Der Untersuchungsband zu den Deutschen Liederdichtern des 13. Jh. ist im Druck. – HUGO KUHN, Minne oder reht. Festschr. Panzer (1950) 29 ff. – PETER SCHMID, Die Entwicklung der Begriffe „minne" und „liebe" im deutschen Minnesang bis Walther. ZfdPh. 66 (1941) S. 54–70. – ANDRÉ MORET, Qu'est-ce que la minne? Contribution à l'étude de la terminologie et de la mentalité courtoises. Etudes Germ. 4 (1949) S. 1–12. – HENRI W. NORDMEYER, Minnesangforschung und Psychologie. Monatsschr. f. d. dtschen Unterricht 34 (1942) S. 274–79. – G. AMORETTI, Il Minnesang. Mailand 1949. – ARNO SCHIROKAUER, Über die Ritterlyrik. German Quarterly 19 (1946) S. 199–203. – HENNIG BRINKMANN, Erscheinung und Entfaltung des deutschen Minnesangs. ZfDkde. 1936, S. 503–19. – FRANCESCO POLITI, La Lirica del Minnesang: Testi – Profili – Versioni. Bari 1948. – ISTVÁN FRANK, Trouvères et Minnesänger. (Schriften d. Univ. d. Saarlandes) Saarbrücken 1952. – HERBERT KOLB, Untersuchungen zur Terminologie der höfischen Lyrik. Diss. Freie Univ. Berlin 1952 (MaschSchr.) – JOHN MEIER, Minnesang und Volkslied. Jb. f. Volksliedforschg 7 (1941) S. 1–4. – ANDRÉ MORET, Les débuts du lyrisme en Allemagne (des origines à 1350). Travaux et mémoires de l'université de Lille. Nr. 27. Lille 1951. – MAX ITTENBACH, Der frühe deutsche Minnesang. Strophenfügung und Dichtersprache. Dtsche Vjschr. Buchreihe Bd. 24. Halle 1939. – HANS NAUMANN, Die Hohenstaufen als Lyriker und ihre Dichterkreise. Dichtg. u. Volkst. 36 (1935) S. 11–22. – HUGO KUHN, Minnesangs Wende. Hermaea. Germanist. Forschungen. N. F. Bd. 1. Tübingen 1952. – HANS NAUMANN, Minnesang im niederrheinischen Raum. Dichtg. u. Volkst. 42 (1942) S. 54–70. – ERIK ROOTH, Ein neuentdeckter niederdt. Minnesänger a. d. 13. Jh. Lund 1928. – K. J. HEINISCH, Antike Bildungselemente im frühen deutschen Minnesang. Diss. Bonn 1934. – ALFRED HAHN, Bildhafte Elemente im deutschen Minnesang. Diss. Bonn 1948 (MaschSchr.). – F. MOHR, Das unhöfische Element in der mhd. Lyrik von Walther an. Diss. Tübingen 1913. – ALFRED GÖTZE, Gewollte Unkunst im Frauenlied. Beitr. 61 (1937) S. 183–85. – LUDWIG SCHNEIDER, Die Naturdichtung des deutschen Minnesangs. Neue deutsche Forschgen, Abt. Dt. Phil., Bd. 6. Berlin 1938. – ANDRÉ MORET, La nature dans le Minnesang. Etudes Germ. 3 (1948) S. 12–24. – P. B. WESSELS, Die Landschaft im jüngeren Minnesang. Maastricht 1947. – HEINRICH FISCHER, Die Frauenmonologe der deutschen höfischen

Lyrik. Diss. Marburg 1934. – ERIKA MERGELL, Die Frauenrede im deutschen Minnesang. Diss. Frankfurt 1940. – GISELA KRAUSE, Das Frauenideal im deutschen Sang
der hohen Minne. Diss. Marburg 1945. – M. COLLEVILLE, Les chansons allemandes
de croisade en moyen haut-allemand. Paris o. J. (1936). – HERTHA OHLING, Das
deutsche Taglied vom Mittelalter bis zum Ausgang der Renaissance. Diss. Köln 1938.
– ANDRÉ MORET, La mythe de la pastourelle allemande. Etudes Germ. 3 (1948) 187
bis 193. – FRIEDRICH PANZER, Der älteste Troubadour und der erste Minnesinger.
Dichtg u. Volkst. 40 (1939) S. 133–45. – HEINRICH MEYER-BENFEY, Das älteste
deutsche Liebeslied. Germ.-rom. Monatsschr. 25 (1937) S. 389–93. – ANDREAS
HEUSLER, Deutsche Versgeschichte, Bd. II (1927) S. 163–341. – GÜNTHER MÜLLER,
Formprobleme des Minnesangs. Dtsche Vjschr. 1 (1923) S. 61–103. – KURT PLENIO,
Das Formproblem des Minnesangs. Beitr. 42 (1917) 410–435. – F. GENNRICH, Das
Formproblem des Minnesangs. Ein Beitrag zur Erforschung des Strophenbaus der
mittelalterlichen Lyrik. Dtsche Vjschr. 9 (1931) S. 285–343. – KURT HALBACH, Form-
beobachtungen an staufischer Lyrik. ZfdPh. 60 (1935) S. 11–22. – WALTER BÜCHELER,
Französischer Einfluß auf den Strophenbau und die Strophenform bei den deutschen
Minnesängern. Diss. Bonn. Dillingen 1930. – WALTER FISCHER, Der stollige Strophen-
bau im Minnesang. Diss. Göttingen. Halle 1932. – INGEBORG IPSEN, Strophe und
Lied im frühen Minnesang. Beitr. 57 (1933) 301–413. – HELMUT DE BOOR, Langzeilen
und lange Zeilen in Minnesangs Frühling. ZfdPh. 58 (1933) 1–49. – K. E. H. KOHNLE,
Studien zu den Ordnungsgrundsätzen mhd. Liederhandschriften (Die Folge der
Lieder in A und E). Diss. Tübingen. Stuttgart und Berlin 1934. – CARL BÜTZELER,
Die Strophenanordnung in mhd. Liederhandschriften. ZfdA 77 (1940) S. 143–74. –
F. GENNRICH, Grundriß einer Formenlehre des mittelalterlichen Liedes. Halle 1932. –
F. GENNRICH, Troubadours, Trouvères, Minne- und Meistersang. In: Das Musik-
werk 1951. – HANS SPANKE, Romanische und mittellateinische Formen in der Metrik
von Minnesangs Frühling. ZfromanPh. 49 (1929) S. 191–235. – DERS., Beziehungen
zwischen mittellatein. u. französ. Lyrik. Gött. Ges. d. Wiss., phil.-hist. Kl. Abh.
3. Folge Nr. 18. 1936. – G. G. VAN ANDEL, Über die Melismen in mittelhochd. Liedern
Verzamelde Opstellen. (Festschr. f. J. H. Scholte) 1947, S. 106–09. – F. GENNRICH,
Liedkontrafaktur in mhd. und ahd. Zeit. ZfdA 82 (1848–50) S. 105–41. – F. GENN-
RICH, Deutsche Rondeaux. Beitr. 72 (1950) S. 130–41.

Entstehungstheorien:

  FR. ROLF SCHRÖDER, Der Minnesang, Germ.-Rom. Mon. 21 (1933) 161–87;
257–90. – KÄTE AXHAUSEN, Die Theorien über die provençalische Lyrik. Diss. Marburg 1937. – EDUARD WECHSSLER, Das Kulturproblem des Minnesangs. I. Minnesang und Christentum. Halle 1909. – ANDRÉ MORET, Origines du Minnesang. Etudes
Germ. 1 (1946/47) 22–41.
  Volkstümliche Theorie: A. E. SCHÖNBACH, Die Anfänge des deutschen Minnesangs. Graz 1898. – EMIL ÖHMANN, Die Schönbachsche Theorie von den Anfängen
des deutschen Minnesangs. Neuphil. Mitt. 46 (1945) S. 1–21. – FR. VOGT, Geschichte
der mhd. Literatur I, 3. Aufl. Berlin u. Leipzig 1922. – TH. FRINGS, Minnesinger und
Troubadours. Dt. Akad. d. Wiss. zu Berlin. Vorträge u. Schriften, Heft 34. Berlin
1949. – TH. FRINGS, Erforschung des Minnesangs. Forschungen u. Fortschr. 26
(1950) S. 9–13, 39–42. – TH. FRINGS, Altspanische Mädchenlieder aus des Minnesangs
Frühling. Beitr. 73 (1951) S. 176–96. –
  Mittellatein. Theorie: HENNIG BRINKMANN, Geschichte der lateinischen Liebesdichtung im Mittelalter. Halle 1925. – DERS., Entstehungsgeschichte des Minnesangs. Dtsche Vjschr., Buchreihe, Bd. 8. Halle 1926. – JUL. SCHWIETERING, Einwirkung der Antike auf die Entstehung des frühen deutschen Minnesangs. ZfdA 61
(1924) S. 61–82.

Arabische Theorie: Konrad Burdach, Über den Ursprung des mittelalterlichen Minnesangs, Liebesromans und Frauendienstes. Berl. Sitzber. 1918 S. 994–1029; 1072–98. – Wieder abgedruckt: Vorspiel, Teil 1 S. 253–333. Halle 1925. – Samuel Singer, Arabische und europäische Poesie im Mittelalter. Abh. d. Preuß. Akad. d. Wiss. 1918, Phil.-hist. Kl. Nr. 13. – R. Erckmann, Der Einfluß der arabisch-spanischen Kultur auf die Entwicklung des Minnesangs. Diss. Gießen 1933. – Ders., Der Einfluß der arabisch-spanischen Kultur auf die Entwicklung des Minnesangs. Dtsche Vjschr. 9 (1931) S. 240–84. – Lawrence Ecker, Arabischer, provenzalischer und deutscher Minnesang, eine motivgeschichtliche Untersuchung. Bern und Leipzig 1934.

FÜNFTES KAPITEL

DIE FRÜHHÖFISCHE LYRIK

1. DER FRÜHE DONAULÄNDISCHE MINNESANG

Als Heinrich von Melk um 1160 in seinem Gedicht *von des tôdes gehü-gede* (Bd. I S. 182 ff) der ritterlichen Welt die Sinnlosigkeit ihres weltlichen Treibens angesichts der Vergänglichkeit alles Irdischen vorhielt, zeichnete er damit das erste Bild der höfischen Geselligkeit und erwähnt dort auch den Gesang von *trûtliet*, d. h. Liebesliedern. Im Spiegel des *contemptus mundi* begegnet uns zuerst der Minnesang.

Etwa um dieselbe Zeit dichtete der Ritter von Kürnberg ebenfalls im Donautal seine Minnestrophen, die uns als die ältesten uns bekannten Minnelieder gelten. So etwa müssen die *trûtliet* ausgesehen haben, gegen die Heinrich von Melk eiferte. Diese älteste Gruppe ritterlicher Liebeslyrik um den Kürnberger stellt uns alsbald vor eine schwierige, noch nicht klar gelöste Frage.

Wir hatten einleitend festgestellt, daß der deutsche Minnesang eine Nach- und Weiterbildung des provenzalischen sei. Diese früheste Gruppe des deutschen Minnesangs aber liegt der provenzalischen Troubadour-lyrik nicht nur räumlich möglichst fern, sie erwächst in Österreich und Bayern. Sie ist auch als Typus eigenständig, weder in ihrem Denken noch in ihrer Form aus dem provenzalischen Vorbild ableitbar.

Wie haben wir diese älteste deutsche Liebeslyrik zu deuten? Man hat von „einheimischem" Minnesang gesprochen und diese Lieder als „volkstümlich" bezeichnet. Sofern man dabei an wirkliche Volkslieder, an volksläufige Dichtung gedacht hat, ist diese Auffassung falsch. Auch dieser frühe Minnesang ist eine ritterlich-ständische Kunst. Die Partner des Liebesspiels sind *riter* und *frouwe*. Die allgemeineren Wörter *man* und *wîp* fehlen gewiß nicht, aber deutlich gehen dann oft allgemeinere und speziellere Bedeutung nebeneinander her. So etwa in dem kecken Werbe-lied des Kürnbergers (10, 17). Die allgemeine Sentenz vom Erfolg des rasch zupackenden Werbens spricht vom Weib, das gleich dem Jagd-falken leicht zahm wird, wenn der Mann richtig zu locken versteht. Die Anwendung auf das eigene Erlebnis dagegen spricht von dem Ritter, der so um eine Frouwe geworben hat. (Ähnlich bei Dietmar 32, 1; 39, 7). Begriffe des höfischen Gesanges wie *stæte* und *hôher muot*, Heimlichkeit der Liebe und Verschwiegenheit in Liebesdingen, sind dieser Lyrik be-kannt. Die Einstilisierung in die Erlebnisform des Lehenswesens ist durch die Bezeichnung der Geliebten als *frouwe*, des Werbens und Gewährens als „Dienst" und „Lohn" vollzogen. Die gesellschaftliche Erscheinung der *huote* und der *merkære* tritt ins Blickfeld, und schon meldet sich bei Dietmar von Aist (33, 23; 39, 11) der Gedanke der Wertsteigerung und sittlichen Reinigung durch die wahre Minne.

All das führt vom „Volkstümlichen" weit fort und verbindet die donauländische Frühlyrik mit dem hohen Minnesang. Aber noch Wesentlicheres, ins innerste Gefüge Greifendes trennt diese Lyrik auch wieder von dem eigentlichen Minnesang westlicher Prägung. Man hat das Wichtigste in die Formel gefaßt, daß hier nicht von Minne, sondern von Liebe gesungen werde, daß also das Gefühlsleben noch nicht zu der ganz bestimmt stilisierten Erlebnisform erzogen ist, die wir die „hohe Minne" nennen. Zwei Erscheinungen sind vor allem bedeutsam: das sinnliche Element der Liebe ist nicht spiritualisiert; die Erfüllung des seelischen Liebeserlebnisses in der leiblichen Vereinigung, der ewig gültige, naturhafte Vorgang der Hingabe, wird unbefangen ausgesprochen, gefordert und gewährt. Und zum andern: die Frau nimmt an dem Erlebnis der Liebe fühlend, leidend und handelnd vollen Anteil, ja, gerade sie wird zur Trägerin und Bekennerin eines blutdurchwärmten Liebeserlebens gemacht. Die vielen „Frauenstrophen" der donauländischen Frühlyrik, die dem späteren Minnesang fast ganz fehlen und die wir längst nicht mehr als Frauendichtung, sondern als „Rollendichtung" erkannt haben, legen dafür Zeugnis ab. Erfüllung und Gewährung wie Sehnsucht und Verzicht in ihrem zugleich seelisch erschütternden und leiblich erregenden Zusammenklang finden gerade in den Frauenstrophen ihren gültigsten Ausdruck, während dem männlichen Erlebnis ein viel breiterer Spielraum von selbstbewußt ablehnendem Freiheitsgefühl bis schon zum geduldig werbenden Dienstgedanken gegeben ist.

Das ist weder die entleiblichte Minne des hohen Minnesangs noch die unbekümmerte Erotik der lateinischen Vagantenlyrik. Es ist ein Ding für sich, eine ungebrochene, aber adlig erhobene und verfeinerte Erlebnisfähigkeit, sittlich und sinnlich zugleich wie alles vertiefte Liebesleben. Wir haben es nicht nötig, nach fremden Wurzeln zu fragen; wir haben ein Recht, hier von einer einheimischen Kunst zu reden. Und wenn wir es ablehnen mußten, diese Lyrik volkstümlich zu nennen, so bleibt doch die Frage bestehen, ob und wie weit sie aus volkstümlichen Vorstufen entwickelt sein kann.

Diese Frage wird sich niemals sicher beantworten lassen, weil uns alle Vergleichsmöglichkeiten fehlen. Die wenigen Reste einer „volkstümlichen" Lyrik sind teils ungeeignet, zur Klärung der donauländischen Frühlyrik etwas beizutragen (die Reigenballade der Tänzer von Kölbigk, das Mädchenreigenlied der Carmina burana), teils in ihrer Volkstümlichkeit bestritten, wie die deutschen Liebesgrüße in lateinisch-gelehrten Schriftwerken, der lateinisch-deutsche Liebesgruß im

Ruodlieb und der bekannte deutsche: *Du bist mîn, ich bin dîn* aus den Tegernseer Liebesbriefen.

Beachtung verdient allein das Wort *wineliet*. Zwar ist es nicht mehr als ein Wort, das wir hier erhalten, aber sein Auftreten und seine Verwendung an zwei zeitlich weit auseinanderliegenden Stellen machen es uns bedeutsam.

In der dörperlichen Tanzdichtung Neitharts von Reuenthal kommt an zwei eng zusammengehörigen Stellen das Wort *wineliet, wineliedel* vor; es sind die einzigen Belege in mittelhochdeutscher Zeit. Beide Male läßt Neithart einen seiner bäuerlichen Gegner beim Blumenpflücken seine *wineliedel* in einer *hôhen wîse* singen. Hier handelt es sich zweifellos um ein von einem Einzelnen gesungenes Liebeslied mit einer kunstvollen Melodie, einer hohen Weise. *wine* ist ein altes Wort der Liebesbeziehung; es bezeichnet sowohl den Geliebten wie die Geliebte und ist in dieser Bedeutung z. B. im Nibelungenlied noch verwendet. *wineliet* ist wie *trûtliet* bei Heinrich von Melk also eine Bezeichnung für ein Liebeslied, und zwar in außerritterlicher, dörflicher, d. h. volkstümlicher Sphäre.

Weit früher, in der Zeit Karls des Großen, stoßen wir auf dasselbe Wort in der althochdeutschen Form *winileot*. Es begegnet uns einerseits in etwa einem Dutzend Glossenbelegen, die aber alle auf eine gemeinsame Wurzel des 8. Jahrhunderts zurückgehen, und dient dort dazu, den lateinischen Terminus *psalmi privati et vulgares* zu verdeutschen. Im lateinischen Grundtext, den Beschlüssen des Konzils von Laodicea, sind damit geistliche Lieder gemeint, die von der Kirche nicht approbiert sind, und deren Verwendung im Gottesdienst daher verboten wird. Damit ist nicht gesagt, daß das deutsche Wort den gleichen kirchlich-technischen Inhalt gehabt haben muß. Der Glossator suchte ein leidlich passendes deutsches Gegenwort und verfiel – weil ihm vor allem *vulgaris* wichtig schien – auf einen Ausdruck, der ein weltliches Lied bezeichnete. Die erklärenden Zusätze, die in jüngeren Abschriften sowohl dem lateinischen wie dem deutschen Ausdruck zugefügt sind, zeigen, daß wir mit einem weltlichen, sangbaren Lied zu rechnen haben. Mehr geben die Glossenbelege nicht her.

Sie werden ergänzt und beleuchtet durch den einzigen unabhängigen Beleg in einem karolingischen Capitulare des Jahres 789. Es beschäftigt sich mit den *nonnanes non regulares*, vornehmen Frauen, die, ohne in klösterlicher Gemeinschaft zu leben, die Gelübde abgelegt haben. Ihnen wird untersagt, *uuinileodos scribere vel mittere*. Was diese halb geistlichen Damen nicht sollen, ist doch wohl, sich mit erotischer Dichtung befassen, wobei die Verben „schreiben" und „senden" auf poetische Liebesgrüße weisen. Und zwar auf Verse in deutscher Sprache; denn wenn der deutsche Ausdruck als Fremdwort in den lateinischen Text übernommen wird, so muß es sich um eine anerkannte deutsche Dichtform handeln, die sich nicht ohne weiteres lateinisch ausdrücken ließ. Und wenn wir weit später, in dem lateinischen Liebesbrief einer jungen Dame an einen Kleriker, die deutschen Verse des *du bist mîn, ich bin dîn* finden, so wäre das so etwas wie jene alten „geschriebenen und gesendeten" *winileot* der vornehmen karolingischen *nonnanes*.

Aus den Jahrhunderten zwischen dem karolingischen Capitulare und Neitharts Gedichten besitzen wir kein Zeugnis. Aber die Bedeutung „Liebesgedicht" ist an den beiden so weit auseinanderliegenden Stellen wahrscheinlich oder sicher: ein individuelles Liebesgedicht in deutscher Sprache. Neithart aber führt in die bäuerliche Sphäre; wenn er hier *wineliedel* sagt, so soll das bis in die Verwendung der Verkleinerungsform hinein ein Kontrast zum höfischen Minnelied sein. Das Wort ist sozial abgesunken, wie auch das Simplex *wine* aus der höfischen Sphäre verschwindet. *wine* ist synonym mit *trût* – sollten da nicht auch die *trûtliet* des Heinrich von Melk und die *wineliet* des Neithart zusammengehören? Und das würde bedeuten, daß die ritterliche Lyrik der donauländischen Kürnbergergruppe um 1160 und die bäuerliche des Donauländers Neithart um 1220/30 innerlich verwandt waren, daß es also eine Liebeslyrik in deutscher Sprache gegeben hat, ehe die provenzalische Mode sie überflutete. Mehr wagen wir nicht zu sagen, als daß hier allenfalls der Boden sichtbar wird, aus dem der „einheimische" donauländische Minnesang hervorsproßte.

2. DIE EINZELNEN DICHTER DER FRÜHGRUPPE

Die frühe donauländische Lyrik ist uns nur sehr trümmerhaft erhalten. Das hat seinen Grund nicht nur in dem großen Zeitabstand zwischen den Dichtern und den Sammlern unserer großen Handschriften, sondern auch in dem Geschmackswandel: solche Lyrik war den Sammlern kein vollgültiger Minnesang. Abgesehen von ein paar altertümlichen Bruchstücken, die sich in unseren Sammelhandschriften unter die weit jüngeren Namen Walther von Mezze, Niune, Alram von Gresten verirrt haben, und die als „Namenlose Lieder" heute unsere bekannte Sammlung der vorwaltherschen Lyrik: Des Minnesangs Frühling eröffnen, sowie von zwei hochaltertümlichen Gedichten, die dem Dietmar von Aist fälschlich zugeschrieben wurden, sind drei Dichter in einer ältesten Gruppe zusammenzuschließen: der Kürnberger, Dietmar von Aist und der Burggraf von Regensburg. Neben sie stellen sich zwei in Stil und Wesen etwas jünger wirkende, von westlichen Einflüssen schon stärker berührte Dichter: der Schwabe Meinloh von Sevelingen und der Burggraf von Rietenburg. Von allen diesen Namen ist in der

Sammlung A nur der Regensburger Burggraf mit zwei Strophen vertreten; die vier übrigen finden wir nur in der Gruppe BC, den Bedeutendsten unter ihnen, den Kürnberger, überhaupt nur in C.

Alle fünf genannten Dichter denken wir uns etwa zwischen 1150 und 1175 am
Werk, alle lassen sich in uns bekannte Adelsgeschlechter einordnen.

Am undeutlichsten bleibt uns bei dem Fehlen des Vornamens und dem mehrfachen
Auftreten des Orts- und Geschlechtsnamens Kürnberg (d. h. Mühlberg) der Kürnberger. Es ist nicht einmal zu entscheiden, ob er Freiherr oder Ministeriale war. Der
Versuch, den Dichter einem breisgauischen Freiherrngeschlecht dieses Namens zuzuweisen, berücksichtigt nicht die formalen und motivlichen Beziehungen seiner Gedichte zum Nibelungenliede bzw. zu dessen Vorstufe, der „Älteren Not" von etwa
1160. Wir müssen den Kürnberger bestimmt für einen Österreicher halten.

Die beiden Burggrafen sind Brüder aus dem Geschlechte der Rietenburger, die das
Regensburger Burggrafenamt als Reichslehen bis etwa 1185 innehatten. Die drei
Brüder Friedrich, Heinrich und Otto von Rietenburg, die letzten dieses Geschlechtes,
verschwinden alle im Laufe der achtziger Jahre aus den Urkunden, sind also kurz
nacheinander verstorben. Unter ihnen haben wir die beiden Dichter zu suchen. Der
als Burggraf von Regensburg bezeichnete altertümlichere Dichter mag der älteste
Bruder Friedrich gewesen sein, der als Burggraf von Rietenburg bezeichnete der
jüngste Stiefbruder Otto.

Die Freiherrn von Aist tragen ihren Namen nach einem nördlichen Nebenflüßchen
der Donau, das kurz unterhalb der Enns mündet. Unter ihnen tritt seit 1139 ein Dietmar von Aist urkundlich hervor, mit dem um 1170 die männliche Hauptlinie ausge-
storben zu sein scheint. Vieles verlockt dazu, in diesem unsern Dichter zu sehen. Allein er urkundet schon 1139 selbständig, und denken wir uns seine Liebeslyrik in
seiner Jugend entstanden, so kämen wir auf die Zeit 1140–1150. Er träte damit an die
Spitze der donauländischen Liebeslyrik. Aber es spricht alles dafür, daß er jünger war
als der Kürnberger. Allenfalls wäre es denkbar, diesem Dietmar die beiden Strophen
37, 4 und 37, 18 zuzuweisen, die aus dem Stil der übrigen Dietmargedichte ganz her-
ausfallen und wohl das Altertümlichste an mittelhochdeutscher Lyrik sind, das wir
besitzen. Sonst möchte man eher an einen jüngeren Träger des Namens aus einer
Seitenlinie, etwa an einen Neffen des alten Dietmar denken. Es spricht nicht gegen
diese Annahme, daß ein solcher urkundlich nicht nachweisbar ist.

Das Geschlecht der Sevelinger endlich und der Name Meinloh in diesem Geschlecht
sind urkundlich erst im 13. Jahrhundert nachweisbar. Sie sind in Söflingen bei Ulm
zu Hause; unser Dichter muß ein Vorfahre dieser späteren Sevelinger sein, ist also
Schwabe und der westlichste innerhalb der donauländischen Gruppe. Er war daher
am ersten geeignet, rheinisch-westliche Anregungen zu empfangen und zu übernehmen. Aber seine ausschließlich auf die Langzeile gestellten Strophen, die durchgehende
Einstrophigkeit seiner Gedichte, endlich seine Beziehungen zum Nibelungenlied zeigen, daß er seine dichterische Anregung von Osten her empfangen hat und mit Recht
der donauländischen Gruppe zuzuordnen ist.

Die führenden Namen in dieser Gruppe sind der Kürnberger und
Dietmar von Aist. In ihrem Wesen sehr verschieden, zeigen sie uns die
Möglichkeiten dieser frühen Kunst.

Von den beiden hat der Kürnberger das festere, männlichere Profil, die größere Geschlossenheit seines Wesens. Wir spüren das schon
daran, daß er fast ganz mit einer einzigen Strophenform auskommt, die
er mit Selbstbewußtsein als *des Kürnberges wîse* für sich in Anspruch

nimmt. Er zeigt am stärksten den Zug zur Episierung, die für die donauländische Frühlyrik als bezeichnend gilt, oder – was der literarischen
Wirklichkeit wohl näher kommt – er ist am stärksten am Stil des heroischen Epos gebildet. Einzig das urtümliche Falkenlied (37, 4), das
fälschlich unter Dietmars Namen steht, ist darin mit ihm vergleichbar.
Das Ich-Gefühl scheut sich vor dem unmittelbaren Ausdruck, es sucht
den mittelbaren. Nicht der Dichter redet, sondern Personen, die er vor
sich hinstellt, oft im knappen epischen Bild gezeichnet oder aus einer
epischen Situation erlebt. Wie der Kürnberger seine Strophenform mit
dem Nibelungenlied teilt, so kehrt in seinem bekanntesten Gedicht das
Bild des geliebten Ritters als Falke wieder, das in dem ahnungsvollen
Traum Kriemhilds schon die Ältere Not eingeleitet hat. Quellenmäßigen Zusammenhang braucht man darum nicht zu fordern. Das Bild des
Falken für den freien Aufschwung ist der Zeit lieb; im Dietmarschen
Falkenlied ist es als Ausdruck der weiblichen Freiheits- und Erfüllungssehnsucht verwendet, und noch Reinmar hat es in seinem Liede 156, 10
aus dem österreichischen Minnesang in die hohe Lyrik hinübergerettet.

Bei aller Schwierigkeit der Einzelinterpretation ist im Falkenlied des
Kürnbergers der Gegensatz von weiblichem und männlichem Liebeserleben als Sinn des Gedichtes zu begreifen; es ist fast ein „Wechsel"
in die Form des Frauenmonologes umgegossen, woraus sich auch die
Zweistrophigkeit des Gedichtes erklärt. Die erste Strophe erlebt den
Falken von der Frau her, den Geliebten, den Liebe schenkend umgeben
hat. Die zweite Strophe sieht ihn – in den Worten der Frau – vom Manne
her, dem Freizügigen, dem Tat und Gunst, und nicht nur Frauengunst,
das Leben erhöht, weswegen das Schmuckmotiv der ersten Strophe in
der zweiten strahlender wiederaufgenommen wird. Die Schlußzeile kehrt
abrundend zum Empfinden der Frau zurück. Aber auch jetzt drückt es
sich nicht unmittelbar aus; es verhüllt sich in einem Stoßseufzer von
objektivierender Allgemeinheit.

Aus episch geschauter Situation, die sich im monologischen Gedicht
aus der Rede ergibt, geht auch das Lied 8, 17 hervor. Die Frau steht
sehnsuchtsvoll in ihrer Kemenate – das häuslich-private *hemede* läßt
innigere Beziehungen leise ahnen – und errötet in Gedanken an den Geliebten wie die Rose am Dorn. Noch stärker ins Epische geht der bekannte Wechsel, 8, 1 + 9, 29, das Gegeneinander der Burgherrin, die
den Ritter *in Kürnberges wîse* singen hört und seine Liebe begehrt, und
des freiheitsbewußten Ritters, der solchem Werben Trotz bietend außer
Landes geht. Eine typische epische Situation liegt dem zugrunde: die
Frau, die von der Zinne herabschauend den Helden sieht oder – in nächtlicher Szene – hört und in Liebe zu ihm entbrennt. So erlebte Lavinia
den Aeneas, Bride den Orendel, so auch Kriemhild Siegfried. Auf dieses
Bild allein kommt es an; jedes Fragen nach Einzelheiten seiner Wirklichkeit

16*

zerstört den Zauber des Gedichtes. Die Rede beider Strophen ist
epische Rede. Die Worte der Frau sind monologisch gefaßt, aber sie
wären als Anrede an eine Vertraute denkbar. Der antwortende Rü-
stungsbefehl des Ritters an den Knappen ist vollends epischer Stil. Aber
der Vorgang selber, die Herstellung der Beziehung zwischen Mann und
Weib durch Botschaft oder Brief, ist bewußt vermieden. Die beiden
Redenden stehen ganz im eigenen Raum, sie sind zum lyrischen Ich geworden. Ihre Reden beziehen sich aufeinander, aber sie greifen nicht ineinander ein.

Diese eigentümliche Liedgattung bezeichnen wir als „Wechsel". Sie
ist aus provenzalischem Vorbild nicht ableitbar. Aber auch die emp-
findsame Briefpoesie der ovidianischen Heroiden ist nicht geeignet, sie
zu erklären. Wir halten sie für eine eigenständige Schöpfung des donauländischen Minnesangs mit seinem Bestreben, epische Situationen lyrisch umzuwerten. So ist der Wechsel auch von Anfang an im Donauraum verwendet und beliebt, beim Kürnberger noch in den Strophen
7, 1 + 7, 10. Die westlichen Dichter pflegen ihn kaum; Reinmar und
Walther, die Wiener, nehmen ihn auf und bilden ihn weiter, und von den
wenigen Nachzüglern dichten auch wieder mehrere im bayrisch-österreichischen Raum.

Nicht alle Lieder des Kürnbergers knüpfen an die epische Situation
an, die sie aus dem epischen Lied mit Werbungs- und Liebeserlebnis
gelernt haben. Eine andere Art, vom Objektiven auszugehen, deutete
sich schon in der Schlußzeile des Falkenliedes an: die Anknüpfung an
eine allgemeine Erfahrung, die auf das Persönlich-Einmalige angewendet wird. Ihr literarischer Ausgangsort ist der Spruch. Das kecke Wer-
bungslied 10, 17 mag dafür als Beispiel dienen. Die erste Hälfte der
Strophe spricht als allgemeine Erfahrung aus, daß Frauen und Jagd-
falken leicht zahm werden, wenn man sie richtig zu locken versteht. Die
zweite Hälfte wendet diese Erfahrungstatsache ins Individuelle: so warb
ein Ritter um eine Frouwe. Immer noch bleibt das Erlebnis in die Objektivität des epischen Berichtes, des „er" und „sie" gekleidet, und erst
die Schlußzeile läßt das redende Ich hervortreten, („wenn ich daran
denke"), und strömt, immer noch verhüllend, das Jubelgefühl erlebten
Liebesglückes aus. Andere Strophen dieses Typus sind 7, 1; 7, 19; 10, 1.

Schließlich aber kennt der Kürnberger doch auch den reinen, unmittelbar lyrischen Gefühlsklang ohne epischen oder sentenzenhaften Umweg
etwa in den Strophen 8, 25; 9, 13; 10, 9, wie es bei einem Lyriker von
solcher Kraft und Wärme des Empfindens nicht anders zu erwarten ist.

Stellen wir ihm nun Dietmar von Aist gegenüber. Aber was ist in
unseren Sammlungen überhaupt echter Dietmar? Zum ersten Mal begegnen wir hier der Unsicherheit der Zuordnung und damit der Echtheitsfrage. Eine Reihe von Liedern, die in der einen Handschrift Diet-

mar zugeschrieben sind, gelten in der anderen als Eigentum Veldekes, Reinmars, Leutholds von Seven. Und in der Tat, was unter Dietmars Namen geht, ist stilistisch und auffassungsmäßig sehr verschieden; es reicht von dem urtümlichen Falkenlied bis zur Glätte der Reinmarschule. Niemand hat denn auch angenommen, daß alles, was unter Dietmars Namen geht, echter Dietmar sein könne. Wer ihm die Hauptmasse der Lieder belassen wollte, der müßte in Dietmars Dichtung zwei Perioden gelten lassen und annehmen, daß er bewußt und entschieden von der donauländischen Liebeslyrik im Langzeilenstil nach Art des Kürnbergers zu Form und Gehalt der westlichen Minnedichtung übergegangen sei. Wir halten das für ganz unwahrscheinlich und schließen uns der entschlossenen Kritik von Kraus an, der Dietmar nur ein Viertel aller Lieder, nur die typischen Langzeilengedichte beläßt. Einzig bei dem Tagelied 39, 18 möchte man zweifeln, ob die Streichung zu Recht erfolgt ist. Älter als Dietmar sind nur, wie schon erwähnt, das Falkenlied 37, 4 und das ähnlich gebaute Sommerklagelied 37, 18; alles andere ist jünger und z. T. schon anspruchslose Schülerarbeit aus Reinmars Schule.

Kommen wir vom Kürnberger zum echten Dietmar, so atmet hier eine andere Luft. Alles ist weicher, stimmungshafter, musikalischer. Dem einen Hauptton des Kürnbergers stellt Dietmar den Formenwechsel von Lied zu Lied gegenüber, der grundsätzlichen Einstrophigkeit jenes eine Freude an Mehrstrophigkeit. Die Rhythmik ist sorgfältiger und durchdachter gepflegt. All das ist doch wohl nicht nur Ausdruck eines andersartigen Naturells sondern auch einer schon etwas jüngeren Zeit.

Auch nach Inhalt und Stimmung erscheint hier etwas Neues: die Einbeziehung der Natur in die Liebesstimmung, der sogenannte Natureingang. Der Kürnberger kennt wohl das Naturbild (die Rose am Dorn, der *tunkele sterne*), aber nicht den Natureingang. Unter den Namenlosen verwenden ihn die Strophen 3, 17 und 4, 1. Wir bestimmen die Verwendung der Natur im Minnesang dahin, daß er keine reine Naturlyrik kennt. Natur ist ihm nur Ausdrucksmöglichkeit des menschlichen Gefühls, und sie wird nur von diesem aus erlebensfähig. Aus solcher Bezugsetzung erhält sie Natur erst Bedeutung. Das Naturerlebnis des Minnesangs ist also genau so ein abgeleitetes wie das der vorangegangenen Epoche. Auch ihr war ja Natur nur erfaßbar, weil sie etwas bedeutete (Physiologus). Nur hat sich die Bezugsetzung jetzt in charakteristischer Weise geändert; von dem alten Lebenspol Gott ist sie auf den neuen Lebenspol Minne übergeschwenkt, ein Vorgang von grundsätzlicher zeitbezeichnender Wichtigkeit. Natur in ihrer Sommerfreude ist Spiegelung der erfüllten Liebesfreude, zunächst oft noch ohne einen sprachlichen Ausdruck der Beziehungsetzung, sozusagen parataktisch als Spiegelbild dem unmittelbaren Gefühlsausdruck vorangestellt. Darum kann die Natur des Minnesangs auch keine realistisch gesehene Natur sein, sondern nur eine stilisierte, eine „höfische" Natur. Mit wenigen, miniaturenhaft unplastischen Strichen wird hier eine Natur von zuchtvoller Lieblichkeit entworfen. Anger, Heide, Wald zeichnen in leichtesten Strichen die Landschaft. Unter den Bäumen erscheint nur die menschennahe Linde, unter den Blumen zunächst fast nur die Rose, bald auch der durch den Reim auf „Schnee" sich empfehlende Klee. Die Vögel sind um ihres Gesanges willen vorhanden, aber auch hier als Prototyp der Sängerin nur die Nachtigall als einzelne Art. Zart hingehaucht ist das alles und in überschaubare Proportion zum

Liebeserleben gesetzt. Die trübe Jahreszeit als Gegenstück zum Minneleid wird wie dieses vor allem als Negation erlebt, als Schweigen der Vögel, als Kahlheit der Bäume, als Zeitverwandlung und Abwesenheit aller erfreulichen Erscheinungen. Einzig als Kontrast zu dem leuchtenden Grün, das die Stichwörter Heide, Anger und Wald heraufbeschwören, wird der Schnee, der dieses alles deckt, zu einem positiven Zeichen des Winters. Über dieses Grundschema ist der Minnesang nicht hinausgekommen, er hat es, wie er überhaupt Variationskunst ist, nur abgewandelt. Bäume, Blumen und Vögel bleiben die eigentlichen Requisiten, sie werden nur gelegentlich spezialisierend vermehrt. Der Farbenreichtum wächst, auch der Winter wird mit einigen Strichen differenzierter gezeichnet. Zur einfachen Beziehungsetzung durch Parallelisierung gesellt sich die Kontrastierung: trotz der Sommerwonne muß der Dichter in Liebesleid trauern; trotz des Winters macht ihn erfüllte Liebe hochgemut.

Diese gartenhaft gepflegte Natur halten wir nicht für volkstümlich. Sie ist Abkömmling der gezähmten Naturlandschaft, die in der antiken Bukolik und Idyllik geschaffen wurde. Hier wenn irgendwo ist an den Einfluß der lateinischen Vagantenlyrik auf den deutschen Minnesang zu denken, die diese arkadische Natur neu aufleben ließ und mit dem erotischen Erlebnis in Verbindung setzte. Freilich kann auch hier von bloßer Nachbildung keine Rede sein. Wie das Liebeserlebnis der Vaganten ein anderes war, sinnenfroher und wirklichkeitsnäher, so sind auch die Naturbilder der Vagantendichtung auf dem literarischen Umweg über die Anschauungsfülle der antiken Dichtung anschaulicher, mannigfaltiger und unmittelbarer. Die völlige Umwandlung von Erscheinung zu Bedeutung und also die vollkommene Stilisierung ins Zeichenhafte, die Einschränkung auf wenige symbolische Stichwörter ist erst die Leistung der deutschen Dichtung.

Die Minneauffassung Dietmars ist der des Kürnbergers grundsätzlich gleich, unbefangenes Begehren und Erfüllen. Doch sie spricht in weicheren Tönen des Empfindens und Sehnens. Die Frau, die auch von Dietmar gern als die Redende dargestellt wird, ist noch nirgends die versagend umworbene Herrin, überall noch die Liebende. Dem Mann werden weichere Herztöne gegönnt. Die Haltung des Mannes kann schon ein Stück höfischer wirken als beim Kürnberger. Von der Veredelung des Mannes durch die Frau weiß das Lied 33, 27 (*swaz ich dîn bezzer worden sî*), von der Bindung des Mannes an den Willen der Frau das Tagelied 39, 18 (*swaz du gebiutest, daz leiste ich, friundin mîn*). Doch muß das literarisch erlernt sein, kann es nicht unmittelbarer Ausdruck dankenden Gefühles nach der Erfüllung der liebenden Nacht sein? Am stärksten nähert sich das Lied 39, 11 höfischen Gedankenbahnen. Die erste Strophe spricht von langem Dienst, den die *frouwe* ungelohnt läßt, aber die Frauenstrophe dieses Wechsels wandelt diese Härte sofort in gewährungsbereite Neigung, und wenn die letzte Strophe des Mannes den Dienstgedanken mit dem Bilde vom Schiff, das dem Steuermann untertan ist, nochmals aufnimmt, so geschieht es doch jetzt mit dem Jubelton der erfüllten Liebe. Man wird zugeben dürfen, daß Dietmar hier mit westlich-rheinischer Dichtung in Berührung gekommen ist, aber man wird vor allem hören müssen, wie er deren Motive den heimischen Vorstellungen einordnet.

Das Rollengedicht, zumal die Frauenstrophe, und das epische Situationsgedicht sind auch von Dietmar gepflegt worden. Die epische Einführung der Sprechenden, auf die der Kürnberger verzichtete, ist bei dem rationaleren Dietmar nicht selten. Das aus einer epischen Situation entwickelte Tagelied, der Abschied zweier Liebender bei Anbruch des Tages nach der Liebesnacht, hat bei Dietmar seinen ersten und einen seiner zartesten Vertreter. Die Frage, ob und wieweit das deutsche Tagelied überall das Vorbild des französischen Tageliedes, der Alba, voraussetzt, wird erst später (vgl. S. 328 f) aufzunehmen sein. Mit besonderer Vorliebe verwendet Dietmar den Wechsel, den er kunstvoll weiterentwickelt. Er versucht einen dreistrophigen Aufbau, verstößt aber damit gegen das eigentliche Gesetz dieser Kunstform, die auf der ausgewogenen Zweiheit der Männerstimme und der Frauenstimme ruht. Der dreistrophige Wechsel 39, 11 mit der Redefolge Mann – Frau – Mann bringt in diese Dichtform, die nur Hall und Gegenhall der Liebesstimmung ist, eine fortschreitende Bewegung von der Klage des Mannes wegen seines vergeblichen Dienens über das Verraten gewährungsbereiter Neigung der Frau zum Jubel des Mannes. Der Wechsel 32, 1 verbindet sogar die Stimmen des Mannes und der Frau in einer Wechselrede – *also redeten zwei geliebe, dô si von ein ander schieden* – zu einem Duett und hebt dadurch das Wesen des Wechsels auf. Nicht anders steht es mit dem Wechsel 37, 30, der in seiner Echtheit angezweifelt, doch jedenfalls in Dietmars Art gehalten ist. Wie man die drei Strophen auch anordne, sie stellen einen Wechsel dar, dessen dritte Strophe das Motiv des Boten in das Gedicht hineinträgt. Das Botenlied ist eine alte Gattung für sich; wird es so mit einem Wechsel verbunden, so hebt es dessen Wesen auf, indem es eine neue Person einführt, die außerhalb steht und eine unmittelbare Beziehung der Liebenden durch eine epische Bewegung herstellt. Wir haben solche Erweiterungen des Wechsels als den Versuch Dietmars zu deuten, nach westlichem Vorbild Dreistrophigkeit zu erreichen.

In all dem wirkt Dietmar neben der sicheren Festigkeit des Kürnberger beweglicher und experimentierfreudiger. Wir haben seinen Formenreichtum schon erwähnt. Es reizt ihn, aus den wenigen Bauelementen, die dieser Lyrik zu Gebote stehen, immer neue Formvarianten zu gewinnen, und in der Ausnutzung auch ihrer extremsten Möglichkeiten kommt es zu überkürzten Verszeilen oder rhythmischen Abschnitten, die uns als Zweitakter erscheinen (32, 1; 39, 11; auch 37, 30?). Es scheint, daß der Kürnberger mehr vom Wort, Dietmar mehr von der Musik ausgegangen ist, und daß wir ihn – anders als den Kürnberger – erst ganz beurteilen könnten, wenn wir auch seine Kompositionen besäßen.

Neben diesen beiden Hauptgestalten der donauländischen Frühlyrik treten die drei anderen zurück. Die beiden R i e t e n b u r g e r sind liebenswürdige Reimer; sie werden uns wichtig, weil sich in dem Wenigen, was wir von ihnen besitzen, der Wandel der

Zeit recht deutlich spiegelt. Es ist, als hätten die beiden Brüder sich bewußt voneinander abheben wollen. Der ältere, der Burggraf von Regensburg, verwendet ebenso
ausschließlich die Langzeile als Bauelement, wie der jüngere, der Burggraf von Rietenburg, die Kurzzeile. Der Regensburger bleibt völlig in der Welt der alten Lyrik. Wir besitzen von ihm einerseits zwei Frauenstrophen, die noch ganz aus dem
Glück der Liebeserfüllung gedichtet sind und in denen die Frau, wie in bewußter
Opposition zum westlichen Frauendienst, von sich sagt, daß sie *einem guoten rîter under-
tân* sei. Andererseits besitzen wir einen echten zweistrophigen Wechsel in epischer
Ich-Rede.

Der jüngere Bruder dagegen, der Rietenburger, nimmt in seinen Verschen, die
in ihrer anspruchslosen Strophik am ersten an Veldeke erinnern, wesentliche neue,
formale wie inhaltliche Elemente auf, die er vom Westen gelernt hat. Formal zeigt
18, 25 die durchgeflochtenen Reimbänder des westlichen Typus, die meisten anderen
einfachste Stollengliederung durch die Einführung des Kreuzreims. Inhaltlich weiß
der Rietenburger von der neuen Minneauffassung. Die Herrin ist nun wirklich da;
nicht zufällig beginnen drei Zeilen, darunter zwei Strophenanfänge, *sît si wil* (18, 14;
19, 17; 19, 27). Den veredelnden Wert entsagungsvollen Dienens verdeutlicht das
Lied 19, 17 mit dem ebenfalls vom Westen gelernten Bild des Goldschmiedes, der das
Gold im Feuer immer von neuem läutert, und in dem Liede 19, 27 ist das Motiv der
Trennung nunmehr unter den Willen der Frau gestellt *(sît si wil deich von ir scheide)*. Neben solchen erlernten Neuerungen zeigen der Wechsel 18, 1 und der Natureingang
19, 7, daß auch der Rietenburger aus der alten lyrischen Schule hervorgegangen ist.
Wir dürfen uns vorstellen, daß er im staufischen Dienst die neue westliche Kunst
kennengelernt und heimgebracht hat, und daß er, anspruchslosen Geistes und Talentes, im neuen Stil zu singen sich bemühte, ohne von dem neuen Denken tiefer berührt zu sein.

Ähnlich stellt sich uns der Schwabe Meinloh von Sevelingen dar.
Auch dieser bedeutende Dichter ist von der neuen Minneauffassung
berührt und mischt in seinen Gedichten Neues und Altes. Formal steht
er bei der Kürnbergergruppe; er dichtet ausschließlich Langzeilenstrophen des ungegliederten Typus 1 mit Hervorhebung des Strophenschlusses. Seine Strophen sind umfänglicher als die der übrigen und
wirken pompöser in ihrem Aufbau aus lauter Zeilen mit voll gefülltem
Abvers. Breiter, rhetorischer ist auch seine Rede im Lobpreis der
Schönheit und Güte seiner Geliebten. Sie erscheint als die wirkliche
Herrin, und schon begegnet (11, 1) die durch den Ruhm der Dame er-
weckte Minne aus der Ferne, die sich bei der Begegnung bestätigt.
Die westliche Verbindung wird hier unmittelbar deutlich; diese Strophe ist als die Umsetzung eines Abschnittes aus des Andreas Capellanus
Minnelehre erkannt worden. Die Ausdrucksmöglichkeiten des west-
lichen Minnesangs sind Meinloh vertraut: die *frouwe* hat ihm alle Gedanken geraubt und sein Denken und Leben gewandelt (11, 14); der
Dichter trauert – schon fast Reinmarisch – ,,mit Gedanken‘‘ und begründet eben damit, daß er *stolzlîche* lebt (12, 27).

Andererseits bewegt sich Meinloh in Formen und Denkbahnen der
alten Lyrik. Er kennt das Botenlied (11, 14; 4, 1), er dichtet Frauenmonologe, in denen die Frau ihrer Neigung Ausdruck gibt und die

merkære schilt, die ihre Liebe mißgünstig bespähen (13, 14 und namentlich 13, 27). Aber von liebender Hingabe wird nicht mehr unbefangen geredet; mitten in der Schelte über die Merker wird sie sogar recht ehrbar-zimperlich geleugnet *(âne nâhe bî gelegen – des hân ich weizgot niht getân)*. Und ebenso leugnet der Dichter selber ab, daß ihm solches Glück zuteil geworden sei (15, 5 f.). In dem wechselartigen Strophenpaar 12, 1 bis 12, 14, das über das richtige Verhalten in der Minne belehren will, stößt Neues und Altes unmittelbar aufeinander. Die erste der beiden Strophen empfiehlt die Haltung der modernen Minnetheorie *(senelîche swære tragen verholne in dem herzen – kiusche)* und deutet einen Lohn an, der nicht mehr Liebeserfüllung ist. Die zweite preist dagegen die rasch zugreifende und gewährende Liebe; sie sei das beste Mittel gegen Zwischenträger und Aufpasser. Hier ist das alte Kürnbergersche Werbungsliedchen 10, 17 wieder aufgenommen, und wie bei jenem wird das persönliche Erlebnis in einem allgemeinen Erfahrungssatz verhüllt. Und verstehen wir Meinlohs Wesen richtig, so möchten wir glauben, daß ihm die zweite Strophe aus dem Herzen gedichtet ist, während ihm die neue, dienend-werbende Minnehaltung eine gelernte, nicht eine erlebte Haltung ist.

LITERATUR

Winileod: Lit.: H. DE BOOR, Reallex. d. Literaturwiss. Bd. 3. Berlin 1928–29. S. 503–504. – G. BAESECKE, Winileod. Festschr. f. A. Leitzmann. Jena 1937. S. 1–14. – DERS., Vor- und Frühgeschichte des deutschen Schrifttums. Bd. I. Halle 1940. S. 340 ff.

Kürnberger: Ausg.: MF Nr. II. S. 4–6 – Lit.: C. VON KRAUS, Untersuchungen S. 13 ff. MF Anm. S. 326 f. – GUSTAV EHRISMANN, Die Kürenberg-Literatur und die Anfänge des deutschen Minnesangs. Germ.-rom. Monatsschr. 15 (1927) S. 328–50. – TH. FRINGS, Und was im sîn gevidere/alrôt guldîn. Beitr. 54, 144–55. – GEORGE NORDMEYER, Zur Auffassung des Kürenbergfalken. Germ. Revue 18 (1943) S. 213 bis 222.

Dietmar von Aist: Ausg.: MF Nr. VII S. 30–41. – Lit.: C. VON KRAUS, Untersuchungen S. 75 ff. MF Anm. S. 365 ff. – ANTON WALLNER, Verf.-Lex. I (1933) Sp. 415–17. – KURT RATHKE, Dietmar von Eist. Form u. Geist. Arbeiten z. germ. Phil. Bd. 28. Leipzig 1932. – HANSJÖRG KOCH, Zu Dietmar von Eist. MF 40, 19 f. Beitr. 61 (1937) S. 180–82.

Burggraf von Regensburg: Ausg.: MF Nr. IV S. 11. – Lit.: C. VON KRAUS, Untersuchungen S. 43 ff. MF Anm. S. 338 ff. – ANTON WALLNER, Verf.-Lex. III. Berlin 1943. Sp. 1019–21.

Burggraf von Rietenburg: Ausg.: MF Nr. V S. 12–14. – Lit.: C. VON KRAUS, Untersuchungen S. 45 ff. MF Anm. S. 340 ff. – ANTON WALLNER, Verf.-Lex. III. Berlin 1943. Sp. 1078–80.

Meinloh von Sevelingen: Ausg.: MF Nr. III S. 7–10. – Lit.: C. VON KRAUS, Untersuchungen S. 35 ff. MF Anm. 336 ff. – ANTON WALLNER, Verf.-Lex. III. Berlin 1943. Sp. 335–37.

3. DIE STAUFISCHE LYRIK, KAISER HEINRICH

Unter Barbarossas Kaisertum geschieht die entscheidende Übernahme und Einformung des provenzalischen Minnesangs in Deutschland. Es ist eine recht eigentlich staufische Leistung, und so geziemt es sich, daß wir die Dichtung des jungen Staufers Heinrich, des nachmaligen gewaltigen Kaisers Heinrich VI., an die Spitze dieser Gruppe stellen. Die alte Anzweiflung seines Dichtertums durch Moriz Haupt hätte nicht wieder aufgenommen werden sollen. Es ist eine ganze Schar rheinischer Dichter, die diese literarische Leistung vollbringt, und z. T. sind es Männer, die uns in staufischen Diensten unmittelbar bezeugt sind. Frühzeitig und für sich stehend, mehr von Frankreich als der Provence lernend, tritt der junge Heinrich von Veldeke am Niederrhein hervor. Die eigentlichen Schüler der Provenzalen sind dagegen am Mittel- und Oberrhein zu Hause. Unmittelbar in der Umgebung Barbarossas finden wir die Rheinfranken Friedrich von Hausen, Bernger von Horheim und Bligger von Steinach. Zu ihnen treten der Elsässer Ulrich von Gutenburg und der Schweizer Rudolf von Fenis aus dem großen Hause der Grafen von Neuenburg. Weiter nach Osten zu versiegt die neue Kunst. Heinrich von Rugge, ein Tübinger Ministeriale, weiß von ihr, gibt sich ihr aber nicht gefangen. Und ähnlich steht es, soweit die karge Überlieferung ein Urteil zuläßt, noch weiter östlich um den Bayern oder Österreicher Hartwic von Rute. Zeitlich liegt der Schwerpunkt dieser neuen Kunst in den zwei Jahrzehnten zwischen 1170 und 1190, der eigentlichen Zeit Barbarossas. Einige Dichter dieser Gruppe leben noch in das 13. Jahrhundert hinein fort, und auch die Ausstrahlung ihrer Kunstübung ist noch bis in die Anfänge des 13. Jahrhunderts hinein zu verfolgen.

Kaiser Heinrich, der ältere Sohn Friedrich Barbarossas, steht nicht nur als Staufer mit Fug am Anfang dieser Reihe; er ist auch als Dichter auf der Wende der Zeiten und Stile einerseits der letzte und westlichste Dichter im donauländischen Ton und zugleich einer der ersten, der den Daktylus, den an deutsche Sprachmöglichkeiten angepaßten romanischen Zehnsilber, verwendet. In seiner Jugend, um die Zeit des großen Mainzer Schwertleitefestes (1184), dieser für Heinrich von Veldeke symbolisch gewordenen Entfaltung modernen Ritterwesens, mag er die wenigen Lieder gedichtet haben, die wir von ihm besitzen. Für Heinrich, den Mann des herrscherlichsten Geistes, muß die ritterlich kühne, freie, erobernde Liebe der alten Liebeslyrik die gemäße gewesen sein. Aus ihrem Geist und in Langzeilenstrophen, die aus der Weise des Kürnbergers kunstvoller fortentwickelt sind, dichtet er seinen Wechsel 4, 17 und die beiden eng verbundenen Strophen 4, 35 und 5, 7, die C. von Kraus ebenfalls als Wechselrede interpretiert. Die Gedichte des Kaisersohnes sind ungemein männlich; auch wo die hingebende Liebe der Frau sich unverhüllt ausspricht, wirkt sie wie aus dem Glück des empfangenden Mannes erlebt. Im Wechsel dagegen, wo die Frau aus ihrer Rolle spricht, klingt die Frauenstrophe blaß neben dem ausbrechenden Jubel der Männerstrophe. Das ist nicht aus einer „Rolle" gedichtet. Hier spricht der Königsohn selber: Höher als das Reich (d. h. der Kaiser) bin ich, wenn sie hingebend bei mir liegt. Kaiserlicher kann ein künftiger Kaiser der Geliebten das Glück nicht danken.

Neben diese schönsten Lieder des alten Sanges stellt Heinrich ein vierstrophiges Lied im neuen Stil. Es sind die eigenwilligsten und freiesten Daktylen, die wir kennen, voll der Freiheiten des alten rhythmischen Gefühls, doch zweifellos diesem neuen Typus zugehörig. Das Grunderlebnis seiner Wechselstrophe, das Gegeneinander von Herrschertum und Liebe, wird jetzt in vier Strophen breit entfaltet und seelisch zergliedert. Der Gedanke, daß der Liebende um der Geliebten willen gerne eine Krone hingäbe, wird im Minnesang später zu einer beliebten Formel. Aber gerade weil er hier aus bewußtem Herrschergefühl ausgesprochen wird, wirkt er so hinreißend echt. Dienendes Werben und sehnender Kummer um eine ferne Liebe, deren Lohn nicht mehr ausgesprochen wird, gehören dem neuen westlichen Stil an. Aber die Demut des herrscherlichsten Herzens vor der reinen Schönheit der Frau wirkt ergreifend und verbindet sich mit dem Jubel liebender Gewißheit zu einer strahlenden Wahrhaftigkeit jenseits aller höfischen Galanterie.

4. DAS FRANZÖSISCHE VORBILD, HEINRICH VON VELDEKE

Den schon sprachlich abseits stehenden Niederrheiner Heinrich von Veldeke nehmen wir für sich. Seine Lieder verwenden die heimische Mundart unbekümmerter als sein großes Epos; sie sind noch nicht darauf berechnet, auch im hochdeutschen Vortrag den reinen Reim zu bewahren. Wir glauben daher, daß die Mehrzahl seiner Lieder in seine Limburger Frühzeit gehört. Dort erhielt er auch seine Anregungen aus der französischen Liedkunst; das zeigen auch die wenigen unmittelbaren Beziehungen zu französischen Dichtern, namentlich der Tristanstrophe 58,   zu einem dem Chrestien von Troyes zugeschriebenen Liede. Dort nimmt er auch Elemente des alten flandrischen Tanzliedes und volkstümlicher Spruchweisheit auf. Seine Jugendlyrik, die sicherlich älter ist als die deutsche Lyrik am Mittel- und Oberrhein, ist ebenso unabhängig von provenzalischer Beeinflussung wie von der donauländischen Frühlyrik, die ihm schon aus geographischen Gründen unbekannt sein mußte. Dagegen dürfen wir bei ihm, dem schulgelehrten jungen Ritter, stärker, als es gemeinhin geschieht, Einfluß der vagantischen Natur-

und Liebeslyrik vermuten, wie auch seine Strophik von dorther Anregungen erfahren hat. Seine Naturbilder sind um einen Grad realistischer und spezialisierter als bei den Österreichern: der April statt des allgemeineren Sommers, die Buche und der blühende Obstbaum neben der Linde, die Meise *(merle)*, die später auch den hochdeutschen Minnesang bevölkern sollte, statt des allgemeinen Vogelsanges. Auch der Winter wird mindestens in dem Liede 64, 26 greifbarer gestaltet, als wir es sonst gewöhnt sind. Das Naturbild kann wie bei den Vaganten einen so breiten Raum gewinnen, daß es wie das Hauptanliegen eines Liedes wirken kann. In denselben Zusammenhang ist Veldekes Neigung zum Lehrhaften zu stellen. Zwar verwendet er dabei die volksläufige Gnomik und freut sich an ihrer anschaulichen Bildhaftigkeit. Aber er übersetzt sie sozusagen in eine andere Sprache, in die erzogene, logisch darlegende Dialektik, die er in der Klosterschule gelernt hat.

Veldekes Lyrik gewinnt mit wenigen rhythmischen Mitteln eine große Mannigfaltigkeit. Sein metrischer Baustein ist fast ausschließlich der Vierheber, den er gewandt zu handhaben und durch mancherlei Reimspiele zu beleben weiß. Daktylen kennt nur das Aprillied (62, 25) und wohl noch das Lied 63, 20, aber sie unterscheiden sich wesentlich von den Daktylen der Hausenschule und wurzeln wohl eher im Tanzrhythmus heimischer Tanzlieder als im romanischen Zehnsilber. Seine Technik der Strophenbildung wird von durchgeflochtenen, mannigfach variierten Reimbändern (Typus 2) beherrscht. Die meisten Strophen kommen mit zwei Reimbändern aus; mehr als dreireimig sind die wenigsten. So entstehen Liedchen von einer ansprechenden, leichten Musikalität, deren geschickte Virtuosität sich nur selten aufdrängt. Der junge Veldeke bevorzugt die alte anspruchslose Einstrophigkeit, dichtet aber daneben auch zweistrophige Lieder. Später ist, wie wir sehen werden, Veldeke zu der provenzalisch beeinflußten Dichtung der Gruppe um Hausen in Beziehung gekommen und ordnet sich damit doch noch der „rheinischen Front" ein. Die drei- und mehrstrophigen Lieder Veldekes scheinen mir dieser späteren Zeit, d. h. der thüringischen Zeit Veldekes, anzugehören.

Der Inhalt von Veldekes Lyrik ist ausschließlich Minne. In seiner Minneauffassung ist er der gelehrige Schüler der französischen Nachbarn. Aber es wäre falsch, Veldeke zu ernst zu nehmen und bei ihm zuviel Problematik zu suchen. Von heimisch-volkstümlicher und lateinisch-schulmäßiger Dichtung herkommend, übernimmt er harmlos und heiter die Elemente des französischen Minnedienens und Minnedichtens. Er spielt mit ihnen, ohne die Spannungen zu spüren, die aus einer vertieften Minneauffassung entspringen können, oder doch ohne sich von solcher Problematik anrühren zu lassen. Minne und Natur, Minne und Gesellschaft sind seine Themen. Es scheint mir nicht erlaubt, bei dem jungen Veldeke von „hoher Minne" zu reden, wie sie von Hausen und dessen Gruppe durchgestaltet worden ist. Das Kennwort von Veldekes Minnedichtung ist *blîscap*, d. h. Freude, und zwar oft genug die reine Sinnenfreude, die Freude der Vögel am Sommer wie die der Menschen an der Liebe, deren Ziel noch unbefangen ausgesprochen werden

kann. Dagegen ist Trauer *(rouwe)* nach Veldekes Auffassung minne-
feindlich; denn sie stört die gesellschaftliche Lust, die für Veldeke die
Aufgabe der Minne ist. Auch die hart gescholtenen Merker und Neider
sind zwar zunächst Störenfriede der privaten Liebessphäre; ihr böses
Wirken wird jedoch erst dadurch so schändlich und schädlich, daß sie
damit zugleich die gesellige Freude stören. Reinmars verfeinernde Umwertung der Trauer zu einem erzieherischen Wert, ihre Einordnung
als „schönes Trauern" in die vorbildliche höfische Haltung wäre bei
Veldeke nicht vorstellbar. Alles ist bei ihm hell, sommerlich, unbeschwert. Die gelegentlich angestimmte Verfallsklage (61, 1; 65, 13)
sollten wir nicht zu schwer nehmen; sie ist ein Topos, der wohl in der
Schule gelernt ist. Denn mindestens das Liedchen 65, 13 läßt in seiner
Ausdrucksweise spüren, daß die Schelte auf die Bosheit der Welt aus
den Formeln des alten *contemptus mundi* gespeist ist.

Aus der Menge der Veldekeschen Lyrik heben sich einige Gedichte
heraus, die sichtlich einer späteren Zeit angehören. Sie setzen voraus, daß
Veldeke mit dem hohen Minnesang provenzalischen Stils in Berührung
gekommen ist. Wir denken daran, daß er im Jahre 1184 den glanzvollen
Mainzer Hoftag miterlebt hat und einen wie tiefen Eindruck dieses Erlebnis auf ihn gemacht hat. Und wir können uns vorstellen, daß er dort auch
die neue staufische Dichtkunst und einige ihrer Vertreter kennengelernt
hat. Diese spätere Lyrik müßte also in Thüringen entstanden sein.

Hierher rechnen wir das Lied 64, 17 mit seinen zehnsilbigen Fünf-
taktern. Denn der Dichter sendet hier heimwehkranke Gedanken zu
der Geliebten *alsô verre al over Rîn*, während er in der Fremde leben *(sich
verellenden)* muß. Auch das Lied 61, 33 wird zu dieser Spätgruppe gehören, nicht nur wegen des kleinen Virtuosenstückes, in jeder der vierzehn Zeilen das Wort *minne* anzubringen, sondern mehr noch wegen des
neuen Aspektes, daß Minne *reinen mût* macht, und daß der ein *minne-
sâlech man* ist, der um der Minne willen Pein erleidet. Neue Motive wie
der Preis des langen Dienens und Wartens, die Versicherung, daß er
der Angebeteten gedient habe, seit sie zuerst erblickte, deuten auch
für das Lied 67, 33 auf Berührung mit dem mittelrheinischen Minnesang. Doch zeigt die Schlußpointe der Strophe: „wenn mich die Gute be-
lohnt, so betrügen wir zwei unsere Hute", wie unbefangen Veldeke den
Inhalt des Lohnens auch hier noch andeuten kann. Das Lied 63, 28
endlich mit den Motiven der Kaiserkrone und der Ferne könnte Kaiser
Heinrichs großes Daktylengedicht zur Voraussetzung haben, das wir
uns ja um die Zeit des Mainzer Festes entstanden denken. Doch auch
hier werden Veldekes Grenzen spürbar; was dort erlebte Leidenschaft
war, wird hier Gegenstand eines neckischen Spieles. Und weit mehr als
in dem Kronenmotiv ist der echte Veldeke in dem Bilde zu spüren, daß
die Geliebte die Hute betrügen kann wie der Hase das Windspiel.

Formale Beherrschung und Vielstrophigkeit verweisen endlich auch die beiden Schwestergedichte 56, 1 und 57, 10 in die Spätzeit. Der Dichter hat den Zorn seiner Dame auf sich gezogen, weil er durch allzu offenherziges Aussprechen seiner letzten Wünsche ihre Ehrbarkeit verletzt hat. Sie hat darum dem dörperlichen Dichter ihre Huld entzogen, worüber er in beweglicher Selbstanklage trauert. Vielleicht sind die beiden Gedichte, die wie ein ins Große gezüchteter Wechsel wirken, nur reine Rollenlyrik. Steht aber etwas Erlebtes dahinter, so erkennen wir auch hier den alten Veldeke wieder. Ein täppisches Verfallen in allzu eindeutige Erotik vagantischer Art hat sein Mißgeschick verschuldet, und er klagt darüber mehr wie ein für seinen Mutwillen bestrafter Knabe denn wie ein seelisch aufgewühlter Mann.

Und so mögen wir das Lied 62, 11, das einzige sicher erlebnishafte Gedicht Veldekes, an das Ende seiner Lyrik stellen: die Klage des alternden Dichters, daß die Frauen den jungen Liebhaber *(amîs)* dem grauhaarigen, daß sie „neues Zinn dem alten Gold" vorziehen. Eine neue Generation betritt die Bühne, wo Heinrich von Veldeke so gern das Gesellschaftsspiel der Minne mitgespielt und mit seinen Liedern begleitet hatte. Die Zeit, da die Sonne ihren Schein in Kälte verkehrt hat und die Vöglein verstummt sind (59, 11), ist nun auch für dieses Dichterleben gekommen. Und er trägt es mit leise selbstironischer Resignation, liebenswürdig auch in seinem Schwanengesang, aber unvergleichbar mit dem bitteren Verzicht und dem erschütternden Ernst von Walthers späten Abrechnungsgedichten.

Wie die Epik verstummt auch die Lyrik am Niederrhein nach Veldekes Abwanderung aus der Heimat. An der weiteren Entwicklung des Minnesangs nimmt der niederrheinische Nordwesten nicht oder kaum noch teil. Die vor nicht langer Zeit aufgefundenen Reste niederländischen Minnesanges aus dem 13. Jahrhundert ändern an dieser Tatsache nichts.

5. AUFNAHME DER PROVENZALISCHEN LYRIK AM OBERRHEIN

Die wirkliche Übernahme der provenzalischen Lyrik erfolgte am Mittel- und Oberrhein, im eigentlich staufischen Gebiet, durch jene Männer, die oben (S. 250) aufgezählt sind. Die Lieder Friedrichs von Hausen, vielleicht auch die Berngers von Horheim dürfen wir uns im engsten staufischen Hofkreis vorgetragen denken.

Die neue Kunst bedeutet zunächst die Nachbildung der romanischen Formen. Sie werden den Provenzalen abgelernt, und die reine Nachbildung geht so weit, daß wir bei Hausen, Fenis, Gutenburg und Horheim romanische Melodien auf ihre Lieder übertragen können, eine Möglichkeit, die bei Veldeke nicht gilt und die bei Hartmann von Aue wieder aufhört. Die Langzeile, die Kaiser Heinrich noch verwendete, ist aus dem Formenschatz verschwunden. Der Vierheber mit allen seinen Variationen, auch solchen, die das Epos ausscheidet, wird zum eigentlichen Bauelement ihrer Lieder. Dazu tritt dann als moderne Neuerung die Nachbildung des romanischen Zehn- bzw. Elfsilbers, den sie alle gern verwenden. Wie schon erwähnt, verlangte der romanische Vers eine Einpassung in das deutsche Rhythmengefühl, die zunächst nicht leicht fiel. Wollte man an der gewohnten Vierhebigkeit festhalten, so bedingte das die Einführung mehrsilbiger Senkungen und damit einen daktylischen Rhythmus, der in freier Form (wie bei Kaiser Heinrich) oder in strenger Regelung durchgeführt werden konnte. Recht harte Verstöße gegen den deutschen Wortakzent wurden dabei in Kauf genommen. Hielt man dagegen an dem regelmäßigen Wechsel von Hebung und Senkung fest, so mußte man die Viertaktigkeit aufgeben, und es entstand ein Vers mit fünf verwirklichten Hebungen, der – vom heimischen Versgefühl her – als stumpfer oder klingender Sechsheber erscheinen mußte. Die Zehnsilber-Daktylen halten sich bis zu Morungen und Hiltpolt von Schwangau in der deutschen Lyrik; danach verschwinden sie wieder. Die Tanzdaktylen jüngerer Zeit sind so wenig wie Veldekes Daktylen aus ihnen herzuleiten.

Diese wenigen einfachen Bausteine werden durch wechselnde Reimbänder zu Strophen gebunden. Vorzugsweise sind sie nach dem Typus 2 gebaut; wenige Reimbänder sind durch die ganze Strophe geflochten. Stolliger Bau ist bekannt, aber nicht erfordert. Solche Strophen verlangen für viele Reimstellen denselben Reimklang; drei, vier und mehr Reimwörter müssen gefunden werden. Gehäufte Reime sind für die romanischen Sprachen bequem und daher in der Lyrik wie in der Epik (Tiradenreime) gewohnt. Für die deutsche Reimübung sind sie aus der Struktur der deutschen Sprache nicht leicht nachzubilden; die rheinischen Dichter ringen noch mit dieser Aufgabe. Daher hält die Lyrik wesentlich länger als die Epik an den freieren Reimformen der vorhöfischen Zeit fest; konsonantische Unreinheiten wenigstens, die im Gesangsvortrag leichter zu überhören sind, finden wir bei allen Dichtern dieser Gruppe. Die Rhythmik ist, abgesehen von den freien Daktylen, streng geregelt, was auf eine gesteigerte Kunst der Komposition deutet. Auch im Auftakt wird jetzt genaue Regelung angestrebt; denn von ihm hängt das rhythmische Übergleiten von einer Zeile in die nächste oder auch gerade der bewußt pausierende Zusammenstoß von Schlußhebung der vorangehenden und Eingangshebung der folgenden Zeile (Hebungsprall) ab.

Die neue Form trägt den neuen Inhalt. Alles Denken und Dichten kreist um die „hohe Minne"; sie ist das gemeinsame große neue Erlebnis, das sich bei den einzelnen Dichtern verschiedenartig reflektiert. Die tragende Grundlage ist das unerwiderte und ungelohnte Dienen, gegen das der Mann als natürliches Geschöpf sich auflehnen kann, dessen letzter Sinn, die veredelnde Vollendung des Mannes, aber eben an die Unerfülltheit geknüpft ist. Im unverdrossenen Ertragen und Ausharren, im Ringen danach, der Geliebten wert zu werden, erzieht sich der Mann zu *mâze* und Beständigkeit. Die spiritualisierte Minne verkörpert sich in der umworbenen *frouwe*, die den Lohn in Händen hält. Dieser bleibt erotisch, das letzte Ziel ist die liebende Hingabe, doch wagt man es kaum noch auch nur verhüllt auszusprechen. Aber eben darin, daß der Lohn versagt wird, die Liebe *wân* bleibt, liegt das Wesen des hohen Minnedienstes. Die Frau würde aus der Verkörperung eines Ideals zur Partnerin eines Verhältnisses werden, wenn sie den Lohn gewährte.

Gerade die mannhaften Geister des Kreises, Hausen und Fenis, fühlen sich aufgerufen, ihr Leben unter die neue Pflicht zu stellen und sich darin zu erhöhen.

Die „hohe Minne" ist diesen Dichtern zugleich Gegenstand des Erlebnisses und der Reflexion. Hier zuerst begegnen wir dem Zergliedern der inneren Erfahrung, die dieser Dichtung bei aller grundsätzlichen Erlebnishaftigkeit das Theoretisierende, kühl Distanzierte der bewußten Selbstbeobachtung und Selbstanalyse gibt. Auch die Bildfreudigkeit, die zum Wesen dieser gezüchteten Liedkunst gehört, verwischt diesen Eindruck nicht; die Bilder wirken weniger erlebt als erdacht, und sie erstarren rasch zu oft wiederholten und variierten Motivformeln.

Diese rheinische Kunst beherrscht die deutsche Lyrik etwa zwanzig Jahre lang. Sie beginnt wohl in den siebziger Jahren des zwölften Jahrhunderts und überlebt sich mit dem Tode Friedrich Barbarossas und Friedrichs von Hausen (1190) und mit der Wirkung Heinrichs von Morungen und Reinmars von Hagenau.

Wir stellen mit Friedrich von Hausen nicht nur den Ältesten, sondern auch den Bedeutendsten dieses Kreises in den Mittelpunkt; wir dürfen von einer Schule Hausens reden. Er war Rheinfranke, wohl freiherrlichen Geschlechtes, bei Kreuznach ansässig, und erscheint bei bedeutsamen politischen Ereignissen in der Umgebung Friedrich Barbarossas. Er nahm an Barbarossas Kreuzzug teil und fand, tief beklagt, wenige Wochen vor seinem kaiserlichen Herrn den Tod. Er ist die edelste Verkörperung dessen, was wir „staufisch" nennen, Träger des erhöhten und verpflichtenden Lebensgefühls des adligen Mannes. Seine Lyrik ist ganz dem inneren Erlebnis zugewendet; die Umwelt als solche bedeutet seiner Dichtung nichts. Die Natur kann mit seinen verfeinerten Lebensregungen nicht mehr mitklingen; der Natureingang mit seinen einfachen Relationen zu einem unkomplizierten Liebeserleben muß bei ihm notwendig fehlen. Auch das Erlebnis der Ferne, der Reise, der fremden Länder, das ihm sein Leben in staufischen Diensten reichlich bot, bedeutet ihm nichts anderes als Trennung von der verehrten Herrin und Anlaß zur Analyse der daraus erwachsenen Empfindungen. Hausen ist – aus Anlage, nicht aus Mode – ganz auf Reflexion gestellt, aber es sind Reflexionen eines edlen Charakters, durchwärmt von der männlichen Begeisterung eines festen Herzens. Der „hohe Mut", das freudig erhöhte Lebensgefühl des staufischen Ritters, ist sein Grundgefühl, aus dem er auch die *arebeit* des vergeblichen Dienstes erträgt und bejaht.

Unter seinen Gedichten finden wir noch einmal (48, 32) die alte Form des Wechsels mit dem Liebesbekenntnis der Frau, noch einmal auch in dem sonst auf den neuen Dienstgedanken gestellten Liede 49, 37 das erotische Ziel des Werbens *(al mîn wille süle ergân)* unverhüllt ausgesprochen. Darin haben wir Gedichte aus seinen Anfängen zu sehen. Sonst

aber bewegt sich Hausens Lyrik ganz in den Bahnen des hohen Minnesanges. Die gegebenen, im Provenzalischen vorgebildeten Ausdrucks-
und Erlebnismöglichkeiten dieser Minne sind ihm vertraut: die Liebe
von Kindheit an (50, 11), die Traumminne (48, 23), die Anwendung der
ritterlichen Kampfterminologie auf die Minne (44, 8; 46, 9), der Disput
mit der personifizierten Minne (53, 23 ff.), die tiefe Verwirrung der
Sinne durch das überwältigende Erlebnis der Minne (45, 37), das Ferne-
erlebnis (45, 1; 51, 33), die Auseinandersetzung mit der *huote* (48, 32) und
manches andere. Hausen kennt die rhetorischen und dialektischen Kunst-
mittel, zumal die Antithese und die Freude am originell und überraschend
wirkenden Bild: die Minne, die ihn ohne Ruten scharf züchtigt (53, 14),
die Sinnenverwirrung, daß er den Leuten am Abend den Morgengruß
bietet (46, 1). Auch die gebildete Anspielung auf literarische Gestalten ist
ihm nicht fremd (Æneas und Dido 42, 4). Doch all dieses ist weder nur
angelernt noch spielerisch verwendet: dahinter steht das Erlebnis der
Minne als eines echten Problems, mit dem eine echte Auseinandersetzung erfolgt.

So wird Hausen der erste – und in diesem Kreis der einzige – Lyriker,
dem die tiefste Problematik der hohen Minne bewußt wird: das neue,
vertiefte Aufbrechen des Zwiespalts zwischen Welt und Gott, vertieft
dadurch, daß ja nun auch die Welt in der hohen Minne einen transzendent erlebten und darum verpflichtenden Pol besitzt. Zunächst löst sich
dem Dichter die Spannung noch harmonisierend, man könnte auch
sagen: gradualistisch. In dem Frühgedicht 49, 37 erscheint ihm die Frau
in ihrer seelisch und leiblich vollendeten Schönheit als die Krone von
Gottes Schöpfungswundern. Und in den Liedern 50, 19 und 51, 13
empfindet er die Fähigkeit, echte Minne zu erleben, als eine Gnadengabe
Gottes, ja, als eine ihm von Gott auferlegte Pflicht. So zu Gott in Bezug
gesetzt und in göttliche Ordnung eingebettet, ist der Wert der Minne
unangreifbar.

Aber dieser offenbar jugendliche Optimismus hält vor ernsthafter Erprobung nicht stand: vor dem Erlebnis des Kreuzzuges verschärft sich
die Spannung zum bedrängenden Zwiespalt. Das macht uns die Kreuzzugslyrik von Hausen bis zum alten Walther so bedeutsam, daß wir an
ihr die Spannungsfülle der Zeit in exemplarischer Deutlichkeit ermessen
können. Sie zeigt uns, wie sehr der erste große ritterliche Versuch, das
Problem Gott und Welt zu lösen, indem er Rittertat zu Gottesdienst
erhob, wie sehr die begeisternde Kreuzzugsfrömmigkeit des Rolandsliedes in den nächsten Generationen fortlebt. Zugleich aber macht
sie uns den Zeitwandel bewußt. Was im Rolandslied die endgültige Lösung war, tritt jetzt in ein spannungsreiches Widerspiel zu der neuen
geistigen und seelischen Macht der hohen Minne und zu deren gültigen
Forderungen. Alle Kreuzzugsdichtung der Stauferzeit wird so zur Aus-

einandersetzung zwischen diesen beiden ritterlichen Pflichten, zwischen Minne und Gott. Erst die Spätzeit (Neithart, Freidank, Tannhäuser) erlebt den Kreuzzug ganz anders, bar jeder seelischen Erhebung und Problematik. Erst bei dieser Generation wird der Kreuzzug als Mühsal und Abenteuer in seiner ganzen realen Zweifelhaftigkeit, ja Schauderhaftigkeit sichtbar.

In drei großen ernsten Liedern (45, 37; 47, 9; 48, 3) hat sich Hausen mit diesem Problem auseinandergesetzt. Notwendig muß bei dem Kreuzfahrer der Entscheid für Gott fallen; in der letzten Entscheidungsfrage wird auch die Transzendenz der Minne vor Gottes Höhe klein. Aber sie wird nicht aufgehoben. Aus der Harmonie seines wohlgefügten Wesens hält Hausen noch an der Möglichkeit eines harmonischen Ausgleichs fest. Das erste Lied (45, 37), noch vor dem Aufbruch zum Kreuzzug entstanden, beginnt als typisches Minnelied. Es ist jenes, dessen erste Strophe die innere Entrücktheit durch die Minne mit der Verwechslung der Tageszeiten und dem Überhören des Grußes der Leute veranschaulicht. Es verharrt in der Ergebenheit des unentwegten Dienens und versichert, daß der Dichter in der Hoffnung auf die Gnade der Herrin *vor aller nôt wânde sîn genesen*. Jetzt aber – dies ist das Neue – will der Dichter sich an Gott halten, der wahrhaft aus der Not helfen kann. Noch scheint dem Dichter indessen eine Stufenordnung möglich; das Lied schließt programmatisch mit der Versicherung, daß er Gott über alle Frauen setzen, danach aber ihnen dienen wolle. Auch das Lied 48, 3, schon auf dem Kreuzzug gedichtet, ist noch harmonisierend. Der Dichter fühlt die Schwere der Trennung; er leidet unter der Ferne, er befiehlt die Geliebte in Gottes Schutz. Wäre es einem Mann erlaubt, um der Minne willen zurückzubleiben, so wäre er, der Dichter, noch am Rhein. Aber einem Manne von Hausens Art ist es eben nicht erlaubt. Er hat sich entschieden, und er meint, eine Frau von Ehre könne keine andere Entscheidung wollen. Sie wird einem Manne ihre Minne versagen, der sich vor der Gottesfahrt drückt. Die erhebende Kraft der Minne also wird angerufen, um den Mann zur Gottesfahrt zu treiben. Durch ihre erzieherische Leistung im Dienste Gottes wird ihr Wert bestätigt.

Doch auch solche Harmonisierung hält nicht stand. Das großartige Lied 47, 9 erkennt ihre Unmöglichkeit und zieht die letzte Folgerung daraus: die Absage an die Minne. Daß sie sich in die traditionell lehensmäßige Form der Aufkündigung an die hartherzige Herrin kleidet, darf nicht verhüllen, daß es um Grundsätzlicheres und Tieferes geht. Das Lied ist aufgebaut auf dem Zwiespalt von Herz und Leib (*mîn herze und mîn lîp die wellent scheiden*), auf jener so bezeichnenden Umformung der alten dualistischen Antithese von Seele und Leib, die auch der junge Hartmann für die dialektische Darstellung seiner Minnetheorie in seinem „Büchlein" (vgl. S. 68f.) verwendet hat. Ich halte es nicht für unmöglich, daß Hausen ausdrücklich auf Hartmann Bezug nehmen wollte. Denn er verteilt die Rollen bewußt anders als Hartmann. Der Leib, der bei Hartmann die traditionelle Rolle der niedern Instanz, der triebhaften Bequemlichkeit beibehält, wird von Hausen zu dem eigentlichen Ich, das männlich kraftvoll zum Gotteskampf drängt und auszieht. Das Herz dagegen, der Sitz der Minne und daher bei Hartmann die obere Instanz, strebt zur Frouwe zurück. Es ist höchst bezeichnend für Hausen, daß er im Leib, dem ritterlich tätigen Träger des *schiltes ambet*, seine Persönlichkeit erlebt und ihn zum höheren Prinzip adelt, während der gefühlshafte Drang des Herzens zum *tumben wân* wird, zur törichten Willkür, die ihn von der Tat abziehen und daran hindern will, ein *lebendic man* zu sein, d. h. ein Mann, der das wahrhaft lebendige Leben (und Sterben) für Gott erfüllt. In diesem Paar: Leib und Herz, veranschaulicht Hausen die Unausgleichbarkeit der beiden Lebenspole Gott und Minne. So wird deutlich, daß es sich nicht um die individuelle Absage an die harte Herrin handeln kann – die für Hartmanns Entscheidung eine wirkliche Rolle spielt –, sondern um die Absage an die Minne schlechthin und den Entscheid für Gott, durch den er erst ein wahrhaft *lebendic man* wird.

Zwei weitere Rheinfranken, Bligger von Steinach und Bernger von Horheim (wohl bei Frankfurt zu Hause), sind ebenfalls urkundlich in staufischem Dienst bezeugt; sie sind an den apulisch-sizilischen Unternehmungen Heinrichs VI. beteiligt. Beide sind jünger als Hausen und gehören seiner Schule an. Über Bligger, vermutlich denselben, den Gottfried von Straßburg als Epiker so hochschätzt (vgl. S. 85), können wir nicht viel aussagen, da wir von ihm nur zwei reimgewandte Lieder besitzen. Etwas mehr, nämlich sechs Lieder, sind von dem Horheimer bewahrt. Fünf von ihnen bewegen sich formal in den Bahnen des rheinischen Minnesangs, Viertakter oder Daktylen in durchgereimten Strophen. Nur das Lied 115, 3 weicht mit seinem echten stolligen Strophenbau, der Hartmann und die Anfänge Reinmars voraussetzt, so stark ab, daß es mindestens einer wesentlich späteren Zeit angehören muß. Wie in der Form, so ist Bernger auch in Ausdruck und Stil stark von Hausen abhängig. Doch fehlt ihm dessen mannhafter Ernst. Sein leichteres Talent neigt formal zum Virtuosentum – das durchgeführte Reimspiel von 115, 27 hat in der Frühzeit nicht seinesgleichen –, inhaltlich zum Effekt. Das Lügenlied 113, 1 variiert in drei Strophen den Einfall, erfülltes Liebesglück zu preisen, um es im Schluß jeder Strophe als Lüge zu enthüllen. Dem klingenden Jubelton der Erfüllung vermag er den Anschein der Echtheit zu geben; er gemahnt an die Liebeshymnik seines kaiserlichen Herrn. Aber beides, Erfüllungsjubel wie Klage, sind zu einem bloß effektvollen Spiel entwertet. Und vergleicht man das Ferneerlebnis seiner Apulienfahrt in dem Liede 114, 21, das Hausens Motiv der Wesensspaltung aufnimmt, sowie seine Erwähnungen Gottes mit denen Hausens, so spürt man den Abstand zwischen echtem Dichter und bloßem Könner.

Dem gleichen Kreise gehört weiter Ulrich von Gutenburg an, ein Elsässer freiherrlichen Geschlechtes, vermutlich der in italienischen Urkunden Heinrichs VI. auftretende Adelige dieses Namens. Sein sechsstrophiges Lied in freien Daktylen läßt den Schüler Hausens in zahlreichen Einzelheiten erkennen. Als eigene dichterische Persönlichkeit fassen wir indessen Ulrich von Gutenburg nur in seinem Minneleich. Erstmals tritt diese Kunstform hier in unser Blickfeld, doch wissen wir, daß auch Hausen einen Minneleich gedichtet hat, und es ist zu vermuten, daß Ulrich auch darin sein Schüler war.

Die Form des Leichs stellt große formale und sprachliche Anforderungen. Das umfängliche, kunstvoll und ziemlich regelmäßig gebaute Vortragsstück Gutenburgs von etwa 350 Zeilen mit seinen Versikelketten und Responsionen ist das Werk eines gewiegten Virtuosentums. Formal war dem Dichter die Variation dadurch erschwert, daß er noch ganz wesentlich auf den alten Viertakter angewiesen war, den er höchstens aufgliedernd in kurze Zweitakter zerlegen konnte. Sein Formstreben ist daher namentlich auf die Reimkunst gerichtet. Er liebt lange Ketten gleichreimender Zeilen, die im Französischen sprachlich gerechtfertigt sind, im Deutschen aber, zumal in den reimenden Zweitakterreihen 70, 26 ff. und 71, 5 ff., mehr von der Findigkeit als vom Geschmack des Dichters Zeugnis ablegen. Doch auch inhaltlich war die nötige Fülle schwer zu gewinnen. Denn der konventionelle Inhalt: Preis der Herrin, Werben, Klagen um das Leid der unerwiderten Minne, geht nicht über das hinaus, was sonst ein Lied umspannte und genügend ausdrücken konnte. Und da Ulrich sich mit diesen wenigen Grundmotiven begnügt und echtes Erlebnis oder tiefere Problematik, die sich dialektisch ausbreiten könnte, nicht kennt, so war seine Aufgabe nur rhetorisch zu lösen. Er überschüttet uns mit einem Feuerwerk geistreicher und rhetorisch wirkungsvoller Wendungen. Er gibt seinem Leich durch die Einleitungsformel im lateinischen Briefstil eine gelehrte Note, so daß das ganze Gedicht, auch wenn die Fiktion des Briefes nicht straff durchgeführt wird, in die Nähe der pomphaften lateinischen Minnebriefe des Tegernseer Typus rückt. Den alten Natureingang greift er auf, wandelt ihn aber nicht ohne Geist ab, indem er die *frouwe* selber zu der Sommerwonne macht, die sein Herz zum Blühen bringt, ihren Gruß zum Maienregen, unter dem sein Herz ersprießt. Exempla aus der höfischen Literatur: Alexander – der hier als Minneheld erscheint –, Floris, Æneas bezeugen die Macht der Minne und beleuchten zugleich nicht ohne Selbstgefälligkeit die eigene Belesenheit des Dichters.

Dies alles wirkt anders, als man es in der frühen rheinischen Lyrik gewohnt ist, und ließe eine spätere Entstehung vermuten. Allein man muß bedenken, daß der Leich als eine Komposition höherer Ordnung auch einen anderen Stil verlangt, einen *ornatus difficilis*, eine geblümte Rede. Verglichen mit den Leichen der spätstaufischen Zeit wirkt Gutenburgs Leich doch wieder altertümlich. Mit seinen umfänglichen Versikeln und der strengeren Durchführung der Responsionen schreitet er gravitätisch gemessen, während die Leiche, die wir von dem Tannhäuser oder Ulrich von Winterstetten besitzen, mit ihren kurzen, sehr frei respondierenden Versikeln, unruhig springen. Und so sind auch Sprache und Stil von einer pomphaften Würde, die in den Kreisen um Gottfried von Neifen kaum verstanden worden wäre. Wir werden den Leich den späten Jahren Gutenburgs zuweisen müssen, also etwa der Zeit um 1200, und ihn als eine elegante Spätleistung der Hausenschen Schule bewerten.

Räumlich abseits endlich, auch in seinem Leben nicht unmittelbar an das staufische Haus gebunden, steht weit im Süden, der französischen Sprachgrenze nahe, der hochadlige R u d o l f II. v o n F e n i s, Graf des schweizerischen Neuenburg. Keiner lebt dem wälschen Sprachgebiet so nahe, keiner auch hat provenzalisches Gut so lebhaft aufgegriffen wie er. Ja, wenn Schwietering recht gesehen hat, so hat Rudolf mit einigen seiner Lieder in den Versstreit zwischen Folquet von Marseille und Peire Vidal unmittelbar eingegriffen. Seine Töne bildet er in reinen oder freien Daktylen den Provenzalen nach. Von ihnen holt er auch seine eindrücklichen Bilder: der Mann, der beim Erklettern eines Baumes steckenbleibt; der Spieler, der seinen Einsatz zu spät zurückziehen möchte; die Motte, die das Licht umschwirrt. Doch ist er nicht bloßer Übersetzer oder Nachahmer; er ist ein Mann von eigener dichterischer Art und Begabung. Seine sieben echten Lieder umkreisen unermüdlich das eine Thema: das unerfüllte Werben, dessen Leid und dessen Sinn.

Rudolf erträgt die Last der unerwiderten Minne mit weniger freudiger Bejahung als Hausen, er setzt sich mit ihr in intellektueller Lust an der Klarheit des Denkens auseinander. Die Fähigkeit zu antithetischem Denken ist bei ihm eine eingeborene, romanisch bestimmte Geistesgabe, wie auch die logisch zergliedernde Durchführung seiner Metaphern nicht nur den Schüler, sondern den Wesensverwandten der Romanen verrät. Wir erfassen etwas von Rudolfs Wesen und seiner Freude an logischer Durchführung an der Art, wie er in dem Liede 83, 25 den Natureingang abwandelt. „Ich klage nicht um den Sommer", sagt er dort, „denn er hat mir keine Erfüllung gebracht wie vielleicht anderen. Bringt sie mir der Winter, so habe ich wohl recht, ihn zu ehren." Man sieht, wie hier die alte, rein stimmungshafte, „parataktische" Bezugsetzung von Jahreszeit und Liebeserlebnis zu logisch durchdachter antithetischer Verknüpfung geworden ist.

Man wird die sieben Gedichte als innerlich zusammengehörig, als einen Zyklus auffassen dürfen, der auf das letzte, einzig nicht daktylische Lied 84, 10 zustrebt. In ihm wird der Dienstgedanke der Minne aus dem schönen, persönlichen Nacherleben des großen Grund- und Landesherren durchgeführt: wo Gewalt ist, soll auch Gnade sein; Gnade soll Gewalt durch Erbarmen überwinden, sie ist die geziemende Begleiterin der Macht. So wird die Herrin schön zur Herrscherin erhoben, und in Vertröstung auf die Gnade als letzter Blüte der Herrschaft sieht auch Rudolf den Lohn seines Dienstes endlich einmal heranreifen.

6. ZWEI ZWISCHENGESTALTEN
HEINRICH VON RUGGE, HARTWIC VON RUTE

Sobald wir den rheinischen Westen verlassen, hört die enge Bindung an den Formen- und Ausdrucksschatz der Provenzalen auf. Wohl können wir die Spuren rheinischer Vorbilder in ihrem Vordringen nach Osten verfolgen, aber sie sind spärlicher, als man es bei dieser in der Umgebung der Herrscher gepflegten Hofkunst erwarten sollte. Erste Ansätze dazu haben wir schon bei dem Rietenburger und bei Meinloh von Sevelingen gesehen, und wir können ihren Nachwirkungen über Morungen und Reinmar bis zu Walthers Zeitgenossen (Hiltpolt von Schwangau; Markgraf von Hohenburg) nachgehen. Aber von einer wirklichen Schule Hausens kann man außerhalb des rheinischen Südwestens nirgends reden.

Schon vor der Zeit der großen hochhöfischen Lyriker oder doch abseits von ihnen zeigen uns zwei Dichter, welcher Zurückhaltung die neue Kunst außerhalb ihrer rheinischen Heimat begegnet: der Schwabe Heinrich von Rugge und der Bayer oder Österreicher Hartwic von Rûte.

Heinrich von Rugge entstammt einem Ministerialengeschlecht der Grafen von Tübingen. Sein Kreuzleich ist unter dem unmittelbaren Eindruck vom Tode Friedrich Barbarossas gedichtet; er selber ist zur Teilnahme am Kreuzzug entschlossen. So dürfte er mit dem Henricus de Rugge identisch sein, der urkundlich zwischen 1175 und 1191 bezeugt ist, ein vielleicht etwas jüngerer Zeitgenosse Friedrichs von Hausen. Da er nach 1191 nicht mehr erwähnt wird, dürfte er auf dem Kreuzzug geblieben sein.

Seine literarische Stellung kann erst bestimmt werden, wenn Sicherheit über sein dichterisches Eigentum besteht. Neben Dietmar von Aist ist Rugge in seinem echten Eigentum am stärksten umstritten. Wie kaum bei einem anderen Dichter sind schon die alten Sammlungen unsicher in der Zuweisung; was die eine unter Rugges Namen verbucht, gilt der anderen als Dichtung Reinmars, Leutholds von Seven oder Friedrichs von Hausen. Die ältere Forschung hat die Unsicherheit eher vermehrt als geklärt, so daß C. von Kraus und nach ihm Halbach zu einer radikalen Kritik übergegangen sind und etwa drei Viertel der Rugge zugeschriebenen Gedichte als Werke aus der Schule Reinmars ausgesondert haben. Außer dem Leich verbleiben dem Dichter nur noch sechs Töne, von denen jedoch zwei mehr als ein Lied umfassen. Indessen ist hier die auf stilkritische Beobachtungen gegründete Scheidung nicht überall so einleuchtend wie bei Dietmar. Ein Teil des als unecht Bezeichneten muß in der Tat aus Formgründen ausscheiden: es setzt die neue Strophenkunst Reinmars und Walthers voraus (106, 24 ff.; 109, 9 ff.). Anderes dagegen, was aus Rugges Formelementen ableitbar wäre, wird zweifelhafter bleiben; namentlich bei den vier Strophen von 103, 3 wird sich manches für die Echtheit sagen lassen. Doch wird man sich einstweilen an die Ergebnisse von Kraus und Halbach halten müssen, die im Text von „Des Minnesangs Frühling" angewendet worden sind.

Den echten Rugge fassen wir am sichersten in seinem Leich, dessen Überlieferung bis ins 12. Jahrhundert, also bis ganz nahe an die Zeit seiner Entstehung zurückreicht. Es ist ein religiöser Leich, ein Aufruf zur Kreuzfahrt und zugleich innere Vorbereitung des Dichters auf seine eigene Teilnahme am Kreuzzug. Da steht er vor uns, der *tumbe man von Rugge*, wie er selbst sich als Laie seinem geistlichen Thema gegenüber bezeichnet. An Gutenburgs Glanzstück gemessen ist dieser Leich mit seinen kaum 150 Zeilen bescheiden in seiner Form und in seiner Sprache, einfach, aber auch treu und echt in Denken und Lebensauffassung. Was er dichtet und sagt, kommt Rugge aus dem Herzen. Man wird ihm nicht gerecht, wenn man nur von einer in Verse gebrachten Kreuzpredigt spricht.

Vor Walthers Kreuzliedern ist keine andere Dichtung so ganz dem großen Gedanken des Kreuzzuges zugewandt wie Rugges Leich. Die Kreuzzugslyrik Hausens, Hartmanns, Albrechts von Johansdorf ist dialektische Auseinandersetzung zwischen den beiden Lebenspolen Gott und Minne, ist Entscheidung. Rugge bedarf solcher Entscheidung nicht; ihm steht der Gedanke des Kreuzzuges von vorneherein im Zentrum. In seinem Denken wirkt er noch ganz vorhöfisch, dem Pfaffen Konrad artverwandt. Diesseits und Jenseits stehen sich in der klaren Wertordnung gegenüber, die ihnen die Beleuchtung des *memento mori* gibt, und Rugge ist erfüllt von der Idee des Waffendienstes als Gottesdienst, des Todes im Kreuzzug als Martyrium, das die ewige Seligkeit erwirbt. Rugges Leich ist uns ein schönes Zeugnis dafür, wie kräftig unter der höfischen Hülle staufischen Denkens und Dichtens der Strom der alten, einfachen und unbedingten Frömmigkeit des 12. Jahrhunderts weiterfließt.

Doch die staufische Zeit macht sich auch hier geltend; auch Rugge sieht sich veranlaßt, sich mit dem Frauendienst auseinanderzusetzen. Aber wie? Nicht als ein bedrängendes, persönliches Dilemma, sondern lediglich als eine Zeiterscheinung, die den erhabenen Gedanken des Kreuzzuges zu schwächen droht. Im Tone von Rumolds Rat im Nibelungenlied (Str. 1465 ff.) läßt er den *bœsen man*, den Feigling, sich hinter dem Frauendienst verkriechen: laßt uns daheim bleiben, die Zeit uns angenehm mit Frauen vertreiben. Aber die Frau will von solchen Männern nichts wissen: er ist *niht bastes wert*. Und ist es wohl Zufall, daß gerade diese Versikelgruppe in dem Leich die einzige ist, die sich des modernen, minnesängerischen Daktylus bedient?

Altertümlich und vorhöfisch wie das Denken ist auch die Sprache Rugges. Er sagt *helde, stolze helde, stolze degene*, nicht *riter*. Er spricht von *friuntschaft*, nicht von *minne*, er legt der Frau die Anrede *gespil* in den Mund. Da sind wir im Bezirk des frühen donauländischen Minnesangs und des Heldenepos, abseits von aller rheinischen Neukunst. Nicht zufällig sind die Anklänge an das Nibelungenlied, die man in Rugges Leich gesammelt hat, so zahlreich.

Wendet man sich von hier aus dem Lyriker Rugge zu, so verwischt sich dieses klare Bild. Das Lied 101, 15 mit seinen Daktylen und dem

Kreisen um den ungelohnten Dienst ist in der Tat Hausensche Schule, die sich bis in einzelne Wendungen und Motive hinein verfolgen läßt. Aber dieses Lied steht innerhalb der Ruggeschen Überlieferung so vereinzelt und abseits wie jene vielen anderen, die als unecht ausgeschieden sind. Und auch dieses unterscheidet sich in seinem Strophenbau von der rheinischen Schule. Weder hier noch in einem der anderen Töne verwendet Rugge die durchgeflochtenen Reime des Typus 2; er benutzt echte, stollige Strophenformen und ordnet sich damit formal dem Typus Hartmann und Albrecht von Johansdorf zu, die zu der Strophenkunst Reinmars und Walthers hinüberführen.

Doch auch inhaltlich stehen die übrigen Lieder Rugges dem Typus Hausen-Fenis fern. Die Strophe 102, 14 mit ihren langzeilennahen Gliederungen und dem Gedanken des *memento mori* als Antrieb zur Gottesfahrt ist unmittelbar aus dem Gedankenkreise des Leichs hervorgegangen. Der Ethiker Rugge hat eine Neigung zum Sentenzenhaften und Lehrhaften, zu Betrachtungen über die Mißstände der Welt, die ihn der Spruchdichtung annähern (102, 27; 108, 22; auch 107, 27) und die nicht von der Hausengruppe gelernt sein können. Wo aber Rugge von Frauen und von Minne spricht, kehrt die Klage um den ungelohnten Dienst nicht wieder. Wir finden auch hier die Neigung zu allgemeinen Betrachtungen; 107, 27 mahnt, an den Frauen mehr die inneren Qualitäten als die äußere Schönheit zu schätzen, 109, 37 setzt der Klage um den Verfall der Minne die Zuversicht entgegen, daß sich neben einer fehlbaren Frau immer drei oder vier finden lassen, die *höfsch unde guot* sind. Auch die persönlich gewendeten Lieder sind nicht hoher Minnesang im Hausenschen Sinn. Das Lied 101, 7 ist ein allgemeiner Preis seiner *frouwe* ohne Dienstgedanken oder Dienstklage. Die Lieder 108, 6 und 108, 14 stellen sich schon in ihrem Natureingang nicht zu Hausen, sondern weit eher zu Dietmar; die Strophe 108, 14 ist reiner Preis des Sommers ohne ausgesprochenen Bezug auf die Minne, die Strophe 108, 6 vollends spricht gegen alle rheinische Tradition von gewährter Minne. Auch die Minneklage von 102, 1 bezieht sich nicht auf den ungelohnten Dienst, sondern auf den Verlust einer einst besessenen Neigung. Wo hätte je im Umkreise Hausens eine Dame sagen können, daß ihr der Mann so innig wert sei wie sie ihm, wo hätte eine solche wechselseitige Liebe im Denken des hohen Minnesangs jemals Raum?

Das eine Lied 101, 15 darf uns also nicht dazu verführen, Rugge in die Schule Hausens einzuordnen; es kann, wenn es echt ist, höchstens als ein Experiment im Stile Hausens gewertet werden. Rugge steht sehr für sich, geprägt von einer tiefen, einfach männlichen Frömmigkeit und einer Freude an ethischer Betrachtung. Wollen wir ihn einordnen, so verbinden ihn seine Neigung zur Einstrophigkeit, seine Natureingänge, seine Minneauffassung als Gegenseitigkeit weit eher mit Dietmar, d. h.

mit der donauländischen Lyrik, ohne daß wir ihn auch wieder einen Schüler Dietmars nennen dürften. Denn seine Form weist in die Zukunft und macht ihn zum bescheidenen Nachbarn Hartmanns von Aue und zum Vorläufer Reinmars und Walthers.

Viel weniger wissen wir von dem eigentümlichen Hartwic von Rûte, weder von seinem Leben noch von seiner Kunst. Man sieht in ihm ein Mitglied eines Salzburger Dienstmannengeschlechtes, und sein Lied 116, 1, das ihn im Dienst des Kaisers zeigt, empfiehlt eine Festlegung auf die Zeit Heinrichs VI. Seine Lyrik ist uns nur ganz trümmerhaft überliefert, dabei aber noch in ihren Resten von so kraftvoller Eigentümlichkeit, daß wir es schmerzlich empfinden, nicht mehr von ihm zu besitzen.

Das am wenigsten verstümmelte Lied 116, 1 zeigt in der Form rheinische Schule, alternierende fünfhebige Nachbildung des Zehnsilbers und Durchreimung. Es ist aus dem Ferne-Erlebnis Hausenscher Art geschaffen und lebt im Gedankenkreis der unerfüllten hohen Minne. Soweit also wäre es „rheinisch". Aber es zeugt von einer leidenschaftlichen Kraft des Empfindens, die von der gemessenen, durchdachten Haltung jener Rheinländer weit abliegt. Die Ferne von der Heimat und der Geliebten ist durch einen Kriegszug im Dienste des Kaisers bedingt, also wohl Heerfolge in den apulisch-sizilischen Kämpfen Heinrichs VI. Der Zwiespalt, in den sich Hartwic gestellt sieht, ist innerweltlich: zwischen Kaiserdienst und Minnedienst, nicht, wie bei einem Kreuzfahrer, zwischen Welt und Gott. Und Hartwic entscheidet sich innerlich für die Minne. Im Kaiserdienst aber erlebt er die Schauer des Schlachtfeldes und der Todesnähe mit einer sonst kaum wiederkehrenden Eindrücklichkeit. Und während andere in dieser Umdrohtheit vom Tode ihre Sünden bekennen, sich also Gott zuwenden, bekennt Hartwic in diesem Augenblick der Todesnähe als das größte Leid seines Lebens, daß ihm die Gnade der geliebten Frau versagt blieb. Und damit rührt er denn doch an den Zwiespalt zwischen Gott und Minne und trifft einen kühnen Entscheid.

Die Reste von drei anderen Liedern stehen formal den Rheinländern ganz fern. Jedoch nicht nur diesen; sie sind ebensowenig aus der Formenwelt Hartmanns, Reinmars und Walthers zu verstehen, vielmehr so selbstgewachsen und eigenständig, daß sie in ihrer trümmerhaften Vereinsamung für uns rhythmisch kaum deutbar sind. Denn die rhythmische Regelung in „Des Minnesangs Frühling" ist durch tiefe Eingriffe in den Text erkauft. Zeigen sie also schon in der Form den eigenwilligen Dichter, so bestätigen sie uns inhaltlich sein leidenschaftliches Empfindungsvermögen. Zwar steht er unter der Herrschaft des höfischen Dienstgedankens, ein „gebundener" Mann. Aber Herz und Phantasie überspringen stürmend die Schranken – nicht zufällig ist in zwei der drei

Strophen das Bild des Springens verwendet. Im Denken an die Geliebte
erlebt er alle Wonne der Erfüllung voraus, so daß sein Herz vor Freude
„zum Himmel springt" (117, 14), und um die leidenschaftliche Gewalt
seines Empfindens auszudrücken, nennt er die Art seines Liebens *den
minnenden unsin*, ein Übermaß innerer Spannung, die sich entladen will,
indem er auf die Geliebte zuspringen und ihren schönen Leib an sich
reißen möchte (117, 26). Wo sonst verströmt sich erlebte Leidenschaft
so in der mittelhochdeutschen Lyrik? Besäßen wir mehr von diesem
Manne – vielleicht würden wir ihn neben Morungen stellen und zu den
Großen des Minnesangs rechnen.

LITERATUR

Kaiser Heinrich: Ausg.: MF Nr. VIII S. 42–44. – Lit.: C. VON KRAUS, Untersuchungen S. 104 ff. MF Anm. S. 379 ff. – ANTON WALLNER, Verf.-Lex. II (1936)
Sp. 234–37.

Heinrich von Veldeke: Ausg.: MF Nr. X S. 64–87. – Lit.: vgl. die bei Veldekes
epischen Werken zitierte Literatur S. 48 f. – Dazu: C. VON KRAUS, Untersuchungen
S. 160 ff. MF Anm. S. 397 ff. – TH. FRINGS, Alse dê sprenket in den snê. Veldeke,
MF 65, 8. Beitr. 63 (1935) S. 432–37. – JOSEF QUINT-GÜNTHER JUNGBLUTH, Zu
Veldekes „Schneespringer" (MF 65, 8) ZfdPh. 63 (1938) S. 358–64. – TH. FRINGS-
GABRIELE SCHIEB, Heinrich von Veldeke I. Die Servatiusbruchstücke und die Lieder.
Halle 1947. – TH. FRINGS, Heinrich von Veldeke, Die Entwicklung eines Lyrikers.
Festschr. f. Paul Kluckhohn u. Hermann Schneider. Tübingen 1948. S. 101–21.

Friedrich von Hausen: Ausg.: MF Nr. IX S. 45–63. – Lit.: C. VON KRAUS, Untersuchungen S. 115 ff. MF Anm. S. 386 ff. – KARL KORN, Verf.-Lex. I (1933) Sp. 682
bis 688. – HENNIG BRINKMANN, Friedrich von Hausen, Studienbogen. Sprache u.
Literatur. Deutsche Reihe. Minden (1948).

Bligger von Steinach: Ausg.: MF Nr. XVII S. 156–57. – Lit.: C. VON KRAUS, Untersuchungen S. 269 ff. MF Anm. S. 446 ff. – ANTON WALLNER, Verf.-Lex. I (1933)
Sp. 248–49.

Bernger von Horheim: Ausg.: MF Nr. XV S. 146–51. – Lit.: C. VON KRAUS, Untersuchungen S. 255 ff. MF Anm. S. 441 ff. – ANTON WALLNER, Verf.-Lex. I (1933)
Sp. 198–99.

Ulrich von Gutenburg: Ausg.: MF Nr. XI S. 88–101. – Lit.: C. VON KRAUS, Untersuchungen S. 193 ff. MF Anm. S. 413 ff. – ANTON WALLNER, Verf.-Lex. IV (1951–52)
Sp. 582–84.

Rudolf von Fenis: Ausg.: MF Nr. XII S. 102–111. – Lit.: C. VON KRAUS, Untersuchungen S. 203 ff. MF Anm. S. 418 ff. – ANTON WALLNER, Verf.-Lex. III (1943)
Sp. 1126–29. – ERNST BALDINGER, Der Minnesänger Graf Rudolf von Fenis-Neuenburg. Neujahrsbl. d. Lit. Ges. Bern, NF 1, 1923. – JULIUS SCHWIETERING, AnzfdA
44, 25 ff.

Heinrich von Rugge: Ausg.: MF Nr. XIV S. 126–45. – Lit.: C. VON KRAUS, Untersuchungen S. 237 ff. MF Anm. S. 437 ff. – ANTON WALLNER, Verf.-Lex. II (1936)
Sp. 328–30. – HENNIG BRINKMANN, Rugge und die Anfänge Reinmars. Festschr. f.
Paul Kluckhohn u. Hermann Schneider, Tübingen 1948, S. 498–517.

Hartwic von Rûte: Ausg.: MF Nr. XVI S. 152–55. – Lit.: C. VON KRAUS, Untersuchungen S. 264 ff. MF Anm. S. 445 f. – ANTON WALLNER, Verf.-Lex. II (1936)
Sp. 219–20.

DIE HOCHHÖFISCHE LYRIK

1. DIE FÜNF GROSSEN, CHRONOLOGISCHE FRAGEN

Das Jahr 1190 bedeutet in der Geschichte der mittelhochdeutschen Lyrik einen spürbaren Einschnitt. Die zwei Jahrzehnte von 1170 bis 1190 sind von der rheinischen Lyrik beherrscht. Hausen und seine Nachbarn sind recht eigentlich die Dichtergeneration der Barbarossazeit. Das Jahr 1189 sah dann den Kreuzzug Barbarossas, auf dem er 1190 den Tod fand. Das bedeutete das Ende einer Epoche. Auch literarisch. Auf demselben Kreuzzug starb auch Friedrich von Hausen, der maßgebende Lyriker dieser Generation. Bald danach, spätestens 1196, folgte ihm Rudolf von Fenis nach. Um 1190 aber ist auch Heinrich von Veldeke wenn nicht gestorben, so doch aus der Literatur zurückgetreten; sein wehmütiger Abschied vom Minnedienst liegt sicherlich vor 1190. Die kleineren Sänger, die über dieses Jahr hinaus geschaffen haben können, waren weder fähig, neue Anregungen zu bringen, noch das Alte repräsentativ fortzuführen. Eine neue Generation tritt auf den Plan.

Sie vollendet den deutschen höfischen Minnesang. Fünf Dichter sind zu nennen, die diese Leistung vollbracht und die hochhöfische Lyrik zu dem gleichen hohen Rang erhoben haben wie die hochhöfische Epik: Albrecht von Johansdorf, Hartmann von Aue, Heinrich von Morungen, Reinmar von Hagenau und als letzter Vollender und schon Überwinder Walther von der Vogelweide.

Hier beginnen unsere chronologischen Schwierigkeiten und damit die Verwicklungen in den Fragen der gegenseitigen Abhängigkeiten. Denn hier drängt sich alles auf wenige Jahre zusammen, und wie immer sind unsere biographischen Kenntnisse mehr als dürftig.

Auch für diese Gruppe ist das Jahr 1190 von Bedeutung. Sowohl Albrecht von Johansdorf wie Hartmann von Aue haben an dem Kreuzzug Barbarossas teilgenommen. Ein bedeutender Teil ihrer Lyrik ist Kreuzzugslyrik. Beide haben also schon vor 1189/90 gedichtet. In der S. 68 aufgestellten Chronologie der epischen Werke Hartmanns haben wir als Anfang seiner dichterischen Laufbahn etwa die Jahre 1180 bis 1185 festgelegt und seine Lyrik der frühen Zeit zugeordnet. Das wird gleich bei der Behandlung Hartmanns als Lyriker näher zu begründen sein. Albrecht von Johansdorf ist schon 1172 und dann namentlich in den achtziger Jahren urkundlich bezeugt; auch er wird schon vor dem Kreuzzug gedichtet haben. Beide sind von dem Kreuzzug heimgekehrt und sind mindestens im Jahre 1210 noch am Leben. Beide können also auch bis ins 13. Jahrhundert hinein noch gedichtet haben und damit nicht nur mit Reinmar und Morungen, sondern selbst noch mit Walther in Wechselwirkung gestanden haben.

Für Hartmann glauben wir dies nicht; seine Lyrik stellen wir vor den Kreuzzug. Nach 1187 braucht, mit einer Ausnahme, keines seiner Lieder gedichtet zu sein. Wenn von Berührungen zwischen Hartmann und Walther, aber auch zwischen Hartmann und Reinmar die Rede ist, werden wir Hartmann als den Früheren und damit den Gebenden anzusehen haben. Schwieriger ist die Lage bei Albrecht von Johansdorf zu beurteilen. Bei ihm spricht wenigstens nichts dagegen, daß er auch nach der Rückkehr aus dem Heiligen Lande noch gesungen hat. Und da er zudem als Ministeriale des kunstfrohen Passauer Bischofs Wolfger, des Gönners Walthers von der Vogelweide, den neuen österreichischen Pflegestätten der höfischen Lyrik wesentlich näher lebte als der Schweizer Hartmann, so ist hier weit eher die Möglichkeit eines Austauschs zwischen ihm und den Wiener Dichtern zuzugeben. Doch verbietet die Schmalheit der Überlieferung – elf Lieder, von denen vier Kreuzlieder sind – bestimmte Aussagen.

Ganz unsicher sind wir für das Leben Heinrichs von Morungen und Reinmars von Hagenau. Von Morungen wissen wir nur, daß er im Jahre 1222 als *miles emeritus*, also als älterer Mann, in Leipzig gestorben und im dortigen Thomaskloster begraben ist. Das bedeutet, daß er um 1160 geboren sein dürfte und daß seine Anfänge als Dichter um oder bald nach 1180 liegen dürften.

Reinmar von Hagenau ist urkundlich nirgends bezeugt. Das einzige Datum seines Lebens, das wir feststellen können, gibt uns seine berühmte Witwenklage um Leopold V. von Österreich an die Hand, die im Sommer 1195 entstanden sein muß. Daß er den Auftrag zu diesem Gedicht erhielt, zeigt uns, daß er damals der anerkannte Wiener Hofdichter war, daß also seine Anfänge früher liegen müssen. Da er sicherlich erst unter Leopold V. (1177–94) nach Wien gekommen ist, könnte er um 1180 begonnen haben. Andererseits wird Reinmar um 1210 von Gottfried von Straßburg in dessen Tristan bereits als tot beklagt, und da er nach dem Zeugnis Walthers ziemlich jung gestorben ist, da er andererseits im Jahre 1203 bestimmt noch gelebt hat, verbietet sich eine zu frühe Datierung. Er kann kaum vor 1165 geboren sein; daher dürfen wir mit dem Ansatz seiner dichterischen Anfänge kaum über 1185 zurückgehen.

Über Walther von der Vogelweide endlich lassen sich an Hand seiner Spruchdichtung mancherlei Einzelheiten zusammenstellen, obwohl wir nur eine einzige urkundliche Erwähnung von ihm aus dem Jahre 1203 kennen. Damals erhielt er von dem Passauer Bischof Wolfger als Geschenk einen Pelzrock. Als alter Mann hat er den Kreuzzug Friedrichs II. (1227–28) noch erlebt; nicht lange danach, etwa 1230, wird er gestorben sein. Er war bestimmt jünger als Morungen und Reinmar und ist deren unmittelbarer oder mittelbarer Schüler gewesen. Die Dichtung seiner Jugend, die er am Wiener Hof verbrachte, steht unter dem Einfluß Reinmars. Nach heftigen Zerwürfnissen mit diesem seinem Lehrer und älteren Rivalen mußte er 1198 den Wiener Hof verlassen. In einem späten Gedicht, das wir um 1228 datieren, spricht er davon, daß er vierzig Jahre lang Minnelieder gesungen habe; das würde auf 1188 als Anfangstermin führen. Allein, weder ist die Datierung jenes Liedes so sicher, noch darf man einer solchen runden Zahlenangabe zuviel Genauigkeit zumessen. Gerade die Anfänge Walthers sind durchaus umstritten, doch wird die alte Formulierung „um 1190" das Richtige treffen.

Zusammenfassend also wird sich sagen lassen, daß das neunte Jahrzehnt des zwölften Jahrhunderts, die Zeit zwischen 1180 und 1190, den Durchbruch einer neuen lyrischen Kunst ziemlich gleichzeitig an verschiedenen Stellen erlebt hat, mit Hartmann am Oberrhein, mit Johansdorf in Bayern-Passau, mit Morungen im ostmitteldeutschen Meißen, mit Reinmar in Wien, daß sie sich in den neunziger Jahren durch die Leistung Reinmars und Morungens durchsetzte und seit der Jahrhundertwende von Walther zu ihrer höchsten Entfaltung gebracht wurde. „Staufisch" ausgedrückt ist es die Lyrik unter den Söhnen Barbarossas, Heinrich VI. und Philipp von Schwaben.

Was bedeutet es nun, wenn wir hier von einer „neuen lyrischen Kunst" reden? Wir können es zunächst negativ ausdrücken: Lösung aus der engen Gebundenheit an das provenzalische Vorbild.

Das macht sich in der Lyrik zunächst an der Form bemerkbar. Die tragenden formalen Merkmale der rheinischen Gruppe: Daktylen, durchgeflochtene Reimbänder bei häufig unstolligem Strophenbau und begrenzte Freiheit des Reimes werden aufgegeben. Johansdorf und Hartmann weisen nur noch je einen daktylischen und Reime häufenden, aber stollig gebauten Ton auf, Reinmar keinen einzigen mehr. Nur bei Morungen gehören Daktylen und Reimbänder noch zu den metrischen Bauelementen, aber die Freiheit, mit der er sie behandelt, zeigt auch bei ihm die Lösung aus der Gebundenheit der Rheinländer.

Überall wird der stollige Bau des Typus 3 jetzt verbindlich, auch in Tönen mit daktylischem Maß und durchschlungenen Reimbändern. Damit verbindet sich ein Streben nach größerer Mannigfaltigkeit der rhythmischen Bausteine, ein Aufgeben des alten Viertakters als einziger Grundform, eine immer reichlichere Verwendung zunächst von Sechstaktern aller Art, dann auch von knappen Zweitaktern und langen, sieben- bis achttaktigen Zeilen, die nicht mehr im alten Langzeilentypus durch Zäsur gegliedert sind, sondern mit freier Gliederung lang durchlaufen. Damit wird nicht nur eine unerschöpfliche Möglichkeit immer neuer Strophenvarianten erreicht. Schon bei Hartmann bahnt sich eine Kompositionsform an, die bei Johansdorf durchschlägt und die von Reinmar und Walther zur vorbildlichen Bauform erhoben wird: die kontrastierende Führung im Aufbau von Stollen und Abgesang. Fügen wir hinzu, daß die rhythmische Feinstruktur immer strenger beachtet wird, rhythmische Freiheiten auch im Auftakt immer mehr vermieden werden, und daß die Forderung auf Reinheit des Reimes jetzt auch für die Lyrik streng verbindlich ist, so wird uns klar, daß sich hier ein mehr als nur gradweiser Wandel der Form vollzieht. Die neue Strophenform läßt sich nicht mehr mit der romanischen Strophik oder deren deutschen Nachbildungen vergleichen oder aus ihnen ableiten. Bei keinem der hochhöfischen Dichter läßt sich mehr eine provenzalische Melodie auf deren Lieder übertragen. Ein eigenes deutsches Formgesetz von weitester Entfaltungsmöglichkeit ist gefunden, das in seinen Prinzipien für eine lange Zukunft gültig bleibt und das im Sonett auf mancherlei Umwegen in die neue deutsche Strophenkunst eingegangen ist. Gerne wüßten wir, wie weit sich dieser Wandel auch auf dem Gebiet der musikalischen Komposition geltend gemacht hat.

Eine so tiefgreifende Umgestaltung der Form läßt auch für den Inhalt Entsprechendes erwarten. Es muß darum nicht gleich revolutionär sein. Die hohe Minne, so wie sie Hartmann in seinem „Büchlein" theoretisch begründet hatte, die rheinischen Lyriker sie zum Inhalt ihrer Lieder gemacht hatten, bleibt das große beherrschende Thema. Was jetzt vorgeht, mögen wir ganz allgemein die Lösung des Konventionellen zum Persönlichen, des Erlernten zum Erlebten nennen. Wir sind uns der Gefahr solcher allgemeinen und vereinfachenden Aussagen bewußt.

Alles, was wir einleitend über das Gesellschaftliche, Verbindliche und Formbetonte des Minnedienstes und Minnesanges gesagt haben, behält seine Gültigkeit. Und andererseits haben wir auch den rheinischen Dichtern, namentlich Friedrich von Hausen, die Erlebnisfähigkeit und die persönliche Note nicht abgesprochen.

Und dennoch wirkt jene rheinische Dichtung als Ganzes auch inhaltlich angelernt. Sie übernimmt nicht nur die Idee von den Provenzalen, sondern auch deren Art, zu erleben und sich auszudrücken. Jene Dichter sind Schüler – zum Teil begabte Schüler einer schon gereiften Kunst. Ihr Ehrgeiz ist, das Vorbild zu erreichen, nicht, es zu überwinden. Daher ist es eine wenn nicht einfach übersetzte, so doch erdachte und gewollte Kunst, dem Intellekt oft stärker verpflichtet als dem Gefühl, etwa bei Gutenburg oder Fenis.

Zum Erlebnis und nicht selten zum schmerzlich durchlebten Problem wird die hohe Minne doch erst bei der neuen Generation, wobei mit „Erlebnis" wieder nicht die künstlerische Gestaltung von erlebten Einzelheiten gemeint ist, sondern die innere Erfahrung einer Macht von daseinsbestimmender Kraft. Und darum wird die Minne von jedem einzelnen wirklichen Dichter je nach der Art seines Charakters, seines Temperamentes und seiner Phantasie verschieden erlebt. Bei den Rheinländern durften wir von einem Typus sprechen; jetzt gilt es, der Minnehaltung jedes einzelnen Dichters nachzuspüren, der ethischen Auseinandersetzung bei Hartmann, der seelischen Durchwärmung bei Johansdorf, der glühenden, bis ans Religiöse streifenden Entzückung Morungens, der zuchtvollen Ergebenheit bei Reinmar, bis Walthers leidenschaftliches Temperament immer wieder mit der Idee ringt, sie niemals preisgibt, aber sie immer neu zu durchbluten versucht, um zum Ausgleich zwischen himmlischer und irdischer Liebe zu gelangen. All das bedeutet Lösung von dem romanischen Vorbild, Anverwandlung einer großen Idee an deutsches Wesen, Neuschöpfung nicht nur in deutschem Wort, sondern aus deutschem Geist.

2. HARTMANN VON AUE

Wenn wir Hartmann von Aue an den Anfang der hochhöfischen Dichtung stellen, so deswegen, weil er, der Thurgauer Hochalemanne, der rheinischen Gruppe nicht nur räumlich am nächsten steht, sondern auch inhaltlich. Das Erlebnis des ungelohnten Dienstes und dessen ethische Bedeutung ist das zentrale Anliegen seiner Minnelieder. Da die umstrittenen Fragen der Chronologie und Biographie Hartmanns vor allem von seiner Lyrik her zu lösen sind, müssen sie hier nochmals aufgegriffen und die knappen Angaben von S. 68 ergänzt werden.

Die beiden einschneidenden Ereignisse in Hartmanns Leben sind der Tod seines Dienstherrn und die Teilnahme an einem Kreuzzug. Die ganze Chronologie hängt von der Beantwortung der Frage ab, welcher Kreuzzug in Betracht kommt, der Barbarossa-Kreuzzug von 1189/90 oder eine Kreuzfahrt von 1197/98. Wir haben uns den kräftigen Argumenten von C. von Kraus angeschlossen und uns für den Barbarossa-Kreuzzug entschieden. Ohne Einzelheiten auszubreiten, weisen wir nur darauf hin, daß hier alles an der Interpretation des Kreuzliedes 218,5, genauer an der Erwähnung Saladins in den Zeilen 218,19/20 hängt. Je nach der Satzgliederung, die man vornimmt, wird dort von Saladin als einem Lebenden oder einem Toten gesprochen. Und da Saladin 1193 gestorben ist, leuchtet ein, welche chronologische Bedeutung der Interpretation zukommt. Sie scheint mir so, wie v. Kraus sie durchgeführt hat, einfacher und sinnvoller. Da Saladin nicht in einer vernichtenden Schlacht gefallen, sondern friedlich gestorben ist, so ist die Vorstellung, daß mit Saladin auch sein ganzes Heer wenige Jahre nach seinem Tode nicht mehr am Leben sein solle, schwer verständlich, während die Aussage, daß Saladin und sein ganzes Heer, also die schwere kriegerische Bedrohung des Heiligen Landes, den Dichter nicht zur Kreuzfahrt bestimmt hätten, sondern nur der Tod seines Herrn, sich unserer Kenntnis von Hartmanns tiefer Erschütterung durch diesen Verlust gut einfügt.

Dann wäre das Kreuzlied vor Saladins Tod also aus Anlaß des Barbarossazuges gedichtet worden, und Hartmanns Dienstherr müßte dann etwa 1187 gestorben sein. Damit tritt ein zweites Gedicht in den chronologischen Meinungsstreit ein. Es ist die sogenannte Witwenklage (217, 14), ein Lied, das einer Frau als Klage um den Verlust des geliebten Mannes in den Mund gelegt ist. Es steht zu Reinmars berühmterer Klage der Witwe Leopolds V. vom Jahre 1195 in so enger textlicher Beziehung, daß diese beiden thematisch verwandten Lieder nicht unabhängig voneinander entstanden sein können. Und da vieles dafür spricht, daß hier Reinmar der Gebende ist, so wäre Hartmanns Gedicht nach 1195 anzusetzen. Und betrachtet man es, wie es gemeinhin geschieht, als Klage der Witwe seines Dienstherrn, so wäre dieser erst nach 1195 gestorben, und die von uns angenommene Chronologie fiele dahin.

C. von Kraus hat sich bemüht, das Lied als unecht zu erweisen und damit den chronologischen Schwierigkeiten aus dem Wege zu gehen. Mir scheint ein anderer Weg einleuchtender. Nichts in diesem Gedicht läßt etwas von der religiösen Erschütterung oder auch nur von tieferer innerer Anteilnahme verspüren, wie wir es zu erwarten hätten, wenn es eine Klage um den geliebten Dienstherrn sein sollte. Ja, noch mehr, die Klage ist so allgemein gehalten, daß man daran zweifeln kann, ob es sich wirklich um eine Totenklage und nicht vielmehr um eine Trennungsklage handelt. Die Worte: Tod, Sterben, Grab, Seele, Seligkeit, Himmel kommen in dem Gedicht nicht vor, nur der Schmerz um den Verlust eines geliebten Mannes. Doch selbst wenn wir an der Auffassung als Witwenklage festhalten, wirkt es kühl wie bestellte Arbeit. Wenn aber Hartmann das Gedicht auf Bestellung einer vornehmen Dame verfaßt hat, die ein Gegenstück zu Reinmars berühmter Witwenklage zu erhalten wünschte, so kann es jederzeit verfaßt sein, auch nach Hartmanns Rückkehr aus dem Kreuzzug. Es verliert damit jede chronologisch-biographische Bedeutung.

Es ist das einzige Gedicht Hartmanns, das wir in so späte Zeit verlegen möchten. Hartmanns Absage an Minnedienst und Minnesang vor dem Kreuzzug ist so entschieden, daß wir nicht glauben möchten, er hätte diese Kunst nach seiner Rückkehr wieder aufgenommen. Und im Armen Heinrich, der nach dem Kreuzzug gedichtet ist, zählt er den Minnesang ausdrücklich zu den Freuden der „Welttoren". Wir ordnen seine Lyrik als Ganzes in seine Jugend ein, in die Zeit vor 1187.

Diese Lyrik ist echter, hoher Minnesang. Sie handelt von dem ungelohnten Dienst um die Gunst der überhöhten Herrin, ist ein Kreisen um die Frage nach dem eigenen Wert oder Unwert, eine minnigliche Gewissenserforschung. Hartmann ist auch hier der rationale Ethiker, als den wir ihn schon kennengelernt haben; sein Minnedienst ist die praktische Verwirklichung der Lehren seines „Büchlein". In der unverdrossenen Selbsterziehung sah er die Hoffnung auf den Lohn.

Indessen, die Herrin war hart, sein Werben blieb ohne Erwiderung. Ein einziges Mal bietet sich ihm die Gelegenheit, sie allein zu finden und ihr seine Liebessehnsucht unmittelbar zu gestehen. Das Lied 215,14 preist überschwenglich das Glück dieser Stunde. Wir dürfen es uns dennoch nicht zu groß vorstellen. Wie die bloße Tatsache, mit der Umworbenen reden zu dürfen, überschwengliche Glücksgefühle auslöst, selbst wenn diese noch so kühl und ablehnend bleibt, zeigt die ganz entsprechende Szene im Frauendienst des Ulrich von Lichtenstein Str. 115 ff. So hatte denn auch für Hartmann diese Begegnung keine Folgen, und das Glück hielt nicht vor. Die Dame, die den Dienst des jungen Ritters als rein gesellschaftliche Form betrachtet hat, mußte einen Mann schließlich enttäuschen, der in seinem Erek die Gestalt der demütig und aufopferungsvoll liebenden Enite geschaffen und dort den inneren Adel im zerschlissenen Kleide gepriesen hatte. Und mit dieser Enttäuschung an der Einen wurde Hartmann am Wesen des Minnedienstes irre.

Das Unmutslied 216, 29 bedeutet Hartmanns Absage an die hohe Minne. Man hat dieses Lied sehr zu Unrecht als einen augenblicklichen Scherz gedeutet. Das ist bei dem ernsten Charakter dieses Dichters nicht erlaubt. Der flüchtige Witz ist nicht seine Art; was er sagt, kommt aus der Mitte seines Wesens. Solche Deutung des Unmutsliedes verbietet sich schon dadurch, daß das tiefernste Kreuzzugslied 218, 5 beziehungsreich darauf anspielt. Und das Thema dieses Liedes, die echte, wechselseitige Liebe, die er bei *armen wîben* sucht und findet, wird nach Hartmanns Rückkehr vom Kreuzzug in der hingebenden Liebe der Meierstochter zu dem Ritter im Armen Heinrich episch wieder aufgenommen und vertieft. Und so hat auch Walther von der Vogelweide dieses Gedicht ernst und gewichtig genommen, als er in seinem Liede 47, 36, der Absage an die *überhêren* Frauen, Hartmanns Unmutslied zitiert.

Hartmann stellt sich in diesem Liede im Gespräch mit seinen Freunden dar, die ihn auffordern, mit ihnen die Gesellschaft ritterlicher Frauen aufzusuchen. Aber er wendet sich unwirsch ab: was soll ich dort, wo ich für mein Geständnis der Minne nur schiefe Blicke geerntet habe. Das Begegnungserlebnis von 215,14 spiegelt sich hier in einer ganz anderen, realistischen Weise wider. Und jetzt spricht Hartmann aus, was er von den Frauen erwartet: *als sî mir sint als bin ich in.* Er will erwiderte, gegenseitige Liebe. Und da er sie im Gesellschaftskreise nicht gefunden hat, wendet er sich mit einer Unmutsgebärde ab und sucht sie bei den *armen wîben*, d. h. außerhalb der Gesellschaft. Denn: *dâ vinde ich die, diu mich dâ wil.*

Es ist der erste Absturz aus den dünnen Luftschichten der hohen Minne, den wir hier erleben, das erste Aufklingen des Motivs der „niederen Minne".

Das Lied hat die Dame, der Hartmann diente, verschnupft – wie Hartmann zugibt, mit Recht verschnupft. Und sie hat ihm zu verstehen gegeben, daß sie auf seinen Dienst keinen Wert mehr lege. Die beiden Lieder 211, 27 und 205, 1 sind nach diesem Ereignis gedichtet, das erste noch in der Hoffnung, die Huld der Dame wiederzugewinnen, das zweite nach dem endgültigen Bruch. Beide Lieder zeugen von Hartmanns ethischem Ernst. Die Herrin hat ihm *wandel* und *unstætekeit* vorgeworfen. Er nimmt die Schuld auf sich. Sie hat recht gehandelt; denn sie hatte ihn fälschlich (*nâch wâne*) für *stæte* gehalten und ihn *wandelbære* erfunden. Nun lohnt sie ihm nach Verdienst, d. h. so, wie man einem Unwürdigen lohnt: sie hat ihn verstoßen. „Mich schlägt nur mein eigenes Schwert" – mit diesem noblen Bekenntnis endet das Lied 205, 1 und endet wohl auch die Minnedichtung Hartmanns.

Denn bald nach diesem Bruch traf ihn ein tieferes Leid, der Tod seines geliebten Herrn. Dem Liede 205, 1 ist eine fünfte Strophe offenbar etwas später angehängt, die von einer doppelten Trübsal spricht, der Aufkündigung der Gnade seiner Frouwe und dem Tode seines Herrn. Doch vor diesem Leid wird jenes schon unwesentlich; ein *varnde leit*, ein flüchtiges, dahinfahrendes Leid nennt es Hartmann. Was Hartmann jetzt dichtet, sind seine drei großen Kreuzlieder 209, 25; 210, 35 und 218, 5.

Alle drei sind noch vor dem Kreuzzug gedichtet. Die Welt liegt hinter Hartmann, und zu dieser Welt gehört auch die Minne. Im Gegensatz zu Hausen und neben ihm Johansdorf beschäftigt Hartmann der Widerstreit von Gottesdienst und Frauendienst nicht; sein Weg ist klar. Er lebt in der Gregoriusstimmung: die Welt ist eine Verlockung; wohl dem, der sie überwunden hat. Doch läßt sich Hartmann auch mit Rugge nicht zusammenstellen. Was für diesen eine Selbstverständlichkeit aus der Art seines Wesens war, ist für Hartmann die Frucht einer schweren inneren Krise: wenn mein Herr noch lebte, so bekennt er, dann hätte mich Saladin und die Bedrohung des Heiligen Landes durch sein Heer nicht einen Fußbreit aus der Heimat fortgebracht.

Das herrliche Kreuzlied 209, 25 ist Aufruf an die Ritterschaft zum Kreuzzug, erfüllt von dem echten Kreuzzugsdenken, daß im tätigen Gottesrittertum der Zwiespalt von Gott und Welt versöhnt und beides, *der werlte lop, der sêle heil*, errungen werden kann. Und zum Allgemeinen kommt das Persönliche. Der Kreuzzug ist für Hartmann nicht nur Sorge für das eigene Seelenheil; die Hälfte des Verdienstes, das er sich um Gott erwirbt, soll seinem Dienstherrn zugute kommen, den er vor Gott wiederzusehen hofft.

Das Lied 218, 5 aber ist die besondere Abrechnung Hartmanns mit der Minne als einem Stück dieser flüchtigen Welt. Die Pointe des Liedes liegt in dem Spiel mit der Doppelbedeutung des Wortes *minne* als *amor* und *caritas*, als Frauenminne und Gottesminne. Er hat die Gottesminne gewählt, und er stellt sie der höfischen Minne gegenüber. „Mancher rühmt sich dessen, was er um der Minne willen getan habe", sagt Hartmann, „aber wo sind die Werke, die sich seinem, Hartmanns, Dienste vergleichen ließen?" Und in direkter Anrede an die Minnesinger führt er seinen Stoß gegen den hohen Minnedienst. Er führt ihn nicht aus asketischer Ablehnung weltlicher Lust, er führt ihn aus der kritischen Analyse des Phänomens selber, und er trifft daher den empfindlichsten Punkt. Es ist der *wân*, der ewig ungelohnte und daher unfruchtbare Dienst, das Schwelgen in ewig unerfüllter Hoffnung. Das ist genau die Kritik des Unmutsliedes. Nur ist, was dort noch die ärgerliche Enttäuschung des jungen Epikers war, jetzt unter dem Schmerz um den geliebten Toten religiös vertieft. Denn abermals in wörtlichem Anklang an das Unmutslied rühmt Hartmann die Minne, der er sich jetzt ergeben hat, gerade wegen der gegenseitigen Erwiderung: *daz ich dâ wil, seht daz wil alse gerne haben mich*. Die Minnesänger dagegen mühen sich *umbe liep daz iuwer niht enwil*, und er ruft sie auf: warum könnt ihr Armen nicht solche Minne minnen wie ich? Eine solche Abrechnung zielt ins Herz des hohen Minnedienstes und Minnesanges. Sie ist mehr als bloße Enttäuschung oder stimmungsmäßige Ablehnung. Sie ist grundsätzliche Einsicht. Und darum ist es nicht glaublich, daß Hartmann noch einmal zum Minnesang zurückgekehrt sein könnte.

3. ALBRECHT VON JOHANSDORF

Sehr andersartig als Hartmann stellt sich uns sein Kreuzzugsgenosse Albrecht von Johansdorf (heute Jahrsdorf in Niederbayern) dar. Er ist uns im Dienste des Passauer Bistums urkundlich zwischen 1180 und 1209 belegt, ein Altersgenosse Morungens und Reinmars. Seine Lehensbeziehungen zu Wolfger von Ellenbrechtskirchen, seit 1194 Bischof von Passau, lassen vermuten, daß seine Kunst dort Förderung erfahren hat und daß seine Lieder dort bekannt waren, ebenso aber auch, daß ihm dort die Kenntnis der Wiener Hofkunst, möglicherweise sogar die persönliche Bekanntschaft Walthers von der Vogelweide vermittelt werden konnte. Doch läßt es die geringe Zahl seiner Lieder kaum zu, mit stilkritischen Methoden Perioden seines Schaffens oder literarische Beziehungen zu Reinmar und Walther festzustellen. Wir nehmen Johansdorfs Werk als eine Einheit und werden erkennen, daß es eigenständiger ist, als gemeinhin zugegeben wird.

Albrecht kennt die hohe Minne und die Haltung, die sie vorschreibt. In dem als spät geltenden anmutigen Dialoggedicht 93, 12 stellt er sich selber im Zwiegespräch mit seiner Dame vor, der er den Kummer seines langen, ungelohnten Werbens klagt. Schließlich verspricht sie ihm Lohn, doch auf seine Frage, worin dieser bestehen soll, gibt sie die klassisch formulierte Antwort, die wir schon zitiert haben: *daz ir deste werder sît und dâbî hôchgemuot*, also gesellschaftliche und sittliche Erhöhung und das aus ihr entspringende freudig erhobene Gefühl der Zugehörigkeit zum höfischen Menschentum. Johansdorf kann auch die Mode mitmachen, ein Problem des Minnedienstes zu theoretischer Behandlung aufzunehmen. Aus der Erfahrung des ungelohnten Dienstes stellt er in dem Liede 89, 9 die Frage auf, ob es *unstæte* wäre, wenn einer seinen Dienst zweien widmet, und gibt durch den Mund der Frau die spitzfindige Antwort: einem Mann mag es erlaubt sein, einer Frau nicht. Seine eigene Auffassung freilich ist anders: mehr als eine zu lieben hieße gar keine lieben, das heißt echter Minne nicht fähig zu sein (86, 5 ff.).

Doch dies ist nicht der eigentliche Johansdorf. Für ihn wird Minnedienst nicht wie für Hartmann zu einem belastenden Problem, das sich in einer Krise löst. Denn er weiß in seinem Minnedienst von jener Gegenseitigkeit der Neigung, die Hartmanns Unmutslied nur bei *armen wîben* finden zu können meinte. Er ist in der hochhöfischen Generation der Dichter der gegenseitigen Minne. Wir dürfen das wieder nicht zu individuell-erlebnishaft nehmen; wir müssen es in eine Stiltradition hineinstellen, die freilich dem warmherzigen Wesen des Dichters entgegenkam. Es ist die Tradition der alten donauländischen Liebeslyrik, und wir dürfen sagen, daß es Johansdorfs eigenes Verdienst ist, sie der höfischen Haltung angepaßt zu haben. Er hält sich damit die Möglichkeit offen, nicht nur das Verhältnis des Mannes zur Frau natürlicher zu nehmen, sondern – noch wesentlicher – die Frau als einen echten Partner erscheinen und sie Gefühle aussprechen zu lassen, die der *frouwe* des hohen Minnesanges nicht gestattet waren.

Das schöne Lied 91, 22, in der Form eines freien Wechsels gebaut und schon dadurch der alten Liebeslyrik nahe, spricht von Anheben und Enden der Liebe in ahnendem Vorgefühl des Trennungsleides. „Wie die Liebe anhebt, weiß ich wohl, wie sie endet, davon weiß ich nicht" – solche herzwarmen Worte läßt Johansdorf die Frau sprechen, und ihr legt er das Bekenntnis zu einer Auffassung der Minne in den Mund, daß *ir beider minne ein triuwe wirt*, daß also aus der Gegenseitigkeit eine Einheit werden soll. Sie verwendet dabei so vertrauliche Worte wie *herzeliep, gevriunden, vriunt*. Und wie sie um das Ende der Liebe bangt, muß der Mann ihr Zuversicht geben. Die abschließende Männerstrophe beteuert in der Terminologie des Minnedienstes (*dienen; genade; güete*) die Unverbrüchlichkeit seiner Gefühle und legt seine Freude und sein Leid in die Hand der *frouwe*. Walthers in der Auseinandersetzung mit Rein-

18*

mar erkämpfter Gedanke der „ebenen Minne" ist hier schlicht und unreflektiert vorweggenommen.

So kann Johansdorf auch den Zwiespalt der Kreuzzugslyrik zwischen
Minne und Gott anders erleben und lösen. Sein Entschluß zum Kreuzzug entspringt demselben mannhaft frommen Gefühl innerer Verpflichtung wie bei Rugge. Für ihn bedurfte es nicht der krisenhaften Umkehr
Hartmanns. Darum ist für ihn die Gottesfahrt auch nicht Weltabsage. Er
weiß wohl von jener Zwiespältigkeit, doch sie bedrängt ihn nicht. Das
Lied 87, 5, wiederum ein Dialoggedicht – und welcher Minnesänger
hätte sonst so viel mit seiner Frouwe geredet? –, nimmt Hausens Motiv
vom Zwiespalt zwischen Herz und Leib auf. Aber hier ist es die Geliebte,
die fragt, wie der Dichter das leisten wolle, zugleich über See zu fahren
und hierzubleiben. Sie klagt um den Kummer des Scheidens, und wieder ist es der Mann, der trösten muß, hier mit dem Kreuzfahrertrost, daß
der Tod auf der Gottesfahrt den Himmel eröffnet.

Doch auch wo der Dichter im eigenen Namen spricht, bedrängt ihn
der Zwiespalt nicht. Das Kreuzlied 89, 21 bekennt als die einzige Schuld,
deren sich der Dichter bewußt ist, daß er eine Frau über alles in der Welt
liebe. Aber er gibt sich ruhig in Gottes Hand: „Herr Gott, das sieh
gnädig an", so schließt dieses Lied. Noch positiver drückt sich Johansdorf in dem Liede 88, 33 aus: wer ohne Falsch liebt, dessen Sünde wird
vor Gott nicht erwähnt. Besonders eindrucksvoll für Albrechts Gesinnung ist das Lied 94, 25, das die Hausensche Absage an die Minne aufnimmt: *Lâ mich, Minne, vrî*. Aber er meint es nicht so ernst wie Hausen
oder gar Hartmann. Die Minne soll in ihrer Herrschaft sozusagen nur
suspendiert sein: „Wenn ich zurückkehre, sollst du mir wieder willkom-
men sein." Und im Grunde glaubt er gar nicht daran, daß sie ihn frei-
lassen wird. Er ahnt, daß er sie auf die Gottesfahrt mitnehmen wird, doch
das macht ihn nicht bedenklich; er preist vielmehr das Glück, eine solche
Begleitung haben zu dürfen, und er will der Geliebten den halben Lohn
der Gottesfahrt zukommen lassen. Wie weit liegt das von Hartmanns
Beweggründen ab! So kann Albrecht denn auch über den Kreuzzug
fortblicken und an die Rückkehr zu der Geliebten denken. Wie in diesem Liede so in der Einzelstrophe 86, 25, einem Gebet zu Gott, die Geliebte bei seiner Rückkehr *an ir êren* wiederzufinden. Und es ist bezeichnend, daß Lebenswille und Todeswunsch Albrechts nicht vom asketischen Märtyrerdenken her bestimmt sind, sondern vom Minnedenken.
Wenn sie ihr Leben „verkehrt" hat, wenn sie also nicht mehr *an ir êren*
ist, dann möge Gott ihn nicht heimkehren lassen. Gott und die Geliebte
können versöhnt in diesem Herzen wohnen, das sie beide mit derselben
schlichten Wärme umfängt.

Wie im Inhalt ist Johansdorf in der Form und in der Motivik der alten Lyrik verpflichtet. Zwar ist er der erste, bei dem der neue Kompositionsstil der Strophe, die

rhythmische Kontrastführung von Stollen und Abgesang voll ausgebildet ist; man lese das frühe Lied 86, 1 mit den getragenen Sechstaktern im Stollen und den leicht-bewegten Vierern im Abgesang. Er hat auch die vielen Möglichkeiten der Zeilen-längen und Kadenzen voll auszunutzen verstanden. Aber er liebt vor allem die langen sieben- bis achttaktigen Zeilen, die eine langzeilenhafte Gliederung so deutlich an-klingen lassen, ohne sie streng durchzuführen, und die aus der heimischen Langzeile fortentwickelt sind. In der Verwendung des Wechsels und der Frauenstrophen haben wir Formen der donauländischen Lyrik bei ihm schon festgestellt. Und so fügt nun das Lied 90, 32 auch eine reizende Fortbildung des Natureingangs hinzu. In diesem Liede, das auf Dietmar 34, 3 zurück- und auf den reifen Walther vorausweist, tut sich die sommerliche Natur in einer bunten Farbenfülle vor uns auf, die vorher nicht ihres-gleichen hat und das typische Naturbild individuell erlebnishaft auflockert. In allem, Form wie Gehalt, ist Johansdorf eigen und persönlich. Sofern sich aber literarische Beziehungen abzeichnen, gehen sie nicht nach Wien zu Reinmar und Walther hinüber, sondern zu Dietmars Lyrik zurück, die aus hochhöfischem Denken frei und selbstän-dig wiederbelebt wird. Es ist zu erwägen, was Johansdorfs Lyrik für die Entwicklung des reifen Walther von der Vogelweide bedeutet hat.

4. HEINRICH VON MORUNGEN

Mit Heinrich von Morungen wird für die Lyrik erstmals der ostmittel-deutsche Raum lebendig, den wir für die Epik dank der Literaturbegei-sterung Landgraf Hermanns von Thüringen seit der Übersiedlung Vel-dekes fruchtbar fanden. Morungen ist seiner Herkunft nach Thüringer; die Stammburg seines Geschlechtes liegt bei Sangerhausen. Seit 1157 war sie in den Besitz Barbarossas übergegangen; Morungen stand also in Dienstbeziehung zu den Staufern. Seinen Gönner aber fand er in Her-manns Schwiegersohn Dietrich von Meißen, den auch Walther in seiner Spruchdichtung rühmlich erwähnt. Wir wissen, daß er Besitzungen bei Leipzig, die er von der Hand Dietrichs erhalten hatte, als alter Mann dem jüngst gegründeten Thomaskloster vermacht hat und selber in dieses Kloster eintrat – sozusagen der erste große Musikant von St. Thomas. Dort ist er 1222 gestorben.

Das späte Mittelalter hat aus dem „edlen Möringer" eine Balladenfigur gemacht und das Motiv des als Pilger heimkehrenden Ehemannes, der sein Weib beim Hoch-zeitsmahl mit einem anderen wiederfindet, an ihn geknüpft. Alle Spekulationen über einen Kreuzzug Morungens, einen langen Aufenthalt im Orient, gar eine Fahrt bis nach Indien, ins Land des heiligen Thomas, die man daran knüpfen wollte, sind ohne festen Halt.

Die Überlieferung von Morungens Lyrik ist verhältnismäßig reichlich – dreiund-dreißig Lieder –, und seine unverkennbare Prägung als Dichter läßt Zweifel in der Echtheitsfrage kaum aufkommen. Dagegen hat der recht große Umfang des Über-lieferten die Frage nach der Reihenfolge in der Entstehung der Lieder gestellt. Ver-schiedene Versuche sind gemacht worden, zeitliche Ordnungen und zyklische Grup-pierungen zu gewinnen. Sie sind unter sich so widersprechend, daß sie vor der Über-spitzung stilkritischer und interpretatorischer Methoden warnen. Wir nehmen auch hier das Werk als Ganzes und suchen aus ihm den Dichter zu erkennen.

Ob Heinrich als staufischer Dienstmann in seiner Jugend wirklich dem Hofgefolge Friedrich Barbarossas angehört hat, wissen wir nicht. Aber es ist eine ansprechende Vermutung, daß er im Kreise der staufisch-rheinischen Dichter die provenzalischen Anregungen erhalten hat, die sich in seiner Form und seiner Motivik so stark bemerkbar machen. Andererseits müssen wir bei Morungen damit rechnen, daß ihm der thüringische Hof und dessen antikisierende Bestrebungen bekannt gewesen sind und daß seine Vorliebe für Antikes dort geweckt worden ist. Keiner der anderen Lyriker der Zeit ist so sehr „Ovidianer" wie Morungen, so sehr erfüllt von der bannenden Macht der Minne, wie sie die frühhöfische Epik entwickelt hat.

Von diesen beiden Einflußbereichen her müssen wir Morungen zunächst literarhistorisch zu begreifen und einzuordnen suchen. Von den Rheinländern hat Morungen formal gelernt. Er ist der letzte große Dichter, für den Daktylen und Reimdurchflechtung noch wesentliche Formelemente sind. Doch was er dort lernte, war ihm nur noch Anregung; in der Freiheit seines genialen rhythmischen Gefühls hat er die traditionellen Formen aufgesprengt und ihnen neues, klingendes Leben entlockt. Mit den Rheinländern teilt er jedoch auch die Minnehaltung der *devotio*, des hoffnungslosen Dienstes um die Gnade der überirdisch hohen Herrin. Seine Lyrik ist echter hoher Minnesang. Eine Reihe von Gedichten, die wir seiner frühen Zeit zuweisen möchten, ist nichts anderes als hoher Minnesang, noch ohne die ausgeprägte Eigenart Morungens (122, 1; 134, 6; 134, 27; 137, 4). Auch die beiden Lieder 123, 10 und 127, 34 gehören zu dieser Gruppe. In ihnen ist die Herrin nur die launische Frau; wenn er singt, heißt sie ihn schweigen, wenn er schweigt, verlangt sie, daß er singt. Es sind noch blasse, reflexionsgebundene Lieder, die in Stil und Durchführung fast an Reinmar erinnern.

Daneben aber steht Morungens Auffassung von der Minne in engster Beziehung zu der frühhöfischen Epik, und das heißt zum thüringischen Kreise. Die Minne ist ihm eine magische, berückende, ja tödliche Macht. Gewiß, auch solche Motive sind Wandergut des hohen Minnesangs. Für Morungen aber sind sie prägend und bestimmend. Die Minne macht ihn *unversunnen*, sie beraubt ihn seiner Sinne oder der Sprache, sie erblendet seine Sinne, sie macht ihn *ungesunt*, sie fällt ihn an, sie schwächt ihn, sie macht ihn toben – unaufhörlich wendet Morungen diesen Grundgedanken neu. Und das heißt: Morungen erlebt das Schicksal der Helden und Heldinnen jener Epen, die selig-unselige Überwältigung durch die Minne bis zu Krankheit, Wahnsinn und Tod als das lyrische Ich in sich selber nach.

In einem seiner großen Lieder (145, 1) vergleicht Morungen seinen Zustand mit dem Spiegelerlebnis des Kindes, das, berückt von der Erscheinung, nach dem Spiegel faßt, so daß er zerbricht. Im Schluß des Liedes greift er die Magie des Spiegels noch einmal auf, nunmehr als das Narzissusmotiv, die Entrückung durch das eigene Spiegelbild, das er *unversunnen* bis zu seinem Tode lieben muß. Ist hier mehr die unentrinnbare Introvertiertheit solcher Minne eingefangen, die sich aus dem Wahn der Träume und der ungreifbaren Spiegelbilder nicht mehr zu lösen vermag, so wird in dem Liede 126, 8 durch das Bild der Elfenfrau und ihres bannenden Blickes die dämonische Wirkung der Minne, ja ihre Existenz als Dämonie bildhaft deutlich. Denn der Blick der Elfen zeichnet den Getroffenen für alle Zeiten; er wandelt fortan unter den Menschen als ein Verstörter, einem zehrenden Tode preisgegeben. Wieder anderwärts (141, 5) fühlt sich der Dichter von der Minne „bis in den tödlichen Grund" verwundet oder (129, 32) von Liebesfreude und Liebesleid dem Grabe nahegebracht. So eng gehören für Morungen Liebe und Tod zusammen, daß er in dem kühnsten seiner Lieder (147, 4) die Geliebte selber als *süeziu, senftiu tôterinne* anredet.

Indem aber Morungen die Dämonie der Minne auch in das Bild der antiken Liebesgöttin Venus kleidet und abermals die geliebte Herrin direkt (138, 17) oder – im Parisgleichnis (137, 4) – indirekt als Frau Venus preist, die ihm Leid und Freude und alle Sinne raubt, ihn also entrückt, knüpft er nicht nur an die Antikenfreude der Thüringer an. Er bezieht damit die Sinnenseite der Liebe ein, die ja ebenfalls zur bannenden Magie der frühhöfischen Minne gehört, und mahnt uns daran, daß er selber ein Mann der Leidenschaft ist. So tief er sie verhüllen muß, weil der hohe Minnedienst sie verbietet, in Wunsch und Traum bricht sie durch, am unwiderstehlichsten in dem Tagelied 143, 22, wo er ergriffen vor der hüllenlosen Schönheit der Geliebten steht, die geheimnisvoll von eigenem Lichte schimmernd ihm wie Mondstrahl entgegenleuchtet.

Indessen wäre ein Dichter von Morungens Begnadung mit der bloßen Zuordnung zu literarischen Sphären nicht erfaßt. Seine Kunst ist mehr als nur ein Gemenge aus provenzalischer Herrinnenerhöhung und thüringischer bannender Venusminne. Es gilt den Dichter zu erfassen, der dies Gemenge gestaltend zu neuer Einheit zwingt. Morungens Lyrik geht aus einer eminenten Erlebnisfähigkeit und einer tiefen Beeindruckbarkeit der Sinne hervor. Ohr und Auge sind bei ihm gleichermaßen wach. Seine Verse sind mit einem feinen Gehör gemacht, das ebenso empfänglich ist für rhythmische Schwingungen wie für die Musik der Sprache. Jedes Gedicht ist aus dem musikalischen Erlebnis geboren; bei aller Kunstfertigkeit der Strophen steht hinter der gewollten oder berechneten Form der erlebte Klang. Das Verbum „hören" ist bei ihm fast ebenso häufig und wichtig wie das Verbum „sehen".

Doch vor allem ist Morungen Augenmensch; was er gestaltet, ist gesehen. Darum liebt er die ausgesponnenen Bilder, wie er sie vom romanischen Minnesang lernen konnte. Aber er erdenkt sie nicht, wie etwa Rudolf von Fenis, und sie werden bei ihm darum nicht bloß Metapher oder Vergleich, sie gewinnen eigenes Leben. An dem Spiegellied haben wir das schon gesehen. Seinem Sohne will er seine Liebesnot vererben; mit seiner Schönheit soll dieser das Verlangen der *frouwe* erwecken, so daß auch sie die Pein der Minne leiden muß, und so soll er den

Vater an ihr rächen (124, 32). Sie hat ihn ohne Fehdeansage überfallen
wie eine Räuberin, die alle Lande verheert (130, 9). Und in dem Liede 145,
33 bietet er seinerseits alle seine Freunde zum Kriegszug gegen die harte
Herrin auf, daß sie mit geeintem Schalle ihr Herz erstürmen. Das Lied
kann völlig zum Bilde werden wie in dem reizenden 139, 19 mit seinem
tänzerischen Rhythmus. Drei Begegnungen mit der Geliebten: auf der
Heide draußen, wo sie sich, der Lust hingegeben, im Reigen schwingt;
verborgen in ihrer Kemenate, da sie um den vermeintlichen Tod des
Geliebten weint; auf der Burgzinne in einsamer Begegnung, wo er die
Lande von der Glut seiner Minne in Flammen wähnt. Oder in dem geheimnisvollen Liede 138, 17, dem „Venusliede", da die Geliebte, die
sô vil kan, durch die Mauern zu ihm ins Gemach tritt oder wie die Sonne
durch das Fenster bei ihm eindringt und ihn mit ihrer weißen Hand
hoch über die Zinnen entführt.

Sein Grunderlebnis indessen ist das des Lichtes, des Glänzenden,
Strahlenden, Leuchtenden. Die Bilder von Sonne, Mond und Stern, von
Morgenröte, Tag und Abendschein sind dem Minnesang als Ausdruck
der weiblichen Schönheit vertraut. Für Morungen sind sie nicht rasch
bereitliegende Metaphern; sie sind erlebt, sie reißen ihn hin und steigern
sein eigenes Daseinsgefühl. Ein festlicher Rausch von Licht geht durch
seine Lieder und vermählt sich dem festlichen Klang seiner Strophen.
Und in dieser Überfülle des Lichtes verschmelzen die Minne und die Geliebte, der sie gilt, zu einer strahlenden Einheit. Im Glanzerlebnis vollzieht Morungen aber auch die Synthese des hohen Minnesanges mit der
Entrückung der zaubermächtigen Venusminne. Im Glanz verschwebt
das Bild der Geliebten in eine Höhe, die jeden Wunsch verbietet, und
doch wird im Lichterlebnis die strahlende Schönheit der Geliebten in
einer neuen, rauschhaften Sinnenfreude erfahren. Ideal und Lust, Anbetung und Entzücken werden eins.

Dies aber ist das Besondere bei Morungen, daß in seinem Licht- und
Glanzerlebnis die Erscheinungen nicht verschwimmen, sondern sich in
neuer, leuchtender Klarheit herausheben. Die Schönheit der Geliebten,
so sehr sie konventionell verbleibt, wird in ihren Einzelheiten erfahren
und dargestellt (141, 1). Und in steigender Glückseligkeit über diese
Schönheit ruft er aus: *schône unde schôner und schône allerschônist ist si mîn*
frouwe. Bis sich in dem Lied 145, 1 solches Sehvermögen zur schmerzlichen Impression steigert: im Traum erblickt er seine Geliebte im Glanz
ihrer Schönheit, doch ihr „freudenreicher roter Mund" war *ein lützel*
versêret, und Traumangst um die Geliebte erfaßt ihn. Und bis sich dann
im Tagelied 134, 22 die Ergriffenheit vor der Schönheit des hüllenlosen
weiblichen Leibes der Entzückung zugesellt.

In diesem nicht konturlosen, sondern die Konturen hebenden Glanz
wird auch die Natur des alten Natureinganges transparenter. Während

das Lied 140, 32 den alten Typus noch wesentlich beibehält, bezieht das Lied 125, 19 die Natur in einer viel erlebteren, fast modern wirkenden Weise in den Liebesjubel ein. Alle Schönheit der Natur, *luft und erde, walt und ouwe*, leuchtet der Liebeswonne entgegen, geht in sie ein, steigert deren Glanz und wird auch selbst wieder durch diesen Glanz gesteigert.

Solche Art des Erlebnisses kann an religiöse Sphären rühren. Den Zwiespalt zwischen Gott und Minne hat Morungen kaum erlebt; nur in der Strophe 139,11 klingt er flüchtig an. Er ist ihm mindestens kein bewegendes Problem geworden. Schon darum ist es sehr unwahrscheinlich, daß Morungen an einem Kreuzzug teilgenommen hat. Die Minne selber steigert sich ihm zu einem mystischen Urerlebnis, und damit tritt Morungen in eine geistige Verwandtschaft zu Gottfried von Straßburg, ohne daß der so viel ältere Dichter Gottfrieds „Schüler" gewesen wäre oder ihn auch nur gekannt zu haben braucht.

Es bedeutet dabei wenig, daß Morungen gelegentlich Bilder aus der religiösen Sphäre aufgreift. So wird etwa in dem Liede 127, 1 der übliche Gedanke, daß ein Wunder geschehen müsse, wenn die Herrin dem Dichter hold werden solle, in das Bild gekleidet, eher könnte er einen Baum ohne Werkzeug durch sein Gebet dazu bringen, sich niederzuneigen; das spielt auf das Palmbaumwunder des apokryphen Evangeliums von der Kindheit Jesu an. So wird in dem Liede 144, 17 die oft wiederholte Veranschaulichung der jungfräulichen Empfängnis durch die Sonne, die durch das Glas dringt, ohne es zu zerbrechen, auf die Geliebte und deren Eindringen in das Herz des Dichters übertragen.

Wesentlich ist vielmehr die Erhöhung der minniglichen Anbetung selber ins religiöse Erleben hinein. Wir spüren das im Venusliede 138, 17, in dem die Herrin zur wirklichen Wundertäterin gesteigert wird. Waren zunächst ihre *güete* und ihr *liehter schîn*, d. h. ihre innere und ihre – wieder als Glanz erlebte – äußere Schönheit ihr Bote an sein Herz gewesen, hatte der Glanz ihrer Augen, das Lachen ihres Mundes ihn „entzündet" und seinen *muot* zu Sonnenhöhe erhoben, so bleibt dies alles noch auf irdischem Plan. Aber nun beginnt sie mit Zaubermacht auf ihn einzudringen. Sie tritt durch die feste Wand ohne Tür bei ihm ein, sie schaut ihn wie die Sonne durch das Fenster an, sie entführt ihn selber, nicht nur seinen *muot*, in die Höhen. Sie *kan* wahrhaftig *vil*, ist überirdischer Kräfte voll. Und sie, die Geliebte selber, verkörpert sich in der großen Göttin der Liebe, sie ist Venus. Und das ist abermals mehr als nur eine galante Metapher oder Allegorie. Sie ist eine überirdische, religiös erlebte Macht außer und neben Gott, was durch die Revocatio der letzten Strophe nur unterstrichen, nicht etwa aufgehoben werden soll.

Am höchsten und innerlichsten aber wird Minne in dem letzten Liede 147, 4 gesteigert, dessen Anfang *Vil süeziu, senftiu tôterinne* dasselbe Bekenntnis zur Erfüllung der Liebe im Tode ablegt, wie Gottfrieds Tristan im Augenblick des Liebestrankes. In diesem Liede wird die Liebe zu einer Macht gesteigert, die aller Endlichkeit enthoben ist. Einen

Vorklang dazu hören wir im Liede 134, 14, wo das alte galante Motiv der Minne von Kind an neue Tiefe erhält: *wan ich wart durch sie und durch anders niht geborn.* Es ist die schicksalhafte oder, christlich gesehen, die göttliche Vorbestimmung seines Daseins, sie zu minnen, der vor aller Zeit bestimmte Auftrag seines Lebens. Dem antwortet im Liede 147, 4 das Bewußtsein, daß diese Daseinsbestimmung Zeit und Tod überdauern wird: „Meint ihr, wenn ihr mich tötet, daß ich euch dann nicht mehr beschauen werde?" Wobei in dem Worte „beschauen" ein religiöser Klang mitschwingt; denn der Inbegriff der himmlischen Seligkeit ist es, Gott zu „beschauen". Und in der Tat, dieses Beschauen wird in den seligen Sphären geschehen, wo sie als *ein reinez wîp* im Chor der seligen Frauen und Jungfrauen schweben wird, und wo, endlos jetzt und von aller Zeitlichkeit befreit, ihre Seele die *frouwe* seiner Seele sein wird. Sein Dienst, und das heißt seine Liebe, wird im Himmel weiterdauern; sie erst macht den Himmel für ihn zur Seligkeit.

Hier ist, auf ganz anderem Wege als bei Gottfried, eine überweltliche Höhe der Minne erreicht, ist Minne zur *unio mystica* geworden. Ihr fehlt alle Gegenseitigkeit; sie bleibt immer Dienst. Ihr fehlt auch alle leibliche Erfüllung als *insigel* der seelischen. Hier ist die Verehrung wahrhaft ins Himmlische verklärt und in das Gefilde seligen Anschauens emporgeläutert. Hier ist zugleich ein ganz neuer, ganz aus Morungens Wesen erzeugter Ausgleich der beiden Pole Gott und Minne gefunden. So findet die Liebe Dantes zu Beatrice und Fausts zu Gretchen die letzte Erfüllung in den ewigen Sphären des Himmlischen und Göttlichen. Morungens mystische Liebesentzückung klingt damit in die erhabensten Preisungen der Liebe ein.

5. REINMAR VON HAGENAU

Reinmar, der große Lehrmeister des hohen Minnesangs im 13. Jahrhundert, der nächst Walther von den Sammlern unserer großen Handschriften am meisten beachtete und begehrte Lyriker, bleibt uns in seinem Lebensgange schattenhafter als die meisten anderen. Kein urkundliches Zeugnis nennt seinen Namen, und seine eigene Dichtung steht so außerhalb aller Wirklichkeit, daß sie über sein Leben kaum je etwas aussagt.

Nicht einmal der Name Reinmar von Hagenau ist wirklich bezeugt. Die Sammlungen nennen ihn nur *Reinmar*, die Handschrift C *Her Reinmar der Alte* zur Unterscheidung von jüngeren Trägern desselben Namens. Andererseits nennt Gottfried in seiner Literaturüberschau nur „Die Nachtigall von Hagenau", ohne einen Namen zu erwähnen. Aber mit dem führenden Lyriker, dessen Tod Gottfried an jener Stelle beklagt, kann nur Reinmar gemeint sein. So setzen wir mit Recht den Namen Reinmar von Hagenau in unsere Literaturgeschichte ein.

Unsicher ist auch, nach welchem Hagenau sich Reinmar nannte. Seine gepflegte
Sprache läßt eine mundartliche Einordnung nicht zu. Da sein Leben und sein Ruhm
an den Wiener Hof geknüpft sind, hat man versucht, ihn mit einem österreichischen
Ort Hagenau zu verbinden. Doch halten wir an der alten guten Zuordnung zu dem
elsässischen Hagenau und dem dortigen Reichsministerialengeschlecht fest; nicht zu-
fällig weiß als einziger gerade der Elsässer Gottfried von Reinmars Familiennamen.
Es ist also Reinmar gewesen, der die rheinische Kunst des hohen Minnesanges aus
dem Westen an den Wiener Hof gebracht und in Österreich heimisch gemacht hat.
Erstaunlich bleibt es dabei immer, wie wenig er von der Form und Motivik der
Rheinländer beeinflußt ist; wenn es von ihm eine Jugenddichtung im Gefolge
Hausens gegeben hat, so kennen wir sie jedenfalls nicht. Er steht von Anfang an
als eine fertige künstlerische Persönlichkeit vor uns. Er gehörte schon der jüngeren
Generation an, die neue Wege suchte und fand, ein Nachbar und Altersgenosse
Hartmanns von Aue.

Für uns ist Reinmar der tonangebende Hofpoet am Babenberger
Hofe in Wien. Dort fand er Heimat und Wirkungskreis; dort wird sein
Leben in verhältnismäßigem Gleichmaß verflossen sein, bis er 1205
oder etwas später noch jugendlichen Alters starb. Das „Ferne-Motiv"
klingt gelegentlich in seiner Dichtung an, ohne ihn tiefer zu berühren;
eine Abwesenheit von Wien mag als Wirklichkeit dahinterstehen. Wenn
das Kreuzlied 181, 13 Reinmars Eigentum ist, so hätte er an einem Kreuzzug – und dann doch wohl an dem Leopolds VI. von 1197/98 – teilgenommen. Irgendwelche Spuren tieferer religiöser Bewegtheit sind
bei Reinmar sonst nirgends zu spüren. Das schöne, fromm ergriffene
Kreuzlied stände in Reinmars Dichtung sehr allein. Wenn es wirklich
echt ist, dürfte es wie die Witwenklage eher eine bestellte Arbeit und
nicht Ausdruck eigenen inneren und äußeren Erlebens sein. Was ihn
wirklich bewegt, liegt allein im Bannkreis des Wiener Hofes, betrifft
sein Verhältnis zu seiner Dame und zur Gesellschaft, was ja beides eng
miteinander zusammenhängt.

Die verwickelte Überlieferung der Gedichte macht für Reinmar die Echtheitsfrage
besonders brennend. Reinmar hat mehr als irgendein anderer Lyriker wirklich Schule
gemacht. Daher ist nicht weniges, was mehr oder minder seiner Art folgt, unter seinem Namen verbucht worden. Hier Echtes und Unechtes zu scheiden, ist ein altes
Anliegen der Forschung. Da aber Reinmars Kunst in hohem Maße stilisierende Formkunst ist, sind Meister und Schüler auf Grund formaler Analyse nicht leicht zu trennen. Erst die tief eingelebte Forschung von C. von Kraus hat hier festen Boden geschaffen. Wenn auch letzte Sicherheit kaum je zu erreichen sein wird, können wir
seine Ergebnisse doch zugrunde legen. Dann behalten wir einige dreißig echte Lieder
Reinmars und um ihn einen ganzen Schwarm von anonymen, mehr oder weniger begabten Schülern.

Kraus hat auch versucht, die echten Lieder in eine chronologische
Folge zu bringen, und die Reinmarforschung der letzten Zeit hat dieser
Frage besonders eindringende Arbeit gewidmet. Einen festen Anhalts-
punkt bietet Reinmars gespanntes Verhältnis zu Walther von der Vogelweide. Die Gegensätze der beiden großen Dichter entluden sich in ihren

Versen. Aufmerksame Analyse konnte die literarischen Fehden der beiden Wiener Dichter weithin bloßlegen und damit streckenweise eine relative Chronologie sowohl für Reinmar als auch für den jungen Walther gewinnen.

Darüber hinaus beherrscht der Gedanke des „Zyklus", wie C. von Kraus ihn aufgestellt hat, die neue Forschung. Auf Grund intimster Stilanalysen meinte von Kraus fast alle echten Reinmargedichte einem Zyklus einordnen zu können. Die Gedichte ständen also in einer inneren Beziehung zueinander und bildeten als Ganzes ein gewolltes Kunstwerk. Kraus hat es einen „Liebesroman" genannt, womit nicht die äußere Geschichte einer wirklichen Liebe und ihrer verschiedenen Phasen gemeint wäre, sondern die innere Geschichte eines Liebeserlebnisses oder, wie man noch besser sagen könnte, die Geschichte eines inneren Reifens an der Minne und für die hohe Minne. Die Ernte an wirklich Ereignishaftem als Hintergrund des inneren Erlebens ist dabei beunruhigend mager: nach langem Werben ein Gespräch mit seiner Dame, in dem er seine Wünsche zu kühn geäußert hat, daher der *zorn* der Dame, die ihm hinfort ihren Anblick entzieht. Neues Flehen erzeugt einen *niuwen zorn*, der im Verbot des Singens gipfelt. Dieses wird endlich wieder zurückgenommen, doch die Erwiderung der Minne bleibt versagt, und der Zyklus endet in resignierter Klage.

Es besteht kein Zweifel, daß Reinmar wirklich in späteren Liedern auf ältere anspielend zurückgegriffen hat, daß sich also Gruppen von zusammenhängenden Gedichten abzeichnen. Es ist auch nicht zu bezweifeln, daß alle diese Lieder vor derselben Hofgesellschaft vorgetragen worden sind, die sie demnach als Ganzes kannte. Dennoch regen sich Bedenken, ob ein so dünner Ereignisfaden die Kette dieser Lieder zu tragen vermag, die doch sehr allmählich im Laufe von Jahren entstanden sein müssen. Und die Frage bleibt unbeantwortet, wie unsere Sammler, die offensichtlich von dem Werk Reinmars so wenig wußten, daß sie Echtes und Unechtes ohne weiteres mischten und die „Zyklusgedichte" achtlos durcheinanderwürfelten, gerade nur diesen Zyklus so vollständig bewahrt, sonst aber von Reinmar so gut wie nichts gekannt hätten. Gerade die von Kraus angenommene Lückenlosigkeit des Zyklus weckt Bedenken.

Nur drei echte Lieder hat C. von Kraus außerhalb des Zyklus gelten lassen. Er schreibt sie Reinmars Frühzeit zu, einer Zeit wechselnder, aber glücklicherer Liebesbeziehungen, ehe der Dichter in den lebenslangen Dienst der Dame seines Zyklus trat. Diese Zeit habe er später selber als die Zeit seiner *unstæte* bezeichnet. In der Tat stechen diese Lieder nach Haltung und Stimmung von den übrigen beträchtlich ab. Eines dieser Lieder (151, 1) ist ein echter Wechsel, in dem die Frau ihre volle Hingabebereitschaft, der Mann die frohe Glücksstimmung erwiderter

Liebe ausspricht. Ein Lied also, das nach Motiv und Inhalt auf der donauländischen Tradition beruht. Aber eben – wenn Reinmar auch solcher Töne fähig war, so schwächt das die Echtheitskriterien, die aus der Einheitlichkeit seiner Stilform gewonnen werden.

Wir lassen die Frage des Zyklus zurücktreten hinter der wichtigeren nach Reinmars Kunst und der dichterischen Persönlichkeit, die sich darin ausdrückt. Wir gehen auch hier von der Form aus.

Reinmar ist, wie gesagt, von den provenzalisch beeinflußten Formen der Schule Hausens völlig frei. Kein Lied Reinmars oder seiner Schule verwendet mehr den rheinischen Daktylus. Nur zwei unechte Lieder lassen stolligen Bau vermissen und knüpfen an die westliche Durchreimung an. Andererseits fehlt auch jede formale Verbindung mit der donauländischen Lyrik; Reinmar verwendet weder die Langzeile noch die ungegliederte Strophe mit Schlußschwellung. Er vollendet vielmehr die zuerst von Hartmann und namentlich von Johansdorf vorgebildete Form der dreigliedrigen Strophe mit rhythmischer Kontrastführung zwischen Stollenteil und Abgesang. Die volle Beherrschung von Form und Sprache ist bei ihm gewonnen. Es scheint keine Mühe mehr zu machen, jede Form zu meistern, jede Schwingung des Gefühlslebens auszudrücken. Alles steht unter dem Gedanken der *zuht*; kunstvolle Sprach- und Reimspiele, wie sie Veldeke und Gutenburg liebten, werden in dieser Atmosphäre einer gedämpften Kultiviertheit vermieden; selbst das Spiel der Binnenreime, das Morungen virtuos beherrschte, wird nur selten und maßvoll verwendet. Reinmar kennt nur ganz diskrete Klangbeziehungen von Strophe zu Strophe innerhalb eines Liedes, oft auch von Lied zu Lied. Er hat für die Lyrik das geleistet, was Hartmann mit seinem Iwein für die Epik getan hat: er hat die vorbildliche, die klassische Form geschaffen. Darin liegt der Grund für sein Wirken in die Weite; er hat das Muster aufgestellt, an dem kleinere Talente sich schulten.

Solche edle, maßvolle Stilisierung von Form und Sprache setzt einen entsprechenden Inhalt voraus. Höchste Stilisierung ist denn auch das entscheidende Merkmal der Reinmarschen Lyrik ihrem Gehalt nach. Es gilt, einen Prototyp des rechten Minnens darzustellen; in diesem Bestreben liegt die Einheit von Reinmars Werk. Nur wird der vorbildlich Minnende nicht mehr an epischen Figuren verkörpert wie bei Gottfried von Straßburg oder im Wilhelm von Orlens des Rudolf von Ems. Er wird in der eigenen Person des Dichters, im lyrischen Ich verwirklicht. Daher ist alle Dichtung Reinmars eine Selbstanalyse mit dem Ziel einer sublimen Selbststilisierung zum vorbildlichen Minnenden.

Hier rühren wir an den tiefen Wesensunterschied zwischen Reinmar und Morungen. Beiden geht es um die gleiche Aufgabe, die hohe Minne, deren Verkörperung die angebetete, in unablässigem Dienst umworbene

Herrin ist. Aber wie verschieden bricht sich das gleiche Ideal in zwei so verschiedenen Temperamenten! Morungens Wesen ist Leidenschaft, die sich im Aufblick zu Inbrunst reinigt und in ihrer letzten Erhöhung an religiöse Mystik rührt. Reinmars Wesen ist Reflexion, die sich in sich selbst versenkt und den leisen Regungen des Herzens nachspürt. Morungen erlebt alles mit den Sinnen; der helle Klang des Gefühls verklärt sich als Anschauung von Licht und Glanz. Reinmar löst alles Erlebnishafte auf, nichts wird Anschauung, alles bleibt innere Regung, die aufs Leise, Diskrete gedämpft wird. Darum ist Morungen reich an Bildern, die geschaut und gestaltet sind. Reinmar gibt weder ein Bild der Geliebten noch spricht er in Bildern von ihr und seinem Fühlen für sie. Wenn er sie ein seltenes Mal seinen *ôsterlîchen tac* (170, 18) nennt, so hat er dieses Bild nicht selbst geprägt, sondern Morungen nachgesprochen, und Walther mochte das für Reinmar Unpassende daran gespürt haben, wenn er gerade diesen Ausdruck zum Ziel eines seiner ersten Angriffe auf Reinmar machte.

Reinmar ist empfindlich gegen alles Laute und Direkte. Wir spüren das bis ins Feinste hinein. Er vermeidet die direkte Rede, wo es nicht, wie beim Botenlied, die übernommene Motivik verlangt, und auch dort wird die Rede ja dadurch gebrochen, daß der Bote nur Gefäß und Mittler ist. Sich selbst stellt Reinmar nur ein einziges Mal, in dem frühen Liede 173, 6, redend dar; in der Bitte: *frouwe, wis genædec mir.* Später hat er das vermieden, und niemals läßt er die Dame unmittelbar zu ihm, dem Dichter, reden; er wagt es nur in hypothetischen Wendungen: wenn sie spräche: „singe" (164, 10), wenn eine Frau spräche: „laß ab vom Liebeskummer" (195, 28). Schon diese Unmittelbarkeit ist für Reinmar ein zu lauter Ton, ein zu intimes Berühren. Das tun in seinen Liedern nur die Gegner mit ihren böswilligen Reden, und sie zeigen dadurch, daß ihnen die seelische Feinheit fehlt. Vermeidet es doch Reinmar außer in den frühesten Liedern sogar, unmittelbar von seiner *frouwe* zu sprechen. Wiederum zeichnet eine so ungebührliche Direktheit seine Gegner aus, und nur, wo er sich mit ihnen auseinandersetzt, verwendet auch er den Ausdruck *mîn frouwe* (166, 16; 196, 35). Sonst spricht er in verhüllenden Umschreibungen, entweder einfacherer Art (*diu guote, diu schœne*) oder preziöser (*der ich vil gedienet hân– die ich mir ze vröuden het erkorn* u. ä.).

So gedämpft und abgetönt wie der Ausdruck ist das Empfinden. Reinmar ist der Meister der Nuancen auch im Seelischen; seine Mannigfaltigkeit drängt sich nicht auf, sie will fein gehört, sorgsam nachgefühlt sein. Dann überwindet man den Eindruck eintöniger Wiederholung, der sich bei der flüchtigen Lektüre Reinmarscher Lieder einstellt. Es ist ihm aufgegeben, von der unerfüllten Liebe zu singen, dem *wân*, dem unablässigen Hoffen ohne Erfüllung. Das gibt ihm den Ton der melancholischen Resignation, den man als den Grundton seines Dichtens bezeichnet hat. Hartmann, der Ethiker, hat dagegen rebelliert. Reinmar, der Analytiker des Gefühls, hat daraus einen vollendeten Lebensstil entwickelt. In dem Liede 163, 5 hat er sein Ziel und seine Aufgabe klassisch formuliert. Darin allein, so sagt er dort, will er Meister sein, daß niemand sein Leid so schön tragen kann wie er. Auch Reinmar also bejaht in seiner Weise das Leid als unabdingbaren Teil der Liebe, doch ganz anders als Gottfried. Es ist das Leid der unerwiderten, der wahnhaften Liebe. Darauf ein Leben aufbauen, aus ihm die Kraft der Bejahung ziehen, das ist Reinmars Beitrag zu dem Streben der Zeit nach dem vollkommenen Menschen, ist sein Dienst an der höfischen Humanität.

Wo so die Minne zur gestaltenden Kraft gemacht wird, sollte man nicht von „Rollendichtung" reden. Es ist die Reinmar angemessene Erlebnisform, Minne um ihrer selbst willen zu üben. Die Person, der sie gilt, ist dabei nicht mehr wesentlich. Wie Minne zur Haltung wird, so wird die Frau, das Ziel der Minne, zum Symbol. Und eben deswegen hält Reinmar trotz aller Ablehnung, die er findet, so unbegreiflich hartnäckig an ihr fest.

Diese Minnehaltung soll schön sein – sein Leid „schön" zu tragen, ist Reinmars Ehrgeiz. Es *mit zühten tragen*, nennt er es an anderer Stelle (164, 32). Die Erziehung durch Minne ist also eine ästhetische Erziehung. Wir haben, um Reinmars Lyrik zu kennzeichnen, schon das Wort Stilisierung gebraucht. Wir sehen jetzt, daß es sich nicht um eine bloß poetische Aufgabe handelt. Hinter seiner Dichtung steht die Selbststilisierung eines Menschen in seinem ganzen Denken und Verhalten. Ihr gilt die unaufhörliche Selbstbeobachtung und Selbstanalyse seiner Gedichte. Sie sind im Grunde ein ständiges erzieherisches Selbstgespräch und sind zuweilen unmittelbar als solches abgefaßt.

Das Problem Reinmar kompliziert sich aber für das moderne Verständnis dadurch so sehr, daß diese ganze Poesie der Selbstanalyse, die so ungemein introvertiert wirkt, zugleich eine Eröffnung in die Welt und das heißt: in die Gesellschaft hinein ist. Sie ist ganz auf sich selbst bezogen und doch ganz und gar darstellerisch. Denn neben dem Ich und der Herrin gibt es in Reinmars Liedern eine dritte entscheidende Macht: *diu liute, diu werlt*. Immer wieder sind Reinmars Gedanken mit „den anderen" beschäftigt. Nicht nur daß er seine Liebe, sein Leid und sein Schicksal an dem anderer Menschen abmißt. Er fragt immer wieder nach der Wirkung seiner Haltung auf die anderen, er erbittet ihren Rat, er fühlt sich von seiner Umwelt verkannt, verlästert, er setzt sich mit seinen Kritikern auseinander. Alles, was er über seine Minne, ihre unüberbietbare Höhe und ihren nie getrösteten Kummer zu sagen hat, das sagt er im Grunde weniger seiner Dame als der „Welt".

Reinmar will also in der Gesellschaft wirken. Nicht nur in jenem einleitend dargelegten allgemeinen Sinn, daß seine Lyrik wie alle Dichtung der Gesellschaft zugute kommen soll, indem sie deren „Freude" mehrt. Sondern in dem viel spezielleren Sinne der gesellschaftlichen Erziehung. Indem sich Reinmar selber zum vorbildlichen Minner stilisiert, wie er ihn verstanden wissen will, stellt er sich selber als Prototyp vor die Gesellschaft hin. Das ist es, was seinem Dichten und Wesen den Anschein anmaßender Eitelkeit gibt. Doch muß man sich hüten, an bloße Künstlereitelkeit zu denken, obwohl bei Reinmar auch diese nicht fehlt. Es geht ihm um mehr; es ist das Wertbewußtsein eines empfindsamen Mannes, der sich einem Ideal verpflichtet fühlt und es in sich und seiner Person verkörpert. Und da er, unduldsam wie alle Propheten, dafür Alleingültigkeit verlangt, erscheint er in seiner Auseinandersetzung mit der Gesellschaft so ichbezogen und prätentiös.

Denn die Gesellschaft nahm seine Schulmeisterwürde nicht unwidersprochen hin. Reinmar stieß auf Widerstand. Ich halte seine Auseinandersetzungen mit der Gesellschaft für das Wirklichste in seiner Dichtung. Man kommt nicht damit aus, daß Reinmar das alte Motiv der Merker und Neider, die das Minneverhältnis bespähen, auf eine Minne anwendet, bei der es nichts zu bespähen gab. Wir müssen es doch wohl realer auffassen. Reinmar hatte am Wiener Hof seinen festen Platz in der Gesellschaft. Er war der anerkannte Hofsänger, und er faßte seine Stellung so auf, daß er ein Zeremonienmeister der einzig wahren Minnehaltung war. Er muß an seinem Herzog einen festen Halt und in der Gesellschaft seine ehrlichen Bewunderer gehabt haben.

Aber gewiß nicht nur diese. Wir dürfen nicht vergessen, daß wir in Wien sind, auf dem Boden der alten donauländischen Liebeslyrik. Erst Reinmar dürfte den rheinisch-provenzalischen Minnesang und die damit verbundene Stilisierung des höfischen Lebens nach Wien gebracht haben. Wir müssen uns vorstellen, daß es dabei nicht ohne Widerspruch abgegangen ist, nicht nur von den Älteren, die den Kürnberger und Dietmar noch gekannt haben können, sondern gerade auch von den Jungen, die sich aus der Lebensfrische des heimischen Minnewesens nicht so leicht in die westliche Modetaille zwingen lassen wollten. Jene Leute, die sich Reinmar gegenüber einer glücklicheren Minne rühmten und Reinmars ewig unerfülltes Schmachten verspotteten, werden wir uns als wirkliche Gegner am Wiener Hofe zu denken haben.

Hier ordnet sich dann der Streit zwischen Reinmar und Walther ein, den wir ins Einzelne nicht verfolgen. Er wird für Reinmar verbitternd, weil Walther gewiß im eigentlichen Sinne sein Schüler war. Wenn Walther gesteht, daß er „in Österreich singen und sagen lernte", so meint dies, daß er die kunstvolle Technik des Liedes in Wort und Weise in der anerkannten Schule des Meisters Reinmar erlernt hat. In der Tat werden wir den jungen Walther in Form und Inhalt seiner Lieder als Reinmars Schüler kennenlernen. Aber nach Temperament und Charakter konnte Walther Reinmars Stil nicht fortführen, und Reinmar war nicht der Mann, andere Individualitäten in ihrer Entfaltung zu verstehen und neben sich zu dulden. Das offenbar rasche Selbständigwerden des Schülers mag der empfindliche Meister als einen Abfall empfunden und diesem Gefühl Ausdruck gegeben haben. Der literarische Streit, der sich zuerst in Walthers Persiflage von Reinmars Liedern 170, 1 und 159, 1 (Kraus Nr.13 und 14) entlud, setzt Spannungen persönlicher Art voraus. Der Bruch war unheilbar; hinter dem Liederstreit steht eine menschliche Erbitterung. Vielleicht war Reinmar nicht unschuldig daran, daß Walther 1198 Wien verlassen mußte, und diesen Schlag hat Walther nie verwunden. Dann begreifen wir, daß Walthers Groll den Tod überdauert hat. In seinem Nachruf auf Reinmar, in dem er den Verlust, den die Kunst erlitten hat, tief beklagt, weigert er sich mit einer fast brutalen Offenheit, auch um den Menschen Reinmar zu trauern.

Soweit handelt es sich um die persönlichen Abneigungen und Kontroversen des eifersüchtigen Hofpoeten und des temperamentvollen, draufgängerischen Jüngers. Aber dahinter steckt Tieferes. Reinmar sah sein hohes Minneideal und seine erzieherische Aufgabe am Wiener Hof bedroht. Gewiß hätte der Neuling so kecke Angriffe nicht wagen dürfen, wenn nicht eine Partei hinter ihm gestanden hätte. Deren Gegnerschaft hatte sich murrend und hämisch entladen, so etwa in der bösen Frage nach dem Alter der Dame, der der unentwegte Liebhaber schon so lange gedient zu haben behauptete, worauf dann Reimar in dem Liede 167, 16 (Kraus Nr. 18) erregt antwortete. Jetzt hatte diese Partei einen Mund gefunden, der zu singen verstand, der es mit Reinmar auf dessen eigenstem Gebiet, der Dichtung, aufnehmen konnte. Von hier aus gewinnt auch die Haltung der Dame an Wirklichkeitsnähe. Sie zog sich vom Umgang mit Reinmar zurück und erließ das ihn so tief schmerzende Verbot, ferner zu singen, weil sie sich zum Spielball zweier Parteien werden sah, und das war in einer Gesellschaft, wo alles so sehr auf *êre* gestellt war, nicht nur peinlich; es war gefährlich.

So scheint es mir gewiß, daß wir in dem Streit zwischen Reinmar und Walther die dichterischen Reflexe realer Auseinandersetzungen in der Gesellschaft sehen dürfen, bei denen es sich um grundsätzliche Auffassungen über höfische Minnehaltung handelte. Walther erkannte instinktiv das Lebensfeindliche in Reinmars Emporstilisierung der *wân*-Minne zu einer lebensbestimmenden Macht und revoltierte aus der Art seines Wesens dagegen. Ein bloßer Rückgriff auf die alte Lyrik kam für den jungen Künstler dabei freilich nicht in Frage. Er will modern sein, und wenn er sich von Reinmars Vorbild freizumachen suchte, geschah es in der Anlehnung an Morungen.

Dagegen ist eine Einwirkung der österreichischen Lyrik bei Reinmar selber zu finden, und sie ist nicht gering. Es lohnt sich, ihr nachzugehen; denn indem sich Reinmar ihre Formen und Motive anpassend nutzbar macht, vermag er Dinge auszusagen, die sein Bild eigentümlich ergänzen.

Es sind nicht wenige Lieder Reinmars, in denen Motivliches des frühen Minnesangs nachklingt. Zweimal erscheint das Falkenmotiv in echten Liedern Reinmars. In dem frühen Liede 156, 10 lebt noch der Aufschwung des Falkenfluges, und in seiner Einstrophigkeit wie in der bei Reinmar ganz ungewöhnlichen Formung der Stollen aus gereihten Reimpaaren gemahnt das Gedicht an das altertümliche Falkenlied des Pseudo-Dietmar. Der spätere Reinmar dagegen wandelt in dem Liede 179, 3 das Falkenmotiv zum Ausdruck der Hybris, die zur Minneschuld führt *(des ich gar schuldic bin)*, und paßt es damit in sein Minnesystem ein. Auch das Naturmotiv hat sich der so ganz naturferne Dichter literarisch zu eigen gemacht, nicht mehr in der urtümlichen Form des Natureingangs und des einfachen Parallelismus, sondern kunstvoller in das Lied hineingeflochten und der *wân*-Stimmung angepaßt. Für ihn ist immer Winter (188, 38); Sommer und Winter sind dem Sehnenden allzu lang (155, 1). Doch die einfachen Symbolzeichen der Jahreszeiten sind bei Reinmar dieselben geblieben wie bei Dietmar.

Über das Einzelmotiv führt die Form des Wechsels hinaus, deren sich Reinmar mehrfach bedient. Ein echter Wechsel ist freilich nur das frühe Lied 151, 1 (Kraus Nr. 2) mit seiner wirklichen Abwechslung von je zwei Frauen- und Männerstrophen. Aber als freie Abwandlungen des Typus müssen auch die Lieder 152, 15 (Kraus Nr. 3); 154, 32 (Kraus Nr. 10); 152, 25 (Kraus Nr. 12); 172, 11 (Kraus Nr. 17) angesehen werden. In ihnen allen ist einem Gedicht im Stil von Reinmars Minnereflexionen eine Frauenstrophe als Anfang, Mitte oder Ende zugeordnet. Der frühe Wechsel 151, 1 hält sich auch motivisch an die alten Vorbilder. Die Dame spricht von dem Geliebten noch als *riter* – was in Reinmars Lyrik später nicht mehr vorkommt –, sie klagt über die *nîdære*, die der Liebesvereinigung hindernd im Wege stehen, und verspricht volle Hingabe: *ich gelege in alsô, mich diuhte es vil, ob ez der kaiser wære*. In dieser preziösen Übertragung des „Kaisermotivs" auf die Dame und in dem darin bekundeten Selbstbewußtsein kündigt sich der spätere Reinmar immerhin schon an. Ebenso sind die Männerstrophen, wenn auch in der Terminologie des Dienstes gehalten, auf Zuversicht und Erfüllungsglück gestellt, und sie schließen mit jener verhüllend-objektivierenden Verallgemeinerung, die vom Kürnberger her gelernt ist.

Auch 152, 15 gehört nach Kraus zu den Frühliedern. Es greift zunächst das Dietmarsche Botenmotiv auf, und auch hier drückt die einleitende Frauenstrophe – nun schon psychologisch analysierend – nicht nur Neigung, sondern auch Sorge um den Fortbestand der Beziehungen zu dem *lieben friunde* aus. Die Antwortstrophen des Mannes sind in ihrer Erfüllungsfreude schon gedämpfter; die leibliche Hingabe wird in dem effektvollen Schluß nur noch zu einem „Als-ob". Auch 154, 32 bleibt noch in der alten Stimmungssituation des Wechsels. Die mehrstrophige Klage des Mannes ist eine geradezu geniale Umformung des Tageliedmotivs: die Klage des morgens einsam Erwachenden, dem selbst das Leid des Scheidens nach erfüllter Liebesnacht versagt ist. Die abschließende Frauenstrophe aber ist noch ganz der Dietmarschen Sehnsuchtsstimmung nachempfunden; die sorgende Angst der liebenden Frau um die Dauer der Neigung des Mannes und, unverhüllt noch, die Sehnsucht nach liebend hingegebener Nähe. Erst in dem Liede 172, 11 ist die Form des Wechsels endgültig Reinmarisch umstilisiert. Hier redet in der

Frauenstrophe die versagende Dame in zürnenden Worten über die An-
maßung eines allzu eindringlichen Minnewerbers mit dem wohl bei Morungen gelernten Bilde der Minne als Fehdeansage.

Aus ererbten donauländischen Motiven sind auch die beiden Botenlieder Reinmars (178, 1 und 177, 10) und der Frauenmonolog 186, 19
entwickelt. Sie sind für die Erkenntnis Reinmars besonders wichtig.
Beides sind Formen der alten donauländischen Rollenlyrik als Ausdrucksmöglichkeiten weiblichen Sehnens und Verlangens. Reinmar benutzt
sie, um darin sein Frauenbild nach seiner Methode der seelischen Analyse sichtbar zu machen. Die Frau, die hier zu dem Boten oder zu sich
selber spricht, ist die Frau, die Reinmar in die Dame hineindichtet,
der sein Dienst galt. Sie ist die liebende Frau, an die er bei all seinem vergeblichen Dienen glaubt und glauben muß; sie ist aber zugleich die
versagende Herrin der Wirklichkeit, deren Härte er psychologisch
begründet. Denn die hohe Herrin darf ja nicht herz- und seelenlos sein,
nur zu rein und erhaben, um irdische Minne zu gewähren. Scham und
Ehre stellt sie als einen Schirm vor ihren Gefühlen auf und gewährt,
indem sie versagt. Meisterhaft ist das Wechselspiel zwischen Sehnsucht
nach Nähe und Haltung der Distanz, zwischen Verheißung und Warnung, Aussprechen und Widerrufen in dem Botenlied 178, 1 durchgeführt. Die Strophe 178, 29 enthält eine unmittelbare Auseinandersetzung mit der donauländischen Minnehaltung, deren Sinnenwesen sie durch
das alte Zeichen der Sinnenliebe: „bleich und rot werden" andeutet
und der echten hohen Minne gegenüber als *unminne* verwirft, ja, unter
religiöse Beleuchtung stellt und sie als (seelischen) Tod, d. h. als Sünde
bezeichnet. Das zweite Botenlied (177, 10) geht von der wirklichen Situation des Verbotes zu singen aus und quält sich mit der Frage, ob sie,
die Herrin, dieses Verbot aussprechen dürfe oder nicht. Es ist eine gesellschaftliche Frage und ruft daher gesellschaftliche Erwägungen hervor.
Doch auch hier ist der Dichter der *vil liebe man*, auch hier erhebt sie die
Klage, daß er mehr begehre, als die Ehre einer Frau gewähren könne,
und auch hier endet sie beim Versagen: *ih'n wil niht minnen*. Der Frauenmonolog 186, 19 endlich, wieder um das Redeverbot spielend, zeigt die
Frau denselben inneren Qualen ausgesetzt wie die übrigen Lieder den
Mann; durch Gewähren wie Versagen im *swæren spil* der Minne fühlt
sie sich gleichermaßen in Not versetzt.

Erst aus diesen Liedern lernen wir die *frouwe* kennen, die sich Reinmar
erdacht und erträumt hat. Erst hier läßt er uns durch die Hülle erhabener
Unerbittlichkeit in ihr Herz schauen. Und siehe da – die Minne, die
große Herrin aller Herzen, hat auch sie unterworfen. Nur ist die Frau
schon aus der Reinheit ihrer Natur jener Vollkommenheit näher, die der
Mann erst erstrebt und durch den Minnedienst erreichen kann. Sie ist
liebendem Gefühl nicht verschlossen, aber sie weiß es zu bändigen. Jene

19*

Dame am Wiener Hof, der Reinmars reale Werbung und Huldigung galt, steht nur als blasse und im Grunde gleichgültige Gestalt dahinter. Das Redeverbot der um ihren Ruf bangenden Dame ist nur Anstoß zu seelischer Zergliederung. Nur so kann Reinmar sie sich zu eigen machen. Erst in dem tiefen Widerspruch, daß sie Minne kundtut, indem sie sie versagt, wird sie geeignet, zur Haltung des „schönen Trauerns" zu erziehen.

Es hat sein literarhistorisches Interesse, zu sehen, daß Reinmar seine Darstellungsmittel dafür dem alten österreichischen Minnesang entnimmt. Das führt in die Atmosphäre des Wiener Hofes zurück. Es bestätigt uns, daß er dort dieser Dichtung und der in ihr ausgesprochenen Auffassung der Minne als einer lebendigen Kraft begegnet sein muß, die er zugleich zu widerlegen und neu zu deuten suchte.

Wichtiger aber ist noch, daß sich erst mit dieser Psychologie der Frau das Bild Reinmars für uns abrundet. Wir erkennen, daß Minne nicht nur verklärt, sondern aus allen Proportionen der Wirklichkeit gelöst wird. Sie wird ein Rechnen mit imaginären Zahlen. Man hat mit Recht gesagt, daß Reinmar nicht in eine Frau verliebt ist, sondern in die Fähigkeit, minnen zu können. Gefühle sind für den vollkommenen Minnenden nur noch Metaphern für etwas, das in einem ganz anderen, in sich abgeschlossenen Raum vor sich geht, für das aber die wirkliche Welt keine anderen Ausdrucksmöglichkeiten bietet. Wo sich Gefühle als Wirklichkeiten eindrängen, bedeuten sie eine Gefährdung – den Tod nennt es das Lied 178, 1 –, und Aufgabe des höfischen Menschen ist es, sie immer von neuem in den imaginären Raum hinein zu sublimieren. Reinmars Frauenlieder verraten, daß auch die Frau den menschlichen Anfechtungen ausgesetzt ist, daß auch sie in der Pflicht der strengen Selbstzucht lebt.

In Reinmars Lyrik haben wir die eigentliche Höhe des strengen Minnesangs erreicht, die kompromißlose Reinheit eines Ideals, dem der Dichter in der Selbstgestaltung seines Lebens vorbehaltlos dient. Reinmar ist ein Abschluß, über den hinaus es nur noch wiederholende Nachahmung oder erneuernde Durchbrechung gibt. Walther von der Vogelweide, der als sein Schüler begann, wurde zu seinem Überwinder.

6. WALTHER VON DER VOGELWEIDE

Der Gang von Walthers äußerem Leben ist uns nur lückenhaft bekannt, und was wir davon wissen, erfahren wir nur aus seiner eigenen Dichtung. Da sich seine Sprüche vielfach auf große politische Ereignisse und die Menschen beziehen, die sie trugen, fällt von hier aus manches Licht auf sein persönliches Leben.

Daß er ritterlichen Standes war und aus dem gehobenen Standesgefühl des Ritters gedichtet hat, sollte so wenig bezweifelt worden sein, wie daß sein Name „von der Vogelweide" seinen Heimatsitz bezeichnet. Indessen ist im 13. Jh. ein Geschlecht dieses Namens urkundlich nicht nachweisbar, und so wissen wir nicht, wo wir Walthers Heimat zu suchen haben. Plätze des Namens Vogelweide sind im Lauf der Zeit viele nachgewiesen worden; der einzige, an den moderne Mythenbildung angeknüpft hat, der Vogelweidhof im Südtiroler Eisacktal, ist seine Heimat bestimmt nicht gewesen. Alles spricht dafür, daß Walther im eigentlichen Österreich zu Hause war. Wir haben ihn uns als den jüngeren Sohn eines unbegüterten Ministerialengeschlechtes zu denken, der im Hofdienst sein Auskommen suchte. Gelehrte Schulbildung ist bei ihm denkbar, doch nicht notwendig vorauszusetzen.

Seine erste Stellung fand Walther, wohl um 1190, am Babenberger Hof zu Wien noch unter Leopold V., dem Gönner Reinmars von Hagenau. Ob zunächst als Knappe oder schon als junger, vielversprechender Künstler, wissen wir nicht. Jedenfalls ist das Zusammensein mit Reinmar für seine erste künstlerische Entwicklung entscheidend; er bildete sich an ihm, gelangte neben ihm zu Ansehen und geriet mit ihm in Konflikt. Nach dem Tode Leopolds V. (1194) wurde dessen Sohn und Nachfolger Friedrich offenbar Walthers Gönner; die kurzen Jahre bis zu Friedrichs Tod auf dem Kreuzzug 1198 sind ein früher Höhepunkt in Walthers Leben. Mit Friedrichs Bruder und Nachfolger, Leopold VI., war Walthers Zeit in Wien vorüber. Es muß ein rascher und heftiger Bruch gewesen sein, der nie wieder geheilt ist; spätestens im Frühsommer 1198 hat Walther Wien verlassen. Sein langes Wanderleben begann.

Es gliedert sich für uns, von Walthers literarischer Entwicklung her gesehen, in zwei Perioden, eine kürzere, heller beleuchtete von 1198 bis 1203, und eine längere, undeutlicher erkennbare zwischen 1203 und 1220, da Walther endlich das Ziel seines Hoffens, ein eigenes Lehen, erreichte. Der Gliederungspunkt 1203 ergibt sich aus Walthers vorübergehender Rückkehr nach Wien und dem endgültigen Bruch mit der Wiener Hofkunst. Als Walther Wien verlassen mußte, hatte er das Glück, alsbald in den Bannkreis der großen Politik zu geraten. Schon im Sommer 1198 sehen wir ihn im Dienst der staufischen Sache und im Hofgesinde Philipps von Schwaben, dem er wohl längere Zeit angehört haben dürfte. Als Dichter, aber gewiß auch als Ritter, hat er an den Ereignissen dieser wechselvollen Jahre teilgenommen. Wenn er (86, 32) sagt: *ich bin dicke komen ûz grœzer nôt*, so spricht hier ein Ritter, der im Kampfe gestanden hat. Das Hof- und Heerleben des Staufers hat auch Walther weit herumgeführt; er hat den Norden und Osten des Reiches kennengelernt, war Weihnachten 1198 in Magdeburg, war auf der Wartburg und gewiß auch schon bei Dietrich von Meißen.

Im Jahre 1203 sah er Wien wieder; aber seine Hoffnung, es könne eine endgültige Rückkehr nach Wien bedeuten, erfüllte sich nicht. Unmittelbar nach dem Hochzeitsfest Leopolds VI., zu dem er wohl schon im Gefolge des Passauer Bischofs Wolfger gekommen war, ist er wieder von Wien fort. Im November 1203 verzeichnen die Reiserechnungen Wolfgers die Gabe einer Geldsumme für einen Pelzmantel an Walther. Er heißt dort *cantor*, was doch schwerlich ein dauerndes Hofamt meint. Doch mögen wir uns den Aufenthalt bei dem kunstfreundigen Bischof nicht zu kurz vorstellen. Die große Politik zieht Walther immer wieder an; wir sehen ihn im Dienst sowohl Ottos IV. wie Friedrichs II., aber wie lange er wirklich ihrem Hofgesinde angehört hat, wissen wir nicht. Mancherlei Anspielungen, manche Bitt-, Lob- und Scheltsprüche lassen ahnen, daß Walther das Leben eines wandernden Sängers mit kürzeren oder längeren Aufenthalten bei Gönnern geführt hat; die Einzelheiten interessieren hier nicht. Walther war ein fahrender Mann, wenn wir nur darunter nicht den Lebensstil des Gauklers und Lustigmachers verstehen. Es wird ihm nicht immer gut gegangen sein, aber das ständische wie künstlerische Wertgefühl hat ihn nie verlassen, und im ganzen hat er sich doch unter den Großen der Welt bewegt.

Das Lehen, das er, vermutlich in oder bei Würzburg, 1220 von Friedrich II. erhielt, macht der Unsicherheit des Daseins für den nun etwa Fünfzigjährigen ein Ende. Ein Reichslehen aus der Hand des Kaisers – auch das ist ein Wertmaßstab. Wirklich seßhaft ist Walther darum nicht geworden. Seine Beziehungen zu dem Reichsverweser Erzbischof Engelbert von Köln lassen vermuten, daß er mindestens zeitweise in dessen Umgebung gelebt hat. Seine spätesten Gedichte dürften in der alten Heimat Österreich entstanden sein. Der Kreuzzug von 1227/29 ist das letzte Ereignis, das seine Gedichte erwähnen; bald danach wird er, ein Sechzigjähriger, gestorben sein. Die Nachricht, daß er sein Grab in Würzburg gefunden habe, ist spät, aber wahrscheinlich. Der Gewährsmann will dort die Grabstätte noch gesehen und die lateinische Grabschrift gelesen haben, die er uns mitteilt.

DIE MINNELYRIK

In dieses nur streckenweise überschaubare Leben sind die Gedichte Walthers einzuordnen. Carl von Kraus, der meisterliche Fortbildner von Lachmanns philologischer Arbeit an Walthers Werk in Textgestaltung und Interpretation, hat auch der Reihenfolge von Walthers Gedichten eindringliche Studien gewidmet. Diese Frage hat überhaupt die jüngste Waltherforschung beschäftigt und eine Reihe tiefgründiger Untersuchungen gezeitigt. Vergleicht man diese Arbeiten, so bleibt doch zuletzt der Eindruck von Unsicherheit, von einer Vertauschbarkeit der einzelnen Gedichte nicht selten über recht weite Zeiträume fort. Für die literarische Erkenntnis ist dennoch Dauerndes gewonnen; wir können mit ziemlicher Sicherheit die äußere und innere Entwicklung des großen Sängers überschauen, von den Anfängen des Reinmarschülers am Wiener Hof bis zu dem tiefen Weltkenner und Weltüberwinder der Alterselegie und der ihr nahestehenden Gedichte. Wir können doch Gruppen von Liedern zusammenfassen, die ohne letzte Sicherheit im einzelnen Stadien auf Walthers Weg sichtbar machen.

Von den äußeren Ereignissen in Walthers Leben ausgehend kann man ungefähr folgende Perioden festlegen: Die Frühzeit am Wiener Hof, Abhängigkeit von Reinmar und erste Auseinandersetzungen mit ihm (etwa 1190–1198); die ersten Wanderjahre und der Durchbruch des Weitgereisten zum eigenen Wesen (1198–1203); die vorübergehende Rückkehr nach Wien, zweite Auseinandersetzung mit Reinmar und endgültige Befreiung von der Reinmar-Wiener-Minneauffassung (einige Jahre bis nach Reinmars Tode, etwa 1205/06); das zweite Wanderleben, Höhe von Spruch- und Minnedichtung (etwa 1205–1220); der eigene Besitz, letzter Aufenthalt in Österreich, die Altersdichtung (1220 bis etwa 1230).

Wenn Walther von sich aussagt, daß er in Österreich singen und sagen lernte, d. h. die Kunst der Minnelyrik inhaltlich und formal – und das heißt auch musikalisch-kompositorisch – erlernte, so meint er damit zunächst die Schulung an der schon vollendeten Kunst des um ein Jahrzehnt älteren Hofsängers Reinmar. Walther beginnt als Reinmarschüler. Indes, soweit die sicher nur unvollständig überlieferte Jugenddichtung erkennen läßt, macht sich die Andersartigkeit von Walthers Temperament und Begabung bald geltend. Die feine Selbstzergliederung, das dünnblütige Glück des schönen Trauerns sind für das helle, leidenschaftliche Temperament Walthers wie ein Anzug, der ihm nicht sitzt. Was bei Reinmar aus dem eigenen Wesen entwickelt war, wirkt bei dem jungen Walther als Pose. Die erste Befreiung bringt ihm die Begegnung mit Morungens Lyrik; der Einfluß von dessen Bildkraft und Erlebnisintensität ist schon in den frühen Wiener Liedern spürbar und begleitet das Reifen Walthers in der ersten Wanderzeit. Aus dem Wesensunterschied zwischen Reinmar und Walther bricht der erste Streit des Meisters mit dem Jünger hervor, dessen Hintergründe bei der Darstellung Reinmars angedeutet worden sind.

Ein Lied wie 13, 33 ist ganz aus Reinmars Schule hervorgegangen. Der junge Dichter posiert mit dem Unverständnis, das seine Liebesklage in der Gesellschaft findet, er verwendet die bewährten Stilmittel Reinmars, die rhetorische Frage, die Revocatio, das Klangspiel mit dem Worte *minne*. Man muß genauer hinhören, um auch hier schon Walther zu vernehmen, zumal in der letzten Strophe, deren Grundton durch das wärmere Wort *friunt* für die Liebenden bestimmt ist. Ebenso sind die beiden Botenlieder 112, 35 und 120, 16 im Typus der Reinmarischen Botenlieder gehalten: auch hier die Angst der Frau vor dem Abweichen vom gebotenen Wege, ihre Furcht, daß Minne Sünde sei. Doch in dem Widerspruch, den der Dichter dagegen erhebt, liegt zugleich schon der Widerspruch gegen Reinmars Botenlied 178, 1.

Walthers literarische Fehde mit Reinmar hat sich indessen nicht an diesem Liede entzündet. Sie beginnt, soweit wir Einblick haben, mit Walthers Lied 115, 6, wohl nicht zufällig einem Liede, dessen Schlußpointe, der Verlust von Besinnung und Rede vor dem Anblick der Geliebten, von Morungen gelernt ist. Der Angriff geht von Reinmar aus; in dem Liede 170, 1, dessen letzte Strophen ich gegen alle Zweifel für echt halte, weist er den jungen Toren von oben herab zurecht: wer stumm wie ein Klotz vor der Dame sitzt, täte besser daran, seiner Wege zu gehen und anderen Leuten Platz zu machen, die sich besser zu benehmen verstehen. Und jetzt zeigt sich, daß Walthers reizbares Temperament nicht geschaffen ist, solche Zurechtweisung ruhig hinzunehmen. Er schlägt zurück. Und zwar in der alten donauländischen Form des Wechsels (111, 23). Sein Ziel ist Reinmars Lied 159, 1, in dem sich dieser gerühmt hatte, mit dem Lobe seiner Dame das Lob aller anderen für die ihrigen matt gesetzt zu haben. Walther trifft das Lied an seiner schwächsten Stelle, dem schäferlichen Spiel mit dem Kußraub, und in der gefährlichsten Form, indem er den Rivalen durch den Mund der gekränkten Dame als Dieb zurechtweisen läßt. Zugleich schlägt Walthers Polemik aber auch gegen jenes Angriffslied 170, 1 zurück, und abermals mit scharfer Treffsicherheit, indem er in Reinmars Bild von dem *österlîchen tage* eine der nicht häufigen Stellen erspäht, wo der Meister selber sich eine ganz offensichtliche Anleihe bei Morungen erlaubt hatte.

Es kann nicht unsere Aufgabe sein, die Liederfehde zwischen Reinmar und Walther ins einzelne zu verfolgen. Wir erkennen aber, daß sie neben persönlichen und gesellschaftlichen Hintergründen auch literarische Ursachen hat und daß diese in Walthers Abweichung von der vorgezeichneten Linie des Wiener Modetones in die Bahnen Morungens zu suchen sind. Wir dürfen schon den Walther der Wiener Jahre als einen Schüler Morungens ansehen und daher diesen Anfangszeiten das Lied 118, 24 zuordnen, das Morungen am stärksten nachahmt. Formal ist das in der Durchreimung der Strophen erkennbar, die bei Walther sonst nicht wiederkehrt, motivlich in der Schlußstrophe mit der einzigen Anspielung Walthers auf die antike Frauenschönheit, Helena und Diana – wobei Diana ein Mißverständnis für Dione, d. h. Venus, sein dürfte. Es ist auch etwas von dem Ton Morungenscher Entzückung in diesem Liede eingefangen, so daß wir es wohl als einen ersten Versuch „in Morungens Manier“ betrachten dürfen und damit als einen Versuch, dem eigenen, auf Freude und Erhebung gestimmten Wesen Ausdruck zu verschaffen, noch ohne der eigenen Ausdrucksmittel sicher zu sein.

Nur mit Hilfe von Morungen reifte Walther auch zu dem ersten Höhepunkt seiner Lyrik heran, dem ergriffenen Schönheitspreis des Liedes 53, 25: *Sî wundervol gemachet wîp.* Nicht mehr das angelernte Bild antiker Schönheiten wird beschworen; die Frouwe selber tritt hervor, und ihre Schönheit reißt den Dichter zu entzückter Lobpreisung hin. Hier ist etwas von Morungens Lichtbeglückung wirklich nacherlebt, nicht nur nachgesprochen. Die Frau als das große Kunstwerk des Schöpfers, die vollkommene Erscheinung des höfischen Menschenbildes ist hier gepriesen wie nie zuvor. Die Form der reihenden Aufzählung verrät noch den Werdenden; erst in dem späteren Liede 45, 37 gelingt die Darstellung der bewegten Anmut. Doch schließt sich alles zu einem strahlenden Gesamtbild zusammen. Auch die antikische Lust am Anblick der nackten Schönheit, das Belauschen der Geliebten im Bade, führt auf Morungen zurück. Die kühne Ergriffenheit von dessen Tagelied freilich blieb dem jungen Walther unnachahmbar. Sein spielendes Verhüllen wiegt leichter und ist doch frivoler als Morungens fromm liebendes Enthüllen, wie auch das tändelnde Spiel mit dem doppelsinnigen Worte *küssen* (Küssen und Kissen) nicht bei Morungen gelernt ist. Es ist ein Reflex jener lose scherzenden Galanterie, deren Reinmar gelegentlich fähig war, und greift noch einmal – übertrumpfend an Keckheit und Eleganz – auf Reinmars Lied 159, 1 und dessen Kußraub zurück.

Als Walther 1198 den Wiener Hof verlassen mußte, war er als Künstler bereits auf dem Wege zu sich selbst. Das Leitwort seiner Auffassung von Minne konnte nicht Reinmars *trûren* sein, sondern nur *vröude*, Steigerung des Lebensgefühls und Erhobenheit des Herzens; und schon damals wird die Einsicht aufgeschimmert sein, daß solche Erhebung der Minne

nur aus der Gegenseitigkeit erblühen könne. Die Verstoßung aus der
Sicherheit, aber auch der Enge des Wiener Hofes war der Anruf des
Schicksals im Leben Walthers, schmerzlich verwundend – und nie verwunden – für den Menschen, befreiend und fruchtbar für den Künstler.
Es war das Glück Walthers, daß er sofort in die Weite des Stauferhofes
und damit eines politischen Raumes voll stürmischen Lebens eintrat.
Die großen Reichssprüche von 1198 waren der neue, befreite Flügel-
schlag des Genies. Sie lassen erkennen, wie gereift Walther als Künstler
in diesem Augenblick schon war, wie vollkommen er seine Mittel schon
beherrschte. Sie legen aber zugleich dafür Zeugnis ab, was die Berührung
mit der großen Welt für Walthers Entfaltung bedeutete. Sie sind ein
wahrhafter Durchbruch. Zwang und Trieb machen Walther für die
nächsten Jahre zum politischen Spruchdichter; die sofortige Meisterschaft der Reichssprüche verrät, daß dieser Durchbruch den Dichter
auf ein tiefst angemessenes Gebiet geführt hat. So wird uns Walther
in den nächsten Jahren deutlicher sichtbar als Spruchdichter denn
als Minnesänger.

Für die Entwicklung Walthers als Minnelyriker, der wir vorerst allein
nachgehen, dürfte es zunächst am wichtigsten gewesen sein, daß er mit
anderen Dichtungswelten als der des Wiener Hofes in Berührung kam.
Er trat – landschaftlich und geistig – in den staufischen Raum ein, und
in der Umgebung Philipps von Schwaben wird die Tradition der Schule
Hausens noch lebendig gewesen sein. Er kam in Philipps Gefolge in den
Norden und Osten des Reiches, nach Thüringen, nach Meißen. Dort,
auf der Wartburg, ist er Wolfram begegnet, hier war er in unmittelbarer
Nähe Morungens. Das sind starke Eindrücke noch innerhalb der höfischen
Sphäre. Das Leben als wandernder Sänger aber, das er jetzt führte, muß
ihn mit jenen anderen Wandernden zusammengeführt haben, die so ganz
anders von Sommerlust und Liebesfreude zu singen wußten, mit den
wandernden Klerikern oder Vaganten. Wir werden zu erwägen haben,
was er von ihnen lernen und übernehmen konnte. Endlich ist zu vermuten, daß in dieser neuen Bewegtheit des persönlichen und literarischen
Lebens auch alte Quellen freigelegt wurden; wir dürfen vermuten, daß
sich der Österreicher Walther gerade in der Fremde der Werte der
heimischen donauländischen Lyrik bewußt geworden ist.

So werden wir die Jahre nach 1198 für Walthers Minnelyrik eher als
eine Zeit des Verarbeitens ansehen und in der Zuordnung von Liedern
zu dieser Periode vorsichtig sein. Das kleine, nicht sehr bedeutende Lied
110, 13 mit seinen bei Walther sonst ganz ungewohnten Daktylen und
dem Refrain mag damals entstanden sein, ein Obolus an die rheinische
Lyrik. Für das Lied 40, 19 gewinnen wir eine zeitliche Einordnung
durch eine Anspielung darauf, die sich in Wolframs Parzival Buch 6
(294, 21) findet. Das würde auf eine Begegnung der beiden Dichter auf

der Wartburg im Jahre 1201 deuten können, und dann wäre das motivlich nahe verwandte Lied 54, 37 vielleicht derselben Zeit zuzuweisen.
Wir erhalten damit einen Einblick in die Art von Walthers Lyrik während dieser ersten Wanderjahre. Die Grundhaltung der Hohen Minne,
das unerwiderte Werben um die Minne der überhöhten Frau, bleibt ge-
wahrt. Die Gedichte könnten derselben Frouwe gelten, der die Lieder der
Wiener Zeit gewidmet waren. In dem Zwiegespräch mit Frau Minne
und dem weit durchgeführten Bild der pfeilschießenden Minne = Frau
Venus ist zugleich Morungens weiterwirkender Einfluß spürbar. Die
Forderung auf Gegenseitigkeit jedoch, die noch in höfisch-elegantem
Bildspiel erhoben wird, die Schlußpointe, die – ebenfalls als Gedankenspiel – mit der Aufkündigung des Dienstes droht, lassen Künftiges
schon ahnen. Diesem formal einfachen und inhaltlich blassen Liede tritt
54, 37 zur Seite, abermals ein Zwiegespräch mit der Minne, in reifer
komponierter Strophenform und mit einer sprachlichen Ausdruckskraft,
die Reinmars Schule verleugnet. Gleich der Einsatz: *ich freudehelfelôser*
man ist als Wortprägung, die Bezeichnung der Minne, die in jedes Herz
einzubrechen vermag, als *der diebe meisterinne* ist als Bildprägung unverkennbar Waltherisch. Und eine Zeile wie *jâ friunt, waz ich von friunden*
sage, zeigt in ihrer umgangssprachlichen Unmittelbarkeit, daß Walther
an der Sprache des Spruches geschult ist.

Drei weitere Lieder (44, 11; 93, 19; 115, 30) schlagen das Motiv der Ferne an und
geben sich dadurch als Gedichte der Wanderzeit zu erkennen. Sie könnten nach Wien
gerichtet gewesen sein und sollten dort gehört werden. In dem Liede 44, 11 ist
Hausens Vorbild unmittelbar zu hören *(mîn lîp ist hie, sô wont bî ir mîn sin)*. Und die
Vorstellung, daß die Geliebte *ellende*, d. h. fern der Heimat sei, wenn sie in Gedanken
bei ihm weile, setzt ebenso die Trennung voraus wie den Anspruch, daß die Geliebte
sein Gedenken erwidere. Der Zorn gegen die *lügenœre* endlich, literarisch ein Rein-
marisches Motiv, ist hier erlebnisecht: der Ingrimm über die Vertreibung aus Wien.
Und die Schlußwendung gewinnt eine Schärfe, die an Scheltsprüche Walthers gemahnt. Ähnlich spricht 93, 19 von dem *dort* der Geliebten und dem *hie, dâ ich bin* des
Dichters, und das Bild von der hausherrlichen Schlüsselgewalt über Leib und Seele
der Geliebten durchbricht wieder die scheue Minnehaltung im Stil Reinmars. Endlich
deutet auch 115, 30 mit der Wendung: *dâ si wont* die Ferne an. Die Frau als Zauberin
stammt hier aus dem Motivkreis Morungens, während die Selbstironie, mit der Walther
das Abwägen von äußerer Schönheit gegen inneren Wert *(fuoge)* aus der Sphäre des
Frauenpreises auf sich selber überträgt, durchaus seinem eigenen Wesen entspringt.

So wird klar: Walther verharrt im Denkkreis der Hohen Minne und
wünscht durch seine Lieder mit der fernen Frouwe in Wien weiter verbunden zu sein. Aber er verbleibt nicht mehr wienerisch. Der schon in
Wien spürbare Einfluß Morungens verstärkt sich und schafft die Möglichkeit, einer lebendigeren, freudigeren Minnestimmung Ausdruck zu
geben. Als eigentlich Waltherisch empfinden wir die neue Prägekraft
in Bild und Sprache, die sich mehr und mehr von Reinmars Gedanken-
blässe entfernt. Eine wirklich neue Auffassung der Minne als Erlebnis

der Gegenseitigkeit ist dagegen erst in Ansätzen zu spüren. Will man das Lied 117, 29 (und dann auch 42, 15) in die Wanderzeit verlegen, so wäre darin ein Besinnen Walthers auf den alten donauländischen Minnesang und damit auch hier ein Aufklingen der Gegenseitigkeitsminne zu finden.

Gewiß sind es nur Reste, die wir von der eigentlichen Lyrik dieser Jahre besitzen, aber sie geben uns doch den Eindruck, daß diese Zeit für Walther als Minnesänger weniger bedeutet hat. Hinter den Forderungen der großen politischen Auseinandersetzungen, die Walther zum Höchsten befähigt haben, trat der Minnesang zurück. Wir wissen auch nicht, wieweit für Walther schon damals die Begegnung mit dem Vagantentum von Bedeutung geworden ist, und ob nicht dies oder jenes, was wir zusammenfassend als eine Gruppe der niederen Minne erst später ansetzen, bis in die Zeit der ersten Wanderung zurückreicht.

Und dann kommt es zu Walthers Rückkehr nach Wien, die er als Heimkehr empfunden und wohl als dauernde Heimkehr erhofft hat. Er kommt als ein Sehnsüchtiger, mit dem Bilde des *wünneclîchen hoves ze Wiene* im Herzen. Aber er kommt auch als ein Neuer, ein Gewandelter. Er hat die Welt nicht nur „erfahren“, er hat sich seine Stellung in ihr geschaffen als der Verkünder der staufischen Größe, als Verfechter staufischer Ansprüche und sicherlich mindestens zeitweise als Mitglied im Hofgesinde des Staufers Philipp, des Thüringers Hermann, des Meißners Dietrich, also bekannt an allen Höfen mit literarischen Ansprüchen.

Als der selbstsichere Weltbefahrene tritt er in den alten Kreis wieder ein und begrüßt ihn mit dem großen Preislied 56, 14 (*ir sult sprechen willekommen*). Er ist der Bote aus der Welt, der in den engeren Kreis tritt: alles, was ihr vernommen habt, ist ein Wind gegen das, was ich euch bringe. Er fordert Anerkennung. Und dann hebt er seinen Preis der deutschen Frauen an, das erste Lied, in dem das Wort „deutsch“ den bewußten Klang nationalen Stolzes hat, das stammhaft Gegliederte zur Einheit zusammenfaßt und es zugleich gegen das Fremde abgrenzt: von der Elbe zum Rhein und bis hierher an die Grenze des Ungarischen. Das ist zunächst die Abwehr romanischer Überheblichkeit, die in Strophen des provenzalischen Troubadours Peire Vidal zu Worte gekommen war, zugleich aber ist es das eingeborene kulturelle Überlegenheitsgefühl des Ostmarkdeutschen gegenüber den jüngeren Völkern des außerdeutschen Ostens, dasselbe Gefühl, das Walthers Landsmann, den Dichter des Nibelungenliedes, erfüllt hat. Dieses „österreichische“ Gefühl ist zum deutschen geweitet durch Walthers neu errungene Kenntnis der deutschen Lande. Es ist aber zugleich auch bestimmt durch sein staufisches Denken, das die Deutschen als den tragenden Kern des Imperiums erkannt hat und das den weltweiten Gegensatz von Kaisertum und Papsttum zugleich als den nationalen zwischen Deutschen und Wälschen auffaßte.

Hier aber gilt Walthers Preis vor allem der deutschen Frau – allen Frauen der weiten deutschen Lande insgemein. Damit ist etwas Wesentliches des Hohen Minnesangs aufgegeben, die Unvergleichlichkeit der Auserwählten, der man alleine dient, und in der man allenfalls allen Frauen dienen kann. Reinmars unbedingte Bindung an die unerreichbare Einzige ist überwunden. Nur die letzte Geleitstrophe wendet sich an die Frouwe – die alte Wiener Frouwe – im Reinmarschen Umschreibungsstil: *der ich vil gedienet hân,* und versichert sie seines unverdrossenen Dienstes.

Wie reagiert sie darauf? Eine ganze Reihe von Liedern ist aus dem Keim dieses Preisliedes entwickelt und gehört für uns zu einer engen Gruppe zusammen. Es sind die Lieder des zweiten Wiener Aufenthaltes, der zugleich den zweiten Zusammenstoß mit Reinmar bringt. Alle diese Lieder zeigen die verstimmte Herrin, deren Eifersucht der Dichter zunächst zu beschwichtigen sucht, gegen die er sich dann auflehnt, von der er sich zuletzt in scharfem Bruch befreit. Das Eifersuchtsmotiv bindet diese Lieder zusammen. Wir wissen nicht, wieviel wirkliches Erlebnis hinter diesem Konflikt des verwandelt zurückkehrenden Dichters und der im Wiener Minnestil erstarrten Dame steht. Uns ist es wichtiger zu erspüren, wie sich hier im Kleide der persönlichen Auseinandersetzung eine grundsätzliche vollzieht: Bruch mit Reinmars Minnehaltung, endgültige Befreiung von Reinmar. Dabei ging es wieder nicht ohne persönliche Reibungen mit Reinmar ab; die „zweite Reinmarfehde" zeigt, wie sich hier zwei große Dichter als die Repräsentanten zweier grundsätzlicher Auffassungen empfanden. Auch in diese Auseinandersetzung führt ein Faden von dem Preislied her hinein. Die zweite Wiener Periode Walthers, die mit dem Preislied begonnen hatte, endet mit dem Gipfel des Liedes 47, 36, der großen gedanklichen Auseinandersetzung zwischen den Begriffen *wîp* und *frouwe* und dem Preis des Weibes, der Frau in ihrer eingeborenen Wesenhaftigkeit, gegenüber der Frouwe, der ständisch ausgesonderten und von dem Minnesang dreier Jahrzehnte verwöhnten Dame der höfischen Gesellschaft. Das Preislied schon hatte diesen Gegensatz anklingen lassen, als es die deutschen *wîp* über die fremden *frouwen* erhöhte. Die *frouwe* aber war ja Zielpunkt und Symbol alles Reinmarischen Strebens, so hoch, daß er das Wort selber kaum noch auszusprechen wagte. Und damit wird also Reinmar und alles „Wienertum" abermals außer Kurs gesetzt, zugleich aber neben die nur negative Abwertung eine neue Wertschöpfung gestellt, aus der heraus Walther sein neues Minneideal der Gegenseitigkeit entwickeln und begründen konnte.

Hier läßt sich wirklich einmal innerhalb einer fest geschlossenen Liederreihe eine Entwicklung erkennen. An die Spitze stellen wir die beiden Wechselreden mit der Frouwe 85, 34 und 70, 22. Noch ist die

Frouwe fügsam; sie gestattet dem Dichter zu reden, sie fordert ihn sogar auf, sie zu lehren. In einer Strophe, die das Problem *frouwe – wîp* leise anrührt, entwickelt Walther seine Forderung auf Gegenseitigkeit in höfischen Worten. Und – noch nachgiebig – verspricht sie, Versäumtes zu bessern, soweit es sich auf das höfisch Erlaubte, Blick und Gruß, begrenzt, fordert aber, daß auch er sich darauf beschränke, ihr *redegeselle* zu sein. Doch in der Schlußstrophe, die eine Wendung Reinmars aufnimmt (*stirbe ab ich, so bin ich sanfte tôt*), deutet sich Mißverständnis an. Dieses steigert sich in dem Liede 70, 22, das halb Wechsel, halb Gespräch ist. Der Dichter wird ungeduldiger und spielt auf ein geheimnisvolles Etwas an, dem er wieder verfallen werde, wenn die Frouwe ablehnend bleibt. Dieses Etwas muß man in seinem Wanderleben suchen, und nach der Antwort der Frouwe zu urteilen, muß es sich um die größere Freiheit in Minnedingen handeln oder – literarisch gesehen – um den Einfluß der vagantischen Liebesdichtung. Jedenfalls endet das Lied mit ablehnenden Worten der Frouwe. In dem Liede 70, 1 klingen bereits erste Zerwürfnistöne an. Noch in einer zarten und innigen Weise: *sanfte zürnen, sêre süenen, deis der minne reht*. Darin ist die Vorstellung der Gegenseitigkeit enthalten, und man darf nicht überhören, daß *süenen* in der Symbolsprache der Minne die leibliche Hingabe meinen kann. Auch das Lied 69, 1 bleibt noch in sanften Tönen, erhebt aber die Forderung auf Gegenseitigkeit deutlicher. Was wirklich Minne heißen soll, ist *zweier herze wünne*, und daraus wird die Folgerung gezogen, daß dort, wo es *ungeteilet* bleibt, auch die Minne und – das ist das bedrohlich Neue – der Dienst aufhört, und der Dichter ein *ledic man*, ein aus der Lehenspflicht Entlassener, wird. Und kecker fragt die Schlußstrophe: glaubt sie etwa, daß ich ihr *liep umbe leit* geben werde? Und eben dies ist ja doch das Wesen der ungelohnten Minne des Hohen Minnesanges Reinmarischer Artung. Solche Töne mußten in Ohren, die an Reinmars sanfte Worte gewöhnt waren, schon schrill klingen. In dem Liede 52, 23 ist der Bruch dann innerlich vollzogen. Die Frouwe als ein *ungenædic wîp missetuot* an ihm, und er klagt bitter – nicht etwa um die Mühsal des Hohen Minnedienstes, wie es ein Topos des Minnesangs wäre, sondern um seine verlorenen Tage, d. h. um die Sinnlosigkeit, seine Zeit an den ungelohnten Minnedienst zu verschwenden. Walther ist der innerlich Gewandelte und sieht endgültig ein, daß es eine Verständigung mit der Verharrenden nicht mehr gibt. Die letzte Strophe ist die bare Drohung, wieder in die Ferne zu reiten und sich anderen Frauen zu widmen; sie ist nur durch die Versicherung verbrämt, daß keine seinem Herzen so nahe gehen werde wie sie. Dem inneren Bruch folgt der äußere mit dem ganzen Temperament Walthers. Er habe schweigen wollen, so sagt das böse Lied 72, 31, jetzt haben ihn *guote liute* zu neuem Sang veranlaßt. Dieser Sang aber wird zur Anklage gegen die Frouwe: sie lasse ihn verderben und nehme damit der Gesellschaft „Freude" – die Freude nämlich, die aus dem Minnesang erfließt. Die Anklage steigert sich zum Hohn: *sterbet si mich, so ist si tôt* (bringt sie mich zum Sterben, so ist sie tot), weil sie dann niemand mehr im Liede verewigt. Und es gipfelt in der ungeheuerlichen Invektive: wenn ich in ihrem Dienst alt werde, wird sie inzwischen auch nicht jünger; und wenn sie dann einen jungen Mann will, der soll mich an ihr rächen und ihrer alten Haut mit einer Gerte zu Leibe gehen.

Da ist jede höfische Rücksicht verstummt, und Töne sind angeschlagen, wie sie sonst der giftige Scheltspruch kennt. Zugleich aber ist das Lied ein neuer Hohn auf Reinmar, voller Anspielungen auf dessen Lieder, gipfelnd in der Parodie seiner rührseligen Huldigung: *stirbet si, so bin ich tôt.* Und hinter Walthers dreistem Anfall spüren wir wieder die Gruppe der Reinmargegner am Wiener Hof: er habe schweigen wollen, sagt Walther, aber treffliche Männer hätten ihn ermuntert, zu singen. Auch das ist Reinmarische Redeweise, aber wenn wir bedenken, wozu sie ihn ermuntert haben, nämlich zu jenen scharfen Invektiven, so wird auch dies noch zum Hohn gegen Reinmar.

Ein solches Lied hat den Bruch unvermeidlich und offenkundig gemacht. Das Lied 44, 35 setzt das Siegel darauf. Die Herren, so heißt es dort, schieben den Frauen die Schuld zu, daß die Freude aus der Welt verschwindet, die Frauen den Herren. Wo ist das Recht? Walther exemplifiziert an seiner eigenen Frouwe. Sie habe frech behauptet, er habe ausgelobt, d. h. durch sein Scheltlied habe er sich aus dem Kreis derer ausgeschieden, die wert sind, Frauen zu loben und damit Freude zu schaffen. Wieder fällt Walther sie rücksichtslos an. Er nennt sie töricht, wenn nicht verrückt; er sei reicher an Lob als je. Nur – sein Lob wählt aus. Er läßt durchblicken, daß es noch andere gäbe als sie, Frauen, die es ohne Eifersucht vertragen, wenn er reine Frauen (*wîp!*) lobt, also das tut, was er in seinem Preislied getan hatte. Wieder enthält die – leider verstümmelte – Schlußstrophe einen scharfen Stachel. Sie beklagt, daß es Frauen und Pfaffen, zwei so *edele namen*, nicht vertragen können, daß man sie „scheidet", d. h. kritische Unterschiede macht. Wie schonungslos Walther die Pfaffen „geschieden" hatte, das wußte jeder. Wenn er also jetzt dasselbe Recht gegenüber den Frauen für sich in Anspruch nimmt und dabei seiner eifersüchtigen Frouwe eine bessere gegenüberstellt, so mußte jeder begreifen, was der Hinweis auf die Pfaffen in diesem Zusammenhang bedeuten sollte.

Und damit ist das neue Preislied 47, 36, die Erhöhung der *wîp* über die *frouwen*, erreicht. In diesem Liede ist alles versammelt, was Walther nunmehr meint und erstrebt. Die Abwertung der Reinmarischen *frouwe* und ihrer unduldsamen Ansprüche, das Recht und die Notwendigkeit des „Scheidens" zwischen den minnewürdigen und den minneunwürdigen Frauen, aus dem ein neuer Sang und neue höfische Freude hervorgehen sollen, und – wohlberechnet an den Schluß gesetzt – als Vorbedingung dieses neuen Minnesanges und Minnedienstes die Gegenseitigkeit. Es ist die Absage an die *überhêren* und in dieser Verallgemeinerung an die eine „Überhehre", um die Walthers Kampflieder kreisen. Diese Schlußstrophe klingt unmittelbar an Hartmanns Unmutslied (216, 29) an, dessen Wiederaufnahme durch Walther in ähnlicher Situation zugleich zeigt, daß es mehr war als ein bissiger Scherz. Auch bei Hartmann war es der Bruch eines *hêrschen* Mannes mit dem hochgehaltenen Ideal der eigenen Vergangenheit. Doch wenn es dort der endgültige Schlußstrich und der Durchbruch einer religiösen Krise war, so bedeutet es für Walther einen neuen Einsatz im höfischen Leben selber, neue Formung des Ideals der Hohen Minne, dem sich der Dichter sein Leben lang verpflichtet fühlte.

Damit wird die Wiederbegegnung des gewandelten Dichters mit dem unverwandelt verharrenden Wiener Hof Reinmars und der unverwandelten Frouwe als Symbol des Reinmartums für Walther zum Bewußtwerden seiner Verwandlung und zu seiner Selbstbefreiung. Neue Wege sind eröffnet.

In dem weiten Begriff *wîp* sind die ständischen Grenzen durchbrochen, und Walther kann seine Dichtung der sogenannten „niederen Minne" darin einbeziehen und rechtfertigen. Der Begriff der „niederen Minne" ist im Minnesang selber geprägt und rein ständisch gemeint: Liebesbeziehung zu Frauen oder Mädchen nicht ritterlichen Standes, und das kann nur heißen: zu Bauernmädchen. Literarische Gestaltung fand dieser Typus Minne im sogenannten *genre objectif*, in episch-lyrischen, balladesken Dichtungen von der Liebesbegegnung zwischen Ritter und Landkind. Wieweit der ganzen Dichtgattung, wieweit einzelnen Arten volkstümliche Dichtung zugrunde liegt, ist umstritten. Zu literarischer Durchgestaltung sind solche Liedtypen der niederen Minne einerseits in französischer, andererseits in vagantisch-lateinischer Lyrik gelangt.

Ein besonders fruchtbarer Typus wurde die Pastourelle. Wir nennen so Lieder, die von der Begegnung zwischen einem Ritter bzw. Kleriker und einem hirtinnenhaft stilisierten Landmädchen in einer bukolisch-arkadischen Landschaft handeln. Den werbenden Liebesworten des Mannes antwortet das Mädchen nach kurzem Dialog erhörend oder – was doch wohl schon Weiterbildung ist – versagend. Im Einklang von Sommerseligkeit und Liebesseligkeit endet die kleine Szene. Ein zweiter, für die ritterliche Liebeslyrik wichtig werdender Typus ist das ländliche Tanzlied der Mädchen im sommerlichen Reigentanz oder Ballspiel im Freien, denen sich der werbende Mann zugesellt, um aus ihnen sein Sommerliebchen zu wählen, zu locken und aus dem Kreise in die Liebeslandschaft der Pastourelle zu entführen.

Solcher außerhöfischen Liebesdichtung kann Walther in seiner österreichischen Heimat begegnet sein. Aber erst die größere Freiheit des wandernden Daseins wird ihm den Sinn dafür eröffnet haben, und den literarischen Anstoß wird er von den

Vaganten erhalten haben. Ihre Liebeslyrik gilt dem Mädchen, der *virgo* oder *puella*, so daß man auch von Mädchenliedern reden kann.

Wir fassen eine Gruppe von Liedern Walthers unter dem Stichwort „Lieder der niederen Minne" zusammen; die schönsten und bekanntesten Lieder Walthers gehören dazu. Die Begriffsbestimmung ist im Grunde zu eng; richtiger wäre es, von Liedern vagantisch-volkstümlichen Tones zu reden. Diese Gruppenbildung ist nicht chronologisch gemeint; wann sich Walther diesen neuen Anregungen öffnete, wie sich die einzelnen Lieder der Gruppe in das Leben Walthers einordnen, ist nicht sicher zu sagen. Es geschah wahrscheinlich schon in der ersten Wanderzeit nach 1198; denn im Preislied auf den Namen *wîp* nimmt Walther auf den Vorwurf Bezug, daß er *unminneclîche*, d. h. nicht im Stil des Hohen Minnesanges, gedichtet habe. Wenn die empfindlichen Anhänger Reinmars solchen Vorwurf auch schon gegen die eigentlichen Minnelieder Walthers aus dieser Zeit – etwa 93, 19 oder 110, 13 – erheben konnten, so möchte man doch glauben, daß er wirklich auf Lieder des vagantischen Tones zielte.

Walthers Lieder dieser Gruppe – ein knappes Dutzend – sind in keinem Falle einfache Nachahmung volkstümlicher, vagantischer oder französischer Modelle. Es ist Walthers große Leistung, sie vom Höfischen her geadelt zu haben. Kaum irgendwo ist Walthers verwandelnde Dichterkraft so wunderbar schöpferisch gewesen wie in der Umformung des gegebenen Rohstoffes zu hoher adliger Kunst.

Das anmutige kleine Tanzlied 39, 1 mit seinen tänzerischen – nicht Hausenschen! – Daktylen und der durchgereimten fünfzeiligen Strophe, mit den an der Straße ballspielenden Mädchen und dem Blumenlesen als Symbolausdruck der pastourellenhaften Liebeserfüllung ist am ersten eigentliche Nachdichtung vagantischer Vorbilder. Rechnen wir das scherzhafte Traumorakel 94, 11 mit seiner bukolischen Landschaft und das gelehrt spielende Vokalspiel 75, 25 dieser Gruppe zu, so bleiben wir noch außer dem Bereich der eigentlichen Liebeslyrik. Ins Schöpferische von Walthers Umdeutung vagantischer Anstöße führen die beiden Lieder 92, 9 und 49, 25. Das erste ist seinem Wesen nach hoher Minnesang. Preis der Frouwe, Auffassung der Minne als einer *süeʒen arebeit*, Werterhöhung des Mannes durch die Minne – das alles wird in Waltherscher Lust an dialektischer Klärung in das Abwägen des Wertes von *liebe* und *schœne* hineingestellt. Aber es ist ein Lust- und Freudenklang über dem Liede, der von allen Reinmarischen Tönen weit abliegt, es spricht in zarten Worten von der Wärme wechselseitiger Liebe, die hier schon im Sinne Walthers *herʒeliebe* heißt, und preist Glück und Ehre solcher Minne mit der schönen Schlußwendung:

swer guotes wîbes minne hât,
der schamt sich aller missetât.

Mit einem solchen Liede beglückter Erhebung mochte Walther wohl nach Wien zurückgekehrt sein – und damit im Kreise Reinmarischer Preziösen Befremden erregt haben.

Auf dasselbe Thema von *liebe* und *schœne* ist auch das Lied 49, 25 gestellt. Aber es redet die Geliebte ganz neuartig an: *her͜zeliebe͜z frouwelîn*, und es meint damit etwas ganz anderes als die Frouwe des Wiener Hofes. Denn was sie ihm gegeben hat, ist ein *glêsîn vingerlîn*, das Liebespfand des einfachen Mädchens. Auf einer neuen Ebene wird hier Liebe sehr innig erlebt, aber doch erlebt aus der aufblickenden Verehrung des höfischen Dienstes und mit den Ausdrucksmöglichkeiten des höfischen Gesanges ausgesprochen. Die *puella*, das Mädchen des vagantischen Tanzliedes, wird zur *frouwe* erhoben, indem ihr armer Glasring dem Goldreif der Königin vorgezogen wird. Aber die Zärtlichkeitsbildung *frouwelîn* wandelt kühle Höhe in vertrauliche Nähe, und das Begleitwort *her͜zeliep*, Walthers Kennwort für seine neue Auffassung der Liebe, steht programmatisch an der Spitze des Gedichtes. Nicht von *minne* spricht Walther mehr, sondern von *liebe*, womit naturhaftes Empfinden und schenkende Unmittelbarkeit wechselseitiger Liebe gemeint ist.

Und das führt zu den beiden unvergeßlichen und unvergessenen Liedern 39, 11 und 74, 20: *Under der linden* und *Nemt frouwe disen kranz*. Das erste ist aus der Pastourellensituation entwickelt, der Begegnung in der bukolischen Landschaft. Es verwendet die Anrede *friedel* für den Geliebten, die noch über die furchtbare Schlußszene des Nibelungenliedes den Schimmer jugendzarter Innigkeit zu legen vermochte, es spricht von Kuß und Hingabe in unbefangener Offenheit. Und doch ist es weit von aller vagantischen Pastourelle entfernt. Es rückt das Geschehen aus dem raschen Erlebnis des ritterlichen Mannes in die beglückte Erinnerung des Mädchens, aus der Gegenwart in die Vergangenheit, aus äußerem Erlebnis in die Heimlichkeit des Herzens. Positivistische Betrachtungsweise hat die Umdeutung der Gefühlssphäre getadelt: so empfinde und spreche ein Landmädchen nicht. Für uns ist es gerade das Unvergängliche dieses Liedes, daß die Blutwärme des Ursprünglichen und die Zartheit des Geadelten darin zu neuer Einheit verschmolzen sind, als die Vision dessen, was Walther meinte, wenn er *wîp* gegen *frouwe*, *liebe* gegen *minne* erhöhte.

Künstlerisch vielleicht noch erstaunlicher ist das aus Tanzlied und Pastourelle entwickelte Gedicht 74, 20 (*Nemt frouwe*). Der Dichter erblickt das Mädchen im Tanzreigen und bietet ihr, die er mit *frouwe* anredet, den Kranz als Zeichen der Partnerwahl. Sie nimmt ihn an, errötend, verschämt *wie ein kint da͜z êre hât*, d. h. wie eine höfisch-adlige Jungfrau. Sie „lohnt" ihm mit einem Gruß, dem höfisch-gedämpften Zeichen der Huld. Die Innigkeit steigert sich in die Pastourellensituation hinein; die Werbungsworte des Ritters zeichnen die bukolische Landschaft in wunderbarer Traumferne, in die das Blumenbrechen, das Symbol der Liebesvereinigung, als ebenso ferne Verheißung leise einklingt. Die dritte Strophe scheint unter dem sanften Regen zarter Blütenblätter die Erfüllung zu bringen, bis wir inne werden, daß wir unmerklich aus der Wirklichkeit in Traumsphären hinübergeglitten sind. In Tageliedweise und mit den Worten von Morungens Tagelied – *dô taget ez* – wird die Traumwelt verscheucht, doch nicht Wächterruf, sondern das eigene Lachen der Glückseligkeit führt vom Traum in den Tag zurück. Aber mit dem Verwehen des Traumes ist dieses wundersame Lied nicht zu Ende. Es kehrt in die Wirklichkeit zurück und nimmt den Traum in sie hinüber. Nicht als schmachtendes Sehnen; von neuem an die Form des Tanzliedes anknüpfend, läßt es den Dichter wie in einem Tanzspiel unter dem Reigen der Frauen und Mädchen die Traumgeliebte suchen.

Walthers großer dichterischer Einsatz ist hiermit vollzogen. Was er getan hat, ist im Grunde ein Zerbrechen des Hohen Minnesangs, wie er auf der Linie von Hausen zu Reinmar deutsch durchgeprägt worden war. In Reinmars Lyrik war die Hohe Minne als spiritualisierte Bildungsmacht zur letzten erreichbaren Höhe geführt; seine Selbststilisierung war die folgerichtige Darstellung des von dieser Bildungsmacht geformten Menschen. Walther hat aus der inneren Art seines Wesens dagegen revoltiert. Er ist zu den Ursprüngen zurückgekehrt, den dunklen, warmen Tiefen, aus denen alle Liebe aufquillt. Oder, in die Form seiner dialektischen Auseinandersetzung gefaßt: er ist von der *minne* zur *liebe* zurückgekehrt. Doch sein Lebensboden blieb die höfische Welt und ihr adliges Menschentum; er wurde nicht zum Renegaten. Seiner Gestaltungskraft gelang es, Anfang und Ende, Trieb und Seelenadel zu neuer Einheit zu fügen. Literarisch vollzog er das in der innigen Verschmelzung von außerhöfisch-vagantisch-volksnahen Gattungen mit dem hohen Minnelied. Wir sehen jedoch jetzt, wie tief der literarische Vorgang im Seelischen wurzelt. Übertrug er die neue seelische Haltung auf die höfische Frau und in den höfischen Minnedienst selber, so erzielte er das, was er die „ebene Minne" genannt hat.

Wir erreichen damit die reife Dichtung des alternden Walther. Paradigmatisch drückt das Lied 63, 8 aus, um was es Walther nunmehr geht: *friundin unde frouwe* in einem Kleide, Geliebte und Herrin zugleich soll die Erwählte sein, wenn er – in voller Erfüllung der Gegenseitigkeitsforderung – *friunt und geselle* sein darf. Oder vielmehr, er, der werbende Dichter, ist es nunmehr, der damit der Frau etwas Kostbares bietet: Kein Kaiser könnte Dir Höheres geben, sagt er zu ihr und kehrt damit das seit Heinrich VI. so oft wiederholte „Kaisermotiv" um. Ob Walther auch hier noch ein Lied des alten Rivalen Reinmar (151, 31 f.) polemisch aufs Korn nimmt?

Auch diesmal hat es Walther getrieben, sich mit seinen Bestrebungen dialektisch auseinanderzusetzen. Der Begriff, um den es ihm jetzt vor allem geht, ist die *mâze* in der Anwendung auf die Liebe. Von ihr spricht das Gesprächslied 43, 9; vor allem aber wird das Lied 46, 32 mit dem Anruf an Frau Mâze, die Bildnerin alles Menschenwertes, paradigmatisch wichtig. Wenn das erste Lied verlangt, daß die Liebe *ze mâze nider unde hô* sei, das andere dafür die treffende Prägung der „ebenen Minne" findet, so wird deutlich, daß Walther die *mâze* im Sinne Hartmanns meint, als ein Mittleres zwischen zwei bedrohlichen Extremen. Hohe und niedere Minne werden daher in ihrer Wirkung mit bedrohenden Vorzeichen versehen: mit *tôt* (niedere Minne) und *siech* (hohe Minne). Ein Mittleres auch sucht Walther zwischen den beiden gesellschaftlichen Sphären, die er dichterisch in Eins verschmolzen hat, dem Hof und der Straße als den Orten der hohen und der niederen Minne. Walthers persönlicher Weg ist dabei die Rückkehr aus der niederen Minne und ihrer Verklärung an den Hof und in die Sphäre der hohen Minne. Aber der reife Dichter ist sich der Labilität seines Versuches bewußt; noch einmal erklingt *herzeliebe* als Kennwort für die Blutwärme der niederen Minne, und Walther weiß, wie unentbehrlich sie ihm ist, und daß er ihr wieder verfallen wird, wenn der Versuch der ebenen Minne scheitert.

Der dichterische Höhepunkt dieser neuen Lyrik der ebenen Minne ist wohl das Lied 45, 37, das gerade dadurch, daß es ein altes Motiv wieder aufnimmt, ebensosehr Walthers dichterisches Reifen wie die neue Durchwärmung zeigt. Die alte Gegenüberstellung von Maienlust und Frauenschönheit ist hier mit einer neuen Lebendigkeit des Naturerlebnisses durchgeführt, die das Schönheitserlebnis der Frau nur noch steigert. Wieder, wie einst im Liede 53, 25, ist es die höfische Frau, die als Erscheinung erlebt ist. Aber wie anders und wieviel innerlicher ist diese Frau nun erfaßt und gestaltet, nicht mehr beschreibend gereihte Einzelheiten, sondern eine erlebte Gestalt, nicht mehr ruhende Figur, sondern bewegte Anmut, in der die Sinnenfreude, die dort in ein tändelndes Spiel abgedrängt war, fast unausgesprochen mit eingefaßt ist! Die Idealgestalt der höfischen Frau, die *friundin unde frouwe* sein könnte, ist hier lebendig geworden.

Doch wäre der späte Walther nicht voll erfaßt, wenn wir uns auf seine Bemühungen um die „ebene Minne" beschränken wollten. Sie ist mehr Wunsch als Erfüllung, und bereits sieht er sie von der Entwicklung einer neuen Generation bedroht. Und noch immer ist Walther der streitbare Mann, der seine Gegner findet und trifft. Von einer neuen Zeit und einer neuen Jugend sieht er den Kern bedroht, der ihm immer unantastbar blieb: die edle Daseinsfreude aus dem Bewußtsein höfisch erhobenen Lebenswertes. Neben *mâze* wird *fuoge* ein Leitwort in Walthers später Dichtung, und sein Zorn gilt der *unfuoge* einer *schamelôs* gewordenen

20*

Jugend. Man darf Walthers Unmut nicht auf eine literarische Fehde mit dem so rasch beliebt werdenden Neithart einengen; er gilt einem Gesinnungswandel allgemeinerer Art, der Walther beunruhigt und auf den Plan ruft.

Am aufschlußreichsten ist vielleicht das Lied 59, 37 mit der unmittelbaren Anrede an die „Welt". Noch ist es nicht die „Frau Welt" der letzten Gedichte. Es ist die höfische Welt, in deren Dienst der Dichter stets gestanden hat und weiter stehen möchte, die er aber, ein reifer Erzieher, mahnend anredet, sie solle sich nicht der törichten Jugend verschreiben, sondern die „alte Ehre" wieder zurückführen. Dasselbe Motiv klingt in dem Liede 116, 33 an. Auch hier ist die Welt und ihr Dienst bejaht, aber wieder wendet sie ihre Gunst den Toren zu, und der Dichter sieht sich vor dem Dilemma, entweder die widerwärtige *unfuoge* mitzumachen, mit der man jetzt sein Glück in der Welt findet, oder bei seiner Weise zu verbleiben und abseits zu stehen.

Man sieht, diese Unmuts- und Resignationsstimmung des späten Walther liegt tiefer als nur im literarischen Mißbehagen an Neitharts dörperlicher Poesie. Das höfische Dasein ist überhaupt bedroht, am Hof der jungen Stauferprinzen so gut wie am Hof zu Wien. Neitharts großer Erfolg gerade in Wien wird nur ein Merkzeichen für ein Allgemeineres und darum zum Angriffsziel des Liedes 64, 31 mit der Klage, daß das *hovelîche singen* durch *ungefüege dœne* von den Höfen und Burgen verdrängt wird, und mit der Mahnung, diese Art des Singens dorthin zurückzujagen, woher sie gekommen ist: zu den Bauern. Walthers Treffsicherheit im geistigen Gefecht hat nicht nachgelassen, aber es fehlt das freudige Überlegenheitsgefühl des jungen Walther. In den Spätgedichten klingt der grämliche und giftige Groll des Verfechters einer sinkenden Zeit. Und es ist eine tragische Ironie, daß der alternde Walther eben die Grundfesten verteidigen muß, die der Gegner seiner Jugend, Reinmar von Hagenau, errichtet hatte.

Die Mission Walthers in der Welt ist zu Ende. In dem Liede 57, 23 klingen Töne aus Veldekes Alterslied wider, die Klage, daß die Minne den Grauhaarigen meidet oder – im Waltherschen Bilde – daß sie ihn scheelen Auges ansieht, wenn ein Junger in ihre Nähe kommt. Bei Veldeke war diese wehmütige Klage das letzte Wort. Walther sieht sich zu tieferer Auseinandersetzung getrieben. Schon die letzte Strophe von 57, 23 ist in ihrer Weise Weltabsage, doch zunächst nur die Resignation des alternden Mannes vor der *arebeit* des Minnedienstes, die unter dem bezeichnenden Bilde des Tanzes gesehen wird: wenn ein anderer *hôhe springet*, so will er *sitzen gân*. Ganz anders dagegen klingt der Ernst der beiden „Frau-Welt-Lieder" 66, 21 und 100, 24. Hier ist wahrhafte Weltabsage vor dem Bangen des Todes, Abrechnung mit der Welt des trügerischen Scheines. Das Lied 100, 24 ist die Dienstaufkündigung des

Lehensmannes an seine Herrin Welt; alle Lockworte der schönen Frau sind vergeblich, weil der Dichter – im Sinne des mittelalterlichen Frau-Welt-Bildes – die Schande ihres Rückens erschaut hat. Mit dem Wirte – dem Teufel – hat er seine Rechnung beglichen; er will aufbrechen und heimkehren. Wohl verwendet Walther also das weltfeindliche Bild der Frau Welt, doch dürfen wir die Wehmut nicht überhören, mit der er, der Diener höfischer Diesseitsfreude, ihre Scheinhaftigkeit durchschaut und von ihr Abschied nimmt. War dieses Lied die private Abrechnung des Menschen Walther mit der Welt, so ist das große ernste Gedicht 66, 21 die Rechtfertigung des Dichters Walther vor dem Forum der Gesellschaft. Mit dem gleichen Missionsbewußtsein, aus dem 25 Jahre früher das Preislied von 1203 gedichtet worden war, tritt Walther vor die Gesellschaft und fordert Ehrerbietung für den, der mehr als 40 Jahre in würdiger Weise von Minne gesungen habe. Man möchte die Beziehung enger knüpfen und sich das Lied in demselben Festsaal der Wiener Burg vorgetragen denken, in dem das Preislied einst erklungen war. Das Wertbewußtsein des inneren Adels aus dem Streben zu höfisch-edlem Menschentum ist selten mit schönerer Würde ausgesprochen worden. Und tiefer noch als in dem Liede 100, 24 wird uns bewußt, daß Walthers Weltabsage mehr ist als bloß asketische Negation. Der Wert eines so geführten Daseins wird positiv in die Waagschale der religiös gestimmten Lebensüberschau gelegt. Doch jetzt fordert die Seele ihr ganzes Recht; und indem Walther das alte Thema vom Widerstreit des Leibes und der Seele aufgreift und es mit dem Widerspiel von irdischer und göttlicher Minne verknüpft, wird auch er ein Zeuge für die tiefen Unterströme, die aus dem 12. Jh. ins 13. weiterfluten.

Die religiöse Erregung der Zeit entzündete sich noch einmal an der Idee des Kreuzzuges. Ein reichliches Jahrzehnt immer neuer Ansätze zu dem kaiserlichen Kreuzzug Friedrichs II. erfüllt die letzte Lebenszeit Walthers, bis in tiefer Paradoxie 1228 der gebannte Kaiser aufbricht und Jerusalem befreit. Walther hat an diesem Kreuzzuge nicht mehr teilgenommen, aber auch ihn hat er tief bewegt, politisch wie religiös. Der Kreuzzugsaufruf 13, 5, in allen 4 Strophen ein Wehruf über die Wirrnis der Zeiten, beschwört die Vision des Jüngsten Tages herauf, vor dessen Sturmzeichen alles Hohe niederbricht und nur das Heilige Grab Gottes noch Zuflucht bietet. Auch die beiden Kreuzlieder 14, 38 und 76, 32, neben dem Leich und wenigen Sprüchen die einzige religiöse Dichtung Walthers, werden dem Jahrzehnt der Kreuzzugserregung angehören; sie sagen uns bei aller Schönheit, daß hier nicht Walthers eigentliche Aufgabe lag. Das erste, aus dem Gefühl des Kreuzfahrers beim Betreten der heiligen Stätten gedichtet, ist eine Darstellung der Heilstatsachen an Hand des zweiten Glaubensartikels in schöner, klarer, dialektisch durchgeführter Form; das zweite, in die Form des Gebetes beim Aufbruch gefaßt, ist Sehnsuchtsdrang, Heilsgewißheit des Kreuzfahrertodes, sehr inniger Anruf an Gott und die Helferin Maria. Von ihm besitzen wir die Melodie, die uns eine Anschauung davon gibt, wie sehr die Komposition des mittelalterlichen Liedes die Worte erhöht.

Ganz lebendig wird jedoch die Kreuzzugsstimmung für Walther erst dort, wo sie in sein persönliches Lebensgefühl einbezogen und aus ihm

heraus ausgesprochen wird. Die große Alterselegie Walthers vermag es,
Lebensüberschau, Weltbetrachtung und Kreuzzugssehnsucht in die
Einheit frommer Altersergebung zusammenzuschmelzen. Der junge
Dichter hatte sich in seinem ersten Spruch als den Sinnenden dargestellt,
der die Welt und ihren Lauf bedenkt. Der alte fühlt sich als der Träu-
mende, dem das Leben wie ein Traum verronnen ist und der, Fremdling
geworden, in einer verwandelten Welt erwacht. Diese Welt ist böser
geworden; ihre großen ordnenden Kräfte versagen. Die Humanität der
höfischen Bildung und das Gefüge der politischen Ordnung, die beiden
großen Anliegen Walthers, sind gleichermaßen bedroht. Es ist die
staufische Welt, die aus den Fugen ist, und damit ist das Grundgefühl
der „Freude" dahin, das aus dem frohen Stolz einer Generation erwuchs, die sich zur äußeren und inneren Gestaltung der Welt nach hohen
Ideen berufen gefühlt hatte. Nur Trauern ist noch erlaubt – nicht das
schöne Trauern Reinmarischer Stilisierung, sondern die tiefere, verdü-
sternde Trauer um die verlorene Lebensmitte. Ihr gilt das *Owê*, mit dem
jede Strophe anhebt. Die aus Diesseitskräften geschaffene Welt enthüllt
sich in ihrer Scheinhaftigkeit, wenn sie wieder vor dem Antlitz Gottes
und der Ewigkeit steht. Bilder der Vanitas, die bittere Galle im Honig,
die todesschwarze Farbe hinter der bunten der Lust, tauchen wieder
empor, und noch einmal, wie vor 60 Jahren im Rolandslied, wird der
Kreuzzug, Rittertat in Gottes Dienst, die erlösende Formel eines großen
Dichters, vor der das *Owê* verstummt. Das Wort „Ritter", das der Hohe
Minnesang verbannt oder nur in den Gattungen des Botenliedes und des
Tageliedes geduldet hatte, taucht im Ernst und Schimmer des Waffen-
kleides wieder empor; die Tat wird der Weg zu Gott, Freude wird wieder nur aus Gottbezogenheit geboren.

Dieses späte Lied kann nur in Österreich gesungen sein. Der Ring
dieses Lebens hat sich geschlossen. Aus der Landschaft wuchs es hervor,
bildete sich im heimatlichen Raum, erfüllte sich in der Weite der Lande
und der großen politischen Mächte, denen es diente, und blieb doch
heimatlos und suchte bis zuletzt die Heimat wieder. Doch auch sie erweist sich als Teil des Verwandelbaren und Vergänglichen, gerade die
Wiederbegegnung mit der Heimat ruft es dem Dichter erschütternd ins
Bewußtsein. Auch das Sehnen nach Hause ist im irdischen Raume nicht
erfüllbar – „ich will zur Herberge fahren", dieser Aufbruch des Liedes
100, 24 sieht und sucht die ewige Heimat. Heimkehr aber ist auch die
Form der Alterselegie; sie ist aufgebaut aus der gepaarten Langzeile der
alten donauländischen Liedkunst und der heimischen Epik im Stil des
Nibelungenliedes. Darum wehren wir uns gegen kritische Eingriffe in
den Text, die die alte, gebändigte Freiheit dieser Form glättend regeln
wollen. Wir müssen das Gedicht lesen wie die Überlieferung es uns
bietet.

DER LEICH

In dem reichen Gesamtwerk Walthers steht sein Leich nicht nur gattungsmäßig allein. Walther hat sich in dieser Kunstform nur einmal versucht. Es ist ein religiöses Gedicht, und – wenn wir von den Kreuzliedern absehen – das einzige religiöse Dichtwerk von Rang in Walthers Schaffen. Wie jeder Leich, will er zunächst als Formkunstwerk betrachtet und gewertet werden. Walthers Leich steht dem des Ulrich von Gutenburg näher als den spätstaufischen Winterstettens und des Tannhäuser. Er ist von der schweren, prächtigen Art mit umfänglichen, in der Responsion freilich schon sehr freien Versikeln. Wie Gutenburgs Leich verwendet er den alten Viertakter, der öfters reimend in Zweitakter aufgegliedert wird, als bevorzugtes Bauelement. Er benutzt aber daneben auch lange, deutlich langzeilenhaft gegliederte Zeilen, ein österreichisches Erbe. Nur einmal dagegen gebraucht Walther den in seinen Liedern so beliebten Sechstakter. Bei solcher rhythmischen Enthaltsamkeit wird für Walther wie für Gutenburg die wechselnde Reimstellung und die Reimreihung zum eigentlichen variierenden Formmittel, das er geschmackvoller und beweglicher zu handhaben weiß als sein rheinischer Vorläufer.

Gegenüber Gutenburgs Minneleich mit den von der Sache her beschränkten inhaltlichen Möglichkeiten wird Walther bei seinem religiösen Thema eher von inhaltlicher Fülle bedrängt. Sein Leich ist Gebet und Hymnus, und zum ersten Male findet hier die neue, gefühlserfüllte Marienfrömmigkeit der Zeit ihren volltönenden Ausdruck aus Laienmund. Nach einem längeren Gebet an die Trinität setzt der Marienpreis mit der Fülle seiner Bilder ein. Sie sind zumeist aus der alttestamentlichen Präfiguration der jungfräulichen Empfängnis gewählt; denn um das Geheimnis der Menschwerdung Gottes, das höchste aller Wunder, kreist das Denken und Preisen des Gedichtes.

Diesem ersten Teil folgt ein zweiter, der das Verhalten des Menschen zu Gottes Gnadentat zum Gegenstand hat. Mit Reue muß der Mensch der Gnade begegnen, wahre Reue aber kann er nicht aus der eigenen Natur schöpfen, er bedarf dazu der Hilfe des Geistes. Sie wird von Walther inbrünstig erfleht. Und hier wendet sich Walther – wie mir scheint nicht ohne Gewaltsamkeit – der politischen Aktualität zu, dem Verfall des Christentums durch die Schuld Roms. Der Leich wird auf eine Strecke zum politischen Spruch aus dem Kampfe Walthers gegen Innozenz. Denn ohne den Namen zu nennen, wirft er auch hier dem Papst Simonie und Schädigung des wahren Christentums vor. Da andrerseits in dem Leich nichts von der Erregung um den Kreuzzugsplan zu spüren ist, wird er der Zeit zwischen 1200 und 1210 angehören. Das Werk wendet sich nach der politischen Abschweifung zu Maria

zurück, nunmehr zu der hohen Fürbitterin, der Walther sich und sein
Gebet anvertraut, damit sie es vor *der barmunge urspringe* trage.

DIE SPRUCHDICHTUNG

Mit der Minnelyrik ist nur der eine Teil von Walthers Werk erfaßt,
derjenige freilich, den er selber als seine eigentliche Aufgabe angesehen
hat. Der Bittspruch 28, 1 um ein festes Lehen spricht es aus: Wäre mein
Leben gesichert, so wollte ich wieder, wie einst, Minnelieder singen.
Die Spruchdichtung ist ihm Broterwerb, Notwendigkeit seines wandernden Lebens; geziemend für den höfischen Mann ist nur der Minnesang.

Von deutscher Spruchdichtung vor Walther wissen wir wenig; das, was unsere
Sammlungen bewahrt haben, die kleinen Reihen der Sprüche Hergers und Spervogels, sind ihrer didaktischen Natur nach dem Kapitel Lehrdichtung (S. 395 ff.) eingeordnet. So unvollständig das Bild der Spruchdichtung sein mag, das wir aus ihnen
gewinnen, so deutlich wird doch die wirklich schöpferische Leistung Walthers, wenn
wir ihn mit diesen beiden Vorläufern vergleichen. Walther hat mit dem politischen
Spruch nicht nur neue und für die Zukunft des Spruches sehr wesentliche Bezirke erschlossen. Er hat dem Spruch überhaupt erst die Geltung einer anerkannten Kunst-
gattung im höfischen Bereich geschaffen, ihm die Würde der künstlerischen Leistung
verliehen. So hat ihn Walther der Nachwelt als Gattung übermacht und damit eine
künstlerische Ausdrucksmöglichkeit geschaffen, die gerade für deren Bedürfnisse unentbehrlich war. Als die höfische Lyrik nach der Jahrhundertmitte spielerisch ent-
artete oder erstarrte, brach die Zeit des Spruches erst wirklich an. Das Berufsmäßige,
Professionelle des Broterwerbs ist an dem Spruch immer haften geblieben, und
während der adlige Dilettant als Pfleger des Hohen Minnesangs immer bedeutungsloser
wurde, erwuchs mit und am Spruch der wandernde Literat zu einer besonderen und
bezeichnenden Lebensform des späten Mittelalters.

Walthers Spruchdichtung bewegt sich nicht gleichmäßig auf allen
Feldern. Sie ist vor allem erzieherisch – der alte Bezirk des Spruches:
Lebenserfahrung und Lebensweisheit, entspricht Walthers Wesen. Die
Minnelehre dagegen bleibt fast ganz dem Liede vorbehalten; die wenigen
Sprüche aus diesem Bereich (81, 31 ff.) sind unbedeutend und in ihrer
Echtheit bezweifelt. Recht selten rührt Walther auch an die religiöse
Sphäre, soweit nicht, wie bei den Kreuzzugssprüchen, politisch-aktuelle
Anstöße dahinter stehen. Nur wenige Sprüche ließen sich den frommen
Versen Hergers an die Seite stellen, außer dem schönen Reisesegen 24, 18
fast nur der Spruch über die Gleichheit der Menschen vor Tod und Vergänglichkeit (22, 3). Denn das männlich feste Selbstbekenntnis Walthers,
daß er dem Gebot der Feindesliebe nicht zu folgen vermöge (26, 3), wird
einen aktuellen Anstoß haben – sollte man ihm am Ende nahegelegt
haben, den unverblümten Spruch über den toten Rivalen Reinmar
zurückzunehmen?

Walther ist vielmehr durch und durch Ethiker. Und wenn sich seine Ethik natürlich auch auf die christliche Lehre gründet, so ist Ausgangspunkt und Ziel seiner ethischen Sprüche die politische und soziale Ordnung der Welt als eine autonome Aufgabe. Dogmatisch-theologische Erörterungen dagegen sind Walthers Sache nicht; der Spruch 10, 1 lehnt es im Aufblick zu Gottes Unermeßlichkeit ausdrücklich ab, Gottes Wesen und Tun mit den Kräften menschlichen Verstandes ausmessen zu wollen. Walther ist so wenig wie Freidank ein gelehrter Mann; solche Ablehnung theologischer Spekulation spricht nicht dafür, daß er durch die Schule gegangen ist. So wird ihm der Spruch auch nicht zum Mittel der Wissensausbreitung und Wissensvermittlung; diese später so viel und oft aufdringlich gepflegte Spruchgattung, die im Merkspruch dennoch sehr alte Ahnen hat, kommt erst in der Spätzeit voll zur Geltung. Nicht um Wissen geht es Walther, sondern um Weisheit, nicht um Belehrung, sondern um Erziehung.

Das zweite große Gebiet Walthers ist der aktuelle Spruch, von dem der politische nur eine Sonderform, freilich die Walthersche Sonderform ist. Die große Gruppe der Bitt- und Danksprüche, der Lob- und Scheltsprüche führt alte, zuerst bei Herger greifbare Spruchgattungen fort. Sie können kleine Gelegenheitsverse sein, Augenblicksscherze wie die Invektiven gegen den Pferdemörder Gerhart Atze in Eisenach (82, 11; 104, 7) oder gegen bösgesinnte Kunstgenossen (17, 25 ff.; 32, 7). Sie zeigen uns Walthers Treffsicherheit, Schärfe und humorvolle Überlegenheit und belehren uns darüber, was die Zeit an Derbheit vertrug. Die öden Beschimpfungen späterer Spruchdichter freilich liegen tief unter Walthers Niveau. Wo sich diese persönlichen Sprüche an die Großen wenden, berühren sie bereits die Sphäre des Politischen. Denn die Männer, denen sie galten, sind bewegende oder bewegte Figuren der großen Politik, und nicht selten gehen Bitte oder Dank des Dichters aus den Diensten hervor, die er eben als politischer Dichter geleistet hat, am deutlichsten in den Sprüchen, die mit dem Lehen aus der Hand Friedrichs II. zusammenhängen. So werden diese Sprüche zugleich wichtige Beiträge zu Walthers Biographie und zu seiner politischen Gesinnung.

Die politischen Sprüche Walthers sind für uns seine eigentlich große Leistung als Spruchdichter. Bei ihrer Behandlung kommt es mir weniger auf die oft unklare und umstrittene Einzeldeutung an als auf die Grundlagen und Grundlinien von Walthers politischem Denken. Mit Sicherheit können die drei Reichssprüche 8,4 ff. als die ältesten uns erhaltenen gelten; sie müssen fast unmittelbar nach Walthers Fortgang von Wien 1198 verfaßt worden sein. Sie geben sofort die ganze Art und Richtung von Walthers politischem Denken im Umriß kund.

In dem ersten Spruch stellt sich Walther selber in der traditionellen Haltung des Nachsinnenden dar, so wie die bekannte Illustration der

Manessischen Handschrift ihn abgebildet hat. Es sind allgemeine und grundsätzliche Gedanken über das richtige Leben in der Welt. Die Welt in ihrem Sein beschäftigt ihn. Er entwickelt die Lehre von den Werten *utile, honestum* und *summum bonum* in ihrem Spannungsverhältnis, wie wir es einleitend (S. 18) dargestellt haben. Den Ausgleich sieht er nicht; sie haben nicht Raum in e i n e m Herzen. Doch sein Pessimismus ist nicht absolut; die Zustände der Gegenwart stehen hindernd im Wege. Die politische Ordnung, *fride unde reht,* ist gestört; sie muß erst wiederhergestellt werden, ehe eine grundsätzliche Lebensgestaltung aus der fruchtbaren Spannung der Werte denkbar ist. Walther geht von dem Allgemeinen als dem Primären aus; die sittliche Ordnung im Herzen der Menschen ist gestört, und die politische Wirrnis wird nur berührt, weil sie das störende Moment ist.

Die politische Ordnung wird dagegen zum Gegenstand umfassender Betrachtung im zweiten Spruch. Politische und soziale Ordnung sind das gottgegebene Grundgesetz alles natürlichen Daseins; ihr beugt sich das Tier, nur der Mensch ist aus ihr herausgetreten. Exemplarisch dafür ist die deutsche Nation. Die zerstörte Ordnung manifestiert sich darin, daß ihr das Haupt fehlt, darum liegt ihre Ehre darnieder. Hohe Zeit ist es, da rettend einzugreifen – und jetzt erst zielt Walther auf die konkrete Situation und ruft zur Wahl des Staufers Philipp auf. Auch der dritte Spruch geht wieder von einer Weltüberschau aus; die spähenden Augen des Denkenden dringen in das Innere der Menschen. Wo liegt die letzte Ursache dafür, daß die Wirrnis entstand und fortbesteht? Der innere Zwist ist Werk des römischen Stuhles und seiner doppelzüngigen Politik, die die gegebene Ordnung durch sein Machtstreben stören will. Gegen die Machtgier der Kurie stellt Walther einen anderen, den wahren Vertreter der Kirche, den von der Welt abgewandten Klausner, und ihm legt er die Klage zu Gott in den Mund: O weh, der Papst ist zu jung; hilf, Herr, Deiner Christenheit!

In diesen Sprüchen ist die Art von Walthers politischem Denken und damit das Gerüst seiner politischen Anschauungen festgelegt. Wir stellen sie an Hand der Reichssprüche unter Einbeziehung der übrigen politischen Spruchdichtung Walthers dar.

Walther geht von der Idee aus: die sittlichen Prinzipien sind die führenden, aus ihnen müssen sich die politischen ergeben. Die realpolitischen Erfordernisse werden an der Idee abgemessen und durch sie bestimmt. Walthers Grundkonzeption der Gegenwart ruht in seinem Geschichtsbild, und dieses ist das alte, große dualistische Geschichtsbild des 12. Jhs. Weltgeschichte ist Spannung und Ausgleich zwischen Gottesreich und Weltreich, verwirklicht in *sacerdotium* und *imperium,* verkörpert in Papst und Kaiser. Ein solcher Augenblick höchster Spannung besteht in der Gegenwart.

Die realpolitische Haltung Walthers wird durch die Art bestimmt, wie er die beiden großen Ordnungsmächte beurteilt. Das *imperium* ist für ihn die Fortsetzung des römischen Weltreiches. Der Kaiser ist der Weltherrscher; in dem „Waisen", dem geheimnisvollen Edelstein der Kaiserkrone, verkörpert sich die Würde des Kaisers, sein Anspruch und seine Verpflichtung. Ihm sind alle Könige der Welt untergeordnet, wie ihre Kronreife, die *zirkel* des zweiten Reichsspruches, dem Waisen untergeordnet sind. Walther nimmt damit die politische Konzeption des Tegernseer Antichristspieles auf; er vermag aus eigener Anschauung die Ideologie des staufischen Hauses zu vertreten, das in seiner politischen Propaganda so bewußt an die Traditionen und Formen des römischen Imperiums anknüpfte.

Das *sacerdotium* dagegen als Träger des Gottesreiches auf Erden ist für Walther eine geistige Macht. Es hat den Auftrag Christi zu erfüllen, das Reich Gottes auf Erden zu verwirklichen. Immer wieder mißt Walther das Verhalten des Papstes und der Kurie an Leben und Lehre Christi ab. Wo die Kirche und ihr Oberhaupt in die Machtsphäre der Welt eingreifen und an ihr teilhaben wollen, verraten sie ihre Aufgabe und stören die Ordnung. Diese latente und immer wieder aufbrechende Gefahr vergegenständlicht sich für Walther wieder in einem symbolischen Ereignis: der Konstantinischen Schenkung. Denn sie gab dem Papsttum weltliche Macht oder den Vorwand zu weltlichem Machtstreben. Gottes Engel schrie wehe über sie (25, 11). Als Ausdruck seines Bildes von der Kirche in Christi Nachfolge stellt Walther schon in den ersten Sprüchen seine Gestalt des Klausners dagegen, die er noch mehrfach wieder heraufbeschwören sollte. In dem Klausner verkörpert sich der echte Auftrag der Kirche: Weltabkehr statt Weltgewinnung, einfache Armut statt üppigen Reichtums, Demut statt Herrschsucht.

Im Augenblick der Reichssprüche ist die große Ordnung in ihren Häuptern gestört: ein fehlender Kaiser, ein zu junger Papst. Die Glieder sind meisterlos und drängen frevelhaft nach oben: die *armen künege* hier, die römische Kurie dort. Philipps Wahl wird die Ordnung auf der Seite des *imperium* wiederherstellen; die Jugend des Papstes läßt Heilung aus reifender Einsicht und Erfahrung auf der Seite des *sacerdotium* wenigstens erhoffen. Aber als der eigentliche Angreifer und Störenfried erscheint das *sacerdotium* schon hier, weil es in die Sphäre übergreift, die dem *imperium* vorbehalten ist. Die Möglichkeit, die die Jugend des Papstes offen ließ, erfüllte sich naturgemäß nicht. Innozenz wird der entschiedenste Vertreter römischer Weltmachtansprüche. Von dem Augenblick an, da Walther dies erkannte, hört seine Schonung für die Person des Papstes auf; seine schärfsten Schläge gelten künftig dem Papst selber. Der wachsende Ingrimm, die oft ungerechte Maßlosigkeit Walthers in seinen gegen Rom gerichteten Sprüchen muß daraus verstanden werden, daß er für eine Idee ficht, deren Höhe von ihren berufenen Trägern verleugnet und verraten wird.

Dieses Idealbild der Weltordnung können wir das staufische nennen,
weniger, weil sich in ihm die praktischen Grundzüge der staufischen
Politik spiegeln, als weil die staufische Konzeption des Imperiums, die
letzte tragende Reichsidee des Mittelalters, sich so im Kopf eines aus der
Idealität der Zeit lebenden Denkers spiegeln konnte. Walther ist in
seinem Herzen staufisch gesinnt; sein Aufruf zur Wahl Philipps war
nicht Berechnung oder Auftrag, er war Überzeugung. Die Tragik von
Walthers großer politischer Dichtung ist es, daß sie in dem Augenblick
beginnt, da in Wirklichkeit der Traum des staufischen Imperiums ausgeträumt war. Im September 1197 war Heinrich VI. gestorben, der letzte,
der ihn hätte verwirklichen können. Noch kein Jahr später sind Walthers
Reichssprüche gedichtet, gerade in jenem Jahre, da das Staufertum auf
lange hinaus aus dem Träger einer Reichsidee zur Partei eines inneren
Krieges wurde.

Hier hat das Verständnis für Walthers viel mißdeuteten Parteiwechsel, vom Staufer
Philipp zum Welfen Otto IV. und wieder zurück zum Staufer Friedrich II. einzusetzen.
Es war nicht Gesinnungslosigkeit und Opportunismus; es war Dienst an der Idee.
Nach der Ermordung Philipps (1208) war die Stellung Ottos IV. sicher; er war der
einzige, der die Idee des *imperium* tragen konnte. Schon 1209 empfing er die Kaiserkrone aus der Hand des Papstes, doch gegen Zugeständnisse, die er weder erfüllen
konnte noch wollte. Aus ihnen erwuchs sofort der neue Konflikt, der schon 1210 zur
Bannung Ottos führte. Als Kaiser und als Gebannter kehrte er über die Alpen zurück; im März 1212 berief er den Hoftag zu Frankfurt. Hier begrüßte ihn Walther mit
den drei Kaisersprüchen 11, 30ff. Walther war offen zu Otto übergegangen. Otto war
der Träger des Waisen, der berechtigte Kaiser. Er war der Verfechter des *imperium*
geworden, und schon hatte das *sacerdotium* gegen ihn seinen Machtwillen und sein
Machtmittel, den Bann, eingesetzt. Otto stand in jeder Weise dort, wo Philipp gestanden hatte, und diesem Träger der Idee lieh Walther die Kraft seines Wortes.
Nicht anders steht es um den abermaligen Frontwechsel Walthers, den Übergang
zu Friedrich II. Im Jahre 1212, gerade als Walther die Begrüßungssprüche für Otto
dichtete, war der Umschwung schon eingeleitet, Friedrich auf dem Wege nach
Deutschland, die staufische Partei zum Gegenstoß bereit. Schon zwei Jahre später,
1214, war Ottos Spiel verloren. Walther begründet seinen Übergang aus der mangelnden *milte* Ottos, und er nähert sich Friedrich mit der Bitte um *milte*. Aber hinter solchem
Opportunismus steht doch wieder der Dienst an der Idee des Imperiums. Dabei dürfen
wir glauben, daß dieser zweite Übergang Walther leichter fiel, weil er mit seinen persönlichen Sympathien im Einklang war. Im Herzen war Walther gewiß immer staufisch gesinnt gewesen. In Walthers Verhältnis zu Otto spüren wir immer persönliche
Distanz, und der zögernde Übertritt zu Otto, der rasche zu Friedrich verraten doch
wohl etwas über Walthers innere Neigung.

In dem politischen Weltbild der ersten Reichssprüche fehlt indessen
noch ein wesentlicher und verhängnisvoller Zug. Das Reich ist eine
Idee; es verwirklicht sich in den Formen der mittelalterlichen politisch-
sozialen Ordnung, in den Formen des Lehenswesens oder – praktisch
ihm schon entwachsen – in den weltlichen und geistlichen Fürsten.

Diese Wirklichkeit des politischen Lebens macht sich gerade in den Thronwirren zwischen Philipp und Otto verhängnisvoll bemerkbar. Die Fürsten sind mindestens so gefährliche Feinde der Reichsidee wie die Kurie. Fürstenpolitik in Verbindung mit Papstpolitik hat die Reichsidee unterhöhlt und zu Fall gebracht. Walther aber sieht auch hier nur die Grundlage einer gültigen und daher sittlichen Ordnung. Der schöne Krönungsspruch 18, 29 ruht auf dieser Grundvorstellung. Die festliche Größe des Tages verdichtet sich in dem Bilde des jungen Staufers mit dem Waisen über seinem Nacken, mit der ihm wie vorbestimmt auf das Haupt passenden Krone, und der einmütigen Schar der Fürsten um ihn, die zu dem Waisen als ihrem Pol-Stern froh vertrauend aufblicken. Man hüte sich, angesichts der zwielichtigen politischen Wirklichkeit dieses Augenblicks von Schönfärberei zu reden; man würde damit die echte Ergriffenheit des Dichters sehr verkennen. Erst wo Kaiser und Fürsten sind, ist das Reich wirklich da.

Walther hat zu manchem dieser Fürsten in einem persönlichen und dienenden Verhältnis gestanden. Er muß die Unzuverlässigkeit und politische Skrupellosigkeit etwa eines Mannes wie Hermann von Thüringen durchschaut haben. Dennoch wäre es bedenklich, Walthers Haltung gegenüber den Fürsten aus dem bloßen Opportunismus des auf Fürstengunst angewiesenen Fahrenden zu erklären. Auch sie muß grundsätzlich gesehen werden. Walther stand auf der untersten Sprosse des Lehenssystems, aber grundsätzlich bestand zwischen ihm und den Fürsten nur ein Gradunterschied, kein Wesensunterschied. Das Lehenswesen ruhte auf der Grundlage einer wechselseitigen Bindung des Gebens und Nehmens, des Dienstes und Lohnes. Die *milte*, das weiträumige Lohnen geleisteter Dienste, ist ein wesentlicher Zug im mittelalterlichen Herrscherbild, neben der Gerechtigkeit der wesentlichste. Der höchste Herrscher soll der unerschöpfliche Springquell alles lohnenden Gebens sein. Walther selber hat sowohl seine Lösung von Philipp wie die von Otto damit begründet, daß sie es an dieser Herrschertugend fehlen ließen, nicht nur ihm selber gegenüber, sondern allgemein. Persönliche Erfahrung nimmt er grundsätzlich, persönlicher Verdruß wird ihm grundsätzliche Enttäuschung. Nirgends erscheint uns Walther so blind für die praktische Politik, so sehr der Verwechslung von Ideal und Illusion ausgeliefert. Die Kündbarkeit des Dienstes ist für Walther eine selbstverständliche Freiheit des Lehenswesens; er machte selber von ihr Gebrauch, er billigte sie auch den Fürsten in ihrem Verhältnis zum Kaiser zu.

Damit ist Walther als politische Figur umrissen. Er ist alles andere als ein praktischer Politiker; er ist ein Künder. Er spricht nicht aus der Welt heraus, er ruft in sie hinein. Erfüllt von dem großen Ordnungsbild der Welt, das er geformt vorfand und dessen er sich auf seine Art bemächtigte, wird er zum Verfechter dieser Ordnung, wie sie sein sollte, gegen alles, was ihre Verwirklichung stört. Er nahm das Idealbild als eine Wirklichkeit oder doch Möglichkeit, und da die Zeit es nicht nur nicht erfüllte, sondern von ihm fortstrebte, suchte er es in einer Vergangenheit, die es nie gegeben hat. Die *laudatio temporis acti* ist bei Walther mehr als nur Topos, sie ist Glaube und Trost. Walthers politisches Denken steht in seiner Grundsätzlichkeit über der Zeit; soweit es sich aber an den zeitgegebenen Bestand hält, ist es ein rückgewandtes, traditionsgebundenes Denken. Das Ahnen, daß er einer versinkenden Zeit gedient hat, überschattet sein Alter wie im Minnesang so auch in der Spruchdichtung.

Bereits in seinen ersten Sprüchen steht der fertige Walther da. Die Neuschöpfung des politischen Spruches scheint wie auf einen Wurf gelungen. Die großen ersten Sprüche können schwerlich Improvisationen aus Anregung oder Auftrag von außen sein; sie sind die Frucht eigenen Nachdenkens und eigener Bildung. Die Kunst der politischen Publizistik war in der staufischen Zeit hoch entwickelt. Aber sie war in ihrer Sprache wie in ihren Formen, in Traktat und Brief, Rede und Urkunde lateinisch-geistlich. Und auch als das knapp geprägte Gedicht zur Form politischer Propaganda wurde, geschah es lateinisch; neben Barbarossa und seinem Kanzler Reinald stand der Archipoeta, der die neue Form aus der vagantischen Lyrik entwickelt hatte. Gewiß hat Walther davon gewußt und gelernt. Allein, es bezeichnet den Umschwung der Zeiten, daß auch hier der ritterliche Laie an die Stelle des gelehrten Geistlichen tritt und die großen politischen Anliegen in deutscher Sprache und deutschen Formen ausspricht.

Nach den groß angelegten Reichssprüchen des jungen Walther von 1198 erreicht seine politische Spruchdichtung nur selten noch die gleiche Höhe. Die drei „Kaisersprüche", mit denen Walther im Jahre 1212 Otto IV. in Frankfurt begrüßte, kommen ihnen in der Höhe des Tones, nicht in der Weite des Denkens nahe. Sie sind enger zweckgebunden. Der erste gilt dem Verhalten der Fürsten gegenüber dem Kaiser und ist speziell eine Empfehlung Dietrichs von Meißen, der zweite ist Mahnung an den Kreuzzug, der dritte fordert Ordnung in Deutschland, damit es wieder Träger des Imperiums werden kann, und entwickelt, das Schildzeichen Ottos deutend, das ideale Herrscherbild: *manheit* und *milte*.

Der zweite Spruch zeigt Walther in der gerne gespielten Rolle des kündenden Herolds; als Bote Gottes tritt er mahnend vor den Kaiser. Und hier hat sich das Weltbild verschoben; Himmel und Erde stehen sich als Gottesreich und Weltreich gegenüber, Gott und der Kaiser sind die Partner. Der Papst und die Kurie bleiben außerhalb; es ist in diesem Spruch kein Raum für die Kirche als der Vertreterin des Gottesreiches auf Erden. Durch den Mund des ritterlichen Sängers spricht Gott unmittelbar zum Kaiser und ruft ihn zum Kreuzzug auf, der damit dem

Kaiser als autonome Aufgabe des *imperium* zugesprochen wird. Es ist etwas von der Konzeption des Rolandsliedes in dem Spruch zu spüren. Allein der Papst, Rom, die Kurie bleiben reale Größen des politischen Machtkampfes. Walthers Ingrimm steigert sich im Lauf der Jahre. Der Papst persönlich wird schonungslos getroffen: ein Zauberer, ein Judas, ein Werkzeug des Teufels, ein Verbündeter des Heidentums im Kampf um das Heilige Land. Die ganze Leidenschaft der in den Grundfesten erschütterten Zeit bricht durch. Niemals ist in deutschem Wort der Gedanke des Imperiums so leidenschaftlich verfochten worden; auch Freidanks gesinnungsverwandte Romsprüche (S. 414) haben nicht diese unbarmherzige Stoßkraft.

Walthers politischer Vorwurf faßt sich in dem zeitgegebenen Begriff der Simonie zusammen, der weit über seinen engen rechtlichen Bereich hinaus das ganze Machtstreben der Kirche, die Ansammlung von Reichtum, das stolze und üppige Weltleben der Kurie trifft. In ihm sind die Hauptsünden der *superbia*, *luxuria* und *avaritia* einbegriffen. Im politischen Denken Walthers tritt der zweite alte Hauptvorwurf, die Unkeuschheit, zurück; nur der Spruch 33, 31 greift dies Thema unmittelbar auf. Beides sind die alten Kampfrufe des 12. Jahrhunderts, und sie haben seit Heinrich von Melk nichts an ihrer Schärfe verloren. Doch die Gewichte haben sich verschoben. Der geistliche Asket wertete anders als der höfische Laie und Sänger der Minne.

In den Sprüchen aus Walthers Spätzeit macht sich dieselbe Stimmung des Unmuts und der Resignation geltend wie in der Minnelyrik. Die großen Anliegen mit Ausnahme des Kreuzzuges treten zurück und machen Klagen über die Wirrnis der Gegenwart Platz. Die große Ordnung, der Walther diente, war der Verwirklichung ferner als je, der Kaiser war weit, das Gewicht der großen Politik von Deutschland nach Süditalien verlagert. Die inneren Verhältnisse Deutschlands waren einem Manne von Walthers Denken undurchschaubar und widerwärtig. Seine politische Dichtung wird Verfallsklage und ist erfüllt von Ratlosigkeit; die lastende Stimmung der späten Stauferzeit kündigt sich an. Feste politische Beziehungen der Sprüche sind nach der Ermordung des Reichsverwesers Engelbrecht (1225) kaum noch zu ergründen; soweit die späten Sprüche die Zustände unter der Regentschaft Heinrichs VII. betreffen, erlauben sie keine sicheren Anknüpfungen an die Person des Herrschers oder an bestimmte Ereignisse mehr.

Die Alterssprüche Walthers mahnen uns daran, wie sehr sein politisches Denken durch sein ethisches bestimmt war, wie sehr es ihm um eine sittliche Ordnung und nicht um Fragen der praktischen Politik ging. Die politische Ordnung aber, die ihm vorschwebte, war nur von Menschen zu schaffen, die einem sittlichen Bilde entsprachen; die politische Welt setzt die höfische Welt und deren Ideale voraus. Keine praktische Erfahrung hat Walther daran irre gemacht, und so endete er in der bitteren Resignation des politischen Idealisten.

So wird klar, wie eng Walthers politische Sprüche mit seinen allgemeinen Lehrsprüchen zusammenhängen. Er fühlte sich als der Erzieher zu einem sittlichen Verhalten, aus dem sich das politische ergeben sollte. Die Wert- und Güterordnung des *utile, honestum* und *summum bonum*, die den Grundklang des ersten Reichsspruches abgegeben hatte, hat Walther immer wieder beschäftigt. Er sucht mit ihren inneren Spannungen fertig zu werden. In dem Spruch über gute und böse Räte (83, 27) sind alle drei Güter positiv gewertet. Sie alle drei: *frume, gotes hulde, werltlich êre* – in dieser nicht abstufenden Reihenfolge – gehören zu einem vollkommenen Leben in der Welt, und ihnen stehen Schade, Sünde und Schande als Gegenbegriffe gegenüber. Auch der Spruch 22, 33 beläßt dem Gut, sofern es nur mit *mâze* erworben und genossen wird, einen Anspruch auf Wert. Dagegen fassen die Sprüche 20, 16 und 22, 18 Gottes Huld und Ehre als höhere und positive Werte dem Gut gegenüber zusammen und ordnen sie den Gegensatzpaaren des edlen Armen und ehrlosen Reichen bzw. des Weisen und des Toren zu. Endlich kehrt die Scheidung der innerweltlichen Werte, Ehre und Gut, in dem Klagespruch 31, 13 wieder. Auch Gut ist ein Wert, sofern es, wie einst, der Ehre untergeordnet bleibt. Aus der Umkehr dieser guten Ordnung in Frauendienst und Herrschersinn leitet Walther hier den Verfall der Zeiten und – ein Zeichen, wie eng Politisches und Ethisches in Walthers Denken zusammengehen – den Verfall des Römischen Reiches her.

Gern wendet sich Walther mahnend an die Jugend. Das als Kunstwerk merkwürdig überschätzte Palindrom 87, 1 ist nur eines in einer Reihe von Gedichten, die sich mit der *zuht* der Jugend beschäftigen. Über die Erziehungsgläubigkeit der Zeit haben wir einleitend gesprochen. Auch Walther teilt sie, und er malt die Folgen schlechter Erziehung kräftig an die Wand (23, 26; 24, 3 und der auf Heinrich VII. gedeutete Spruch 101, 23). Er weiß aber auch davon, daß Erziehung ohne Selbstzucht nichts erreicht; der bekannte Spruch 81, 7 (*wer sleht den lewen, wer sleht den risen*) ist ein Preislied der Selbstzucht. Den Sinn für *mâze* hat erst das Alter in Walther reifen lassen; erst der Mann des „ebenen" Minnesanges entwickelt diesen Begriff aus dem Hartmannschen „Mittleren". So wird der Spruch 29, 25 doch wohl echt sein, nicht nur, weil die Walther so sehr beschäftigende Dreiheit der Werte auch in ihm wieder auftritt, sondern auch, weil dieser Lobspruch auf die *mâze* in dem Preise des „ebenen Messens" ausklingt. So mögen auch die Sprüche der großen Reihe 78, 24 ff., soweit sie dem Thema der *mâze* gewidmet sind, derselben Zeit angehören, namentlich die sehr waltherische Doppelstrophe 80, 3 ff. mit dem Bild aus dem Brettsteinspiel und der Klage über die Verwirrung der gottgewollten Grundordnungen durch die *unmâze* der männlichen Weiber und weibischen Männer, der pfaffenhaften Ritter und ritterhaften Pfaffen, der alten Juncker und jungen Altherren.

Diese Sorge um die Verwirrung der sittlichen Ordnungen bedrückt Walther vor allem. Hier schont er auch die Fürsten und Herren nicht, denen er in dem angezweifelten Spruch 36, 11 einen Spiegel vorhält. Er

hat damit ein unendliches Thema der späteren Spruchdichtung angeschlagen. Das Menschliche an seinen zeitgenössischen Fürsten ist
Walther nicht fremd geblieben. Aber indem er meint, durch Beispiel,
Tadel und Lehre zugleich auch das Politische bessern zu können, zeigt
er, wie wenig er die Fehler seiner politischen Grundkonzeption erfaßt
hat. In dem sicher späten Spruch 102, 15 klagt der Dichter, daß er, in
die Welt hinausziehend, die einst gewaltigen Thronsitze von Weisheit,
Adel und Alter leer und von den *tumben rîchen* usurpiert gefunden habe.
In dem verwandten Spruch 83, 14 verdrießt es ihn, daß die Hohen vor
den Türen stehen müssen, wo die Niederen in den Rat der Fürsten eingetreten sind. Gewiß spiegeln sich in solchen Klagen die Umordnungen
der späten Stauferzeit und die Bestrebungen des jungen Königs Heinrich. Aber sie spiegeln sich in einem rein rückgewandten Sinn, der darin
nur den Verfall einer Ordnung erblicken kann, in der einst alles zum
besten stand. Er sieht weder die Notwendigkeit neuer Ordnungen noch
das, wenn auch trübe, Quellen einer neuen Zeit. So führt ihn auch die
ethisch-politische Betrachtung zuletzt in jene Stimmung der tiefen
Resignation, für die *trûren* der angemessene Ausdruck wird. Auch diese
Linie seines Dichtens endet in der Elegie. An der Wende zweier Zeiten
stehend blickt Walther scheidend vor und zurück. Aber anders als
Moses sieht er das Gelobte Land nicht als Verheißung vor sich liegen.
Es liegt hinter ihm, ein Land, das er durchwandert hat, ein Land der
Ordnung und Bedeutung, der Zucht und Freude, der Reinheit und
Schönheit – die staufische Welt, in der die Humanität der höfischen
Haltung und die Verwirklichung einer großen politischen Ordnung in
jener Wechselbeziehung von Innen und Außen, von Wesen und Er-
scheinung harmonisch ineinanderstimmte, die für das Denken jener
Generationen das Siegel der Vollendung war.

LITERATUR

Hartmann von Aue: Ausg.: MF Nr. XXI S. 289–309. – Lit.: Neben der bei den
epischen Werken angeführten Literatur (S. 83 f.) ist noch zu erwähnen: C. VON KRAUS,
Untersuchungen S. 412 ff. MF Anm. S. 507 ff. – FRIEDR. NEUMANN, Wann dichtete
Hartmann von Aue? Studien zur deutschen Phil. d. Mittelalters. Festschr. f. Friedrich
Panzer, Heidelberg 1950. S. 59–72. – HEINZ STOLTE, Hartmanns sogenannte Witwen-
klage und sein drittes Kreuzlied. Dtsche Vjschr. 25 (1951) S. 184–98. – HENDRICUS
SPAARNAY, Zu Hartmanns Kreuzzugslyrik. Dtsche Vjschr. 26 (1952) S. 162–77.
Albrecht von Johansdorf: Ausg.: MF Nr. XIII S. 112–25. – Lit.: C. VON KRAUS,
Untersuchungen S. 219 ff. MF Anm. S. 429 ff. – ANTON WALLNER, Verf.-Lex. I (1935)
Sp. 49–51.
Heinrich von Morungen: Ausg.: MF Nr. XVIII S. 158–95. – Heinrich von Morungen,
hrsg. v. C. VON KRAUS, 2. Aufl. München 1950. – Lit.: C. VON KRAUS, Untersuchungen

S. 272 ff. MF Anm. S. 449 ff. – GÜNTHER WEYDT, Verf. Lex. II (1936) Sp. 304–12. – HERMANN MENHARDT, Heinrich von Morungens Indienfahrt. Hist. Vjschr. 31 (1937) S. 251–74. – DERS., Zur Lebensbeschreibung Heinrichs von Morungen, ZfdA 70 (1933) S. 209–34. – DERS., Heinrich von Morungen am Stauferhofe? ZfdA 73 (1936) S. 253–60. – CARL BÜTZLER, Heinrich von Morungen und der edle Moringer. ZfdA 79 (1942) S. 180–209. – C. VON KRAUS, Zu den Liedern Heinrichs von Morungen. Abh. d. Kgl. Ges. der Wiss. zu Göttingen, Phil.-hist. Kl. NF XVI 21. Berlin 1916. – KURT HALBACH, Ein Zyklus von Morungen. ZfdPh. 54 (1929) S. 401–37. – JULIUS SCHWIETERING, Der Liederzyklus Heinrichs von Morungen. ZfdA 82 (1948–50) S. 77–104. – JOHANNES KIBELKA, Heinrich von Morungen. Lied und Liedfolge als Ausdruck mittelalterlichen Kunstwollens. Diss. Tübingen 1949 (MaschSchr.) – WALTER FISCHER, Heinrich von Morungen. Z. f. dtsche. Bildg. 13 (1937) S. 521–32. – OLE RESTRUP, Heinrich von Morungen. Studier i Tysk Filol. Nr. 1. Kopenhagen 1939. – CARLO GRÜNANGER, Heinrich von Morungen e il problema del Minnesang. Mailand 1948. – FRANZ ROLF SCHRÖDER, Morungens Dichterrache. Germ.-Rom. Monschr. 32 (1950–51) S. 318–19. – HANS NAUMANN, Morungen, Björn und Gunnlaug. Beitr. 72 (1950) S. 386–92. – E. VON DRYGALSKI, Heinrich von Morungen und Ovid. Diss. Göttingen 1928. – KARL HELM, Heinrich von Morungen und Albrecht von Halberstadt. Beitr. 50 (1927) S. 143–45. – HERMANN SCHNEIDER, Heinrich von Morungen, Venus und Helena. Dichtg. u. Volkst. 42 (1942) Heft 4 S. 32–40. – DERS., Morungens Elbenlied. Altd. Wort u. Wortkunstwerk. Festschr. f. Georg Baesecke. Halle 1941. S. 176–90. – KURT RUH, Das Tagelied Heinrichs von Morungen. Trivium 2 (1944) S. 173–77. – H. W. J. KROES, Das Tagelied Heinrichs von Morungen. Neophil. 34 (1950) S. 141–43. – TH. FRINGS, Fier bei Morungen? Beitr. 70 (1948) S. 431–34.

Reinmar von Hagenau: Ausg.: MF Nr. XX S. 197–288. – Lit.: C. VON KRAUS, Untersuchungen S. 341 ff. MF Anm. S. 479 ff. – RUDOLF HALLER, Verf.-Lex. III (1943) Sp. 1055–66. – C. VON KRAUS, Die Lieder Reinmars des Alten. Abh. d. Bayer. Ak. d. Wiss. Philos., philol. u. hist. Kl. Bd. XXX, Abh. 4 u. 6, München 1919. – WALTHER BULST, Wörterbuch zu den Liedern Reinmars des Alten. Göttingen, Reinhausen 1934. – MARGARETE LANG, Ein Reinmarfund, Beitr. 59 (1935) S. 453–54. – KONRAD BURDACH, Reinmar der Alte und Walther von der Vogelweide. 2. Aufl. Halle 1928. – FRIEDR. WILHELM, Zur Frage nach der Heimat Reinmars des Alten und Walthers von der Vogelweide. Münchner Museum 3 (1917) S. 1–15. – BERTHA WAGNER, Vom Verhältnis Walthers von der Vogelweide zu Reimar. ZfdA 62 (1925) S. 67–75. – MARLENE HAUPT, Reinmar der Alte und Walther von der Vogelweide. Gieß. Beitr. z. dt. Phil. 58, Gießen 1938. – H. W. NORDMEYER, Der Ursprung der Reinmar-Walther-Fehde. Journ. engl. germ. Phil. 28 (1929) S. 203–14. – DERS., Ein Anti-Reinmar. Publ. mod. lang. Ass. 45 (1930) S. 629. – HERM. SCHNEIDER, Drei Lieder Reinmars des Alten. Ein Versuch. Dtsche. Vjschr. 17 (1939) S. 312–42. – H. W. NORDMEYER, Fehde und Minne bei Reinmar von Hagenau. Journ. engl. germ. Phil. 29 (1930) S. 16. – DERS., Hohe Minne bei Reinmar von Hagenau, Minnesangs Frühling 176, 5. Corona. Festschr. f. Samuel Singer. Durham (NC) 1941. – K. BÜSCHER, Sô wol dir, wîp. Beitr. 66 (1942) S. 338–43.

Walther von der Vogelweide: Ausg.: Die Gedichte Walthers von der Vogelweide, hrsg. von K. LACHMANN. Neu hrsg. v. C. VON KRAUS. 11. Aufl. Berlin 1950. – Walther von der Vogelweide, hrsg. u. erklärt v. WILH. WILMANNS, Bd. 1: Leben u. Dichten, Bd. 2: Lieder u. Sprüche. Halle. 4. Aufl. 1916–24, hrsg. v. VICTOR MICHELS. – Die Gedichte Walthers von der Vogelweide, hrsg. v. HERM. PAUL. Halle, 8. Aufl. 1953, neu hrsg. v. ALBERT LEITZMANN. Altdtsche Textbibl. Nr. 1. – Lit.: C. VON KRAUS, Die Waltherforschung des letzten Jahrzehnts. Ztschr. f. bayr. Bildungswesen 4 (1930) S. 257–69. – DERS., Aufgaben der Forschung über Walther von der Vogelweide. Forsch. u. Fortschr. 11 (1935) S. 334–35. – DERS., Walther von der Vogelweide, Untersuchungen, Berlin u. Leipzig 1935. – A. E. SCHÖNBACH, Walther von der

Vogelweide. Geisteshelden, 4. Aufl. Berlin 1923, neu bearb. v. HERM. SCHNEIDER. –
HENNIG BRINKMANN, Studien zu Walther von der Vogelweide, Beitr. 63 (1939)
S. 346–98. – KURT HALBACH, Walther-Studien. ZfdPh. 65 (1940) S. 142–72. –
ALFRED HEIN, Walther von der Vogelweide im Urteil der Jahrhunderte (bis 1700).
Diss. Greifswald 1934. – GÜNTHER GERSTMEYER, Walther von der Vogelweide im
Wandel der Jahrhunderte. Germ. Abhh. Heft 68. Breslau 1934. – MARTHA HECHTLE,
Walther von der Vogelweide. Studien z. Geschichte der Forschung. Dtsche Arbb. d.
Univ. Köln 6. Jena 1937. – HANS TESKE, Walther von der Vogelweide, der Sänger
des Deutschen Reiches. Colsmans kl. Biogr. 49. Lübeck 1934. – FRIEDRICH NEU-
MANN, Walther von der Vogelweide. Mitt. d. Univ.-Bundes Göttingen 10 (1929)
S. 1–21. – DERS., Walther von der Vogelweide. ZfdtscheBildg. 14 (1938) S. 517–21. –
HANS NAUMANN, Walther von der Vogelweide. ZfDtschkde 1930 S. 305–16. –
H. W. J. KROES, Vogelweide, Neophil. 31 (1947) S. 172–74. – RICHARD NEWALD,
Walther von der Vogelweide und der Passauer Hof. Arch. f. Lit. u. Volksdichtg. 1
(1949) S. 114–18. – T. A. ROMPELMANN, Walther und Wolfram. Ein Beitrag zur
Kenntnis ihres persönlich-künstlerischen Verhältnisses. Neophil. 27 (1942) S. 186
bis 205. – A. T. HATTO, Were Walther and Wolfram once at the same court? Mod.
Lang. Rev. 35 (1940) S. 529–30. – KONRAD BURDACH, Reinmar der Alte und Walther
von der Vogelweide. Halle, 2. Aufl. 1928. – G. LACHENMEYER, Walther- und Reinmar-
fragen. ZfdPh. 60 (1935) S. 1–11. – KURT HALBACH, Walther von der Vogelweide und
die Dichter von Minnesangs Frühling. Tüb. germ. Arbb. 3. Tübingen 1927. – DERS.,
Walther von der Vogelweide, Heinrich von Rugge u. Pseudo-Reinmar. ZfdA 65
(1928) S. 145–76. – IRMA SCHAUBER, Zur Entwicklung des Minnebegriffes von Walther von der Vogelweide. Diss. Freiburg i.B. 1945 (Masch.-Schr.). – ANNEMARIE
NOELLE, Das Erwachen der Persönlichkeit im Werke Walthers von der Vogelweide.
Diss. Innsbruck 1945 (Masch.-Schr.). – FRANZ ROLF SCHRÖDER, Zu Walther von der
Vogelweide. Germ. Rom. Mon. 32 (1950–51) S. 149–51. – HERMANN SCHNEIDER,
Drei Waltherlieder. ZfdA 73 (1936) S. 165–74. – HUGO KUHN, Walthers Kreuzzugslied (14, 38) und Preislied (56, 14). Diss. Tübingen 1935. – HENNIG BRINKMANN, Ein
ritterliches Credo. Zu einem Lied Walthers von der Vogelweide. Wirkendes Wort 1
(1950–51), 145–48. – MAX WEHRLI, Die Elegie Walthers von der Vogelweide.
Trivium 1 (1943) S. 12–29. – FRIEDRICH NEUMANN, Walther von der Vogelweide
und das Reich. DtscheVjschr. 1 (1923) S. 503–28. – JOACHIM MÜLLER, Walther von
der Vogelweide und der Reichsgedanke. Neue Jbb. f. Wiss. u. Jugendbildg. 12 (1936)
S. 206–18. – KONRAD BURDACH, Der mittelalterliche Streit um das Imperium in den
Gedichten Walthers von der Vogelweide. Dtsche Vjschr. 13 (1935) S. 509–62. –
KARL KURT KLEIN, Zur Spruchdichtung und Heimatfrage Walthers von der Vogel-
weide. Schlernschriften, Bd. 90. Innsbruck 1952. – H. W. J. KROES, Zu den Sprüchen
Walthers von der Vogelweide. Neophil. 34 (1950) S. 143–46. – KONRAD BURDACH,
Walthers Aufruf zum Kreuzzug Kaiser Friedrichs II. Dichtg. u. Volkstum 36 (1935)
S. 50–68. – DERS., Nachtrag zu Walthers Kreuzzugsaufruf. Dichtg. u. Volkst. 36
(1935) S. 382–84. – DERS., Der gute Klausner Walthers von der Vogelweide als
Typus unpolitischer christlicher Frömmigkeit. ZfdPh. 60 (1935) S. 313–30. – FRIED-
RICH WAGEMANN, Die Religiosität Walthers von der Vogelweide. Diss. Heidelberg
1938. – R. M. S. HEFFNER, Zum Leich Walthers von der Vogelweide. Mod. Lang.
Notes 56 (1941) S. 54–56. – HANS SPERBER, Kaiser Ottos Ehre (Walther 26, 33).
Corona. Festschr. f. Samuel Singer. Durham (N.C.) 1941. – A. T. HATTO, Walther
von der Vogelweides Ottonian Poems: A new Interpretation. Speculum 24 (1949)
S. 542–53. – HANS NAUMANN, Ein Meister las, troum unde spiegelglas. Dichtg. u.
Volkst. 43 (1943) S. 220–24. – LUTZ MACKENSEN, Zu Walthers Spießbratenspruch.
Stud. z. dtsch. Phil. d. Mittelalters. Festschr. f. Fr. Panzer. Heidelberg 1950. S. 48–58. –
RICHARD KIENAST, Walthers von der Vogelweide ältester Spruch im „Reichston":
Ich hôrte ein wazzer diezen (8, 26 Lachmann). Gymnasium 57 (1950) S. 201–18. –

21*

HANS NAUMANN, Guoten tac, boes unde guot! ZfdA 83 (1951–52) S. 125–27. – R. M. S. HEFFNER, Notes on Walther's use of können and mögen. Studies in Honor J. A. Walz. Lancaster, Pa., 1941. S. 49–65. – KURT PLENIO, Metrische Studien über Walthers Palinodie. Beitr. 42 (1917) S. 255–76. – J. A. HUISMAN, Neue Werke zur dichterischen und musikalischen Technik Walthers von der Vogelweide. Mit einem Exkurs über symmetrische Zahlenkomposition im Mittelalter. Studia Litteraria Rheno-Traiectina I. Utrecht 1950. – CARL BÜTZLER, Untersuchungen zu den Melodien Walthers von der Vogelweide. Dtsche Arbb. d. Univ. Köln 12. Jena 1940. – FRIEDR. GENNRICH, Melodien Walthers von der Vogelweide. ZfdA 79 (1942) S. 24–48.

Die Gedichte Walthers werden in dieser Literaturgeschichte dem allgemeinen Brauch entsprechend nach Seiten- und Zeilenzahl der klassischen Ausgabe von Karl Lachmann zitiert.

7. DIE ZEITGENOSSEN REINMARS UND WALTHERS

Die große Leistung Reinmars und Walthers beherrscht das Bild der hochhöfischen Lyrik ganz. Was neben ihnen noch vorhanden war, ist uns nur sehr fragmentarisch erkennbar, und mit der einzigen Ausnahme von Wolframs wenigen Liedern ist kaum noch etwas anderes von geprägter Eigenart vorhanden. Was von der Masse der anonymen Lieder, die unter den Namen von Rugge, Reinmar und Walther untergeschlüpft sind, zeitgenössisch, was erst spätere Schülerleistung ist, kann nicht entschieden werden; Begabtere und weniger Begabte versuchen sich im Stil der Großen, aber keine Stilanalyse könnte hier zu sicheren Ergebnissen führen.

Das formale Vorbild der Hausen-Schule wirkt auch in der Generation Walthers noch fort. Der Markgraf von Hohenburg würde, wenn er richtig als der bayrische Graf Diepolt von Vohburg identifiziert ist, noch der Generation der hohen Reichsbeamten Heinrichs VI. in Süditalien angehören. Erst 1212 kehrte er mit Friedrich II. nach Deutschland zurück und starb 1226. Doch so unsicher seine Person, so zweifelhaft ist auch sein Werk; es gibt kaum eine Strophe seiner 6–7 Lieder, die nicht auch unter anderem Namen überliefert wäre. Eine Einheit bilden die Lieder nicht. Zwei von ihnen (IV; VI) stehen in der Nachfolge Hausens, Daktylen, doch mit deutlicher Stollengliederung, und mindestens Lied VI ist auch motivlich aus Hausens Ferne-Erlebnis entwickelt: Trennung von Leib und Herz in Kaiserdienst und Minnedienst. Daneben aber steht ein Tagelied (V) aus der Nachbarschaft Wolframs mit ausgebildeter Wächterrolle, das ebensogut ein halbes Jahrhundert später gedichtet sein könnte. Die übrigen Lieder sind belanglos; einzig in Lied III wäre das Motiv, daß er zum Papst gewallfahrtet sei, um ihm die Missetat seiner großen Minne zu seiner Frouwe zu beichten, nicht nur als eine originelle Wendung in der Huldigung interessant, sondern auch deswegen, weil hier die Tannhäusersage im ersten Entwicklungskern anklingen könnte. Leider ist gerade hier das Lied verstümmelt.

So unsicher wie bei dem Hohenburger Markgrafen ist die Datierung auch bei dem Bayern Hiltbolt von Schwangau, weil der Name im Geschlecht der Schwangauer erblich ist. So hat man einerseits aus Formgründen den Dichter als vorwaltherisch ansehen und für die Aufnahme in des „Minnesangs Frühling" beanspruchen wollen, andrerseits hat man ihn mit einem Namensträger identifizieren wollen, der zwischen 1221 und 1256 urkundet, ihn also der spätstaufischen Zeit zuweisen wollen. Die unmittelbare Zuordnung zu dem rheinischen Kreise wäre nicht einmal für die zahlreichen Daktylengedichte zulässig; auch in ihnen spürt man die Wirkung von Reinmar und Walther. Andrerseits könnte zu einer Datierung in spätstaufische Zeit eigentlich nur das Lied X verlocken, das den Typus des Tanzliedes mit Refrain auf den höfischen Minnesang anwendet. Vielleicht sind in den Handschriften zwei Mitglieder des Geschlechtes zusammengeworfen, und dann könnte man geneigt sein, außer dem Lied X noch die Lieder XI und XII und das Ströphchen XXI dem jüngeren Schwangauer zuzuschreiben.

Die Hauptmasse der Gedichte ließe sich als das Werk eines mäßig talentierten Zeitgenossen Walthers auffassen, eines Mannes, der noch in der Geschmacksrichtung der rheinischen Dichter erzogen war. Etwa die Hälfte seiner Lieder steht in der Hausenschen Formtradition, Daktylen oder Fünftakter mit oder ohne Durchreimung. Das Kreuzzugslied (XVII) und das benachbarte Rückkehrlied (XVIII) sind Hausen auch über die Form hinaus verpflichtet. Andrerseits sind Einflüsse von Reinmar und Walther allenthalben spürbar. Ein Stropheneinsatz wie: *Ein schapel brûn underwîlent ie blanc* (II) ist nicht mehr bei Hausen, sondern bei Walther gelernt. Und so zeigt eine Reihe von Liedern, etwa ein halbes Dutzend, auch in der Strophentechnik, daß ihr Dichter in die Wiener Schule gegangen ist. Die anspruchslose Einstrophigkeit vieler Lieder endlich, die an Veldeke gemahnt, verrät, daß wir es mit einem Dichter ohne höheren literarischen Ehrgeiz zu tun haben.

Daneben aber steht jene kleine Gruppe von Liedern, die man gern für wesentlich jünger halten möchte. Bei Lied XI spricht die Form – dreimal durchgeführte Reimfügung abcc –,bei Lied XII der Inhalt, erwiderte Liebe, für eine spätere Zeit. Vor allem aber weckt eben Lied X Aufmerksamkeit. Es ist die Einstilisierung des Minneliedes in die Form des Tanzliedes, wie wir es sonst erst bei Ulrich von Winterstetten als durchgeführte Eigenform kennen. Es ist höfischer Minnesang, aber der Refrain mit der Namennennung der Tänzerinnen möchte ein volkstümliches Reigenlied vortäuschen. Auch die Prägung *süeţer sælden schrîn* klingt nach einer späteren Zeit, und die letzte Strophe mit ihrem Sprachspiel, ihrem beschwingten Rhythmus und dem darin aufglühenden *rôten munt* ist schwer ohne das Vorbild Gottfrieds von Neifen vorstellbar.

Sicherer wissen wir über Otto von Botenlauben Bescheid, einen Sohn des großen Henneberger Grafengeschlechtes, der sich nach seinem Burgsitz Botenlauben bei Kissingen benannte. Auch er erscheint urkundlich im Kreise Heinrichs VI. Der Kreuzzug von 1197 führt ihn nach Palästina, wo er, mit der Tochter eines hohen französischen Adligen und Hofmannes vermählt, über zwei Jahrzehnte verblieb

und von wo er erst 1220 zurückkehrte. Sein Leben endete er in
frommer Zurückgezogenheit in dem von ihm gestifteten Kloster
Frauenrode 1244 oder 45. Der glücklich erhaltene Grabstein Ottos und
seiner Gemahlin ist ein schönes Denkmal höfisch-edler, jugendlich-
anmutiger Menschengestaltung der staufischen Zeit.

Bei Botenlauben sind keine Nachklänge der rheinischen Daktylenmode mehr zu
finden, es seien denn die Reimhäufungen in den Liedern V und XII, die unmittelbar
aus dem Aufbruch zum Kreuzzug hervorgegangen sind, also der Jugend des Dichters
angehören. Überhaupt sind die unter Botenlaubens Namen stehenden Gedichte in
sich wenig einheitlich; neben so altertümlichen Formen wie Frauenklage (VIII) und
Wechsel (XII) steht die typische Werbungsklage des Hohen Minnesangs und der damals erst modern werdende Typ des Tageliedes, neben schmucklosen kleinen Einzelstrophen ein Leich von fast Winterstettenscher Künstlichkeit. Die Dichtung Botenlaubens muß sich über lange Zeit erstreckt haben. Die Lieder des Aufbruchs zum
Kreuzzug liegen noch vor 1197, also in der Zeit von Walthers Frühlyrik. Mindestens
eines der Tagelieder steht unter Wolframs Einfluß, wird also nicht vor dem 1. Jahrzehnt des neuen Jahrhunderts entstanden sein können. Endlich läßt eine Anspielung
in einem Gedicht Gottfrieds von Neifen vermuten, daß Otto von Botenlauben auch
in den spätstaufischen Hofkreisen noch bekannt und geschätzt war; er wird also auch
nach seiner Rückkehr 1220 noch literarisch hervorgetreten sein. Der Leich mag dieser
Spätzeit angehören.

Seinen Ausgang nimmt Otto noch bei der vorwaltherischen Lyrik;
auch die Einstrophigkeit mehrerer Gedichte deutet darauf hin. Die
beiden Lieder des Aufbruchs zum Kreuzzug enthalten wenig Kreuzzugsstimmung und stechen damit von der tiefen religiösen Bewegtheit
der Dichter um den Barbarossakreuzzug merklich ab. Lied V könnte
ebensowohl beim Aufbruch zu irgendeiner anderen Heerfahrt gedichtet
sein, und auch Lied XII ist mehr Minnelied als Kreuzfahrergedicht.
Aber es ist Dichtung der erfüllten Liebe. Lied XII weist schon in seiner
Form als Wechsel auf die frühe Lyrik zurück, und die Frau bekennt sich
darin vor Gott zu ihrer Minne. Auch Lied V, wenn auch stärker auf den
Ton des Hohen Minnesangs gestimmt, gilt doch nicht einer unnah-
baren Herrin; es spricht von wechselseitigem Verbundensein und vom
Abschiedskummer der liebenden Frau. Nehmen wir die kleine mono-
logische Frauenklage (Lied VIII) mit ihrem Naturbild hinzu, so wird
uns gewiß, wie sehr der junge Botenlauben aus der alten deutschen Tradition schöpft.

Die drei Tagelieder (III; IV–IX; XIII) folgen dem romanischen Typ
der Alba mit Wächterrolle. Für eines von ihnen (XIII) ist Wolframs
Vorbild erwiesen. Ein zweites, das C. von Kraus aus den Bruchstücken
IV und IX glücklich zusammengefügt hat, ist im Grunde kein Tagelied.
Es macht sich die Figur des Wächters nur zunutze, um mit ihrer
Hilfe eine andere epische Situation durchzuführen: die Rückkehr des
Ritters aus der Fremde. Die beiden ersten Strophen sind mit Wechsel-
rede des Heimkehrenden und des Wächters erfüllt. Die beiden anderen

sind begrüßende Worte der Frau von sehr warmer Innigkeit (*mîns her-zen vröide; lieber man und herre mîn*), und die morgendliche Abschieds-schwere des Tageliedes ist transponiert in die alte Sehnsuchtsstimmung der frühen Frauenmonologe: „Ach wie viele abendsehnende Klage hat mich bis zum Morgen gegen den Tagesanbruch gequält." Das Lied konnte erst gedichtet werden, als der Typ des Tageliedes zum festen literarischen Bestand gehörte, es wird also jünger sein als die beiden echten Tagelieder. Aber es zeigt, wie Botenlauben auch weiterhin in den Stimmungssphären der frühen deutschen Lyrik heimisch war.

Neben all diesen motivlich und stimmungsmäßig so stark mit der frühen Lyrik verbundenen Liedern wirkt der Leich seltsam spät und bis zum Grunde andersartig. Er ist inhaltlich ganz aus dem Geist der Hohen Minne gedichtet, in jener schon formelhaften Festigung der Spätzeit, der wir im Kreise um Gottfried von Neifen begegnen werden. Er be-ruft sich auf literarische Muster unglücklicher Minne – was er bei Gutenburg gelernt haben könnte – und er erinnert im formalen Aufbau an die späten Leiche Ulrichs von Winterstetten. Es sind lauter kurze Versikel in freier Abfolge, fast ausschließlich aus männlich oder weiblich vollen Viertaktern gebildet, die durch kunstvollste Reimspiele ohne Rücksicht auf die Satzfügung in kleinste Partikeln zerlegt sind, wie wir ähnliches S. 357f. aus Winterstettens Dichtung belegen werden. Es ist, verglichen mit der klassischen Leichform von Rugge bis Walther mit den breiten Versikeln und der Schonung des sprachlich-syntakti-schen Ablaufs, eine neue Art zu dichten, eine Zerlegung in kleine und kleinste Teile, eine Überwältigung von Inhalt und Sprache durch die autonome Kunst der Form. Solches dürfte Botenlauben in französischer Schule gelernt und aus seinem langen Aufenthalt im Orient mitgebracht haben. Mit solcher Kunst konnte er am Hofe Heinrichs VII. Aufsehen erregen und sich dort künstlerisch einführen. Und daher konnte er dann – neben dem Tannhäuser – zum Lehrmeister des jungen Ulrich von Winterstetten werden, der diese Form des Leiches zu virtuoser Voll-endung durchbildete.

Solche Talentproben vornehmer Dilettanten sind uns wichtig, weil sie uns zeigen, wie die alte frühstaufische Tradition weiterwirkt und sich mit den neuen Anregungen der Wiener Hofkunst durchdringt. Sie sind uns nicht viel mehr als Merkzeichen für literarische Vorgänge. Wenn W o l f r a m   v o n   E s c h e n b a c h als Lyriker das Wort ergreift, werden uns Schulen und Strömungen unwesentlich, und wir fragen nach dem Gepräge der Persönlichkeit. Wir werden von diesem Manne der mächtig gestaltenden epischen Phantasie nicht erwarten, daß er sich künstlerisch in der Lyrik stark verausgabt hat. Wir werden dies noch weniger dürfen, wenn wir an den bekannten Exkurs zum 2. Buch seines Parzival denken. Denn dieser ist ja nicht nur eine scharfe, verletzte und verletzende Absage an die Dame, der er seinen Dienst gewidmet hat, er ist zugleich eine grundsätzliche Absage an den Minnesang überhaupt als eine des Ritters nicht würdige Weise des Minnewerbens. Die Art, wie er hier in den Streit zwischen Walther und Reinmar eingreift und sich hinter Walthers Angriff auf Reinmars überhebliches Lied 159, 1 stellt, zeigt, daß ihm der verfeinerte Wiener Hofsänger als der Prototyp solch verächtlichen Minnewerbens erscheint. Und er stellt ihm sein Bekenntnis gegenüber, daß er, Wolfram von Eschenbach, Frauenminne nur durch ritterliche Tat verdienen will.

Lieder im Wiener Hofgeschmack werden wir von Wolfram also nicht zu erwarten haben. Hohen Minnesang mit Diensthaltung und Minneklage mag der junge Wolfram gepflegt haben, solange er jener Dame diente, der er im Parzival dann seine zornmütige Aufkündigung entgegenschleudert. Zwei, allenfalls drei Lieder dieser Art sind von uns von ihm erhalten. Sie sind ein frühes Zeugnis für die gestaltende und prägende Kraft seiner Sprache. So etwa der Natureingang des Liedes *Ursprinc bluomen* mit dem reizenden Einfall, daß die Vögel ihren Kindern Wiegenlieder singen. Geht dieses Lied über den Typus des Hohen Minnesanges noch nicht hinaus, so läßt das andere (*Ein wîp wol mac*) nach Ton und Inhalt aufhorchen. Es ist mindestens ein Aufbegehren, wenn nicht schon eine Absage an den hohen Minnesang, und seine Schlußstrophe ist ein wirklicher Vorklang der Parzivalstelle. Noch will Wolfram, so sagt er, an sich halten (*sîner zühte pflegen*). Aber er sieht den *haz* der Frauen schon voraus, den er auf sich laden wird, und in der Formulierung: *diu nu den schuldehaften lîp gegen mir treit*, erhält die traditionelle Anklage gegen die harte Herrin einen bedrohlichen Unterton. Man ahnt etwas von dem Ingrimm, der bald losbrechen wird, und so wird man den ironischen Beiklang in seinen beiden Vogelgleichnissen nicht überhören dürfen, dem herrlich Wolframischen Bild vom Storch in der Saat für den ungelohnten Werber, und der Eulennatur, die er sich selber zuschreibt, da er die Gestalt der Umworbenen, die er am Tage nicht sehen darf, in finsterer Nacht vor Augen hat.

Seine eigene lyrische Möglichkeit hat der Epiker Wolfram im Tagelied gefunden, der einzigen vom klassischen Minnesang zugelassenen „objektiven", d. h. epischen Gattung, die zugleich auch die einzige ist, die unverhohlen von der Sinnenseite der Liebe reden darf. Da Wolfram als der eigentliche Schöpfer des deutschen Tageliedes gilt, ist hier der Platz, über diese Gattung zu reden. Das typische Tagelied, wie es immer gültig geblieben ist, geht von einer epischen Situation aus, dem Augenblick, da der Tageruf des Wächters die heimlich Liebenden aus der Beglückung der Liebesnacht reißt und sie zum Abschied zwingt. Drei Personen, episch eingeführt, treten in Wechselrede zueinander: die Frau, der Mann und der Wächter. Dieser Typus ist nicht in Deutschland erfunden; es ist die provenzalische Alba (Morgengrauen), die ihrerseits auf volkstümlichen Vorstufen ruhen könnte.

In Deutschland ist das seelische Erlebnis des Scheidens nach der Liebesnacht schon vor Wolfram lyrisch gestaltet worden. Die literaturgeschichtliche Frage verengt sich also dahin, ob Wolfram die besondere epische Ausprägung mit Wächterruf und Wächterrede in Deutschland neu eingeführt hat. Das „Tagelied" Dietmars von Aist (39, 18) kennt die Figur des Wächters nicht; denn das Vöglein auf dem Zweig der Linde ist nicht poetischer Ersatz für den weckenden Wächter, sondern Zeichen des grauenden Tages. Dem zarten Gedicht fehlt auch jede unmittelbare Hindeutung auf die sinnliche Situation; es ist einzig auf die Stimmung des Trennungsleides, auf die Erkenntnis: *liep âne leit mac niht gesîn* gestellt. Es scheint mir denkbar, dieses Lied ganz aus der Nachfolge der provenzalischen Alba herauszuhalten und aus den Vorbedingungen des donauländischen Liebesgedichtes zu entwickeln.

Auch Morungens sogenanntes Tagelied kennt weder den Wächter noch den erregenden Augenblick des Scheidens als gegenwärtiges Erlebnis. Dieses betörende Lied ist seiner Form nach ein Wechsel; Ritter und Frau sprechen abwechselnd und fern voneinander, sie reden von dem anderen in dritter Person und von dem Erlebnis in Vergangenheitsformen. Aber es schmilzt in wundersamer Weise das Tageliederlebnis in die andersartige Erlebnisform des Wechsels ein. In die Ferne der Erinnerung gerückt darf die Sinnenseligkeit sich um so kühner aussprechen. Der refrainhafte Einsatz aller Strophen mit *Owê* verdichtet die Stimmung des Trennungsleides, rückt es erinnernd wieder in die Gegenwart, und der echte Kehrreim nach jeder Strophe: *dô taget ez* ruft die Situation des Tageliedes unmittelbar herbei. Bei Morungen ist der Einfluß des romanischen Tageliedes sicher; die im Abschied auflodernde Leidenschaft bezeugt es inhaltlich, der Refrain formal. Aber ein Tagelied im eigentlichen Sinn ist es nicht; die Gestalt gab eine alte einheimische Form, der Wechsel, her.

Ein dritter Zeuge für die Bekanntschaft mit dem Tagelied ist Reinmar. Mehrmals (161, 15; 175, 19) rührt er die Situation des Tageliedes leise an. Insbesondere aber haben wir in dem Liede 154, 32 die Umprägung des Tageliedes in die Reinmarische Erlebnisform kennengelernt: das Tagelied dessen, dem das Tageliederlebnis versagt blieb, des Erwachenden nach einsamer Nacht. Auch dieses Lied kennt nicht Wächter und Wächterruf, nicht wecken, sondern erwachen. Die Tageliedsituation aber wird noch dadurch verdeutlicht, daß Reinmar – wie Morungen in Anlehnung an den Wechsel – als letzte Strophe eine Frauenklage folgen läßt und auch diese als die Klage der einsamen Frau gestaltet, die die Tageliedsituation ersehnt, aber nicht erfüllt.

All dies ist höchstens Vorklang oder Anklang des Tageliedes, nicht wirkliche Nachbildung der Alba. Jetzt, bei Wolfram, tritt das echte Tagelied mit Wächter und Abschiedsreden plötzlich gleich fünffach auf. Der Gedanke lag also nahe, in ihm den Schöpfer des deutschen Tageliedes zu sehen. Indessen steht ja Wolfram nicht allein. Gleichzeitig mit ihm läßt auch der Markgraf von Hohenburg sein Tagelied erklingen, und Otto von Botenlauben kultiviert es nicht nur, er wandelt es, wie wir eben sahen, bereits ab. Die Beurteilung der textlichen Abhängigkeiten zwischen diesen sich zeitlich so nahestehenden klassischen Tageliedern wird bei dem fest vorgegebenen Stoff- und Stimmungsgehalt immer unsicher bleiben. Es wird sich empfehlen, die Geschichte des deutschen Tageliedes nicht zu linear-stammbaumhaft mit Wolfram beginnen zu

lassen. Es muß eine Bereitschaft zur Aufnahme des Typus vorhanden
gewesen sein, die hier und dort gleichzeitig zur Nachbildung des romanischen Vorbildes führen konnte. Diese Bereitschaft ist in der steten
Spannung begründet, die der Hohe Minnesang mit seiner Spiritualisierung der Liebe herbeigeführt hatte. Es ist der erste Einbruch des objektiven Genre in den Hohen Minnesang, der es gestattete, die natur-
gegebene Wechselseitigkeit und die naturhafte Sinnenseite der Liebe
wenigstens in einem fiktiven Erlebnis auszuleben. Das Tagelied ist
ein Ventil, das die höfische Konvention als gültig anerkannt hat.

Daß Wolframs kräftige epische Phantasie gerade hier den rechten
Ansatzpunkt fand, verwundert uns nicht. Wolfram hat die Sinnenerfül-
lung der Liebe stets als unabdingbaren Teil und als Ziel der Minne
betrachtet und ist in seinen Epen vor der Darstellung der liebenden
Hingabe nie zurückgeschreckt. Seine Tagelieder wagen es, kühne Bilder
der innigsten Verflechtung der liebenden Leiber zu zeichnen, eine fast
schmerzhafte Steigerung der leidenschaftlichen Hingabe im unentrinnbaren Augenblick des Losreißens. Dem Typus der Alba steht das
4. Tagelied (*Von den zinnen*) am nächsten mit dem Wächter und dem ausgesponnenen Weckruf fast als Hauptthema und mit dem refrainhaften
Schluß jeder Strophe. Es mag daher Wolframs erster Versuch in dieser
Gattung gewesen sein. Ihm folgte wohl das 2. (*Sîne klâwen*) mit dem unerhörten, nur aus Wolframs mächtiger Phantasie deutbaren und dem
Traum Herzeloydes im Parzival geistesverwandten mythischen Bilde
des Tagungeheuers, das seine Klauen in die Wolken schlägt und den
Liebenden die schützenden Hüllen der heimlichen Nacht fortreißt. Es
redet der Wächter – aber was müßte das für ein Wächter sein, der solche
Worte und Bilder findet! Es ist richtig gesagt worden, daß der Wächter
nur noch Mund ist, der unentrinnbare Naturgewalt kündet, nur Stimme,
die in fiktiver Wechselrede mit der Frau innere, schicksalhafte Notwendigkeit ausspricht. Das erste Tagelied (*Der morgenblic*) drängt die
Rolle des Wächters auf eine einzige Wendung (*bî wahters sange*) zurück.
Alles ist jetzt Erlebnis der Liebenden, und in der Rede der Frau wird
jetzt das allgewaltige Naturphänomen des Tagesanbruchs Wort. Das
fünfte (*Ez ist nu tac*) kennt den Wächter gar nicht mehr.

Wolfram steht also in diesem Liede scheinbar bei Dietmar und Morungen. Die Vorstellung liegt nahe, daß er von hier ausgegangen ist
und die Wächterrolle im Anschluß an die romanische Alba neu entwickelt hat. Es ist aber viel einleuchtender, daß der Weg umgekehrt
gegangen ist, von der Nachahmung des provenzalischen Vorbildes zu
einer immer stärkeren Verinnerlichung, der die objektive Verkörperung
der schicksalhaften Macht in der Gestalt des Wächters immer unwesent-
licher wurde. Die inneren Vorgänge im Herzen der Liebenden, Gipfel
und Sturz, schmerzhafte Seligkeit des unentrinnbaren Endes, hinter

dem das Wissen um die Dauer steht, sind tiefere Notwendigkeiten geheimer Liebe, als daß sie die Verdeutlichung in der Bindung an die Stunde und den Stundenruf des Wächters benötigten.

Ganz für sich steht das dritte Lied (*Der helden minne*), das die Tageliedform nur noch als Puppenhülse trägt. Denn es setzt dem Wächter und seinem Weckruf und damit zugleich dem Sinne des Tageliedes, dem schmerzhaft-seligen Augenblick des Scheidens nach heimlicher Liebeserfüllung, Wolframs letzte Lösung des Liebesproblems entgegen, wie er sie in Condwiramurs und Gyburg gestaltet hat: die Vereinigung von Herrin, Geliebter und Gattin in einem menschlichen Wesen. Die Minne, die *ein offen süeze wirtes wîp* gewährt, braucht nicht bangend dem Tagesgrauen entgegenzuwarten. Damit ist die Situation des Tageliedes aufgehoben.

LITERATUR

Markgraf von Hohenburg: Ausg.: C. von Kraus, Liederdichter Nr. 25 S. 175–79. – Lit.: Ehrismann II 2, 2 S. 270.

Hiltbolt von Schwangau: Ausg.: C. von Kraus, Liederdichter Nr. 24 S. 163–74. – Lit.: Ehrismann II 2, 2 S. 271. – Gustav Rosenhagen, Verf.-Lex. II (1936) Sp. 453 bis 454. – Erich Juethe, Der Minnesänger Hiltbolt von Schwangau. Germ. Abhh. 44, Breslau 1913.

Otto von Botenlauben: Ausg.: C. von Kraus, Liederdichter Nr. 41 S. 307–16. – Lit.: Ehrismann II 2, 2 S. 283. – Gustav Rosenhagen, Verf.-Lex. III (1943) Sp. 675–77. – Hans-Karl Schuchard, Der Minnesänger Otto von Botenlauben. Diss. Univ. of Pennsylvania, Philadelphia 1940. – Hugo Kuhn, Minnesangs Wende. Tübingen 1952. S. 81–83.

Wolfram von Eschenbach: Ausg.: C. von Kraus, Liederdichter Nr. 69 S. 596–604. – Karl Lachmann, 7. Ausg. v. Ed. Hartl. Bd. 1. Berlin 1952. – Lit.: Neben der bei den epischen Werken S. 125 ff. angeführten Literatur ist noch zu erwähnen: Ehrismann II 2, 2 S. 242. – Jan Hendrik Scholte, Wolframs Lyrik. Beitr. 69 (1947) S. 409–19. – Wolfgang Mohr, Wolframs Tagelieder. Festschr. f. Paul Kluckhohn u. Hermann Schneider. Tübingen 1948. S. 148–65. – A. T. Hatto, On beauty of numbers in Wolfram's dawn songs (an improved metrical canon). Mod. Lang. rev. 45 (1950) S. 181–88. – C. von Kraus, Wolframs Tagelied 7, 41. Miscell. Acad. Berolin. Bd. 1 S. 89–96. Berlin 1950.

SIEBENTES KAPITEL

DIE SPÄTHÖFISCHE LYRIK

Über die Wesensbestimmung der späthöfischen Dichtung wurde im Zusammenhang mit der Epik (S. 171) schon gesprochen. Noch weniger als für die Epik läßt sich für die Lyrik eine chronologische Grenze ziehen. Walthers Dichtung reicht bis gegen das Jahr 1230, und seine späte Lyrik bewegt sich um den Kreuzzug von 1228/29, denselben Kreuzzug, der bei einigen späthöfischen Dichtern so ganz andere Wirkungen ausgelöst hat als bei Walther. Neithart von Reuenthal andererseits ist schon gegen 1210 hervorgetreten und hat Walthers scharfen Widerspruch geweckt. Bei vielen Lyrikern des späthöfischen Typus ist unsere Kenntnis ihrer Lebenszeit ganz unsicher, und vollends bei Namenlosen vermag keine Stilanalyse sichere Aussagen über ihre Lebenszeit zu ermöglichen.

Auch für die Lyrik will also „späthöfisch" einen Typus bezeichnen. Diese späte Lyrik wirkt uneinheitlicher als die späte Epik. Das hat seinen Grund zunächst schon in der Form. Die Strophenform der Lyrik bietet dem Formstreben der Zeit unvergleichlich mehr Möglichkeiten als die Epik mit ihrer schlichten Reimpaarform. Die Grundgesetze der lyrischen Strophe sind freilich durch die klassische Dichtung Reinmars und Walthers festgelegt; der Typus 3 mit stolligem Aufbau und kompositorischer Kontrastführung zwischen Stollen und Abgesang bleibt bei allen gelegentlichen Ausweichungen – wie etwa Neitharts Sommerliedern – verbindlich. Doch auch innerhalb dieser Bauform bleiben so viele Möglichkeiten der Variation und der rhythmischen wie klanglichen Feintechnik, daß bei begabten Formtalenten Eigenleistungen möglich sind, die es liebevoll zu studieren gilt.

Wie sehr auch inhaltlich die Zukunft durch die dichterische Leistung von Morungen, Reinmar und Walther bestimmt war, muß immer wieder hervorgehoben werden. Der Hohe Minnesang ist im Werk der drei Großen nicht nur klassisch durchgestaltet, sondern in seinen Möglichkeiten auch schon wesentlich erschöpft. Wer ihn künftig pflegte, war auch inhaltlich darauf angewiesen, Variationen zu finden; der hübsche Einzeleinfall gehört zu den Hauptleistungen des späthöfischen Durchschnittstalentes. Damit ist der eine Typus der späteren Lyrik bestimmt: die bloß formale Fortsetzung des Reinmar-Waltherschen Minnesangs.

Dennoch begibt sich auch in der Nachfolge der Klassiker schon Neues und Beachtliches. Bei der Epik ist davon gesprochen worden, daß die Problematik des höfischen Daseins von den Klassikern endgültig bewältigt, der Typus des höfisch-humanen Menschenbildes durchgeprägt war, und daß dieses – der Artusritter – nun ein sicherer, festgelegter Besitz geworden war. Um die Lyrik steht es nicht anders. Die Minne als lebensbestimmende Macht des höfischen Menschen in ihrem Spannungsverhältnis von Sinnlichkeit und Transzendenz war von Hausen bis Reinmar durchdiskutiert und durchgeformt. Reinmar in seiner Selbstgestaltung des vorbildlichen Minnenden war ein Abschluß; schon der junge Walther konnte darin nur noch Fortsetzer sein. Formen und Ausdrucksmöglichkeiten der Minne waren fester Bestandteil einer höfischen Gesellschaft geworden, die sich in all ihren Lebensäußerungen fest geregelt hatte, Stichwörter, die jeder verstand und zu handhaben wußte. Die neue Generation lebte nicht mehr aus der Spannung, sondern aus gefestigter Sicherheit eines gesellschaftlichen Lebensgefühls, das in seiner adligen und erwählten Herausgehobenheit freudig empfunden und bejaht wurde. Eine Lyrik der Spannung und Gestaltung wird abgelöst von einer Lyrik der Sicherheit, die schwereloser, schattenloser, aber darum auch freudiger dieses Sicherheitsgefühl vor sich selber immer wieder kundtut und eine Daseinslust kultiviert, in der auch zuchtvolle Sinnenfreude ihren Platz hat. Diese Kunst ist nicht originell; sie ist in Sprache und Form, Motiv und Bild Erbschaft, dennoch aber echter Ausdruck eines echten Lebensgefühls. Wir können sie noch einmal eng mit dem Staufertum verbinden. Sie findet ihre beste Ausprägung in einer Gruppe von Dichtern, deren führender Gottfried von Neifen ist und die mit dem späten Stauferhofe der Söhne Friedrichs II. enger oder loser verbunden sind. Die wenigen Lieder König Konrads IV. zeigen noch einmal einen Staufersproß selber an dieser Kunst beteiligt.

Wenn wirklich Neues kommen sollte, so konnte es nur aus einer Durchbrechung der Grenzen des Hohen Minnesanges von innen oder außen kommen, durch neue Gattungen oder durch ein neues Verhältnis zur Minne selber. Wir haben gesehen, wie sich das schon in der klassischen Lyrik anbahnte. Ein solcher Einbruch war die Aufnahme der Alba, des Wächter-Tageliedes. Auch Walthers spätere Lyrik war im Grunde schon Abfall von dem, was Reinmar rein verkörpert hatte. Seine Dichtung der „niederen Minne" und sein Versuch, den Hohen Minnesang von hier aus neu zu durchbluten und den labilen Begriff der „ebenen Minne" zu verwirklichen, rührte grundsätzlich an die Wurzeln des Hohen Minnesangs.

Die klassische Generation war noch imstande, solche Einbrüche zu ertragen und aufzufangen. Die späthöfische war es nicht mehr. Neithart von Reuenthal, höchstens 20 Jahre jünger als Walther, führt den entscheidenden Stoß in seiner Schöpfung der dörperlichen Tanzpoesie. Er will das ganz Andere, das Außerhöfische, und er will es nicht mehr, wie Walther, mit dem Höfischen zur Synthese führen, er will die unaufgelöste Dissonanz. Gewiß geht nicht alles, was in der späten Lyrik außer- und antihöfisch ist, auf Neitharts unmittelbares Vorbild zurück. Aber er war der Erste, der Schöpferische, der etwas ganz Neues und Anderes wollte, und er hat grundsätzlich die Bahn gebrochen. Er hat den Quell-

boden angeschnitten, aus dem andere, wie der Tannhäuser, auf ihre
Weise frisches Wasser schlugen. All das aber vollzog sich im Rahmen
der höfischen Gesellschaft, für sie und von ihr gebilligt. Es zeigt keine
soziologische Umschichtung an; der Ritter war Träger auch dieser Poesie.

Die hier angedeutete Gruppenbildung ist natürlich nicht starr. Es gehört zum
Wesen der späthöfischen Lyrik, sich gewandt in verschiedenen Stilen und Motivkrei-
sen bewegen zu können. Gottfrieds von Neifen beschwingte Kunst höfischer Minne-
lust hat weit über seinen engeren Kreis hinaus gewirkt, Neitharts dörperliche Poesie
fand Nachahmung bei mehr als einem „höfischen" Minnesänger. Uneinheitlichkeit
des Stils, selbst betonte Stilgegensätze können nicht zum Kriterium der Scheidung
von Echtem und Unechtem im Werke eines Dichters gemacht werden. Jedenfalls
aber gerät die Lyrik schneller und entschiedener in eine neue Bewegtheit; die späthöfische Lyrik hat geprägtere Profile aufzuweisen als die entsprechende Epik.

1. DIE EIGENTLICHEN NACHFAHREN DER KLASSISCHEN KUNST

Die Schar der Nachahmer des klassischen Minnesangs ist groß, ihre
Bedeutung gering. Daß eine Menge namenloser Lieder den Dichtern des
klassischen Minnesangs untergeschoben werden konnte, zeigt, wie einheitlich diese Lyrik von den Sammlern empfunden wurde. Doch auch,wo
der Name bekannt ist, bleibt er wesenlos; unsere Kenntnis ist um
Namen, aber kaum um Persönlichkeiten bereichert. Einzig Ulrich von
Lichtenstein, den wir hier einordnen, hat ein eigenes Gesicht.

Im alemannischen Raume ist der St. Galler Truchseß Ulrich von
Singenberg der Beachtlichste, einerseits weil von ihm verhältnismäßig viel bewahrt ist – etwa 3 Dutzend Gedichte –, andrerseits weil er
sich ausdrücklich als Schüler Walthers von der Vogelweide bekennt.
Dieser Mann aus einem Thurgauischen Ministerialengeschlecht begegnet
uns zuerst 1219 als Truchseß von St. Gallen. Sein letztes urkundliches
Auftreten 1228 besagt nichts für seine Lebensdauer; jedenfalls hat er
seinen Meister Walther, dem er eine Totenklage widmet, überlebt.

Ulrich ist in der Tat Schüler in dem Sinne, daß Eigenes bei ihm kaum
zu entdecken ist. Er ist ein angenehmes Talent, dem das Versemachen
leicht fällt, dem aber nichts einfällt. Er kennt seine Klassiker und benutzt
sie. Das Gesprächslied mit seiner Dame (Nr. 7) erinnert stark an das
bekannte Lied 93, 12 von Albrecht von Johansdorf; das Lied Nr. 4
mit dem Refrain, der das in der Strophe Gesagte zurücknimmt, an das
Lügenlied (113, 1) des Bernger von Horheim. Vor allem aber hören
wir auf Schritt und Tritt Reinmar und Walther, Reinmarische Reflexionen
und Walthersche Dialektik, doch ohne Walthers Klarheit und prägende
Bildkraft. Alles Klare ist unscharf geworden, das Zarte vergröbert, das
Seelische entleert; nichts, was hier gedichtet wurde, ist notwendig.

Ulrich hat alles abgeguckt: in Lied 5 die Botenrolle Walthers, in den Liedern 7, 28, 34 das Gespräch mit der Frouwe, in Lied 15 die *maget* aus Walthers Liedern der niederen Minne, in Lied 12 und 13 die Verfallsklage, in Lied 31 das Vokalspiel, in Lied 30 die Weltabsage. Natürlich versucht sich Ulrich auch im Tagelied (9 und 14) und als der erste ritterliche Nachfahr Walthers im Spruch. Neben einigen religiösen Sprüchen steht eine Reihe politischen Inhalts. Sie bezieht sich auf die Zustände unter Heinrich VII. und ist als direkte Anrede an den jungen König gemeint. Aber auch hier und gerade hier, wo Ulrich versucht, die treffenden Bilder und scharfen Pointen Walthers nachzuahmen, vermissen wir peinlich die Prägekraft seines Meisters. Die Undurchsichtigkeit seiner Anspielungen beruht auf diesem Mangel an Klarheit und Konzentration.

Reizvoll ist nur der Spruch Nr. 20 auf Walther von der Vogelweide. Denn hier allein begegnen wir dem Menschen Ulrich. Nicht ohne Selbstzufriedenheit stellt der Schweizer Dichter seine wohlbehagliche Daseinssicherheit dem umgetriebenen Leben seines „Meisters" Walther gegenüber. In dem Ritter enthüllt sich der Philister, der nicht ahnt, daß erst der Kampf mit dem Schicksal zur Reife erzieht.

Auch in der Form ist Ulrich von Singenberg den Wienern verpflichtet. Seine Strophentechnik ist nach ihrem Muster der pointierten Gegensätzlichkeit von Stollen und Abgesang gebildet und zu besonders breiten Abgesängen mit sehr langen, acht- bis zehntaktigen Zeilen weitergeführt. Wollen wir an Ulrich etwas Eigenes entdecken, so liegt es im Stilistischen. Er hat das Klangspiel der Wortwiederholung, das bei Reinmar und Walther eine feine Würze war, zu seinem Prinzip oder – mit C. v. Kraus zu sprechen – zu seiner Fabrikmarke erhoben. Das kann zuweilen ganz wirkungsvoll sein, enthüllt sich aber, etwa in dem Gespräch der Liebenden im Tagelied Nr. 14, in der Fühllosigkeit der Verwendung als bloße Manier und gibt der Sprache etwas Geschnörkeltes und Geschniegeltes.

Andere Alemannen bedeuten noch weniger als Ulrich von Singenberg. Wernher von Teufen, einem Geschlecht des Tößtales (Kant. Zürich) entstammend, ist, seinen fünf erhaltenen Liedern nach zu urteilen, ein Stück jünger als Ulrich und schon der Tanzliedmode des Kreises um Gottfried von Neifen verpflichtet. Der Natureingang, die Aufforderung zur Sommerfreude und damit verbunden die Minneklage weisen ebenso dorthin wie in der Form der tänzerische Rhythmus und das zierliche Sprachspiel. Noch weniger wissen wir von einem Mann, der in der Manessischen Handschrift her Pfeffel genannt wird. Seine Zuordnung zu den schweizerischen Dichtern ist ganz ungewiß, seine Zeit durch den Preis auf Friedrich d. Streitbaren von Österreich bestimmt. Zwei Lieder in einfacher Form, eine Jugendlehre im Stil Walthers, ein anmutiges Liebeslied machen einen sympathischen Eindruck. Endlich mag der über das Jahr 1250 fortlebende und fortdichtende Heinrich von Sax hier genannt sein, Mitglied eines vorarlbergischen Geschlechtes und also naher Landsmann von Rudolf von Ems. Sein Minneleich und seine vier Lieder zeigen ihn als Fortführer des Hohen Minnesangs und einer im ganzen geschmackvollen und maßvollen Frauenverehrung in einer ebenfalls maßvollen und klassisch geschulten Sprache. Die neu erwachte Naturfreude teilt er mit seiner Generation. Sein Minneleich gibt sich als

Tanzleich, ist aber inhaltlich mehr Frauenpreis und Minneklage und deutet die Aus-
gelassenheit des Sommertanzes nur sehr zart an. Und wenn der Dichter sich selber
dem Reigen zugesellt, so tut er es eher mit der Wehmut eines Mannes, der von der
inneren Freudigkeit ausgeschlossen ist. Neben Ulrich von Winterstetten oder gar dem
Tannhäuser wirkt er als der höfisch Gezähmteste.

In der österreichischen Heimat Walthers hat sein anspruchsloser
Schüler und Nachfahr, der Südtiroler Leuthold von Seven, Minnelied und Spruch nach Walthers Vorbild weitergepflegt. Das Wenige,
das wir von ihm besitzen, ist offenbar nur der zufällige Rest eines nach
Art und Menge sehr reichhaltigen Gesamtwerkes; wenigstens ironisiert
der Spruchdichter Reinmar der Fiedler Leutholds leichtfließende Dichter-
ader: ob Gott will oder nicht – der von Seven singt doch. Ein rasch
begabtes Talent also, aber auch nicht mehr, dem Variationen über
Walthersche Themen nicht übel gelingen. Ob die wesentlich ungelenke-
ren Sprüche, die die Handschrift A unter seinem Namen angesammelt
hat, ihm zugehören, scheint mir unsicher. Auf alle Fälle zeigen sie, wie
viel schwerer es ist, Walthers klare Kraft des Spruches nachzuahmen
als die scheinbare Leichtigkeit seiner Minnelyrik.

Gleich Leuthold steht der Tiroler Rubin, trotz des fehlenden Titels
her doch wohl ein Adliger, ganz im Schatten Reinmars und Walthers.
Seine beiden Kreuzlieder werden dem Kreuzzuge von 1228/29 gelten.
Sie nehmen das Thema Gottesfahrt und Minnedienst noch einmal auf,
und namentlich das bedeutendere von ihnen (XXII), das mit dem schönen Abschiedsgruß der Frouwe an Johansdorfs Kreuzlieder gemahnt,
lassen noch einmal etwas von der Innerlichkeit der großen Kreuzzugsdichtung um den Barbarossakreuzzug von 1189/90 aufklingen, die der
Zug Friedrichs II. sonst nicht mehr zu wecken vermochte. Sehen wir
sie neben den ungeschminkten Zustandsberichten Neitharts, Freidanks
und des Tannhäuser, so erkennen wir die rückgewandte Traditions-
gebundenheit Rubins. Sie wird ebenso deutlich in seinen ziemlich zahlreichen Minneliedern. Hier ist nichts von der gelösteren, galanteren
Leichtigkeit des spätstaufischen Minnesangs um Gottfried von Neifen,
nichts von der rotleuchtenden Anmut des küssenswerten Mundes. Dies
ist noch ganz die Wiener Hohe Schule, Reinmarische Grundhaltung, er-
wärmt durch Walthers sommerliche Freudigkeit. Ich wüßte keinen
anderen, der die Aufgabe der Selbststilisierung so sehr im Sinne Reinmars erfaßt und auf sich angewendet hätte wie dieser Tiroler; *sîn leit
mit zühten tragen* (Lied XII), das ist Reinmars Programm nicht nur nachgesprochen, sondern nachzuleben gesucht. Gleich das erste Lied könnte,
zumal in seiner letzten Strophe, unter Reinmars Augen gedichtet sein.
Andere Lieder aber, wie XIV und XV, sind ohne Walther nicht denkbar.
In einem weit ernsteren Sinne als Ulrich von Singenberg kann Rubin
der Schüler der beiden großen Wiener genannt werden. Er will mehr als

nur talentvoll nachahmen. In ihm lebt die Tradition des alten Wiener Hofes in die Zeiten Friedrichs des Streitbaren hinein weiter, zu dessen lärmvollerem und haltungsloserem Hof der Dichter offenbar keine Beziehungen gehabt hat. So haben seine Verfallsklagen, auch wenn sie traditionell und Walther nachgeahmt sind, einen echten Klang oder mindestens einen echten Hintergrund. Was in Wien einmal moderner Stil war und dort inzwischen altmodisch wirken mochte, hatte in der Provinz noch Wert und fand dort echte Pflege.

2. ULRICH VON LICHTENSTEIN

Deutlicher aber als alle diese dem Zufall der Sammlungen zu verdankenden Erscheinungen steht ein Mann vor uns, der sein Tun und Dichten so wichtig nahm, daß er es in breiter Selbstdarstellung vor uns hinstellt: Ulrich von Lichtenstein. Dieser Ritter aus einem bedeutenden und einflußreichen steirischen Adelsgeschlecht, der selber als Truchseß und Marschall der Steiermark in den bewegten Schicksalen seiner Heimat eine politische Rolle spielte, hat in seinem „Frauendienst" nicht nur seine rund 60 Lieder sorglich gesammelt. Er hat sie in eine ausführliche erzählende Darstellung seines Lebens als Frauenritter eingeordnet und so ein Bild von der Wirklichkeit des späthöfischen Daseins entworfen, das für uns größten Erkenntniswert besitzt. Der „Frauendienst" ist zwar erst 1255 gedichtet, also jenseits der für diesen Band gezogenen Zeitgrenze. Aber das Leben dieses um 1200 geborenen, um 1275 gestorbenen Mannes gehört in seiner literarisch fruchtbaren Periode der staufischen Zeit an, und seine meistens genau datierbaren Lieder beginnen im Jahre 1222, ordnen ihn also der letzten staufischen Dichtergeneration zu.

Man hat Ulrichs Frauendienst die erste Selbstbiographie in deutscher Sprache genannt. Gewiß nicht mit Unrecht, aber doch auch nur mit einem sehr bedingten Recht. Der Frauendienst ist keineswegs das, was wir uns unter einer Biographie vorstellen: eine Zeichnung der bewegten Gegenwart und der Rolle, die der Verfasser darin gespielt hat. Es geht Ulrich um etwas ganz anderes. Das Werk ist nur insoweit Darstellung seines Lebens, als es höfischer Frauendienst war. Es wählt aus der Gesamtheit eines bewegten Lebens nur das aus, was einem bestimmten Streben diente, dieses aber erhebt es zu exemplarischer Geltung. Ulrichs „Frauendienst" ist also nur in dem beschränkten Sinne Selbstbiographie, wie die Heiligenvita Biographie ist: Auswahl und Gestaltung eines geschichtlichen Rohstoffes unter dem Aspekt einer bestimmten Vorbildlichkeit. Und damit ist es ein sehr mittelalterlich gedachtes Werk. So betrachtet sind die wenigen, im eigentlichen Sinne geschichtlichen Partien des Werkes, der Tod Friedrichs des Streitbaren in der Schlacht an der Leitha (1246) und Ulrichs Gefangennahme durch den ungetreuen Pilgerim von Kars (1248), Unzukömmlichkeiten, offensichtliches Füllsel gegen Ende des Werkes, wo sich Ulrichs Dienst für seine Dame auf bloßen Minnesang einschränkte.

Der Vergleich mit der Heiligenvita macht aber auch sofort das Neuartige des Werkes klar: ein diesseitiges, innerweltliches Bestreben tritt mit dem Anspruch auf, lebensbestimmend und lebensgestaltend zu sein und darum als exemplarisch zu gelten und dargestellt zu werden. Der Darstellende aber ist zugleich der Erlebende und also der exemplarisch Lebende; das Ich hat solche Bedeutung gewonnen, daß es sich selbst als darstellenswert und in einer oft ganz naiven Unmittelbarkeit als vorbildhaft auffaßt und hinstellt. Ulrichs Frauendienst ist die Selbstdarstellung einer vorbildlichen Selbststilisierung als Frauendiener und Minnesänger.

Mit der Kennzeichnung „Selbststilisierung" ist dem Lichtensteiner bereits die literarhistorische Stellung angewiesen, in der wir ihn zu sehen haben. Er ist Nachfolger und Weiterbildner Reinmars von Hagenau. Nicht darauf kommt es an, ob und wieweit Ulrich Reinmars Lyrik nachgeahmt und abgewandelt hat. Wichtig ist, daß Ulrich gleich Reinmar sein Leben unter das verpflichtende Gesetz einer Stilisierung gestellt hat, und daß dieses Gesetz aus der Idee der Hohen Minne abgezogen ist. Erst die Erkenntnis dieser grundsätzlichen Gemeinsamkeit läßt es zu, die tiefen Unterschiede zwischen Meister und Jünger herauszuarbeiten, die zugleich Unterschiede der Persönlichkeit und der Zeit sind.

Reinmars Bestreben war ganz auf Reflexion gestellt, ganz nach innen auf seelische Haltung, auf leise Schwebungen und Schwingungen gerichtet. Ulrichs Bestreben ist dagegen ganz nach außen gekehrt, laut, darstellerisch oder – mit Schneider zu sprechen – schaustellerisch. Den *exercitia spiritualia* Reinmars stellt er sozusagen die gymnastischen Übungen eines Mannes gegenüber, der auf Rekorde im Minnedienst aus ist.

Reinmar konnte einem solchen Manne nur den grundsätzlichen Anstoß geben; in der Durchführung hat er andere Vorbilder. Er will ritterlichen, nach außen sichtbaren Dienst um die Gunst seiner Herrin leisten, und er findet das literarische Vorbild dafür im Artus-Aventiurenroman. Wie ein Artusheld will er seiner Frouwe durch erstaunliche Leistungen dienen. Da die Wirklichkeit des Lebens aber Aventiure nicht darbietet, muß er sie spielen. Er tut es, indem er die Rollen sozusagen vertauscht. Die Leistung, die das Leben zuläßt und der er leidenschaftlich ergeben war, ist das sportliche Turnier. Er umkleidet es mit der Phantastik des Romanes, indem er selber sich zur Romanfigur ausstaffiert und als Frau Venus oder als König Artus turnierend das Land durchzieht.

Ulrichs Lebensgestaltung ist also in ihren Grundzügen vom Minnedenken der Hohen Lyrik bestimmt: ein in frühester Jugend *(von kinde)*
begonnener, unverdrossen ausharrender, zwischen eingebildeten Seligkeiten und halb echten, halb gespielten Verzweiflungen schwankender
Dienst um die Gunst einer offenbar auch sozial unerreichbar hoch
stehenden Dame, die in zahlreichen Liedern verherrlicht wird. Die Verwirklichung aber geschieht von dem ritterlichen Gedanken der Tat und
Leistung her, und zwar, im Sinne des Romans, der aufsehenerregenden,
der unvergleichlichen Tat. Die Grenzen des Geschmacks sind dabei
anders gezogen, als unser differenzierteres Gefühl es erträgt. Die bekannten „Taten", das Trinken des Handwassers der Dame, die Operation eines entstellenden Schadens an seiner Lippe, das Abhacken des im
Turnier gebrochenen und steif verheilten Fingers und das Zusenden des
Gliedes an die Dame als Zeichen der Devotion vermögen wir nur schwer
als Minnedienst nachzuerleben und dürfen darin wohl wirklich Zeichen
der Veräußerlichung und Verrohung sehen. Der Versuch aber, die
Welt der Romane in die Wirklichkeit zu übertragen – die beiden Turnierfahrten und die Nachbildung einer Tristanszene in der Verkleidung
als Aussätziger – zeigt uns, wie solche Geschehnisse und Verhaltensweisen nur in einem poetischen Raume möglich sind, und wie sehr sie
zur Maskerade werden, sobald sie mit plumpem Eifer in bare Wirklichkeit umgesetzt werden.

Eben dieses aber geschieht hier, und es wird mit dem beflissenen Ernst
des Historikers in all seinen realen Einzelheiten vor uns ausgebreitet.
Wir spüren auch darin die sich wandelnde Zeit, den neuen Zug zum
Wichtignehmen der Realitäten. Er wird hier besonders aufdringlich
spürbar, weil es sich nicht – wie etwa in der Chronistik – um die Realitäten des wirklichen Lebens handelt, sondern um die gespielten Realitäten einer theaterhaften Welt, die doch wieder mit grundsätzlichem
Ernst behandelt werden. Keine Einzelheit wird übergangen, auch wenn
sie für Ulrich wenig rühmlich erscheint. Die Operation der Lippe mit
ihren widerwärtigen Heilmethoden, das metzgerhafte Abschlagen des
Fingers, den ganzen Ekel des Aufenthaltes unter den Aussätzigen breitet
Ulrich mit dem Sacheifer des Historiographen vor uns aus bis zu der
unappetitlichen Komik jener Szene, da Ulrich, das Zeichen zum nächtlichen Besuch bei seiner Dame erwartend, in einem Graben kauert und
der Burgvogt auf seinem abendlichen Inspektionsgang ahnungslos sein
Wasser über ihn abschlägt. Aber auch das Verspielte solchen Tuns wird
uns deutlich an der Szene im Dom von Treviso, wo Ulrich – als Frau
Venus verkleidet – bei der Ostermesse auf der Frauenseite Platz nimmt
und, den Osterkuß mit seiner schönen Nachbarin tauschend, im
Lobpreis der Süßigkeit des Frauenkusses schwelgt. Es ist wahrlich
ein weiter Weg von Wolframs Bemühen, Gottesdienst und Minne-

22*

dienst in höherer Einheit zu umgreifen, bis zu der frivolen Doppeldeutigkeit dieser kleinen Osterszene.

Solche schaustellerische Veräußerlichung des Minnewesens gibt uns Einblick in die
formale Erstarrung der höfischen Welt. Ohne die billigende Teilnahme der Gesellschaft wäre Ulrichs Frauendienst bloße Donquichotterie. Aber der Zustrom nicht nur
Neugieriger, sondern Teilnehmender zu seinen Turnierfahrten zeigt, daß Ulrich in
der Gesellschaft ernst genommen wurde. Und auch die Herrin, die uns sonst als die
Vernünftigste in diesem ganzen Spiel erscheinen will, tut doch darin mit. Von
ihr geht der Vorschlag aus, daß Ulrich in der Verkleidung als Aussätziger zu ihr kommen soll; sie will also eine Szene des Tristanromans nachgespielt wissen. Und wieder
eröffnet uns die nächtliche Empfangsszene einen Einblick in eine seltsame gesellschaftliche Welt. Als Ulrich an einem herabgelassenen Laken nicht ohne Schwierigkeit zum Balkon hinaufgezogen ist, sieht er sich der Herrin im Kreise ihrer dienenden
Damen gegenüber. Dennoch erhebt er angesichts dieser Situation hartnäckig den
Anspruch auf seinen Lohn, und das heißt in unverblümter Offenheit: auf die Liebesnacht. Wie dann die Dame den lästigen Liebhaber durch eine schmähliche List wieder
los wird, wie er darauf reagiert – verzweifelnd, doch ohne den Dienst aufzukündigen –
und wie rückhaltlos genau er diese peinlichen Episoden schildert, das offenbart eine
Robustheit des Fühlens und Verhaltens in der späthöfischen Gesellschaft, die uns mit
der seelischen Subtilität des Hohen Minnesanges kaum vereinbar erscheint.

In die Erzählung sind an dem zugehörigen Ort die Gedichte Ulrichs
eingeordnet. In der zweiten Hälfte, wo der Erzählstoff versiegt, schrumpft
der berichtende Text stellenweise zu knappen, reflektierenden Verbin-
dungsstücken zwischen den Liedern zusammen.

Die rund 60 Lieder Ulrichs, darunter ein Leich, haben mancherlei sachliches Interesse. Sie sind meist genau datierbar, z. T. unmittelbar aus der Situation entstanden.
Sie verteilen sich über 30 Jahre, und so haben wir hier wirklich einmal eine bestätigte
chronologische Reihenfolge, an der wir versuchen können, eine Entwicklung abzulesen. Die meisten Gedichte werden in der Überschrift als „Tanzweisen" bezeichnet, und Ulrich bestätigt mehrfach ausdrücklich, daß sie wirklich zum Tanz gesungen
worden sind. Ohne die Überschrift würden wir die Lieder als durchschnittliche
Minnelieder betrachten, und ich vermag zwischen den Tanzliedern und anderen
Liedern, die als „Singweise" oder „lange Weise" bezeichnet werden, keinen Unterschied zu entdecken. Es muß eine ganz andere Art Tanz gewesen sein, zu dem diese
Lieder gesungen wurden, als jener, dem die Tanzlieder Neitharts oder die Tanzleiche
Winterstettens gelten. Wir können sie hier nur als eigentlichen Minnesang behandeln.

Ulrich von Lichtenstein ist ein Mann mit einer leichten poetischen
und offenbar auch musikalischen Begabung, dem gut geformte Lieder
rasch gelingen. Tiefe und Originalität suchen wir bei ihm dagegen
vergebens. Seine Lieder haben für uns dadurch Interesse, daß sie sich
deutlich in zwei stilistisch und motivlich verschiedene Gruppen gliedern,
die mit den beiden Perioden seines Frauendienstes zusammenhängen.
Ulrich hat seinen Dienst gewechselt. Das eigentlich große Erlebnis ist
der Dienst für die hohe Herrin seiner Jugend. Ihr gelten seine eigentlichen „Taten", bis nach 13 Jahren ausharrenden Dienstes eine im Dunkel
des Geheimnisses verbleibende „Untat" der Herrin dem Dienst ein

Ende macht. Nach einer kurzen Zeit der Freiheit wendet dann Ulrich seinen Dienst einer neuen Frouwe zu, der weit blasser und durchschnittlicher, offenbar aber auch glücklicher verläuft.

Zwischen den beiden Diensten liegt ein Stilbruch in Ulrichs Lyrik, der auf einem Wandel der Vorbilder beruht, nach denen er sich richtet. Der erste Dienst, der in der ganzen Strenge des Hohen Minnedienstes gehalten ist, erzeugt auch Lieder im Stil des klassischen Hohen Minnesanges. Die Exaltiertheit des äußeren Dienstes spiegelt sich in den Liedern daher nirgends wider. Die Lieder dieser Periode, Lied 1–20, sind aus der unmittelbaren Nachfolge Reinmars und Walthers hervorgegangen; ihren Motiven und Formulierungen begegnet man auf Schritt und Tritt. So enthält Lied 2 ein Lob des Tages, da die Nacht ihm keine Erfüllung bringt, Lied 3 nimmt Walthers Thema der hohen und der niederen Minne in unmittelbarer Anlehnung an Walthers Lied 46, 32 auf, zollt aber der hohen Minne uneingeschränkten Preis, übt also an Walthers Streben nach der „ebenen Minne" Kritik zugunsten Reinmars. Lied 4 rühmt die innere Erhebung und Freude, die aus dem *wân*, der Gedankenminne erwächst, Lied 15 erhebt vor den Frauen Klage über die Härte der Herrin und spricht – ganz Reinmarisch – davon, daß die Leute sein Verhalten mißkennen. Lied 18 reflektiert über die echte und die falsche *huote*. So ließe sich Lied für Lied zum klassischen Minnesang in Beziehung setzen. Auch Morungens Einfluß fehlt nicht, formal in der Aufnahme frei komponierter Zehnsilbler-Daktylen (etwa Lied 10–12), inhaltlich in der literarischen Anspielung – die Herrin möge ihn erhören, wie Ysalde Tristram erhört hat (Lied 12) – oder in der breiten Durchführung eines Bildes: die Geliebte als Gefangene im Kerker seines Herzens und die Verhandlung um das Lösegeld, d. h. den Minnelohn (Lied 8).

Mit Lied 20 deutet sich der Bruch an, wie bei Walther und Wolfram noch als durch *zuht* gebändigte Warnung. Die Lieder 21–26, darunter der Leich, sind dann Scheltgedichte auf die Frouwe, Lieder des Zorns und der Auseinandersetzung; doch auch sie nennen sich *tanzwîse*. Sie sind nicht Absage an den Minnedienst schlechthin, aber Ulrich nimmt nach Walthers Vorbild das Recht für sich in Anspruch, die Frauen zu „scheiden" (Lied 22). Die Gedichte treffen nur die Eine, der er Wankelmut und Verlust ihrer *güete* vorwirft. Aber Lied 23 rührt an den Nerv des Hohen Minnedienstes, wenn er die Ursache des Bruches darin sieht, daß er gebunden war, die Herrin aber frei. Und während er nach einer neuen, besseren Herrin Umschau hält, deutet das letzte Zornlied (26) eine neue Haltung an; er sucht eine, die *dienst für dienst nemen kan*, er fordert also Gegenseitigkeit.

Was sich in den Zornliedern anbahnte, entfaltet sich in der Gruppe 27–29, die Ulrich *wânwîsen* nennt, d. h. freie Minnelieder, die keiner be-

stimmten Dame gelten. Hier wird deutlich, daß Ulrich sein Vorbild gewechselt hat; von der klassischen Dichtung Reinmars und Walthers
geht er zu der modernen Gottfrieds von Neifen über. Lied 27 setzt
sich so programmatisch mit dem *trûren* als einer minnewidrigen Haltung
auseinander, die *guoten wîben missehaget*, daß wir darin eine Absage an
Reinmar sehen dürfen. Was Ulrich jetzt verlangt, ist Freude, so wie
Gottfried von Neifen sie auffaßte (vgl. S. 353 f.). Das Stichwort der künftigen Dichtung heißt *hôher muot*, der nun als frisches Zugreifen in der
Liebe und Beseligung durch erfüllte Liebe gemeint ist. Auch Lied 28
ist auf den neuen Freudenton gestimmt, es verwendet die Formel *sich
zweien* für die Liebesverbindung und besitzt einen Natureingang, der
sichtlich an Neifen geschult ist. Und in Lied 29 ist der Übergang vollzogen. Es nennt sich *Ein Reye*, ist also ein neuer, der Neifengruppe nahestehender Typus Tanzlied und zeigt auch eine neue, bei Winterstetten
wiederkehrende Form: Auflösung in kleinste, rasch wirbelnde rhythmische Elemente unter Vernachlässigung des syntaktischen Zusammen-
hangs. Auch stilistisch kündigt sich das neue Vorbild in der asyn-
detischen Kettung von Substantiven (*heide, walt, anger, velt*) oder ad-
jektivischen Epitheta (*wîz, rôt, blâ, gel, brûn, grüen*) an. Das Lied ist aus
der neuen, höfisch-gebändigten Daseins- und Sinnenlust des Neifenkreises gedichtet, spricht von Kuß, Blick und Umarmung, und zum
ersten Male erscheint hier der *kleinvelhitzerôte munt* der Frouwe, der zart-
häutig brennend rote Mund, der künftig noch oft vorkommen sollte,
und mit dem Ulrich den *rôten munt* seines neuen Meisters Gottfried von
Neifen preziös zu übertreffen sucht.

In solchem Ton und solcher Stimmung beginnt der zweite Minnedienst Ulrichs, dem zunächst die Lieder der Gruppe 30–45 angehören.
Sie sind in der Zeit zwischen 1233 und 1246 gedichtet. Überall sind
Neifensche Einschläge handgreiflich: seine Art des Natureingangs, die
Verkündung einer sinnlich durchwärmten Lebenslust, sinnlich leuch-
tende, doch zarte Schönheitsbeschreibung, der *kleinvel(hitze)rôte* Mund,
die funkelnden (*spilnden*) Augen, das strahlende Lachen, eine neue,
lockendere, *lôse* Anmut der Frau. Die metrischen Formen bleiben einfach; Lied 33 mit seinen kunstvollen Reimspielen steht vereinzelt. Im
allgemeinen fehlt Ulrich das schwerelose Virtuosentum von Gottfrieds
raffiniert einfacher Kunstfertigkeit.

Die Anklänge an Walther verschwinden auch in dieser Gruppe nicht
ganz, treten aber stark zurück. Einen abermaligen Wandel bringen die
schweren Ereignisse der Jahre 1246/48, der Schlachtentod Friedrichs
des Streitbaren und die Gefangenschaft Ulrichs. Insofern stehen also
auch diese Ereignisse nicht beziehungslos im Frauendienst. Der nunmehr bald fünfzigjährige Dichter schlägt ernstere Töne an. Seine Lieder
sind, betrachtend und reflektierend, zunächst noch (Lied 46–48) mit

Neifenschen Motiven und Formeln stark durchsetzt, kehren aber mehr und mehr zu Walthers Art zurück. Der alternde Ulrich dringt zu einer ernsteren und tieferen Erfassung seines Meisters Walther vor. Schon in der Form, einfachen Sechs- oder Siebenzeilern mit reimender Bindung von vier- und sechstaktigen Zeilen, drückt sich die Rückkehr zu Walther aus. Die Reflexionen über falsche und echte Minne (Lied 49), über das Schwinden echter Zucht und Freude bei den Jungen und den Mächtigen (Lied 50), das Kreisen um das Problem *wîp* und *frouwe* (*wîp und frouwe in einer wæte* Lied 53) zeigen, wie sich Ulrich in Walthers Gedankenwelt vertieft. Der *hôhe muot* bleibt seine Grundhaltung, aber er gewinnt wieder den klassischen Sinn der inneren Erhobenheit durch den Dienst für eine edle Frau, und Ulrichs Preis der Frauenschönheit kehrt zu Walthers Idealschau zurück. Die Neifenschen Formeln der sinnlichen Anmut werden seltener, die Strophe 3 des Liedes 52 in ihrem Neifenstil steht jetzt isoliert und uneinheitlich im Gefüge. Und in Nachahmung Walthers rühmt sich Ulrich in Lied 54, dreißig Jahre lang im Dienst der Minne gestanden zu haben.

Ist so Ulrich von Lichtenstein vor allem als Nachfahr und Weiterbildner erkannt, so darf einiges Eigene nicht verschwiegen werden. Mehr äußerlich ist seine Abwandlung des Tageliedes (Lied 36 und 47), die er in Str. 1622 ff. ausführlich begründet. Solche edlen Wächter, denen eine adlige Frau ihre Ehre anvertrauen könne, gebe es nicht. Statt eines solchen *gebûren* führt er daher ein adliges Fräulein aus dem Gefolge der Dame ein, der die Rolle des Warnens und Weckens übertragen wird. Wesentlicher scheint mir der Einschlag des eigentlich Ritterlichen in Ulrichs Lyrik. Er verwendet das Wort *ritter* wieder im Minnelied. Er hat durch die Frouwe *ritters leben*, da er ja um ihretwillen ritterliche Taten tut; er nennt sich geradezu den Ritter seiner Dame. Das entspricht Ulrichs Schätzung des tätigen Rittertums und entspringt aus seiner Nachbildung des Romans. Und so finden wir bei ihm zwei Beispiele für eigentlichen Rittergesang, zwei Marschlieder, die er *ûzreise* nennt (Lied 16 und 38). Beide preisen den Ritter als den Träger des Schildes und dessen Amtes, sie sprechen von der Ehre des Schildes und den Forderungen, die sie an den Mann stellt, und rühmen den Dienst, den der Ritter im Waffenkleid und durch Waffenübung für seine Herrin leistet. Solche Töne kennen wir in der Minnelyrik sonst nicht; sie stehen nach Gesinnung und Formulierung Wolframs Exkurs nach dem 2. Buch des Parzival nahe.

Zwei Jahre nach dem „Frauendienst", also 1257, hat Ulrich noch sein „Frauenbuch" zu Ehren seiner Dame gedichtet. Er nennt das Gedicht ein „Büchlein" und bezeichnet es damit richtig als eine theoretische Abhandlung über Minnefragen. In einem Gespräch zwischen einem Ritter und einer Dame wird über den Verfall der wahren Minne verhandelt. Zunächst werden in gegenseitiger, aber immer höflicher Beschuldigung einzelne Fehler der Frauen und der Männer – darunter das Umsichgreifen der Homosexualität – zur Sprache gebracht, danach das Ideal des vollkommenen Minneritters entwickelt. Im Schluß tritt der Dichter selber zu diesem Zwiegespräch, und als Schiedsrichter angerufen, erweist sich der fast Sechzigjährige immer noch als der unentwegte Frauendiener und findet eine feine Wendung, um der Dame recht zu geben.

Sehr viel kärglicher ist die Ernte des späthöfischen Minnesangs im Norden und Osten des Sprachgebietes. Morungen scheint dort wenig Nachfolge gefunden zu haben. Das mag zum Teil Täuschung durch die Überlieferung sein; unsere oberrheinischen Handschriftensammler haben aus jenen für sie abgelegenen Gegenden weniger aufgefangen. Aber es ist doch wohl mehr als nur äußerer Zufall. Was sich in der zweiten Hälfte des Jahrhunderts sehr deutlich zeigt, dürfte auch schon für die späthöfische Zeit gelten: in der lyrischen Dichtung kennt Mittel- und Ostdeutschland vornehmlich zwei Gruppen, die sie pflegen, den fürstlichen Dilettanten, der sich im hohen Minnesang übt, und den unritterlichen Literaten als den Träger einer gelehrten Spruchdichtung. Die beiden großen Mächte der künftigen Entwicklung, Landesfürstentum und Bürgertum, treten hier im großräumigen und z. T. jungen Kolonialland auch literarisch reiner hervor als im sozial differenzierteren, traditionsgetränkteren Süden und Westen.

So ist nach Morungen eigentlich nur noch ein ritterlicher Sänger in Thüringen zu nennen, und auch dieser gehört wohl erst ganz ins Ende unserer Periode. Das ist Kristan von Hamle. Persönlich wissen wir von ihm nichts, literarisch kennen wir ihn durch ein halbes Dutzend Lieder. Er ist nicht mehr als ein nicht ungewandter Eklektiker. In einem seiner Lieder stammt der *sitich in dem glas* von Morungen, die personifizierende Anrede *Her Anger* an die Blumenwiese von Walther, und der Gedanke, daß der Anger Freude empfindet, wenn die Herrin über ihn wandert, ist einer jener hübschen Einfälle, die der Dichter der Spätzeit sucht. Vor allem aber ist Kristan bei Neifen in die Schule gegangen und hat von dessen beschwingter Rhythmik und zuchtvoller Sinnenfreude gelernt.

Dagegen beginnt schon fast neben Morungen die Reihe der fürstlichen Dilettanten des Nordens und Ostens. Der früheste ist Herzog Heinrich I. von Anhalt, ein Schwiegersohn Hermanns von Thüringen. Er trat schon 1199 politisch hervor, ist also eher jüngerer Zeitgenosse als Nachfahr Morungens und Walthers. Er regierte seit 1212 und starb 1252, nachdem er die Regierung schon vorher niedergelegt hatte. Eine Generation jünger ist dann Markgraf Heinrich III. von Meißen, ein Sohn von Morungens Gönner Dietrich von Meißen und Enkel Hermanns von Thüringen. Er ist 1218 geboren und gehört damit der letzten staufischen Generation an. Die Reihe fürstlicher Sänger setzt sich dann in Otto (mit dem Pfeil) von Brandenburg, Herzog Heinrich IV. von Breslau, König Wenzel II. von Böhmen und Fürst Witzlaff von Rügen, weiter ostwärts ausgreifend, bis zur Jahrhundertwende fort.

Von Herzog Heinrich von Anhalt besitzen wir nur zwei Lieder, deren eines in den durchgereimten Daktylen der Hausenschule verfaßt und auch inhaltlich ganz „rheinisch" ist: Schelten auf die *huote*, das *lant al umbe den Rîn*, die Frau als Gottes Kunstwerk, die Erhöhung des Mannes durch den Dienst der Herrin. Das andere ist eigener und wohl durch Morungen inspiriert. In einem Ton der Hingerissenheit preist es den süßen Duft des Windes, der aus dem Lande seiner Herzenskönigin ihn anweht. Zugleich aber bietet es ein frühes und krasses Beispiel für die geziert-französelnde Hofsprache, und in dem Wunsche, mit der Geliebten *liebiu kint* zu *prônieren*, offenbart es ein – wenn man hier so sagen darf – seltsam spät und bürgerlich wirkendes Mißverstehen dessen, was die Liebesvereinigung für den Hohen Minnesang eigentlich bedeutet.

Noch weniger originell, ein freundliches Talent, das auf den Bahnen späthöfischer Minneformeln und zuchtvoller Lebensfreude wandelt, ist **Heinrich von Meißen**. Seine 6 Lieder, sauber in Form wie Inhalt, sind teils Minneklagen, teils freudige Erhobenheit über die gewährte Huld eines Grußes oder Lächelns der Dame. Ohne jedes Eigengepräge lassen sich diese Lieder in der Nachfolge Reinmars und in der Nähe Neifens – doch ohne dessen Versvirtuosität – unterbringen.

Ordnen wir diesen fürstlichen Dichtern noch einen letzten Thüringer zu, so wissen wir von ihm freilich weder Zeit noch Familie. Aber sein Name könnte doch in die Sphäre des aufstrebenden Territorialfürstentums führen. Die Handschrift C, die ein knappes Dutzend Lieder von ihm bewahrt hat, nennt ihn den **tugendhaften Schreiber**, was auf einen bürgerlichen Beamten in einer fürstlichen Kanzlei deuten könnte. Da ihn das Gedicht vom Wartburgkriege im späten 13. Jh. im Kreise des Sängerwettstreits auftreten läßt, muß er als nicht unbedeutend gegolten haben. Setzt man ihn mit einem 1208-1228 urkundlich auftretenden *Henricus notarius* oder *scriptor* gleich, wozu indessen nichts zwingt, so wäre er fast noch Zeitgenosse Walthers. Was wir von ihm kennen, scheint uns wenig bedeutend. Die frei behandelten Daktylen der Lieder I und III und die Durchreimung des Liedes VII können Erbschaft von Morungen sein. Sie wären aber das einzige, was an Morungen erinnert. Sonst sind die zierlichen und freundlichen Liedchen voll mancher, gelegentlich auch Morungenscher Anklänge, aber ohne eigene Physiognomie.

LITERATUR

Ulrich von Singenberg: Ausg.: KARL BARTSCH, Die Schweizer Minnesänger. Frauenfeld 1886. Nr. II S. 12–58; 409–19. – Lit.: EHRISMANN II 2, 2 S. 276–77. – LUDWIG WOLFF, Verf.-Lex. IV (1951–52) Sp. 595–603.

Pfeffel: Ausg.: KARL BARTSCH, Die Schweizer Minnesänger. Frauenfeld 1886. Nr. V S. 71–73; 421. – Lit.: EHRISMANN II 2, 2 S. 279. – ELIS. KARG-GASTERSTÄDT, Verf.-Lex. III (1943) Sp. 875–76.

Heinrich von Sax: Ausg.: KARL BARTSCH, Die Schweizer Minnesänger. Frauenfeld 1886. Nr. XIV S. 138–49; 435–36. – Lit.: EHRISMANN II 2, 2 S. 277. – SAMUEL SINGER, Verf.-Lex. II (1936) Sp. 331.

Leuthold von Seven: Ausg.: C. VON KRAUS, Liederdichter Nr. 35 S. 245–49. – Lit.: EHRISMANN II 2, 2 S. 269.

Rubin: Ausg.: C. VON KRAUS, Liederdichter Nr. 47 S. 338–58. – Lit.: EHRISMANN II 2, 2 S. 268.

Ulrich von Lichtenstein: Ausg.: KARL LACHMANN, Berlin 1841 (Frauendienst u. Frauenbuch). – REINHOLD BECHSTEIN, Deutsche Klassiker des Mittelalters 6. Leipzig 1888. 2 Bde (Frauendienst). – C. VON KRAUS, Liederdichter Nr. 58 S. 428–94 (Gedichte). – Lit.: EHRISMANN II 2, 2 S. 262–65. – HELGA REUSCHEL, Verf.-Lex. IV (1951–52) Sp. 584–89. – KARL KNORR, Über Ulrich von Lichtenstein. Historische und literarische Untersuchungen. Straßburg 1875. Quellen u. Forsch. Bd. IX. – REINHOLD BECKER, Wahrheit und Dichtung in Ulrichs von Lichtenstein Frauendienst. Halle 1888. – FRIEDR. NEUMANN, Ulrichs von Lichtenstein Frauendienst. Eine Untersuchung über das Verhältnis von Dichtung und Leben. ZfDkde 1926 S. 373–86. – ANNEMARIE BRUDER, Studien zu Ulrich von Lichtensteins „Frauendienst". Diss. Freiburg i. B. 1923. – HANS ARENS, Ulrichs von Lichtenstein „Frauendienst". Palaestra 216. Leipzig 1939. – WALTHER BRECHT, Ulrich von Lichtenstein als Lyriker. ZfdA 49 (1908) S. 1–122. – FRANZ UTZ, Das Moralsystem bei Ulrich von Lichtenstein. Diss. Greifswald 1920. – WERNER RUST, Freud und Leid in Ulrich von Lichtensteins „Frauendienst" (Affekte, Affektsäußerungen, Gebärden und Stimmungen). Diss. Greifswald 1918. – OTTO HÖFLER, Ulrichs von Lichtenstein Venusfahrt und Artusfahrt. Studien z. dtsch. Philol. des Mittelalters. Festschr. zum 80. Geb. von Friedrich Panzer. Heidelberg 1950. S. 131–52. – HANS PUSCH, Klang und Rhythmus bei Ulrich von Lichtenstein. Diss. Berlin 1921 (ungedr.). – GÜNTHER MÜLLER, Strophenbindung bei Ulrich von Lichtenstein. ZfdA 60 (1923) S. 33–69.

Kristan von Hamle: Ausg.: C. VON KRAUS, Liederdichter Nr. 30 S. 220–24. – Lit.: EHRISMANN II 2, 2 S. 284. – GUSTAV ROSENHAGEN, Verf.-Lex. I (1933) Sp. 374.

Herzog Heinrich (I.) von Anhalt: Ausg.: C. VON KRAUS, Liederdichter Nr. 2 S. 20–21. – Lit.: EHRISMANN II, 2, 2 S. 285. – GUSTAV ROSENHAGEN, Verf.-Lex. II (1936) Sp. 247–48.

Markgraf Heinrich (III.) von Meißen: Ausg.: C. VON KRAUS, Liederdichter Nr. 21 S. 153–56. – Lit.: EHRISMANN II 2, 2 S. 285. – GUSTAV ROSENHAGEN, Verf.-Lex. II (1936) Sp. 299. – FLATHE, Allgem. dtsche Biogr. 11 S. 544–46.

Tugendhafter Schreiber: Ausg.: C. VON KRAUS, Liederdichter Nr. 53 S. 406–14. – Lit.: EHRISMANN II 2, 2 S. 284. – GUSTAV ROSENHAGEN, Verf.-Lex. (unter Heinrich d. tugendh. Schreiber) II (1936) Sp. 247–48. – KARL SIMROCK in seiner Ausgabe des Wartburgkrieges (1858) S. 284f.

3. DIE DICHTER DES SPÄTSTAUFISCHEN HOFKREISES

Man hat eine Gruppe von Lyrikern dieser Zeit im engeren Sinne als spätstaufisch bezeichnet, indem man sie in naher Beziehung zu Heinrich, dem jungen Sohne Friedrichs II., sah. Sofern sich daraus die Vorstellung eines Musenhofes um den jungen König ergibt, ist solche Gruppierung bedenklich. Die drei Hauptgestalten: Burkhart von Hohenfels, Gottfried von Neifen und Ulrich von Winterstetten, sind schon ihrem Lebensalter nach nicht gut gleichzeitig und gleichgestellt im staufischen Hofgefolge zu denken. Aber daß der Hof Heinrichs VII. ein Sammelpunkt höfischen Lebens und damit ein Anziehungspunkt für ritterliche Dichter war, ist doch nicht zu bezweifeln. Von allen drei Genannten steht fest, daß sie wirklich einen Teil ihres Lebens im Dienst der Söhne Friedrichs II. gestanden haben, und zwei von ihnen, Neifen und Winterstetten, entstammen Familien, die wir eng mit dem Stauferhof verbunden wissen. So besteht die Vorstellung doch zu Recht, daß wir in der Lyrik dieser Männer etwas erfassen, was ohne den staufischen Hof nicht denkbar ist und was wir daher spätstaufische Hofkunst nennen dürfen.

Der Älteste dieser Gruppe ist Burkhart von Hohenfels, staufischer Ministeriale aus dem Bodenseegebiet (bei Sipplingen am Überlinger See). Er ist urkundlich schon 1212 bezeugt und wird 1242 zuletzt erwähnt. Er wird also etwa geboren sein, als Walther „singen und sagen lernte", und ist noch Zeitgenosse des alten Walther. Im Kreise Heinrichs VII. ist er nach 1228 nicht mehr anzutreffen; die kurzen Jahre des Aufstrebens und den Fall des jungen Königs scheint er nicht mit ihm geteilt zu haben.

Burkhart kennt die beiden Spielformen der spätstaufischen Hofkunst, die preziöse und die galante. Die Aufgabe, den vorgegebenen, zur Konvention gefestigten Inhalt des Minnesangs neu und originell zu formen, hat er mit gewichtigem Ernst angefaßt. Seit je ist der Reichtum seiner Bilder und ihre Detailliertheit als das Sonderzeichen seiner Kunst erkannt worden. Man darf sie nur nicht für den Ausdruck eines unmittelbaren Erlebnisses halten. Es sind gelernte Bilder in gelernten Formen der Durchführung. Burkhart ist ein gelehrter Ritter, neben den deutschen Meistern des Hohen Minnesangs von Hausen bis Reinmar kannte er die lateinische Theorie der Poesie und Psychologie. Seine Bilder sind dem ritterlichen Umkreis entnommen und im früheren Minnesang vorgeprägt. Der Falke kehrt bei ihm mehrfach wieder, noch immer als das Bild des aufsteigend-ritterlichen Mutes, doch nunmehr umgebildet zu dem eingefangenen und gezähmten Falken. Die Minne erscheint als Jagd, als Fehde und Belagerung; das Schiffsmotiv, das schon Dietmar von Aist kannte, kehrt ebenso wieder wie die Bilder aus dem Bezirk des Lehensrechtes und der Ergebung in die Gewalt der Herrin. Neu wirken sie durch die genaue Durchführung und die Fülle handgreiflicher Einzelheiten. Wir werden mit Recht den Zug der Zeit zu anschaulicher Genauigkeit darin wiederfinden. Aber sie sind nicht eigentlich gestaltet, sondern in ihre Einzelheiten zerlegt. Und indem diese nach den Regeln einer gelehrt-abstrakten Theorie zu unsinnlichen psychologischen Vorgängen in eine gleichungsmäßige Beziehung gesetzt werden, wird das Bild zur Allegorie. Burkhart ist auf dem zukunftsvollen Wege der Minneallegorie des späten Mittelalters. Sein Lied IX etwa mit dem ausgeführten Jagdbild weist zu dem großen allegorischen Jagdgedicht des Hadamar von Laber hinüber, die Darstellung seines Herzens unter dem

Bild der Burg, darin die Geliebte herrscht (Lied XVI), das in plötzlichem Umsprung in das andere Bild einbiegt, daß er die Burg der Geliebten belagert – das ist im Kern die später so unendlich ausgesponnene Allegorie von der Minneburg.

Wie sehr solch Bild „erdacht" ist, möge ein Beispiel zeigen. Das stolze Wild, das der Dichter jagt, ist *snel, wîs* und *starc*. Jede der drei Qualitäten ist in eine Sachbeziehung und in eine psychologische Beziehung gesetzt: schnelle Gedanken sind wie flüchtendes Wild vor dem Windspiel, weiser Sinn ist Menschenart, Stärke lebt in dem Löwen. Die breite Allegorese, die der geistlichen Rede längst geläufig war, seit dem Ende des 13. Jh. auf die Minne Anwendung fand und alles deutlich, oft weitschweifig auseinanderlegt, ist hier in die Enge einer lyrischen Strophe gepreßt, anspielungshaft bis zur Undeutlichkeit. Es ist nicht mehr Bild, weder durchlebtes, wie bei Morungen, noch gedachtes, wie bei Fenis; es ist schon Allegorie geworden, und damit Vorbereitung einer künftigen Dichtung, die sich an solcher Lust der erdachten, oft gekünstelten Beziehungssetzung nicht ersättigen konnte. Zu ihr gehört eine unplastische Überdeutlichung der Einzelheiten, die das umfassende und eben darin poetische Bild sachlich zerlegt. Wenn im Bild des Herzens als belagerter Burg *ebenbœhe, katzen, mangen*, drei Belagerungsmaschinen, auffahren, so verliert es an poetischem Schmelz, ohne an Klarheit zu gewinnen. Spätere ausbreitende Allegorese hätte es sich nicht entgehen lassen, diese Geräte ins einzelne zu dem seelischen Vorgang deutend in Beziehung zu setzen.

Solches wirkt wie der Einbruch einer handfesten Realistik in die zarte Welt der hohen Minnelyrik. In der Tat handelt es sich um eine bewußte Stilform. Es gehört zu den Wesensmerkmalen des geblümten Stils in seiner expressiven Spielart, daß er sich vor dem Sonderbaren, ja Plumpen und Banalen nicht scheut, sofern es nur das Ungewöhnliche und Aufsehenerregende ist. Es ist Wolframs Stil, der im Alter zur Manier wird, aber immer von der Kraft einer unerhörten Phantasie getragen bleibt. Solche Phantasie wird man auch Burkhart nicht absprechen; bloß gewollte Berechnung ist seine Lust an dieser Stilform sicherlich nicht. Aber sie ist auch nicht notwendiger Durchbruch einer innerlich bedrängenden Fülle. Das Lied II setzt in fünf Strophen Wesenszüge einzelner Tiere in Bezug zum Liebesempfinden des Dichters. Ist schon eine solche Reihe, die im symbolischen Einhorn gipfelt, Erzeugnis einer erdachten Planung, so ist der Vergleich der Unruhe des liebenden Herzens mit dem aufgeregten Umherschießen des Fisches im Zuber eine solche „Blüte" des Stils, die an die Grenze des Erträglichen führt. Der derbe Grobianismus eines Steinmar hat sie denn auch parodierend übertrumpft: Wie ein Schwein in einem Sacke fährt mein Herze her und hin.

Zum geblümten Stil gehören auch seltene, auffallende Wortprägungen und die Verwendung außerpoetischer Wörter. Auch darin ist Wolfram das große Vorbild. Und wiederum wie eine Entladung drangvollen Überschwanges wirkt die asyndetische Reihung von Synonymen, als genüge ein Wort nicht, das Gemeinte auszudrükken: *der spilt ê mit reinen wîben, kiuschen megeden frô, frî z'allen stunden* (Lied V); *ir rôsen, ir bluomen, ir tugentfrühtig kriutel* (Lied XIV).

So werden auch Vers und Strophe einem neuen, bewußten Formstreben unterworfen, das nach zwei Richtungen geht: nach einer gewollten architektonischen Einfachheit und Glätte oder nach kunstvollen Formexperimenten. Der Weg fort von dem klassischen Ebenmaß
ist hier besonders empfindlich zu spüren, indem Form und Sprache aus-
einanderstreben, Form also nicht mehr organischer Teil eines Gesamtwerkes ist, sondern losgelöste Einzelaufgabe kunsthandwerklicher
Art. Vers und Satz laufen willkürlich ihre eigenen Wege, und
selbst der natürliche Wortton ist nicht mehr unverbrüchliches Gesetz: Rhythmisierungen wie *mín herzé; dó lúhtén; ír vorhté* begegnen
auf Schritt und Tritt. Vielleicht hat hier die Freiheit des lateinischen
Verses eingewirkt.

All dies ist weder Mangel an Kunst noch Mangel an Geschmack;
es ist die preziöse Form der Überbietung und damit Auflösung des
klassischen Gleichmaßes, die man vergleichend auch als Barock oder
Manierismus bezeichnen kann. Diese Kunst bleibt ritterlich und höfisch
in einer gesteigerten Exklusivität und darf daher mit ähnlichen Erscheinungen bei bürgerlichen Literaten des späten 13. Jh.s nicht zusammengeworfen werden, obwohl sie aus denselben Anstößen hervorgeht: aus der Säkularisierung der Gelehrsamkeit und aus der Erschütterung aller sicher und klar gefügten Verhältnisse seit der späten Stauferzeit.

Die andere Seite dieser höfischen Spätkultur ist die Wendung zum
graziös Galanten, schäferlich Verkleideten. Auch darin ist Burkhart
erfahren. Er macht jene vorgetäuschte Flucht aus den Höhen höfischer
Idealität in eine angebliche Natürlichkeit mit, die wir als Ganzes schäferlich nennen. Und man hat den Eindruck, daß in dieser Flucht bei ihm
etwas Echtes ist, daß sein Preis der „Freude und Freiheit" ein wirkliches
Aufatmen ist. Doch vollzieht sich diese Flucht auch bei ihm in der Form
der Travestie und in den Grenzen der höfischen Anmut. Zwei Reigenlieder (I und XI) und zwei Gespielinnengespräche (VII und XV) gehören in diesen Bereich. Die Frage nach den Quellen solcher Stücke
aus dem *genre objectiv* lassen wir auch bei Burkhart beiseite. Es ist
nicht auszusagen, in welchen Abhängigkeiten er steht und wieweit er
selbständig außerhöfische, außerschriftliche Formen angepaßt hat. Daß
der weitbekannte Meister der dörflichen Poesie, Neithart von Reuenthal,
auch auf ihn gewirkt hat, scheint mir auf Grund mancher Einzelmotivik
nicht so unwahrscheinlich, wie es neueste Auffassungen meinen.

Die Sphäre der höfischen Frau ist verlassen; die *puella* tritt in ihr Recht, sowohl in
den Reigenliedern (*kinder* I, *megde* XI) wie in den Gespielinnengesprächen. Doch
verbleibt Burkhart im höfischen Kreise; nichts in den Tanzliedern deutet auf eine
dörfliche Gesellschaft, nur in einen ländlichen Bereich (*stube – schiure – stadelwíse*) neben
der freien Natur. Die Gespielinnen in Lied XV sind zwei junge adlige Kinder; einzig
in Lied VIII sind die Gesprächspartnerinnen kontrastiert: das Edelfräulein, das sich
nach Freiheit sehnt, und die arme Magd, die sie besitzt. Und auf jenes Ritterfräulein

und dessen Sehnsucht fort aus dem höfischen Bannkreise kommt es an; die Bauern-
magd ist nur Kontrastfigur.

Lied I mit seinem Wintertanz, seiner wirbelnden Sinnlichkeit, seinem erregenden
Rhythmus scheint mir besonders stark unter der Wirkung von Neithart zu stehen.
Lied XI dagegen ist weit stärker ins Höfische stilisiert: der Tanz wirbelt nicht *mit
gedrenge*, er *slîchet*, die Tanzenden gehen *eben unde lîse*, die frohe Sinnenerregung der
klâren megde ist *zühteclîch, minneclîch*, der Hohe Mut steht in der Lehre der *bescheidenheit*,
die Partnerin ist *diu werde* – alles ist auch in der Terminologie dem eigentlichen Minnelied nahe. Und in dem Natureingang bricht Burkharts Gelehrsamkeit durch: die sommerliche Jahreszeit ist das Ergebnis des freudigen und zeugenden Ineinanderwirkens
der vier Elemente.

„Freude und Freiheit" – die Refrainworte von Lied XI – sind die
eigentlichen Stichwörter dieser schäferlichen Poesie. Sie erfüllen die
Lieder und bestimmen deren Rhythmus. „Liebe" und „Minne" bedeuten
etwas anderes, etwas Sinnliches und Entbändigtes. Freie Liebe, so bekennen die Mädchen in Lied XI, beflügelt uns die Sinne. Und der Refrain des
Gesprächsliedes VII nimmt den Kontrast zwischen Freiheit und Gesellschaft auf: Mir ist ein Strohkränzlein und mein freier Sinn lieber als
ein Rosenkranz bei gesellschaftlicher Behütung. An diesen Liedern und
ihrer Freiheitslust ist soviel Echtes wie an den Schäferspielen des Barock:
ein echtes Gefühl der Eingeschlossenheit in einer künstlichen Umwelt
und Atmosphäre, eine echte Sehnsucht, die Grenzen zu durchbrechen
und wieder auf naturgewachsenen Boden zu treten. Aber doch die Unfähigkeit zu wirklichem Durchbruch aus dem Gezähmten ins Ursprüngliche und das geheime Wissen um diese Unfähigkeit. Sie treten nicht
wirklich hinaus ins ersehnte Freie, Einfache, Naturhafte, sie holen es zu
sich herein und spielen es sich vor. Manche, wie Neithart, tun es mit
einer ursprünglicheren Kraft und einem wacheren Bewußtsein der
Dissonanz. Burkhart tut es seltener und gedämpfter; sein Bereich bleibt
der höfische Raum.

Gottfried von Neifen, ein Schwabe freiherrlichen Geschlechtes,
ist mit dem staufischen Hofe enger verbunden gewesen als Burkhart
von Hohenfels. Durch seinen Vater, den Protonotar des jungen Königs,
wird er von Kind an mit den Hofkreisen vertraut gewesen sein, und er
hat als junger Mann auf Heinrichs Seite dessen Aufruhr gegen den
Vater, Friedrich II., und den folgenden Zusammenbruch von 1234/35
mitgemacht. Sein Leben läßt sich danach bis 1255 verfolgen, ohne fortan
mit dem staufischen Hofe verknüpft zu sein. Aber seine eleganten Gedichte setzen eine höfische Umwelt beschwingter Festfreude, eine galante Gesellschaft voraus; geprägt ist der junge Virtuose zweifellos
durch den Hof Heinrichs VII.

Denn ein Virtuose war dieser Mann, dem keine formale Aufgabe zu
schwer zu sein scheint. Nichts ist hier von Burkharts gewichtiger Wort-
und Bilderfülle, alles ist hier leicht und mühelos. Dabei sind Neifens formale Mittel einfach und wenig variabel; er kehrt scheinbar zu der

Schlichtheit alter Viertakter in wechselnden Strophengebänden zurück, mit denen er einen guten Teil seiner Töne bestreitet. Nur sind die Reimverschlingungen viel raffinierter, und mit seiner Vorliebe für flüssige weiblich-volle Kadenzen gibt er seinen Liedern eine tänzerische Beschwingtheit. Daneben beherrscht er aber auch jede andere Strophenform, und seine Anregungen kommen sowohl von der kontrastierenden Strophenfügung Reinmars und Walthers wie von Neitharts Lust an der Verbindung sehr langer, rasch fließender Zeilen mit kurzen – eine tänzerische Form ganz anderer Art.

Die eigentliche Virtuosität Neifens liegt jedoch im Klanglichen, in der Durchführung jeder Art von Reimketten und Reimspielen, die er weit über die Ansätze der frühen und der klassischen Zeit hinaus fortbildet. Mit besonderer Freude und Raffiniertheit pflegt er die grammatischen Reime jeder Art, das Fortspielen derselben Wortklänge durch alle Stadien der Binnen- und Endreime, und entsprechend die rührenden Reime, die Bindung klanggleicher, aber bedeutungsverschiedener Wörter als festes Reimprinzip ganzer Lieder. Neifen ist darin zum Lehrmeister aller Späteren geworden, die das Wesen ihrer Kunst im klanglichen Virtuosentum gesucht haben. Kaum einer hat jedoch diese spielende und scheinbar mühelose Virtuosität erreicht, die allein dieses Spiel erträglich und sogar lustvoll macht.

Mit solcher Virtuosität der Form verbindet sich bei Neifen ein erstaunlicher Mangel an Originalität im Sprachlichen und Inhaltlichen. Wenn wir von der kleinen und in ihrer Echtheit bezweifelten Gruppe pastourellenhafter oder grob-zotiger Liedchen absehen, die unter seinem Namen stehen, so kann man sagen, daß man alle Lieder Neifens kennt, wenn man eines gelesen hat. Alle beginnen sie mit dem von ihm wieder voll zu Ehren gebrachten Natureingang, alle sind sie Minnewerben und Minneklage, schablonenhaft durchgeführt, sehr wenig bildhaft und, wo sie Bilder verwenden, niemals originell. Neifens gesamter Wort- und Ausdrucksschatz ist bei den Älteren schon da, unaufhörlich wiederholen sich die gleichen Wendungen, die üblichen Beiwörter, die längst bekannten rhetorischen Fragen, Anreden und Ausrufe. Jedes Lied sieht aus wie ein Zusammensetzspiel aus lauter längst bekannten Teilchen.

Das Besondere und Abstechende scheint selbst dann gemieden, wenn es klassisch vorgeprägt war. Neifens Wortschatz ist erstaunlich arm und blaß. Die preisenden Beiwörter für die Geliebte werden gern gehäuft; eine einzige Strophe von 8 Zeilen (Lied XXVIII, 3) verbraucht sieben Epitheta: *wolgemuot, hochgemuot, hêr, liep, sælic, reine, guot.* Aber sie alle sind Scheidemünze und sie alle kehren in anderen Liedern unermüdlich wieder. Der einzige jüngere Zuwachs in seinem Schatz der Epitheta ist *lôse.* Oder man nehme Neifens Naturbilder. Sie tun zu dem alten Schatz an Stichwörtern nichts hinzu und bevorzugen innerhalb des Überlieferten das Allgemeinste: *walt* und *heide* mehr als *linde* oder *anger;* den *winter* mehr als *snê, frost, rîfe;* die *vogele* mehr als die *nahtegal,* die *bluomen* mehr als *gras, loup, klê.* Einzig die *rôse* genießt aus gleich zu besprechendem Grunde einen besonderen Vorzug. Sieht man daneben, welche Mannigfaltigkeit und Anschaulichkeit Neithart von Reuenthal den überkommenen Requisiten und Motiven abzugewinnen weiß, so wird die Eigenart Neifens klar: Er will gerade nicht originell sein; er ist darin das Gegenteil von Burkhart von Hohenfels.

So müssen wir die Kunst Neifens wirklich beurteilen. Einem Manne, der das Wort in seinem Klang so souverän beherrscht, wird man zutrauen müssen, daß er es auch inhaltlich hätte ausnützen können, wenn er gewollt hätte. Aber darin lag gar nicht Sinn und Absicht seines Dichtens. Er ist der Mann, der am stärksten und bewußtesten aus dem Minnewesen und dessen festen Gesetzen ein Spiel nach festen Spielregeln gemacht hat. Nicht nur die Worte waren vorgeprägt, auch die Inhalte sind zu Formeln geworden, zu Stichwörtern, die man sich in der höfischen Gesellschaft elegant zuwirft. Die Liebeswunde, der Liebestod, die Heilkraft der Liebeserfüllung, die für das frühhöfische Minnedenken eine Deutung der neu entbundenen Seelenmacht der Minne gewesen waren, sind ebenso zu solchen Stichwörtern geworden wie die psychologischen Analysen und minne-ethischen Sentenzen Reinmars, die diesem und seiner Gesellschaft ernsthafte Anliegen der Menschengestaltung gewesen waren. Neifen geht mit ihnen um wie mit hübschen Zierlichkeiten. Nicht anders steht es mit seinen Motiven. Da ist das Motiv der Liebe von Kind an (etwa Lied VII und XIV), das schon seit Hausen zur Formel zu erstarren begann, die Herzenskönigin, die von Reinmar stammt, das Verstummen vor dem Anblick der Geliebten, das Morungen noch aus dem Grundgefühl der Glanzentzückung echt erleben konnte (Lied XIX und XXII), oder der originelle Einfall Morungens, seine Liebe seinem Sohn vererben zu wollen (Lied I: *an mînes kindes kint*). Daher kommt es Neifen auch gar nicht darauf an, sogar ganze Zeilen aus älteren Gedichten einfach zu übernehmen; denn die klassische Lyrik war zum stichworthaften Besitz der gebildeten Hofgesellschaft geworden.

Dennoch müssen wir uns hüten, an eine wirkliche Entleerung zu glauben. Auch das oft Gesagte behält in seiner klassischen Prägung die Kraft der echten Aussage, sofern und solange auch die Erlebnisform entsprechend vorgeprägt war. Es gehört zum Wesen einer abgegrenzten Gesellschaft, daß sie sich in bestimmten, nur ihr eigenen Formeln und Stichwörtern bewegt, die, immer wieder gebraucht, ihr immer wieder etwas besagen, bestimmte Saiten berühren, bestimmte Gemütsbewegungen auslösen. Sie sind die Zeichen, an denen sie sich erkennt und durch die sie sich im Leben sichert. Neifen ist in seiner Liedkunst der bezeichnendste Ausdruck dieser nun endgültig gefestigten, spätstaufischen Gesellschaft, die er dank seiner virtuosen Klang- und Rhythmenbegabung in eine Scheinbewegung bringen konnte.

Neifens ganze Lyrik verbleibt in der Haltung des Hohen Minnesangs, des Werbens und Sehnens, des Trauerns und Klagens, des Hoffens und Versagens. Nirgends greift er auf die alte donauländische Lyrik zurück, weder in der Form (Wechsel, Botenlied, Frauenrede) noch in der Haltung. Und doch entfernt er sich weit von Reinmar. Das Eigene, Neue und weithin Wirkende in Neifens Lyrik ist eine neue Auffassung der weiblichen Schönheit und der höfischen Freude. Seine Zeichnung der weiblichen Schönheit beruht auf drei formelhaft immer wiederholten Komponenten: dem Lachen, den blitzenden (*spilnden*) Augen und namentlich dem roten Mund. Alle drei Elemente sind nicht neu; jedes einzelne ist im klassischen Minnesang, namentlich bei Walther, nachweisbar. Und dennoch wirkt Neifens Schönheitsideal neu. Es ist eine bewegtere, sinnlichere Anmut als in Walthers beiden Preisliedern auf die weibliche Schönheit. Das Leuchten des im Lachen bewegten roten Mundes zumal wird für Neifen so sehr zum Wesensausdruck der Frau überhaupt, daß *rôter munt* ein bildlich umschreibendes Synonym für die Frau selber werden kann. Neifen kann es auch ins Uneigentliche variieren. Er kann von einem *rôten gruoʐ* sprechen, um die sinnliche Impression der lächelnd bewegten, redenden Lippen hervorzurufen, oder von einem *rôten kus* – auch dies von Walther (54, 7) gelernt –, um Glut und Wärme des küssenden Mundes nachfühlen zu lassen. Mit wenigen Strichen vermag es Gottfried von Neifen, ein Frauenbild von einer irdischeren, lustvolleren Anmut zu zeichnen als das der klassischen Dame in ihrer getragenen Hoheit. Hier findet das einzige neue Epitheton Neifens seine Begründung: *lôse, læslîch* drückt eben jene gelockertere, keckere Haltung aus, die Neifen seinen Frauen zubilligt. Doch trotz allem bleibt es eine gebändigte, höfisch stilisierte Sinnlichkeit, und nur selten überschreitet Neifen die so gezogene Grenze, am stärksten in Lied XIII, wo er Formulierungen des Tageliedes *(ermel flehten, bein verschrenken)* in das Minnelied aufzunehmen wagt.

Rot aber wird zugleich das Symbolwort der Freude; darum blühen in Neifens Natureingängen so oft die roten Rosen als Symbolzeichen der sommerlichen Lust. Und aus der höfisch gebändigten Lust an der Sinnenschönheit bricht in alles formelhafte Minneleid die Lust des Daseins ein, die sich in Neifens anderem Leitwort: *frôide* zusammenfaßt. Auch dabei ist nur ein altes höfisches Stichwort aufgegriffen, dessen Bedeutung für die Festlichkeit des ritterlichen Daseins einleitend hervorgehoben worden ist. Doch so leitmotivhaft wie bei Neifen kennen wir es sonst nicht, auch bei Walther nicht. Es ist Neifens eigener Ton. In dem unermüdlichen Gegenklang von *rôter munt* und *frôide*, von warmer Sinnenlust und heller Daseinslust, fassen wir den Menschen Neifen hinter all den Formeln der festen Minneterminologie. Hier findet Neifen sogar seine Art, ins Metaphysische zu spielen: Gott war *in frôiden*, als er daran ging, den roten Mund der Geliebten zu *geræten* (Lied V). Es ist eine Helle in allen Liedern Neifens, die Natur und Leben durchstrahlt, unvergleichbar dem sanft-melancholischen Freudenschein in Reinmars schönem Trauern, unvergleichbar aber auch Morungens minnefrommer Glanzentzückung. Sie ist weder reflektierend noch hingerissen. Es ist eine einfache und hinter allem Raffinement der Form naive Helligkeit, die in der hellen Rhythmik seiner Verse widerklingt. Neifens Grenzen der Sinnenlust sind nicht durch eine bewußte Minne-Ethik gezogen, sondern durch den Geschmack. Diese helle Sinnenfreude ist das Wahrzeichen von Neifens Lyrik geworden und hat weithin Widerhall erweckt und Nachahmung gefunden. Sie wird geradezu zu einem Merkmal des späthöfischen Minnesangs und ist dort allenthalben spürbar.

Wie bei Burkhart von Hohenfels steht auch unter dem Namen Gottfrieds von Neifen eine Gruppe kleiner Lieder ganz anderer, ganz unhöfischer Art. Carl von Kraus hat sie bis auf eines (XXVII) für unecht erklären wollen. Gerade das Gegenbeispiel Burkharts von Hohenfels läßt zweifeln, ob das so leichthin erlaubt ist; auch Neifen kann die graziös-frivole Gattung, deren Heimatrecht im spätstaufischen Hofkreis unbestreitbar ist, gepflegt haben. Burkhart von Hohenfels bewegte sich in den Gattungen des Reigenliedes und des Gespielinnengespräches. Unter Neifens Namen stehen drei Lieder (XXVII; XXX; XLI), die aus dem Typ der Pastourelle hervorgegangen sind. In Deutschland ist diese französische Gattung bisher nicht eigentlich durchgedrungen; auch für Walther von der Vogelweide war sie nur Anstoß zu sehr eigenen Schöpfungen. Aber es spricht nichts dagegen, daß Neifen sie hoffähig gemacht hat.

Das Lied XXVII verläuft im Typus der geglückten Werbung, doch hält es sich zart verhüllend. Das Lied von der spröden Flachsschwingerin ist auf einen lustigeren und zugreifenderen Ton gestimmt. Am wenigsten nach Neifen möchte noch Lied XXX klingen. Die Szene mit der Dienstmagd am Brunnen in ihrer Realistik des ländlichen Daseins, der prügelnden Herrin, des geschuldeten Lohnes von einem Schilling und einem Hemd, und mit dem erotischen Hintersinn des zerbrochenen Kruges zeigt eine Kraft epischer Anschaulichkeit, die sonst kaum in Neifens Art liegt.

Die drei anderen Lieder (XXXIX; XL; L) sind dagegen bestimmt auch in einem lockereren höfischen Kreise nicht denkbar. Das zierliche Wiegenliedchen (L) verbindet Neithartsche Motivik mit volkstümlichem Wiegengesang, während die beiden anderen wirkliche Obszönitäten sind. Das Büttnerlied (XXXIX) beruht auf dem unendlich weit verbreiteten Witz, ein Handwerk und dessen Gerätschaften grob sexuell umzudeuten, das Pilgrimlied (XL) läßt trotz seiner Bruchstückhaftigkeit erkennen, daß es auf ähnlichen Bahnen wandelt. Hier geschähe Neifen kein Unrecht, wenn man ihm diese seinem Wesen fremden und groben Witzspiele abspräche.

Jedenfalls sind solche Gedichte nur Beiwerk, das unser Bild von Neifen nicht bestimmen hilft. Ihn haben wir allein in dem galanten Dichter-Kavalier, der die stichworthafte Formelsprache des späten Minnesangs virtuos beherrschte und sie mit dem Leuchten des „roten Mundes" und der hellen Daseinsfreude neu belebte. Seine helle Problemlosigkeit wird uns selber zum Problem, wenn wir Zeit und Umstände bedenken, in denen diese Lieder gesungen wurden.

Diese Lieder sind ja mindestens zum Teil für den Hof des jungen Staufers Heinrich VII. gedichtet und an ihm vorgetragen worden. Sie klangen in eine Zeit hinein, da sich der verhängnisvolle Zusammenstoß zwischen Vater und Sohn anbahnte und den Zerfall des Staufertums vor aller Welt offenbarte. Von dieser ganzen Stimmung des Zerfalls und Niedergangs aber, die der alte Walther sorgend ahnte, die Reinmar von Zweter in seinen Sprüchen wissend begleitete – davon dringt kein Hauch in Neifens Dichtung hinein. Es ist auch nirgends zu spüren, daß es in seinem Leben etwa eine Periode der höfischen Lebenslust vor der Katastrophe von 1234/35 und eine andere Art des Dichtens nach dieser Zeit gegeben habe. Es ist keine Wirklichkeit, sondern eine Welt des schönen Scheins, in der dieser Mann lebt – wenigstens als Dichter lebt. Der Zerfall von Ideal und Wirklichkeit, auf deren Vereinbarkeit alle höfische Idealität beruhte, ist unaufhaltsam. Was Neithart von Reuenthal als unauflösliche Dissonanz erfahren und in seiner Dichtung gestaltet hatte, wird in der Welt Neifens geleugnet. Sie ist in all ihrer leichten Helle von einer Unwirklichkeit und Scheinhaftigkeit, hinter der der Untergang lauert.

Abermals ein Stück jünger als Gottfried von Neifen ist der Dritte in dieser Gruppe, der Schenke Ulrich von Winterstetten, der noch 1280 als Augsburger Domherr urkundet. Die Dichtung dieses urkundlich erstmals 1241 auftauchenden Mannes wird über die Jahrhundertmitte fortgedauert haben, obwohl seine spätere geistliche Würde vermuten läßt, daß seine poetischen Versuche seiner Jugendzeit angehört haben. Indessen ist Ulrich durch die Tradition seiner Familie, als Enkel des bekannten Kunstfreundes und hohen staufischen Amtsträgers Konrad von Winterstetten, mit dem späten Stauferhofe Heinrichs VII. und Konrads IV. sicherlich von Kind an vertraut gewesen und hat seine Jugend in diesen höfischen Kreisen verbracht. Wir haben ein Recht, ihn der Gruppe der staufischen Hofsänger als den Jüngsten zuzurechnen.

Bei Winterstetten versickert der eigentliche Inhalt vollends, für ihn wird Form im kunsthandwerklichen Sinne in der Tat die eigentliche und alleinige Aufgabe der Dichtung. Feinere Analyse kann gewiß Stileigenheiten dieses spätstaufischen Nachfahren aussondern. Namentlich an seinem Naturbild ließe sich zeigen, wie er von der Unverbindlichkeit der Neifenschen Stichwörter zu stärkerer Bildhaftigkeit zurückstrebt. Er vertraut sich dabei Neithart an, dem er mit den Schlußteilen seiner Leiche III und IV und dem Tanzlied Nr. IV weiteren Einfluß auf die spätstaufische Hofdichtung gönnt als die beiden anderen. Im ganzen bleibt doch Winterstetten in Inhalt, Motivik und Sprache in den Bahnen Neifens, dessen Freudensymbolik des roten Mundes er, zur Stichwortformel gefestigt, weiterzuführen sucht.

23*

In den Liedern herrscht der Neifensche Typus vor; Natureingang und klagendes Werben um Minne und Freude. Seine Neithartkopie (Lied IV) bleibt vereinzelt. Mehrfach dagegen versucht er sich im Tagelied (VII; XIII; XXVII; XXVIII; XXIX), das er im Schema Wolframs dreiteilig aus Wächterruf, Frauenklage und Abschiedsrede des Ritters aufbaut; einmal (XXIX) fügt er in Nachahmung von Ulrich von Lichtenstein als vierte Rolle die Dienerin der Frau hinzu. Nur wenige Lieder haben einen besonderen Ton, so die Gesprächslieder XI und XXVI, die einen seit Johansdorf bekannten Typus weiterführen, dabei aber die Dame dem Ritter mit bemerkenswerter Derbheit die Meinung sagen lassen: ich ließe ihn eher henken, ehe er mein Kleid anrühren dürfte. Die Psychologie der Dame ist von dem seelischen Wertbewußtsein Johansdorfs, der Selbstzergliederung Reinmars in eine handfeste Schematik abgestiegen. Wesentlich interessanter ist die Mädchenklage (XXXVII). Denn hier wird echte Verfallsklage laut; die Verrohung der Männer, der *luoderære* und *ruomesære* (d. i. Lüderjahne und Prahlhänse) kennen wir aus der Zeitsatire. Aber in der Lyrik sind wir ihnen noch nicht begegnet. Und es wird etwas von einem Generationsbruch spürbar, wenn die jungen Leute über die Kavaliere alten Stils spotten: *er ist ein argez minnerlîn.* Der wenn auch nur noch galante Glanz des spätstaufischen Hofes ist vorbei.

Lied XXXVIII endlich ist aus einem besonderen Anlaß hervorgegangen, dem Tode eines Bruders von Winterstetten. Aus diesem Ereignis entwickelt der Dichter eine dreifache Klage: um den Bruder, um den Verfall der Höfe und um die Härte der Herrin. Todestrauer und Minnekummer, bei Hartmann einst in tief aufrührender Antithese erlebt, werden hier in die konventionelle Sprache der Formel übersetzt.

Ulrichs Ehrgeiz ist die Form, und als Formkünstler ist er uns auch am interessantesten. Zweierlei ist bei ihm gegenüber Hohenfels und Neifen sichtlich neu: das fast ausnahmslose Auftreten des Refrains im Minnelied und die häufige Verwendung der Leichform. Beides bedeutet Fortschreiten von dem Tänzerischen in Neifens Rhythmik zu wirklichen Tanzformen. Hiltbolt von Schwangau war mit einem, Burkhart von Hohenfels mit zwei Tanzliedern vorangegangen; das eigentliche Minnelied blieb indessen bei ihnen wie bei Neifen ohne Refrain. Doch wissen wir durch Ulrich von Lichtenstein, daß auch das eigentliche Minnelied den Tanz begleiten konnte. Winterstetten zieht die Folge daraus und gibt seinen Liedern durch den Refrain auch äußerlich die Form des Tanzliedes. Der Leich war für die Dichter der klassischen Generation von Rugge bis Ulrich von Lichtenstein ein feierliches Vortragsstück von besonderen kompositorischen Ansprüchen; keiner von ihnen hat sich solcher Mühe mehr als einmal unterzogen. Für die virtuosen Formkünstler der Spätzeit wird er eine gern gewählte Form. Ulrich von Winterstetten ist neben dem Tannhäuser der erste, der den leichteren, beschwingteren Typus des Tanzleiches zur gewohnten Form macht. Fünf solcher Tanzleiche sind von ihm überliefert. Dieser Typus dürfte eine Schöpfung des Tannhäuser sein; von ihm hat der jüngere Winterstetten ihn gelernt und seinem sanfteren höfischen Bestreben angepaßt. Sie alle sind Minneleiche; inhaltlich von den Liedern kaum unterschieden, bestreiten auch sie ihren Gehalt aus den Formeln von Natureingang und Minneklage. Doch zweien dieser Gedichte gibt Winterstetten einen Schlußteil mit der Aufforderung zum Tanz und mit Neithartischen Namenreihen der tanzenden Frauen, drei von ihnen (III–V) enden im Lustruf des *heia hei,* wie die Tanzleiche des Tannhäuser, und mit dem Springen der Saiten, das zweimal (III und V) – und das ist Winterstettens kleine Originalität – mit dem Zerspringen des Herzens vor Liebesleid verbunden wird.

In den Einzelheiten der Form ist Winterstetten Schüler und artistischer Weiterbildner Neifens. Dessen scheinbar absichtslose Einfachheit der rhythmischen Glieder wiederholt sich bei Winterstetten, wird aber von dessen Lust an Kunstfertigkeit nicht selten schon im Rhythmischen überboten und damit zerstört. Vor allem aber ist auch Winterstetten der unermüdliche Reimspieler. Nur gelingen ihm seine Klangspiele nicht so elegant und sicher wie Neifen, dem sie im Blut lagen. Sie sind gewollt, errechnet und daher wie alles Kunsthandwerkliche in der Poesie stets in Gefahr einer kalten Übertreibung, die die Wirkung aufhebt. Vierfacher Schlagreim wie *mîn strît gît nît, sît daz ich nâch minne –* schlägt den Sinn des Reimes tot. Das ist eine Loslösung der Form vom Inhalt, die erst möglich wird, wo Inhalt wirklich wesenlos geworden ist. Zwischen Neifen und Winterstetten verläuft die Scheide der fest geformten und der erstarrten Gesellschaft. Bei Winterstetten ist das aus der feinen alten Erziehungstradition im allgemeinen überdeckt, doch in seiner Mädchenklage wird es plötzlich und illusionslos sichtbar.

Es verwundert nicht, daß diesen Kunstformer die Form des Leiches lockte. Über Baugesetze und Formtypen des späten Leichs sind wir noch wenig unterrichtet; auch die Musikwissenschaft hat gerade für den deutschen Leich noch keine sicheren Aussagen machen können. Winterstettens Leiche sind weit verwickelter, scheinbar freier, in Wirklichkeit berechneter aufgebaut als der auf der Responsion der Sequenz gegründete klassische Leich. Die einzelnen Versikel sind kurz, die metrische Gliederung einfach, aber so überschüttet, zerhackt und zerrissen von Reimspielen, daß Rhythmus überhaupt nicht mehr als das tragende Prinzip des Dichtens wirkt. Darum fällt in Winterstettens Leichen noch weit mehr als in seinen Liedern die rhythmische und die sprachliche Gliederung auseinander. Die Reimspiele brechen mitten in die festesten syntaktischen Gefüge ein und reißen sie auseinander: *Lât si mich in kumber – bestân – ich tumber – muoz lân – den wân – ich hân – grôzen smerzen – den si in herzen – mir lât.* Das ist das genaue Gegenteil der ausgewogenen rhythmisch-sprachlichen Gliederung der alten Langzeile, ist die Zertrümmerung der Satzgliederung zugunsten einer absoluten Formkunst.

Stehen die drei: Hohenfels, Neifen, Winterstetten in einer Reihe, an der sich die wachsende Form- und Formelkunst des spätstaufischen Hofgeschmacks ablesen läßt, so würde uns Graf Friedrich von Leiningen einen anderen, dem Klassischen näherstehenden Typus der nachwaltherschen Entwicklung vertreten, wenn wir mehr als das eine, schöne Abschiedslied vor der Apulienfahrt von ihm besäßen. Es ist gewiß nicht jener Friedrich von Leiningen, der für Hermann von Thüringen einst den französischen Trojaroman besorgte (vgl. S. 50), sondern eher der jüngere Träger dieses Namens, der in elsässischen Urkunden zwischen 1214 und 1239 erscheint. Dieses eine Lied, das mit Natureingang und beschwingtem Rhythmus Neifen nahesteht, zeigt uns, wie auch die spätstaufische Zeit noch aus lebendigem Empfinden dichten konnte. So rein und unverkünstelt das Lied in der Form ist, so warm ist es im Ton. Dem alten Ferneerlebnis der Apulienfahrt unter Barbarossa und Heinrich VI. mit dem erdachten Herz-Leib-Motiv stellt Friedrich ein anderes, inniger gefühltes entgegen: die Bitte an die Frau um den schlichten Reisesegen: *var hin ʒe guoter stunde,* und die Erfüllung dieser Bitte durch die Geliebte, die ihm zugleich mit ihrem frommen Segen ihr Herz mit in die Ferne gibt. Das sind Töne, wie wir sie seit Johansdorf kaum wieder gehört haben.

LITERATUR

Burkhart von Hohenfels: Ausg.: C. VON KRAUS, Liederdichter Nr. 6 S. 33–51. – Lit.: EHRISMANN II 2, 2 S. 273–74. – GUSTAV ROSENHAGEN, Verf.-Lex. I (1933) Sp. 335–37. – MAX SYDOW, Burkhard von Hohenfels und seine Lieder. Berlin 1901. – HUGO KUHN, Minnesangs Wende. Tübingen 1952. S. 7–43.
Gottfried von Neifen: Ausg.: MORITZ HAUPT, Die Lieder Gottfrieds von Neifen. 2. Aufl. (durch Edw. Schröder). Berlin 1932. – C. VON KRAUS, Liederdichter Nr. 15 S. 82–127. – Lit.: EHRISMANN II 2, 2 S. 272. – FRITZ KARG, Verf.-Lex. 2 (1936) Sp. 63–64. – CORNELIA MARIA DE YONG, Gottfried von Neifen. Paris 1935. – R. MARLEYN, Gottfried von Neifen's Minnelieder and ballads. Germ. Studies (Festschr. f. H. G. Fiedler). Oxford 1938. S. 266–77. – HUGO KUHN, Minnesangs Wende. Tübingen 1952. S. 44–77.
Ulrich von Winterstetten: Ausg.: C. VON KRAUS, Liederdichter Nr. 59 S. 495–554. – Lit.: EHRISMANN II 2, 2 S. 274. – GUSTAV ROSENHAGEN, Verf.-Lex. IV (1951–52) Sp. 612–14. – ARIBERT SELGE, Studien über Ulrich von Winterstetten. German. Studien 71. Berlin 1929. – HUGO KUHN, Minnesangs Wende. Tübingen 1952. S. 91 bis 110.
Friedrich Graf von Leiningen: Ausg.: C. VON KRAUS, Liederdichter Nr. 12 S. 75–76. Lit.: EHRISMANN II 2, 2 S. 283. – FRITZ KARG, Verf.-Lex. I (1933) Sp. 693–94.

4. DER DURCHBRUCH ZU NEUEM

In diesem Abschnitt fassen wir zwei eigentümliche und bedeutende Dichter zusammen, Neithart von Reuenthal und den Tannhäuser. Das bedeutet nicht, daß sie, literarhistorisch betrachtet, eine „Gruppe" bilden. Weder kann man den einen als den Schüler des anderen bezeichnen, noch gehen ihre Bestrebungen in die gleiche Richtung. Beiden ist nur dies gemeinsam, daß sie bewußt und entschieden die Bahnen des anerkannten und konventionell festgelegten Minnesangs verlassen und einen neuen Standort suchen. Das Gemeinsame ist für sie eben der „Durchbruch" und darüber hinaus allenfalls die Aufnahme volkstümlicher, vagantischer oder „objektiver" Dichtgattungen, von denen sie sich anregen lassen und die sie in ihrer Weise frei weiterbilden.

NEITHART VON REUENTHAL

Owê hovelîchez singen – mit dieser Klage leitet Walther von der Vogelweide sein Lied 64, 31 ein, das den Hohen Minnesang mit zornigen Worten gegen die *unfuoge* der dörperlichen Kunst Neitharts von Reuenthal verteidigt, die sich damals schon die „großen Höfe" erobert hatte. Zwischen Walther und Neithart verläuft ein Bruch der Zeit.

Neithart von Reuenthal entstammt wie Walther der unteren Schicht des Ministerialenadels, hat aber mit mehr Glück als Walther wesentlich seßhaft gelebt, zunächst auf seinem bescheidenen Burgsitz in Bayern, später auf einem Lehen unweit Wien, das er der Gunst Friedrichs des Streitbaren verdankt. Als Wolfram an seinem Willehalm arbeitete, waren Neitharts Winterlieder schon als ein fester Typus bekannt, auf den Wolfram (Willeh. 312, 11) anspielen konnte. Das bedeutet, daß Neitharts Dichtung spätestens 1210 begonnen haben muß, daß er also zwischen 1180 und 1190 geboren ist. Bayern war seine Heimat; es besteht kein Anlaß, den Namen seines Sitzes allegorisch als „Trauertal" aufzufassen, obwohl er selber mit einer solchen Deutung spielt. Es wird sich um das Gut dieses Namens handeln, das in einem Abrechnungsbuch des Klosters Tegernsee verzeichnet ist. Neithart hat einen Kreuzzug mitgemacht. Im allgemeinen denkt man an die Fahrt von 1217/19, an der auch Leopold VI. von Österreich beteiligt war. Doch scheint mir auch der Kreuzzug Friedrichs II. von 1228/29 nicht ausgeschlossen. Später, vermutlich erst nach 1230, hat ein schweres Zerwürfnis mit dem bayrischen Herzog den Dichter aus der Heimat vertrieben. Er fand in Österreich Zuflucht und in Friedrich dem Streitbaren einen freigebigen Gönner, der ihn mit einem Lehen in der Gegend von Tulln ausstattete. Politische Anspielungen lassen sich in seinen Liedern bis 1237 verfolgen; nicht allzulange danach wird Neithart gestorben sein.

Die Überlieferung von Neitharts Liedern sagt über die besondere Wirkung seines Dichtens manches aus. Neithart ist den großen Sammelhandschriften nicht unbekannt, aber in A und B ist er nur bescheiden vertreten; erst C hat Massen von Neithartstrophen zusammengebracht. Aber um die Wende des 13./14. Jh. bestand über Neitharts Eigentum schon keine Sicherheit mehr. In A stehen nur 17 Strophen unter Neitharts Namen, dagegen 22 echte Strophen verstreut bei anderen Dichtern. Umgekehrt ist von den 209 Strophen in C ein gutes Drittel mit Recht als unecht ausgeschieden worden. Die großen Neithartsammlungen aber finden wir nicht in diesen Repertorien des feinen höfischen Sanges. Es gab schon gegen Ende des 13. Jh. eigene Neithartsammlungen, und das späte Mittelalter schrieb Neithart nicht nur ab, es dichtete an seinem Werk und seinem Leben weiter. Die umfänglichste Neitharthandschrift (die Berliner c) stammt aus dem 15. Jh. und umgibt ihren echten Bestand an Neithartschen Liedern mit einer Wolke von Nach- und Weiterdichtungen. So wird Neithart der einzige Lyriker des Mittelalters, dessen Werke noch im 16. Jh. lebendig waren und sogar noch zum Druck gelangten. Freilich ist hier der echte Neithart völlig entstellt und überlagert. Als Neithart Fuchs aus Meißen wird er der Held unflätiger Bauernschwänke, die er selber im Ich-Ton und in Neithartschen Strophenformen berichtet.

Während also die Beschäftigung mit dem eigentlichen Minnesang seit den großen Sammlungen des frühen 14. Jh. abgeschlossen ist, bleibt Neithart für die Spätzeit, das 14.–16. Jh., eine lebendige Größe. Diese Besonderheit seiner Wirkung ist als ein Fingerzeig für die Deutung seiner Dichtung zu benutzen.

Wir pflegen die Lieder Neitharts in zwei Gruppen zu teilen, die Sommerlieder und die Winterlieder. Die beiden Gruppen sind wirklich formal wie inhaltlich streng geschieden. Nur darf man keine chronologischen Erwägungen daran knüpfen. Wolframs frühe Anspielung hat die Winterlieder im Auge, aber dieselbe Form verwendet Neithart für seine späten Lieder der Weltabkehr. Dagegen sind die Kreuzzugsgedichte im Stil der Sommerlieder gehalten; beide Arten gehen also nebeneinander her.

Die Winterlieder sind stets in der Form der dreiteilig gebauten Strophen gehalten, eine sehr kunstvolle und erfindungsreiche Fortbildung des von Reinmar und Walther ausgestalteten Typus 3. Die Strophen der Sommerlieder dagegen sind weit einfacher, vier- bis sechszeilig und grundsätzlich unstollig. Sie sind offenbar aus sehr schlichten volkstümlichen Tanzstrophen von einem begabten Formkünstler namentlich durch Reimspiele zu einer eigenen Kunstform emporentwikkelt. Beide aber, Winter- wie Sommerlieder, zeigen uns Neithart als einen wirklichen Künstler der Form und des Rhythmus. Er ist einer der ersten, der im raffinierten Überspielen der reimenden Einschnitte durch die rhythmischen Abläufe, man könnte sagen in der Brechung von Reimzeile und rhythmischer Periode, ein neues kompositorisches Prinzip entwickelt hat.

In der Tat sind die Sommerlieder schon ihrem beschwingten Rhythmus nach Reigenlieder. Sie handeln von Sommerwonne und den Freuden des sommerlichen Tanzes auf dem Anger unter der Linde oder des Ballspiels auf der Straße. So sind diese Lieder zweiteilig aufgebaut: Sommerfreude in der Natur, das heißt ein oft sehr ausgedehnter Natureingang, und Sommerlust der Jugend. Junge Menschen sind die Handelnden des zweiten Teiles; die Partnerin der Sommerlieder ist daher nicht die höfische *frouwe*, sondern die ländliche *maget*. Der eigentliche Partner dagegen ist der Dichter selber, *der von Riuwental*, der sich selber bald einen Ritter, bald auch einen *knaben* oder *knappen* nennt, sich also ebenfalls als einen jungen Mann darstellt.

Dieses Milieu ist uns nicht mehr unbekannt; wir sind ihm bei Walthers Liedern der niederen Minne begegnet. Reigenlied und Pastourelle sind hier wie dort die Grundlagen. Die Tanzsituation als solche braucht nicht dörperlich zu sein. Der Reigen zum Tanzlied mit Vorsänger und Chor wird uns durch die schottischen und nordischen Tanzballaden als ritterlich-höfisches Vergnügen bezeugt. Morungens Lied 139, 19 hatte uns die höfische Frau im Reigentanze gezeigt. Ulrich von Lichtenstein erwähnt mehrfach ausdrücklich, daß seine Lieder zum ritterlichen Tanz gesungen wurden. Erst dadurch, daß Neitharts Tänzerinnen keine Damen der ritterlichen Gesellschaft sind, sondern Dorfmädchen, ist der höfische Umkreis verlassen. Die Situation der Pastourelle, Begegnung von Ritter und Hirtin, und des Tanzliedes ist damit erreicht. Und zwar in Art und Ton der vagantischen Dichtung: der Chor der *puellae* oder *virgines*, dem sich der *clericus* zugesellt, um darin seine Erwählte zu finden. Neithart wird solche Dichtung gekannt haben. Er ist es, der das im späten Minnesang so viel gebrauchte Wort *leie* – mit seinem bequemen Reimklang auf *meie* – zuerst für die Teilnehmer der Sommerlust eingeführt hat, und es scheint einleuchtend, daß er damit seine Dichtung von der lateinischen der *clerici* hat abheben wollen. Von quellenmäßiger Abhängigkeit braucht man darum noch nicht zu reden; allein schon die Tatsache, daß bei Neithart der Ritter der Umworbene ist, die Mädchen die Begehrenden sind, führt vom vagantischen Typus fort.

Neithart ist damit noch nicht aus den Bahnen ausgebrochen, die Walther mindestens zeitweise einzuschlagen versucht hat. Und gerade in seinen Sommerliedern geht Neithart scheinbar ein gutes Stück mit Walther gemeinsame Wege. Der „Natureingang" der Neithartschen Sommerlieder bleibt grundsätzlich im Rahmen dessen, was der höfische Minnesang als ihm angemessen ausgebildet hatte. Es ist die bukolisch-arkadische Landschaft mit ihren zeichenhaften Stichwörtern, die höchstens um einige vermehrt sind: die *wise* neben Heide und Anger, die *tolde* (Baumwipfel) neben dem Laub, der *hagen* neben dem Wald. Das Neue und Individuelle, das Neitharts Naturstrophen so lebendig macht, ist vielmehr die epische Bildhaftigkeit seiner Sprache: Der Mai führt den Wald wie im Reigen an der Hand; der Wald hat seinen Kram für den Mai aufgeschlagen; die Vögel zahlen dem Sommer Zoll mit ihrem Gesang; im Winter hat die Heide keine Blumen, um ihre Scham damit zu decken. Auch das deutet gewiß einen Umschwung von rein ideeller

Zeichenhaftigkeit zum real Geschauten an, aber auch darin sind nur Walthersche Ansätze fortgeführt: *du bist kurzer, ich bin langer, alsô strîtents ûf dem anger bluomen unde klê.*

Auch der zweite Teil der Sommerlieder, die Tanzfreude, hat starke höfische Einschläge. Die Tänzerinnen der vagantischen Paralleldichtungen sind in ein arkadisches Licht getaucht, *virgines* von holdseliger Anmut. Der deutsche Dichter stilisiert sie in das adlige Schönheitsbild der höfischen Frauenschilderung hinein: blonde Zöpfe oder Locken, schmale Hüften, *sûberlîch gewant,* weiße Hemden mit Seide gestickt, seidendurchflochtenes Haar. Den Mädchen werden die preisenden Beiwörter des Minnesangs zuteil; sie sind *wolgetân, stolz, hochgemuot, minneclîch,* sogar *hövesch,* und das Beiwort *geil* (freudig, lustvoll) ist so wenig außerhöfisch wie das mundartliche *blîscap* bei Veldeke.

Die Terminologie der höfischen Haltung kehrt wieder: *hôher muot, herzenliebe, sendez herze, sendiu nôt, lônen, vrömden, nâch vreuden ringen* usw. Ganze Sätze und Strophenteile könnten unmittelbar aus einem echten Minnelied entnommen sein. Die Beziehungen gehen bis in die verwikkelte Motivik hinein. Der Minnedialog zwischen Mutter und Tochter in dem Lied 9, 13 weist alle zugehörigen Ingredienzien auf: den Anruf an die Minne *sê küneginne,* die Minnewunde, den Minnepfeil, die Beraubung der Sinne, die antithetischen Anomalien. Die Klage über den Verfall der Minne wird zum Inhalt des Gespielinnengespräches 15, 21. Das virtuose Klangspiel mit den Wörtern *liep* und *vriunt* wird durch zwei Strophen des Liedes 14, 4 durchgeführt.

All dies, was so aussieht, als wolle Neithart Walthers Versuch einer Belebung der höfischen Lyrik durch vagantische und volkstümliche Motive fortführen, müssen wir zunächst gesehen haben, ehe wir zu dem Besonderen und ganz Andersartigen bei Neithart kommen. Es liegt in dem erzählenden Inhalt des zweiten Teiles. Er hat mit dem Erzählgehalt der Pastourelle: Begegnung in der Sommerlandschaft, Liebeswerben und Erfüllung nichts zu tun. Erfüllung steht als Möglichkeit oder Erwartung nur im Hintergrund. Die Erzählung der Lieder gilt dem Tanz oder mehr noch der Vorbereitung dazu, den Hindernissen und dem Aufbruch. Sie entfaltet sich in der Regel dialogisch, als Gespräch von Mutter und Tochter oder als Gespielinnengespräch.

Und hier erst setzt das eigentlich Dörperliche in Neitharts Dichtung ein, das bewußte Durchbrechen und Verleugnen der höfischen Haltung nach Innen und Außen. Das Grobe, Ungehobelte, plump Bäuerische bricht bewußt und gewollt in den höfischen Raum ein. Die immer wiederholte Grundsituation, das Gespräch der tanzfrohen, lustbegierigen Tochter mit der warnenden, hütenden Mutter, wird ein grobes Scheltgespräch, in dem plötzlich ganz unhöfische, derb mundartliche Wörter auftauchen, und das sich gern zur Prügelszene steigert, bei der Mutter wie Tochter die bäuerlichen Waffen der Faust und des Harkenstiels gleichermaßen wacker zu gebrauchen wissen. Da sind plötzlich Stall und Scheuer da mit ihren Gerätschaften und der ganzen Handfestigkeit ihrer Atmosphäre. Da ist auch die ungebrochene Triebhaftigkeit der Erotik; nicht im Ausmalen erotischer Szenen, die Neithart im Gegensatz zur Pastourelle meidet, auch nicht in der Freude am Obszönen, dessen sich erst spätere Neithartnachahmer befleißigen, vielmehr in der derben Unbekümmertheit der Wünsche und dem unverhohlenen Aussprechen der Folgen, die dem Mädchen aus seiner sommerlichen Tanzlust mit dem unwiderstehlichen Ritter drohen.

Zwei andere Szenen stehen neben dieser beliebtesten: das Gespräch der Gespielinnen, das zartere, mädchenhaft anmutigere Töne anschlägt, und die tanzwütige, liebestolle Alte, in deren Figur und Rede ungezügeltere Töne erklingen.

Der Unterschied zu Walthers Liedern der niederen Minne ist klar. Er ist nicht nur gradmäßig, so daß Walther etwa folgerichtiger oder geschickter höfisch umstilisiert hätte; er ist grundsätzlich. Walther ging es darum, eine neue leib-seelische Einheit zu gestalten; er blieb im Bereich der höfischen Harmonie. Neithart dagegen wollte das unausgeglichene Nebeneinander in seiner Dissonanz, ja, gerade wegen ihr. Das Höfische ist bei ihm wirkliche Travestie; erst die höfische Verkleidung macht den unverstellt dörperlichen Kern so bewußt. Diese Mädchen und Mütter sind in der Triebhaftigkeit ihrer seelischen Haltung *dörper* und stehen auch da, wo sie liebenswert sind, außerhalb der auf *zuht*, *mâze* und Bewußtheit gestellten Welt der höfischen Humanität. Eben dies ist der Sinn der Szenen zwischen Mutter und Tochter, daß sie die Triebhaftigkeit hemmungslos enthüllen und das umgehängte höfische Kleid zerfetzen.

Diese Einsicht verbietet den Gedanken, daß Neitharts Dichtung eine romantische Idealisierung des Einfach-Volkstümlichen gegenüber einer überfeinerten Bildungswelt, eine Art Rückkehr zur Natur wäre. Neithart ist auch in seinen Sommerliedern kein edler Freund der einfach-derben Welt des Bauern; er travestiert sie zum Vergnügen einer ritterlichen Gesellschaft. Es ist seine Art, durch Gesang die höfische Freude zu *mêren*, und der Anklang, den er gefunden hat, zeigt, daß diese Gesellschaft bereits eine preziöse Gesellschaft gewesen ist. Denn eben ihre überfeinerte Exklusivität verlangt als Ausgleich eine Dichtung des Komischen in der besonderen und ebenso unwirklichen Form des Grotesken und Skurrilen. Wirkliche Liebe nähert sich ihrem Gegenstand mit Ehrfurcht und erfaßt eine ersehnte Welt von innen her, um sie künstlerisch neu zu gestalten. Neithart tut nichts dergleichen; er sucht und sieht nur die äußere Erscheinung und trifft aus ihr eine Auswahl, die auf den parodistischen Effekt abzielt.

Neithart gehört der späten Hofkultur weit eher an als Walther. Denn Walthers Streben nach einer neuen Durchblutung und Durchseelung störte im Grunde die festgelegten gesellschaftlichen Spielregeln des Frauendienstes. Neithart dagegen hat die Formen der späten Hofkultur nicht angegriffen; er hat nur damit gespielt, indem er sie zu dissonierendem Effekt benutzte. Eine preziöse Gesellschaft ist dadurch nicht verletzt. Sie hat ihr Vergnügen daran in der seltsamen Ahnungslosigkeit fertiger Hochkulturen, wie gefährlich es ist, die Form vom Inhalt zu lösen, die Grenzen erstarren zu lassen und sie zugleich spielend zu überschreiten. Die Figur Neitharts ist uns deswegen so wichtig, weil sie uns zeigt, wie erstaunlich früh dieser Zustand schon erreicht ist.

Was an den Sommerliedern entwickelt werden konnte, gewinnt in den Winterliedern bestätigende Verdeutlichung. Sie sind im Grundriß den Sommerliedern zunächst verwandt; auch sie verbinden Natureingang und Tanzszene. Der Natureingang verbleibt auch hier im Traditionellen; der Winter wird auf seine wenigen Attribute: Eis, Schnee, kalte Winde beschränkt und vorwiegend negativ bestimmt: der kahle Baum, die verblühte Rose, die verstummten Vögel. Anschauliches bleibt sehr selten; das Auftreten des Schlittens in dem Liede 38, 9 hat schon Verdacht gegen die Echtheit erweckt.

Dem knapperen Natureingang folgt der umfängliche Tanzteil. Der Ort des Tanzes wechselt; statt der Linde, des Angers, der Straße ist es jetzt die Stube. Auch hier ist der Tanzteil Erzählung und Szenerie. Doch sind der Tanz selber und die Vorgänge in der Tanzstube das Thema, nicht wie in den Sommerliedern Aufforderung und Vorbereitung. Die Tanzgemeinschaft, dort nur als die Jungen, die Laien, die Mädchen angedeutet, vergegenwärtigt sich hier in einer Flut von Namen der Tänzer und Tänzerinnen.

Endlich fehlt auch den Winterliedern der höfische Einschlag nicht; er scheint sogar breiter und dichter zu sein. Das beginnt schon bei der Form. Waren die Sommerlieder aus einfachen Tanzstrophen entwickelt, so halten sich die Winterlieder streng an die stollige Form des höfischen Minneliedes und gewinnen ihr neue Wirkungen ab. Auch sprachlich sind die Winterlieder weit mehr von Wendungen und Formeln des höfischen Minnesanges erfüllt. Doch bemerken wir hier einen wichtigen Unterschied. Die höfischen Elemente sind auf ein begrenztes Feld der Gesamtkomposition konzentriert. Auf den Natureingang folgen zunächst eine oder mehrere Strophen, die nicht nur höfisch eingefärbt, sondern als Ganzes wirkliche Minnelyrik sind. Solche Strophen könnte man, isoliert betrachtet, für Dichtung aus der Reinmarschule halten, wenn sie sich nicht im Rahmen des Ganzen als Reinmarparodie enthüllten. Indem sich so zwischen Natureingang und Tanzszene ein Stück höfischen Minnesangs einschiebt, gewinnen die Winterlieder einen dreiteiligen Aufbau.

Zugleich wird die Dissonanz zwischen dem Höfischen und dem Dörperlichen, dieser eigentliche Neithareffekt, auf schärfste zugespitzt.

Denn wie die Winterlieder die höfischen Elemente konzentrieren und
darin die Sommerlieder weit übertreffen, so ist im Tanzteil die grobe
Drastik weit ungehemmter entfaltet. Eine trunkene, lärmende, klobige
Menge erfüllt die Tanzstube, eine Fülle von Namen macht sie gegen-
ständlicher, und während das Sommerlied nur eine stilisierte Landschaft
hindeutete, sind hier die Bauernburschen einer geographisch bestimmten
Gegend zusammengeströmt; die Ortsnamen des Donautales am Tullner
Feld geben ihnen gesteigerte Realität. Da ist er, der rüpelhafte *getelinc*,
der übermütige, aufgeblasene Dorfgeck, protzig ausstaffiert, mit dem
Schwert, der ritterlichen Waffe, einherklirrend, anmaßend im Auftreten,
plump im Tanz wie in der Rede. Neitharts Sommertanz behielt etwas
von der Anmut der bukolischen Natur, in der er sich bewegt. Der Tanz
der Winterlieder ist lauter, wilder, ein polterndes Gedränge, in dem den
Mädchen die Ärmel ausgerissen, die Röcke abgetreten werden. Und
plumper bis zum Obszönen ist auch die vom Tanz aufgestachelte Erotik.
Die Sprache endlich ist dem angemessen; nicht nur die Burschen reden
derber mundartlich, auch der Dichter will mit seiner Erzählung bewußter unhöfisch wirken.

So stößt Höfisch-Preziöses und Dörperlich-Rohes in gewollter Un-
vermitteltheit aufeinander. Gern wird der jähe Bruch zwischen dem hohen Stil der Minnelyrik und der groben Rede des Tanzteils mitten in eine
Strophe verlegt, ja, Neithart kann ihn in höchster Zusammendrängung
innerhalb einer Wendung vollziehen, er kann von dem *rôsenvarwen triel*,
der rosenfarbnen Schnauze der Schönen reden.

In den Sommerliedern war Neithart der Held, dem die Herzen der
Mädchen zuflogen. Der bäuerliche Hintergrund blieb unwesentlich.
Anders in den Winterliedern. Hier bewegt sich Neithart, der Ritter,
unter der Masse der Bauernburschen, und wenn ihm die Gunst der Mäd-
chen zuteil wird, so weckt er damit Eifersucht und Wut der bäuerischen
Kavaliere. Als Feind steht er, der einzelne Ritter, der ungeschlachten
Masse gegenüber, oft genug als der Unterlegene, der sich nur durch
Schelte und Hohn zu rächen vermag. Rittertum und Bauerntum stoßen
aufeinander, ständischer Hochmut und prahlerische Großmannssucht.
Die soziale Satire auf den Bauern, der Ritter spielen will, bahnt sich bei
Neithart an; mit gutem Grund bezieht sich der Dichter des Meier Helm-
brecht auf Neitharts Dichtung.

Dieser Grundklang der Winterlieder prägt sich in typisch wiederkehrenden, assoziativ immer wieder vordrängenden Einzelmotiven aus.
Wir hören von Neitharts Anger, den die Bauernburschen zertrampeln,
wenn sie Blumen pflücken, von dem Ingwer, dem kostbaren höfischen
Gewürz, das Neithart dem Mädchen geschenkt und das ein Bursche ihr
weggenommen hat. Vor allem aber verdichtet sich der ritterlich-bäuer-
liche Gegensatz in dem nie direkt erzählten, aber immer wieder erregend

auftauchenden Raub von Frideruns Spiegel. Neithart hatte ihn der schönen Friderun geschenkt, aber Engelmar, Neitharts Hauptfeind, hatte ihn ihr entrissen, *von der sîten gebrochen*. Der Spiegelraub wird geradezu das Symbol für den Einbruch der bedrohlichen außerritterlichen Welt in Kreis und Recht des Rittertums. Denn wie das Schwert Zeichen des ritterlichen Mannes ist, so der Spiegel Zeichen der höfischen Frau. Er ist wie der Ingwer eine ritterliche Gabe. Der Bauernlümmel aber reißt ihn dem Mädchen von der Seite, und er tut es ungestraft. Neithart vermochte es weder zu hindern noch zu rächen; Friderun erhält den Spiegel nicht wieder.

Weit über das Genrehafte hinaus macht Neithart den Spiegelraub zum Symbol der Auflösung gefügter Ordnung und geprägter Daseinsform. In den späten Liedern wird er zum Zeichen des Verfalls: Frau Frohmut ist aus Österreich verschwunden, sie und Frideruns Spiegel sind für uns dahin – in so seltsamer Parallelisierung klagt das Lied 31, 5. Und noch eindringlicher das Lied 95, 6: die freudenreichen Jahre sind vorüber und Trauern hat nicht nur die Freude, sondern auch Zucht und Ehre aus dem Lande gejagt, seit der Lümmel Engelmar Friderun den Spiegel genommen hat. Als sei dieses kleine Ereignis der Wendepunkt einer Epoche.

Das Einmalige wird zum Typischen erhoben, zu urbildhafter Größe, zum Maß der Zeiten. Das ist sehr mittelalterlich gedacht und wird zum Schlüssel für Neitharts Denken und Wollen. Die Sommerlieder mag man noch als ein leichtes Spiel nehmen; die Winterlieder wollen jedenfalls tiefer erfaßt sein. Sie dringen ins Grundsätzliche vor. Eine Ur-Feindschaft zwischen der gestalteten Personhaftigkeit des ritterlichen Standes und der plumpen Massenhaftigkeit bricht auf, in Frideruns Spiegel verdichtet. Aber die innere Überlegenheit vermag sich nicht durchzusetzen; Engelmar wird beschimpft, aber er behält den Spiegel. Das Dörpertum, plump und protzend in parvenuhaft nachgeahmter Ritterkleidung, Schwert, Panzer, kostbaren Stoffen, behauptet das Feld.

So wird klar, wie das Friderunerlebnis sich symbolhaft mit der Verfallsklage verbinden kann: die ritterliche Welt weicht vor der von außen andringenden Kraft zurück und vermag sich auch innerlich nicht mehr zu behaupten. Frau *Vrômuot* zieht sich von den Höfen, zieht sich aus Österreich zurück; die höfischen Werte: *vröide, zuht, êre, hôchgemüete* sind durch *trûren* und *klagen* verjagt. Solche Verfallsklage wird seit dem späten Walther eine Stilform der späthöfischen Lyrik. Aber hier ist sie aus ihrer unverbindlichen Allgemeinheit konkretisiert, im Spiegelraub symbolisiert. Es scheint mir nicht möglich, Neitharts Winterlieder nur als grelle Parodien zur Lust einer höfischen Gesellschaft zu deuten, wenn sich der Durchschnitt der Hörer wohl auch in diesem Sinne an ihnen delektiert haben wird.

Zwischen Walther und Neithart liegt kaum auch nur der Abstand einer Generation, höchstens 15 Jahre. Beide gehören mit einem Teil ihres Lebens und mit ihrem Herzen dem Wiener Hof an. Aber für Walther war das der Hof Leopolds V. und Friedrichs I., und er ist es in seinen Wunschträumen immer geblieben. Für Neithart ist es der Hof Friedrichs II., des Streitbaren, ein Hof der lärmvollen Pracht und herzhaften Lust, wo man die lauten Töne liebte. Das ist wichtiger als der boße Altersunterschied. Neithart hat wie der späte Walther ein echtes Verfallsbewußtsein, aber er reagiert wesensmäßig und generationsmäßig anders darauf. Auch ihm ist die Blutleere der Reinmarischen Minnehaltung bewußt, aber er erlebt ihre Folgen schon in den dünnblütigen Gestalten der Reinmarschule. Walther setzte sich kämpfend mit Reinmar auseinander, als dieser auf der Höhe seines Ruhmes und seiner Wirkung stand; Neithart parodiert ihn vor einer Gesellschaft, die die reine Höhe seines erzieherischen Bestrebens schon nicht mehr ernst nahm. Bedrohlicher noch als Walther sieht Neithart die von unten aufdringenden noch ganz ungeschlachten Kräfte; er gibt ihnen Gestalt in seinen *dörpern*.

Wir hüten uns, damit Neitharts Winterlieder etwa allegorisch deuten zu wollen. Neithart ist viel zu sehr blutvoller Dichter, der lebendige Menschen sieht und gestaltet. Es war hier nur von Neitharts Grunderlebnis die Rede, und das ist die unaufgelöste Dissonanz. Während Walther noch ganz aus der Idealität des hohen Staufertums lebte und die Harmonie der „ebenen Minne" als möglichen Ausgleich anstrebte, vermag Neithart an solche Harmonie nicht mehr zu glauben. Er kann nur noch die Dissonanz mit allen Mitteln hörbar machen. So kurz, so zart und hinfällig ist die wundersame Blüte des Höfischen, daß sich schon zwischen dem späten Walther und dem reifen Neithart die Grenze zieht.

Neithart hat sich weniger mit den politischen Verhältnissen beschäftigt als Walther. Nur zwei Ereignisse haben ihn unmittelbar erregt und zur Aussprache gezwungen: seine Kreuzfahrt und die Rückkehr des Kaisers Friedrich II. nach Deutschland im Jahre 1235. Um welchen Kreuzzug es sich handelt, scheint mir nicht sicher, ist für das Grundsätzliche auch nicht wesentlich. Von Bedeutung ist nur der beunruhigende Wandel des Tones seit der großen Kreuzzugslyrik der Barbarossazeit. Auch hier ist Walther mit seiner tiefen Gläubigkeit und Idealität der letzte Vollender der klassischen Generation. Walthers Sehnsuchtsziel, die *liebe reise*, wurde Neithart erfüllt. Aber wie erlebte er sie? Seine drei auf den Kreuzzug bezüglichen Lieder (11, 8; 12, 19; 13, 8) sind Botenlieder, Aufträge des Dichters an die Freunde und Gespielen in der Heimat. Sie sagen kein Wort von dem heiligen Ziel, lassen keinen Ton der Ergriffenheit vor den heiligen Stätten hören, wissen nichts vom Kampf gegen die Heiden. „Sage, wieviel uns die Wälschen angetan haben", trägt er dem Boten auf. Der lähmende innere Zwist zwischen Deutschen und Franzosen im Heiligen Lande ist das wesentliche Erlebnis. Die zweite Botschaft lautet: *wir leben alle kûme, daz her ist mêr als halbez mort*, die mörderischen Mühsale also, das Klima, die Epidemien. Aus solcher Art des Erlebens begreift sich die Sehnsucht nach der Heimkehr: ein Narr wäre, wer noch den August hier bliebe; besser wieder heimfahren und es sich *dâ heime in sîner pharre* wohl sein lassen. Heimkehr aber hieße neues Sommer- und Liebesglück. Wie die Kreuzlieder formal Sommerlieder sind, so handeln sie vom Tanz unter der Linde und an der Straße.

Eine neue, illusionslose Art, den Kreuzzug zu erleben, wird hier ausgesprochen; der ganze tiefe Wandel des Kreuzzugs von der Idee zum politischen Geschäft tut sich dahinter auf. Wir werden demselben Stimmungsumschwung in Freidanks Akkonsprüchen und den Kreuzzugsliedern des Tannhäuser begegnen.

So tritt uns denn auch das große Problem der Generation Hausen-Hartmann-Johansdorf, der Widerstreit von Gottesfahrt und Minnedienst, tief verwandelt entgegen. Jene Zeilen vom halbtoten Heer binden sich reimend mit dem Seufzer: *hey wær' ich dort! bî der wohlgetânen læge ich gerne an mînem rûme.* Gott und Minne – das ist keine bedrängende Frage mehr, die *sub specie aeternitatis* gelöst werden will, das ist der Gegensatz von gegenwärtiger Mühsal und erträumter Daseinsfreude. Wieder zieht sich die Grenze zwischen Walther und Neithart, hier vielleicht sogar in Beziehung auf ein und dasselbe Ereignis.

Neitharts Grüße aus der Ferne suchen Landshut in Bayern, seine Sehnsucht zieht ihn in seine „Pfarre", den engsten Lebensraum zurück. Das läßt ahnen, daß Neitharts Denken und Sorgen nicht um das Große, das Reich kreist. Der kleine Raum seiner Lebenswirklichkeit, die Landshuter Gegend, später Wien und das Tullner Feld füllen ihn aus. Neithart ist kein politischer Dichter. Nur der Deutschlandzug Friedrichs II. hat auch ihn wie alle bewegt. Noch einmal sah man eine Zeit der Ordnung, des Friedens und Rechtes heraufkommen; es war das letzte große Aufwallen des staufischen Glaubens in Deutschland. Neitharts Lieder 31, 5 und 101, 20 gelten diesem Ereignis. Friede und Ordnung taten in Österreich mehr als anderswo not, und es ist bezeichnend, daß Neitharts Wunsch und Hoffnung nicht mehr an das Reich anknüpfte, sondern an das Territorium, an Österreich. Noch bezeichnender für diesen Mann ist es, in welcher Vorstellung sich die ordnungschaffende Kraft des Kaisers konkretisiert: Man wird den Bauern das – nach ritterlicher Sitte – lang getragene Haar scheren und sie in die alte Kleiderordnung zwingen, „wie man sie zur Zeit Karls des Großen trug", da den Bauern ritterliche Tracht verboten war. Wiederherstellung der ständischen Ordnung, Hinabdrücken der von unten aufquellenden Massenkräfte, das, worum Neitharts Winterlieder kreisen und wozu der Ritter aus eigener Kraft nicht mehr fähig war – das erwartete und erhoffte Neithart vom Kaiser. Enge und Konkretheit auch in politisch-sozialen Dingen neben Walthers Leben im weiten Raum der Idee: wieder stoßen wir auf die Grenze der Zeiten zwischen den beiden Dichtern.

Damals war es auch, daß „Frau Frohmut" aus Österreich verjagt war, daß Neithart um den Verfall des höfischen Lebens klagte. Den alternden Neithart wie den alternden Walther ergreift die Weltangst. In einer Reihe von Liedern (82, 3; 86, 31; 95, 6; 96, 30) setzt er sich mit der Welt auseinander und kündigt ihr seinen Dienst auf. In dem Liede 96, 30, der Absage an Frau Minne, wird diese in einem Bilde von obszöner Eindeutigkeit als eine Hure geschildert, die sich an den Knecht weg-wirft, statt sich dem Ritter zu ergeben. Das zentrale Lied dieser Gruppe ist 82, 3. In ihm nennt Neithart seine Herrin: *si heizet Werltsüeze;* danach fassen wir die ganze Gruppe als die Werltsüeze-Lieder zusam-men. Auch hier fehlt es nicht an harten Scheltworten: schamlose Land-streicherin; Leimrute der Sündenschande; unzüchtige Hure. Neithart schildert sie als eine Verlorene, die in eine stinkende Lache gefallen ist, so daß nur Gott selber sie wieder rein machen kann. Das Lied 86, 31 dagegen ist reiner und tiefer aus der eigenen Seelennot geflossen, ban-gendes Gebet an Gott, die „Kraft ob allen Kräften" um Hilfe auf dem rechten Weg.

Wir denken auch hier an Walther zurück, seine Altersabrechnung mit seiner Herrin Frau Welt. Sie ist gemessener im Ton, zuchtvoller, gerechter abwägend. Aber nur der Ton ist hier verschieden, das Denken ist gleich. Im Letzten finden sich diese beiden in ihrem Wesen und Bestre-ben so verschiedenen Dichter, an deren Werken der Zeitenwandel sich so exempelhaft deutlich machen ließ. Die große, alles umgreifende Macht des Mittelalters, die ungebrochene Gläubigkeit des Menschen tritt vor dem Problem des Todes in ihr unbezweifelbares Recht. Die stolze Ent-deckung der Zeit: das autonome Recht des Diesseits und das in ihm ent-wickelte höfische Menschenbild, sie stehen in dem unveränderten dualistischen Weltbild von Gott und Teufel, Himmel und Hölle. Und unverändert stellt der Tod auch den höfischen Menschen vor die Ent-scheidung. Nichts zeugt mehr für die letzte Einheit als die Altersdichtung dieser beiden grundverschiedenen Männer in ihrer gemeinsamen Hin-ordnung auf Gott in Bangnis und Zuversicht.

Das Gebetslied Neitharts (86, 31) ist in der Form der Winterlieder aufgebaut. Es hebt wie diese mit der Winterklage an und läuft wie diese in Wintertanzstrophen aus. Und das führt noch einmal zum Problem der Neithartschen Dichtung zurück. Wir hatten die unaufgelöste Disso-nanz als ihren Grundzug erkannt. Das bestätigt sich hier. Wie dort die Klänge des Hohen Minnesangs unmittelbar von dörperlich-roher Tanz-lust abgelöst wurden, so hier die gebethafte Weltabsage. Nur eine Schablone scheint ausgewechselt zu sein. Doch so äußerlich darf man es nicht fassen. Neithart wäre wohl Dichter genug, um den reinen Aus-druck seiner religiösen Anliegen zu finden, wenn er die Dissonanz nicht auch hier gewollt hätte. Sie gehört zu seinem Weltgefühl. Und damit

weist Neithart in die Zukunft. Die unaufgelöste Dissonanz, das Neben-
und Ineinander von Gegensätzlichem ist eine der Grundstimmungen
des späten Mittelalters. Diese Art, sich der Welt gegenüber zu verhalten,
wankende Ordnungen nicht mehr halten zu wollen, sondern sich einem
Chaosgefühl hinzugeben, in dem man seinen Standort sucht, ist in dem
bewußten Dissonanzwillen Neitharts erstmals spürbar. Darum konnte
Neithart lebendig bleiben, während der Hohe Minnesang mit seinem
Harmoniestreben versteinerte. Das Weiterarbeiten des späten Mittelalters an der Figur und der Dichtung Neitharts ist daher ein wirkliches
Stück der spätmittelalterlichen Geistesgeschichte.

DER TANNHÄUSER

Der sagenumwobene Dichter erscheint in den Handschriften unter
der Bezeichnung *der Tannhûser*. Doch scheint mir die ritterliche Herkunft
dieses Mannes heute gesichert; er war ein *her von Tannhûsen* und hatte
seinen Burgsitz in dem Dorf Tannhausen bei Neumarkt in der bayrischen
Oberpfalz. Sein Leben muß mindestens zeitweise in oder bei Nürnberg
verlaufen sein. Er hat an dem Kreuzzug Friedrichs II., 1228/29, teilgenommen und ist, wenn wir seinem Kreuzfahrtlied glauben dürfen,
längere Zeit im Orient verblieben. Mindestens zeitweise dürfte er dem
Hof der Staufersöhne nähergestanden haben; seine Dichtung hat gewiß von Neifen gelernt, wie umgekehrt weit mehr Ulrich von Winterstetten bei ihm in die Schule gegangen ist. Seinen eigentlichen Gönner
aber fand er wie Neithart in dem letzten Babenberger, Friedrich dem
Streitbaren, der ihm ansehnliche Lehen in und bei Wien gegeben hat.
Der Tod Friedrichs beendete die guten Tage des Tannhäuser. Nachdem
er seine Wiener Besitzungen offenbar verschleudert hatte, begann für
ihn das Leben des wandernden Dichters mit seinen Bitterkeiten. Ein
spätes Gedicht (Leich VI) läßt erkennen, daß er sich dem aufblühenden
Nordosten, Sachsen und Braunschweig, Brandenburg und Schlesien zugewandt hat; aber eine feste Stätte hat er nicht mehr gefunden. Dieser im
Jahre 1266 gedichtete Leich ist das Letzte, was wir von dem Tannhäuser
wissen; der damals über Sechzigjährige wird bald darauf gestorben sein.
Es ist nicht sehr viel, was wir von der offenbar reichen Dichtung dieses
Mannes besitzen: 6 Leiche, eine Serie von 5 Sprüchen, einen Rätsel-
spruch, ein Kreuzfahrtlied, eine Klage um Friedrich den Streitbaren und
um die eigene Not, ein paar Minnelieder und Minneparodien. Aber was
wir haben, genügt, um uns ein Bild des Dichters zu machen.
Was ich eben als Minnelieder bezeichnet habe (VII; XI; XV), läßt
sofort den weiten Abstand von aller klassischen Lyrik, aber auch von

der Hofkunst der Neifengruppe erkennen. Sie haben wie diese einen Natureingang, sind aber wirkliche Tanzlieder. Das rückblickende Lied XV des alternden Mannes, der sich noch einmal zu Minnetönen aufrafft, sagt ausdrücklich aus, daß die Lieder, die er einst *den lieben kinden bî den linden* gesungen hat, Tanzlieder gewesen sind. Halten die Lieder VII und XV noch an der Formelsprache des Neifenschen Minnesangs fest, so bricht in Lied XI ein blühender Sensualismus durch, wie ihn noch niemand in der höfischen Gesellschaft gewagt hatte. Von Walthers Preislied auf die Schönheit der höfischen Frau, das sich an Antlitz und Kehle, Hand und Fuß entzückte, aber verschwieg, was *dâ enzwischen ist*, über Neifens stichworthafte Verdichtung der Sinnenschönheit im Glanz der Augen und im Leuchten des roten Mundes, geht hier die Entbindung des Sensuellen zu einem zärtlichen Umspielen und bei rückhaltloser Offenheit doch nicht groben Betasten des ganzen Leibes weiter. Walthers *wundervol gemachet wîp* ist zum *sumertöckel* (Sommerpüppchen) geworden, und der Preis der Schönheit macht vor nichts halt, was *dâ enzwischen ist*. Dennoch ist es ein höfischer Leib, der hier entblößt wird; auf so schön gewölbten, schmalen Füßen tanzt kein Neithartsches Bauernmädchen. Immer noch ist es ein gewählter Schönheitsrausch; aber die äußere Schönheit ist nicht mehr „Erscheinung", d. h. Sichtbarwerden der inneren. Die edle Harmonie des vollkommenen Menschenbildes ist dahin; Schönheit ist nur noch lustvolle Gestalt.

Die Herrin des klassischen Minnesangs ist für den Tannhäuser nur noch Gegenstand der Parodie. In den drei Liedern VIII–X variiert er den witzigen Einfall, daß die Dame von dem Dichter die Lösung unmöglicher Aufgaben verlangt, wenn sie ihm lohnen soll. Er variiert ihn so unermüdlich, daß er uns ermüdet. Doch nehme man das nicht als Leerlauf. Die Lust an der Häufung und immer neuen Übersteigerung ist ein Zeichen der Spätzeit, der Auflösung von *zuht* und *mâze*, die doch zugleich eine Befreiung ist, und man genießt sie in einem kindlichen Überschwang.

Solche Lieder der Sinnenlust wie auch solche Parodien des höfischen Minnewesens sind am Stauferhofe, selbst am Hofe Heinrichs VII., schwer vorstellbar. Sie verlangen eine vorurteilslosere, selbst schon aufgelöstere Gesellschaft als Hintergrund, und wir können sie am Wiener Hofe Friedrichs des Streitbaren ahnen, dieses in all seinem Verhalten auf Unmaß und Unbedenklichkeit gestellten Fürsten, den uns der Tannhäuser darstellt, wie er selber zum Reigentanz vorsingt (Leich I, 69 f.).

Und der Tanz ist Tannhäusers Element, der Tanzleich die ihm angemessenste Form. In seinen 6 Tanzleichen haben wir ihn ganz. Wir lassen die ungeklärte Frage nach Herkunft und Deutung der Form wiederum beiseite. Sofern in der Form des Tanzleichs Volkstümliches

24*

enthalten ist, sind die des Tannhäuser weder nach Form noch nach Inhalt bloße Nachahmung volksläufiger Vorbilder. Sie sind in ihrer Weise hochgesteigerte Kunst.

Die Tanzleiche des Tannhäuser sind Kompositionsstücke von 100 bis 150 Zeilen. Sie sind im großen zweiteilig gebaut. Ein erster, sozusagen „sachlicher" Teil hat Inhalte, die dem unmittelbaren Zweck, dem Tanz und dessen Begleitung, z. T. ganz fernliegen. Unvermittelt springt dann der zweite Teil auf das Thema des Tanzes über: Aufforderung zum Tanz, Namen der Tänzerinnen, Ausdruck der Tanzlust; auch der Sänger nennt seinen Namen. In diesem unvermittelten Wechsel des Themas, dem Zusammenstoß des Unzusammengehörigen erinnert die Dicht- weise des Tannhäuser an die dissonierende Kompositionsführung von Neitharts Winterliedern und entspringt gewiß einem verwandten Lebensgefühl. Diese Zweiteilung spiegelt sich in der Form. Der Auf- bau aus einzelnen Versikeln ist in jener freien Wiederholungstechnik gehalten, die wir von Botenlauben und Winterstetten schon kennen. Die Versikel sind umfänglicher als bei Winterstetten, einfacher in der Form, weniger auf virtuose Klangspiele bedacht. Der erste Teil hält sich im allgemeinen in sehr ruhigen, fast simplen Formen; gerne sind es Reihen einfachster Vierzeiler. Allmählich gehen sie zu kunstvolleren Formen über, die in Rhythmus und Tempo die wirbelnde Steigerung der Tanzlust malen, um zuletzt mit dem Reißen der Saiten und dem Jauchzruf der Tänzer jäh abzubrechen. Einzig dem letzten Leich fehlt der Tanzteil. Es ist der ganz späte Fürstenpreis von 1266, in dem der alte Mann die Form seiner Jugenddichtung noch einmal aufnimmt, sie aber jetzt auch formal aufs Einfachste einschränkt.

Inhaltlich wechselt der Tannhäuser von Leich zu Leich. Der erste ist ein ausgedehnter Fürstenpreis auf Friedrich den Streitbaren, der 29 Versikel beansprucht, um dann unvermittelt mit *Nû dar* zur Aufforde- rung zum Tanz überzugehen. Leich IV klingt in seiner ersten Versikel wie der Anfang eines hohen Minneliedes, bietet dann aber eine breite Schau über berühmte Frauen und Liebespaare der Literatur. Er setzt mit seiner Fülle literarischer Anspielungen ein Publikum voraus, das in der höfischen Literatur voll bewandert war. Wiederum bricht der Tann- häuser unvermittelt ab: Genug von dem Alten, jetzt wollen wir meine Tanzpartnerin loben. Ebenso gelehrt ist der Leich V, dessen erster Teil eine Völker- und Länderschau enthält und an die gelehrte Spruchdich- tung der Spätzeit gemahnt, aber aus der persönlichen Anschauung des Dichters belebt ist. Die beiden anderen Leiche (II und III) sind dagegen rein lyrische Stücke, Übertragung der Pastourelle in die kunstvolle Form des Leichs. Dabei hält sich Leich II im Stil der Gattung: Begeg- nung in einer arkadischen Landschaft mit einem ebenso schönen wie willigen Mädchen, in höfischen Formeln stilisiert und dezent in den

Aussagen. Es ist eher ein Erzähllied als ein Leich, ganz aus einfachen Vierzeilern gefügt und in seinem Tanzteil kaum angedeutet. Ganz anders ist dasselbe Thema dagegen in Leich III behandelt, kunstvoll in der Form, mit ausgebildetem Tanzteil, und kunstvoll auch in der Sprache. Es ist die gezierte Fremdwortsprache der höfischen Gesellschaft. Mit *tschoie* statt mit Freude wandelt der Dichter durch eine Landschaft, in der ein *fores* steht statt eines Waldes, ein *riviere* fließt statt eines Baches, und in der er unter dem *tschantieren* der Vögel, dem *toubieren* der Nachtigall mit der schönen *creature parlieret*, die sein *cor* erobert hat.

Ist das noch ernstgemeinte Verwendung einer überkünstelten Hofsprache, ist das nicht vielmehr deren Parodie? Der Tannhäuser ist sonst einfach in der Sprache, sehr mäßig im Gebrauch französischer Modewörter. Solche ohrenfällige Häufung kann nur bewußte Absicht sein, und eine andere als eine parodistische ist bei diesem Dichter nicht denkbar, der auch in seinen Liedern die Mode des Hohen Minnedienstes parodiert. Und dann wird auch Leich IV mit seinen berühmten Frauen und Liebenden verdächtig. Denn er enthält manche so bewußt unsinnige Aussage, daß wir uns schwer vorstellen können, wie ein literarisch gebildeter Mann sie einem literarisch gebildeten Publikum zumuten konnte. Daß Parzival Hektors Burg (d. h. Troja) gebrochen habe und Lanzelet dafür an ihm Rache nehmen wollte, daß Tristan die heidnische Mohrenkönigin von Marokko erworben habe – das sind nicht Versehen, sondern bewußte Verdrehungen von barocker Lustigkeit. Sowohl in der Häufung der gewiß zum guten Teil erfundenen Namen – hinter denen wir also nicht verlorene Romane zu suchen haben – wie in der groben Verbalhornung der Stoffe haben wir eine Parodie auf die lyrische Mode zu sehen, das eigene Minneerlebnis an exemplarischen Liebespaaren zu messen, wie wir sie seit Gutenburg und Botenlauben im Minneleich kennen. Und so mag es wohl erlaubt sein, auch in der gehäuften Gelehrsamkeit der Länder- und Völkerkunde des Leichs V parodistische Absicht zu vermuten. Dann wäre die Kontrastführung zwischen den beiden Teilen von Tannhäusers Leichdichtung tiefer begründet. Im ersten Teil wird die überzüchtete Welt des Hofes, ihre überzierlich gedrechselte Sprache, ihr blasiertes Literatentum, ihre angemaßte Halbgelehrsamkeit lächerlich gemacht. Und dagegen stellt der Dichter die Lust des Tanzes, den Rausch der Schönheit, die Festlichkeit der Natur.

Wie dem auch sei – in Tannhäusers Dichtung, Liedern wie Leichen, wird offenbar, daß die höfische Welt entleert, der Ernst ihres Menschenbildes verloren, die hohe Spannung zwischen Irdischem und Transzendentem, aus der die Hohe Minne lebte, ausgeleiert ist. Was im Kreise um Neifen noch artistisch überdeckt blieb, ist hier offen durchgebrochen. Was aber stellt der Tannhäuser dem entgegen? Hier verlangt die vielbesprochene Frage des Einflusses von Neithart auf den Tannhäuser ihre Anwort. Daß dieser in Wien die Kunst des berühmten älteren Kunstgenossen, vermutlich auch ihn selbst kennengelernt hat, ist sicher anzunehmen. Daß er davon, namentlich von den Sommerliedern Neitharts, gelernt hat, ist wahrscheinlich, besagt aber noch nicht viel. Als Typus ist der Tannhäuser doch ein ganz anderer als Neithart. Nur ihren literarischen Ausgangspunkt von Tanzlied und Pastourelle haben die beiden gemein. Neithart ging von der Wirklichkeit einer bäuerlichen Welt aus, die er zum symbolischen Ausdruck einer drohend empordrängenden, ungeformten, aber dynamischen Macht steigerte, um sie in gewollter Dissonanz dem Rittertum entgegenzustellen, das in erstarrender Überfeinerung keine Gegenkräfte mehr aufzubringen vermochte.

Nichts davon gibt es beim Tannhäuser, weder äußerlich das dörfliche Milieu noch innerlich das Gefühl einer bedrohten Ordnung. Die Frauen in Tannhäusers Tanz sind so wenig Neithartsche Friderunen, wie sie den Mägden am Brunnen oder den Flachsschwingerinnen der Neifenschen Pastourellen gleichen. Doch ebensowenig sind diese leicht bezwungenen, dem sinnlichen Augenblick ergebenen Mädchen „ritterlich", wenn sie auch dem ritterlichen Schönheitsideal verpflichtet sind. Der Tannhäuser lebt als Dichter in einer neuen, weder dörperlichen noch ritterlichen, sondern arkadischen Außerwirklichkeit. In einer arkadischen oder elysischen Natur, zu der die Naturdichtung des Neifenkreises Farben liefern konnte, bewegen sich diese betörend süßen Sinnengeschöpfe, deren Nacktheit und Liebeswilligkeit etwas Arkadisches und darum nichts Grobes oder Schmutziges hat. Alexanders Mädchenwald fällt einem als Parallele ein, Märchenreiche einer Aventiurenwelt könnten solche Wesen beherbergen. Hier aber erlebt das Ich, der Dichter Tannhäuser, distanzlos und fern allem Ständischen solches Arkadien einer neuen Sinnenseligkeit. Es wäre falsch, von einer neuen erotischen „Realistik" zu reden; die Welt und die Menschen des Tannhäuser sind genau so stilisiert und unwirklich wie die des Hohen Minnesangs; das verbindet den Dichter trotz allem mit der höfischen Welt. Nur sind sie nicht mehr aus einer Minneidealität heraus stilisiert, für die das Sinnliche zum Symbolzeichen eines Höheren wurde. Sie sind in ihrer Weise eine Rückkehr zur Natur, in der das Natürliche, der Sinnentrieb herrschen darf, sofern er nur durch Schönheit und Anmut legitimiert ist.

Doch auch der Einbruch der Wirklichkeit als einer echten Realität fehlt in der Dichtung des Tannhäuser nicht. Wir finden ihn in seinem Kreuzfahrtlied (XIII), in der Klage um Herzog Friedrich (XIV) und in einigen der Sprüche (XII). Am eindrücklichsten ist das Kreuzfahrtlied, und es spricht am deutlichsten von dem Wandel der Zeit. Die Begeisterung des Barbarossazuges, der tiefe Ernst der Waltherschen Kreuzzugstimmung ist bei ihm wie bei Neithart dahin. Der Tannhäuser erlebt den Kreuzzug von 1228/29 und seinen offenbar längeren Aufenthalt im Orient wie Freidank und Neithart als die nackte, schwere und häßliche Wirklichkeit. Den Auftakt bildet das vergnügte Etappenleben in Apulien vor dem Aufbruch, das den Dichter als Erinnerungsbild in die Schrecken begleitet, die mit dem Ende der 1. Strophe über ihn hereinbrechen: *ich swebe ûf dem sê*. Die Mühsale der Seefahrt sind das eigentliche Thema des Gedichtes, das Scheitern im Sturm an der Küste von Kreta, die Trübsal der Fahrt bei hartem Zwieback, versalzenem Fleisch und verdorbenem Wein, und kein frommer Aufblick, keine religiöse Begeisterung trägt ihn dabei. Was er heimbringt, sind die Namen der Winde aus dem Munde der italienischen Matrosen. Er zählt sie gewissenhaft auf; wäre er daheim „auf dem Sande", das heißt bei Nürnberg geblieben, so wüßte er sie nicht – aber eine solche Ernte ist wahrlich mager.

Die Klage um Herzog Friedrich (Lied XIV) ist im Grunde eine Klage um das eigene Schicksal. Gleich den Sprüchen XII, 1–3 ist sie ein Fortspinnen des uralten Themas der Fahrenden: Wirt und Gast, Behaustheit und Unbehaustheit. Der Tod des Herzogs hat die Lebensgrundlage des Dichters zerstört; der Hof von Wien hört auf, eine Stätte höfischer und literarischer Kultur zu sein. Aber der Tannhäuser hat seine materielle Lebensgrundlage selber zerstört, indem er seine Lehen verschleudert hat. Es kommt in die Elendsklage der Ton des reuigen Genießers hinein, der seinen Besitz mit Weibern und Wein vertan hat. Dieser Besitz aber wird genau umschrieben. Nicht *mîn lêhen* wie bei Walther, nein, das Haus in Wien, das Dorf Leupoldsdorf und Güter in Himberg, gewissenhaft verzeichnet wie in einer Urkunde. Das ist die bare Wirklichkeit ohne Beschönigung. Aber sie ist erlebt mit der dichterischen Beeindruckbarkeit eines Mannes, für den alles Erlebnis Abenteuer und der reale Vorgang plastisches Bild wird – der Seesturm dort, der arme Ritter hier, der auf schlechtem Pferd mit leerem Sack und unberittenen Knechten über Land zieht. Und das ist eine Kunst, die weit vorausdeutet bis zu den Fahrtgedichten und Lebensbeichten Oswalds von Wolkenstein.

Darum ist der Tannhäuser wie Neithart für das späte Mittelalter eine lebendige Gestalt geblieben. Es will weniger besagen, daß man seinem Namen eine der beliebten poetischen Tischzuchten angehängt hat und sie des Tannhäusers Tischzucht nannte. Viel wichtiger ist, daß er zum Helden einer Sage oder Legende wurde, und daß an ihn die Geschichte von dem Ritter geknüpft wurde, der in den Venusberg einging. Manches an seiner Dichtung und gewiß noch mehr, das wir nicht kennen, gab wohl Anlaß, daß eine bürgerlich-kirchenfrömmere Zeit diesen Dichter einer schönen Sinnlichkeit in einer elysischen Landschaft zu einem Diener der heidnischen Liebesgöttin machte.

LITERATUR

Neithart von Reuenthal: Ausg.: MORIZ HAUPT, Leipzig 1923. 2. Aufl. hrsg. von EDMUND WIESSNER. – Lit.: EHRISMANN II 2, 2 S. 256–61. – GUSTAV ROSENHAGEN, Verf.-Lex. 3 (1943) Sp. 501–10. – FRIEDRICH WILHELM, Neidhart von Reuenthal in Oberbayern. Münchn. Museum 4 (1924) S. 228–29. – SAMUEL SINGER, Neidhart-studien. Tübingen 1920. – WALTHER WEIDEMANN, Studien zur Entwicklung von Neidharts Lyrik. Basler Studien z. dtsch. Sprache u. Lit. 5. Basel 1947. – HEINR.-WILH. BORNEMANN, Neidhart-Probleme. Diss. Hamburg 1937. – RICHARD ALEWYN, Naturalismus bei Neidhart von Reuenthal. ZfdPh. 56 (1931) S. 37–69. – JOH. OSTER-DELL, Übereinstimmung der Lieder Neidharts von Reuenthal mit den Vaganten-liedern der „Carmina Burana". Diss. Köln 1928. – FRANZ ROLF SCHRÖDER, Die tanz-lustige Alte. Germ.-Rom. Monschr. 32 (1951) S. 241–57. – EDMUND WIESSNER, Die Preislieder Neidharts und des Tannhäusers auf Herzog Friedrich II. von Babenberg. ZfdA 73 (1936) S. 117–30. – GÜNTHER MÜLLER, Zu Neidharts Reienstrophik. Beitr. 48 (1924) S. 492–94. – JAKOB GRÜNBAUM, Probleme der Strophik Neidharts von Reuen-tal. Archiv. Neophil. 1 (1934) S. 267–95. – ELISABETH HEBERLING, Etymologische und philologische Untersuchungen im Anschluß an einige Tanzwörter Neidharts und seiner Schule. Diss. Münster 1947 (Masch.-Schr.). – ALFRED GÖTZE, Zu Neid-hart S. LXVIII Haupt-Wießner. Beitr. 65 (1942), S. 226–27. – ALBERT LEITZMANN, Neidhart 47,12 stundic. ZfdPh. 65 (1940) S. 33–34.

Tannhäuser: Ausg.: JOHANNES SIEBERT, Der Dichter Tannhäuser. Leben – Gedicht – Sage. Halle 1934. – Lit.: EHRISMANN II 2, 2 S. 265–67. – LUDWIG WOLFF, Verf.-Lex. IV (1951–52) Sp. 355–68. – MARGARETE LANG, Tannhäuser. Von deutscher Poeterey, Bd. 17. Leipzig 1936. – ANTON WALLNER, Tannhäuser. ZfdA 72 (1935) S. 278–80. – KARL WELLER, Zur Lebensgeschichte des Tannhäusers. Festgabe f. Karl Bohnenberger. Tübingen 1938. S. 155–63. – HUGO KUHN, Minnesangs Wende. Tübingen 1952. S. 110–19. – WERNER LENNARTZ, Die Lieder und Leiche Tann-häusers im Lichte der neueren Metrik. Diss. Köln 1931. – GUSTAV ROSENHAGEN, Die Leiche des Tannhäusers und des Ulrich von Winterstetten. ZfdPh. 61 (1936) S. 269 bis 274. – JOHANNES SIEBERT, Zum Tannhäuser. ZfdA 77 (1940) S. 55–60. – ARCHER TAYLOR, „Zu Künis erbent ouch diu wip und niht die man". Tannhäuser 5, 29. Mod. Lang. Notes 53 (1938) S. 509. – JOHANNES SIEBERT, Tannhäusers Mäuseberg. ZfdA 82 (1948–50) S. 254–67. – MARGARETE LANG u. HANS NAUMANN, Zu Tannhäusers Balladengestalt. Jb. f. Volksliedforsch. 5 (1936) S. 123–30. – ALEXANDER HAGGERTY KRAPPE, Die Sage vom Tannhäuser. Mitt. d. Schles. Ges. f. Vkde. 36 (1937) S. 106–32.

ACHTES KAPITEL

DIE RELIGIÖSE DICHTUNG

1. BIBELDICHTUNG UND LEGENDE

Wie zu erwarten, tritt die religiöse Dichtung im engeren Sinne, das Wort der Kirche an den Laien, in dieser Zeit stark zurück. Beliebte und führende Gattungen des 12. Jahrhunderts wie Reimpredigt, Sündenklage, Heilsdogmatik, verschwinden aus der deutschen Literatur oder sie werden nun von den ritterlichen Dichtern in ihren Problemdichtungen berührt oder aufgegriffen.

Nur die religiöse Erzählung findet in dieser erzählfrohen Zeit eine gewisse Pflege und Fortbildung. Allein auch sie wandelt sich und trägt die Zeichen ihrer Zeit. Eine eigentliche Bibeldichtung, vollends eine solche mit dogmatisch-heilsgeschichtlicher Interpretation, fehlt ganz. Denn die dürftigen und unbeholfenen Bruchstücke aus einer poetischen Bearbeitung des Alten Testamentes, die Gemoll veröffentlicht hat, dürften schwerlich dem ersten Teil des Jahrhunderts angehören. Was jetzt erzählt wird, ist apokryphe Weiterführung und legendäre Umrankung der Heiligen Geschichte. Immer noch ist es der deutsche Südosten, der die religiöse Epik pflegt. Der Niederösterreicher Konrad von Fußesbrunnen dichtet in der stilistischen Nachfolge des jungen Hartmann das apokryphe Evangelium der Infantia Jesu in gepflegten deutschen Versen nach. Er beruft sich dabei auf das Werk eines Vorgängers, „Meister Heinrich", der ein Marienleben verfaßt haben muß. Der Ostschwabe Konrad von Heimesfurt, einer der wenigen Dichter geistlichen Standes, dem wir in dieser Generation begegnen, ein Zeitgenosse Rudolfs von Ems, fügt den Abschluß des Lebens der Jungfrau Maria hinzu, indem er nach der apokryphen Quelle des Melito von Sardes (4. Jahrhundert) die Geschichte von Mariä Himmelfahrt erzählt. Ein zweites Werk desselben Geistlichen, das sich die „Urstende", d. h. Auferstehung nennt, greift zwar den biblischen Stoff von der Passion bis zur Himmelfahrt auf, aber alles, was daran eigentlicher Evangelienbericht ist, Passion, Auferstehung, Erscheinungen und Himmelfahrt, ist mit einer fast erstaunlichen Blaßheit und Kürze abgetan. Das, worauf es dem Dichter ankam, war das Außerbiblische. Darum werden zwei Erzählstücke hier breit und ausführlich behandelt: Einmal die legendär ausgestaltete Gerichtsszene vor Pilatus mit dem Wunder der vor Christus sich neigenden Fahnen und den Zeugnissen der von Christus Geheilten. Zu diesem Erzählkomplex gehört dann weiter die Einkerkerung des Joseph von Arimathia und seine wunderbare Befreiung durch die Erscheinung Christi in seinem Kerker. All dies wird im Anschluß an die sogenannten Pilatusakten erzählt. Zum anderen wird nach dem Nikodemusevangelium die Höllenfahrt Christi berichtet, nicht – wie etwa in den geistlichen Spielen – heilsgeschichtlich zwischen Grablegung und Auferstehung eingeordnet, sondern wie in dem apokryphen Evangelium nach dem Pfingstwunder als dokumentarische Zeugenaussage der vom Tode erweckten Söhne des Simeon, Leoncius und Caricius, die Christi Erscheinen in der Hölle selber mit angesehen haben.

So treten jetzt Vorgeschichte und Nachklang der Evangelienberichte, tritt insbesondere die Person der Heiligen Jungfrau in den Vordergrund. Beide Dichter, der Ritter Konrad von Fußesbrunnen wie der Pfaffe Konrad von Heimesfurt, sind formal und in der Darstellungstechnik bei der großen höfischen Epik in die Schule gegangen. Ohne hervorstechende Eigenart erzählen sie sauber und anmutig, und die Idyllenbilder der Kindheitsgeschichte Jesu finden in Konrad einen Gestalter, der Genrebilder geschmackvoll zu zeichnen weiß. Eine religiöse Erregtheit, eine innere Stellungnahme zwischen Gott und Welt spricht aus ihren Gedichten nicht. Konrad von Fußesbrunnen ist dem Denken des 12. Jahrhunderts stärker verpflichtet. Gleich Hartmann in seinem Gregorius, doch ohne dessen bohrende Problematik, betrachtet er die weltliche Dichtung – an der er beteiligt gewesen zu sein scheint – als Lüge, Gottes Wort als Wahrheit, und wie sein Vorbild bezichtigt er sich, nach dem Lohn der Welt gestrebt zu haben und nicht nach dem Lohn Gottes. Neben Zügen, die seine Zugehörigkeit zur ritterlichhöfischen Welt der Ehre, des Reichtums und der Schönheit bezeugen, begegnen Stellen, die wie im 12. Jahrhundert von der Bedeutung und Bezeichnung des Dargestellten sprechen, und da fehlt denn auch – abermals wie im Gregorius – die Stilform des lateinischen Zitates nicht. All dies fügt sich gut zu den stilistischen Tatsachen. Bei Konrad lassen sich nur Einflüsse des jungen Hartmann bis zum Gregorius nachweisen, nicht dagegen solche des Iwein oder gar Gottfrieds von Straßburg. Und in der Reimtechnik des Gedichtes sind noch Reste der frühmittelhochdeutschen Reimfreiheit vorhanden. So wird es sich empfehlen, das Gedicht Konrads von Fußesbrunnen nicht zu spät und eher kurz vor als nach 1200 zu datieren.

Aber auch bei Konrad von Heimesfurt, dessen Wirksamkeit zwischen 1225 und 1250 liegen dürfte, soll man die Stellungnahme zu dem Problem, wie man Gott und der Welt gefallen könne, nicht überbewerten. Sie findet sich in einem Exkurs der „Urstende" und läßt einen Ausgleich als möglich erscheinen. Allein der Exkurs knüpft an die symbolische Auffassung des Verhältnisses Christi und Mariä als Brautschaft, der Himmelfahrt Mariä als Hochzeitszug an und bezeichnet im Ton des Sittenpredigers die recht geführte Ehe als den Weg, Gott und der Welt zu gefallen. Das ist eine Lösung der Problematik aus geistlicher Sicht. Sie liegt höfisch-ritterlichem Denken fern, da sie die Minne und ihre zentrale Stellung außer acht läßt.

An die Dichtungen vom Leben und Sterben Marias schließen unmittelbar die Marienlegenden an. Sie bilden innerhalb der Legendenliteratur einen besonderen Typus. Denn sie betreffen nicht das irdische Leben Marias, gehen vielmehr von der besonderen Stellung der Gottesmutter in der himmlischen Hierarchie aus, auf der alle Wärme und Innigkeit des Marienkultes beruht. Maria ist die himmlische Fürbitterin, deren Wort dem Ohr des Sohnes am nächsten ist. In unzähligen Marienlegenden wird von der Hilfsbereitschaft Marias und der Wirksamkeit ihrer Fürbitte berichtet. Aber im ganzen ist dieser Legendentypus erst im späten Mittelalter voll entfaltet. Das früheste Beispiel in deutscher Dichtung ist die Legende von dem geretteten Teufelsbündler Theophilus, die als Exemplum in die „Rede vom Glauben" des armen Hartmann (Bd. I S. 172 f.) eingelagert ist. Freie Marienlegenden sind für die staufische Dichtung mit voller Sicherheit kaum nachzuweisen. Wir sind geneigt, ein Gedicht über Bischof Bonus von Clermont, dem Maria nächtlich in der Kirche erschien und ein prächtiges Meßgewand überreichen ließ, ins Ende des 12. Jahrhunderts zu versetzen. Und es ist möglich, daß das Gedicht vom „Jüdel", dem Judenknaben, der am christlichen Abendmahl teilnimmt und in der Hostie das Jesuskind erblickt, und der durch Maria vor dem Tode durch die Juden bewahrt wird, in die unmittelbare Nachfolge Konrads von Heimesfurt und demnach noch in die späteste Stauferzeit gehört.

Damit haben wir jenes Gebiet der religiösen Dichtung betreten, das allein für diese Zeit bezeichnend ist: die Heiligenlegende. Wir haben in Bd. I gesehen, wie sich die deutsche Heiligendichtung gegen Ende der frühmittelhochdeutschen Zeit auszubreiten beginnt. Und wir wissen, daß sie sich in die höfische Zeit forterbt und von den Trägern der ritterlichen Romandichtung gepflegt wird, von Heinrich von Veldeke über Hartmann und Wolfram bis zu Rudolf von Ems. Diesen Legenden, die bei dem epischen Gesamtwerk ihrer Dichter schon behandelt worden sind, gesellen wir hier die übrigen Legendendichtungen der Zeit hinzu. Wieviele der herrenlosen Legenden jüngerer Handschriften in diese Zeit gehören oder auf ältere Vorstufen dieser Zeit zurückgehen, läßt sich nicht sagen. Dazu ist die namenlose Legendenliteratur noch viel zu wenig durchforscht. Die sicher in diese Zeit gehörenden Legenden stammen, soweit unsere Überlieferung reicht, aus der Frühzeit oder der Spätzeit der höfischen Dichtung; in den Jahrzehnten zwischen 1190 und 1220 treffen wir sie nicht an. Und wir finden sie auch nicht im eigentlichen Herrschaftsgebiet der hochhöfischen Epik, im alemannischen Rheinland, sondern im bayrisch-österreichischen Südosten und in Mitteldeutschland. Sie zeichnen sich durch ihre Stoffgebundenheit aus; die meisten Legendenerzähler sind bloße Übersetzer, die sich aufs engste einer lateinischen Quelle anschließen.

Es ist auch schwerlich ein Zufall, daß mehrere dieser Legendendichtungen so stark mit der Geschichte, und zwar der Geschichte des

deutschen Reiches, verbunden sind. Es ist die Zeit, da das Reich zum
letztenmal beherrschend im Mittelpunkt des politischen Denkens und
Geschehens steht, da Geschichte aus der Gegenwart verklärt wurde.

In dieser historischen Sachbezogenheit stehen die beiden Legendenepen, die wir noch dem späten 12. Jahrhundert, der Zeit Barbarossas
oder Heinrichs VI., zuzuschreiben geneigt sind: der oberdeutsche
Servatius und die Legende des Heiligen Ulrich.

Der oberdeutsche Servatius ist vermutlich als das Werk eines
Chorherren des wittelsbachischen Hausstiftes Indersdorf zwischen
1180 und 1190 entstanden und steht mit Veldekes Servatiusdichtung in
unmittelbarem Zusammenhang. Gräfin Agnes von Loon, die Tochter
von Veldekes Gönnerin, war mit Otto I. von Wittelsbach verheiratet,
der nach dem Sturz Heinrichs des Löwen das Herzogtum Bayern gewann. Sie wird den Kult des heimatlichen, in Oberdeutschland bislang
kaum bekannten Heiligen mitgebracht und den Anstoß zu der Legendendichtung gegeben haben. Diese wäre also propagandistisch zu verstehen.
Der geistliche Dichter hat Veldekes Werk gekannt; doch nicht dieses,
sondern eine lateinische Vita war seine eigentliche Quelle, eine Vita,
die ihrerseits auf Veldekes älterer lateinischer Quelle beruhte. Von dem
Typus des Veldekeschen Gedichtes, der freien Nacherzählung der lateinischen Vorlage, ist der Indersdorfer Geistliche nicht wesentlich
abgewichen. Auch er nahm die historischen Beziehungen wichtig, die
er in der Vita durch die noch stärkere Hervorhebung des Hunnensturms
und der Begegnung des Heiligen mit Attila unterstrich, und die in der
Verflechtung von Wundern des Maastrichter Heiligen in die Reichs-
geschichte bei ihm wie bei Veldeke sichtbar werden. Der Dichter erzählt
gedrungener, männlich beherrschter als der junge Veldeke. Erst im
Vergleich der beiden Servatiuslegenden wird klar, wie sehr Heinrich
von Veldeke noch Anfänger war und um seinen Stil kämpfte, wie sehr
seine Weitschweifigkeit aus der mangelnden Beherrschung der formalen
Mittel entspringt. Die Maastrichter Lokalinteressen treten bei dem bayrischen Dichter zurück, dafür weiß er die kriegerischen Ereignisse, den
Hunnensturm mit dem Fall von Tongern und die Heidenschlacht Karls
des Großen, plastischer und wirkungsvoller darzustellen. Hier hat er an
der bayrischen Tradition, dem Rolandslied und gewiß auch dem
heroischen Roman gelernt, während Veldeke seinen Stil der Kampf-
darstellung erst im Äneasroman eigenständig entwickelt hat.

An die dichterische Leistung des bayrischen Servatius reicht die
Legende des Heiligen Ulrich nicht heran, als deren Verfasser sich
ein Albertus nennt. Sie gilt dem großen Augsburger Bischof Ulrich,
der in der Ottonenzeit lebte und damals eine in seiner Legende nicht
vergessene politische Rolle spielte. Das Werk ist eine genaue, nur um
einige Grabeswunder erweiterte Nachdichtung der lateinischen Vita,

die der Reichenauer Abt Berno um 1030 verfaßt hatte. Der Zeitansatz im Ende des 12. Jahrhunderts dürfte das Richtige treffen; die Reime zeigen noch Reste vorhöfischer Freiheit, und nur ein paar Modeworte: *gezimieret*, *amîs*, *clâr* verraten, daß der Dichter von der modernen höfischen Dichtung etwas gewußt hat. So mag man die Legende mit den Ereignissen in Zusammenhang bringen, die dem Kult des heiligen Ulrich einen neuen Auftrieb gaben: dem Brand von Augsburg im Jahre 1183 und der Wiederauffindung der Gebeine des Heiligen im Jahre 1187. Vielleicht ist also auch dieses Gedicht eine Propagandaschrift nach dem Brandjahr, um der Förderung des Wiederaufbaus zu dienen.

Glauben wir, mit diesen beiden Legenden in der höfischen Frühzeit zu sein, so gehört ein drittes Legendenwerk jedenfalls erst dem 13. Jahrhundert an und wird nicht vor 1220 entstanden sein. Es ist die Legende von Kaiser Heinrich II., dem Heiligen, dem Gründer des Bistums Bamberg, und von seiner Gemahlin Kunigunde. Als Verfasser nennt sich in einem Akrostichon Ebernand von Erfurt. Auch hier haben wir es mit einer fast sklavischen Nachdichtung einer lateinischen Vita zu tun. Diese gilt „dem Kaiser und der Kaiserin" – so wollte der Dichter sein Werk betitelt wissen –, den Trägern des Reiches in einer nicht zu fernen Vergangenheit. So ist diese Vita in der Tat legendär stilisierte Historie. Sie wird noch aktueller, wenn wir bedenken, daß die von Bamberg aus betriebene Kanonisierung Kunigundes erst 1201 erfolgt ist und daß Ebernand den Anstoß und das Material zu seinem Gedicht von dem Bamberger Kirchner Reimbote erhalten hat, der selber einer der treibenden Geister dieser Kanonisierung gewesen ist. So wird sein Gedicht zu einem Propagandawerk für eine ganz neue Heilige. Es ist den Bambergern zugeeignet, war aber gewiß darauf berechnet, ihren Kult in Ebernands thüringischer Heimat zu verbreiten.

Das Gedicht ist als literarische Leistung von mäßigem Wert; reiner Reim und glattes Metrum sind jetzt selbstverständliche Routine geworden, die auch den mittelmäßigen Dichter trägt. Bedeutsam ist das Gedicht vielmehr, weil es für Thüringen den Wandel der Zeit erkennen läßt. Ebernand gehört nicht mehr zu dem literarischen Kreis um Hermann von Thüringen; er ist seinem Wesen nach nicht mehr höfisch. Wenn der Erfurter Bürger von der Bamberger Heiligen dichtet, so sind zwei der großen Mächte am Werk, die in ihrer Verbindung das Gesicht des späten Mittelalters bestimmen sollten: die Stadt und die neuerstarkte Kirche. Und wenn Ebernand seinen Blick auf eine Stätte in Thüringen richtet, so ist es nicht mehr die Wartburg, sondern das Zisterzienserkloster Georgenthal, in dem sein Freund Reimbote inzwischen seine geistliche Heimat gefunden hatte.

Während der geistliche Dichter des oberdeutschen Servatius die staufische Entfaltung des ritterlichen Romans noch nicht gekannt hat, steht um mehr als ein Menschenalter später der Ritter Reinbot von Dürne, ein Zeitgenosse Rudolfs von Ems, ganz in der Nachfolge der großen Generation. Als er nach 1231 für Otto den Erlauchten von Bayern sein Werk, die Legende vom heiligen Georg, begann, stand ihm die ganze Tradition der klassischen Epik zu Gebote. Er selber nennt (694 ff.) Heinrich von Veldeke, Hartmann von Aue und Wolfram von Eschenbach – nicht aber Gottfried von Straßburg! Doch wenn irgendeiner, so darf Reinbot ein Schüler Wolframs genannt werden. Ein nicht unbegabter Schüler, der sich namentlich an dem Spätstil des wesensverwandten Willehalm gebildet und dessen ans Groteske streifende Hyperbolik von Stil und Bild sich selbständig zu eigen gemacht hat.

Georg wird hier zum ritterlichen Heiligen, obwohl auch Reinbot das entscheidende Bild des ritterlichen Drachentöters Georg noch nicht kennt und im wesentlichen auf dieselbe orientalisch-blutrünstige Märtyrerlegende angewiesen ist, die schon dem althochdeutschen Dichter des Georgsliedes (Bd. I S. 87 f.) vorlag. Die Verritterung des Heiligen geschieht nicht nur äußerlich und stilistisch. Nach dem Vorbild des Willehalm versucht Reinbot seinen heiligen Helden mit ritterlich-höfischem Wesen und Denken wirklich zu durchdringen. Diesem Ziel gilt namentlich der ganze erste Teil, in dem Georg und seine beiden Brüder zu ritterlichen Heidenbekämpfern werden, die in Spanien und Griechenland Wunder der Tapferkeit verrichten und alle Vorzüge des höfischen Ritters bewähren. Ein gutes Viertel des Gedichtes gehört diesem, streng genommen außerlegendären Bestreben an. Allein die Verschmelzung von höfischem Ritter und Heiligen, die Umdeutung von Martyrium in Aventiure, die ganz wörtlich versucht wird, muß bei diesem Stoff notwendig scheitern. Für Hartmann wurde im Gregorius das Verhältnis von Rittertum und Gottesdienst zu einem antithetischen Problem, und Wolfram gelang die Verschmelzung in seinem Willehalm, weil sich Gottesdienst und Leiden um Gott in ritterlicher Tat auf dem Felde von Alischanz vollzog. In Reinbots Georgsgestalt ist dieses Gottesrittertum nur hineingetragen und hört auf, gültig zu sein, sobald das widerstandslose Hinnehmen der raffiniert ausgeklügelten Martern und die naiv übersteigerte Wunderhaftigkeit der eigentlichen Legende beginnt. Sie vom Seelischen her zu durchleuchten und zu verinnerlichen, war bei diesem Stoff kaum denkbar.

Nicht anders steht es mit der abermals von Wolfram gelernten Einbeziehung des heidnischen Partners in die gemeinsame Idealität der ritterlichen Haltung. Weder der äußere Glanz der Erscheinung noch die betonte Wertschätzung des heidnischen Herrschers Dacian für Georgs ritterliche Qualitäten täuschen darüber hin, daß sie nur äußere Tünche sind. Und auch die aus den Religionsgesprächen des Willehalm übernommene Disputation des Christen mit dem Heiden, in der versucht wird, eine Art Apologie des Heidentums auf der Grundlage einer astrologischen Weltsicht durchzuführen, zeigt zwar, daß Reinbot das Bestreben Wolframs verstanden hat. Aber er scheitert an der selbstverständlichen und naturgegebenen Unterlegenheit des Heidentums vor der durch krasse Wunder bestätigten Alleingültigkeit des Christentums. Dacian wird nicht zum tragischen Verfechter einer unterliegenden Sache; er bleibt der blinde und blindwütige Teufelsdiener mit dem Vernichtungswillen und zugleich der Ohnmacht alles Teuflischen. Und es ist nicht von ungefähr, daß die Disputationen, denen die Zartheit der menschlichen Beziehungen zwischen Gyburg und Terramer im Willehalm fehlt, in groben Scheltreden zu enden pflegen. In all dem spürt man bei Reinbot trotz eines nicht unbedeutenden Talentes die Veräußerlichung des Nachfahren.

Solcher Legenden, die höfische Form mit legendärem Gehalt zu verbinden trachten, mag es mehr gegeben haben, als wir wissen. Rudolf von Ems erwähnt in seinem Alexander die Margaretenlegende eines *hern Wetzel*. Eine nicht ungewandt erzählte Christophoruslegende bayerisch-österreichischer Herkunft wird wohl mit Recht in die Zeit Friedrichs II. versetzt. Eine in verstreuten Resten bewahrte Nikolauslegende von so glattem Erzählton, daß der Gedanke an Konrad von Würzburg als Verfasser aufkommen konnte, mag ebensogut vor wie nach 1250 in Mainfranken gedichtet worden sein.

Nicht lange bevor Reinbot von Dürne seine Legende des höfischen Ritterheiligen Georg schrieb, war der Heilige Franziskus gestorben (1226) und kanonisiert worden (1228). Schon vor 1230 hatte Thomas von Celano die erste, an Wundern reiche Legende des Stifters seines Ordens verfaßt. Und ein gutes Jahrzehnt nach Reinbots Georgslegende wurde diese Franziskuslegende in deutsche Verse übertragen. Dicht beieinander stehen so zwei Welten der Frömmigkeit, jene eine, die im Gefolge der höfischen Ritteridealität den Heiligen ehrt und erhebt, indem sie ihn zum vorbildlichen Ritter macht, und jene neue, die, alles weltliche und ritterliche Wesen verwerfend, ein neues Ideal der Nachfolge Christi in Dürftigkeit und weltscheuer Demut verwirklichen will. Nicht mehr der Ritter war Träger dieser neuen Frömmigkeit. Sie kam aus dem Stadtbürgertum Italiens und sie wandte sich in ihrem apostolischen Predigeramt an das Bürgertum und fand auch in der deutschen Stadt den ihr gemäßen Nährboden. Mag auch die Politik der Kurie, den ursprünglichen Sinn von Franzens Bewegung verfälschend, aus der armen Laienbruderschaft einen geregelten Mönchsorden gemacht haben, so ist ihr Ausgangspunkt in der neuerweckten Laienfrömmigkeit nicht mehr zu tilgen, und in der frommen Laienbewegung ist die große Wirkung des Franziskanertums schließlich doch zu sehen.

Die offizielle Legende des Thomas und ihre deutsche Nachdichtung läßt davon freilich nicht sehr viel erkennen. Sie folgt dem Schema der Vita mit den Tugenden

und Wundern des Heiligen bei seinen Lebzeiten und nach seinem Tode, und sie sieht
bereits die mönchische Gemeinschaft. Doch spürt man in der äußersten Armut und der
wandernden Predigt noch den Drang zur *imitatio Christi*, die ihren wunderbaren Ausdruck in der Stigmatisierung des Heiligen findet.

Diese Legende wurde in den vierziger Jahren des 13. Jahrhunderts
von einem Regensburger namens Lamprecht ohne große Kunst verdeutscht. Auch er war also Stadtbürger und, als er die Legende dichtete,
zwar noch nicht Mitglied, aber innerer Anhänger des Franziskanischen
Ordens, ergriffen von der Predigt des ersten großen deutschen Mino-
ritenpredigers Berthold von Regensburg. Er empfindet sein eigenes
Leben als eine Widerspiegelung des Lebens seines Heiligen; auch er
stellt sich als ein Diener der Welt dar, der ihre Nichtigkeit durchschaut
hat und sich von ihrem Glanz abkehrt. Die erschütternden Probleme
des 12. Jahrhunderts, die in der höfischen Legende verdeckt oder vergessen waren, sind in ungebrochener Kraft wieder da: Welt und Gott
klaffen unversöhnlich auseinander, der Lohn der Welt ist der *sêle slac*
(33), das *memento mori* erklingt in der alten Eindringlichkeit mit der
krassen Schilderung der Verwesung des Leibes. Um der Hölle zu entgehen, gibt es nur den Weg der Weltflucht, und dieser Weg ist neu gewiesen und aufgetan in der franziskanischen Armutslehre und ihrer
imitatio Christi, die bei ihrer höchsten Vollendung ein neuer Weg zur
Heiligkeit wird. In ihr spielt die Pflege gemiedener und ekelerregender
Kranker als Mittel der höchsten Selbstentäußerung eine Rolle, und es
ist bezeichnend, daß der deutsche Dichter den Namen der heiligen
Elisabeth – auch sie eine der neuen Demutsheiligen franziskanischer
Artung – in seine Franziskuslegende verflicht (1055 ff.). Auch formal
steht dieses Legendengedicht an einer Wende und im Gegensatz zu
Reinbots höfischer Formbewußtheit. Eine deutliche Vernachlässigung
der ebenmäßigen Form ist in den vielen harten Enjambements zu spüren;
der Vers ist nicht mehr Aufgabe, nur noch Tradition, und wichtig wird
der erbauliche Inhalt. Wie Flitter einer abgelegten Pracht wirken daneben die Reimspiele, mit denen die Abschnitte herausgehoben werden.

Von der ekstatischen Frömmigkeit franziskanischer Mystik ist hingegen weder bei
dem Italiener noch bei dem Deutschen etwas zu spüren. Als Lamprecht später in den
Orden eingetreten war, hat er in seinem Gedicht von der Tochter Syon auch diese
Seite des Franziskanertums aufgegriffen. Das zentrale mystische Brauterlebnis der
Seele steht im Mittelpunkt, aber es ist mehr ein allegorisch-moralischer als ein mystischer Traktat. Er führt zeitlich an und über die Jahrhundertmitte und seinem Wesen
nach in eine Frömmigkeitswelt hinein, die sich erst dann entfaltet und dort zur Darstellung kommen wird.

Der heilige Dominicus, der Zeitgenosse und vielfach auch Artgenosse des Fran-
ziskus, hat vor dem 15. Jahrhundert keine deutsche Legende erhalten, so eifrig seine
Legende auch seit den dreißiger Jahren des 13. Jahrhunderts lateinisch gepflegt wurde.
Und das ist kaum ein Zufall; es entspricht der theologisch gelehrten Richtung, die dem
Orden des heiligen Dominicus eigen ist.

2. RELIGIÖSE VERSENKUNG

Die neue, mystisch erregte Frömmigkeit ist vor der Jahrhundertmitte in der deutschen Dichtung noch kaum zu spüren. Einzig der niederrheinische Nordwesten mit dem früh entwickelten städtischen Zentrum Köln geht hier frühzeitig eigene Wege. Dort, wo Veldeke einmal die höfisch-ritterliche Dichtung aus der Taufe gehoben hatte, war sie seit seiner Abwanderung nach Thüringen verstummt. Der Niederrhein nimmt an der höfischen Dichtung der Stauferzeit nach Veldeke weder in der Epik noch in der Lyrik teil.

Statt dessen finden wir hier das erste Werk einer religiösen Literatur ganz anderer Art als die höfisierte Bibel- und Legendendichtung Oberdeutschlands. Es ist die fromme Andachts- und Erbauungsliteratur, die im späten Mittelalter insbesondere unter der Leitung der Bettelorden einen so ungeheuer breiten Raum einnehmen sollte. Das Rheinische Marienlob wächst aus dem neuen Frömmigkeitsbedürfnis der außerritterlichen Welt hervor, für das dann die Predigt der Bettelorden die auslösenden Worte fand. Aber dieses Marienlob selber ist noch vorfranziskanisch, schwerlich später als 1220 entstanden. Und es gehört seinem Wesen nach in die Atmosphäre der frühen Mystik des 12. Jahrhunderts hinein, die in der deutschen literarischen Entwicklung durch die höfisch-ritterliche Dichtung ganz übertönt wurde. Seine Wurzeln liegen in der zisterziensischen Marienfrömmigkeit eines Bernhard von Clairvaux und Rupert von Deutz, sein nächster deutscher Artverwandter ist das St. Trudberter Hohelied (Bd. I S. 123 ff.). Über die Ritterdichtung zweier Generationen fort bezeugen diese beiden Werke das Weiterwirken der bernhardinisch-zisterziensischen Bewegung in Deutschland.

Wie das St. Trudberter Hohe Lied ist das Marienlob ein Nonnenbuch; von einem Priester und geistlichen Vater eines zisterziensischen Nonnenklosters der Kölner Diözese muß es für seine Pflegebefohlenen verfaßt worden sein. Es ist wie jenes aus der Marieninbrunst der zisterziensischen Frömmigkeit hervorgegangen und auf das introvertierte Gefühlsleben des Nonnenklosters berechnet; nichts führt darauf, an die Laienwerbung der franziskanischen Predigt oder die Laienfrömmigkeit des Beghinentums zu denken. Wie das St. Trudberter Hohe Lied kreist dieses Marienlob um das intensive Brauterlebnis der biblischen Lobgesänge, nur jetzt von der Form der theologischen Exegese gelöst und in eine hymnische Betrachtung von hoher Schönheit übergeführt. Die Doppelbeziehung der Brautsymbolik auf die menschliche Seele und auf Maria hat hier keinen Platz: die Heilige Jungfrau und ihr Erlebnis der Gottesminne stehen allein im Mittelpunkt. Und doch ist zu spüren, daß die Erlebnisform, die Marias Leben und Sein bestimmte, auch von der jungfräulichen Jesusminne der Gottesbräute nachbildend erlebt werden konnte und sollte.

Maria ist für diesen Dichter vor allem die jungfräuliche Gottesmutter; ihre Höhe und Würde leitet sich einzig aus ihrer innigsten Bezogenheit zu Christus ab, ist also heilsgeschichtlich begründet. Das wird durch die leitmotivartig wiederkehrenden Formeln: *süeze muoder des süezen Jhesu* u. ä. hervorgehoben. Aus ihrer heilsgeschichtlichen Aufgabe erwächst ihr Recht auf die höchste himmlische Würde, von der im zweiten Teil des Gedichtes gehandelt wird. Marias Erhöhung über jeden der neun Engelchöre wird damit begründet, daß die Gottbezogenheit jedes einzelnen der Chöre durch eine tiefere, wesentlichere Gottbezogenheit Marias in ihrem Verhältnis zu Jesus übertroffen ist. Indessen löst sich die heilsgeschichtliche Einordnung aus dogmatischer Starre zu menschlicher Nähe; das Erlebnis der Gottesmutter wird nacherlebbar aus der menschlichen Mutternatur Marias. Und es wird nacherlebt in ihren Freuden und Schmerzen; der Dichter begleitet unmittelbar Maria auf dem Schmerzensgange nach Golgatha, und zum ersten Male ertönt in diesem Gedicht die Marienklage unter dem Kreuz als ein eingelegter breiter lyrischer Erguß in kunstvollen, sequenzenhaften Formen.

Indessen ist Marias Urerlebnis vor allem aus der Brautmystik des Hohen Liedes entwickelt. Das Nacherleben des Dichters kreist daher vor allem um die Geheimnisse von Empfängnis und Geburt, und Gottesmutterschaft bedeutet ihm vor allem die innigste Beziehung von Mutter und Kind in der Zeit der Schwangerschaft, das Ruhen im Mutterschoß, das Nähren aus der mütterlichen Brust. Während die Pietà, die Mutter mit dem Leichnam des Gekreuzigten im Schoß, der Bildfülle des Dichters fehlt, werden jene ursprünglichsten Mutterfreuden in unaufhörlichen Bildern sichtbar, naturhafteste physische Verbindung wird zum Ausdruck für das göttliche Geheimnis der Fleisch- und Menschwerdung Gottes. Gott in sich aufnehmen und in sich tragen, dies mystische Streben und Erleben wird vorbildhaft in Marias Erlebnis der Empfängnis verwirklicht.

Formal stellt das Gedicht manche Probleme. Es ist nach einem bewußten Plan aufgebaut. Der Dichter geht von der Deutung der symbolischen Namen Marias aus, die doch nur zum kleinsten Teil der alten exegetischen Parallelisierung des Alten und des Neuen Testamentes entnommen sind. Er geht danach zur Betrachtung der Leiden und Freuden Mariä über, um dann das irdische Dasein Marias zu verlassen und ihre himmlische Majestät auszubreiten in der Erhabenheit über die Engelchöre und in der himmlischen Schönheit der Himmelskönigin mit symbolischer Ausdeutung ihrer Kleider, ihres Edelsteinschmuckes, ihrer Kronen. Allein diese zugrunde gelegte Disposition wird vielfach von Abschweifungen unterbrochen, und auch hierin spüren wir den Nachfahren des 12. Jahrhunderts mit der überschwellenden Exkurstechnik seiner religiösen Dichtung, wie wir sie im ersten Band mehrfach dargelegt haben. Die äußere Form ist gegenüber der klassisch-höfischen durchaus eigenständig; mit ihr teilt das Marienlob nur den reinen Reim. Die Rhythmik der Verse widerspricht dem gebändigten Maß des höfischen Verses; es war ein Mißgriff des letzten Herausgebers, sie in die Strenge des höfischen Epenverses pressen zu wollen. Die Rhythmik dieser Verse ist vielmehr von der schwellenden Fülle rhetorischer und hymnischer Formgebung bestimmt, die bis zur Sprengung des metrischen Bandes gehen kann. Sie zieht ihre Inspiration aus der rhythmisch gehobenen lateinischen Kunst- und Reimprosa. Und hier allein liegt auch die Berührung des Marienlobs mit Gottfried von Straßburg. Nicht literarische Abhängigkeit, sondern gemeinsame lateinische Schule verbindet diese beiden nach Wesen und Form grundverschiedenen Dichter. Aber Gottfried zwingt die blühende Rhetorik seines Stils in die tadellose Glätte höfischer Verse; das Marienlob dagegen steht unter dem Rausch rhetorischer Fülle und ordnet ihr seine metrische Formgebung unter. Es hat damit Schule gemacht. Die niederdeutsche Dichtung hat sich der strengen Forderung der höfischen Metrik niemals gefügt; sie hat dem freien, gelockerten, bis an die Reimprosa streifenden Vers immer sein Recht zu behaupten gewußt.

Man hat zwei weitere geistliche Werke des ripuarischen Raumes in die unmittelbare Nachfolgerschaft des Marienlobes gestellt: die Lilie und die Rede von den fünfzehn Graden. In ihnen setzt sich zunächst die Formlösung fort; sie gehen aus der Prosa in den Vers über, und ihre Verse sind mit metrischen Regeln nicht mehr einzufangen. Beides sind geistliche Traktate, andächtige Betrachtungen mit mystischem Einschlag. Aber beide weisen jetzt in die Zukunft der neuen Laienfrömmigkeit, beide setzen die franziskanische Verkündung und die Bildung frommer Laienkreise voraus, und beide sind wohl auch rein zeitlich erst dem späten 13. Jahrhundert zuzuweisen.

LITERATUR

Versbearbeitung des *Alten Testamentes*. Ausg.: W. GEMOLL, Bruchstücke einer gereimten Bibelübersetzung. Germania 19 (1874) 339–43.

Konrad von Fussesbrunnen. Ausg. Die Kindheit Jesu, hrsg. von KARL KOCHENDÖRFFER. Straßburg 1881. Quellen u. Forschgen zur Sprach- u. Kulturgesch. d. german. Völker, XLIII. – Lit.: EHRISMANN II, 2 2 S. 36–63. – EMIL ÖHMANN, Zur Kindheit Jesu Konrads von Fussesbrunn. Annales Universitatis Aboensis Ser. B, Tom. VIII, 1929 (Ausg. von Bruchstück L). – DERS., Die Kindheit Jesu Konrads von Fussesbrunnen und Priester Wernhers Maria. ZfdA 65 (1928) 195–200. – DERS., Reinbots Heiliger Georg und die Kindheit Jesu. ZfdA 68 (1931) 270–73. – EDWARD

25*

SCHRÖDER, Die Heimat des Konrad von Fussesbrunnen. ZfdA 67 (1930) 169–73. –
ALBERT LEITZMANN, Die Sprache Konrads von Fussesbrunnen. ZfdA 67 (1930) 169–73.
Konrad von Heimesfurt: Die Himmelfahrt Mariä. Ausg.: FRANZ PFEIFFER, ZfdA 8
(1851) S. 156–200 (Text: 161–200). Weitere Bruchstücke: Germania 31 (1886) 93
bis 96; ZfdA 55 (1917) 296–98; Frankfurter Bücherfreund. 12 (1919) 217–220;
ZfdA 65 (1929) 177–88 (Ndd.); ZfdA 75 (1938) 58–63. – Urstende: Ausg.: K. A.
HAHN, Gedichte des XII. und XIII. Jh. Bibl. d. ges. Natinallit. Bd. 20, Quedlin-
burg u. Leipzig 1840, 103–28. – Lit.: EHRISMANN II 2, 2 S. 363–65. – FRANZ KRAMM,
Über Konrads von Heimesfurt Sprache (Laut- und Formenlehre) und Verskunst.
Seine „Mariae Himmelfahrt im Verhältnis zu ihrer Quelle". Straßburg 1883. – AL-
BERT LEITZMANN, Bemerkungen zu Konrad von Heimesfurt. ZfdA 67 (1930) 273–84
(S. 273: Himmelfahrt; S. 281–284: Urstende). – LOTTE KUNZE, Studien zu Konrad
von Heimesfurt. Phil. Diss. Göttingen 1920 (Masch.-Schr.). Auch Auszug: Jb. d.
Philos. Fak. Göttingen 1921, 2 S. 149–56.

Allgemeine Literatur zur *Legende:* P. MERKER, Reallex. II (1926–28) 176–200. –
OSKAR RÜHLE, RGG III, Sp. 1523–24, Tübingen 1923. – A. ZIMMERMANN, Lexikon
f. Theologie u. Kirche VI 450–52, Freiburg i. B. 1934. – HEINRICH GÜNTER, Die
christliche Legende des Abendlandes. Rel.-wiss. Bibl. Bd. 2, Heidelberg 1910. – GER-
HARD EIS, Beiträge zur mittelhochd. Legende und Mystik. Germ. Studien 161, Bln.
1935. – HANS HANSEL, Neue Quellen zur mittelalterl. Legende, ZfdPh. 60 (1935)
390–95. – HEINRICH GÜNTER, Psychologie der Legende. Freiburg i. B. 1939. – ELEO-
NORE HAMM, Rhein. Legenden des 12. Jh. Würzburg 1937. – HELLMUT ROSENFELD,
Das Wesen der Legende als literarische Gattung. Neues Abendland 2 (1947) 237 ff.
– DERS., Die Legende als Gattung. Germ.-rom. Monschr. 33 (1951) 70–74.

Marienlegenden: Bischof Bonus. Ausg. MORIZ HAUPT, ZfdA 2 (1842) 208–215. –
EDWARD SCHRÖDER, Göttinger Gel. Nachr. 75 (1924) 1–12.

Jüdel: Ausg.: K. A. HAHN, Gedichte des 12. u. 13. Jh. Bibl. d. ges. Nationallit.
Bd. 20, Quedlinburg u. Leipzig 1840. 129–34. – HEINRICH MEYER-BENFEY, Mittel-
hochdeutsche Übungsstücke, Halle 1920, 84–96. – Lit.: H. FR. ROSENFELD, Verf.-
Lex. II (1936) Sp. 665–66. – EDWARD SCHRÖDER, Zur Überlieferung des Jüdels.
ZfdA 75 (1938) 24.

Oberdeutscher Servatius: Ausg.: FRIEDRICH WILHELM, Sanct Servatius oder wie das
erste Reis in deutscher Zunge geimpft wurde. München 1910. – Lit.: EHRISMANN II
2, 2 S. 39. EDIT PERJUS, Verf.-Lex. IV (1951) Sp. 159–63.

Albertus, Der Heilige Ulrich: Ausg.: J. A. SCHMELLER, St. Ulrichs Leben, lat. be-
schrieben durch Berno von Reichenau und um das Jahr 1200 in deutsche Reime ge-
bracht durch Albertus, München 1844. – Lit.: JAN VAN DAM, Verf.-Lex. I (1933)
Sp. 36–40. – A. HIRSCH, Die deutschen Prosabearbeitungen der Legende vom Heil.
Ulrich. Münchner Archiv 4 (1915). – EDWARD SCHRÖDER, Der „Heilige Ulrich" des
Albertus. GGN 1938.

Ebernand von Erfurt: Ausg.: REINHOLD BECHSTEIN, Quedlinburg u. Leipzig, Bibl.
d. ges. deutschen Nationallit. Bd. 33 (1860). – Lit.: C. WESLE, Verf.-Lex. I (1933)
Sp. 477–80. – EDWARD SCHRÖDER, Bogenfüllsel: Beiträge zum Text des Ebernand
von Erfurt. ZfdA 69 (1932) 112.

Reinbot von Dürne: Ausg.: C. VON KRAUS, Heidelberg 1907. German. Bibl. III 1. –
Lit.: HANS FR. ROSENFELD, Zu Reinbots Georg, PBB (1929) 208 (Veröffentlichg. d.
Bruchstückes E.). – Lit.: EHRISMANN II 2, 2 S. 54–57. – WILLY SCHMIEDEL, Der bild-
liche Ausdruck im „Heiligen Georg" Reinbots von Durne. Diss. Leipzig 1908. –
DIETHER HAACKE, Weltfeindliche Strömungen S. 247–92.

Margarethenlegende: Ausg.: Sanct Margareten Büchlein (Die Marter der heiligen
Margareta) Ausg.: MORIZ HAUPT. ZfdA 1 (1841) 151–93. – Sente Margareten bûch
(Margaretenlegende des XII. Jh.). Ausg.: KARL BARTSCH, Germania 24 (1879)

294–97. – Wetzel von Bernau: s. u. bei van Andel. – Wallersteiner Margareten-legende. KARL BARTSCH, German. Studien, Supplement zur Germania, Bd. 1, Wien 1872 (unter dem falschen Titel: Wetzels Heilige Margarete) S. 1–30. – Lit.: FR. VOGT, Über die Margaretenlegenden, PBB 1 (1874) 263–87. – FRIEDRICH WILHELM, Das Margaretenleben Wetzels von Bernau, Münchner Museum 3 (1917) 340–43. – G. G. VAN ANDEL, Die Margaretenlegende in ihren mittelalterlichen Versionen. Groningen 1933 (darin Abdruck v. Wetzels Hl. Margareta).

Christophorus: Ausg.: A. E. SCHÖNBACH, ZfdA 26 (1882) 20–84. – Lit.: HANS FR. ROSENFELD, Der hl. Christophorus. Seine Verehrung und seine Legende. Eine Untersuchung zur Kultgeographie und Legendenbildung des Mittelalters. Helsingfors 1937. – B. SCHRÖDER, Der heilige Christophorus. ZdVfVolksk. 35/36 (1925/26) 85–98. – EDWARD SCHRÖDER, Die Datierung des deutschen Christophorus. ZfdA 75 (1938) 103–104.

Nikolaus: Ausg.: J. DIEMER, Germania 2 (1857) 96–98. – KARL BARTSCH, Germania 4 (1859) 241–44. – DERS., Germania 29 (1884) 36–42. – Lit.: HANS HANSEL, Verf.-Lex. III (1943) Sp. 567–71.

Lamprecht von Regensburg: Sanct Franciscen Leben. Ausg.: KARL WEINHOLD, Paderborn 1880. – Lit.: ENGELBERT KREBS, Verf.-Lex. III (1943) Sp. 17–18.

Rheinisches Marienlob: Ausg.: ADOLF BACH, Leipzig 1934. Bibl. d. lit. Vereins in Stuttgart CCLXXXI. – Lit.: ADOLF BACH, Verf.-Lex. III (1943) Sp. 253–61. – WILHELM PRÖNNECKE, Studien über das niederrheinische Marienlob. Diss. Göttingen 1908. – ARTHUR MÜLLER, Das niederrheinische Marienlob. Diss. Berlin 1907. – G. TAUBERT (geb. Schenk zu Schweinsberg), Zur Metrik des Rheinischen Marienlobs, Diss. Marburg 1949 (Masch.-Schr.).

Lilie: Ausg.: PAUL WÜST, Deutsche Texte d. Mittelalters XV, Berlin 1909. – Lit.: ENGELBERT KREBS, Verf.-Lex. III (1943) Sp. 52–53.

Rede von den 15 Graden: Ausg.: (nur Auszüge) W. DOLFEL, Germania 6 (1861) 144–60. – Lit.: J. B. SCHOEMANN, Die Rede von den 15 Graden. Berlin 1930. Germ. Studien 80.

NEUNTES KAPITEL

DIE LEHRHAFTE DICHTUNG

Die gesamte geistliche Dichtung des 11./12. Jahrhunderts stand unter dem Zeichen der Lehre. Ihr Ziel war teils, die Glaubenslehren begreiflich zu machen, teils und vor allem, die Laien zu einer am Jenseits orientierten, oft rein weltflüchtig bestimmten Lebensform zu erziehen. In der letzten frühmittelhochdeutschen Generation trat die praktische Sittenlehre stärker hervor, die den Menschen in seinen sozialen Einordnungen sah und ihm in diesen sein Verhalten anwies.

Die Neigung zum Theoretischen und Lehrhaften ist auch der höfischen Dichtung eigen. Wir haben gesehen, wie sich die höfische Epik für Fragen der höfischen Erziehung interessiert. Erziehungsregeln für den jungen Edelmann fanden wir in der frühhöfischen Epik, im Grafen Rudolf und in Eilharts Tristan. Noch ausführlicher stellte dann Gottfried die Erziehung Tristans und die Bildung Isoldes zu höfisch vollkommenen Menschen dar. Große Lehrgespräche sind an entscheidenden Stellen der Handlung in Wolframs Parzival und Titurel eingebaut und werden zu wichtigen Hebeln der Handlung selber. Das höfische Epos liebt es auch, grundsätzliche Fragen in theoretischen Einleitungen zu behandeln, und Gottfried hat, in Anlehnung an Traktat und Predigt, eingelegte Exkurse benutzt, um seine Auffassung von der Minne und die daraus hervorgehende Neudeutung des Tristanstoffes vorzutragen. Auch die Minnelyrik mit ihrer Neigung zur Reflexion und Analyse hat diesen Zug zum Lehrhaften; Dichter, die ihre persönliche Minneerfahrung als Beispiel gültiger Minneregeln erleben und darstellen, wie Meinloh von Sevelingen, Veldeke, Rugge und vor allem Walther, kommen in ihrer Lyrik nahe an Minnelehre und Minnespruch heran.

Lehrhafte Dichtung benutzt zwei Hauptformen, den Traktat und den Spruch. Der Traktat ist die Form der Kirche und ihrer Wissenschaft, der Theologie und Philosophie, und wo es sich um eigentliche Erziehung handelt, der Moraltheologie und Moralphilosophie. Diese Form war neben der Predigt für die frühmittelhochdeutsche Dichtung bestimmend gewesen. Sie verkümmert zunächst in der staufischen Zeit. Die frühhöfische Zeit des ausgehenden 12. Jahrhunderts hat nur wenige unbedeutende Werke dieser Art hervorgebracht. Unter den hochhöfischen Dichtern hat sich nur der junge Hartmann in seinem „Büchlein" dieser in der Klosterschule erlernten Form bedient. Es ist bezeichnend, daß erst die nachklassische Generation zur Form des traktathaften Lehrgedichtes zurückkehrt.

Die eigentliche Form der ritterlich-höfischen Didaxe ist vielmehr der Spruch, der in allen drei Generationen durch bedeutende Namen vertreten ist: Herger-Spervogel, Walther von der Vogelweide, Reinmar von Zweter. Es ist bedeutsam genug, daß jetzt eine alte, volkstümlich ererbte, kirchenferne Form aufgegriffen und literaturfähig gemacht wird.

Lebenserfahrung und Lebensregelung werden in einer traditions-gebundenen Gemeinschaft ohne Buchkultur nach gültiger, leicht über-lieferbarer Prägung drängen. Diese Form ist das Sprichwort, das den aufs knappste zusammengepreßten Ertrag einer vielfachen Erfahrung zur jederzeit für jedermann greifbaren Münze ausprägt. Das Sprich-wort ist im eigentlichsten Sinne Gemeinschaftsleistung; wer es aus-spricht, als Warnung oder Urteil, ist wirklich nur der „Mund" einer wissenden Gemeinschaft.

Der Spruch ist mit dem Sprichwort nicht zu verwechseln; er ist etwas anderes als ein ins Breite und Dichterische umgesetztes Sprichwort, auch dort, wo Sprichwort und Spruch sich inhaltlich decken. Während das Sprichwort aussagt, was alle wissen, und, wo es ausgesprochen wird, den Einzelfall in die allgemeine Erfahrung einordnet, ist der Spruch Lehre. Er setzt den Gegensatz des Wissenden und des Nichtwissenden voraus, ein Ich, das lehrt, ein Du oder eine lernende Gemeinschaft, die Lehre empfängt. Damit gewinnt der Spruch etwas Individuelles und Persönliches, auch dort, wo er Mitteilung allgemeingültiger Erfahrung ist. Er wird damit grundsätzlich fähig, individuelle und aktuelle Inhalte aufzunehmen, ein Instrument von vielfacher Verwendbarkeit. Noch die Lebensweisheit des alten Goethe bediente sich gern dieser Form.

Geschichtlich reichen die Wurzeln des Spruches bis ins Germanische zurück; die großen nordischen und englischen Spruchgedichte bezeugen ihn uns für die Frühzeit. Auf deutschem Boden kennen wir ihn nur in seiner sehr alten Sonderform des magischen Spruches und, in gelegent-lichen Augenblicksschöpfungen, des Reizspruches, der als *nîd* auch dem Norden bekannt ist. In Spruchform geprägte Lebensweisheit dagegen, der echte Lehrspruch, hat vor unserer Literaturperiode nicht den Weg auf das Pergament gefunden.

Formal geht der mhd. Spruch mit dem Minnelied eng zusammen. Er teilt mit ihm die kunstvolle, sangbare Strophenform, so daß man für ihn den Namen „Sangspruch" geprägt hat, um ihn von der knappen, epigrammatischen, unsanglichen Form des Frei-danktypus zu unterscheiden. Im allgemeinen sucht auch der Spruch seit Walther die dreigliedrige Aufbauform aus Stollen und Abgesang. Doch können wir bei Walther, wo wir Lieder und Sprüche desselben Dichters nebeneinander besitzen, feststellen, daß sich Spruch und Lied im feineren Bau unterscheiden. Der Spruch wahrt sich im Strophengefüge größere Freiheit; Walther hat wenige unstollige Lieder gedichtet, dagegen eine ganze Reihe von Spruchtönen geschaffen, die unstollig gebaut sind oder eine freiere Dreigliederung aufweisen. Gerne sind die Strophen des Spruches als Gan-zes umfänglicher als die des Minneliedes, und sie bevorzugen im einzelnen lange, schwere Zeilen von sechs, acht und noch mehr Takten. Das gibt dem Spruch auch formal eine größere Gewichtigkeit und erwächst mindestens teilweise aus dem prak-tischen Bedürfnis, in dem grundsätzlich einstrophigen Spruch Raum für einen gerun-deten, wesentlichen Inhalt zu schaffen, wirkungsvolle Antithesen breit zu entfalten, auf eine geschliffene Schlußpointe zuzuführen. Neue eigene Töne, also neue Strophen-formen zu finden, ist auch das Bestreben des Spruchdichters. Doch verlangt nicht jeder neue Spruch seinen neuen Ton. Selbst bedeutende und gewandte Spruchdichter wie

Spervogel oder Reinmar von Zweter bewegen sich ganz oder vorwiegend in einem
einzigen, ihnen eigentümlichen Ton. Und auch Walther, der über eine ganze Reihe von
Spruchtönen verfügt, hat den gleichen Ton für ganze Serien von Sprüchen verwendet.
Solche Spruchserien brauchen weder inhaltlich zusammenzugehören noch gleichzeitig
entstanden zu sein. Der einmal geschaffene Ton, Strophenform wie Melodie, die vielleicht populär geworden sind, können zu jeder Zeit von ihrem Schöpfer wieder aufgegriffen und zu neuen Zwecken verwendet werden.

1. DIE LEHRHAFTE DICHTUNG DER FRÜHHÖFISCHEN ZEIT, TRAKTAT UND SPRUCH

Die frühe Stauferzeit hat einige dichterisch unwesentliche Traktate
hervorgebracht, die sich mit dem Verhalten des Menschen in der Welt
befassen und dabei ihr Augenmerk besonders auch auf die Haltung des
ritterlichen Standes richten können.

Das älteste dieser Gedichte, dem sein Entdecker den Namen Rittersitte gegeben hat, kennen wir nur aus kärglichen Bruchstücken, die
vor etwa zwanzig Jahren von einem Bucheinband abgelöst worden
sind. Es handelt sich um die österreichische Abschrift eines knappen,
rheinfränkischen Werkchens, das schon um die Mitte des 12. Jahrhunderts verfaßt worden ist, chronologisch also noch der frühmittelhochdeutschen Zeit angehört. Eine eigentliche Ritterlehre ist es nicht,
wie es denn auch das Wort „Ritter" nicht kennt, sondern einmal das
Wort *iuncherre*, zweimal das altertümliche *helid* verwendet. Es ist geistliche Arbeit und geht, soweit man sehen kann, auf die seelsorgerische
Erziehung zu kirchlich-frommer Lebensführung aus. Aber der Dichter
wendet sich dabei an den adligen Stand und er verwirft ihn nicht. Er
weiß von den adligen Betätigungen des Kampfes und der Jagd, vom
Umgang des jungen Adligen mit der edlen Frau. Und indem er von
dem *gezogenlîchen nîgen* der Dame, dem Zelter der Frau, dem roten Brust-
riemen des Pferdes als etwas dem edlen Stande Geziemendem redet,
zeigt er nicht nur, daß ihm der Sinn der ständischen Formenwelt als eines
symbolischen Ausdrucks für geprägte Gültigkeit aufgegangen ist. Er sieht
darin nicht wie Heinrich von Melk oder der „Arme Hartmann" ein
Stück der verwerflichen und zu verachtenden „Welt", er erkennt sie
vielmehr in ihrer Gültigkeit an, sofern sie in einen frommen Lebens-
wandel eingeordnet ist. Man kann diese adlige Standeslehre dem Gedicht vom „Recht" (Bd. I S. 186 f.) an die Seite stellen und es gleich
jenem aus seelsorgerischer Praxis erwachsen denken. Dort hatten wir
uns als Dichter einen Geistlichen vorgestellt, dem aus seiner Wirksamkeit das bäuerliche Leben vertraut war; so mag man sich hier als Dichter
den Hauskaplan eines rheinischen Adelsgeschlechtes denken. Und da es

adlige Verhaltenslehre ist, so kann es hier, an der Spitze der ritterlichen Lehrdichtung, seinen Platz finden.

Eine allgemeine und umfassende Lehre von den Gütern der Welt, also dem *honestum* und *utile*, gibt ein Lehrgedicht des W e r n h e r v o n E l m e n - d o r f. Sein Verfasser ist Niederdeutscher, Kaplan des Ministerialen- geschlechtes von Elmendorf (bei Oldenburg). Er verfaßte um 1170/80 sein Werk auf Veranlassung eines Dietrich von Elmendorf, Propst des thüringischen Stiftes Heiligenstadt. Er bediente sich dabei einer nieder- deutsch eingefärbten thüringischen Sprache. Sein Gedicht fand geringe Verbreitung; außer zwei kleinen Bruchstücken kennen wir nur eine österreichische Abschrift des 14. Jahrhunderts, die vorzeitig abbricht.

Seine Quelle war ein lateinischer Traktat des 12. Jahrhunderts, das *moralium dogma philosophorum*, das früher Hildebert von Le Mans, später dem bekannten Mitglied der Schule von Chartres Wilhelm von Conches zugeschrieben wurde, bei- des ohne sichere Gewähr. In der Form eines Florilegiums aus antiken Schriftstellern, vorab Seneca, Cicero und Horaz, und mit Beispielen aus der antiken Geschichte han- delt der Traktat von den Gütern des *honestum* und des *utile* und ihrer richtigen Ver- wendung und versucht, sie in eine Wertordnung zu bringen. Ein letzter Abschnitt (*quaestio*) will das Verhältnis von *honestum* und *utile* zueinander bestimmen.

Dieses Werk hat der Elmendorfer Kaplan sprachlich nicht unge- schickt in deutsche Verse umgegossen. Das Eigentümliche daran, daß es seine Lehre nicht aus christlichen, sondern aus heidnisch antiken Autoritäten belegt, meint der fromme Mann einleitend noch begründen und entschuldigen zu müssen. Durch Umordnungen und Auslassungen stört er die Systematik seiner lateinischen Quelle, und indem er die theoretischen Quaestiones II und IV *de comparatione honestorum* bzw. *utilium* ausscheidet und – soweit wir sehen können – aus der letzten Quaestio nur eine kurze Auswahl treffen wollte, nimmt er dem Werk den Charakter der systematischen Untersuchung. Es wird zu einer Sammlung von Ratschlägen und Anleitungen für das praktische Leben mit Berufung auf antike, selten auch kirchliche Autoritäten.

Erziehung zu einem sittlichen Leben in der Welt ist damit als Aufgabe des geistlichen Lehrers bejaht. Dem Gedicht des Kaplans fehlt jede asketische Neigung, jede Aufforderung zur Weltabkehr. Insoweit ist es wirklich ein Werk der neuen Zeit. Daß Wernher, der Kaplan eines ritterlichen Geschlechtes, dabei sein Augenmerk vor allem auf die Le- bensformen der Vornehmen richtet, ist in jener Zeit fast selbstverständ- lich und berechtigt noch nicht dazu, von einem „Ritterspiegel" zu sprechen, wie es Wernhers Biograph tut. Ein Wissen um das höfische Bildungsideal fehlt ihm ganz. Doch ist er nicht unberührt von dem ritterlichen Denken der Zeit. Der Passus des *moralium dogma*, der die Kriegslehre unter dem Abschnitt *de magnificentia* abhandelt, wird mit Lust zu einer Zeichnung des ritterlichen Herrn als Krieger und Führer ausgestaltet und zeigt in seiner Wortwahl, daß Wernher den Ausdrucks- und Formelschatz der ritterlichen Dichtung gekannt hat. Auch ihm ist das Wort „Ritter" noch fremd. Doch weiß er das Wort *ēre* im Sinne adliger Kriegerehre zu verwenden, und unversehens überträgt sich ihm das *honestum* des lateinischen Traktates in den ständischen Begriff der *ēre*, wie die Zeit ihn geprägt hatte.

Die große Bedeutung, die das *Moralium dogma* und Wernhers deutsche Umdichtung durch die Diskussion über das ritterliche Tugendsystem in der Forschung gewonnen hatte, kommt beidem nicht zu. Wernhers Gedicht tritt zurück in den ihm beschiedenen Raum eines durchschnittlichen Lehrgedichtes. Aber indem es die Güter der Welt und das Verhalten in der Welt als eine positive Aufgabe der Morallehre auffaßt, ordnet es sich ein in den großen Wandel des Denkens, der sich seit der Mitte des 12. Jahrhunderts anbahnte und jetzt beherrschend durchbricht.

Etwa gleich alt dürfte ein kleiner Verstraktat sein, den wir Der heimliche Bote nennen. Er besteht aus zwei Teilen von so starker Unterschiedlichkeit, daß Zweifel an ihrer ursprünglichen Zusammengehörigkeit berechtigt sind. Der erste Teil hat die Form eines Briefes, der einleitend sich selber als den „heimlichen Boten" bezeichnet. Er ist an eine Frau gerichtet und will sie in der richtigen Minnewahl beraten. Er warnt sie vor der Werbung solcher Männer, die auf ihre äußeren Vorzüge pochen und keine „heimliche Minne" pflegen können (d. h. doch wohl: sich ihrer Erfolge bei Frauen rühmen), und deutet an, daß er selber sich auf die rechte Minne besser verstehe, so wie sie im Buche *Phaset*, d. h. Facetus, dargelegt werde. Bemerkenswert ist die Ablehnung einer Art von „Ritterschaft", die sich in Kampf und Turnier erschöpft und dem Mann keine Zeit zum Umgang mit den Frauen läßt. Solcher falschen, von den Frauen abzulehnenden *hübescheit* eines bloß kriegerischen Rittertums stellt er die Lehren des *Phaset* gegenüber, in denen demnach von der Minne des gebildeten und höfisch erzogenen Mannes die Rede gewesen sein muß. Als Facetus bezeichnen sich nach ihrem ersten Wort: *facetus = curialis*, höfisch gebildet, zwei lateinische Lebenslehren in gereimten Distichen, deren eine auch eine ausführliche Minnedoktrin enthält. Doch wird an diese als Quelle aus chronologischen Gründen schwerlich zu denken sein. Ehrismann hat gesehen, daß die Minnelehre des „heimlichen Boten" den bekannten Minnetraktat des Andreas Capellanus gekannt und benutzt hat. Am Ende ist dieser kleine Minnebrief nichts anderes als die Einleitung eines Auszuges aus dem Andreas Capellanus, der sich Facetus nannte?

Mit diesem Minnebrief ist, sicherlich schon früh, der zweite, vielleicht etwas jüngere Teil verbunden worden, eine Sitten- und Anstandslehre für Männer der höfischen Gesellschaft. Sie wendet sich vor allem an den unbegüterten Ritter, der durch innere Vorzüge und gute Erziehung „Tugend und Ehre" und damit auch die Neigung der Welt zu erwerben vermag. Das kleine Werk ist in beiden Teilen ungewandt und dürftig; es verdiente neben dem weit überragenden „Büchlein" des jungen

Hartmann kaum Erwähnung, wenn es nicht das erste Lehrgedicht wäre, das sich wirklich an die höfische Gesellschaft wendet und höfische Verhaltensweise darlegt.

In die Nähe des „heimlichen Boten" hat man ein flaches, unbedeutendes Gedicht gerückt, das eingangs die *mâze* als die Mutter aller Tugenden preist, und das wir daher „die Mâze" nennen. Gleich dem „heimlichen Boten" gliedert es sich – in umgekehrter Reihenfolge – in einen Männerteil und einen Frauenteil und gibt in jenem allgemeine Lebensregeln, während es in diesem von der „*tougen minne*" handelt. Unbeholfenheit der Darstellung, Freiheit der Versfüllung, Unreinheit des Reimes fordern zu einem frühen Zeitansatz heraus. Allein eine Beziehung auf Walthers berühmtesten Spruch, den das Gedicht nicht nur zitiert, sondern auch kritisiert, macht das unmöglich. Hatte Walther darüber geklagt, daß er *êre* und *varnde guot* mit *gotes hulde* nicht in Einklang zu bringen wisse, so schreibt der Dichter der Mâze (V. 117–119) dieser die Kraft zu, daß wir mit ihrer Hilfe *mit êren gotes hulde* gewinnen können, und hängt dann ziemlich sinnlos Walthers Reim an: *daz ist ein übergulde*. Damit verrät sich das Gedicht als ein formalverwildertes Produkt des späten 13. oder frühen 14. Jahrhunderts. So können wir auch in der Plattheit, die aus der Auffassung der *tougen minne* als Heimlichkeit des geschlechtlichen Umgangs (169 ff.), der *mâze* als nützlicher Mäßigkeit (13 ff.) spricht, in dem biederen Wunsche, die *mâze* als Ehegemahl zu besitzen (28 ff.), in den Sentimentalitäten des Bildes von der Turteltaube (184 ff.) Merkmale einer Spätzeit sehen, die höfisches Wesen verbürgerlichte.

Weit lebendiger und packender, weil nach Form und Inhalt aus alter bodenständiger Tradition erwachsen, tritt jetzt der S p r u c h hervor. Die Reste vorwalterscher Spruchdichtung, die sich in unsere großen Liederhandschriften A, C, J gerettet haben, stehen dort unter dem Namen S p e r v o g e l. Es wird sich dabei um einen „Künstlernamen" von nicht sicherer Deutbarkeit handeln, den der Dichter selber in der Strophe 20, 17 nennt. Aber in der Spervogelsammlung der Handschriften A und C sind zwei Töne unter diesem Namen vereinigt, die nicht nur in der Form sondern auch in der inneren Haltung zwei sehr verschiedene Individualitäten verraten. Die zweite Reihe ist die altertümlichere und ältere. Ihren Dichter nennen wir H e r g e r, weil eine unverkünstelte Deutung der Strophe 26, 20 nur möglich ist, wenn wir den dort genannten Namen Herger als Selbstnennung des Dichters auffassen. Und gerade bei diesen beiden frühern Dichtern ist die einfachste Interpretation immer die empfehlenswerte.

Herger ist von den beiden Dichtern zweifellos der ältere. In einer Strophe beklagt er den Tod Walthers von Hausen (bald nach 1170), des Vaters des Dichters Friedrich von Hausen, und damals war er selber schon ein älterer Mann. Dem entspricht die altertümliche Einfachheit in Form und Sprache seiner Sprüche. Seine knappe, siebenzeilige Strophe ist aus drei Reimpaaren gefügt, deren letztes durch eine Waise aufgespalten ist und in der Schlußzeile Aufschwellung zu einem Sechstakter mit schweren einsilbigen Füllungen aufweist, wie sie etwa gleichzeitig der Priester Wernher, der Dichter des Marienlebens(Bd. I S.209ff.),gerne zur

Hervorhebung von Abschnittsschlüssen verwendet, und wie sie später die Kudrun- und Titurelstrophe wieder aufnehmen. In Kadenzentausch und Reimfreiheit verrät sich der Dichter der Frühzeit, und in ihrer archaisch-einfachen Hauptsatzsyntax sind die Strophen Hergers neben dem Falkenlied und der Sommerklage, die fälschlich unter dem Namen Dietmars von Aist gehen (vgl. S. 242), wohl das Urtümlichste, was wir an deutscher Lyrik besitzen.

Die Sprüche Hergers ordnen sich in Serien von je fünf inhaltlich zusammengehörigen Strophen. Diese Ordnung ist wohl dem Willen des Dichters, nicht erst dem Eifer der Sammler zu verdanken, doch sollte man darum noch nicht von vielstrophigen Liedern reden. Spruchtypen, die später häufig wiederkehren, stehen hier zum ersten Male vor uns: Lebenserfahrung, aus der Mühsal des eigenen umgetriebenen Daseins geschöpft; die Walthersche Klage über Besitzlosigkeit und Unbehaustheit des Alternden, doch ohne Walthers endliche Erfüllung; der bittere Gegensatz von Hausherrn und Fremden. Die Lage des Besitzlosen zwingt Herger wie den Archipoeta und Walther zu verhüllten oder unverhüllten Bittstrophen. Die Namen der Gönner, die er dabei nennt, zeigen, daß er weit herumgekommen ist, seinen Schwerpunkt aber am mittleren Rhein gehabt hat. Eine der Reihen (27, 13 ff.) strebt zur Lehre durch Beispiel. Zum erstenmal erscheint hier neben dem bloßen Tiergleichnis (die streitenden Hunde) die Tiergeschichte in deutscher Sprache. Aufs knappste zusammengepreßt finden wir hier die Geschichten vom Wolf als Schafhirten, als Klosterbruder, als Schachspieler. Die moralische Anwendung überläßt Herger dem Hörer.

Über dem Weltlichen steht für Herger das Göttliche. Die religiösen Sprüche der Reihen IV und VI zeigen ihn uns als einen Dichter, der für eine ursprüngliche und untheologische Frömmigkeit sprachgewaltigen Ausdruck zu finden weiß. Gott in seiner schöpferischen Allmacht, Christus in seinen Erlösertaten, Höllenfahrt und Auferstehung, preist er in einer mannhaften Demut. Sein Weltbild ist von einem einfachen, volksnahen Dualismus bestimmt: das Himmelreich als goldstrahlende Burg, die Hölle als Ort lichtloser Finsternis. Zwischen Gott und Teufel steht der Mensch. Doch ist ihm die Weltangst des *memento mori*, die Weltflucht des *contemptus mundi* fremd; von dem bedrohlichen Abschluß des Weltlaufes, dem Jüngsten Gericht in seiner Unerbittlichkeit spricht er nicht. Seine Grundstimmung ist Zuversicht; er weiß sich tröstlich eingebettet in die Heilswirkung der Kirche (28, 34), gestützt auf die Hilfe des Heiligen Geistes (29, 6), der ihn vor der Macht des Teufels bewahren wird. So beläßt er auch der „Welt" ihren eigenen Wert. Der Mensch soll *êre* haben, sagt er in Spruch 29, 34, dabei aber an sein Seelenheil denken. *êre*, das ist der Herzpunkt jener „Welt", in der er stand und der vor allem seine adligen Gönner angehörten.

Setzen wir Herger in die Jahrzehnte von 1150 bis 1180, so ist die Zeit des eigentlichen Spervogel umstritten. Sein entschieden vorwaltherscher Charakter ist zu Unrecht angezweifelt worden. Davor sollte schon die Verwendung der Spervogelstrophe 23, 29 in einem Liede Walthers (118, 12) warnen. Aber auch als Typus erscheint Spervogel älter, und es ist doch wohl beachtlich, daß er in der stolzen Strophe 20, 25 zweimal die altertümliche Bezeichnung *helde* statt *riter* für eine adlige Kriegerschar, davon einmal in der Anrede, verwendet. Anderseits verbietet seine formale Fertigkeit, die fast völlige Reinheit des Reimes, die Sorgfalt der Rhythmik einen zu frühen Ansatz. Er wird ein Zeitgenosse Veldekes und Hartmanns gewesen sein, vielleicht um ein Jahrzehnt älter als Walther. Seine Sprüche sind einerseits in der oberdeutschen Handschriftengruppe AC, anderseits in der Jenaer Liederhandschrift überliefert. Die tief in das Gefüge eingreifenden Verschiedenheiten des Textes in den beiden Überlieferungssträngen geben uns ein anschauliches Bild, wie solche knappen Vortragssprüche – weit über das gepflegte Minnelied hinaus – in der mündlichen Tradition zersungen werden.

Das Spruchwerk Spervogels hat einen ganz anderen Typus als das des Herger. Ihm fehlt so gut wie ganz die religiöse Seite. Der Rat von 20, 9, Gott von ganzem Herzen zu lieben und die Welt zu ehren, ist ein höfischer Rat. Der Spruch 20, 17, der auf die Zeit nach dem Tode blickt *(so er in der erde erfûlet ist)*, verspricht als Lohn für *triuwe* nicht die ewige Seligkeit, sondern langes Fortleben im Gedenken der Menschen. Das ist der innerweltliche Blick der Stauferzeit. Vor allem aber lenkt der schöne Spruch 20, 25, der offensichtlich aus einer wirklichen Situation, etwa einer verlorenen Schlacht, zu Gleichmut im Unglück auffordert, den Blick nicht auf göttlichen Trost. Er ruft vielmehr zu männlich zusammengeraffter Haltung auf und vertröstet die Helden darauf, daß es ein andermal besser gelingen wird.

Spervogel kennt wie Herger die Nöte der Armut und des Gastseins. Aber er heischt nicht; wir kennen von ihm keinen Gönnerspruch. Und wenn er 22, 1 zur Freigebigkeit mahnt, so legt er Wert darauf, daß dies als eine allgemeine Lehre aufgefaßt wird: ich sage das gewiß nicht zu meinem Nutzen, sondern ich lehre es alle. Herger prägte seine Lehre gern im episch erzählten Bild, im *bîspel*, und überließ dem Hörer die Nutzanwendung. Auch Spervogel meistert die knappe, bildhafte Sprache, aber das Bild bleibt bei ihm Metapher, und er nimmt die Ausdeutung wichtig. Die alte Form der Priamel, der Reihung verschiedener Erscheinungen unter einem gemeinsam gültigen Hauptnenner, verwendet er gern, um seine Lehre bildhaft zu unterstreichen; sein Denken ist auf die Erfassung der Mannigfaltigkeit der Welt unter vereinheitlichendem Gesichtspunkt gerichtet.

Die Gesellschaft, vor der und für die Spervogel vorträgt, wirkt ritterlicher als Hergers Publikum. Er spricht von dem adligen Jagdvergnügen der Bärenhatz und Falkenjagd (20, 9), er stellt Betrachtungen über den Aufstieg und Niedergang eines edlen Geschlechtes an (24, 25), er mahnt zu maßvoller, überlegener Haltung in Glück und Widerwärtigkeit. Spervogel gibt keine Minneregeln und schweigt vom Frauendienst. Aber sein Bild der tugendhaften Frau (24, 1) ist wie durchleuchtet von der Verklärung der Frau im Minnesang, und vielfach treffen wir auf die Anschauungen und die Terminologie der ritterlichen Idealität. Im adligen Kreise bewegt sich der Dichter ohne Demut, seiner Kunst bewußt (21, 29). Wenn er den Wert des weisen Rates und des weisen Mannes hoch anschlägt und wiederholt preist, so denkt er dabei mit Selbstbewußtsein, doch ohne Aufdringlichkeit an seine eigene Mission. Er ist ein Gleichberechtigter, der seine Welterfahrung zur Verfügung stellt, ein Mann, der es sich leisten kann, *stolze helde* zu anständiger Haltung zu mahnen, weil er weiß, daß man auf ihn hört. Und wenn er in diesem entscheidenden Spruch 20, 25 sich selbst in den Kreis dieser „Helden", d. h. Ritter, einbegreift und im Wir-Ton spricht, so wissen wir, wie auch wir ihn einzuordnen haben. Er war gewiß kein „Spielmann", sondern ein adliger Standesgenosse, *arte cantor*. Er ist in allem, in Kunst und Haltung, ein nicht unwürdiger Vorläufer Walthers von der Vogelweide.

Bei Herger sind wir dem knapp geformten *bîspel* aus der Tierdichtung und dem Wolf als dem Helden von Tiergeschichten begegnet. Er schöpft dabei aus einer Tradition, die ihm erlaubt, Kenntnis dieser Geschichten bei seinen Hörern vorauszusetzen. Die Tiergeschichte ist Travestie; sie gibt dem Tier menschliche Rede und damit menschliches Denken und Verhalten. Im Tier spiegelt sich der Mensch. Die Grundlage ist der uralte Tiervergleich. Das Tier vermag den Menschen zu spiegeln, weil es charakteristische Qualitäten mit dem Menschen teilt: die Schlauheit des Fuchses, die wilde Gier des Wolfes, die herrscherliche Stärke des Löwen. Die Verkleidung des Menschen im Tier ist Witz; wird sie zur Erläuterung menschlicher Schwächen und Laster verwendet, so wird sie zu satirischer Lehre. Die erzieherische Absicht kann durch eine moralische Auslegung unmittelbar ausgesprochen werden.

Die Literaturgeschichte der Tierdichtung verläuft für uns bis in die Mitte des 12. Jahrhunderts innerhalb der lateinischen Klosterliteratur. Zu epischer Breite in kunstvollem Gefüge erhebt sie unseres Wissens zuerst das lateinische Hexametergedicht Ecbasis captivi. Es ist das Werk eines Klerikers aus dem Reformkloster des Heiligen Aper in Toul. Politische Anspielungen lassen eine doppelte Datierung zu; die Zeit Konrads I. und Heinrichs I., also das frühe 10. Jahrhundert, kommt so gut in Frage wie die Zeit Konrads II. und Heinrichs III. Man wird dieser späten Datierung, der ersten Hälfte des 11. Jahrhunderts, den Vorzug geben. Durch den Zusatz *per tropologiam* gibt das Gedicht seine Absicht allegorisierender Einkleidung bekannt. Nichts „Volkstümliches" ist an diesem Werk der Schulstube. Die Hauptgeschichte vom Kälbchen, das vorwitzig dem Stall entflieht, in die Gewalt des Wolfes gerät, von der Herde aber unter Führung des Stieres und Beistand des Fuchses gerettet und zurückgeführt wird, ist eine ganz persönliche Allegorese des Dichters, die Flucht eines jungen Klosterinsassen aus dem Kloster, seine Verfallenheit an die Welt (den Wolf), seine Rettung durch die Klosterbrüder (die Herde) und den Abt (den Stier). Daß der junge Dichter aber das Tiererlebnis wählte und daß er Wolf und Fuchs als handelnde Figuren einführt, zeigt die Tiergeschichte als ein anerkanntes Stück klösterlicher Literatur. Und wirklich hat der Dichter ein Stück – und zwar das zentrale Stück – aller Tierdichtung, die Geschichte, wie der Fuchs den kranken Löwen durch die Haut des Wolfes heilte, in den Rahmen seiner Haupthandlung eingelagert.

Die Darstellung der Tierwelt als ein Reich, dessen Herrscher der Löwe ist und in dem die Feindschaft von Wolf und Fuchs die bewegenden Handlungen hervorruft, ist der Kern aller mittelalterlichen Tierdichtung. Etwa hundert Jahre nach der Ecbasis, um 1150, fügt ein flandrischer Geistlicher, Magister Nivardus von Gent, in seinem Ysengrimus die erste wirkliche Geschichte vom Wolf und vom Fuchs zusammen. Wie der Titel sagt, steht hier der Wolf, nicht der Fuchs im Mittelpunkt. Doch wieder ist der Hoftag des Löwen und die Schindung des Wolfes zur Heilung des kranken Löwen der Höhepunkt der Erzählung. Hier zuerst tragen die Tiere Namen und werden damit aus Typen zu Individuen. Und zwar sind es deutsche, auf deutschem Boden gegebene Namen; Flandern, das auch künftig das Tierepos besonders pflegen sollte, wird ihre Heimat sein.

Das benachbarte Nordfrankreich teilt mit Flandern die Liebe zu dieser satirischen Dichtung. Dort sind schon zur Zeit des Nivardus einzelne Tiergeschichten, jetzt in der Volkssprache, vorhanden. Im 13. Jahrhundert wurden sie im Roman de Renart gesammelt, in dem nun der Fuchs zum Haupthelden geworden ist. Trotz der Bezeichnung „Roman" handelt es sich mehr um aneinandergekettete Einzelgeschichten (Branchen), als um ein durchkomponiertes Ganzes.

Einen wirklichen Roman schuf auf deutschem Boden ein elsässischer Dichter namens Heinrich in seinem kleinen Tierepos von rund 2000 Verszeilen. Auch hier ist der Hauptheld der Fuchs, und wir nennen es mit Recht Reinhart Fuchs, wiewohl es selber sich im Anschluß an die ältere Tradition und in Anspielung auf das ältere Nibelungenepos als *Isingrînes nôt* bezeichnet. Neben umfänglichen Resten des Originals in einer Handschrift des 12./13. Jahrhunderts besitzen wir das Gedicht nur in einer stümperhaften, doch nicht tiefgreifenden formalen Bearbeitung des alten Textes aus dem späten 13. Jahrhundert. Diese Bearbeitung nennt den Dichter Heinrich der Glîchesære, d. h. der Gleisner, der Fuchs. Im alten Fragment ist gerade diese Stelle beschädigt und nicht mehr sicher ergänzbar. Der Beiname macht uns stutzig; wer hieße gerne der Gleisner, der Heuchler, und bekennte sich selber zu diesem Namen? Der Fuchs Reinhart müßte schon lange sein Liebling gewesen sein und ihm den Beinamen eingetragen haben. Und diesem Dichter läßt sich zutrauen, daß er den Ekelnamen der Welt zum Trotz getragen hätte. Dennoch wäre es eine Erleichterung, wenn eine andere Ergänzung des Originaltextes möglich wäre, des Sinnes, daß Heinrich von dem *glîchesære*, d. h. dem Fuchs gedichtet habe. Das erscheint möglich, nur müßte man dann erklären können, wie der jüngere

Bearbeiter zu dem Irrtum kam, in dem Worte *glîchesære* einen Beinamen des Dichters zu sehen.

Heinrich schafft in der Tat den Roman von Reinhart Fuchs. In einer
noch mit der Kettentechnik der früheren Romandichtung gefügten
Folge von Fuchsgeschichten führt er zum Hauptthema hinan: Wolf
und Fuchs. Aus Einzelgeschichten wächst das Gegenspiel zum entscheidenden Zusammenstoß heran, dem Minnedienst des Fuchses für die
Wölfin Hersant. Diese „Minne", ins Gröbstsinnliche verzerrt, gipfelt
in der ungeheuerlichen öffentlichen Vergewaltigung Hersants durch
Reinhart. Das moralische Empfinden, tiefst verletzt, sucht nach Aus-
druck. Es findet ihn in dem Hof- und Gerichtstag des Löwen, Königs
Vrevel. Doch beruft dieser das Gericht nicht spontan ein; erst eine als
göttliche Strafe empfundene Erkrankung treibt Vrevel dazu, seine ver-
säumte Pflicht nachzuholen. Jetzt folgt der spannend aufgebaute
Schlußteil. Der laute Klageruf der verunglimpften Welt gegen den
Frevler erschallt, die dreimalige Ladung vor Gericht gibt Reinhart nur
Anlaß, seinen Frevelmut an den Königsboten erneut auszuüben und die
Zahl seiner Schandtaten zu steigern. Endlich tritt Reinhart vor den Hof;
Haß und Feindschaft drohen ihm von allen Seiten entgegen. Und jetzt
folgt der Höhepunkt der Erzählung: Reinharts Auftreten als Frömmler
und Arzt und sein listiger Triumph. Er verspricht und bringt dem König
Heilung durch die Schädigung und Schändung seiner Widersacher. Sie
alle, nicht nur der Wolf, müssen ihre Haut oder ihr Fleisch für den
Heilungsversuch hergeben. Reinhart steigt zu höchsten Ehren empor
und versorgt seine wenigen Freunde mit fetten Ehrenstellen. In einer
letzten Steigerung, die wir fast als Übersteigerung empfinden, beseitigt
der Frevler durch Gift auch noch den eben genesenen König, den Träger
und Quell aller irdischen Rechtsordnung.

Es ist in der Tat ein bewußt komponierter und auf ein bestimmtes
Ziel gerichteter Roman. Aber was war das für ein Ziel! Der Triumph
nicht des Bösen über das Gute; denn weder Isengrîn noch der König
Vrevel sind Vertreter des „Guten", sondern, was schlimmer ist, der
Sieg des Verruchten über Recht und Rechtsordnung der Welt. Einer
Zeit, die soeben den Wert der Welt entdeckt hat und diese Welt in ihrer
Dichtung ideal darstellt, hält Heinrich die Brüchigkeit ihrer Werte ent-
gegen. Er tut es nicht mehr wie sein Melker Namensvetter aus der Per-
spektive eines inkommensurablen Jenseits heraus. Er verbleibt ganz im
Irdischen. Aber indem er die Unzulänglichkeit alles Menschlichen nicht
theologisch begründet, sondern einfach skeptisch betrachtet, vermag er
die Anomalie der höfischen Lebenslehre schon in ihrem hochgemuten
Beginn zu durchschauen und in ihrem verwundbarsten Punkt zu treffen:
der Wurzellosigkeit ihrer ins Transzendente gesteigerten irdischen
Idealität. Er verschmäht es dabei nicht, menschliche Torheiten im ein-

zelnen mit unbarmherzigem Witz zu treffen. Aber er zielt auf das Ganze: das Lehensgefüge und dessen Treuebegriff als Grundlage der sozialen Ordnung, ohne die das höfische Wesen undenkbar ist, und die Hohe Minne als die bewegende Kraft des höfischen Daseins. Die Vergewaltigung der Wölfin Hersant stattet Heinrich mit der Terminologie der Minne aus, dem heimischen *friundin*, dem modischen *amîe*, und in zerstörerischer Lust stellt er die öffentliche Schändung unter den zarten Begriff der heimlichen Minne.

Hier liegt die Geschlossenheit und Einheit des Gedichtes. Heinrich stellt seiner vernichtenden Kritik nichts Ideales entgegen, keinen Träger eines höheren, sittlichen Auftrages, keinen Ausblick auf etwas Besseres als diese entlarvte Welt, weder hier noch drüben. Das Sittliche ist nicht verneint; aus ihm heraus ist ja die Welt verurteilt. Geleugnet ist aber die Möglichkeit seiner Verwirklichung aus der Einsicht in die Unzulänglichkeit der menschlichen Natur.

Heinrich hat seinen Stoff aus französischen Branchen entnommen, und zwar sicherlich in einer älteren Form als im Roman de Renart. Insoweit steht er mit seiner Abhängigkeit von französischen Vorbildern im literarischen Strom seiner Zeit. Da wir seine unmittelbaren Quellen nicht kennen, ist seine Selbständigkeit in der Formung des Stoffes nicht sicher abzuschätzen. Man mag auch seine formale Kunst nicht sehr hoch bewerten; Heinrich ist in seiner Form ein Spätling der vorhöfischen Literatur. Aber eine treffende Anschaulichkeit und kräftige Ausdrucksfähigkeit sollte man ihm nicht absprechen, und der Ruhm, aus einzelnen Geschichten eine durchdachte Gesamtkomposition gemacht zu haben, ist ihm gewiß. Und als dichterische Persönlichkeit steht er so unverwechselbar vor uns wie nur irgendeiner der großen höfischen Dichter. Wer war dieser besondere Mann, der so einsam und ohne Nachfolge in seiner Zeit steht? Es war töricht, ihn auf Grund von ein paar Heischeformeln, die ein bloßes Stilelement sein können, zum „Spielmann" zu stempeln. Er kennt und durchschaut nicht nur die menschliche Kleinheit der Großen der Welt, er kennt auch die sachlichen Grundlagen des Rechtslebens, und – soweit wir seine Zeitanspielungen verstehen – die politischen Vorgänge aus solcher Nähe, daß man in ihm einen beruflichen Rechtskenner gesehen hat. War er Geistlicher? Daß seine Satire ungescheut über Welt- und Klostergeistliche ergeht, spräche nicht dagegen; der geistliche Sittenrichter hat seine Standesgenossen nie geschont. Bedenklicher macht es, daß Heinrich sich mit dem Wunder am Grabe der Henne und ihrer Ausrufung zur Heiligen über die Praxis der Heiligsprechung lustig macht und damit kirchliche Lehrbelange antastet. Die Schlußbemerkung des Überarbeiters gibt ihm den Titel *her*; er hat ihn also als ritterbürtig angesehen. Seine Berufung auf einen Ausspruch Herrn Walthers von Horburg –

der sich übrigens mit dem Spervogelspruch 20, 25 sachlich berührt – geschieht ohne respektvollen Aufblick. Ob Geistlicher oder Laie – nicht nur ein Menschenkenner, sondern ein Weltkundiger war Heinrich gewiß, und das heißt, daß er in einem der führenden Stände zu Hause war und nicht nur von außen in sie und ihr Leben hineingeschaut hat.

2. DIE LEHRDICHTUNG DER HOCHHÖFISCHEN ZEIT

Es ist bezeichnend für die Hochblüte der höfischen Zeit, daß sie keinen reinen Didaktiker hervorgebracht hat. Sie hat ihr Ideal gelebt und gedichtet – sie hat es nicht theoretisch analysiert. Oder wo sie sich theoretisch geäußert hat, geschah es, wie wir einleitend dargestellt haben, im Rahmen des epischen Kunstwerkes. Was wir an wirklicher Didaktik besitzen, Hartmanns „Büchlein", Walthers Spruchdichtung, hängt so eng mit dem Gesamtwerk dieser Dichter zusammen, daß wir es in diesem Rahmen behandeln mußten und hier nur darauf verweisen können. Hartmanns Jugendwerk hat in seiner Generation keine Nachfolge gefunden; der Typus des provenzalischen *Ensenhamen*, des höfischen Lehrgedichtes, blieb in Deutschland fremd und wurde nicht nachgebildet. Es gab auch keinen bedeutenden Spruchdichter neben Walther. Erst in der nachwaltherischen Generation geht die Saat auf, die Walther mit seinen politischen und ethischen Sprüchen ausgestreut hat. Minnelyrik und sangbarer Lehrspruch, die Walthers umfassende Begabung mit gleicher Meisterschaft beherrscht hatte, treten in der nachklassischen Generation wieder auseinander, erst in ihr gibt es wieder den reinen Spruchdichter.

Zufällig kennen wir zwei Sprüche von Gottfried von Straßburg. Die Spruchserie allerdings, die in der großen Heidelberger Liederhandschrift unter Gottfrieds Namen steht, eine Lehre der freiwilligen Armut, ist franziskanisch beeinflußt und also sachlich wie chronologisch als Gottfrieds Werk nicht denkbar. Dagegen wissen wir durch ein Zitat im Alexander des Rudolf von Ems, daß Gottfried einen Spruch vom „gläsernen Glück" verfaßt hat. Einen Spruch mit diesem Motiv überliefert die Heidelberger Handschrift unter dem Namen Ulrichs von Lichtenstein. Wir werden ein Recht haben, ihn für Gottfried in Anspruch zu nehmen und damit zugleich einen zweiten Spruch des gleichen Tones über die Habgier. Beide Sprüche zeigen gute Schule und Formbeherrschung, enttäuschen aber inhaltlich wie sprachlich neben dem Tristan. Wären sie nicht für Gottfried bezeugt, so würde man sie als gute Durchschnittsware abtun.

3. LEHRDICHTUNG DER SPÄTHÖFISCHEN ZEIT

In den Jahrzehnten zwischen 1210 und 1250 regt sich von neuem die Freude an der reinen Didaktik. Die eingehende Unterweisung in der rechten Lebensführung findet drei oder vier bedeutende Vertreter, die doch in ihrer Verschiedenheit zeigen, wie reich und beweglich die Zeit in ihren Ausdrucksmöglichkeiten geworden ist. Die Eintönigkeit des geistlichen Traktates, der die frühmittelhochdeutsche Dichtung beherrscht, ist überwunden; jeder findet für seine Zwecke seine eigene Form. Es handelt sich dabei, wenn wir chronologisch anordnen, um den Wälschen Gast des Thomasin von Circlære, entstanden 1215/16, den Winsbecken, entstanden um 1220, und Freidanks Bescheidenheit, vollendet nicht vor 1230. Dazu kommen die nicht sicher datierbaren, aber wohl erst dem Ende der Epoche zuzuweisenden Bruchstücke des Lehrgedichtes von Tirol und Vridebrant.

Es ist gewiß mehr als Zufall, daß die erste umfassende Lebenslehre der staufischen Zeit in deutscher Sprache von einem Wälschen stammt und sich selber der Wälsche Gast, der Fremdling aus dem Wälschland nennt. Der Mann, der diese zehn Bücher moralischer Betrachtung und Lehre (14700 Verse) verfaßt hat, ist der Friauler Thomasin von Circlære (Cerciaria), ein Geistlicher am Hofe Wolfgers von Ellenbrechtskirchen, des großen Literaturfreundes und Gönners von Walther von der Vogelweide, seit 1204 Patriarch von Aquileia. Hier, im äußersten Südosten des Deutschen Reiches, wo deutsches Herrentum und italienisches Volkstum sich durchdrangen, hat der Italiener deutsch reden und deutsches Ritterwesen kennengelernt.

Thomasins Familie gehört dem Stadtpatriziat von Cividale an; er selber wird dort um 1185 geboren sein. Zu gelehrter Schulbildung gesellt sich bei ihm eine höfische Erziehung, wohl an einem der kleinen oberitalischen Höfe. Dort begegnete ihm provenzalische Hofkultur und Hofdichtung. Er hat sich an dieser beteiligt, und zwar seiner lehrhaften Veranlagung nach eben in der Form des *Ensenhamen*, der höfischen Lebens- und Minnelehre, die er nur dort, nicht aus der deutschen Literatur kennenlernen konnte. Diese seine Frühdichtung ist uns nicht erhalten. Aber Thomasin spricht von ihr in seinem Wälschen Gast und trägt Teile oder Auszüge daraus im ersten Buch seines deutschen Werkes vor. Es war Dichtung in wälscher, und das kann damals in Oberitalien nur heißen: in provenzalischer Sprache. Ob er von einer oder von zwei verschiedenen Schriften spricht, ist aus dem Wortlaut nicht sicher zu entnehmen. Nach dieser Kavaliertour ist Thomasin in seine Heimat zurückgekehrt und gehörte als Geistlicher zum Hofgesinde des Patriarchen, den er 1209 zur Kaiserkrönung Ottos IV. nach Rom begleitet hat. Sein großes deutsches Lehrgedicht hat er in einem Zuge, jeden Monat ein Buch, in den Jahren 1215/16 verfaßt. Danach entschwindet er unseren Blicken.

Ein Geistlicher also mit italienischer Muttersprache und provenzalischer Hofbildung ergreift das Wort als Lehrer der Deutschen. Der Zielsetzung nach ist sein Werk, das von menschlichen Tugenden und

Lastern handelt, keine systematische Wertlehre; es ist eine praktische Verhaltenslehre. Sein Vorbild ist nicht die Abhandlung, sondern die Predigt. Darum darf man bei ihm nicht die strenge Systematik einer Tugendlehre, eines Tugendsystems suchen, obwohl sie ihm aus seinen Studien bekannt waren, sondern die losere Disposition einer Moralpredigt, die zwar systematisch angelegt ist, aber, von dem Bedürfnis des jeweiligen Augenblicks geleitet, menschliche Verhaltensweisen beleuchtet, menschliche Tugenden und Laster in wechselnde Beziehung setzt, hier auf diese, dort auf jene Qualität den Nachdruck legt. Die Möglichkeit des Exkurses wird ausgenutzt, mehrfach eine Betrachtung ausdrücklich als Abschweifung vom Thema bezeichnet. Wichtiger als Thomasins Systematik ist uns seine praktische Anschauung.

Die geistliche Lehre war ein Hauptanliegen der deutschen Dichtung vorhöfischer Zeit. Wie jene vorhöfische Lehrdichtung ist Thomasins Buch eine Laienlehre. Aber dem Laien der Stauferzeit ist mit dem reformerischen Eifer der Weltabkehr nicht mehr beizukommen; erst die nachstaufische Zeit kann mit ganz anderen Ansatzpunkten zu ihr zurückkehren. Jetzt verlangt man nach einer Lehre über das Verhalten in der Welt, und darin ist Thomasin nach Bildung und Denken ein Kind seiner Zeit; er glaubt daran, daß das rechte Verhalten in der Welt das Ziel erreichen kann, Gott und der Welt zu gefallen (9271ff. u. ö.).

Thomasin lebt auch in dem aufklärerischen Denken seiner Zeit; Tugend, sittliches Verhalten ist eine Folge von Überlegung und Einsicht, sie ist lehr- und lernbar. Immer wiederkehrende Stichwörter sind *sin*, *bescheidunge* u. ä. und ihr Gegenpol *unsin*, *torheit*, *nerrescheit*. Auch die ständigen Hinweise auf Himmelslohn und Höllenstrafe geschehen nicht im drohenden Ton des Memento mori; sie wenden sich an die Einsicht des Lesers. Der vorbildliche Mensch ist ihm der Mensch der geordneten Lebensführung. Der Begriff der Ordnung im einzelnen Dasein wie in menschlicher Gemeinschaft ist ihm wesentlich.

Auf die menschlichen Beziehungen, die öffentlichen und politischen Ordnungen ist sein Blick insbesondere gerichtet; denn sein Buch ist als eine Fürstenlehre (1717ff.) gedacht. Zwar verliert Thomasin die spezielle Zielsetzung eines Fürstenspiegels weithin aus dem Auge; er steckt sein Ziel weiter, blickt auf die allgemeine Ordnung, spricht von den Ständen, von Rittern und Pfaffen, beschäftigt sich mit allgemeinem menschlichen Verhalten. Aber er kehrt immer wieder zum „Herren" zurück; Einsicht in die soziale Ordnung und allgemeine Menschenerfahrung stehen einem Herren wohl an, der Menschen lenken soll.

Seiner ganzen Haltung nach ist Thomasin ein konservativer Mensch. Die gegebenen Ordnungen sind ihm die alleingültigen. Die soziale Ordnung sieht er noch ganz wie Walther in der ständischen Aufgliederung mit dem alleinigen Schwerpunkt in den beiden führenden Ständen:

Geistlichkeit und Ritterschaft. Sie allein wünscht er als sein Publikum (14695 ff.). Sie allein treten ins Blickfeld und bestimmen sein Bild der gültigen Ordnung. Die bäuerliche Unterschicht ist bloßes Objekt, und besonders auffällig ist, daß ihm, dem Italiener, die Stadt und ihr Bürgertum keine wesentlichen Faktoren der sozialen und politischen Ordnung sind. Das Wort „Bürger" kennt er nicht, „Kaufmann" nur selten und in ablehnendem Sinn (14391 ff.). Ihm, dem Sohn eines städtischen Geschlechtes, dessen Mitglieder im Seehandel tätig waren, erscheint der Kaufmann als *wuocherære* und *samenære*, als Beispiel der von Thomasin besonders verabscheuten Laster, der Gewinnsucht und des Geizes. Er sieht also den Geldhandel mit dem Blick des Geistlichen und verurteilt ihn aus den alten Maßstäben, die die Kirche dafür hatte.

Nicht weniger statisch und fest ist seine politische Ordnungslehre. Papst und Kaiser, *sacerdotium* und *imperium*, sind noch uneingeschränkt die weltbestimmenden Mächte. Daran ändert weder die päpstliche Haltung des geistlichen Herren etwas noch die staufische Parteinahme gegen Otto IV. Die Fürsten sind gegebene Aufbauelemente des Reiches; ihr Verhältnis zum Reich, ihre aufdringenden Machtforderungen stehen nirgends im Blickfeld dieses Mannes.

Wo diese Ordnungen gestört sind: im Gegensatz von Papst und Kaiser, im Hader von Rittern und Geistlichen, in den sozialen Bewegungen der Städte, den religiösen der Katharer, sieht Thomasin keine Zukunftsprobleme, sondern nur Störungen, Unsinn, der durch Einsicht oder Strenge zum geordneten Sinn zurückgebracht werden muß. Darum ist bei ihm die traditionelle Haltung des *laudator temporis acti* mehr als nur Topos; sie entspricht seiner Wesensart. Was er verteidigt, ist die staufische Ordnung, die letzte große Ordnung vor den Gärungen des späten Mittelalters. Ihm wie Walther ist sie gültig und heilig. Nur ist sie für ihn Gegenstand der vernünftigen Betrachtung, nicht wie für Walther Ziel des kämpferischen Eingreifens. Das ist es, was er an Walther zu tadeln hat; nicht umsonst steht seine berühmte Invektive gegen Walther im VIII. Buch, das von der *mâze* handelt. Sein Temperament und eine abweichende Auffassung über die Grenzziehung der päpstlichen Geltungsansprüche trennen ihn von Walther, nicht eine grundsätzliche Verschiedenheit im Ordnungsdenken selber. Er ist eben Gelehrter, nicht Ritter.

Thomasin verbirgt seine Gelehrsamkeit nirgends. Die Schule ist für ihn der Weg zur Bildung, auch für den Laien. Seine Beispiele entnimmt er dem Buch, dem Alten Testament ebensogut wie antiken Quellen oder der modischen Ritterliteratur. Daß er auch deutsche Ritterepik gekannt hat, scheint mir sicher. Das VII. Buch enthält eine eingehende Wissenschaftslehre; sie baut sich auf der alten Gliederung der sieben freien Künste auf, erweitert aber den auf diesem Unterbau errichteten Oberbau, indem er die alte Alleingültigkeit der Theologie *(divinitas)* leugnet

und, der Zweigliederung von Seele und Leib, Himmel und Hölle entsprechend, neben die *divinitas* die *physica* stellt, in der Medizin und Na-
turwissenschaft einbegriffen sind. Dagegen verwirft er die Jurisprudenz
(decreta und *leges)* mit scharfen Worten, abermals erstaunlich bei einem
Mann aus der Umgebung Wolfgers, einem Italiener, der den großen
Lehrstätten der juristischen Wissenschaft so nahe war. Und wiederum
ist dies nur verständlich als Abneigung des konservativen Geistes gegen
eine neue, die alte Ordnung bedrohende geistige Macht, die von den
Staufern im Kampf gegen die Kirche aktiviert wurde.

Die Quellen von Thomasins Gelehrsamkeit sind noch nicht genügend
untersucht. Sie liegen zweifellos im theologischen Schrifttum der Zeit,
umfassen aber auch die antike Bildung, aus der sein Menschenbild entscheidende Züge gewonnen hat. Neben der christlichen Tugendlehre
finden sich bedeutsame stoische Züge im Preise der Bescheidung und der
Reinigung von den Begierden, aus der die wahre innere Freiheit hervorgeht, während die Herrschaft der Leidenschaften den Herren zum Knecht
mache – ein leitmotivhaft wiederholter Gedanke. Eine Systematik der
Tugenden oder eine Wertskala macht Thomasin nicht zum Leitgedanken
seines Werkes. Aber die Stufung von *summum bonum, honestum* und *utile*
hat er gekannt und anzupassen versucht. Neben dem *summum bonum* =
Gott steht das *gar guote*, das *honestum* = die Tugenden und schließlich
eine mit *übel unde guot* bezeichnete Kategorie, zu der Herrschaft, Macht,
Adel, Name, Reichtum und *gelust* gehören. Das sind Güter des *utile*.
Allein indem Thomasin von der alten dualistischen Gliederung, der
Antithese Gott und Teufel ausgehend, ebenfalls antithetisch diesen
beiden Mächten Tugenden und Untugenden zuordnet, vermag er sich –
auch darin der rückgewandte Konservative – von dem alten Denk-
schema nicht zu befreien. Jene Zwischenschicht des *übel unde guot* vermag er nicht anders zu bewältigen, als daß er sie im Grunde negativ
bewertet und sie als *bereitschaft des nidersten übels* (5935 f.), als Netz des
Teufels (5919) letztlich dualistisch auf der Höllenseite bucht.

Seine Darstellung ist, wie gesagt, nicht systematisch aufgebaut. Zwar
geht er von einer Vierheit der lebensbeherrschenden und lebensord-
nenden Faktoren aus: *stæte, mâze, reht, milte*. Die drei ersten sind in
sich ordnende und zügelnde Kräfte, die *milte* wird es in der Auffassung
Thomasins ebenfalls. Sie entsprechen dem kirchlichen System der vier
Kardinaltugenden: *prudentia, justitia, fortitudo, temperantia* höchstens teilweise. Die einzelnen Tugenden und Untugenden erscheinen dagegen
in allen Kapiteln in wechselnder Auswahl und Zusammenstellung, wie
der jeweilige Lehrzweck es erforderte. Auch für Thomasin gilt, daß in
seiner Lehre Kirchliches und Ritterliches „ineinanderschwingt".

Die vier Oberbegriffe bilden kein ausgewogenes System. Die *stæte*
wird als *aller tugende râtgebinne* den drei anderen übergeordnet; ihr ist

der breiteste Raum gewährt. Sie steht an der Spitze, sie wird als Prinzip der kosmischen Ordnung zum Grundzug der Natur, in der alles seinen *orden* hat. Sie hat also, wie bei Thomasin zu erwarten ist, statischen Charakter. Nur der Mensch stört mit der *unstæte*, seinem Wankelmut, seiner Unberechenbarkeit diese Ordnung. Erst das VIII. Buch gesellt ihr die *mâze* als ihre Schwester zu. Ihre zügelnde Kraft ist ihr Wert. Seinen Begriff der *mâze* leitet er wie Hartmann und nach ihm der Winsbecke aus dem aristotelischen μέσον, dem Mittelweg zwischen zwei Lastern, ab; sie liegt *enzwischen lützel unde vil* (9938). Aber indem er sie mit *wâge* und *zal* in eine Reihe ordnet, mechanisiert er sie zu einem bloßen Maßstock. Sie wird zur Lehre des Nichtübertreibens und verliert die tiefere seelische Begründung, die sie im höfischen Denken gewonnen hat.

Eine besondere Stellung gegenüber dem Hauptkörper des Werkes nimmt das erste Buch ein. Es ist eine wirkliche Hofzucht, Lehre des höfischen Benehmens, in die Thomasin als Abschluß Teile seiner früheren provenzalischen Minnelehre eingearbeitet hat. Aber man soll den Graben zwischen dem I. Buch und den übrigen doch nicht zu sehr vertiefen. Das I. Buch ist eine ausgesprochene Jugendlehre; es wendet sich immer erneut an die *edeliu kint*. So betrachtet gehört auch die Hofzucht zum Gesamtbild des vollkommenen Menschen. Für den reifen Mann ist sie nicht mehr Gegenstand der Lehre; ihm sind andere Bildungsziele und andere Bildungsmittel gegeben. Darum wird auch in der vielbesprochenen Literaturkritik 1030 ff. die höfische Dichtung als erzieherische Jugendlektüre anerkannt. Der reife Mann aber soll über sie hinauswachsen, weil sie nicht „wahr" ist. In der Antithese von Aventiure und Schrift, Lüge und Wahrheit wird deutlich, worum es Thomasin geht: um den Gegensatz von ästhetisch-gesellschaftlicher und ethisch-religiöser Bildung, von weltlichem und geistlich-gelehrtem Schrifttum. Die vollendete menschliche Verhaltenslehre ist für ihn, den gelehrten Geistlichen, nur aus dem religiös-ethischen Schrifttum zu gewinnen. Aber die ästhetische Erziehung zum höfischen Ritter lehnt er nicht ab, er „überwindet" sie auch nicht; er weist ihr nur ihren Platz in einem gesamten Erziehungsplan an, in der Jugenderziehung und in der Erziehung des Menschen, der dem Höheren nicht zuzustreben vermag.

Denn der Begriff der *hüfscheit* verschwindet auch aus den späteren Büchern nicht. Sie gehört auch weiterhin zu den Lebenselementen des gebildeten Mannes. Und sie erscheint mehrfach eng verbunden mit tragenden Begriffen von Thomasins Bildungslehre: *tugent, guot, hüfscheit* (5346); *zuht und hüfscheit* (9267); *hüfsch, vrum, gefuoc* (12767) und das Gegenteil: *unhüfscheit, unzuht, unstæteceit* (12769 ff.). Ja, V. 10722 wird von Gott ausgesagt, daß er *vil hüfschlîchen* handelte. Höfische Erziehung gehört a u c h – und gehört wesentlich – zu dem in der Welt vorbildlichen Menschen.

Diese geistliche Lebenslehre, die der Welt dient, ist eine besondere Brechung im Gesamtbild des staufischen Bildungsdenkens. Sie warnt uns davor, es zu einseitig ritterlich, höfisch, weltlich zu sehen. Aber in ihrer praktischen Lebenshaltung ist sie nicht Ausdruck des Höchsten, was diese Zeit zu bieten hatte und erstrebte. Neben den großen Ideendichtungen mit ihren Erziehungslehren wirkt sie hausbacken, bürgerlich. Und eben damit war sie geeignet, auch der nachstaufischen Welt etwas zu bieten. Es ist kein Zufall, daß die Mehrzahl der überlieferten Handschriften dem späten Mittelalter angehört, mit dessen Geist Thomasin innerlich verwandter ist als mit der Welt um Wolfram und Gottfried.

Erstaunlich ist bei diesem Wälschen die Beherrschung der deutschen Sprache, in der er innerhalb von zehn Monaten sein großes Werk vollendet hat. Nur wenige wirkliche Sprachverstöße sind Thomasin nachzuweisen. Was ihm fehlt, ist die freie Beweglichkeit in der Sprache, die Fülle des Wortschatzes, der Reichtum der Nuancen. Er bewegt sich im Deutschen mit der Vorsicht des gebildeten Fremdlings, und auch die mundartliche Sonderheit Südtirols, die er kannte und von der sein Deutsch eingefärbt ist, gibt seiner Sprache nicht die Unmittelbarkeit des Mundartlichen. Es ist eine korrekte, buchmäßige Sprache, im ganzen arm und blaß, voller Wiederholungen namentlich auf dem Gebiet des Reimes. Vergleicht man damit die Lebensfülle Wolframs und Walthers, die höchste sprachliche Musikalität Hartmanns und Gottfrieds oder auch die Prägekraft Freidanks, so wird einem bewußt, daß dieser Sprache die Seele fehlt. Aber sie zeigt uns doch zugleich sehr deutlich, wie die Stütze an einer gepflegten literarischen Tradition und einer erzogenen Sprache auch den Unsicheren zu tragen vermag.

Etwa gleichzeitig mit dem italienischen Geistlichen, zwischen 1210 und 1220, hat ein deutscher Ritter ein kleines Lehrgedicht verfaßt. Er nennt sich der Winsbecke, d. h. ein Herr von Windesbach, ein ostfränkischer Landsmann Wolframs. Er trug seine Lehre in der verbreiteten Form des Lehrgesprächs vor, der lehrenden Rede eines Vaters an seinen Sohn. Doch klingt uns diese Rede so persönlich durchwärmt, daß wir an mehr als eine literarische Fiktion denken möchten. Es ist eine hübsche und nicht unerlaubte Vorstellung, daß der Dichter sein kleines Werk wirklich für seinen eigenen Sohn verfaßt hat.

Dieser Mann ist erfüllt von dem Ideal eines höfisch erzogenen Rittertums. Die drei großen Daseinsmächte stehen voran: Gott, Minne, Schildes Amt. Unter diese verpflichtenden Vorzeichen sind dann einzelne, nur noch zum Teil in Gruppen geordnete Regeln gestellt. Ein mannhafter, ausgeglichener Charakter spricht zu uns, ein Artverwandter des großen Landsmannes Wolfram, mit dem er die Hochschätzung des tätigen Rittertums und den unverstiegenen verehrenden Aufblick des Mannes zur Frau teilt. Auch hier geht es nicht um eine systematische Lehre, sondern um ein Vorbild der Haltung. Als praktische Lebenslehre übersteigert das Gedicht die Anforderungen an Rittertum und Minne nicht, es erhöht sie nur. So könnte in der Wirklichkeit ein junger Mensch von äußerem und innerem Adel sich formen und geformt sein.

Von der Problematik der Zeit, dem Zwiespalt von Welt und Gott, ist der Winsbecke nicht unberührt, aber er hat die Harmonie der drei Daseinsmächte gefunden. Er weiß um die Unterordnung der Welt unter Gott, um ihre Flüchtigkeit, um die Drohung des Todes, die Heilswirkung der Kirche. Aber sie treibt ihn nicht in Weltflucht und Askese; sie spornt ihn zur sittlichen Reinigung und Erhöhung in der Welt mit den großen Erziehungsmächten Frauendienst und Rittertum. Darin findet er ruhige Gewißheit, und wenn wir sehen, wie er die *mâze* in den Mittelpunkt stellt und sie im Hartmannschen Sinne als die Mitte zwischen zwei Extremen entwickelt (*wirf in die mitte dînen sin* 30, 8), so spüren wir darin ebenso wie in der Lehre vom inneren Adel (Str. 28) den bildenden Einfluß, der von Hartmanns Werk ausgegangen ist.

Klar und vornehm wie das Denken ist die Sprache dieses Mannes, knapp, bildkräftig, an Wolfram geschult, doch eigener Artung bewußt und ohne eitles Streben, die Dunkelheit des Meisters nachzuahmen oder zu übertreffen. Die Form ist eine zehnteilige Strophe, die dem Ganzen das Gepräge einer spruchhaften Reihe gibt.

Dieses alte Gedicht hatte 56 Strophen. Geistlicher Eifer fügte später eine Kontrafaktur bei, eine Strophenkette, in der der Sohn dem Vater die Eitelkeit der Welt vorhält und ihn auffordert, auf seinem Erbgut ein Spital zu errichten, in das sie beide sich zurückziehen wollen. Das mannhaft-fromme Weltbekenntnis des alten Gedichtes wird hier dem Durchschnittsgedanken der Weltflucht geopfert, und der Vater erwidert mit einer Sündenklage, die der hochgemuten Ethik des alten Gedichtes ins Gesicht schlägt.

Noch eine andere Nachfolge hat das Gedicht des Winsbecken ausgelöst: das weibliche Gegenstück, die Winsbeckin. Dies echte Wechselgespräch von Mutter und Tochter ist aus demselben höfischen Denken hervorgegangen wie das alte Winsbeckengedicht, doch schwerlich Werk desselben Mannes. Es ist formal nicht ungewandt, doch äußerlicher, flacher, mehr auf formale Erziehung als auf Charakterbildung gerichtet. Einem kürzeren ersten Teil, der der Zucht gewidmet ist, folgt eine eingehende Minnelehre, geformt nach den epischen Minnegesprächen zwischen der erfahrenen Mutter und der noch unwissenden Tochter, wie sie in Veldekes Eneit und knapper im Eingang des Nibelungenliedes zu finden sind. Probleme der hohen und niederen Minne, der *huote*, der Würdigkeit werden abgehandelt; Ovids Liebeslehre von der Minnekrankheit, Salomons Unterliegen vor der Minne – der übliche Apparat ist aufgeboten.

Endlich hat der Winsbecke eine unflätige, aber nicht ungeschickte Parodie hervorgerufen, in welcher der Vater unter Verkehrung der echten Ratschläge des Winsbecken und zum Teil mit deren Wortlaut den Sohn zum Luderleben, zu Spiel und Trunk im Wirtshaus, zu Gottlosigkeit, Feigheit, Prahlsucht und Lüge anleitet. Das ist der grobe Witz, den wohl erst das 14. Jahrhundert kennt.

Wesentlich undeutlicher ist uns nach Geltung und Einordnung das Lehrgedicht von Tirol und Vridebrant. Zwei ganz getrennte Überlieferungen fassen sich unter diesem Titel zusammen. Eine lehrhafte Dichtung erscheint unter der Überschrift *Künik Tirol von Schotten und Vridebrant sîn sun* in der großen Heidelberger Liederhandschrift, ein Lehrgedicht also, in dem wie im Winsbecken ein Vater zu seinem Sohn spricht. Andererseits kennen wir jene Reste eines ritterlichen Aventiurenromanes, die S. 210 f. besprochen sind. Hier ist alles unsicher, die Zeit der Entstehung wie der Zusammenhang der Stücke. Auch das didaktische Gedicht ist nicht einheitlich; ähnlich dem Winsbeckengedicht gliedert es sich in einen geistlich-gelehrten Teil, der theologische Weisheit in Rätselform vermittelt (Rätselgedicht) und einen spruchhaft ethischen Teil, die Lehre des Vaters an den Sohn (Lehrgedicht). Daß beide Teile nicht zusammengehören, macht schon die einfache formale Tatsache sicher, daß das Rätselgedicht in der Waise männlich volle Kadenz ebenso ausgesprochen bevorzugt wie das Lehrgedicht weiblich klingende. Auch ist das Rätselgedicht, das die theologische Auslegung zweier pseudo-danielischer Visionen als Aufgabe stellt, primär nicht als Wechselrede von Vater und Sohn gedacht, sondern von geistlichem Lehrer und Laienschüler; die Anrede lautet nicht *vater*, sondern *here*. Doch ist dem Schüler der Name des ritterlichen jungen Vridebrant zugeteilt.

Die Reihe der Lehrstrophen ist Anrede eines fürstlichen Vaters an seinen Sohn. Die Namen Tirol und Vridebrant kommen in ihnen nicht vor. Es ist eine Herren- und Regentenlehre. Die aus dem Lehenswesen erwachsenden Pflichten des Herrschers werden dargelegt, aus deren Erfüllung die Blüte alles Lehensdenken, die wechselseitige Treue, hervorbricht. Gleiche Einsatzfreude im Kampf, Fürsorge für Schäden, die im Lehensdienst erlitten sind, Freigebigkeit, gerechtes Verhalten als Richter und Schiedsrichter, eigene eheliche Treue und Vermeiden von Übergriffen gegen die Frauen und Töchter der Untergebenen gehören zu den Pflichten des Herren. Diese Regentenlehre ist praktisch und kriegerisch, nicht eigentlich höfisch. Von geistiger Bildung und gepflegten Umgangsformen, von höfischer Freude und von Minne ist nicht die Rede; in der Beziehung der Geschlechter kennt der Dichter nur Ehe oder Verführung.

Die Vermutung, daß diese Lehre eines Fürsten an seinen jungen Sohn aus dem epischen Gedicht herausgenommen und vielleicht durch Zusatzstrophen – namentlich gegen Ende – erweitert worden ist, hat manches für sich. Formale Beobachtungen sprechen nicht dagegen, die Hindeutung auf eine epische Situation in Str. 35 vielleicht dafür. Da der Name Vridebrant von Schotten aus Wolframs Parzival entnommen ist, dürften die Lehrgespräche in Wolframs Epen, namentlich die Gurne-

manzlehre, den Anstoß gegeben haben, während für die spezielle Durchführung als Gespräch zwischen Vater und Sohn der vielfach ausgebeu-
tete Winsbecke das Vorbild gewesen ist. Nach Form und geistiger Haltung, dem unerschütterten Festhalten an der Idealität des Lehenswesens,
wird man im Zeitansatz nicht über die Mitte des Jahrhunderts hinaus-
gehen dürfen. Das Rätselgedicht dagegen wird jünger sein. Es steht dem
gespreizten, mit Gelehrsamkeit prunkenden Spruchwesen der wandernden Literaten des späten 13. und des 14. Jahrhunderts nahe und hat
seinen Artgenossen in dem Rätselstreit des Wartburgkrieges, der ebenfalls theologische Weisheit verrätselt. Dieser Typus weist über die
Grenzen dieses Bandes hinaus. Der Spruchdichter Boppe beruft sich um
1270 für ein weiteres theologisches Rätsel sowohl auf Daniel als auch auf
„König Tirols Buch"; damals muß also der Rätselteil, und zwar in
einer umfänglicheren Gestalt, bekannt gewesen sein.

Ein jüngerer Zeitgenosse Thomasins und des Winsbecken ist jener
Mann, der sich Freidank nennt und die berühmte Spruchsammlung
seiner „Bescheidenheit" (d. h. Unterscheidungsvermögen und daraus
erfließende Einsicht) hinterlassen hat. Der Name Freidank klingt nach
einem jener Künstlernamen, die sich wandernde Dichter gerne zugelegt
haben. So jedenfalls faßte es die vielfach verwendete, schon um 1240 bei
Rudolf von Ems vorkommende Nebenform Frîgedank auf, die auf den
beliebten Topos von der Freiheit des Gedankens im Zwang der äußeren
Lebensumstände anspielt. Doch ist der Name Frîdank auch als alter
Personenname (= Frithu-thank) deutbar und als echter Beiname schon
im Ende des 13. Jahrhunderts bezeugt, so daß die Möglichkeit nicht
abzuweisen ist, daß wir es mit einem echten Taufnamen zu tun haben.
Rudolf von Ems redet von dem *sinnerîchen meister Frîgedank* bereits wie
von einem Verstorbenen. So mag er wohl jener *magister Fridancus* gewesen sein, dessen Tod die Annalen des bayrischen Klosters Kaisheim
zum Jahre 1233 verzeichnen. Das würde sich auch damit vereinbaren,
daß er bestimmt ein Oberdeutscher war. Wichtiger als die Frage nach
der Person des Dichters – in dem Wilhelm Grimm einst ein Pseudonym
Walthers von der Vogelweide hatte sehen wollen – ist uns die nach
seiner Stellung in der staufischen Literatur. Für die Zeit seines Dichtens
gibt uns der Sonderabschnitt *von Akers*, d. h. „über Akkon" einen Anhalt.
Er muß auf den Erfahrungen beruhen, die der Dichter bei dem Kreuzzug Friedrichs II. 1228/29 an Ort und Stelle gemacht hat. Diese Spruchserie dürfte der Spätzeit des Dichters angehören, die Hauptmasse der
„Bescheidenheit" also älter sein; sie wird allmählich, etwa zwischen
1215 und 1230, herangewachsen sein.

Freidank hat einen Typus geschaffen oder vielmehr literaturfähig gemacht: den in
knappen Zweizeilern geprägten epigrammatischen Erfahrungsspruch. Er hat ihn so
sehr zum Typus gemacht, daß der Name Freidank selbst zu einem Typus wurde. Da-

her wird manches unter seinem Namen gehen, was ihm nicht zugehört, ohne daß bei dem Wesen dieser Spruchform die literarische Kritik fähig sein wird, Echtes von Nachträglichem zu scheiden. Grimms feinfühlige Ausscheidungen werden die Grenze des Erreichbaren darstellen. Andererseits kennen wir aus der späteren Literatur Freidankzitate, die echt sein können, ohne in irgendeiner der zahlreichen Handschriften zu stehn. Art und Wesen dieser Reihung von lauter knappen Einzelsprüchen erklärt auch die Uneinheitlichkeit der Überlieferung in Auswahl und Anordnung der Sprüche; keine Handschrift stimmt mit der anderen überein. Auch hier kann die Forschung schwerlich zu sicheren Ergebnissen gelangen. Im ganzen wird die Vorstellung dem Richtigen nahekommen, daß die Sprüche zunächst in einer ungeordneten Folge entstanden und aufgezeichnet sind, daß aber schon früh, vielleicht schon von dem Dichter selbst, sachliche Anordnungen versucht worden sind, wie sie in einzelnen Handschriftengruppen deutlich zu spüren und danach in unseren modernen Ausgaben hergestellt sind.

Freidank hat die Form, die er verwendet, schwerlich selber erfunden. Wir glauben, daß praktische Lebenserfahrung, in knappe Reimpaare gegossen, ein alter Bestand volksläufiger Dichtung gewesen ist. Freidank fand darin die Form, die seinem Wesen und Wollen entsprach, ebenso fern dem breiten Lehrton des moralischen Traktates wie dem anspruchsvollen Gefüge des kunstreichen Sangspruches. Ihre formale Schlichtheit und epigrammatische Konzentration bot Gewähr für eine Wirkung in die Breite, und gewiß hat Freidank auch inhaltlich vieles an volksläufigen Prägungen übernommen. Das Neue bei ihm ist, daß er einen literarischen Typus daraus gemacht und ihn ins Große getrieben hat, wobei er sich nicht streng auf den Zweizeiler beschränkte. Er hat damit Lebenserfahrung und Lebensweisheit weit über die eigentlichen Bezirke des Volksmäßigen hinaus eingefangen. Wir trauen dem Dichter Lateinkenntnis und eine gewisse theologische Bildung zu, wenn wir sehen, in wie großem Umfang er antike Lehrsprüche und biblische Lebensweisheit in deutsche Verse umgeprägt hat. Als Kind der staufischen Zeit ist er mit dem Geschehen der Welt und dem Verhalten des Menschen auf dieser Erde beschäftigt. Auch darin ist er untheologisch und steht im Strom einer alten, volkstümlichen, bis in germanische Zeit zurückreichenden Tradition, für die das irdische Dasein das alleinige Feld der menschlichen Existenz und Leistung war.

Die Welt, um die es Freidank geht, ruht freilich in Gott. Freidanks Erfahrungslehre beginnt mit Sprüchen über Gott, den Schöpfer, und endet mit solchen über den Tod und das letzte Gericht, erkennt also eine heilsgeschichtliche Ordnung an. Er faßt die Summe aller menschlichen Lebensweisheit in dem einleitenden Spruch zusammen:

> *Swer gote dienet âne wanc*
> *Deist aller wîsheit anevanc.*

Er weiß von der Unbeständigkeit der Welt, der Hinfälligkeit und Unreinigkeit des Leibes (*ein fûler mist*); er spricht das mahnende Memento

mori und beginnt die Sprüche „von der Welt" (30, 21 ff.) mit der
Mahnung zur Weltabkehr (*der werlde sich bewegen*). Aber Freidank bejaht
die Möglichkeit, Gott und der Welt zu gefallen (31, 20), und mitten in
seinem Werk steht ein Spruch, der auch sein Leitspruch sein könnte:

> 71, 19. *Swer von der erden niht kan sagen,*
> *Der mac des himels wol gedagen.*

Die Erde, die Welt ist sein Bereich, und es ist nicht zufällig, daß ihm
Gott als Schöpfer am zugänglichsten ist, der die Wunder und die
Ordnung der Welt geschaffen hat. Freidank hat Blick und Herz für die
wunderbare Mannigfaltigkeit der Welt; sie ist nicht mehr *der vil ubele
mundus*. Und er kennt den Gotteserweis aus der Natur (2, 22 ff.) in der
Drastik seiner Sprache: Engel, Teufel, Menschen, sie alle können keinen
Floh machen. In dieser Welt bewegt er sich, scharfäugig und unbestech-
lich. Er sieht die Welt, wie sie sein sollte, aber mehr noch, wie sie ist.
Er weiß an ihr mehr zu tadeln als zu loben, mehr Unvollkommenheit als
Vollkommenheit. Doch wie er die Welt nicht asketisch verwirft, so ist
er auch nicht verurteilender Sittenprediger; er ist ein Wissender und
darum illusionslos, aber nicht weltflüchtig und weltverachtend. Von
Tugenden und Sünden spricht er weniger als von Weisheit und Torheit
– das ist sein andersartiger, untheologischer Blick. Toren sind häufig,
Weise selten, das ist der Stand der Welt. Aber sein tieferer Humor läßt
auch dem Toren sein Recht: um die Weisen wäre es schlecht bestellt,
wenn es keine Toren gäbe (81, 11). Er ist durchweg Realist: was man
sieht, hört, greift, das ist das Sichere; alles andere ist *wân* (15, 122 ff.). Das
ist die Nüchternheit der alten, germanischen Sprüche der Hávamál.
Darum sind auch seine Tiersprüche unliterarisch, naturnahe; die Alle-
gorienwelt des Physiologus erscheint bei ihm kaum, und man kann
zweifeln, ob die wenigen Sprüche, die sich an diesen anlehnen, echtes
Freidankgut sind.

Mit diesem illusionslosen Weltblick überschaut er fast alle Gebiete des
menschlichen Lebens. Er geht, wie Walther und Thomasin, von dem
Begriff der Ordnung aus; die Kreatur hält die göttliche Ordnung ein,
nur der Mensch übertritt sie (5, 11 ff.). Die soziale Ordnung sieht auch
Freidank in der gottgesetzten Dreiheit: *gebûren, ritter, pfaffen*, während
der Kaufmann auch bei ihm noch *wuocher* heißt und durch die List des
Teufels geschaffen ist. Doch was er zu sagen hat, geht gemeinhin den
Menschen als solchen an; er spricht nicht von und zu den Ständen. Eine
Ritterlehre gibt es bei ihm nicht, und nur ein kleiner Teil der Sprüche
von der Minne zielt auf die höfische Minne ab (100, 16 ff.), und auch sie
sind zum Teil von seinem skeptischen Realismus eingefärbt. Von den
Geistlichen spricht er, soweit er nicht politisch wird, im ganzen mit
Ehrerbietung. Der Geistliche wird, wie einst im Gedicht „vom Recht",

als der Leiter des Laienvolkes gesehen, als dessen Licht und Auge; darin liegt seine Verantwortung. Darum ist aber auch *des pfaffen name
êrenrîch;* Freidank urteilt über den geistlichen Stand weit minder schroff
als Heinrich von Melk. Dem Asketen war der Bruch geistlicher Keusch-
heit verruchte Unzucht; Freidank, der Wissende, sieht ihn verständnis-
voller an und gesteht den Laien kein Recht zu, solch sittliches Straucheln
laut zu beschelten, solange sie selber tausendfach schlimmere Taten be-
gehen (16, 8 ff.). Die ritterlich humane Toleranz gegenüber dem Anders-
gläubigen (Juden, Heiden) nimmt er soweit auf, als es sich mit der kirchlichen Lehre verträgt. Sie sind gleich den Christen Gottes Kinder, aber
der Weg zum Heil geht nur über den Glauben an Christus. Auch das
Kapitel über Kaiser, Könige und Fürsten (72, 1 ff.) dringt – soweit es
nicht an die Politik rührt – auf den menschlichen Kern, spricht von ihren
menschlichen Gebrechen und von ihrer menschlichen Hinfälligkeit. Was
sie haben, ist Lehen von Gott, dem Einzigen, der wahrhaft Eigenschaft
besitzt (74, 19 ff.), aber mit diesem Gedanken ist kein kirchenpolitischer
Blickpunkt verbunden.

Ein politischer Dichter wie Walther war Freidank nicht. Auch hier
braucht er erst die eigene Erfahrung als Anstoß, um sich zu äußern. Die
beiden aus dem übrigen Werk stark heraustretenden Abschnitte über
Rom und über Akkon, die erst der Spätzeit seines Lebens angehören,
sind aus eigenem Augenschein hervorgegangen. Sonst rührt nur ein
Teil der Sprüche „von Königen und Fürsten" an politische Fragen. Es
ist bezeichnend, daß es Freidank hier nicht um die Auseinandersetzung
zwischen Kaiser und Papst geht, um das zentrale Anliegen des reifen
Walther, sondern um die Auseinandersetzung zwischen Kaiser und
Fürsten, um das Aufstreben der territorialen Fürstenmacht. Das ist die
politische Frage, die er mit eigenen Augen sieht, und darin erweist sich
Freidank als der Jüngere, als Zeitgenosse des späteren Friedrichs II. und
des Königtums Heinrichs VII. Hier spürt er die beunruhigende Gefährdung der politischen Ordnung, die für ihn – wie für Thomasin – in
der statischen Geltung des Gewohnten liegt (75, 22 ff.). Die Frage
Kaiser–Papst bewegt ihn erst in den Rom- und Akkonsprüchen (148,
4 ff. bzw. 154, 18 ff.). Erst die persönliche Erfahrung macht sein politisches Urteil bitter und scharf. Rom, die Stadt, die Kurie, ihr Wohlleben,
ihre Intrigen, ihre Geldgier widern den aufrichtig frommen Mann an.
Er sieht auch den Papst menschlich, wie er Kaiser und Fürsten menschlich sieht. Er lehnt daher die geistliche wie die weltliche Überhebung des
Papsttums, dessen Ansprüche auf irdische Heiligkeit wie auf weltliche
Herrschaft ab. Er entschuldigt aber den Papst auch, daß er zu schwach
ist, dem römischen Unwesen zu steuern. Die politische Seite der großen
Auseinandersetzung berührt er in den Romsprüchen nur kurz und ohne
inneren Anteil in der Behandlung der Zweischwerterlehre (152, 10 f.).

Eine ernsthafte und entschiedene Stellungnahme in dem Ringen zwischen Kaiser und Papst bringt erst das Erlebnis von Akkon. Hier sehen wir in die tiefe sittliche Verwüstung dieser wurzellosen Neugründungen auf fremder Erde hinein, wo Abenteuersucht, Gottlosigkeit und Raffgier zwischen Lebenslust und Todesnähe ihre Orgien feiern. Der ganze Leidensweg des Kreuzzugsgedankens liegt zwischen der bernhardinischen Kreuzzugsbegeisterung des Rolandsliedes von 1170 und den Akkonsprüchen Freidanks von 1228/29. In diesem Hexenkessel steht wie ein Symbol der Ordnung Friedrich II. Und erst hier wird Freidank die Schuld der Kirche offenbar, die dem Träger der echten Kreuzzugsidee, dem Friedensbringer und Retter der heiligen Stätten mit dem Bann in den Arm fällt und die Wirrnis mehrt.

All dies ist dem Mann der einfachen Frömmigkeit unfaßlich. Freidank ist nicht Theologe, obwohl er theologische Kenntnisse besitzt. Er ist Christ, der fest in seinem Glauben steht, an Gott, den allmächtigen und allwissenden Schöpfer, an die Erlösertat Christi und an die unmittelbare Gnadenwirkung echter Reue glaubt. Er weiß auch um die Gewißheit des Todes und des letzten Gerichtes. Es ist die gute, feste Frömmigkeit des nachdenkenden Laien, stärker in Zuversicht als in Bangnis. Mystische Versenkung ist ihm ebenso fremd wie gelehrte Spekulation. Er bekennt demütig und willig das Geheimnis göttlichen Schaffens und Lenkens, in das wir nicht vorwitzig eindringen sollen (5, 23 ff.; 8, 4 ff.; 16, 24 ff. u. ö.), so wie es die spätere Spruchdichtung im aufdringlichen Tone der Halbbildung gerne getan hat. Er lebt in dem einfachen Dualismus von Gott und Teufel, Himmel und Hölle, einem Dualismus, der seine ganze Denkweise beherrscht und ihn von Gut und Böse, Weisen und Toren, Recht und Unrecht, Treue und Untreue in einfachen Antithesen sprechen läßt. All das ist dieselbe Grundhaltung, wie sie aus den religiösen Sprüchen des alten Herger sprach. Daraus geht auch die selbstverständliche Ehrfurcht vor der Kirche hervor, die in der Messe (13, 23 ff.) als die gegebene Heilseinrichtung wirkt. Darum lehnt Freidank die Ketzer ebenso entschieden ab wie Walther und Thomasin und hält wie jene deren Ausrottung für vordringlicher als die Heidenbekämpfung (26, 11 ff.).

In all dem wird Freidank wie Thomasin zu einem typischen Ausdruck der Zeit. Die Verschiedenheit des italienischen Kanonikus und des deutschen Vagus liegt in ihrem Bildungsgrad und in ihren Absichten. Der eine gibt in Form der Laienpredigt eine Verhaltenslehre, der andere in Form der Spruchserie ein Erfahrungswissen. Aber sie erwachsen aus dem gleichen Grunde. In ihnen wird deutlich, wie die Weltoffenheit der Stauferzeit sich in den breiteren, außerhöfischen Kreisen äußert. Sie beide sprechen von dem Menschen als einem Teil der Welt und in der Welt. Das Problem „Gott und der Welt gefallen" wird ihnen zu einem außerritterlichen, allgemein menschlichen Problem, und es löst sich ihnen in einem Weltverhalten, das mit den Forderungen eines praktischen Christentums und einer Anerkennung der Ordnungen gegeben ist. Darum haben sie beide eine so lange Nachwirkung gehabt, und ihre Werke gehören zu den vielgelesenen des späten Mittelalters.

Hier möge noch ein Gedicht seinen Platz finden, dessen Bedeutung nicht eigentlich in seinem künstlerischen Wert liegt. Es ist die F r a u e n - e h r e des S t r i c k e r , ein kleines Werk, das in der Form eines Frauenpreises zugleich eine Minnelehre gibt. Ein wandernder bürgerlicher Dichter also, der nach ersten Versuchen in der großen Epik (vgl. S. 192 ff.) sein eigentliches Gebiet in der moralischen oder schwankhaften Kurzerzählung gefunden hatte, deren Thema mit Vorliebe Frauenlist und Frauentrug war, und die sich meist in der außerhöfisch-bäuerlichen Sphäre bewegt, setzt hier zu einem volltönenden Preis der höfisch verklärten Frau an. Er selber ist sich des Widerspruchs bewußt; er legt seinen voraussichtlichen Gegnern den Einwand in den Mund, daß seine Wesensart und der Preis der Frau nichts miteinander zu tun haben, und daß er besser täte, Bettelgedichte um ein Pferd und getragene Kleider zu verfassen. Sein Frauenpreis wird also in seine Spätzeit fallen, da er nach Lebensstil und Stoffwahl bereits fest abgestempelt war.

Strickers Frauenehre ist ein später Nachfahr von Hartmanns „Büchlein". Er ahmt es unmittelbar nach, indem er sein Gedicht mit einem Dialog zwischen dem Dichter und seinem Herzen einleitet. Alles, was zum Ruhm und Preis der Frau inzwischen gesagt worden war, die ganze Verklärung der Minne zu einer erziehenden Macht und der Frau zu einem höheren und reineren Wesen ist hier in gewandter, an allen klassischen Vorbildern geschulter Sprache noch einmal zusammengetragen. Insoweit ist das Gedicht rückgewandt, epigonenhaft; jeder Gedanke ist längst vorgedacht, jede Prägung vorgeformt.

Zeitgemäß dagegen ist die vorherrschende Verfallsklage. Die Ritter sind von dem hohen Ideal des Frauendienstes abgefallen, und damit ist die „Freude" des höfischen Lebens aus der Welt verschwunden. Wir kennen solche Klage über das Schwinden der Freude durch den Verfall des Minnedienstes bereits bei dem alten Walther. Der Stricker verknüpft sie mit der bekannten etymologischen Ableitung des Wortes *frouwe* von dem Verbum *vröuwen*, in der die höfische Grundvorstellung von der Frau als Quell aller Freude ihre sprachliche Bestätigung fand. Neu ist, daß der Frauenpreis aus dem Munde eines bürgerlichen Fahrenden erklingt, der seine Klage über das Sinken des Ritterstandes nicht von innen her erhebt, der sich vielmehr als ein Betrachter von außen kritisch äußert. Neu – und eine künftige Gattung vorausdeutend – ist auch die weit ausgesponnene Minneallegorie des Abschnittes 1113 ff., in dem die Minne als ein Baum mit seinen Ästen, Zweigen,

Blüten und Früchten dargestellt und bis ins einzelne auf die Tugenden der Frau und die Wirkungen der Minne ausgedeutet wird. Allegorischen Lehrdichtungen, die das Wesen der Minne unter verschiedenen Bildern entwickeln, werden wir im späten Mittelalter begegnen. Das Absterben der Minne als einer lebendigen und erlebten Daseinsmacht wird darin offenbar, daß sie zum Objekt eines gelehrt-geistreichen – oft auch geistlosen – Spieles erstarrt. In Strickers Frauenehre kündigt sich diese Spätentwicklung erstmals an.

4. DIE SPÄTHÖFISCHE SPRUCHDICHTUNG

Während der Hohe Minnesang in Reinmar und Walther seine eigentliche Vollendung fand und weiterhin nur noch Variationen zuließ, ist Walthers Spruchdichtung der Anstoß zu neuen, eigenen Entwicklungen geworden. Denn im Spruch lagen fruchtbare Möglichkeiten für die neue Zeit mit ihrem Sinn für die Realitäten der Welt und ihrem Zug zum Lehrhaften und bald auch Gelehrten. Die Spruchdichtung ist es auch, die am entschiedensten die ständische Grenze durchbricht und in unritterliche Pflege übergeht, um in den Händen berufsmäßiger Meistersinger zu enden. Diese zukunftreiche Wendung zum Meisterlichen und Bürgerlichen ist indessen in der ersten Hälfte des 13. Jahrhunderts noch kaum zu spüren. In der nachklassischen Generation beherrscht noch der Ritter das Feld der Spruchdichtung. Gewiß wird in der nachklassischen Spruchdichtung, soweit sie sich in den realen Erscheinungen des religiösen, politischen und sozialen Lebens bewegt, der Wandel der Zeiten spürbarer als bei den wirklichkeitsfernen Gattungen der Ritterepik und des Minnesangs. Aber in ihrer eigentlichen Verhaltenslehre verbleiben die nächsten Nachfolger Walthers in seinen Bahnen. An Walthers ständischer Ethik geschult, sehen sie ihre Aufgabe noch in der Verherrlichung und nun auch schon Verteidigung des ritterlich-höfischen Denkens und Wesens, und nur in dem Anschwellen der schon von dem alternden Walther erhobenen Verfallsklage macht sich auch hier der Wandel der Zeit bemerkbar.

Zwei Namen sind hier vor allem zu nennen, der Ritter Reinmar von Zweter und der Bruder Wernher, der seinem ganzen Habitus nach doch wohl als ein Mann ritterlicher Herkunft gedacht werden darf und der erst später, vielleicht als Laienbruder, Anschluß an eine geistliche Gemeinschaft gefunden hat. Andere, wie der Hardegger, treten gegen diese beiden schon durch den geringen Umfang des von ihnen Überlieferten zurück oder pflegen, wie Walthers Schüler Ulrich von Singenberg (s. S. 334f.), in der Nachfolge des Meisters den Spruch nur nebenbei. So werden uns Reinmar und Wernher zu den repräsentativen Spruchdichtern der nachklassischen Zeit. Ihre persönlichen und politischen Sprüche ermöglichen es uns, ungefähre Lebensbilder zu gewinnen.

Beide Dichter führen Walthers wanderndes Leben, angewiesen auf die Gunst der Höfe und in ihrer Existenz erschüttert, wenn die persönlichen Verhältnisse sich ändern. Reinmar steht vornehmlich noch zu den großen fürstlichen und geistlichen Hofhaltungen in Beziehung; Wernher scheint sich stärker im Kreise des begüterten Landadels bewegt zu haben. Beide gehen, wie Walther, von Österreich aus und haben dort ihre festesten Wurzeln und besten Zeiten. Beide sehen in Walther offensichtlich ihren Lehrmeister und bilden sich an seiner Kunst inhaltlich und auffassungsmäßig wie formal und stilistisch. Beide endlich beginnen etwa da, wo Walther aufhört. Reinmars frühester auf uns gekommener politischer Spruch gilt der Bannung Friedrichs II. durch Gregor IX. von 1227. Bei Bruder Wernher können allenfalls zwei politische Sprüche älter sein; wirklich greifbar aber wird auch er uns erst am Ende der zwanziger Jahre. Und beide verstummen für uns etwa um 1250; über das Ende der staufischen Größe führen sie uns nicht hinaus. Die beiden letzten Jahrzehnte Friedrichs II. sind die eigentliche Zeit ihres Wirkens.

Reinmar von Zweter nennt sich einen gebürtigen Rheinländer; eine unsichere Vermutung verbindet ihn mit dem heutigen Dorf Zeutern zwischen Heidelberg und Bruchsal. Sein Lebensweg muß ihn jedoch schon früh nach Österreich geführt haben; er ist dort „erwachsen" (Spr. 150), und er hat dort Walthers Kunst kennengelernt. Noch war es der glänzende Hof Leopolds VII., aber mit dessen Tode (1230) ging die Zeit des höfischen Glanzes in Wien zu Ende. Sein Sohn und Nachfolger, Friedrich der Streitbare, führt eine Zeit politischer und kriegerischer Wirren herauf, und soweit er literarisches Leben und höfische Geselligkeit um sich sammelt, widersprach es dem Geschmack und den aus hochhöfischem Denken genährten ethischen Begriffen Reinmars. Er verliert dort den Nährboden seiner Kunst; etwa seit 1235 hält er sich am Hofe König Wenzels von Böhmen auf – erstmals erscheint damit dieses östliche Land in der deutschen Literaturgeschichte. Nach sechs bis sieben Jahren ist der Traum, am böhmischen Hof eine Pflanzstätte deutscher Hofkultur zu finden, für Reinmar ausgeträumt. Nach 1241 hat er sich westwärts gewendet; die späten Sprüche zeigen ihn in Köln, in Mainz, an den Sitzen des rheinischen Hochadels. Eine feste Stätte fand er nicht mehr; mit dem Jahre 1248 verklingt seine politische Dichtung, um 1260 lebt er nicht mehr. In Eßfeld unweit Ochsenfurt ist er begraben.

Undeutlicher ist uns der Lebensgang Bruder Wernhers. Auch er gehört nach Österreich unter Leopold VII. und Friedrich den Streitbaren, scheint aber mehr bei den großen Dienstmannengeschlechtern, mit denen Friedrich in scharfem Zwist lag, zu Hause gewesen zu sein als am Wiener Hof. Auch ihn sehen wir von Österreich aus den Weg nach Westen suchen (Spr. 14; 60). Als sein Ziel nennt er „Schwaben", also den Kreis der Literaten um Heinrich VII. und Konrad IV., während er über den rheinischen Adel mit scharfer Zunge schilt. Auch er verschwindet um 1250 aus unserem Gesichtskreis, ohne daß wir von seinem Ende etwas wissen.

Die Kunst dieser beiden Waltherschüler geht ganz im Spruch auf, und sie pflegen ihn in seiner ganzen Wirkungsbreite: religiös, politisch, ethisch, namentlich bei Reinmar schon mit einem Einschlag des Gelehrten und Scharfsinnigen, etwa Spr. 99 f.; 109; 238 ff. (die Deutung der Buchstaben im Namen Maria); 244 (das gelehrte Rätsel) usw. Bei diesem unstudierten Ritter wirkt das wie der Versuch, mit der aufkommenden Konkurrenz der gelehrten Literaten Schritt zu halten. Reinmars Sprüche sind uns nicht nur in großer Fülle erhalten – über 300 –, sondern auch in einer deutlichen Ordnung, die auf ihn selber zurückgehen wird. Er durfte sein literarisches Werk als ein Ganzes betrachten und der Publikation für wert halten. Es trägt seine Einheit auch in der Form; gegenüber dem Streben nach Mannigfaltigkeit der Töne hat Reinmar sich fast ganz auf eine einzige Strophenform beschränkt, seinen Ton, den die spätere Zeit den „Frau-Ehren-Ton" genannt hat. Alles andere ist daneben geringfügig oder unsicher.

Reinmars Sammlung beginnt wie Freidanks Bescheidenheit mit religiösen Sprüchen. Sie sind aus der unspekulativen Glaubensgewißheit des ritterlichen Laien geschaffen. Einzelnes Theologische zeigt nur, daß theologisches Wissen inzwischen auch der Laienwelt geläufig geworden ist. Im Mittelpunkt dieser Sprüche steht die göttliche „Minne", Gottes Liebestat für den Menschen in der Fleischwerdung Christi, der auch der einzige Leich Reinmars gewidmet ist. Gottes Menschwerdung, seine irdische Leiblichkeit in Geburt, Leiden und Tod, die Nähe des unbegreiflich hohen Gottes zum Menschen, die das Christusbild des späten Mittelalters so deutlich von dem hieratischen der frühmittelhochdeutschen Zeit unterscheidet, wird hier als Thematik zuerst spürbar. Und damit erhält auch Maria, die Pforte, durch die Gott in die Welt eintrat, ihren erhabenen Platz in der religiösen Vorstellungswelt des Laien. Die Marienverehrung, die im Ende des 12. Jahrhunderts ihren Siegeszug begann, findet in einer Reihe von Mariensprüchen und wiederum im Leich volltönenden Ausdruck. Die alten präfigurativen Symbole der Marienhymnik behalten ihren Klang. Neben sie aber treten die Bilder der Mütterlichkeit, die Jungfrau mit dem spielenden Kinde, die Klage der Mutter unter dem Kreuz. Und Maria, die große hilfreiche Fürbitterin, ist zu jener „vierten Person" in der Trinität erhoben, wie sie so viele Kultbilder des späten Mittelalters darstellen. Dagegen fehlt in Reinmars Frömmigkeit jede mystische Inbrunst und Versenkung. Wo er an das Liebes- und Brautmysterium rührt (Spr. 19; 20), geschieht es mit einer fast peinlich hausbackenen Anschaulichkeit.

Auch Bruder Wernher schlägt gerne religiöse Töne an. Doch bewegt ihn weit mehr die alte bange Frage des Schicksals der Seele nach dem Tode und im Endgericht; das Thema des Memento mori wird wieder bedrängend. Reinmars warmes Vertrauen in Gottes Minne fehlt ihm durchaus; seine Frömmigkeit ist härter, unpersönlicher, dar-

27*

um auch ohne das innige Verhältnis zu der mütterlichen Schützerin Maria. Er scheint den Kreuzzug von 1228/29 mitgemacht zu haben, ohne doch so lebendige Eindrücke mitzubringen, wie sie aus Freidanks Akkonsprüchen und dem Kreuzfahrtleich des Tannhäuser sprechen.

Der Kern von Reinmars Dichtung liegt – nicht nur für uns, sondern schon für ihn selber – in seinen ethischen und seinen politischen Sprüchen. Seine Ethik ist eine durch und durch ritterliche Ethik, weit stärker ständisch betont und höfisch bedingt als bei Thomasin oder gar Freidank. Darum steht auch eine Serie von Sprüchen über die Minne voran, denen Bruder Wernher nichts an die Seite zu setzen hat. Reinmar spricht von der Reinheit der Minne, von ihrer erziehenden und veredelnden Kraft, von der Frau, ihren Tugenden, ihrer Pflicht, unter den Männern die rechte Wahl zu treffen. Die ersten Sprüche dieser Serie sind wirkliche Minnelyrik; sie gelten persönlich der *frouwe* des Dichters, preisen sie, werben demütig um ihre Huld. Allein, nirgends ist Reinmar so sehr „Epigone" wie gerade in seinen Minnesprüchen. Immer wieder hört man Morungen, Reinmar, Walther, Wolfram, und die Häufung der Motive und Attribute, die Übersteigerung des Preises verraten, daß hier nur Angelerntes reproduziert wird. Man muß daneben die praktische Ehelehre der Sprüche 101 ff. in ihrer frischen, handfesten Anschaulichkeit stellen, um den eigentlichen Reinmar zu fassen, den ernsten, vernunftbestimmten, nüchternen und doch hochgemuten Ethiker. Seine Kraft und sein Wert liegen nicht im Bereich des Empfindens. Seine Herrin ist darum auch nicht Frau Minne, sondern Frau Ehre, nach der sein Spruchton mit Recht seinen Namen trägt.

In einer ersten in sich geschlossenen Serie (Spr. 56–78) wird vom Wesen der Ehre gehandelt und sie in den letzten Sprüchen zu religiöser Höhe gesteigert: Himmel, Erde und alle Elemente sind von ihr erfüllt, alle Himmelsbewohner haben teil an ihr, Gott selber ist ihr Ziel und ihr Ursprung, ja, ihr wird teilgegeben am Wirken der „reinen Trinität" im Himmel und auf Erden, und sie krönt die erhabenen Geheimnisse Gottes, d. h. sie ist an dem Heilswirken Gottes beteiligt. In dem Begriff der Ehre findet Reinmar die Lösung der Aufgabe, Gott und der Welt zu gefallen – wer Ehre hat, der hat *vor gote und hie gesigt* (Spr. 77). Und in einem letzten, scharf antithetischen Spruch wird Unehre als unchristlich und damit als der Weg zur Hölle gekennzeichnet und von ihr ausgesagt, daß sie *der werlde lop noch gotes hulde nie gewan*.

Wer Ehre in so tiefem Ernst zum Angelpunkt seines Denkens macht, der denkt ritterlich. Von hier aus leitet Reinmar den Typus des vorbildlichen Menschen ab, den die höfischen Tugenden der Zeit zieren. Nur darf man kein systematisches Denken, kein „Tugendsystem" erwarten, selbst dort nicht, wo er Gruppen ritterlicher Qualitäten zusammenfaßt. Die große Menge der Sprüche überschaut viele Lebensbezirke und gibt

Lehren von allgemeinmenschlicher Gültigkeit. Doch bleibt Reinmars Denken immer ständisch bestimmt; seine Lehre will vor allem Ritterlehre sein. Darum folgt bedeutsam der Reihe der Ehrensprüche zunächst eine Spruchgruppe über den Adel und dessen Wert. Darin wird die Lehre vom äußeren und inneren Adel unter dem richtenden Auge der Ehre eindringlich abgehandelt. Der *mâze* gelten ausdrücklich nur wenige Sprüche (96f.). Aber in Wirklichkeit ist Reinmars ganze Lebensweisheit aus dem Begriff der *mâze*, des Wandelns auf dem vernünftigen Mittelwege, zu verstehen, für den er in Spr. 96 die bezeichnende Wendung *mittelmâze* findet. Auch treffliche Eigenschaften werden zur Gefahr, wo sie nicht von vernünftiger Einsicht geleitet werden. Die hochgepriesene *milte* wird Torheit, wo sie ohne Überlegung waltet (Spr. 122f.). Das Lob der *milte* in der Spruchdichtung dieser Zeit sollte man mindestens bei ernsthaften und höherstrebenden Spruchdichtern nicht zu einseitig unter dem Gesichtspunkt der persönlichen Begehrlichkeit oder auch nur Abhängigkeit von der freigebigen Fürstenhand beurteilen. Man muß es grundsätzlicher und idealer sehen: *milte* ist Frucht der Ehre, ersprießt aus dem Verpflichtungsbewußtsein des Reichen und Mächtigen, eine Welt des Edlen, Schönen und Geistigen um sich zu erwecken und zu erhalten, Besitz in Segen zu verwandeln.

Auch Wernher kennt diese grundsätzliche Einschätzung der *milte*. Doch kann man bei ihm weit eher von persönlichen Hintergründen seines Preisens und Scheltens reden. Er hat wirkliche Gönnersprüche gedichtet, die sich an bestimmte Personen wenden und sich in Lob und Tadel vor Superlativen nicht scheuen. Er sieht in vielem negativer als Reinmar; Geiz und Gewinnsucht erscheinen in seinen Sprüchen als die vorherrschenden Wesenszüge der Mächtigen und Reichen. Das Erlöschen der höfischen Idealität wird sogar im Negativen sichtbar: in der späthöfischen Didaktik, so schon bei Thomasin, läuft unter den Todsünden die kleinsinnige *avaritia* der hochfliegenden *superbia* den Rang ab.

Die Spruchdichter der Zeit sehen mehr Schäden als Vorbildlichkeit, und wenn Reinmar das Stichwort „Ehre" unermüdlich wiederholt, so spricht Bruder Wernher mehr von dem Negativen, der Schande. Die *laudatio temporis acti* durchklingt die Sprüche dieser Männer, doch auch sie nehme man nicht zu sehr als Topos. Sie entspringt der ernsten Sorge um den Verfall eines Ideals. Die hohe höfische Kunst hatte die Idee des vollkommenen Menschen aus der Harmonie von Außen und Innen abgeleitet. In der härteren Luft der späten Stauferzeit sieht der wirklichkeitsschärfere Blick den ewigen Zwiespalt zwischen Ideal und Leben, zwischen Sein und Schein. Erst der zusammenfassende Fernblick späterer Geschlechter kann das Fruchtbare und Zukunftsvolle in den Gärungen einer Zeit erkennen. Der Mitlebende spürt vor allem das Verworrene und Bedrohliche, und den Mann, der aus den Ordnungskräften einer bedeutenden Vergangenheit lebt, erschreckt die Entfesselung des

Triebhaften, die jede Zeit des Umbruches notwendig begleitet. So wollen die Sprüche Reinmars und Wernhers verstanden werden.

Die Klage über den Verfall betrifft bei Reinmar keineswegs nur Grundsätzliches, sie gilt auch realeren Einzelheiten: der Verrohung der Turniersitten (Spr. 106), der Trunksucht (Spr. 113; 116f.), dem Spiel (Spr. 107ff.) u. a. Bezeichnend ist Reinmars Spruch 194, der – in unmittelbarer Nachahmung des späten Walther – dem Ideal des *gehoften* Mannes den doppelten Abfall des *ungehoften* und des *verhoften* Mannes gegenüberstellt, nicht nur die außerhöfische Roheit also, sondern auch die höfische Überzüchtung, die sich als Konvention und Galanterie vom ritterlichen Streben löst. Die Welt der späten Höfe steht ihm vor Augen, vielleicht der schwäbische Hof der jungen Staufersöhne, wo das ästhetische Spiel sich selber genug wird und beziehungslos neben der groben Realität jener anderen Welt steht, die im Tadel der Spruchdichter zur Anschauung kommt.

Ähnliches spüren wir in der politischen Dichtung dieser Nachfahren Walthers. Wir haben hier nicht die politischen Meinungen Reinmars oder Wernhers und ihre Schwankungen im einzelnen zu verfolgen. Wir nehmen sie als Exponenten ihrer Zeit, um von ihnen zu erfahren, wie nachdenkliche Laien die politischen und sozialen Erschütterungen der späten Stauferzeit erlebt und beurteilt haben. Noch kreist das politische Denken und Dichten in Bewunderung und Abneigung um die große Gestalt Friedrichs II. Man kann einige wenige große Ereignisse nennen, die für die allgemeine Stimmung in Deutschland und für die Beurteilung des Kaisers entscheidend geworden sind: der Kreuzzug von 1228/29; Friedrichs Aufenthalt in Deutschland aus Anlaß seines Konfliktes mit seinem Sohne Heinrich und die Erneuerung der Rechtsordnung durch den Mainzer Landfrieden (1235/37); der Konflikt mit Innozenz IV. und die Absetzung Friedrichs durch den Papst auf dem Konzil von Lyon (1245). Noch in den dreißiger Jahren kann von einer antistaufischen Stimmung in der Spruchdichtung kaum die Rede sein. Der Kreuzzug des gebannten Kaisers 1228/29 sah die Nation auf seiner Seite. Auch die Erschütterung durch den Familienkonflikt in der Mitte der dreißiger Jahre wirkt zunächst kaum nachteilig. Im Gegenteil, das endliche Erscheinen des Kaisers in Deutschland, die Verkündung des Landfriedens, sein energisches Durchgreifen wirken wie eine Erlösung und eine Gewähr für kommende bessere Zeiten. Eben in diese Periode fallen Reinmars begeisterte Friedrich-Sprüche. Aber der Kaiser verschwindet wieder in seiner sizilischen Ferne und überläßt Deutschland einer Regentschaft. Erst jetzt, um 1240, beginnt die Stimmung umzuschlagen, und erst jetzt findet die Propaganda der Kirche wirklichen Nährboden auch im Volke: Reinmars radikale politische Wendung ist nur ein Ausdruck dafür.

Reinmars politische Spruchdichtung muß einerseits mit der seines Meisters Walther verglichen, andererseits aus seiner allgemeinen Spruchdichtung heraus verstanden werden. Walthers politische Haltung ging von einer Idee aus; die beiden großen Ordnungsmächte, Reich und Kirche, schaffen in einer gottgewollten Harmonie die Ordnung der Welt. Wohl sah er diese Harmonie gestört, aber sie war ihm das einzig gültige Grundgefüge, und alle seine Sprüche wollten ihrer Wiederherstellung dienen. Für Reinmar sind Kirche und Reich zu politischen Machtgruppen geworden. Reale Größen: die Kurie, die Kardinäle, die Fürsten, die Ritter, die Städte erscheinen in seinen Sprüchen. Papst und Kaiser sind ihm nicht mehr die Symbolträger der großen Ordnungsmächte, sie sind reale Personen; sie sind *Peter Hügelîn* (d. i. Gregor IX.) und *von Stoufen Vriderîch*, Menschen voller Fehlbarkeit. Der Kaiser „ißt das Brot des Reiches", er ist absetzbar, auswechselbar. Es ist bezeichnend, daß in der ersten antipäpstlichen Spruchserie Reinmars gegen Gregor IX. (125–134) das Stichwort „Reich" überhaupt nur in der Schlußpointe des letzten Spruches fällt und dort nicht aus den Spannungen der Gegenwart, sondern aus der Endvision des Antichrist bedingt ist. Erst die Friedrich-Sprüche von 1235 reden vom Reich, aber da ist es die reale Größe der deutschen Lande, ein Ort der Rechtsunsicherheit, dem der Kaiser Frieden und Ordnung bringt.

Auch Freidank sah Papst und Kaiser menschlich, aber er sah sie bis Akkon unpolitisch; er sah sie als soziale Gattungen, nicht als Personen in ihrem Gegenspiel. Reinmar greift mit seinen Sprüchen in die Politik ein; er urteilt über politische Ereignisse und Personen. Da er aber Kaiser und Papst als Personen sieht, nicht als Träger von Ordnungsmächten, beurteilt und verurteilt er sie aus seinen standesethischen Maßstäben. Man darf Reinmars Stellungnahme nicht politisch, man muß sie ethisch verstehen. Das gilt auch für seinen vielbesprochenen Stellungswechsel gegenüber Friedrich II. Er begründet seine Verurteilung des Kaisers ethisch: er hat „fern von den Wegen der Tugenden sein Haus errichtet" (Spr. 144). Und in einer machtvollen Strophe ruft Reinmar Gott in seiner Allmacht auf, dem Kaiser Widerstand zu leisten, so wie man zu einem Kreuzzug gegen einen Feind der Christenheit aufrufen würde. Er rät zur Absetzung des Kaisers, weil er *schuldehaft* geworden ist, und verlangt für die Wahl des Nachfolgers, daß er *schanden lære* sei. Das sind keine politischen, sondern moralische Gesichtspunkte. Reinmars Frontwechsel ist mit dem Walthers nicht vergleichbar. Dieser diente – ob Staufer oder Welfe – dem Träger der Reichsidee; Reinmar wendet sich von einem Manne ab, der seinen hohen ethischen Forderungen nicht entspricht.

Als einen weiteren Zug der spätstaufischen politischen Spruchdichtung darf man das Wichtigwerden der lokalen und territorialen Ereignisse nennen. Die wachsende Bedeutung der großen Territorialfürsten wird in den Sprüchen Reinmars und Bruder Wernhers spürbar. Bei diesen liegt mehr und mehr die erlebte Wirklichkeit des politischen Daseins, die dem Mitlebenden unmittelbar sichtbar und fühlbar wird. Und weit mehr in ihnen als in dem fernen Staufer wird auch das greifbar, was nunmehr *daz rîche* heißt. Die Fürsten sind es, die als die „Wähler" das Antlitz dieses Reiches bestimmen, denen Reinmar das Recht zuspricht, Kaiser ab- und einzusetzen, und deren Eingreifen in den Figuren der Gegenkönige sinnfällig in Erscheinung tritt. Es ist erschütternd zu sehen, wie Reinmar den fremdbürtigen Gegenkönig Erich von Dänemark um 1240 mit demselben Pathos begrüßt und empfiehlt wie nur fünf Jahre früher den Staufer Friedrich II. Für Walther gab es nur „die Fürsten" als organischen Teil seines staufischen Reichsbaues, und wo er in seinen Sprüchen einen einzelnen Fürsten nennt, dann als das Zentrum eines literarischen Hofes, als Gönner und Wohltäter. Für Reinmar und Bruder Wernher werden dagegen die politischen Ereignisse und sozialen Verhältnisse des Territoriums Gegenstand der Betrachtung und der Beurteilung, und zwar für beide, ihrem Standort nach, vor allem Österreich und der Umschwung von Leopold VII. zu Friedrich dem Streitbaren.

Auch formal sind Reinmar und Wernher Schüler Walthers. Sie übernehmen die breiten, fülligen Zeilen- und Strophenformen, die schon Walther für seine Sprüche bevorzugt hatte. Durchweg finden wir hier die umfänglichen Strophengebäude von zehn bis vierzehn Zeilen, die langen, oft langzeilig gegliederten Acht- und Zehntakter, bei Bruder Wernher auch das freiere Spiel der Reimstellungen im Stollengefüge. Beide halten sich aber auch noch an die klassische Geschlossenheit der strophischen Komposition gebunden, an die deutliche Abhebung des Abgesanges vom Stollen in der rhythmischen Struktur. Dem klaren logischen Aufbau des Inhaltes entspricht ein klarer Grundriß der Form; ihre Strophen sind wirkliche Kunstwerke, nicht Virtuosenstücke, wie sie die späteren Spruchdichter so gerne vorführen.

LITERATUR

Rittersitte: Ausg.: HERMANN MENHARDT, ZfdA 68 (1931) 153–63.
Wernher von Elmendorf: Ausg.: HEINRICH HOFFMANN V. FALLERSLEBEN, ZfdA 4 (1844) 284–317. Lit.: H. V. SAUERLAND, Wernher von Elmendorf ZfdA 30 (1886) 1–58. EDWARD SCHRÖDER, Zur Datierung des Wernher von Elmendorf. ZfdA 54 (1935) 208. – ALBERT LEITZMANN, Zu Wernher von Elmendorf. ZfdA 82 (1948–50) 64–72.
Moralium dogma philosophorum: Ausg.: JOHN HOLMBERG, Das Moralium dogma philosophorum des Guillaume de Conches, lateinisch, altfranzösisch und mittelnieder-

fränkisch. Leipzig 1929. – Lit.: G. EHRISMANN, Die Grundlagen des ritterlichen Tugendsystems. ZfdA 56, 137–216. – ERNST ROBERT CURTIUS, Das „Ritterliche Tugendsystem". Europäische Literatur und lateinisches Mittelalter. Bern 1948, S. 508 bis 523.

Der heimliche Bote: Ausg.: HEINRICH MEYER-BENFEY, Mittelhochdeutsche Übungsstücke, Halle 1920, S. 30–32 (unter dem Titel: Lehren für Frauen und Männer). – Lit.: ARTHUR WITTE, Verf.-Lex. I (1933) Sp. 270–71.

Mâze: Ausg.: KARL BARTSCH, Germania 8 (1863) 97–105. – HEINRICH MEYER-BENFEY, Mittelhochdeutsche Übungsstücke, Halle 1920, S. 24–30. – GUSTAV ROSENHAGEN, Kleinere mhd. Erzählungen, Fabeln und Lehrgedichte III. Die Heidelberger Hs. cod. Pal. germ. 341. Berlin 1909, S. 103–07. DTM XVII. – Lit.: WILLY KROGMANN, Verf.-Lex. III (1943) Sp. 318–21. – WOLFGANG STAMMLER, Zur Datierung der „Mâze". ZfdPh. 63 (1938) 179–82.

Spruchdichtung (allgemein): HERMANN SCHNEIDER, MERKER-STAMMLER, Reallex. III (1928/29) 286–93. – WILHELM NICKEL, Sirventes und Spruchdichtung, Berlin 1907, Palaestra LXIII. – ERWIN SCHNEIDER, Spruchdichtung und Spruchdichter in den Handschriften G und C. ZfdPh. 66 (1941) 16–36. – ALFONS WEBER, Studien zur Abwandlung der höfischen Ethik in der Spruchdichtung des 13. Jh. Diss. Bonn 1936. – HEIN BRÜCK, Strophenverbindungen in der mittelhochdeutschen Spruchdichtung. Diss. Bonn 1950 (Masch.-Schr.). – HANS DIESENBERG, Studien zur religiösen Gedankenwelt in der Spruchdichtung des 13. Jh. Diss. Bonn 1937. – H. PINNOW, Untersuchungen zur Geschichte der politischen Spruchdichtung im 13. Jh. Diss. Bonn 1906. – HERTA GENT, Die mittelhochdeutsche politische Lyrik. Diss. Breslau 1938. – ANNA SCHMIDT-SCHUKALL, Die politische Spruchdichtung, eine soziale Erscheinung des 13. Jh. Diss. München 1948 (Masch.-Schr.). – MANFRED SCHOLZ, Der Wandel der Reichsidee in der nachwaltherischen Spruchdichtung. Phil. Diss. Freie Universität Berlin 1952 (Masch.-Schr.).

Herger-Spervogel: Ausg.: (unter dem Namen Spervogel) MF Nr. VI 20, 1 bis 30, 34; davon die Herger-Sprüche ab 25, 13. – Lit.: ANTON WALLNER, KERLING, Verf.-Lex. II (1936) Sp. 788–94 (gemeint ist Herger). – DERS., Spervogel, Verf.-Lex. IV (1951–52) Sp. 231–36. – CARL VON KRAUS, Spervogel. Des Minnesangs Frühling. Untersuchungen, Leipzig 1939, S. 48–74. – OTTO GRÜTERS-THEODOR FRINGS-KARL HAUCK, Der Anonymus Spervogel-Herger. PBB 65 (1942) 229–80. – GUSTAV EHRISMANN, Spervogelsprüche. Festschrift f. M. H. Jellinek, Wien 1928, S. 7–21. – S. ANHOLT, Spervogel-Walther. Neophilologus 27 (1942) 31–46.

Ecbasis Captivi: Ausg.: KARL STRECKER, Scriptores rerum germ. in usum scholarum. Hannover 1935. – Lit.: KARL STRECKER, Verf.-Lex. I (1933) Sp, 484–90. – ERNST MARTIN, Zur Geschichte der Tiersage im Mittelalter. Prager deutsche Studien VIII S. 273–87. 1908. – CARL ERDMANN, Die Entstehung des „Waltharius" und der „Ecbasis Captivi". Forsch. u. Fortschr. 17 (1941) 169–71. – DERS., Konrad II. und Heinrich III. in der Ecbasis Captivi. Dt. Arch. f. Gesch. d. Mittelalters 4 (1941) 382–93.

Heinrich der Glichezære: Ausg.: GEORG BAESECKE, 2. Aufl. v. INGEBORG SCHRÖBLER, Halle 1952. Altdeutsche Textbibliothek Nr. 7. – Lit.: F. NORMAN, Heinrich (der Glichezære). Verf.-Lex. II (1936) Sp. 267–76. – GEORG BAESECKE, Heinrich der Glichezære. ZfdPh. 52 (1927) 1–22. – DERS., Zur „Reinhart Fuchs"-Kritik. ZfdPh. 52 (1927) 22–30. – EDWARD SCHRÖDER, Der Text des alten Reinhart. GGN 1926 S. 22–50. – ANTON WALLNER, Reinhart Fuchs. PBB 47 (1923) 173–220; 48 (1924) 141. – DERS., Reinhartfragen. ZfdA 63 (1926) 177–216. – DERS., Die Urfassung des „Reinhart Fuchs". ZfdA (1927) 237–59. – DERS., Reinhartfragen. ZfdPh. 52 (1927) 22–30. – KARL VORETZSCH, Zum mittelhochdeutschen Reinhart Fuchs: Die Krankheit des Löwen. Festschr. Baesecke, Halle 1941, S. 160–75. – ERNST CHRISTMANN, „Reinhard" der Fuchs und „Gerhard" der Gänserich – wie kamen Tiere zu solchen Menschennamen? Hess. Bll. f. Volksk. XII (1950) 100–17.

Gottfrieds Sprüche: Ausg.: FRIEDRICH RANKE, Gottfried von Straßburg, Tristan und Isold. Berlin 1930, S. 246. Wiederabdruck: Frankfurt u. Berlin 1949, S. 246.
Thomasin: Der wälsche Gast. Ausg.: HEINRICH RÜCKERT. Bibl. d. ges. deutschen Nationallit. Bd. 30. Quedlinburg u. Leipzig 1852. Dazu EDWARD SCHRÖDER, Bruchstücke eines unbekannten mhd. Reimwerkes aus dem XIV. Jh. ZfdA 77 (1940) 47–54; ZfdA 59 (1940) 118. – KARL HELM, Zu den Watzendorfer Thomasin-Fragmenten. PBB 70 (1948) 303–04. – Lit.: HUGO KUHN, Verf.-Lex. IV (1951–52) Sp. 466–71. – HANS TESKE, Thomasin von Zerklære. Der Mann und sein Werk. Heidelberg 1933. Germ. Bibl. Abt. 2 Bd. 34. – FRIEDRICH RANKE, Sprache und Stil im Wälschen Gast des Thomasin von Circlaria. Berlin 1908. Palaestra 68. – JÜRGEN MÜLLER, Studien zur Ethik und Metaphysik des Thomasin von Circlære. Königsberg 1935. Königsberger deutsche Forderungen 12. – SR. CATHERINE TERESA RAPP, Burgher and Peasant in the Works of Thomasin von Zirclaria, Freidank and Hugo von Trimberg. Washington 1936. The Catholic University of America. Studies in German, Vol. VII. – ALBERT LEITZMANN, Zum wälschen Gast. PBB 63 (1939) 298–300.
Winsbecke: Ausg.: ALBERT LEITZMANN, Kleinere mhd. Lehrgedichte, Heft 1, 2. Aufl. Halle 1928. Altdeutsche Textbibl. Nr. 9. – Lit.: ALBERT LEITZMANN, Zum Winsbeken. PBB 53 (1929) 300–01. – DERS., Alsam ein swal (Winsbeke 27, 7). ZfdA 66 (1929) 207–08. – H. FRIEDRICH ROSENFELD, Zur Überlieferung und Kritik des Winsbeken. ZfdA 66 (1929) 149–70. – DERS., Zu Winsbeke, Winsbekin und Winsbekenparodie. ZfdA 67 (1930) 109–122. – SALOMON ANHOLT, Zur Textgestaltung und Texterklärung des Winsbeken. ZfdA 68 (1931) 129–36. – EDWARD SCHRÖDER, Der Winsbecke. ZfdA 69 (1932) 96.
Tirol und Fridebrant: Ausg.: ALBERT LEITZMANN (wie oben). Lit.: HERMANN SCHNEIDER, Verf.-Lex. II (1936) Sp. 861–65 (unter König Tirol). – HARRY MAYNC, Die altdeutschen Fragmente von König Tirol und Fridebrant. Eine Untersuchung, Sprache und Dichtung, Bd. 1, Tübingen 1910.
Freidank: Ausg.: WILHELM GRIMM, Vridankes Bescheidenheit. Göttingen 1834, 2. Aufl. 1860. – H. E. BEZZENBERGER, Fridankes Bescheidenheit. Halle 1872 (vielfach phantastisch). – HERMANN PAUL, Über die ursprüngliche Anordnung von Freidanks Bescheidenheit. Sitzber. Bayer. Ak. d. Wiss. 1899 Heft 2 S. 167–294. (Kritische Ausgabe eines Teiles von Freidank; die kritische Gesamtausgabe steht noch aus.) – Lit.: FRIEDRICH NEUMANN, Verf.-Lex. I (1933) Sp. 660–70. – WILHELM GRIMM, Über Freidank. Abh. d. Berl. Ak. d. Wiss. 1850. – Über Freidank, Zweiter Nachtrag 1855. – SAMUEL SINGER, Freidanks Bescheidenheit. Sprichwörter des Mittelalters, Bern 1946–47, Bd. 2 S. 155–87, Bd. 3 S. 9–119. – ALBERT LEITZMANN, Studien zu Freidanks Bescheidenheit. Abh. d. dtschen Ak. d. Wiss. zu Berlin, Phil.-hist. K. 1948 Nr. 2, Berlin 1950. – CARL LOEWER, Patristische Quellenstudien zu Freidanks Bescheidenheit. Diss. Berlin 1900. – FRIEDRICH NEUMANN, Scholastik und mittelhochdeutsche Literatur. Neue Jbb. f. d. klass. Altertum, Gesch. u. dt. Lit. 50 (1922) 388 bis 404. – DERS., Freidanks Lehre von der Seele. Festschr. f. M. H. Jellinek, Wien 1928, S. 86–96. – DERS., Freidanks Auffassung der Sakramente. Gött. Gel. Nachr. 1930, S. 363–80. – DERS., Meister Freidank. Wirkendes Wort 1 (1950–51) 321–31. – HERMANN GUMBEL, Brants Narrenschiff und Freidanks Bescheidenheit. Beitr. z. Geistes- und Kulturgesch. der Oberrheinlande. Franz Schultz zum 60. Geburtstag gewidmet. Frankfurt a. M. 1938, S. 24–39.
Strickers Frauenehre: Ausg.: FRANZ PFEIFFER, ZfdA 7 (1849) 478–521. – K. F. KUMMER, ZfdA 25 (1881) 290–301. – Lit.: GUSTAV ROSENHAGEN, Verf.-Lex. IV (1951–52) Sp. 292–99. – MARIA MAURER, Die Frauenehre von dem Stricker. Diss. Freiburg i. Br. 1927.
Reinmar von Zweter: Ausg.: GUSTAV ROETHE, Leipzig 1887. – Lit.: ERICH GIERACH, Verf.-Lex. III (1943) Sp. 1068–71. – EDGAR BONJOUR, Reinmar von Zweter

als politischer Dichter. Ein Beitrag zur Chronologie seiner politischen Sprüche. Bern 1922. Sprache und Dichtung 24.

Bruder Wernher: Ausg.: A. E. SCHÖNBACH, Die Sprüche des Bruders Wernher. I. Sitzber. d. Kais. Ak. in Wien 148 (1904) Nr. 7; II. dito 150 (1905) Nr. 6. – ALOIS BERNDT, Teschener Bruchstücke einer mhd. Spruchhandschrift. ZfdA 47 (1904) 237–41. – Lit.: HANS VETTER, Die Sprüche Bruder Wernhers. PBB 44 (1920) 242–67. – ALBERT LEITZMANN, Zu Bruder Wernhers Sprüchen. PBB 65 (1942) 159–64.

Hardegger: Ausg.: v. D. HAGENS Minnesinger Bd. II S. 134–37. – KARL BARTSCH, Deutsche Liederdichter des 12.–14. Jh., 4. Aufl. von W. Golther, Berlin 1901. – Lit.: ELISABETH KARG, Verf.-Lex. II (1936) Sp. 182–83. – HANS NAUMANN, Hardegger. Beiträge zur Geistes- und Kulturgeschichte des Oberrheins. Franz Schulz zum 60. Geburtstag gewidmet. Frankfurt a. M. 1938, S. 1–11.

BIBLIOGRAPHISCHER ANHANG

Vorbemerkung: Wiederabdrucke älterer Arbeiten sind nicht aufgenommen.

EINLEITUNG

Seite 1–20

Hugo Kuhn, Soziale Realität u. dichterische Fiktion am Beispiel d. höfischen Ritterdichtung Deutschlands. In: Soziologie u. Leben. Hrsg. von C. Brinkmann, Tübingen 1952, S. 195–219;

H. Moser, Dichtung u. Wirklichkeit im Hochmittelalter. Wirk. Wort 5 (1954/55) S. 79–91;

B. Nagel, Das Bildungserlebnis des höfisch-ritterlichen Menschen. Gymnasium 58 (1951) S. 341–57;

H. Fromm, Gradualismus. Reallexikon Bd. 1, S. 603–04;

F. Ranke, Gott, Welt u. Humanität in d. deutschen Dichtung d. Mittelalters. Basel o. J. (1952), darin: Gott und Welt in d. deutschen Dichtung d. Stauferzeit (S. 11–43), Der Humanitätsgedanke in d. deutschen Dichtung d. Mittelalters (S. 45–75);

P.B. Wessels, Der höfische Ritter, ein Wanderer zwischen zwei Welten. Nijmegen-Utrecht 1952;

H. Furstner, Studien zur Wesensbestimmung d. höfischen Minne. Groningen 1956;

A. Eyrisch, Frauenminne u. Gottesminne. Studien zur Wandlung d. höfischen Minneanschauung in d. späthöfischen Zeit. Diss. Freiburg i. Br. 1953 (Masch.);

W. Mohr, ‚Syntaktisches Werbe- u. Liebesspiel‘. Zu einem sprachlichen Kunstbegriff in mittelalterlicher Lyrik u. Epik. Beitr. Tübingen 81 (1959) S. 161–75;

F. Maurer, Der Topos von den ‚Minnesklaven‘. Zur Gesch. einer thematischen Gemeinschaft zwischen bildender Kunst u. Dichtung im Mittelalter. DVjs 27 (1953) S. 182–206;

G. Thiel, Das Frau-Welt-Motiv in der Literatur d. Mittelalters. Diss. Saarbrücken 1957 (Masch.);

W. Stammler, Frau Welt. Eine mittelalterliche Allegorie. Freiburg (Schweiz) 1959;

E. Neumann, Zum ‚ritterlichen Tugendsystem‘. Wirk. Wort, 1. Sonderheft (1953) S. 49–61.

U. Pretzel, Vers und Sinn. Über die Bedeutung d. ‚beschwerten Hebung‘ im mhd. Vers. Wirk. Wort 3 (1952/53) S. 321–30.

SAMMELBÄNDE

Hugo Kuhn, Dichtung und Welt im Mittelalter. Stuttgart 1959.

F. Maurer, Dichtung u. Sprache des Mittelalters. Ges. Aufss. Bern, München 1963.

Das deutsche Versepos. Hrsg. von W. J. Schröder. Darmstadt 1969 (= WdF 109).
Probleme mittelhochdeutscher Erzählformen. Marburger Colloquium 1969.
Hrsg. von P. F. Ganz und W. Schröder. (Redaktion: H. Lomnitzer), Berlin.
1972. [Erscheint zugleich als Nr 13 der Publications of the Institute of
Germanic Studies der Univ. London.]
Ritterliches Tugendsystem. Hrsg. von G. Eifler. Darmstadt 1970. (= WdF 56)

H. Rupp, Neue Forschung zu Form und Bau mittelalterlicher Dichtung.
Deutschunterr. 11 (1959) H. 2, S. 117–124;
H. Adolf, Studies in the medieval scale of values. The virtues. In: Festschrift
Taylor Starck. 1964. S. 212–222.
H. Adolf, Personality in medieval poetry and fiction. DVjs 44 (1970) S. 9–19.
M. S. Batts, Poetic form as a criterion in manuscript criticism. MLR 55 (1960)
S. 543–552.
J. Benzinger, Zum Wesen u. zu d. Formen von Kommunikation u. Publizistik
im Mittelalter. Eine bibliographische und methodologische Studie. Publi-
zistik 15 (1970) S. 295–318.
R. R. Bezzola, Les origines et la formation de la litt. courtoise en Occident,
500–1200. Teil 2. Paris 1960.
H. de Boor, Der Wandel des mittelalterlichen Geschichtsdenkens im Spiegel
d. dt. Dichtung. (Vortr.). ZfdPh 83 (1964) Sonderheft S. 6–23;
A. Borst, Das Rittertum im Hochmittelalter. Idee u. Wirklichkeit. Saeculum
10 (1959) S. 213–231;
H. H. Braches, Jenseitsmotive und ihre Verritterlichung in der deutschen
Dichtung des Hoch-Mittelalters. Assen 1961;
H. Brinkmann. Die „Zweite Sprache" und die Dichtung des Mittelalters. In:
Methoden in Wissenschaft und Kunst des Mittelalters. Hrsg. v. A. Zimmer-
mann. Berlin 1970. S. 155–71;
J. Bumke, Studien zum Ritterbegriff im 12. u. 13. Jahrhundert. Heidelberg
1964;
J. Bumke, Die romanisch-deutschen Literaturbeziehungen im Mittelalter.
Ein Überblick. Heidelberg 1967;
H. Burger, Vorausdeutg u. Erzählstruktur in mittelalterlichen Texten. Typo-
logia litterarum. Festschrift Max Wehrli. 1969. S. 125–153;
W. Dittmann, Die Stilisierung d. Ich als Kunstprinzip. Zur Selbstdarstellung
in d. dt. Dichtung d. Mittelalters. Diss. Hamburg 1969 (Masch.);
J. Dünninger, Soziolog. Probleme d. dt. Lit. des Mittelalters. In: Hüter d.
Sprache. 1959. S. 5–18;
G. Eis, Vom Werden altdeutscher Dichtung. Literarhistor. Proportionen.
Berlin 1962;
X v. Ertzdorff, Höfische Freundschaft. Deutschunterr. 14 (1962) H. 6, S. 35–54;
K. Fuss, Der Held. Versuch e. Wesensbestimmung. ZfdPh 82 (1963) S. 295–
312;
H. J. Geerdts, Zur Bedeutung der mittelalterlichen dt. Dichtung f. d. Ent-
wicklung d. dt. Nationalliteratur. Weimarer Beitr. 12 (1966) S. 606–622;
D. H. Green, Irony and medieval romance. Forum for modern language
studies 6 (1970) S. 49–64.;

G. Hartung, Über Struktur u. Stil höf. Dichtung. Wiss. Zs. d. Univ. Greifswald 15 (1966) S. 515–521;

K.H. Halbach, Das Problem d. „Gotik" u. d. dt. Dichtung des Hochmittel-
alters. In: Stil- und Formprobleme in d. Lit. Vorträge des 7. Kongresses d.
Intern. Vereinigung f. moderne Sprachen u. Literatur in Heidelberg. 1959.
S. 156–161;

W. Harms, Der Kampf mit dem Freund oder Verwandten in d. dt. Lit. bis
um 1300. München 1963;

A.T. Hatto, Poetry and the hunt in medieval Germany. Journal of the Australasian Universities Lang and Lit. Ass. 1966. Nr. 25, S. 33–56.

D. Heald, Realism in medieval German literature. GLL 21 (1967/1968) S.
335–345;

W. Hempel, Übermuot diu alte ... Der Superbia-Gedanke u. s. Rolle in d. dt.
Lit. d. Mittelalters. Bonn 1970 (Diss. Göttingen);

H. Hoefer, Typologie im Mittelalter. Zur Übertragbarkeit typolog. Interpretation auf weltl. Dichtung. Göppingen 1971. (Diss. Marburg);

J.A. Huisman, Gewollte oder gewachsene Struktur in der mittelhochdeutschen
Dichtung. ZfdPh 90 (1971) Sonderheft S. 65–80;

H.G. Reuter, Die Lehre vom Ritterstand. Zum Ritterbegriff in Historiographie
und Dichtung vom 11. bis zum 13. Jahrhundert. Köln 1971 (Neue Wirt-
schaftsgesch. 4.);

J. Kibelka, Sternenglaube u. Willensfreiheit in d. dt. Dichtung d. Hoch-Mittelalters. (Antrittsvorlesg vom Nov. 1961.). Wirk. Wort 15 (1965) S. 85–98;

H. Kuhn, Aspekte des 13. Jh. in d. dt. Literatur. München 1968. (Bayer.
Akademie d. Wiss., Phil.-hist. Kl. Sitzungsberichte 1967 S. 5). Teilweise
auch in: Hugo Kuhn, Versuch e. Theorie d. dt. Lit. im Mittelalter. In: H.K.,
Text und Theorie. 1969. S. 3–9;

M. Lintzel, Die Mäzene d. dt. Literatur im 12. u. 13. Jh. In: M.L., Ausgew.
Schriften (1961) II, S. 507–532. [Zuerst in Thür.-sächs. Zs. f. Gesch. u.
Kunst 22 (1933) S. 47–77.];

O. Lofmark, Der höfische Dichter als Übersetzer. In: Probleme mittelhochdeutscher Erzählformen. Berlin 1972. S. 40–62;

F. Maurer, Über die Rezeption von Vergangenem in mittelalterlicher Dichtung.
In: Maurer, Dichtung und Sprache des Mittelalters. ²1971. S. 454–456.

F. Maurer, Die Ehre im Menschenbild der dt. Dichtung um 1200. In: Geschichte, Deutung, Kritik. Festschrift Werner Kohlschmidt. 1969. S. 30–44;

J. Meiners, „Schelm" und „Dümmling" in Erzählungen des dt. Mittelalters.
München 1967 (Diss. Bonn) (= MTU Bd. 20);

G. Meissburger, De vita christiana. Zum Bild des christlichen Ritters im
Hoch-Mittelalter. Deutschunterr. 14 (1962) H. 6, S. 21–34;

J. Mendels u. L. Spuler, Landgraf Hermann von Thüringen u. s. Dichterschule.
DVjs 33 (1959) S. 361–388.

H. Mettke, Krit. Züge in einigen Dichtungen d. 12. u. 13. Jh. Wiss. Zs. d.
Univ. Jena 20. (1971) S. 513–526.

G. Misch, Studien z. Gesch. d. Autobiographie. Göttingen 1960;

W. Mohr, Syntaktisches Werbe- u. Liebesspiel. Zu e. sprachl. Kunstbegriff in mittelalterlicher Lyrik u. Epik. Beitr. Tübingen 81 (1959) S. 161–175.

W. Mohr, Wandel d. Menschenbildes in d. mittelalterlichen Dichtung. Wirk. Wort. Sammelbd. 2 (1963) S. 127–138;

F. Ohly, Cor amantis non angustum. Vom Wohnen im Herzen. In: Gedenkschrift f. W. Foerste. 1970. S. 455–476;

F. Ohly, Die „Suche" in Dichtungen d. Mittelalters. ZfdA 94 (1965) S. 171–184;

F. P. Pickering, Lit. u. darstellende Kunst im Mittelalter. Berlin 1966;

G. Räuschl, Beiträge zu d. Motiv d. Gefolgschaftstreue in d. dt. Dichtung d. Stauferzeit. Diss. Wien 1971 (Masch.);

I. Reiffenstein, Rechtsfragen in d. dt. Dichtg. d. Mittelalters. (Antrittsvorlesung) Salzburg, München 1966;

H. Reinitzer, Geschichte d. dt. Lit.kritik im Mittelalter. Diss. Graz 1967 (Masch.);

D. Rocher, Tradition latine et morale chevaleresque. A propos du Ritterliches Tugendsystem. EG 19 (1964) S. 127–141;

D. Rocher, „Chevalerie" et litt. „chevaleresque". EG 21 (1966) S. 165–179;

R. Rohr, Zur Skala d. ritterl. Tugenden in d. altprovenz. u. altfrz. höfischen Dichtung. Zs. f. Roman Philol. 78 (1962) S. 295–325;

H. Rupp, Einige Gedanken zum Menschenbild d. dt. höf. Dichtung. Deutschunterr. 14 (1962) H. 6, S. 5–20;

P. B. Salmon, The „Three Voices" of Poetry in Mediaeval Literary Theory. Medium Aevum 30 (1961) S. 1–18;

F. Schneider, Rom u. Romgedanke im Mittelalter. Die geist. Grundlagen d. Renaissance. Köln, Graz 1959

I. Schröbler, Von d. Grenzen des Verstehens mittelalterlicher Dichtung (Vortr. geh. 1961). GRM 44 = N.F. 13 (1963) S. 1–14;

G. Schweikle (Hrsg.), Dichter über Dichter in mittelhochdeutscher Literatur. Tübingen 1970. (= Dt. Texte 12.);

J. Schwietering, Mystik u. höf. Dichtung im Hochmittelalter. Tübingen 1960.

J. Schwietering, Natur u. art. ZfdA 91 (1961/62) S. 108–137;

S. B. Snyder, The paradox of despair. Studies of the despair theme in medieval and renaissance lit. Diss. Columbia Univ. 1963. DA 25 (1964), 1201;

W. Spiewok, Das Menschenbild d. dt. Lit. um 1200. Weimarer Beitr. 12 (1966) S. 652–668;

W. Stammler, Der allegor. Garten. In: Festschrift Ch. Boeck. 1960. S. 260–269;

W. Stammler, Wort u. Bild. Studien zu d. Wechselbeziehungen zw. Schrifttum u. Bildkunst im Mittelalter. Berlin 1962;

M. Stauffer, Der Wald. Zur Darstellung u. Deutung d. Natur im Mittelalter. Bern 1959. (Diss. Zürich);

F. Tschirch, Das Selbstverständnis d. mittelalterlichen dt. Dichters. In: F. T., Spiegelungen (1966) S. 123–166. [Zuerst in Miscellanea mediaevalia 3 (1964) S. 239–285];

I. B. Walde, Untersuchgn z. Lit.kritik u. poet. Kunstanschauung im dt. Mittelalter. Diss. Innsbruck 1961. (Masch.);

M. Wehrli, Roman und Legende in dt. Hoch-Mittelalter. In: Worte und Werke.

Bruno Markwardt zum 60. Geburtstag. 1961. S. 428–443. Auch in: M.W.,
Formen mittelalterlicher Erzählungen. 1969. S. 155–176;
D. Wiercinski, Minne. Herkunft und Anwendungsgeschichte e. Wortes. Köln
Graz 1964. (Diss. Münster).

I. DIE FRÜHHÖFISCHE EPIK

Seite 21–62

Abschnitt 1–2 (Seite 21–41)

HÖFISCHES EPOS

ALLGEMEINE LITERATUR

H. Schneider-W. Mohr, Höfisches Epos. Reallexikon Bd. 1, S. 669–83;
H. Schneider, Deutsche u. französische Dichtung im Zeitalter d. Hohenstau-
fen. Universitas 1 (1946) S. 953–66;
C. Minis, Französisch-deutsche Literaturberührungen im Mittelalter. Romanist.
Jb. 4 (1951) S. 55–123;
D. Kurz, geb. Schöllmann, Verluste auf dem Gebiet d. mhd. höfischen Er-
zähldichtung. Diss. Tübingen 1950 (Masch.);
F. Maurer, Die Welt des höfischen Epos. Deutschunterr. 6 (1954) H. 5, S. 5–17;
L. Wolff, Die mythologischen Motive in d. Liebesdarstellung d. höfischen
Romans, ZfdA 84 (1952/53) S. 47–70;
I. Nolting-Hauff, Die Stellung d. Liebeskasuistik im höfischen Roman,
Heidelberg 1958;
W. Broel, Stufen d. Wunderbaren im Epos d. 12. u. 13. Jh.s. Diss. Bonn
1948 (Masch.);
M. Lemmer, Unhöfisches u. Wirklichkeitsnahes in d. mhd. Epik um 1200.
Diss. Halle 1956 (Masch.);
A. Riemen, Bedeutung u. Gebrauch d. Heldenwörter im mhd. Epos. Diss.
Kiel 1955 (Masch.);
H. Eggers, Vom Formenbau mhd. Epen. Deutschunterr. 11 (1959) H. 2,
S. 81–97;
K.H. Bertau u. R. Stephan, Zum sanglichen Vortrag mhd. strophischer Epen.
ZfdA 87 (1956/57) S. 253–70;
H. Szklenar, Studien z. Bild d. Orients in vorhöf. dt. Epen. Göttingen 1966.
(Diss. Berlin 1964);
P. Stein, Die Rolle d. Geschehens in früher dt. Epik. Studien z. Erzähltechnik
d. frühmhd Dichtung. Diss. Salzburg 1971 (Masch.);
W. Brandt, Mhd Lit.: Epik. In: Kurzer Grundriß d. german. Phil. (1971) II.
S. 384–463;
H. Brinkmann, Wege d. epischen Dichtung im Mittelalter. Archiv 200 (1964)
S. 401–435;
A. Dessau, Epentheorie u. Zeitgeschichte. Bemerkungen zu Genesis u. Stand-

ort der Bédierschen Theorie. In: Lit. gesch. als geschichtl. Auftr. – Werner Krauss zum 6o. Geburtstag. 1961. S. 33–40;

H. Eggers, Der Goldene Schnitt im Aufbau alt- u. mhd. Epen. Wirk. Wort 10 (1960) S. 193–203;

H. Eggers, Vom Formenbau mhd. Epen. Deutschunterr. 11 (1959) H. 2, S. 81–97;

X. v. Ertzdorff, Die Wahrheit d. höf. Romane d. Mittelalters. ZfdPh 86 (1967) S. 375–389;

X. v. Ertzdorff, Typen des Romans im 13. Jhd. Deutschunterr. 20 (1968) H. 2, S. 81–95;

T. Greene, The norms of epic. Comp. Lit. 13 (1961) S. 193–207;

W. Haug, Vom Imram zur Aventiure-Fahrt. Zur Frage nach d. Vorgeschichte d. hochhöfischen Epenstruktur. In: Wolfram-Studien. Berlin 1970. S. 264–98

E. Haymes, Mündliches Epos in mhd. Zeit. Diss. Erlangen-Nürnberg 1970;

M. Huby, L'adaptation des romans courtois en Allemagne au XIIe et au XIIIe siècle. Paris 1968;

E. Köhler, Ideal und Wirklichkeit in der höfischen Epik. Tübingen 1956;

W. Mohr, Spiegelung von Heldendichtung in mittelalterlichen Epen. Beitr. Tübingen 88 (1966/67) S. 241–248;

H. Moser, Zum Problem d. „Mythischen Realismus" in d. hochmittelalterlichen dt. Epik. In: Festschrift J. Quint. 1964. S. 163–167;

H. Moser, Myhtos u. Epos in der hochmittelalterlichen dt. Dichtung. Wirk. Wort 15 (1965) S. 145–157;

A. Rey, The background of the romance epic. In: Comp. lit. Method and perspective. 1961. S. 204–222;

K. Ruh, Höf. Epik d. dt. Mittelalters. Bd. 1: Von den Anfängen bis zu Hartmann v. Aue. Berlin 1967;

H. Rupp, Über d. Bau epischer Dichtungen d. Mittelalters. In: Die Wissensch. von dt. Sprache u. Dichtung. Festschrift für Friedrich Maurer zum 65. Geburtstag. 1963. S. 366–382;

M. Wehrli, Strukturprobleme des mittelalterlichen Romans. Wirk. Wort 10 (1960) S. 334–345;

SPEZIALFRAGEN

H. J. Bayer, Untersuchungen z. Sprachstil weltl. Epen d. dt. Früh- u. Hoch-Mittelalters. Berlin 1962;

H. Brinkmann, Der Prolog im Mittelalter als literar. Erscheinung. Bau u. Aussage. Wirk. Wort 14 (1964) S. 1–21;

O. Brückl, Betrachtungen über d. Bild d. Weges in d. höf. Epik. Einf. in d. Problematik. Acta Germanica 1 (1966) S. 1–14;

H. Brunner, Epenmelodien. In: Formen mittelalterlicher Lit. Festschrift Siegfried Beyschlag. 1970. S. 149–178;

K. Düwel, Werkbezeichnungen d. mittelhochdeutschen Erzähllit. (1050–1250). Diss. Göttingen 1965;

H. Franz, Das Bild Griechenlands u. Italiens in d. mhd epischen Erzählungen vor 1250. Berlin 1970. (Bearb. Diss. Saarbrücken);

H. J. Gernentz, Formen u. Funktionen d. direkten Reden u. Redeszenen in d. dt. epischen Dichtungen von 1150–1200. Diss. Rostock 1960, (Masch.);

R. Gruenter, Zum Problem d. Landschaftsdarstellung im höf. Versroman. Euphorion 56 (1962) S. 248–278;

W. T. H. Jackson, The epic center as structural determinant in medieval narrative poetry. In: Studies in Germanic languages and lit. Festschrift Ernst A. G. Rose. 1967. S. 79–95;

D. Jäger, Der Gebrauch formelhafter zweigliedriger Ausdrücke in d. vor-, früh- u. hochhöfischen Epik. Diss. Kiel 1960. (Masch.);

E. Jammers, Der musikal. Vortr. des altdt. Epos. Deutschunterr. 11 (1959) H. 2, S. 98–116;

B. Naumann, Vorstudien zu e. Darstellung d. Prologs in d. dt. Dichtung d. 12. u. 13. Jh. In: Formen mittelalterlicher Lit. Festschrift Siegfried Beyschlag. 1970. S. 23–37;

I. Nolting-Hauff, Die Stellung d. Liebeskasuistik im höf. Roman. Heidelberg 1959;

U. Pörksen, Der Erzähler im mhd. Epos. Formen s. Hervortretens bei Lamprecht, Konrad, Hartmann, in Wolframs Willehalm u. in d. Spielmannsepen. Berlin 1971 (Diss. Kiel);

M. Rauch, Die Gottesidee u. d. Spielraum d. Epos. Zürich 1970 (Diss. Zürich);

P. U. Rosenau, Wehrverfassung u. Kriegsrecht in d. mhd. Epik. Wolf. v. Eschenbach, Hartmann v. Aue, Gottfr. v. Straßburg, Der Nibelungen Not, Kudrunepos, Wolfdietrichbruchstück A, König Rother, Salman u. Morolf. Diss. Bonn 1960 (Masch.);

O. Sayce, Prolog, Epilog und das Problem des Erzählers In: Probleme mittelhochdeutscher Erzählformen. Berlin 1972. S. 63–72;

J. Schildt, Gestaltung u. Funktion d. Landschaft in d. dt. Epik d. Mittelalters (1050–1250). Diss. Humb. Univ. Berlin 1960 (Masch.);

H. P. Schwake, Zur Frage d. Namensymbolik im höf. Roman. GRM N. F. 20 (1970) S. 338–353;

G. Siebel, Harnisch u. Helm in d. epischen Dichtungen d. 12. Jh. bis zu Hartmanns „Erek". Ein Beitr. z. Verwertbarkeit d. Dichtung f. d. Realienforschg. Diss. Hamburg 1969;

W. J. Slayton, Medieval hunting and fishing practices and the court epics. Diss. Rice Univ. 1970. DA 31 (1970/71) 2890 A;

H. H. Steinhoff, Die Darstellg gleichzeitiger Geschehnisse im mhd. Epos. Studien z. Entfaltung d. poetischen Technik vom Rolandslied bis zum „Willehalm". München 1964;

M. Zips, Das Wappenwesen in d. mhd. Epik bis 1250. Diss. Wien 1966. (Masch.);

KREUZZUG

S. Kaplowitt, Influences and reflections of the crusades in medieval German epics. Diss. Univ. of Pennsylvania 1962;

H. E. Mayer, Idee u. Wirklichkeit d. Kreuzzüge. München 1965;

W. Spiewok, Die Bedeutung d. Kreuzzugserlebnisses f. d. Entwicklung d.

feudalhöfischen Ideologie u. d. Ausformung d. mittelalterlichen Lit. Weimarer Beitr. 9 (1963) S. 669–683

F. W. Wentzlaff-Eggebert, Kreuzzugsdichtung d. Mittelalters. Studien zu ihrer geschichtl. u. dichter. Wirklichkeit. Berlin 1960;

F. W. Wentzlaff-Eggebert, Wandlungen d. „Kreuzzugsidee" in d. Dichtung von Hoch- zum Spät-Mittelalter. Wirk. Wort 12 (1962) S. 1–8;

F. W. Wentzlaff-Eggebert, „Devotio" in d. Kreuzzugs-„predigt" d. Mittelalters. Ein Beitrag z. ritterl. Tugendsystem. In: Volk, Sprache, Dichtung. Festgabe für Kurt Wagner. 1960. S. 26–33.

P. Hölzle, Kreuzzug und Kreuzzugsdichtung. Das Problem ihrer Definition. In: Festschrift f. K. H. Halbach. 1972. S. 55–72;

U. Müller, Tendenzen und Formen. Versuch über mhd. Kreuzzugsdichtung. In: Getempert und gemischet. Festschrift W. Mohr. 1972. S. 251–280;

ZU DEN EINZELNEN FRÜHHÖFISCHEN ROMANEN

STRASSBURGER ALEXANDER

A. T. Hatto, The Elephants in the Straßburg Alexander. London Mediaeval Studies 1 (1937/39) S. 399–429.

TRIERER FLOYRIS

J. van Dam, Die Sprache des Floyris. In: Fragen u. Forschungen im Bereich u. Umkreis d. German. Philologie. Festgebe f. Th. Frings. Berlin 1956, S. 126–29;

G. de Smet, Der Trierer Floyris und seine französische Quelle. In: Festschrift Ludwig Wolff. 1962. S. 203–16;

G. de Smet u. M. Gysseling, Die Trierer Floyris-Bruchstücke. Studia Germanica Gandensia 9 (1967) S. 157-196;

EILHARD VON OBERGE

Tristrant. Synopt. Druck d. erg. Fragmm. mit d. ges. Parallelüberlieferung. Hrsg. von H. Bussmann. Tübingen 1969;

St. Hofer, Die Komposition d. Tristanromans, Eneasroman u. Tristan. Zs. f rom. Ph. 65 (1949) S. 257–88;

D.-H. Schorn, Die Zeit in d. Tristandichtungen Eilharts und Gotfrids. Studie zur Wirklichkeitsauffassung in mittelalterl. Dichtungen. Diss. Köln 1952 (Masch.);

H. Bussmann, Der Liebesmonolog im frühhöf. Epos. Versuch e. Typbestimmung am Beispiel von Eilharts Isalde-Monolog. In: Werk, Typ, Situation. Festschrift Hugo Kuhn. 1969. S. 45–63;

D. Buschinger, La structure du Tristrant d'Eilhart von Oberg. EG 27 (1972) S. 1–26;

G. Schindele, Tristan. Metamorphose und Tradition. Stuttgart 1971. (= Studien zur Poetik und Geschichte der Literatur. Bd. 12).

GRAF RUDOLF

Graf Rudolf [Grave Ruodolf]. Hrsg. von F. P. Ganz. Berlin 1964;
G. Zink, Graf Rudolf. Essai de présentation. EG 20 (1965) S. 318–329
W. Sanders, Zur Heimatbestimmg d. Graf Rudolf. ZfdA 95 (1966) S. 122–149;
W. Mohr, Zum frühhöf. Menschenbild in Graf Rudolf. ZfdA 96 (1967) S. 97–109;
V. Schupp, Zur Datierung des Graf Rudolf. ZfdA 97 (1968) S. 37–56;
St. J. Kaplowitt, The non-literary sources of Graf Rudolf. A re-evaluation. Studies in phil. 46 (1969) S. 584–608.

Abschnitt 3 (Seite 41–49)

HEINRICH VON VELDEKE

Ausg., Überlieferung: Th. Frings und G. Schieb, Die epischen Werke des Henric van Veldeken. I Sente Servas, Sanctus Servatius. Halle 1956;
G. Schieb, Auf d. Spuren d. maasländischen Eneide Heinrichs v. Veldeke. Limburg. Original. Berlin 1960;
C. Minis, De Maaslandse Eneide van Heinrich v. Veldeke. Wetensch. Tijdingen 22 (1962) S. 97–104;
G. Schieb, Auf d. Spuren d. maasländischen Eneide Heinrichs v. Veldeke. Studia Germanica Gandensia 3 (1961) S. 233–248;
Henric van Veldeken. Eneide. Von G. Schieb unter Mitw. von Th. Frings. 1: Einl. Text. Berlin 1964: 2: Untersuchungen 1965; 3: Wörterbuch. G. Schieb mit G. Kramer und E. Mayer. 1970;
G. Schieb, Die Auseinandersetzung d. Überlieferung von Veldekes Eneasroman mit d. Reimen d. Dichters. Wiss. Zs. d. Univ. Jena 14 (1965) S. 447–53;
G. Schieb, Neue Bruchstücke von Veldekes Eneasroman. Hess. Staatsarchiv Marburg. Beitr. Halle 88 (1966) S. 100–106;
J. Goossens, Zur wissenschaftl. Bewertg d. Veldeke-Ausgaben von Th. Frings u. G. Schieb. ZfdPh 88 (1969) S. 27–45;

ALLGEMEINE LITERATUR

C. Minis, Verf.-Lex. 5. Sp. 350–61;
J. van Mierlo, De oplossing van het Veldeke-probleem. In: Koninklijke Vlaamse Academie voor Taal- en Letterkunde. Verslagen en Mededelingen Sept. 1952. S. 607–710;
Th. Frings, Über eine Veldekeabhandlung d. Koninklijke Vlaamse academie voor taal- en letterkunde. Beitr. Halle 78 (1956) S. 111–57;
J. van Mierlo, Oude en nieuwe bijdragen tot het Veldeke-probleem. In: Koniklijke Vlaamse Academie voor Taal- en Letterkunde, Reeks III Nr. 35. Gent 1957;
G. Schieb, Al, Alein(e), An(e) im Konzessivsatz. Ein Beitr. z. Veldekekritik. Beitr. 74 (1952) S. 268–85;
dies., Rechtswörter u. Rechtsvorstellungen bei Heinrich von Veldeke. Beitr. Halle 77 (1955) S. 159–97;

G. de Smet, gedolt en geduldig bij Hendrik van Veldeke. Leuvense Bijdragen
43 (1953) S. 1–19, 53–66;

ders., Zum Wortschatz Heinrichs van Veldeke. Beitr. 76 (1954) S. 217–34;

F. Maurer, Das Leid bei Heinrich von Veldeke. In: Leid. Bern 1951. S. 98–114;

G. de Smet, Jan van Mierlo en het Veldeke-problem. Groningen 1963. 23 S.
[Vortr.];

G. Schieb, Heinrich von Veldeke. Stuttgart 1965 (Slg. Metzler 42);

W. Schröder, Veldeke-Studien. Berlin 1969;

L. De Grauwe, E. Rens, G. De Smet, Internationaal Veldeken-symposion
Gent 23.–24. Oktober 1970. Wetenschappelijk Tijdingen 29. Gent 1970.
S. 371–388;

Th. Klein, Gedehntes ā u. altes langes â in d. Sprache Heinrichs von Veldeke.
Beitr. Tübingen 93 (1971) S. 151–167;

G. Schieb, Zu einigen Streitpunkten der Veldekeforschung. Tijdschrift voor
Nederlandse Taalen Letterkunde 88 (1972) S. 45–63;

G. Schieb, Die Bedeutung der Veldekeforschung für die deutsche und niederländische Philologie. Beitr. Halle 93 (1972) S. 355–365;

ZUM SERVATIUS

Ausgabe des Servatius, nach der Leidener Hs. d. 15. Jh.s: G. van Es, unter
Mitwirkung von G. J. Lieftinck u. A.F. Mirande. Antwerpen 1950;

Kritische Ausgabe des Servatius: Th. Frings u. G. Schieb, Halle 1956;

C. Minis, Dat Prologus van Sint Servoes Legenden. Tijdschrift voor Neder-
landsche taal- en letterkunde 72 (1954) S. 161–83.

Winfried Woesler, Heinrich von Veldeke, Der Prolog d. Servatius. Leuvense
Bijdragen 56 (1967) S. 101–119;

K. Walter, Quellenkritische Untersuchungen zum ersten Teil der Servatiuslegende Heinrichs von Veldeke. Münster 1968. (Diss. Münster).

W. Marguč u. R. Peters, Zur Kodikologie d. Servatius-Fragmente. Niederdt.
Jb. 93 (1970) S. 7–15;.

ZUR ENEIT

H. Sacker, Heinrich von Veldeke's Conception of the Aeneid. German Life &
Letters 10 (1956/57) S. 210–18;

C. Minis, Roman d'Eneas 5343 ff. und Eneide 7002 f. Neophilologus 30 (1946)
S. 124–25;

ders., Heinrich von Veldeke u. d. Altfranzösische. In: Album Prof. Dr. Frank
Baur. Bd. 2, Antwerpen 1948, S. 130ff.;

J. Quint, Der „Roman d'Eneas" und Veldekes „Eneit" als frühhöfische
Umgestaltungen in der „Renaissance" d. 12. Jh.s. ZfdPh 73 (1954) S. 241–
67;

C. Minis, Eneide 5001 bis 5136. Turnus' Kampfgenosse. Städtelob Karthagos.
Leuvense Bijdragen 42 (1952) S. 34–52;

R. Zitzmann, Die Didohandlung in d. frühhöfischen Eneasdichtung. Euphorion 46 (1952) S. 261–75;

W. Schröder, Dido und Lavine. ZfdA 88 (1957/58) S. 161–95;

C. Minis, Textkrit. Studien über d. Roman d'Eneas u. die Eneide von Henric van Veldeke, Groningen 1959;

M.-L. Dittrich, „gote" u. „got" in Heinrichs von Veldeke Eneide. ZfdA 90 (1960) S. 85–122 u. S. 198–240;

J.F. Poag, Heinrichs von Veldeke „Minne"; Wolframs von Eschenbach „liebe" and „triuwe". JEGP 61 (1962) S. 721–735;

C. Minis. Zum Titel d. Eneide Heinrichs von Veldeke. Beitr. Halle 84 (1962) S. 373–375;

W.F. Braun, Hausen MF 42, 1–27 u. Veldekes Eneit. ZFdA 93 (1964) S. 209–214;

G. Schieb, Veldekes Grabmalbeschreibungen. Beitr. Halle 87 (1965) S. S. 201–243;

G.D. Luster, Untersuchungen z. Stabreimstil in d. Eneide Heinrichs von Veldeke. Diss. New York Univ. 1965. DA 27 (1966) 749 A.

M.-L. Dittrich, Die Eneide Heinrichs von Veldeke. 1: Quellenkrit. Vergl. mit d. Roman d'Eneas u. Vergils Aeneis. Wiesbaden 1966;

A. Giese, Heinrichs von Veldeke Auffassung der Leidenschaften „Minne" und „Zorn" in seinem Eneasroman. Diss. Freiburg/Br. 1967;

P.W. Tax, Der Erek Hartmanns v. Aue, ein Antitypus zu der Eneit Heinrichs von Veldeke. In: Festschrift Helen Adolf. 1968. S. 47–62;

G. de Smet, Die Eneide Heinrichs von Veldeken und der Strassburger Alexander. Leuv. Bijdr. 57 (1968) S. 190–149;

W. Brandt, Die Erzählkonzeption Heinrichs v. Veldeke in d. Eneide. Ein Vergleich mit Vergils Aeneis. Marburg 1969. (Diss. Marburg);

G.J. Oonk, Die Darstellung u. Auffassung d. Minne in Heinrichs von Veldeke Eneide. Eine Studie z. Rezeption d. Antike im Mittelalter. Diss. Univ. of Washington 1970. DA 31 (1970/71) 1808 A;

F. Shaw, Kaiserchronik and Eneide. GLL 24 (1970/71) S. 295–303;

Abschnitt 4 (Seite 49–62)

HERBORT VON FRITZLAR

F. Neumann, Herbort von Fritzlar, Zs. d. Ver. f. hess. Gesch. u. Landesk. 63 (1952) S. 39–50;

St. Schnell, Mhd. Trojanerkriege. Studien z. Rezeption d. Antike bei Herbort von Fritzlar u. Konrad von Würzburg. Diss. Freiburg i. Br. 1953 (Masch.);

G. Schade, Christentum u. Antike in d. deutschen Trojaepen d. Mittelalters (Herbort von Fritzlar, Konrad von Würzburg, der Göttweiger Trojanerkrieg). Diss. FU. Berlin 1955 (Masch.);

F.J. Worstbrock, Zur Tradition d. Troiastoffes u. seiner Gestaltung bei Herbort v. Fritzlar. ZfdA 92 (1963) S. 248–274.

ALBRECH TVON HALBERSTADT

F. Neumann, Meister Albrechts u. Jörg Wickrams Ovid auf deutsch. Beitr. 76 (1954) S. 321–90.

F. Munari, Ovid im Mittelalter. Zürich, Stuttgart 1960;

R. Schäftlein, Die Metamorphosen-Verdeutschg Albrechts v. Halberstadt,
eine Quelle z. histor. Dialektologie Nordthüringens. Beitr. Halle 90 (1968)
S. 140–144;
G. Heinzmann, Albrecht v. Halberstadt u. Jörg Wickram. Studien zu e. Rekonstruktion von Albrechts Metamorphosen. Diss. München 1969.

MORANT UND GALIE

Th. Frings u. E. Lincke, Das Lehnwort in Morant u. Galie. Neuphil. Mitt.
53 (1952) S. 20–54;
dies., Der Rechtsgang in Morant u. Galie. Beitr. 75 (1953) S. 1–130.

II. DIE HOCHHÖFISCHE EPIK

Seite 63–170

Abschnitt 1 und 2 (Seite 63–84)

ARTUSROMAN

Bibliographie der Literatur zum Artusroman alljährlich in Modern Language
Quarterly; ferner in: Bulletin bibliographique de la Société internationale
arthurienne, Paris.
Sammelbände: Arthurian Literature in the Middle Ages. Hrg. v. R. Sh. Loomis.
Oxford 1959;
Der Arthurische Roman. Hrg. v. Kurt Wais. Darmstadt 1970. (= WdF 151)
Lit.: H. Sparnaay, Reallexikon Bd. 1. S. 106–17;
M. Bindschedler, Die Dichtung um König Artus u. seine Ritter. DVjs 31
(1957) S. 84–100;
H. Emmel, Formprobleme des Artusromans u. d. Graldichtung. Die Be-
deutung d. Artuskreises für d. Gefüge d. Romans im 12. und 13. Jh. in
Frankreich, Deutschland u. d. Niederlanden. Bern 1951;
E. Köhler, Ideal u. Wirklichkeit in d. höfischen Epik. Studien zur Form d.
frühen Artus- u. Graldichtung. Tübingen 1956;
H. J. Weigand, Three Chapters on Courtly Love in Arthurian France and
Germany. Lancelot-Andreas Capellanus-Wolfram von Eschenbach's Parzival.
Chapel Hill 1956;
K. Ruh, Lancelot. DVjs 33 (1959) S. 269–82.
E. B. Ham, The Blancheflor-Perceval idyll and Arthurian polemic. Kentucky
Foreign Lang. Quart. 6 (1959) S. 155–162.
J. J. Parry, The historical Arthur. JEGP 58 (1959) S. 365–379;
F. W. Locke, Yvain. Neophil. 43 (1959) S. 288–292.;
W. F. Schirmer, Die frühen Darstellungen des Arthurstoffes. Köln 1958;
A. Renoir, Gawain and Parzival. Studia neophil. 31 (1959) S. 155–158;
A. O. H. Jarman, The Legend of Merlin. [Antrittsvorlesg.] Cardiff 1960;
L. A. Paton, Studies in the fairy mythology of Arthurian romance. 2nd ed.,

enl. by a Survey of scholarship on the fairy mythology since 1903 and a bibliography by Roger Sherman Loomis. New York 1960.

A. J. Bliss, Celtic myth and Arthurian romance. Medium aevum 30 (1961) S. 19–25;

D. Homberger, Gawain. Untersuchungen z. mittelhochdeutschen Artusepik. Diss. Bochum 1970;

K. O. Brogsitter, Artusepik. 2., verb. u. erg. Aufl. Stuttgart 1971;

J. Haupt, Der Truchsess Keie im Artusroman. Untersuchungen z. Gesellschaftsstruktur im höf. Roman. Berlin 1971. (Diss. Freiburg).

HARTMANN VON AUE

F. Neumann, Verf-Lex. 5, Sp. 322–31;

Hugo Kuhn, Hartmann von Aue als Dichter. Deutschunterr., 1953 H. 2, S. 11–27;

F. Maurer, Hartmann von Aue. In: Die großen Deutschen. Bd. 5, Berlin 1957, S. 48–56;

L. Wolff, Hartmann von Aue. Wirk. Wort 9 (1957/59) S. 12–24;

W. Schröder, Zur Chronologie der drei großen mhd. Epiker. DVjs 31 (1957) S. 264–302;

K. Schacks, Metrische Beobachtungen zu Hartmann von Aue. Fragen d. Taktfüllung, insbes. in den kurzen Versen, 3 Tle. Diss. Humboldt-Univ. Berlin 1955 (Masch.);

H. Eggers, Symmetrie u. Proportion epischen Erzählens. Studien zur Kunstform Hartmanns von Aue. Stuttgart 1956;

Ch. Huber, Zur Wortstellung in d. epischen Werken Hartmanns von Aue. Die einleitenden Satzglieder u. die Stellung des Verbums in d. selbständigen Sätzen. Diss. Wien 1957 (Masch.);

W. Schröder, Zum Wortgebrauch von riuwe bei Hartmann und Wolfram. GRM 40 (1959) S. 228–34;

H. Naumann, Hartmann von Aue und Cicero? DVjs 23 (1949) S. 285–87;

F. Maurer, Das Leid in den Werken Hartmanns von Aue. In: Leid. Bern 1951, S. 39–69;

I. Wenk, Der Tod in d. deutschen Dichtung d. Mittelalters, dargestellt an den Werken des Pfaffen Konrad, Hartmanns von Aue und Wolframs von Eschenbach. Diss. FU. Berlin 1956 (Masch.);

W. Ohly, Die heilsgeschichtliche Struktur der Epen Hartmanns von Aue. Diss. FU. Berlin 1958 (Masch.);

C. Grisebach, Zeitbegriff u. Zeitgestaltung in den Romanen Chrétiens de Troyes u. Hartmanns von Aue. Diss. Freiburg i. Br. 1957 (Masch.);

E. Görlach, Die Persönlichkeit Hartmanns, Wolframs und Gottfrieds in ihren Werken. Diss. Würzburg 1952 (Masch.);

W. Wilß, Die Beziehungen zwischen Hartmann von Aue und Gottfried von Straßburg. Diss. Tübingen 1950 (Masch.);

W. Schröder, Zum Wortgebrauch von riuwe bei Hartmann u. Wolfram. GRM 40 (1959) S. 228–234;

H. Sparnaay, Hartmann von Aue and his successors. In: Arthurian lit. in the Middle Ages. Oxford 1959 S. 430–442;

P. Salmon, Ignorance and awareness of identity in Hartmann and Wolfram: an Element of Dramatic Irony. Beitr. Tübingen 82 (1960) S. 95–115;

A. Stöcklin, Nennt sich der Dichter Hartmann von Aue bei Bremgarten? Wohlen (Schweiz) 1959. [Sonderdr. aus: Unsere Heimat 33 (1959)];

N. Tonomura, Zur Chronologie d. epischen Werke Hartmanns von Aue. Doitsu Bungaku 23 (1959) S. 82–92 [In japan. Sprache.];

J. A. Asher, Hartmann and Gottfried, master and pupil? Journal of the Australasien Universities Lang. and Lit. Ass. 1961. S. 134–44;

S. Grosse, Beginn u. Ende d. erzählenden Dichtungen Hartmanns von Aue, Beitr. Tübingen 83 (1961) S. 137–156;

F. Pensel, Rechtsgeschichtl. u. Rechtssprachl. im epischen Werk Hartmanns v. Aue u. im Tristan Gottfrieds von Strassburg. Diss. Berlin, Humb. Univ. 1961 (Masch.);

H. Zutt, Die Rede bei Hartmann von Aue. Deutschunterr. 14 (1962) H. 6, S. 67–69;

M. Bindschedler, Guot u. güete bei Hartmann. In: Die Wissensch. von dt. Sprache u. Dichtung. Festschrift für Friedrich Maurer zum 65. Geburtstag. 1963. S. 352–365;

K. Schacks, Beschwerte Hebungen bei Otfried und Hartmann von Aue. In: Festgabe f. U. Pretzel. 1963. S. 72–85;

H. Linke, Gegenwärt. Bestand an Hss. der Erzählungen Hartmanns von Aue. Beitr. Tübingen 86 (1964) S. 322–337.;

J. Richter, Der Ritter zw. Gott u. Welt. Ein Bild mittelalterlicher Religion bei Hartmann von Aue. Zs. f. Religion- u. Geistesgesch. 16 (1964) S. 57–69;

J. C. W. C. de Jong, Hartmann von Aue als Moralist in s. Artus-Epen. Amsterdam 1964 (Diss. Utrecht);

S. Grosse, Die Wirkung d. Kontrastes in d. Dichtungen Hartmanns von Aue. Wirk. Wort 13 (1965) S. 29–39;

S. Kishitani, „got" u. „geschehen". Die Vermeidung d. menschl. Subjekts in d. ritterl. Sprache. Hartmanns von Aue. Düsseldorf 1965 (Diss. Münster);

H. Sparnaay, Brauchen wir ein neues Hartmannbild? In: DVjs 39 (1965) S. 639–49;

A. Meng, Vom Sinn d. ritterlichen Abenteuers bei Hartmann von Aue. Zürich 1967. (Diss. Zürich);

H. Siefken, Der saelden strâze. Zum Motiv d. Zwei Wege bei Hartmann von Aue. Euphorion 61 (1967) S. 1–21;

B. Uhle, Das Todesproblem im dichter. Werk Hartmanns von Aue. Diss. Frankfurt/M. 1967;

I. Klemt, Hartmann von Aue. Eine Zusammenstellung der über ihn u. s. Werk von 1927–1965 ersch. Literatur. Köln 1968;

L. Wolff, Hartmann von Aue. Vom Büchlein u. Erec bis z. Iwein. Deutschunterr. 20 (1968) H. 2, S. 43–59;

M. Koliwer, Untersuchungen zu d. epischen Werken Hartmanns von Aue. Diss. Rostock 1968 (Masch.);

F. Neumann, Wann dichtete Hartmann von Aue? In: F. N., Kl. Schriften. 1969. S. 42–56. [Zuerst in Studien z. dt. Philologie d. Mittelalters (1950) S. 59–72];

P. Wapnewski, Hartmann von Aue. 5. erg. Auflage, Stuttgart 1972 (= Slg. Metzler 17);

R.A. Boggs, Elements of character portrayal in the works of Hartmann von Aue. Diss. Univ. of Texas at Austin 1969. DA 30 (1969/70);

H. Linke, Epische Strukturen in d. Dichtung Hartmanns von Aue. Untersuchungen z. Formkritik, Werkstruktur u. Vortragsgliederung. München 1968. (Hab. Schrift Gießen);

H. Schanze, Zu H. Linkes Methode der Formkritik in ihrer Anwendung auf das epische Werk Hartmanns von Aue. In: Probleme mhd. Erzählformen. Marburger Colloquium 1969. 1972. S. 10–39;

E.M. Carne, Die Frauengestalten bei Hartmann von Aue. Ihre Bedeutung im Aufbau u. Gehalt d. Epen. Marburg 1970. (Diss. Univ. of Colorado);

R. Endres, Die Bedeutg von „güete" u. d. Diesseitigkeit d. Artusromane Hartmanns. DVjs 44 (1970) S. 595–612;

H.W. Eroms, Vreude bei Hartmann von Aue. München 1970 (Diss. Marburg);

J.K. Liebmann, The narrative function of direct discourse in the epics of Hartmann von Aue. Diss. Yale Univ. 1969. DA 31 (1970/71) 1282 A;

H.C. Hill, Hartmann von Aue. The role of narrative technique in depiction of character. Diss. The Johns Hopkins Univ. 1970. DA 32 (1971/72). 389/90 A.

J. Fourquet, Hartmann d' Aue et l'adaptation courtoise. Histoire d'une invention de détail. EG 27 (1972) S. 333–340;

F.P. Knapp, Hartmann von Aue und die Tradition der platonischen Anthropologie im Mittelalter. DVjs 46 (1972) S. 213–247;

T.E. Hart, Zu den Abschnitten in den Hartmann-Handschriften. ZfdPh 91 (1972) S. 17–19;.

J. Schröder, Zu Darstellung und Funktion der Schauplätze in den Artusromanen Hartmanns von Aue. Göppingen 1972;

H.E. Wiegand, Studien zur Minne und Ehe in Wolframs Parzival und Hartmanns Artusepik. Berlin 1972;

BÜCHLEIN

Die Klage. — Das Büchlein. Aus d. Ambraser Heldenbuch. Hrsg. von H. Zutt. Berlin 1968;

Das Klagebüchlein — Das zweite Büchlein. Hrsg. v. Ludwig Wolff. München 1972 (= Altdeutsche Texte in krit. Ausgg. 4);

R. Wisniewski, Hartmanns Klage-Büchlein. Euphorion 57 (1963) S. 341–369;

R.C.J. Endres, Minne in the prologue of Hartmanns Klage. Journal of the Australasian Universities Lang. and Lit. Ass. 1965. Nr. 23, S. 71–85;

H. Zutt, Die Formale Struktur von Hartmanns Klage. ZfdPh 87 (1968) S. 359–372;

W. Gewehr, Hartmanns ‚Klage-Büchlein' als Gattungsproblem. ZfdPh 91 (1972) S. 1–16.

ZUM EREC

Ausg.: A. Leitzmann, besorgt von L. Wolff. Tübingen. 5. Aufl. 1972 (= Altdt. Textbibl. 39);

A. Leitzmann. Mit Vorw. von W. Steinberg. 2. neu durchges. Aufl. Halle (Saale) 1960;

Erec. Iwein. Text. Nacherzählungen, Worterklärungen. Hrsg. von E. Schwarz. Darmstadt 1967;

Erec. Mhd. Text und Übertragung von Th. Cramer. Frankfurt/M. 1972 (= Fischer Taschenbuch);

Lit.: S. Gutenbrunner, Über die Quellen d. Erecsaga, Archiv 190 (1953) S. 1–20;

A. S. Matthias, geb. v. Voss, Der Entwicklungsgedanke in Hartmanns Artusromanen. Diss. Hamburg 1951 (Masch.-Schr.);

H. B. Willson, Sin and Redemption in Hartmann's Erec. Germanic Review 33 (1958) S. 5–14;

C. Minis, Fâmurgân. Erec 5156, Neophilologus 30 (1946) S. 65–68;

E. Henschel, Baumwolle (Erec 7703), Beitr. 75 (1953) S. 485–86.

A. T. Hatto, Enid's best dress. A contribution to the understanding of Chrétien's and Hartmanns Erec, and the Welsh Gereint. Euphorion 54 (1960) S. 437–441;

P. Tilvis, Über die unmittelbaren Vorlagen von Hartmanns Erec und Iwein, Ulrichs Lanzelet und Wolframs Parzival. Neuphil. Mitteilgn 60 (1959) S. 29–65 u. S. 130–144;

R. Endres, Studien z. Stil von Hartmanns Erec. Diss. München 1961.

P. W. Tax, Zur Symbolik in Hartmanns Erec. Das Pferd der Enite. 27. Nederlands Filologencongres. 1962. S. 150–152;

P. W. Tax, Studien zum Symbolischen in Hartmanns Erec. ZFPh 82 (1963) S. 29–44 u. in Wirk. Wort 13 (1963) 277–288.

A. Hruby, Die Problemstellung in Chrétiens u. Hartmanns Erec. DVjs 38 (1964) S. 337–360;

G. Mecke, Zwischenrede, Erzählfigur u. Erzählhaltung in Hartmanns von Aue Erec. Studien über d. Dichter-Publikums-Beziehung in d. Epik. Diss. München 1965.

M. Huby, L'approfondissement psychologique dans Erec de Hartmann. EG 22 (1967) S. 13–26;

M. St. Ives, Der Begriff „êre" in Hartmanns Erec. Diss. Bryn Mawr College 1968. DA 29 (1968/69) 4004 A.

H. Ch. v. Nayhauss-Cormons Holub, Die Bedeutung und Funktion der Kampfszenen f. d. Abenteuerweg d. Helden im Erec. u Iwein Hartmanns von Aue. Diss. Freiburg i. Br. 1967;

P. W. Tax, Der Erek Hartmanns von Aue, ein Antitypus zu der Eneit Heinrichs von Veldeke? In: Festschrift Helen Adolf. 1968. S. 47–62;

U. Ruberg, Bildkoordination im Erec Hartmanns von Aue. In: Gedenkschrift f. W. Foerste. 1970. S. 477–501;

H. B. Willson, Triuwe and untriuwe in Hartmanns Erec. GQ 43 (1970) S. 5–23;

W. Kellermann, L'adaptation du roman d'„Erec et Enide" de Chrestien de Troyes par Hartmann von Aue. In: Mélanges de langue et de litt. du Moyen Age et de la Ren. Festschrift Jean Frappier. 1970. S. 509–522;

R. A. Boggs, Hartmann's Erec. In: Innovation in Medieval Literature. Essays to the memory of Alan Markman. 1971. S. 49–62;

Th. Cramer, Soziale Motivation in der Schuld-Sühne-Problematik von Hartmanns Erec. Euphorion 66 (1972) S. 97–112.

D. Welz, Erec and the red knight. Some observations on Arthurian romane
and courtly ideology. Theoria. A journal of studies in the arts, humanities
and social sciences. Bd. 38. (1972) S. 85-91.

M. Wünsch, Allegorie und Sinnstruktur in ‚Erec‘ und ‚Tristan‘. DVjs 46
(1972) S. 513–538;

P. Wiehl, Zur Komposition des ‚Erec‘ Hartmanns von Aue. Wirk. Wort 22
(1972) S. 89–107.

ZUM GREGORIUS

Ausg.: F. Neumann, Wiesbaden 1958 (= Deutsche Klassiker des Mittelalters.
N.F. Bd. 2);

H. Paul, 12. Aufl. bes. von L. Wolff. Tübingen 1973 (= Altdt. Textbibliothek
2);

Gregorius. (mhd u. nhd.) Der gute Sünder. Mhd. Text nach d. Ausgabe von
F. Neumann. Übers. von B. Kippenberg. Ebenhausen b. München 1959;

Gregorius. Der Arme Heinrich. Text, Nacherzählung, Worterklärungen.
Hrsg. von E. Schwarz. Darmstadt 1967;

Lit.: H. W. J. Kroes, Die Gregorlegende. Neophilologus 38 (1954) S. 169–75;

H. Sparnaay, Zum Gregorius. Neophilologus 39 (1955) S. 16–23;

ders., Der Enkel d. Königs Armenios u. d. Gregorsage. In: Miscellanea
Litteraria. Groningen 1959, S. 125–40;

J. B. Maclean, Hartmann von Aue's Religions Attitude and Didacticism in his
Gregorius. Rice Inst. Pamphlet 29 (1952) S. 1–17;

H. Nobel, Schuld u. Sühne in Hartmanns „Gregorius" u. in d. frühscholastischen Theologie. ZfdPh 76 (1957) S. 42–79;

H. B. Willson, Hartmann's ‚Gregorius‘ and the Parable of the Good Samaritan.
MLR 54 (1959) S. 194–203;

M. O'C. Walshe, The Prologue to Hartmann's Gregorius. London Mediaeval
Studies II 1 (1951) S. 87–100;

H. Kuhn, Der gute Sünder – Der Erwählte? In: Hüter der Sprache. München
1959. S. 63–73;

G. Jungblut, Zum Text d. Gregorius. Beitr. Tübingen 83 (1961) S. 157–161;

A. Bennholdt-Thomsen, Die allegorischen kleit im Gregorius-Prolog. Euphorion 56 (1962) S. 174–184;

S. Grosse, Wis den wisen gerne bi! Die höf. Lehren in Hartmanns Gregorius
u. Wolframs Parzival. Deutschunterr. 14 (1962) H. 6. S. 52–66;

P. Wapnewski, Der Gregorius in Hartmanns Werk. (Anläßl. d. neuen Ausg.
v. F. Neumann.) ZfdPh 80 (1961) S. 225–252;

A. Wolf, Gnade u. Mythos. Zur Gregoriuslegende bei Hartmann von Aue u.
Thomas Mann. Wirk. Wort 12 (1962) S. 193–209;

H. Spaarney, Das ritterl. Element d. Gregorsage. In: H. S., Zur Sprache u.
Lit. des Mittelalters. 1961. S. 239–246;

S. Ehrentreich, Erzählhaltung u. Erzählerrolle Hartmanns von Aue u. Th.
Manns. Dargest. an ihren beiden Gregoriusdichtungen. Diss. Frankfurt/M.
1963.

K.C. King, Zur Frage d. Schuld in Hartmanns Gregorius. Euphorion 57 (1963) S. 44–66;

K. Ruh, Helmbrecht u. Gregorius. Beitr. Tübingen 85 (1963) S. 102–106;

F. Tschirch, Gregorius der Heilaere, Eine Wort- u. Bedeutungsstudie zu Hartmanns Büsser-Legende. In: Festschrift J. Quint. 1964. S. 237–250. (Auch in: F.T., Spiegelungen. 1966. S. 245–276);

Ch. Cormeau, Hartmanns von Aue Armer Heinrich und Gregorius. Studien z. Interpretation mit d. Blick auf d. Theologie z. Zt. Hartmanns. München 1966. (Diss. München) (= MTU Bd. 15);

W. Dittmann, Hartmanns Gregorius. Untersuchungen z. Überlieferung, z. Aufbau u. Gehalt. Berlin 1966. (Überarb. Diss. Hamburg 1960);

K.C. King, The mother's guilt in Hartmanns Gregorius. In: Mediaeval German studies. Festschrift Frederick Norman. 1965. S. 84–93;

H. Schottmann, Gregorius und Grégoire. ZfdA 94 (1965) S. 81–108;

W. Schwarz, Free will in Hartmanns Gregorius. Beitr. Tübingen 89 (1967) S. 129–150;

N. Tonomura, Zur Schuldfrage im Gregorius Hartmanns von Aue. Wirk. Wort 18 (1968) S. 1–17;

E. Dorn, Der sündige Heilige in der Legende d. Mittelalters. München 1967.

O. Schwencke, Gregorius de grote sünder. Eine erbaulich-paränet. Prosaversion d. Gregorius-Legende im 2. Lübecker Mohnkopf-Plenarium. Niederdt. Jb. 90 (1967) S. 63–88;

R. Picozzi, Allegory and symbol in Hartmanns Gregorius. In: Essays on German lit. 1968. S. 19–33;

F. J. Tobin, The change from dualism to gradualism in the Gregorius and Der arme Heinrich. Diss. Stanford Univ. 1968. DA 29 (1968/69) 617/18 A;

A. van der Lee, De mirabili divina dispensatione et ortu beati Gregorii pape. Einige Bemerkgn z. Gregorsage. Neophil. 53 (1969) S. 30–47, 120–137 u. 251–256;

H.B. Willson, Weiteres zur Schuldfrage im Gregorius Hartmanns von Aue. ZfdPh 89 (1970) S. 34–53;

K.D. Goebel, Hartmanns „Gregorius-Allegorie". ZfdA 100 (1971) S. 213–226.

H. Wenzel, Der Gregorius Hartmanns von Aue. Überlegungen zur zeitgenössischen Rezeption des Werkes. Euphorion 66 (1972) S. 323–354;

W.R. Kroll, A study of Hartmann's von Aue Gregorius. With references to its old French antecedents. Diss. Columbia Univ. 1972. DA 33 (1972/73) 277A;

ZUM ARMEN HEINRICH

Ausg.: H. Paul, 14. Aufl. bes. von L. Wolff. Tübingen 1972 (= Altdt. Textbibl. 3);

F. Maurer, Berlin 1958 (= Sammlg. Göschen 18);

Der arme Heinrich, Mit e. Nacherzählung d. Brüder Grimm. Hrsg. von F. Neumann. Stuttgart 1959. (Nachdr. 1970);

Der arme Heinrich. A poem. The critical text of E. Gierach with introduction, notes and vocabulary by J.K. Bostock, Oxford ⁴1961;

MHG text. Hartmanns von Aue, Der arme Heinrich as printed by C.H. Miller.
H. Sacker, An introd., grammar, notes and vocab. London 1964;
Gregorius. Der arme Heinrich. Text, Nacherzählung, Worterklärungen.
Hrsg. von E. Schwarz. Darmstadt 1967;
Der arme Heinrich. Mdh. Text u. Übertragung. Hrsg. u. übers. von H. de Boor.
Frankfurt/M., Hamburg 1967.;
H. Rosenfeld, Ein neu aufgefundenes Fragment von Hartmanns Armer Hein-
rich aus Benediktbeuren. ZfdA 98 (1969) S. 40–64;
W. Röll, Zu d. Benediktbeurer Bruchstücken d. Armen Heinrich u. zu seiner
indirekten Überlieferung. ZfdA 99 (1970) S. 187–199;
L. Wolff, Das Benediktbeurer Fragment des Armen Heinrich. ZfdA 99 (1970)
S. 178–186;
G. Bonath. Überlegungen zum ursprünglichen Versbestand d. Armen Hein-
rich. ZfdA 99 (1970) S. 200–208;
Hartmann von Aue: ,Der arme Heinrich'. Abbildungen und Materialien zur
gesamten handschriftlichen Überlieferung. Hrsg. von U. Müller. Göppingen
1971. (= Litterae. Nr 3).

Lit.: F. Neumann, Der „Arme Heinrich" in Hartmanns Werk. ZfdPh 75
(1956) S. 225–55;
B. Nagel, Der Arme Heinrich Hartmanns von Aue. Eine Interpretation.
Tübingen 1952;
A. Schirokauer, Die Legende vom Armen Heinrich. GRM 33 (1951/52) S. 262–
68;
M.F. Richey, Die edeln Armen: A Study of Hartmann von Aue. London
Mediaeval Studies 1 (1937/39) S. 265–78;
E. Rose, Problems of Medieval Psychology as Presented in the „Klein Ge-
mahel" of Heinrich the Unfortunate. Germanic Review 22 (1947) S. 182–87;
D.A. McKenzie, Hartmann's „Der Arme Heinrich", some Explications and a
Theory, MLQ 11 (1950) S. 472–75;
H.B. Willson, Symbol and Reality in „Der Arme Heinrich". MLR 53 (1958)
S. 526–36;
W. Fechter, Über den „Armen Heinrich" Hartmanns von Aue. Euphorion 49
(1955) S. 1–28;
G. Eis, Salernitanisches u. Unsalernitanisches im „Armen Heinrich" des
Hartmann von Aue. Forschungen u. Fortschritte 31 (1957) S. 77–81;
G. Jungbluth, Zum „Armen Heinrich": v. 225 (447), GRM 36 (1955) S. 263–
65;
W. Fechter, „Last der Ehren". Zum „Armen Heinrich" 68–69, GRM 37
(1956) S. 72–74;
ders., Möht ez mit iuwern hulden sîn, GRM 39 (1958) S. 206–08;
J. Fourquet, La composition du Pauvre Henri. EG 16 (1961) S. 19–26;
J. Fourquet, Zum Aufbau des Armen Heinrich. Wirk. Wort 11 (1961) 3. Son-
derheft, S. 12–24;
H. de Boor, Hartmann von Aue, Der arme Heinrich, Vers 390f. Beitr. Tü-
bingen 84 (1962) S. 474–476;
F. Neumann, Lebensalter im Armen Heinrich Hartmanns von Aue. In: F.N.

Kl. Schriften. 1969. S. 85–104. (Zuerst in Festschrift L. Wolff. 1962. S. 217–239);

F. Neumann, Nochmals Armer Heinrich. Vers 390/391. Beiträge Tübingen 85 (1963) S. 315–324;

E. Morgan, A source for Der arme Heinrich. Notes and queries. N.S. 11 (1964) S. 209–210;

L. Seiffert, The maiden's heart. Legend and fairy-tale in Hartmans Der arme Heinrich. DVjs 37 (1963) S. 384–405;

Th. C. van Stockum, Eine crux philologorum: Die prognostisch-therapeutische Formel im Armen Heinrich des Hartmann von Aue. Neophil. 48 (1964) S. 146–150;

O. Springer, On Hartmann von Aue, Der arme Heinrich, Vers 1010. In: Festschrift Taylor Starck. 1964. S. 189–211;

T. Buck, Hartmanns „Reine maget". GLL 18 (1964/65) S. 169–176;

T. Buck, Heinrichs Metanoia. Intention and Practice in „Der arme Heinrich". MLR 60 (1965) S. 391–394;

H.F. Rosenfeld, Der arme Heinrich, Vers 1010. ZfdA 95 (1966) S. 169–182;

D. Czinczoll, Eine textkritische Anmerkung zu Hartmanns Armer Heinrich. ZfdPh 85 (1966) S. 94–97;

Ch. Cormeau, Hartmanns von Aue „Armer Heinrich" und „Gregorius". Studien z. Interpretation mit d. Blick auf d. Theologie z. Zt. Hartmanns. München 1966. (Diss. München) (= MTU Bd. 15);

E. Kaiser, Das Thema d. unheilbaren Krankheit im „Armen Heinrich" Hartmanns von Aue u. im „Engelhard" Konrads v. Würzburg u. weiteren mhd. Gedichten. Diss. Tübingen 1965;

H. Pollak, Zu Hartmanns reiner maget. GRM N.F. 16 (1966) S. 207–208;

H. Swinbourne, The Miracle in Der Arme Heinrich. GLL 22 (1965) S. 205–09;

H.B. Willson, „Marriageable" in d. Arme Heinrich. Mod. Phil. 64 (1966/67) S. 95–102;

T. Buck, Zuht, râche — u. versuochunge. Nochm. z. Begriff „Strafe" im Armen Heinrich. Euphorion 62 (1968) S. 311–316;

R. Endres, Heinrichs hôchvart. Euphorion 61 (1967) S. 267–294;

R.C.J. Endres, „Swaere stunde". Bemerkungen z. Interpretation d. Armen Heinrich. Seminar 4 (1968) S. 147–160;

K. Hufeland, Quantitative Gliederung u. Quellenkritik. Aufgezeigt an Hartmanns Verserzählung Der arme Heinrich. Wirk. Wort 17 (1967) S. 246–263;

F. Neumann, Der arme Heinrich in Hartmanns Werk. In: F.N., Kleine Schriften. 1969. S. 57–85. [Zuerst in ZfdPh 75 (1953) S. 225–255];

F.J. Tobin, The change from dualism to gradualism in the Gregorius and Der arme Heinrich. Diss. Stanford Univ. 1968. DA 29 (1968/69) 617/18 A;

H.B. Willson, Ordo and the portrayal of the maid in „Der arme Heinrich". GR 44 (1969) S. 83–94;

Th. Verweyen, Der arme Heinrich Hartmanns von Aue. Studien u. Interpretation. München 1970;

J.E. Crean, Rhetoric and religion in Der arme Heinrich. Sprachkunst 2 (1971) S. 59–80;

K. Ruh, Hartmanns Armer Heinrich, Erzählmodell u. theol. Implikation. In: Mediaevalia litt. Festschrift Helmut de Boor. 1971. S. 315–329;

H. Seigfried, Der Schuldbegriff im Gregorius u. im Armen Heinrich Hartmanns von Aue. Euphorion 65 (1971) S. 162–182;

H. Swinburne, Some comments on the language of Der arme Heinrich. GLL 24 (1970/71) S. 303–315;

R. Finch, Guilt and innocence in Hartmann's Der arme Heinrich. Neuphil. Mitt. 73 (1972) S. 642–652;

H. Rosenfeld, Ze hewe wart sîn grüenez gras. Zu Hartmanns ‚Armen Heinrich‘ E 70–75 und dem Sinnbereich dieser Metapher. ZfdA 101 (1972) S. 133–142.

E. v. Reusner, Anmerkung zu Struktur und zum Sinn des „Armen Heinrich". ZfdA 101 (1972) S. 316–321.

M. Sato, Weltflucht und Weltlichkeit im „Armen Heinrich". Doitsu Bungaku 49 (1972) S. 51–60;

A. Snow, Heinrich and Mark, two medieval voyeurs. Euphorion 66 (1972) S. 113–127;

ZUM IWEIN

Ausg. u. Text: G.F. Benecke u. L. Lachmann. Neu bearb. von L. Wolff. 7. Ausg. Berlin 1968. 1: Text. 2: Hss. übersicht, Anmerkungen und Lesarten;

Erec. Iwein. Text, Nacherzählung, Worterklärungen. Hrsg. von E. Schwarz. Darmstadt 1967;

Iwein [mhd. u. nhd.] Text der 7. Ausg. von G. F. Benecke u. a. Übers. u. Anm. von Th. Cramer. Berlin 1968;

H. Linke, Die Prager Iwein-Hs. H. ZfdA 93 (1964) S. 66–67;

H. Linke, „Kapitelüberschriften" in den Hss. f und p von Hartmanns Iwein. ZfdA 93 (1964) S. 176–208;

L. Wolff, Die Iwein-Hss. in ihrem Verhältnis zueinander. In: L.W., Kleinere Schriften z. altdt. Phil. 1967. S. 165–184. (Zuerst in Festschrift Helmut de Boor. 1966. S. 111–135);

L. Okken, Die Iwein-Hss. a, p, r, l u. E in ihrem Verhältnis zueinander. GLL 23 (1969/70) S. 234–243;

L. Okken, Ein Beitrag z. Entwirrung e. kontaminierten Ms.tradition. Studien z. Überlieferung v. Hartmanns von Aue Iwein. Utrecht 1970;

G.F. Benecke, Wörterbuch zu Hartmanns Iwein 2. Ausg. bes. von E. Wilken. (Neudr. d. Ausg. von 1874.) Wiesbaden 1965;

Th.E. Hart, The new text of Hartmann's Iwein. MPhil. 69. (1971/72) S. 330–337;

Lit.: F.R. Whitesell, Iwein 836: den halben schaden. JEGPh 52 (1953) S. 549–54;

H. Milnes, The play of opposites in Iwein. GLL 14 (1960/61) S. 241–256;

P. Salmon, The wild man in Iwein and medieval descriptive technique. MLR 56 (1961) S. 520–528;

H. Sacker, An interpretation of Hartmanns Iwein GR. 36 (1961) S. 5–26;

H. Sparnaay, Die Doppelformen in d. Reimen des Iwein u. d. Armen Heinrich. In: H.S., Zur Sprache und Lit. d. Mittelalters. 1961. S. 115–128. [Zuerst in: Neophil. 15 (1930)];

H. Sparnaay, Hartmanns Iwein. In: H.S., Zur Sprache u. Lit. d. Mittelalters
1961. S. 216–230;

H.B. Willson, The role of the Keiî in Hartmanns Iwein. Medium aevum 30
(1961) S. 145–158;

H.B. Willson, Love and charity in Hartmanns Iwein. MLR 57 (1962) S. 216–
227;

W. Dittmann, Dune hâst niht wâr, Hartmann! Zum Begriff d. wârheit in
Hartmanns Iwein. In: Festgabe für Ulrich Pretzel. 1963. S. 150–161;

Th. Cramer, Sælde und êre in Hartmanns Iwein. Euphorion 60 (1966) S. 30–47;

K. Ruh, Zur Interpretation von Hartmanns Iwein. In: Philologia deutsch.
Festschrift Walter Henzen. 1965. S. 39–51;

R. Endres, Der Prolog von Hartmanns Iwein. DVjs 40 (1966) S. 509–37;

A. T. Hatto, „Der aventiure meine" in Hartmanns Iwein. In: Mediæval German
Studies. Festschrift Frederick Norman. 1965. S. 94–103;

E. Spielmann, Chrétien's and Hartmanns treatment of the conquest of Laudine.
Comp. Lit. 18 (1966) S. 242–263;

S.N. Werbow, Queen Guinevere as a pedagogue. Pronominal reference and
literary composition in Hartmanns Iwein (837–854). MLN 80 (1965) S. 441–
448;

J. Erben, Zu Hartmanns Iwein. ZfdPh 87 (1968) S. 344–359;

X. v. Ertzdorff, Spiel d. Interpretation. Der Erzähler in Hartmanns Iwein.
In: Festgabe f. Friedrich Maurer. 1968. S. 135–157;

E.P. Nolan, Medieval versification. Style and meaning in Hartmann von
Aue's Iwein and the Middle English Ywain and Gawain. Diss. Indiana
Univ. 1966. DA 28 (1967) 2217/18 A;

H.B. Willson, Kalogreant's curiosity in Hartmanns Iwein. GLL 21 (1967/68)
S. 287–296;

H.C. v. Nayhausen-Cormons-Holub, Die Bedeutung u. Funktion d. Kampfszenen f. d. Abenteuerweg d. Helden im Erec u. Iwein Hartmanns von Aue.
Diss. Freiburg i. Br. 1967;

M.S. Batts, Hartmanns humanitas. A new look at Iwein. In: Germanic studies
in honor of E. H. Sehrt. 1968. S. 37–51;

B. Nagel, Hartmann „zitiert" Reinmar. Iwein 1–30 u. MF 150/10–18. Euphorion 63 (1969) S. 6–39;

M. Wehrli, Iweins Erwachen. In: M.W., Formen mittelalterlicher Erzählung.
1969. S. 177–193. [Zuerst in: Geschichte, Deutung, Kritik. Festschrift
W. Kohlschmidt. 1969. S. 64ff.);

L. J. Gilbert Symmetrical composition in Hartmanns „froun Lûneten rât".
MLN 83 (1968) S. 430–434;

L. Pearce, Relationship in Hartmanns Iwein. Seminar 6 (1970) S. 15–30;

H.P. Kramer, Erzählerbemerkungen u. Erzählerkommentare in Chrestiens u.
Hartmanns Erec u. Iwein. Göppingen 1971;

W. Mohr, Iweins Wahnsinn. Die Aventüre u. ihr „Sinn". ZfdA 100 (1971)
S. 73–94;

G. Schweikle, Zum Iwein. Hartmanns v. Aue. Strukturale Korrespondenzen
u. Opposition. In: Probleme d. Erzählers in d. Weltlit. Festschrift Käte
Hamburger. 1971. S. 1–21;.

H. B. Willson, Inordinatio in the marriage of the hero in Hartmanns Iwein.
Mod. Phil. 68 (1970/71) S. 242–253;
A. Wolf, Erzählkunst um Chretiens ,Yvain' u. Hartmanns Iwein. Sprachkunst 2
(1971) S. 1–42;
H. P. Pütz, Artuskritik in Hartmanns ,Iwein'. GRM 22 (1972) S. 193–197;
E. von Reusner, Iwein. DVjs 46 (1972) S. 494–512.

BLIGGER VON STEINACH

H. Kolb, Über den Epiker Bligger v. Steinach. Zu Gottfrieds Tristan vv.
4691–4772. DVjs 36 (1962) S. 507–520.

ULRICH VON ZAZIKHOFEN

Ausg.: *Lanzelet.* Hrsg. von K. A. Hahn. Mit e. Nachw. u. e. Bibliogr. von
F. Norman. (Fotomechan. Nachdr. d. Ausg. Frankfurt/M. 1845.) Berlin 1965
T. Kinnear u. C. Lofmark, A word index to Ulrich von Zatzikhoven's Lanzelet.
Lampeter 1972;
Lit.: G. Eis, Verf.-Lex. 4. Sp. 621-25;
St. Hofer, Der ,Lanzelet' des Ulrich von Zazikhoven und seine französiche
Quelle. Zs. f. rom. Phil. 75 (1959) S. 1–36;
A. Trendelenburg, Aufbau u. Funktionen der Motive im Lanzelet Ulrichs von
Zatzikhoven im Vergleich mit d. deutschen Artusromanen um 1200. Diss.
Tübingen 1955 (Masch.);
M. O'C. Walshe, The Fabulous Geography of Lanzelet. London Mediaeval
Studies 1 (1937/39) S. 93–106;
P. Tilvis, Über die unmittelbaren Vorlagen von Hartmanns Erec und Iwein,
Ulrichs Lanzelet und Wolframs Parzival. Neuphil. Mitteilungen 60 (1959)
S. 29–65 und 130–144;
St. Hofer, „Der Lanzelet" des Ulrich von Zazikoven u. s. französ. Quelle.
Zs. f. rom. Phil. 75 (1959) S. 1–36;
R. N. Combridge, Das Fragment B d. Lanzelet Ulrichs von Zazikoven.
Euphorion 57 (1963) S. 200–209;
R. N. Combridge, The problems of a new ed. of Ulrich von Zazikovens
Lanzelet. In: Probleme mittelalterlicher Überlieferung u. Textkritik. Ox-
forder Colloqium 1966. Berlin 1968.

WIRNT VON GRAFENBERG

H. Wildt, Das Menschen- u. Gottesbild des Wirnt von Gravenberc nach
seinem Wigaloisroman. Diss. Freiburg 1953 (Masch.);
B. Mergell, Nantasan in Wirnts Wigalois. Beitr. Halle 77 (1955) S. 147.
W. Mitgau, Bauformen d. Erzählens im Wigalois des Wirnt von Gravenberc.
Diss. Göttingen 1960. (Masch.);
W. Mitgau. Nachahmung u. Selbständigkeit Wirnts von Gravenberc in seinem
Wigalois. ZfdPh 82 (1963) S. 321–337;
F. Neumann, Wann verfaßte Wirnt den Wigalois? ZfdA 93 (1964) S. 31–64;
M. Wehrli, Wigalois. Deutschunterr. 17 (1965) H. 2, S. 17–35;

U. Schießl, Die Gawangestalt im Wigalois. Diss. München 1968;
H. A. Hilgers, Materialien zur Überlieferung von Wirnts Wigalois. Beitr.
  Tübingen 93 (1971) S. 228–288.

Abschnitt 4 (Seite 90–127)

WOLFRAM VON ESCHENBACH

Eine Bibliographie über die Wolfram-Forschung der letzen 15 Jahre würde
den Rahmen des bibliographischen Nachtrags sprengen. Für die Zeit bis 1969
wird grundsätzlich auf zwei bibliographische Werke verwiesen: Ulr. Pretzel
u. Wolfgang Bachofer ‚Bibliographie zu Wolfram von Eschenbach, 2. (stark
erweiterte) Auflage Berlin 1968. Joachim Bumke, Die Wolfram von Eschen-
bach-Forschung seit 1945. München 1970 – eine vorzügliche kritische Bibliographie.
Ausg.: E. Hartl. Berlin 1953 (= 7. neubearb. Aufl. der Lachmannschen Ausgabe. Bd. 1: Parzival, Lieder und Titurel. Mehr nicht erschienen). K. Lachmann. Berlin 1965. 6. Auflage, 4. Nachdruck.
A. Hofstätter, Die Parzivalfragmente Gα und Gβ und ein neuentdecktes
  Lankowitzer Fragment. Diss. Wien 1950 (Masch.), auch in: Anz. d. Österr.
  Ak. d. Wiss. 88 (1951) S. 57–95;
U. Pretzel, Die Übersetzungen von Wolframs Parzival. Deutschunterr. 6
  (1954) H. 5, S. 41–64;
Parzival. Titurel. Tagelieder. Cgm 19 der Bayer. Staatsbibliothek. Transkription
  d. Texte von G. Augst, O. Ehrismann u. H. Engels. Mit e. Beitr. z. Ge-
  schichte d. Hs. von F. Dreßler. Stuttgart 1970. (Faks. Bd u. Textbd.);
Wolfram von Eschenbach: „Parzival". Lachmanns Buch III. Abbildung und
  Transkription der Leithandschriften D und G. Hsg. von J. Kühnel. Göppin-
  gen 1971;
Parzival. Lachmanns Buch III. Abb. u. Transkription d. Leithss. D u. G.
  Hrsg. v. Jürgen Kühnel. Göppingen 1971;
J. Kühnel, Wolframs von Eschenbach Parzival in der Überlieferung der Hss.
  D (Cod. Sangall. 857) u. G (Cgm. 19). Zur Textgestalt d. „Dritten Buches".
  In: Festschrift f. K. H. Halbach. 1972. S. 145–213;
R. A. Hofmeister, Manuscript evidence in Wolfram's Parzival. Diss. Univ. of
  Illinois at Urbana-Champaign 1971. DA 32 (1971/72) 5764A;
R. Hofmeister, A new aspect of the Parzivaltransmission through a critical
  examination of ms. G and Gᵐ. MLN 87 (1972) S. 701–719;
Lit.: E. Hartl, Verf.-Lex. 4, Sp. 1058–91;
H. Eggers, Wolframforschung in der Krise? Wirk. Wort 4 (1953/54) S. 274–90;
H. Folger, Eucharistie u. Gral. Zur neueren Wolframforschung. Archiv f.
  Liturgiewissenschaft V 1 (1957) S. 96–102;
F. Neumann, Wolfram von Eschenbach. In: Die großen Deutschen, Bd. 1,
  Berlin 1956, S. 101–13;
M. F. Richey, Studies of Wolfram von Eschenbach. Edinburgh 1957;
W. Schröder, Zur Chronologie der drei großen mhd. Epiker. DVjs 31 (1957)
  S. 264–302;

W. J. Mair, Zur Entstehungsgesch. d. Epen Wolframs und Gottfrieds. Diss.
Innsbruck 1958 (Masch.);

B. Horacek, „Ichne kan deheinen buochstap". In: Festschrift D. Kralik.
Horn 1954, S. 129–45;

W. J. Schröder, Vindaere wilder maere. Zum Literaturstreit zwischen Gottfried
u. Wolfram, Beitr. Tübingen 80 (1958) S. 269–87;

T. K. Reiber, Studien zu Grundlage u. Wesen mittelalterlich-höfischer Dichtung. Unter bes. Berücksichtigung von Wolframs dunklem Stil. Diss.
Tübingen 1954 (Masch.);

H. Vigl, Das Bild als Mittel d. Ausdrucks u. d. Gestaltens bei Wolfram von
Eschenbach. Untersuchungen zum sprachlichen Bild bei Wolfram von
Eschenbach. Diss. Innsbruck 1954 (Masch.);

B. Horacek, Die Kunst d. Enjambements bei Wolfram von Eschenbach. ZfdA
85 (1954/55) S. 210–29;

F. Maurer, Das Grundanliegen Wolframs von Eschenbach. Deutschunterr. 8
(1956) H. 1, S. 46–61;

K. Schellenberg, Humanität u. Toleranz bei Wolfram. Wolfram-Jb. 1952,
S. 9–27;

H.-J. Koppitz, Wolframs Religiosität. Beobachtungen über das Verhältnis
Wolframs von Eschenbach zur religiösen Tradition d. Mittelalters. Bonn
1959;

I. Giese, Sigune. Untersuchungen zur Minneauffassung Wolframs von Eschenbach, Diss. Rostock 1952 (Masch,);

D. Labusch, geb. Schütz, Studien zu Wolframs Sigune. Diss. Frankfurt/M.
1959;

E. Karl, Minne u. Ritterethik bei Wolfram von Eschenbach. Diss. Freiburg i.
Br. 1952 (Masch.);

I. Wenk, Der Tod in d. deutschen Dichtung d. Mittelalters, dargestellt an den
Werken des Pfaffen Konrad, Hartmanns von Aue und Wolframs von Eschen
bach. Diss. FU. Berlin 1956 (Masch.);

Wolfram-Studien. Hrsg. von W. Schröder. Berlin 1970;

J. Bumke, Wolfram von Eschenbach. 3. durchges. u. erg. Aufl. Stuttgart 1970
(= Slg. Metzler 36);

W. K. Francke, The structural use of intellectual word-field in Wolframs
Parzival and Willehalm. Diss. Indiana Univ. 1969. DA 30 (1969/70) 4942/43
A;

K. Gärtner, Numeruskongruenz bei Wolfram von Eschenbach. In: Wolfram-
Studien. Berlin 1970. S. 28–61;

W. Schröder, Das epische Alterswerk Wolframs von Eschenbach. In: Wolfram-
Studien. Berlin 1970. S. 199–218;

W. Freytag, Das Oxymoron bei Wolfram, Gottfried und andern Dichtern
des Mittelalters. München 1972. (= Medium Aevum. Bd 24.).

Th. C. Brandt, Wolfram von Eschenbachs references to Plato and the Sibyl.
A report on their sources. MLN 86 (1971) S. 381–384;

W. Haug, Die Symbolstruktur des höfischen Epos und ihre Auflösung bei
Wolfram v. Eschenbach. DVjs 45 (1971) S. 668–705;

W. Mersmann, Der Besitzwechsel u. seine Bedeutung in den Dichtungen Wolframs v. Eschenbach u. Gottfrieds von Straßburg. München 1971 (Diss. Münster);

S. C. Harroff, Wolfram and his audience. A study of the themes of quest and of recognition of kinship identity. Diss. Indiana Univ. 1972. DA 33 (1972/73) 755 A;

K. Bertau, Versuch über den späten Chrestien u. die Anfänge Wolframs von Eschenbach. In: Probleme mittelhochdeutscher Erzählformen. Marburger Colloquium 1969. Berlin 1972. S. 73–106;

PARZIVAL

H. Eggers, Strukturprobleme mittelalterlicher Epik, dargestellt am Parzival Wolframs von Eschenbach. Euphorion 47 (1953) S. 260–70;

J. Fourquet, La structure du „Parzival" in: Les romans du graal aux XIIe et XIIIe siècle. Paris 1956. S. 199–211;

W. J. Schröder, Der dichterische Plan des Parzivalromans. Beitr. 74 (1956) S. 160–92;

Th. Velten, Der „Plan" von Wolframs Parzival. Studien zu Verwandtschaftsbeziehungen, Religiosität und Romanform. Diss. Heidelberg 1956 (Masch.);

R. Mackensen, Das Bild u. s. Funktion im „Parzival" des Wolfram von Eschenbach. Diss. Tübingen 1965 (Masch.);

L. P. Johnson, „Ersatzabstrakta" im „Parzival" Wolframs von Eschenbach. Diss. Kiel 1955 (Masch.);

B. Horacek, Zur Kunst d. Syntax in Wolframs Parzival. Wien 1953 (Hab.-Schrift);

J. Fourquet, Les noms propres du „Parzival", in: Mélanges . . . offerts à Ernest Hoepffner. Paris 1949. S. 245–60;

H. Eggers, Literarische Beziehungen des Parzival zum Tristrant Eilharts von Oberg. Beitr. 72 (1950) S. 39–51;

A. Neinhardt, Die epische Szene in d. höfischen Dichtung. Ein Vergl. von Hartmanns „Iwein" und Wolframs „Parzival". Diss. Göttingen 1948 (Masch.);

Hugo Kuhn, Parzival. Ein Versuch über Mythos, Glaube u. Dichtung im Mittelalter. DVjs. 30 (1956) S. 161–200;

M. Wehrli, Wolfram von Eschenbach. Erzählstil und Sinn seines „Parzival". Deutschunterr. 6 (1954) H. 5, S. 17–40;

P. Wapnewski, Wolframs Parzival. Studien zur Religiosität u. Form. Heidelberg 1955;

E. W. Becker, Das Recht im „Parzival". Diss. Bonn 1956 (Masch.);

G. Bonath, Untersuchungen z. Überlieferung d. Parzival Wolframs von Eschenbach. Bd. I. Lübeck, Hamburg 1970;

G. Bonath, „Scheneschlant" u. „Scheneschalt" im Parzival. In: Wolfram-Studien. Berlin 1970. S. 87–97;

D. H. Green, Der Auszug Gahmurets. In: Wolfram-Studien. Berlin 1970. S. 62–86;

G. Richard Dimler, Parzival's guilt. A theological interpretation. Monatsh. 62 (1970) S. 123–134;

S. M. Johnson, Parzival and Gawan. Their conflicts of duties. In: Wolfram-Studien. Berlin 1970. S. 98–116;

M. Kashiwagi, Läuterung u. Wiederholung. Zum Aufbau von Wolframs Parzival. Doitsu Bungaku 45 (1970) S. 1–12;

H. Kolb, Isidorsche „Etymologien" im Parzival. In: Wolfram Studien. Berlin 1970. S. 117–135;

F. Maurer. Zur Bauform von Wolframs Parzival-Roman. In: Mélanges pour Jean Fourquet 1969. S. 227–232. (Auch in: F. M., Dichtung und Sprache des Mittelalters. ²1971);

M. Murjanoff, „Roerin Sper". In: Wolfram-Studien. Berlin 1970. S. 188–193;

K. Ruh, Der Gralsheld in der „Queste del Saint Graal" In: Wolfram Studien. Berlin 1970. S. 240–63;

Frank Tobin, Wolframs Parzival. 435,1 and Kaiser Heinrich's „Ich grüeze mit gesange ..." (MF 5,16). MLN 85 (1970) S. 373–374;

M. O'C. Walshe, Parzival and Faust. In: Melanges pour Jean Fourquet. 1969. S. 363–370;

H. J. Weigand, Wolframs Parzival. 5 essays with an introd. Ed. by U. Hoffmann. Ithaca, London 1969;

N. R. Wolf, Die Minne als Strukturelement im Parzival Wolframs von Eschenbach. Euphorion 64 (1970) S. 59–74;

G. Eis, Die überlange Pferdemähne. Zu Wolframs Parzival 256, 22. In: Et multum et multa. Festgabe Kurt Lindner. 1971. S. 73–81;

W. K. Francke, The function of ,wis' in the characterization of Gahmuret, Gawan and Parzival. MLN 87 (1972) S. 409–418;

A. B. Groos Jr, Wolfram von Eschenbach's ,bow metaphor' and the narrative technique of Parzival. MLN 87 (1972) S. 391–408;

H. G. Welter, Die Wolframsche Stilfigur. Untersuchungen zu einem Strukturschema im Parzival Wolframs von Eschenbach. Bonn 1969. (Diss. Bonn);

A. T. Hatto, Wolfram von Eschenbach and the chase. In: Et multum et multa. Festgabe Kurt Lindner. 1971. S. 101–112;

R. Hofmeister, Note on Parzival 462, 11, doch ich ein leie wære'. MLN 87 (1972) S. 494–496;

L. P. Johnson, Dramatische Ironie in Wolframs ,Parzival'. In: Probleme mittelhochdeutscher Erzählformen. Berlin 1972. S. 133–152;

C. Lofmark, Wolfram's source references in ,Parzival'. MLR 67 (1972) S. 820–844;

H. Lomnitzer, Beobachtungen zu Wolframs Epenvers. In: Probleme mittelhochdeutscher Erzählformen. Berlin 1972. S. 107–132;

F. Maurer, Wolfram und die zeitgenössischen Dichter. In: F. Maurer, Dichtung und Sprache des Mittelalters. ²1971. S. 447–453;

U. Pretzel, Gahmuret im Kampf der Pflichten. In: Mediævalia litteraria. Festschrift Helmut de Boor. 1971. S. 379–395;

M. Riehl, La réligion dans ,Parzival' de Wolfram von Eschenbach. Nancy 1970. (Diss. Nancy);

H. Rosenfeld, Personen-, Orts- und Ländernamen in Wolframs Parzival. In:

Studien zur Namenkunde und Sprachgeographie. Festschrift Karl Finster-
walder. 1971. S. 203–214;

B. Schirok, Der Aufbau von Wolframs ‚Parzival'. Untersuchungen zur Hand-
schriftengliederung, zur Handlungsführung und Erzähltechnik sowie zur
Zahlenkomposition. – Freiburg/Br. 1972. (Diss. Freiburg);

J. W. Thomas, Parzival as a source for Frauendienst. MLN 87. (1972) S. 419–
432;

G. Zimmermann, Untersuchungen zur Orgeluseepisode in Wolfram von
Eschenbachs Parzival. Euphorion 66 (1972) S. 128–150.

E. Nellmann, Die Komposition des Parzival. Versuch einer neuen Gliederung.
Wirk. Wort 21 (1971) S. 389–402;

N. Tonomura, Die Anfangsverse des Parzival-Prologs. Wirk. Wort 21 (1971)
S. 154–158;

M. Curschmann, Das Abenteuer des Erzählens. Über d. Erzähler in Wolframs
Parzival. DVjs 45 (1971) S. 627–667;

W. Schröder, Parzivals Schwerter. ZfdA 100 (1971) S. 111–132;

W. Blank, Mittelalterliche Dichtung oder Theologie? Zur Schuld Parzivals.
ZfdA 100 (1971) S. 133–148;

F. Neumann, Wolfram von Eschenbach auf d. Wildenberg. ZfdA 100 (1971)
S. 94–110;

F. Neumann, Wolfram auf der Burg zu Wertheim. In: Mediaevalia litteraria.
Festschrift Helmut de Boor. 1971. S. 365–378;

R. Roßkopf, Der Traum Herzeloydes u. der Rote Ritter. Erwägungen über d.
Bedeutg d. staufisch-welfischen Thronstreites für Wolframs Parzival. Göppingen 1972 (Diss. München);

Ch. Ortmann, Die Selbstaussagen im Parzival. Zur Frage nach d. Personen-
gestaltg bei Wolfram von Eschenbach. Stuttgart, Berlin, Köln, Mainz 1972
(Diss. München);

H. E. Wiegand, Studien z. Minne u. Ehe in Wolframs Parzival u. Hartmanns
Artusepik. Berlin, New York 1972;

R. L. Benkert, Minnedienst u. Ehe in Wolframs von Eschenbach Parzival.
Aufgezeichnet an folgenden Paaren: Gahmuret – Herzeloyde (Belakane),
Orilus – Jeschute, Parzival – Kondwiramurs (Kunneware, Liasse), Gawan –
Orgeluse (Obilot, Antikonie), Gramoflanz – Itonje u. Feirefiz – Respanse de
Schoye (Sekundille). Diss. Univ. of S. Calif. 1972. DA 33 (1972/73) 718A;

W. K. Francke, The function of ‚wis' in the characterization of Gahmuret,
Gawan and Parzival. MLN 87 (1972) S. 409–418;

J. Schaefer, Beobachtgn zu Wolframs Erzählform im Parzival. In: Festschrift
f. K. H. Halbach. 1972. S. 215–246;

H. Siefken, Wolframs Erzählton. Beobachtgn am 3. Buch d. Parzival. In:
Getempert u. gemischet. Festschrift Wolfgang Mohr. 1972. S. 103–119;

L. P. Johnson, Dramatische Ironie in Wolfram's Parzival. In: Probleme mhd
Erzählformen. Marburger Colloquium 1969. 1972. S. 133–152.

ZUM GRALPROBLEM

Lumière du Graal. Études et textes présentés sous la direction de R. Nelli.
Paris 1951;

J. Marx, La légende Arthurienne et le Graal. Paris 1952;
Les romans du graal aux XIIᵉ et XIIIᵉ siècle. Colloques internationaux du Centre national de la Recherche scientifique III. Paris 1956;
B. Mergell, Zur Entstehungsgeschichte der Sage u. Dichtung vom Gral. GRM 34 (1953) S. 91–109;
H. J. Weigand, A Jester at the Grail Castle in Wolfram's Parzival?. PMLA 67 (1952) S. 485–510;
H. J. Weigand, Wolfram's Grail and the Neutral Angels: A Discussion and a Dialogue. Germanic Review 29 (1954) S. 83–95;
B. Mergell, Wolfram u. d. Gral in neuem Licht, Euphorion 47 (1953) S. 431–51:
F. Ranke, La portée symbolique du graal chez Wolfram d'Eschenbach. In; Lumière du Graal. Paris 1951, S. 225–29;
L. Wolff, Die höfisch-ritterliche Welt u. d. Gral in Wolframs Parzival. Beitr. Tübingen 77 (1955) S. 254–78;
H. Sperber, lapsit exillis und sarapandratest, ZfdA 87 (1956/57) S. 270–77;
R. Wisniewski, Wolframs Gralstein u. eine Legende von Lucifer u. d. Edelsteinen, Beitr. Tübingen 79 (1957) S. 43–66;
E. Reiss, The Birth of the Grail Quest. In: Innovation in medieval literature. Essays to the memory of Alan Markman. 1971. S. 20–34;
K.-M. Petersen, Zum Grundriß des Gralstempels. In: Festschrift f. K.H. Halbach. 1972. S. 271–306;

ZUR QUELLENFRAGE

F. Dastoorzadeh, Kritik d. These vom iranischen Einfluß auf Wolframs Parzival. Diss. Heidelberg 1956 (Masch.);
M. R. Richey, The Indepedence of Wolfram von Eschenbach in Relation to Chrestien de Troyes as shown in ‚Parzival‘, Books III–VI. MLR 47 (1952) S. 350–61;
H. Kolb, Die Blutstropfen-Episode bei Chrétien und Wolfram. Beitr. Tübingen 79 (1958) S. 363–79;
W. Henzen, Zur Vorprägung der Demut im Parzival durch Chrestien. Beitr. Tübingen 80 (1958) S. 422–43;
W. J. Schröder, Horizontale u. vertikale Struktur bei Chrétien u. Wolfram. Wirk. Wort 9 (1959) S. 321–26.

ZUM KYOTPROBLEM

J. Frank, Le manuscrit de Guiot entre Chrétien de Troyes et Wolfram von Eschenbach, Saarbrücken 1952;
M. Delbouille, A propos du Graal. Du nouveau sur „Kyot der Provenzâl". Marche Romane 3 (1953) S. 13–32;
E. H. Zeydel, Notes on Wolfram's Parzival. MLN 67 (1952) S. 377–81;
ders., Wolframs Parzival, „Kyot" und die Katharer. Neophilologus 37 (1953) S. 25–35;
A. T. Hatto, Ya-t-il un roman du Graal de Kyot le provencal?. In: Les romans du graal aux XIIᵉ et XIIIᵉ siècle. Paris 1956. S. 167–84;

H. u. R. Kahane, Wolframs Gral und Wolframs Kyot. ZfdA 89 (1958/59)
S. 191–213.

INTERPRETATION

W. Mohr, Parzival und die Ritter. Von einfacher Form zum Ritterepos.
Fabula 1 (1958) S. 201–13;
E. H. Zeydel, Wolfram von Eschenbach und diu buoch. Euphorion 48 (1954)
S. 210–15;
H. Swinburne, Parzival's Crisis. MLR 50 (1955) S. 181–86;
W. T. H. Jackson, The Progress of Parzival and the Trees of Virtue and Vice.
Germanic Review 33 (1958) S. 118–24;
F. R. Schröder, Parzivals Schuld. GRM 40 (1959) S. 1–20;
O. G. v. Simson, Über das Religiöse in Wolframs Parzival. Deutsche Beitr. z.
geistigen Überlieferung 2 (1953) S. 25–45;
C. F. Bayerschmidt, Wolfram von Eschenbach's Christian Faith. Germanic
Review 29 (1954) S. 214–23;
P. B. Wessels, Wolfram zwischen Dogma und Legende. Beitr. Tübingen 77
(1955) S. 112–35;
H. Kolb, Schola Humilitas. Ein Beitrag z. Interpretation d. Gralerzählung
Wolframs von Eschenbach. Beitr. Tübingen 78 (1956) S. 65–115;
G. Efimoff, Le Parzival de Wolfram d'Eschenbach. Un chemin d'imitation.
Cahiers d'études cathares 6 (1955) S. 236–44, 7 (1956) S. 105–14, 8 (1957)
S. 11–17;
O. Katann, Einflüsse des Katharertums auf Wolframs Parzival? Wirk. Wort 8
(1957/58) S. 321–29;
W. Mohr, Hilfe u. Rat in Wolframs „Parzival". Festschrift J. Trier. Meisen-
heim 1954. S. 173–97;
R. Gruenter, Parzivals „einvalt". Euphorion 52 (1958) S. 297–302;
G. Spieß, Die Bedeutung des Wortes „triuwe" in den mhd. Epen „Parzival",
„Nibelungenlied" und „Tristan". Diss. Heidelberg 1957 (Masch.);
W. Schröder, Zum Wortgebrauch von riuwe bei Hartmann und Wolfram.
GRM 40 (1959) S. 228–34;
H. Rupp, Die Funktion des Wortes tump im „Parzival" Wolframs von Eschen-
bach, GRM 38 (1957) S. 97–106;
K. K. Klein, Das Freundschaftsgleichnis im Parzivalprolog. Ein Beitr. zur
Klärung der Beziehungen zw. Wolfram von Eschenbach u. Gottfried von
Straßburg. In: Ammann-Festgabe Bd. 1. Innsbruck 1953. S. 75–95;
H. B. Willson, Wolframs bîspel. Zur Interpretation des ersten Teils des
Parzival-Prologs, Wolfram-Jb. 1955, S. 28–51;
K. K. Klein, Wolframs Selbstverteidigung. ZfdA 85 (1954/55) S. 150–62;
H. Menhardt, Wolframs „Selbstverteidigung" und die Einleitung zum Parzi-
val. ZfdA 86 (1955/56) S. 237–40;
H. B. Willson, Wolframs' „Self-Defence". MLR 52 (1957) S. 572–75;
ders., „Nû lât mîn eines wesen drî" (Parzival, 4, 2–8). MLR 52 (1957) S. 570–
72;
G. Etzler, Die Komposition des Gahmuret-Teiles von Wolframs Parzival und
seine Funktion im Gesamtwerk. Diss. Kiel 1950 (Masch.);

A. T. Hatto, Zur Entstehung des Eingangs u. d. Bücher I u. II des Parzival.
ZfdA 84 (1952/53) S. 232–40;

B. Mergell, Les livres de Gahmuret dans le Parzival de Wolfram d'Eschenbach.
In: Les romans du graal aux XIIᵉ et XIIIᵉ siècle. Paris 1956, S. 185–97;

H. Swinburne, Gahmuret u. Feirefiz in Wolfram's Parzival. MLR 51 (1956)
S. 195–202;

M. O'C. Walshe, Der künec von kukumerlant. London Mediaeval Studies I
(1937/39) S. 280–84;

ders., Notes on Parzival, Book V. London Mediaeval Studies I (1937/39)
S. 340–53;

W. Krogmann, wunsch von pardîs. ZfdA 85 (1954/55) S. 35–38;

K. K. Klein, Gottfried u. Wolfram. Zum Bogengleichnis Parzival 241, 1–30.
In: Festschrift D. Kralik, Horn 1954. S. 145–54;

W. J. Schröder, Zum Bogengleichnis Wolframs. Parz. 241, 1–30. Beitr.
Tübingen 78 (1956) S. 453–57;

R. J. McClean, ‚Segramors Roys'. London Mediaeval Studies 1 (1937/39) S. 279

W. Mohr, Parzival und Gawan. Euphorion 52 (1958) S. 1–22;

S. M. Johnson, Gawan's Surprise in Wolfram's Parzival. Germanic Review
33 (1958) S. 285–92;

S. Gutenbrunner, Über d. Liddamus-Episode des Parzival. ZfdA 86 (1955/56)
S. 287–92;

H. J. Weigand, Trevrezent as Parzival's Rival? MLN 69 (1954) S. 348–57;

W. Mohr, Obie u. Meljanz: Zum 7. Buch von Wolframs Parzival. In: Gestaltprobleme d. Dichtung. G. Müller zu s. 65. Geburtstag. Bonn 1957.
S. 9–20;

W. Wolf, Die Wundersäule in Wolframs Schastel Marveile. In: E. Öhmann
zu s. 60. Geburtstag, Helsinki 1954. S. 275–314;

H. B. Willson, Parzival 782, 23–6. MLR 51 (1956) S. 416–18;

E. Henschel, Zu Wolframs ‚Parzival'. Beitr. 74 (1952) S. 299–303;

ders., Zu Parz. 78, 25 ff.; 353, 10 ff.; 434, 11 ff.. Beitr. 74 (1952) S. 319–20.

WILLEHALM

Ausg., Überlieferung: W. Schröder, W. 306–310. Neuer krit. Text mit paral-
lelem Abdruck d. St. Galler Hs., vollständ. u. reduziertem Variantenapparat.
In: Wolfram-Studien. Berlin 1970. S. 136–69;

J. Bumke, Kritisches zur neuen kritischen Willehalm-Ausgabe. Euphorion 64
(1970) S. 423–432. (Forschungsbericht);

W. Schröder, Zu Joachim Bumkes Kritik d. kritischen Willehalm-Textes.
Euphorion 65 (1971) S. 409–418;

J. Bumke, Antwort an Werner Schröder (zu s. neuen Willehalm-Text). Euphorion 66 (1972) S. 81–84;

Willehalm. Text d. 6. Ausgabe v. K. Lachmann. Übersetzung u. Anmerkungen
von D. Kartschoke. Berlin 1968;

O. Unger, Bemerkungen zu e. neuen Willehalm-Übersetzung (von D. Kartschoke). In: Wolfram Studien. Berlin 1970. S. 194–198;

Willehalm – Titurel. Text, Nacherzählung, Anm. u. Worterklärungen. Hrsg.
v. W. J. Schröder, U. G. Hollandt. Darmstadt 1971;

G. Eis, Zur Überlieferung von Wolframs Willehalm und Heslers Evangelium Nicodemi, ZfdPh 73 (1954) S. 103–10 und 336.

H. Schanze, Beobachtungen z. Gebrauch d. Dreißigerinitialen in d. Willehalm-Hs. Cod. G ‹Cod. Sang. 857›. In: Wolfram-Studien. Berlin 1970. S. 170–187;

M. von Stosch, Schreibereinflüsse und Schreibertendenzen in der Überlieferung der Handschriftengruppe *WWO von Wolframs ‚Willehalm'. München 1971 (Diss. Marburg);

Ch. Gerhardt, Bemerkungen zur Hs. C von Wolframs Willehalm (Köln, Stadtarchiv W 5° 355.). Studi medievali 11 (1970) S. 957–973;

Ch. Gerhardt, Die Bild- u. ‚aventiure'-Überschriften in d. Hs. V (Cod. Vind. 2670) von Wolframs Willehalm. Studi medievali 12 (1971) S. 964–985;

F. Pensel, Ein wiederentdecktes Willehalm-Fragment Wolframs von Eschenbach. Beitr. Halle 93 (1972) S. 366–375;

Lit.: J. Bumke, Wolframs Willehalm. Studien zur Epenstruktur u. zum Heiligkeitsbegriff d. ausgehenden Blütezeit. Heidelberg 1959;

K. Sailer, Die Menschengestaltung in Wolframs Willehalm, Diss. München 1950 (Masch.-Schr.);

H. Gehrts, Fehldeutung einer Wolframstelle (Wh. 152, 28 ff.), ZfdPh 73 (1954) S. 110;

H. Kilian, Studien zu Wolframs ‚Willehalm'. Interpretation des 9. Buches und Ansätze zu einer Deutung des Gesamtwerks. Frankfurt 1969. (Diss. Frankfurt);

Ch. Gerhardt, Wolframs Adlerbild Willehalm 189,2–24. ZfdA 99 (1970) S. 213–222;

F. P. Knapp, Rennewart. Studien zu Gehalt u. Gestalt d. Willehalm Wolframs von Eschenbach. Wien 1970 (Diss. Wien);

W. Kühnemann, Soldatenausdrücke und Soldatensarkasmen in den mhd. Epen bei besonderer Berücksichtigung von Wolframs ‚Willehalm'. Tübingen 1970. (Diss. Tübingen);

H. W. Schaefer, Zum Schluss d. Willehalm. Boletin de estudios germanicos 8 (1970) S. 35–61;

V. J. Hansen Moessner, Character and its development in Wolframs Willehalm. Diss. Univ. of Michigan 1971. DA 32 (1971/72) 6441A;

G. u. E. Dittrich, Zur Datierung von Wolframs Willehalm. Studi medievali 12 (1971) S. 955–963;

W. S. Lipton, Clues for readers of Wolfram's v. Eschenbach Willehalm. MLN 87 (1972) S. 753–758;

J. F. Poag, Wortstrukturen in Wolframs Willehalm. DVjs 46 (1972) S. 82–112;

W. S. Lipton, Identifying the speaker in Wolfram von Eschenbach's Willehalm, 228, 18–19. Papers on lang. and lit. 8 (1972) S. 195–199;

U. Rothansel, Vergl. Studien zur Rennewart-Gestalt bei Wolfram v. Eschenbach u. Ulrich v. Türheim. Diss. Wien 1972 (Masch.);

K. Kloocke, Giburg. Zur altfranzös. Wilhelmsepik u. Wolframs Willehalm. In: Getempert und gemischet. Festschrift Wolfgang Mohr. 1972. S. 121–146;

W. K. Francke, The characterization of Rennewart. GQ 45 (1972) S. 417–428.

TITUREL

J. Fourquet, L'ancien et le nouveau Titurel. In: Lumiere du Graal. Paris 1951, S. 230–34;

W. Kiefner, Wolframs Titurel. Untersuchungen zu Metrik u. Stil. Diss. Tübingen 1952 (Masch.);

B. Rahn, Wolframs Sigunendichtung. Eine Interpretation d. „Titurelfragmente". Zürich 1958;

J. Heinzle, Wolframs Titurel. Beiträge zum Verständnis des überlieferten Textes. Stellenkommentar zu Lachmanns Ausgabe. Tübingen 1972;

V. Mertens, Zu Text u. Melodie der Titurelstrophe Iamer ist mir entsprungen. In: Wolfram Studien. Berlin 1970. S. 219–39;

J. Bumke, Zur Überlieferung von Wolframs Titurel. Wolframs Dichtung u. d. Jüngere Titurel. ZfdA 100 (1971) S. 390–431;

J. Bumke, Titurelüberlieferung und Titurelforschung. Vorüberlegungen zu einer neuen Ausgabe von Wolframs Titurelfragmenten. ZfdA 102 (1973) S. 147–188.

Abschnitt 5 (Seite 127–145)

GOTTFRIED VON STRASSBURG

Ausg.: Tristan. Hrsg. von K. Marold. 3. Abdr. mit e. durch F. Rankes Kollationen erw. u. verb. Apparat besorgt u. mit e. Nachw. vers. von W. Schröder. (Photomechan. Nachdr. d. Ausg. Lpz. 1906.) Berlin 1969.

Tristan. Transl. with the surviving fragments of the Tristan of Thomas with an introd. by A. A. Hatto. Harmondsworth 1960;

Tristan u. Isolde [Ausz.] In Auswahl hrsg. von F. Maurer. Berlin ²1965;

Tristan Text. Nacherzählungen, Wort- u. Begriffserklärungen. In Verbindung mit G. Utzmann u. W. Hoffmann hrsg. von G. Weber. Darmstadt 1967;

Lit.: W. J. Schröder, Verf. Lex. 5. Sp. 271–272;

H. Fromm, Zum gegenwärtigen Stand d. Gottfried-Forschung. DVjs 28 (1954) S. 115–38;

H. D. Dickerson, A survey of critical commentary on Gottfrieds Tristan Diss. Ohio State Univ. 1967. DA 28 (1967/1968) 3667/68 A;

E. G. Reinnagel, Gottfried-Forschung im 20. Jahrhundert. Diss. Graz 1967 (Masch.);

R. Picozzi, A history of Tristan scholarship. Berne, Frankfurt 1971;

G. Weber in Verb. mit W. Hoffmann, Gottfried von Straßburg. Stuttgart 3. Aufl. 1968 (= Slg. Metzler 15);

H. H. Steinhoff, Bibliographie zu Gottfried von Straßburg. Berlin 1971;

M. E. Valk, Word-index to Gottfried's Tristan. Madison 1958;

G. Eis, Fragment aus Gottfrieds Tristan. Indogerm. Forschungen 60 (1952) S. 90–94;

H. de Boor, Gottfried von Straßburg, In: Die großen Deutschen, Bd. 5. Berlin 1957. S. 57–65;

J. Schwietering, Gottfried's Tristan. Germanic Review 29 (1954) S. 1–17;

M. Bindschedler, Gottfried von Straßburg u. d. höfische Ethik. Beitr. 76 (1954)
S. 1–37;

dies., Der Tristan Gottfrieds von Straßburg. Deutschunterr. 6 (1954) H. 5,
S. 65–76;

W. Schwarz, Gottfrieds von Straßburg „Tristan und Isolde". Groningen 1955;

G. Weber, Gottfrieds von Straßburg „Tristan" u. d. Krise d. hochmittelalterlichen Weltbildes um 1200, 2 Bde., Stuttgart 1953;

H. Goerke, Die Minnesphäre in Gottfrieds Tristan u. d. Häresie des Amalrich
von Bena. Diss. Tübingen 1952 (Masch.);

A. G. Wolf, Tristan-Studien. Untersuchungen zum Minnegedanken im Tristan
Gottfrieds von Straßburg, Diss. Innsbruck 1953 (Masch.);

G. Meißburger, Tristan und Isold mit d. weißen Händen. Die Auffassung d.
Minne, d. Liebe u. d. Ehe bei Gottfried von Straßburg und Ulrich von
Türheim. Basel 1954;

W. T. H. Jackson, The Rôle of Brangaene in Gottfried's Tristan. Germanic
Review 28 (1953) S. 290–96;

H. Furstner, Der Beginn der Liebe bei Tristan und Isolde in Gottfrieds Epos,
Neophilologus 41 (1957) S. 25–38;

R. Gruenter, Bauformen der Waldleben-Episode in Gottfrieds Tristan und
Isold. In: Gestaltprobleme d. Dichtung. G. Müller zu s. 65. Geburtstag.
Bonn 1957, S. 21–48;

W. Mohr, Tristan u. Isold als Künstlerroman. Euphorion 53 (1959) S. 153–74;

D.-H. Schorn, Die Zeit in den Tristandichtungen Eilharts u. Gottfrieds.
Studie zur Wirklichkeitsauffassung in mittelalterl. Dichtungen. Diss. Köln
1952 (Masch.);

M.-L. Gräff, Studien zum Kunst- u. Stilwandel des XIII. Jahrhunderts. Gott-
fried von Straßburg: Tristan und Isolde, Rudolf von Ems: Willehalm,
Konrad von Würzburg: Engelhard , Reinfrid von Braunschweig. Diss.
Tübingen 1947 (Masch.);

D.H. Green, Konrads „Trojanerkrieg" u. Gottfrieds „Tristan". Vorstudien
z. gotischen Stil in d. Dichtung. Waldkirch 1949;

W. Wilß, Die Beziehungen zwischen Hartmann von Aue und Gottfried von
Straßburg. Diss. Tübingen 1950 (Masch,);

W. J. Schröder, Vindaere wilder maere. Zum Literaturstreit zw. Gottfried u.
Wolfram. Beitr. Tübingen 80 (1958) S. 269–87;

W. J. Mair, Zur Entstehungsgesch. d. Epen Wolframs u. Gottfrieds. Diss.
Innsbruck 1958 (Masch.);

W. Schröder, Zur Chronologie d. drei großen mhd. Epiker. DVjs 31 (1957)
S. 264–302;

A. Schöne, Zu Gottfrieds „Tristan"-Prolog, Deutsche Vierteljahrsschr. 29
(1955) S. 447–74;

H. de Boor, Der strophische Prolog zum Tristan Gottfrieds von Straßburg.
Beitr. Tübingen 81 (1959) S. 47–60;

R. Gruenter, Der vremede hirz. ZfdA 86 (1955/56) S. 231–37;

A. T. Hatto, Der minnen vederspil Isot. Euphorion 51 (1957) S. 302–07;

H. B. Willson, ‚Vicissitudes' in Gottfried's ‚Tristan'. MLR 52 (1957) S. 203–13;

A. Schirokauer, Tristan 11 699. Germanic Review 22 (1947) S. 90–91;

F. Mosselman, Der Wortschatz Gottfrieds von Straßburg. Amsterdam 1953;
G. E. Maier, Die Feldlehre u. ihr Gegensatz zu d. tatsächl. Sprachgegebenheiten. Untersucht an Wörtern d. Freudebereiches in Gottfrieds Tristan, Hartmanns Armen Heinrich u. Iwein u. im Nibelungenlied. Diss. Köln 1955 (Masch.);
E.-A. Jauch, Untersuchungen der Begriffe „tugent", „saelde", „triuwe" und „edelez herze" im Tristan Gottfrieds von Straßburg. Diss. Freiburg i. Br. 1951 (Masch.);
G. Spieß, Die Bedeutung des Wortes „triuwe" in den mhd. Epen „Parzival", „Nibelungenlied" und „Tristan". Diss. Heidelberg 1957 (Masch.);
E. Schuster, Der Nachsatz im Tristan. Diss. Würzburg 1949 (Masch.);
E. Schauer, Die Personen- u. Ortsnamen in Gottfrieds von Straßburg „Tristan und Isolde". Diss. Wien 1950 (Masch.);
S. Singer, Thomas von Britannien u. Gottfried von Straßburg. In: Festschrift E. Tièche. Bern 1945. S. 87–101;
I. Pfeiffer, Untersuchungen zum „Tristan" Gottfrieds von Straßburg unter besonderer Berücksichtigung d. altnord. Prosaversion. Diss. Göttingen 1956 (Masch.);
S. Gutenbrunner, Ein Skaldenzeugnis zur Tristansage? Archiv 195 (1956) S. 137–40.
A. Moret, Le problème de l'interprétation du Tristan de Gottfried. In: Mélanges de linguistique et de phil. Fernand Mossé in memorian. 1959. S. 322–329;
F. C. Tubach, On the recent evaluations of the Tristan of Gottfried von Straßburg. MLN 74 (1959) S. 532–536;
M. Pensa, Il Tristano di Gottfried von Straßburg. Lezioni tenute nella facolta di lettere dell' Univ. di Bologna nell' anno accad. 1962/1963. Bologna 1963;
Hugo Kuhn, Art. Gottfried von Straßburg. NDB 6, Sp. 672–76. Auch in: H. K., Text und Theorie. 1969. S. 199–205;
G. Eis, Der Aderlaß in Gottfrieds Tristan. Med. Monatsschrift 2 (1948) S. 162–164;
J. H. Fischer, Tristan and courtly love. Comparative Lit. 9 (1957) S. 150–164;
L. L. Hammerich, Rationalismus u. Irrationalismus im Tristan-Roman. Beobachtungen z. Vorgesch. Univ.-Bund Marburg. Mitteilungen (1959) S. 4–15;
W. Mohr, Tristan u. Isolde als Künstlerroman. Euphorion 53 (1959) S. 153–174;
O. Sayce, Der Begriff edelez herze im Tristan Gottfrieds von Straßburg. DVjs 33 (1959) S. 389–413;
F. C. Tubach, The locus amoenus in the Tristan of Gottfried von Straßburg. Neophil. 43 (1959) S. 37–42;
L. L. Hammerich, Tristan og Isolde før Gottfried von Straßburg. København 1960;
E. Ochs, Gottfrieds wildenäre. Archiv 197 (1960/1961) S. 126;
W. J. Schröder, Bemerkungen z. Sprache Gottfrieds von Straßburg. In: Volk, Sprache, Dichtung. Festgabe für Kurt Wagner. 1960 S. 49–60;
J. A. Asher, Hartmann and Gottfried, master and pupil? In: Journal of the Australasian Universities Lang. and Lit. Ass. 1961. S. 134–144;

R. Gruenter, Das guldine lougen. Zu Gottfrieds Tristan, vv. 17536–17556. Euphorion 55 (1961) S. 1–15;

R. Gruenter, Das wunnecliche tal. Euphorion. 55 (1961) S. 341–404;

F. Norman, The enmity of Wolfram and Gottfried. GLL 15 (1961/62) S. 53–67;

P. W. Tax, Wort, Sinnbild, Zahl im Tristanroman. Studien z. Denken und Werten Gottfrieds von Straßburg. Berlin ²1971;

G. V. Amoretti, Gottfried von Straßburg, l'artista. In: G. V. A., Saggi critici. 1962. S. 196–225. (Zuerst 1934);

M. S. Batts, The idealised landscape in Gottfried's Tristan. Neophil. 46 (1962) S. 226–233;

H. Kolb, Der Minnen hus. Zur Allegorie d. Minnegrotte in Gottfrieds Tristan. Euphorion 56 (1962) S. 229–247;

J. Mittenzwei, Die Überwindung d. Welt d. Rittertums durch Musik in Gottfrieds von Straßburg Epos Tristan und Isolde. In: J. M., Das Musikal. in d. Literatur. 1962. S. 9–19;

H. Sparnaay, Der junge König Marke. In: Festgabe f. L. L. Hammerich. 1962. S. 281–289;

M. S. Batts, Die Problematik d. Tristan-Dichtung Gottfrieds von Straßburg. Doitsu Bungaku 30 (1963) S. 1–21;

J. Fourquet, Le cryptogramme du Tristan et la composition du poème. EG 18 (1963) S. 271–276;

I. Hahn, Raum u. Landschaft in Gottfrieds Tristan. Ein Beitrag z. Werkdeutung. München 1963;

F. Neumann, Warum brach Gottfried den Tristan ab? In: Festgabe f. U. Pretzel. 1963. S. 205–215;

W. Spiewok, Das Tristan-Epos Gottfrieds von Straßburg u. d. Grundzüge d. hochmittelalterlichen dt. Dichtung zw. 1150 u. 1250. Greifswald 1962 (Hab.-Schr.) (Masch.);

W. Spiewok, Zum Begriff „edelez herze" bei Gottfried von Straßburg. Weimarer Beitr. 9 (1963) S. 27–41;

W. Spiewok, Zur Tristan-Rezeption in d. mittelalterlichen dt. Literatur. Wiss. Zs. d. Univ. Greifswald 12 (1963) S. 147–155;

Vgl. auch: W. Spiewok. Weimarer Beitr. 9 (1963) S. 669ff. Weimarer Beitr. 10 (1965) S. 212ff. Wiss. Zs. d. Univ. Greifswald 12 (1963) S. 277–282, S. 147ff., S. 363ff., S. 481ff. Wiss. Zs. d. Univ. Greifswald 13 (1964) S. 115ff., 119ff.;

H. H. Steinhoff, Gottfried von Straßburg in marxistischer Sicht, Bemerkungen zu einer neuen Tristan-Interpretation. Wirk. Wort 17 (1967) S. 105–113;

Th. C. van Stockum, Die Problematik d. Gottesbegriffs im Tristan des Gottfried von Straßburg. Amsterdam 1963. S. 283–307. (= Mededel. d. Kgl. Nederl. Akad. van wetensch., Afd. Letterkunde. 26,9.);

P. Wapnewski, Herzeloydes Klage und das Leid der Blancheflur. Zur Frage d. agonalen Beziehungen zw. d. Kunstauffassungen Gottfrieds von Straßburg u. Wolframs von Eschenbach. In: Festgabe f. U. Pretzel, 1963. S. 173–184;

R. N. Combridge, Das Recht im Tristan Gottfrieds von Straßburg. 2., überarb. Aufl. Berlin 1964;

R. Gruenter, Der Favorit. Das Motiv der höfischen Intrige in Gottfrieds
Tristan u. Isolde. Euphorion 58 (1964) S. 113–128;

M. Körner, Die Stellung d. finiten Verbums in d. aussagenden Hauptsätzen
von Gottfrieds Tristan. Diss. Wien 1964. (Masch.);

W. Spiewok, Zur Interpretation d. stroph. Prologs zum Tristan Gottfrieds
von Straßburg. Wiss. Zs. d. Univ. Greifswald 13 (1964) S. 115–118;

P. Wapnewski, Tristans Abschied. Ein Vergleich d. Dichtung Gottfrieds
von Straßburg mit ihrer Vorlage Thomas. In: Festschrift Jost Trier. 1964.
S. 335–363;

H.B. Willson, Gottfrieds Tristan. The coherence of prologue and narrative.
MLR 59 (1964) S. 595–607;

F.W. Wodtke, Die Allegorie des Inneren Paradieses bei Bernhard v. Clairvaux,
Honorius Augustodunensis, Gottfried v. Straßburg u. in d. dt. Mystik. In:
Festschrift Jos. Quint. 1964. S. 277–290;

R. Gruenter, Daz ergest und daz beste. Zu Gottfrieds Tristan und Isolde,
vv. 11645–13096. Mediaeval German studies. 1965. S. 193–200;

W.T.H. Jackson, The stylistic use of word-pairs and word-repetitions in
Gottfrieds Tristan. Euphorion 59 (1965) S. 229–251;

P.C. Ober, Alchemy and the Tristan of Gottfried von Straßburg. Monatsh. 57
(1965) S. 321–335;

F.A. Ruplin, A consideration of humor in the mhg courtly epic with special
emphasis on Gottfrieds Tristan und Isolde. Diss. Univ. of Minnesota 1965.
DA 27 (1966) 1793 A;

K. Speckenbach, Studien z. Begriff „edelez herze" im Tristan Gottfrieds von
Straßburg. München 1965;

H.B. Willson, The old and the new law in Gottfried's Tristan. MLR 60 (1965)
S. 212–224;

P. Ganz, Polemisiert Gottfried gegen Wolfram? (Zu Tristan Z. 4638f.)
Beitr. Tübingen 88 (1966) S. 68–85;

G. Hollandt, Die Hauptgestalten in Gottfrieds Tristan. Wesenszüge, Hand-
lungsfunktion, Motiv d. List. Berlin 1966;

J. Quint, Ein Beitrag zur Textinterpretation von Gottfrieds Tristan und
Wolframs Parzival. In: Festschrift Helmut de Boor. 1966. S. 71–91;

J. Rathofer, Der „wunderbare Hirsch" der Minnegrotte. ZfdA 95 (1966)
S. 27–42;

U. Schulze, Lit.kritische Äußerungen im Tristan Gottfrieds von Straßburg.
Beitr. Tübingen 88 (1966/67) S. 285–310;

A. Wolf, Zu Gottfrieds literar. Technik. In: Sprachkunst als Weltgestaltung.
Festschrift Herbert Seidler. 1966. S. 384–409;

A. Wolf, Die Klagen der Blancheflur. Zur Fehde zw. Wolfram v. Eschenbach
u. Gottfried von Straßburg. ZfdPh 85 (1966) S. 66–82;

H. Fromm, Tristans Schwertleite (Vortr.). DVjs 41 (1967) S. 333–350;

W. Fuchs, Der Tristanroman u. d. höf. Liebesnovelle. Diss. Zürich 1967;

L. Gnaedinger, Musik u. Minne im Tristan Gottfrieds von Straßburg. Düsseldorf 1967;

I. Hahn, Zu Gottfrieds von Straßburg Literaturschau. ZfdA 96 (1967) S.
218–236;

H. Kolb, Der ware Elicon. Zu Gottfrieds Tristan vv. 4862–4907. DVjs 41 (1967) S. 1–26;

H. Ch. Kueter, Eine Untersuchung mittelhochdeutscher Wörter im semant. Bereich d. Falschheit 'valscheit', sowie d. Wörter 'schulde' u. 'triuwe'. Beitr. z. Deutung d. Hauptgestalten u. d. Liebesgeschehens in Gottfrieds Tristan. Diss. Univ. of Michigan 1967. DA 28 (1968) 5021 A;

W. J. Schröder, Der Liebestrank in Gottfrieds Tristan u. Isolt. Euphorion 61 (1967) S. 22–35. (Dem Aufsatz liegt d. Antrittsvorlesung d. Verf., Mainz 1961 zugrunde.);

U. Schwab, Lex et gratia. Der literer. Exkurs Gottfrieds von Straßburg u. Hartmanns Gregorius. Messina 1967;

H. L. Levy, Setmunt in Gottfrieds Tristan. 12.216. MLN 83 (1968) S. 435–436;

K. Peter, Die Utopie d. Glücks. Ein neuer Versuch über Gottfried von Straßburg. Euphorion 62 (1968) S. 317–344;

A. Snow, Wilt, wilde, wildenaere. A study in the interpretation of Gottfried's Tristan. Euphorion 62 (1968) S. 365–377;

B. L. Spahr, Tristan versus Morolt. Allegory against reality? In: Helen Adolf Festschrift. 1968. S. 72–85;

E. L. Wilke, Zur Lit.-schau in Gottfrieds von Straßburg Tristan und Isolde. Acta Germanica 3 (1968) S. 37–46;

W. Betz, Gottfried von Straßburg als Kritiker höf. Kultur u. Advokat religiöser erotischer Emanzipation. In: Festschrift K. Reichardt 1969. S. 168–173;

W. C. Crossgrove, Numerical composition in Gottfrieds von Straßburg Tristan Petitcreiu episode. MLQ 30 (1969) S. 20–32;

W. C. Crossgrove, Clusters of „aber" in Gottfrieds Tristan. MLN 84 (1969) S. 441–447;

R. L. Curtis, Tristan Studies. München 1969;

D. G. Mowatt, Tristan's mothers and Iwein's daughters. GLL 23 (1969/70) S. 18–31;

F. Norman, Meinung u. Gegenmeinung. Die literar. Fehde zw. Gottfried von Straßburg u. Wolfr. v. Eschenbach. In: Miscellanea di studi in onore di B. Tecchi. Rom 1969. S. 67–86;

M. Wehrli, Das Abenteuer von Gottfrieds Tristan. In: M. W., Formen mittelalterlicher Erzählung. 1969. S. 243–270;

E. Wilke, Der Minnetrank im Stilgefüge von Gottfrieds Tristan. Acta Germanica 4 (1969) S. 17–38;

J. S. Anson, The hunt of love. Gottfried von Straßburg, Tristan as tragedy. Speculum 45 (1970) S. 594–607;

I. Clausen, Der Erzähler in Gottfrieds Tristan. Diss. Köln 1970;

P. F. Ganz, Minnetrank u. Minne. Zu Tristan. Z. 11 707f. In: Formen mittelalterlicher Lit. 1970. S. 63–75;

R. Goldschmidt Kunzer, Irony in the Tristan of Gottfried von Straßburg. Diss. Univ. of Calif., Los Angeles 1970. DA 31 (1970/71) 5366 A;

S. Grosse, Vremdiu maere. Tristans Herkunftsberichte. Wirk. Wort 20 (1970) S. 289–301;

W. T. H. Jackson, The literary views of Gottfried von Straßburg PMLA 85 (1970) S. 992–1001;

J. Klein, Die Schwertleite in Gottfrieds Tristan und Isolde als „epische Einheit". Euphorion 64 (1970) S. 22;

M. Endres, Word field and word content in MHG. The applicability of word field theory to the intellectual vocabulary in Gottfrieds von Straßburg Tristan. Göppingen 1971;

P. Ganz, Tristan, Isolde u. Ovid. Zu Gottfrieds Tristan. Z. 17182ff. In: Mediaevalia litteraria. Festschrift Helmut de Boor. 1971. S. 397–412;

L. Gravigny, La composition de Tristan de Gottfried de Straßburg et les initiales dans les principaux manuscrits et fragments. EG 26 (1971) S. 1–17;

C. St. Jaeger, The testing of Brangaene. Cunning and Innocence in Gottfrieds Tristan JEGP 70 (1971) S. 189–206;

H. Kunisch, edelez herze – edeliu sêle. Vom Verhältnis höfischer Dichtung zur Mystik. In: Mediaevalia litteraria. Festschrift Helmut de Boor. 1971. S. 413–450;

L. Pfeiffer, Zur Funktion d. Exkurse im Tristan Gottfrieds von Straßburg. Göppingen 1971. (Diss. Marburg);

G. Schindele, Tristan. Metamorphose u. Tradition. Stuttgart, Berlin, Köln, Mainz 1971. (Diss. München);

Th. Schröer, Tristan unde Isot. Euphorion 65 (1971) S. 183–186;

C. St. Jaeger, The „strophic" prologue to Gottfrieds Tristan. GR 47 (1972) S. 5–19;

G.S. Penn, Gottfried von Straßburg and the invisible art. CollGerm. 1972. S. 113–125.

W.T.H. Jackson, The anatomy of love. The Tristan of Gottfried von Straßburg. New York, London 1971;

W. Haug, Aventiure in Gottfrieds von Straßburg Tristan. Beitr. Tübingen 94 (1972) Sonderh. S. 88–125;

J. Erben, Der sinnesame Tristan. Zur Wortbildg d. Adjektivs bei Gottfried v. Straßburg. Beitr. Tübingen 94 (1972) Sonderh. S. 182–191;

M. Zips, Tristan u. d. Ebersymbolik. Beitr. Tübingen 94 (1972) S. 134–152;

R.D. King, Triuwe in Gottfrieds Tristan. The Canadian Journal of Linguistics 17 (1972) S. 159–166;

Abschnitt 6 (Seite 145–150)

MORIZ VON CRAÛN

Ausg.: U. Pretzel, Tübingen 1955. (= Altdt. Textbibl. 45);

U. Pretzel. ²(starkveränderte) Tübingen 1962. ³1966 (unverändert).

Lit.: E. Henschel u. U. Pretzel, Zur Textgestalt des ‚Moriz von Craun'. Beitr. Halle 80 (1958) S. 480–92;

A. T. Hatto, Moriz von Craon. London Mediaeval Studies 1 (1937/39) S. 285–304;

F.R. Schröder, Zum Moriz von Craun. GRM 35 (1954) S. 337–40;

H. Borck, Zur Deutung u. Vorgeschichte d. Moriz von Craûn. DVjs 35 (1961) S. 494–520;

R. Harvey, Moriz von Craûn and the Chivalric world. London 1961;

30*

G. J. Gerlitzki, Die Bedeutg d. Minne in Moriz von Craûn Nachw. von H. Meyer. Bern 1970;

K. Ruh, Moriz v. Craun. Eine höf. Thesenerzählg aus Frankreich. In: Formen ma Lit. Festschrift Siegfried Beyschlag. 1970. S. 77–90.

Abschnitt 7 u. 8 (Seite 151–170)

HELDENDICHTUNG

Allgemeine Lit.: W. Betz, Die dt. Heldensage. In: Dt. Phil. im Aufr. 2. Aufl. Bd. 3. 1961. Sp. 1871–1970;

C. M. Bowra, Heldendichtung. Eine vergl. Phänomenologie d. heroischen Poesie aller Völker u. Zeiten. Aus d. Engl. übers. Stuttgart 1964;

F. Draeger, Das german. Heldenlied. Berlin 1961;

I. Fluss, Das Hervortreten d. Erzählerpersönlichkeit u. ihre Beziehg z. Publikum in mhd strophischer Heldendichtung. Hamburg 1971 (Diss. Hamburg);

H. Fromm, Das Heldenzeitlied des dt. Hoch-Mittelalters. Neuphil. Mitteilungen 62 (1961) S. 94–118;

H. Fromm, Heldenlied u. Volksballade. In: Wege zum Gedicht. Bd 2. München und Zürich 1964. S. 101–114;

G. T. Gillespie, The significance of personal names in German heroic poetry. In: Mediaeval German studies, Festschrift Frederick Norman. 1965. S. 16–21;

O. Gschwantler, Heldensage in d. Historiographie d. Mittelalters. Wien 1971 (Habil. Schrift) (Masch.);

K. H. Ihlenburg, Die gesellschaftl. Grundlage d. german. Heldenethos u. d. mündl. Überlieferung heroischer Stoffe. Weimar. Beitr. 17 (1971) H. 2, S. 140–169;

G. Kraatz, Vers u. Prosa. Entstehungstheorien zum dt. und ind. Heldenepos. Diss. München 1961;

H. Kuhn, Heldensage u. Christentum. In: H. K., Kl. Schriften 1971. II S. 119–126. Zuerst in Studium Berolinense (1960) S. 515–524;

A. van der Lee, Enkele problemen rondom het oudduitse heldenlied. Rede. Kampen 1958;

H. Rupp, „Heldendichtung" als Gattung d. dt. Lit. d. 13. Jh. In: Volk, Sprache, Dichtg. Festgabe für Kurt Wagner. 1960. S. 9–25;

K. v. See, German. Heldensage. Stoffe, Probleme, Methoden. Eine Einf. Frankfurt/M. 1971;

K. v. See, German. Heldensage. Ein Forschungsbericht. In: Gött. Gel. Anzeigen 218 (1966) S. 52–98;

H. Schneider, German. Heldensage. Bd. 1, Buch 1: Dt. Heldensage. 2., d. einen Anh. erw., sonst unveränd. Aufl. (d. Ausgabe von 1928) Berlin 1962;

W. Spiewok, Funktion u. Gestalt d. Heroik in d. dt. Lit. um 1200. Wiss. Zs. d. Univ. Greifswald 12 (1963) S. 363–368;

J. de Vries, Heldenlied und Heldensage. München, Bern 1961;

J. de Vries, Heldenlied en heldensage. Utrecht 1959;

P. B. Wessels, Heldendichtung u. Geschichte. (Vortr.). Groningen 1965;

G. Zink, Heldensage. In: Kurzer Grundriß d. german. Phil. 1971. II S. 1–47;

G. Zink, Chansons de geste et épopées allemandes. EG 17 (1962) S. 125–136;

Zur germ.-dt. Heldensage. 16 Aufss. zum neuen Forschungsstand. Hrsg. von
K. Hauck. Darmstadt 1961 (= WdF 14);
R. Wisniewski, Bibliogr. z. dt. Heldensage, 1928–1960. In: Herm. Schneider,
German. Heldensage. ²1962, Bd. 1. S. 458–541;

NIBELUNGENLIED

AUSGABEN UND HANDSCHRIFTEN

H. de Boor (nach der Ausgabe von K. Bartsch), 20. revidierte Aufl., Wiesbaden
1972 (= Deutsche Klassiker d. Mittelalters 3);
Das Nibelungenlied u. Die Klage. Hs. B (Cod. Sangall. 857). Vorw. von J.
Duft. Fotomechan. Nachdr. Köln, Graz 1962. (= Dt. Texte in Hss. 1);
Das Nibelungenlied u. die Klage. Hs. C der Fürstl. Fürstenberg. Hofbiblio-
thek Donaueschingen. Faksimileausgabe mit Kommentar bearb. von H.
Engels. Stuttgart 1968;
Das Nibelungenlied. Paralleldruck der Hss. A, B u. C, nebst Lesarten der
übrigen Hss. Hrsg. von M. S. Batts. Tübingen 1971;
Das Nibelungenlied in spätmittelalterlichen Illustrationen. Die 37 Bildseiten
des Hundeshagenschen Kodex Ms. Germ. Fol. 855 d. ehem. Preuß. Staats-
bibliothek Berlin, derzeit Staatsbibl. Preuß. Kulturbesitz, Faks.-ausgabe
unter Mitarb. v. G. Schweikle, hrsg. von H. Hornung. Farbaufn. von E.
Theil. Bozen 1968;
W. Krogmann, Zur Textkritik d. Nibelungenliedes. ZfdA 87 (1956/57) S.
275–94;
S. Gutenbrunner, Votum für A. Zur Handschriftenfrage beim Nibelungenlied,
ZfdPh 78 (1959) S. 39–49;
H. Sparnaay, Zur Vorgeschichte von Lachmanns Nibelungentext. In: Verza-
melde Opstellen. Geschreven door oud-leerlingen van Prof. Dr. J. H.
Scholte. Amsterdam 1947. S. 47–61;
W. Krogmann, Das Nibelungenfragment T. Neophilologus 41 (1957) S. 259–
63;
H. Menhardt, Die Nibelungenhandschrift c, der Laurin und die Historia
Gothorum des Lazius. ZfdA 84 (1952/53) S. 152–58;
H. de Boor, Die Bearbeitung m des Nibelungenliedes. Beitr. Tübingen 81
(1959) S. 176–95.
W. Fechter, Zu Bodmers Nibelungenlied-Ausgabe. GRM 42 (1961) S. 225–226;

S. Gutenbrunner, Über eine Lesart d. Freiburger Nibelungenhandschrift.
Archiv 197 (1960/61) S. 297–298;
G. Lohse, Die Beziehungen zw. der Thidrekssaga u. d. Hss. des Nibelungen-
lieds. Beitr. Tübingen 81 (1959) S. 295–347;
H. Thoma, Zur Nibelungenhs. A. Beitr. Halle 81 (1959) S. 247;
H. Brackert, Beitr. zur Hss.kritik des Nibelungenlieds. Berlin 1963 (Diss.
Hamburg);
P. B. Salmon, The Nibelungenlied in mediaeval Dutch. In: Mediaeval German
studies. Festschrift Frederick Norman. 1965. S. 124–137;
H. Scholler, Über d. Förderung d. Nibelungenforschung durch Elektronen-
rechner. ZfdA 95 (1966) S. 149–165;

W. Hoffmann, Die Fassung *C des Nibelungenliedes u. d. Klage. In: Fest-schrift G. Weber. 1967. S. 109–143;

W. Betz, Plädoyer für C als Weg zum älteren Nibelungenlied. In Mediaevalia litteraria. Festschrift Helmut de Boor. 1971. S. 331–341;

H. de Boor, Die Schreiber der Nibelungenhandschrift B. Beitr. Tübingen 94 (1972) S. 81–112;

U. Hennig, Zu den Handschriftenverhältnissen in der Liet-Fassung des Nibe-lungenliedes. Beitr. Tübingen 94 (1972) S. 113–133;

FORSCHUNGSBERICHTE

F. Neumann, Verf.-Lex. 5. Sp. 705 –19;

S. Beyschlag, Das Nibelungenlied in gegenwärtiger Sicht. Wirk. Wort 3 (1952/53) S. 193–200;

J. Rabe, Die Sprache d. Berliner Nibelungenlied-Hs. J (Ms. germ. Fol. 474). Göppingen 1972 (Diss. Marburg);

M. Fleet, The Recent Study of the Nibelungenlied. JEGPh 52 (1953) S. 32–49;

E. Ploss, Zum Stand d. Nibelungenforschung. In: Ostbaierische Grenz-marken. Passauer Jb. f. Gesch., Kunst u. Volksk., Bd. 1 (1957) S. 23–31;

A. Kracher, Neuere Arbeiten z. Nibelungen-Forschung. In: Unsere Heimat. Monatsbl. d. Ver. f. Landeskunde v. Niederösterr. u. Wien 31 (1960) S. 179–189;

G. Weber in Verb. mit W. Hoffmann, Nibelungenlied. Stuttgart 1961, ³1968 (= Slg. Metzler 7);

W. Hoffmann, Zur Situation der gegenw. Nibelungenforschung. Probleme, Ergebnisse, Aufgaben. Wirk. Wort 12 (1962) S. 79–91.

K. Vancsa, Die Forschungen z. Nibelungenlied 1960–63. Eine krit. Übersicht. Jb. f. Landeskunde von Niederösterreich 36 (1964) S. 881–888;

W. Hoffmann, Die engl. und amerik. Nibelungenforschung. 1959–1962. Überschau u. Kritik. ZfdPh 84 (1965) S. 267–278;

F. Neumann, Hs.kritik am Nibelungenlied. Ein Rückblick. GRM N.F. 15 (1965) S. 225–244;

ALLGEMEINES

W. Krogmann u. U. Pretzel, Bibliographie zum Nibelungenlied u. zur Klage, Hamburg 1958, 4., stark erw. Aufl. Unter red. Mitarb. von H. Haas u. W. Bachofer. Berlin 1966.

F. Panzer, Das Nibelungenlied. Entstehung u. Gestalt (Stuttgart 1955);

W. J. Schröder, Das Nibelungenlied. Versuch einer Deutung. Beitr. 76 (1954) S. 56–143;

B. Nagel, Probl. der Nibelungendeutung. Zu W. J. Schröders Deutungs-versuch, ZfdPh 75 (1956) S. 57–73;

B. Nagel, Zur Interpretation u. Wertung d. Nibelungenliedes, Neue Heidelb. Jb. N.F. 1954, S. 1–89;

B. Nagel, Die künstlerische Eigenleistung des Nibelungenlieddichters, Wolf-ram-Jb. 1953, S. 23–47;

A. Schirokauer, Das Nibelungenlied. Zur 750. Wiederkehr des Jahres seiner Vollendung, MDU 46 (1954) S. 365–73;

S. Beyschlag, Überlieferung u. Neuschöpfung. Erörtert an der Nibelungendichtung, Wirk. Wort 8 (1957/58) S. 205–13;

F. Maurer, Die Einheit d. Nibelungenlieds nach Idee u. Form, Deutschunterr.
5 (1953) H. 2, S. 27–42;

ders., Über den Bau der Aventiuren d. Nibelungenliedes, in: Festschrift f. D.
Kralik, Horn 1954, S. 93–98;

ders., Über die Formkunst des Dichters unseres Nibelungenliedes, Deutschunterr. 6 (1954) H. 5, S. 77–83;

H. Becker, Warnlieder, 2 Bde., Lpz. 1953;

I. Dittus, geb. Messerschmid, Studien zum Nibelungenlied u. zur Gudrun,
Diss. Tübingen 1952 (Masch.-Schr.);

H. Pressmar, Studien zu Kudrun u. Nibelungenlied. Lexikal. Studien-Reimstudien. Diss. Tübingen 1953 (Masch.);

F. Panzer, Zur Datierung d. Nibelungenliedes u. d. Klage, in: Vom mittelalterlichen Zitieren (Sitzungsber. d. Heidelberger Ak. d. Wiss., Phil.-hist.
Kl., Jg. 1950, 2. Abh.), S. 36–44;

G. Eis, Zur Datierung d. Nibelungenliedes, Forschungen u. Fortschritte 27
(1953) S. 48–51;

E. Ploss, Die Datierung d. Nibelungenliedes, Beitr. Tübingen 80 (1958) S.
72–106;

D. Kralik, Wer war der Dichter d. Nibelungenliedes?, Wien 1954;

O. Höfler, Die Anonymität d. Nibelungenliedes, Deutsche Vierteljahrsschr. 29
(1955) S. 167–213;

G. Zink, Pourquoi la chanson des Nibelungen est-elle anonyme?, Études
Germ. 10 (1955) S. 247–56;

F. Panzer, Der Weg d. Nibelunge, in: Erbe d. Vergangenheit. Germanistische
Beiträge, Festgabe f. K. Helm, Tübingen 1951, S. 83–107;

D. Kralik, Passau im Nibelungenlied, Anz. d. Phil.-hist. Kl. d. Österr. Ak. d.
Wiss. 1950, Nr. 20, S. 452–70;

G. Lohse, Harnasch im Nibelungenlied, ZfdA 87 (1956/57) S. 58–60;

E. Ploss, Zur Wortgeschichte von mhd. harnasch, Beitr. Tübingen 81 (1959)
S. 107–10.

INTERPRETATION

A. Bonjour, Anticipations et prophéties dans le Nibelungenlied. Êtudes Germ.
7 (1952) S. 241–51;

S. Beyschlag, Die Funktion d. epischen Vorausdeutung im Aufbau d. Nibelungenliedes, Beitr. 76 (1954) S. 38–55;

H.-J. Hillen, Die dichterische Behandlung d. Zeit im Nibelungenlied. Diss.
Köln 1952 (Masch.);

G. Schmidt, Die Darstellung d. Herrschers im Nibelungenlied. Wiss. Zs. d.
Karl-Marx-Univ. Leipzig. Ges.- u. sprachw. Reihe 4 (1954/55) S. 485–99;

G. Eis, Die angebliche Bayernfeindlichkeit d. Nibelungendichters. Forschungen u. Fortschritte 30 (1956) S. 308–12;

M. Sonnenfeld, An Etymological Explanation of the Hagen Figure. Neophilologus 43 (1959) S. 300–04;

G. Eis, Das Todeszeichen im Nibelungenlied. Euphorion 51 (1957) S. 295–301;

J. K. Bostock, Sivrit's Secret. MLR 50 (1955) S. 319–20;

F. R. Schröder, Kriemhilds Falkentraum. Beitr. Tübingen 78 (1956) S. 319–48;

E. Ploss, Byzantinische Traumsymbolik u. Kriemhilds Falkentraum. GRM 39 (1958) S. 218–26;

W. Fechter, Über die Vergleiche in der fünften Aventiure des Nibelungenliedes. ZfdA 89 (1958/59) S. 91–99;

J. Bumke, Sigfrids Fahrt ins Nibelungenland. Zur achten Aventiure d. Nibelungenliedes. Beitr. Tübingen 80 (1958) S. 253–68;

S. Gutenbrunner, Über einige Namen in d. Nibelungendichtung. ZfdA 85 (1954/55) S. 44–64;

S. Gutenbrunner, Rín skal ráda. Namenkundliches zur Dichtung vom Nibelungenhort. Rhein. Vjbll. 20 (1955) S. 30–53;

Th. Kriesch, Zur Wortstellung im Nibelungenlied. Die einleitenden Satzglieder u. d. Stellung d. Verbums in den selbständigen Sätzen d. Nibelungenliedes. Diss. Wien 1959 (Masch.);

J. Fourquet, Zum Aufbau d. Nibelungenlieds u. d. Kudrunlieds. ZfdA 85 (1954/55) S. 137–49;

M. S. Batts, Über die Form d. Aventiuren im Nibelungenlied. Diss. Freiburg i. Br. 1957 (Masch.);

F. X. Meyer, Die beschwerte Hebung im Nibelungenlied. Diss. Wien 1959 (Masch.);

L. Rettinger, Der Auftakt im Nibelungenlied. Diss. Wien 1959 (Masch.);

B. Wachinger, Studien z. Nibelungenlied. Vorausdeutungen, Aufbau Motivierung. Tübingen 1960. (Ersch. teilw. als Diss. München u. d. T., Untersuchungen z. Vorstellungs- und Aufbaustil d. Nibelungenlieds);

G. V. Amoretti, Il Nibelungenlied. In: G. V. A., Saggi critici. 1962. S. 269–291. (Zuerst in: Grandi scrittori stranieri. Torino 1961.);

W. A. Mueller, The Nibelungenlied today. Its substance, essence and significance. Chapel Hill, North Carolina 1962;

C. Grünanger, La poesia dei Nibelunghi. Dalle origini alla fine del medio evo. In: C. G., Scritti minori di lett. tedesca. 1962. S. 55–146;

G. Weber, Das Nibelungenlied. Problem u. Idee. Stuttgart 1963;

H. Hempel, Der Nibelunge nôt. Das buoch Kriemhilde. In: H. H., Kl. Schriften. 1966. S. 160–183;

B. Nagel, Das Nibelungenlied. Stoff, Form, Ethos. Frankfurt/Main 1965;

K. H. Ihlenburg. Das Nibelungenlied. Problem und Gehalt. Greifswald 1966. (Hab. Schrift);

D. G. Mowatt u. H. Sacker, The Nibelungenlied. An interpretative commentary. Toronto 1967;

F. Neumann, Das Nibelungenlied in s. Zeit. Göttingen 1967;

W. Schröder, Nibelungen-Studien. Stuttgart 1968;

W. Hoffmann, Das Nibelungenlied. Interpretation. München 1969 (= Interpr. z. Deutschunterr.);

H. Bekker, The Nibelungenlied. A literary analysis. Toronto 1971;

H. Hempel, Zur Datierung des Nibelungenlieds. ZfdA 90 (1960) S. 181–197;

T. A. Rompelmann, Zur Strophik d. Nibelungenlieds. In: Handelingen van het 26. Nederl. filologencongres. 1961. S. 196–198;

J. Splett, Der Stabreim im Nibelungenlied. Vorkommen u. Stilistik. Beitr. Halle 86 (1964) S. 247–278;

U. Hennig, Zu den Anversen in d. Strophe des Nibelungenlieds. Beitr. Tübingen 85 (1963) S. 352–382;

H. de Boor, Zur Rhythmik d. Strophenschlusses im Nibelungenlied. In: Festgabe f. Ulrich Pretzel. 1963. S. 86–106;

H. Graf, Die vier germ. Hofämter in d. dt. Heldendichtung. Eine phil.-histor. Untersuchung. Diss. Freiburg i. Br. 1963;

W. Krogmann, Der Dichter d. Nibelungenlieds. Berlin 1962;

A. Renoir, Oral-formulaic theme survival. A possible instance in the Nibelungenlied. Neuphil. Mitteilungen 65 (1964) S. 70–75;

W. W. Moelleken, Gnomen im Nibelungenlied. Diss. Univ. of Washington. DA 26 (1966) 4667/68;

M. J. Capek, A note on a oral formulism in the Nibelungenlied. MLN 80 (1965) S. 487–489;

W. W. Moelleken, Histor. u. stilist. Wertung d. Gnomen im Nibelungenlied. Seminar 3 (1967) S. 138–46;

P. Stiegele, Wortschatz u. Wortbedeutungen im Nibelungenlied. Diss. Heidelberg 1967;

F. H. Bäuml u. a. D. J. Ward, Zur mündl. Überlieferung d. Nibelungenlieds. DVjs 41 (1967) S. 351–390;

H. Rosenfeld, Die Datierung d. Nibelungenliedes, Fassung *B u. *C durch das Küchenmeisterhofamt u. Wolfger v. Passau. Beitr. Tübingen 91 (1969) S. 104–120;

H. de Boor, Die „schweren Kadenzen" im Nibelungenlied. Beitr. Tübingen 92 (1970) S. 51–114;

A. van der Lee, Vom Dichter des Nibelungenlieds. Levende Talen. 1970. S. 341–353;

K. Bischoff, Die 14. Aventiure d. Nibelungenlieds. Zur Frage d. Dichters u. d. dichter. Gestaltung. Mainz, Wiesbaden. 1970 (Akad. d. Wiss. u. d. Lit. Abhandlungen Geistes- u. Sozialwiss. Kl. Jg. 1970 S. 8);

W. Münz, Zu d. Passauer Strophen u. d. Verfasserfrage d. Nibelungenliedes Euphorion 65 (1971) S. 345–367;

F. H. Bäuml und A. M. Bruno, Weiteres zur mündlichen Überlieferung des Nibelungenliedes. DVjs 46 (1972) S. 479–493;

H. de Boor, Über dreisilbige u. zweisilbige Komposita u. Derivata im Nibelungenlied, bei Gottfried u. Hartmann. Ein Beitr. z. Frage d. Verhältnisses von Sprachrhythmus u. Versrhythmus. Beitr. Tübingen 94 (1972) Sonderh. S. 703–725;

474

Bibliographischer Anhang

R. M. Wakefield, The prosody of the Nibelungenlied. A formalist approach. Diss. Indiana University 1972. DA 33 (1972/73) 2907A;

Sr. M. F. McCarthy, The use of rhetoric in the Nibelungenlied. A stylistic and structural study of aventiure V. MLN 87 (1972) S. 683–700;

P. Jentzsch, „Der guote Rüedeger". Beobachtgn. z. epischen Funktion d. personalen epitheton ornans im Nibelungenlied u. in d. ma Dietrichsepik. In: Getempert u. gemischet. Festschrift Wolfgang Mohr. 1972. S. 167–217;

B. Nagel, Das Dietrichbild des Nibelungenlieds. ZfdPh 78 (1959) S. 258–268 u. 79 (1960) S. 28–57;

G. Backenköhler, Untersuchungen z. Gestalt Hagens von Tronje i. d. mittelalterlichen Nibelungendichtungen. Diss. Bonn 1960;

J. Bumke, Die Eberjagd im Daurel u. in d. Nibelungendichtung. GRM 41 = NF. 10 (1960) S. 105–111;

G. F. Jones, Rüdiger's dilemma. Studies in phil. 57 (1960) S. 7–21;

L. Lun, Rüdeger von Bechelaren. Sinossi di un problema filologico. In: Studi in onore di Lorenzo Bianchi. 1960. S. 115–154;

F. R. Schröder, Sigfrids Tod. GRM 41 = NF. 10 (1960) S. 111–122;

W. Schröder, Die Tragödie Kriemhilts im Nibelungenlied. ZfdA 90 (1960) S. 41–80 u. S. 123–160;

P. Wapnewski, Rüdigers Schild. Zur 37. Aventiure des Nibelungenlieds. Euphorion 54 (1960) S. 380–410;

K. E. Jeismann, Rüedegers Schildgabe oder der Gehalt der Modi. Ein Unterrichtsversuch. Deutschunterricht 13 (1961) H. 3, S. 56–62;

D. R. McLintock, Les larmes de Brünhilt. Studia neophil. 33 (1961) S. 307–313;

F. R. Schröder, Kriemhilds Ende. GRM 42 (1961) S. 331–332; (Zu späteren Einschüben in Hss. d. 15. Jh.);

J. Stout, Und ouch Hagene. Groningen 1963;

P. B. Salmon, Why does Hagen die? GLL 17 (1963/64) S. 3–13;

H. Kuhn, Der Teufel im Nibelungenlied. Zu Gunthers u. Kriemhilds Tod. ZfdA 94 (1965) S. 280–306;

G. Schramm, Der Name Kriemhilt. ZfdA 94 (1965) S. 39–57;

M. Wynn, Hagen's defiance of Kriemhilt. In: Mediaeval German studies Festschrift Frederick Norman. 1965. S. 104–114;

G. Schramm, Etzels Vater Botelung. Beitr. z. Namenforschg N. F. 1 (1966) S. 266–290;

E. G. Fichtner, „Rûmoldes rât". Monatshefte 59 (1967) S. 320–324;

K. C. King, On the naming of places in heroic lit. Some examples from the Nibelungenlied Oxford German Studies 2 (1967) S. 13–24;

C. S. Singer, The hunting contest. An interpretation of the 16th aventiure of the Nibelungenlied. GR. 42 (1967) S. 163–183;

J. Splett, Rüdiger von Bechelaren. Studien z. zweiten Teil d. Nibelungenlieds. Heidelberg 1968. (Diss. Bonn);

L. M. Hollander, Hagen der Tronegaere. Neophil. 53 (1969) S. 398–402;

U. R. Mahlendorf and F. J. Tobin, Hagen. A reappraisal. Monatsh. 63 (1971) S. 125–140;

D. G. Mowatt, A note on Kriemhilde's three dreams. Seminar 7 (1971) S. 114–122;

W. Fechter, Über die Vergleiche in der 5. Aventiure des Nibelungenlieds.
ZfdA 89 (1958/59) S. 91–99;

A. H. Price, Characterization in the Nibelungenlied. Monatsh. 51 (1959) S.
341–350;

H. B. Willson, Concord and discord. The dialectic of the Nibelungenlied.
Medium aevum 28 (1959) S. 153–166;

J. K. Bostock, The message of the Nibelungenlied. MLR 55 (1960) S. 200–212;

H. Linke, Über d. Erzähler im Nibelungenlied u. s. künstler. Funktion.
GRM 41 = NF. 10 (1960) S. 370–385;

W. Neindorf, Irrationale Kräfte im Nibelungenlied. Diss. Frankfurt 1960;

A. Renoir, Levels of meaning in the Nibelungenlied. Neuphil. Mitteilungen 61
(1960) S. 353–361;

W. Schröder, Zum Problem der Hortfrage im Nibelungenlied. ZfdA 90
(1960/61) S. 157–84;

H. B. Willson, Blood and wounds in the Nibelungenlied. MLR 55 (1960)
S. 40–50;

M. S. Batts, Die Form d. Aventiuren im Nibelungenlied. Gießen 1961;

J. K. Bostock, Realism and convention in the Nibelungenlied MLR 56 (1961)
S. 228–234;

D. G. Mowatt, Studies towards an interpretation of the Nibelungenlied. GLL
14 (1960/61) S. 257–270;

H. Sacker, On irony and symbolism in the Nibelungenlied. 2 preliminary
notes. GLL 14 (1960/61) S. 271–281;

W. Schröder, Die epische Konzeption d. Nibelungen-Dichters. (Antrittsvorlesg.) Wirk. Wort 11 (1961) S. 193–201;

K. C. King, The message of the Nibelungenlied. A reply. MLR 57 (1962)
S. 541–550;

D. Schieder-Nickel, Farbe u. Licht im Nibelungenlied. Ein Beitr. zu Sprache
u. Stil d. Nibelungendichters. Diss. Freiburg i. B. 1962;

H. Sacker, The Message of the Nibelungenlied, and the Business of the
Literary Critic. MLR 58 (1963) S. 225–27;

I. Thomsen, Darstellung und Funktion d. Zeit i. Nibelungenlied, in Gottfrieds v. Straßburg „Tristan" u. in Wolframs v. Eschenbach „Willehalm".
Diss. Kiel 1963 (Masch.);

B. Willson, Ordo and inordinatio in the Nibelungenlied. Beitr. Tübingen 85
(1963) S. 83–101 u. S. 325–351;

A. Renoir, Nibelungenlied und Walthari Poesis. A note on tragic irony. Phil.
Quart. 43 (1964) S. 14–19;

F. Delbono, Sulla strofa Bartsch 845 del Nibelungenlied nel contesto della
14. aventiure. Studi germanici 3 (1965) S. 159–181;

J. Fourquet, Réflexion sur le Nibelungenlied. EG 20 (1965) S. 221–232;

H. Jantz, The last branch of the Nibelungen-tree. MLN 80 (1965) S. 433–440;

K. J. Northcott, Actions and reputations in the Nibelungenlied. In: Mediaeval German studies. Festschrift Frederick Norman. 1965. S. 115–123;

J. Szövérffy, Das Nibelungenlied. Strukturelle Beobachtung und Zeitgeschichte. Wirk. Wort 15 (1965) S. 233–238;

H. Bekker, Kingship in the Nibelungenlied. GR 41 (1966) S. 251–263;

Sr. M. Frances, Architectonic symmetry as a principle of structure in the
Nibelungenlied GR 41 (1966) S. 157–169;

W. Hempel, Superbia als Schuldmotiv im Nibelungenlied. Senimar 2 (1966)
N. 2, S. 1–12;

W. W. Moelleken, Methodik d. Nibelungenliedinterpretation. GQ 39 (1966)
S. 289–298;

P. Wiehl, Über den Aufbau des Nibelungenlieds. Wirk. Wort 16 (1966)
S. 309–323;

H. Bekker, The „Eigenmann"-Motif in the Nibelungenlied. GR 42 (1967)
S. 5–15;

S. Beyschlag, Das Nibelungenlied als aktuelle Dichtung s. Zeit. (Vortr.)
GRM 17 (1967) S. 225–231;

H. Achauer, Minne im Nibelungenlied. Diss. München 1968;

Michael de Ferdinandy, Das Nibelungenlied u. d. Ungarn. NDH 16 (1969)
H. 4, S. 38–56;

R. M. Klein, Wesen u. Wirkung d. Tragik im Nibelungenlied. Diss. Rice Univ.
1969. DA 30 (1969/1970) 2027 A;

G. Müller, Symbolisches im Nibelungenlied. Beobachtungen z. sinnbildlichen
Darstellen d. hochmittelalterlichen Epos. Diss. Heidelberg 1969;

H. B. Willson, Echoes of St. Paul in the Nibelungenlied. MLN 84 (1969)
699–715;

A. M. Bruno, Compositional heterogeneity in the Nibelungenlied. Toward a
quantitative methodology for stylistic analysis. Diss. Univ. of Calif., Los
Angeles 1971. DA 32 (1971/1972) 3944 A.

G. Lohse, Nachahmung u. Schöpfung in der Nibelungendichtung bis zum
„Gehörnten Siegfried" (1726). Rezeption u. Produktion zwischen 1570 u.
1730. Festschrift Günther Weydt. 1972. S. 499–514;

E. C. Schweitzer, Tradition and originality in the narrative of Siegfried's death
in the Nibelungenlied. Euphorion 66 (1972) S. 355–364;

ZUR VORGESCHICHTE UND SAGENGESCHICHTE

S. Beyschlag, Die Erschließung der Vorgeschichte d. Nibelungen. Zu Kurt
Wais, Frühe Epik Westeuropas u. d. Vorgeschichte d. Nibelungenliedes.
GRM 35 (1954) S. 257–65;

S. Gutenbrunner, Die alte Nibelungendichtung im Lichte d. Runendenkmäler.
In: Festschrift D. Kralik. Horn 1954, S. 72–93;

G. Schütte, Nibelung-Kronologi. Arkiv för nordisk filologi 69 (1954) S. 146–
51;

F. Panzer, Nibelungische Ketzereien 3–4. Beitr. 75 (1953) S. 248–72;

ders., Nibelungische Problematik. Sitzungsber. d. Heidelb. Ak. d. Wiss.,
Phil.-Hist. Kl. Jg. 1953/54, Abb. 3;

P. Adler, Über die Quellen d. Brünhildsage im Nibelungenlied. Diss. Tübingen
1951 (Masch.);

K. von See, Die Werbung um Brünhild. ZfdA 88 (1957/58) S. 1–20;

ders., Freierprobe u. Königinnenzank in d. Sigfridsage. ZfdA 89 (1958/59) S.
163–72;

H. Fromm, Kapitel 168 der Thidrekssaga. DVjs 33 (1959) S. 237–56;

H. W. J. Kroes, Die Sage vom Nibelungenhort u. ihr mythischer Hintergrund. In: Fragen u. Forschgn. im Bereich u. Umkreis d. German. Philologie. Festgabe f. Th. Frings, Bln. 1956, S. 323–37;

G. Eis, Die Hortforderung. GRM 38 (1957) S. 209–23;

H. M. Heinrichs, Sivrit-Gernot-Kriemhilt. ZfdA 86 (1955/56) S. 279–89;

F. Panzer, Ruodlieb u. Nibelungenlied. In: Festschrift, P. Kluckhohn u. H. Schneider gewidmet. Tübingen 1948, S. 73–83;

H. de Boor, Eine Spur der ‚Älteren Not'? Beitr. Tübingen 79 (1955) S. 248–51;

E. Ploss, Zeizenmûre u. d. Helchenburg. Zur Vorgeschichte d. donauländischen Heldensage. Forschungen u. Fortschritte 31 (1957) S. 208–15;

W. Betz, Der Gestaltwandel d. Burgundenuntergangs von Prosper Aquitanus bis Meister Konrad. In: Gestaltprobleme d. Dichtung. G. Müller zu s. 65. Geburtstag. Bonn 1957, S. 1–8;

G. Lohse, Xanten u. d. Nibelungenlied. Bonner Jb. 153 (1953) S. 141–45; ders., Rheinische Nibelungendichtung u. d. Vorgeschichte d. deutschen Nibelungenliedes von 1200. Rhein. Vjbll 20 (1955) S. 54–60;

P. Wackwitz, Gab es ein Burgunderreich in Worms? Beiträge zu d. geschichtlichen Grundlagen d. Nibelungensage. Diss. FU Berlin 1957 (Masch.);

K. F. Strohecker, Studien zu d. historisch-geographischen Grundlagen d. Nibelungendichtung. DVjs 32 (1958) S. 216–40;

J. Bumke, Die Quellen der Brünhildfabel im Nibelungenlied. Euphorion 54 (1960) S. 1–38;

K. Heeroma, Grimhild u. Kriemhilt. Niederdt. Jb. 83 (1960) S. 17–21;

O. Höfler, Siegfried, Arminius u. die Symbolik. In: Festschrift F. R. Schröder. 1959. S. 11–121;

E. Ploß, Die Nibelungenüberlieferung im Spiegel d. langobard. Namen. Forschungen und Fortschr. 34 (1960) S. 53–60;

O. Höfler, Siegfried, Arminius u. d. Symbolik. Mit e. histor. Anh. über d. Varusschlacht. Heidelberg 1961;

R. Wisniewski, Die Darstellung d. Niflungenunterganges in d. Thidrekssaga. Eine quellenkundl. Untersuchung. Tübingen. 1961. (Hab.-Schr., FU Berlin);

D. Kralik, Die dän. Ballade von Grimhilds Rache u. d. Vorgeschichte d' Nibelungenlieds. Graz, Wien, Köln. 1962. (= Österr. Akad. d. Wiss· Phil.-hist. Kl. 241,1);

H. Kratz, The proposed sources of the Nibelungenlied. Studies in Phil. 59 (1962) S. 615–630;

S. Beyschlag. Dt. Brünhildenlied u. Brautwerbermärchen. In: Märchen, Mythos, Dichtg. Festschrift Friedrich von der Leyen. 1963. S. 121–145;

St. J. Kaplowitt, The historical basis of the Bechelaren episode of the Nibelungenlied. GR 39 (1964) S. 5–14;

H. Midderhoff, Zur Verbindg d. 1. u. 2. Teils d. Nibelungenstoffes in d. Lieder-Edda. ZfdA 95 (1966) S. 243–258;

E. Ploss, Siegfried, Sigurd, der Drachenkämpfer. Untersuchungen z. germ.-dt. Heldensage. Zugl. e. Beitr. z. Entwicklgsgeschichte d. alteurop. Erzählgutes. Köln, Graz 1966;

H. Rosenfeld, Die Namen d. Heldendichtung, insbes. Nibelung, Hagen, Wate, Hetel, Horand, Gudrun. Beitr. z. Namenforschung N.F. 1 (1966) S. 231–265;

H. Midderhoff, Übereinstimmungen u. Ähnlichkeiten in d. Liedereddischen u. epischen Nibelungen. ZfdA. 97 (1968) S. 241–278;

KLAGE

F. Neumann, Verf.-Lex. 5. Sp. 719–20;

St. Fletzberger, Reimwörterbuch zu Diu Klage nach dem Text von Karl Bartsch: Die Klage. Leipzig 1875. Diss. Wien 1951 (Masch.);

Harald Scholler, A word index to the Nibelungenklage. Based on the K. Lachmann ed. Ann Arbor 1966;

H. Schmidtmayr, Die Technik d. Redeeinführung im ‚Biterolf‘ und der ‚Klage‘. Diss. Wien 1952 (Masch.);

W. Schröder, Das Leid in der „Klage". ZfdA 87 (1956/57) S. 54–80;

R. F. E. Watson, Ms. „D" of the Nibelungenlied and Klage (Cgm 31). Euphorion 57 (1963) S. 272–291;

G.T. Gillespie, ‚Die Klage‘ as a commentary on .Das Nibelungenlied'. In: Probleme mittelhochdeutscher Erzählformen. Berlin 1972. S. 153–177.

M. Wehrli, Die Klage u. d. Untergang der Nibelungen. In: Zeiten u. Formen in Sprache u. Dichtg. Festschrift Fritz Tschirch. 1972. S. 96–112;

III. SPÄTHÖFISCHE EPIK

Seite 171–214

Abschnitt 1, 2 und 3 (Seite 171–214)

KONRAD FLECK

E. Klingenberg, Helt Flore. ZfdA 92 (1963) S. 275–76;

K.B. Hupfeld, Aufbau und Erzähltechnik in Konrad Flecks „Floire u. Blanche-flur". Hamburg 1967;.

RUDOLF VON EMS

L. Wolff, Verf.-Lex. 5. Sp. 1012–16;

E. Kopp, Untersuchungen zu Werken Rudolfs von Ems. Diss. FU Berlin 1957 (Masch.);

I. Riechert, Studien zur Auffassung von „êre" bei Konrad von Würzburg u. Rudolf von Ems. Diss. Freiburg i. Br. 1952 (Masch.);

J. Szövérffy, Rudolf von Ems u. d. Gründung d. Mercedarier. ZfdPh 86 (1967) S. 16–22;

H. Brackert, Rudolf von Ems. Dichtungen u. Geschichte. Heidelberg 1968 (Habil. Schrift Heidelberg);

X. v. Ertzdorff, Rudolf von Ems. Untersuchungen z. höf. Roman im 13. Jh. München 1967. (Habil. Schrift Freiburg i. Br.);

R. Schnell, Rudolf von Ems. Studien z. inneren Einheit s. Gesamtwerkes. Bern 1969. (Diss. Basel).

DER GUTE GERHARD

Ausg.: J. A. Asher. 2., rev. Aufl. Tübingen 1971;
Lit.: I. Dangl, Rudolf von Ems, Der gute Gerhard. Reimtechnische u. me-
trische Untersuchungen mit einem Reimwörterbuch. Diss. Wien 1949
(Masch.);
J. A. Asher, Textkritische Probleme z. „guoten Gêrhart." DVjs 38 (1964)
S. 565-575;
J. A. Asher, Der dreisilbige Auftakt im Guoten Gêrhart des Rudolf von Ems.
Euphorion 59 (1965) S. 132-134;
Chr. Cormeau, Rudolf von Ems: Der guote Gerhart. Die Veränderung e.
Bauelements in e. gewandelten literar. Situation. In: Festschrift Hugo Kuhn.
1969. S. 80-98.

BARLAAM UND JOSAPHAT

Ausg.: F. Pfeiffer. Mit e. Anh. aus Franz Söhns Das Handschriftenverhältnis
in Rudolf von Ems Barlaam. (Fotomechan. Nachdr. d. Ausgabe Leipzig
1843) Nachwort u. Register von H. Rupp. Berlin 1965.;
Lit.: H. Rupp, Rudolfs von Ems „Barlaam und Josaphat", in: Dienendes
Wort, Festgabe f. E. Bender, Karlsruhe 1959, S. 11-37;
R. Wisbey, Zum Barlaam und Josaphat Rudolfs von Ems, ZfdA 86 (1955/56)
S. 293-301;
U. Schwab, Die Barlaamparabeln im Cod. Vindob. 2709. Studie zur Verfasser-
schaft kleiner mhd. Gedichte. Napoli 1966;
G. Eis, Ein neues Fragm. von Rudolf von Ems. Barlaam u. Josaphat. GRM
N.F. 18 (1968) S. 448-450;
J. Erben, Zu Rudolfs Barlaam u. Josaphat. German. Studien. Innsbruck 1969.
S. 33-39;
U. Wyss, Rudolfs von Ems ‚Barlaam und Josaphat' zwischen Legende und
Roman. In: Probleme mittelhochdeutscher Erzählformen. Berlin 1972.
S. 214-238.
P. Ochsenbein, Zwei neue Bruchstücke zum Baarlam u. Josaphat des Rudolf
v. Ems. ZfdA 101 (1972) S. 322-326;

WILHELM VON ORLENS

W. Stammler, Ein Beuroner Fragment aus dem „Willehalm" des Rudolf von
Ems. In: Colligere fragmenta. Festschrift A. Dold. Beuron 1952. S. 261-64;
W. Lenschen, Gliederungsmittel u. ihre erzählerischen Funktionen im Wille-
halm von Orlens des Rudolf von Ems. Göttingen 1967. (Überarb. Diss.
Göttingen).

ALEXANDER

R. Wisbey, Zur relativen Chronologie u. Entstehungsgesch. von Rudolfs
Alexander. ZfdA 87 (1956/57) S. 65-80;
ders., Das Alexanderbild Rudolfs von Ems. Frankfurt a. M. 1956 (Masch);
ders., Aristotelesrede bei Walter von Chatillon u. Rudolf von Ems. ZfdA 85
(1954/55) S. 304-11;

E. Trache, Der Aufbau des Alexander Rudolfs von Ems. Diss. Freiburg i. Br. 1959 (Masch.);

K. Stackmann, Der Alten Werdekeit. Rudolfs Alexander u. d. Roman des Q. Curtius Rufus. In: Festschrift J. Quint. 1964. S. 215–230;

H. Kolb, Orthabunge rehter kunst. Zu den saelde-Prologen in Rudolfs von Ems Alexander. In: Festschrift Helmut de Boor. 1966. S. 92–110;

R. Wisbey, Das Alexanderbild Rudolfs von Ems. Berlin 1966.

WELTCHRONIK

G. Eis, Neue Pergamentfragmente mhd. Reimdichtungen.: Weltchronik Rudolfs von Ems. In: Colligere fragmenta. Festschrift A. Dold. Beuron 1952. S. 268–70;

K. Blaschke, Görlitzer Bruchstücke zu Rudolf von Ems und Christ-Herre-Chronik. Beitr. Halle 77 (1955) S. 380–401;

P. H. Salus, An uncollated manuscript of the Weltchronik. In: Studies in Germanic languages and lit. Festschrift Ernst A. G. Rose. 1967. S. 109–114;

K. Ruh, Ein Fragm. d. Weltchronik Rudolfs von Ems. ZfdA 99 (1970) S. 82.

ULRICH VON TÜRHEIM

G. Eis, Verf.-Lex. 4. Sp. 603–08;

R. Wildermuth, Ulrich von Türheim u. Ulrich von dem Türlin als stilistische Nachahmer Wolframs von Eschenbach. Diss. Tübingen 1952 (Masch.);

W. Müller, Das Weltbild Ulrichs von Türheim. (Dargestellt an den Begriffen minne, êre, hôher muot, arbeit, triwe, mâze, milte, tugent, saelde, sünde und am Frauenbild u. verglichen mit Vorgängern, Zeitgenossen u. Nachfolgern). Diss. Humboldt-Univ. Bln. 1957 (Masch.);

W. Müller, Das Weltbild Ulrichs von Türheim. Beitr. Halle 82 (1960/61) S. 515–554.

TRISTAN

G. Meißburger, Tristan und Isold mit d. weißen Händen. Die Auffassung der Minne, d. Liebe u. d. Ehe bei Gottfried von Straßburg u. Ulrich von Türheim. Basel 1954.

RENNEWART

G. Eis, Ein neues Fragment der „Rennewart"-Handschrift D. ZfdPh 74 (1955) S. 268–79;

Ulrich von Türheim: Rennewart. Aus d. Berliner und Heidelberger Hss. Hrsg. von A. Hübner. Berlin, Zürich ²1964;

U. Hennig, Frauenschilderung im Willehalm Ulrichs von Türheim. Beitr. Tübingen 81 (1959) S. 352–370;.

CLIGESBRUCHSTÜCK

A. Vizkelety, Neue Fragmente d. mhd. Cligès-Epos aus Kaloosa (Ungarn) ZfdPh 88 (1969) S. 409–432.

STRICKER

Ausg.: Karl der Große von dem Stricker. Hrsg. von K. Bartsch. (Fotomechan. Nachdr. d. Ausgabe Quedlinburg u. Leipzig 1857). Mit e. Nachwort von D. Kartschoke. Berlin 1965;
Lit.: E. Henschel, Zu Strickers ‚Karl'. Beitr. 74 (1952) S. 319–20;
G. Eder, Die Reimverhältnisse im Karlsepos von dem Stricker. Diss. Wien 1952 (Masch.);
H. de Boor, Der Daniel des Strickers und der Garel des Pleier. Beitr. Tübingen 79 (1957) S. 67–84;
D. Haacke, Konrads Rolandslied u. Strickers Karl d. Große. Beitr. Tübingen 81 (1959) S. 274–294;
C. D. Hall, Ritter, fröude, êre and saelde in Konrads Rolandslied and Stricker's Karl der Große. Diss. Univ. of Michigan 1966. DA 28 (1967) 630 A;
W. Fechter, Zur Überlieferung von Strickers Karl den Großen. ZfdPh 87 (1968) S. 17–21;
C. Hall, The Saelde-Group in Konrad's „Rolandslied" and Strickers Karl der Große. Monatsh. 61 (1969) S. 347–60;
K. Schneider, Die dt. Legende Karls d. Großen. ZfdPh 86 (1967) S. 46–63.

HEINRICH VON DEM TÜRLIN

H. Emmel, Formplobleme d. Artusromans u. d. Graldichtung. S. 180–81;
R. E. Wallbank, The composition of Diu krône. Heinrichs von dem Türlin narrative technique. In: Medieval miscellany. Festschrift Eugène Vinaver. 1965. S. 300–320;
M. O'C. Walshe, Heinrich von dem Türlin, Chrétien and Wolfram. In: Mediaeval German studies. Festschrift Frederick Norman. 1965. S. 204–218;
F. J. Worstbrock, Über d. Titel der Krone Heinrichs von dem Türlin. ZfdA 95 (1966) S. 182–186;
G. Zink, A propos d'un épisode de al Crōne. (v. 9129–9532.) In: Mélanges pour Jean Fourquet. 1969. S. 395–405.
B. Kratz, Die Crone Heinrichs v. d. Türlin u. die „Enfances Gauvain". GRM NF. 22 (1972) S. 351–356;
B. Kratz, Gawein u. Wolfdietrich. Zur Verwandtschaft der Crone mit der jüngeren Heldendichtg. Euphorion 66 (1972) S. 397–404;

BERTHOLD VON HOLLE

F. Urbanek, Der sprachliche u. liter. Standort Bertholds von Holle u. sein Verhältnis zur ritterl. Standessprache am Braunschweiger Welfenhof. Diss. Bonn 1952 (Masch.).

WALTHEREPOS

Ausg.: K. Strecker in seiner Walthariusausg. von 1907. S. 100–09;
Waltharius, Ausg.: K. Strecker. In: MGH Poetae Latini Medii Aevi. Bd. VI 1, Weimar 1951. S. 1–85;
Lit.: K. Langosch, Verf.-Lex. 4. Sp. 822–25;

Waltharius u. Walthersage. Eine Dokumentation d. Forschung. Hrsg. v. E. Ploss. Hildesheim 1969;

H. Kuhn, Zur Geschichte d. Walthersage. In: H.K., Kl. Schriften. 1971. II, S. 127–134. (Zuerst in Festgabe f. U. Pretzel. 1963. S. 5–12);

G. Vinay, Waltharii poesis. Studi medievali 5 (1964) S. 476–524;

W. Krogmann, Die poln. Walthersage u. ihr Verhältnis z. german. Überlieferung. Zs. f. slav. Phil. 32 (1965) S. 132–165;

F. Norman, The evidence for the Germanic Walter Lay. Acta Germanica 3 (1968) S. 21–35;

H. Geurts, Der lat. Waltharius u. d. dt. Walthersage. Untersuchungen z. Verfasserfrage u. zum Einfluß d. Antike, d. Christentums u. d. german.-dt. Heldensage auf Waltharius. Diss. Bonn 1969;

F. Norman, The old Engl. Waldere and some problems in the story of Walther and Hildegunde. In: Melanges pour Jean Fourquet. 1969. S. 261–271;

Hans F. Haefele, Vita Waltharii manufortis. In: Festschrift B. Bischoff. 1971. S. 260–276;

K. Langosch, Die Vorlage des Waltharius. In: Festschrift B. Bischoff. 1971. S. 226–259;

G. Morgan, Walther the wood-sprite. Medium Aevum. 41 (1972) S. 16–19;

KUDRUN

Ausg.: B. Symons, 4. Aufl., bearb. von B. Boesch. Tübingen 1964 (= Altdt. Textbibl. 5);

K. Bartsch, 5. Aufl. überarbeitet u. neu eingel. von K. Stackmann. Wiesbaden 1965;

Die Hs. hrsg. von F.H. Bäuml. Berlin 1969;

Lit.: F. Neumann, Verf.-Lex. 5, Sp. 572–80;

J. Fourquet, Zum Aufbau d. Nibelungenlieds u. d. Kudrunlieds. ZfdA 85 (1954/55) S. 137–49;

J.K. Bostock, The Structure of the ‚Kudrun'. MLR 53 (1958) S. 521–25;

M. Weege, Das Kudrunepos, eine Dichtung d. Hochmittelalters. Diss. Mainz 1953;

L. Wolff, Das Kudrunlied. Wirk. Wort 4 (1953/54) S. 193–203;

A. Beck, Die Rache als Motiv u. Problem in der „Kudrun". Interpretation u. sagengeschichtl. Ausblick. GRM 37 (1956) S. 305–38;

H. W. J. Kroes, Kudrunprobleme. Neophilologus 38 (1954) S. 11–23;

G. Jungbluth, Einige „Kudrun"episoden. Neophilologus 42 (1958) S. 289–99

H. W. J. Kroes, Die Hildestelle in Lamprechts Alexanderlied u. die Kudrunsage. Neophilologus 39 (1955) S. 258–61;

F. R. Schröder, Die Sage von Hetel u. Hilde. DVjs 32 (1958) S. 38–70;

O. Grüters, Ariost u. Kudrun. GRM 38 (1957) S. 75–78;

E. Henschel, Kudrun 92. Beitr. 75 (1955) S. 483;

G. Bech, Note zu Kudrun 505. Neophilologus 37 (1953) S. 118–19;

G. Eis, Zu Kudrun Str. 1109: glocken spîse und spânischez messe. Stud. neophil. 30 (1958) S. 27–29;

H. Pressmar, Studien zu Kudrun u. Nibelungenlied. Lexikal. Studien-Reimstudien. Diss. Tübingen 1953 (Masch.);

R. Bliem, Vollständiges Glossar zum Kudrunepos. Diss. Wien 1954 (Masch.);

I. Rotter, Zur Wortstellung in d. Kudrun. Die einleitenden Satzglieder u. d. Stellung d. Verbums in d. selbständigen Sätzen d. Kudrun. Diss. Wien 1956 (Masch.);

Th. P. Thornton, Die Nibelungenstrophen in d. Gudrun. MLN 67 (1952) S. 304–09;

J. Carles, Le poème de Kûdrún. Etude de sa matière. Paris 1963;

W. Hoffmann, Die Hauptprobleme d. neueren Kudrun-Forschg. Wirk. Wort 14 (1964) S. 183–196 u. S. 233–243;

R. Wisniewski, Kudrun. Stuttgart 1963 (= Slg. Metzler 32);

W. Hoffmann, Kudrun. Ein Beitr. z. Deutung d. nachnibelungischen Heldendichtung. Stuttgart 1967. (Habil. Schrift Frankfurt/M.);

Th. Rosebrock, Kudrun. Hollfeld/Obfr. 1970;

F. Hilgers, Die Menschendarstellung in d. Kudrun. Düsseldorf 1960. (Diss. Köln 1959;)

R. Schützeichel, Zu Kudrun 5, 3. Beitr. Tübingen 82 (1960) S. 116–119;

L. Peeters, Kudrun u. d. Legendendichtung. Leuvense Bijdragen 50 (1961) S. 59–85;

H.-M. Umbreit, Die epischen Vorausdeutungen in d. Kudrun. Diss. Freiburg i. Br. 1961. (Masch.);

S. Gutenbrunner, Von Hilde u. Kudrun. ZfdPh 81 (1962) S. 257–289;

R. Janzen, Zum Aufbau d. Kudrun-Epos. Wirk. Wort 12 (1962) S. 257–273;

H. Rosenfeld, Die Kudrun, Nordseedichtung oder Donaudichtung. ZfdPh 81 (1962) S. 289–314;

J. W. Vorrink, Die Urgudrun. Levende talen. 1963. S. 603–645;

H. B. Willson, Dialectic, „Passio" and „Compassio" in the Kudrun. MLR 58 (1963) S. 364–376;

H. Kuhn, Zu Kudrun 1427. Neophil. 49 (1965) S. 228–230;

H. Siefken, Überindividuelle Formen u. d. Aufbau d. Kudrunepos. München 1967 (Diss. Tübingen);

L. Peeters, Histor. und lit. Studien zum dritten Teil des Kudrunepos. Meppel 1968 (Diss. Utrecht);

I. Campbell, Kudruns wilder Hagen, Vâlant aller Künige. Seminar 6 (1970) S. 1–14;

D. Blamires, The geography of Kudrun. MLR 61 (1966) S. 436–445;

H. Rosenfeld, Bayern in d. Kudrundichtung von 1233. Bayerland 72 (1970) H. 4, S. 28–32;

E. Loerzer, Eheschließung u. Werbung in d. Kudrun. München 1971 (Diss. München) (= MTU Bd. 37);

G. Grimm, Die Eheschließungen in d. Kudrun. Zur Frage der Verlobten- oder Gattentreue Kudruns. ZfdPh 90 (1971) S. 48–70;

H. Maisack, Zu den Ortsnamen in der Kudrun. ZfdPh 91 (1972). S. 20–22.

B. Boesch, Zur Frage d. literar. Schichten in d. Kudrundichtg. In: Festschrift f. S. Gutenbrunner. 1972. S. 15–31;

WOLFDIETRICH

Hugo Kuhn, Verf.-Lex. 4. Sp. 1046–49;
J. de Vries, Die Sage von Wolfdietrich. GRM 39 (1958) S. 1–18.
L. Baecker, Die Grundlagen d. Geschichte d. Wolfdietrichstoffes. Teildr.
aus: Die Sage von Wolfdietrich u. d. Gedicht Wolfdietrich A. Diss. Mainz
1958;
G. Eis. Der angebliche Gotenkönig Aidoing im Wolfdietrich A. ZfdPh 81
(1962) S. 311–316;
Linde Baecker, Die Sage von Wolfdietrich u. das Gedicht Wolfdietrich A.
ZfdA 92 (1963) S. 31–82;
D. A. Dodson, A formula study of the MHG heroic epic Wolfdietrich A,
Wolfdietrich B, Rosengarten. Diss. Univ. of Texas at Austin 1970. DA 32
(1971/72) 3995 A;
W. Dinkelacker, Probleme e. Ortnit-Edition. In: Kolloquium über Probleme
altgermanist. Editionen. Wiesbaden 1968. S. 81–90;
P. H. Gottschalk, Strukturelle Studien zum Ortnit u. d. mhd. Spielmannsepen.
Diss. Univ. of Colorado 1970. DA 31 (1970/71) 4714/15 A.

IV. DIE MITTELALTERLICHE LYRIK

Seite 215–237

HANDSCHRIFTEN

Die alte Heidelberger Liederhandschrift. Hrsg. von F. Pfeiffer. (Reprograf.
Nachdr. d. Ausg. Stuttg. 1844). Hildesheim 1962;
W. Blank, Die kleine Heidelberger Liederhs. Cod. Pal. Germ. 357 d. Univ.-
bibliothek Heidelberg. Wiesbaden 1972;
Die große Heidelberger „manessische" Liederhandschrift. In Abbildung
hrsg. von Ulrich Müller. Göppingen 1971;
Die Jenaer Liederhs. Hrsg. von G. Holz (u.a.) (Reprogr. Nachdr. d. Ausg.
Leipzig 1909) Hildesheim 1966. 2 Bde;
D. Haacke, Nochmals: Zur Heimat der großen Heidelberger Liederhs. In:
ZfdPh 83 (1964) S. 301–307;
E. Jammers, Das königliche Liederbuch d. dt. Minnesangs. Heidelberg 1965;
A. H. Touber, Formale Ordnungsprinzipien in mhd Liederhss. In: ZfdA 95
(1966) S. 187–203.

SAMMELAUSGABEN

U. Aarburg, Singweisen zur Liebeslyrik d. deutschen Frühe. Düsseldorf 1956
(Beiheft zu Brinkmanns Sammlung);
Deutsche Liederdichter d. 13. Jh.s, hrsg. von C. Kraus. Bd. 2 (Kommentar)
besorgt von Hugo Kuhn. Tübingen 1958;
Minnesang d. 13. Jh.s. Aus C. von Kraus' Deutschen Liederdichtern d. 13.
Jh.s ausgewählt von Hugo Kuhn, Mit Übertragung d. Melodien von G.
Reichert, 2. Aufl. Tübingen 1962;
Trouvères et Minnesänger. (I) Recueil de textes pour servir à l'étude des
rapports entre la poésie romane et le Minnesang au XIIᵉ siècle par I. Frank,

(II.) Kritische Ausgabe d. Weisen, zugl. als Beitrag zu einer Melodienlehre d. mittelalterl. Liedes von W. Müller-Blattau. Saarbrücken 1952–56; Troubadours, Trouvères, Minne- u. Meistergesang. Hrsg. von F. Gennrich. Köln 1951;

Melodien altdeutscher Lieder. 47 Melodien in handschriftl. Fassung. hrsg. von F. Gennrich. Darmstadt 1954;

Mittelhochdeutsche Liedkunst. 47 Melodien zu mhd. Liedern, hrsg. von F. Gennrich. Darmstadt 1954;

C. v. Kraus, Minnesang d. 13. Jh. Ausgew. von Hugo Kuhn. Mit Übertr. d. Melodien von G. Reichert Tübingen 1958. 2., korr. Aufl. Tübingen 1962;

F.H. v. d. Hagen, Minnesinger. Neudr., 5 Teile nebst Atlas. Aalen 1962/63; Die Schweizer Minnesänger. Unveränd. reprogr. Nachdruck. Darmstadt 1964;

Mhd Lieder u. Sprüche. Hrsg. von G. Eis. 2., gekürzte Aufl. München 1967;

Hugo Kuhn, Minnesangs Wende. 2., verm. Aufl. Tübingen 1967;

Dt. Lieder d. Mittelalters. Von Walther v. d. Vogelweide bis z. Lochamer Liederbuch. Texte u. Melodien. Hrsg. von H. Moser u, J. Müller-Blattau. Stuttgart 1968;

Des Minnesangs Frühling. Nach K. Lachmann [u. a.] neu bearb. von Carl v. Kraus. Textausg. mit Verzeichn. d. Strophenanfänge. 35. Aufl. Stuttgart 1970;

Dt. Minnesang. 1150–1300. Einf. sowie Ausg. d. mhd. Texte von F. Neumann Nachdichtung von K.E. Meuerer. Stuttgart 1971.

FORSCHUNGSBERICHTE

F. Maurer, Neue Literatur zum Minnesang. Deutschunterr. 5 (1953) H. 2, S. 94–98, 6 (1954) H. 5, S. 113–14;

F.R. Schröder, Neuere Minnesangarbeiten. GRM 35 (1954) S. 69–74, 37 (1956) S. 404–10;

H. Thomas, Minnesang in neuer Gestalt. Wirk. Wort 4 (1953/54) S. 164–77; ders., Die jüngere deutsche Minnesangforschung. Wirk. Wort 7 (1956/57) S. 269–86;

G. Jungbluth, Neue Forschungen zur mhd. Lyrik. Euphorion 51 (1957) S. 192–222;

Th. Frings, Erforschung d. Minnesangs. Beitr. Halle 87 (1965) S. 1–29. (Erschien zuerst in Forschungen und Fortschr. 26 (1950) S. 9–16 u. S. 39–43);

P. Trost, Neue Forschungen zum Minnesang. Philologia Pragensia 6 (1963) S. 298–300;

M. Gradinger, Die Minnesang- u. Waltherforschung von Bodmer bis Uhland. Diss. München 1970.

R. White Linker, Music of the Minnesinger and early Meistersinger. A bibliography. Chapel Hill. North Carolina 1962;

H. Tervooren, Bibliographie z. Minnesang u. z. d. Dichtern aus d. Minnesangs Frühling. Mit e. Geleitw. von H. Moser. Berlin 1969.

Sammelband: Der dt. Minnesang. Aufss. zu s. Erforschung. Hrsg. von H. Fromm. Darmstadt. 1961, ⁵1972;

ENTSTEHUNGSTHEORIEN

A. R. Nykl, Hispano-Arabic Poetry and its Relation with the Old Provençal Troubadours. Baltimore 1946;
P.F. Ganz, The ‚Cancionerillo Mozarabe' and the Origin of the Middle High German ‚Frauenlied'. MLR 48 (1953) S. 301–09;
L. Spitzer, The Mozarabic Lyrik and Theodors Frings' Theories. Comparative Literature 4 (1952) S. 1–22.

ALLGEMEINE LITERATUR

A. Moret, Les débuts du lyrisme en Allemagne (des origines a 1350). Lille 1951;
H. Kolb, Der Begriff d. Minne und das Entstehen d. höfischen Lyrik. Tübingen 1958;
R. Zundel, Der Minnebegriff im Minnesang. Diss. Tübingen 1956 (Masch.);
J. Fourquet, Thèses sur le Minnesang. Études Germ. 9 (1954) S. 1–15;
S. Gutenbrunner, Skaldischer Vorfrühling des Minnesangs. Euphorion 49 (1955) S. 383–412;
H. Moser, Minnesang u. Spruchdichtung? Über die Arten d. hochmittelalterl. deutschen Lyrik. Euphorion 50 (1956) S. 370–87;
W. Mohr, Minnesang als Gesellschaftskunst. Deutschunterr. 6 (1954) H. 5, S. 83–107;
P.B. Wessels, Zur Sonderstellung d. niederländischen Minnesangs im germanisch-romanischen Raum. Neophilologus 37 (1953) S. 208–18;
Th. Frings u. E. Linke, Ein niederrheinisches Liebesduett aus des Minnesangs Frühling. In: Festschrift J. Trier, Meisenheim 1954. S. 148–62;
A. Kracher, Der steirische Minnesang. Zs. d. hist. Ver. f. Steiermark 47 (1956) S. 123–36;
F.W. Wentzlaff-Eggebert, Geschichtl. u. dichterische Wirklichkeit in d. deutschen Kreuzzugslyrik. In: Festgabe J. Lortz. Bd. 2. Baden-Baden 1958. S. 273–86;
A.T. Hatto, The Lime-Tree and Early German, Goliard and English Lyric Poetry. MLR 49 (1954) S. 193–209;
W.T.H. Jackson, The Medieval Pastourelle as a Satirical Genre. PQ 31 (1952) S. 156–70;
Th. Frings, Frauenstrophe u. Frauenlied in d. frühen deutschen Lyrik. In: Gestaltung Umgestaltung. Festschrift ... H. A. Korff. Leipzig 1957. S. 13–28, auch: Beitr. Halle 91 (1969/71) S. 497–519;
A.T. Hatto, An Early ‚Tagelied'. MLR 46 (1951) S. 66–69;
G. Jungbluth, Diu künegîn von Engellant. Neophilologus 41 (1947) S. 117–19.
M. Wehrli, ‚Diu künegin von Engellant'. Zu Minnesangs Frühling, 3, 7–16; Germanic Review 31 (1956) S. 5–8;
F. Fischer, Der Formenbestand d. Adjektivs in d. mhd. Lyrik d. Blütezeit. Zürich 1955;
P.M. Henkel, Untersuchungen zur Topik d. Liebesdichtung. Diss. Innsbruck 1957 (Masch.);
F. Heimplätzer, Die Metaphorik des Herzens im Minnesang d. 12. u. 13. Jh.s. Diss. Heidelberg 1953 (Masch.);

H. Götz, Leitwörter d. Minnesangs. Abhandl. d. Sächs. Ak. d. Wiss., Phil.-
hist. Kl., Bd. 49, H. 1. Berlin 1957;

ders., Minnesang u. Ahd. Beitr. Halle 80 (1958) S. 321–71;

K. H. Bertau, Über Themenanordnung u. Bildung inhaltlicher Zusammenhänge
in d. religiösen Leichdichtung d. 13. Jh.s. ZfdPh 76 (1957) S. 129–49;

W. Mohr, Zur Form d. mittelalterl. deutschen Strophenliedes. Deutschunterr.
5 (1953) H. 2, S. 62–82;

K.-H. Schirmer, Zum Aufbau d. hochmittelalterl. deutschen Strophenliedes.
Deutschunterr. 11 (1959) H. 2, S. 35–59;

H.-H. Röhrig, Dichter u. Hörer. Studien zum Formproblem d. Minnesangs
bis zu Walther von der Vogelweide. Diss. Kiel 1954 (Masch.);

H.-H. Waldow, Bindungen ungleicher Kadenzen im Minnesang. Studien zur
lyrischen Strophik des Mhd. Diss. Berlin 1955 (Masch.);

B. Nagel, Das Musikalische im Dichten der Minnesinger. GRM 33 (1951/52)
S. 268–78;

R. J. Taylor, The Musical Knowledge of the Middle High German Poet.
MLR 49 (1954) S. 331–38;

U. Aarburg, Melodien zum frühen deutschen Minnesang. ZfdA 87 (1956/57)
S. 24–45;

R. J. Taylor, Zur Übertragung d. Melodien d. Minnesänger. ZfdA 87 (1956/57)
S. 132–47;

F. Gennrich, Die musikalischen Formen d. mittelalterl. Liedes. Deutschunterr. 11 (1959) H. 2, S. 60–80;

E. Jammers, Die materiellen u. geistigen Voraussetzungen für d. Entstehung
d. Neumenschrift. DVjs 32 (1958) S. 554–75;

X. v. Ertzdorff, Studien z. Begriff d. Herzens u. s. Verwendung als Aussage-
motiv in d. höf. Liebeslyrik d. 12. Jh. Diss. Freiburg i. Br. 1958 (Masch.);

F. Ackermann, Zum Verhältnis von Wort u. Weise im Minnesang. Wirk.
Wort 9 (1959) S. 300–311;

G. Pomaßl, Die Reaktionen der Frau auf Minnesang und Minnedienst in d.
dt. Lyrik d. 12. u. 13. Jhs. Diss. Jena 1959;

P. Zumthor, Recherches sur les topiques dans la poésie lyrique des XIIe et
XIIIe siècles. Cahiers de civilisation médiévale 2 (1959) S. 309–427;

E. Jammers, Der Vers der Trobadors u. Trouvères u. die dt. Kontrafakten.
(Erw. Abschnitte aus e. Einf. zu „Ausgew. Melodien des Minnesanges".)
In: Medium aevum vivum, Festschrift für Walther Bulst. 1960. S. 147–60;

F. Neumann, „Minnesang". In: Reallex d. dt. Literaturgeschichte. 2. Aufl.
1960. II, S. 303–314;

H. Kuhn, „Leich." Reallex. d. dt. Literaturgeschichte. 2. Aufl. 1959. II,
S. 39–42;

G. Rosenhagen u. Werner Simon, Merker. Reallexikon d. dt. Literaturgeschichte. 2. Aufl. 1960. II, S. 301–302.

F. Schlösser, Andreas Capellanus. Seine Minnelehre u. d. christl. Weltbild
um 1200. Bonn 1960. (Diss. Bonn.);

X. v. Ertzdorff, Das Ich in d. höf. Liebeslyrik d. 12. Jh. Archiv 197 (1960/61)
S. 1–13;

W. Betz, Andreas Capellanus u. d. Minnesang. In: Unterscheidg u. Bewahrg. Festschrift Hermann Kunisch. 1961. S. 16–19;

M. Bowra, Mediaeval love-song. The John Coffin Memorial Lecture. London 1961;

Th. Frings, Die Anfänge d. europ. Liebesdichtung im 11. u. 12. Jh. Revista de filol. Romanică si Germ. 5 (1961) S. 9–26, auch: Beitr. Halle 91 (1969/71) S. 473–496;

Th. Frings, Minnesinger u. Troubadours. Beitr. Halle 91 (1969/1971) S. 423–472. (Zuerst in Sammelband: Der dt. Minnesang. 1961. S. 1–57);

M. Christa Meinert, Die Stufen d. Idolisierung d. Frauenbildes im frühen dt. Minnesang. Diss. Univ. of Cape Town 1961 (Masch.);

T. P. Thornton, Love, uncertainty, and despair. The use of zwîvel by the Minnesänger. JEGP 60 (1961) S. 213–227.

B. Kippenberg, Der Rhythmus im Minnesang. Eine Kritik d. literar.- u. musikhistor. Forschung. Mit e. Übersicht über d. musikal. Quellen. München 1962. (Diss. München) (= MTU Bd 3);

F. Norman, Eleanor of Poitou in the 12th-century German lyric. GLL 16 (1962/63) S. 248–255;

A. T. Hatto, Folk ritual and the Minnesang. MLR 58 (1963) S. 196–209;

E. Jammers, Ausgew. Melodien d. Minnesangs. Einf., Erläuterungen u. Übertragung. Tübingen 1963;

W. Mohr, Vortragsform u. Form als Symbol im mittelalterlichen Liede. In: Festschrift Ulrich Pretzel. 1963. S. 128–138;

F. C. Tubach, Zum Problem der inneren Struktur im Minnesang. EG 18 (1963) S. 155–166;

B. v. Wulffen, Der Natureingang im Minnesang u. frühem Volkslied. München 1963;

R. Harvey, Minnesang and the „sweet lyric". GLL 17 (1963/64) S. 14–26;

K. Bertau, Sangverslyrik. Über Gestalt u. Geschichtlichkeit mittelhochdeutscher Lyrik am Beispiel d. Leichs. Göttingen 1964. (Hab. Schr.);

F. Goldin, The mirror and the image in medieval courtly lit., chiefly in the old Provencal and middle high German lyric. Diss. Columbia Univ. 1964. DA 26 (1965) 3302;

G. Siebert-Hotz, Das Bild d. Minnesängers. Motivgeschichtl. Untersuchungen z. Dichterdarstellung i. d. Miniaturen d. großen Heidelberger Liederhs. Diss. Marburg 1964;

F. Maurer, Tradition u. Erlebnis im dt. Minnesang um 1200. Deutschunterricht 19 (1967) H. 2, S. 5–16. (Zuerst in Jb. d. Marburger Universitätsbunds 1964);

R. J. Taylor, Die Melodien d. weltl. Lieder d. Mittelalters. Stuttgart 1964;

A. H. Touber, Zur Einheit von Wort u. Weise im Minnesang. ZfdA 93 (1964) S. 313–320;

A. H. Touber, Rhetorik u. Form im dt. Minnesang. Groningen 1964;

R. J. Taylor, Studies in the form and structure of the Minnesang of the 13th century. With transcriptions from manuscript sources. Diss. London 1964/65;

X. v. Ertzdorff, Die Dame im Herzen u. Das Herz bei der Dame. Zur Verwendung des Begriffs Herz in d. höf. Liebeslyrik d. 11. u. 12. Jhs. ZfdPh 84 (1965) S. 6–46;

P. Kesting, Maria-Frouwe. Über d. Einfluß d. Marienverehrung auf d. Minnesang bis Walter von d. Vogelweide. München 1965;

M. v. Lieres und Wilkau, Sprachformeln i. d. mittelhochdeutschen Lyrik bis zu Walther v. d. Vogelweide. München 1965. (Diss. München) (= MTU Bd. 9);

R. J. Taylor, Minnesang. Wort unde wîse. In: Essays in German lit. London 1965. I, S. 1–28;

P. Dronke, Medieval Latin and the rise of European love-lyric. 2 Bd. Oxford: 1965–66;

H. Ingebrand, Interpretationen z. Kreuzzugslyrik Friedrichs von Hausen, Albrechts von Johansdorf, Heinrichs von Rugge, Hartmanns von Aue u. Walters von der Vogelweide. Diss. Frankfurt/M. 1966;

Ch. Petzsch, Rufe im Tanzlied. ZfdA 95 (1966) S. 204–212;

H. Tervooren, Einzelstrophe oder Strophenbindung? Untersuchungen z. Lyrik d. Jenaer Hs. Diss. Bonn 1966;

Th. Frings, Namenlose Lieder. Beitr. Halle 88 (1966/67) S. 307–328;

U. Aarburg, Probleme um d. Melodien d. Minnesangs. Deutschunterr. 19 (1967) H. 2, S. 98–118;

F. R. Goldin, The mirror of Narcissus in the courtly love lyric. Ithaca, New York 1967;

E. Lea, Erziehen – Im Wert erhöhen – Gemeinschaft in Liebe. Beitr. Halle 89 (1967) S. 255–289;

F. Maurer, Sprachliche u. musikal. Bauformen d. dt. Minnesangs um 1200. Poetica 1 (1967) S. 462–482;

H. Milnes, The Minnesinger and the court. GLL 21 (1967/68) S. 279–286;

P. Dronke, The medieval lyric. London 1968;

H. Kuhn, Minnesang als Aufführungsform. In: Festschrift K. Ziegler 1968. S. 1–12 auch: H. K. Text u. Theorie. 1969. S. 182–190);

E. Lea, Die Sprache lyrischer Grundgefüge. MFr 11, 1–15, 17. Beitr. Halle 90 (1968) S. 305–379;

H. Lomnitzer, Zur wechselseitigen Erhellung von Text- u. Melodiekritik mittelalterlicher dt. Lyrik. In: Probleme mittelalterlicher Überlieferung u. Textkritik. Oxforder Colloquium 1966. Berlin. 1968. S. 118–144;

H.-H. S. Räkel, Liedkontrafaktur im frühen Minnesang. In: Probleme mittelalterlicher Überlieferung u. Textkritik. Oxforder Colloquium 1966. Berlin 1968. S. 96–117;

H. Tervooren, Metrik u. Textkritik. Eine Untersuchung z. dreisilb. Takt in „Des Minnesangs Frühling". ZfdPh. 87 (1968) Sonderh. S. 14–34;

A. H. Touber, Formschulen u. Formtraditionen in d. mhd Lyrik. Eine Computeruntersuchg. ZfdPh 87 (1968) Sonderheft S. 1–13;

N. R. Wolf, Tageliedvariationen im späten provenzalischen u. dt. Minnesang. ZfdPh 87 (1968) Sonderh. S. 185–194;

C. Gray, Motifs of classical Minnesang. Their origin. content and development. Diss. Univ. of Calif., Berkeley 1969. DA 30 (1969/1970) 1981 A;

R. Grimminger, Poetik d. frühen Minnesangs. München 1969. (Diss. München) (= MTU Bd. 27);

H. Heinen, Minnesang. Some metrical problems. In: Formal aspects of medieval German poetry. Austin, Texas. 1969. S. 79–92;

Interpretationen mhd Lyrik. Hrsg. von G. Jungbluth. Bad Homburg, Berlin, Zürich 1969;

H. Kuhn, Mittelalterliche Kunst u. ihre „Gegebenheit". Krit. z. geisteswiss. Frage-Ansatz anhand d. Überlieferung als Strukturproblem d. Minnesangs. In: H.K., Text u. Theorie 1969. S. 28–46;

H. Kuhn, Minnesang and the form of performance. In: Formal aspects of medieval German poetry. Austin, Tex. 1969. S. 27–41;

M.C. Meinert, Der soziale und psychologische Hintergrund zur Entstehung d. frühen dt. Minnesangs. Acta Germanica 4 (1969) S. 3–15;

W. Mohr, Die Natur im mittelalterlichen Liede. In: Geschichte, Deutung, Kritik. Festschrift Werner Kohlschmidt. 1969. S. 45–63;

M.F. Richey, The older Minnesang. In: M.F.R., Essays on mediaeval German poetry. ²1969. S. 15–32;

R.J. Taylor, Minnesang. Performance and interpretation. In: Formal aspects of medieval German poetry. Austin, Tex. 1969. S. 7–25;

P. Bründl, „unde bringe den wehsel, als ich waen, durch ir liebe ze grabe". Eine Studie z. Rolle d. Sängers im Minnesang von Kaiser Heinrich bis Neidhart v. Reuental. DVjs 44 (1970) S. 409–432;

F. Gennrich, Grundriß e. Formenlehre d. mittelalterlichen Liedes als Grundlage e. musikal. Formenlehre d. Liedes. Nachdr. d. Ausg. v. 1932. Mit e. Vorw. von W. Bittinger. Tübingen 1970;

D. Hundt, Anklage-Motive im mhd. Minnelied. Diss. München 1970;

E. Köhler, Vergleichende soziologische Betrachtungen zum roman. u. zum dt. Minnesang. In: Berliner Germanistentag 1968. Heidelberg 1970. S. 63–76;

Ch. u. G.-D. Peschel, Zur reimbindung in d. drei- u. mehrzeiligen stollen in lied u. sangspruch d. 12. u. 13. Jh. Variations- u. Erweiterungsmöglichkeiten d. Grundschemas aab/ccb. In: Formen mittelalterlicher Lit. Festschrift Siegfried Beyschlag. 1970. S. 131–147;

A.H. Touber, bezzer danne guot. Das Leben e. Formel. DVjs 44 (1970) S. 1–8;

K.D.H. Burmeister, Studies in the erotic motif of early Minnesang. Diss. Rice Univ. 1971. DA 32 (1971/1972) 2051 A;

A. Siekhaus, Revocatio. Studie zu e. Gestaltungsform des Minnesangs. DVjs 45 (1971) S. 237–251;

H. Schottmann. Mhd Lit.: Lyrik. In: Kurzer Grundriß d. german. Phil. 1971, II, S. 464–527;

F.V. Spechtler, Die Stilisierung d. Distanz. Zur Rolle d. Boten im Minnesang bis Walther u. bei Ulrich v. Liechtenstein. In: Peripherie u. Zentrum. Festschrift Adalbert Schmidt. 1971. S. 285–310;

U. Peters, Cour d'amour – Minnehof. Ein Beitr. z. Verhältnis d. französ. u. dt. Minnedichtung zu d. Unterhaltungsformen ihres Publikums. ZfdA 101 (1972) S. 117–133;

G.A. Vogt, Die Technik d. Reimpaarverklammerung in Minnesangs Frühling. In: Getempert u. gemischet. Festschrift Wolfgang Mohr. 1972. S. 71–101;

V. DIE FRÜHHÖFISCHE LYRIK

Seite 238–266

Abschnitt 1 und 2 (Seite 238–249)

WINILEOD

P.B. Wessels, Zur Wesensbestimmung d. Wineliedes. Neophilologus 41 (1957) S. 19–25.

KÜRENBERGER

F. Norman, Der von Kürenberg, London Mediaeval Studies 1 (1937/39) S. 333–39;
H.W. J. Kroes, Kürenbergiana. Neophilologus 36 (1952) S. 88–90;
G. Jungbluth, Zu Minnesangs Frühling 7, 1–18. Neophilologus 37 (1953) S. 237–39;
H.B. Willson, Der von Kürenberg: MF 7, 18. MLR 50 (1955) S. 321–22;
W. Stammler, Zu MF 8, 22. ZfdPh 73 (1954) S. 128;
J.K. Bostock, The Falcon Song of Der von Kürenberge. MLR 49 (1954) S. 59–60;
A.T. Hatto, Das Falkenlied des Kürenbergers. Euphorion 53 (1959) S. 20–23;
P. Wapnewski, Des Kürenbergers Falkenlied. Euphorion 53 (1959) S. 1–19;
H.B. Willson, Der von Kürenberc: MF 9, 21–8. MLR 53 (1958) S. 552–53;
H. Schwarz, Der tunkel sterne. Wirk. Wort 3 (1952/53) S. 129–32;
H.M. Haller, Der Kürenberger u. s. Lieder. Annale. Universiteit van Stellenbosch [Zuid-Afrika] 29 (1963) S. 1–20;
A. Hrubý, Die Kürenbergerstrophe MF 9, 21–28. Orbis litt. 18 (1963) S. 139–154;
D. Faulwell, An interpretation of Der von Kürenbergers Falcon song. MLN 80 (1965) S. 492–497;
H. Lehnert, Histor. Rückblick. Merseb. Zaubersprüche u. d. Falkenlied d. Kürenbergers. In: H.L., Struktur u. Sprachmagie 1966, S. 33–37;
R.K. Jansen, Der von Kürenberg u. d. Kreuzzugsidee. Eine biograph.-geschichtl. Deutung d. frühesten Minnesängers. Diss. Univ. of Texas at Austin 1969. DA 30 (1969/1970) 1528 A;
R.K. Jansen, Das Falkenlied Kürenbergs. Eine Arbeitshypothese. DVjs 44 (1970) S. 585–594;
Stephen J. Kaplowitt, A note on the ‚Falcon song' of Der von Kürenberg GQ 44 (1971) S. 519–524.

DIETMAR VON AIST

F.H. Bäuml, Notes on the ‚Wechsel' of Dietmar von Aist. JEGPh 55 (1956) S. 58–69;

H. Brinkmann, Dietmar von Eist u. Friedrich von Husen: Minnelieder, in:
   Gedicht u. Gedanke. Hrsg. von H.O. Burger. Halle 1942, S. 29–42;
H. de Boor, Dietmar von Eist: Ûf dér linden obene ... In: Die deutsche
   Lyrik, hrsg. von B. von Wiese. Bd. 1, Düsseldorf 1956 S. 30–34;
G. Jungblut, Zu Dietmars Tagelied. In: Festgabe f. Ulrich Pretzel. 1963. S.
   118–127;
H. Tervooren u. R. Weidemeier, Reimkonjekturen bei Dietmar v. Aist u.
   Friedrich von Hausen. Zur Arbeitsweise e. mittelalterlichen Interpolators
   u. s. mod. Kritiker. ZfdPh 90 (1971) Sonderh. S. 46–65.

BURGGRAF VON REGENSBURG

G. Jungbluth, Zum Text des Burggrafen von Regensburg. GRM 24 (1953)
   S. 345–48.

MEINLOH VON SEVELINGEN

G. Jungbluth, Zu den Liedern Meinlohs von Sevelingen. Neophilologus 38
   (1954) S. 108–20;
J.K. Bostock, Her Meinloh von Sevelingen 14, 14–37. MLR 50 (1955) S. 508–
   09;
H. Pörnbacher, Meinloh von Sevelingen. Lebensbilder aus dem Bayer. Schwa-
   ben 7 (1959) S. 1–11.
K.-H. Schirmer, Die höfische Minnetheorie u. Meinloh v. Sevelingen. In:
   Zeiten u. Formen in Sprache u. Dichtung. Festschrift Fritz Tschirch. 1972.
   S. 52–73;

Abschnitt 3–6 (Seite 250–266)

KAISER HEINRICH

H. de Boor, Kaiser Heinrich 4, 17. Beitr. Tübingen 77 (1956) S. 366–74;
G. Jungbluth, Die Lieder Kaiser Heinrichs. Beitr. Tübingen 85 (1963) S. 65–82.

HEINRICH VON VELDEKE

H. Thomas, Zu den Liedern u. Sprüchen Heinrichs von Veldeke. Beitr. Halle
   78 (1956) S. 158–264;
J.M.A.F. Smits van Waesberghe, De melodien van Hendrik van Veldekes
   liederen. Amsterdam 1957;
St. N. Werbow, Veldekes „My fool heart“. (MF 56,1). An exercise in ideo-
   textual analysis. In: Germanic Studies in Honor of E.H. Sehrt. Coral
   Gables, Fl. 1968. S. 241–49;
L. Schneider, Heinrich von Veldeke: Die „Strophenpaare“ MF 60, 29 + 65,5
   u. MF 61, 18 + 61, 25. Syllogismen in Reimversen. In: Interpretationen
   mhd Lyrik. 1969. S. 83–107;
Thomas Klein, Veldeke u. die scholast. Logik. Zu den angeblich unechten
   Strophen MF 59, 11 u. 66, 1. ZfdPh 90 (1971) Sonderheft S. 90–107;
C. Minis, Epische Ausdrucksweisen insbes. mit ‚sehen‘ in Veldekes Liedern.
   ZfdPh 90 (1971) Sonderheft S. 80–90.

FRIEDRICH VON HAUSEN

Ausg.: Friedrich v. Hûsen. Introd., text, commentary and glossary. Ed. by
D. G. Mowatt. Cambridge 1971.

Lit.: S. O. Heinrich, Spezialglossar zu den Liedern Friedrichs von Hausen mit
einem Reim- u. Waisenregister. Diss. Heidelberg 1957 (Masch.);

F. Maurer, Zu den Liedern Friedrichs von Hausen. Neuphil. Mitt. 53 (1952)
S. 149–70;

U. Aarburg u. H. Brinkmann, Sinn u. Klang in Hausens Lied „Ich lobe got
der siner güete". Wirk. Wort 9 (1959) S. 139–47;

G. Jungbluth, Mîn herze und mîn lîp diu wellent scheiden. Zu Friedrich von
Hausen 47, 9. Euphorion 47 (1953) S. 241–59;

H. de Boor, Friedrich von Hausen: Mîn herze und mîn lîp . . . In: Die deutsche
Lyrik. Hrsg. von B. von Wiese. Bd. 1, Düsseldorf 1956. S. 35–42;

H. Sperber, Der ‚Sumer von Triere' (Minnesangs Frühling 47, 38). MDU 45
(1953) S. 272–76;

H. B. Willson, ‚Der sumer von Triere' (Hausen, MF 47, 38). MLR 51 (1956)
S. 414–16.;

U. Aarburg u. H. Brinkmann, Sinn u. Klang in Hausens Lied. Wirk. Wort 9
(1959) S. 139–147;

L. Baecker, Herze u. Lip in Friedrich von Hausens Gedicht MF 47,9. In:
Volk, Sprache, Dichtung. Festschrift Kurt Wagner. 1960. S. 34–37;

R. Kienast, Hausens Scheltliet (MF 47, 33) u. Der sumer von triere. Berlin 1961.
(= Sitzungsberichte d. Dt. Akad. d. Wiss. zu Bln. Kl. f. Sprachen, Lit u.
Kunst 1961, 3;

H. J. Rieckenberg, Leben u. Stand d. Minnesängers Friedrich von Hausen
Arch. f. Kulturgesch. 43 (1961) S. 163–176;

F. R. Schröder, Zu Friedrich v. Hausen, 42, 1. („Eine vor allen"). GRM 42
(1961) S. 330–331;

D. G. Mowatt, A critical examination of the various methods of interpreting
Minnesang, with special reference to Friedrich von Hausen, together with a
complete wordindex of his poems. Diss. London, King's College 1962/63;

W. F. Braun, Hausen MF 42, 1–27 u. Veldekes Eneit. ZfdA 93 (1964) S.
209–214;

O. Ludwig, Zum Text von MF 47, 19f. ZfdA 93 (1964) S. 65–66;

O. Ludwig, Die Rolle d. Sprechers in MF 47,9. ZfdA 93 (1964) S. 123–132;

H. de Boor, Zu Hausens Kreuzzugslied 47,9. Beitr. Tübingen 87 (1965) S.
390–393;

H. Tervooren, Vorschläge zu e. Neugestaltung von des Minnesangs Frühling,
dargest. von Friedrich von Hausen 48, 32. In: Kolloquium über Probleme
altgermanist. Editionen. 1968. S. 106–113;

A. T. Hatto, The earliest extant MHG political songs. Friedrich v. Hausen, Si
welnt dem tôde entrunnen sîn and Ich gunde es guoten frouwen niet. In:
Mélanges pour Jean Fourquet. 1969. S. 137–145;

M. Vogel, Der „sumer von triere" bei Friedrich von Hausen. Musikforschung
22 (1969) S. 149–161;

U. Müller, Friedrich von Hausen u. der „Sumer von Triere", MF 47,38.
ZfdPh (1971) Sonderh. 107–115;

H. Tervooren und R. Weidemeier: Reimkonjekturen bei Dietmar von Aist und Friedrich von Hausen. Zur Arbeitsweise eines mittelalterlichen Interpolators und seiner modernen Kritiker. ZfdPh 90 (1971) Sonderh. S. 46–65.
H. Bekker, Friedrich v. Hausen, Lichte ein unwiser man verwüete. Seminar 8 (1972) S. 147–159;

RUDOLF VON FENIS

R.-H. Blaser, Le Minnesinger Rodolphe de Neuchâtel et son oeuvre dans l'histoire du lyrisme allemand du moyen âge. Leçon inaugurale Neuchâtel 1955;
G. Jungbluth, Fenis 82, 24. GRM 35 (1954) S. 240–41.

HEINRICH VON RUGGE

F. J. Paus, Das Liedercorpus d. Heinrich v. Rugge. Diss. Freiburg i. Br. 1964;
F. J. Paus, Heinrich v. Rugge u. Reinmar d. Alte. Deutschunterricht 19 (1967) H. 2, S. 17–31.

VI. DIE HOCHHÖFISCHE LYRIK

Seite 267–331

HARTMANN VON AUE

G. Weber, Spezialglossar zu den Liedern Hartmanns von Aue. Mit einem Reim- und Waisenregister. Diss. Heidelberg 1954 (Masch.);
F. W. Wentzlaff-Eggebert, Hartmann von Aue „Dem kriuze zimt wol reiner muot". In: Wege zum Gedicht. München u. Zürich 1956. S. 45–53;
G. Eis, Stammt das Kreuzlied „Ich var mit iuwern hulden" von Hartmann von Aue? Euphorion 46 (1952) S. 276–79;
G. Jungbluth, Das dritte Kreuzlied Hartmanns. Ein Baustein zu einem neuen Hartmannbild. Euphorion 49 (1955) S. 145–62;
S. Gutenbrunner, Hartmanns Ausfahrt im Zeichen des Evangelisten u. des Täufers. ZfdPh 78 (1959) S. 239–58;
J. K. Bostock, ‚ritterlîche vrouwen' – ‚arme wîp'. MLR 54 (1959) S. 233–35;
M. F. Richey, „Die edelen armen"- A study of Hartmann von Aue. In: MFR, Essays on mediaeval German poetry. ²1969. S. 165–175;
R. Kienast, Das Hartmann-Liederbuch C². Berlin 1963. (= Sitzungsberichte d. Dt. Akad. d. Wiss. zu Berlin, Kl. f. Sprachen, Lit. u. Kunst. 1963, 1);
G. Ziesche, Studien z. lyr. Wortschatz Hartmanns von Aue. Versuch e. Einordnung von MF 217, 14 ff. Diss. Marburg 1963;
E. Blattmann, Die Lieder Hartmanns von Aue. Berlin 1968. (Diss. Freiburg i. Br.);
F. W. Wentzlaff-Eggebert, Hartmann von Aue: Dem kriuze zimt wol reiner muot. In: Wege z. Gedicht. 1968. S. 45–53;
H. Brackert. Hartmann von Aue: Mich hat beswaeret mines herren tot. In: Interpretationen mhd Lyrik. (1969) S. 169–184;

L. Seiffert, Hartmann von Aue and his lyric poetry. Oxford German Studies
3 (1968) S. 1–29;

P. Salmon, The underrated lyrics of Hartmann von Aue. MLR 66 (1971)
S. 810–825;

K.-F. Kemper, Zum Verständnis der Metapher „Kristes bluomen". Hartmann
v. Aue 210,37. ZfdPh 90 (1971) Sonderheft S. 123–133.

ALBRECHT VON JOHANSDORF

U. Pretzel, Die Kreuzzugslieder Albrechts v. Johansdorf. In: Festgabe f.
L. L. Hammerich. 1962. S. 229–244;

R. Bergmann, Untersuchungen zu d. Liedern Albrechts von Johansdorf.
Diss. Freiburg i. Br. 1963;

U. Fülleborn, Die Motive Kreuzzug u. Minne u. d. Gestaltsprinzip in d.
Liedern Albrechts v. Johansdorf. Euphorion 58 (1964) S. 337–374;

R. Bergmann, Albrecht von Johansdorf u. s. Stellung im dt. Minnesang.
Deutschunterricht 19 (1967) H. 2, S. 32–50;

K. H. Schirmer, Rhetorisches im Kreuzlied Albrechts v. Johansdorf. Die
hinnen varn, die sagen durch got ‹MF 89, 21›. In: Mediaevalia litteraria.
Festschrift Helmut de Boor. 1971. S. 229–253.

HEINRICH VON MORUNGEN

H. Scheidt, Vollständiges Glossar zu d. Liedern Heinrichs von Morungen.
Diss. Heidelberg 1955 (Masch.);

E. J. Morall, Heinrich von Morungen. Complete Word-Index. Durham 1957;

F. Maurer, Über das Verhältnis von rhythmischer Gliederung u. Gedanken-
führung in d. Strophen Heinrichs von Morungen. In: Festschrift J. Trier.
Meisenheim 1954. S. 163–72;

U. Pretzel, Zwei Gedichte Heinrichs von Morungen. In: E. Öhmann zu s.
60. Geburtstag. Helsinki 1954. S. 569–86;

E. J. Morrall, Minnesangs Frühling, 125, 19ff., MLR 52 (1952) S. 238;

H. W. J. Kroes, Morungens Elbenlied (126, 8). Neophilologus 37 (1953)
S. 51–52;

G. Jungbluth, Morungen 131, 8. GRM 35 (1954) S. 241–42;

H. de Boor, Heinrich von Morungen: Ich wêne nieman lebe . . . In: Die
deutsche Lyrik. Hrsg. von B. von Wiese. Bd. 1, Düsseldorf 1956. S. 43–47;

G. Bauer, Zu Heinrich von Morungen 139, 19. Euphorion 53 (1959) S. 219–22;

E. J. Morrall, Heinrich von Morungen's conception of love. GLL 13 (1959/60)
S. 81–87;

F. C. Tubach, Wechselform u. Tageliedsituation in dem Tageliedwechsel
(MF 143,22) Heinrichs von Morungen. ZfdPh 79 (1960) S. 309–315;

P. Wapnewski, Morungens Tagelied. (Erw. Teil e. Vortrags im Rundfunk,
1958.) Ist. Univ. Oriet. Annali. Sez. Germ. 4 (1961) S. 1–10;

R. Harvey, ‚Min arme‘. A textual crux in Heinrichs von Morungen Tagelied.
Beitr. Tübingen 86 (1964) S. 266–297;

G. Jungbluth, Vorzugsweise Textkritisches zu Heinrich von Morungen. In:
Festschrift J. Quint. 1964. S. 141–147;

F. Maurer, Zur Chronologie d. Lieder Heinrichs von Morungen. In: Festschrift Jost Trier 1964. S. 304–312;

G. Schweikle, Textkritik u. Interpretation. Heinrichs von Morungen" Sît siu herzeliebe heizent minne". (MF 132,19). ZfdA 93 (1964) S. 73–107;

Th. Frings u. E. Lea, Das Lied vom Spiegel u. von Narziss. Morungen 145, 1, Kraus 7. Minnelied, Kanzone, Hymnus. Beobachtungen z. Sprache d. Minne. Deutsch, Provenzal., Französ., Latein. Beitr. Halle 87 (1965) S. 40–200;

O. Ludwig, Heinrich von Morungen. Zur Ordnung d. Strophen in MF 138,17. GRM. NF. 15 (1965) S. 329–336;

F. R. Schröder, Heinrich von Morungen 139, 19. (Ich hôrt ûf der heide / lûte stimme und süezen klanc ...) GRM NF. 15 (1965) S. 113–118;

F. R. Schröder, Morungen u. Goethe? GRM. NF 15 (1965) S. 337–340;

Th. Frings, Ein Morungenporträt. Beitr. Halle 88 (1966) S. 91–99;

W. Naumann, Heinrich von Morungen, „Owe, sol aber mir iemer me ..." In: W. N., Traum u. Tradition in d. dt. Lyrik. 1966. S. 44–54;

D. Rodewald, Morungens Lied vom Singen. (MF 133, 13.) ZfdA 95 (1966) S. 281–293;

R. Wisniewski, Narzißmus bei Heinrich von Morungen. In: Festschrift Helmut de Boor. 1966. S. 20–32;

A. Hrubý, Histor. Semantik in Morungens Narzissuslied u. d. Interpretation d. Textes. DVjs 42 (1968) S. 1–22;

J. A. Huisman, Die Strophenfolge in Morungens Tagelied u. a. Gedichten. ZfdPh 87 (1968). Sonderheft S. 72–84;

O. Ludwig, Komposition u. Bildstruktur. Zur poet. Form d. Lieder Heinrichs v. Morungen. ZfdPh 87 (1968) Sonderheft S. 48–71;

G. Objartel, Morungens Strophe „Sît si herzen liebe heizent minne" ‹MF 132, 19› u. ihre Nachwirkung. ZfdPh 87 (1968) Sonderheft S. 84–91;

G. Objartel u. P. Rennings, Morungens Sprache als Problem d. Textkritik. ZfdPh 87 (1968) Sonderheft S. 35–47;

F. R. Schröder, Heinrich von Morungen (Zu Vil süeziu, senftiu tôterinne u. einigen anderen Liedern. GRM NF. 18 (1968) S. 337–348;

U. Pretzel, Drei Lieder Heinrichs von Morungen. In: Interpretationen mhd. Lyrik. 1969. S. 109–120;

H. D. Schlosser, Heinrich von Morungen: „Von der elbe wirt entsen vil manic man". ‹MF 126,8› In: Interpretationen mittelhochdeutscher Lyrik. 1969. S. 121–135;

F. C. Tubach, „In sô hôhe swebender wunne". MF. 125, 19. by Heinrich von Morungen. DVjs 43 (1969) S. 193–213;

V. Schweiger, Textkritische u. chronologische Studien zu d. Liedern Heinrichs von Morungen. Diss. Freiburg i. Br. 1970;

H. Stopp, Zu Morungens Tageliedwechsel. Euphorion 64 (1970) S. 51–58;

P. Börner, Zu MF 131, 25 f. ZfdPh 90 (1971) Sonderheft S. 115–123.

REINMAR VON HAGENAU

L. L. Hammerich, Gottfried von Straßburg über Reinmar von Hagenau
Tristan 4774ff.). GRM 33 (1951/52) S. 156–57;

H. de Boor, Reinmar von Hagenau: Niemen seneder suoche ... In: Die
deutsche Lyrik. Hrsg. von B. von Wiese. Bd. 1, Düsseldorf 1956. S. 48–51;

M.-L. Dittrich, Reinmars Kreuzlied (MF. 181,13). In: Festschrift L. Wolff.
1962. S. 241–264;

L. Kirschberger, Gottfried von Reinmar. Monatshefte 56 (1964) S. 167–173;

M. Beutler, Literar. Beziehungen zw. Reinmar v. Hausen u. Walther v. d.
Vogelweide. Ein Beitr. z. Dichtung Reinmars u. zur Reinmar-Walther-
Fehde. Diss. Tübingen 1960 (Masch.);

F. Maurer, Die „Pseudoreimare". Fragen d. Echtheit, d. Chronologie u. d.
„Zyklus" im Liedercorpus Reinmars d. Alten. Heidelberg 1966;

P. Wapnewski, Reinmars Rechtfertigung. Zu MF 196, 35 u. 165, 10. In:
Mediaeval German studies. Festschrift Frederick Norman. 1965. S. 71–83;

F. J. Paus, Heinrich v. Rugge und Reinmar d. Alte. Deutschunterr. 19 (1967)
H. 2, S. 17–31;

G. Schweikle, Steckt im Sumerlaten-Lied Walthers v. d. Vogelweide. (L 72,
31) ein Gedicht Reinmars d. Alten? ZfdPh 87 (1968) Sonderh. S. 131–153;

K. Bertau, Überlieferung u. Authentizität bei d. Liedern Reinmars des Alten.
ZfdPh 88 (1969) S. 389–400;

G. Schweikle, War Reinmar „von Hagenau" Hofsänger zu Wien? In: Ge-
staltungsgeschichte u. Gesellschaftsgeschichte. Stuttgart 1969. S. 1–31;

X. v. Ertzdorff, Reinmar von Hagenau: Wiest ime ze muote, wundert mich.
(MF 153. 14.) In: Interpretationen mhd Lyrik. 1969. S. 137–152;

F. Neumann, Reinmars Lied: Ein wiser man sol niht ze vil. (MF 162, 7.) In:
Interpretationen mhd Lyrik. 1969. S. 153–168;

B. Nagel, Ein liep ich mir vil nâhe trage. (MF 150/1–27.) Ruperto-Carola 22
(1970) Bd. 48, S. 27–37;

V. L. Ziegler, Reinmar von Hagenau and his school. A study in leitword
technique. Diss. Yale Univ. 1970. DA. 31 (1970/71) 3570/71 A;

Helmut Birkhan, Manger zuo den vrouwen gât ... Zur Textkritik u. Interpretation von Reinmars Lied 170, 1 in MF Sprachkunst 2 (1971) S. 81–92;

WALTHER VON DER VOGELWEIDE

Ausg.: Die Lieder Walthers von der Vogelweide. Unter Beifügung erhaltener
u. erschlossener Melodien neu hrsg. von F. Maurer. 1. Bändchen: Die
religiösen u. d. politischen Lieder, 2. Bändchen: Die Liebeslieder. Tübingen
1955, 1956. (= Altdt. Textbibl. 43, 47) 1: ³1967, 2: ³1969;

H. Thomas, Eine neue Waltherausgabe. DVjs 33 (1959) S. 324–34;

A. Kracher, Zur Gestaltung einer neuen Walther-Ausgabe. Anz. d. phil.-hist.
Kl. d. Österr. Ak. d. Wiss. Wien 1952, Nr. 22, S. 351–65;

Die Gedichte. Hrsg. von K. Lachmann. 13., aufgrund d. 10. von C. v. Kraus
bearb. Ausg., neu hrsg. von Hugo Kuhn. Berlin 1965;

Gedichte. Hrsg. von H. Paul. Besorgt von H. Kuhn. 9. durchges. Aufl.
Tübingen 1959;

Sprüche und Lieder. Gesamtausgabe. Hrsg. v. H. Protze. Halle (Saale) 1963;
Gedichte. Mhd. Text u. Übertragung. Ausgew., übers. u. mit e. Kommentar
vers. von P. Wapnewski. Frankfurt/Main, Hamburg 1966;
Gedichte [mhd u. nhd]. Urtext mit Prosaübersetzg. von H. Böhm. Berlin ³1964;
Lit.: R.-M. S. Heffner u. W.P. Lehmann, A Word-Index to the poems of
Walther von der Vogelweide. 2. Aufl., Madison 1950;

M.G. Scholz, Bibliographie zu Walther v. d. Vogelweide. Berlin 1969;
W. Leo, Die gesammte Lit. Walthers v. d. Vogelweide. Eine krit.-vergl.
Studie z. Geschichte der Walther-Forschung. Neudr. d. Ausg. von 1889.
Mit e. Walther-Bibliographie 1880–1969 von E. Carlsohn. Niederwalluf b.
Wiesbaden 1971;

Walther v. d. Vogelweide. Hrsg. v. S. Beyschlag. Darmstadt 1971. (= WdF
112).

H. Naumann, Verf.-Lex. 4, Sp. 807–22;
A. Kracher, Beiträge zur Walther-Kritik. Beitr. Tübingen 78 (1956) S. 194–
225;
H. de Boor, Walther von der Vogelweide. In: Die großen Deutschen. Bd. 1,
Berlin 1956. S. 114–29;
K.H. Halbach, Waltherstudien II. In: Festschrift W. Stammler. Berlin. 1953.
S. 45–65;

K.K. Klein, Waltherus Fugelwedere. Zur Frage nach der Herkunft Walthers
von der Vogelweide. In: Südtirol. Land europäischer Bewährung. Festschr.
M. Gamper, Innsbruck 1955. S. 379–84;
Luis Santifaller, Walther von der Vogelweide ein Schweizer? Der Schlern 28
(1954) S. 152–155;
J. Wiegand, Zur lyrischen Kunst Walthers, Klopstocks u. Goethes. Tübingen
1956;
H. Rehbold, Die Bildersprache Walthers von der Vogelweide. Diss. Köln 1953
(Masch.);
F. Neumann, Der Minnesänger Walther von der Vogelweide. Deutschunterr.
5 (1953) H. 2, S. 43–61;
K.K. Klein, Walthers Scheiden aus Österreich. ZfdA 86 (1955/56) S. 215–30;
G. Jungbluth, Walthers Abschied. DVjs 32 (1958) S. 372–90;
E. Wießner, Berührungen zwischen Walthers u. Neidharts Liedern. ZfdA
84 (1952/53) S. 241–64;
F. Neumann, Walther von der Vogelweide: Under der linden ... In: Die
deutsche Lyrik. Hrsg. von B. von Wiese. Bd. 1, Düsseldorf 1956. S. 71–77;
K. Helm, Tandaradei. Beitr. Tübingen 77 (1955) S. 252–53;
Th. Frings, Walthers vaden 44, 9. Beitr. 73 (1951) S. 320;
ders., Walthers Gespräche. In: Festschrift D. Kralik. Horn 1954. S. 154–62;
S. Beyschlag, Herzeliebe und Mâze. Zu Walther 46, 32. Beitr. 67 (1945) S.
386–401;

F. Neumann, Walther von der Vogelweide: Herzeliebez frouwelîn ... In: Die deutsche Lyrik. Hrsg. von B. v. Wiese. Bd. 1, Düsseldorf 1956. S. 56–61;

H. Kuhn, Muget ir schouwen. In: Wege zum Gedicht. München u. Zürich 1956. S. 54–63;

F.R. Schröder, Zu Walther 54, 7. GRM 35 (1954) S. 242;

H. de Boor, Walther von der Vogelweide: Die verzagten aller guoten dinge ... In: Die deutsche Lyrik. Hrsg. von B. von Wiese. Bd. 1, Düsseldorf 1956. S. 52–55;

H.B. Willson, Walther's ,Halmorakel'. MLR 54 (1959) S. 236–39;

L. Kerstiens, Walthers Lied von der wahren Minne (66, 21). Wirk. Wort 5 (1954/55) S. 129–33;

F. Neumann, Walther von der Vogelweide: Nemt, frouwe, disen kranz! In Die deutsche Lyrik. Hrsg. von B. von Wiese. Bd. 1, Düsseldorf 1956. S. 62–70;

P. Wapnewski, Walthers Lied von der Frauenliebe (74, 20) und d. deutschsprachige Pastourelle. Euphorion 51 (1957) S. 113–50;

G.F. Jones, Ein kind daz êre hât. MLN 73 (1958) S. 113–15;

E. Henschel, Zu Walther 111, 12 ff.. Beitr. 74 (1952) S. 318;

D. Kralik, Walther gegen Reinmar. Sitzungsber. d. Österr. Ak. d. Wiss., Phil.-hist. Kl. 230, 1. Wien 1955;

P. Westra, Einige Bemerkungen über Walther von der Vogelweide „Leich": „got dîner Trinitate". Revue des langues vivantes 22 (1956) S. 362–67;

F. Maurer, Die politischen Lieder Walthers von der Vogelweide. Tübingen 1954;

ders., Zu den religiösen Liedern Walthers von der Vogelweide. Euphorion 49 (1955) S. 29–49;

D. Kralik, Die Kärntner Sprüche Walthers von der Vogelweide. In: Fragen u. Forschungen im Bereich u. Umkreis d. German. Philologie. Festgabe f. Th. Frings. Berlin 1956. S. 349–77;

R. Zitzmann, Der Ordo-Gedanke d. mittelalterl. Weltbildes und Walthers Sprüche im ersten Reichston. DVjs 25 (1951) S. 40–53;

H. Furstner, Spruch, Zyklus oder Lied? Neophilologus 38 (1954) S. 303–06;

H. Moser, „Sprüche" oder „politische Lieder" Walthers? Euphorion 52 (1958) S. 229–46;

R. Ruck, Walther von der Vogelweide. Der künstlerische Gedankenaufbau im ersten Philippston u. im ersten Ottoton. Basel 1954;

E. Henschel, Zu Walther 7, 6. Beitr. 75 (1953) S. 485;

F. Maurer, Das ritterliche Tugendsystem. DVjs 23 (1949) S. 274–85;

W. Mohr, ,Der Reichston' Walthers von der Vogelweide. Deutschunterr. 5 (1953) H. 6, S. 45–56;

O. Sayce, Walther von der Vogelweide's Poem ,Ich hôrte ein wazzer diezzen'. MLR 52 (1957) S. 398–402;

B. Ulvestad, Ir habt die erde, er hât daz himelrîche. MDU 44 (1952) S. 153–58;

H.W.J. Kroes, Walther von der Vogelweide 13, 5. Neophilologus 39 (1955) S. 63–64;

H.B. Willson, Walther von der Vogelweide 20, 25–6. MLR 50 (1955) S. 506–07;

G.F. Jones, A Solution of Walther von der Vogelweide 26, 33–27, 6. MDU 49 (1957) S. 31–34;

G. Jungbluth, Walthers Spruch 32, 27. ZfdA 87 (1956/57) S. 236–40;

F. Neumann, Walther von der Vogelweide: „Ir sult sprechen willekomen!" In: Gedicht u. Gedanke. Hrsg. von H.O. Burger. Halle 1942, S. 11–28;

H.B. Willson, Walther's ‚bilde‘. MLR 51 (1956) S. 568–70;

H.W.J. Kroes, den borgen dingen (Walther 78, 21) „Neophilologus 33 (1949) S. 39–40;

G. Jungbluth, Die dort den borgen dingen. Zu Walther 78, 21. Beitr. Tübingen 81 (1959) S. 43–46;

T.A. Rompelmann, Zu Walther 79, 33. Neophilologus 34 (1950) S. 15–20;

K.K. Klein, Die Strophenfolge des Bognerspruchs Walther 80, 27 bis 81, 6. GRM 37 (1956) S. 74–76;

H.W.J. Kroes, Walther 82, 11. Neophilologus 33 (1949) S. 122–23;

ders., Walther's, Atze'-Sprüche. Neophilologus 33 (1949) S. 36–39;

H.B. Willson, Walther's Dream. MLR 53 (1958) S. 191–96;

G. Jungbluth, Zu Walthers Tegernseespruch. GRM 38 (1957) S. 84–86;

H. Roos, Noch einmal: Walthers Tegernseespruch (104, 23ff.). GRM 39 (1958) S. 208–10;

W.J. Schröder, Zur Diskussion um Walthers Tegernseespruch (L. 104, 23). GRM 40 (1959) S. 95–97;

M. O'C. Walshe, Walther von der Vogelweide 106, 17–107, 16. MLR 43 (1948) S. 93–96;

J.K. Bostock, daz verlorne tal. MLR 54 (1959) S. 405–06;

D. Kralik, Die Elegie Walthers von der Vogelweide. Sitzungsber. d. Österr. Ak. d. Wiss. Phil.-hist. Kl. 228,1, Wien 1952;

H. Brinkmann, Walthers Elegie. Wirk. Wort 5 (1954/55) S. 198–204;

G. Orton, Walther von der Vogelweide: ‚als mîn ander hant‘. MLR 54 (1959) S. 75–76;

Th. Frings, Walther 124, 10. Beitr. 67 (1945) S. 240–42;

J.K. Bostock, Walther von der Vogelweide, 124. 10–12. MLR 47 (1952) S. 210;

H.B. Willson, Walther von der Vogelweide 124, 10. MLR 50 (1955) S. 507–08;

ders., Walther 124, 19. MLR 50 (1955) S. 186–87;

W. Stammler, Zu Walther von der Vogelweide 124, 24f., Wirk. Wort 6 (1955/56) S. 207–08;

Th. Frings, Galle u. Honig, Walther 124, 36. Beitr. 75 (1953) S. 304–05;

H.B. Willson, Walther 125, 7. MLR 49 (1954) S. 56–59;

J. Wiegand, Technische Bemerkungen in zwei Liedern Walthers, Beitr. 75 (1953) S. 296–304;

L. Wolff, Von der lyrischen Bedeutung d. Strophenform bei Walther von der Vogelweide. Neuphil. Mitt. 53 (1952) S. 338–61;

K.-H. Schirmer, Die Strophik Walthers von der Vogelweide. Ein Beitrag zu d. Aufbauprinzipien i. d. lyrischen Dichtung d. Hochmittelalters. Halle 1956;

F. Maurer, Ein Lied oder zwei Lieder? Über das Verhältnis von Ton u. Lied bei Walther von der Vogelweide. In: Gestaltung Umgestaltung. Festschrift ... H.A. Korff. Leipzig 1957. S. 29–38;

ders., Der „Wiener Hofton" Walthers von der Vogelweide. In: E. Öhmann
zu s. 60. Geburtstag. Helsinki 1954, S. 113–34;

U. Aarburg, Wort und Weise im Wiener Hofton. ZfdA 88 (1957/58) S. 196–
210;

W. Mohr, Zu Walthers „Hofweise" und „Feinem Ton". ZfdA 85 (1954/55)
S. 38–43;

F. Gennrich, Melodien Walthers von der Vogelweide. ZfdA 79 (1942) S. 24–
48;

ders., Die Melodie zu Walthers von der Vogelweide Spruch: Philippe, künec
hêre. Studi Medievali 17 (1951) S. 71–85;

ders., Zur Liedkunst Walthers von der Vogelweide. ZfdA 85 (1954/55)
S. 203–09;

BIOGRAPHISCHES

L. Beirer, Die Beziehungen Walthers von der Vogelweide zu Thomasin von
Zerklaere. Diss. Innsbruck 1958 (Masch.);

S. Beyschlag, Walther von der Vogelweide u. die Pfalz der Babenberger.
(Walthers Scheiden von Wien.) E. Diskussionsbeitrag. Jb. f. fränkische
Landesforschung 19 (1959) S. 377–388;

K. K. Klein, Zum dichter. Spätwerk Walthers von der Vogelweide. Der
Streit mit Thomasin von Zerclaere. In: Germanist. Abhandlgn. Innsbruck
1959. S. 59–109;

M. Schulte, Walther v. d. Vogelweide, poeta moderno. Napoli 1961;

A. Mundhenk, Walthers Selbstbewußtsein. DVjs 37 (1963) S. 406–438;

K.H. Halbach, Walter v. d. Vogelweide. 1. Aufl. Stuttgart 1965. 2., durchges.
u. erg. Aufl. 1968 (= Slg. Metzler 40);

H. Heger, Das Lebenszeugnis Walthers von der Vogelweide. Die Reiserechnungen d. Bischofs Wolfger v. Passau. Forschungen u. Fortschr. 39
(1965) S. 336–340;

G.F. Jones, Walther von d. Vogelweide. New York 1968;

K. Bosl, Feuchtwangen u. Walther von der Vogelweide. Zs. f. bayer. Landes-
gesch. 32 (1969) S. 832–849;

H Kuhn, Walther v. d. Vogelweide u. s. „deutsche" Rezeption. In:
H.K., Text und Theorie. 1969. S. 332–343. (Zuerst in Germanistik u.
Dichtung. 1968. S. 113–125;

F. K. Scheibe, Walther von der Vogelweide., troubadour of the Middle
Ages. His life and reputation in the English speaking countries. New York
1969;

H. Heger, Das Lebenszeugnis Walthers von der Vogelweide. Die Reiserechnungen d. Passauer Bischofs Wolfger v. Erla. Wien 1970;

A. Kracher, Walthers Heimat, Franken oder Österreich? In: Mediaevalia
litteraria. Festschrift Helmut de Boor. 1971. S. 255–278;

Th. Mülhauser-Vogeler, Her Walther v. d. Vogelweide. Heusenstamm 1971;

M. Curschmann, Waltherus cantor. Oxford German Studies 6 (1971/72)
S. 5–17.

ALLGEMEINE PROBLEME

M. Beutler, Literar. Beziehungen zw. Reinmar v. Hagenau u. Walther von der Vogelweide. Ein Beitr. z. Dichtung Reinmars u. zur Reinmar-Walther-Fehde. Diss. Tübingen 1960. (Masch.);

H. Swinburne, Walther von der Vogelweide and the Crusades. MLR 56 (1961) S. 349–53;

S. Gutenbrunner, Walther-Konjekturen. Archiv 198 (1961/62) S. 89–94;

A. Haidacher, Walther-Miszellen. ZfdPh 81 (1962) S. 322–27;

W. Bachofer, Zur Wandlung d. Minne-Begriffs bei Walther von der Vogelweide. In: Festgabe für Ulrich Pretzel. 1963. S. 139–149;

Ch. Reiner, Walther von der Vogelweide u. Neidhart v. Reuenthal. Zur Frage ihrer Wechselbeziehungen. Diss. Innsbruck 1965 (Masch.);

B. Willson, The ordo of love in Walthers Minnesang, DVjs 39 (1965) S. 523–541;

J. Schaefer, Walther von der Vogelweide u. ‚Frauenlob', Beispiele klass. u. manierist. Lyrik im Mittelalter. Tübingen 1966. (Diss. Univ. of Massachusetts 1964);

W. Mohr, Die „Vrouwe" Walthers von der Vogelweide. ZfdPh 86 (1967) S. 1–10;

H. Adolf, Walther von der Vogelweide and the awakening of personality. In: Germanic studies in honor of E. H. Sehrt. 1968. S. 1–13;

K. H. Halbach, „Humanitäts-Klassik" d. Stauferzeitalters in d. Lyrik Walthers von der Vogelweide. In: Festschrift K. Ziegler. 1968. S. 13–35;

M. M. Hinman, Rhetoric and ornamentation in the songs of Walther von der Vogelweide. Diss. Univ. of Calif. Berkeley 1968. DA 30 (1969/1970) 1170 A;

D. Rocher, Critères formels et différence spirituelle du „Spruch" et du „Lied" chez Walther von der Vogelweide. In: Mélanges pour Jean Fourquet. 1969. S. 309–322;

H. Birkhan, Reimar, Walther u. d. Minne. Zur ersten Dichterfehde am Wiener Hof. Beitr. Tübingen 93 (1971) S. 168–212;

R. Ehnert, Reimlisten u. Statistiken zu den religiösen u. polit. Gedichten Walthers v. d. Vogelweide. Neuphil. Mitteilungen 72 (1971) S. 608–648;

P. Frenzel, Order, function, and convenientia in the songs of Walther von der Vogelweide. JEGP 71 (1972) S. 165–176;

K. H. Schirmer, Nochmals zur Kadenzwertung in der Lyrik Walthers v. d. Vogelweide. ZfdPh 90 (1971) Sonderheft S. 18–46.

F. Maurer, Die Liedkunst Walthers v. d. Vogelweide in ihrer geschichtl. Entfaltg. Wirk. Wort 22 (1972) S. 363–378;

F. Maurer, Zum Übersetzen d. Lieder Walthers v. d. Vogelweide. Beitr. Tübingen 94 (1972) Sonderh. S. 484–500;

POLITISCHE DICHTUNG

R. Köhne, Zu Walthers Bognersprüchen u. Bognerton. Wirk. Wort 10 (1960) S. 35–42;

F. R. Schröder, „Ich saz ûf einem Steine. . ." GRM 41 = NF 10 (1960) S. 345;

F. Maurer, Walthers Sprüche. Wirk. Wort 11 (1961) 3. Sonderh., S. 51–67;

Th. Schumacher, Walthers zweiter Spruch im Reichton. DVjs 36 (1962) S. 179–189;

H.B. Willson, Walthers Tegernseespruch. MLR 57 (1962) S. 67–69;

H.B. Willson, Walthers „Erster Reichston". GR 39 (1964) S. 83–96;

K.J. Northcott, Walther von d. Vogelweide and tradition. Dt. Beitr. zur geist. Überlieferung 5 (1965) S. 29–47;

P. Göhler, Gesellschaftsideal u. Menschenprobleme im Zyklus polit. Gedichte. Zu Walthers Gedichten im „Reichston". Wiss. Zs. d. Univ. Greifswald 15 (1966) S. 561–564;

S. Gutenbrunner, Einige Waltherkonjekturen. ZfdPh 85 (1966) S. 50–66;

J. Schäfer, Formen d. Überlagerung in Metren Walthers v. d. Vogelweide. Neophil. 50 (1966) S. 77–95;

P. Göhler, Untersuchungen z. frühen politischen Lyrik Walthers v. d. Vogelweide. Diss. Berlin Humbold-Univ. 1967. (Masch.) (Eine Ausz. erschien in Weimarer Beitr. 13 (1967) S. 968–995;

O.P. Riecken, Das Motiv des „vogellins" in der Lyrik Walthers v. d. Vogelweide vergl. mit dem Minnesang s. Zeitgenossen. Diss. Hamburg 1967;

P. Wapnewski, Die Weisen aus dem Morgenland auf d. Magdeburger Weihnacht. ‹Zu Walther v. d. Vogelweide 19,5› In: Lebende Antike. Symposion für Rudolf Sühnel. 1967. S. 74–94. (Ez gienc eins tages als unser hêrre wart geborn. . .);

R. Schmidt-Wiegand, Walthers „Kerze" ‹84,33› . Zur Bedeutung von Rechtssymbolen f. d. intern. Daten in mittelalterlicher Dichtung. ZfdPh 87 (1968) Sonderheft S. 154–185;

G.F. Jones, ze Osterîch lernt ich singen unde sagen. (Walther 32, 14.) Leuvense Bijdragen 58 (1969) S. 69–77;

K.H. Halbach, Der 1. Philipps-Ton Walthers v. d. Vogelweide als Sangspruch-Pentade d. Jahres 1199–1205. In Formen mittelalterlicher Lit. Festschrift Siegfried Beyschlag. 1970. S. 39–62;

I. Meiners, Zu Walther 9, 10. ZfdA 99 (1970) S. 208–213;

U. Müller, Zu Walther Her Keiser, ich bin fronebote (L. 12,6). ZfdPh 90 (1971) Sonderh. S. 133–136.

P. Frenzel, Order, function, and, ‚convenientia' in the songs of Walther von der Vogelweide. JEGP 71 (1972) S. 165–176;

V. v. Gillhausen, Möglichkeiten e. vergl. Interpretation ma u. moderner „Politischer Lieder". Walther von der Vogelweide, Lachmann 20, 16; 22, 18; 22,33 und Franz Josef Degenhardt, „Drei Kugeln". In: Festschrift f. K.H. Halbach. 1972. S. 367–391;

E. Ploss, Walthers Spruch 28, 1–10 u. die Parodie des Singenbergers. Beitr. Tübingen 94 (1972) Sonderh. S. 577–596;

S. Beyschlag, Formverwandlung in W's Spruchdichtg. Eine Skizze. Nach e. Vortr. geh. 1965. Beitr. Tübingen 94 (1972) Sonderh. S. 726–744;

MÄDCHENLIEDER

H.B. Willson, Inneclîche lachen. (Walther 40, 4–5.) MLR 58 (1963) S. 227–229;

H.B. Willson, Nemt, vrowe, disen kranz. (Walther, 74, 20ff.). Medium aevum 34 (1965) S. 189–202;

U. Pretzel, Zu Walthers Mädchenliedern. In: Festschrift Helmut de Boor. 1966. S. 33–47;

J. Schaefer, Die Gestaltung d. lyrischen Ich in Walthers Unter den Linden. Monatshefte 58 (1966) S. 33–42;

D. Ader, Walther v. d. Vogelweide: Herzeliebez frowelîn. Deutschunterr. 19 (1967) H. 2, S. 65–75;

K. H. Halbach, Walthers Kranz-Tanzlied. (74,20). Deutschunterr. 19 (1967) H. 2, S. 51–64;

D. R. McLintock, Walthers Mädchenlieder. Oxford German Studies 3 (1968) S. 30–43;

G. Hahn, Walther v. d. Vogelweide: Nemt frowe disen kranz. ‹74,20› . In: Interpretationen mittelhochdeutscher Lyrik. 1969. S. 205–226;

ALTERSDICHTUNG

J. K. Bostock, Daz verlorne tal [122, 24]. MLR 54 (1959) S. 405–406;

Graham Orton, Walther von der Vogelweide: „Als mîn ander hant." [Elegie 124, 1.] MLR 54 (1959) S. 75–76;

S. Beyschlag, Zur Überlieferungsgeschichte von Walthers Elegie. Beitr. Tübingen 82 (1960) S. 120–144;

E. Kaufmann, Zu Walther 124, 7 bf.: Von kinde bin geborn . . . ZfdPh 81 (1962) S. 316–322;

U. Pretzel, Zu Walthers Elegie (124, 1 ff.). In: Festschrift Taylor Starck. 1964. S. 223–234;

W. Hoffmann, Walthers sog. Elegie. ZfdPh 87 (1968) Sonderheft S. 108–131;

R. Wisniewski, Walthers „Elegie" ‹L 124, 1 ff.› . ZfdPh 87 (1968) Sonderheft S. 91–108;

D. R. McLintock, Walthers Elegy. Oxford German Studies. 4 (1969) S. 1–11;

A. Mundhenk, Ist Walther der Verf. d. Elegie? DVjs 44 (1970) S. 613–654;

W. Mohr, Altersdichtung Walthers v. d. Vogelweide. Sprachkunst 2 (1971) S. 329–356.

EINZELNE LIEDER

W. Fechter, Zum Leich Walthers v. d. Vogelweide. (Marienlob). GRM 40 (1959) S. 426;

G. Jungbluth, Die dort den borgen dingen. Zu Walther 78,21. Beitr. Tübingen 81 (1959) S. 43–46;

G. Eis, Zu Walthers Leich V. 6,28 f. Neuphil. Mitteilungen 61 (1960) S. 63–68;

S. N. Werbow, The Tall-Niggard – Walther 26, 33. MLN 75 (1960) S. 692–696;

Th. Frings u. E. Linke, Walthers Tagelied. Wirk. Wort 11 (1961), 3. Sonderh., S. 3–7;

G. Schweikle, Minne und mâze. Zu Aller werdekeit ein füegerinne (Walther 46,32). DVjs 37 (1963) S. 498–528;

K. H. Borck, Walthers Lied ‹Lachmann 46,32 .› In: Festschrift Jost Trier. 1964. S. 313–334;

B. Boesch, Walther L. 63,32 und 124,1. ZdfPh 84 (1965) S. 1–6;

M. F. Richey, Rit ze hove Dietrich. . . In: Mediaeval German studies. Festschrift Frederick Norman. 1965. S. 201–203;

B. Willson, Analog. Verweise in Walthers Lied 73,23 ff. (Die mir in dem winter fröide hânt benommen) ZfdPh 84 (1965) S. 353–361;

P. Wapnewski, Der Sänger u. d. Dame. Zu Walthers Schachlied (111, 23). Euphorion 60 (1966) S. 1–29;

H. de Boor, Zu der Strophe 185,31 (= E Str. 181) von Walther von der Vogelweide. Beitr. Tübingen 90 (1968) S. 280–284;

G. Kaiser, Walthers Lied „Vom wünschen unde waenen". Zu L. 184, 1–30. 61, 32–62,5; 185, 31–40. Beitr. Tübingen 90 (1968) S. 243–279;

G. Schweikle, Steckt im „Sumerlaten"-Lied Walthers von der Vogelweide ‹L 72,31› ein Gedicht Reinmars d. Alten? ZfdPh 87 (1968) Sonderheft S. 131–153;

W. Bachofer, Walther v. d. Vogelweide: Aller werdekeit ein fuegerinne. ‹46,32‹ . In: Interpretationen mhd Lyrik. 1969. S. 185–203;

H. K. Krause, „Junger Mensch u. alter Gott." Walthers Religiosität im Lichte d. literar. u. religiösen Strömungen s. Zeit. GQ 42 (1969) S. 331–342;

D. Rocher, „Aller werdekeit ein füegerinne". EG 24 (1969) S. 181–193;

J. A. Asher, Das Tagelied Walthers von der Vogelweide. Ein parodist. Kunstwerk. In: Mediaevalia litteraria. Festschrift Helmut de Boor. 1971. S. 279–304;

Th. A. Bungarten, Min sele müeze vol gevarn (L 67, 20). Walthers „Alterston" (L 66, 21–68, 7). ZfdPh 90 (1971) Sonderh. S. 136–142;

E. Herrmann u. H. Wenzel, „Her Wicman ist der ere. Her Volcnant habt irs ere". Zu Walther von der Vogelweide. (L 18,1). Euphorion 65 (1971) S. 1–20;

G. Schweikle, Eine Morungen-Parodie Walthers. Zu MF 145, 33. In: Mediaevalia litteraria. Festschrift Helmut de Boor. 1971. S. 305–314;

H. Blosen, Waz ist bezzer? Zu Walthers Lied 111,22. ZfdA 101 (1972) S. 271–280.

MARKGRAF VON HOHENBURG

C. von Kraus, Liederdichter, Bd. 2, S. 223–39;

F. Neumann, Der Markgraf von Hohenburg, ZfdA 86 (1955/56) S. 119–60.

HILTBOLT VON SCHWANGAU

C. von Kraus, Liederdichter, Bd. 2, S. 190–223;

Hiltbold v. Schwangau. Der Minnesänger u. s. Lieder. Mit e. Einf. von H. Pörnbacher u. e. Vorw. von H. Fischer. München 1962;

H. Pörnbacher, Hiltbold von Schwangau. Lebensbilder aus dem Bayer. Schwaben 7 (1959) S. 12–22.

OTTO VON BOTENLAUBEN

C. von Kraus, Liederdichter, Bd. 2, 358–80;

K. D. Jaehrling, Die Lieder Ottos v. Botenlauten. Hamburg 1970. (Diss. Hamburg).

WOLFRAM VON ESCHENBACH

C. von Kraus, Liederdichter. Bd. 2, S. 646-707;

P. Wapnewski, Die Lyrik Wolframs von Eschenbach Edition, Kommentar, Interpretation. München 1972;

L. Hanemann, Die Lieder Wolframs von Eschenbach. Diss. Hamburg 1951;

H. Thomas, Wolframs Tageliederzyklus. ZfdA 87 (1956/57) S. 45-58;

P. Wapnewski, Wolframs Walther-‚Parodie‘ u. die Frage d. Reihenfolge seiner Lieder. GRM 39 (1958) S. 321-32;

W. Mohr, Wolfram von Eschenbach: Ursprinc bluomen ... In: Die deutsche Lyrik. Hrsg. von B. von Wiese. Bd. 1, Düsseldorf 1956 S. 78-89;

P. Wapnewski, Wolframs Tagelied Von der zinnen wil ich gen ... ‹Lachmann Nr. 5.› In: Wolfram Studien. Hrsg. v. W. Schröder. Berlin 1970. S. 9-27;

P. Wapnewski, Wächterfigur u. soziale Problematik in Wolframs Tageliedern. In: Berliner Germanistentag. Heidelberg 1970. S. 77-89.

VII. DIE SPÄTHÖFISCHE LYRIK

Seite 332-376

Abschnitt 1 und 2 (Seite 334-346)

LEUTHOLD VON SEVEN

C. von Kraus, Liederdichter, Bd. 2, S. 291-300.

RUBIN

C. von Kraus, Liederdichter. Bd. 2, S. 399-429;

G. Kaiser, Beiträge zu d. Liedern d. Minnesängers Rubin. München 1969 (Diss. Heidelberg).

ULRICH VON LICHTENSTEIN

C. von Kraus, Liederdichter. Bd. 2, S. 519-57;

C. Minis, Verf.-Lex. 5, Sp. 1097-99;

M. Schlereth, Studien zu Ulrich von Lichtenstein. Diss. Würzburg 1950 (Masch.);

M. Woratschek, Eine Reimuntersuchung zu Ulrich von Lichtenstein: „Frauendienst" und „Frauenbuch". Diss. Wien 1957 (Masch.);

K.L. Schneider, Die Selbstdarstellung d. Dichters im Frauendienst Ulrichs von Lichtenstein. Bedeutung u. Grenzen d. Autobiographischen in d. älteren dt. Dichtung. In: Festgabe für Ulrich Pretzel. 1963. S. 216-222;

H. Milnes, Ulrich von Lichtenstein and the Minnesang. GLL 17 (1963/64) S. 27-43;

A.H. Touber, Der literar. Charakter von Ulrich von Lichtensteins Frauendienst. Neophil. 51 (1967) S. 253-262;

J. Ruben, Zur „gemischten Form" im Frauendienst Ulrichs von Lichtenstein.

Untersuchungen über d. Verhältnis d. Lieder, Büchlein u. Briefe zum erzählenden Text. Diss. Hamburg 1969;

M.-L. Dittrich, Die Ideologie d. „guoten wibes" in Ulrichs von Lichtenstein „Vrowen Dienst". In: Gedenkschrift f. W. Foerste. 1970. S. 502–530;

U. Peters, Frauendienst. Untersuchungen zu Ulrich von Lichtenstein u. zum Wirklichkeitsgehalt d. Minnedichtung. Göppingen 1971. (Diss. F.U. Berlin 1970).

T. McFarland, Ulrich v. Lichtenstein and the autobiographical narrative form. In: Probleme mhd Erzählformen. Marburger Colloquium 1969. 1972. S. 178–196;

KRISTAN VON HAMLE

C. von Kraus, Liederdichter. Bd. 2, S. 267–75.

HERZOG HEINRICH (I.) VON ANHALT

C. von Kraus, Liederdichter, Bd. 2, S. 17–20;.

MARKGRAF HEINRICH (III.) VON MEISSEN

C. von Kraus, Liederdichter, Bd. 2, S. 182–86.

TUGENDHAFTER SCHREIBER

C. von Kraus, Liederdichter, Bd. 2, S. 499–507.

Abschnitt 3 (Seite 346–358)

BURKHART VON HOHENFELS

C. von Kraus, Liederdichter, Bd. 2, S. 31–52;
H. Jaehrling, Die Gedichte Burkharts von Hohenfels. Hamburg 1970. (Diss. Hamburg).

GOTTFRIED VON NEIFEN

C. von Kraus, Liederdichter, Bd. 2, S. 84–162.

ULRICH VON WINTERSTETTEN

C. von Kraus, Liederdichter, Bd. 2, S. 558–9.

FRIEDRICH GRAF VON LEININGEN

C. von Kraus, Liederdichter, Bd. 2, S. 73–75.

Abschnitt 4 (Seite 358–376)

NEITHART VON REUENTHAL

Ausg.: E. Wießner, Tübingen 1955 (= Altdt. Textbibl. 44);
Die Lieder. Hrsg. von E. Wiessner. 3. Aufl. rev. von H. Fischer. Tübingen 1968;

Neidhart-Lieder. Kritische Ausgabe d. Neidhart von Reuenthal zugeschriebe-
nen Melodien. Hrsg. von F. Gennrich. Langen b. Frankfurt/M. 1962;
A. T. Hatto u. R. J. Taylor, The Songs of Neidhart von Reuental, Manchester
1958.
Lit.: K. Winkler, Neidhart von Reuental. Leben, Lieben, Lieder. Kallmünz
1956;
E. Wießner, Berührungen zwischen Walthers u. Neidharts Liedern. ZfdA 84
(1952/53) S. 241–64;
G. Currle, Die Kreuzzugslyrik Neidharts, Tannhäusers u. Freidanks u. ihre
Stellung in d. mhd. Kreuzzugslyrik. Diss. Tübingen 1957 (Masch.);
G. Moldenhauer, El ciclo de los juegos de Neidhart. Boletin de estudios
germanicos (Mendoza) 3 (1955) S. 191–99;
E. Ploß, Neidhart von Reuental, Der walt stuont aller grîse. . . In: Wege zum
Gedicht. München u. Zürich 1956. ²1965. S. 64–70;
K. O. Conrady, Neidhart von Reuental: Ez meiet hiuwer aber als ê. . . In:
Die deutsche Lyrik. Hrsg. von B. von Wiese. Bd. 1, Düsseldorf 1956. S.
90–98;
G. Eis, Zu Neidhart 44, 35 ff.: an den stein strîchen. GRM 35 (1954) S. 242–43;
E. Schwentner, Zu Neidhart 153, 82, 6 (Haupt). GRM 37 (1956) S. 290–91;

E. Simon, Neidhard von Reuenthal. Geschichte d. Forschung u. Bibliographie.
The Hague, Paris 1968.

W. Müller-Blattau, Melodietypen bei Neithart von Reuenthal. Annales Univ.
Saraviensis. Philos. Fak. 9 (1960) S. 65–74;
Th. Schumacher, Riuwental. Beitr. z. Namenforschg 11 (1960) S. 91–95;
F. Goldin, Friderun's mirror and the exclusion of the knight in Neithart von
Reuenthal. Monatsh. 54 (1962) S. 354–359;
E. Rohloff, Neitharts Sangweisen. 1. 2. Berlin 1962. (= Abh. d. Sächs. Akad.
d. Wiss. zu Leipzig. Phil. hist. Kl. 52, 3. 4.);
H. Lomnitzer, Kritisches zu neueren Neithartübertragungen. In: Festschrift
H. Engel. 1965. S. 231–249;
Ch. Reiner, Walther v. d. Vogelweide u. Neithart von Reuenthal. Zur Frage
ihrer Wechselbeziehgn. Diss. Innsbruck 1965 (Masch.);
K. K. Klein, Zu Neidhart 101,20 ‹Winterlied Nr. 36› . Bemerkungen zum
2. Preislied Neidharts auf Herzog Friedrich d. Streitbaren von Österreich.
In: Sprachkunst als Weltgestaltung. Festschrift Herbert Seidler. 1966.
S. 131–139;
K. Bertau, Stil und Klage beim späten Neithart. Deutschunterr. 19 (1967)
H. 2, S. 76–97;
D. Boueke, Materialien zur Neithart–Überlieferung. München 1967 (Diss.
Bonn);
U. Gaier, Satire. Studien zu Neithart, Wittenwiler, Brant u. z. satir. Schreibart.
Tübingen 1967;
A. Harding, Neidharts dance vocabulary, and the problems of a critical text.
In: Probleme mittelalterlicher Überlieferung und Textkritik. Oxforder
Colloquium 1966. Berlin 1968. S. 145–161;

R. Karlin, Scenic images in the lyric of Neidhart von Reuenthal. Diss. Columbia Univ. 1968. DA 32 (1971/72) 438 A;

G. Fritz, Sprache u. Überliefg d. Neithart-Lieder in d. Berliner Hs. germ. fol. 779 (c). Göppingen 1969. (Diss. Tübingen);

K. H. Kohrs, Zum Verhältnis von Sprache u. Musik in d. Liedern Neitharts von Reuenthal. DVjs 43 (1969) S. 604–621;

G. Schweikle, Neithart: Nu ist vil gar zergangen. ‹Hpt. 29, 27.› Zur Geschichte e. Sommerliedes. In: Interpretationen mhd. Lyrik. 1969. S. 247–267;

H. Thoelen, Neithart. Der Dichter u. s. Publikum. Mit e. Reimwörterverzeichnis. Diss. Köln 1969;

H. D. Kivernagel, Die Werltsüeze-Lieder Neidharts. Diss. Köln 1970;

E. Schwarz, Die Heimatfrage bei Neidhart von Reuenthal. Ein krit. Überblick d. derzeitigen Forschungsstandes. In: Formen mittelalterlicher Lit. Festschrift Siegfried Beyschlag. 1970. S. 91–97;

B. Wachinger, Die sog. Trutzstrophen zu d. Liedern Neidharts. In: Formen mittelalterlicher Lit. Festschrift Siegfried Beyschlag. 1970. S. 99–108;

K. Bertau, Neidharts Bayerische Lieder u. Wolframs Willehalm. ZfdA 100 (1971) S. 296–324;

H. Birkhan, Zur Datierung, Deutung u. Gliederung einiger Lieder Neidharts von Reuenthal. Wien, Köln, Graz 1971 (Österr. Akad. d. Wiss. Phil.-hist. Kl. Sitzungsber. 273,1);

E. Simon, Neidharts tomb revisited. Seminar 7 (1971) S. 58–69;

M. Titzmann, Die Umstrukturierung d. Minnesang-Sprachsystems zum ,offenen' System bei Neidhart. DVjs 45 (1971) S. 481–514.

E. Simon, Neidharte and Neidhartianer. Notes on the history of a song corpus. Beitr. Tübingen 94 (1972) S. 153–197;

J. Goheen, Natur- u. Menschenbild in d. Lyrik Neidharts. Beitr. Tübingen 94 (1972) S. 348–378;

TANNHÄUSER

G. Currle, Diss. Tübingen 1957 (Titel s. unter Neithart);

W. Mohr, Tannhäusers Kreuzlied. DVjs 34 (1960) S. 338–355.

VIII. DIE RELIGIÖSE DICHTUNG

Seite 377–389

KONRAD VON FUSSESBRUNNEN

Ausg.: H. Fromm und K. Grubmüller, Konrad von Fussesbrunnen. Die Kindheit Jesu. Kritische Ausgabe. Berlin 1973;

Lit.: W. J. Schröder, Ver. Lex. 5, Sp. 547–50;

R. Woelfert, Wandel der religiösen Epik zwischen 1000 u. 1200. Dargestellt an Frau Avas Leben Jesu u. d. „Kindheit Jesu" d. Konrad v. Fussesbrunnen. Diss. Tübingen 1964;

A. Masser, Bibel, Apokryphen u. Legenden. Geburt u. Kindheit Jesu in d. religiösen Epik d. Mittelalters. Berlin 1969;

H. Fromm, Stemma u. Schreibnorm. Bemerkungen anläßl. d. „Kindheit Jesu"
d. Konrad v. Fussesbrunnen. In: Mediaevalia litteraria Festschrift Helmut
de Boor. 1971. S. 193–210;

KONRAD VON HEIMESFURT

W. J. Schröder, Verf.-Lex. 5, Sp. 555–58;
E. Gebele, Konrad v. Heimesfurt. Lebensbilder aus d. Bayer. Schwaben 8
(1961) S. 42–51.

ALLGEMEINE LITERATUR ZUR LEGENDE

H. Rosenfeld, Reallexikon Bd. 2. S. 13–31;
A. Jolles, Einfache Formen. Tübingen ²1958;
H. Rosenfeld, Legende. Stuttgart 1961. 2. verb. Aufl. 1964 (= Slg. Metzler 9);
I. Brüning, Das Wunder in d. mittelalterl. Legende. Diss. Frankfurt/M. 1952
(Masch.);
K. Brinker, Formen d. Heiligkeit. Studien z. Gestalt d. Heiligen in mhd.
Legendenepen d. 12. u. 13. Jhs. Diss. Bonn 1966;
U. Wyss, Gattungsgeschichtliche Studien z. dt. Legendenepik d. 13. Jhs. Diss.
Bern 1971 (Masch.).

DER HEILIGE ULRICH

Das Leben des Heiligen Ulrich. Hrsg. von K. E. Geith. Berlin, New York 1971;
W. Wolf, Von der Ulrichsvita zur Ulrichslegende. Untersuchungen zur
Überlieferung und Wandlung der Vita Udalrici als Beitrag zu einer Gattungs-
bestimmung der Legende. – München 1967. (Diss. München).

EBERNAND VON ERFURT

J. W. Scott, „Keisir vnde keisirin". By Ebernand von Erfurt. A new ed. Diss.
Princeton Univ. 1971. DA 32 (1971/72) 2104 A.
H. J. Schröpfer, Heinrich und Kunigunde. Untersuchungen z. Verslegende d.
Ebernand von Erfurt u. z. Geschichte ihres Stoffes. Göppingen 1969. (Diss.
Köln);

REINBOT VON DÜRNE

W. J. Schröder, Verf. Lex. 5, Sp. 967–72;
E. Tietz, Reimwörterbuch zu Reinbots Georg. Diss. Wien 1953 (Masch.);
H. Dallmayr, Der Stil d. Reinbot von Durne. Diss. München 1953 (Masch.);
R. Friedrich, Geistliches u. Höfisches im Heiligen Georg des Reinbot von
Durne, Diss. München 1951 (Masch.).
R. Schmidt, a e i o u. Die ma ‚Vokalspiele' u. d. Salomon-Zitat d. Reinbot v.
Durne. In: Zeiten u. Formen in Sprache u. Dichtg. Festschrift Fritz Tschirch.
1972. S. 113–133;

CHRISTOPHORUS

H.-Fr. Rosenfeld, Verf.-Lex. 5. Sp. 133–39;
J. Szövérffy, Die Verhöfischung der mittelalterlichen Legende: ein Beitrag
zur Christoporus-Frage. ZfdPh 91 (1972) S. 23–29.

LAMPRECHT VON REGENSBURG

Sanct Franciscen Leben und ‚Tochter Syon'. Ausg.: Karl Weinhold, Paderborn
1880;
K. Ruh, Fragmente d. Tochter von Syon. Lamprechts v. Regensburg. ZfdA
100 (1971) S. 346–349.
J. van Mierlo, Verf.-Lex. 5. Sp. 592;

MARIENLOB

Ad. Bach, Über Heimat u. Verfasser d. Rheinischen M's. In: A.B., Germanist.-
hist. Studien 64. 526/44. [Zuerst in Teuthonista 8 (1931/1932) 210–31].

LILIE

J. van Mierlo, Verf.-Lex. 5, Sp. 618.

IX. DIE LEHRHAFTE DICHTUNG

Seite 390–427

B. Sowinski, Lehrhafte Dichtung d. Mittelalters. Stuttgart 1971.

WERNHER VON ELMENDORF

H. Eggers, Ver.-Lex. 4, Sp. 914–20;
J. Bumke, Wernher von Elmendorf. Untersuchung, Text, Kommentar. Diss.
Heidelberg 1953 (Masch.);
ders., Die Auflösung d. Tugendsystems bei Wernher von Elmendorf. ZfdA 88
(1957/58) S. 39–54;
J. Bumke, Zur Überlieferung Wernhers v. Elmendorf. Die alten Fragmente.
In: Festgabe f. Ulrich Pretzel. 1963. S. 33–42;
Martin Last, Die Herkunft d. Wernher v. Elmendorf. ZfdPh 89 (1970) S.
404–418.

MORALIUM DOGMA PHILOSOPHORUM

J.R. Williams, The Quests for the Author of the Moralium dogma philosophorum. Speculum 32 (1957) S. 736–47;

SPRUCHDICHTUNG

Sammelband: Mittelhochdeutsche Spruchdichtung. Hrsg. v. H. Moser. 1972. (= WdF 154).

H. Moser, Die hochmittelalterliche deutsche „Spruchdichtung" als übernationale u. nationale Erscheinung, ZfdPh 76 (1957) S. 241–68; ders., Minnesang u. Spruchdichtung? Über die Arten der hochmittelalterl. deutschen Lyrik. Euphorion 50 (1956) S. 370–87;

P. Hellmich, Die Gelehrsamkeit in d. mhd. Spruchdichtung. Diss. Tübingen 1952 (Masch.);

E. Ganßert, Das formelhafte Element in d. nachwaltherschen Spruchdichtung u. im frühen Meistersang. Diss. Mainz 1957 (Masch.);

H. Rittersbacher. Bild u. Gleichnis in d. Spruchdichtung d. 13. Jh.s. Diss. Heidelberg 1958 (Masch.);

A. Schlageter, Untersuchungen über d. liedhaften Zusammenhänge in d. nachwaltherschen Spruchdichtung. Diss. Freiburg i. Br. 1953 (Masch.).

H. Moser, Lied u. Spruch in d. hochmittelalterlichen dt. Dichtung. Wirk. Wort 11 (1961) 3. Sonderheft, S. 82–97 auch: Mittelhochdeutsche Spruchdichtung, S. 180–204;

K. Ruh, Mhd. Spruchdichtung als gattungsgeschichtl. Problem. DVjs 42 (1968) S. 309–324. Auch: Mittelhochdeutsche Spruchdichtung. S. 205–226.

HERGER-SPERVOGEL

S. Sudhof, Spervogel, Verf.-Lex. 5, Sp. 1053–55;

S. Anholt, Die sogen. Spervogelsprüche u. ihre Stellung in d. älteren Spruchdichtung. Amsterdam 1937;

J. Mendels, Spervogel 21, 11 f. Neophilologus 37 (1953) S. 52–53;

B. Mergell, Zur zyklischen Form der Spruchdichtung Hergers. Deutsche Vierteljahrsschr. 27 (1953) S. 31–47 auch: Mittelhochdeutsche Spruchdichtung. S. 246–267;

O. Ludwig, Die Priameln Spervogels. Beiträge Tübingen 85 (1963) S. 297–314 auch: Mittelhochdeutsche Spruchdichtung. S. 268–287;

H. Moser, Die Sprüche Hergers. Artzugehörigkeit u. Gruppenbildung. In: Festschrift Jost Trier. 1964. S. 284–303;

H. Tervooren, Doppelfassungen bei Spervogel. Zugl. e. Beitrag zur Kenntnis d. Hs. J. ZfdA 99 (1970) S. 163–178;

O. Höfler, Spervogel-Herger-*Harugwari. In: Mediaevalia litteraria. Festschrift Helmut de Boor. 1971. S. 211–227.

ECBASIS CAPTIVI

Ausg.: Ecbasis cuiusdam captivi per tropologiam. [Lat. u. dt.]. Die Flucht e. Gefangenen ‹tropologisch› . Text u. Übers. mit Einl. u. Erl. hrsg. von W. Trillitzsch. Histor. erkl. von S. Hoyer. Leipzig 1964;

Ecbasis cuiusdam captivi per tropologiam. Escape of a certain captive told in a figurative manner. An eleven-century Latin beast epic. Introd., text, transl., commentary and an appendix by E.H. Zeydel. Chapel Hill, North Carolina 1964;

Lit.: K. L(angosch), Verf.-Lex. 5, Sp. 161–62;

A. Michel, Die Ecbasis cuiusdam captivi per tropologiam. Ein Werk Humberts, des späteren Kardinals von Silva Candida, Sitzungsber. d. Bayer. Ak. d. Wiss., Phil.-hist. Kl., Jg. 1957, H. 1;

F. Flaskamp, Zur Geschichte der Ecbasis captivi. Ein beachtenswertes Bielefelder Interesse. Jahresber. d. Histor. Vereins f. d. Grafschaft Ravensberg 63 (1962/63) S. 121–124;

E. Schönebeck, Zur Verfasserschaft der Ecbasis cuiusdam captavi. Forschungen und Fortschr. 37 (1963) S. 82–86;

H. Thomas, Die Ecbasis cuiusdam captivi, eine Trierer Dichtg aus d. Zeit Heinrichs IV. Dt. Arch. f. Erforschg. d. Mittelalters 20 (1964) S. 130–154;

E.H. Zeydel, Betrachtungen über d. Ecbasis captivi. Mittellat. Jb. 2 (1965) S. 102–110;

H. Hoffmann, Gottesfrieden u. Ecbasis captivi. Dt. Arch. f. Erforschung d. Mittelalters 25 (1969) S. 230–233.

HEINRICH DER GLICHEZARE

C. Soeteman, Randbemerkungen zum „Reinhart Fuchs". Neophilologus 37 (1953) S. 119–20;

M. Wehrli, Vom Sinn d. mittelalterl. Tierepos. GLL 10 (1956/57) S. 219–28;

H.R. Jauss, Untersuchungen z. mittelalterlichen Tierdichtung. Tübingen 1959;

K.H. Göttert, Tugendbegriff u. epische Struktur in höfischen Dichtungen Heinrichs des Glîchezâre „Reinhart Fuchs" u. Konrads v. Würzburg „Engelhard". Köln, Wien 1971. (Diss. Köln).

GOTTFRIED VON STRASSBURG

K. Stackmann, Gîte und Gelücke. Über d. Spruchstrophen Gottfrieds von Straßburg. In: Festgabe f. Ulrich Pretzel 1963. S. 191–204. (Auch: Mittelhochdeutsche Spruchdichtung S. 288–305.)

THOMASIN

Ausg.: Der wälsche Gast d. Thomasin v. Zirclaria. Hrsg. von R. Rückert. (Photomechan. Nachdr. d. Ausg. Quedlinburg u. Leipzig 1852). Mit e. Einl. u. e. Reg. von F. Neumann. Berlin 1965;

Lit.: E.P. Siegert, Der wälsche Gast des Thomasin von Zerklaere. Didakt. Gehalt u. künstler. Aufbau. Diss. Frankfurt/M. 1953 (Masch.);

L. Beirer, Die Beziehungen Walthers v. d. Vogelweide zu Thomasin von Zerclaere. Diss. Innsbruck 1958. (Masch.);

K.K. Klein, Zum dichter. Spätwerk Walthers von der Vogelweide. Der Streit mit Thomasin von Zerclaere. In: Germanist. Abhandlungen. 1959. S. 59–109;

Ch. Spartz, Der Wälsche Gast des Thomasin v. Circlaria. Studie zu Gehalt u. Aufbau. Diss. Köln 1961;

F. W. v. Kries, Textkrit. Studien z. Welschen Gast Thomasins v. Zerclaere. Berlin 1967;

D. Richter, Zur Überlieferung von Thomasins Welscher Gast. ZfdA 96 (1967) S. 149–153;

K. Grubmüller, Eine weitere Hs. von Thomasins Welschem Gast. ZfdA 97 (1968) S. 206–215.

M. G. Scholz, Die ‚húsvrouwe' und ihr Gast. Zu Thomasin v. Zerclaere u. s. Publikum. In: Festschrift f. K. H. Halbach. 1972. S. 247–269;

WINSBECKE

Ausg.: Winsbeckische Gedichte. Nebst Tirol u. Fridebrant. Hrsg. von A. Leitzmann. 3., neubearb. Aufl. von I. Reiffenstein. Tübingen 1962;

Lit.: H. Kuhn, Verf.-Lex. 4, Sp. 1011–15;

A. Mundhenk, Die Winsbecke oder die Erziehung d. Ritters. In: Interpretationen mittelhochdeutscher Lyrik. 1969. S. 269–280.

FREIDANK

F. Neumann, Verf.-Lex. 5. Sp. 235–36;

F. Neumann, Freidanks Herkunft u. Schaffenszeit. ZfdA 89 (1958/59) S. 213–241;

W. Spiewok, Freidank. Weimarer Beitr. 11 (1965) S. 212–242;

L. Seiffert, Wortfeldtheorie u. Strukturalismus. Studien z. Sprachgebrauch Freidanks. Stuttgart, Berlin. Köln, Mainz 1968;

B. F. Steinbruckner, Über Freidank. Monatshefte 60 (1968) S. 147–154;

G. Eifler, Die ethischen Anschauungen in Freidanks „Bescheidenheit". Tübingen 1969. (Diss. Mainz);

Ch. Petzsch, Zum Freidank-Cento Oswalds von Wolkenstein. Arch. f. Musikwiss. 26 (1969) S. 125–139;

C. Petzsch, Reimpaare Freidanks bei Oswald v. Wolkenstein. In: Werk, Typ, Situation. Festschrift Hugo Kuhn. 1969. S. 281–304;

Ch. Petzsch, Freidanküberlieferung im Cgm 811. ZfdA 98 (1969) S. 116–125;

Ch. Petzsch, Mehrstimmiger Liedsatz als Interpretationshilfe. Späte Belege von Freidank 84,6f. Euphorion 64 (1970) S. 362–375;

H. Beckers, Bruchstücke e. westfäl. Freidank-hs. vom Ende des 13. Jh. Niederdt. Jb. 94 (1971) S. 83–98.

REINMAR VON ZWETER

E. Wögerbauer, Wörterbuch zu Reinmar von Zweter. Diss. Wien 1953 (Masch.);

V. Schupp, Reinmar v. Zweter, Dichter Kaiser Friedrichs II. Wirk. Wort 19 (1969) S. 231–244;

G. Objartel, Zwei wenig beachtete Fragmente Reinmars v. Zweter u. ein latein. Gegenstück s. Leichs. ZfdPh 90 (1971) Sonderh. S. 217–231.

BRUDER WERNHER

H. Reuschel, Verf.-Lex. 4. Sp. 899–901;
P. Kemetmüller, Glossar zu d. Sprüchen Bruders Wernher nach d. Textausgabe
von A. E. Schönbach. Diss. Wien 1954 (Masch.);
U. Gerdes, Bruder Wernher. Beitrag z. Deutung s. Sprüche. Diss. FU Berlin
1969.

ZEITTAFEL

Die Chronologie der deutschen Literatur des Mittelalters muß sich im allgemeinen mit sehr ungefähren Zeitansätzen begnügen. Ich teile die Periode in Jahrzehnte ein und setze jeweils ein, was diesen mit einiger Wahrscheinlichkeit zugeordnet werden kann. Jedesmal schicke ich Daten der politischen Geschichte voran, die für die Literatur bedeutsam sind und die ein gewisses Gerüst bilden können.

1150–1160

1152 (–1190) ...... Friedrich Barbarossa

zwischen 1140 u. 1150 Heinrich von Veldeke geboren
etwa 1150 (–n. 1170) Herger
um 1150 .... Rittersitte
um 1150 .... Pseudo-Dietmars Falkenlied und Sommerklage
1155/60 .... Heinrich von Morungen geboren

1160–1170

1165 .... Heinrich VI. geboren
1169 .... Königswahl Heinrichs VI.

um 1160 .... Ältere Not
um 1160 .... Straßburger Alexander
um 1160 .... der Kürnberger
1160/65 .... Hartmann von Aue geboren
etwa 1160/70 .... Dietmar von Aist
1160/65 .... Reinmar von Hagenau geboren
vor 1170 .... Trierer Floyris

1170–1180

1177 (–1194) .... Leopold V. von Österreich
um 1180 (–1190) .... Hermann von Thüringen, Pfalzgraf

1170/1190 .... Die rheinische Lyrik um Friedrich von Hausen
um 1170 .... Walther von der Vogelweide geboren
um 1170 .... Eilhart von Oberge, Tristrant
um 1170 .... Heinrich von Veldeke, Servatius. Beginn der Arbeit an der Eneit
1170/75 .... Wolfram von Eschenbach geboren
1170/80 .... Meinloh von Sevelingen
1170/80 .... Wernher von Elmendorf. Moralium dogma deutsch
1171 .... Friedrich von Hausen zuerst bezeugt
1172 .... Albrecht von Johansdorf u. Ulrich von Gutenburg zuerst bezeugt
vor 1173 .... Graf Rudolf
1174 .... Diebstahl von Veldekes Eneitmanuskript (rund zwei Drittel des Werkes fertig)
1175 .... Heinrich von Rugge zuerst bezeugt

1180–1190

1184 . . . . Mainzer Hoftag, Schwertleite Heinrichs VI.
1189/92 . . . . 3. Kreuzzug (Barbarossakreuzzug). (Daran beteiligt: Friedrich von Hausen, Hartmann von Aue, Albrecht von Johansdorf, Heinrich von Rugge)

seit 1180 . . . . Morungens Lyrik
etwa 1180 . . . . Hartmanns „Büchlein"
etwa 1180–87 . . . . . . Hartmanns Minnelyrik
etwa 1180–85 . . . . . . Hartmanns Erek
1180/90 . . . . Spervogel (?)
1180/90 . . . . Oberdeutsche Servatiuslegende
1180/90 . . . . Moriz von Craûn
1183–89 . . . . Umarbeitung und Vollendung von Veldekes Eneit
vor 1185 . . . . Die Regensburger und Rietenburger Burggrafen zuletzt erwähnt
um 1185 . . . . Thomasin von Cirklaere geboren
um 1185 . . . . Reinmars Anfänge
um 1187 . . . . Tod von Hartmanns Dienstherren und Entschluß zum Kreuzzug
1187/89 . . . . Hartmanns Gregorius
1187/89 . . . . Hartmanns Kreuzlieder
nach 1187 . . . . Ulrichslegende des Albertus
1185/90 . . . . Neithart von Reuenthal geboren

1190–1200

1190 . . . . Tod Friedrich Barbarossas
1190–1197 . . . . Heinrich VI.
1198 (–1208) . . . . Philipp von Schwaben
1198 (–1215) . . . . Otto IV.
1198 (–1216) . . . . Innozenz III.
seit 1190 (–1217) . . . . Hermann von Thüringen Landgraf
1195–1198 . . . . Friedrich I. von Österreich
1195 (–1230) . . . . Leopold VI. von Österreich
1197/98 . . . . Kreuzzug Leopolds und Friedrichs (Daran beteiligt: Otto von Botenlauben und vielleicht Reinmar von Hagenau)
1193 . . . . Tod des Sultans Saladin
1194 . . . . Wolfger von Ellenbrechtskirchen Bischof von Passau

um 1190 . . . . Herbort von Fritzlar, Trojanerkrieg (andere Datierung: nach 1210)
1190 . . . . Albrecht von Halberstadt, Übersetzung von Ovids Metamorphosen (andere Datierung: 1210)
1190 . . . . Friedrich von Hausen a. d. Kreuzzug gestorben
um 1190 . . . . Anfänge Walthers von der Vogelweide
um 1190 . . . . Lucidarius
1190/91 . . . . Rugges Kreuzleich (Tod im Kreuzzug?)
1190/1210 . . . . Morant und Galie
zwischen 1192 u. 1196 Rudolf von Fenis gestorben
nach 1194 . . . . Ulrich von Zazikhoven, Lanzelet
um 1195 . . . . Hartmann von Aue, Armer Heinrich

1195 .... Witwenklage Reinmars von Hagenau
1197 .... Otto von Botenlauben geht nach Jerusalem
1198 .... Walther aus Wien vertrieben
seit 1198 .... Walther bei Philipp von Schwaben (Reichssprüche)
vor 1200 .... Konrad von Fußesbrunnen, Kindheit Jesu

1200–1210

1208 .... Philipp von Schwaben ermordet
1209 .... Kaiserkrönung Ottos IV.
1204 .... Wolfger von Ellenbrechtskirchen Patriarch von Aquileja

um 1200 .... Hiltbolt von Schwangau
um 1200 .... Hartmanns Iwein
um 1200 (vor 1204).. Nibelungenlied
um 1200 .... Beginn von Wolframs Parzival
nach 1200 .... Beginn von Gottfrieds Tristan
zwischen 1200 u. 1210 Heinrich von Veldeke gestorben
1203 .... Walthers zweiter Aufenthalt in Wien
1203 .... Walther bei Wolfger von Ellenbrechtskirchen
1203/04 .... Wolfram bei Hermann von Thüringen
um 1205 .... Reinmar von Hagenau gestorben
1209 .... Albrecht von Johansdorf zuletzt urkundlich erwähnt
1209 .... Ulrich von Singenberg zuerst urkundlich erwähnt
1209 .... Eike von Repgow zuerst als Schöffe erwähnt

1210–1220

1210 .... Otto IV. gebannt
1212 .... Fürstentag zu Frankfurt
1212 (–1250) .... Friedrich II.
1214 .... Niederlage Ottos IV. bei Bouvines
1218 .... Otto IV. gestorben
1216 (–1227) .... Papst Honorius III.
1217 .... Hermann von Thüringen gestorben

um 1210 .... Gottfried von Straßburg gestorben
um 1210 .... Vollendung des Parzival
um 1210 .... Athis und Prophilias
um 1210 .... Ottes Eraclius
nach 1210 .... Hartmann von Aue gestorben
nach 1210 .... Bligger von Steinach gestorben
um 1210 .... Beginn Neitharts von Reuenthal
1212 .... Walthers Kaisersprüche (Hoftag zu Frankfurt)
1210/1220 .... Ebernand von Erfurt
1210/1220 .... Der Winsbecke
seit etwa 1215 ...... Freidanksprüche
1215/16 .... Thomasins Wälscher Gast
1215/20 .... Nibelungenklage
vor 1217 .... Wolframs Willehalm
um 1220 .... Wolframs Titurelbruchstücke
1220 .... Otto von Botenlauben, Rückkehr nach Deutschland

1220–1230

1220 .... Wahl Heinrichs (VII.) zum König
1225 .... Reichsverweser Engelbert von Köln ermordet
1227 .... Friedrich II. im Bann
seit 1228 .... Selbständige Regierung Heinrichs VII.
1228/1229 .... Kreuzzug Friedrichs II. (Daran beteiligt: Neithart von Reuen-
                      thal?; Tannhäuser, Freidank, Rubin)
1221 .... Dietrich von Meißen gestorben
1227 (–1241) .... Gregor IX.

1220 .... Walther erhält sein Lehen
um 1220 .... Nibelungenlied Fassung C
um 1220 .... Rheinisches Marienlob
um 1220 .... Konrad Flecks Floire
um 1220 .... Erste Sprüche Bruder Wernhers
seit etwa 1220 ...... Der Stricker
1222 .... Heinrich von Morungen gestorben
1222 .... Erste Lieder Ulrichs von Lichtenstein
um 1222 .... Sachsenspiegel
1220/1225 .... Konrad von Heimesfurt, Urstende und Mariae Himmelfahrt
1220/1225 .... Rudolf von Ems, Guter Gerhard
um 1225 .... Burkhart von Hohenfels
um 1225 .... Beginn des Tannhäuser
um 1225 .... Prosa-Lanzelot
um 1225 .... Eike von Repgow, Sächsische Weltchronik
1225/1230 .... Rudolf von Ems, Legendendichtung (Barlaam, Eustachius)
1227 .... Erste Sprüche Reinmars von Zweter
1227/1230 .... Walthers letzte Gedichte, letzter Aufenthalt in Österreich

1230–1240

1235/37 .... Friedrich II. in Deutschland. Mainzer Landfriede. Aufruhr
                    Heinrichs (VII.) niedergeschlagen
1230 (–1246) .... Friedrich II., der Streitbare, von Österreich

um 1230 .... Walther gestorben
um 1230 .... Heinrich von dem Türlin, die „Krone"
um 1230 .... Abschluß der Freidanksammlung (Akkonsprüche)
ab 1230 .... Gottfried von Neifen
1230/1235 .... Ulrich von Türheim, Tristanfortsetzung
1230/1240 .... Kudrunepos
nach 1230 .... Neithart in Österreich
nach 1231 .... Reinbot von Dürne, Georgslegende
1233 .... Freidank gestorben (?)
1233 .... Eike von Repgow zuletzt als Schöffe erwähnt
1235 .... Reinmar von Zweter geht nach Böhmen
1235/1240 .... Rudolf von Ems, Wilhelm von Orlens
1235/1240 .... Rudolf von Ems, Alexander

1240–1250

1243 (–1254) .... Innozenz IV.
1244 .... Endgültiger Verlust von Jerusalem

1245 .... Absetzung Friedrichs II. a. d. Konzil von Lyon, Gegenkönige
1250 .... Friedrich II. gestorben
1246 .... Friedrich der Streitbare von Österreich gefallen

seit 1240 .... Ulrich von Winterstetten
1240/1250 .... Rudolf von Ems, Weltchronik
1240/1250 .... Ulrich von Türheim, Rennewart
1240/1250 .... Wolfdietrich A
nach 1240 .... Lamprecht von Regensburg, Franziskuslegende
vor 1243 .... Ulrich von Singenberg gestorben
um 1245 .... Neithart von Reuenthal gestorben
um 1250 .... Letzte Sprüche Reinmars von Zweter und Bruder Wernhers
um 1250 .... Kristan von Hamle (?)
um 1250 .... Tirol und Fridebrant (?)

nach 1250

1250–1254 .... Konrad IV.

1251 .... Rudolf von Ems gestorben
1250–1260 .... Berthold von Holle, Romane
1255 .... Ulrich von Lichtenstein, Frauendienst
1255 .... Gottfried von Neifen zuletzt bezeugt
1257 .... Ulrich von Lichtenstein, Frauenbuch
nach 1260 .... Tannhäuser gestorben
1265 .... Letztes Gedicht des Tannhäuser
um 1275 .... Ulrich von Lichtenstein gestorben
1280 .... Ulrich von Winterstetten zuletzt bezeugt

SACHVERZEICHNIS

Die schrägen Ziffern verweisen auf die Hauptstellen

Agnes von Loon 41 f., *380*

Ainune 85, 173

Albanuslegende 75

Alberich von Bisinzo 194

Albertus s. Ulrichlegende

Albrecht v. Halberstadt 22 f., 49, *53 ff.*, 172

Albrecht v. Johansdorf 10, 227, 263, *274 ff.*, 334, 356

Alexanderlied d. Pfaffen Lamprecht 5, 151, 193, 194, 201

Alexanderlied (Straßburger) 23, 28, 29, *30 f.*, 33, 55

Alram von Gresten 241

Ambraser Handschrift 150, 195, 200, 206

Andreas Capellanus 248, 394

Annolied 24, 42, 147 ff.

Archipoeta 318, 396

Artus 6, 11, 22, *63 ff.*, 76, 107 ff., 148, 159, 161, 195, 197 f.

Roman d'Athènes 58

Athis und Profilias 22 f., 27, *56 ff.*

Benoit von St. Môre 51

Bernger von Horheim *259*, 334

Berol 34

Berthold von Herbolzheim 193

Berthold von Holle 172, *210 ff.*

Berthold v. Regensburg 384

Biterolf 22 f.

Blanchandin 173

Bligger von Steinach *85*, 128, 195, *259*

Boeve de Hanstone 39

Bonus, Bischof *379*

Der heimliche Bote *394*

Burkhardt von Hohenfels *346 ff.*, 354

Chansons de geste 60, 114 f., 182, 190, 193, 207

Chrestien von Troyes 64, 67, 69, 80, 93, 102 f., 112, 251

Christophoruslegende *383*

Cliges 173, 187 f.

Dares 51

Dictys 51

Diderik von Assenede 174

Dietmar von Aist 149, 234, 242, *244 ff.*, 246 f., 329, 396

Dietrich von Meißen 277, 293, 299

Dietrichepik 88, 153, 156, 205

Dresdner Heldenbuch 206

Ebernand von Erfurt *381*

Ecbasis captivi 398

Eilhart von Oberge 26 ff., *32 ff.*, 46, 63, 132, 172, 188, 390

Roman d'Eneas 44

Engelbert von Köln 294, 319

Herzog Ernst 5, 9, 13, 38, 152, 205

Facetus 394

Floyris, Trierer 21 f., 27 ff., *31 f.*, 59, 173

Folquet von Marseille 261

Freidank 4, 16, 39, 178, 319, 403, *411 ff.*

Friedrich I. Barbarossa 68, 250, 256, 262, 267, 271, 278, 318

Friedrich II. Kaiser 2, 176, 182, 184, 268, 293 f., 309, 313, 316, 324, 336, 350, 359, 367, 370, 414 f., 418, 422 ff.

Friedrich (I.) v. Österreich 293

Friedrich II. d. Streitbare v. Österreich 337 f., 342, 359, 370 ff., 375, 418

Friedrich von Hausen 227 f., *254 ff.*, 261, 262 ff., 325

Friedrich von Leiningen 50, *358*

Gautier von Arras 56

Gottfried von Hohenlohe 182

Gottfried von Neifen 2, 325 ff., 333 ff., 342 ff., 346, *350 ff.*, 356 ff., 373

Gottfried von Straßburg 2, 4, 7, 16, 18, 35, 55, 63, 84 f., 90, 91, 94, 105, 123 f., *127 ff.*, 150, 160, 163, 173 ff., 181, 187, 188, 268, 282, 387, 390, 402

Gottfried von Viterbo 186

Gunnlaug (Skalde) 221

Gunther von Bamberg 151, 153

Hadamar von Laber 347

Hadloub Johans 232

Hardegger 417

Hartmann, der arme 392

Hartmann von Aue 15 f., 38, 48, 55, 59, 63 ff., *67 ff.*, 84 ff., 89, 91, 96, 107, 120, 128, 130, 133 f., 136 f., 146, 150, 157, 171, 172, 176 f., 187, 194 ff., 258 f., *267 ff.*

Hartwic von Rute *265 f.*

Heinrich VI. 85, *250 f.*, 253, 255, 259, 265, 316, 324 f.

Heinrich (VII.) 176 f., 182, 188, 319, 321, 325, 346 f., 350, 355, 371, 414

Heinrich Herzog von Anhalt *344 f.*

Heinrich von Freiberg 127

Heinrich der Glichesaere *399 ff.*

Heinrich d. Löwe 33 f.

Heinrich III. von Meißen *345*

Heinrich von Melk 26, 238, 240 f., 319, 392

Heinrich von Morungen 215 f., 227, 266, 267 ff., *277 ff.*, 285 f., 289, 295 ff., 341, 344, 352, 354

Heinrich von München 56, 193

Heinrich von Rugge 234, *262 ff.*, 276, 390

Heinrich von Sax 335

Heinrich von dem Türlin 8, 89, 96, *195 ff.*

Heinrich von Veldeke 2, 6, 21, 23 ff., 33, 36, 39, *41 ff.*, 49 ff., 57 ff., 61, 86, 123, 128, 132, 149, 163, 187, *251 ff.*, 285, 325, 390

Herbort von Fritzlar 22, 29 f., *49 f.*, 58, 59, 155

Herger 216, 228 f., 312, *395 ff.*, 415

Hermann v. Thüringen 22 f., 28, 41, 49 f., 53, 55, 91, 114, 122, 172, 176, 299, 317

Meister Hesse 182, 188

Meister Hessel 41

Hildebert von Le Mans 393

Hiltbolt von Schwangau *324 f.*

Historia Scholastica 186

Homer 51

Huc von Morville 85

Innozenz III. 311, 315

Jansen Enikel 2

Jüdel *379*

Johann v. Braunschweig-Lüneburg 211

Johannes von Ravensburg 182

Kaiserchronik 2, 5, 56 f., 148 f., 155, 186

Karlmeinet *60*, 64, 193

Konrad IV. 176 f., 182, 233

Konrad Fleck 26, 63, 124, *173 ff.*, 180, 188

Konrad von Fußesbrunnen *377 f.*

Konrad von Heimesfurt *377 f.*

Konrad von Winterstetten 176, 182, 187 f., 355

Konrad von Würzburg 51, 87, 383

Kormak (Skalde) 221

Kremholdenlied (sächsisches) 151

Kristan von Hamle *344*

Kudrun 151, *199 ff.*

Kürnberger 149, 152, 228, 239, *242 ff.*, 245 ff., 250, 288

Kyot 93 f.

Lamprecht, Pfaffe s. Alexanderlied

Lamprecht von Regensburg *384*

Leopold V. v. Österreich 166, 268, 293

Leopold VI. v. Österreich 283, 293, 359, 418

Leuthold von Seven 262, *336*

Lilie *387*

Lob Salomonis 43

Lucidarius 34

Margaretenlegende *383*

Marienlob, Rheinisches 59, *385 ff.*

„die Mâze" *395*

Meinloh von Sevelingen 241 f., *248 f.*, 390

Moralium dogma 16, 17, 38, 393 f.

Morant und Galie *59 ff.*

Moriz von Craûn 24, 43, *145 ff.*

Neithart v. Reuenthal 12, 229, 240 f., 308, 332 ff., 340, 349, 355, 357, *359 ff.*, 374 f.

Nibelungenklage 157, *167 f.*

Nibelungenlied 5, 9, 38, 42, 116, 125, 152 f., *156 ff.*, 200 ff., 205, 208, 263

Nibelungias 158

Nivardus, magister 399

Nikolauslegende 383

Niune 241

„Ältere Not" 152, 157 f.

Orendel 56

Ortnit *206 f.*

Oswald 56

Oswald von Wolkenstein 375

Otfrid von Weißenburg 29

Otte (Dichter des Eraclius) 22 f., 27, *56 f.*, 106

Otto IV. 33, 293, 316 ff., 405

Otto von Botenlauben 2, *325 ff.*

Ovid 23, 43, 49 f., 53 ff., 75, 223 f., 244, 278, 409

Peire Vidal 261, 299
her Pfeffel *335*
Philipp von Schwaben 293, 299, 314 ff.

Rede von den fünfzehn Graden *387*
Regensburg, Burggraf von 242, *247 f.*
Reinbot von Dürne *381 ff.*
Reinmar von Hagenau 91, 128, 215 f.,
  227, 229, 233 f., 253, 259, 262, 265,
  268 ff., 271, 274, *282 ff.*, 293 ff., 300 ff.,
  306, 308, 312, 324, 328 f., 332 f., 336 f.,
  338, 341, 345, 352 f., 364, 367
Reinmar von Zweter 2, 216, 392, *417 ff.*
Roman de Renart 399, 401
Rietenburg, Burggraf von 241 f., *248*
Rittersitte *392*
Robert von Boron 102
Rolandslied 5, 9, 23 ff., 29, 37, 39, 57,
  60, 64, 106, 111, 114 ff., 149, 152, 165,
  193, 202, 257, 310, 319
König Rother 5, 13, 37, 152, 202, 207 f.
Rubin 336
Graf Rudolf 2, 22 ff., 29, 33, *36 f.*, 390
Rudolf von Ems 2, 4, 12, 129, 173, *176 ff.*,
  195, 411
Rudolf II. von Fenis *261 f.*, 267, 270, 279
Ruodlieb 5
Rupert von Deutz 385
Rupert von Orlent 174

Saladin, Sultan 271
Salman und Morolf 35, 43, 60 f., 129,
  202
Segremors 173
Servatius Oberdeutscher 42, *380*
Spervogel 216, 312, 392, 395, *397 ff.*
Stricker 12, 60, 64, 172, *192 ff.*, *416 f.*

Tannhäuser 311, 356 f., *370 ff.*
Thidrekssaga 157
Thomas von Bretagne 34 f., 129
Thomas von Celano 383
Thomasin von Circlaere 4, 16, 178, *403 ff.*,
  413 ff.

Tirol und Fridebrant *210 f,. 410 f.*
Tochter Syon 384
Trost in Verzweiflung 74
St. Trudberter Hohes Lied *385*
Tugendhafter Schreiber *345*

Ulrichlegende *380 f.*
Ulrich von Gutenburg *259 ff.*, 263, 270,
  285, 311
Ulrich v. Lichtenstein 11, 129, *337 ff.*, 356
Ulrich von Singenberg *334 f.*, 417
Ulrich von Türheim 127, 140, 182, *187 ff.*
Ulrich von Winterstetten 311, 325, 327,
  342, 346, *355 ff.*, 372
Ulrich von Zazikhofen 63, *85 f.*, 134

Vagantendichtung 223 f., 239, 251 f.,
  297, 304 ff., 361 f.
Vergil 44, 51

Waltherepos *199 f.*
Walther von Horburg 401
Walther von Mezze 241
Walther v. d. Vogelweide 1, 4, 11, 12,
  14, 18, 22, 128, 129, 164, 216, 227 ff.,
  233, 254, 265, 268 f., 270, 272, 274 ff.,
  288 f., *292 ff.*, 324 ff., 332 ff., 341 ff.,
  353, 359 ff., 367 ff., 391, 397 f., 402, 405,
  411, 418 ff., 423
Wenzel I. von Böhmen 418
Bruder Wernher 2, 216, *417 ff.*
Wernher von Elmendorf 16 f., 38, *393 f.*
Wernher von Teufen *333*
Jörg Wickram 50, 53 f.
Wilhelm von Conches 393
Winsbecke 16, 403, *408 ff.*
Wirnt von Grafenberg 63, *87 ff.*, 198
Wolfdietrich 60, 88, 193, *206 ff.*
Wolfger von Ellenbrechtskirchen 157,
  268, 274, 293, 403
Wolfram v. Eschenbach 9 ff., 26, 60, 63,
  76, 81, 84, 87, 89, *90 ff.*, 127 ff., 135,
  138 f., 144, 152, 157, 162, 172, 179,
  187 ff., 196, 211, 297, *327 ff.*, 343, 382 f.